G 1,–

6., vollständig überarbeitete Auflage

W0345157

A. & M. Markand, Martin H. Petrich
Volker Klinkmüller

unter Mitarbeit von
Nipaporn Yanklang

# MYANMAR
## (BIRMA)

STEFAN LOOSE
TRAVEL HANDBÜCHER

# Inhalt

## Der Norden ..... 468

## Der Westen ..... 484

## Der Süden ..... 522



## Anhang ..... 580

## Themen



*Fortsetzung auf S. 6*

*Fortsetzung von S. 5*

# So funktioniert der Loose Travel Club auf www.stefan-loose.de

# MYANMAR (BIRMA)
## Die Highlights

**Die goldene Shwedagon in Yangon, Pagoden bis zum Horizont in Bagan, der idyllische Inle-See im Shan-Staat und zeitvergessene Städte wie Mawlamyaing und Myeik – Myanmar ist voller kultureller und landschaftlicher Höhepunkte.**

**1** **YANGON** Die Shwedagon-Pagode und das quirlige Leben in der Altstadt machen einen Besuch in Yangon unvergesslich. An buddhistischen Feiertagen lohnt der Besuch der Tempel besonders, denn dann bringen die Birmanen hier Opfergaben. Sehenswert sind auch die vielen Altbauten, die das Stadtbild prägen. S. 142

**2 AYEYARWADY-DELTA** Birmas grünblauer Irrgarten lässt sich am schönsten per Boot erkunden, etwa auf dem von Mangroven gesäumten U Do Chaung in der Nähe des Chaungtha Beach. S. 192

**3 NGWE SAUNG BEACH** Der Senkrechtstarter unter den Stränden: 14 km Sand und komfortable Resorts laden zum Sonnetanken ein. S. 211

**4 BAGO** Gleich drei liegende Riesenbuddhas hat Bago zu bieten – und eine heilige Schlange. S. 219

**5 BAGAN** Die Pagodenlandschaft am Ayeyarwady (Abb. nächste Doppelseite) mit über 3400 Monumenten zählt zu den bezaubernsten Orten Asiens. S. 250

3

4

5

**6 MANDALAY** Nirgendwo ist das traditionelle religiöse Kunsthandwerk so lebendig wie in der zweitgrößten Stadt Myanmars, die zugleich als spirituelles Herz des Landes gilt. S. 318

**7 PYIN U LWIN** Filmreife Hotels aus der Kolonialzeit prägen den legendären Bergort, den die Briten Ende des 19. Jahrhunderts unter dem Namen Maymyo in einer Höhe von fast 1100 m gründeten. S. 383

**8 MONYWA** Fast 600 000 Buddhas schmücken die bizarre, zwischen 1939 und 1951 errichtete Thanboddhay-Pagode, die zu den landesweit eindrucksvollsten Heiligtümern zählt. S. 392

8

**9 DIE SHAN-BERGE UM KALAW** Rund um das einladende Städtchen im Shan-Staat gibt es viele Wanderrouten – vom Tagesausflug zu einem Aussichtspunkt bis zum mehrtägigen Treck an den Inle-See. S. 413

**10 PINDAYA** In der beeidruckenden Höhle von Pindaya werden über 8000 Buddhafiguren verehrt. Hierher kommen viele buddhistische Pilger. S. 417

**11 INLE-SEE** Die Welt der Intha: Geschickt manövrieren die Einbeinruderer ihre Boote durch die schwimmenden Gärten – eine Hand bleibt frei zum Fischen. S. 432

12

12 **HSIPAW** Die Umgebung von Hsipaw lädt abseits ausgetretener Pfade zu ausgedehnten Entdeckungstouren ein. S. 448

13 **NGAPALI** Perfekt entspannte Tage am Ngapali Beach, der als schönster Strand des Landes gilt. Mit dem Fahrrad kann man tolle Touren in die Gegend unternehmen. S. 491

14 **MRAUK U** In die untergegangene Hauptstadt des letzten Rakhine-Reichs kommen nur wenige Touristen. Entdecker kommen hier auf ihre Kosten. S. 511

15

15 **KYAIKHTIYO-PAGODE** Auf 1000 m Höhe leuchtet das Heiligtum des Goldenen Felsens – der Legende nach im Gleichgewicht gehalten von einem einzigen Haar Buddhas. S. 531

16 **DIE UMGEBUNG VON HPA-AN** Die urtümliche Karstlandschaft rund um Hpa-an birgt bizarre Kalksteinfelsen mit spannenden Höhlenheiligtümern und Quellen, in deren glasklarem Wasser herrliches Badevergnügen lockt. S. 540

17 **MAWLAMYAING** Im landschaftlich malerisch eingebetteten, ehemaligen Moulmein hinterließen die Briten und Inder ein ansehnliches architektonisches Erbe sowie eine unverwechselbare Atmosphäre. S. 544

18 **MYEIK** Mit ihren Kolonialbauten, der langen Hafenmeile und einer faszinierenden Bootswerft präsentiert sich diese Küstenstadt als eines der wichtigsten Neuland-Reiseziele im tiefen Süden Myanmars … und als sich öffnendes Tor zum gleichnamigen Archipel – ein Meeresparadies aus über 4000 unbewohnten Inseln, die mit herrlichen Sandstränden, dschungelbedeckten Hügeln oder bizarren Felsen und weitläufigen Korallengärten aus dem Meer ragen. S. 569

# Reiseziele und Routen

## Reiseziele

Wenn in **Bagan** (S. 250) die aufgehende Sonne das riesige Pagodenfeld in sanfte Rottöne taucht oder auf dem **Inle-See** (S. 432) die Einbeinruderer im Morgendunst auf Fischfang gehen; wenn an der **Shwedagon-Pagode** (S. 144) in Yangon und in den Tempeln von **Mandalay** (S. 111) die Menschen ihren buddhistischen Glauben praktizieren – dann hinterlässt dies bleibende Eindrücke. Kein Wunder, dass sich Myanmar zu einem Liebling der Asien-Reisenden entwickelt hat. Doch abseits der Hauptsehenswürdigkeiten hat das Land noch viel mehr zu bieten.

### Städte mit Charme

Urige Teestuben, alte Kolonialbauten, lauschige Klöster, knallbunte Hindutempel – manche Orte haben sich ihren Charme bis heute bewahrt. Wo Kinder herumtoben, Mädchen ein Schwätzchen am Dorfbrunnen halten und Jungs sich beim Chinlon-Spiel messen, da braucht es keine großen Sehenswürdigkeiten. Man muss nur durch die Gassen streifen und schon ist man mitten im Leben. Besonders viel Flair haben **Dawei** (S. 558), **Kalaw** (S. 406), **Mawlamyaing** (S. 542), **Mrauk U** (S. 511), **Pathein** (S. 201), **Pyin U Lwin** (S. 383) und **Sagaing** (S. 375).

### Betagte Schönheiten aus Holz

Manche stehen unscheinbar hinter Bäumen, andere sind schon stark verfallen: Die altertümlichen **Holzklöster** *(kyaung)* zeugen vom einstigen Reichtum der Stifter. Auch wenn sie im Schatten der goldenen Pagoden stehen, sind die Klöster mit teilweise hervorragenden Schnitzereien wahre Kunstwerke. Hier eine kleine Auswahl:

- **Bagan**: Nat Htaung Kyaung (S. 271)
- **Sale**: Youk-soun Kyaung (S. 295)
- **Pakhan-gyi**: Pakhan-gyi Kyaung (S. 306)
- **Salin**: Myaw Hle Sin Kyaung (S. 311)
- **Sagu**: Hman Khin Youk-soun Kyaung, Maha Withurama Kyaung (S. 311)
- **Mandalay**: Shwenandaw Kyaung (S. 333), Shwe In Bin Kyaung (S. 336)
- **Inwa**: Bagaya Kyaung (S. 374)
- **Nyaungshwe**: Shwe Yan Bye Kyaung (S. 423)

### Strände zum Entspannen

Badestrände gibt es derzeit vorwiegend entlang der Westküste. **Ngapali** (S. 491) ist Myanmars beliebtester, wenn auch hinsichtlich der Unterkünfte ziemlich teurer Strand. Im Westen von Pathein liegen nur wenige Kilometer voneinander entfernt zwei weitere Strände am Golf von Bengalen. Während **Chaungtha** (S. 208) vor allem Einheimische anzieht, hat sich **Ngwe Saung** (S. 211) mit seinen schicken Resorts zu einer beliebten Strand-Destination gemausert. Einige neue, noch kaum erschlossene Strand-Destinationen gibt es in der Umgebung von **Dawei** (S. 558) und auf den Inseln des **Myeik-Archipels** (S. 573) zu entdecken.

### Myanmar für Aktive

#### Trekking

Zwar gibt es in Myanmar viele interessante Wander- und Bergsteigergebiete, doch sind sie meist schwer zugänglich. Nicht selten muss man zuvor eine Sondergenehmigung (Travel Permit) einholen, vor allem bei Himalaya-Expeditionen im nördlichen Kachin-Staat. Ausgangspunkt ist **Putao** (S. 482). Am besten wendet man sich an einen Spezialveranstalter.

## ? Fragen und Antworten

Wenn er nicht unterwegs ist, lebt **Martin H. Petrich** in Yangon und Berlin. Seit 1996 führt der Südbadener auch Reisegruppen durch das Land und freut sich jedes Mal auf die Tempel von Bagan und die ländliche Atmosphäre im Shan-Staat.

### ■ In der Regenzeit nach Myanmar?

Wer keinen Badeurlaub plant, kann in der Regenzeit mit gewissen Einschränkungen wunderbar herumreisen: Zwischen Juni und September regnet es viel entlang der Küste und in Yangon. Dafür ist es in Bagan und Mandalay trockener. Den Shan-Staat im Osten finde ich in der Monsunzeit sogar am schönsten, weil dann alles wunderbar grün ist.

### ■ Sind Malaria und Dengue-Fieber ein Problem?

Gegen Malaria schützt eine Prophylaxe. Gegen Dengue-Fieber kann man sich jedoch nicht vorbeugend absichern. In Yangon, den Städten Ober-Myanmars wie Mandalay oder Bagan und in Höhenlagen ab 1000 m ist das Risiko gering. Ein mittleres Risiko besteht vor allem in den Grenzgebieten zu Thailand (Kayin und Kayah State, Tanintharyi und östlicher Shan-Staat), zu Bangladesch und Indien. Mehr dazu auf 💻 www.fit-for-travel.de.

### ■ Komm ich auf dem Landweg nach Myanmar?

Die Grenzen werden immer durchlässiger, vor allem nach Thailand. So kann man etwa im Süden über Mae Sot nach Myawaddy einreisen und dann weiter nach Hpa-an fahren. Oder man nimmt den Grenzübergang Ranong / Kawthaung und fährt dann die Küste entlang. Außerdem gibt es im östlichen Shan-Staat den Grenzübergang Tachilek / Mae Sai.

### ■ Myanmar – ein teures Pflaster?

Tiefe Löcher in die Tasche reißen leider die Unterkünfte während der Hochsaison. Da kommt es immer noch zu Engpässen, auch wenn fleißig gebaut wird. Aber Bus- oder Bahnfahrten sind preislich ebenso passabel wie das Essen in einfachen Lokalen. Mein Tipp: die Nebensaison nutzen!

### ■ Ist das Land sicher zu bereisen?

In einigen Regionen (Chin-Staat) ist die Lage sicherer, in anderen (nördliches Rakhine, Kachin-Staat, östlicher Shan-Staat) wieder unsicherer geworden. Touristen waren zwar bislang kein Ziel von Anschlägen, doch rate ich unbedingt, vor Ort die aktuelle Lage zu checken.

### ■ Wo kann ich meine Kreditkarte einsetzen?

Noch immer ist es schwierig bis unmöglich, Tickets, Hotel- oder Restaurantrechnungen per Kreditkarte zu bezahlen. Dafür gibt es selbst in den Provinzstädten zunehmend Banken (z. B. KBZ, CB, Aya) mit Geldautomaten, wo man täglich bis zu 3 x 300 000 Kyat abheben kann.

### ■ Kann ich mein Smartphone benutzen?

Bislang haben die meisten ausländischen Telekom-Anbieter kein Roaming-Abkommen mit Myanmar. Aber vor Ort kann man schon ab 1500 Kyat (1,20 €) SIM-Karten von Ooredoo, Telenor oder MPT kaufen und damit telefonieren oder über einen Stick mit dem Notebook im Internet surfen.

Noch Fragen? 💻 **www.stefan-loose.de/globetrotter-forum**

Für Wanderungen rund um den **Mount Victoria** im Natmataung-Nationalpark (S. 521) empfiehlt sich eine Buchung vorab. Ohne größeren Aufwand können Wanderfreunde jedoch Touren verschiedenen Schwierigkeitsgrades um **Kalaw** (S. 414), **Pindaya** (S. 417), **Kyaing Tong** (S. 464) oder vom **Inle-See** nach **Kakku** (S. 441) unternehmen. Immer mehr Reisende verzichten sogar ganz auf Bus und Bahn und legen mehrtägige Strecken zu Fuß zurück. Beliebt sind Wanderungen von **Kalaw** zum **Inle-See** (S. 415).

### Radfahren

Mit reizvoller Landschaft bietet sich der südliche Shan-Staat für Radtouren an, etwa zwischen **Aungban** oder **Kalaw** und **Pindaya**. Wer hier in die Berge fahren will, sollte sich jedoch ein eigenes gutes Mountainbike mitbringen (S. 81) oder sich an Spezialisten wenden. Schön sind auch Fahrradtouren rund um **Mandalay** (S. 354) oder durch das Pagodenfeld von **Bagan** (S. 248/49).

### Wassersport

Wassersport steckt in Myanmar noch in den Kinderschuhen. Die Malikha Lodge in **Putao** bietet Rafting auf dem Nam Lang an (S. 482), während Kayaking auf dem **Indawgyi**- und **Inle-See** langsam populär wird. Zu den bekanntesten Tauchrevieren Südostasiens zählt der **Myeik-Archipel** (S. 573). Unter Wasser gehen kann man aber auch vor dem Strand von **Ngapali** (S. 491).

# Reiserouten

Myanmar ist eines der landschaftlich vielfältigsten Länder Südostasiens. Theoretisch könnten Touristen mit ihrem vierwöchigen Touristenvisum nicht nur unzählige Tempel und Pagoden erkunden, sondern auch tauchen, durch ursprünglichen Dschungel wandern, unter Palmen am Meer faulenzen oder Vier- bis Fünftausender besteigen. Tatsächlich jedoch ist das Reisen wegen der fehlenden touristischen Infrastruktur in vielen Landesteilen nur bedingt möglich, und manche Gebiete sind für Ausländer aus Sicherheitsgründen nach wie vor gesperrt *(off limits)* oder bedürfen einer Sondergenehmigung *(travel permit)*, die über lokale Veranstalter besorgt werden kann. Gesperrt sind weite Teile des Kayah- und Kayin-Staates, Gebiete des östlichen Shan-Staates sowie abgelegene Regionen des Chin-Staates und der Sagaing Division. Auch einige Gegenden des Mon-Staates und der Tanintharyi Division sind Touristen nicht zugänglich.

Die meisten Touristen reisen über den Flughafen in Yangon ein und aus. Auch Mandalay wird inzwischen von internationalen Fluggesellschaften angeflogen. Es besteht außerdem die Möglichkeit, die Grenze zu Thailand bei Tachileik im östlichen Shan-Staat, Myawaddy im Kayin-Staat oder Kawthoung im tiefen Süden für die Ein- oder Ausreise zu nutzen.

Die folgenden Routenvorschläge richten sich an Reisende, die so viel wie möglich sehen möchten. Nichts spricht jedoch dagegen, sich nur an einem Ort aufzuhalten. Allein in Bagan oder Mrauk U kann man problemlos mehr als eine Woche verbringen, ohne dass Langeweile aufkommt, und nicht selten findet irgendwo ein Fest statt, das zum Verweilen einlädt.

#### Sperrgebiete und Travel Permits

Noch immer gibt es Landesteile, die gar nicht oder nur im Rahmen organisierter Touren zu bereisen sind bzw. in denen es an (touristischer) Infrastruktur mangelt. Zudem kämpfen in vielen Grenzregionen diverse Schmugglerbanden, Befreiungs- und Drogenarmeen gegen die Regierung. Deshalb ist es wichtig, sich rechtzeitig vor Reiseantritt über die aktuelle Sicherheitslage zu informieren (S. 69). Für Gebiete, die nur mit einer **Sondererlaubnis** (Travel Permit) oder im Rahmen von **Pauschaltouren** bereist werden dürfen, wendet man sich ans Büro von MTT oder (besser und bequemer) an eine darauf spezialisierte Reiseagentur.

## Myanmar kompakt

- eine Woche

Wer nur eine Woche Zeit hat, kann entweder viel hineinpacken oder sich gleich Zeit lassen mit dem Wissen, nur einen kleinen Ausschnitt des Landes, das immerhin doppelt so groß wie Deutschland ist, sehen zu können. Hier zwei Vorschläge:

## Die Highlights

Startpunkt ist **Mandalay** (S. 111), wo in drei Tagen Stadt und Umgebung entspannt erkundet werden können. Sehenswert sind die einstigen Königsstädte Amarapura, Inwa (Ava) und Sagaing, die britische Sommerfrische Pyin U Lwin und Mingun. Alternativ zum halbstündigen Flug nach **Bagan** (S. 250) kann man mit dem Schiff in die berühmte Tempelstadt fahren oder mit dem Mietwagen, der unterwegs einen Besuch am **Mount Popa** (S. 300) möglich macht. Nach zwei Tagen in Bagan fährt man per Flieger oder Nachtbus nach **Yangon** (S. 142), für dessen Besichtigung zwei Tage ausreichen, bevor es wieder nach Hause geht.

## Gemächlich

Als eine Art Einstiegsreise bietet es sich an, den Besuch auf **Yangon** (S. 142) und Umgebung zu beschränken. Nach zwei Tagen Aufenthalt in der Metropole, einschließlich eines Abstechers nach **Twante** (S. 198) oder **Thanlyin** (S. 196), geht es nach **Bago** (S. 219), der alten Hauptstadt der Mon. Wer will, kann dort übernachten oder nach der Besichtigung direkt zum **Goldenen Felsen** (S. 529) von Kyaikhtiyo weiterreisen. Die Tour ist bis nach **Mawlamyaing** (S. 542) verlängerbar – mit einem Aufenthalt in **Hpa-an** (S. 534), das sich in besonders schöner Variante mit einer Bootspassage auf dem Thanlwin in den Reiseverlauf einbauen lässt.

# Myanmar klassisch

- zwei Wochen

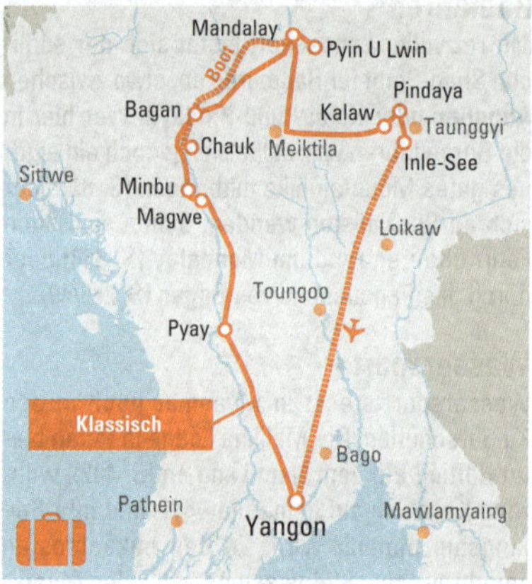


Von **Yangon** geht es zunächst nach **Bagan** und dann (evtl. per Schiff) nach **Mandalay** mit Ausflug in die alte britische Sommerfrische **Pyin U Lwin** (S. 383). Auf der anschließenden Fahrt von der letzten Königsstadt zum **Inle-See** (S. 432) bietet es sich an, den ehemaligen kolonialen Alterssitz der Briten, **Kalaw** (S. 406), und die Höhlen von **Pindaya** (S. 417) zu besuchen. Auch lohnt es sich, vom Inle-See einen Tagesausflug zum Pagodenwald von **Kakku** (S. 441) oder **Indein** (S. 435) zu unternehmen oder die südliche Seenlandschaft **Samkar** (S. 437) zu erkunden.

Wer mehr von Zentral-Birma sehen möchte, fährt von Yangon zunächst nach **Pyay** (S. 235) und dann weiter nach **Magwe** (S. 314). Von dort geht es über die Ayeyarwady-Brücke nach **Minbu** (S. 312), dann entlang der attraktiveren Westseite, bei **Chauk** wieder auf die Ostseite des Flusses und dann schließlich Bagan.

## Auf Birmas Wasserstraßen

© MARTIN H. PETRICH

Auf über 8000 km sind die Flüsse Myanmars schiffbar und für den Transport von Waren und Menschen von großer Bedeutung. Was liegt da näher, als auf einem Boot das Flussleben kennenzulernen? Dazu eignen sich folgende Routen.

### Ayeyarwady

Der Abschnitt zwischen **Mandalay** und **Bagan** gehört mittlerweile zu den „Rennstrecken" – auch wenn sich die Landschaft eher eintönig zeigt. Viel schöner, aber auch abenteuerlicher ist die Fahrt zwischen **Bhamo** und Mandalay auf einer der Fähren der Inland Water Transportation (IWT). Hier geht es durch schroffe Schluchten, vorbei an Bambuswäldern und lauschigen Orten. Literaturfans können die Fahrt in **Katha** unterbrechen und in Orwells Fußstapfen treten, der sich dort zu seinem kolonialkritischen Buch *Tage in Burma* inspirieren ließ. Je nach Wasserstand brauchen die Boote mindestens drei Tage (S. 358).

### Ayeyarwady-Delta

Dank verbesserter Straßen stellen immer mehr Fähren ihren Dienst ein. Noch regelmäßig verkehren Linienschiffe von Yangon nach **Bogale** (S. 201). Interessant sind organisierte Bootstouren nach **Meinmahla Kyun** (S. 200) und durch die Kanäle rund um **Pyapon** (S. 199) und **Pathein** (S. 201).

### Chindwin

Zu den spannendsten Flussreisen zählt die Fahrt auf dem Chindwin von **Monywa** flussaufwärts nach **Homalin** und **Hkamti**. Hier sind Touristen noch eine Rarität und man erlebt ursprüngliches Flussleben mit einem Hauch Abenteuer (S. 395).

### Kaladan

Mit Privatbooten geht es von **Sittwe** nach **Mrauk U**. Die Holzkähne sind bis zur alten Arakan-Metropole mindestens 5 Std. unterwegs. Als Alternative bieten sich die öffentlichen Fähren an (S. 510).

### Thanlwin

Die Strecke zwischen **Mawlamyaing** und **Hpa-an** ist landschaftlich sehr schön. Boote können vor Ort gechartert werden (S. 538).

### Bitte beachten!

Ab März bis zum Einsetzen der Regenzeit können der niedrige Wasserstand und Sandbänke die Fahrzeiten erheblich verlängern.

# Myanmar intensiv

- ab drei Wochen

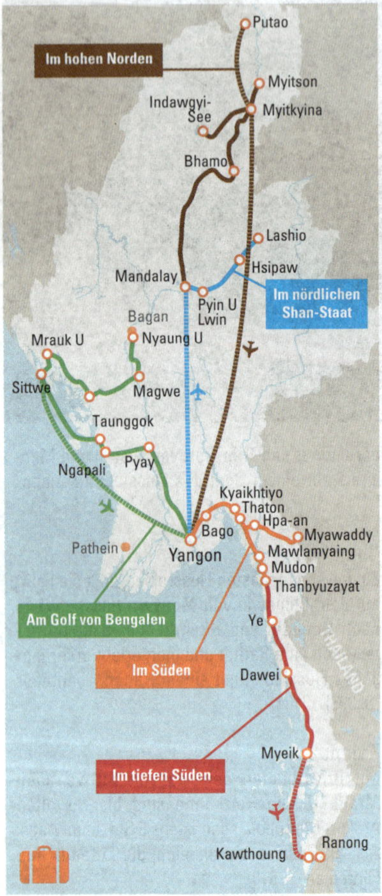


Wer drei und mehr Wochen Zeit hat, kann auch abgelegene Regionen erkunden. Die folgenden Tipps sind beliebig mit den Hauptreisezielen zu kombinieren.

## Am Golf von Bengalen

Für all jene, die von Pagoden nicht genug bekommen können, ist **Mrauk U** (S. 511), die alte Hauptstadt von Rakhine, mit ihren 70 Heiligtümern genau das Richtige. Bislang werden die Ruinen erstaunlich wenig besucht – zu Unrecht! Von Mrauk U aus können auch Tagesausflüge in die Umgebung unternommen werden, etwa per Boot zu Dörfern der Chin oder per Jeep zum ursprünglichen Sitz des heute in Mandalay verehrten Mahamuni-Buddha.

Am schnellsten ist der geschichtsträchtige Flecken mit dem Flugzeug über **Sittwe** (S. 504) zu erreichen. Von dieser sympathischen Hafenstadt fahren Boote über den Kaladan nach Mrauk U. Falls Zeit keine Rolle spielt, besteht die Möglichkeit, mit dem Bus von Pyay über den Rakhine Yoma zunächst zum **Ngapali Beach** (S. 491), dann nach **Taunggok** (S. 500) zu fahren und von dort ein Boot nach Sittwe zu nehmen oder von Bagan aus über **Magwe** (S. 314) nach Mrauk U zu reisen.

## Im nördlichen Shan-Staat

Dem Shan-Staat mit seiner ganz eigenen Atmosphäre lässt sich in dessen Nordteil nachspüren. Von **Mandalay** (S. 111) aus geht es per Bus, Pick-up oder Taxi nach **Pyin U Lwin** (S. 383), der legendären Sommerfrische der britischen Kolonialherren. Noch heute herrscht dort koloniales Ambiente. Empfehlenswert ist die Weiterfahrt mit dem Zug über den berühmten **Gokteik-Viadukt** (S. 447) in die alte Fürstenstadt **Hsipaw** (S. 448). Bereits chinesisch-geschäftig und eher gesichtslos mutet **Lashio** (S. 454) an, die größte Stadt im nördlichen Shan-Staat.

## Im hohen Norden

Entlang der Grenze zu Indien und China zeigt sich Myanmar von einer ganz eigentümlichen Seite – fruchtbare Hochtäler, eisbedeckte Gipfel der höchsten Berge Südostasiens, der Ursprung des Ayeyarwady am Zusammenfluss von Malikha und Mehka und faszinierende Kulturen verschiedener Volksgruppen. Im hohen Norden liegt wohl eines der bedeutendsten touristischen Potenziale des Landes. Doch gegenwärtig können nur wenige Ecken auf eigene Faust bereist werden.

**Myitkyina** (S. 472), die Hauptstadt des Kachin-Staates, ist mit Zug, Bus, Flugzeug und Boot erreichbar. Die Stadt bietet abgesehen vom jährlich stattfindenden Manao-Fest nur wenige Sehenswürdigkeiten, ist aber Ausgangspunkt einiger interessanter ein- bis mehrtägiger Ausflüge, etwa nach **Myitson** (S. 476) am Zusammenfluss von Mehka und Malikha oder zum größten Binnengewässer des Landes, dem idyllisch gelegenen **Indawgyi-See** (S. 476). Aufgrund des blutigen Konfliktes zwischen der dort aktiven Kachin Independence Organisation (KIO) und der Zentralregierung sollten die Reisemöglichkeiten unbedingt aktuell überprüft werden. Zudem kann man von Myitkyina per Boot auf dem Ayeyarwady nach **Bhamo** (S. 478) weiter reisen, um dort die IWT-Fähre nach Mandalay zu nehmen. Noch weiter im Norden liegt die nur auf dem Luftweg erreichbare Enklave **Putao** (S. 482), deren umgebendes Hochland ein Paradies für Naturfreunde ist. Das einstige Fort Hertz ist auch Ausgangsbasis für Trekkingtouren rund um Südostasiens höchsten Berg **Hkakabo Razi** (S. 483). Diese sind allerdings nur mit Genehmigung möglich und bedürfen längerer Vorbereitung.

## Im Süden

Einzigartige Eindrücke vom Süden Myanmars kann eine Schlaufe bescheren, die **Bago** (S. 219) und den legendären **Goldenen Felsen** von Kyaikhtiyo (S. 529) verbindet mit **Hpa-an** (S. 534) und seiner reizvollen Umgebung aus Reisfeldern, Felsen- und Höhlenheiligtümern sowie mit **Mawlamyaing** (S. 542). Von dieser kolonial-charmanten Hafenstadt am Thanwlin empfiehlt sich eine Tagestour zum größten liegenden Buddha der Welt in **Mudon** (S. 551) inkl. Visite am **Setse Beach** (S. 553) und in **Thanbyuzayat** (S. 554) – Endpunkt der berüchtigten „Todes-Eisenbahn". Die Rückreise kann über das Städtchen **Thaton** (S. 533) nach Yangon erfolgen oder man reist über den Grenzübergang **Myawaddy/Mae Sot** nach Thailand aus.

## Im tiefen Süden

Der schmale Küstenstreifen in Myanmars tiefem Süden dürfte v. a. jene Reisende anlocken, die auf Ursprünglichkeit und Abenteuer aus sind. Die seit 2013 auch für Ausländer nutzbaren Grenzübergänge von/nach Thailand haben das Bereisen dieser Region ebenso erleichtert wie die Öffnung weitläufiger Sperrgebiete bzw. die Freigabe der Landrouten für Ausländer (S. 526). Als Zwischenstation von Mawlamyaing auf dem Weg zu den beiden wenig besuchten Küstenstädten **Dawei** (S. 558) und **Myeik** (S. 567) empfiehlt sich das noch völlig untouristische **Ye** (S. 557). Myeik eignet sich v. a. als Ausgangspunkt für Tauch- und Schnorcheltouren in den **Myeik-Archipel** (S. 573), der als größte und unbekannteste Inselgruppe Südostasiens immer noch meist vom thailändischen Phuket bzw. dem Grenzübergang **Ranong/Kawthoung** (Victoria Point) im südlichsten Zipfel Myanmars erkundet wird.

### Reisen auf Birmanisch

Bei der Reiseplanung sollte unbedingt die buddhistische und von jedem Birmanen verinnerlichte Regel beachtet werden: Alles ist der Veränderung unterworfen. Fahrpläne, Reisebestimmungen und Preise können sich über Nacht ändern. Pannen gehören auf vielen Strecken dazu, und nicht jede auf der Landkarte eingezeichnete Straße hat den Namen verdient. Es ist beeindruckend, wie lange manche Fahrzeuge und Züge für ein paar Kilometer benötigen. Wer den Zeitrahmen seiner Reise zu eng steckt, wird in Schwierigkeiten geraten. Also am besten lieber gleich etwas lockerer planen!
Der Versuch, so billig wie möglich durchs Land zu fahren, kann dazu führen, dass Reisende sich während ihres Birma-Aufenthalts nur noch mit Organisations-, Unterkunfts- und Transportfragen beschäftigen und dann am Ende entsprechend genervt sind. Wer finanziell nicht völlig eingeschränkt ist, mag an einer „gesunden" Mischung der Reisemittel und Unterkünfte mehr Freude haben: mal billig und spartanisch, mal teurer, aber dafür bequemer. Dann kann man den Besuch in einem Land, das zu den spannendsten und exotischsten in Asien gehört, wirklich genießen.
Bei Kontrollen entlang wenig befahrener Straßen oder beim Besuch abgelegener Orte werden Ausländer unter Umständen nach dem Reisepass gefragt. Daher sollte man ihn immer bei sich führen – und zur Sicherheit einige Fotokopien im Gepäck haben.

# Klima und Reisezeit

Myanmar liegt in der **tropischen Klimazone** und unterliegt dem Einflussbereich der **Monsunwinde**. Es werden daher drei Jahreszeiten unterschieden. Eine Reise ist jederzeit möglich, doch der Radius der Tour wird in der Regenzeit durch schlammige Straßen und unpassierbare Wege eingeschränkt. Die richtige Reisezeit ist somit von den geplanten Reisezielen abhängig.

## Reisezeit

Die beste Reisezeit ist der **birmanische Winter**, also die trockenen, kühlen Monate von **November bis Februar**. Die Durchschnittstemperaturen liegen bei 20–30 °C, die Luftfeuchtigkeit ist gemäßigt und es fällt nur gelegentlich Regen. In den Bergregionen, etwa im Shan-Staat, kann es nachts empfindlich kalt werden und sogar zu Frost kommen. Aber selbst in Bagan und Mandalay ist es dann morgens und abends ziemlich frisch. Im nördlichen Kachin-Staat gibt es zuweilen weiße Weihnachten. Auch Ausflüge nach Mrauk U sind in dieser Zeit nur mit warmem Pullover anzuraten.

Mit Tagestemperaturen von 30–40 °C kann das Reisen während der **heißen Jahreszeit** von **März bis Mai** recht beschwerlich werden. In Oberbirma, etwa in Bagan und Mandalay, klettert die Quecksilbersäule in der zweiten Aprilhälfte häufig auf 45 °C. Dafür weht in den Bergen ein angenehmes kühles Lüftchen. Für ausgiebige Bergwanderungen im Shan-Staat oder Bootsfahrten am Golf von Bengalen bietet sich daher die heiße Jahreszeit an.

In der **Regenzeit** zwischen Ende **Mai und Oktober** ist es bei 25–35 °C und hoher Luftfeuchtigkeit oft schwül-warm. Abends kühlt es meist auf etwa 20 °C, in Nord- und Zentralbirma auch schon mal auf 10 °C ab. Der Südwestmonsun bringt heftige Regenfälle mit sich und betrifft vor allem die Küstenregionen. Dort beträgt die jährliche Niederschlagsmenge etwa 5000 mm. Badeurlauber sollten die Regenzeit daher meiden. In Oberbirma fällt weitaus weniger Regen, da sich die Wolken schon am Rakhine Yoma abregnen; morgens und mittags lacht meist die Sonne. Viel Regen fällt im Juli und August. Im Oktober lockt dann das frische Grün vor allem Naturliebhaber ins Land.

### Monsun

Der Name leitet sich von dem arabischen Wort *mausim* ab und bedeutet „Saison" oder genauer: „wiederkehrende Festzeiten". Damit bezeichneten die arabischen Seefahrer jene in Asien halbjährlich wechselnden Winde, die zwischen Mai und Oktober von Südwest nach Nordost und November bis März in umgekehrte Richtung wehen. Ursache ist ein zwischen März und Mai über Süd- und Zentralasien dominierendes umfangreiches Hitzetief, das dem Indischen Ozean feuchte Luftmassen entnimmt und zu ergiebigen Regenfällen führt. Es wird ab November von einem kräftigen Kältehoch mit trockenen Luftmassen über Sibirien abgelöst, die sich erwärmen und Richtung Südwesten wandern.

Als ab dem frühen 16. Jh. die Portugiesen die Weltmeere beherrschten, verwandelten sie den arabischen Terminus in *monção*. In seiner 1596 publizierten Reisebeschreibung *Itinerario* verwendet der holländische Seefahrer Jan Huyghen van Linschoten die Begriffe *monssoyn* und *monssoen*. Über diesen Weg fand vermutlich der „Monsun" Eingang in den allgemeinen Sprachgebrauch.

## Kawthoung

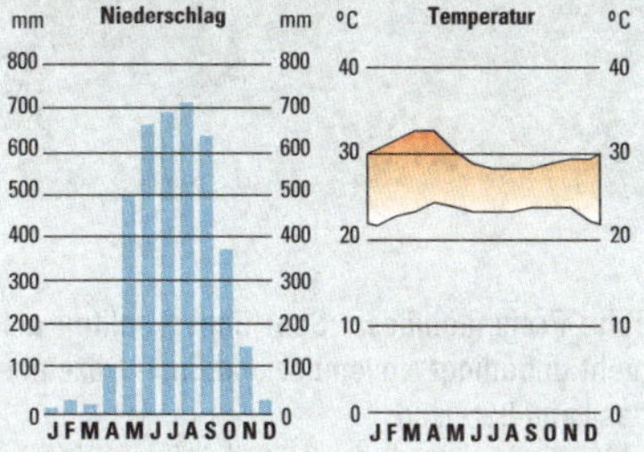


## Mandalay

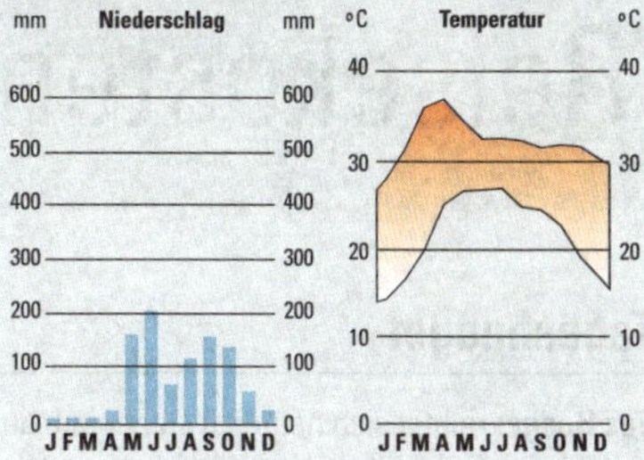


## Myitkyina

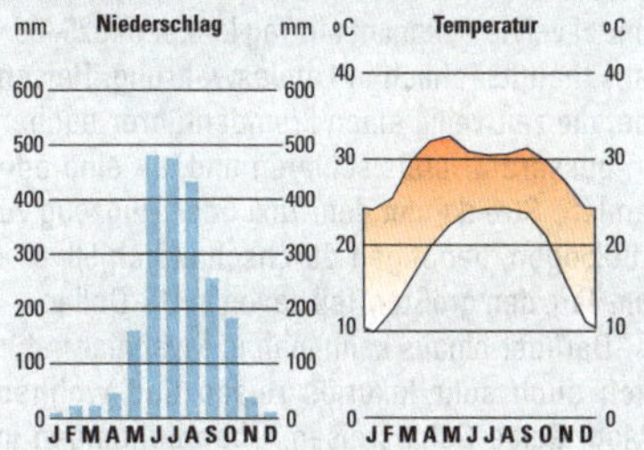


## Sittwe

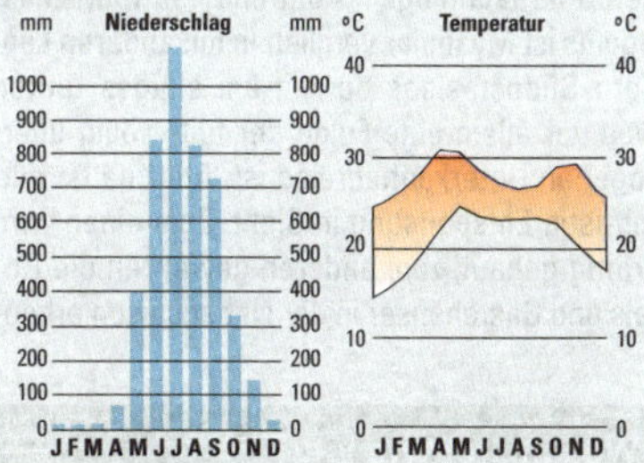


## Taunggyi

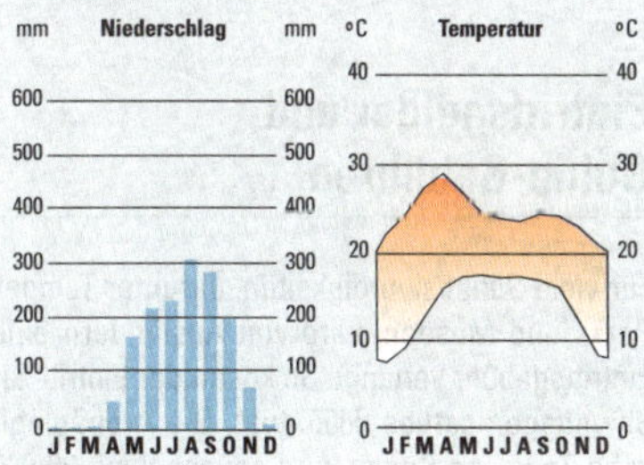


## Yangon

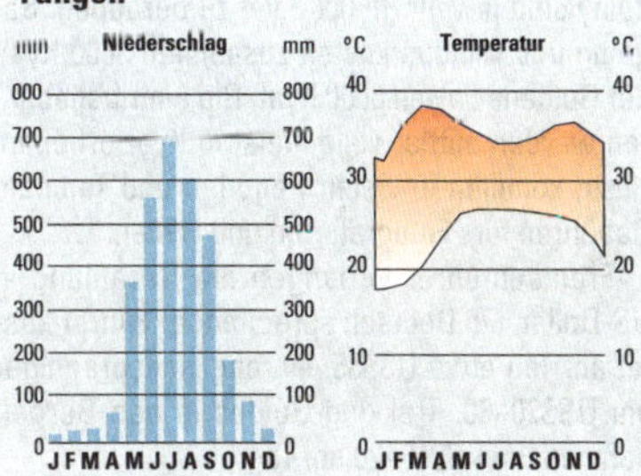

# Reisekosten

## Tagesbudget

Das Budget richtet sich natürlich stark nach der Anzahl der Reisenden. Wer allein unterwegs ist, spürt die höheren Kosten vor allem bei den Übernachtungen. Aufgrund des Tourismus-Booms ist Myanmar verglichen mit anderen Ländern Südostasiens derzeit um einiges teurer, was vor allem eine Folge der teils völlig überzogenen Unterkunftspreise ist. Aber da ist mittelfristig Entspannung in Sicht. Zum einen wird kräftig gebaut, zum anderen gewähren die Hotels und Gästehäuser in der Nebensaison erhebliche Preisnachlässe. Sparfüchse sollten also nicht unbedingt November und Ende Dezember das Land bereisen.

### Was kostet wie viel?

Achtung: Bedingt durch die hohe **Inflationsrate** sind die in diesem Buch angegebenen Preise möglicherweise nicht mehr aktuell.

| | |
|---|---|
| **Trinkwasser** | ab 200 Kyat |
| **Softdrink** (importiert) | 1000–1500 Kyat |
| **Großes Bier** | ab 2000 Kyat |
| **Kaffee** (lokal) | ab 300 Kyat |
| **Kaffee** (aus Maschine) | ab 1500 Kyat |
| **Mohinga-Frühstück** | ab 500 Kyat |
| **Currygericht** | ab 2000 Kyat |
| **Essen** (westl. Standard) | ab 3000 Kyat |
| **Hotelzimmer** | |
| einfach | bis US$35 |
| Mittelklasse | US$35–80 |
| **1 Liter Benzin** | ab 850 Kyat |
| **Taxifahrt** (3 km) | 2000 Kyat |
| **Mietwagen mit Chauffeur** | je nach Entfernung US$50–180 pro Tag |
| **Eintrittsgebühren** | US$2–20 |

Wer mit einfachsten Unterkünften zufrieden ist, dem Essen am Straßenstand standhält sowie einheimische Lokale und öffentliche Verkehrsmittel vorzieht, kommt am Tag locker mit 25–35 € aus, hauptsächlich in Landeswährung. Reisende, die zeitweilig einen Fremdenführer buchen, in besseren Hotels schlafen und die eine oder andere Strecke mit dem Taxi oder Flugzeug zurücklegen, benötigen durchschnittlich 50–80 € am Tag, den größten Teil davon in US-Dollar.

Darüber hinaus kann man in Myanmar natürlich auch sehr luxuriös reisen und wohnen. Mehrtägige Schiffsreisen, Übernachtungen im Edelresort oder Expeditionen in entlegene Gebiete können schnell einige tausend Euro kosten.

## Eintrittsgelder und Guide-Gebühren

Für viele Sehenswürdigkeiten, darunter Tempel, Parks und Museen, wird von Ausländern eine Eintrittsgebühr verlangt. So kostet der Eintritt zur Shwedagon saftige 8000 Kyat. Die Archäologische Zone von Bagan wird pauschal mit 20 000 Kyat berechnet, für Bago, den Inle-See und Mandalay sind jeweils 10 000 Kyat zu berappen. Sagaing und Mingun kosten zusammen 3000 Kyat, der Goldene Felsen 6000 Kyat. Die Eintrittsgebühren werden mittlerweile meist in Kyat erhoben. Hinzu kommen in vielen Pagoden und Tempeln Gebühren fürs Fotografieren und Filmen.

Fremdenführer verlangen die Bezahlung in US-Dollar. Ein Deutsch sprechender Führer kostet am Tag etwa US$35, ein englischsprachiger um US$20–30. Trekking-Guides in den Bergen nehmen um US$15–20 am Tag.

© M. MARKAND

Die Airlines setzen im Inland vorwiegend Propellermaschinen ein.



## Übernachtung

Die einfachsten Unterkünfte sind je nach Ort für US$8–20 pro Doppelzimmer zu haben und verfügen über Ventilator und Gemeinschaftsbad. Das meist aus ein paar Toastscheiben, Eier, Saft und Kaffee bestehende Frühstück, ist nicht immer inklusive. Ein Zimmer in einem einfachen Hotel mit Dusche und WC, Ventilator oder Klimaanlage kostet bis zu US$35 pro Doppelzimmer inklusive Frühstück. Für ein Zimmer der Mittelklasse ist mit US$35–80 zu rechnen. Gehobenen Ansprüchen werden Zimmer ab etwa US$80 gerecht. Luxus kann bei Angeboten jenseits der US$150-Marke erwartet werden. Im Gegensatz zu allen Gästehäusern addieren die meisten Hotels zur Rechnung 10 % Mehrwertsteuer (VAT) und 10 % Service Charge. Bis auf Ausnahmen in entlegenen Orten sind alle Hotelkosten in US-Dollar zu begleichen. Nur einfache Gästehäuser nehmen Kyat. Auch in Myanmar gilt das Prinzip der Marktwirtschaft: Konkurrenz drückt die Preise. In Orten mit wenigen Unterkünften muss man daher für den gleichen Standard mehr bezahlen als etwa in Bagan oder Mandalay.

## Transport

Lokale Busse und Pick-ups sind sehr billig. Fast alle Langstrecken kosten weniger als 20 €, Pick-ups für kurze bis mittlere Strecken oft wenige hundert Kyat. Auf den Hauptrouten zahlen Touristen mehr als Einheimische. Bahnfahrten sind relativ günstig und in Kyat zu bezahlen, Flüge hingegen recht teuer und in US$ zu begleichen. Je nach Entfernung belasten Letztere die Reisekasse mit bis zu US$190 pro Strecke.

In den großen Städten bieten Taxis ihre Dienste an. Im Schnitt kostet ein Wagen mit Fahrer zwischen US$50 und US$180 am Tag, abhängig von Wagonqualität, Strecke, Reiseverlauf und aktuellem Spritpreis.

## Rabatte

Studenten und Rentner können kaum mit Vergünstigungen rechnen. Kinder bis zwölf Jahre zahlen in der Regel keinen Eintritt. Für ältere Kinder gibt es vereinzelt vergünstigte Eintrittspreise, etwa im Botanischen Garten in Pyin U Lwin.

# Travelinfos von A bis Z

**Wer nach Myanmar fährt, braucht einen Reisepass mit Visum, ein paar Kleidungsstücke für warme und kalte Tage und Nächte, eine gute Krankenversicherung und jede Menge Neugier. In Myanmar ticken die Uhren anders, nicht nur, weil sie 4 1/2 Stunden vorgehen. Es lohnt sich, die folgenden Seiten in Ruhe zu lesen, um gut vorbereitet eine spannende Zeit zu erleben.**

PICK-UP, YANGON; © M. MARKAND

## Kurz und knapp

**Einreise** Per Luft oder über Land mit dem 4-wöchigen Visum

**Flugdauer** Etwa 10 Std. mit einem Direktflug

**Geld** Gezahlt wird in Kyat, selten kommen noch US$ zum Einsatz.

**Zeitverschiebung** In der Sommerzeit 4 1/2 Std. der deutschen Zeit voraus, im Winter 5 1/2 Std.

**WLAN** Immer mehr Unterkünfte bieten WLAN (nennt sich vor Ort WiFi) an, doch die Datenraten sind meist gering.

## Inhalt

# Anreise

Die meisten Myanmar-Besucher reisen auf dem Luftweg ein, viele fliegen nicht direkt, sondern mit einem Zwischenstopp über Bangkok. Von dort aus ist die Einreise auch über Land an mehreren Grenzübergängen ohne Sondererlaubnis möglich. Auch ein Grenzübergang nach Indien hat in jüngster Vergangenheit geöffnet (Permit erforderlich).

## Mit dem Flugzeug

Yangon, Nay Pyi Taw und Mandalay besitzen internationale Flughäfen. Die meisten Gesellschaften fliegen nach Yangon. Mandalay wird von Bangkok und Chiang Mai (Thailand) aus angeflogen.

### Anreise aus den Nachbarländern

Ein großer Teil der Besucher reist über Thailand ein. Wer in Thailand einen Zwischenstopp einlegen möchte, bekommt am Flughafen Bangkok eine (kostenlose) 30-Tage-Aufenthaltserlaubnis. Der Flug Bangkok–Yangon dauert etwa eine Stunde.

Folgende Gesellschaften verbinden Myanmar mit dem Rest der Welt:

**Air Bagan**, www.airbagan.com, bedient die Strecke Yangon–Chiang Mai.
**Bangkok Airways**, www.bangkokair.com, fliegt die Strecken Bangkok–Yangon, Yangon–Mandalay und Bangkok–Nay Pyi Taw. Gabelflüge sind eine gute Option: Einreise über Yangon und Abflug von Mandalay oder andersherum.
**Jetstar Airways**, www.jetstar.com, fliegt von Yangon via Singapur nach Australien sowie zu diversen asiatischen Zielen.
**Malaysia Airlines**, www.malaysiaairlines.com, fliegt von Kuala Lumpur nach Yangon. Kann auch als Gabelflug ab Frankfurt oder Amsterdam gebucht werden.
**Myanmar Airways International**, www.maiair.com, verkehrt täglich von Yangon nach Bangkok; zudem ab Yangon nach Kuala Lumpur, Singapur, Guangzhou in China und in den buddhistischen Pilgerort Gaya in Indien. Nach Gaya geht es je nach Saison auch von Mandalay aus, zudem von Mandalay nach Incheon in Südkorea.
**Nok Air**, www.nokair.com, fliegt zweimal täglich von Bangkok (Don Mueang) nach Yangon.
**Qatar Airways**, www.qatarairways.com, fliegt mehrmals wöchentlich von Frankfurt, München, Berlin, Wien und Zürich über Doha nach Yangon.
**Singapore Airlines**, www.singaporeair.com, und deren Ableger Silk Air, www.silkair.com, fliegen mehrmals täglich zwischen Singapur und Yangon, Silk Air auch 2x wöchentl. nach Mandalay.
**Thai Air Asia**, www.airasia.com, bietet täglich Flüge aus Bangkok und Kuala Lumpur nach Yangon sowie aus Bangkok nach Mandalay. In Bangkok wird der alte Don Mueang-Flughafen genutzt, nicht der neue Suvarnabhumi-Airport, von dem die meisten internationalen Flüge gehen. Für den Transport zwischen den Airports ist eine gute Stunde einzuplanen.
**Thai Airways International**, www.thaiair.com, fliegt bis zu dreimal täglich mit einem gut gewarteten Airbus zwischen Yangon und Bangkok (Suv.). Mehrmals wöchentlich wird zudem Mandalay angesteuert.
**Vietnam Airlines**, www.vietnamairlines.com, verbindet Yangon mit Ha Noi und Ho-Chi-Minh-Stadt (Sai Gon).

Weitere internationale Airlines s. eXTra [8524].

### Flugtickets

Flüge können über ein Reisebüro, über Internet-Fluganbieter oder direkt bei den Fluggesellschaften gebucht werden, doch sind diese Angebote meist teurer als jene über Reisebüros. Im Internet finden sich Sonderangebote z. B. von Thai Airways und Air Asia.

Tickets sollten frühzeitig gebucht werden. Aber auch wer erst in Bangkok ein Reisebüro aufsucht, bekommt oft noch Tickets für Flüge am nächsten Tag. Meist stellen Fluggesellschaften E-Tickets aus. Hier ist, wenn überhaupt, nur ein Ausdruck nötig.

## Flughafentransfer

**Yangons** Flughafen liegt gut 20 km nördlich des Zentrums im Stadtteil Mingaladon. Vor dem Flughafen warten Taxifahrer. Je nach Strecke kostet eine Fahrt ins Zentrum US$7–9 und dauert abhängig vom Verkehrsaufkommen 40 bis über 60 Minuten. Vermittler mit besseren Englischkenntnissen als die Fahrer helfen bei der Taxiwahl. Sie versuchen Neuankömmlingen manchmal eine Rundreise anzudrehen – meist recht teuer.

Manche Hotels und einige Gästehäuser bieten kostenlosen Flughafentransfer, sofern der Gast erwartet wird. Es ist auch vom Flughafen aus möglich, Unterkünfte zu kontaktieren und nach einer Abholung zu fragen (so erfährt man auch gleich, ob noch Zimmer frei sind). Nicht immer ist dieser Service umsonst: Manche Hotels verlangen dafür bis zu US$16.

Der Flughafen **Mandalay** liegt rund 35 km südlich der Stadt. Taxis brauchen eine Stunde ins Zentrum und kosten je nach Fahrzeugstandard 12 000–22 000 Kyat und 4000 Kyat p. P. bei einem Sammeltransport. Air Asia bietet seinen Passagieren einen Gratis-Shuttle.

In den Flughäfen von Yangon und Mandalay gibt es im Arrival-Bereich Bankautomaten, an denen man sich mit der Landeswährung versorgen kann.

## Auf dem Landweg

Die Einreiseoption über Land hat sich deutlich verbessert. Über mehrere Grenzübergänge zwischen Myanmar und **Thailand** ist sie ohne Sondergenehmigung möglich. Ein Permit braucht man noch bei der Einreise aus **China** oder **Indien**. Der Grenzübertritt aus Bangladesch ist derzeit nicht möglich. Mit Öffnung der Freundschaftsbrücke über den Mekong zwischen Kyaing Lap (Kenglap) im Tachileik-Distrikt und Xieng Kok in **Laos** im Mai 2015 wird wohl bald auch die Einreise aus der Provinz Luang Namtha in den östlichen Shan-Staat möglich sein.

Bei den Grenzübergängen ist die beiderseitige Zeitdifferenz zu berücksichtigen, s. S. 90.

### Thailand

#### Mae Sai/Tachileik

Ein Visum für 14 Tage ist an der Grenze erhältlich und kostet US$18. Es erlaubt jedoch nur den Besuch von Tachileik und Kengtung. Auch Tagesausflüge, die US$10 Gebühr für den Visastempel kosten, sind möglich. Wer von Kengtung weiterreisen und ins Landesinnere Myanmars vorstoßen möchte, muss sich vorab ein reguläres 28-Tage-Visum besorgen. Eine Weiterreise von Kengtung ins Landesinnere muss in jedem Fall auf dem Luftweg erfolgen (S. 465, Tachileik).

### Weniger fliegen – länger bleiben! Reisen und Klimawandel

nachdenken • klimabewusst reisen

atmosfair

Der Klimawandel ist vielleicht das dringlichste Thema, mit dem wir uns in Zukunft befassen müssen. Wer reist, erzeugt auch $CO_2$: Der Flugverkehr trägt mit einem Anteil von bis zu 10 % zur globalen Erwärmung bei. Wir sehen das Reisen dennoch als Bereicherung: Es verbindet Menschen und Kulturen und kann einen wichtigen Beitrag für die wirtschaftliche Entwicklung eines Landes leisten. Reisen bringt aber auch eine Verantwortung mit sich. Dazu gehört darüber nachzudenken, wie oft wir fliegen und was wir tun können, um die Umweltschäden auszugleichen, die wir mit unseren Reisen verursachen. Wir können insgesamt weniger reisen – oder weniger fliegen, länger bleiben und Nachtflüge meiden (da sie mehr Schaden verursachen). Und wir können einen Beitrag an ein Ausgleichsprogramm wie **www.atmosfair.de** leisten.
Dabei ermittelt ein Emissionsrechner, wie viel $CO_2$ der Flug produziert und was es kostet, eine vergleichbare Menge Klimagase einzusparen. Mit dem Betrag werden Projekte in Entwicklungsländern unterstützt, die den Ausstoß von Klimagasen verringern helfen.

Mae Sot/Myawaddy

Die Überquerung der Grenze erfolgt über die Thailand-Myanmar-Freundschaftsbrücke (143 km südöstlich von Hpa-an, S. 542). Das Visum für Myanmar muss allerdings vorab besorgt sein. Achtung: Dieser Übergang wird gern verwechselt mit dem legendären, für Ausländer bisher noch geschlossenen Drei-Pagoden-Pass, der von Kanchanaburi nach Payathonzu führt (S. 555). Für beide Übergänge gilt: Gegen US$10 (nur schöne Scheine, sonst 500 Baht) sowie die Hinterlegung des Reisepasses kann man auf der thailändischen Seite einen *Border Pass (Entry Permit)* beantragen, mit dem man sich als Tagesbesucher im grenznahen Bereich der Myanmar-Seite umschauen kann.

Phunaron (Phu Nam Ron)/Htee Khee

Der Grenzübergang 150 km östlich von Dawei ist der wohl entlegenste der landesweit vier Übergänge von/nach Thailand. Er wurde als Bestandteil des Tiefseehafenprojekts in Dawei eingerichtet. Zwischen den beiden Grenzkontrollstellen liegen 6 km Niemandsland (S. 559). Das Visum für Myanmar muss vorab besorgt werden. Für Reisende, die Myanmar hier verlassen wollen, gilt das Gleiche wie an den anderen Übergängen: Bei der Einreise nach Thailand wird ein kostenloses, 30 Tage gültiges Visa on Arrival erteilt.

Ranong/Kawthoung

Die Einreise über diesen Grenzübergang ist nur auf dem Wasserweg möglich (S. 578). Nachdem der Ausreisestempel von Thailand im Reisepass ist, geht es vom **Sapan Pla-Pier** per Longtail-Boot inkl. kurzen Zwischenstopps an zwei Checkpoints in Stelzenbauten in 20–30 Min. zum birmanischen Grenzposten am **Myoma-Jetty** in Kawthoung. Wer sich zuvor ein Myanmar-Visum besorgt hat, darf ganz normal einreisen und per Fähre oder Flugzeug (bisher nur in seltenen Ausnahmefällen auf dem Landweg) in Richtung Norden weiterreisen.

### China

Die Grenze bei Ruili in China und Muse in Myanmar ist derzeit für Touristen in beide Richtungen offen. Von Myanmar kommend, ist jedoch zuvor eine Sondererlaubnis einzuholen, um die Strecke von Lashio an die Grenze nach Muse fahren zu dürfen.

In Mandalay braucht das staatliche Fremdenverkehrsbüro für die Erteilung der Genehmigung mindestens zehn Tage und verlangt dafür US$50. Weitere US$300 sind für den Guide und das Fahrzeug zu zahlen.

Auch wer von China aus einreisen will, kommt um ein *special permit* nicht herum. Für beide Staaten ist ein Visum erforderlich.

### Indien

In der Sagaing Division können Ausländer mit Sondergenehmigung und gültigem Visa über den Grenzübergang Tamu/Moreh aus dem indischen Bundesstaat Manipur ein- bzw. ausreisen. Dies ist allerdings noch ziemlich aufwendig. Mehr dazu s. **eXTra [9898]**.

# Botschaften und Konsulate

## Vertretungen Myanmars im Ausland

**Deutschland**

Embassy of the Union of Myanmar,
Thielallee 19, 14195 Berlin-Dahlem,
✆ ++49 (0)30-206 1570,
💻 www.botschaft-myanmar.de,
🕒 Mo–Fr 9.30–16.30 Uhr.
An gesetzlichen deutschen und einigen birmanischen Feiertagen geschlossen.

**China**

Embassy of the Union of Myanmar,
6 Donghzi Men Wai St., Beijing,
✆ ++86 (0)10-6532 1425,
💻 www.myanmarembassy.com.

Consulate of the Union of Myanmar,
99 Ying Bin Lu, Guan Du Qu, Kunming,
✆ ++86 (0)871-6816 2804, 6816 2814, 6816 2818,
💻 www.mcgkunming.org.

**Indien**
3/50F, Nyaya Marg, Chanakyapuri,
110021 New Delhi, ✆ ++91 (0)11-688 9007,
🖳 myanmedehli.com.

**Kambodscha**
181, Preah Norodom Boulevard,
Boeng Keng Kang 1, Khan Chamcarmon,
✆ ++855 (0)23- 213 663,
✉ M.E.PHNOMPENH@bigpond.com.kh.

**Malaysia**
No. 12, Jalan Ampang Hillir,
55000 Kuala Lumpur,
✆ ++60 (0)3-4256 0280,
✉ mekl@tm.net.my.

**Österreich**
Zuständig ist die Botschaft in Deutschland.

**Schweiz**
47 Av. Blanc, 1202 Genf,
✆ ++41 (0)22-906 9870,
🖳 www.myanmargeneva.org.

**Singapur**
15 St. Martin's Drive, Singapore 257996,
✆ ++65 (0)6735 0209, Visa: 6735 3164,
🖳 www.mesingapore.org.sg,
◷ Mo–Fr 9.30–12 und 15.30–17.30 Uhr.

**Thailand**
132 Thanon Sathon Nua, Bangkok 10500,
✆ ++66 (0)2-233 7250, 233 2237,
🖳 www.myanmarembassybkk.com.

**Vietnam**
298A, Kim Ma St., Ha Noi,
✆ ++84 (0)4-3845 3369, 3823 2056,
🖳 www.mehanoi.org.

## Ausländische Vertretungen in Myanmar

Die deutsche Botschaft ist sowohl für Bundesbürger als auch für Niederländer, Luxemburger und Österreicher zuständig. Wer seinen Pass verliert, kann hier einen neuen beantragen. Sinnvoll ist es, vor Reiseantritt vom Pass (und Visum) eine Kopie zu machen, da dies die Ausstellung eines Ersatzpasses erleichtert. Auch ein Foto des Visastempels nach Einreise ist sinnvoll. Die Ausstellung eines Ersatzausweises dauert einige Tage.

Die Botschaft hilft bei Problemen, die Reisende allein nicht lösen können. Sie ist jedoch nicht für Beschwerden über Reiseveranstalter oder andere Organisationen zuständig. Von abgelegenen Orten aus ist die deutsche Vertretung schlecht zu erreichen und ihre Einflussmöglichkeit ist aufgrund der Entfernung stark eingeschränkt.

**Deutsche Botschaft**
9 Aung San Museum Road,
Bahan Township, 11201 Yangon,
✆ 01-548 951 App. -52, -53,
im Notfall mobil: ✆ 09-502 3209,
🖳 www.rangun.diplo.de.
Anschrift: P.O. Box 12,
General Post Office Yangon 11181,
◷ Konsularabteilung Mo u. Do 9–11 Uhr;
Visa Mo–Fr 9–11 Uhr.

**Schweizerische Botschaft**
11 Kabaung Lane, 5 1/2 Mile, Pyay Rd.,
Hlaing Township, Yangon,
✆/℻ 01-534 754, 512 873, 507 089,
🖳 www.eda.admin.ch/eda/de/home/reps/asia/vmmr/embmya.html,
◷ Mo–Fr 9–11 Uhr.

**China**
1 Pyidaungsu Yeiktha Rd., Dagon Township,
✆ 01-221 281,
🖳 http://mm.china-embassy.org/eng.

**Indonesien**
100 Pyidaungsu Yeiktha Rd., Dagon Township,
✆ 01-254 465,
🖳 www.yangon.kemlu.go.id.

**Kambodscha**
34 Kaba Aye Pagoda Rd.,
✆ 01-549 609,
✉ camemb.mmr@mfa.gov.kh.

**Laos**
A1 Diplomatic Quarters, Tawwin Rd.,
✆ 01-222 482,
✉ laoembcab@mptmail.net.mm.

**Malaysia**
82 Pyidaungsu Yeiktha Rd.,
Dagon Township,
✆ 01-220 248,
💻 www.kln.gov.my/perwakilan/yangon,
🕒 Mo–Fr 8–16 Uhr.

**Singapur**
238 Dhammazedi Rd., ✆ 01-559 001,
💻 www.mfa.gov.sg/content/mfa/overseasmission/yangon.html,
🕒 Mo–Fr 8.30–13 und 14–17 Uhr.

**Thailand**
94 Pyay Rd., Dagon Township,
✆ 01-222-784,
💻 www.thaiembassy.org/yangon,
🕒 Mo–Fr 9–12 und 13–17 Uhr.

**Vietnam**
70-72 Thanlwin Rd., Bahan Township,
✆ 01-511 305,
💻 www.vietnamembassy-myanmar.org/en,
🕒 Mo–Fr 8–12 und 14–17 Uhr.

# Einkaufen

Wer gern in exotischer Umgebung auf Einkaufstour geht, wird in Myanmar sicher fündig. Unzählige verschiedene Mitbringsel, vom Kunsthandwerk bis zur seltenen tropischen Frucht, werden auf zahlreichen Märkten im Land angeboten. Immer mehr kleine Geschäfte eröffnen auch außerhalb der Marktgelände, und in Yangon nimmt die Zahl der Einkaufszentren unaufhörlich zu.

Mal drängt man sich durch enge, mal duftende, mal stinkende Gassen eines überdachten Marktes. Oder man schlendert zwischen Hunderten Ochsen herum, die auf neue Arbeitgeber warten. Dazwischen blinken die Auslagen der Edelsteinhändler in luftig angelegten Hallen. Manchmal kommen sogar Erinnerungen an den Westen auf, wenn sich Markengeschäfte in kleinen, mehrgeschossigen Einkaufszentren präsentieren. Abends, zwischen den indischen Händlern in Yangon, wähnt man sich inmitten eines riesigen Basars. Oder man steht vor Tischen oder ausgebreiteten Decken voller Kleinkram: Opiumgewichte und Nat-Figuren, Antiquitäten und Edelsteine, Münzen, alles durcheinander. Alt oder neu, echt oder unecht – das lässt sich nicht immer unterscheiden und ist vielleicht auch gar nicht so wichtig.

Das ein oder andere Mitbringsel findet sich auch während der Besichtigungstouren. In den Pagodenaufgängen bieten kleine Geschäfte **Devotionalien und Kunsthandwerk** aus der Region an: Buddha- oder Nat-Figuren, duftende Holzschnitzereien oder goldene Schälchen. Es lohnt sich auch, verschiedene Werkstätten zu besuchen. Fast immer findet sich hier eine Auswahl an schönen Souvenirs. Mal sind es kleine Schirmchen, die tatsächlich gut vor der Sonne schützen, oder Cheroots als qualmende Erinnerung. Oder ein Longyi, der sehr angenehm zu tragen ist. Es gibt kleine und größere Lackkunst, Marionetten, Webereien und Stoffe, Gold-, Bronze- oder Silberschmuck – die Auswahl ist grenzenlos.

Der Zentralmarkt einer Stadt wird *zei-gyo* genannt. Manche **Märkte** heißen nach ihrem Distrikt oder Stadtteil, andere haben berühmte Namen wie Bogyoke Aung San. Letzterer steht in Yangon und ist der größte und am besten bestückte überdachte Markt seiner Art in Myanmar. Hier bieten unter anderem zahlreiche lizenzierte Edelsteinhändler ihre funkelnde Ware an. Kleine Geschäfte verkaufen Kleidung, es gibt Kunsthandwerk wie Holzschnitzereien, Malereien und Schmuck. Auf den örtlichen Märkten finden sich vornehmlich Waren des alltäglichen Bedarfs wie Longyis, Blusen und Hemden, Messer und Medizin, Obst, Gemüse und allerhand Essbares vom Tier. Im Shan- und Kayah-Staat ziehen ganze Märkte in einem festen Rhythmus durch die Umgebung. Diese Regionen leben hauptsächlich von der Landwirtschaft, und das frische Gemüse will verteilt sein. Alle fünf Tage kommen die Händler in einen anderen Ort. Die Anwohner, Gästehausbetreiber und Hoteliers

© VOLKER KLINKMÜLLER

Buntes Markttreiben wie hier in Mawlamyaing gehört in Myanmar zum Urlaubserlebnis.

vor Ort wissen genau, wann Markttag ist und geben gern Auskunft.

Die **Preise** sind bisher meist realistisch. In staatlichen Läden, Boutiquen und Einkaufszentren ist Handeln nicht üblich. Auf Märkten kann man sich dagegen im Spiel des Handelns üben. Insgesamt wird in Myanmar weniger gehandelt als in anderen asiatischen Ländern. Wer mit dem Handeln beginnt, äußert eine Kaufabsicht. Wer nach dem *last price* fragt und diesen gesagt bekommt, kann nicht tiefer gehen. Einige birmanische Händler äußern sich inzwischen genervt über verbissen um Cent-Beträge feilschende Touristen. Aus Frust werden dann tatsächlich Fantasiepreise genannt.

Auch **Tauschgeschäfte** sind Händleralltag. Die Birmanen bevorzugen Artikel aus dem Westen. Dazu zählen ein guter Stift, ob für die Lippen oder das Papier, ein neues Marken-T-Shirt und all die anderen Qualitätsprodukte.

Teurer sind die Waren in Souvenirläden, die sich rein an Ausländer oder die birmanische Oberschicht wenden. Hier gibt es außergewöhnlich schöne Stoffe und Lackarbeiten.

In Myanmar ist es üblich, kurze oder lange **Pilgerfahrten** zu verschiedenen Heiligtümern zu unternehmen. Birmanen mit Geld nutzen dies gerne für einen Urlaubs- oder Wochenendausflug. Dass anlässlich der Pagodenfeste auch große Märkte stattfinden, gehört zum birmanischen Weg des Pilgerns, wie ihn Ma Thanegi in ihrer Erzählung *Pilgerreise in Myanmar* sehr lesenswert beschreibt (S. 596).

## Antiquitäten

Der Export von Antiquitäten ist verboten. Es gibt jedoch Geschäfte, deren Besitzer Exportgenehmigungen für Antiquitäten besorgen können. Allerdings ist kaum anzunehmen, dass viele wirklich alte Stücke im Umlauf sind. Wer den Souvenirverkäufern in Nyaungshwe am Inle-See beim Transport ihrer mit Figuren voll beladenen Tische zuschaut, ahnt, dass beschädigte oder staubige Stücke nicht unbedingt antik sein müssen.

Teile von **Wandmalereien** aus Bagan oder Mrauk U werden noch immer unter der Hand angeboten. Dieser Offerte sollte man widerstehen. Das gilt auch für die kleinen, manchmal noch in Ruinenstätten herumliegenden Figuren.

Nach dem Glauben der Einheimischen bringt es sehr viel Unglück, diese Heiligtümer einfach mitzunehmen. Aber auch wer sich vor der Rache der Götter nicht fürchtet, sollte aus Respekt vor dem Nationaleigentum die Sachen einfach an ihrem angestammten Ort belassen.

Ein beliebtes Souvenir aus dem Reich der Antiquitäten sind **Opiumgewichte** und **-waagen**. Bis heute findet die Waage auf einigen Märkten der Edelsteinschürfer und Opiumbauern ihre ursprüngliche Verwendung. Auf den touristisch zugänglichen Märkten sind es fast ausschließlich Ausländer, die Geld in die kleinen Waagschalen investieren: In einer schlichten, handgeschnitzten Holzkiste liegt eine filigrane Handwaage mit kleinen glänzenden Wiegeschälchen. Setzkastengroße Tierfiguren dienen als Gewichte. Beliebte Motive sind *Sar Mayee*, der langhaarige Ochse, *Hintha*, die beliebte mythische Gans, und der Karaweik, wie der ebenfalls in der Mythologie verehrte Kurzflügelkuckuck genannt wird. Insgesamt sind sechs der einst neun verwendeten Figuren übrig geblieben. Bis 1885 wurden die Gewichte aus Bronze gegossen. Dann verboten die Briten diese Tradition und standardisierten das Maßsystem. Heute bestehen die Gewichte aus Messing und werden primär für den Touristenmarkt hergestellt. Trotzdem dürfen sie offiziell nicht ausgeführt werden. Das Interesse der Zöllner an dieser Art Mitbringsel ist jedoch gering.

### Hände weg von Antiquitäten!

Für viele Gegenstände, die auf den Märkten oder der Straße angeboten werden, gibt es keine Exporterlaubnis. Besondere Umsicht ist bei echten Antiquitäten geboten, d. h. bei Kunstwerken, Münzen, Bronze- und Messinggewichten, buddhistischen Faltbüchern sowie Ton- und Bronzepfeifen. Auch antike Bronzeskulpturen und alle religiösen Bildnisse dürfen offiziell nicht ausgeführt werden. Ohne Zertifikat erworbene Edelsteine kann der Zoll konfiszieren. Verboten ist der Export nationaler Kulturschätze: Gold und Silber mit Inschriften, prähistorische Funde, historische Dokumente, Fresken und nationale Insignien und Embleme.

## Buddhafiguren

Statuen des Erleuchteten dürfen offiziell nicht aus Myanmar ausgeführt werden. Sofern es sich jedoch um Neuware handelt und eine Kaufbestätigung mit entsprechendem Hinweis und der Größenangabe der Figur vorgezeigt werden kann, steht einer Ausfuhr nichts im Weg. Kleinere Figuren fallen wenig auf. Wer die Figuren respektvoll behandelt, sie also z. B. nicht in Schmutzwäsche einwickelt, wird keine Probleme bekommen.

Mandalay als religiöse Hochburg ist Sitz zahlreicher Handwerksbetriebe. In kleinen und größeren Fabriken werden Buddhafiguren gegossen. Figuren aus Bronze werden seit dem 10. Jh. im Viertel Tampawaddy hergestellt: Staub, Dung, Mehl, Reisschrot und Wasser werden zu einer Masse geknetet, aus der das Grundmodell der Buddhafigur entsteht. Dann wird Wachs auf die Grobform modelliert. Auf diese Wachsschicht kommt eine Lehmschicht. Das Modell wird auf dem Feuer erhitzt, bis das Wachs, wieder verflüssigt, aus einer freigelassenen Öffnung fließt. Nun ist die Tonform fertig! Vier Teile Zinn und sechs Teile Kupfer, z. T. auch etwas Blei, werden unter Hitze zu Bronze verschmolzen. Die flüssige Bronze wird durch die kleine Öffnung gegossen und nimmt den vom Wachs hinterlassenen Zwischenraum ein. Zwei Tage muss die Bronze abkühlen, dann wird der Lehm abgeschlagen. In künstlerischer Feinarbeit werden Unebenheiten und Fehler bearbeitet.

## Bücher

In Yangon gibt es interessante Buchläden und Straßenhändler, die neben englischer Trivialliteratur und fast vergessenen Publikationen manchmal auch Reise- und Sprachführer anbieten. In den größeren Geschäften und am Flughafen werden die neusten Bildbände über Myanmar verkauft. Daneben gibt es Infohefte in englischer Sprache über abgelegene Regionen (z. B. Mrauk U). Adressen in Yangon auf S. 183. Auch in Mandalay, Bagan, Hsipaw oder Pyin U Lwin findet sich mittlerweile eine Auswahl englischer Literatur (auch über Myanmar).

## Edelsteine und Schmuck

Wer über das nötige Kleingeld verfügt, kann einen bunten Urlaubsschatz mitbringen. Auf den Märkten gibt es Rubine, Saphire, Topase, Aquamarine und Spinelle, außerdem Smaragde, Amethyste, Lapislazuli, Jade und wertvolle Perlen. Händler aus aller Welt treffen sich zweimal jährlich im Gems and Pearl Emporium in Yangon.

Die meisten Steine sind geschliffen und viele in hochwertigem Gold- und Silberschmuck verarbeitet. In Abbaugebieten ist die Verkaufsatmosphäre besonders reizvoll, doch leider ist es Touristen meist untersagt, in diese Orte zu fahren.

Beim Kauf ist Vorsicht geboten, denn immer wieder kommt es zu Betrügereien. Häufig werden unwissenden westlichen Besuchern große Gewinnspannen vorgegaukelt. Laien erstehen nicht selten nur bunte Plastikperlen und künstlich angefertigte Steine (etwa Rubine und Saphire, die mit Hilfe eines Schmelzprozesses aus Ammonikalaun mit Chromalaun und etwas Chromoxid hergestellt werden). Viel zu teure Anfangspreise gehören beim Edelsteinhandel zum Spiel. Wer Spaß hat zu feilschen und etwas von Edelsteinen versteht, kann gute und für beide Seiten befriedigende Geschäfte machen.

Der Export von Edelsteinen ist offiziell nur gestattet, wenn die Edelsteine von staatlich lizenzierten Händlern gekauft wurden. Diese führen 10 % des Kaufpreises an den Staat ab und stellen eine Bescheinigung für den Zoll aus. Wer bei einer illegalen Edelsteinausfuhr erwischt wird, muss mit einer Haftstrafe von bis zu zehn Jahren rechnen.

## Faltbücher und Palmblattbücher

**Kammawa**, **Pesa** und **Parabaik** werden vor allem im Shan-Staat zum Verkauf angeboten. Ein Blick auf die alten buddhistischen Faltbücher, die z. B. am Inle-See oder in Pindaya von vielen Händlern feilgeboten werden, lohnt. Früher einmal wurde den jungen Mönchen ein solches Buch zur Ordination mit ins Kloster gegeben. In einigen Büchern finden sich kunstfertige Zeichnungen, die Buddhas Leben und Wirken zeigen. Andere sind eng mit Versen seiner Lehre beschrieben. Die Seiten der Pesa bestehen entweder aus Palmblättern oder schmalen Stäben. Diese einzelnen Seiten werden zu einem Stapel geschnürt. Parabaik sind ähnlich einer Landkarte gefaltet. Ein verzierter Buchdeckel gibt die nötige Stabilität. Kammawa sind vergoldete Bücher mit schwarzer Lackschrift, die aus 16 Blättern bestehen. Um einen Ausverkauf von Kulturgütern zu verhindern, sollte man keine alten Exemplare kaufen, sondern nur moderne Nachbildungen.

Es gibt kleine Faltbücher, in denen bunte **Tätowiermotive** aufgemalt sind. Diese Bücher sind in den seltensten Fällen alt.

## Gold, Silber und andere Metalle

Myanmar wird oft das Goldene Land genannt. Die Flüsse des Landes sind reich an Gold, das an vielen Stellen nach alter Tradition mit flachen Schüsseln herausgewaschen wird. In Form von vergoldeten Pagoden oder glänzenden Buddhafiguren wird dieser Reichtum zur Schau gestellt. Gläubige kleben Blattgold an Buddhafiguren, und Gold dient auch als Schmuck und Geldanlage.

Goldene Ohrringe mit glitzernden Steinen schmücken selbst ärmlich gekleidete Frauen. In fast jeder Stadt finden sich Goldhändler, die ein großes Sortiment an Schmuck verkaufen. Sind diese mit Rubinen oder anderen Edelsteinen versehen, dürfen Ausländer sie allerdings nur ausführen, wenn sie eine offizielle Lizenz vorweisen.

Auch die Silberschmiedekunst kann auf eine lange Tradition zurückblicken. Vor allem die königlichen Herrscher umgaben sich mit Alltagsgegenständen aus Silber: Schalen, Vasen, Betelnusskästchen, Dolche und Schwertgriffe waren oft wertvoll verziert. Heute werden die schönsten Silberschmiedeerzeugnisse in Ywataung bei Sagaing hergestellt. Neben den hier ansässigen Silberschmiedewerkstätten bietet auch die mit einer Sondergenehmigung mögliche Fahrt mit der Schmalspurbahn in die Silbermine von Namtu einen interessanten Blick auf das Edelmetall, s. eXTra [8896].

Mandalay ist neben der Herstellung von Goldblatt auch für seine Kupfer- und Messingschmiedekunst bekannt. Aus diesen Materialien werden Buddhafiguren, Gongs und Glocken hergestellt.

## Holzschnitzereien

An den Aufgängen von Pagoden finden sich zahlreiche Schnitzarbeiten. Im Aufgang zum liegenden Buddha in Bago duftet es nach verarbeitetem Sandelholz und Thanaka. Mini-Bücher aus Holz, geschnitzte Blumen und Schachspiele gehören zum Sortiment der kleinen Geschäfte. Auf dem Weg zur Shwedagon-Pagode gibt es viele bemalte Holzfiguren, deren Verzierungen oft aus Buntglas sind. Diese funkeln meist ebenso bunt wie die für teure Stücke verwendeten Edelsteine.

## Kleidung und Stoffe

Longyi-Stoffe werden auf allen Märkten des Landes angeboten. Es gibt verschiedene Grundgrößen – je nach Umfang der Person, die den Rock tragen will – und je nach Region unterschiedliche Farb- und Musterkombinationen. Longyi-Stoffe aus dem Rakhine-Staat gelten als besonders wertvoll. Dank einer besonderen Webtechnik erinnern sie an Brokatstoffe. Auch die Seiden-Longyis der Intha vom Inle-See sind für ihre Schönheit berühmt. Männern sind die Karo-, Rauten- und Streifenmuster vorbehalten. Frauen-Longyis haben oft Blumenmotive, verschlungene Muster oder sind einfarbig. Meist sind Longyis unvernähte Stoffbahnen in einer Größe von 2 x 1 yard (182 x 91 cm), die sich auch als Tischtuch, Sonnenschutz, Bettunterlage usw. eignen. Praktischer zum Anziehen sind fertig vernähte Longyi. Birmanen tragen dazu normalerweise Blusen oder Hemden.

Auch andere Kleidung findet sich auf den Märkten, z. B. weiße oder bunte Hemden und zum Teil auch Secondhandware aus Thailand, China oder dem Westen (Jeans und T-Shirts). Besonders günstig sind Hemden und Hosen an den Straßenständen im indischen Viertel von Yangon.

Schwieriger ist der Kauf von westlicher Badekleidung. Bikinis, Badeanzüge und Badehosen sind in Myanmar unüblich. Birmaninnen gehen fast nie schwimmen und wenn, dann nur in ihrem Longyi. Auch die Männer tragen beim Baden einen Longyi.

Auf einigen Märkten finden sich Stoffe auf Ballen, die je nach Wunsch geschnitten werden. Diese Stoffe sind sehr preisgünstig und eignen sich gut, um Kleidung schneidern zu lassen.

### Birmanische Schönheitstipps

Sauberkeit ist den Birmanen so wichtig, dass sich die meisten zweimal am Tag waschen. Doch dies nur mit **kaltem Wasser**, denn warmes gilt als schädlich für die Haut und sollte nicht zur Körperreinigung benutzt werden. In der kalten Jahreszeit in den Bergen kostet es Touristen allerdings keine geringe Überwindung, diesem Tipp zu folgen.

Das birmanische Make-up ist die **Thanaka-Paste**. Egal ob Jung oder Alt, Frau oder Mann, alle schätzen die Paste aus einer fein geriebenen Baumrinde. Thanaka verschönt nicht nur das Gesicht, sondern schützt auch vor der Sonne und wirkt angenehm kühlend. Die Paste gibt es fertig gemahlen, doch die Birmanen kaufen lieber die kleinen Holzstücke, deren Rinde sie auf einem dafür vorgesehenen Reibestein mit Wasser anrühren.

Auf den Märkten und in einigen Läden gibt es zudem eine **Seife**, die aus dem Niembaum (S. 277) hergestellt wird. Auch im Westen wird sie von immer mehr Hautärzten geschätzt.

Das traditionelle **Shampoo** der Birmanen wird aus der Rinde des Tayaw-Baumes gewonnen und mit zahlreichen Blättern und Samen vermischt. Es kühlt nicht nur den Kopf, sondern macht auch das Haar geschmeidig.

Wer reine Seide sucht, muss aufpassen, keinen mit Kunstfaser vermischten Stoff zu kaufen. Mittels einer Feuerprobe kann man diese Kunstfasern erkennen: Anders als die Seide schmelzen sie. Gezündelt werden sollte selbstverständlich nur an einer Ecke des Stoffes und nur mit Zustimmung des Händlers.

## Lackarbeiten

Myanmar ist vor allem für seine kunstfertigen Lackarbeiten bekannt. Dieses ursprünglich vermutlich aus China stammende Handwerk hat in jedem Landesteil eine spezifische Ausprägung. Besonders die Schüsseln, Schalen und Gefäße aus Bagan sind beliebte Mitbringsel. Auch solche der Shan, die ihre Gefäße mit Perlen, Edelsteinen oder bunten Spiegelscherben verzieren, sind schön.

Der Anfang dieses Handwerks wird auf die Mitte des 16. Jhs. datiert, als König Bayin-naung im Jahr 1558 Künstler aus Chiang Mai gefangen nahm. Manche Forscher sehen den Ursprung bereits im 11. Jh. und vermuten, dass diese Kunst in Myanmar auf chinesischen Einfluss zurückgeht. Da auch in Sri Ksetra Lackarbeiten gefunden wurden, die bereits im 5. Jh. hergestellt worden sind, ist davon auszugehen, dass die heutige Technik einer Verschmelzung verschiedener Kulturen zu verdanken ist.

Die verwendete Ritz- und Polychromtechnik ist sehr aufwendig, und so können große und wertvolle Lackarbeiten eine Herstellungszeit von bis zu einem Jahr haben. Je farbenprächtiger die Arbeiten sind, desto hochwertiger sind sie, denn für jede Farbe wird ein neuer Schleifgang notwendig.

Der Lack stammt von dem in ganz Asien beheimateten Thitsibaum, der in Myanmar vor allem in den Shan-Bergen wächst. Die aus dem Baum gewonnene Flüssigkeit ist zäh, härtet in Verbindung mit Luft aus und verfärbt sich tiefschwarz. Der strenge Geruch des Lacks hält sich einige Jahre. Bei der Herstellung wird zuerst ein Geflecht aus Bambus angefertigt, das die Grundform vorgibt. Bei größeren Gegenständen, z. B. Tischen, wird Holz verwendet. Auf die Grundform wird in mehreren Schichten der Lack aufgetragen und anschließend ein Muster eingeritzt. Dies wird in mehreren Arbeitsgängen mit verschiedenen Farben (Rot, Grün, Gelb, Gold) bemalt und jeweils abgeschliffen. Es werden auch Lackarbeiten mit eingelegtem Blattgold hergestellt. Dafür wird das Gold in das geritzte Muster gedrückt und das überlappende Gold mit Wasser und einem Schwamm entfernt.

Gute Arbeiten werden meist aus einem Bambusgeflecht hergestellt. Das Bambusgeflecht hat den Vorteil, dass sich die Gegenstände unter Druck verformen, um dann wieder in ihre Ursprungsform zurückzuspringen. Minderwertige Kleinware ist aus Pappe oder einem massiven Bambus- oder Holzstück hergestellt. Diese Gegenstände zerbrechen schnell, da sie keinerlei Druck aushalten. Pappe ist zwar verformbar, springt aber nur langsam und nicht vollständig in die Ursprungsform zurück. Hochwertige Produkte sind teuer. Doch je höher die Nachfrage nach Qualitätsware, desto mehr wird das traditionelle Kunsthandwerk unterstützt. Die Daheimgebliebenen werden über Tassen staunen, deren Ränder sich zusammendrücken lassen.

Lack wird auch als Grundierung für die Vergoldung von Stupas und Buddhafiguren verwendet. Vor allem im Shan-Staat gibt es zahlreiche Buddhafiguren, deren Körper aus Bambusgeflecht hergestellt und anschließend mit Lack überzogen wurden.

## Marionetten

Mandalay ist für sein traditionelles Marionettentheater berühmt. Bis in die Region Inle-See werden Puppen zum Verkauf angeboten. In der Provinz sind diese manchmal alt, schon fast Antiquitäten. Neue Figuren in glänzenden Gewändern haben unversehrte Gesichter; ihr Kauf fördert den Erhalt der Kunst der Marionettenherstellung (S. 140).

## Schirme

Die bunten kleinen und größeren Schirme werden an fast allen touristischen Orten angeboten. Sie sind mit Stoff oder Papier bespannt und bemalt, meist mit Blumenmustern oder leuchtend einfarbig. Schirme des täglichen Gebrauchs haben Holzgriffe, solche für Zeremonien Silbergriffe. Robuster, größer und sogar wasserdicht sind dunkelrot oder schwarz gefärbte Schirme.

Traditionelle Bambusschirme *(Pathein hti)* kommen aus der Hafenstadt Pathein (S. 206). Pathein-Schirme kaufen auch birmanische Touristen als Andenken oder Mitbringsel. Die in Mandalay, am Inle-See oder in Pindaya feilgebotenen werden meist vor Ort hergestellt und sind im Wesentlichen für westliche Besucher bestimmt.

Ein Schirm kostet etwa US$1–2.

## Umhängetaschen

Shan-Umhängetaschen eignen sich hervorragend als außergewöhnliches und alltagstaugliches Geschenk. Reisende loben die praktischen Umhängetaschen, da sie sich gut als Daypack verwenden lassen. Die Qualität der Taschen ist sehr unterschiedlich. Die besten Arbeiten finden sich bei den Produzenten, d. h. bei den Bergbewohnern oder den Weberinnen am Inle-See. Wichtig ist eine Kontrolle der Nähte, damit die Tasche nicht sofort auseinanderfällt, wenn sie bepackt ist. Ansonsten unterscheiden sich die Taschen hauptsächlich durch Farbe, Muster und Größe.

## Wandbehänge, Perlen- und Paillettenstickereien

Ein Elefant, der auf seinem Rücken eine Horde junger Prinzen befördert, deren Kronen glänzen und funkeln – dies ist ein Bild aus einer Reihe schöner Motive der birmanischen Wandbehänge, die aus bunten Pailletten auf Stoffen in gedeckten Farben hergestellt werden. Die Figuren sind in Reliefform gearbeitet, mit Silber- und Goldfäden durchwirkt und mit Glasperlen und Pailletten bestickt. Die Wandbehänge werden *kalaga* genannt und zeigen Motive der birmanischen Mythologie. Eine gute Arbeit zeichnet sich durch dichtes, festes Gewebe und viele Pailletten aus. Diese sollten überlappend aufgenäht sein und die Stickereien deutlich hervortreten. Verwendete Metallteile glänzen selbst bei alten Qualitätsstücken.

Myanmar exportiert seit Jahren Samtarbeiten mit Pailletten und Perlen. Als Motive dienen neben mythologischen Darstellungen auch Blumen und Tiere. Im Gegensatz zu den in Europa verkauften Waren ist das Angebot in Myanmar sehr günstig. In Mandalay gibt es viele Geschäfte mit diesen Wandbehängen. Es hat sich ein Schleppersystem entwickelt, das die *kalaga* für den Touristen etwas verteuert. Trishaw- und Taxifahrer verdienen mit.

Eine kleine Auswahl gibt es auf dem Bogyoke Aung San-Markt in Yangon. Kleine viereckige Wandbehänge von ca. 30 x 30 cm kosten um die US$5–10, größere Stücke, ca. 120 x 150 cm, etwa US$65.

# Essen und Trinken

Myanmars Küche ist abwechslungsreich, denn die hier lebenden Völker haben ihre ganz eigenen Lieblingsgerichte. Freunde von Süßigkeiten, von indischer Küche und milden Currys, von Baum- und Meeresfrüchten kommen ebenso auf ihre Kosten wie Fans der Hamburger-Kultur oder Spezialitätensucher. Die fruchtbare Natur beschert dem Land eine Fülle an Obst und Gemüse. Fisch gibt es in großer Auswahl und regionaler Vielfalt, Fleisch steht weniger im Mittelpunkt der Mahlzeit.

Die traditionelle Überlieferung in Birma kennt einige Nahrungsmittel, die, wenn man sie gleichzeitig isst, giftig oder zumindest unverträglich sind: Milch und Limonen etwa, aber auch Mangosteen (Passionsfrucht) mit Zucker oder Wassermelone mit Ei. Kokosnuss mit Honig ist ebenso *food poison* wie Speiseeis mit Gurke, Schwein mit Toddy-Wein, Frösche oder Krabben mit Pilzen, Tauben mit Ingwer, Papageien mit Auberginen ... An den kleinen Poster-Ständen auf Märkten oder in den Straßen von Yangon gibt es entsprechende Bilder zu kaufen, auf denen noch eine ganze Reihe weiterer unverträglicher Kombinationen aufgelistet ist.

Gegessen wird im Kreis der Familie, im Restaurant oder am Straßenstand: An Letzterem locken die lokalen Köstlichkeiten verführerisch, doch sind sie mit Vorsicht und nur bei robustem Magen zu genießen.

In den lokalen Restaurants speist man sehr günstig: Ein traditionelles Curry mit einem ganzen Tisch voller Beilagen kostet im Schnitt 1500–3000 Kyat. In Restaurants, die vornehmlich auf Ausländer ausgerichtet sind, liegen die Preise höher.

Birmanen essen in der Regel früh zu Abend: Einheimische Restaurants schließen zwischen 19 und 20 Uhr. An touristischen Orten ist aber auch später noch etwas zu essen zu bekommen. Ab 21.30 Uhr wird es allerdings schwierig.

## Tischsitten

Im Familienkreis wird meist auf dem Boden sitzend gegessen, im Restaurant gibt es Tische und Stühle. Alle Speisen werden zur gleichen Zeit aufgetischt. Jeder bestellt ein eigenes Hauptgericht; die Beilagen, von denen es meist viele gibt, werden geteilt. Traditionell wird mit den Fingern gegessen, im Restaurant gibt es Gabel *(khayìn)* und Löffel *(zun)*. Dabei wird die Gabel mit der linken Hand benutzt, um das Essen auf den Löffel zu schieben. Nudelsuppen werden mit Löffel und Ess-Stäbchen (für den festen Inhalt) gereicht.

Wer bei Birmanen zu Hause speist und ohne Besteck auskommen muss: Es ist Sitte, sich die Finger vor und nach dem Essen im Waschbecken in der Ecke des Esszimmers zu waschen. Diese Becken gibt es auch in vielen Gaststätten.

## Fisch, Meeresfrüchte und Fleisch

Die meisten **Fische** stammen aus den Regionen am Inle-See (dort werden Karpfen gezüchtet) und aus dem Meer an der Rakhine-Küste oder dem lang gestreckten Küstenstreifen im Süden des Landes. Besonders reichhaltig ist die Auswahl in den Fischrestaurants von Yangon. Meeresfisch ist natürlich in den Hafenstädten besonders frisch zu haben. Eine Reise nach Ngapali Beach oder in den Süden lohnt daher schon wegen des köstlichen, frisch gegrillten Fisches und anderer Meerestiere, wie Garnelen, Hummer und Tintenfisch.

Auch **Schweine-** und seltener **Rindfleisch** kommt auf den Tisch. Wie frisch das Fleisch ist, lässt sich aber nicht immer sagen. Viele Restaurants verfügen nur über unzureichende Möglichkeiten der Kühlung. Viele Buddhisten verzichten auf das Fleisch vierbeiniger Tiere und wollen diese erst recht nicht töten (was dazu führt, dass die Metzger des Landes Chinesen oder Muslime sind). Hindus lehnen den Verzehr von Rindfleisch ab. Einige Natgeister (so die Taungbyone-Brüder als Söhne eines Muslims) missbilligen den Genuss von Schweinefleisch. Eher frisch, da schneller verbraucht, ist **Geflügel**, doch auch hier gibt es keine Unbedenklichkeitsgarantie.

Bei vielen armen Bergvölkern ist Fleisch eine seltene Delikatesse. Da es hier auch fast nie Fisch gibt, wird der Eiweißbedarf zum Teil mit gerösteten **Insekten** wie Grashüpfern und Käfern oder mit Ameiseneiern gedeckt.

### Vegetarier und Veganer

Wer fleischlos essen will, kann *the'tha'lu'* („frei von Leben töten") bestellen. Es kann jedoch vorkommen, dass die Grundsubstanz etwa einer Suppe aus einer Hühner- oder Fleischbrühe besteht und sich ein paar Fleischstücke (oder zumindest deren Geschmack) auch bei *the'tha'lu'*-Gerichten finden. Strikte Veganer haben es etwas schwerer in Myanmar und decken sich gerne auf den Märkten mit viel Obst ein. In den Restaurants können einfache Reis- und Nudelgerichte mit Gemüse bestellt werden.

## Obst und Gemüse

Myanmar bietet viele frische **Früchte**: Erdbeeren im Gebiet zwischen Mandalay und Taunggyi, Avocados am Inle-See; außerdem gibt es Orangen und Limetten, Bananen, Ananas, Mango (über hundert Sorten allein in Toungoo), Papaya,

Rambutan, Pomelo, Wassermelonen, Brotfrüchte, Jackfrucht, Durian und Kokosnuss. Auch Mangosteen versüßen das Leben. Ihre Schale wird zum Färben von Stoff, z. B. Mönchsroben, benutzt. Und je nach Jahreszeit und Gegend finden sich viele Früchte auf den Märkten, für die es gar keine Bezeichnung in einer europäischen Sprache gibt – einfach probieren! Immer beliebter werden neuerdings Äpfel, die aus China importiert werden.

Die **Gemüse**-Auswahl ist ähnlich groß: Tomaten, Bohnen, Erbsen, Kohl, Blumenkohl, Mais, Kartoffeln, Möhren, Auberginen, Paprika, Gurken, Pilze, Kopfsalat, Tomaten, Zucchini, Rettich, Zwiebeln und Sojabohnen. Je nach Jahreszeit und Gegend gibt es auf den Märkten noch viel mehr zu entdecken.

## Gewürze

Es gibt Chili, Pfeffer, Ingwer, Zimt, Kurkuma, Koriander, Kardamom, Kassia-Rinde, Anis, Kreuzkümmel, Gewürznelken, Zitronengras, Tamarinde, Sesam, Rosensirup, Knoblauch und zahlreiche Curry-Mischungen. Eine Besonderheit ist die beliebte *ngapi*: Eine streng riechende salzige Paste aus Fisch und Garnelen, die in großen Fässern eingelegt wird und gärt, anschließend in der Sonne getrocknet und zerdrückt wird. Als Tischgewürze finden sich *ngapi jaw*, gebratene Garnelenpaste mit Chili und Knoblauch, *balachaung* aus Chili, Tamarinde und getrockneten Garnelen und *ngapi ye*, eine salzige dünne Soße aus Fisch und Garnelen.

Getrocknete Gewürze, die in einer wahren Farben- und Geruchspracht auf den Märkten angeboten werden, eignen sich toll als Souvenir und duften daheim noch lange nach Asien.

## Brot und Gebäck

In großen Städten gibt es zahlreiche Bäckereien. Im Angebot sind Weißbrot (oft schmeckt es etwas nach Kokos), eine Art süßer Zwieback und zahlreiche Gebäckvariationen. Myanmar ist ein wahres Keksparadies – ein Überbleibsel aus der britischen Kolonialzeit. Einige Plätzchen schmecken wie Spritzgebäck, andere wie Heidesand. Manche sind bunt und haben außergewöhnliche Formen, andere werden in großen Tüten als Bruchgebäck verkauft. Generell gilt, dass industriell gefertigte Waren, besonders die aus Thailand importierten, teurer sind als Frischgebackenes. Besonders beeindruckend sind die bunten Torten in den größeren Bäckereien, die zu großen Festen wie Hochzeiten gekauft werden.

## Birmanische Küche

Grundnahrungsmittel ist Reis *(htamin)*, den es zu jeder Mahlzeit gibt. Dazu isst man in Birma traditionell milde **Currys** *(tha-hin)*. Sie bestehen aus Gemüse, Gewürzen und Garnelen *(bazun)*, Huhn *(tschet)*, Fisch *(nga)*, Schwein *(we-tha)*, Rind *(ameh-dha)* oder manchmal auch Hammel. Chilis gehören nicht in birmanische Currys, weshalb diese längst nicht so scharf sind wie etwa in Thailand. Gewürzt wird mit einer Mischung aus Gelbwurz, Ingwer, Knoblauch, Kümmel, Koriander, Salz und Zwiebeln, ähnlich wie in der indischen Küche.

Die Currys werden gewöhnlich morgens zubereitet und dann bis abends verkauft. Durch

### Le-pet: Salat für Mutige

Wer mutig und experimentierfreudig ist, probiert *le-pet thouk*: Das ist ein Salat aus fermentierten grünen Teeblättern, der im Shan-Staat hergestellt wird und im ganzen Land sehr beliebt ist. Es gibt verschiedene Arten der Herstellung. Traditionell werden die verwendeten Teeblätter kurz aufgekocht, anschließend in Bambusstäbe gestopft und ein halbes Jahr im Boden vergraben. Wieder ausgegraben, ist das *le-pet* verzehrfertig. Weniger stark fermentierte Sorten werden über Wasserdampf aufgeweicht, mit den Händen verknetet und anschließend gepresst. Die fermentierten Blätter werden mit Zutaten wie getrockneten Garnelen, Knoblauch, Ingwer und Öl abgeschmeckt. Die Konsistenz ähnelt der von Spinat. Mal ist der Salat fertig gemixt, mal stehen Gewürze und Nüsse zum Selbstmischen bereit.

das lange Kochen setzt sich auf dem Curry eine dicke Ölschicht ab, die das Gericht den Tag über wirkungsvoll vor Verunreinigungen schützt. Es empfiehlt sich, die Currys vormittags zu probieren, da sie im Laufe des Tages immer wieder abkühlen und neu erhitzt werden, was nicht jedem europäischen Magen gefällt. Zu jedem Curry gibt es außer Reis eine Schale mit Gemüse und eine Suppe (klare oder Linsensuppe), oft auch noch frischen Salat mit Zwiebeln und Chilis. Dazu steht kostenloser grüner Tee auf jedem Tisch, der immer wieder neu aufgegossen wird und daher meist sehr dünn ist. Softdrinks und Bier müssen bestellt werden. In westlich orientierten Hotelrestaurants gibt es weniger Beilagen und die Speisen sind weniger stark gewürzt.

Auch das ursprünglich indische **dhal** gehört zur Küche Myanmars. Zur breiigen Masse aus Linsen, *peh-hin-ye* genannt, werden gern noch Rüben, Okra oder Kartoffeln hinzugefügt. Dazu gibt es häufig *hin-jo*, eine milde **Suppe**.

Birmanische **Salate** *(let-thouk*, „von Hand zubereitet") sind lecker und würzig. Rohes Gemüse oder Obst (z. B. Pomelo oder Mango) werden mit Limettensaft, Erdnüssen, Zwiebeln und Chili abgeschmeckt. Köstlichkeiten dieser Art sind: *shauk-thi thouk* mit Pomelo, *maji-yweg thouk* mit jungen Tamarindenblättern und *htamin let-thouk* mit gekochtem Reis. Eine Shan-Spezialität ist *htamin chin*, ein mit Gelbwurz eingefärbter Reissalat.

Zum **Frühstück** essen Birmanen am liebsten *mohinga*, eine Suppe mit Reisnudeln und Fisch. Touristen werden oft mit Toast und Marmelade abgespeist, dazu gibt es ein Spiegel- oder (meist sehr weich) gekochtes Ei. Wer ein hartes Ei will, sollte die gewünschte Minutenzahl bei der Bestellung mit angeben. Die Zeit ruhig großzügig bemessen! In vielen Unterkünften kann am Vorabend ein traditionelles – und je nach Region unterschiedliches – Frühstück angefragt werden.

## Regionale Küchen

Überall im Land gibt es regionale Spezialitäten zu entdecken, und wer offen für Neues ist, kann in Myanmar auf eine spannende kulinarische Entdeckungsreise gehen.

Die **Shan-Küche** ist rund um den Inle-See, in den Shan-Bergen und bis Mandalay verbreitet. Sie ähnelt der Küche in Nord-Thailand. Am beliebtesten ist *shan kauk sweh*, eine Suppe mit Nudeln und mariniertem Fleisch. Als *shan kauk sweh thouk* enthält das Gericht keine Brühe und ist eher ein Salat. In Mandalay gibt es das beliebte *mi-shee*, Reisnudeln mit Schweinegehacktem. Shrimpspaste wird (mangels Shrimps) im Shan-Staat traditionell weniger verwendet, dafür gibt es Bohnenpaste in allerlei Variationen.

Die **Kachin-Küche** im Norden des Landes ist fettarm und scharf; *kachin style chicken* ist eine gute Einführung.

Traditionelle **Kayah-Küche**, wie man sie in der Region um Loikaw (S. 445) probieren kann, zeichnet sich u. a. durch die Verwendung von Szechuan-Pfeffer (birm. *makatih*) aus.

Die **Mon-Küche** (um Bago und im Süden des Landes) ist der birmanischen Küche ähnlich – allerdings enthalten die Currys mehr Chili und sind entsprechend schärfer.

Die **Rakhine-Küche** an der Küste im Westen ist verwandt mit der indischen und bengalischen Küche und daher ebenfalls deutlich schärfer als die birmanische. Scharfe Currys mit Bohnen und Linsen und sehr gute Meeresfrüchte bereichern den Speisezettel: Hier kommen Feinschmecker auf ihre Kosten. Fisch wird gegart oder gegrillt. Dazu werden Gemüse und Reis gereicht. Bananen-Pfannkuchen mit einer extra Portion Zucker gibt es zum Frühstück. Scharf ist die klare Frühstückssuppe mit Reisnudeln und Kräutern.

## Weitere Küchen

### Chinesische Küche

Vor allem in den touristischen Orten haben sich chinesische Restaurants in der Gunst westlicher Besucher durchgesetzt. Chinesische Küche steht für Nudelsuppen, gebratenen Reis, gebratenes Gemüse sowie Nudelgerichte. Zudem bieten diese Restaurants meist Pommes und Frittiertes.

Obwohl beinahe auf jeder Karte Ente verzeichnet ist, haben die wenigsten Restaurants diese vorrätig. Nachfragen lohnt sich dennoch.

Obwohl der kostenlose Tee *Chinese Tea* genannt wird, stammt er meist aus den Shan-Bergen. Chinesische Teestuben haben i. d. R. süßes oder mit Fleisch gefülltes Gebäck (chinesisch *baozi*, birmanisch *pau si)* auf dem Speiseplan.

## Indische Küche

Viele indische Restaurants befinden sich in Yangon. Sie bieten eine breite Auswahl guter Gerichte. Oft funktionieren sie nach dem Prinzip „Iss, so viel du willst!". Indische Küche ist in Yangon im indischen Viertel entlang der Anawratha Road sehr günstig; in touristischen Orten, in denen traditionell keine Inder leben, deutlich teurer. Indische Snacks, z. B. die dreieckigen gefüllten Samosas, gibt es in vielen Teestuben in ganz Myanmar.

## Muslimische Küche

Mit der Ziffer 786 gekennzeichnet sind Restaurants, die meist von indischen Muslimen betrieben werden und gute *Biryani*-Gerichte (Curry-Reis mit Huhn) im Angebot haben. Die Zahl 786 steht für „Im Namen Allahs des Wohltätigsten und Gütigsten" und zeigt an, dass es hier kein Schweinefleisch gibt.

## Thailändische Küche

In Yangon haben sich einige Restaurants etabliert, die mit Thaiküche werben, doch es gibt nur wenige mit wirklich originaler Zubereitung. Die Preise sind etwas höher als in Thailand. Sofern in chinesischen Restaurants Thaigerichte angepriesen werden, sind diese meist nach chinesischer Zubereitung einfach nur etwas schärfer gewürzt.

## Westliche Küche

Auch europäische Küche ist in Yangon vertreten, außerhalb der ehemaligen Hauptstadt jedoch seltener anzutreffen. Französische, italienische und deutsche Küche gibt es in Yangon. Bratwurst mit Sauerkraut lockt am Ngapali Beach. Die Preise sind ähnlich hoch wie in guten Restaurants Europas. Große Hotels bieten oft eine ausgezeichnete europäische Küche und führen auch Brot, Salami und Käse im Angebot. **Pizza**, **Pasta** und **Pfannkuchen** sind in einigen Restaurants in Yangon zu bekommen. Besonders leckere Pancakes und hausgemachte Pasta gibt es am Inle-See.

Schnellrestaurants und mit ihnen der **Hamburger** haben auch Myanmar erobert – zumin-

Auf der Straße isst man oft an sehr niedrigen Tischen und sitzt auf Hockern.

© M. MARKAND

dest die großen Städte. Immer mehr kleine Burger-Läden bieten Variationen der amerikanischen Vorbilder. Da gläubige Buddhisten meist auf Rind- und Schweinefleisch verzichten, steht der Chickenburger ganz oben auf der Beliebtheitsskala. Bei Erscheinen dieses Buches wird in Yangon wahrscheinlich schon der erste KFC eröffnet haben.

## Snacks

In den zahlreichen Teestuben und an Straßenständen gibt es immer eine große Auswahl an kleinen Snacks. Die chinesischen Teestuben bieten Dampfbrötchen, frittiertes Stangengebäck und süße Leckereien. Indische Teestuben locken z. B. mit Samosas, Frühlingsrollen, Fladenbrot mit Kartoffelstücken und Teigtaschen mit Gemüsefüllung. Auch birmanische und ethnische Snack-Spezialitäten finden sich, ebenso wie mit süßem Klebreis und Früchten oder Samen gefüllte Bananenblätter, Reiskuchen, frittierte Teigstangen und die Rakhine-Bananen-Pfannkuchen.

Die Teestuben (s. auch S. 347) sind Myanmars soziale Treffpunkte. Die meisten öffnen bereits um 5 Uhr morgens und schließen nachmittags. Dann öffnen die abendlichen Teestuben, die ab 17 Uhr bis in die späte Nacht Gäste bewirten.

Birmanen lieben kleine Zwischenmahlzeiten, und so gibt es auf den Märkten, an jeder Pagode und abends auf den Straßen Köche, die mit ihrem Wok auf einem Kohleherd Kleinigkeiten frittieren, und Händler, die allerlei Essbares verkaufen. Lecker sind Fladen aus gewürzten Linsen, getrockneten Bohnen, Shrimps oder Fleischbällchen. Frisch geröstete Erdnüsse, Bohnen oder gefüllte Pfannkuchen stehen neben allerlei Süßem und Buntem aus Gelee und eingelegten Früchten bereit. Eine Spezialität in Bagan sind Tamarindenblättchen.

## Alkoholfreie Getränke

### Wasser und Softdrinks

Trinkwasser wird in verschweißten Plastikflaschen verkauft. Vermehrt bieten gute Anlagen Trinkwasser aus Kanistern zum Nachfüllen (wenn nicht, lohnt es sich nachzufragen, denn eines Tages gibt es sie bestimmt). Aus gesundheitlichen Gründen ist es unbedingt notwendig, dieses Wasser und nicht etwa Leitungswasser zu trinken. Selbst zum Zähneputzen empfiehlt sich Trinkwasser. Beim Trekken: Trinkwasser nicht vergessen! Ein Notfallset mit Entkeimungstabletten ist bei längeren Touren empfehlenswert. So können auch westliche Besucher von den überall aufgestellten Wasservorräten trinken, wenn es nötig ist.

Bei Eiswürfeln ist Vorsicht geboten, denn diese sind oft stark mit Bakterien belastet. In den großen und teureren Hotels wird meist sauberes Wasser zur Eisherstellung benutzt.

2012 kehrte die Coca-Cola Company nach Myanmar zurück und übernahm im Laufe der letzten Jahre die einheimische Marke Max. Die anderen lokalen Marken Star, Fruito, Crusher, Fantasy und Lemon Sparkling werden wohl auch entweder übernommen oder einfach verdrängt. Die kleinen Softdrinkflaschen kosten 100–200 Kyat (in manchen Touristengegenden allerdings bis zu 1000 Kyat). Star Cola und Orange Crusher sind wirklich gut, und auch der Tamarinden-Sprudel von Star ist sehr lecker. Das farblose Crusher schmeckt wie Soda und wird meist mit Whisky getrunken. Lemon Sparkling oder Star Lemon runden das Angebot ab. Sogar eine Lychee-Limo ist im Angebot.

### Fruchtsäfte, Eiscreme und Milchshakes

Erfrischend ist Zuckerrohrsaft, der an kleinen Ständen frisch gepresst wird. Auch Fruchtsäfte finden sich immer häufiger auf den Speisekarten einzelner Bars und Restaurants in den touristischen Städten. Shakes gibt es dagegen noch sehr selten. Milch wird vornehmlich in Form von gezuckerter Kondensmilch getrunken. Diese Milch wird auch für die meisten Milchshakes verwendet, sodass diese in jedem Fall sehr süß sind. In immer mehr (Hotel-)Restaurants Yangons, am Inle-See und Ngapali Beach findet sich frische Kuhmilch für den stilechten Milchkaffee.

Wassereis von Straßenhändlern sollte unbedingt gemieden werden. Wer auf Eiscreme nicht verzichten will, kommt in den Eisdielen im indischen Viertel in Yangon auf seine Kosten. Hier herrscht viel Betrieb, und das Eis wird täglich frisch zubereitet.

### Tee und Kaffee

Da **Tee** ein sehr guter Durstlöscher ist, sollte man bei den kostenlosen grünen Tees in den Restaurants zugreifen (die Tassen werden allerdings selten gespült und sollten daher mit Papier gut abgewischt werden). Teestuben finden sich in Myanmar überall, auch in der kleinsten Stadt. Dort gibt es starken schwarzen Tee mit viel süßer Milch oder einen ebensolchen Kaffee.

Myanmar produziert sowohl Tee als auch Kaffee für den heimischen Markt. Große Teeanbaugebiete befinden sich z. B. im nördlichen Shan-Staat. Bei einem Treck kommt man gewöhnlich an einigen Plantagen vorbei. Shan und Palaung sind im ganzen Land wegen ihrer sachkundigen Teekultur hoch angesehen. Hauptsächlich wird grüner Tee produziert, der das ganze Jahr über geerntet wird. Die Erntezeit ist nicht nur maßgeblich für den Namen des Tees, sondern auch für seine Farbe: von Hellgelb bis Dunkelbraun. Besonders gern getrunken wird der in der Trockenzeit geerntete *shwephi-oint-namt*. Der schwarze Tee wird in der Regenzeit produziert und mit einem Schuss Zitronensaft getrunken. Außer grünem Tee trinken die Birmanen Tee nicht pur. Er wird stets mit einer großen Menge gesüßter Kondensmilch und Zucker vermischt.

Auch der **Kaffee** wird mit süßer Milch und Zucker genossen. Ähnlich wie beim Tee gibt es eine Variante mit schwarzem Kaffee und Limone. Die heimische Kaffeeproduktion ist gering: nur etwa 1000 t im Jahr. Anbaugebiete befinden sich z. B. in der Umgebung von Pyin U Lwin, in den Vorbergen des Shan-Plateaus und im Shan-Staat.

#### Knutschen in der Teestube

In Teestuben ist es üblich, den Kellner mit einer Art Knutschgeräusch auf sich aufmerksam zu machen. Dieses Verhalten sollte jedoch auf keinen Fall in besseren Restaurants an den Tag gelegt werden, da es dort einer Beleidigung gleichkommt.

Neben frischem Kaffee erfreut sich der *Coffeemix* großer Beliebtheit. Diese fertige Mischung aus Pulverkaffee, Trockenmilch und Zucker wird oft mit noch mehr süßer Milch versetzt. Wer dies meiden will, sollte *Plain Coffeemix* bestellen.

## Alkoholische Getränke

Angeblich trinken Birmanen wenig Alkohol, da sie als Buddhisten auf den Genuss von Rauschmitteln verzichten sollten. Vor allem auf Festen sieht man dennoch sturzbetrunkene Männer, die sich viel vom selbst gebrannten und meist hochprozentigen Reisschnaps gönnen. Whisky, Rum und Gin gibt es aus einheimischer Produktion. Ähnlich wie Bier stellen diese Alkoholika für die meisten Einheimischen ein teures Luxusgut dar.

Das populärste **Bier** ist das *Myanmar*-Bier. *Mandalay* ist das älteste einheimische Produkt, doch kommt es für viele geschmacklich nicht an das neue *Myanmar* heran. *Dagon* ist günstig und nicht schlecht. Auch ausländische Biere sind im Angebot: Immer mehr Marken drängen auf den sich öffnenden Markt. Chinesische Biere, z. B. *Dali*, gibt es oft als preiswerte Schmuggelware im Shan-Staat. Bierbars schenken frisch gezapftes Bier im Krug oder im Glas aus (meist billiger als Flaschenbier).

**Palmwein** *(htan ye gà)* ist ein Wein der besonderen Art und auch für Leute mit sehr kleinem Geldbeutel erschwinglich. Daher wird es vor allem von der ländlichen Bevölkerung getrunken. Dieses Getränk, auch Palmbier oder Toddy genannt, wird aus dem männlichen Blütenstand der Palmyrapalme hergestellt. Es wird morgens aus der Spitze der Palme gewonnen und in Flaschen gefüllt. Da es schnell gärt, ist das Getränk schon wenige Stunden später trinkfertig. Bereits am Abend des Herstellungstages ist Palmwein nicht mehr genießbar. Der Geschmack ist süßlich mit einem Hauch Kokosnuss. Toddybars finden sich überall auf dem Land. In den kleinen strohgedeckten Hütten werden zudem Nüsse oder Erbsen zum Knabbern und manchmal auch Softdrinks und Wasser angeboten. Manche Toddybars führen auch Arrak: destillierten Palmwein, einen klaren Schnaps.

In den Bergen des Shan-Staates, zwischen Kalaw und Taunggyi, wird der orangefarbene **Likör** *shwe leinmaw* gebrannt, der einem Weinbrand ähnelt. Noch schneller betrunken macht der *ayeq hpyu*, was übersetzt so viel wie „weißer Schnaps" bedeutet. Der Alkoholgehalt ist sehr hoch, noch höher sogar beim sogenannten Dschungelschnaps, dem *taw ayeq*. Auch Erdbeer- und Pflaumenwein sowie Kräuterschnäpse mit eingelegten Wurzeln wecken die Entdeckerlust von Besuchern, die gern Alkoholisches ausprobieren. Einige preiswerte Fruchtweine erinnern allerdings geschmacklich eher an Rasierwasser – vermutlich handelt es sich um verdünnten reinen Alkohol mit Farb- und Aromastoffen.

Mandalay-**Rum** oder andere Rumerzeugnisse gehören ebenso wie in Myanmar produzierter **Whisky** zum weiteren Sortiment birmanischer Alkoholika. Auch gibt es einige lokale **Gin**-Sorten.

Lokale, Restaurants und Hotelbars führen oft ausländische **Weine**, vorwiegend aus Australien, immer öfter auch aus Frankreich. Diese sind meist sehr teuer. Wer z. B. am Ngapali Beach bei einem Glas Wein oder einem Longdrink den Sonnenuntergang bestaunen will, darf nicht knauserig sein. Einheimische Weine, die seit der Jahrtausendwende im südlichen Shan-Staat angebaut werden (S. 431), sind in größeren touristischen Orten erhältlich.

# Fair reisen

Reisen wirkt sich auf die Umwelt und die besuchten Menschen aus. Das fängt beim Flug an und hört bei der Nutzung lokaler Ressourcen auf. Touristen verbrauchen durchschnittlich mehr Strom und produzieren mehr $CO_2$ und Müll als die Einheimischen. Viele Lebensmittel, die wir zu Hause verzehren, müssen aufwendig und umweltschädlich importiert werden. Auch werden Beschäftigte im Tourismus oft schlecht bezahlt, arbeiten mehr als acht Stunden täglich und erhalten meist keine Sozialleistungen. Natürlich hat der Tourismus auch gute Seiten. Er hat vielen Menschen einen Weg aus der Armut gezeigt, ihnen ermöglicht, einen Beruf zu ergreifen, sich weiterzubilden. Er stimuliert lokale Investitionen, verbindet Kulturen und trägt zur Gleichberechtigung der Geschlechter bei. Außerdem hat er vielerorts Naturräume geschützt, die ohne Touristen dem Kommerz zum Opfer gefallen wären. Mehr dazu auf unserer Website www.stefan-loose.de/fair-gruen.

### Fair und grün – gewusst wo

Einrichtungen, die sich durch besonders umweltfreundliches oder sozial verträgliches Verhalten auszeichnen, sind in diesem Buch mit einem Baum gekennzeichnet. Sie verwenden zum Beispiel Solarenergie, nutzen Trockentoiletten, um Kompost herzustellen, zahlen faire Löhne, investieren ihre Gewinne in soziale Projekte, propagieren einen nachhaltigen Tourismus oder stellen Besuchern Informationen für umweltverträgliches Verhalten bereit. Weitere Informationen zum Thema auch auf unserer Website: www.stefan-loose.de/fair-gruen.

Wer wissen möchte, wie er umweltfreundlich und sozial verantwortlich reisen kann, findet neben den Tipps hier im Buch unter folgenden Adressen zahlreiche Anregungen:

**Forum anders reisen**, Wippertstr. 2, 79100 Freiburg, 0761-4012 6990, www.forumandersreisen.de. Im Forum anders reisen haben sich über 100 kleine und mittlere Reiseveranstalter zusammengeschlossen.

**Studienkreis für Tourismus und Entwicklung e. V.**, Bahnhofstr. 8, 82229 Seefeld-Hechendorf, 08152-999 010, www.studienkreis.org. Der Verein beschäftigt sich mit entwicklungsbezogener Informations- und Bildungsarbeit im Tourismus.

**Traverdo**, www.traverdo.de. Die Internetplattform präsentiert touristische Projekte, die auf kreative Weise Bildung und Einkommen für lokale Gemeinschaften gewährleisten und zum Erhalt ihrer Umwelt beitragen.

**Tourism Watch**, www.tourism-watch.de. Auf der Website sind Hintergrundberichte zu den Themen Tourismuspolitik, Umwelt, Menschenrechte und Wirtschaft in Englisch und Deutsch verfügbar.

# Tipps für umweltbewusstes und sozial verträgliches Reisen

Beim Umweltschutz ist jeder Einzelne gefordert, mit gutem Beispiel voranzugehen und die goldene Regel anzuwenden: Alle Plätze so zu verlassen, wie man sie selbst gerne vorfinden würde.

## Umweltbewusst reisen

- Den durch die **An- und Abreise** verursachten $CO_2$-Ausstoß mit Hilfe des Kompensationsprogramms einer nachweislich korrekt agierenden Klimaagentur (z. B. 💻 www.atmosfair.org oder 💻 www.myclimate.ch) neutralisieren.
- Inlandflüge vermeiden und stattdessen andere **Verkehrsmittel** wie Bus und Zug nutzen.
- **Klimaanlagen** vermeiden und in jedem Fall Licht und AC ausstellen, wenn man das Zimmer verlässt.
- Keine **Souvenirs** aus bedrohten Pflanzen oder Tieren kaufen! Das Washingtoner Artenschutzabkommen verbietet deren Import nach Europa.
- **Hotels, Fluggesellschaften, Reiseveranstalter** etc. nach ihren Umweltschutzmaßnahmen fragen und auswählen.
- **Pfandflaschen** kaufen und auf Dosen verzichten. Softdrinks nicht in kleine Plastiktüten umfüllen lassen!
- Statt mit **Batterien** mit aufladbaren Akkus reisen, und wenn Batterien sich nicht vermeiden lassen, diese mit nach Hause nehmen – in Myanmar werden sie garantiert nicht vernünftig entsorgt.
- **Toilettenpapier** und andere Hygieneartikel nicht in die Toilette, sondern in die daneben stehenden Eimer werfen!
- Beim Einkauf die Ware nicht in **Tüten** packen lassen.
- In vielen Gebieten Birmas ist **Wasser** ein knappes Gut. Daher bitte sparsam damit umgehen.

## Sozial verantwortlich reisen

- Auf **respektvollen Umgang** mit der Bevölkerung und den Angestellten der Tourismusbetriebe achten und ggf. auch Mitreisende oder den Touristenführer darauf hinweisen.
- Den persönlichen Wohlstand nicht zur Schau stellen. **Bettelnden Kindern** kein Geld geben. Wirksamer ist es, einer lokalen Kinderorganisation Geld zu spenden.
- Kleinen lokalen Hotels, Restaurants, Reiseveranstaltern, Guides etc. gegenüber großen nationalen und internationalen Ketten den Vorzug geben – das erhöht die Chance, zu **lokalen Einkommen** beizutragen.
- **Kunsthandwerk** soweit möglich direkt beim Produzenten bzw. Kleinunternehmer (wie dem Strandverkäufer) kaufen und große Zwischenhändler umgehen.
- **Landwirtschaftlichen Produkten** aus der Umgebung den Vorzug vor importierten Waren geben.
- Auf **fair gehandelte und biologisch erzeugte Waren** zurückgreifen.

## Trekking

- Plastikmüll vermeiden, organischen **Müll** vergraben, nicht organischen Müll mit in die nächste Stadt nehmen sowie Flora und Fauna ungestört lassen. Ehrgeizige Reisende sammeln den herumliegenden Müll auf einer Trekkingroute auf.
- Beim Buchen eines Treks möglichst darauf achten, dass die **Agentur** ihren Mitarbeitern (Guides, Trägern, Köchen) gesetzliche Arbeitnehmeransprüche wie Mindestlohn, Ausrüstung, Verpflegung garantiert.
- Beim Buchen eines Treks in ländlichen Gebieten nachfragen, ob die **lokale Bevölkerung** von dem Besuch profitiert. Darauf achten, dass für getane Arbeit ein gerechter Lohn bezahlt wird.

# Feste und Feiertage

Der Vollmond ist für alle Völker Myanmars Anlass zu ausgiebigen Feierlichkeiten. Deren Datum ändert sich – dem Rhythmus des Vollmonds entsprechend – jedes Jahr (S. 90, Mondkalender). Manche Vollmonde sind besonders wichtig, dann finden an allen wichtigen Pagoden des Landes *pwes* statt. Diese Feste können bis zu zwei Wochen dauern. Pilger und Händler (oft in einer Person) finden sich ein, zahlreiche Essenstände und Verkaufsbuden öffnen und es herrscht Jahrmarktstimmung. Feste werden meist am Ende des Monats gefeiert, wenn der Vollmond sich rundet.

Viele in Myanmar vertretene Ethnien und Religionen haben ihre eigenen Feierlichkeiten: Muslime feiern Id al-Fitr (Ende des Ramadan), Maulid al-Nabi (Geburtstag des Propheten Mohammed) und Id al-Adha (Ende der jährlichen Hadsch-Pilgerfahrt nach Mekka) gemäß dem islamischen Mondkalender. Auch das chinesische Neujahrs- und Herbstfest wird begangen. Volksgruppen in den Bergen haben ihre eigenen traditionellen Feste, deren Datum ebenfalls vom Mondkalender bestimmt wird.

## März/April (Tagu)

Tagu ist der erste Monat des birmanischen Kalenderjahres. Wenn die Sonne aus dem Sternzeichen des Fisches in jenes des Widders übertritt – was immer Mitte April geschieht –, wird das Neujahrsfest **Thingyan** begangen. Da es gleichzeitig Höhepunkt der heißen Jahreszeit ist, wird viel Wasser verspritzt. Mit dem kühlenden Nass soll der Schmutz des alten Jahres abgewaschen werden. Gefeiert wird das Erscheinen von Thagyamin, dem König der Nat. Dieser bringt Segen für das neue Jahr und verteilt Lob und Tadel für gute oder schlechte Taten. Blumen werden zu Ehren des Nat-Königs vor die Häuser gelegt, um ihn willkommen zu heißen. Auf den Straßen geht es feucht und fröhlich zu. In großen Städten werden Tribünen für die Wasserschlachten aufgebaut; Karawanen von jugendlichen Tänzern und Pick-ups mit aufgedrehter Anlage ziehen durch die Straßen. Jeder muss mit einer kalten Dusche rechnen – Ausländer bilden keine Ausnahme. Die Vorbereitungen für dieses Fest beginnen meist mehrere Wochen vorher, denn es gilt Tänze und Gesänge einzustudieren. Die Feierlichkeiten dauern oft eine ganze Woche und viele Händler lassen ihre Geschäfte geschlossen.

## April/Mai (Kason)

Am Vollmondtag des Monats **Kason** wird der weltweit höchste buddhistische Feiertag, das Vesakh-Fest, begangen. Dieser „dreifach gesegnete Tag“ erinnert an Buddhas Geburt, seine Erleuchtung und sein vollkommenes Erlöschen (Parinirvana). Zum Gedenken werden in allen Pagoden und Klöstern Bodhi-Bäume – unter solch einem Baum fand Buddha die Erleuchtung – mit Wasser übergossen. Vielerorts finden Tempelfeste statt.

## Mai/Juni (Nayon)

Im Mai feiern die Kayah zu Ehren der Regengötter das **Kuhtobo**-Fest. Die Freude gilt dem kommenden Regen, der bis in den Oktober hinein das Leben der Landbevölkerung bestimmen wird. Die Kayah verehren Indra, einen Hindu-Gott. Sie glauben, dass Indra zur Stärkung den Unsterblichkeitstrunk Soma trinkt, um anschließend die Monsunwolken mit seinem diamantenen Donnerkeil zu zerteilen, was den erhofften Regen bringt.

Zweimal im Jahr wird der **Mt. Popa** (S. 300), der auch „Blumenberg“ genannt wird, Schauplatz eines großen Festes. An den Vollmondtagen im Mai/Juni und November/Dezember feiern die Birmanen Feste zu Ehren der Mahagiri-Nats, die hier verehrt werden. Der Berg Popa, dessen Gipfel 1518 m hoch ist, liegt nur wenige Stunden von Bagan entfernt und lockt zu diesem Anlass zahlreiche Pilger an. Auch im Tagu (März/April) und im Wagaung (Juli/August) finden hier zwei kleinere Nat-Feste statt.

Am Vollmondfest **Nayon** werden die Mönche über ihre Kenntnisse in der buddhistischen Lehre befragt. Sie geben Gläubigen buddhistische Unterweisungen und öffnen ihre Klosterschulen für die Öffentlichkeit.

## Juni/Juli (Waso)

Der Vollmond im Juni/Juli markiert den Beginn der dreimonatigen buddhistischen Fastenzeit, die sich über die Monate Waso, Wagaung und Tawthalin erstreckt, und erinnert an die erste Predigt Buddhas im indischen Sarnath bei Varanasi. Diese Periode bedeutet nicht wie im muslimischen Ramadan oder in der christlichen Fastenzeit den Verzicht auf Nahrung, sondern Besinnung auf Mäßigung und Rückzug. Hochzeiten und andere Feierlichkeiten sind während dieser Zeit untersagt. Die Mönche ziehen sich in ihre Klöster zurück und widmen sich der Lehre und Meditation.

Der 19. Juli ist der **Märtyrertag**, an dem der Ermordung des Nationalhelden Bogyoke Aung San (Vater der Friedensnobelpreisträgerin Aung San Suu Kyi) und seiner Mitstreiter gedacht wird (S. 116). Es findet eine Kranzniederlegung im Mausoleum von Yangon statt, das nur anlässlich dieses Tages geöffnet ist.

## Juli/August (Wagaung)

Am Vollmond des Juli/August, Wagaung, bewirten Familien einen durch Losziehung ermittelten Mönch. Tausende Birmanen zieht es in das Dorf Taungbyone (S. 368), etwa 30 km nördlich von Mandalay, um während eines einwöchigen Festes die beiden Nats Min Gyi und Min Lai zu ehren. Auch an ihrem Geburtsort auf dem Mt. Popa finden Feierlichkeiten statt.

## August/September (Tawthalin)

In diesem heißen Monat ziehen sich die Menschen am liebsten in oder unter ihre Häuser zurück. Es findet ein von der Regierung veranstaltetes **Traditional Regatta Festival** auf dem Kandawgyi-See in Yangon statt, das an die glorreichen Regatten der alten Könige von Myanmar erinnern soll, die damals mit goldenen Barken durchs Land fuhren.

## September/Oktober (Thadingyut)

Wenn die Regenzeit im Oktober ihren letzten Höhepunkt erreicht, finden landesweit Bootsrennen und Wasserprozessionen statt, z. B. während des **Phaung Daw U-Festes** auf dem Inle-See (Kasten S. 433). In einem prächtig geschmückten Boot in Form des Karaweik-Vogels werden die hochverehrten Buddhafiguren aus der Phaung Daw U-Pagode in den drei Wochen vor dem Thadingyut-Vollmond täglich zu einem anderen Ort am See gebracht. Das Ende der Regenzeit und der Beginn der Trockenzeit werden begleitet von zahlreichen privaten und öffentlichen Feiern.

An Thadingyut findet das **erste Lichterfest** statt. Es erinnert an die Rückkehr Buddhas aus dem Tavatimsa-Himmel. Dort predigte er eine Fastenperiode lang den Göttern und seiner Mutter Maya, die in diesem Himmel wiedergeboren worden war. Seinen Weg zurück begleiteten Himmelswesen mit strahlenden Lichtern, was die Gläubigen heute mit brennenden Kerzen symbolisieren. Jüngere erweisen an diesem Fest den Älteren besonderen Respekt. Häuser und Pagoden werden mit Lichtern geschmückt, es finden Umzüge, Tanz und Gesang, Märkte, gemeinsame Essens- und Trinkfeste statt. In den folgenden Wochen werden überall Zeremonien abgehalten. Im Vorfeld errichten Gläubige sogenannte *padetha*, Holzgerüste, an denen sie teilweise sehr kunstvoll Mönchsroben, Geld und andere Requisiten anbringen. Diese werden anschließend an einem individuell festgelegten Tag den Mönchen überreicht.

## Oktober/November (Tazaungmon)

Am Novembervollmond erreichen die Tazaungmon-Feierlichkeiten ihren Höhepunkt. An diesem Vollmond findet das **zweite Lichterfest** statt. Es wird die lange Nacht der Kerzen zelebriert. Dieses Fest ist den Buddhisten sehr wichtig. Gläubige bringen den Mönchen neue Gewänder, Devotionalien und lebensnotwendige Dinge. In der Nacht zum Vollmond finden sich an vielen Pagoden Frauengruppen ein, um an den dafür eigens errichteten Webstühlen nach alter Sitte im Wettbewerb neue Mönchsroben zu weben und zu nähen. Die Siegerinnen werden prämiert und dürfen die fertige Robe anschließend einer Buddhafigur anlegen. Nach diesem Vollmond können Paare endlich wieder heiraten und die Saison der Novizen- und Mönchsweihen beginnt.

Im Shan-Staat findet an diesem Vollmond in Taunggyi ein berühmtes **Heißluftballonfestival** statt, das sich über fünf Tage erstreckt. Dorfgemeinschaften aus dem ganzen Shan-Staat konstruieren Heißluftballons, die an verschiedenen Wettbewerben teilnehmen. Dafür reisen sie aus einem weiten Umkreis an. Schon Wochen vorher sind alle Busse und die Hotels in Taunggyi und Umgebung ausgebucht.

Auch in **Kalaw** geht es laut zu, wenn junge Männer in einer wilden Prozession Raketen durch die Stadt tragen und auf dem Berg ein spektakuläres Feuerwerk veranstalten, zu dem man besser einen gewissen Sicherheitsabstand einhält.

Im Oktober/November erinnert das hinduistische Lichterfest **Divali** an den Sieg Ramas über Ravana und die Rückkehr des Prinzen in seine Geburtsstadt Ayodhya.

## November/Dezember (Nadaw)

Auch im neunten Mondmonat, der den Beginn der kühlen Jahreszeit markiert, werden landesweit **pwes** zu Ehren der Nat gefeiert. Der birmanische Nationalfeiertag, der in die zweite Novemberhälfte oder auf Anfang Dezember fällt, ist der einzige variable staatliche Feiertag. Gedacht wird des Studentenstreiks von 1920, der als Meilenstein auf dem Weg zur Befreiung von der britischen Kolonialherrschaft gilt (S. 114).

Der 25. Dezember ist nicht nur für die Christen im Land erster **Weihnachtsfeiertag**, sondern auch gesetzlicher Feiertag. Das Weihnachtsfest wird von Gläubigen in den verschiedenen Kirchen mit viel Gesang gefeiert. Besonders die Karen sind für ihren Chorgesang bekannt. Zudem werden üblicherweise kleine Geschenke verteilt. Die meisten Christen in Myanmar sind Angehörige ethnischer Minderheiten.

Das Neujahrsfest der westlichen Welt wird nicht gefeiert.

## Dezember/Januar (Pyatho)

Die **Kayin** begehen ihren Neujahrstag im Dezember/Januar mit einem mehrtägigen Fest. Gefeiert wird es im Kayin-Staat und im Ayeyarwady-Delta, denn hier leben die meisten Kayin. In Hpa-an und Insein werden anlässlich dieses Festes Tänze aufgeführt. Dazu tragen die Kayin ihre traditionelle Kleidung. Dieser Tag ist ein nationaler Feiertag und fällt auf den ersten Tag des zunehmenden Mondes des Pyatho.

Am Anfang des Monats wird im Ananda-Tempel in **Bagan** ein großes Tempelfest gefeiert, zu dem zahlreiche Pilger und Händler anreisen. **Kyaukme** ehrt an diesem Vollmond die Geister der Shan.

Am 4. Januar wird landesweit der **Unabhängigkeitstag** gefeiert. Vor allem in Zentralbirma werden zahlreiche Jahrmärkte und Paraden veranstaltet. In Yangon und Mandalay finden spektakuläre Bootsrennen statt.

Die **Jinghpaw** im Kachin-Staat feiern zu Ehren ihres höchsten Schutzgeistes Lamu Madai aufwendige Feiern, genannt **Manao**. Der Tag der Manao-Feste wird von den Stammesältesten, den *duwa*, festgelegt. Das einzige Manao, das zu einem festen Zeitpunkt stattfindet, ist der Kachin-Nationalfeiertag am 10. Januar. Berühmt ist das Manao-Fest von Myitkyina (S. 472). Am 15. Januar begehen die **Naga** ihren Nationalfeiertag in Layshi (Leyshe).

## Januar/Februar (Tabodwe)

Das **Hta-mane-Fest** wird am Vollmond Tabodwe gefeiert. Hta-mane ist ein Gericht aus glutiniertem Reis, Erdnüssen, Kokosraspeln, Sesamöl, Ingwer und Knoblauch. Ob im Privathaushalt oder im Klostergarten, überall wird in großen Töpfen eine zähe Masse gekocht, die später in Bananenblätter gewickelt an Nachbarn und Novizen verteilt wird. Vielfach werden Wettbewerbe zwischen Dörfern oder Stadtbezirken ausgetragen. In der prallen Mittagshitze kochen dann die Männer in riesigen Töpfen den Reis, während schick gekleidete Damen ihn anschließend verkosten und den Sieger küren – ein großes Spektakel für die ganze Familie.

Am 20. Februar feiern die **Chin** ihren Nationalfeiertag in Mindat (Mintut) in der Nähe des Mt. Victoria. Auch das **chinesische Neujahrsfest** wird im Januar/Februar begangen.

### Februar/März (Tabaung)

Am Vollmondtag wird die **Shwedagon-Pagode** Schauplatz eines großen Festes. An diesem Tag besuchen Bewohner aus allen Gebieten des Landes das Nationalheiligtum in Yangon. Es ist das größte und wichtigste Tempelfest der Shwedagon.

Am 12. Februar erinnert der **Unionstag** an die Unterzeichnung des Panglong-Abkommens im Jahr 1947, das die Grundlage für den Zusammenschluss der verschiedenen Volksgruppen in der Union of Burma bildete (S. 116). Symbolträchtig wird die Nationalflagge zwei Wochen vorher durchs Land gefahren, bevor sie zum Feiertag in Yangon eintrifft. Überall an den Zwischenstationen, v. a. in den Provinzhauptstädten, werden Feiern abgehalten. Am Unionstag selbst führen Tanzgruppen der ethnischen Minderheiten in Yangon ihre traditionellen Tänze auf. Auf der Zufahrtstraße zum Flughafen findet am Nachmittag eine große Parade statt.

Der 2. März, der **Tag der Bauern**, ist ein gesetzlicher Feiertag, ebenso der 27. März, der den **Streitkräften** gewidmet ist und mit Paraden an den Tag im Jahr 1945 erinnert, an dem General Aung San die Kriegsfronten wechselte und mit seiner birmanischen Armee den Kampf gegen die japanischen Besatzer aufnahm.

## Fotografieren und Filmen

Myanmars Bewohner scheuen sich selten vor einer Foto- oder Videokamera. Doch je größer das Objektiv ist und je weniger die Menschen bisher mit Ausländern (und deren Kameras) in Berührung gekommen sind, desto unsicherer sind sie. Selbstverständlich sollte man vor dem Fotografieren oder Filmen durch Gesten die Zustimmung desjenigen einholen, den man fotografieren möchte. Das gilt besonders bei Wanderungen in abgelegenen Bergregionen. Wird die Bitte abgeschlagen, sollte das unbedingt respektiert werden.

Seit zahlreiche Birmanen ein Smartphone besitzen, sind sie zu wahren Meistern von Selfies geworden. Auch wir Westler sind beliebte Motive. Wer in Regionen abseits der Hauptrouten unterwegs ist, wird oft um ein Foto gebeten – entweder mit dem Besitzer der Kamera zusammen, oder man/frau ist ganz alleine die Attraktion.

**Videofilmer**, die ihr Material vorführen, werden eine Horde Zuschauer um sich scharen. Auch wer nur den kleinen Bildschirm ausklappt und den Gefilmten zuwendet, wird schon bei der Aufnahme seinen Spaß haben. Vor allem Kinder sind begeistert, wenn sie sich selbst auf dem Bildschirm sehen.

**Digitalkameras** besitzen ebenfalls Unterhaltungswert. Das gilt für kleine Filmchen ebenso wie für Fotos, die sofort vom Fotografierten bestaunt werden können. Besonders beliebt macht sich, wer Bilder ausdrucken lässt und den Fotografierten ein Andenken präsentiert.

In Pagoden und Tempeln oder an Aussichtspunkten wird nicht selten eine geringe **Fotogebühr** verlangt.

## Frauen unterwegs

Alleinreisende Frauen sind begeistert von Myanmar. Viele haben sich selten so sicher gefühlt. Sie können unbehelligt von Anmache reisen und immer wird Hilfe angeboten. Das gilt auch für Alleinreisende mit Kind.

Birmanische Frauen kommen selten auf den Gedanken, allein zu reisen, und wenn sie es doch tun, bleiben sie nicht lange einsam. Auch allein reisende Europäerinnen werden schnell mit einer Aufsichtsperson betraut, die ihren Weg begleitet und sie danach in die Obhut eines anderen gibt. Das gilt z. B. auf Zugfahrten und im Bus. In abgelegenen und seltener besuchten Hotels kann es vorkommen, dass ein Bediensteter vor dem Zimmer der Frau schläft, um sie vor Einbrechern zu schützen. Allein reisende Frauen finden schnell Anschluss und viel Unterstützung, v. a. von anderen Frauen. Wer Einsamkeit sucht, ist daher in Myanmar nicht am richtigen Ort.

Belästigungen auf der Straße sind äußerst selten; die meisten Versuche einer Kontaktaufnahme sind freundlicher und helfender Natur. Wichtig ist allerdings, die Kleidung den örtlichen Gegebenheiten anzupassen und sich den Landessitten gemäß zu verhalten. Eine Frau, die ohne BH und im Trägertop durch die Städte oder Dörfer marschiert, muss mit (hormon-)verwirrten Männern rechnen.

# Geld

## Währung

Seit 1952 ist der **Kyat** (gesprochen „tschat") die Landeswährung von Myanmar. 1000 Kyat entsprechen ungefähr US$1. Ein Kyat hat 100 Pyas. Die Münzen sind aber kaum mehr im Umlauf. Zum Teil finden sie sich noch in Telefonämtern, um die alten Münzfernsprecher in Funktion zu halten, oder als Sammlerstücke. Kyat-Scheine gibt es in den Stückelungen 1, 5, 10, 20, 50, 100, 200, 500, 1000, 5000 und 10 000 Kyat. Es passiert kaum noch, dass wertlose alte 25-, 35-, 75- oder 90-Kyat-Scheine den Touristen erreichen, es sei denn, er kauft sie von fliegenden Händlern als Sammlerstück.

## Geldwechsel

An vielen **Geldinstituten** in ganz Myanmar sind Bankautomaten angebracht, an denen ausländische Touristen sich mit der einheimischen Währung Kyat versorgen können (Höchstgrenze 300 000 Kyat pro Tag; ungefähr 300 €); und zwar sowohl mit Master-/Visa-Card, American-Express-Karten als auch mit Maestro-/Cirrus-Karten. In letzterem Fall sollte man sich allerdings unbedingt bei der Hausbank rückversichern, dass die Karte in Myanmar funktioniert, denn nicht alle Karten sind für dieses Land freigeschaltet. An den Bankautomaten werden pro Transaktion 5000 Kyat einbehalten, dazu kommen die Gebühren im Heimatland.

Wer Bares mitbringt, muss aufpassen: In Myanmar sind **nur neue, unbeschriebene und ungeknickte Dollarscheine** gefragt (S. 59). Je besser der Schein aussieht, desto höher ist die Wahrscheinlichkeit, dass er akzeptiert wird. Für 100-Dollar-Noten gibt es den besten Umtauschkurs, kleine Scheine sind weniger gefragt. Und je höher die Tauschsumme, desto vorteilhafter der Kurs. Bei Euro sind Stückelung und Aussehen des Scheins weniger wichtig: Hier bekommt man auch für kleine Noten einen guten Kurs.

## Reisekasse

**Reiseschecks** in US-Dollar können in einigen großen Hotels wie dem Sedona oder dem Inya Lake Resort in Yangon eingetauscht werden (etwa 15 % Gebühr). **Kreditkarten** werden als Zahlungsmittel vereinzelt von großen Hotels akzeptiert.

Bis in die jüngste Vergangenheit blieb Reisenden nichts anderes übrig, als so viel Bargeld wie möglich mitzunehmen. Heute erleichtern Bankautomaten das Leben. Es ist sinnvoll, eine Bargeld-Mischung aus US-Dollar (für Flugtickets und teurere Hotels) und Euro (für den Tausch in Kyat) mitzunehmen, falls die Kreditkarte verlorengeht. Kyat können nur in Myanmar selbst eingetauscht werden und sind nicht

**Wechselkurse**

| | | |
|---|---|---|
| 1 € | = | 1300 Kyat |
| 1000 Kyat | = | 0,73 € |
| 1 US$ | = | 1200 Kyat |
| 1000 Kyat | = | 0,80 US$ |
| 1 Baht | = | 35 Kyat |
| 1000 Kyat | = | 28 Baht |
| 1 sFr | = | 1250 Kyat |
| 1000 Kyat | = | 0,78 sFr |

Mancherorts wird der US-Dollar mit dem glatten Gegenwert von 1 US$ = 1000 Kyat verrechnet.

**Wertlose US-Dollar?**

Achtung: Dollar-Noten dürfen, um in Myanmar angenommen zu werden, nicht beschädigt sein! Dabei wird der Schein schon durch kleinste Risse, Knicke oder Falten wertlos. Am besten, man besorgt sich vor Reiseantritt druckfrische Noten und transportiert diese z. B. in einem eigenen, mit Pappe verstärkten Umschlag.

über Banken im Ausland zu erwerben. Devisen dürfen in Höhe von bis zu US$2000 bzw. dem Gegenwert in Euro ohne offizielle Deklaration eingeführt werden.

# Gepäck und Ausrüstung

Für den Tag ist leichte und dezente Kleidung anzuraten. Da Myanmar sehr konservativ ist, sollte die Kleidung Knie und Schultern bedecken. Kurze Hosen sind nie gern gesehen, auch nicht bei Männern. Die Auswahl der Kleidung sollte eine Kombination aus lässig-bequem und „ordentlich" sein. Menschen werden in Myanmar stark nach ihrem Äußeren bewertet; ein schmuddeliges Outfit führt schnell zu Ablehnung. Schmutzwäsche wird in vielen Hotels und Gästehäusern in 24 Stunden gewaschen.

Im Tiefland Myanmars ist es selten kalt, doch in der kühlen Jahreszeit empfiehlt es sich, abends einen warmen Pullover zur Hand zu haben. Das gilt auch für Bagan und Mandalay. Im Hochland, z. B. am Inle-See oder in Kalaw, ist warme Kleidung unerlässlich. Dort wird es auch in der heißen Zeit abends recht kühl. Im Winter ist es nachts sogar empfindlich kalt. Wer längere Trecks in die Berge plant, sollte einen Schlafsack mitbringen. Bewährt haben sich dünne Jugendherbergs-Schlafsäcke, um die in billigen Zimmern manchmal schmutzigen Decken zu ersetzen. Auch ein Handtuch eignet sich, und in einen Longyi kann man sich prima einwickeln.

Das **Schuhwerk** ist abhängig von den geplanten Aktivitäten. Für Trekkingtouren sind feste Schuhe nötig, aus einem Material, das möglichst schnell trocknet. Sonst reichen robuste Sandalen. Schnürschuhe haben den Nachteil, dass sie bei Tempelbesuchen immer wieder langwierig an- und ausgezogen werden müssen. Hier ist man mit Slippern deutlich besser dran.

Wichtig ist auch ein **Sonnenhut** oder ein Tuch, da der Kopf vor der oft stechenden Sonne besonders geschützt werden sollte. Ein ausreichender **Moskitoschutz** ist ebenfalls wichtig.

Aus Sicherheitsgründen ist es sinnvoll, ein **Vorhängeschloss** mitzunehmen. Vor allem auf dem Land können die meisten Unterkünfte nur damit verschlossen werden. Eine **Taschenlampe** ist nützlich bei Stromausfall, auch ein **Taschenmesser** ist immer praktisch.

## Ausrüstung auf Trekkingtouren

Bei einfachen Wanderungen in der Trockenzeit reichen Turnschuhe meist aus. Gute **Wanderschuhe** machen sich jedoch immer bezahlt. Trekking in der Regenzeit ist nicht ratsam. Es ist dann kaum möglich, nass gewordene Kleidung und Schuhe zu trocknen.

Auf mehrtägige Trekkingtouren in der kühlen Jahreszeit sollte ein warmer **Schlafsack** mitgenommen werden. Daunen sind ungeeignet, da sie bei der hohen Luftfeuchtigkeit nicht trocknen und schnell schimmeln. Zelt und wetterfester Schlafsack sind nur nötig, wenn entsprechende Abenteuer geplant sind. Für laue Tropennächte reicht ein Bettbezug, ein Betttuch oder ein Jugendherbergs-Schlafsack. Sinnvoll ist auch die Mitnahme von **Wasserflaschen**, die am Körper befestigt werden können, ohne herumzubaumeln, und natürlich ein Rucksack, der gut sitzt und leicht zu tragen ist.

## Rucksäcke, Koffer und Taschen

Traveller, die mit öffentlichen Verkehrsmitteln unterwegs sind und auch schon mal längere Strecken zu Fuß gehen, nehmen einen **Rucksack** (ob dieser passt, lässt sich beim Kauf feststellen, wenn er mit etwa 15 kg bepackt ist und sich damit gut tragen lässt). **Kofferrucksäcke** sind ein Kompromiss für jene, die mal mit dem

## Gepäck-Check

### Kleidung

- ☐ **Feste Schuhe** (für Trekkingtouren in der Trockenzeit reichen Turnschuhe aus)
- ☐ **Sandalen** (in die man leicht hinein- und herausschlüpfen kann)
- ☐ **Gummi-** oder **Trekkingsandalen** (unter Duschen Pilzgefahr!)
- ☐ **Hosen bzw. Röcke** aus Baumwolle, die nicht zu eng sitzen sollten
- ☐ **Kurze Hosen** (bei Männern bis zum halben Oberschenkel, bei Frauen bis zum Knie, Shorts nur am Strand)
- ☐ **Hemden** oder **Blusen**
- ☐ **T-Shirts / Polo-Shirt mit Ärmel**
- ☐ **Jacke** (für die An- und Abreise, kühle Nächte in den Bergen und AC-Busse)
- ☐ **Pullover**
- ☐ **Sonnenschutz:** Hut/Brille (in unzerbrechlicher Box)/Sonnencreme
- ☐ **Socken** (für den Abend dichte, nicht allzu kurze Socken als Moskitoschutz)
- ☐ **Unterwäsche** (aus Baumwolle), für Frauen einen BH
- ☐ **Badekleidung**, für Frauen einteiliger Badeanzug

### Hygiene und Pflege

- ☐ **Zahnbürste, Zahnpasta** in stabiler Tube, **Shampoo/Haarpflegemittel, Nagelschere, Nagelfeile, Kosmetika** und **Hautpflegemittel**
- ☐ **Nassrasierer** mit **Ersatzklingen**
- ☐ **Papiertaschentücher, Feuchties** (zur Hygiene unterwegs und wo es kein Wasser gibt)
- ☐ **Tampons**
- ☐ **Notfall-Toilettenpapier** (für einfache Hotels und öffentlichen Toiletten)
- ☐ **Plastiktüten** (für schmutzige Wäsche und als Nässeschutz)
- ☐ **Nähzeug** (Zwirn/Nähseide/Nadeln/Sicherheitsnadeln)

### Sonstiges

- ☐ **Adapter** (manchmal nicht kompatibles Steckersystem)
- ☐ **Reisewecker** (oder Armbanduhr mit Weckfunktion)
- ☐ **Taschenlampe**
- ☐ **Taschenmesser** (im Rucksack verstauen, sonst wird es am Flughafen abgenommen)
- ☐ **Kompass**
- ☐ **Reiseapotheke** (S. 62)
- ☐ **Notizbuch** und **Stifte**
- ☐ **Flugtickets, Geld** (Bargeld/Kreditkarte)
- ☐ **Kopien der Dokumente**
- ☐ **Reiseführer, Landkarten, Reiselektüre**
- ☐ **Reisepass** (evtl. Internationaler Studentenausweis und Personalausweis)
- ☐ **Impfpass** (oder zumindest eine Kopie davon für den Notfall)
- ☐ **Kleine Geschenke**

### Wer in einfachen Unterkünften wohnen wird, braucht zudem

- ☐ **Seife** oder **Waschlotion** im bruchsicheren Behälter
- ☐ dünne **Handtücher**, die schnell trocknen (in den Hotels vorhanden)
- ☐ **Waschmittel** in der Tube (für alle, die selbst Wäsche waschen), Gallseife
- ☐ **Plastikbürste** (zum Reinigen von Wäsche)
- ☐ **Schnur** (als Wäscheleine oder zum Aufspannen des Moskitonetzes)
- ☐ **Klebeband** (um zu packen und Löcher im Moskitonetz zu verschließen)
- ☐ **kleine Nägel** oder **Reißzwecken** (zum Befestigen des Moskitonetzes)
- ☐ **Vorhängeschloss** (und kleine Schlösser fürs Gepäck)
- ☐ **Moskitonetz**
- ☐ **Schlafsack** (Leinenschlafsack, Bettbezug oder dünne Tücher)

Taxi und mal mit dem Bus fahren. Diese Kombination aus Koffer und Rucksack wird von der Vorderseite aus bepackt und hinten vom Tragegestell geschützt. Die Kleidung bleibt relativ ordentlich und knitterfrei.

Ein **Tagesrucksack** oder eine Falttasche für Tagesausflüge und Kurztrips ist sinnvoll. Er bietet zudem zusätzlichen Stauraum auf dem Heimflug.

Kameras sollten in einer **Fototasche** verstaut werden, die aus festem Material besteht und gut verschließbar ist. Wertsachen (Geld, Pässe, Schecks, Tickets) sollten nah am Körper, z. B. in einem **Hüftgurt** aufbewahrt werden. Diese Taschen können auf Reisen unauffällig unter den Kleidern getragen werden. Papiere, auch Geld und Flugtickets, am besten in einer Plastikhülle vor Schweiß und Nässe schützen.

# Gesundheit

Das gesundheitliche Risiko ist bei einer Reise auf touristischen Pfaden gering. Die meisten Krankheiten lassen sich durch eine sorgfältige Vorbereitung und umsichtiges Verhalten vermeiden. Mehr dazu auf S. 590.

## Vor der Reise

Unbedingt zur Reiseplanung gehört ein Blick in den Impfpass. Ein Basis-Impfschutz reicht für Myanmar, muss aber vor weniger als zehn Jahren erfolgt sein: Tetanus (Wundstarrkrampf), Polio und Diphtherie. Zu empfehlen ist zudem eine Immunisierung gegen Hepatitis A. Reisende, die länger als drei Monate unterwegs sind, sollten auch über eine Hepatitis-B-Immunisierung nachdenken. Impfungen gegen Tuberkulose und Typhus sind ebenfalls sinnvoll. Manche Ärzte raten zum Impfschutz gegen Tollwut und Japanische Encephalitis. Wer aus Westafrika, Zentralafrika oder Südamerika einreist, muss bei der Einreise eine Impfung gegen Gelbfieber vorweisen.

In Myanmar gibt es Malaria-Erreger, und damit stellt sich die Frage, ob eine Prophylaxe eingenommen werden sollte.

Am besten ist eine aktuelle **Impfberatung** beim Haus- oder Tropenarzt. Jeder Hausarzt kann diese Beratung durchführen. Meist muss er sich zuvor kundig machen. Erst danach ist er legitimiert, Medikamente wie etwa eine Malaria-Prophylaxe zu verschreiben.

Bei Impfungen ist zu bedenken, dass manche bis zu acht Wochen vor der Reise stattfinden müssen. Auch eine Malaria-Prophylaxe beginnt vor der Einreise. Einen Internationalen Impfausweis will heute kein Zöllner mehr sehen, ihn mitzunehmen ist dennoch sinnvoll: Im Krankheitsfall spricht er eine sichere und international verstandene Sprache.

In die **Reiseapotheke** gehören auf jeden Fall Medikamente gegen Magenverstimmungen und Darminfektionen. Frauen sollten Mittel gegen Pilzinfektionen dabeihaben. Da die Wundheilung wegen der hohen Luftfeuchtigkeit oft langsamer erfolgt, sind Desinfektionsmittel und Wundsalben hilfreich. Auch regelmäßig benötigte Medikamente gehören ausreichend ins Gepäck. Nicht empfehlenswert ist die Mitnahme von wärmeempfindlichen Medikamenten, z. B. Zäpfchen. Als Moskitoschutz empfiehlt sich Autan und besonders das in Yangon erhältliche Odomos, eine Creme, die in Indien entwickelt und hergestellt wird und auch für Kinder geeignet ist.

In Myanmars Apotheken (oder beim Zwischenstopp in Thailand) gibt es viele Präparate billiger als in Deutschland und auch ohne Rezept. Einige sind jedoch weitaus weniger oder gar nicht wirksam, da es sich um Kopien handelt. Wichtig ist beim Kauf ein Blick auf das Haltbarkeitsdatum.

## Gesundheitstipps für die Reise

Reisen macht durstig, doch in den Tropen verlässt viele westliche Reisende das gesunde Durstgefühl. Reisen macht hungrig, dennoch leiden viele nach langen Fahrten an Appetitlosigkeit. Dann muss besonders auf eine ausgewogene Ernährung und die Einnahme von viel Flüssigkeit geachtet werden.

### Reisemedizin im Internet

**www.crm.de**
Centrum für Reisemedizin

**www.die-reisemedizin.de**
In Verbindung mit dem betriebsärztlichen Dienst der LTU

**www.dtg.org**
Deutsche Gesellschaft für Tropenmedizin

**www.fit-for-travel.de**
Neben Gesundheitstipps auch Länderinfos, Botschaftsadressen etc.

## Vorschlag für eine Reiseapotheke

Von allen regelmäßig benötigten Medikamenten sollte man einen ausreichenden Vorrat mitnehmen. Nicht zu empfehlen sind Zäpfchen oder andere hitzeempfindliche Medikamente.

### Basisausstattung

- ☐ **Verbandzeug** für Erste Hilfe
- ☐ **sterile Einmalspritzen und -kanülen** (wenn mögl. mit ärztlicher Bestätigung, dass sie medizinisch notwendig sind)
- ☐ **Fieberthermometer**
- ☐ **Halsschmerztabletten**
- ☐ **Mückenschutz**
- ☐ **Nasenspray**
- ☐ **Reisetabletten oder -kaugummis**
- ☐ **Sonnenschutz** mit UVA- und UVB-Filter
- ☐ **Paracetamol, Ibuprofen** (keine acetylsalicylsäurehaltigen Medikamente)
- ☐ **Antibiotika*** gegen bakterielle Infektionen (in Absprache mit dem Arzt)

### Magen- und Darmerkrankungen

- ☐ **Tabletten gegen Durchfall**
- ☐ **Elektrolytpulver**

### Erkrankungen der Haut

- ☐ **Desinfektionsmittel**
- ☐ **Antibiotische Salbe** für infizierte oder infektionsgefährdete Wunden
- ☐ **Mittel gegen Juckreiz** nach Insektenstichen und Allergien
- ☐ **Wund- & Heilsalbe**
- ☐ **Breitbandantimykotikum (Clotrimazol)** gegen Pilzinfektionen

### evtl. Malaria-Prophylaxe

- ☐ ärztlich empfohlenes **Mittel zur Prophylaxe*** oder Standby-Therapie

*Bitte bei den Medikamenten Gegenanzeigen und Wechselwirkungen beachten und sich vom Arzt oder Apotheker beraten lassen.*
*(* rezeptpflichtig in Deutschland)*

Die meisten Myanmar-Reisenden erkranken, wenn überhaupt, an **Durchfall**. Meist reicht es, zur Vorsorge auf ungeschältes Obst und Eis sowie auf rohe Nahrungsmittel zu verzichten. Wichtig ist die persönliche Hygiene, denn viele Krankheitserreger trägt man mit den eigenen Fingern zum Mund. Außerdem sollte man „auf seinen Bauch hören": Gabel und Löffel zur Seite legen, wenn das Essen nicht schmeckt oder der Appetit plötzlich weg ist. Und selbst wer einen robusten Magen hat, sollte beim Essen am Straßenrand zweimal hinschauen. Sinnvoll ist es auch, sich an die birmanischen Tipps zu halten. So geht man hier davon aus, dass manche Lebensmittel in Kombination gegessen krank machen (S. 45). Wer unter Durchfall leidet, muss sich erst einmal Ruhe gönnen und den Flüssigkeits- und Salzverlust mit angereichertem Wasser ausgleichen. Zudem sollten Erkrankte auf Gemüse und Obst verzichten und fettige Speisen meiden. Mit viel Reis (gesalzen) und ein wenig Medizin sind die meisten Durchfälle in den Griff zu kriegen. Spätestens nach drei bis fünf Tagen ohne Besserung sollte jedoch ein Arzt aufgesucht werden. Vorsicht: Extrem dünner, weißlicher Stuhlgang (wie Reiswasser) deutet auf eine Cholera-Infektion hin.

Wichtig ist immer, genügend **Flüssigkeit** zu sich zu nehmen. Erwachsene sollten 3–4 l Wasser am Tag trinken. Bier, Kaffee und Tee (auch grüner) entziehen dem Körper Wasser und zählen daher nicht zum Trinkpensum dazu. Sichtbarstes Zeichen und Warnsignal für mangelnde Flüssigkeitsaufnahme ist eine geringe, dunkelgelbe Urinmenge bis hin zum Ausbleiben des Harndrangs. Ein erstes Anzeichen kann ein metallischer Geschmack im Mund sein. Dann heißt es dringend nachtanken.

Das **Leitungswasser** in Myanmar ist nicht zum Trinken vorgesehen. Auch die Zähne sollten sich Reisende zur Sicherheit mit Trinkwasser putzen. Die überall angebotenen Trinkwasser-Flaschen sind versiegelt. Wichtig ist ein eigener Wasservorrat vor allem bei Ausflügen.

Vorsicht bei den immer beliebter werdenden **Energiedrinks**: Die Inhaltsstoffe sind auf Chinesisch oder Thai angegeben. Was genau drin ist, werden die meisten Touristen also nicht entziffern können. Erwiesen ist, dass größere Mengen zumindest zu Kreislaufproblemen führen können.

Wegen der klimatischen Bedingungen kommt es oft zu **Erkältungen**. Wenn es nach Sonnenuntergang schnell kühl wird, hilft ein dünner Pullover – in den Bergen ein dicker. Wichtig ist, nachts die Klimaanlage oder den Ventilator auszustellen. Selbst eine leichte Unterkühlung kann zu einem ausgewachsenen Schnupfen oder gar einer Lungenentzündung führen.

Und niemals die Sonne unterschätzen! Ein Tuch, ein Hut, ein Sonnenschirm haben schon manchen Reisenden vor einem **Sonnenstich** bewahrt. Zum Schutz der Augen ist eine Sonnenbrille (mit echtem UV-Schutz) unerlässlich.

## Medizinische Versorgung

Eine Behandlung im Krankenhaus oder der Privatklinik kann ohne Versicherung sehr teuer werden. Im Voraus zu zahlen sind in jedem Fall sowohl die Behandlung als auch die Medikamente – und zwar jede einzelne Spritze, jeder Verband und jede Handlung eines Arztes. In den Krankenhäusern ist es üblich, dass sich die Patienten selbst verpflegen. Das kann sowohl ein Reisepartner übernehmen als auch eine bezahlte Krankenschwester.

Die medizinische Versorgung in Myanmar ist nicht mit dem europäischen Gesundheitssystem vergleichbar. Das gilt sowohl für die technische Ausrüstung als auch für den hygienischen Standard. Außerhalb Yangons und Mandalays kann es zudem schwierig werden, Englisch sprechende Ärzte zu finden. In Yangon gibt es einige Kliniken mit gutem Ruf, die bei Notfällen helfen und Flüge nach Bangkok oder Europa organisieren.

Bluttransfusionen sind bedenklich und sollten möglichst vermieden werden. Die Kontrollen der Blutkonserven auf Aids-Viren sind zweifelhaft. Selbst wenn moderne medizinische Geräte zur Verfügung stehen, muss man damit rechnen, dass sie nicht oft zum Einsatz kommen oder nicht sachgerecht bedient bzw. gewartet werden.

### Tropenmedizinische Institute

**Deutschland**

**Berlin**, Institut für Tropenmedizin und Internationale Gesundheit, an der Charité, Charitéplatz 1, 10117, ✆ 030-301 166, 💻 www.charite.de.

**Hamburg**, Reisemedizinisches Zentrum am Bernhard-Nocht-Institut, Bernhard-Nocht-Str. 74, 20359, ✆ 040-428 180, ✆ 0900 123 4999 (1,98 €/Min. aus dem deutschen Festnetz), 💻 www.gesundes-reisen.de.

**München**, Tropeninstitut der LMU, Leopoldstr. 5, 80802, ✆ 089-218 013 500, 💻 www.klinikum.uni-muenchen.de/Abteilung-fuer-Infektions-und-Tropenmedizin/de/index.html.

**Schweiz**

**Basel**, Schweizerisches Tropen- und Public Health-Institut, Socinstr. 57, 4051, ✆ 061-284 8111, 💻 www.swisstph.ch. Auskünfte 8.30–11.30 und 14–17 Uhr unter ✆ 0900 57 51 31 (2,69 sFr/ Min.).

**Österreich**

**Wien**, Zentrum für Reisemedizin, Alsergasse 84/2, 1090, ✆ 01-403 8343, 💻 www.reisemed.at.

Wer schwer krank ist, sollte sich auf jeden Fall nach Bangkok ausfliegen lassen. Das **Bangkok International Hospital** verfügt über einen Flugrettungs-Notdienst, der auch in den angrenzenden Ländern hilft: Notruf ✆ 0066-2-310 3456.

# Hilfsorganisationen

Reisenden wird die große Armut in Myanmar nicht verborgen bleiben. Viele Menschen leben am Existenzminimum. Aufgrund der politischen Isolation war der Staat lange Zeit von notwendiger Entwicklungshilfe abgeschnitten. Eine Reihe von Hilfsorganisationen und privaten Initiativen versucht, den Menschen zu helfen. Manch Reisender hat sich so in das Land verliebt, dass sich lang anhaltende Freundschaften entwickelt haben, die oft auch materielle Unterstützung beinhalten. Wer etwas spenden möchte, kann mit folgenden Organisationen Kontakt aufnehmen:

**Burma-Hilfe Leipzig e. V.**, Bornaische Str. 49, 04277 Leipzig, ✆ 0341-3069 0769, 💻 www.burmahilfe-leipzig.de. Als der Zyklon Nargis 2008 verheerende Zerstörungen anrichtete, gründeten Guntram Fischer und Jens Eßbach den Verein und unterstützen seitdem Schulen im Delta-Gebiet, u. a. das Chaung Wa-Kloster in Ah Lant Chaung bei Yangon, siehe **eXTra [5678]**.
**Förderverein Myanmar e. V.**, Dr. Konrad Krajewski (Präsident), Europa-Allee 22, 66113 Saarbrücken, 💻 www.help-myanmar.net. Der Verein fördert die schulische Bildung und Berufsausbildung. Er hat u. a. Schulgebäude und eine Schulklinik in Mandalay errichtet. Eine Besichtigung der Schule mit den Projekten des Vereins ist lohnend. Mehr Infos siehe **eXTra [5581]**.
**Myanmar Kinderhilfe** (vorm. Verein für Internationale Solidarität e. V.), Fürstenbergerstr. 171, 60322 Frankfurt, 💻 www.myanmar-kinderhilfe.org. Der Verein betreut drei Waisenhäuser in Mandalay und Mawlamyaing und unterstützt hier mehr als 1000 Jungen und Mädchen.
**Myanmar-Stiftung**, Herzogstr. 60, 80803 München, 💻 www.myanmar-stiftung.de. Die von Jürgen von Jordan gegründete Stiftung ist in verschiedenen humanitären Projekten engagiert, unterstützt Schulen, Waisenhäuser und Gesundheitsprojekte. In Bagan managt sie das Bagan Language Centre.
**Zukunft für Kinder der Welt e.V.**, Schilcherstr. 8a, 86911 Dießen, ✆ 08-807 4592, 💻 www.kinder-der-welt.org. Unterstützt u. a. ein Kinderheim in Kalaw.

# Informationen

Seit 1995 die Privatisierung der Tourismusindustrie eingeleitet wurde, bieten zahlreiche **private Hotels** und **Reiseagenturen** in Myanmar Informationen – viele auf einer eigenen Homepage. Vor Ort erweisen sich die Mit- und Zuarbeiter der Gästehäuser i. d. R. als zuverlässige Informanten, die die aktuellsten Reisetipps geben können.

Die staatliche Agentur **MTT (Myanmar Tours & Travel)** gehört zum Ministry of Hotels & Tourism (MHT), bietet Informationen zum Land, besorgt Reisegenehmigungen (Travel Permits) und kennt die aktuellen Bestimmungen darüber, welche Gebiete bereist werden dürfen. Im Yangoner Hauptbüro (S. 187) gibt es Stadtpläne von Mandalay, Bagan und Yangon.

## Informationen im Internet

### Nachrichtendienste und Zeitungen

**Burma Daily**, 💻 www.burmadaily.com, Links zu Publikationen weltweit.
**BurmaNet News**, 💻 www.burmanet.org/news, Links zu aktuellen Artikeln.
**The Irrawaddy**, 💻 www.irrawaddy.org, recht aktuell, eigene Autoren.
**Mizzima**, 💻 www.mizzima.com, Nachrichten, Hintergründe und Multimedia-Beiträge.
**Myanmar Times**, 💻 www.mmtimes.com, Online-Ausgabe der *Myanmar Times*.
**The New Light of Myanmar**, 💻 www.myanmar.com/newspaper/nlm, Online-Ausgabe des staatlichen Nachrichtenblattes *New Light of Myanmar*.

### Nachrichtenorgane ethnischer Gruppen

**Chinland Guardian**, 💻 www.chinlandguardian.com, Aktuelle Nachrichten aus dem Chin-Staat.
**Kachin News**, 💻 www.kachinnews.com, Nachrichtenorgan aus Myanmars nördlichstem Staat.
**Kantarawaddy Times**, 💻 www.ktimes.org/en, Nachrichten aus dem Kayah-Staat.
**Karen News**, 💻 www.karennews.org, Berichte aus dem Kayin-Staat und zu Gesamt-Myanmar.
**Narinjara**, 💻 www.narinjara.com/main, Nachrichten aus dem Rakhine-Staat.
**Shan Herald**, 💻 www.english.panglong.org, Neuigkeiten aus dem Shan-Staat.

### Sonstiges

**Online Burma/Myanmar Library,** 💻 www.burmalibrary.org, umfassendes Archiv mit über 30 000 Texten zu vielen Themen.

**Myanmar Guide,** 💻 www.myanmar-guide.de, interessante Seite eines deutschen Myanmar-Freundes mit belebtem Forum.

## Landkarten und Stadtpläne

Die im Januar 2013 bei **Reise Know-How** neu aufgelegte detaillierte Myanmar-Karte (8,90 €, Maßstab 1:1,5 Mio.) bietet neuste Kartografie und ein ausführliches Ortsregister. Sie ist weitgehend wasserfest und unzerreißbar. Daneben gibt es die im März 2014 neu aufgelegte Karte von **Nelles** im gleichen Maßstab. Auch die Karte von **Periplus** (Dezember 2014) ist recht gut.

Am Flughafen, im MTT und in einigen Reisebüros werden **Karten des Ministry of Hotels & Tourism** ausgegeben. Es gibt eine Gesamtübersicht von Myanmar und Stadtpläne von Yangon, Mandalay und Bagan. Die Gesamtübersicht enthält zudem Stadtpläne dieser Orte und des Inle-Sees. Die Mandalay-Karte enthält auch einen Plan von Sagaing und Pyin U Lwin.

# Internet und E-Mail

In Yangon und größeren Orten mit touristischer Infrastruktur wie Bagan oder Nyaungshwe am Inle-See bieten fast alle Hotels kostenloses **WLAN** an. Bisher ist die Datenrate aber so niedrig, dass man nur selten wirklich komfortabel im Internet surfen kann. Auch Restaurants erfreuen ihre Kunden immer häufiger mit „Free WiFi“, wie der kostenlose WLAN-Zugang hier heißt. Allerdings muss auch in Restaurants mit langsamen bis sehr langsamen Verbindungen gerechnet werden. Wer Wert auf Bandbreite legt, sollte am besten morgens vor 10 Uhr ins Netz gehen.

Es gibt nur wenige Internetshops, in denen man **E-Mails** versenden und im Netz surfen kann. Vermehrt greifen Einheimische wie auch Touristen auf ihre Smartphones zurück und surfen auf diese Weise mal über WLAN, mal über ihre Karte. Am besten besorgt man sich eine lokale **SIM-Karte** der staatlichen MPT oder der beiden privaten Anbieter Ooredoo und Telenor. Mit Surfstick (Dongle) ist die SIM-Karte auch für das Notebook nutzbar.

# Kinder

Myanmar ist ein sehr kinderfreundliches Land. Überall wird den Kleinen Aufmerksamkeit zuteil und es finden sich schnell Spielgefährten. Doch eine Myanmar-Reise mit Kindern erfordert eine besonders gute Vorbereitung. Dazu gehören neben einer gründlichen ärztlichen Untersuchung alle notwendigen Impfungen – auch gegen Kinderkrankheiten. Wer sich entschieden hat, sein Kind nicht impfen zu lassen, sollte auf keinen Fall nach Myanmar fahren. Zudem muss eine **Krankenversicherung** abgeschlossen werden. Wenn das Kind nicht sowieso bei einem Elternteil kostenlos mitversichert ist, kann man nach günstigen Familienangeboten Ausschau halten. Wegen der Tropenkrankheiten, die durch Moskitos übertragen werden, sollten Kinder möglichst immer unter einem Moskitonetz schlafen und penibel geschützt werden. Zum Thema Malariaprophylaxe sollte ein Arzt zurate gezogen werden. Von einer Reise während der heißen Jahreszeit, in der die Temperaturen bis auf 45 °C steigen können, ist mit Kindern abzuraten. Selbst für Erwachsene ist die Hitze dann oft unerträglich.

Sehr wichtig ist die Überlegung, wie gereist werden soll. Flüge machen vieles einfacher. Darüber hinaus ist je nach Alter und Belastbarkeit des Kindes ein guter Mietwagen (mit Fahrer) den öffentlichen **Verkehrsmitteln** vorzuziehen. Auch bei der Wahl des Hotelzimmers ist die Belastbarkeit des Kindes zu bedenken. Allerdings sollte man keine übertriebene Angst vor Schmutz und Krankheiten haben. Kinder verfügen normalerweise über erstaunlich gute Abwehrkräfte. Wichtig ist, dass sie kein Wasser aus der Leitung trinken, sich oft die Hände waschen und kein ungeschältes Obst und Gemüse essen. Das Reisen mit Säuglingen ist meist unproblematisch, sofern sie noch gestillt werden.

Die **Zeitverschiebung** kann mit ein wenig Gelassenheit leicht überwunden werden. Es ist z. B. empfehlenswert, nach der Ankunft in Yangon ein Domizil in Parknähe zu nehmen und die ersten Tage ruhig angehen zu lassen. Der Klima- und Kulturschock ist so einfacher zu meistern.

Sehr praktisch für Reisen mit Kleinkindern ist eine solide **Rückentrage** mit Hüftgurt. Diese eignet sich für Trekkingtouren und Stadtrundgänge. In Yangon ist auch ein einfacher und leichter Kinderwagen angenehm, da die Kleinen darin erfahrungsgemäß gern einmal ein Nickerchen machen. In der quirligen Innenstadt ist solch ein Wagen jedoch kaum zu gebrauchen. Wer plant, ein Auto zu mieten, kann mit einem mitgebrachten **Kindersitz** für die nötige Sicherheit sorgen. Sinnvoll ist das aufblasbare Modell Luftikid, da man diesen auch im Flieger nutzen kann. Das sollte mit der Airline abgesprochen sein, da nicht alle Gesellschaften einen solchen Sitz zulassen. Wer sicher fliegen will, sollte jedoch darauf bestehen, da die Sicherheitsgurte nicht für Kinder gemacht sind und ihnen im Notfall keinen Schutz bieten.

Für Kinder gibt es einige **Ermäßigungen**, so können sie in Hotels meist bis zum Alter von zwölf Jahren kostenlos bei den Eltern im Bett schlafen. Für ein paar Dollar mehr gibt es oft ein Extra-Bett. Je nach Alter des Kindes muss das Frühstück zusätzlich bezahlt werden. Einige Unterkünfte haben Familienzimmer mit mehreren Betten. Zug- und Bustickets müssen erst für ältere Kinder gezahlt werden. Jedoch ist zu beachten, dass kleinere Kinder dafür keinen Anspruch auf einen eigenen Sitzplatz haben. Wer viel oder lange unterwegs ist, sollte daher lieber ein paar Dollar mehr ausgeben und seinem Kind einen Sitzplatz buchen. Für Inlandsflüge zahlen Kinder bis zwölf Jahre einen verringerten Flugpreis. Eintrittsgebühren entfallen meist, vor allem Tempel und Pagoden sind für Kinder kostenfrei.

**Essen** ist nicht an allen Orten unproblematisch. Während es in den touristischen Orten Pommes *(fried potatoes)*, Pizza, Spaghetti und Pancakes gibt, finden sich in weniger erschlossenen Gegenden meist nur Reis- und Nudelgerichte. Diese werden auf Wunsch jedoch so mild zubereitet, dass sie auch Kindern schmecken. Samosa finden viele Kinder lecker (Vorsicht: Samosa und anderes sehr fettiges Gebackenes sollte direkt gegessen und nicht als Reiseproviant eingepackt werden). In den Bäckereien des Landes werden Kekse und Gebäck verkauft, die auf längeren Strecken den Hunger stillen. Nach ein paar Tagen Eingewöhnungszeit können Kinder auch geschältes Obst essen. Zur Aufbewahrung der Lebensmittel ist es sinnvoll, verschließbare Plastik- oder Metalldosen zu verwenden. So haben Ameisen und andere Krabbeltiere keine Chance. **Wegwerfwindeln** gibt es in allen etwas größeren Orten zu kaufen. Feuchttücher haben wir nur in Yangon gefunden.

Kindereinträge im **Reisepass** eines Elternteils sind nicht mehr gültig. Jedes Kind braucht einen eigenen Pass (Reisepass/Kinderreisepass mit Lichtbild) und ein eigenes Visum.

# Maße und Elektrizität

## Maßeinheiten

Myanmar ist neben den USA und Liberia das dritte Land der Welt, das nicht mit dem metrischen System misst. **Gewichte** heißen *viss* und *tical*, als **Längenmaße** werden *miles, yards, feet* und *inches* benutzt. Nur manchmal findet auch das metrische System Verwendung.

Früchte werden nach Stückzahl bezahlt. Gemüse, Rosinen und andere getrocknete Früchte hingegen nach Gewicht, z. B. 50 *tical* (848 g) oder 1 *viss* (1,696 kg). Fleisch, Fisch und Shrimps werden in Einheiten zu 10 *tical* berechnet und Kaffee oder Tee pro *pound* (450 g).

Kleinhändler verkaufen ihre Waren meist nicht nach Gewicht, sondern benutzen die etwa 250 ml fassende Milchkonservendose, die *bu* genannt wird. In diesen Dosen werden z. B. Reis und kleine Früchte abgemessen. Ein *pyi* besteht aus acht *bu* und entspricht einem kleinen Reiskorb. Flüssigkeiten und Benzin werden pro Gallone (4,55 l) verkauft. Eine Ausnahme bildet Milch, die in *viss* gemessen wird. In Supermärkten, in denen frisches Obst abgewogen wird, ist aber mittlerweile auch schon das Kilo als Maßeinheit angekommen.

Stoffe und Gegenstände von geringer Länge werden in *yard* (birmanisch *gai*, 91,4 cm) abgemessen. Ein halber *yard* wird als *taung* bezeichnet. Ein *taung* ist wiederum in zwei *htwa* geteilt.

## Elektrizität

Die **Stromversorgung** Myanmars ist immer noch recht schlecht, denn das nationale Elektrizitätsnetz erreicht nur die Regionen im Zentrum und im Osten des Landes. Städte und Dörfer abseits der nationalen Stromversorgung müssen sich selbst helfen und beziehen ihren Strom aus mit Dieselmotoren betriebenen Generatoren oder kleinen hydroelektrischen Kraftwerken. In Kleinstädten und abgelegenen Dörfern gibt es daher meist nur zwischen 18 und 23 Uhr Strom. In vielen Dörfern dienen noch heute Kerzen als Beleuchtung.

Auch in den großen Städten kommt es immer mal wieder zu Stromausfällen. Selbst in Yangon gibt es keine gesicherte Elektrizitätsversorgung. Viele Hotels und Restaurants besitzen jedoch einen eigenen Generator, sodass es schnell wieder hell wird. Oft reicht diese Notstromversorgung jedoch nicht zum Betreiben der Klimaanlage aus. Einzig in der Hauptstadt Nay Pyi Taw kann man ziemlich sicher sein, rund um die Uhr mit Strom versorgt zu werden.

Standard sind 230 V und 50 Hz. Viele **Steckdosen** sind nach britischem Muster für drei flache Stifte konzipiert, in die meisten passen aber auch ohne Adapter die runden Stifte deutscher Elektroartikel.

| Maße und Gewichte | | |
|---|---|---|
| **Längenmaße** | | |
| *1 lemma* | 1 inch | **2,54 cm** |
| *1 mai* | 0,125 yard | **11,37 cm** |
| *1 htwa* | 0,25 yard | **22,75 cm** |
| *1 foot* | 1/3 yard | **30,48 cm** |
| *1 taung* | 0,5 yard | **45,7 cm** |
| *1 gai* | 1 yard | **0,91 m** |
| *1 ta* | | **3,20 m** |
| *1 furlong* | | **201,17 m** |
| 1 Meile | | **1,61 km** |
| **Gewichte** | | |
| *1 viss (beiqtha)* | 100 tical | **1,696 kg** |
| *1 tical (kyat tha)* | | **16,96 g** |
| *1 pound* | | **0,45 kg** |

# Medien

## Zeitungen und Magazine

Für Westler gibt es trotz einer Vielzahl von Zeitungen und Zeitschriften wenige Printmedien zur Information oder Unterhaltung. Die meisten sind auf Birmanisch. Druckerzeugnisse aus dem Ausland bieten lediglich die großen Hotels, aber die wenigsten sind aktuell. Einige Buchläden und Straßenstände führen ältere Ausgaben von *Times* und *Newsweek*.

Das staatliche Regierungsblatt **New Light of Myanmar**, 🖳 www.myanmar.com/nlm, offeriert in englischer Sprache das offizielle Weltbild der Regierung. Trotz der Regierungsnähe lesenswert sind die Berichte der **The Myanmar Times**, 🖳 www.mmtimes.com. Dort finden sich Artikel aus Gesellschaft, Wirtschaft, Natur und Tourismus sowie Adressen und aktuelle Flugpläne. Viermal jährlich erscheint **Enchanting Myanmar** mit ebenfalls lesenswerten Berichten zur Natur und Kultur des Landes.

## Radio und Fernsehen

**Radio** lässt sich mit einem Weltempfänger empfangen, wie man ihn in Yangon in der Mahabandoola Road günstig erstehen kann. Viele Birmanen hören BBC World News oder Voice of America. Die **Deutsche Welle** sendet über Kurzwelle auf verschiedenen Frequenzen, 🖳 www.dw-world.de.

**Fernseher** stehen in fast allen Hotelzimmern, doch nur in etwa der Hälfte sind auch englische Sender zu empfangen. Über eine Satellitenschüssel hat man dort auch Zugang zu internationalen Programmen. Oft können Nachrichten von BBC, CNBC oder DW-TV empfangen werden. Die Bildqualität ist sehr unterschiedlich.

Lokale Programme zeigen neben Nationalkonventsitzungen und Seifenopern auch Aufklärungs- und Informationsfilme zu medizinischen und landeskundlichen Themen.

# Post

Die birmanische Post ist einigermaßen zuverlässig. Briefe und Postkarten erreichen Europa meist nach etwa zwei Wochen, wenn sie in Yangon oder Mandalay eingeworfen werden. Nach etwa drei Wochen sind auch Postsendungen aus der Provinz in Europa angekommen. Das **Porto** für eine Postkarte beträgt 500 Kyat, für einen Luftpostbrief zwischen 500 Kyat (bis 20 g) und 21 000 Kyat (1000–2000 g).

Die Postämter sind am Wochenende oft geschlossen, offiziell ⌚ Mo–Fr 9.30–16.30 Uhr. Je kleiner die Stadt, desto unregelmäßiger und kürzer sind die Öffnungszeiten. Vormittags von 10–12 Uhr ist fast immer geöffnet. Im zweiten Stock der Yangoner Hauptpost wird ein Postlager-Service angeboten *(Poste restante)*.

### Öffnungszeiten

**Staatliche Einrichtungen** haben Mo–Fr von 9.30–16.30 Uhr geöffnet, einige wenige Ämter auch Sa von 9–12 Uhr. Der Feierabend beginnt meist schon um 15.30 Uhr, und da auch die Mittagspausen unterschiedlich liegen, ist es ratsam, Behördengänge morgens zu erledigen.
**Banken** sind i. d. R. Mo–Fr von 10–14 Uhr geöffnet. Manche Banken machen Mittagspause, andere haben etwas länger geöffnet.
Die Öffnungszeiten der **Geschäfte** sind sehr unterschiedlich, die meisten öffnen zwischen 8 und 9 Uhr und schließen gegen 18 Uhr, an touristischen Orten haben einige aber auch weitaus länger geöffnet.
Viele **Märkte** sind sonntags geschlossen, einige auch montags.

Wichtige Briefe oder größere Frachtsendungen können in Yangon einem **Kurierdienst** anvertraut werden: **DHL**, c/o HB Logistics, 45 Pyay Rd., 6 1/2 mile, ✆ 01-507 471, ✉ Mminfo@dhl.com, oder **EMS**, 361 Pyay Rd., ✆ 01-515 151.

# Reisende mit Behinderungen

Für Menschen mit einer Behinderung ist eine Reise durch Myanmar oft schwierig und nur jenen anzuraten, die bereits über viel Reiseerfahrung und eine gute Kondition verfügen. Die meisten Hotels sind nicht auf Behinderte eingestellt, doch die freundlichen Menschen helfen sehr geschickt weiter. Einige Hotels haben bereits behindertengerechte Einrichtungen, doch dies ist selten und meist sehr teuer zu bezahlen. Das Traders Hotel in Yangon bietet z. B. eine behindertengerechte Rampe. Einige Sehenswürdigkeiten sind mit einem Aufzug versehen, der jedoch nicht immer ebenerdig zu betreten ist. Gut zu besuchen ist die Shwedagon-Pagode. Das Schuhverbot in Pagoden gilt auch für Behinderte!

Mit öffentlichen Verkehrsmitteln ist die Reise nur schwer möglich. Lediglich im Zug könnte ein Rollstuhlfahrer ggf. unterkommen. Besser ist es, ein Taxi zu mieten oder einige Wege mit dem Flugzeug zurückzulegen.

Für die Reisevorbereitung mag die Suchmaschine 💻 www.metareha.de mit einer Vielzahl von Links und Kontakten hilfreich sein oder die **Nationale Koordinationsstelle Tourismus für Alle** (NatKo), Kirchfeldstr. 149, 40215 Düsseldorf, ✆ 0211-336 8001, 💻 www.natko.de.

# Schwule und Lesben

Homosexualität ist in Myanmar nicht strafbar. Händchen haltende junge Männer (oder Frauen) drücken ihre Freundschaft aus. Dieses Verhalten ist nicht Ausdruck ihrer sexuellen Neigung. Mit Ausnahme der christlichen und muslimischen Minderheiten akzeptieren die Kulturen Myanmars Homosexualität. Bei Reisen in den Rakhine-Staat (Muslime) und den Kachin-Staat (Christen) sollten Homosexuelle sich besonders bedeckt halten.

# Sicherheit

## Diebstahl und Betrug

Kriminalität in Myanmar ist für Touristen kein allzu großes Problem, sodass einfache Sicherheitsvorkehrungen zum Schutz vor **Raub** ausreichen. Natürlich sollte niemand sein Geld allzu öffentlich zur Schau stellen. Kyat-Noten können nach birmanischer Art in kleinen Bündeln in der Hemd- oder Hosentasche zur steten Verfügbarkeit gehalten werden.

Wer viel mit lokalen Transportmitteln reist, kann sein Gepäck nicht permanent beaufsichtigen: Da landet schon mal ein Rucksack auf dem Dach des Pick-ups oder Busses, während man selbst drinnen sitzt. Alle Wertsachen sollten deshalb unterwegs am Körper getragen bzw. im Daypack aufbewahrt werden.

Vor Raubüberfällen muss sich nur fürchten, wer in Sperrgebiete reist. Hier sind bewaffnete Schmuggel- und Schlepperbanden aktiv.

Kleinere **Betrügereien** können öfter einmal vorkommen, doch handelt es sich hierbei eher um Preistreiberei, z. B. beim Kauf von überteuerten echten oder gar falschen Edelsteinen.

In größeren Hotels und einigen Gästehäusern stehen **Safes** an der Lobby bereit. Wer sie in Anspruch nimmt, sollte sich den eingelagerten Geldbetrag und eine genaue Auflistung der Gegenstände quittieren lassen. Vor allem die Safes der einfacheren Unterkünfte haben nicht immer den besten Ruf. Manchmal gibt es Metallschränke, die man mit einem eigenen Schloss verschließen kann.

Zur Sicherheit sollten eine Kopie des Reisepasses mit abgestempeltem Visum, Ersatz-Passfotos, Rechnungsbelege der Reiseschecks und Reserve-Dollars separat eingepackt werden – wasserdicht und knick-geschützt.

## Gewalt

Myanmar ist im Allgemeinen ein sicheres Reiseland, zumindest, wenn man sich an die Regeln hält und sich nur in den für Touristen zugänglichen Zonen aufhält. Wer sich jedoch in Sperrgebiete vorwagt, muss mit Repressalien durch die lokalen Behörden rechnen, die es nicht gern sehen, wenn Ausländer sich über die Bestimmungen hinwegsetzen. Auch bei der Bevölkerung nicht willkommen sind Reisende in den Opiumanbaugebieten. An **politischen Brennpunkten** kann selbst der gesetzestreue Reisende ins Visier geraten. Dies gilt z. B. bei Demonstrationen und Kundgebungen. Auch bei Unruhen zwischen Buddhisten und Muslimen, wie sie 2012/2013 an mehreren Orten im Land aufflackerten, sollte man tunlichst vermeiden, zwischen die Fronten zu geraten. Bei Aufenthalten in den Randgebieten eigentlich „erlaubter" Zonen, z. B. am Indawgyi-See im Kachin-Staat, sollte man sich im Zweifelsfall immer an die Empfehlungen der Einheimischen halten.

Trotz zahlreicher Waffenstillstandsabkommen zwischen dem Militär und den Gruppen der Minderheiten sind einige Gebiete noch nicht vollständig befriedet. Die deutsche Botschaft rät ausdrücklich von Reisen in **gesperrte Gebiete** ab, weil es dort immer noch zu Kampfhandlungen kommt. Dies betrifft v. a. einige Grenzregionen.

Vor der Reise empfiehlt es sich, die Sicherheitshinweise der Auswärtigen Ämter zu lesen: 💻 www.auswaertiges-amt.de, 💻 www.bmaa.gv.at, 💻 www.eda.admin.ch.

## Strafbare Handlungen

Ausdrücklich verboten ist das **Fotografieren und Filmen von militärischen Anlagen** und Polizeidienststellen. Das gilt selbst dann, wenn nicht extra auf einem Schild darauf hingewiesen wird. Auch die weißen Elefanten in Yangon dürfen nicht fotografiert werden. Fingerspitzengefühl ist bei politisch motivierten Demonstrationen gefragt: Fotografieren ist hier streng verboten. Wer dennoch seinen Fotoapparat zückt, muss damit rechnen, dass Kamera oder Material beschlagnahmt wird. Außerdem können lange Verhöre und die Ausweisung drohen. Grundsätzlich gilt Vorsicht bei großen und schönen Privathäusern. Sie gehören meist Ministern und Generälen, die es nicht gern sehen, wenn ihr Reichtum abgelichtet wird.

Strafbar ist es auch, **Buddha-Darstellungen** aller Art zu verunglimpfen (S. 86), sich darauf zu setzen oder in allzu freizügiger Kleidung (oder gar ohne) mit ihnen fotografieren zu lassen. Es gibt diesbezüglich immer wieder Vorfälle, auch in anderen Ländern Südostasiens.

Auf eine **Einreise ohne gültiges Visum** folgt zumindest der Landesverweis. Der **Export von Edelsteinen**, für die keine offizielle Bescheinigung vorgewiesen werden kann, gilt als strafbar. Bei Entdeckung werden im günstigsten Fall die Steine konfisziert. Es ist aber auch eine Haftstrafe von bis zu zehn Jahren möglich.

Wer **Drogen** kaufen oder konsumieren will, geht ein hohes Risiko ein, da Myanmar sowohl den Besitz als auch den Handel mit drakonischen Gefängnisstrafen belegt. Es heißt, Ertappte konnten sich für einige 1000 Dollar freikaufen, doch das Risiko, in Eisenketten im Knast zu landen und dort einige Jahre seines Lebens zu verbringen, ist sehr hoch.

**Prostitution** ist generell verboten. Sexueller Verkehr mit Personen unter 14 Jahren gilt als Vergewaltigung und zieht langjährige Haftstrafen nach sich.

Festgenommen zu werden ist problematisch, da Myanmar **keine unabhängige Rechtsprechung** kennt. So besteht kein Recht auf einen Rechtsbeistand. Nur die konsularischen Vertreter dürfen informiert und eingeschaltet werden. Und selbst dies ist außerhalb der großen Städte sehr schwierig. Ein Abkommen zur Auslieferung von Gefangenen in ihre Heimatländer gibt es nicht.

# Sport und Aktivitäten

## Ballonfahrten

Ein ganz besonderes Erlebnis ist eine Ballonfahrt. Neben der seit 1999 beliebten Tour mit Balloons over Bagan gibt es seit 2015 auch Fahrten über dem Inle-See, Pindaya und Mandalay mit Oriental Ballooning. Der Flug dauert je nach Thermik 50–60 Minuten und bietet tolle Fotografiermöglichkeiten aus der Luft. Die Flüge starten bei Sonnenauf- und -untergang zwischen Oktober und März.

**Balloons Over Bagan**, Business Suite 3-6 im Sedone Hotel, 1 Kaba Aye Pagoda Rd., Yangon, ✆/℻ 01-652 809, 💻 www.easternsafaris.com, oder im Bagan Hotel, Alt-Bagan, ✆ 061-60316.

**Golden Eagle**, 97B Wadan St., Yangon, ✆ 01-225 569, in Bagan im Umbra Hotel, ✆ 092-520 84232, 💻 www.goldeneagleballooning.com. Fliegen in Bagan.

**Oriental Ballooning**, 10 Inya Yeiktha St., ✆ 01-665 126 💻 www.orientalballooning.com

## Bergsteigen, Trekking und Wandern

Nahezu alle Bergregionen Myanmars laden zu Trekkingtouren ein. Viele Gebiete sind noch wenig erforscht, da die lange anhaltenden Rebellenaktivitäten bisher eine touristische Infrastruktur verhinderten. Dank der zahlreichen Waffenstillstandsabkommen werden die bergigen Gebiete jedoch immer mehr auch für Ausländer geöffnet, die in ein- bis mehrtägigen Touren die Natur und die dort lebenden Bergvölker besuchen können. Eine Trekkingtour gehört für viele Myanmar-Reisende zum Programm und fast jeder schwärmt anschließend davon. Traveller, die die Wälder von früher kennen, sind weniger begeistert, denn viel Primärwald ist bereits zerstört.

Touren können im Shan-Staat zwischen Kalaw und Inle-See, bei Kyaukme und Hsipaw sowie rund um Kengtung unternommen werden. Kleine Wanderungen, z. B. in der Umgebung von Kalaw oder zum Goldenen Felsen bei Kyaiktiyo, kann man ohne Führer unternehmen. Für die meisten Touren müssen jedoch ortskundige Guides engagiert werden. Etwas Besonderes ist eine zwei- bis dreitägige Wanderung, bei der man nicht an seinen Ausgangspunkt zurückkehrt, z. B. die Strecke von Kalaw nach Nyaungshwe (Inle-See, S. 415).

Bergsteiger finden in Myanmar eine Aufgabe: Der schneebedeckte Hkakabo Razi (5889 m) ganz im Norden ist zwar offiziell verbotenes Terrain, doch mit einer Sondergenehmigung kann man auch diese Region erwandern. Für das Permit und die Organisation muss allerdings eine fünfstellige Summe auf den Tisch gelegt werden. Der nur etwas niedrigere Gamlang Razi (5835 m) an der Grenze zwischen Myanmar und Tibet wartet noch auf seine Erstbesteigung, auf deren Freigabe zahlreiche Bergsteiger aus aller Welt hoffen.

## Fahrrad fahren

Wer möchte, kann die gesamte Reise im Land per Fahrrad zurücklegen oder aber nur Tagestouren unternehmen. Vor allem eine Fahrradtour inmitten der Tempelanlagen von Bagan ist beliebt. Hier sind zunehmend E-Bikes im Einsatz. Schöne Erlebnisse versprechen auch Radtouren zwischen Sagaing und Mingun (S. 379), um Mandalay (S. 354) oder am Inle-See (S. 429). Allgemeine Informationen zum Radfahren in Myanmar S. 81.

## Fußball und Chinlon

Birmanen lieben sportliche Aktivitäten, ob als Zuschauer oder Aktive. Überall finden sich abends kleine Gruppen ein, die Fußball oder Chinlon spielen. **Fußball** wird meist mit den Nachbarn gespielt. Jeder neue Spieler ist herzlich willkommen. Offizieller geht es im Aung-Stadion zu, wo regelmäßig Fußballspiele ausgetragen werden.

Besonders oft sieht man Ballsportler beim **Chinlon**. Ein im Durchmesser etwa 12 cm großer geflochtener Rattanball wird mit den Füßen über ein Netz gespielt. Sechs Stellen an Füßen und Beinen sind beim Spiel zugelassen, insgesamt kommen 30 verschiedene Techniken zum Einsatz. Meist verzichten die Mitspieler auf das Zählen von Punkten, sodass der Spaß im Vordergrund steht. So sind es auch oft mehr als die offiziell zugelassenen sechs Spieler, die sich den Ball zukicken. Ausländer dürfen gern mitspielen. Auch das Zuschauen verspricht eine unterhaltsame Zeit, denn Könner des Spiels beeindrucken mit akrobatischen Sprüngen.

## Golf und Tennis

In fast jedem etwas größeren Ort findet sich ein Golfplatz. In Bagan wurde ein solcher sogar mitten zwischen den Ruinen erbaut, was den Unmut der Unesco erregte. Auf den meisten Plätzen sind Ausländer zugelassen, vorausgesetzt, sie sind ordentlich gekleidet. Die Kosten sind von Platz zu Platz verschieden, nach westlichem Standard jedoch gering. Meist können Kleidung und Golfequipment geliehen werden. Nähere Informationen hat die **Myanmar Golf Association**, Pyay Rd., 9th Mile, Yangon, ✆ 01-661702.

Einige größere Hotels haben Tennisplätze.

## Kampfsport

Sowohl in Yangon als auch in Mandalay wird **birmanisches Kickboxen** gelehrt, das *let-hwei*. Der älteste schriftliche Hinweis auf diesen Kampfsport findet sich in Chroniken, die vom Krieg mit Thailand im 15./16. Jh. berichten. Die Forschung geht davon aus, dass die Boxtradition auf die Bagan-Epoche zurückgeht. Dem thailändischen Boxen *muay thai* ähnlich, ist der Sport hart und wegen der hohen Verletzungsgefahr nichts für Anfänger.

Die Kämpfer werden nicht nach Gewichtsklassen, sondern nach ihrer Gewandtheit eingeteilt. Welche Regeln genau für den Kampf gelten, wird vom Ringrichter und den beiden Teilnehmern besprochen. Dazu gehört auch die Absprache, wann ein Kampf als gewonnen gilt: nach dem ersten geflossenen Blut, nach K. o. etc. Kämpfe auf dem Land sind ohne Zeitlimit. Oft gilt die Regel: Wer sich dreimal Blut vom Gesicht oder Körper wischt, hat verloren. Organisierte Boxkämpfe finden im Ring statt und dauern fünf bis zwölf Runden für jeweils drei Minuten. Zwei Ring- und drei Punktrichter bewerten Ausdauer, Technik und Gewandtheit.

Vor den Kämpfen findet regelmäßig ein Ritual statt, das den Geistern Respekt zollt. Mit musikalischer Begleitung huldigen beide Kämpfer den Nats; am Ende des Kampfes steht dies nur noch dem Gewinner zu. Das Orchester besteht aus Trommeln, einer *hneh* (Oboe, bestehend aus einer Röhre und einem lose herabhängenden Tubus), Bambusklappern und Becken. Die besten Kämpfer sind in der Ayeyarwady Division, in der Mandalay Division, dem Kayin- und dem Mon-Staat und auf der Ogre-Insel vor Maylamyaing heimisch.

Noch gibt es keine Fernsehübertragungen der Kämpfe, wie sie etwa in Thailand populär sind. Der birmanische Boxsport „kämpft" noch um die Zuschauergunst, zumindest im großen Stil. Bis es so weit ist, verdienen die Profiboxer sehr wenig Geld, sodass sich viele Profis für eine Karriere in Thailand entscheiden.

Es ist nicht einfach, Informationen über Kämpfe zu bekommen, da diese noch nicht in großen Stadien, sondern z. B. auf Festen in aufgestellten Ringen stattfinden. Näheres weiß man im Institute of Myanmar Traditional Advanced Boxing, dessen Schüler und Lehrer samstags ab 16 Uhr auf dem Campus der Yangon-Universität trainieren.

Eine weitere birmanische Kampfkunst ist das **Ringen**. Es wird hauptsächlich im Rakhine-Staat praktiziert, z. B. beim Neujahrsfest in Mrauk U. Einige Bergvölker haben eigene Kampfkünste entwickelt.

## Meditationsstudium

In Myanmar gibt es Tausende Klöster. Einige von ihnen unterrichten **Vipassana-Meditation**. Auch westliche Schüler werden aufgenommen und können in zehntägigen Kursen Meditation lernen und praktizieren. Längere Aufenthalte sind möglich. Die in Yangon angebotenen Kurse werden meist in englischer Sprache von Birmanen oder angereisten westlichen Vipassana-Meistern angeboten. Das ist sinnvoll, denn obwohl wenig gesprochen wird, ist so bei Problemen und Erklärungen die Verständigung garantiert. Wer sich für einen Meditationskurs entscheidet, muss Ausdauer mitbringen und sich verpflichten, den ganzen Kurs mitzumachen. Auch wenn Körper und Geist angestrengt sind und man am liebsten seine Sachen packen würde, heißt es durchhalten.

Die **strengen Regeln des Klosterlebens** gelten für alle. Dazu gehört, dass es nur morgens ein leichtes Frühstück und mittags etwas Obst gibt, auf Musik, Tanz, Parfüm und Schmuck verzichtet werden muss und man auf harten Pritschen schläft. Männer und Frauen werden getrennt, sie sehen sich nur bei der Meditation. Besonders wichtig ist das Schweigen. Geredet wird nur mit dem Meister – und dies auch nur bei wichtigen Fragen und Problemen.

Der Tag im Meditationszentrum beginnt in aller Frühe gegen 4 Uhr und endet sehr spät, etwa gegen 23 Uhr. Ziel der Kurse ist die Konzentration auf das Unterbewusste, das es zu erkennen und zu beherrschen gilt. Die Tradition der Vipassana-Meditation wäre in ihrem Ursprungsland Indien fast verloren gegangen. Doch da sie in Birma praktiziert wurde, hat sie von hier aus ihren Weg zurück nach Indien und in die Welt gefunden.

Wer länger als 10 Tage oder die 28 Tage, die das Visum zulässt, in einem Kloster leben möchte, kann sich mit einer Einladung des Klosters seiner Wahl ein *special entry visa* besorgen, das bis zu 12 Wochen gilt und dessen Bearbeitung etwa 8–10 Wochen dauert. Solche langen Kurse sind allerdings nur etwas für Fortgeschrittene.

Die meisten Klöster bieten ihre Kurse kostenlos an. Es wird jedoch am Ende des Kurses eine angemessen hohe Spende erwartet, die die weitere Ausbildung neuer Schüler finanziert. Keines der Klöster hat viel Geld, weshalb es selbstverständlich ist, so viel Geld wie möglich zurückzulassen.

Ein **Verzeichnis** aller Kurse und Vipassana-Zentren auf der ganzen Welt findet sich unter 💻 www.dhamma.org. Unter 💻 www.nibbana.com werden birmanische Zentren vorgestellt. Informationen gibt es außerdem unter 💻 www.retreat-infos.de mit einem „Retreatführer Asien" zum Downloaden. Das Dokument (Stand 2010) listet und beschreibt ausführlich 16 verschiedene Meditationszentren, die für Ausländer in Frage kommen.

## Wassersport

Während der Regenzeit ist der Ngapali Beach besonders bei **Surfern** beliebt, die auf den dann teils meterhohen Wellen im aufpeitschenden Regen ihren Spaß haben. Gäste des Bayview Resorts können sich auch einen Katamaran ausleihen. **Schnorchler** können sich hier ebenfalls vergnügen, wenngleich die Unterwasserwelt am Ngapali Beach und am Ngwe Saung nicht zu den Highlights Birmas gehört. Schnorchel, Brillen und Flossen (auf Anfrage) stellen die Bootsverleiher, die Interessierte zu den vorgelagerten Inseln fahren, wo es ein paar Fische und nicht mehr besonders belebte Riffe zu sehen gibt.

**Tauchen** ist theoretisch am Strand von Ngapali ebenfalls möglich (warum man hier aber eher noch nicht tauchen gehen sollte, s. S. 493). Tauchtouren in den Myeik-Archipel starten meist von Süd-Thailand aus. Auf der thailändischen Insel Phuket haben sich mehrere Tauchveranstalter auf *Live-aboard Cruises* zu den Burma Banks und in die Inselwelt von Myeik spezialisiert. Von Phuket oder meist von der thailändisch-birmanischen Grenze bei Ranong/ Kawthoung (Victoria Point) aus starten Tauchboote zu fünf- bis zwölftägigen Touren in die bisher noch weitgehend unberührte Meeresregion. Das Angebot zielt aber nicht nur auf passionierte Taucher und Schnorchler, sondern zunehmend auch auf Paddelfans, wobei die entsprechende Ausrüstung von den Veranstaltern gestellt wird. Näheres dazu auf S. 575 (Myeik-Archipel).

Eine Fahrt mit **Paddelbooten** kann man auf dem Inle-See und den angrenzenden Kanälen unternehmen. Während die Boote auf dem See mit lärmenden Motoren angetrieben werden, verspricht eine Fahrt auf den Kanälen beschauliche Ruhe. Ansonsten werden aber offiziell noch keine Paddel- oder Kajaktouren angeboten, obwohl die vielen Flüsse in Birma sauber und die Landschaften ringsum faszinierend schön sind. Auch am Ngapali Beach gibt es ein paar wenige Paddelboote zu mieten, mit denen man am Ufer entlang fahren kann.

Da es weder Zollvorschriften für die Einfuhr von Kajaks und Kanus noch Fahrverbote auf den Wasserwegen gibt, sollte man vielleicht einfach mal sein Glück versuchen, auch wenn großes Aufsehen und ein erheblicher bürokratischer Aufwand die Folge sein können.

Der Myeik-Archipel im tiefen Süden zählt zu den geheimnisvollsten Tauchrevieren Asiens.

© VOLKER KLINKMÜLLER

TRAVELINFOS VON A BIS Z

# Telefon

SIM-Karten für das mitgebrachte Handy oder Smartphone (ohne Netlock) bekommt man heutzutage in jedem größeren Ort. Neben der staatlichen **MPT**, 💻 www.mpt.com.mm, haben seit 2014 die privaten Anbieter **Ooredoo**, 💻 www.ooredoo.com.mm, und **Telenor** 💻 www.telenor.com.mm, Mobilfunklizenzen. Ihr Netz befindet sich im Aufbau und reicht noch nicht so weit wie das von MPT. Das MPT-Netz ist zwar nahezu flächendeckend ausgebaut, doch ganz weit im Westen, Norden oder Süden kommt man auch hier über das Mobiltelefon kaum ins Internet. Die SIM-Karten sind schon für 1500 Kyat zzgl. Guthaben *(top up)* und Internet-Package zu haben. Gespräche nach Europa kosten ca. US$0,80/Min., SMS ins Ausland funktionieren meist nicht.

Nahezu jedes **Hotel** hat Telefon. Die meisten bieten den Service einer IDD-Anlage, die mit guter Verbindung und ohne Wartezeit Gespräche nach Europa möglich macht. Eine Minute kostet ab US$5, je nach Preiskategorie des Hotels mehr.

### Internationale Vorwahlen

Bei internationalen Gesprächen entfällt die Null der jeweiligen Ortsvorwahl.

| | |
|---|---|
| **Myanmar** | ✆ 0095 |
| **Deutschland** | ✆ 0049 |
| **Österreich** | ✆ 0043 |
| **Schweiz** | ✆ 0041 |

# Transport

Das Reisen kann in Myanmar komfortabel, aber auch mit argen Strapazen verbunden sein, je nach Reisebudget und gewünschtem Reise-Erlebnis. Myanmar bietet alles, vom Ochsenkarren über antiquierte Uraltbusse und moderne Touristenbusse bis zum Luxusliner.

Bei einem kurzen Aufenthalt und um Reisestress zu vermeiden bietet sich das Flugzeug als Transportmittel an. Ein Mietwagen mit Fahrer ermöglicht eine individuelle Reiseplanung und hat gegenüber dem Flugzeug den Vorteil, dass der Kontakt zu den Menschen auf der Reise intensiver ist. Vom Fahrer kann man viel über Land und Leute lernen.

Die Straßen in Myanmar sind abseits des Highways zwischen Yangon und Mandalay meist in recht schlechtem Zustand, wenngleich sie sich stetig verbessern. Selbst die Fahrt in einem klimatisierten Bus kann anstrengend werden, ist jedoch purer Luxus im Vergleich zu staatlichen Bussen oder gar Pick-ups. Mehr Ruhe für die Reize der Landschaft bieten Schiffs- und Zugfahrten. Beide sind beschaulich.

Für alle Transportmittel gilt, dass die Reise flexibel geplant werden muss. Bei Straßenstrecken müssen für 100 km etwa zwei bis fünf Stunden einkalkuliert werden. Auch Flugzeuge können sich verspäten oder ganz ausfallen, und Züge haben meist Verspätung.

### Fluggesellschaften für Inlandsflüge

**Air Bagan**, 💻 www.airbagan.com
**Air KBZ**, 💻 www.airkbz.com
**Air Mandalay**, 💻 www.airmandalay.com
**Apex Airlines**, 💻 www.apexairline.com
**Asian Wings Airways**, 💻 www.asianwingsair.com
**Golden Myanmar Airlines**, 💻 www.gmairlines.com
**Mann Yadanarpon Airlines**, 💻 www.airmyp.com
**Myanmar National Airlines**, 💻 myanmaairways.aero
**Yangon Airways**, 💻 www.yangonair.com

## Flüge

Myanmar hat etwa 20 kleine Flughäfen, deren Landebahnen meist so kurz sind, dass dort nur kleine Maschinen landen können. Die Flughäfen Yangon, Nay Pyi Taw und Mandalay bieten internationalen Standard, die meisten anderen Pisten des Landes sind nicht sehr modern. Die Flieger ruckeln über die Landebahn und fast nirgendwo ist ein Landeleitstrahlsystem installiert. Das kann bei schlechtem Wetter gefährlich werden.

Bei Inlandflügen wird keine extra Flughafengebühr berechnet. Die Flugzeiten sind eher eine Orientierungshilfe – es kann auch früher oder später losgehen. Wichtig ist daher, nicht erst kurz vor Abflug einzuchecken, denn dann ist der Flieger vielleicht schon weg. Es kann auch vorkommen, dass eine Maschine gestrichen wird. Man sollte sich daher unbedingt am Tag vor dem Abflug noch einmal im örtlichen Airline-Büro erkundigen.

### Flugstrecken

Die staatliche Myanmar National Airlines (bis 2014 Myanma Airways) war lange Zeit die einzige Airline, die nahezu jeden Flughafen anflog – oder es zumindest anbot. Seit einigen Jahren übernehmen private Gesellschaften immer mehr dieser Flüge. Die privaten Anbieter fliegen alle Haupt-Touristenziele an, das heißt alle Orte, die keine Sondererlaubnis voraussetzen und ausreichend Auslastung versprechen. Der Standard wird als international bezeichnet. Air-Mandalay-Piloten werden z. B. in Frankreich ausgebildet und auch das Servicepersonal wird im Ausland geschult. Die Gesellschaften haben eigene Sicherheitsstandards entwickelt, die sie zur Voraussetzung machen, bevor sie einen Flughafen anfliegen. Zur Warnung sei jedoch gesagt, dass diese Standards nicht immer eingehalten werden. Im Großen und Ganzen ist das Fliegen aber nicht unsicherer als in anderen Ländern der Region.

### Reservierungen und Preise

In der Hauptsaison (Nov–März) erhöhen sich die Flugpreise. Die meisten Reisebüros bieten Flüge billiger an als die Airlines selbst, ein Preisvergleich lohnt sich. Wer mit Kreditkarte zahlen will, kann dies direkt bei der Gesellschaft erfragen. Nur Agenturen in Mandalay und Yangon sind entsprechend ausgestattet. Alle Flüge müssen in US-Dollar gezahlt werden. Die Preise liegen je nach Strecke zwischen etwa US$70 und US$200. Wer ein Flugticket einige Tage im Voraus kauft, sollte es vor dem Abflug rückbestätigen, ansonsten besteht die Gefahr, auf dem Rollfeld zurückbleiben zu müssen.

Viele Airlines verzichten mittlerweile darauf, ein Ticket auszustellen. Der Pass reicht dann aus, um einzuchecken.

## Eisenbahn

Die erste Eisenbahn Myanmars absolvierte ihre Jungfernfahrt am 1. Mai 1877 auf der Strecke Yangon–Pyay. Das Eisenbahnnetz hat insgesamt eine Länge von fast 5000 km und bedient 550 Bahnhöfe. In den letzten Jahren wurden zahlreiche weitere Strecken erschlossen. Touristen dürfen alle Routen befahren, die nicht in oder durch verbotenes Gebiet führen.

Bahnfahrten versprechen die Entdeckung der Langsamkeit. Wird der Zug dann doch etwas schneller, rumpelt und schaukelt es gewaltig. Leider werden die Gleise und die staatlichen Züge schlecht gewartet. Immer wieder kommt es daher zu Aus- und Unfällen. Verspätungen von bis zu 15 Stunden können durchaus vorkommen.

## Zugstrecken

Die **Hauptlinien** führen von Yangon über Mandalay bis nach Myitkyina und von Yangon über Mawlamyaing nach Dawei. Thazi, ein winziger Ort im Nirgendwo, ist ein wichtiger Knotenpunkt. Hier kreuzen sich die Hauptstrecke Yangon–Mandalay und die Nebenlinie Myingyan–Shwenyaung im Shan-Staat. Expresszüge haben einen gelben Anstrich. Alle Nahverkehrszüge sind in Blau gehalten. Expressverbindungen befahren die Strecke Yangon–Bago–Nay Pyi Taw–Thazi–Mandalay und Bagan (Nyaung U)–Mandalay.

Von Mandalay gehen zwei Strecken ab. Eine führt in den Norden nach Myitkyina (Kachin-Staat), eine andere in den Nordosten über Pyin U Lwin nach Lashio (Shan-Staat). Eine weitere führt über Monywa nach Ye U.

Von Yangon fahren Züge in den Nordwesten nach Pyay. Auf halber Strecke zweigt eine Nebenstrecke nach Pathein ab. Weitere Nebenstrecken führen von Nay Pyi Taw (Pyinmana) nach Kyaukpadaung (etwa 50 km südlich von Bagan) und von Thazi nach Shwenyaung (11 km vom Inle-See). Von Bago führt die Strecke in den Südosten nach Kyaikhto und weiter bis nach Dawei.

## Züge und Tickets

Bei den Zügen der staatlichen Gesellschaft **Myanma Railways** geben die Zugbezeichnungen Auskunft über die Richtung des Zuges. Alle Züge mit der Bezeichnung *up* fahren nach Norden, jene mit *down* nach Süden. Die empfehlenswerteren Expresszüge bieten neuere Ausstattung und haben breite Sitze in Dreierreihen, sind jedoch oft mehrere Tage vor Abfahrt ausgebucht. In Nachtzügen gibt es Schlafwagenabteile *(sleeper)*.

**Eisenbahnnetz**

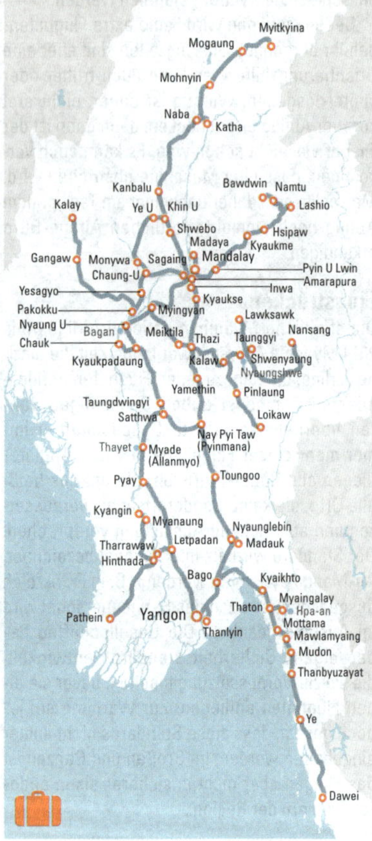


Am einfachsten ist es, **Tickets** über ein Reisebüro zu organisieren, da einige Züge schnell ausgebucht sind. Es ist sinnvoll, diese Tickets möglichst frühzeitig zu besorgen. Es gibt vier Klassen: *upper sleeper, upper, first class* und *ordinary*. An Touristen werden je nach Strecke Tickets der beiden oberen Preisklassen verkauft, wenn nicht anders möglich werden auch die anderen Plätze vergeben. Die Sitze in der First Class sind auf längeren Fahrten weniger bequem und die Holzbänke in der Ordinary Class erst recht. Dafür ist man dort „mitten im Leben" zwischen einfachen Bauern und

Händlern, was für viele eine bereichernde Erfahrung ist.

Wer eine Zugfahrt von Thazi machen möchte, bekommt relativ einfach ein Ticket (S. 309). Hier ist es auch oft möglich, die günstigste Preisklasse zu buchen. Der Komfort ist dann allerdings sehr dürftig und die Holzbänke meist überfüllt. Was bei kurzen Strecken kein Problem sein dürfte, ist bei langen Nachtfahrten eher quälend.

Zugtickets für Kurzstrecken, etwa von Pyin U Lwin nach Hsipaw, sind manchmal einen Tag vorher am Bahnhof der entsprechenden Orte zu organisieren. An vielen Bahnhöfen gibt es die Tickets jedoch erst am Abfahrtstag etwa eine halbe Stunde vor Abfahrt. Schlafwagen oder Upper-Class-Tickets sind von kleinen Orten aus kaum zu bekommen.

Die **Ticketpreise** sind sehr günstig: Je nach Wagenklasse kostet z. B. die 16 Stunden lange Fahrt zwischen Yangon und Mandalay umgerechnet zwischen US$5 und US$12, die zweistündige Fahrt von Yangon nach Bago in der einfachsten Klasse etwa 50 Cent.

## Schiffe und Boote

Auf Myanmars Flüssen war einst die weltweit größte private Flotte unterwegs: die 1865 von schottischen Reedern gegründete **Irrawaddy Flotilla Company** (IFC). Ende der 1920er-Jahre besaß die in Glasgow registrierte Gesellschaft über 600 Schiffe mit bis zu 9 Mio. Fahrgästen pro Jahr. Zu den größten Dampfschiffen zählte die *Mindoon* mit 100 m Länge. Doch mit dem Zweiten Weltkrieg endete das lukrative Transportgeschäft abrupt. Um die wendigen Raddampfer mit dem geringen Tiefgang nicht an die heranrückende japanische Armee zu verlieren, wurde am 28. April 1942 die Versenkung der gesamten Flotte angeordnet. Heute noch liegen Wrackteile in der Nähe von Bhamo auf dem Grund des Flusses.

Aus der IFC ging 1948 die **Inland Water Transport** (IWT) hervor. Heute hat die staatliche Schifffahrtsgesellschaft nahezu 500 Schiffe unter ihrer Flagge. Viele von ihnen sind jedoch altersschwach und heruntergekommen. Dass sie noch nicht gesunken sind, verdanken sie den erfahrenen Lotsen und Kapitänen. Jährlich werden über 25 Mio. Passagiere befördert. Allein 100 Boote sind im Ayeyarwady-Delta unterwegs.

Als Birma besiedelt wurde, entstanden die ersten Dörfer am Ayeyarwady und so ist die Fortbewegung auf dem Fluss die älteste in Myanmar – und die beschaulichste. Fahrten auf dem Wasser dauern normalerweise drei- bis viermal länger als auf der Straße. Die vorbeiziehende Landschaft mit ihren unzähligen weiß getünchten Stupas ist atemberaubend. 8000 km sind schiffbar, davon sind die 423 Flusskilometer auf der Strecke Yangon–Pyay–Mandalay besonders belebt. An insgesamt 28 Anlegestellen verladen die Händler ihre Waren. Lange Zeit war der Fluss nur in der Regenzeit bis Myitkyina befahrbar. In der Trockenzeit endete die Reise in Bhamo. Heute verbindet die Städte ein Schnellboot bei jedem Wasserstand. Über den Twante-Kanal ist der Ayeyarwady mit Yangon verbunden, und bei Bagan mündet der Chindwin in den Ayeyarwady. Auch der Thanlwin (bei Mawlamyaing) ist etwa 200 km landeinwärts befahrbar. Zudem gibt es Transporte auf dem Saitin und dem Kaladan.

Noch sind längst nicht alle Flussabschnitte für Ausländer zugänglich, doch werden auch hier immer mehr Gebiete geöffnet. Die derzeit beliebteste Route für Urlauber ist die Strecke Mandalay–Bagan auf dem Ayeyarwady.

### Flussfahrten mit allem Komfort

Wer das passende Kleingeld hat (mehrere hundert oder auch mehrere tausend Dollar), kann den Ayeyarwady mit sehr komfortablen Schiffen befahren. Die meisten Gesellschaften bedienen während der Hauptsaison die Strecke Bagan–Mandalay inklusive ein bis zwei Übernachtungen. In der Regenzeit bieten sie zu festen Terminen bis zu dreiwöchige Expeditionen an, sei es von Mandalay nach Bhamo oder auf dem Chindwin. Dabei stehen zahlreiche Besichtigungsprogramme zur Auswahl. Tickets und Infos gibt es bei den Gesellschaften oder über Reisebüros und Veranstalter. Hier eine Auswahl:

**Amara River Cruises**, 🖳 www.amara-myanmar.travel. Die Teakholz-Schiffe Amara I (35 m, 7 Kabinen für max. 14 Passagiere) und Amara II (30 m, 5 Kabinen für max. 10 Passagiere) verbreiten ein behagliches Ambiente und verkehren zwischen Bagan, Mandalay und Bhamo.

**Ayravata Cruises**, 💻 www.pandaw1947.com. Mit den beiden Schiffen *RV Pandaw 1947* und *RV Pankan* bietet dieses Unternehmen komfortable Flussfahrten und Expeditionen mit kolonialem Touch auf dem Ayeyarwady und dem Chindwin.

**Irrawaddy Princess**, 💻 www.irrawaddy princess.com. Die *Irrawaddy Princess II* wurde 1998 im Stil eines traditionellen birmanischen Flussschiffes gebaut und pendelt zwischen Mandalay und Bagan. Es gibt 20 klimatisierte Kabinen, ein Buffet und ein Sonnendeck.

**Pandaw Cruises**, 💻 www.pandaw.com. Pionier der Luxusfahrten ist die 1995 von dem Schotten Paul Strachan wieder gegründete Irrawaddy Flotilla Company, die mit ihren beiden Schiffen *Pandaw II* und *Pandaw IV* mehrtägige Flussfahrten auf dem Ayeyarwady und Chindwin offeriert. Die Boote sind nach Plänen alter Irrawaddy-Dampfer neu gebaut worden und verbreiten viel koloniales Flair. Dank des geringen Tiefgangs können sie auch bis in die späte Trockenzeit verkehren.

**Bagan Flotilla**, 💻 www.baganflotilla.com. Die nostalgisch angehauchte *MS Hintha* mit Platz für 36 Passagiere befährt die Strecke Mandalay–Bagan. Auf dem Sonnendeck gibt es einen Barbereich und ein Café. Einfaches Frühstück und Mittagessen an Bord inkl. Außerhalb der Saison (Mitte Okt–Ende März) kann das Schiff auch für Charterfahrten gemietet werden.

**Road to Mandalay**, ✆ 0221-338 0300, 💻 www. orient-expresstrains.com. Der Luxusliner wird seit 1995 von der privaten Gesellschaft Orient Express Trains & Cruises betrieben. Ehemals diente das 1964 vom Stapel gelaufene Boot als Linienschiff der Köln-Düsseldorfer auf dem Rhein. Heute ist es umgebaut und offeriert den bis zu 108 Gästen viele Annehmlichkeiten, einschließlich Swimmingpool, Bar und Restaurant. Zwischen Juli und September hat es mehrere zwölftägige Fahrten von Mandalay nach Bhamo im Programm. Seit Juli 2013 befährt zudem die von der gleichen Gesellschaft betriebene luxuriöse *Orcaella* den Ayeyarwady und den Chindwin.

## Andere Flussfahrten

Fast alle Boote auf den weniger touristischen Strecken werden vom Staat betrieben. Die Fähren sind langsam, unbequem und haben schon so manchem Traveller seine Grenzen aufge-

Reisen auf dem Wasserweg entfalten in Myanmar einen ganz eigenen Reiz.

© VOLKER KLINKMÜLLER

zeigt. Tickets sind in den örtlichen IWT-Büros zu kaufen, meist direkt vor der Abfahrt oder einen Tag im Voraus. Da Ausländer Devisenbringer sind, wird ihnen selten ein Ticket verweigert. Der Kauf ist jedoch mit einer längeren Prozedur verbunden, denn viele Angestellte wollen den Pass kontrollieren oder darin herumblättern. Es gibt bei der IWT Tickets für das Deck und Kabinenplätze. Letztere sind teuer und selten kurzfristig zu bekommen. Auf dem Deck müssen Reisende damit rechnen, auf dem Boden zu schlafen. Mit etwas Glück können für einen geringen Aufpreis kleine Liegestühle gemietet werden. Verpflegung bringt man sich am besten selber mit.

Die Strecke **Sittwe–Mrauk U** ist am schönsten mit einem privat gecharterten kleinen Boot zu genießen. Die staatlichen oder privaten Fähren sind zwar günstiger, haben aber oft Verspätung und man muss viel Zeit einplanen. Die ruhige bedächtige Anfahrt durch die Kanäle zu der Ruinenstadt ist ein besonderes Erlebnis.

Die beiden im Kayin-Staat liegenden Städte **Hpa-an** und **Mawlamyaing** lassen sich wunderbar per Linien- oder Charterboot verbinden, was je nach Fahrtrichtung und Anzahl der Zwischenstopps 2 1/2–5 Stunden dauern kann. Auch die Strecke **Twante–Yangon** auf dem Twante-Kanal ist befahrbar. Die Strecke **Mandalay–Mingun** wird sogar meistens auf dem Wasserweg, dem Ayeyarwady, zurückgelegt.

Weitere Flussfahrten, sowohl mit Kreuzfahrtschiffen als auch mit den Linienbooten der IWT, sind möglich zwischen **Monywa** und **Hkamti** **[10008]**. Die Fahrt auf dem Chindwin führt über **Kalewa** und **Homalin**. Ein Bericht zu der Fahrt (flussabwärts ab Hkmati) s. **eXTra [10010]**.

## Busse

Eine Busfahrt ist nach dem Fliegen und der Taxifahrt die schnellste Reisevariante. Auf dem neuen Highway von Yangon nach Mandalay fahren bequeme neue Busse zu sehr günstigen Preisen. Auch die Straße zwischen Yangon und Pyay ist in einem recht guten Zustand und wird von guten Bussen befahren. Die ersten Verschleißerscheinungen zeigen sich, aber noch sind die Busse eine sehr gute Option. Auf vielen Fahrten abseits der Hauptrouten muss der Reisende jedoch mit unerwarteten Stopps rechnen, die mal zum Ausschütteln der Beine willkommen sind, mal in eisiger Nacht zähneklappernd hinzunehmen sind. Die Straßenverhältnisse sind meist schlecht und die Reifen der alten Busse nicht selten schon zu oft geflickt, um den Steinen Paroli zu bieten. Doch da das Personal im Reifenwechsel geübt ist, geht die Fahrt meist schnell weiter. In fast allen Bussen werden neben Passagieren auch Waren transportiert: Vor allem auf den hinteren Sitzen kann es voll werden. Aber auch auf den Gängen stapeln sich oft Reissäcke oder weniger neutral riechendes Gut. Etwas verwirrend ist die Tatsache, dass trotz Rechtsfahrordnung viele Fahrzeuge rechtsgesteuert sind. Das bedeutet, dass man bei Bussen immer auf der Straßenseite ein- und aussteigen muss. Beunruhigend ist auch, dass die Fahrer beim Überholen keinerlei Sicht auf den Gegenverkehr haben. Birmanen sind an diesen Umstand gewöhnt, Ausländer müssen beim Ein- und Aussteigen aufpassen!

Wirkliches Unglück kann nach birmanischem Glauben der heraufbeschwören, der fragt, wie lange es noch dauert, bis der Bus kommt oder der Zielort erreicht ist. In einigen Bussen weisen sogar kleine Hinweisschilder (auf Birmanisch) darauf hin, dass diese Frage zu unterlassen ist. Um die Geister zu besänftigen und sich ihres Schutzes sicher zu sein, opfern manche Busfahrer unterwegs Obst oder Räucherstäbchen an den Schreinen, die die Straßen säumen.

Alle großen Städte werden täglich von staatlichen und privaten Bussen bedient. Die staatlichen sind klapprig, voll bepackt und sehr langsam, während die privaten weniger überladen und meist neueren Datums sind. In den vergangenen Jahren haben immer mehr private Gesellschaften das Angebot an Expressbussen erweitert. **Expressbusse** sind mit Klimaanlagen ausgestattet, die allerdings nicht immer funktionieren oder gleich so eingestellt sind, dass man sich wie in einem fahrenden Kühlschrank fühlt. In vielen Bussen soll ein Fernseher die Zeit verkürzen und den Schlaf versüßen – mit Karaoke, birmanischer Stand-up-Comedy, indischen Schmachtfetzen oder lauten Action-Filmen.

**Private Expressbusse** verkehren auf folgenden Strecken:

- Yangon–Meiktila–Pyay–Taunggok–Thandwe–Ngapali
- Yangon–Bago–Toungoo–Mandalay
- Yangon–Mawlamyaing
- Yangon–Nay Pyi Taw
- Yangon–Pathein
- Yangon–Pyay–Thandwe
- Mandalay–Kalaw–Shwenyaung–Taunggyi
- Bagan–Taunggyi
- Lashio–Taunggyi
- Lashio–Mandalay

Die neuesten Informationen über **Reisemöglichkeiten ab Yangon** gibt es in den Büros der Gesellschaften am Bogyoke Aung San-Stadion. Auch die Hotel- und Gästehausbesitzer sowie die Reisebüros sind über die jüngsten Veränderungen informiert. Die Reisebüros gegenüber dem Hauptbahnhof am Stadion verkaufen die Tickets privater Anbieter. Alle Busse sollten hier mindestens einen Tag im Voraus gebucht (in der Hochsaison sind sie oft mehrere Tage im Voraus ausgebucht) und bezahlt werden. Auf den Tickets ist die Busgesellschaft auch in Birmanisch für den Taxifahrer verständlich ausgeschrieben. Die Busse starten von den **Highway-Busbahnhöfen** außerhalb des Zentrums, wo man prinzipiell ebenfalls Tickets erwerben kann, doch ist dies ein eher schwieriges Unterfangen, denn hier spricht selten jemand Englisch und im Wirrwarr der Gesellschaften findet man sich als Unkundiger nur mit viel Glück zurecht.

Die Fahrt in privaten Bussen kostet zwischen 3000 und 23 000 Kyat. Beim Kauf eines Tickets bekommt man einen Sitzplatz mit Nummer zugewiesen.

### Entfernungen

Wie auch in England und Amerika üblich, werden die Straßenentfernungen in Meilen (1,61 km) angegeben. Kürzere Strecken werden in Achtelmeilen (201,17 m) berechnet und *furlong* genannt.

Langstreckenbusse starten am Nachmittag und erreichen den Zielort oft erst mitten in der Nacht bzw. am nächsten Morgen. Zwischendurch werden Pausen eingelegt. Tagesbusse verkehren auf den kürzeren Strecken. Auch sie machen Pausen, und meist reicht die Zeit für ein Mittagessen.

## Pick-ups

Diese Wagen stellen die Nahverkehrsverbindungen zwischen den Dörfern und Städten sicher. In ihnen fahren die Händler zu den Märkten und die Schulkinder in die Schule. Pick-ups warten gewöhnlich an den zentralen Stellen eines Ortes auf Mitfahrer und eignen sich für kurze Strecken. Die größeren Pick-up-Trucks sind günstig für Überlandfahrten zu abgelegenen Zielorten. Bequem sind die Plätze vorne beim Fahrer, für die man einen Aufpreis von etwa 50 % des normalen Ticketpreises zahlt. Hinten im Wagen und auf dem Dach drängen sich die Mitfahrer. Frauen dürfen nicht auf dem Dach sitzen.

Die meisten Pick-ups fahren erst los, wenn auch der letzte Platz besetzt ist; in einen kleinen Wagen passen oft 20 Personen oder mehr. Geregelte Abfahrtszeiten gibt es nicht. Die Fahrpreise sind günstig, doch es bedarf einer wahren Traveller-Seele, in diesen Gefährten lange Strecken frohgemut zu überstehen.

## Mietwagen (mit Fahrer)

Etwa 24 000 Straßenkilometer erwarten den Touristen in Myanmar. Nicht jeder Kilometer hat den Namen Straße verdient; nur etwa die Hälfte ist asphaltiert, der Rest sind Kieswege und unbefestigte Staub- und Schlaglochpisten. Im ganzen Land wird jedoch mit Hochdruck – wenngleich hauptsächlich in Handarbeit – an der Verbesserung des Straßennetzes gearbeitet. Ob als Einzelreisender im Mietauto oder in einer Gruppe im Kleinbus, bei einer Fahrt mit dem Mietwagen lassen sich auch anstrengende Reisetage gut organisieren. Die Pausen können selbst bestimmt und der Zielort den Bedingungen angepasst werden.

Eine Fahrt auf der Landstraße bietet Gelegenheit, Menschen kennenzulernen. Ein Fotostopp bei der Reisernte oder ein Tee in der Teestube eines winzigen Dorfes irgendwo am Weg ermöglichen den Kontakt zur Landbevölkerung.

Die Straße Yangon–Mandalay ist in einem guten Zustand. Die Straße von Pyin U Lwin nach Hsipaw und Lashio in Richtung chinesische Grenze ist zweispurig ausgebaut und gut in Schuss. Auch der Weg nach Kalaw und weiter zum Inle-See ist ausgebaut und gut befahrbar. Überall auf den Straßen Myanmars sind Bautrupps unterwegs (in denen viele Frauen arbeiten), die mit Hammer und Muskelkraft große Steine zu Kies zerkleinern und die Straßen in mühevoller Handarbeit ausbauen und reparieren. Brücken führen mittlerweile über viele Flüsse, sodass Fährfahrten selten geworden sind.

Seit 1970 herrscht in Myanmar **Rechtsverkehr**. Es heißt, ein Wahrsager habe dem damaligen Machthaber Ne Win ein besseres Karma versprochen, wenn er das Land von links nach rechts bewege. Andere behaupten, ihm sei geweissagt worden, er würde auf der linken Straßenseite ums Leben kommen. Sicher ist, dass die Autos von einem Tag auf den nächsten auf der anderen Straßenseite fahren mussten.

In Myanmar gibt es **keine Autovermietung für Selbstfahrer**. Hier sind nur Mietwagen mit Fahrer erhältlich. Selbst fahren dürfen nur Ausländer mit einem Business-Visum, einer Aufenthaltserlaubnis und internationalem Führerschein. Bei der Vermittlung eines Mietwagens helfen Reisebüros, Hotels und Gästehäuser weiter. Die **Preise** bewegen sich zwischen US$80 und US$100 pro Tag, je nachdem wo und wie lange das Auto gemietet wird und wohin es fahren soll. Wichtig ist der aktuelle Benzinpreis, der einen Großteil der Kosten ausmacht. Nach Vertragsunterzeichnung muss oft eine Anzahlung geleistet werden. Viele Anbieter verlangen den vollen Preis, aber darauf sollte man sich nicht einlassen. Die Fahrer kommen meist kostenlos im Gästehaus oder Hotel unter. Vor der Unterschrift unter den Vertrag sollte der Wagen inspiziert werden. Wie sehen die Reifen aus, gibt es einen Ersatzreifen und Sicherheitsgurte? Wichtig ist es auch, den Fahrer, mit dem man tage- oder wochenlang unterwegs sein wird, vorher etwas kennenzulernen.

Als Mietwagen stehen verschiedene **Wagentypen** zur Auswahl, meist sind es einfache Pkw. Mit Vierradantrieb ausgestattete Wagen sind für abgelegene Wegstrecken unabdingbar. In einigen Gegenden gibt es noch Jeeps aus dem Zweiten Weltkrieg. Längst sind die Scheiben zersprungen, die Sitze zerschlissen und die Karosserien verbeult – aber sie fahren!

Wichtig zu wissen ist, dass die **Fahrer** meist nur sehr wenig Geld für ihre Dienste ausgezahlt bekommen. Die Wageneigentümer gehen davon aus, dass sich ihr Chauffeur ein **Trinkgeld** verdient. Daher sollte man nach Abschluss der Fahrt nicht knauserig sein; 10–15 % des Gesamtpreises sind ein Richtwert.

## Fahrrad

Die Geografie Myanmars erfreut das Herz ambitionierter Fahrradfahrer. Denn es locken unter anderem in Serpentinen angelegte Straßen über die Shan-Berge und ein weiter Blick auf die Täler. Ohne hoch und runter indes geht es auf geraden Straßen durch die Ebene Zentralbirmas.

Radelnde Reisende werden immer zahlreicher. Unbeschreibliche Erinnerungen haben alle, die einmal die Berge bis nach Kalaw mit eigener Kraft gemeistert haben. Anerkennende Zurufe der Einheimischen mobilisieren auch auf längeren und anstrengenden Touren ungeahnte Energiereserven. Bei der Planung sollte aber die **Jahreszeit** bedacht werden. Am besten eignen sich die kühlen Monate von Dezember bis Februar. Davor regnet es viel, und danach wird es sehr heiß. Überhaupt sollte, wer eine Fahrradreise plant, genug Flexibilität mitbringen, die ganze Route den Gegebenheiten anzupassen. Es ist wichtig zu wissen, dass es in kleinen Dörfern und Städten auf dem Land keine lizenzierten Unterkünfte gibt. Zwar ist es bei dringendem Bedarf immer möglich, irgendwo unterzukommen, doch sollte man nicht unbedingt darauf bauen.

Die meisten Fahrradfahrer bringen ihr **eigenes Mountainbike** ins Land. Wer bei den Fluggesellschaften nachfragt, darf sein Rad oft umsonst mitnehmen. Probleme am Zoll gibt es keine. Es muss lediglich der Wert des Fahrrads deklariert werden. Auch im Land nehmen Fluggesellschaften und Busse Fahrräder meist kostenlos mit, bei Zügen muss ein geringer Aufpreis bezahlt werden. Das Fahrrad muss man beim Gepäckschalter abgeben; es wird meist im hintersten Wagen transportiert.

Es ist sinnvoll, Ersatzteile und ein Reparaturset mitzubringen. Auch reflektierende Kleidung, ein Helm und eine Unfallversicherung gehören ins **Gepäck**.

Eine schöne **Strecke** führt von Thazi nach Osten durch die gebirgigen Gebiete von Kalaw und Pindaya zum Inle-See. Die Strecke Yangon–Pyay–Bagan–Mandalay führt durch die flache Ebene des Ayeyarwady.

Für Tagestouren kann man in vielen Städten **Fahrräder leihen**. Dies geht sowohl tage- als auch wochenweise. Schön für Tagesausflüge sind z. B. die Gegenden Bagan, Inle-See, Bago sowie die Umgebung von Mandalay. In Bagan gibt es bereits vornehmlich E-Bikes mit einem unterstützenden Motor. Ein Rad kostet am Tag je nach Art und Zustand 1000–15 000 Kyat.

## Motorrad

Touristen können in Myanmar bisher nur an wenigen Orten ein Moped leihen. Obwohl auch in Myanmar die Zahl der Mopeds täglich steigt, werden sie nicht gerne an Touristen ausgegeben. Immerhin werden an einigen Reisezielen wie Hsipaw und Ngapali Beach sporadisch Mopeds an Touristen vermietet – zumindest, bis sie oder die Vermieter von der Polizei daran gehindert werden.

Die holprigen und meist schlechten Straßen Myanmars sind nur routinierten Fahrern zu empfehlen. Unbedingt notwendig ist ein Internationaler Führerschein. Trotz der hohen Temperaturen sollte ausreichende Schutzkleidung ins Reisegepäck gepackt werden. Dazu gehören Helm, Gesichtsschutz, lange Hosen und Jacke, Handschuhe und feste Schuhe. Es ist derzeit nicht möglich, mit dem Motorrad über Land einzureisen.

### Tipps für Zweiradfahrer

Bei einer Reifenpanne helfen die Reparaturwerkstätten mit *lei* (Luft) und Flickwerkzeug. Kennzeichen der kleinen Betriebe, die meist auch Benzin verkaufen, ist ein aufgehängter Schlauch oder dünner Reifen.

Besonders wichtig für Reisende mit eigenem Verkehrsmittel ist, dass sie auf keinen Fall in für Ausländer geschlossene Gebiete fahren dürfen. Das kann zur sofortigen Festnahme und Ausweisung führen, also unbedingt vorher erkundigen. Meist wird man an den Grenzen zu heiklen Gebieten früh genug an einer Straßensperre zurückgeschickt, aber nicht jeder Feldweg wird bewacht.

## Nahverkehr

In Groß- und Kleinstädten, in Dörfern und in den Bergen sind die unterschiedlichsten Nahverkehrsmittel anzutreffen. In den Städten Yangon, Mandalay, Pathein, Mawlamyaing und Taunggyi verkehren **Stadtbusse**. Diese öffentlichen Busse sind manchmal noch Relikte aus der Vorkriegszeit: Die Gangschaltung ist meist nur noch ein Holzknüppel, der Boden besteht aus einfachen Holzplanken. Zudem gibt es Pkw und japanische Pick-ups, die als **Taxis** fungieren.

In einigen kleinen Städten hat sich die **Pferdekutsche** als Nahverkehrsmittel gehalten (z. B. in Pyin U Lwin, Pindaya, Thazi). Auch in Bagan können entspannte Touren durch die Tempelanlagen mit einer Kutsche unternommen werden. In den Ruinen von Sri Ksetra bei Pyay oder in den versunkenen Königsstädten von Mandalay verspricht eine Fahrt auf dem **Ochsenkarren** besondere Erlebnisse.

Einige Männer stellen ihre Körperkraft in den Dienst des Transportwesens: In dreirädrigen **Fahrradtrishaws** bedienen sie kurze Strecken. Umgangssprachlich werden die Trishaws *hsai'ka* genannt, nach dem englischen Vorbild *side-car*. Hier finden höchstens zwei Passagiere Platz; einer blickt nach vorne, der andere nach hinten.

Außer für Busse gibt es keine festen **Preise**; die Taxis haben keine Taxameter. Daher müssen alle Preise vor der Fahrt ausgehandelt werden.

© M. MARKAND

Am Pansodan-Anleger an der Strand Road in Yangon warten Trishaws auf Fahrgäste.

Wer ein Taxi für den ganzen Tag mietet, zahlt innerhalb Yangons ab US$50, für einen Tagesausflug außerhalb der Stadt etwa US$80. In Mandalay verlangen die Taxifahrer meist etwas mehr, lassen sich aber herunterhandeln. Kürzere Strecken kosten 2000–4000 Kyat.

# Übernachtung

Der Touristenandrang ist seit der schrittweisen Öffnung Myanmars so groß, dass sich Engpässe bei den Unterkünften ergeben; besonders in der Zeit von November bis Februar. Doch bisher hat noch niemand auf der Straße schlafen müssen: Zur Not findet sich immer ein Schlafplatz – und sei es beim Dorfvorsteher oder in einem Kloster.

**Private Hotels** und **Gästehäuser** müssen, wenn sie Ausländer beherbergen, eine Lizenz besitzen und 10 % ihrer Einnahmen an den Staat abgeben. Staatlich eingefordert wird die Garantie, dass die Zimmer sauberer und komfortabler sind als die Unterkünfte für Einheimische. Das bedeutet konkret, dass Touristen ein Zimmer mit eigenem Bad beziehen müssen, sofern eines frei ist. Sind diese Zimmer ausgebucht, werden auch Zimmer ohne Bad angeboten. Das ist nicht durchweg so, wird aber oft praktiziert.

Es gibt die Unterteilung „Guesthouse" und „Inn", beides sind meist Häuser mit weniger als 20 Zimmern. Ab dieser Zimmerzahl darf sich ein Haus Hotel nennen. Für die Betreiber hat dies den Vorteil, dass sie im Falle eines Gäste-Unfalls besser abgesichert sind. Für den Gast bedeutet es in der Regel einen etwas höheren Zimmerpreis.

Viele der großen Hotels gehören ausländischen Investoren, meist aus China, Taiwan oder Singapur. Entweder übernahmen und renovierten sie staatliche Hotels oder sie bauten neu. Der Standard der Zimmer ist in der Regel besser als in den verbliebenen **staatlichen Hotels** – obwohl Letztere nicht billiger sind. Zur Zeit der Recherche hatte eine Vielzahl der staatlichen Hotels geschlossen, wann und ob sie wieder aufmachen, war nicht immer klar.

Die schönsten Erlebnisse haben Reisende meistens in Unterkünften, die mit nur wenigen Zimmern aufwarten und von einer Familie betrieben werden. Hier herrscht oft eine herzliche Atmosphäre.

## Tipps für einen Aufenthalt im Hostel

Vor allem junge Traveller wählen bei der Suche nach einer Unterkunft häufig das Schlafsaalbett, was vor allem für Alleinreisende mit wenig Budget Sinn macht. Ist man zu zweit unterwegs, lohnt sich dies – rein finanziell gesehen – oft nicht mehr. Dann sind einfache Doppelzimmer nicht selten günstiger.
Das Hostel bietet jedoch Geselligkeit, denn hier finden sich immer Gleichgesinnte. Für viele ist es daher die beste Option. Man trifft sich, trennt sich, trifft sich in einem anderen Hostel wieder, tauscht Reiseerfahrungen und Tipps aus, feiert abends zusammen auf den Gemeinschaftsbalkonen oder guckt gemeinsam fern. So entstehen Freundschaften, für kurz oder lang ...

### Wer in ein Hostel zieht, sollte ein paar Dinge beachten:

- **Vorhängeschloss** dabeihaben (klein, da man große selten nutzen kann), um das Schließfach mit einem eigenen Schloss zu sichern.
- Ein **Handtuch** nutzt im Hostel nicht nur zum Abtrocknen. Man kann sich damit zur Not zudecken und sich, falls nötig, etwas Privatsphäre schaffen.
- **Ohrstöpsel** und **Augenklappe** helfen, in den Schlaf zu finden, auch wenn andere noch das Licht brennen lassen, sich unterhalten oder anfangen, laut zu schnarchen.
- Immer das **Essen beschriften**: Wer die Küche nutzt und sein Essen nicht namentlich markiert, sucht es später vergebens.
- Wer auf eine **gute Internetverbindung** Wert legt, sollte vor dem Bezug des Bettes den Empfang checken. Dieser ist nämlich oft von Bett zu Bett unterschiedlich gut.

Birmanen, die es sich leisten können, ziehen in ein Hotelzimmer mit westlichem Standard. Wichtig ist Asiaten im Allgemeinen: Es sollte ein Steinhaus sein, AC und TV bieten und sich in Gänze von der Einfachheit der Vergangenheit absetzen. Zudem mag man nicht Treppen steigen, weshalb die eher muffigen Zimmer im Erdgeschoss beliebter sind als jene mit tollem Blick in die Umgebung aus den oberen Etagen (es sei denn, es gibt einen Aufzug). Reisende Birmanen ohne viel Geld schlafen meist bei Angehörigen oder Freunden. Wenn dort kein Bett frei ist, wohnen sie entweder im Kloster oder beziehen einfache Hotelzimmer. Auch westliche Reisende können in **Klöstern** unterkommen. Bei der Abreise ist zum Dank eine angemessene Spende zu übergeben.

Jeder Ausländer muss beim **Check-in** seinen Pass vorzeigen, Visa- und Passnummer werden notiert. Die Hoteliers müssen penibel Buch über ihre Gäste führen.

In fast allen Unterkünften ist ein einfaches **Frühstück** im Preis enthalten. In der Regel besteht es aus Ei mit Toast, auf Wunsch wird jedoch auch *mohinga* oder etwas anderes Ortstypisches serviert. In einigen besseren Hotels gibt es auch ein Buffet.

Mietwagenfahrer und einheimische Reiseführer bekommen meist ein Bett kostenlos zur Verfügung gestellt. In manchen Fällen muss man für sie einen geringen Preis in Kyat für die Unterkunft bezahlen.

## Preise und Kategorien

Gemessen an anderen asiatischen Ländern ist das Preis-Leistungs-Verhältnis der Unterkünfte nicht gerade berauschend. Das mag sich ändern, wenn mehr Zimmer dazukommen.

Hotelzimmer werden oft nach der Anzahl der Personen berechnet. So kommen Einzelreisende günstiger davon, auch wenn sie in einem Doppelzimmer schlafen. Als Einzelzimmer ausgewiesene Räume sind eher klein und wenig attraktiv und selten günstiger als einzeln belegte Doppelzimmer. In fast allen Unterkünften gibt es Dreibett- oder Familienzimmer. Die einfachsten Zimmer ❶ sind in der Regel nur mit einem Bett möbliert. Sie haben häufig kein Fenster und nur selten eigene Badezimmer. Auch Standard-Zimmer anderer Preisklassen sind oft fensterlos. Ab ❷ haben die Zimmer meist noch einen Nachttisch, TV und ein eigenes Badezimmer. Ab ❸ sind auch AC, Kühlschrank und TV (nicht immer mit englischsprachigen Sendern) vorhanden. Ab ❹ ist der Kühlschrank als Minibar ausgestattet und bietet ein paar Getränke. Leider sagt der Preis nicht sehr viel über die Sauberkeit und die Qualität eines Zimmers aus. Das gilt vor allem für Hotels der Kategorien ❸–❺.

Ab ❺ sind die Zimmer wirklich nach westlichem Maßstab eingerichtet. In der Regel werden sie von Unternehmen aus Singapur, Hongkong oder Taiwan geführt, die die Wünsche von Geschäftsreisenden und anspruchsvollen Reisenden aus westlichen Ländern kennen. In derartigen Hotels gibt es meist auch ein Businesscenter mit Telefon, Faxanlage und Internet.

In den oberen Preisklassen ab US$100 kann meist mit höherem Standard gerechnet werden, der allerdings nicht immer Weltklasse ist. Erst die wirklich teuren Unterkünfte werden allen Ansprüchen gerecht.

Alle teureren Hotels berechnen zusätzlich 10 % Steuern und 10 % Servicegebühr. In den teuersten Unterkünften ist oft auch das Frühstück extra zu zahlen.

### Preiskategorien

Die Hotels und Gästehäuser werden in diesem Buch in die unten aufgeführten Kategorien eingeteilt. Die Preise beziehen sich auf ein Doppelzimmer in der Hauptsaison.

| | |
|---|---|
| ❶ bis US$15 | ❺ bis US$80 |
| ❷ bis US$25 | ❻ bis US$150 |
| ❸ bis US$35 | ❼ bis US$300 |
| ❹ bis US$50 | ❽ über US$300 |

Meist können die Zimmer in Kyat und US$ bezahlt werden, manchmal werden nur US$ akzeptiert. Birmanen zahlen mit Kyat und viel weniger für ein Zimmer als Ausländer.

## Unterhaltung

Myanmar ist kein geeignetes Reiseland für Leute, die Partys feiern wollen, bei denen westliche Musik dröhnt und reichlich Alkohol fließt. Der Arbeitstag der Birmanen beginnt und endet früh. Die Birmanen stillen ihren Unterhaltungsdrang vor allem auf buddhistischen Festen. Zu jedem

### Toiletten

In Myanmar gibt es sowohl asiatische Hocktoiletten als auch westliche Sitzklos. Die meisten **Hotels** bieten Sitztoiletten nach westlichem Standard. Auch wenn Hocktoiletten aus Hygienegründen zu bevorzugen wären, nutzen Touristen meist lieber die Sitzklos. In den Großstadthotels mit westlichem Standard ist das kein Problem, in der Provinz dagegen sind diese Toiletten meist schnell verdreckt. Einfache einheimische **Restaurants** haben meist Hocktoiletten, die manchmal nur mäßig sauber sind. Auch in einigen Bierbars, die außen funkelnd mit Luxus protzen, sind die Toiletten total verdreckt. In anderen wachen Angestellte über den Zustand der Sanitäranlagen

Auf dem Land, z. B. beim Tankstopp, gibt es meist kleine **Holzverschläge**, in denen es schlimm riecht und manchmal noch schlimmer aussieht. Die Toilette ist ein Loch mit einer darüber gelegten Holzplanke. Hier gilt: Nase zu (aber Augen auf!) und durch.

In den Hotelzimmern gibt es **Toilettenpapier**, in Restaurants meist nicht. Für alle Varianten – außer in Hotels mit westlichem Standard – gilt, dass das Toilettenpapier in einen eigens aufgestellten Behälter geworfen werden muss, da sonst die Abwasseranlage verstopft.

Für die Benutzung der wenigen **öffentlichen Toiletten**, die bei Pagoden, anderen Ausflugszielen oder Busbahnhöfen stehen, ist eine geringe Gebühr zu entrichten. Auf Überlandfahrten halten die Busse meist mehrmals während der Fahrt an einem Restaurant oder auf offener Strecke. Dort kann dann jeder austreten, den Longyi lüften und sich z. B. hinter einem Busch oder auf freiem Feld erleichtern.

Vollmond gibt es irgendein Fest in einem der zahlreichen Tempel und an den Pagoden. Manche Vollmonde werden überall gefeiert, manche nur an bestimmten Orten. Die Birmanen pilgern für viele **Tempelfeste** durch das ganze Land und bieten auf den dort stattfindenden Märkten ihre Waren an. Einige Feste werden in einzelnen Regionen auf besondere Art gefeiert und lohnen auf jeden Fall einen Besuch, z. B. das Ballonfest in Taunggyi (S. 56).

Birmanen haben eine besondere Vorliebe für **Tanzvorstellungen**, die *pwe* genannt werden. Tanzgruppen unterhalten die Zuschauer auf Festen und bei Feierlichkeiten. Meist versammeln sich die Zuschauer in großen Zelten auf Matten sitzend. Die Tänze beginnen am späten Abend und dauern oft bis in die frühen Morgenstunden. Das Publikum genießt die Show bei Essen und Trinken. Es wird viel gelacht und geredet. Auch Geschichtenerzähler unterhalten das Publikum.

Selber das Tanzbein zu schwingen, ist weniger üblich. Es gibt daher kaum **Diskotheken**; die vorhandenen befinden sich meist in den größeren Hotels.

Wer in Yangon ist, wenn Konzerte von angesagten lokalen Bands stattfinden, sollte sich ein **Konzert** nicht entgehen lassen.

Mandalay ist für seine **Marionetten-Aufführungen** bekannt. Die Shows beginnen am frühen Abend und dauern ein bis zwei Stunden. Die **Moustache Brothers** laden in der alten Königsstadt zu einer musikalisch-politischen Theaterveranstaltung.

Im **Kino** werden internationale und lokale Filmproduktionen gezeigt. Die Darsteller agieren mit Gesang und Tanz und sprühen vor Pathos. Meist sind es Liebesfilme, deren Themen rund um Familie, Moral und Ethik kreisen.

In vielen Provinzstädten sind **Billard-Salons** ein Treffpunkt für die Jugend – und Mitspieler willkommen.

# Verhaltenstipps

In Myanmar ist das Verhalten der Menschen von Zurückhaltung und Mäßigung bestimmt. Viele im Westen praktizierte Verhaltensweisen führen hier nicht zum gewünschten Ergebnis oder provozieren sogar ablehnendes Verhalten. Wer sich Mühe gibt, den folgenden Gepflogenheiten gerecht zu werden, wird Dank und Anerkennung ernten und vielleicht etwas buddhistische Weisheit erfahren.

Eine bunt illustrierte Broschüre zum Thema „DOs & DONTs" hat das Ministry of Hotels and Tourism zusammen mit der Myanmar Tourist Federation, Tourism Transparency und der Hanns-Seidel-Stiftung herausgegeben. Sie kann als PDF im Internet heruntergeladen werden: www.dosanddontsfortourists.com.

## Besuche im Tempel

Besonderer Respekt gilt älteren Menschen und Mönchen. Die Begrüßung der **Mönche** wird beim Besuch im Kloster nach der Begrüßung Buddhas vollzogen, wobei die Gläubigen niederknien und sich dreimal verbeugen. Dabei werden die zusammengelegten Hände bis über den Kopf gehoben. Danach folgt die Begrüßung des Mönchs, wobei die Begrüßungszeremonie ebenfalls dreimal wiederholt wird. Wichtig im Kloster ist zudem, dass Besucher nie höher als ein Mönch stehen oder sitzen sollten. Wer in Pagoden und Tempeln zum Essen eingeladen ist, darf erst essen, wenn die Mönche ihre Mahlzeit beendet haben. Da die Mönche nur morgens essen, stellt dies selten eine Beeinträchtigung des Besuchers dar. Wichtig im Umgang mit Mönchen ist, dass Frauen sie nicht berühren dürfen. Auch Männer sollten Berührungen meiden, ganz besonders die von Nonnen. Das mönchische Leben im Kloster (und außerhalb) erfordert das Zölibat, und so wenden sich Mönche oft nur den männlichen Besuchern zu. Frauen buddhistischen Glaubens gegenüber sind sie offener.

Da im Buddhismus der Kopf als heilig gilt und die Füße als schmutzig, dürfen Letztere niemals auf Menschen und auf keinen Fall auf Mönche oder eine Buddhafigur zeigen. Niemandem, auch nicht Kindern, sollte „liebevoll" über den Kopf gestrichen werden. Vor dem Betreten von Privathäusern, **Pagoden** und **Tempeln** werden die Schuhe ausgezogen, in Heiligtümern auch Socken und (Nylon-) Strümpfe.

Meditierende oder Betende sollten nicht gestört werden – auch nicht mit Kamerablitzen.

Bei Tempelbesuchen müssen Beine und Oberarme bedeckt sein. Kurze Hosen und Spaghettiträger sind tabu!

## Geschenke

Es gibt einige Mitbringsel aus dem Westen, die sich gut als **Geschenk** oder **Tauschware** für Kunsthandwerk und Souvenirs eignen: Kleidung, Kugelschreiber, Kosmetikartikel (Lippenstift, Make-up), Spielzeug oder Kalender. Kleidung und Schreibwaren werden an manchen Orten dringend gebraucht: Schulbildung ist zwar kostenlos, aber der Kauf von Heften und Stiften überfordert viele Eltern finanziell. Jede Dorfschule ist dankbar für eine Sachspende (Hefte und Stifte kann man auch günstig in Myanmar kaufen).

An touristischen Orten hat das Verteilen von Geld und vor allem Stiften bereits dazu geführt, dass viele Kinder ständig danach fragen. Auf keinen Fall sollte man daher wahllos Geschenke austeilen, um nicht das Betteln zu fördern. Kinder kann man besser damit erfreuen, dass man mit ihnen Zeit verbringt und einfache Spiele spielt.

Generell wird oft empfohlen: Besser eine Gemeinschaft oder eine Hilfsorganisation unterstützen als eine einzelne Person.

## Kleiderordnung

Saubere und ordentliche Kleidung ist Birmanen sehr wichtig. Es ist eine Frage des Anstands, nicht in zerfetzten und dreckigen Klamotten oder unrasiert und ungewaschen herumzulaufen. Kurze Röcke oder Hosen und Trägertops sind unüblich und in Tempeln generell untersagt. Ohne BH oder im Minirock sollte keine Frau auf die Straße gehen! Obwohl Birmaninnen selten lange Hosen tragen, ist dies bei westlichen Frauen okay. Der Hitze angepasst sind die luftigen Longyis, die auch jeder Westler tragen kann. Am Strand ist das Tragen von Bikinis normal, frau sollte jedoch so wenig bekleidet nicht am Strand entlang marschieren.

## Kommunikation

Gespräche werden leise geführt, auf provozierende oder ärgerliche Kommentare wird verzichtet. Ein schroffes „Nein" gibt es nicht, denn **Freundlichkeit** ist oberstes Gebot. Birmanen streiten niemals laut, denn das hieße, das Gesicht zu verlieren. Das bedeutet andererseits, dass nicht jedes Lächeln Zustimmung oder Sympathie ausdrückt. Wobei die Menschen in Myanmar i. d. R. aufrichtig freundlich lächeln.

Beim Einkaufen und bei anderen Gelegenheiten ist zu bedenken, dass Geld oder Gegenstände immer mit der rechten Hand gereicht werden, wobei die Linke am Ellenbogen unterstützend hilft. Größere Mengen Geld oder wertvolle Gegenstände werden mit beiden Händen überreicht.

Bei der **Begrüßung** haben sich die Birmanen, vor allem die jungen Männer, im Umgang mit Westlern bereits an das Händeschütteln gewöhnt. Untereinander begrüßen sie sich oft formlos. Traditionell und besonders Höhergestellten gegenüber wird der Gruß mit auf Brusthöhe zusammengelegten Händen vollzogen. Je höher stehend die begrüßte Person ist, desto höher werden die Hände erhoben.

## Rauchen und Sonstiges

Zigaretten **rauchen** nur Männer. Ältere Frauen rauchen, wenn überhaupt, Cheroots. In Yangon erregen Zigarette rauchende Frauen seltener

### Trinkgelder

Für die Bedienung in einfachen Lokalen oder bei Kurzfahrten mit dem Taxi sind Trinkgelder unüblich. Wer einen Taxifahrer länger als abgesprochen warten lässt, sollte jedoch nicht zu geizig sein. Bei Rechnungen eines Restaurants, die in einer Mappe oder auf einem Tablett präsentiert werden, wird Trinkgeld erwartet, sofern es nicht bereits als Service Charge eingepreist wurde. Für das Engagement lokaler Guides und Wanderführer sind je nach Gruppengröße US$3–5 pro Tag angebracht.

Aufmerksamkeit, in der Provinz hingegen werden sie kritisch betrachtet.

**Paare** sollten sich in der Öffentlichkeit diskret verhalten. Küssen in der Öffentlichkeit ist nicht üblich. Junge birmanische Liebespaare nehmen sich allerdings immer mehr die Freiheit, ihre Zuneigung – vorsichtig – auch auf der Straße zu zeigen.

Jeder Reisende, auch wenn er mit einer Reisegruppe reist, muss sich bewusst sein, dass es in Myanmar immer anders kommen kann als geplant: Mal fliegt ein Flugzeug nicht, mal ist ein Hotel trotz Reservierung ausgebucht. Gegen **Ärger** hilft – ganz asiatisch: „Keep smiling".

# Versicherungen

Eine optimale Absicherung bietet der Abschluss einer separaten Kranken-, Unfall- und Gepäckversicherung. Da sich die Versicherungsbeiträge jedoch auf eine stattliche Summe addieren, sollte das Risiko genau abgewogen werden. Auf jeden Fall ist eine **Reisekrankenversicherung** notwendig, da die heimischen Kassen die Behandlung im Ausland nicht bezahlen. Eine Erkrankung kann jedoch leicht Tausende Euro kosten, wenn z. B. ein schneller Transport nach Thailand oder gar nach Europa nötig wird. Wer etwa in Lashio einen Unfall hat und nach Yangon geflogen werden muss, muss mit einer Rechnung von US$20 000 rechnen. Da kaum jemand diese hohen Summen bei sich trägt, kann in solchen Fällen die deutsche Botschaft um Hilfe gebeten werden. Sie kann Geld vorstrecken – jedoch nur, sofern die Kosten nachweislich von einer Krankenversicherung übernommen werden.

Nur wenige private Krankenkassen bieten weltweiten Schutz. Um das Risiko einer Erkrankung abzusichern, muss jeder für eine Reise nach Südostasien eine Auslandskrankenversicherung abschließen. Die meisten Reisebüros haben entsprechende Angebote vorliegen. Im Krankheitsfall muss Geld vom Kranken vorgestreckt werden, denn die Kosten werden von den Versicherungen erst später erstattet. Vor Ort wird dann meist Bargeld benötigt.

Folgende Angaben müssen auf der Rechnung stehen, die nach der Reise bei der Versicherung einzureichen ist:

- Name, Vorname, Geburtsdatum
- Behandlungsort und -datum
- Diagnose
- erbrachte Leistungen in detaillierter Aufstellung (Beratung, Untersuchungen, Behandlungen, Medikamente, Injektionen, Laborkosten, Krankenhausaufenthalt)
- Unterschrift des behandelnden Arztes, Stempel

Zudem sind einige Einschränkungen zu beachten: Bei Zahnbehandlungen werden nur Notfallbehandlungen von der Versicherung bezahlt. Chronische Krankheiten oder solche, die bereits vor Abreise auftraten, sind nicht von der Versicherung abgedeckt.

Erkrankte werden dann nach Hause geflogen, wenn am Urlaubsort keine ausreichende Versorgung gewährleistet ist. Dafür kommen Linienmaschinen oder eigens geschickte Ambulanzflugzeuge zum Einsatz. Die meisten Versicherungen haben eine Eigenbeteiligung.

# Visa

Alle Besucher benötigen für die Einreise nach Myanmar ein Visum. Der Reisepass muss bei Antritt der Reise noch mindestens ein halbes Jahr lang gültig sein. Kinder brauchen einen ei-

### Visumsverlängerung

Derzeit sind keine Visaverlängerungen für Touristen möglich. Stattdessen wird bei der Ausreise eine Überziehungsgebühr *(payment for overstay)* berechnet. Die ersten 30 Tage sind dies US$3 pro Tag, danach werden US$5 pro Tag verlangt. Es ist ratsam, sich bei einer geplanten längeren Überziehung beim MTT nach der aktuellen Vorgehensweise zu erkundigen. Reiseagenturen empfehlen, nicht mehr als 14 Tage zu überziehen.

genen Reisepass. Wer im Antragsformular für sein Visum eine Berufsbezeichnung wie Journalist, Fotograf, Schriftsteller usw. angibt, muss mit Rückfragen oder schlimmstenfalls einer Verweigerung des Visums rechnen.

Im Laufe der vergangenen Jahre sind die lange praktizierten **Passkontrollen** auf den Reisewegen seltener geworden. Immer mehr Rebellen haben mit der Regierung „Frieden" geschlossen, daher werden Touristen immer seltener mit den Kontrollmechanismen der Militärs konfrontiert. In jedem Fall wird jedoch im Hotel die Nummer des Visums zusammen mit einigen weiteren Angaben notiert, und Gerüchte besagen, dass sie nach Yangon weitergeleitet werden, um die Kontrolle der Reisewege sicherzustellen. Individualreisende sind manchmal sehr erstaunt, wie gut die Grenzbeamten über ihre Reise informiert sind. Für Reisen in den Rakhine-Staat mit Bussen benötigt man immer noch ein paar Kopien von Pass und Visa. In anderen Gegenden fertigt der zuständige Beamte die benötigten Kopien mal eben mit der Kamera seines Smartphones an.

## E-Visa

Seit 2014 gibt es die Möglichkeit, Visa online zu beantragen. Unter 💻 www.myanmarevisa.gov.mm wird der Antrag ausgefüllt und ein Foto hochgeladen. Nach der Geldüberweisung (US$50) wird das E-Visum spätestens 7 Tage nach Beantragung als E-Mail gesendet. Der Reisende muss das E-Visum nun nur noch ausdrucken und an der Immigration vorzeigen und bekommt dann einen Einreisestempel und einen roten Stempel mit dem Vermerk E-Visum. Wichtig: 90 Tage nach Ausstellung des Visums muss man eingereist sein.

## Visa bei der Botschaft

Wer sein Visum bei der Botschaft in **Deutschland** beantragt (S. 37), sollte die Formulare spätestens vier Wochen vor der Reise abschicken. **Visaformulare** gibt es auf der Website der Botschaft von Myanmar, 💻 www.botschaft-myanmar.de, oder nach telefonischer Anfrage per Fax, bei schriftlicher Anfrage und frankiertem Rückumschlag auch per Post. Das Antragsformular muss in zweifacher Ausführung ausgefüllt und mit je einem Passbild versehen werden. Zudem sind dem Antrag der Reisepass, 25 € (in bar oder als Scheck) sowie ein frankierter, adressierter Rückumschlag beizulegen. **Schweizer Staatsbürger** wenden sich an die Botschaft in Genf, 💻 www.myanmargeneva.org; hier beträgt die Visumsgebühr sFr 30. **Österreicher** wenden sich an die Botschaft in Berlin.

Auch in den Nachbarländern Myanmars können Visa beantragt werden. Wer dies in **Bangkok** tun möchte, muss Folgendes bedenken: Jeden Tag werden nur eine begrenzte Zahl von Anträgen entgegengenommen. Wer erst um 9 Uhr bei der Öffnung der Botschaft kommt, ist oft schon zu spät. Die Ausstellung dauert vier bis fünf Tage und die Kosten belaufen sich auf rund 850 Baht. Wer das Ganze bei einer Agentur oder einem Reisebüro in Bangkok in Auftrag gibt, muss meist fünf bis sechs Tage einkalkulieren und zahlt um die 1500 Baht. Für „Express Visa", die mitunter innerhalb eines einzigen Tages besorgt werden können, schlagen die Agenturen bis zu 1000 Baht oder mehr auf.

Die Botschaften Myanmars in **Singapur** und **Phnom Penh** stellen in der Regel innerhalb von 48 Stunden Visa aus. Die Bezahlung erfolgt in der jeweiligen Landeswährung oder in US-Dollar. In **Vietnam** besorgt man ein Visum am besten über eine Agentur; das dauert drei bis fünf Tage.

Nach der Ausstellung des Visums muss die Myanmar-Reise innerhalb von drei Monaten angetreten werden.

## Besondere Visa

Reisende, die einen längeren **Meditationskurs** absolvieren wollen, erhalten mit Hilfe eines Empfehlungsschreibens des Klosters eine Aufenthaltserlaubnis von vier bis zwölf Wochen (die Ausstellung des Visums kann ebenso lange dauern).

Für ein **Business-Visum** werden das Bestätigungsschreiben des Arbeitgebers und das Einladungsschreiben einer in Myanmar ansässigen Firma benötigt.

# Zeit und Kalender

## Zeitverschiebung

Die Zeit ist in Myanmar um 5 1/2 Stunden, in der mitteleuropäischen Sommerzeit um 4 1/2 Stunden weiter als in Deutschland. Über Thailand Einreisende müssen ihre Uhren um eine halbe Stunde zurückstellen. Wer aus China kommt, muss seine Uhr um 1 1/2 Stunden zurückstellen. Wer aus Indien kommt, muss seine Uhr um eine Stunde vorstellen.

## Mondkalender

In Myanmar gilt traditionell vornehmlich der **Mondkalender** mit zwölf Monaten zu je 29 oder 30 Tagen pro Jahr. Um die zunehmende zeitliche Differenz zum Sonnenkalender anzupassen, wird alle drei Jahre ein zweiter Waso-Monat (Juni/Juli) eingeschaltet. Folglich sind die Monatswechsel bei Mondkalender und **gregorianischem Sonnenkalender** nicht identisch. Die meisten Birmanen kennen aber den Sonnenkalender: Hotelreservierungen, Zugtickets, Flugscheine und Busverbindungen werden auf Daten nach dem gregorianischen Kalender ausgestellt.

In ländlichen Gebieten leben viele Menschen, die die westliche Monatszählung nicht kennen. Sie nutzen die Zeitangaben des Mondkalenders. Eine Tagesangabe lautet beispielsweise: Heute ist *Nadaw* und wir haben den 15. Tag des zunehmenden Mondes.

Der Mondkalender bestimmt das Leben der Birmanen, denn er ist eng verknüpft mit den religiösen Abläufen des buddhistischen Lebens und allen traditionellen Festen. Ein genaues Datum im westlichen Sinne besitzen die meisten Feierlichkeiten daher nicht (S. 53). Aktueller Mondkalender bis 2017 siehe **eXTra [4904]**.

Jeder Mondmonat teilt sich in zwei Hälften: die ersten beiden Wochen des zunehmenden Mondes *(lázou')* und die beiden Wochen des abnehmenden Mondes *(lágwae)*. Jede dieser Mondphasen hat zwei wichtige Tage: Der 8. Tag Uposatha (Tag der religiösen Besinnung),

### Die birmanische 8-Tage-Woche

Die birmanische Woche kennt acht Tage und leitet sich aus der birmanischen Astrologie ab. Der Mittwoch gilt als zwei Tage, einer vormittags, der andere von 12 Uhr bis Mitternacht. Arbeitselefanten haben am Mittwoch frei, denn dies ist ihr Tag. Wie in allen Pagoden zu sehen, werden verschiedenen Tieren bestimmte Planeten und Tage zugeordnet.

Der **Tiger** ist dem Montag zugeordnet, Dienstag ist der Tag des **Löwen**, der Mittwoch-Vormittag wird von einem **Elefanten** mit Stoßzähnen, der Nachmittag von einem ohne Stoßzähne symbolisiert, die **Ratte** ist das Tier am Donnerstag, am Freitag ist es das **Meerschweinchen**, der Samstag gehört der Drachenschlange **Naga** und der Sonntag dem mythischen Vogel **Garuda**. Jedes Tier bzw. der ihm zugeordnete Planet steht für positive wie negative Eigenschaften, die dem an diesem Tag Geborenen zugeordnet werden. So steht z. B. Garuda für Kraft, aber auch für Geiz; Naga bedeutet Streitsucht, aber auch Frieden und Wohlstand. Im Überblick: Montag: Eifersucht, Dienstag: Ehrlichkeit, Mittwoch: Jähzorn, Donnerstag: Güte, Freitag: Redseligkeit, Samstag: Streitsucht, Sonntag: Geiz.

Für den Namen, den ein Neugeborenes bekommt, ist der Wochentag der Geburt entscheidend. Nur für Sonntagskinder ist jeder Vokal als Anfangsbuchstabe geeignet; dabei ist *Aung* wegen seiner Bedeutung „siegen" besonders beliebt.

Die Schreine der Tiere, die sich in den meisten Tempelanlagen finden, sind in einer genau vorgegebenen Himmelsrichtung platziert. Im Norden steht das Meerschweinchen, im Nordosten Galon (Garuda), im Osten der Tiger, im Südosten der Löwe, im Süden der Elefant mit Stoßzähnen, im Südwesten Naga, im Westen die Ratte und im Nordwesten der Elefant ohne Stoßzähne.

an dem die meisten Märkte geschlossen sind, und der 15. Tag (Vollmond) gelten als besonders heilig. Viele Gläubige besuchen dann Klöster und Pagoden.

Die heute gebräuchliche **birmanische Zeitrechnung** *thekkayit* wird auch *kawza* genannt und beginnt 638 Jahre nach Christus, eingeführt durch den Bagan-König Popa Saw Rahan. Die Abkürzung lautet M.E. („Myanmar Era"). Das neue Jahr beginnt Mitte April. Die ersten zwei Aprilwochen 2016 fallen daher noch ins Thekkayit-Jahr 1377; nach dem Thingyan-Fest beginnt das Jahr 1378. Daten aus dieser Zeitrechnung finden sich oft an Pagoden.

Auch die **buddhistische Zeitrechnung**, die mit der traditionell ins Jahr 543 v. Chr. datierten Geburt Buddhas beginnt, ist in Gebrauch (das Jahr 2016 entspricht danach dem buddhistischen Jahr 2560, das Neujahr liegt Mitte April).

Auf internationalen Dokumenten und in den meisten Kalendern des Landes werden alle drei Systeme aufgeführt: die gregorianische, die birmanische sowie auch die buddhistische Zeitrechnung.

# Zoll

Zollfrei können pro Person 200 Zigaretten (50 Zigarren oder 250 g Tabak), etwas mehr als 1 l Alkohol (ein Quart = 1,136 l) und 500 ml Parfüm sowie ausländische Devisen bis US$2000 ohne Deklaration eingeführt werden. Die Einfuhr von Kyat ist untersagt. An Schaltern vor der Zollkontrolle kümmern sich Beamte um die Ein- und Ausfuhr von Tieren und Pflanzen.

Es kann vorkommen, dass bei der **Einfuhr** besonderer, hochwertiger Geräte, die nicht zur touristischen Standardausstattung gehören, z. B. professionellem Video-Equipment, ein Zollformular in zweifacher Ausführung ausgefüllt werden muss. Neben der Gerätebeschreibung ist hier auch der Wert des Gegenstands zu beziffern. Eines dieser Papiere wird einbehalten, das andere muss bei der Ausreise vorgezeigt werden. Wird das Gerät nicht wieder ausgeführt, erhebt der Zoll eine dem Preis entsprechend hohe Zollgebühr. Meist wird jedoch auf ein solches Zollformular verzichtet.

Bei der **Ausreise** passiert man nach der Passkontrolle den Zoll und die Durchleuchtungsanlage. Offiziell nicht ausgeführt werden dürfen: die einheimische Währung Kyat, Schmuck, religiöse Gegenstände, Bücher, Videos, Video-CDs, Waffen, Drogen und Pornografie. Vorsicht ist bei echten Antiquitäten, alten Buddhastatuen und archäologischen Objekten geboten: Sie dürfen nur mit Sondergenehmigung des zuständigen Ministeriums ausgeführt werden. Auch die Ausfuhr von Edelsteinen darf nur mit Lizenz erfolgen (S. 42).

Es versteht sich von selbst, dass der Export von Produkten geschützter Tierarten wie Muscheln, Korallen, Tierknochen und anderen Artefakten aus dem Tierreich nicht unterstützt werden sollte; zudem ist die Einfuhr solcher Produkte in Deutschland untersagt.

# Land und Leute

**Myanmar zählt zu den landschaftlich vielfältigsten Ländern Südostasiens. Zwischen den Gipfeln des Himalaya im hohen Norden und der Inselwelt des Myeik-Archipels im tiefen Süden entfaltet sich ein immenser Reichtum an Flora und Fauna. Auch ethnisch ist das Land mit offiziell 135 Volkgruppen ungemein vielseitig. Als „Land der Pagoden" besungen, prägt der Buddhismus Kunst und Kultur.**

BAGO; © A. MARKAND

## Inhalt



## Steckbrief Myanmar

**Offizieller Name** Pyidaunzu Thanmada Myama Nainngandaw (Republic of Union of Myanmar)

**Staatsform** Parlamentarisches Regierungssystem (seit 2010)

**Hauptstadt** Nay Pyi Taw

**Staatsoberhaupt** Präsident Thein Sein (seit März 2011)

**Regierungschef** Präsident Thein Sein (seit März 2011)

**Fläche** 676 577 km²

**Einwohnerzahl** 51,5 Mio.

**Anteil der Stadtbevölkerung** 30 %

**Sprache** Myanmar, verschiedene lokale Sprachen und Dialekte

**Religionen** Buddhisten (< 90 %), Christen (6 %), Muslime (4 %), Hindus (0,5 %)

**Internetzugang** 6,2 % der Bevölkerung

**Glücksindex** Platz 129 von 158

**Pro-Kopf-Einkommen** US$1270

**Straßennetz** Etwa 34 000 km

**Touristen pro Jahr** 3,5 Mio. (2014)

# Land und Geografie

**Fläche:** 676 577 km²
(Deutschland: 357 021 km²)

**Nord-Süd-Ausdehnung:** 2050 km

**Ost-West-Ausdehnung:** 935 km

**Größte Städte:** Yangon (ca. 5,2 Mio. Ew.), Mandalay (ca. 1,2 Mio. Ew.)

**Längste Flüsse:** Thanlwin (2816 km), Ayeyarwady (2170 km), Chindwin (960 km)

**Höchster Berg:** Hkakabo Razi (5881 m)

Mit 676 577 km² beinahe doppelt so groß wie Deutschland, erstreckt sich Myanmar über 2050 km von den Ausläufern des Himalaya bis zur Malaiischen Halbinsel (28. bis 10. nördlicher Breitengrad). Die Ost-West-Ausdehnung beträgt 935 km und reicht vom Golf von Bengalen bis zum Mekong (92. bis 101. östlicher Längengrad).

Mit seinen sechs Nachbarstaaten teilt sich das Land eine gemeinsame Grenze von insgesamt 6129 km Länge, davon im Norden und Nordosten 2192 km mit Tibet und China, im Osten 2096 km mit Thailand und 235 km mit Laos, im Nordwesten 272 km mit Bangladesch und 1332 km mit Indien.

Die Küstenlinie beträgt 2228 km und führt von der Mündung des Naaf-Flusses bei Bangladesch zum südlichsten Zipfel Kawthoung.

## Hohe Berge, weite Ebenen

Der nach Indonesien zweitgrößte Staat Südostasiens kann in drei geografische Zonen eingeteilt werden: die westlichen Bergregionen, die breite Zentralebene und die östlichen Bergketten. Die Höhenzüge an den Grenzen des Landes wirken wie eine natürliche Barriere. Im hohen Norden befinden sich die Ausläufer des Himalaya mit dem höchsten Berg Südostasiens an der Grenze zu Tibet, dem 5881 m hohen **Hkakabo Razi**. Die Gebirge ziehen sich in Richtung Süden und gehen in den Westlichen Yoma über, der aus den Naga- und Chin-Bergen und dem Rakhine Yoma besteht.

Der Lauf des Ayeyarwady und seiner Nebenflüsse prägt die weite Ebene Zentralbirmas. Bei Bago zieht sich der an Teakbäumen reiche **Bago Yoma** 435 km in Richtung Norden. Während Zentralbirma zwischen Pyay und Mandalay aufgrund der geringen Niederschlagsmenge äußerst trocken ist, bestimmt das üppige Grün des fruchtbaren **Ayeyarwady-Deltas** den Süden.

Der Osten Myanmars wird von dem etwa 1000 m hohen **Shan-Plateau** geprägt, das von bis zu 2600 m hohen Bergketten unterbrochen wird. Entlang der thai-birmanischen Grenze erstreckt sich mit dem **Tanintharyi Yoma** ein weiterer, breiter Höhenzug in Richtung Süden.

## Flüsse

Auf über 8000 km sind Myanmars Flüsse befahrbar. Daher sind sie für den Transport von Waren und Menschen nicht wegzudenken. Der berühmteste und geschichtsträchtigste Fluss ist zweifelsohne der 2170 km lange **Ayeyarwady**. Er entsteht etwa 40 km nördlich von Myitkyina im Kachin-Staat durch den Zusammenfluss von May Hka und Mali Hka. Auf etwa 1500 km ist die *Road to Mandalay*, wie Rudyard Kipling den mächtigen Strom besang, schiffbar. Allerdings schränken in der Trockenzeit unzählige Sandbänke die Navigation ein und lassen die Schiffe nur langsam vorwärts kommen. Daher hatten und haben die Dampfer der berühmten Irrawaddy Flottilla Company nur einen geringen Tiefgang. Vor Hinthada teilt sich der Fluss in zwei Arme und breitet sich zu einem über 35 000 km² großen Deltagebiet aus.

Der Fluss ist eng mit der Geschichte des Landes verwoben, denn an ihm entlang wanderten die Bamar nach Süden. An seinen Ufern stehen die alten Metropolen Sri Ksetra, Bagan und Inwa. Schließlich fuhr die britische Flotte auf dem Ayeyarwady nach Mandalay, um auch noch das letzte Stück Birma zu erobern.

Nördlich von Pakokku mündet nach 960 km der **Chindwin** in den Ayeyarwady. Er spielt für die Erschließung und den Handel mit dem nordwestlichen Landesteil eine wichtige Rolle.

Der wenig bekannte **Thanlwin** (Salween) ist mit 2816 km Myanmars längster Fluss. Seine

Quelle liegt in Ost-Tibet, wo auch Asiens mächtigste Ströme entstehen, der Mekong und der Yangzi (Jangtse). Er durchschneidet die Berge des östlichen Shan-Staates und mündet bei Mawlamyine in den Golf von Mottama. Trotz seiner Länge ist er mit größeren Schiffen nur auf etwa 160 km von der Mündung aus befahrbar, denn in den teilweise engen Schluchten unterliegt der Wasserstand großen Schwankungen. Der Thanlwin spielte eine wichtige Rolle in der Frühgeschichte der Tai (Shan), die ab der zweiten Hälfte des 1. Jahrtausends entlang seiner Ufer von ihrem Stammland im Yunnan nach Süden zogen und sich im heutigen Shan-Staat ausbreiteten.

Eingebettet in eine breite Ebene östlich des Bago Yoma, mündet der 560 km lange **Sittoung** unweit von Kyaikhto in den Golf von Mottama. Als Transportweg ist er allenfalls für das Flößen von Holz und Bambus geeignet, dafür aber für die Bewässerung der Felder östlich von Bago unabkömmlich.

Der auf 160 km schiffbare **Kaladan** gilt als der wichtigste Strom des nördlichen Rakhine. Er entsteht in den Bergen des südlichen Chin-Staates, breitet sich zu einem weiten Delta mit Mangrovenwäldern aus und mündet schließlich bei Sittwe in den Golf von Bengalen. Seinem mäandernden Flusssystem verdankt die alte Königsstadt Mrauk U ihren Aufstieg.

# Flora und Fauna

## Pflanzenwelt

Die unterschiedlichen Klimazonen und die landschaftliche Vielfalt haben einen enormen Pflanzenreichtum zur Folge, wie er nur selten in Südostasien anzutreffen ist. Auf 11 800 wird die Zahl der Pflanzenarten geschätzt, darunter etwa 2000 Baumspezies.

An den vielen Flussmündungen in Rakhine, Tanintharyi und dem Ayeyarwady-Delta bestimmen noch **Mangrovenwälder** das Landschaftsbild, doch schwindet ihr Bestand wegen der Abholzung immer mehr. Immergrüne **tropische Regenwälder** wachsen in den Küstenregionen und auf den Inseln des Myeik-Archipels im tiefen Süden. Ansonsten dominieren **Monsunregenwälder** die Landschaft. **Montane Nebelwälder** sind in den Bergen ab etwa 1500 m Höhe verbreitet.

Typisch für die Monsunregenwälder sind Bäume, die in der Trockenzeit ihr Laub abwerfen und mit dem Einsetzen der Regenzeit ab Mai/Juni wieder ergrünen. Dazu zählt der **Teakbaum** *(Tectona grandis)*, dessen hoher gerader Stamm, großen, festen Blätter und hartes, aber gut zu verarbeitendes Holz ihn zum profitabelsten Nutzbaum Myanmars machen.

### Myanmar, Birma oder Burma?

Der offizielle Landesname lautet *Pyidaunzu Thanmada Myama Nainngandaw*, Republik der Union von Myanmar. Seit die Regierung das Land am 27. Mai 1989 in *Myama Nain Ngan* („myanmarisches Land") umbenannte, herrscht ein Namenschaos, denn nun werden im Deutschen Birma, Burma und Myanmar verwendet. Der Name ist immer noch ein Politikum. Da er von der Militärregierung eingeführt wurde, verwenden oppositionelle Gruppen weiterhin Burma. Das Militär wiederum argumentiert, dass die alte Bezeichnung aus der britischen Kolonialzeit stamme und sich nur auf die Volksgruppe der Birmanen, die *bamar*, beziehe. Tatsächlich leiteten die Briten von diesem Begriff den Landesnamen Burma ab. Das erste gedruckte birmanische Wörterbuch von 1776 hieß *Alphabetum Barmanum seu Bomanum Regni Avae*, das „barmanische oder bomanische Alphabet des Königreichs Ava". Von *bama* ist in vielen Schriften der Konbaung-Zeit die Rede. Der Name *myanma* ist ein Adjektiv und Historikern zufolge erstmals in der berühmten Rajakumar-Inschrift in Bagan aus dem Jahr 1113 nachgewiesen. In chinesischen Chroniken wird das Land mi'en ti'en genannt. Die 1868 gegründete erste Zeitung in birmanischer Sprache nannte sich Myanma Thandawzin, übersetzt wurde sie von den Briten allerdings mit Burma Herald. In diesem Buch verwenden wir sowohl Myanmar als auch die verbreitete deutsche Bezeichnung Birma, denn die deutsche Aussprache von Burma ist sprachlich vollkommen falsch.

© VOLKER KLINKMÜLLER

Blick über den Fluss Ye, der mit der gleichnamigen Stadt als touristisches Neuland lockt.

In vielen Waldregionen dominieren Baumarten, die zu einer der 15 Gattungen der **Flügelfruchtgewächse** *(Dipterocarpaceae)* gehören, weshalb man auch von *Dipterocarpus*-Wäldern spricht. Unter ihnen kommt dem **Yangbaum** *(Dipterocarpus alatus)* eine besondere Bedeutung zu, weil dessen Harz als Binde- und Abdichtungsmittel für Boote oder Ähnliches verwendet werden kann. Darüber hinaus sind weitere Nutzbäume verbreitet, darunter das harte **Birmanische Eisenholz** *(Xylia dolabriformis)*, auf Birmanisch Pyinkado genannt, und der Padauk *(Pterocarpus macrocarpus)*, wegen seiner Rotfarbung auch als **Birmanisches Rosenholz** bekannt. In den höheren Lagen der nördlichen Regionen sind diverse Pinienarten beheimatet, darunter die Bergpinie *(Pinus khesiya)*. Weit verbreitet ist auch **Bambus**, der mit 100 Arten häufiger vorkommt als in irgendeinem anderen Land außerhalb Chinas.

In der Savannenlandschaft Zentral-Myanmars können aufgrund des geringen Niederschlags von jährlich unter 1000 mm nur anspruchslose Bäume wachsen. Die Trockenlaubwälder, *indaing* genannt, werden von *Dipterocarpus*-Arten dominiert. Wegen ihres hohen Nutzwertes sind **Niem**- *(Antelaea azadirachta)* und **Tamarindenbäume** *(Tamarindus indica)* weit verbreitet. Der Schatten spendende **Regenbaum** *(Samanea saman)* findet sich häufig in menschlichen Ansiedelungen und an Straßenrändern. **Salbäume** *(Shorea robusta)*, in Myanmar *ingyin*

## Palmen für alle Fälle

Palmengewächse begleiten die Birmanen durchs Leben und sind aus Küche und Haushalt nicht wegzudenken. Die **Arecapalme** bringt die Betelnuss hervor; aus dem Saft der **Palmyrapalme** wird Palmzucker, Palmwein oder -schnaps produziert und ihre Früchte werden gegessen; die **Kokospalme** kann gleich mehrfach verwendet werden: als Bau- und Brennmaterial, zum Trinken und Essen. Die festen Blätter der **Talipotpalme** dienen als Grundmaterial für die Palmblattmanuskripte, jene der **Latania** für Dächer. Aus der **Rotangpalme** (Rattan) werden Möbel hergestellt; die langen Blätter der **Nipapalme** eignen sich als Überdachung, und die **Salakpalme** liefert die beliebte Schlangenfrucht.

### Namensänderungen

1989 birmanisierte die Militärregierung nicht nur den Landesnamen, sondern auch zahlreiche Stadt-, Fluss- und Provinznamen. Die wichtigsten Änderungen sind:

| Neu | Alt | Neu | Alt |
|---|---|---|---|
| **Ayeyarwady** | Irrawaddy | **Pathein** | Bassein |
| **Bagan** | Pagan | **Pyay** | Prome |
| **Bago** | Pegu | **Pyin U Lwin** | Maymyo |
| **Dawei** | Tavoy | **Rakhine (Rakhaing)** | Arakan |
| **Inwa** | Ava | **Sittoung** | Sittang |
| **Kyaikkami** | Amherst | **Sittwe** | Akyab |
| **Mawlamyine (Mawlamyaing)** | Moulmein | **Tanintharyi** | Tenasserim |
| | | **Thandwe** | Sandoway |
| **Mottama** | Martaban | **Thanlwin** | Salween |
| **Mrauk U** | Myohaung (Mrohaung) | **Thanlyin** | Syriam |
| **Myeik** | Mergui | **Yangon** | Rangoon |

genannt, wachsen ebenfalls dort. Bekannt ist die Region auch für den **Thanakabaum** *(Limonia acidissima)*, aus dessen Rinde die berühmte Thanaka-Paste gewonnen wird, mit der sich die Frauen schminken. Die Kayin mischen sie mit anderen Naturprodukten und stellen daraus ein Mückenschutzmittel her.

Auf den kargen Böden, die vorwiegend aus weichem Sandstein und Lehm bestehen, werden Sorghum (eine Hirseart), Bohnen, Sesam und Erdnüsse angepflanzt. Ein großer Teil der endemischen Pflanzenarten kommt in den Höhenlagen im Norden und Westen vor. Viele von ihnen sind noch unerforscht. Im artenreichen Natmataung National Park findet man z. B. auf über 2000 m Höhe die einheimischen Rhododendronarten *R. cuffeamum* und *R. Burmanicum.* Dort ist auch der äußerst seltene Vierspornbaum *(Tetracentron sinense)* verbreitet, der wegen seiner sehr schönen Blüten auch gezüchtet wird.

## Tierwelt

Für gewöhnlich kommen Myanmar-Reisende nur wenig mit der Tierwelt in Kontakt, da sich ein Großteil in den schwer zugänglichen Bergen und Wäldern aufhält. Allgegenwärtig sind natürlich die landwirtschaftlichen Nutztiere wie das **Zeburind** und der genügsame **Wasserbüffel**.

Die landschaftliche und klimatische Vielfalt bringt eine bunte Fauna mit sich. Verglichen mit dem benachbarten Thailand sind die Bestände noch recht hoch. Aber exakte Zahlen sind nur schwer zu ermitteln, denn viele Landstriche waren lange Zeit umkämpft und daher für Wissenschaftler unzugänglich. Dies hat sich seit den 1990er-Jahren erheblich verbessert. So konnten Forscher der US-amerikanischen Wildlife Conservation Society, 💻 www.wcs.org, bei einer Expedition ins tibetisch-birmanische Grenzgebiet im Jahr 1999 eine bisher unbekannte **Rotwildart** identifizieren: den nach dem Fundort benannten *Muntiacus putaoensis.*

In Birma sind auch eine nicht bestimmbare Anzahl asiatischer **Großkatzen** beheimatet, darunter Panther, Leoparden (u. a. der fast ausgestorbene Nebelparder) und Tiger. Von Letzteren gibt es zwei Arten: den Bengalischen Tiger, der westlich des Ayeyarwady vorkommt, und den Indochinesischen Tiger, der östlich des Flusses verbreitet ist. Den Erkenntnissen des World Wildlife Fund (WWF), 💻 www.worldwildlife.org, zufolge hat sich ihre Zahl in den letzten Jahrzehnten rapide auf nur noch 50 Exemplare reduziert.

Etwas besser sieht es mit der Verbreitung des *Elephas maximus* aus. Je nach Quelle sollen zwischen 2000 und 5000 **Wildelefanten** durch die Wälder streifen, hinzu kommen 4700 domestizierte Elefanten. Allein in den Bergen Rakhines lebt etwa ein Viertel von ihnen. Unter den **Bären** sind der Malaiische Sonnenbär und der Asiatische Schwarzbär *(Selenarctos thibetanus)* verbreitet. Man kann nur hoffen, dass der seltene Kleine Panda *(Ailurus fulgens)* noch existiert, denn das letzte Exemplar wurde Anfang der 1960er-Jahre gesichtet. Das zur Gattung der Katzenbären gezählte Tier wird wegen seiner rotbraunen Fellfärbung auch Roter Panda genannt und bewohnt die Wälder und Bambusdickichte an den südlichen Ausläufern des Himalaya.

Es ist schwer festzustellen, welche und wie viele auf der **Roten Liste** stehende Tierarten noch vorkommen. So gibt es nur noch wenige Exemplare des einhörnigen Java-Rhinozeros, des zweihörnigen Sumatra-Rhinozeros, des Malaiischen Tapir *(Tapirus indicus)* oder des Gaur *(Bos gaurus)*. Auch der im Norden lebende Thamin *(Cervus thamin)*, eine Hochwildart, ist fast ausgestorben.

### Tipps für Vogelfreunde

Mit 1113 gelisteten Arten, darunter sechs endemischen, zählt Myanmar zu einer spannenden Destination für Vogelfreunde. Gute Möglichkeiten zur Beobachtung bieten der Hlawga Wildlife Park und das Moeyingyi Wetland Bird Sanctuary nördlich von Yangon, die Mangroven bei Kyeintali (80 km südlich von Ngapali), der Mount Popa und der Natmataung National Park (Mount Victoria). In Bagan sind vier endemische Arten zu finden: die Birmanische Buschlerche *(Mirafra microptera)*, der Jerdon-Mennigvogel *(Pericrocotus albifrons)*, die Kapuzenbaumelster *(Crypsirina cucullata)* und der Weißkehldrossling *(Turdoides gularis)*. Am besten vertraut man sich einem Spezialveranstalter an, etwa SST Tourism, 🖳 www.sstmyanmar.com, oder kontaktiert die **Myanmar Bird & Nature Society**, 🖳 www.myanmarbirdnaturesociety.com.

Ob die Bevölkerung über die zahlreichen **Schlangenarten** so glücklich ist, sei dahingestellt. Die Wahrscheinlichkeit, auf eine zu stoßen, ist in der kargen Trockenzone relativ groß. Dort sind gleich mehrere Vipernarten aktiv, darunter die hochgiftige Russel's Viper, die Malaiische Viper und die Grüne Viper. Auch der Birmanische Python *(Python molurus bivittatus)* und die Königskobra fühlen sich dort heimisch.

# Umwelt und Naturschutz

Verglichen mit anderen Ländern verfügt Myanmar noch über weite Gebiete mit einer zumindest teilweise intakten Umwelt. Es gibt nur in bescheidenem Maße Industrie, die giftige Abfälle produzieren könnte. Zudem wird das Land nicht von Überbevölkerung geplagt wie etwa Vietnam oder Bangladesch. Aber auch hier herrschen keine paradiesischen Zustände mehr. Lange sind die Zeiten vorbei, als wilde Tiger um die Shwedagon-Pagode streiften, wie 1903 letztmalig geschehen. Die Biodiversität schwindet immer mehr, was eine Reihe von Ursachen hat.

Unter den Bergvölkern wird der **Wanderfeldbau** *(taungya)* ungebrochen praktiziert. Zur Schaffung neuer Anbauflächen werden Berghänge brandgerodet, damit dort für ein bis zwei Jahre Bergreis, Maniok, Mais oder andere Nahrungsmittel angebaut werden können. Hatte der Wald früher mehr als eine Dekade Zeit, sich zu regenerieren, so wird die Fläche heute aufgrund des Bevölkerungswachstums bereits nach wenigen Jahren wieder abgebrannt und landwirtschaftlich genutzt. Als Folge laugen die Böden schneller aus. Die ohnehin sehr dünne Humusschicht wird vom Regen weggespült.

Birmas Reichtum sind die Wälder. Forstwirtschaftliche Produkte machen etwa ein Zehntel des Außenhandels aus. Bevölkerungszunahme und wachsender Wohlstand lassen den Eigenbedarf an Holz rapide anwachsen. Folge davon ist die großflächige **Abholzung** wertvollen Baumbestands. Jährlich verringert sich die Waldfläche nach einem Bericht der Welternäh-

## Fisherman's Friend – bald für immer abgetaucht?

Eigentlich müsste der Irrawaddy-Delphin nach dem heutigen Flussnamen eher Ayeyarwady-Delfin heißen, aber er wird auch Mekong-Delfin, Snubfin Dolphin oder *Orcaella brevirostris* genannt. Das könnten dann schon mehr Bezeichnungen sein, als es von dieser Spezies bald noch an Vertretern geben wird. Denn die graublauen, bis zu 2,75 m langen Säugetiere, die den alten Namen des mächtigsten Flusses Myanmars in alle Welt getragen haben, stehen vor dem Aussterben – ganz besonders in diesem Land: Auf dem 550 km langen Flussabschnitt zwischen Mandalay und Bhamo (davon 370 km seit 2005 als Schutzzone) wurden von der New Yorker *Wildlife Conservation Society* (WCS) 2015 nur noch 58 **Delphine** gezählt (im Vorjahr waren es noch 63, in 2012 sogar 86). Früher hatten sie den Ayeyarwady gleich an mehreren Stellen bevölkert – und das zu Tausenden. Zum ersten Mal erwähnt wurden die Tiere in chinesischen Schriften aus dem 1. Jt. v. Chr., und zwar als „Fluss-Schweine".

### Spärlicher Nachwuchs

Die meisten Wissenschaftler zählen den putzigen Fluss-Flipper zur Familie der Delphine, einige aber auch zu den Gründelwalen *(Monodontidae)*, da sie große Ähnlichkeit mit Beluga- und indischen Schweinswalen haben. Der Irrawaddy-Delphin besitzt einen stumpf abgerundeten, melonenförmigen Kopf und im Gegensatz zu seinen bekannteren Artgenossen aus dem Meer keine lange Schnauze. Erst im Alter zwischen sieben und neun Jahren werden die Tiere geschlechtsreif und können, nach 10–14 Monaten Tragzeit, auch nur alle zwei bis drei Jahre gebären. Mit vier bis sechs Jahren gelten sie als ausgewachsen und können zwischen 90 und 150 kg wiegen, während ihre Lebenserwartung auf 30 Jahre geschätzt wird.

Es gibt Irrawaddy-Delphine, die in den (sub)tropischen, flachen Küstengewässern des Indischen und Pazifischen Ozeans leben, vor Südostasien, Indonesien, Nord-Australien oder Papua-Neuguinea. Einige Populationen jedoch, wie die in Myanmar, verbringen ihr ganzes Leben bis zu 1300 km von der Küste entfernt im Süßwasser. Sie sind genetisch isoliert und weltweit vom Aussterben bedroht. Deshalb wurde den Flusssäugern im Oktober 2004 von der Konferenz der *Convention on International Trade in Endangered Species* (CITES) in Bangkok die allerhöchste Stufe der Schutzwürdigkeit verliehen.

rungsorganisation (FAO) von 2010 um 3000–4000 km². Heute sind nur noch 10 % der Landesfläche mit Primärwald bedeckt. Zwar gibt es seitens der Regierung einige Bemühungen, diesen Trend umzukehren. So verbot sie 2014 die Ausfuhr von unbearbeitetem Nutzholz, zudem wurden die ausgewiesenen Flächen für Forstplantagen nach Regierungsangaben auf über 9000 km² ausgeweitet. Aber es dauert normalerweise drei Jahrzehnte, bis die Bäume eine entsprechende Größe erreicht haben. Mangelnde Kontrollmechanismen, Korruption und Habgier machen viele Bemühungen zunichte. Illegale Einschläge im großen Stil sind an der Tagesordnung. Daran beteiligt sind auch die devisenhungrigen Armeen der Minderheiten, die vor allem im Shan- und Kayin-Staat den Wald rapide schwinden lassen. Ein Großteil der Hölzer wird nach China geschmuggelt. Die massive Abholzung hat irreversible Schäden für die Böden zur Folge, denn durch das Fehlen der Bäume mindert sich ihre Fähigkeit zur Aufnahme der heftigen Regenfälle während des Monsuns. Die Gefahr von **Erosion** und **Überschwemmungen** nimmt zu.

Der hohe Profit durch den Verkauf seltener Tiere bietet angesichts der Armut in der Landbevölkerung eine lukrative Einkommensquelle. Für Bärentatzen, Rhinozeroshorn, Tigerkrallen oder Elefantenpenisse werden insbesondere in Ostasien Unsummen bezahlt. Eine international gut organisierte Mafia kontrolliert den Handel. Angesichts fehlenden Unrechtsbewusstseins, mangelnder Kontrollen und Bestechlichkeit lässt sich die **Wilderei** kaum unterbinden. Immerhin hat das Land 1997 die internationale UN-Konvention über den Handel bedrohter Tier- und Pflanzenarten, CITES *(Convention on Internatio-*

### Verlust des Lebensraums

Außer im Ayeyarwady und in dessen Delta finden sich die Delphine auch im laotisch-kambodschanischen Grenzgebiet des Mekong. Die Bestände verringern sich jedoch rasant durch den fortschreitenden Verlust der Lebensräume aufgrund von Zerstörung und Verschmutzung der Umwelt oder auch Störungen, wie sie vom Tourismus verursacht werden können. Im Ayeyarwady wird den Tieren vor allem durch illegale Dynamit- und Elektrofischerei sowie zu große und zu dick verknotete Fischernetze oder das von Goldsuchern verwendete Quecksilber zugesetzt.

Mit bis zu 40 km/h sind die Irrawaddy-Delphine relativ langsame Schwimmer. Sie tauchen flach und können bis zu zwölf Minuten unter Wasser bleiben. Meist sind sie in Gruppen bis zu sechs, gelegentlich auch bis zu 15 Tieren unterwegs. Nur selten zeigen sie sich an der Oberfläche, strecken aber manchmal ihren Kopf heraus, als wenn sie sich draußen umsehen wollten. Dabei können die Fluss-Säuger gezielt Wasser nach vorn spritzen, indem sie ihre Lippen spitzen. Süßwasser-Delphine ernähren sich von Krebstieren und Fischen, die sie sogar schwarmweise in Flachwasserzonen treiben, um sie besser fangen zu können.

### Heilige Helfer

Die Fluss-Säuger gelten als scheu, sensibel und intelligent. Da nur zwei Halswirbel verwachsen sind, verfügen sie über eine ungewöhnliche Beweglichkeit des Kopfes – was schon für manche Anekdote und Legende gesorgt hat. Zudem gelten die „Großfische" in mehreren Ländern Südostasiens als heilig: Versehentlich in Netzen gefangene Exemplare werden möglichst schnell befreit, tote Tiere manchmal sogar mit religiösen Zeremonien eingeäschert. Einige der Fluss-Delphine im Ayeyarwady helfen Fischern sogar dabei, die Beute einzukreisen und sie ins Netz zu treiben. Dabei scheint „Fisherman's Friend" sogar zu versuchen, durch schlagende Flossen mit den Menschen zu kommunizieren. Das ist kein Fischermannsgarn, denn dieses Phänomen ist von Biologen schon mehrfach mit der Kamera festgehalten worden.

*Volker Klinkmüller*

LAND UND LEUTE

*nal Trade in Endangered Species of Wild Flora and Fauna)*, unterzeichnet.

Schließlich macht auch die wirtschaftliche Entwicklung vor Myanmar nicht Halt, vor allem seit der Öffnung 2010. Die Straßen werden voller, die Abwässer schmutziger und die Müllberge höher. Auch der **Tourismus** fordert seinen Tribut. Gerade im wasserarmen Bagan oder im ökologisch sensiblen Inle-See wird er bei anhaltend positivem Trend zu schwerwiegenden Schäden führen.

## Schutzgebiete

Derzeit gibt es 39 Nationalparks und Landschaftsschutzgebiete, die 5,6 % der Landesfläche einnehmen. Bis 2030 sollen sie auf 10 % erweitert werden (in Thailand sind es 13 %).

Zwischen den Patkai- und den Kuomon-Bergen im Nordwesten des Kachin-Staates erstreckt sich das Hukaung-Tal, wo 2010 durch eine Erweiterung das weltgrößte Tigerreservat der Welt geschaffen wurde. Mit 21 803 $km^2$ ist das **Hukaung Valley Tiger Reserve** etwa so groß wie Hessen. Das **Meinmahla Kyun Wildlife Sanctuary** im Ayeyarwady-Delta ist eines der letzten Rückzugsgebiete für das fast verschwundene Leistenkrokodil *(Crocodylus porosus)*.

Für die Nationalparks ist das **Ministry of Environmental Conservation and Forestry** (MOECAF) zuständig. Viele Angestellte setzen sich trotz miserabler Bezahlung und schwieriger Arbeitsbedingungen sehr engagiert für den Schutz der Parks ein. Doch fehlendes Know-how und mangelnde Geldmittel stellen neben der Korruption auch in diesem Bereich ein riesiges Problem dar. Daher ist das Department auf finan-

## Bio-Zonen, Nationalparks und Schutzgebiete

zielle und technische Unterstützung aus dem Ausland angewiesen, die infolge der politischen Öffnung erheblich ausgeweitet wird. Als Pionier gilt die New Yorker Wildlife Conservation Society, die sich seit 1993 in Myanmar engagiert.

# Bevölkerung

**Einwohner:** ca. 51,5 Mio.
(1901: 11 Mio.; 1983: 35,3 Mio.)

**Bevölkerungswachstum:** 0,8 %

**Lebenserwartung:** 66,8 Jahre
(69,9 bei Frauen, 63,9 bei Männern)

**Säuglings-/Kindersterblichkeit:**
26/62 pro Tausend

**Alphabetisierungsrate:** 89,5
(86,9 % bei Frauen, 92,6 % bei Männern)

**Stadtbevölkerung:** 30 %

## Vielvölkerstaat

Mit offiziell 135 anerkannten Volksgruppen ist Myanmar eines der ethnisch vielfältigsten Länder Südostasiens. Sie werden entsprechend ihrer Herkunft in acht **Hauptgruppen** unterteilt: Kachin (12 Volksgruppen), Shan (34), Kayah (9), Kayin (12), Mon (1), Bamar (9), Rakhine (7) und Chin (51). Allerdings ist eine derartige Klassifizierung äußerst fraglich, da sie wenig über die kulturelle Identität der Gruppen aussagt. Moderne Linguisten ordnen sie anhand ihrer Sprachen drei der insgesamt sieben asiatischen Hauptsprachfamilien zu: dem zur sino-tibetischen Familie gehörenden **Tibeto-Birmanisch**, dem zur austroasiatischen Gruppe zahlenden **Mon-Khmer** und dem **Tai-Kadai**, das zur Austro-Tai-Gruppe gerechnet wird. Da die Sprachen der Kayin und Kayah nicht schlüssig einzustufen sind, werden sie manchmal getrennt aufgeführt. Zur tibeto-birmanischen Sprachgruppe gehören u. a. Bamar, Rakhine, Kachin und Chin, zu den Mon-Khmer die Mon, Wa und Palaung und zur Tai-Kadai-Gruppe die Shan. Im Laufe der Geschichte haben sich die Völker in unterschiedlichem Grade vermischt. Manche, wie die Mon oder Rakhine, haben sich kulturell derartig dem birmanischen Lebensstil angepasst, dass Unterschiede äußerlich kaum mehr wahrnehmbar sind.

Dagegen gibt es Ethnien, die sehr isoliert leben und kaum Gemeinsamkeiten mit anderen

### Nachhaltige Forstwirtschaft

Im Jahr 1856 übernahm der deutsche Botaniker Dr. Dietrich Brandis (1824–1907) im Auftrag des Generalgouverneurs von Britisch-Indien die Leitung der Forstverwaltung der Provinz Pegu (heute Bago). Angesichts des drohenden Raubbaus, wie er in Amerika und Indien geschah, suchte Brandis die Forstwirtschaft nachhaltig zu gestalten und entwickelte das nach ihm benannte *Brandis Selection System*, heute *Myanmar Selection System (MSS)* genannt. Vorbild war die traditionelle Wanderfeldbaumethode *(taungya)* der Kayin (Karen), welche in den gerodeten Waldstücken die hohen Teakbäume stehen ließen und zwischen sie Nahrungsmittel wie Gemüse und Reis pflanzten. Wenn die Kayin in ein anderes Gebiet weiterzogen, wurde der Prozess wiederholt, während das vorher genutzte Gebiet sich regenerieren konnte. Brandis, der als Begründer der tropischen Forstwirtschaft gilt, systematisierte diese Praxis und legte einen Fällzyklus von 30 Jahren in einem aus mehreren *blocks* bestehenden Gebiet fest. Dabei waren Größe und Umfang der zum Fällen bestimmten Bäume exakt vorgeschrieben. Bei trockenem Untergrund musste der Umfang mindestens 63 cm betragen, bei feuchtem 73 cm. Zur Gewinnung von Samen für spätere Pflanzungen suchte man geeignete Bäume aus und ließ sie stehen. Kranke und das Wachstum anderer störende Bäume waren zu entfernen. Zudem wurde die Einschlagmenge nach der sogenannten Brandis-Formel exakt festgelegt. Als wichtiges Prinzip galt auch, die „Bewohner der Wälder und die Bevölkerung in deren Umgebung zu Verbündeten zu machen", wie Brandis nicht müde wurde zu betonen. Das System wurde über viele Jahrzehnte erfolgreich praktiziert und ist noch heute Vorbild für die tropische Forstwirtschaft.

aufweisen. Viele von ihnen bevölkern die Berge des Chin- und Kachin-Staates. So haben die in den Ausläufern des Himalaya siedelnden Tarong (T'rung), ein nur wenige hundert Mitglieder zählender Zwergstamm, erst seit wenigen Jahren vermehrt Kontakt mit der Außenwelt. Andere, etwa die Shan oder Pa-O, legen einerseits großen Wert auf ihre eigenständige Kultur und Sprache, besitzen andererseits aber viele Gemeinsamkeiten mit den Bamar, z. B. in der Ausübung ihrer buddhistischen Religion. Etwa zwei Drittel der Gesamtbevölkerung sind Bamar. Ihnen folgen als zweitgrößte Gruppe die Shan (9 %), die Kayin (7–8 %), die Rakhine (4,5 %) und die Mon (2,4 %).

## Bamar

Seit dem Aufstieg Bagans im 11. Jh. dominieren die heute 35 Mio. Bamar das Land. Ihre Expansion ging auf Kosten anderer Völker, allen voran der Mon und der Rakhine. Wahrscheinlich vom Tibetplateau stammend, haben die Bamar von den Pyu und möglicherweise auch den Mon Religion und Kultur übernommen. Heute dominieren sie Wirtschaft, Kultur und Politik, was das Zusammenleben im Vielvölkerstaat nicht gerade erleichtert. Auch die Erinnerungen an die vergangenen Kriege und die teilweise brutale Unterdrückung der Minderheiten sowie die Ohnmacht gegenüber den zahlenmäßig haushoch überlegenen Bamar erschweren oder verhindern gar die Verständigung mit den anderen Volksgruppen.

## Shan

Ethnisch mit den Laoten und Thais verwandt, gehören die Shan der Tai-Kadai-Sprachgruppe an und haben wie ihre östlichen Nachbarn ihr ursprüngliches Siedlungsgebiet im chinesischen Yunnan. Vermutlich wanderten sie ab dem ersten Jahrtausend in den heutigen Shan-Staat ein, übernahmen den Buddhismus und ließen sich vorwiegend in den fruchtbaren Flusstälern nieder. Dort gründeten sie im Laufe der Zeit Fürstentümer, die von sogenannten **Sao Pha** („Himmelssöhnen") regiert wurden und lose miteinander verbündet waren. 1888 vereinten die Briten im *Shan States Act* insgesamt fünf nördliche und 43 südliche Fürstentümer, ließen aber die Shan-Fürsten in ihren Ämtern. Bald nach der Unabhängigkeit wurde der Shan-Staat zum Tummelplatz diverser Rebellenarmeen, kommunistischer Kämpfer, chinesischer Nationalisten und Drogenbarone. Auch viele Shan begannen für die Unabhängigkeit zu kämpfen. Als die Sao Pha 1962 von Ne Win ins Gefängnis geworfen wurden (wo einige starben), gerieten weite Teile des Shan-Staates unter Direktkontrolle des Militärs. Seit den Wahlen 2010 können sich die etwa 4 Mio. Shan wieder politisch organisieren.

## Kayin (Karen)

Die Kayin (Karen), mit über 4 Mio. die drittgrößte Bevölkerungsgruppe Birmas, bestehen aus etwa 20 Untergruppen. Die drei größten sind die Pwo, die Sgaw und die Bwe. Ihre Herkunft ist schwer zu bestimmen, da auch ihre Sprache nicht leicht einzuordnen ist. Nach eigenen Angaben sind die Kayin mit den Mongolen verwandt und lebten ursprünglich in der chinesischen Wüste Gobi, dem „Land des strömenden Sandes" *(Htee Hset Met Ywa)*. Sie sollen bereits im 1. Jt. v. Chr. nach Birma eingewandert sein. Ihr damaliges Siedlungsgebiet nennen sie *Kaw Lah* (Grünes Land). Ob dies alles so stimmt, lässt sich heute nicht mehr sagen.

Vermutlich gehören die **Pwo** zu den ersten Kayin-Siedlern auf birmanischem Boden. Sie ließen sich im Stammland der Mon zwischen Tha-

### Das verlorene Buch

Wahrscheinlich bescherte die Ursprungslegende der Kayin den christlichen Baptisten-Missionaren den größten Zulauf an Konvertiten. Sie erzählt von einem „Buch des Lebens", das der Gott Ywa seinem Sohn Kayin einst übergeben habe. Doch Kayin verlor das Buch und erfuhr deshalb Leid und Unterdrückung. Sein „weißer Bruder" fand es, doch ging er fort und wurde nie wieder gesehen. Dessen Rückkehr erwarten viele Kayin bis heute. Die europäischen Missionare griffen die Legende auf und deuteten die Bibel als das verlorene Buch und Jesus als den zurückgekehrten „weißen Bruder". Heute sind etwa 30 % der Kayin Christen.

ton und Kyaikkami nieder. Heute sind sie vor allem im Ayeyarwady-Delta zu finden und unterscheiden sich kaum mehr von den Bamar. Eine Untergruppe der Pwo, die Pa-O, fand ab dem 11. Jh. in den umliegenden Bergen des Inle-Sees eine neue Heimat und ersetzte ihre animistisch geprägte Weltanschauung durch eine neue Religion, den Buddhismus. Heute leben dort etwa 200 000 Pa-O.

Die **Sgaw** ließen sich anfänglich zwischen den Flüssen Sittoung und Thanlwin nieder, wurden aber später von den Bamar und Mon verdrängt, sodass sie heute an unterschiedlichen Orten leben. Eine Sgaw-Untergruppe, die Pa-Ku (Weiße Karen), lebt an der thai-birmanischen Grenze im heutigen Kayin-Staat. Östlich von Toungoo siedeln Angehörige der **Bwe**, u. a. die Karenni oder Kayah (Rote Karen) und die Karennet (Schwarze Karen).

Während der Kolonialzeit galten die Kayin als wichtige Stütze der Briten. Viele genossen eine westliche Ausbildung und machten im Militär Karriere. Als Zeichen des Respekts vor diesem Volk ernannte U Nu nach der Unabhängigkeit Generalleutnant Smith-Dun, einen Kayin, zum ersten Oberbefehlshaber. Doch bereits 1947 formierte sich die **Karen National Union (KNU)**, um für einen eigenen Staat namens Kawthoolei zu kämpfen. Die KNU ist vor allem im thai-birmanischen Grenzgebiet aktiv. Nach jahrzehntelangem Bürgerkrieg schloss sie 2012 ein Waffenstillstandsabkommen mit der Regierung. Seitdem verbessert sich die Lage der Menschen zusehends.

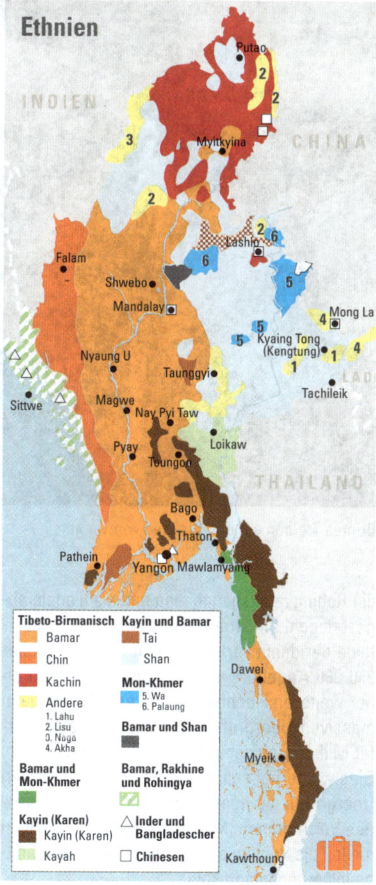


## Rohingya

Die Nähe zu Südasien und der damit verbundene Handelskontakt hatten einen verstärkten Zuzug muslimischer Händler aus Südindien und Bengalen nach Rakhine zur Folge. Bereits vor Jahrhunderten ließen sie sich in den Städten des schmalen Küstenstreifens nieder und vermischten sich mit den Einheimischen. Nicht wenige standen als angesehene Persönlichkeiten in Diensten der buddhistischen Könige von Mrauk U. Während der Kolonialzeit verstärkte sich der Zuzug bengalischer Muslime. Nach 1948 kamen zudem nicht wenige illegal über die Grenze.

Die Einwanderer entwickelten im Laufe der Zeit ihre eigene birmanisch-muslimische Identität und nannten sich Rohingya. Sie sprechen ein Gemisch aus Bengali, Rakhine und Urdu. Doch bis heute werden sie nicht als eine der 135 Volksgruppen akzeptiert, sondern wie illegale Einwanderer behandelt – was sich auch in der offiziellen Bezeichnung „Bengali" widerspiegelt. Somit befinden sie sich in einem rechtsfreien Raum. Immer wieder kam es in den vergangenen Jahrzehnten zu Vertreibungen. Als 1977 unter Ne Win alle Einwohner registriert und mit Ausweisen versehen werden sollten, wurden

© M. MARKAND

Buntes Treiben auf den Straßen von Yangon

die Rohingya ausgenommen und als Illegale abgestempelt. Im darauf folgenden Jahr flohen infolge der damit verbundenen Repressalien über 250 000 Angehörige nach Bangladesch. Zu einer weiteren Fluchtwelle kam es 1992, als nach massiven Übergriffen weit mehr als eine viertel Million Rohingya nach Bangladesch flohen. Dies wiederholte sich 2012 nach pogromartigen Übergriffen mit hunderten Toten und zigtausenden Vertriebenen. Mit etwa 1 Mio. Angehörigen stellen die Rohingya über ein Drittel der Gesamtbevölkerung von Rakhine.

## Inder und Chinesen

Obwohl sie einen bedeutenden Anteil in der Bevölkerung ausmachen, werden die Bewohner chinesischer und indischer Abstammung in den Statistiken nicht extra aufgeführt. Die **Inder** (birm. *kala)* gelangten während der Kolonialzeit nach Birma und begannen sehr bald Wirtschaft, Verwaltung und Militär zu dominieren. Auf besondere Weise profitierten die vorwiegend aus Südindien stammenden Geldverleiher, die *chettiyar*, von der Kolonialwirtschaft. Im Zuge der Erschließung des Ayeyarwady-Deltas gelangte immer mehr Land in ihren Besitz; in den 1920er- und 1930er-Jahren besaßen sie über die Hälfte aller Reisfelder im Deltagebiet. Damals bestand auch etwa die Hälfte der Einwohnerschaft Rangoons aus Indern. Bereits während der japanischen Besatzungszeit kam es zu massiven Übergriffen durch die Birmanen. Viele Inder verließen daraufhin das Land. Die Abwanderungswelle verstärkte sich nach der Unabhängigkeit. Die heutigen, etwa 1 Mio. zählenden Nachkommen sind relativ gut in die Gesellschaft integriert, sprechen vorwiegend Birmanisch und unterscheiden sich in erster Linie hinsichtlich ihrer vorwiegend hinduistischen Religion.

Die Zahl der **Chinesen** (birm. *tayok*) lässt sich nur schwer schätzen, denn mit der wirtschaftlichen Öffnung des Landes seit Anfang der 1990er-Jahre setzte eine wahre Migrationswelle ein. Die grenznahen Städte wie Lashio im Shan-Staat, aber auch die nordbirmanische Metropole Mandalay werden heute schon wirtschaftlich von den Chinesen dominiert. In den Städten leben hauptsächlich Einwanderer aus den Küstenprovinzen Südchinas. Im östlichen Shan-Staat überwiegen Chinesen aus dem Yunnan. Dort siedeln zudem chinesischstämmige Volksgruppen wie die Kokang und Shan-Chinesen, Shan Tayok genannt. Schließlich gibt es noch die Panthay, muslimische Chinesen, die seit Jahrhunderten die Handelsrouten zwischen China und Birma bzw. Thailand kontrollieren und sich in einigen Städten Oberbirmas und des Shan-Staates niedergelassen haben.

## Bildung – gestern und heute

Verglichen mit den Nachbarn Laos (72,7 %) und Bangladesch (57,7 %) ist die **Alphabetisierungsrate** bei den Erwachsenen recht hoch. Sie beträgt gegenwärtig laut UN-Angaben 89,5 %. Das sind faktisch jedoch immer noch fast 3 Mio. Analphabeten, die älter als 15 Jahre sind. Nur jeder fünfte Birmane hat eine Mittelschule besucht. Es zeigen sich zudem gravierende Unterschiede zwischen Stadt und Land sowie zwischen Frauen und Männern. So ist fast jede zehnte Frau weder des Lesens noch des Schreibens mächtig, bei Männern sind es 5,5 %.

Myanmars **Schulsystem** besteht aus drei Stufen: Basic Education Primary School (BEPS, Vorschule plus 1.–4. Klasse, Grade 1–5), Basic Education Middle School (BEMS, 5.–8. Klasse, Grade 6–9) und Basic Education High School (BEHS, 9.–10. Klasse, Grade 10–11).

Das heutige Bildungssystem geht auf die Kolonialzeit zurück, als das traditionelle Lernen im Kloster immer mehr verdrängt wurde. Ab den 1870er-Jahren entstanden vielerorts Schulen, die meist unter der Obhut christlicher Missionsgesellschaften standen. 1920 öffnete als erste höhere Bildungseinrichtung die University of Rangoon ihre Pforten. Sie sollte bald zum Sammelbecken für die Unabhängigkeitsbewegung werden. Unter der Ne-Win-Diktatur erfolgte ein steter Niedergang im Bildungsbereich. Die völlige Isolation des Landes und die Verstaatlichung aller Schulen 1965 hatten auch für das Ausbildungssystem fatale Folgen. Die besten Köpfe verließen das Land, denn Karriere konnten nur diejenigen machen, die eine militärische Laufbahn einschlugen.

Auch die jetzige Regierung zeigt nur mäßiges Interesse an der Bildung. Sie gibt bei Weitem mehr Geld für Waffen als für Schulen aus. Die Ausbildung und Bezahlung der Lehrer (etwa 100 Euro monatlich) ist dermaßen miserabel, dass qualifizierte Lehrkräfte in andere Berufe abwandern. Schulen bleiben auf dem Land oft über längere Zeit vakant.

Aus Angst vor Protesten schloss die Regierung zwischen 1991 und 2000 acht Mal die Universitäten und hinterließ dadurch eine verlorene Generation. Auch wenn sich die Zahl der **Universitäten und Colleges** auf landesweit 156 erhöht hat, fehlt es ihnen an finanziellen Ressourcen und Qualität. Zahlungskräftige Eltern lassen ihre Kinder im Ausland studieren – viele kehren danach nicht mehr zurück. Um ihre Berufschancen zu verbessern, nehmen viele junge Birmanen privaten Englischunterricht oder belegen Computerkurse. Ein halbes Jahrhundert Militärdiktatur hat auch in der Bildung seine Spuren hinterlassen. Myanmar hinkt hinter anderen asiatischen Staaten weit hinterher – und das in einer Zeit, in der Bildung für die Entwicklung eines Landes von immenser Bedeutung ist.

### Lernen im Kloster

Michael Symes, ein britischer Abgesandter am Hof von Inwa, schrieb in einem Bericht um 1800, dass unter den Handwerkern, Bauern und Fährmännern keiner sei, der nicht lesen und schreiben könne. Dies war eine Folge davon, dass seit der Bagan-Ära jedes buddhistische Kloster *(kyaung)* gleichzeitig ein Ort des Lernens war. Neben den Novizen *(koyin)* übten sich dort auch die Dorfkinder in Lesen, Schreiben und etwas Rechnen. Begabte Schüler (Novizen wie Laien) durften später eines der regionalen Ausbildungsklöster besuchen, um das Studium der buddhistischen Texte zu vertiefen. Wer das höchste Examen erfolgreich abschloss, den belohnte der König auf großzügige Weise. Auch heute noch spielen Klosterschulen eine wichtige Rolle, vor allem in buddhistisch geprägten ländlichen Gebieten. In ganz Myanmar existieren gut 1600 buddhistische Bildungseinrichtungen mit über 260 000 Schülern, Tendenz steigend.

LAND UND LEUTE

# Geschichte

Wie ein roter Faden ziehen sich zwei Aspekte durch die birmanische Geschichte: der **Buddhismus** und die **ethnische Vielfalt**. Es gab kaum einen Herrscher, der sich nicht der Nachwelt durch den Bau einer buddhistischen Pagode in guter Erinnerung behalten lassen wollte. Die berühmte *Glaspalastchronik* – sie wurde 1829 von König Bagyidaw in Auftrag gegeben – leitet die Herkunft der Birmanen sogar vom Stamm Buddhas, den Sakya, ab. Ein Zweig dieses Stammes sei vor der Zeitenwende aus Indien eingewandert und habe am Oberlauf des Ayeyarwady bei Tagaung das erste Königreich auf birmanischem Boden gegründet. Vor allem prägte aber die ethnische Vielfalt das Auf und Ab der Geschichte. Ein mächtiges birmanisches Reich hatte die Unterwerfung anderer Volksgruppen zur Folge. Zerfiel es, so erstarkten wiederum die unterdrückten Völker. Diese Wechselspiele von Macht und Zerfall lassen sich in der Geschichte der Mon und Rakhine sehr gut studieren.

## Frühe Staaten (bis 11. Jh.)

Über die prähistorische Besiedlung Myanmars ist nahezu nichts bekannt. Vermutlich waren hier wie auch in anderen Teilen Südostasiens ab dem 2. Jt. v. Chr. Protomalaien und Negritos verbreitet. Sie wurden in den ersten vorchristlichen Jahrhunderten von Völkern verdrängt, die aus Südwestchina und dem tibetischen Hochland entlang der Flüsse nach Süden zogen. Zu den bedeutendsten zählen die Pyu, denen die ersten eigenständigen Staatsgebilde auf birmanischem Territorium zu verdanken sind. Bei diesen „Staaten" handelte es sich nicht um zusammenhängende Gebiete, sondern um lose Stadtverbände. Mit den **Mon** werden die alten Siedlungen an den Flussmündungen des Thanlwin und Sittoung am Golf von Mottama in Verbindung gebracht. So wurden in Winka, 28 km nordwestlich von Thaton, ins 6. Jh. datierte Votivtafeln mit Mon-Schriftzeichen gefunden. Es ist jedoch unklar, welche Volksgruppe dort tatsächlich ansässig war. Ins Reich der Legenden gehört wohl die Überlieferung, dass in Thaton die beiden indischen Mönche Soma und Uttara landeten, um den Buddhismus zu predigen. Die srilankische Mahavamsa-Chronik berichtet nur, die beiden seien Mitte des 3. Jhs. v. Chr. im Anschluss an die Dritte Buddhistische Synode nach *Suvannabhumi* („Goldenes Land") gesandt worden, ohne den Ort näher zu lokalisieren. Spätestens im 5. Jh. war der **Theravada-Buddhismus** fest etabliert, wie Funde von Votivtafeln und Fundamentreste von Stupas beweisen.

Die zur tibeto-birmanischen Sprachgruppe zählenden **Pyu** siedelten bevorzugt in der Ayeyarwady-Ebene zwischen Pyay und Shwebo. Ihre bedeutendsten Metropolen waren Sri Ksetra, Beikthano und Halin. Auch sie kamen sehr früh mit dem Buddhismus in Kontakt, wobei neben dem Theravada offensichtlich auch der Mahayana vertreten war. Am Königshof wurden zudem hinduistische Kulte praktiziert. Als Blütezeit der Pyu gelten das 7./8. Jh., als sie mit der chinesischen Tang-Dynastie (618–907) in regem Kontakt standen. Sowohl Mon als auch Pyu ge-

## ZEITLEISTE

| Um 10 000 v. Chr. | 1500–500 v. Chr. |
|---|---|
| Werkzeugfunde belegen neusteinzeitliche Siedlungen im Shan-Staat. | Aus der Bronzezeit stammen zahlreiche Waffenfunde in Ober-Myanmar. |

brauchten ihre eigene Schrift, die sie aus dem Alphabet des südindischen Pallava-Reiches (3.–9. Jh.) entwickelt hatten.

Am Golf von Bengalen im heutigen **Rakhine** etablierte sich spätestens ab dem 4. Jh. ein weiteres indisiertes Reich mit Hauptstadt in Vesali, etwa 10 km nördlich von Mrauk U.

Im 8./9. Jh. veränderte sich die politische Landkarte Myanmars zusehends. Vom Tibet-Plateau wanderten verstärkt **Bamar** in Richtung Süden und gründeten ihre ersten Siedlungen entlang des Ayeyarwady. Das zur tibeto-birmanischen Sprachgruppe gehörende Volk nahm 849 die Stadt Pyu Gama (Bagan) ein und assimilierte die Pyu. Von dort aus breiteten sich die Bamar immer weiter in Ober-Myanmar aus. Aus dem Nordosten drängte entlang des Thanlwin ein weiteres Volk in Richtung Süden: die **Tai** (birm. Shan). Das aus dem Yunnan stammende Volk verließ sein Stammland im dortigen Nan-Chao-Reich und ließ sich im heutigen Shan-Staat nieder. Auch die Tai machten den Pyu das Leben schwer, 832 überfielen sie deren Metropole Halin.

## Das Bagan-Reich (11.–13. Jh.)

Mit dem Aufstieg Bagans entstand das erste Großreich auf birmanischem Boden. Die Grundlagen dazu schuf **Anawrahta** (reg. 1044–77), der 1044 den Thron bestieg und seinen Einflussbereich kontinuierlich ausbaute. Nachdem der König die Küstenregion unter seine Kontrolle bringen konnte, bekam er auch Zugang zum lukrativen Seehandel. Spätere Chroniken schmücken dies fantasiereich mit der Einnahme der Mon-Metropole Thaton im Jahr 1057 aus und berichten von der Verschleppung von 30 000 Einwohnern inklusive König und Anhang. Was Fakt und Fantasie ist, lässt sich heute jedoch nicht mehr sagen. Sicher ist, dass der Theravada-Buddhismus zur reichseinigenden Religion wurde. Anawrahta und auch sein zweiter Nachfolger **Kyanzittha** (reg. 1084–1112) ließen sich in ihren Bauten künstlerisch vom nordindischen Pala-Reich (8.–12. Jh.) beeinflussen. Auch enge Kontakte zum Rajarata-Reich auf Sri Lanka sind erwiesen. Eine Zeit der kulturellen Blüte und politischen Stabilität erlebte Bagan auch noch während der langen Regentschaft von **Alaungsithu** (reg. 1112–67). Kaum ein Bagan-Herrscher war bau- und reisefreudiger als der Enkel Kyanzitthas, der mit dem Thatbyinnyu-Tempel auch architektonisch neue Akzente setzte. Spätestens unter ihm setzte sich eine eigenständige **birmanische Schrift** durch. Der regionale Handel blühte und die durch ein hoch entwickeltes Kanalsystem bewässerten Reisfelder bei Kyaukse und Salin stellten die Ernährung der wachsenden Bevölkerung sicher.

## Niedergang des Bagan-Reiches

Im 13. Jh. begann der Stern Bagans zu sinken. Dafür gab es verschiedene Gründe. Schwache Könige schafften es nicht, das Land zusammenzuhalten. Großzügige Landschenkungen an die unzähligen buddhistischen Klöster hatten steigende Steuerausfälle zur Folge, da die Klöster von den üblichen Abgaben befreit waren. Zu

LAND UND LEUTE

**Ab 2. Jh. v. Chr.**

Es entstehen erste urbane Zentren der Pyu wie Sri Ksetra (s. Foto), der Mon und Rakhine. Der Buddhismus beginnt sich auszubreiten, auch Hindu-Kulte werden praktiziert.

© A. MARKAND

**9. Jh**

Tai-Gruppen erobern 832 die Pyu-Metropole Halin, Bamar nehmen 849 die Stadt Pyu Gama (Bagan) ein. Dies führt nach fast tausend Jahren zum Ende einer eigenständigen Pyu-Kultur.

LAND UND LEUTE

dem hatte sich die geopolitische Situation Südostasiens gravierend verändert. Ursache waren die **Eroberungszüge der Mongolen** unter Kublai Khan, die 1253 das Stammland der Tai in Nan Zhao (heute Yunnan) unterwarfen, woraufhin die Tai (birm. Shan) sich verstärkt im Nordosten Myanmars ausbreiteten. Bereits 1281 eroberte ein Shan namens **Wareru** die strategisch wichtige Hafenstadt Mottama.

Neben dem Cham- und Dai-Viet-Reich im Osten und Java im Süden wollte der 1260 gekrönte Kublai Khan (reg. 1260–94) auch Bagan unterwerfen. Zweimal drangen seine Truppen ins Reich ein, 1283/84 und 1287, doch okkupierten sie wahrscheinlich nie die Königsstadt. Als letzter großer Monarch gilt **Narathihapate** (reg. 1254–87), der eine Gesandtschaft des Khan hinrichten ließ und später auf der Flucht von seinem machthungrigen Sohn in Pyay getötet wurde.

Ab 1299 begannen **drei Brüder** und ehemalige Minister von Sagaing, Pinya und Myinsaing aus die Kontrolle im zerrissenen Reich zu übernehmen, woran auch eine dritte Invasion mongolischer Truppen 1301 nichts mehr ändern konnte. Bagan spielte als Hauptstadt keine Rolle mehr.

## Unabhängige Königreiche – Europäer in Birma

Nach dem Untergang Bagans entstand ein politisches Vakuum, in dessen Folge die Region in mehrere Machtzentren zerfiel. Dies sollte über 250 Jahre hinweg so bleiben. Ende des 14. Jhs. wurde **Bago** zur Hauptstadt eines Mon-Reiches, das unter der **Königin Shin Sawbu** (reg. 1453–72) und ihrem Nachfolger **Dhammazedi** (reg. 1472–92) eine Blütezeit erlebte und ganz Nieder-Myanmar umfasste. Unterdessen einte der Gouverneur von Tagaung das zerrissene Ober-Myanmar und erhob 1364 als **König Thadominbya** (reg. 1364–68) Inwa zu seiner Residenzstadt.

Bengalen (heute Bangladesch) geriet im frühen 13. Jh. unter den Einfluss des sich in Süd- und Südostasien ausbreitenden **Islam**, doch Rakhine konnte sich der muslimischen Einflussnahme erwehren. Nach Jahrzehnten des Machtkampfes gründete **König Narameikhla** (reg. 1404–34) mit **Mrauk U** 1433 eine Stadt, von der aus die Rakhine über 350 Jahre lang den Seehandel entlang der bengalischen Küste dominieren konnten. Die vielen Tempelruinen geben heute noch Zeugnis vom Reichtum und Glanz dieser Stadt. Mit den benachbarten muslimischen Herrschern verstanden es die Könige von Mrauk U zumindest zeitweilig, ein freundschaftliches Verhältnis zu pflegen. Weltweit wohl einmalig, trugen sie als überzeugte Buddhisten ab dem späten 15. Jh. auch islamische Titel. Muslimische Händler nahmen einen wichtigen Platz in der Gesellschaft von Rakhine ein.

Das 15. Jh. brachte einen nachhaltigen Faktor in das asiatische Machtgefüge: die **Europäer**. In der Mon-Hauptstadt Bago hielt sich 1435 der venezianische Kaufmann Nicolo di Conti vier Monate auf, doch gravierender war die erfolgreiche Suche der portugiesischen Seefahrer nach neuen Handelswegen. Am denkwürdigen 20. Mai 1498 landete Vasco da Gama in der südindischen Hafenstadt Calicut und eröffnete damit den Seeweg nach Asien. Wenige Jahre später eroberte

1044–1287

Unter König Anawrahta und seinen zehn Nachfolgern erlebt das Land eine kulturelle Blütezeit. Bagan (s. Foto) ist neben Angkor eine der führenden Metropolen Südostasiens.

© MARTIN H. PETRICH

Ab 1283

Drei Invasionen der Mongolen (1283/84, 1287, 1301) beschleunigen den Zerfall des Bagan-Reiches.

**Don Alfonso de Albuquerque** Goa und das malaiische Melaka, schloss 1511 mit den Mon ein Handelsabkommen und schuf auf diese Weise wichtige Stützpunkte zur Verteidigung des Monopols im lukrativen Gewürzhandel.

Der Kaufmann **Antonio Correa** erhielt 1519 durch einen Vertrag mit dem in Mottama residierenden Vizekönig der Mon die Erlaubnis, den Handelsweg nach Siam über die zeitsparendere Landroute zu nutzen. Zu den Herrschern von Rakhine hatten die Portugiesen den besten Kontakt. Nachdem sie ab 1517 die bengalische Küste als Piraten unsicher machten, traten sie später in den Dienst der Könige von Mrauk U, versorgten sie mit Waffen und unterstützten sie in technischen und militärischen Belangen. Im Gegenzug durften sie die Handelswege im Golf von Bengalen kontrollieren und Küstenbewohner als Sklaven nach Goa verschleppen.

Den Höhepunkt seiner Macht erlangte Rakhine im 17. Jh., als seine Flotte als unbesiegbar und die Befestigungsanlagen von Mrauk U als uneinnehmbar galten. Ein Zeugnis davon geben die Berichte des portugiesischen Missionars **Sebastião Manrique** (ca. 1590–1669), der eine Zeit lang am Hofe des wohl mächtigsten Rakhine-Königs **Thirithudhamma** (reg. 1622–38) lebte.

## Das Zweite Birmanische Reich (16.–17. Jh.)

Ein unscheinbarer Ort am Oberlauf des Sittoung wurde zur Keimzelle des nach Bagan zweiten birmanischen Großreiches: **Toungoo**. Dort regierte der Begründer der Toungoo-Dynastie, **Minkyinyo** (reg. 1486–1531), über ein kleines Fürstentum. Sein Sohn **Tabinshwehti** (reg. 1531–51) weitete sein Reich auf Kosten der Shan und Mon aus. Aus strategischen Gründen verlagerte er seinen Sitz 1539 in die alte Mon-Metropole Bago und beherrschte bald ein Gebiet, das von Dawei an der Küste von Tanintharyi bis Pyay reichte.

Was Tabinshwehti nicht gelang, vermochte sein Schwager und Nachfolger **Bayinnaung** (reg. 1551–81) zu vollenden: Der „Eroberer der zehn Richtungen", wie er sich selbst nannte, nahm 1556/57 mehrere Fürstentümer im Shan-Staat ein und unterwarf die siamesischen Königreiche Lan Na und Ayutthaya. Unter seiner Herrschaft erreichte Birma die größte Ausdehnung. Doch die meisten eroberten Gebiete gingen unter seinem Nachfolger **Nandabayin** (reg. 1581–99) bereits wieder verloren. Ayutthaya sagte sich los und unternahm eine erfolgreiche Gegeninvasion. Bevor jedoch die Siamesen Bago einnehmen konnten, wurde 1599 die Hauptstadt der Toungoo-Dynastie überraschend durch den König von Mrauk U, Razagyi (reg. 1593–1612), zerstört. Unter seiner Kriegsbeute befanden sich Bronzefiguren aus Angkor (S. 335). Bayinnaungs Enkel **Anaukpetlun** (reg. 1605–28) gelang es noch einmal, das Reich bis in den Norden Thailands auszuweiten. Doch es existierte nur kurz: 1635 verlegte **König Tharlun** (reg. 1629–48) seine Residenz nach Inwa, der Niedergang der Toungoo-Dynastie war eingeläutet. Damals lebten etwa 2 Mio. Menschen im Reich, welches unter seinem Sohn Pindale (reg. 1648–61) immer mehr zerfiel.

| 1315 | 1364 | 1433 |
|---|---|---|
| Sagaing avanciert neben Pinya und Myinsaing unter den drei Brüdern Athinkaya, Thihathu und Yazathingyan zu einem weiteren Machtzentrum. | Dem Gouverneur von Tagaung gelingt es, das zerrissene Ober-Myanmar zu einen. Als König Thadominbya erhebt er Inwa zu seiner Residenzstadt. | Mit Mrauk U entsteht eine mächtige Königsstadt der Rakhine, die für 350 Jahre das dominierende Handelszentrum am Golf von Bengalen bleibt. |

LAND UND LEUTE

## Die Konbaung-Dynastie (1752–1885)

Ein letztes Mal wurde Bago Zentrum eines unabhängigen Mon-Reiches, als sich 1740 dessen Statthalter von Inwa lossagte. Von einem weiteren unbedeutenden Ort gelang es dem birmanischen General Aung Zeya, die Vorherrschaft der Mon zu brechen und weite Teile Zentral-Myanmars unter seine Kontrolle zu bringen. **Shwebo** („Goldener General"), wie er seine Heimatstadt von nun an nannte, wurde zur Keimzelle eines dritten birmanischen Großreiches. Der General gab sich den Namen **Alaungpaya**, „Großer Herr und zukünftiger Buddha", und wurde zum Begründer des letzten birmanischen Herrscherhauses, der Konbaung-Dynastie.

Mit der Zerstörung Bagos im Jahr 1755 brach Alaungpaya endgültig den Widerstand der Mon. Viele flohen nach Siam, wo noch heute ihre Nachfahren leben. Wieder war das benachbarte siamesische Königreich Ziel birmanischer Expansionsgelüste. Der dritte Konbaung-König, **Hsinbyushin** (reg. 1763–76), machte Ayutthaya nach langer Belagerung 1767 dem Erdboden gleich. Wie einst Anawrahta verschleppte er die gesamte Elite nach **Inwa**, das er zwei Jahre zuvor zu seiner Königsstadt erkoren hatte. Das kulturelle Leben in Birma profitierte davon erheblich.

Der vierte Sohn Alaungpayas, **Bodawpaya** (reg. 1782–1819), ließ sich nach einer Intrige 1782 zum König krönen und verlegte seinen Palast in das neu geschaffene **Amarapura**, südlich von Mandalay. Er setzte die Expansionsbestrebungen seiner Vorgänger fort und annektierte 1784/5 das innenpolitisch geschwächte Rakhine. Knapp 30 Jahre nach dem Untergang des Mon-Reiches hörte auch Rakhine auf, ein unabhängiger Staat zu sein. Zehntausende seiner Bewohner wurden verschleppt und zu Zwangsarbeit und Kriegsdienst verpflichtet.

## Niedergang der Konbaung

Nach der Eroberung Rakhines hatten Myanmar und die unter britischem Protektorat stehenden indischen Randgebiete eine gemeinsame Grenze. Dies führte zu regelmäßigen Zwischenfällen, denn infolge der birmanischen Unterdrückung flohen viele Rakhine ins bengalische Chittagong. Von dort unternahmen sie Überfälle auf die Besatzer, was wiederum zu Einfällen birmanischer Truppen in Bengalen führte. Der Konflikt spitzte sich zu, als **König Bagyidaw** (reg. 1819–1837) nach seiner Thronbesteigung im Jahre 1819 die an der Nordwestgrenze Myanmars gelegenen Fürstentümer Assam und Manipur einnehmen ließ. Der stolze Enkel Bodawpayas war gekränkt, weil bei seiner Krönungsfeier der Fürst von Manipur gefehlt hatte. Neben Manipur unterwarf sein ambitionierter **General Maha Bandoola** mit seinem 20 000 Mann starken Heer das politisch zerrissene Assam.

Im Streit um den politischen Einfluss in diesem strategisch wichtigen Gebiet musste es früher oder später zur offenen militärischen Auseinandersetzung zwischen dem britischen Empire und Birma kommen. Am 5. März 1824 begann der **Erste Anglo-Birmanische Krieg**. Zwar wur-

| 15. Jh. | 1752 | 1782 |
|---|---|---|
| Bago wird zum Zentrum eines Mon-Reiches und erlebt unter Königin Shin Sawbu (reg. 1453–1472) und Dhammazedi (reg. 1472–1492) eine Blütezeit. | Alaungpaya begründet die Konbaung-Dynastie und erobert 1757 das Mon-Königreich Bago. Sein zweiter Nachfolger Hsinbyushin zerstört 1767 das thailändische Ayutthaya. | König Bodawpaya gründet Amarapura und unterwirft 1784/85 den einst mächtigen Küstenstaat Rakhine. |

de schnell die Überlegenheit der Briten deutlich, doch in den zwei Jahren verlor die aufstrebende koloniale Weltmacht 15 000 Soldaten. Sie hatte die Zähigkeit der unterlegenen Birmanen unterschätzt. Mit dem **Vertrag von Yandabo** am 24. Februar 1826 endete der Krieg. Bagyidaw war gezwungen, Rakhine und den Küstenstreifen Tanintharyi abzutreten und die besetzten Gebiete von Manipur und Assam zu verlassen.

Mit Bagyidaws Tod 1839 begann der Stern der Konbaung-Dynastie zu sinken. Schuld waren in erster Linie interne Machtkämpfe, was in einer Zeit massiver europäischer Kolonialinteressen fatal war. Ein fehlendes System der Thronfolge hatte nach dem Tod des Königs häufig Massaker an Familien möglicher Konkurrenten und politischer Gegner zur Folge. So wurden nicht weniger als 6000 potenzielle Widersacher niedergemetzelt, als 1846 **Pagan** (reg. 1846–53) seinen Vater Tharawady ablöste. Unter ihm verschlechterte sich das ohnehin angespannte Verhältnis mit den Briten zusehends. Als im Dezember 1851 zwei britische Schiffskapitäne wegen Zollverstößen von einem birmanischen Gericht zu empfindlichen Geldstrafen verurteilt wurden, war dies für das Empire Anlass genug, im Zuge des **Zweiten Anglo-Birmanischen Krieges** ganz Nieder-Myanmar zu besetzen.

## Goldenes Mandalay

Diese Erniedrigung konnte **Mindon** (reg. 1853–78), ein Halbbruder Pagans, nicht hinnehmen. Er setzte den Despoten ab und bestieg den Thron. Der neue König bemühte sich um politische Entspannung, auch wenn er das Ergebnis dieser weiteren Expansion nicht akzeptieren wollte. Er sah ein, dass sein klein gewordenes Reich politisch und wirtschaftlich mit den Briten nicht mithalten konnte. Daher reformierte er die Verwaltung und liberalisierte die Wirtschaft, auch wenn er wichtige königliche Monopole nicht aufgab. Zur Modernisierung des Bildungswesens gestattete er christlichen Missionaren die Etablierung von Schulen und entsandte junge Untertanen zum Studium nach Europa.

Kulturell und religiös erlebte Myanmar mit dem neu gegründeten **Mandalay** eine letzte Blütezeit, die mit der Fünften Buddhistischen Synode vom 15. April bis 18. September 1871 einen Höhepunkt erlebte, doch mit dem Tod Mindons am 1. Oktober 1878 ein jähes Ende fand. Wieder kam es zu Machtkämpfen. Zwar hatte Mindon bereits zu Lebzeiten seinen Vertrauten und Bruder Kanaung zum Nachfolger bestimmt, doch der war 1866 von Mindons Sohn Myingun getötet worden. Ein weiteres Attentat befürchtend, unterließ es der König daraufhin, einen seiner 48 thronberechtigten Söhne zum Nachfolger zu bestimmen. Er lag noch im Sterben, da hatte seine erste Königin Hsinbyumashin bereits die Kontrolle über den Palast gewonnen und Sohn Nummer 41, **Thibaw**, zum Nachfolger bestimmt. Der erst 19-Jährige war mit ihrer Tochter, also seiner Halbschwester Supayalat, verheiratet. Wieder kam es zum Massaker: 80 Prinzen und Prinzessinnen – darunter 31 leibliche Söhne und neun Töchter Mindons – wurden im Februar 1879 als potenzielle Rivalen getötet. „Ein großer Graben wurde ausgehoben, um sie alle aufzunehmen", schrieben die Chronisten.

| 1824–1826 | 24. Februar 1826 | 1852 |
|---|---|---|
| Ein Grenzkonflikt mit der britischen Kolonialmacht in Indien eskaliert zum Ersten Anglo-Birmanischen Krieg. | Im Vertrag von Yandabo zwingen die Briten König Bagyidaw, Rakhine und den Küstenstreifen Tanintharyi abzutreten und 1 Mio. britische Pfund Entschädigung zu bezahlen. | Der Zweite Anglo-Birmanische Krieg führt zur Kontrolle des Empires über ganz Nieder-Myanmar. Die Hafenstadt Rangoon wird zur kolonialen Boomtown. |

## Britische Kolonie

Der weltfremde **Thibaw** (reg. 1878–85) zog sich immer mehr hinter die Palastmauern zurück und überließ die Amtsgeschäfte seinen Ministern und seiner herrischen Frau Supayalat. Das Land versank im Chaos, die Macht des Monarchen reichte kaum über die Grenzen Mandalays hinaus.

Auch das Verhältnis zu den Briten verschlechterte sich rapide, als Thibaw 1885 Großbritanniens Erzrivalen Frankreich Handelskonzessionen gewährte. Frankreich, das im Begriff war, Vietnam und Kambodscha zu kolonialisieren, wollte seinen Einfluss auch in Myanmar geltend machen. Es galt, im Wettstreit mit den Briten die vermuteten lukrativen Handelswege von Südostasien nach China zu erschließen.

Wieder war es ein eher unbedeutender Konflikt, der schließlich zum Untergang der birmanischen Monarchie führte. Die Bombay Burmah Trading Corporation fühlte sich vom Königshof in Mandalay bei einem Streit um Holzkonzessionen ungerecht behandelt. Das war den Briten Grund genug, den **Dritten Anglo-Birmanischen Krieg** zu erklären. Nach einem Ultimatum marschierten sie mit ihren Truppen in Ober-Myanmar ein und erreichten ohne große Gegenwehr am 28. November 1885 Mandalay. Thibaw und Supayalat mussten abdanken und bereits am nächsten Tag den Palast verlassen. Sein Dasein fristete das Herrscherpaar von nun an im südindischen Ratnagiri. Dort verstarb der letzte birmanische König am 15. Dezember 1916.

Mit Beginn des Jahres 1886 verlor Myanmar seine Souveränität und wurde am 1. März offiziell zu einer Provinz der **Kolonie Britisch-Indien** degradiert. Das einstige stolze Königreich blieb 51 Jahre lang von der politischen Landkarte verschwunden. In den ersten Jahren konnten die neuen Herren das Land nur sehr mühsam unter Kontrolle bringen. Mehr als 40 000 Soldaten und Sicherheitskräfte mussten sie mobilisieren, um die unzähligen Aufstände zu unterdrücken. Dabei kam es zu Massenhinrichtungen und brutalen Übergriffen auf die Zivilbevölkerung.

Erst Anfang der 1890er-Jahre hatte sich die Lage so weit beruhigt, dass die Briten ihre koloniale Administration ausbauen konnten. Dabei verstanden sie es, die ethnische Vielfalt des Lan-

### Divide et impera

Mit der außenpolitischen Maxime der alten Römer „trenne (die Gegner) und beherrsche (sie dadurch)", gelang es den Briten, die ethnische und religiöse Vielfalt ihrer unterworfenen Kolonien für sich zu nutzen. Dies war auch in Myanmar der Fall, das sie in zwei administrativ unterschiedliche Zonen aufteilten. In Zentral-Myanmar, dem *Burma Proper*, zerschlugen sie die traditionellen Herrschaftsstrukturen und ersetzten sie durch eine koloniale Administration. Führende Positionen hatten Briten oder Inder inne. In den wirtschaftlich weniger profitablen und teilweise schwer zugänglichen Bergregionen, den *Frontier Areas*, beschränkten sie sich auf eine indirekte Machtausübung. Dort hatten die Stammesfürsten weiterhin das Sagen und genossen vorher nicht gekannte Privilegien.

| 1853–1878 | 1878–1885 | November 1885 |
|---|---|---|
| Unter König Mindon erlebt die Monarchie ihre letzte Blütezeit. Mandalay wird 1857 zur neuen Residenzstadt erhoben. | Unter dem weltfremden König Thibaw und seiner Frau Supayalat verschlechtert sich das Verhältnis zum Empire rapide. | Der dritte Krieg mit dem Empire mündet in der Annexion ganz Myanmars. König Thibaw muss mit seiner Familie ins indische Exil nach Ratnagiri gehen. |

des für sich zu nutzen. Während sie im Zentralland, *Burma Proper* genannt, die traditionellen Herrschaftsstrukturen der Birmanen vollkommen abschafften und durch eine Kolonialverwaltung ersetzten, beließen sie in den Randgebieten, den *Frontier Areas*, die Anführer der verschiedenen Volksgruppen in Amt und Würde. In nicht unerheblichem Maße profitierten die Minderheiten von den neuen Machthabern. So wurde etwa den **Shan-Fürsten** *(Sao Pha)* im *Shan States Act* von 1888 die beschränkte Herrschaft über ihre Fürstentümer zugesprochen. Im Gegenzug konnten die Briten in deren Territorien Rohstoffe wie Silber, Edelstein oder Holz ausbeuten. Die Menschen kamen in den Genuss westlicher Bildung und Gesundheitsversorgung, da zahlreiche Missionare Schulen und Krankenhäuser gründeten. Nicht wenige konvertierten zum Christentum, wie etwa die Chin, Kachin und Kayin. In den schwer kontrollierbaren Bergregionen war die britische Armee auf die lokale Bevölkerung angewiesen, daher rekrutierte sie Angehörige der Minderheiten.

Um die Kolonie wirtschaftlich effektiver ausbeuten zu können, bedurfte es einer brauchbaren **Infrastruktur**. Dazu boten sich die auf über 8000 km navigierbaren Flüsse an. Bereits 1865 gründeten Schotten die Irrawaddy Flottilla Company, die sehr bald zur größten privaten Binnenflotte der Welt avancierte. Am 1. Mai 1877 fuhr der erste Zug von Yangon nach Pyay, bis 1941 wurden 3300 km Schienen verlegt. Auch das Straßennetz baute man unter Einsatz von Zwangsarbeitern kontinuierlich aus. Einige wenige britische Firmen wie die Burma Corporation oder die Bombay Burmah Trading Corporation übernahmen die ehemals dem königlichen Monopol unterlegenen Edelsteinminen und Holzkonzessionen.

Die wohl gravierendsten Veränderungen erfuhr das ursprünglich nur dünn besiedelte Ayeyarwady-Delta, das die Briten ab 1852 urbar machten. Immer mehr Menschen siedelten sich an, um am lukrativen **Reisanbau** teilzuhaben. Darunter waren neben Kayin und Bamar viele indische Migranten, die den ärmlichen Verhältnissen in ihrer Heimat entfliehen wollten. Innerhalb von 50 Jahren nahm die dortige Bevölkerung um mehr als 400 % zu, zwischen 1885 und 1906 verachtfachte sich die Anbaufläche. Birma avancierte zur Reisexportnation Nummer eins. In den 1930er-Jahren machte Reis einen Anteil von drei Viertel des gesamten Exportvolumens aus. Doch der wirtschaftliche Erfolg hatte seine Schattenseiten. Schwankende Preise auf dem Weltmarkt und notwendige Investitionen führten zur Verschuldung der mit Geld unerfahrenen Reisbauern. Immer mehr Menschen verloren ihre Felder an indische Geldverleiher *(chettiyar)*, weil sie ihre Kredite und die Wucherzinsen nicht mehr zurückzahlen konnten. Der Anteil der Großgrundbesitzer stieg bis 1930 auf über 30 %. Die Bauern mussten sich als Tagelöhner in den Städten verdingen und mit den **indischen Einwanderern** konkurrieren. Die südasiatischen Nachbarn wanderten in immer größerer Zahl nach Myanmar ein, da sie als billige und willige Arbeitskräfte sehr gefragt waren. Zu Beginn des Zweiten Weltkriegs stellten sie über die Hälfte der Bevölkerung Yangons. In den Behörden und Geschäften wurde Hindi und Tamil gesprochen.



| 1. Januar 1886 | 1890er-Jahre | Frühes 20. Jh. |
|---|---|---|
| Myanmar „verschwindet" von der politischen Landkarte und wird Teil Britisch-Indiens. Die zahlreichen Aufstände werden brutal niedergeschlagen. | Die „Teile-und-Herrsche"-Politik der Briten führt zur kolonialen Direktverwaltung in „Burma Proper", während in den „Frontier Areas" die alten Machtstrukturen erhalten bleiben. | Migrationswelle aus Südasien; im multikulturellen Rangoon ist Hindi die Verkehrssprache. Diverse Aufstände scheitern an der Übermacht des Empires. |

## Kampf um die Unabhängigkeit

Die Kolonialisierung führte zu einer tiefen nationalen Identitätskrise. Der Buddhismus verlor mit der Abdankung des Königs seinen traditionellen Patron. Dies rief militante religiöse Anführer auf den Plan, die auf dem Land eine enorme Gefolgschaft um sich sammeln konnten. Einer von ihnen war der ehemalige Mönch **Saya San**, dessen Tharrawaddy-Rebellion die Armee auch nach Saya Sans Hinrichtung 1931 nur sehr mühsam unterdrücken konnte.

In den Städten versuchten einige Intellektuelle den Buddhismus zu modernisieren und gründeten 1906 die **Young Men's Buddhist Association (YMBA)** als Diskussionszirkel für religiöse und kulturelle Fragen. Als Antwort auf die christlichen Schulen wurden buddhistische Bildungseinrichtungen etabliert. Doch griff die YMBA zunehmend auch politische Themen auf. Sie kritisierte die Arroganz der Kolonialherren und forderte sie auf, die kulturellen Eigenheiten Myanmars zu respektieren. Ein immer wieder aufbrechender Konflikt resultierte aus der Weigerung der Briten, beim Besuch von Pagoden die Schuhe auszuziehen.

Der erste größere Protest flammte auf, als die Briten nach dem Ersten Weltkrieg dem indischen Teil ihrer Kolonie, nicht aber dem birmanischen, eine beschränkte Partizipation an der Verwaltung gestatteten. Nach einer Welle von Streiks und Demonstrationen wurde sie schließlich 1921 auch Birma zuerkannt. Eine organisierte **Unabhängigkeitsbewegung** entstand an der neu gegründeten University of Rangoon. Dort kam es am 5. Dezember 1920 zum ersten großen Streik, mit dem sich Studenten gegen die Einführung einer diskriminierenden Universitätsverordnung auflehnten. Regelmäßige Proteste und Streiks bestimmten auch die folgende Dekade.

1937 riefen Mitglieder der **Dobama Asiayone** (s. Kasten) zum Boykott der ersten Wahlen zum neu gegründeten Abgeordneten- und Oberhaus auf. Die Wahlen waren anberaumt worden, nachdem Birma infolge des 1935 in London beschlossenen **Government of Burma Act** zur eigenständigen Kolonie erklärt worden war. Doch die Studenten forderten die Unabhängigkeit ihres Landes und nicht nur beschränkte Autonomie. Ein Veteran der Nationalbewegung, **Dr. Ba Maw**, wurde schließlich zum Premier einer birmanischen Administration gewählt, hatte allerdings kaum Befugnisse.

Die Dobama-Asiayone-Gruppe radikalisierte sich immer mehr und ging schließlich in den Untergrund. Dort nahm sie Kontakt mit der japanischen Militärregierung auf, die im Zuge ihrer aggressiven Expansionspolitik im Juli 1937 China überfallen hatte und weite Teile des Landes besetzt hielt. In **Japan** sahen sie einen ebenbürtigen asiatischen Gegenspieler zu den westlichen Kolonialmächten. Myanmar spielte wiederum für die Japaner eine strategisch wichtige Rolle, denn über die 1938 fertiggestellte Burma Road von Mandalay über Lashio und Bhamo nach Yunnan organisierten die gegen sie kämpfenden nationalchinesischen Truppen, die Kuomintang (KMT), ihren Nachschub. Während Thakin Nu 1939 wegen antibritischer Aktivitäten ins Gefängnis kam, konnte sich **Aung San** seiner drohenden Verhaftung entziehen. Mit einigen Mitstreitern entfloh er ins chinesische Xiamen

| 5. Dezember 1920 | 19. September 1929 | 1930er-Jahre |
|---|---|---|
| Studenten treten erstmalig in einen Streik gegen den „University of Rangoon Act", der u. a. Englisch als Unterrichtssprache festlegt. | Der Mönchsaktivist U Wisara stirbt im Gefängnis nach 166 Tagen Hungerstreik aus Protest gegen die Kolonialmacht. | Die nationalistische Organisation Dobama Asiayone wird zum Sammelbecken antikolonialer Kräfte. |

### Dobama Asiayone

Die 1930 gegründete *Dobama Asiayone,* „Wir sind das birmanische Volk", war eine Vereinigung nationalistisch gesinnter Studenten, die sich *thakin,* „Herren", nannten. Dies ist ein birmanischer Titel, der den Kolonialherren vorbehalten war. Zu den Anführern gehörten **Thakin Aung San** und **Thakin Nu**, die später die Zukunft Birmas bestimmen sollten. Im Jahre 1936 legten sie durch einen Vorlesungsstreik den Lehrbetrieb an der Yangoner Universität lahm, um gegen das koloniale Erziehungs- und Unterrichtssystem zu protestieren. Zu ihren Hauptforderungen zählte die Verwendung birmanischer Literatur und Sprache im Unterricht.

(Amoy) und von dort weiter nach Japan. Um der nationalen Unabhängigkeit willen war er bereit, mit den japanischen Faschisten zu kollaborieren. Auf der Insel Hainan ließ er sich mit ausgewählten Mitstreitern militärisch ausbilden. Sie gingen als die „Dreißig Kameraden" in die birmanische Geschichte ein.

## Der Zweite Weltkrieg

Mit dem Überfall auf Pearl Harbour in der Nacht vom 7. auf den 8. Dezember 1941 begann ein rasanter Feldzug der japanischen Armee in Südostasien. Von Thailand aus landeten in der dritten Januarwoche 1942 die ersten Soldaten in Nieder-Myanmar. Am 8. März eroberten sie Yangon, am 1. Mai Mandalay. Auf ihrer Seite kämpfte Bogyoke (General) Aung San mit seiner neu formierten **Burma Independence Army (BIA)**. Die Armeen Großbritanniens und Alliierten konnten sich nur unter großen Verlusten nach Assam und Manipur in Nordostindien zurückziehen. Zehntausende von Soldaten und Zivilisten kamen ums Leben, die meisten starben an Krankheit und Erschöpfung.

Zuerst als Befreier empfunden, entpuppten sich die Japaner jedoch sehr bald als brutale und arrogante Besatzer, die selbst die britischen Kolonialherren in den Schatten stellten. Ihr Slogan „Asien den Asiaten" war nichts als eine Leerformel. Sie verlangten von den Birmanen die Huldigung des japanischen Kaisers Hirohito und missachteten ihre kulturellen Gepflogenheiten. Am 1. August 1943 erklärten die Japaner den **State of Burma** für unabhängig und setzten eine Marionettenregierung unter Ba Maw ein.

Der Januar 1944 brachte schließlich einen Wendepunkt, als alliierte Truppen im Zuge der **Burma Campaign** an der Küste von Rakhine landeten. Der wichtigste Kriegsschauplatz lag im Nordwesten, wo japanische Armeeeinheiten im März einer Offensive der Alliierten zuvorkommen wollten. Nach Wochen der Belagerung von Imphal im indischen Bundesstaat Manipur mussten sie sich jedoch unter erheblichen Verlusten zurückziehen. Von strategischer Bedeutung sollte sich die 1000 km lange **Ledo Road** erweisen, die der US-amerikanische Generalleutnant Joseph Warren Stilwell ab 1943 von Manipur quer durch den Kachin-Staat anlegen ließ, um die Versorgung der Truppen sicherzustellen.

Die japanischen Besatzer wurden immer weiter zurückgedrängt. General Aung San nahm

**1. April 1937**

Mit dem 1935 beschlossenen „Government of Burma Act" wird das Land zur eigenständigen Kolonie erklärt.

**1942**

Mit dem Einmarsch japanischer Truppen beginnt die dreijährige Besatzungszeit. Aung San (s. Foto) und die „Thirty Comrades" kämpfen zunächst an der Seite der kaiserlichen Armee.

© FOTOLIA / GEORGIOS KOLLIDAS

Ende 1944 Kontakt mit den Alliierten auf und kämpfte ab dem **27. März 1945** auf ihrer Seite gegen Japan. An dieses Datum erinnert bis heute der „Tag der Armee". Zur Mobilisierung der Bevölkerung gründete der damals erst Dreißigjährige die **People's Volunteer Organisation (PVO)** und mit Thakin Nu sowie anderen Mitstreitern die **Anti Fascist Peoples Freedom League (AFPFL)**. Anfang Mai 1945 war ganz Birma von den Alliierten zurückerobert. Als Japan am 28. August die Kapitulationsurkunde unterzeichnete, hatte das ostasiatische Land in diesem bitteren Krieg allein in Myanmar 190 000 Soldaten, drei Fünftel seiner Armee, verloren.

## Weg in die Unabhängigkeit

Noch während der letzten Kriegsmonate legte die britische Regierung in einem *White Paper* die politische Zukunft Birmas dar. Es sah vor, das zerstörte Land so lange unter die Direktherrschaft eines Gouverneurs zu stellen, bis es sich wirtschaftlich erholt und die Rahmenbedingungen für die Unabhängigkeit geschaffen hatte. Bis dahin sollte wieder der Government of Burma Act von 1935 gelten. Am 16. Oktober 1945 übernahm **Sir Reginald Dorman-Smith** das Amt des Gouverneurs. Doch Aung San und seine Anti Fascist Peoples Freedom League wollten die Unabhängigkeit Birmas so schnell wie möglich. Die AFPFL – in ihr waren zehn verschiedene politische Gruppierungen, darunter die Kommunisten und Vertreter einiger Minderheiten zusammengeschlossen – wurde von der Bevölkerungsmehrheit unterstützt. Kurz nachdem Dorman-Smith im August 1946 von Sir Hubert Rance abgelöst worden war, legte die AFPFL das ganze Land mit einem **Generalstreik** lahm. Der unabkömmlich gewordene Aung San wurde daraufhin Mitglied im Exekutivrat.

Zu Beginn des Jahres 1947 reiste Aung San nach London, um mit dem britischen Premier Clement Attlee die Zukunft seines Landes zu regeln. Am 27. Januar unterzeichneten die beiden das **Aung San-Attlee-Abkommen**, welches betonte, dass das birmanische Volk gemeinsam mit den Bewohnern der Randgebiete die Zukunft des Landes bestimmen solle. Da jedoch kein Vertreter der Minderheiten in London anwesend war, musste diese Frage in einem eigenen Abkommen geregelt werden. Zu diesem Zweck traf sich Aung San sofort nach seiner Rückkehr mit Vertretern der Chin, Kachin und Shan in Panglong im Shan-Staat. Im **Panglong-Abkommen** vom 12. Februar stimmten sie überein, dass die Unabhängigkeit schneller zu erreichen sei, wenn Vertreter der Randgebiete mit der birmanischen Interimsregierung kooperierten.

Doch sehr schnell wurde deutlich, wie zerrissen das Land eigentlich war. Zwar errang die AFPFL mit Aung San an der Spitze bei den Wahlen im April 1947 erwartungsgemäß die absolute Mehrheit, doch war die Einheit innerhalb der AFPFL äußerst fragil. Die neu gegründete Karen National Union (KNU) verlangte nach einem eigenen Kayin-Staat und boykottierte die Wahlen. Auch die Burma Communist Party (BCP) verfolgte immer deutlicher ihre eigenen politischen Interessen. Dass Aung San viele Feinde hatte, zeigte sich spätestens am **19. Juli 1947**. In den Morgenstunden überfiel eine Gruppe bewaffne-

| 1943 | 23. März 1945 | 1947 |
|---|---|---|
| Der von den Japanern für unabhängig erklärte „State of Burma" existiert nur auf dem Papier. Die Bevölkerung leidet weiterhin unter den brutalen Übergriffen der Besatzer. | Aung San und seine Armee wechseln die Fronten und kämpfen nun an der Seite der Alliierten. | Im Aung San-Attlee-Abkommen wird am 27.1. mit Großbritannien die Unabhängigkeit vereinbart und im Panglong-Abkommen am 12.2. unter den Volksgruppen die Union Myanmars. |

## Panglong-Abkommen

Anfang Februar 1947 traf sich Aung San mit Vertretern der Shan, Kachin und Chin in Panglong, östlich von Taunggyi, um über die Rahmenbedingungen eines föderalen Birmas zu diskutieren. Nach zähen Verhandlungen unterzeichneten sie am 12. Februar das Panglong-Abkommen. Es regelte in neun Punkten die Kooperation zwischen den unterzeichnenden Volksgruppen. Unter anderem gestand es allen Minderheiten fundamentale demokratische Grundrechte zu. Zudem wurde beschlossen, die Schaffung eines autonomen Kachin-Staates innerhalb eines vereinten Birmas durch die Verfassung zu regeln. Dem Bund der Shan-Staaten versprach es weitgehende finanzielle Autonomie und den Minderheiten die finanzielle Unterstützung durch die Union. Im nationalen Exekutivrat sollten die Minderheiten durch ein Mitglied vertreten sein. Das Panglong-Abkommen ist ein Meilenstein in der Geschichte Birmas, denn zum ersten Mal bestimmten Bamar und die Minderheiten gemeinsam und gleichberechtigt ihre politische Zukunft. Daher wird der 12. Februar alljährlich als Unionstag gefeiert.



ter Männer die Sitzung des Verfassungskomitees im Yangoner Secretariat Building und erschoss den 32-Jährigen sowie acht weitere Komiteemitglieder. Als Anstifter des Überfalls wurde später U Saw, Premier der letzten Vorkriegsregierung, hingerichtet. Noch am gleichen Tag übernahm Aung Sans alter Mitstreiter, Thakin Nu, die Führung der AFPLF. Am 24. September wurde die Verfassung verabschiedet. Sie sah für die **Union of Burma** zwei Kammern vor: das Abgeordnetenhaus und die Nationalitätenkammer. Den Minderheiten gestand sie das Recht zu, die Union nach zehn Jahren zu verlassen.

## Junge Demokratie

Von Astrologen genau berechnet, wurde die Union of Burma am Sonntag, dem **4. Januar 1948**, um 4.20 Uhr zu einem souveränen Staat erklärt. Die Abgeordneten wählten den 40-jährigen **Thakin Nu** zum ersten Premierminister und den Shan-Fürsten von Nyaungshwe, **Sao Shwe Thaike**, zum ersten Präsidenten. Zum ersten Armeechef wurde der Kayin **General Smith Dun** bestimmt. Euphorisch beschwor der Präsident in seiner Rede die Eintracht zwischen den Volksgruppen. Doch die Realität sah anders aus. Im Mai verließ die Kommunistische Partei Birmas das Parlament und trat in den **bewaffneten Widerstand**, gefolgt von frustrierten Teilen der People's Volunteer Organisation. Auch die gut gerüstete Karen National Defence Organisation (KNDO), der militärische Flügel der KNU, begann, um einen eigenen Staat zu kämpfen, legte durch Sabotageakte die Infrastruktur lahm und brachte 1949 sogar einige Außenbezirke der Hauptstadt unter ihre Kontrolle. Ein weiterer Unruheherd lag im nördlichen Shan-Staat. Dorthin flüchteten ab 1950 Tausende Soldaten der Kuo-

| 19. Juli 1947 | Ab 1948 | 4. Januar 1948 |
| --- | --- | --- |
| Aung San und acht Mitstreiter fallen im Yangoner Secretariat Building einem Attentat zum Opfer. | Die Union beginnt zu erodieren. Kommunistische Milizen, ethnische Unabhängigkeitsarmeen und Truppen der nationalchinesischen Kuomintang beginnen den bewaffneten Kampf gegen die Regierung. | Unabhängigkeit der Union of Burma. U Nu wird erster Premierminister, der Shan-Fürst Sao Shwe Thaike Präsident. |

mintang, nachdem sie in China von Mao Tse Tungs Volksarmee vernichtend geschlagen worden waren. Von birmanischem Boden aus planten sie ihre erfolglosen Gegenangriffe, von der CIA unterstützt und durch den Anbau und Handel von Opium finanziert.

Ökonomisch versuchte U Nu, wie sich Thakin Nu ab 1950 nannte, mit seinem **Pyidawtha-Programm** („Königlich glückliches Land"), einen buddhistischen Wohlfahrtsstaat zu schaffen. Dazu ließ er ab 1953 Ländereien von Großgrundbesitzern an landlose Bauern verteilen und Betriebe verstaatlichen. Doch die Folgen waren Misswirtschaft und Korruption. Der tief gläubige Mensch verstand sich als Patron des Buddhismus und ließ zahlreiche Pagoden errichten oder renovieren. Zum 2500. Geburtstag des Erleuchteten lud U Nu zur **Sechsten Buddhistischen Synode** nach Yangon ein, die zwischen Mai 1954 und 1956 mehrere tausend Repräsentanten aus über 30 Ländern auf dem Gelände der Kaba-Aye-Pagode zusammenbrachte. Internationale Anerkennung schuf ihm sein Engagement in der Vereinigung der **Blockfreien Staaten**. Doch die innenpolitischen Probleme wurden ständig größer. Zwar konnte die AFPFL bei den Wahlen 1951/2 und 1956 wieder die Mehrheit erringen, trotzdem nahmen die Parteiquerelen weiter zu, während die Autorität von U Nu stetig schwand.

Als es im Oktober 1958 zum großen Bruch innerhalb der AFPFL kam, ließ der Premier das Parlament auflösen. Er bat seinen Verteidigungsminister **General Ne Win**, bis zu Neuwahlen eine Interimsregierung anzuführen. Ne Win hatte den Auftrag, die zahlreichen Aufstände im Land – mittlerweile gab es über 20 Rebellenarmeen – niederzuschlagen und die angespannte politische Lage zu beruhigen. Tatsächlich vermochte er in seiner 18-monatigen Regierungszeit die Rebellenarmeen zu schwächen.

Die für den 6. Februar 1960 anberaumten Wahlen gewann U Nu und seine neu gegründete **Union League (Parin Pyidaungzu)** haushoch. Doch mit seinem Plan, den Buddhismus zur Staatsreligion zu erheben, brachte er viele Nicht-Buddhisten gegen sich auf. Als er auch sein Wahlversprechen nicht einlöste, den Ra-khine und Mon eigene Staaten zuzugestehen, mehrten sich wieder die Aufstände. Innerhalb kurzer Zeit brachten Rebellenarmeen ein Zehntel des Landes unter ihre Kontrolle. Das Land drohte im Chaos zu versinken.

## Diktatur unter Ne Win

In den frühen Morgenstunden des **2. März 1962** übernahm General Ne Win durch einen **Militärputsch** überraschend die Macht. Die führenden Politiker warf er ins Gefängnis. Dort starb wenige Monate später Sao Shwe Thaike, der erste Präsident Birmas, unter ungeklärten Umständen. Hunderte von Studenten wurden nach Protestaktionen inhaftiert. Der General setzte hohe Militärs als Revolutionsrat ein und verkündete am 30. April den „Birmanischen Weg zum Sozialismus". Ausländische Firmen wurden des Landes verwiesen und alle Betriebe verstaatlicht. Auch viele einheimische Geschäftsleute verließen nach der Enteignung ihrer Unternehmen das Land. Alle politischen Parteien wurden

| 1950er-Jahre | 1958 | 1960er-Jahre |
|---|---|---|
| U Nu organisiert von 1954–1956 das Sechste Buddhistische Konzil in Yangon und ist 1955 maßgeblich an der Gründung der Blockfreien Staaten beteiligt. | Nach einer Regierungskrise übergibt U Nu seinem Verteidigungsminister, General Ne Win, für zwei Jahre die Amtsgeschäfte. Kriege gegen die Minderheiten verhindern den Zerfall der Union. | Ne Wins Verstaatlichungspolitik führt zum Exodus der Wirtschaftselite. Die ganze Macht ist im Militär gebündelt. |

verboten mit Ausnahme der von Ne Win gegründeten **Burma Socialist Program Party (BSPP)**. Außenpolitisch führte der General Birma in die absolute Isolation.

Mit der Verabschiedung einer neuen Verfassung 1974 nannte er das Land offiziell „Sozialistische Republik der Union von Birma" und teilte es in sieben Staaten *(states)* und sieben Provinzen *(divisions)* ein. Zwar kam es immer wieder zu Protesten, etwa anlässlich der Beisetzung des früheren Uno-Generalsekretärs U Thant im Dezember 1974, doch wurden sie brutal unterdrückt. Auch ein Putschversuch junger Offiziere im Juli 1976 scheiterte. Im Rahmen einer Generalamnestie ließ Ne Win 1980 viele politische Gefangene frei und erlaubte U Nu, der nach einer mehrjährigen Gefängnisstrafe 1966 ins Exil gegangen war, heimzukehren.

## 1988 – Jahr der Krise

Das Land schlitterte immer weiter ins Desaster. 1987 hatte die wirtschaftliche Lage aufgrund des massiven Preisverfalls im Holz- und Reisexport einen solchen Tiefpunkt erreicht, dass Myanmar bei der Uno den Status eines *Least Developed Country* (LDC) beantragte, um an günstige Kredite und Schuldenerlasse heranzukommen. Als Ne Win am 5. September 1987 über Nacht alle 25-, 35- und 75-Kyat Banknoten – vier Fünftel des im Umlauf befindlichen Geldes – für ungültig erklärte und dafür 45- und 90-Kyat-Noten einführte, verloren viele Menschen ihr Erspartes. Es kam zu ersten Unruhen, die sich im März 1988 zu **Massendemonstrationen** ausweiteten. Das ganze Land wurde durch Streiks lahmgelegt, woraufhin Ne Win am 27. Juli den Vorsitz der BSPP an **U Sein Lwin** abgab. Der wegen seiner Brutalität auch als „der Schlächter" bekannte U Sein Lwin zögerte nicht, bei einer Großdemonstration am **8. August** auf Demonstranten schießen zu lassen. Hunderte oder gar Tausende kamen dabei ums Leben. Seitdem gilt der 8.8.88 als der schwärzeste Tag der jüngeren Geschichte. Auch in den folgenden Tagen waren zahlreiche Opfer zu beklagen, viele Menschen kamen ins Gefängnis. Die Lage beruhigte sich erst, als der verhasste Militärführer am 19. August von dem Zivilisten **Dr. Maung Maung** abgelöst wurde. Er versprach, ein Referendum zur Einführung des Mehrparteiensystems durchführen zu lassen. Wenige Tage zuvor war an der Shwedagon-Pagode mit einer Rede vor Hunderttausenden von Menschen eine Frau bekannt geworden, die zur Leitfigur der sich formierenden Demokratiebewegung werden sollte: **Aung San Suu Kyi**.

## Die neuen Diktatoren

Am 18. September kam es zu einem Machtwechsel innerhalb der Tatmadaw, wie das Militär offiziell heißt. Der **State Law and Order Restoration Council (SLORC)** unter Führung von **General Saw Maung** übernahm die Herrschaft und löste alle bisherigen Regierungseinrichtungen auf. Aung San Suu Kyi gründete zusammen mit Gleichgesinnten die **National League for Democracy (NLD)** und begann im ganzen Land für demokratische Reformen zu werben.

| 2. März 1962 | Dezember 1974 | Mai 1980 |
|---|---|---|
| Nach zwei Jahren Regierungschaos putscht sich General Ne Win zurück an die Macht. Wirtschaftlich leitet er den „Birmanischen Weg zum Sozialismus" ein. | Anlässlich der Beisetzung des früheren Uno-Generalsekretärs von 1961 bis 1971, U Thant, kommt es zu Demonstrationen. | Ne Win reformiert den zersplitterten Sangha und etabliert eine zentrale Mönchshierarchie. |

Doch starben weiterhin Demonstranten im Kugelhagel der Soldaten, Tausende von Studenten flüchteten über die Grenzen in die Nachbarländer. Am 19. November formierte sich an der thaibirmanischen Grenze die **Democratic Alliance of Burma (DAB)**, ein Zusammenschluss von zehn ethnischen Widerstandsorganisationen mit Studentengruppen.

Als eine der ersten Amtshandlungen führte das SLORC die **Marktwirtschaft** ein. Am 27. Mai 1989 deklarierte es einen neuen offiziellen Namen des Landes: **Union von Myanmar**. Angesichts der eingefrorenen Entwicklungshilfe aus dem Ausland kündigten die Militärs demokratische Wahlen an, doch wurden gleichzeitig die prominentesten Oppositionellen wie Aung San Suu Kyi und U Nu unter Hausarrest gestellt oder ins Gefängnis geworfen. Immerhin kam es am 27. Mai 1990 zu den ersten **Parlamentswahlen** seit 30 Jahren. Trotz Repressalien gewann die NLD 392 von 485 Sitzen, während die aus Ne Wins BSPP hervorgegangene National Unity Party (NUP) gerade mal zehn Sitze errang. Aber das Wahlergebnis wurde von der Militärjunta nicht anerkannt. Zuerst solle eine neue Verfassung erarbeitet und von einer Nationalversammlung verabschiedet werden, hieß die Begründung. Tatsächlich konstituierte sich eine verfassungsgebende Versammlung. Die Delegierten der unterschiedlichen gesellschaftlichen Gruppen (Parteien, Vertreter von Minderheiten und Religionen, etc.) waren vom SLORC jedoch sorgfältig ausgewählt. 1993 trat die Versammlung zum ersten Mal zusammen, doch wurde sehr schnell deutlich, dass das Regime keinerlei Interesse an Reformen hatte.

## Bleierne Jahre

Am eindrucksvollen Wirtschaftsboom in Südostasien wollte auch Myanmar teilhaben. Um das Land für ausländische Investoren attraktiv zu machen, bedurfte es einerseits einer vernünftigen Infrastruktur und andererseits politischer Stabilität. Daher bemühten sich die Militärs, das desolate Verkehrsnetz zu erneuern bzw. auszubauen, und bedienten sich angesichts fehlenden Geldes eines Mittels, das bereits die Könige und Kolonialherren zu schätzen wussten: der **Zwangsarbeit**. Hunderttausende Menschen wurden gezwungen, sich an den Bauprojekten zu beteiligen. Nicht wenige flohen deshalb ins Ausland.

Politische Stabilität versuchte das SLORC dadurch zu erreichen, dass es jegliche Opposition im Keim erstickte und gegen politische Gegner hart vorging. Die Annäherung mit der VR China hatte eine massive militärische **Aufrüstung** zur Folge, woraufhin die zahlreichen Armeen der Minderheiten und Splittergruppen in die Defensive gerieten. Über 20 Unabhängigkeitsorganisationen und Rebellenarmeen schlossen mit dem SLORC ein Waffenstillstandsabkommen, was zur Befriedung weiter Teile Myanmars führte. Doch dort, wo gekämpft wurde, kam es nach wie vor zu brutalsten Übergriffen auf die Minderheiten. Erzwungene Trägerdienste, systematische Vergewaltigungen und Vertreibungen gehörten zu den Mitteln der Gewalt und führten zu regelmäßigen **Flüchtlingswellen**, vor allem nach Thailand.

Seit 1997 ist Myanmar Mitglied der Association of Southeast Asian Nations (ASEAN), im glei-

| 1988 | 27. September 1988 | 1990er-Jahre |
|---|---|---|
| Die katastrophale wirtschaftliche Situation führt zu Massenprotesten, die vom Militär brutal niedergeschlagen werden. Aung San Suu Kyi (s. Foto) betritt die politische Bühne. | Nach dem Rücktritt von Ne Win übernimmt der „Staatsrat zur Wiederherstellung von Recht und Ordnung" (SLORC) die Macht und benennt das Land in „Union of Myanmar" um. | Jeglicher politischer Protest wird im Keim erstickt. Die Wirtschaft liegt in den Händen militäreigener Konglomerate und einiger Oligarchen. |

## Aung San Suu Kyi

Sie gilt als die Ikone der Demokratie. Zahlreiche internationale Ehrungen wurden ihr zuteil, darunter 1991 der Friedensnobelpreis. Dabei führte sie jahrzehntelang ein eher unscheinbares Leben. Es waren außergewöhnliche Umstände, die Aung San Suu Kyi an die Spitze der Demokratiebewegung führten. Am 19. Juni 1945 in Yangon geboren, war die Tochter von Bogyoke Aung San und Daw Khin Kyi erst zwei Jahre alt, als ihr berühmter Vater einem Attentat zum Opfer fiel. Ihrer Mutter, die 1960 birmanische Botschafterin wurde, folgte sie nach Indien. Während des Studiums am St. Hugh's College in Oxford von 1964–67 lernte Suu Kyi ihren späteren Ehemann, den Engländer Michael Aris, kennen. Nach einer zweijährigen Tätigkeit bei den Vereinten Nationen in New York (1969–71) reiste die Frischverheiratete mit ihrem Mann 1972 nach Bhutan. In den nächsten Jahren lebte Suu Kyi in Oxford, wo Aris Tibetologie lehrte, und widmete sich der Erziehung ihrer Söhne Alexander (geb. 1973) und Kim (geb. 1977).

Um ihre sterbende Mutter zu pflegen, reiste Aung San Suu Kyi im März 1988 nach Yangon, wo sich zeitgleich eine Protestbewegung gegen das Militärregime formierte. Sehr bald avancierte die Tochter des Unabhängigkeitshelden Aung San zur Symbolfigur des Widerstands. Im September 1988 gründete sie mit Freunden die National League for Democracy (NLD) und reiste die kommenden Monate im ganzen Land umher, bis sie ab dem 20. Juli 1989 für sechs Jahre unter Hausarrest gestellt wurde. Die wöchentlichen Ansprachen vor ihrem Haus in der University Avenue 54 zogen bis zum Verbot im Oktober 1996 Tausende von Sympathisanten an. Aus Angst vor ihrer Popularität stellte das Militär Suu Kyi die meiste Zeit unter Hausarrest. So konnte sie auch ihren krebskranken Mann nicht mehr sehen, dem die Einreise nach Birma verweigert wurde. Michael Aris starb 53-jährig am 27. März 1999 in Oxford.

Dass „die Lady" nach all den Jahren der Inhaftierung immer noch immens populär ist, zeigte ihre Freilassung am 13. November 2010, als Tausende der Demokratie-Ikone einen triumphalen Empfang bereiteten. Bei den Nachwahlen im April 2012 wurde Aung San Suu Kyi ins Parlament gewählt und sucht seitdem zusammen mit ihrer Partei Antworten auf die drängenden Fragen des politischen Alltags.

chen Jahr benannte sich die Regierung in das freundlicher klingende State Peace and Development Council (SPDC) um. Außer dem Namen änderte sich jedoch nichts, zu groß war die Angst des Militärs vor Veränderungen – und vor sich selbst: Den mächtigen Chef des Geheimdienstes, Premier **Khin Nyunt**, ließ der oberste General, Than Shwe, 2004 mitsamt seinem Spitzelapparat inhaftieren. Doch der von Khin Nyunt erarbeitete „Wegweiser zu einer gelenkten Demokratie" wurde weiter verfolgt. In sieben Schritten sollte eine Verfassung erarbeitet werden, die, von einem Referendum verabschiedet, zu „freien und fairen" Parlamentswahlen führen würde.

| 2005/2006 | September 2007 | 1. Mai 2008 |
|---|---|---|
| Die Hauptstadt wird in die auf dem Reißbrett geplante Stadt Nay Pyi Taw im Landesinneren verlegt. | Preisexplosionen führen zu Mönchsprotesten, die brutal niedergeschlagen werden. | Zyklon Nargis richtet im Ayeyarwady-Delta verheerende Schäden an und fordert 138 000 Tote. |

LAND UND LEUTE

Überraschend gründeten die Militärs am 27. März 2006 im Herzen des Landes offiziell die neue Hauptstadt **Nay Pyi Taw**. Vom „Sitz der Könige", so die Bedeutung, ordneten sie ein Jahr später die brutale Niederschlagung demonstrierender Mönche an, die gegen die Willkür der Junta auf die Straße gegangen waren. Als am 1. Mai 2008 der **Zyklon Nargis** mit bis zu 215 km/h über das Ayeyarwady-Delta und Yangon hinwegfegte und nicht nur verheerende Zerstörungen anrichtete, sondern mindestens 138 000 Menschenleben forderte, verhinderte das Militär die Unterstützung ausländischer Hilfsorganisationen. Trotz der Katastrophe ließen die Generäle in einem Referendum kurze Zeit später über die umstrittene Verfassung abstimmen. Dass angeblich fast 94 % der Wähler dafür stimmten, bestätigte die allgemeine Befürchtung, dass die geplanten Wahlen weder frei noch fair ablaufen würden.

## Birmanischer Frühling

Boykottiert von Suu Kyis NLD, fanden die umstrittenen **Wahlen** von Vertretern der beiden Kammern sowie über 14 Regionalparlamenten schließlich am 10. November 2010 statt. Insgesamt 37 politische Parteien traten an, darunter mit der National Democratic Force (NDF) eine Splitterpartei der NLD und die von den Militärs geführte Union Solidarity and Development Party (USDP). Erwartungsgemäß siegte die USDP haushoch: 76,79 % der Stimmen für die Nationalitätenkammer und 78,49 % der Stimmen für das Parlament. Zum ersten „zivilen" Präsidenten seit 50 Jahren wurde ein alter Bekannter gewählt: der einstige General und Premier **Thein Sein**.

Anfänglich mit großer Skepsis betrachtet, läutete der neue Präsident bald einen bunten Reigen radikaler **Reformen** ein. Hunderte politische Gefangene wurden freigelassen, die Zensur gelockert, das Versammlungsverbot abgeschafft und ein umstrittenes Staudammprojekt im Kachin-Staat gestoppt. Bei Nachwahlen im April 2012 errang die NLD 43 von 45 neu zu vergebenden Parlamentssitzen. Seitdem ist Aung San Suu Kyi als Oppositionsführerin im politischen Alltag angekommen. Der Westen belohnte die Reformbemühungen mit einer schrittweisen Abschaffung der Sanktionen und hochrangigen Besuchen, u. a. von US-Präsident Barack Obama. Wirtschaftlich führten die Reformen zu verstärkten ausländischen Investitionen und einem Boom im Tourismus und Immobilienmarkt. Doch in vielen Bereichen funktionieren die alten Strukturen des Militärs noch: Trotz Friedensbeteuerungen verläuft der wieder aufgeflammte Konflikt mit der Kachin Independence Organisation (KIO) äußerst blutig, während sich die Sicherheitskräfte bei anti-muslimischen Übergriffen bislang vornehm zurückhalten. Auch die **Korruption** bestimmt wie eh und je den Alltag der Menschen. Interessenskonflikte infolge ungeklärter Eigentumsverhältnisse beim Grundbesitz nehmen zu. Die Zahl umstrittener Enteignungen zugunsten von lukrativen Großprojekten steigt. Seit 2015 erhöht sich auch die Zahl politischer Häftlinge wieder. Wie sich die Lage nach den Wahlen Ende 2015 entwickeln wird, bleibt abzuwarten. Noch genießen die Menschen die neu gewonnenen Freiheiten.

| 10. November 2010 | 2014 | 2015 |
| --- | --- | --- |
| Bei den umstrittenen Wahlen siegt die militärnahe „Union Solidarity and Development Party" (USDP). Präsident Thein Sein leitet überraschend tiefgreifende Reformen ein. | Die Öffnung des Landes führt zum Wirtschaftsaufschwung. Friedensgespräche mit diversen ethnischen Gruppen gehen einher mit blutigen Kämpfen gegen Kachin- und Kokang-Armeen. | Am 8. November finden die zweiten freien Wahlen statt. |

# Politik und Verwaltung

**Staaten und Provinzen:** 14
**Hauptstadt:** Nay Pyi Taw
**Präsident:** Thein Sein

Die Union von Myanmar ist in sieben **Staaten** *(pyinae)* und sieben **Provinzen** *(tain)* gegliedert. Zu den Provinzen (in Klammern ist die jeweilige Kapitale aufgeführt) gehören: Ayeyarwady (Pathein), Bago (Bago), Mandalay (Mandalay), Magwe (Magwe), Sagaing (Sagaing), Tanintharyi (Myeik) und Yangon (Yangon). Zu den Staaten zählen: Chin-Staat (Hakha), Kachin-Staat (Myitkyina), Kayah-Staat (Loikaw), Kayin-Staat (Hpa-an), Mon-Staat (Mawlamyaing), Rakhine (Sittwe) und Shan-Staat (Taunggyi). Sie sind wiederum in Distrikte *(kha-yain)*, Kreise *(myónae)*, Bezirke *(kyej.jwa ou'sú)* sowie Gemeinden *(kjèj.jwa)* unterteilt.

Gemäß Artikel 12 der Verfassung von 2008 besteht die politische Vertretung in der Union aus 14 Regionalparlamenten und dem sogenannten **Pyidaungsu Hluttaw** mit zwei Kammern: einer **Nationalitätenkammer** *(amyotha hluttaw)* mit bis zu 224 Sitzen und einer **Abgeordnetenkammer** *(pyithu hluttaw)* mit bis zu 440 Sitzen. Die Legislaturperiode beträgt fünf Jahre.

An der Spitze des Staates steht der **Präsident**. Er muss mindestens 45 Jahre alt sein und darf keinen ausländischen Ehepartner haben. Das Militär *(tatmadaw)* genießt eine Sonderrolle: Ein Viertel aller Sitze in den Parlamenten wird durch das **Tatmadaw** ernannt. Artikel 40 (d) erlaubt dem Oberkommandeur, im Falle eines Notstands die Macht zu übernehmen. Damit ist der Militärputsch faktisch in der Verfassung verankert.

Einzelnen Minoritäten garantiert die Verfassung **Zonen der Selbstverwaltung**, derzeit den Danu, Kokang, Palaung, Pa-O und Wa im Shan-Staat und den Naga entlang der indischen Grenze in der Sagaing Division. Diese Zonen erwuchsen aus den vom Militär definierten „Special Regions" infolge ausgehandelter Waffenstillstandsabkommen mit den sechs Gruppen. In der Nationalitätenkammer stehen jedem Staat bzw. jeder Provinz zwölf Abgeordnete zu,

was auch den ethnischen Minderheiten zugutekommt. Seit den Wahlen von 2010 sind in beiden Kammern mehrere Parteien nationaler Minderheiten vertreten, in den Regionalparlamenten erhielten die größeren sogar Ministerposten. Doch alles in allem ist ihre politische Einflussnahme in diesem militärisch-demokratischen Parlamentshybrid äußerst gering. Das Misstrauen ist nach den vielen Jahren Bürgerkrieg noch immens groß. So liegt die von Bogyoke Aung San verfolgte Vision einer multiethnischen „Einheit in Vielfalt" noch immer in weiter Ferne.

# Wirtschaft

**Wachstum:** 8,3 %*
**Inflation:** 8,4 %*
**BIP pro Kopf:** US$1270
**Agrarsektor:** 30 %
**Industriesektor:** 35 %
**Dienstleistungen:** 35 %
**Export:** US$11,45 Mrd.
**Import:** US$16,34 Mrd.
* Schätzungen der Asiatischen Entwicklungsbank (ADB)



Das ressourcenreiche Myanmar ist heute eines der ärmsten Länder des Kontinents und rangiert laut Entwicklungsbericht der Vereinten Nationen an 150. Stelle von 187 gelisteten Staaten. Dies hat mehrere Ursachen.

## Weg in den Ruin

Birma litt mehr als die anderen südostasiatischen Staaten unter den **Folgen des Zweiten Weltkriegs**. Bei den militärischen Auseinandersetzungen waren die meisten Fabrikanlagen vernichtet, ein Großteil der Flotte versenkt und 70 % der Infrastruktur zerstört worden.

Die erste unabhängige Regierung unter U Nu versuchte, wie andere blockfreie Staaten auch, einen dritten Weg zwischen Kommunismus und Kapitalismus. U Nu hatte die Vision eines buddhistisch inspirierten Wohlfahrtsstaates vor Augen und formulierte 1952 den sogenannten **Pyidawtha-Plan** („Glückliches erhabenes Land"). Die Verbraucherpreise wurden vom Staat vorgegeben, in dessen Eigentum auch die wichtigsten Industriebetriebe lagen. Doch die Konflikte mit den ethnischen Minderheiten sowie Ineffizienz und bürokratischer Filz ließen die Umsetzung des Plans nur schleppend vorankommen.

Am fatalsten wirkte sich jedoch der **„Birmanische Weg des Sozialismus"** unter Ne Win aus. Der General ließ ab 1964 fast alle klein- und mittelständischen Unternehmen verstaatlichen. Innerhalb weniger Jahre war das isolierte Land durch Inkompetenz, Korruption und die maßlose Selbstbereicherung des Militärs heruntergewirtschaftet. Zweimal, 1964 und 1987, erklärte Ne Win bestimmte Banknoten für ungültig, woraufhin Millionen von Menschen ihre Ersparnisse verloren.

## Wirtschaft zwischen Markt und Willkür

Das SLORC, die neue Militärjunta, führte 1989 die Marktwirtschaft ein und vereinte wichtige Staatsunternehmen in der militäreigenen Union of Myanmar Economic Holdings Ltd. (UMEHL) und der Myanmar Economic Corporation (MEC). Es folgte in den 1990er-Jahren ein solides Wirtschaftswachstum von jährlich 7–8 %. Aufgrund der Sanktionen westlicher Staaten flossen dringend benötigte Investitionen vor allem aus dem asiatischen Ausland ins Land. Doch die **willkürliche Handels- und Finanzpolitik** blieb ein Hemmschuh für eine schnelle Entwicklung. Ignorierte Abmachungen, kurzfristig geänderte Richtlinien, Vetternwirtschaft, die überall grassierende Korruption und ein blühender Schwarzmarkt ließen ausländische Unternehmen lieber in anderen asiatischen Staaten investieren. Davon profitierten wiederum militärnahe Geschäftsleute (sog. *cronies*), die zu immensem Reichtum gelangten und mit ihren undurchschaubaren Konglomeraten bis heute die Wirtschaft dominieren. Zu den größten zählen die Unternehmen Asia World, Htoo, Max Myanmar und Shwe Taung.

Seit der politischen Öffnung weht aber auch im wirtschaftlichen Bereich ein neuer Wind. Schon gilt Myanmar als das „Goldene Land für Investoren". Nach **Aufhebung der Sanktionen** geben sich ausländische Unternehmen die Klinke in die Hand, 2013 wurde ein neues Gesetz für ausländische Direktinvestitionen verabschiedet. Zur Liberalisierung des Marktes wurden der Bankensektor reformiert und staatliche Einrichtungen privatisiert. Vor allem der Immobilienmarkt erlebt einen beispiellosen Boom.

Auch der **Tourismus** wächst stark und führt zu einem hohen Grad an Beschäftigung. Im Jahr 2014 reisten offiziell 3,5 Millionen Besucher nach Myanmar ein, davon jedoch zwei Drittel meist als Händler über die Landesgrenzen. 47 554 Touristen kamen aus den deutschsprachigen Ländern. Doch auch hier machen militärnahe Einrichtungen und Unternehmen die großen Geschäfte. Bei der Bevölkerung auf dem Land sind die Fortschritte kaum angekommen. Noch immer lebt mehr als ein Viertel der Menschen unter der Armutsgrenze.

## Außenhandel

Myanmars wichtigste Handelsgüter sind: Bodenschätze (fast 50 %), allen voran Erdgas mit 29,4 %; Agrarerzeugnisse (21,5 %), vorwiegend Kautschuk, Reis, Bohnen und Hülsenfrüchte; Textilien (7,9 %); forstwirtschaftliche (8 %) und maritime Produkte (7 %). Der Export von Edelsteinen und Mineralien macht 9 % des Gesamtvolumens aus. Die profitabelsten Bereiche des Außenhandels wie Gas, Öl, Holz, Mineralien und Edelsteine unterliegen nach wie vor der Regierungskontrolle. Meist sind daran staatliche oder halbstaatliche Unternehmen beteiligt, die zwangsläufig mit dem Militär eng verflochten sind und völlig intransparent agieren.

Über zwei Drittel der Exporte gehen in die asiatische Region, allen voran nach Thailand (38,4 %), VR China (26 %) und Indien (10,2 %). Beim Import führen VR China (29,8 %), Singapur (21,2 %) und Thailand (10 %) die Liste an. Es werden vor allem Konsumgüter und Produktionsteile eingeführt. Deutschland spielt als Handelspartner eine untergeordnete Rolle. Es importierte 2013 Bekleidung und forst- bzw. landwirtschaftliche Güter im Wert von 55,8 Mio. Euro. Myanmar führte deutsche Industriegüter im Wert von 126,6 Mio. Euro ein.

Alle Wirtschaftsdaten sind jedoch mit Vorsicht zu genießen, denn ein Großteil des Handels findet auf illegalem Wege statt. Die meisten Güter gelangen auf verschlungenen Pfaden ins In- und Ausland.

Unbestreitbar hat Myanmar ein enormes Wirtschaftspotenzial. Doch muss das Land noch viele Hausaufgaben machen. Der Ausbau der Infrastruktur, die Sicherung der Energieversorgung und Ausbildung qualifizierter Fachkräfte sind nur einige der Herausforderungen. Es wird noch lange dauern, bis dieses arme reiche Land den wirtschaftlichen Stand anderer asiatischer Nationen erreicht.

### Kampf ums Überleben

Bei ständig steigenden Lebenshaltungskosten kommt der Durchschnittsbürger nur mit Mühe über die Runden. An eine Einkommensverbesserung ist gar nicht zu denken. Ein Lehrer verdient monatlich etwa 100 000 Kyat, ein höherer Angestellter etwa das Doppelte. Dabei kostet bereits 1 kg Reis mittlerer Qualität über 800 Kyat. Folglich kann er mit seinem Beruf die durchschnittlich 4- bis 5-köpfige Familie nicht ernähren, denn sie verzehrt etwa 2 kg Reis pro Tag. Daher muss auch seine Frau arbeiten gehen, eventuell sogar seine Kinder. Er selbst braucht einen Nebenjob, der ihm oft mehr einbringt als sein eigentlicher Beruf. So ist es nicht verwunderlich, dass er seine Hauptarbeit vernachlässigt und käuflich wird.
Korruption durchzieht alle Lebensbereiche: Der Polizist kassiert schwarz, der Arzt im staatlichen Krankenhaus bittet die Patienten, abends zu ihm nach Hause zu kommen, damit sie sich dort gegen Aufpreis privat behandeln lassen, Lehrer erscheinen nicht zum Unterricht und fordern die Schüler auf, bei ihnen Privatstunden zu nehmen. Es ist ein Teufelskreis, der die Entwicklung des Landes lähmt und vor allem für die Ausbildung und medizinische Versorgung fatale Folgen hat. Niemand hat Vertrauen in den Staat und sucht daher seine eigene Überlebensstrategie. Viele verlassen ihre Heimat und arbeiten im Ausland, wo sie als illegal Beschäftigte der Willkür der dortigen Regierungen und Arbeitgeber ausgesetzt sind.

# Religion

**Buddhisten:** knapp 90 %
**Christen:** 6 %
**Muslime:** 4 %
**Hindus:** 0,5 %

Myanmar wird als „Land der Pagoden" besungen und zweifellos dominiert der Buddhismus die Kultur des Landes. Bamar sein heißt zugleich Buddhist sein. Christen und Muslime sind eine Minderheit. Fast unüberschaubar ist die Zahl der Naturreligionen. Vorwiegend unter den verschiedenen Minderheiten verbreitet, zeigen sie sich in einer Vielfalt von Erscheinungsformen. Dabei spielen Ahnenkult, Geisterglaube und schamanische Riten eine große Rolle.

## Nat-Kult

Der Geisterglaube bestimmt nach wie vor den Alltag der Menschen Südostasiens, Birma bildet dabei keine Ausnahme. Zu den Geistern haben die Menschen ein ambivalentes Verhältnis, denn diese können sowohl beschützen als auch Unglück bringen. In Myanmar handelt es sich bei den Nats vorwiegend um personalisierte Territorial- und Naturgeister. Ein Nat – vom Sanskritwort *natha* („Herr" oder „Beschützer") abgeleitet – kann eine verstorbene historische Persönlichkeit, eine legendäre Figur, ein Naturgeist oder sogar eine Hindu-Gottheit sein. Nats fungieren unter anderem als Körperwächter (Kosaung Nat), Hauswächter (Einsaung Nat) oder Dorfwächter (Ywasaung Nat). Zu den Territorialgeistern zählt etwa **U Shin Gyi**, Beschützer der Wasserwege des Ayeyarwady-Deltas, zu den Hauswächtern **Maung Tinde** (S. 270), dem zu Ehren ein Korb mit einer Kokosnuss aufgehängt oder auf einen kleinen Altar gelegt und mit einem roten Stoffstreifen und Blumen geschmückt wird.

Zu den Schutzgeistern zählen aber auch diverse historische und legendäre Gestalten, wie die auf dem Berg Popa verehrte **Popa Maedaw** oder ihre beiden Söhne **Min Gyi** und **Min Lay**. Naturgeister werden nach den Naturphänomenen benannt. So heißt der Schutzgeist eines Waldes **Taw Zaung Nat** (*taw zaung* = Wald) oder eines herausragenden Baumes **Yokkazoe Nat** (*yokkazoe* = Baum). Aus dem Pantheon der Hindu-Gottheiten wurde Saraswati übernommen, die unter ihrem birmanischen Namen **Thuratthadi** als Patronin der Literaten und Musiker gilt und vor allem in Bildungsbelangen konsultiert wird.

### Nat Pwe

Zu wichtigen Anlässen ist ein Nat Pwe unerlässlich. Das kann zum Jahresfest eines bestimmten Nats sein, viel häufiger sind es jedoch private Angelegenheiten, sei es, wenn ein Unglück oder Todesfall das Leben einer Familie überschattet, oder wenn wichtige Entscheidungen anstehen. Dazu wird ein Musikensemble eingeladen und als wichtigste Person eine *Nat gadaw* (Nat-Gattin), um als Medium den Kontakt mit dem Nat aufzunehmen. Oft sind es Frauen oder Transvestiten, die aufgrund ihres ambivalenten Geschlechts sowohl mit männlichen als auch weiblichen Nats kommunizieren können. Ein Nat Pwe kann über Stunden oder gar mehrere Tage gehen und erreicht tänzerisch und musikalisch immer wieder einen neuen Höhepunkt. Dem Nat gadaw wird Geld zugesteckt und Alkohol gereicht, um den Nat anzulocken. Nicht selten gerät einer der beteiligten Zuschauer in Trance und wird von einem Nat „besessen". Dauert dieser Zustand länger an, so bedarf es wiederum einer besonderen Person, oft eines buddhistischen Mönches, um die Person von dem Nat zu befreien.
Die berühmtesten Nat-Feste sind: im Dezember/Januar zu Ehren der Mahagiri-Nats auf dem Berg Popa; im Februar/März zu Ehren des Ko Gyi Kyaw im Dorf Kuni (nördlich von Pakokku); im August das Shwe Kyun Pin-Fest in Mingun und das über fünf Tage gehende berühmteste Nat-Fest zu Ehren der Brüder Min Gyi und Min Lay in Taungbyone; im August oder September findet schließlich das Yadanagu-Fest in Amarapura statt.

Zum Nat kann eigentlich jeder Mensch werden, vorausgesetzt, er stirbt eines plötzlichen Todes, sei es durch Unfall, Krankheit oder gar Mord. So wurde der Trunkenbold **Ko Gyi Kyaw** vom Baum erschlagen (S. 307), und der nach Bago verschleppte König von Chiang Mai, **Mekuti** (reg. 1551–64), starb an Diarrhöe. Die schwangere **Ma Aung Phyu** wurde gar lebendig begraben und ist heute Patronin junger Frauen.

Spätestens seit der Zeit des Bagan-Königs Anawrahta (reg. 1044–77) existiert der offizielle Kult um die 37 Nats. Anfänglich unterdrückte der vehemente Förderer des Buddhismus die Nat-Verehrung und ließ ihre Schreine zerstören. Feste und Tieropfer zu ihren Ehren waren verboten – doch ohne Erfolg. Schließlich entschloss er sich zu einem Kompromiss: Den damals populären 36 Nats fügte er ein Oberhaupt hinzu: **Thagyamin**. Dieser verkörpert den auf dem Berg Meru herrschenden obersten Hindu-Gott Indra, der gleichzeitig unter dem Namen Sakka als Schutzherr des Buddhismus verehrt wird. Somit war gesichert, dass die Nats unter der Lehre Buddhas standen. Daher ist es kein Widerspruch, wenn auf dem Gelände einer buddhistischen Pagode auch ein Nat-Schrein steht.

Im Laufe der Jahrhunderte sah die Namensliste der 37 Nats immer wieder Veränderungen. Neue Nats wurden populär, andere gerieten in Vergessenheit, denn die Bedeutung der Nats hängt stark von ihrer „Effizienz" ab. Taugen sie nichts, so werden sie einfach ignoriert. Die heutige Liste stammt aus der Ära des Königs Bodawpaya (reg. 1782–1819) und wurde von dessen Minister Myawaddi erstellt. Die meisten Nats gehören dem Königshaus an, darunter sind elf Bedienstete des Herrscherhauses, acht Prinzen, vier Königinnen und neun Könige, z. B. Tabinshweti (reg. 1531–51), der von Mon-Rebellen enthauptet wurde, oder Alaungsithu (reg. 1112–1167), der durch die Hand seines Sohnes und Nachfolgers Narathu (reg. 1167–70) getötete Bagan-König.

Im ganzen Land werden darüber hinaus unzählige, meist namenlose Nats verehrt. Einige sind nur von regionaler Bedeutung, wie etwa die in Bago beliebte **Bago Maedaw** oder **Shwenankyin** am Goldenen Felsen. Es scheint, als gehöre das ganze Land den Nats.

## Buddhismus

Wie kaum ein anderes Volk Südostasiens identifizieren sich die Birmanen mit dem Buddhismus. Sie verstehen sich als das „Lieblingsvolk Buddhas" und leiten sogar ihre Herkunft von einem Zweig seiner Sippe, den Shakya, ab. Dieser Zweig soll Chroniken zufolge bereits in vorchristlicher Zeit ins heutige Birma eingewandert sein. Auch in vielen Legenden wird ein direkter Bezug zu Buddha hergestellt, man denke nur an die Entstehungsgeschichte der heute in Mandalay verehrten Mahamuni-Statue (S. 334) oder an die Gründungslegende der Shwedagon, in welcher von den beiden aus Okkala stammenden Kaufleuten **Tapussa** und **Bhallika** erzählt wird. Sie reisten nach Indien, trafen dort auf den Erleuchteten und wurden zu seinen ersten Laienanhängern. Als Geschenk brachten sie acht Haarreliquien Buddhas zurück in ihre Heimat.

Tapussa und Bhallika werden bereits im *Mahavagga*, einer Schrift aus dem Palikanon, erwähnt. Es ist eher unwahrscheinlich, dass das dort ebenfalls erwähnte Okkala wirklich im heutigen Birma lag. Für glaubhafter halten Historiker den Bericht aus dem *Mahavamsa*, einer aus Sri Lanka stammenden Chronik über die Geschichte des Buddhismus aus dem 6. Jh. Dort wird berichtet, dass nach Beendigung der von König Ashoka (reg. ca. 268–239 v. Chr.) im indischen Pataliputra einberufenen Dritten Buddhistischen Synode um 250 v. Chr. der Mönch Moggaliputta Tissa die gelehrtesten Mönche zur Verbreitung des Buddhismus in die Nachbarländer geschickt habe: „Der Thera (Älteste) Moggaliputta ... entsandte Thera Majjhima in das Land im Himalaya und zusammen mit Thera Uttara reiste Thera Sona mit wundersamer Macht nach Suvannabhumi."

Das Land **Suvannabhumi** (Goldenes Land) wird in Chroniken der Mon und Birmanen mit dem Mon-Reich in Verbindung gebracht, allerdings ist die Beweisdecke für diese Annahme dünn. Aber man kann davon ausgehen, dass bereits vor 2000 Jahren die in den Küstenregionen und an den Flussläufen Birmas siedelnden Mon und Pyu in Kontakt mit dem Buddhismus kamen, denn der Seehandel mit dem indischen Subkontinent und mit China war zu jener Zeit bereits sehr ausgeprägt. Vielleicht aufgrund der engen Beziehungen mit Südindien und Sri Lanka setzte sich vor allem der **Theravada-Buddhismus** immer mehr durch. Denn anders ist nicht zu erklären, warum in der Bagan-Zeit ausgerechnet dieser Zweig des Buddhismus zur dominierenden Religion des Landes wurde. Allerdings lassen sich in Bagan und bei den Pyu auch Spuren des Mahayana-Buddhismus finden.



## Ursprung und Lehre

Die „Lehre *(vada)* der Älteren *(thera)*" stützt sich weitestgehend auf die überlieferte Lehre **Gautama Siddhartas**. Der spätere Buddha wurde in das Adelsgeschlecht der Shakya hineingeboren, weshalb ihm auch der Titel Shakyamuni, „der Weise (aus dem Stamm) der Shakya", verliehen wurde. Am Hof seines Vaters, des Königs von Kapilavashtu, führte der Prinz ein bequemes Leben. Alles deutete darauf hin, dass Gautama in die Fußstapfen seines Vaters treten würde, doch im Alter von 29 Jahren verließ er seine Frau Yashodhara und ihren gemeinsamen Sohn Rahula. Da er erkannt hatte, dass alles Leben mit Leiden behaftet ist, wollte er das Dasein eines Hauslosen führen und zog als Wanderasket in der Region umher, besuchte berühmte Gurus (Lehrmeister), um von ihrer Weisheit zu lernen, doch immer wieder enttäuscht und unbefriedigt suchte er weiter. Eine Zeit lang übte er mit fünf Gleichgesinnten extreme Hungeraskese, doch dem Tode nah verwarf er diesen für ihn falschen Weg.

Endlich, nach Jahren harter Übung, wurde der mittlerweile 35-Jährige unter einem *Ficus religiosa* im heutigen Bodhgaya zum Erwachten, zum **Buddha** (von *bodhi* = erwachen). Er hatte die Ursachen allen Leidens und den Weg zu deren Überwindung erkannt. Seine neue Lehre von den **„Vier Edlen Wahrheiten"** und dem **„Achtfachen Pfad"** legte er erstmalig in Sarnath bei Varanasi (Benares) seinen damaligen fünf Mitstreitern dar. Immer mehr Anhänger schlossen sich ihm an, sodass er einen Mönchs- *(bhikkhu sangha)* und später auch einen Orden für Frauen *(bhikkhuni sangha)* gründete. Seine Lehre *(dharma)* verbreitete sich sehr schnell und gewann auch unter Königen und Fürsten Anhänger, die seine Asketenbewegung – seinerzeit eine unter vielen – unterstützten und Buddha immer wieder in ihr Herrschaftsgebiet einluden. Über 40 Jahre lang zog er mit seinen Mönchen von Ort zu Ort, um den *dharma* darzulegen.

Im hohen Alter von 80 Jahren starb er in **Kushinara** im heutigen nordindischen Bundesstaat Uttar Pradesh an einer Lebensmittelvergiftung. Sein Todesjahr ist umstritten. Die buddhistische Zeitrechnung beginnt mit dem Jahr 544 oder 543 v. Chr., andere Traditionen datieren seinen Tod um 484/483 v. Chr. Anhand nordindischer Quellen gehen neuere Forschungen davon aus, dass er erst um etwa 370 v. Chr. gestorben sein muss.

Einer der Grundpfeiler der buddhistischen Lehre ist die Vorstellung, dass alle Erscheinungen dem ständigen Prozess des Werdens und Vergehens unterworfen und daher **unbeständig** *(anicca)* sind. Sie existieren nicht isoliert, sondern entstehen und bestehen in **bedingter Abhängigkeit** *(paticca samuppada)* zueinander. Damit verwirft Buddha die hinduistische Auffas-

### Die Vier Edlen Wahrheiten

In seiner ersten Predigt im Ishipatanapark (Gazellenhain) von Sarnath legte Buddha die Lehre von den „Vier Edlen Wahrheiten" dar. Mit ihnen zeigt er einen klar strukturierten „therapeutischen" Weg aus dem Leiden auf. Er erläutert, was Leiden ist, was dessen Ursachen sind, welches Ziel anzustreben ist und wie der Weg dorthin aussieht:

1. Alles Dasein ist leidvoll.
2. Ursache allen Leidens ist Begierde *(tanha)* und Anhaftung *(upadana)*.
3. Nur durch das Vernichten von Gier *(lobha)* und Hass *(dosa)* kann Leiden überwunden werden.
4. Der Weg dorthin ist der Edle Achtfache Pfad, der sich wiederum in drei Bereiche untergliedert: sittliches Verhalten *(sila)*, wissende Einsichtigkeit *(pañña)* und Konzentration *(samadhi)*. Ihnen sind folgende acht Teile zugeordnet: *pañña:* 1. rechte Ansicht; 2. rechte Gesinnung; *sila:* 3. rechte Rede; 4. rechtes Tun; 5. rechte Lebensführung; *samadhi:* 6. rechte Anstrengung; 7. rechte Achtsamkeit; 8. rechte Meditation.

## Die Frau im Buddhismus

Die Frau spielt im heutigen birmanischen Buddhismus eine untergeordnete Rolle, obwohl Buddha auch einen Nonnenorden *(bhikkhuni sangha)* gründete. Im *Theri Gata*, einem Buch des Palikanons, wird das Leben herausragender älterer Nonnen *(theri)* gepriesen. Dieser Nonnenorden hat in Birma nie existiert. In Sri Lanka, dem einzigen theravada-buddhistischen Land, in welchem es ihn gab, ist er bereits im 11. Jh. verschwunden und erst Ende der 1990er-Jahre wiederbelebt worden. Trotzdem gibt es bereits seit Jahrhunderten Frauen, die den für Ordinierte vorgeschriebenen neun bzw. zehn Sittenregeln *(sikkhapada)* folgen. Sie werden daher Thilashin, „Herr(inn)en *(shin)* der Regeln *(thila)*", genannt. Die Thilashin scheren sich die Haare und kleiden sich in weißrosa Gewänder. Ältere, oft kinderlose Frauen leben auf dem Gelände eines Mönchsklosters von den Almosen der Gläubigen und verrichten einfache Dienste für die Mönche. Eine wachsende Zahl von Frauen lebt in einer der 2700 offiziell anerkannten Klostergemeinschaften. Im Gegensatz zu den Mönchen gehen sie nicht auf den allmorgendlichen Almosengang, sondern sammeln zweimal wöchentlich die Spenden ein. Ansonsten gehen sie buddhistischen Studien nach oder kümmern sich um soziale Belange.
Seit geraumer Zeit ist eine Aufwertung der Thilashin zu beobachten. In Sagaing und Yangon studieren junge Thilashin an den buddhistischen Universitäten, manche erlangten mit dem Titel Dharmachariya die Lehrbefugnis.

sung, dass der Welt ein ewiges göttliches Sein *(brahman)* und den Lebewesen ein unveränderbares Selbst *(atman)* zugrunde liegt. Für ihn ist dies nur ein Versuch des Menschen, sich und der Welt Dauerhaftigkeit zu verleihen. Doch dies ist eine Illusion *(avijja)*, aus welcher heraus **Leiden** *(dukkha)* entsteht. Dukkha kann auch als permanente Frustration verstanden werden, die aufgrund der Anhaftung des Menschen an diesem Wunschbild entsteht.

Das empirische Ich ist ein sich unentwegt wandelndes Zusammenspiel der **fünf Daseinsgruppen** *(khandhas)*: Körper, Sinnesempfindungen, Sinneswahrnehmung, Geistesregung und Bewusstsein.

Die Reinkarnation im Sinne von Wiederfleischwerdung des Selbst, also eine Art Seelenwanderung, wie es vielfach die einfachen Buddhisten annehmen, gibt es nicht. Was wiedergeboren wird, ist die im Laufe eines Lebens angesammelte **karmische Energie**. Sie entsteht, wenn Denken und Tun *(karma)* von Gier, Hass und Verblendung motiviert sind. Erst wenn der Mensch vollkommen frei davon ist, kann der **Wiedergeburtenkreislauf** *(samsara)* beendet werden. Dieser schwer zu definierende Zustand der vollendeten Freiheit wird **Nirvana** (Pali: *nibbana)* genannt. In einem Text aus dem Palikanon, dem *Sutta Nipata*, wird Nirvana folgendermaßen beschrieben: „Wie die Flamme, die von der Kraft des Windes ausgelöscht wird, an ihr Ende kommt und erlangt, was keiner beschreiben kann – so gelangt der schweigende Weise, befreit von Name und Form, ans Ziel und erreicht einen Zustand, den keiner beschreiben kann (...). Sind alle Bedingungen beseitigt, dann sind auch alle Wege der Sprache beseitigt."

## Buddhismus und Meditation im Internet

Siehe auch S. 72, Meditationsstudium.

**www.dhamma.org**
Die zentrale Seite über Vipassana-Meditation mit Infos und Adressen.

**www.palikanon.com**
Umfangreiche Seite mit Teilen des *Tipitaka* auf Deutsch.

**www.buddhanetz.org**
Umfangreiche Informationen über den „engagierten Buddhismus".

**www.buddhanet.net**
Portal mit vielen Infos und Texten über den Buddhismus, auch zu Myanmar.

**www.retreat-infos.de**
Viele Infos und Adressen zur Meditationspraxis mit „Retreatführer" zum Herunterladen.

LAND UND LEUTE

Mit dem Tod nach der letzten Wiedergeburt, in der man zur höchsten Stufe der Vollkommenheit gelangt ist, wird Parinirvana, das komplette Verlöschen, erreicht.

## Buddhistisches Verhalten

Ein zentraler Gedanke des Buddhismus ist der **Mittlere Weg** *(majjhima patipada)*, demzufolge der Mensch Extreme vermeiden soll. Sowohl radikale Askese als auch ausschweifender Lebenswandel schaden ihm und verhindern seine spirituelle Entwicklung. Es ist der Pfad der goldenen Mitte, der „sehend macht, Wissen erzeugt, zu Beruhigung der Leidenschaften, zu höherer Erkenntnis, Erleuchtung und Verlöschen führt" (so steht es im *Samyutta Nikaya*).

Das Verhalten des Menschen wird von **Sittenregeln** *(sikkhapada)* bestimmt. Folgende fünf gelten für alle Buddhisten: nicht töten, nicht stehlen, keine sexuellen Verfehlungen begehen, nicht lügen und keine berauschenden Mittel zu sich nehmen. Mönche, Nonnen und Novizen dürfen überhaupt keinen sexuellen Verkehr haben. Darüber hinaus gelten für Mönche weitere fünf, für Nonnen vier Sittenregeln: Sie dürfen nach 12 Uhr keine Nahrung mehr aufnehmen, müssen sich von Vergnügungen fernhalten, jede Art von Schmuck und Pomp vermeiden, dürfen nicht in bequemen Betten schlafen und – das gilt nicht für Nonnen – kein Gold und Silber annehmen.

Die Spendenfreudigkeit der birmanischen Buddhisten ist kaum zu übersehen. Unsummen werden für Pagoden und Klöster gespendet. Kein Wunder, denn die **Freigiebigkeit** *(dana)* bringt den Gläubigen laut buddhistischer Lehre gleich „fünffachen Segen" ein: Sie macht sie beliebt, bringt sie mit guten Menschen zusammen, führt zu einem guten Ruf und stärkt das Selbstbewusstsein. Vor allem garantiert *dana* eine himmlische Wiedergeburt, vorausgesetzt, das Geben geschieht aus Uneigennutz. Die Buddhisten sollen sich allen Wesen liebevoll zuwenden *(metta)*, ihnen sowohl Mitgefühl *(karuna)*als auch Mitfreude *(mudita)* erweisen und dabei gleichzeitig gelassen *(upeksha)* bleiben, um sich nicht in positive oder negative Gefühle zu verstricken.

## Leben als Mönch

Höhepunkt im Leben eines birmanischen Jungen ist die **Shin Pyu-Zeremonie**. Mit ihr tritt er in die Fußstapfen Buddhas, auch wenn es nur für kurze Zeit ist. Seine Familienangehörigen und

Bei der Shin Pyu-Zeremonie werden birmanische Jungen feierlich ins Kloster gebracht.

© MARTIN H. PETRICH

### Tipitaka – der Palikanon

Bald nach Buddhas Tod hielten seine Schüler in Rajagaha die Erste Buddhistische Synode ab, um seine Lehre verbindlich festzulegen. Die damalige regionale Verkehrssprache war Pali, weshalb man die als ursprüngliche Lehre anerkannten Texte auch Palikanon nennt. Nach mehreren Jahrhunderten der mündlichen Überlieferung schrieben im 1. Jh. v. Chr. Mönche des singhalesischen Höhlenklosters Aluvihara den Palikanon erstmalig auf Blättern der Talipotpalme nieder. Er wird in drei Textgruppen eingeteilt: die Ordensregeln (Vinaya-Pitaka), die Lehrreden Buddhas (Sutta-Pitaka) und die erst später hinzugefügte systematisierte Lehre (Abhidhamma-Pitaka). Da die Palmblattmanuskripte in drei Körben aufbewahrt wurden, nennt man den Palikanon auch auf Pali „Tipitaka" („Drei Körbe", Sanskrit: Tripitaka). In gedruckter Form haben die Texte etwa einen Umfang von 38 Büchern mit jeweils 400 Seiten.

Freunde begleiten den prachtvoll gekleideten Jungen mit Musik und Tanz zum Kloster. Auf den Schultern getragen oder auf einem geschmückten Pferd sitzend sieht er in seinen edlen Gewändern wie ein Prinz aus. Die Gewandung soll an die königliche Herkunft des Gautama Siddharta und späteren Buddha erinnern. Dessen Weg in die Heimatlosigkeit wird in dieser Zeremonie nachgeahmt. Am Kloster angekommen, schneidet ihm ein Mönch die Haare. Die stolzen Eltern halten unter seinen Kopf ein Tuch, um die Haare aufzusammeln. Er kniet vor dem Abt *(sayadaw)* und bittet um die Aufnahme ins Kloster. Nun legt man ihm die Mönchsrobe an und hängt die Almosenschale über seine Schulter. Die folgenden Tage oder Wochen lebt er als Novize *(koyin)* im Kloster. Dann kehrt er wieder ins „normale" Leben zurück.

Auch in späteren Jahren, meist im Alter von 20 Jahren oder vor besonderen Lebensabschnitten, tritt ein Birmane nochmals in ein Kloster ein, um eine Zeit lang als Mönch zu leben. Er möchte für sich und seine Familie Verdienste erwerben. Wer aus einer kinderreichen armen Familie kommt, wird von seinen Eltern oftmals ins Kloster geschickt, weil er auf diese Weise eine bessere Schulbildung erhalten kann. Über Jahrhunderte hinweg war das Kloster zugleich auch **Schule**, in ländlichen Regionen ist dies bis heute der Fall. Ältere Mönche bringen den Kindern das Lesen und Schreiben bei. Auch Mädchen können mit Einwilligung der Eltern und Mönche den Unterricht besuchen. Der Begriff für Kloster, *kyaung*, wird auch synonym für Schule verwendet.

Die landesweit mehr als 170 000 Mönche *(pongyi)* genießen traditionell ein hohes Ansehen und stehen sogar über den obersten politischen Machthabern. Selbst jungen Novizen wird höchster Respekt *(kadaw)* entgegengebracht. Manche Mönche sind als Meditationslehrer bekannt und ziehen zahlreiche Schüler aus dem In- und Ausland an. Ganz wenige gelehrte Mönche haben es in ihrer langjährigen Ausbildung sogar so weit gebracht, den gesamten Palikanon (s. Kasten) auswendig zu kennen. Vor allem einfache Leute fühlen sich von Mönchen angezogen, die angeblich über magische Kräfte verfügen. Ihre Fotos werden als Amulett verwendet und hängen in Häusern und Fahrzeugen, um Schaden abzuwenden. Auch Politiker suchen gerne einflussreiche Mönche auf, weil sie sich dadurch ein höheres Ansehen beim Volk erhoffen. Kaum ein Tag vergeht, an dem dies nicht in den birmanischen Medien ausführlich erwähnt wird.

## Christentum und Islam

Mit den Kolonialherren kamen auch **christliche Missionare** nach Birma in der Hoffnung, das Land der christlichen Zivilisation zuzuführen. Als Pionier gilt der amerikanische Baptist Adoniram Judson, der 1813 erstmalig birmanischen Boden betrat und 1820 die erste Einheimische taufte. Allerdings waren die Missionierungsversuche nur beschränkt erfolgreich. Während sich die Buddhisten ihnen hartnäckig widersetzten, zeigten sich einige der ethnischen Minderheiten offen für die neue Religion, vor allem die Chin, Kachin und Kayin. Es war weniger die Lehre, die sie zur Konversion bewegte, sondern die damit verbundene Möglichkeit, eine bessere Gesundheitsversorgung und Bildung zu genießen. So etablierte sich unter den ethnischen Minderheiten eine signifikante christliche Gemeinde mit überdurchschnittlichem Bildungsniveau. Sie spielte später in den Befreiungsbewegungen, die sich in den ersten Jahren der Unabhängigkeit formierten, eine Schlüsselrolle. Gute Beispiele dafür sind die Karen National Union (KNU) und die Kachin Independent Organization (KIO), die bis heute von christlichen Anführern dominiert werden.

Nach der Unabhängigkeit wurden ausländische Missionare mit wenigen Ausnahmen des Landes verwiesen. Im Zuge seiner Verstaatlichungspolitik verbot General Ne Win in den 1960er-Jahren christliche Einrichtungen wie Krankenhäuser und Bildungsstätten. Daran hat sich bis heute nichts geändert, auch wenn die Christen ihre Religion uneingeschränkt ausüben können. Immerhin ist es ihnen gestattet, in begrenztem Rahmen soziale Programme durchzuführen. Mittlerweile spielen sie eine äußerst wichtige Rolle in Bereichen der Armutsbekämpfung und Aids-Prävention. Ein Großteil der Christen gehört den **protestantischen Kirchen** an, wobei Baptisten und Anglikaner die Mehrheit bilden. Sie sind im Myanmar Council of Churches (MCC) zusammengeschlossen, der seinen Vorläufer im 1913 gegründeten Missionsrat hat.

Auch wenn die Katholiken auf eine längere Missionsgeschichte zurückblicken können – die erste permanente katholische Mission wurde 1720 mit Stationen in Bago und Inwa gegründet –, bilden sie heute nur eine kleine Minderheit von etwa 600 000 Mitgliedern. Ihre Gemeinden sind im ganzen Land verstreut und in zwölf Diözesen zusammengefasst.

Im größeren Stil fasste der **Islam** erst im Zuge der Kolonialisierung in Birma Fuß. Zu seinen Anhängern gehören heute vorwiegend Abkömmlinge von Einwanderern aus Südasien. Darüber hinaus gibt es noch Panthay, chinesische Muslime, die seit Jahrhunderten den Handel auf den Landrouten zwischen China und Südostasien dominieren und sich in Mandalay oder anderen nördlich gelegenen Städten niedergelassen haben. Im Gegensatz zu den Christen sehen sich die Muslime immer wieder brutalen Übergriffen ausgesetzt. Bereits während der japanischen Besatzungszeit flüchteten Hunderttausende von südasiatischen Migranten vor der Verfolgung durch die Birmanen zurück in ihre alte Heimat. Der Flüchtlingsstrom hielt auch noch nach der Unabhängigkeit an. Bis in die Gegenwart gibt es Angriffe auf muslimische Einrichtungen, oft auch unter führender Beteiligung buddhistischer Mönche. 2012/13 kam es in mehreren Städten zu brutalsten Übergriffen mit zahlreichen Toten, zerstörten Moscheen und niedergebrannten Häusern. Völlig desolat ist die Lage der in Rakhine siedelnden muslimischen Rohingyas, die als Volksgruppe nicht anerkannt und daher staatenlos sind (S. 103).

# Kunst und Kultur

Aufgrund der Jahrzehnte währenden Isolation Myanmars sind die traditionellen Handwerkskünste noch nicht so stark dem Kommerz verfallen wie dies in anderen asiatischen Ländern der Fall ist. Allerdings hat der aufkommende Tourismus schon heute zu einem enormen Qualitätsverlust geführt, etwa bei Lackwaren und Stickereien. Andererseits stellt er für die Handwerker eine gute Einkommensquelle dar und sichert den Weiterbestand der Künste. Die Birmanen unterscheiden zehn unterschiedliche Kunstrichtungen und nennen sie *pan hsae myo*, die „zehn Blumen":

1. Schmiedekunst *(pabae)*
2. Gold- und Silberschmiedekunst *(padein)*
3. Metallguss *(padin)*
4. Stukkatur *(pandawt)*
5. Modellierkunst *(pabut)*
6. Drechselkunst *(pabu)*
7. Bildhauerei *(pantamawt)*
8. Steinmetzkunst *(payan)*
9. Malerei *(pachi)*
10. Lackkunst *(panyun)*

## Holzschnitzkunst

Beim Besuch eines Holzklosters lässt sich erkennen, wie hochstehend die Holzschnitzkunst Birmas ist. Viele Beispiele stammen noch aus dem 19. Jh., ältere Exemplare sind den zahl-

## Zeitgenössische Kunst

Kunstinteressierte können sich in den zahlreicher werdenden Galerien des Landes einen Eindruck moderner und zeitgenössischer Werke verschaffen. Was 1971 mit der Eröffnung der ersten staatlich unabhängigen Lokanat Art Gallery in Yangon begann und als Meilenstein in der freien Kunstszene Myanmars gefeiert wurde, setzt sich seit Anfang der 1990er-Jahre mit der Etablierung weiterer privat geführter Ausstellungsorte fort. In Yangon versuchen Galerien wie das Studio Square oder die Inya Art Gallery einheimischen Künstlern eine Plattform für progressive Ausdrucksformen zu bieten und ein Forum für Austausch und Ausbildung zu sein, während die staatlichen Kunstschulen immer noch stark an den traditionellen Stilen und Techniken festhalten, wie sie schon zur Kolonialzeit gelehrt wurden.
Zeitgenössische Maler bauen auf den Arbeiten der Pioniere U Khin Maung (Bank), Bagyi Aung Soe und Paw Oo Thet auf, die in den 1940er-Jahren erstmals individuelle künstlerische Wege beschritten, indem sie alte birmanische Darstellungsformen mit Einflüssen aus Europa mischten.
Die lange Isolierung Myanmars brachte den künstlerischen Diskurs mit anderen Teilen der Welt für drei Jahrzehnte nahezu zum Erliegen. Lediglich ausländische Einrichtungen wie die Alliance Française und das American Center boten Interessierten einen Raum zum Studieren neuer Strömungen und Ausstellen freier Arbeiten an. In staatlichen Galerien unterlagen Kunstwerke der Zensur und ihre Schöpfer den engen Vorgaben, wie angemessene Kunst auszusehen habe.
Erst mit der Öffnung Myanmars nach 1988 wurde der internationale Austausch wieder möglich, und spätestens seit dem Einzug des Internets sind dem Informationsfluss kaum Grenzen gesetzt. So bedienen sich die Kunstschaffenden heute aller gängigen Gestaltungsformen wie Malerei, Bildhauerei, Performance-, Installations- und Videokunst, auch wenn die staatliche Zensur nach wie vor in abgeschwächter Form existiert. Ihre Werke erregen zunehmend Interesse im Ausland und werden regelmäßig mit Preisen ausgezeichnet. So erhielten Maler wie Aung Myint und Min Zaw den renommierten ASEAN Art Award.

*Jessica Ehlebracht und Yasmin Rams*



reichen Kriegen und der tropischen Witterung zum Opfer gefallen. Die Holzplastiken, vorwiegend Buddha- und Nat-Figuren, werden meist mit Lack grundiert und anschließend bemalt, manchmal auch mit Buntglas oder Edelsteinen verziert. Die älteste bekannte Holzfigur ist die Statue des Thagyamin im Schrein der 37 Nats auf dem Gelände der Shwezigon-Pagode in Bagan. Als Material wird vorwiegend das noch reichlich vorhandene Teakholz *(Tootona grandis)* verwendet. Kleinere Figuren können auch aus Sandelholz sein, das allerdings importiert werden muss und daher teuer ist.

## Buddhistische Ikonografie

In den ersten Jahrhunderten nach Buddhas Tod vermied man seine bildhafte Darstellung, denn er war kein Gott, sondern ein realer Mensch. Deshalb wies man nur durch Symbole auf ihn hin, etwa durch einen Stupa, ein Rad, einen Fußabdruck oder einen Bodhi-Baum. Zu Beginn des 2. Jhs. n. Chr. entstanden in Mathura (südlich von Delhi) und Gandhara (heute Pakistan und Afghanistan), den beiden Zentren des Kushan-Reiches, die ersten Bildnisse. Schon damals übertrugen die Künstler die „32 Kennzeichen eines Großen Wesens" *(Mahapurusha lakshana)* auf die Gestalt Buddhas. Viele von ihnen beziehen sich auf das Aussehen eines wohlproportionierten Körpers: gerade Gliedmaßen, lange Finger und bis über die Knie reichende Arme, Beine einer Antilope, Kinn und Oberkörper eines Löwen, dunkelblaue Augen mit den Wimpern einer Kuh, 40 gleichmäßige, strahlend weiße Zähne usw. Einige von ihnen sind zum Charakteristikum einer jeden Buddha-Darstellung geworden, dazu gehören ein Schädelauswuchs *(ushnisha)*, kurz gelockte Haare, eine als

Punkt angedeutete Haarlocke zwischen den Augenbrauen *(urna)*, drei Halsfalten, lange Ohren und eine Radabbildung an den Fußsohlen.

## Mudras und Asanas

Handhaltung *(mudra)* und Körperposition *(asana)* einer Buddha-Abbildung sind in der buddhistischen Ikonografie genau festgelegt und lassen dem Künstler kaum Spielraum. Sie erinnern an Lebensereignisse des Erleuchteten oder Aspekte seiner Lehre. Eine **liegende** Buddhafigur erinnert an seinen Tod und Eingang ins Parinirvana. Eine **stehende** oder (in Birma nur auf Malereien dargestellte) **schreitende** Figur bezieht sich auf seine Rückkehr aus dem „Himmel der 33 Götter" (Tavatimsa), wo er eine Regenzeit lang seiner Mutter Maya die Lehre darlegte. Am häufigsten ist die Darstellung Buddhas im **Meditationssitz**, wobei seine beiden Beine gekreuzt sein können oder nur ein Bein auf dem anderen ruht. Seltener finden sich Darstellungen im **„europäischen Sitz"** mit nach unten ausgestreckten Beinen.

Die sechs klassischen Handhaltungen sind:

**Abhaya-mudra**
In dieser Geste der Furchtlosigkeit und Ermutigung sind ein oder zwei Hände erhoben. Die Handflächen weisen nach außen, die Finger nach oben. Dieses *mudra* kommt meist bei stehenden Figuren vor.

**Bhumisparsha-mudra** (Erdberührung) oder **Maravijaya-mudra** (Sieg über Mara)
Diese am häufigsten vorkommende Handhaltung erinnert an die Versuchung Buddhas durch Mara kurz vor seiner Erleuchtung. Mara (wört-

### Mudras

lich „Tod" oder „Mörder") ist die Verkörperung der Leidenschaften und des Begehrens. Als Zeugin seiner Standhaftigkeit berührt Buddha mit seiner rechten Hand die Erde. Auf Malereien oder Reliefs wird die daraufhin erscheinende Erdgöttin (birmanisch: Wathoundaye) dargestellt. Sie wringt ihr langes Haar aus und schwemmt mit dem herausfließenden Wasser die Armee des Mara weg. Das Wasser ist Symbol für die vielen guten Taten der früheren Inkarnationen Buddhas.

**Dharmachakra-(pravartana)-mudra**
Daumen und Zeigefinger beider Hände, die sich auf der Höhe der Brust befinden, bilden einen Kreis, wobei die Fingerspitzen sich berühren. Die übrigen Finger sind ausgestreckt. Diese Geste des Andrehens des Rades *(chakra)* der Lehre *(dharma)* erinnert an die erste Predigt von Sarnath, in der Buddha die Vier Edlen Wahrheiten darlegt.

**Dhyana-mudra**
Beide Hände liegen flach ineinander und ruhen im Schoß. Dies ist die Haltung der Meditation *(dhyana).*

**Varada-mudra**
Die Finger der nach außen hin geöffneten Hand weisen in Richtung Erde. Damit erinnert man an Buddhas Güte und Großherzigkeit.

**Vitarka-mudra**
Ähnlich wie beim Dharmachakra-mudra, allerdings nur mit einer erhobenen Hand, formen Daumen und Zeigefinger einen Kreis. Die restlichen Finger sind wieder gespreizt. Diese Handhaltung erinnert an die argumentative Kraft des lehrenden Buddha.

Neben diesen klassischen Handhaltungen gibt es noch einige weitere, z. B. das **Vajrapradama-mudra**, bei welchem der stehende Buddha seine beiden Hände auf Brusthöhe ineinander gelegt hat, was auf sein wie ein Diamant *(vajra)* unzerstörbares Selbstbewusstsein *(pradama)* hinweist.

Buddha wird meist mit seiner Mönchsrobe dargestellt, doch gibt es auch häufig Bildnisse, die ihn mit Krone und königlichem Gewand zeigen. Hier wird Buddha mit der urindischen Vorstellung des gerechten Weltenherrschers *(chakkavatti)* gleichgesetzt. Im *Mahaparinibbana-Sutta*, dem Bericht über den Tod Buddhas, wird ihm der Titel „König der Könige" verliehen. Wo mahayana-buddhistische Einflüsse vorhanden sind, kann es sich auch um eine Darstellung des zukünftigen Buddhas Maitreya handeln.

## Buddhistische Architektur

Zweifelsohne fällt dem Besucher zuerst Birmas religiöse Architektur ins Auge. Dies hat auch damit zu tun, dass bis in die jüngere Vergangenheit feste Baumaterialien (meist Ziegelstein) ausschließlich Sakralbauten vorbehalten waren, während weltliche Gebäude (einschließlich des Königspalastes) aus Holz oder anderen vergänglichen Baustoffen errichtet wurden und entsprechend dem Zahn der Zeit zum Opfer fielen. Dass in Birma so viele buddhistische Heiligtümer entstanden sind, hat verschiedene Gründe. Zum einen liegt es daran, dass neue Herrscher, vor allem während der nur 133 Jahre währenden Ära der Konbaung-Dynastie, häufig ihren Königssitz verlegten. Folge dieser Praxis war, dass neben einem neuen Palast auch zahlreiche neue Tempel und Klöster gegründet wurden. Darin zeigt sich die bis heute ungebrochene Tradition, aus religiösen Gründen einen neuen Zedi oder zumindest einen kleinen Schrein zu stiften. Die Gläubigen wollen mit dieser Schenkung Verdienste für die kommende Wiedergeburt ansammeln. Zudem gewinnen sie dadurch einen höheren Status in der Gesellschaft; sie hinterlassen ein Denkmal für die Nachwelt und sichern den Fortbestand der buddhistischen Religion.

### Der Stupa

Nach dem Tod Buddhas wurden seine Reliquien in acht Teile geteilt, damit die damals acht darum buhlenden Staaten sie gleichermaßen verehren konnten. Zur Aufbewahrung wurden sie in Grabhügel (Stupas) eingeschlossen, wie sie Königen vorbehalten waren. Daraus entwickelte sich im 3. Jh. v. Chr. unter Ashoka ein **Stupa-Kult**, der sich in den buddhistisch werdenden

Ländern ausbreitete und eine große Formenvielfalt entwickelte. Mit diesem Kult ist eine reichhaltige buddhistische Symbolik verbunden. Der Stupa erinnert an den steilen Weg, der aus dem Wiedergeburtenkreislauf zum Nirvana führt und symbolisiert somit Buddha und seine Lehre. Daher sind in einer kleinen Kammer im Innern des Stupa Reliquien, kleine Buddhastatuen und Texte aufbewahrt. Schließlich symbolisiert er auch den Berg Meru, welcher der hindu-buddhistischen Mythologie zufolge der Mittelpunkt der Welt ist.

Auch wenn die Gestalt eines Stupas eine enorme Vielfalt aufweist, gibt es eine Reihe von Gemeinsamkeiten. Die Basis ist quadratisch, manchmal auch achteckig, und besitzt mehrere, sich verjüngende Terrassen, deren Anzahl (traditionell sind es drei) immer ungerade sein muss. Auf ihnen ruht der ursprünglich halbrunde, in Birma meist glockenförmige *anda* (Halbkugel).

Einen quadratischen Aufsatz *(harmika)*, wie er in Sri Lanka üblich ist, gibt es fast nur in Bagan. In Birma geht der *anda* meist in eine Spitze über, die aus bis zu 13 kleiner werdenden Ringen *(chattra)* bestehen kann. Sie wird entweder von Lotosknospen oder Bananenblütenknospen unterbrochen oder abgeschlossen.

An der Spitze eines Zedis befindet sich ein vergoldeter Schirm *(hti)* aus Metall. Dieser wiederum besitzt an seinem Ende eine kleine Wetterfahne mit einer Kugel zum Abschluss, welche die Erleuchtung symbolisiert.

### Stupa, Zedi oder Pagode?

Für ein buddhistisches Heiligtum gibt es eine verwirrende Vielzahl von Namen. Einen Stupa nennt man in Birma *zedi*. Der Name leitet sich von dem Pali-Wort *cetiya*, „heilige Stätte", ab. Ursprünglich wurden damit klösterliche Versammlungshallen bezeichnet. Stupa ist ein Wort aus dem indischen Sanskrit und steht für „Erdhügel". Sein Wortstamm *stup* (Pali: *thupa)* bedeutet „Haarknoten", aber auch „aufrichten", „erhöhen". Der Name Pagode bezeichnet einen einzelnen Stupa, wird aber auch auf den gesamten Komplex eines buddhistischen Heiligtums bezogen. Er hat sich aus dem in Sri Lanka gebräuchlichen Wort *dagoba* entwickelt und leitet sich von dem Pali-Wort *dhatugarbha*, „Reliquienkammer", ab. Schließlich verwenden die Birmanen auch noch den Begriff *paya* (von dem Sanskritwort *brah*, „heilig") und meinen damit heilige Stätten aller Art. Mit *pahto* werden begehbare Schreine oder Tempelgebäude, wie etwa der Ananda-Tempel in Bagan, bezeichnet.

## Kyaung – das buddhistische Kloster

Zedis können vereinzelt stehen oder in ein Kloster *(kyaung)* eingebunden sein. Das *kyaung* ist aus einem größeren Dorf nicht wegzudenken und stellt dessen religiöses und soziales Zentrum dar. Es ist nicht allein ein Ort der religiösen Praxis, sondern auch Schule, Spielplatz, Treffpunkt der Alten und Unterkunft für Reisende. Die Gebäude auf dem Gelände eines *kyaung* sind traditionell aus Holz gebaut, allerdings finden sich in neuerer Zeit auch Steinbauten, die teilweise noch von attraktiver Kolonialarchitektur geprägt sind (z. B. in Sagaing). In den größeren der landesweit über 52 000 Klöster gibt es eine eigene Ordinationshalle *(thein)* für Mönche.

Treffpunkt für die Gläubigen und Mönche ist der *tazaung*, eine geräumige Halle, in der religiöse Zeremonien und Mönchsspeisungen abgehalten werden. Oft befindet sich über der bedeutendsten Buddhastatue im *tazaung* ein steiles mehrstöckiges Dach, *pyat that* genannt.

Weitere wichtige Gebäude sind die Wohnräume für die Mönche, ein Glockenturm sowie eine Bibliothek *(pitaka taik)*. Wenn Klöster häufig besucht werden, besitzen sie meistens einen *zayat*, das ist eine überdachte offene Halle, in der die Pilger sich ausruhen oder auch übernachten können. Auf dem Gelände gibt es kleinere Schreine *(gyo daing)* zur Verehrung von Buddhafiguren, Nats oder auch Statuen wichtiger Persönlichkeiten. Eine Mauer schließt das Klostergelände ein, um Tiere fernzuhalten. Gleichzeitig stellt sie die Trennlinie zwischen profanem und säkularem Bereich dar. Daher ist es üblich, dass Gläubige – nicht Mönche! – bereits beim Betreten des Klostergeländes ihre Schuhe ausziehen.

© MARTIN H. PETRICH

Das Shwenandaw-Kloster in Mandalay war einst ein Privatgemach König Mindons.



## Buddhistische Baustile

Ethnische Eigenarten und kulturelle Einflüsse haben ihre Spuren in der buddhistischen Architektur hinterlassen. Im Großen und Ganzen werden folgende regional und zeitlich abgegrenzten Baustile unterschieden:

### Pyu

Die frühesten buddhistischen Kultbauten auf birmanischem Boden befinden sich in den alten Zentren der Pyu: in Beikthano, Thayekhittaya (Sri Ksetra) bei Pyay und im unweit von Shwebo gelegenen Halin. In der ältesten Pyu-Siedlung Beikthano lassen die Fundamentreste der zwischen dem 1. und 5. Jh. errichteten Ziegelsteinbauten deutlich indische Vorbilder erkennen. So weist die Basis eines Stupas Ähnlichkeiten mit den Stupas von Amaravati und die Reste eines Klosterbaus Parallelen zu Anlagen aus Nagajunakonda auf. Die beiden südindischen Orte waren bereits während der Zeit des indischen Königs Ashoka (3. Jh. v. Chr.) bedeutende Zentren, von denen wichtige kulturelle Impulse in den südostasiatischen Raum ausgingen.

Zwischen dem 5. und 10. Jh. datierte Pyu-Stupas zeigen eigenständige, recht eigenwillige Bauformen, die unter der Bezeichnung **Pyu-Stil** zusammengefasst werden. Dazu gehören der zylindrische Baw Baw Gyi in Thayekhittaya, der gurkenförmige Bupaya und der einem Ei ähnelnde Ngakywenadaung in Bagan. Neben Stupas wurden in den Pyu-Städten innen hohle, begehbare Tempel, *pahto* genannt, errichtet. Sie dienten später als Vorbild für die *pahto* in Bagan.

### Mon

Von den Mon sind kaum architektonische Zeugnisse aus der Frühphase erhalten geblieben. Dies mag daran liegen, dass ihre alten Städte wie Thaton oder Bago nie vollständig verlassen wurden, sondern permanent besiedelt waren und ihre Sakralbauten daher immer wieder nach dem jeweiligen Geschmack der Zeit erneuert wurden. Als Markenzeichen für Stupas im Mon-Stil gilt ihre achtseitige Form, die sich von der Basis bis an die Spitze durchzieht. Allerdings sind nur wenige frühe Beispiele erhalten, darunter in Winka, 28 km nordwestlich von Thaton, aus dem 6. Jh. Diese Form ist aber auch in Rakhine zu finden. Es fällt auf, dass kaum Gemeinsamkeiten mit der thailändischen **Dvaravati-Kultur** (6.–11. Jh.) bestehen. Aus jener Zivilisa-

## Die vielen Leben Buddhas

Hauptthema der Tempeldarstellungen ist die Illustration der zahlreichen Verkörperungen Buddhas. Einerseits sind dies seine früheren Existenzen als Bodhisattva (Erleuchtungswesen), die in den **Jataka** (Geburtsgeschichten) gesammelt sind, andererseits seine letzte Inkarnation als Gautama Buddha. Sie haben die Funktion, den gläubigen Buddhisten an die Taten des Erleuchteten zu erinnern und ihn zur Nachfolge zu bewegen. Die Lebensbeschreibung Buddhas ist mit zahlreichen Wundertaten ausgeschmückt. Ihre schriftliche Überlieferung basiert auf den Schriften des Palikanons, etwa der erst spät in den Kanon aufgenommenen Buddha-Vita *Buddhavamsa* (Genealogie der Erleuchteten). In dieser Schrift aus dem 3. Jh. n. Chr. werden insgesamt 25 Buddhas beschrieben, darunter die vier bereits erschienenen Buddhas des jetzigen Weltzeitalters *(bhadrakalpa)*: 1. Kakusandha, 2. Konagamana, 3. Kassapa und 4. Gautama Buddha. Der fünfte Buddha, Metteyya (Sanskrit: Maitreya), wird noch erwartet. An nahezu jedem Zedi werden diese vier letzten Buddhas dargestellt, wobei sie sich in der Ikonografie nicht voneinander unterscheiden. Meist ist ihnen eine Himmelsrichtung zugeordnet.

In vielen Tempeln Bagans findet sich die Darstellung von 28 Buddha-Existenzen, weil der buddhistischen Kosmologie zufolge neben den 25 in einem noch früheren Zeitalter drei weitere Buddhas, nämlich Tanhankara, Medhankara und Saranankara, gelebt haben. Gelegentlich wird auch der allererste Buddha Dipankara („Anzünder der Leuchte") gezeigt, dem sich der Eremit Sumedha als menschliche Brücke zu Füßen legt. Diesem Einsiedler sagt Dipankara voraus, dass er als Gautama Buddha wiedergeboren werden würde.

Die äußerst populären 547 *Jataka* erzählen von der Selbstlosigkeit und Weisheit Buddhas in seinen früheren Inkarnationen. Viele Geschichten, darunter auch Fabeln, gehören der indischen Volksliteratur an und fanden später Eingang in den Palikanon.

tion, die mit dortigen Mon-Gruppen in Verbindung gebracht wird, stammen große Räder aus Sandstein als Symbol für Buddhas Lehre und Statuen des Erleuchteten im europäischen Sitz. Dergleichen wurde in Myanmar nicht gefunden.

### Bagan

Ab dem 12. Jh. entwickelte sich im Bagan-Reich erstmals ein eigenständiger birmanischer Stil, der zum Vorbild für spätere Bauten wurde. Eine ausführliche Beschreibung findet sich auf S. 251.

### Rakhine

Im schmalen Küstenstaat Rakhine hat sich aufgrund seiner Lage bis zur Eroberung des Reiches durch König Bodawpaya 1784 eine eigenständige religiöse Architektur erhalten können. Typisch ist sowohl die Verwendung von gebranntem Ziegelstein als auch von Naturstein. Viele Tempel der alten Königsstadt Mrauk U, etwa der Shitthaung- oder der Htukkant Thein-Tempel, wirken mit ihren massiven Mauern und engen Korridoren im Inneren wie eine Festung.

### Shan

Im Shan-Staat findet sich ebenfalls eine Reihe von Eigenheiten in der Pagodenarchitektur. Wie in den unweit des Inle-Sees gelegenen Orten Kakku oder Indein erkennbar wird, sind die Stupas äußerst schlank. Der sonst typische glockenförmige *anda* ist elegant in die Gesamtarchitektur integriert, sodass die Stupas wie Baumstämme in die Landschaft ragen. Meist sind sie in Gruppen anzutreffen, Größe wird durch Masse ersetzt. Manche Stupas weisen ein flammenartiges Dekor an den Seiten auf.

### Inwa und Amarapura

Obwohl das südlich von Mandalay gelegene Inwa (Ava) die meiste Zeit zwischen dem 14. und 18. Jh. kulturelles und politisches Zentrum eines mehr oder weniger großen birmanischen Reiches war, sind fast keine architektonischen Zeugnisse erhalten geblieben. Über die Architekturform dieser Ära ist daher wenig bekannt. Mit dem Aufstieg der Konbaung-Dynastie ab Mitte des 18. Jhs. lässt sich eine Tendenz erkennen, die an mehreren Tempelbauten in Inwa und Amarapura zu sehen ist: der Trend zur darstellenden Architektur. Ein gutes Beispiel ist der einer Nagaschlange nachempfundene Nagayon-Tempel in Amarapura oder die 1816 fertiggestellte Hsinbyume-Pagode in Mingun, welche den mythologischen Berg Meru nicht nur symbolisiert, sondern ihn nachzubilden versucht. Ein weiteres Merkmal dieser Architektur ist die üppige Verwendung von Stuckverzierungen, was beim Maha Aung Mye Bonzan Kyaung in Inwa gut zu sehen ist.

### Mandalay

Der Trend zur Darstellung wird unter König Mindon in Mandalay fortgesetzt und sogar gesteigert. Die individuell sehr unterschiedlich gestalteten Bauten des vorletzten Konbaung-Herrschers neigen zur Monumentalität, etwa das massige Atumashi Kyaung oder die Kuthodaw-Pagode mit ihren 729 Marmortafeln. Bei Letzterer wird zudem an die Architektur Bagans angeknüpft. So ist der zentrale Stupa der Shwezigon-Pagode nachempfunden.

### Zeitgenössische Pagodenarchitektur

Religiöse Bauten des 20. Jhs. zeichnen sich durch ihre individuelle Vielfalt aus. Häufig werden bekannte Vorbilder nachgeahmt, allen voran die Shwedagon-Pagode in Yangon oder Tempel aus Bagan. Zudem sind die Bauherren neue Wege gegangen. So gibt es eine Reihe von Stupas, die innen hohl und daher begehbar sind, z. B. die Botataung- und Kaba Aye-Pagode in Yangon.

## Darstellende Künste

Findet irgendwo in Birma ein Fest statt, dann darf ein *pwe* (Darbietung) nicht fehlen. Bei einem Pagodenfest findet fast immer ein *zat pwe* statt. Im Zentrum steht dabei eine von Musik und Tanz eingerahmte Geschichte *(zat)*, wie etwa das *yama zat*, die birmanische Version des **Ramayana**. Das vor über 2000 Jahren in Indien niedergeschriebene Epos wurde in der zweiten Hälfte des 18. Jhs. populär, als zahlreiche siamesische Künstler aus dem zerstörten Ayutthaya verschleppt wurden. Kern der Geschichte ist der Kampf zwischen Gut und Böse: Der Hindugott Vishnu kommt als Rama (birmanisch: Yama) zur Erde und heiratet die wunderschöne Sita (Thida). Auf sie hat auch der zehnköpfige Dämonenkönig Ravana (Dasagiri) ein Auge geworfen. Es gelingt dem Dämon, die Prinzessin in seine Stadt auf der Insel Lanka zu entführen. Nach langen dramatischen Kämpfen schafft es Rama unter Beihilfe des Affengenerals Hanuman und dessen Armee, Ravana zu besiegen und Sita zu befreien.

Nicht weniger beliebt ist das *wai than daya zat* (Vessantara), die letzte der insgesamt 547 **Jataka**. Auch hier geht es um den Sieg des Guten. Das *zat* erzählt von der extremen Freigiebigkeit des als Königssohn wiedergeborenen Bodhisattva. Weil er den weißen Elefanten verschenkt hat, muss er nach Protesten des Volkes den Königshof verlassen und zieht mit seiner Familie in den Wald. Dort bietet er einem Asketen seine Zwillingssöhne als Hilfe an. Nachdem er einem weiteren Asketen auch seine Frau zur Verfügung stellt, offenbart sich dieser als der Gott Indra und vereint die getrennte Familie wieder.

Ein *zat pwe* geht normalerweise die ganze Nacht hindurch. Die Zuschauer sitzen auf ihren mitgebrachten Matten und vertreiben sich die Zeit mit Essen, Trinken, Schlafen, Unterhaltungen und gebanntem Zuschauen.

Einer Komödie vergleichbar ist das abwechslungsreiche *anyeint pwe*, bei dem Komödianten, Tänzer und Schauspieler auftreten. Beim *yein pwe* wird getanzt und gesungen. Die bei Touristen bekannteste Theaterform ist ein *yokthe pwe*, das **Marionettentheater** (S. 140). Schließlich gibt es noch das *nat pwe* zur Verehrung eines Nat (S. 126). Das eher förmliche **Tanztheater** wird *zat gyi* genannt und ist mit dem Untergang der Monarchie fast ausgestorben. Es geht in seiner heutigen Form auf das 18. Jh. zurück und ist stark vom thailändischen Maskentanz Khon beeinflusst. Auch hier hinterließen die nach der Zerstörung Ayutthayas 1767 nach Birma verschleppten Künstler und Theatergruppen ihre Spuren. Auch manche Tänze gehen auf diese Zeit zurück. Sie werden daher auch *yodaya zat* genannt. Vielfach werden hier Szenen aus dem in Thailand so populären Ramayana-Epos dargestellt.

## Das Spiel mit den Fäden

Das birmanische Marionettentheater ist zwar über die Landesgrenzen hinaus bekannt, doch sind es fast ausschließlich Touristen, die den Puppenspielern ihr Auskommen sichern. Einheimische haben im modernen Medienzeitalter kaum noch Interesse an Birmas bekanntester Theaterform. Eigenständige Bühnen gibt es nur in Yangon und Mandalay. Die meisten Besucher erleben eine (mehr oder weniger gute) Aufführung eher zum Dinner in einem Restaurant.

### Ein Spiegel der Kultur

Das Spielen der Puppen ist eine komplizierte Angelegenheit. Bis zu 60 Fäden konnte eine Marionette früher haben, heute sind es unter 20, die den bis zu 30 cm großen, farbenprächtigen Figuren Leben einhauchen. Vermutlich hat sich das aus Indien übernommene Marionettentheater im 15. Jh. in Birma etabliert. In der heutigen Gestalt geht es auf das Jahr 1776 zurück, als der unter König Singu (reg. 1776–82) wirkende Minister für Unterhaltung, U Thaw Win, das *yokthe pwe* als offizielle Kunstform anerkannte. Das Spielen mit Puppen hatte in der prüden und konservativen Gesellschaft der Konbaung-Zeit den Vorteil, romantische und religiöse Szenen zu zeigen, ohne Anstoß zu erregen. Aufgeführt wurden Episoden und Legenden aus dem Leben Buddhas oder Dramen und Ruhmestaten aus der nationalen Geschichte.

### König, Clown und Zauberer

Seit über 200 Jahren ist die Abfolge der Szenen festgelegt. Den Auftakt bildet der Tanz einer weiblichen Figur zur Verehrung der Nats. Es folgen Fabelwesen: zuerst ein Pferd, das an die Entstehung des Universums erinnert, denn laut indischer Astrologie erschien zuerst das Sternbild des Pferdes und beendete das kosmische Chaos. Danach treten Vögel, ein Elefant, ein Tiger und Affen auf, die von einem Naga und Dämonen abgelöst werden. Schließlich fliegt Zawgyi, der rotgekleidete Zauberer, durch die Lüfte. Dann geht es höfisch zu: Ein wohlgenährter Page mit zwei Zöpfen erscheint, gefolgt vom Minister und dem Königspaar. Weder darf der romantische Tanz *(hna par thwar)* von Prinz und Prinzessin fehlen noch der Auftritt des Clowns *(U Shwe Yoe)* mit zwinkernden Augen und Schirm. Einige Foto-Impressionen s. **eXTra [5799]**.

### Ungewöhnliches Klangspiel

Der Minister U Thaw Win begrenzte die Zahl der Marionetten auf 28 und legte sogar das zu verwendende Material für die Puppen fest. Menschliche Figuren mussten fehlerfrei aus dem hellen Yamane- bzw. Gumari-Holz *(Gmelina arborea)* geschnitzt sein, Könige und Minister aus dem Holz des blütenreichen Indischen Korkbaums *(Millingtonia hortensis)* und die restlichen Figuren aus dem Holz des Kadamba-Baums *(Anthocephalus cadamba)* oder der Albizie *(Albizia stipulata)*. Heute wird fast ausschließlich das billigere Teakholz verwendet.

Auch wenn das zum Marionettentheater gehörige Klangspiel mit traditionellen Instrumenten so manches Ausländer-Ohr quälen mag, sollte niemand auf den faszinierenden Genuss einer Aufführung verzichten.

Unter König Mindon (reg. 1853–78) erlangten Tanz und Theater ihre Blütezeit. Heute sind sie vom Stil der großen Künstler Aung Ba La (1882–1913), Sein Ga Done (1875–1929) und U Po Sein (1881–1952) geprägt, die ein halbes Jahrhundert lang die Bühnen dominierten. Nach Jahrzehnten der Stagnation gibt es gegenwärtig zahlreiche Versuche, an diese große Zeit anzuknüpfen. An den staatlichen Akademien für Musik und Theater in Yangon und Mandalay werden die Künstler über mehrere Jahre hinweg ausgebildet. Allerdings interessieren sich die jungen

Leute – wie überall in Asien – mehr für moderne Popmusik, Videofilme und das sich epidemisch ausbreitende Karaoke. Derzeit stehen vor allem südkoreanische Musikgruppen hoch im Kurs.

## Birmanische Musik

Viel mehr noch als die Musik Indiens oder Thailands klingt die traditionelle Musik Myanmars für westliche Ohren äußerst schrill und disharmonisch. Wie die indische und thailändische ist auch die birmanische Musik polyphon aufgebaut. Sie basiert auf einer wiederkehrenden Folge von sieben Tönen, *athan* genannt, aus der heraus die Improvisationen entwickelt werden. Orientierungspunkt ist der von Trommeln und Gongs vorgegebene Rhythmus. Sie bestimmen auch das Tempo. Im Prinzip spielen die führenden Instrumente zwei voneinander nahezu unabhängige Melodien und wechseln dabei immer wieder von der Melodie zur Begleitung und wieder zurück.

Es gibt mehrere Arten von Musikensembles, darunter das *sain-wain*, eine Gruppe von 7–10 Musikern. Hinsichtlich der Instrumentenwahl ist es dem javanischen Gamelan ähnlich und wird wie dort von Schlaginstrumenten dominiert. Zu den Instrumenten zählen ein Trommel- und Gongring (*sain-wain* und *kyay-wain*), eine einzelne große Trommel *(patt ma)*, Zimbeln *(lingwin)*, Bambusklappern *(wah let khok)*, eine Art Oboe *(hnàe)*, eine Bambusflöte *(palwe)* und ein Bambus-Xylophon *(pattala)*. Seit der Kolonialzeit ist auch ein Piano Bestandteil des Instrumentariums. Unter den Soloinstrumenten ragt die Bogenharfe, das *saun-gau'*, heraus. Sie ist wie ein Schiffskörper geschwungen und mit der Haut des Thamins (einer Rotwildart) überzogen. Die 13 Saiten aus Seide spannen sich vom Klangkörper bis zum oberen Teil des geschwungenen Halses. Häufig wird das *saun-gau'* von Frauen gespielt und als Begleitinstrument für Sologesänge eingesetzt.

### Rock Rangoon

Die Generäle mögen im Gleichschritt marschieren, ihre Kinder tanzen lieber zu Hardrock und Hip-Hop – zum Neujahrsfest Thingyan am liebsten auf Jeeps und Pick-ups. Man könnte meinen, die Loveparade wäre in Myanmar erfunden worden. Im Land der Pagoden sind Rock und Rap in, kaum eine Teestube, in der nicht die Boxen scheppern.

Selbst schüchterne Mädchen beginnen zu wippen, wenn die Rapper **Anegga**, **Barbu** oder **Myo Kyawt Myaing** loslegen, und bei **Sai Sai Kham Hlaing** drohen sie in Ohnmacht zu fallen. Wie das Publikum ist Hip-Hop in Myanmar noch jung.

Verglichen damit hat der Rock in Myanmar schon einige Jahre auf dem Buckel. Bereits seit 1983 heizen die Musiker von **Emperor** mit ihrem Frontmann Zaw Win Htut kräftig ein, indem sie westliche Songs als birmanische Coverversionen spielen. Der von seinen Fans auch Nyi Htut genannte Leadsänger gilt dabei als Vorreiter und meint dazu: „Rock 'n' Roll hat keine Tradition in Myanmar, weshalb wir Rockmusik den birmanischen Fans zunächst durch Übersetzungen englischer Titel nahebringen müssen." Heute spielen sie jedoch auch immer mehr eigene Titel.

Derzeitige Nummer eins unter den Rockern ist **Iron Cross**, die seit 1990 im Geschäft sind und deren martialisches Emblem überall zu finden ist. Auch **Lazy Club** liegt bei Fans schriller Töne in der Beliebtheitsskala weit oben.

Nach wie vor sind die Gesänge und Instrumentalstücke aus dem *Maha Gita* (Sanskrit: „Großes Lied") äußerst populär. Sie wurden ursprünglich als königliche Hofmusik komponiert und fehlen bei fast keiner Aufführung eines Tanz- oder Marionettentheaters.

MAHABANDOLA RD. ECKE PANSODAN ST.; © NIPAPORN YANKLANG

# 1 Yangon

**Breite Boulevards, schmale Gassen, goldene Pagoden, ehrwürdige Kolonialhäuser, ein geschäftiger Hafen, quirlige Marktviertel und noch viel mehr: Das ist Yangon, die größte Metropole Myanmars. Wer Glück hat, erspäht schon aus dem Flugzeug den goldenen Stupa der Shwedagon-Pagode, des Nationalheiligtums. Die Stadt ist im Wandel: Sie modernisiert sich, überall hängen Plakate und ein Baumboom hat eingesetzt.**

# Stefan Loose Traveltipps

**Shwedagon-Pagode** Das bedeutendste Heiligtum des Landes und Pilgerstätte für Buddhisten aus aller Welt. S. 144

**Downtown Yangon** Ein Streifzug durch die multireligiöse und architektonisch beeindruckende Metropole. S. 151 und S. 163

**Parks und Seen** Am Kandawgyi-See mit den Einheimischen spazieren gehen, picknicken oder ein Konzert besuchen. S. 167

**Essen gehen** Ob birmanisch, indisch, chinesisch, thai, japanisch oder „Fusion": Die Stadt bietet aufregende kulinarische Reize. S. 175

IM SRI SHIVA KRISHNA-TEMPEL; © A. MARKAND

BIRMANISCHES CURRY; © M. MARKAND

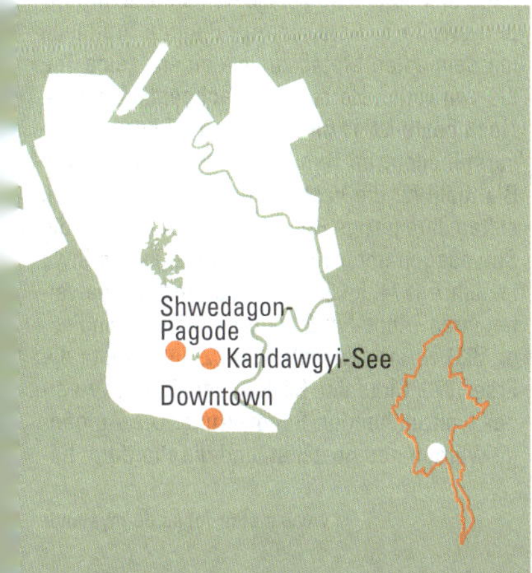


**Wann fahren?** Die besten Reisemonate sind Januar und Februar. Im März ist es bereits sehr warm.

**Wie lange?** Den meisten Reisenden reichen zwei bis drei Tage in Yangon. Wer richtig in das Leben hier eintauchen will, muss aber mindestens drei Tage bleiben.

**Unbedingt ansehen** Das Must-see in Yangon ist natürlich die Shwedagon-Pagode. Aber auch das Treiben im indischen Viertel sollte man erlebt haben.

*Da tauchte ein goldenes Mysterium am Horizont auf, ein funkelndes, großartiges Wunder, das in der Sonne glänzte ... „Das ist die alte Shwedagon-Pagode", sagte mein Gefährte. Und die goldene Kuppel sagte zu mir: „Das hier ist Birma, ein Land, das anders ist als alle anderen, die du kennst."*

*Rudyard Kipling, Briefe aus dem Orient, 1898*



Die kleine Stadt Dagon, die Chroniken zufolge vor mehr als 2000 Jahren von den Mon gegründet wurde, wuchs im Laufe der vergangenen drei Jahrhunderte zu einer Metropole heran, die laut Zensus von 2014 etwas über 5 Mio. Einwohner zählt. 1755 besetzte König Alaungpaya die Stadt und stürzte die Mon-Herrscher. Fortan hieß die Stadt Yangon („Ende des Zwistes"). Zur Hauptstadt wurde Yangon 1885 während der britischen Kolonialzeit. Die Briten nannten die Stadt Rangoon. Bis die Regierung 2006 in die neu erschaffene Hauptstadt Nay Pyi Taw umzog, war Yangon Regierungssitz.

Noch sind zahlreiche Kolonialgebäude aus der britischen Epoche erhalten. Allerdings werden immer mehr abgerissen und durch Neubauten ersetzt. Aber auch Renovierungsarbeiten werden vorangetrieben, sodass einige der alten Häuser in neuem Glanz erstrahlen. Für eine aufwendige und gute Sanierung fehlt jedoch vielfach das Geld. So konkurrieren alte Fassaden mit verspiegelten Fensterfronten und prachtvolle Holzvillen am Kandawgyi-See mit altersschwachen Häusern, die nach und nach verfallen. Ein kleiner Rundgang vorbei an einigen prachtvollen Fassaden, die noch aus der Kolonialzeit stammen, ist auf S. 163/164, beschrieben.

Den Engländern ist es zu verdanken, dass die Orientierung in Yangons Innenstadt so einfach ist. Leutnant Alexander Fraser ließ von der Sule-Pagode ausgehend die Straßen des Stadtkerns quadratisch anlegen. Wie ein Schachbrett, entweder durchnummeriert oder mit in Birmanisch und Englisch geschriebenen Straßenschildern versehen, breitet sich die Innenstadt entlang des Yangon-Flusses bis zur Höhe des Bahnhofs aus. Auch das Flair aus der Kolonialzeit blieb erhalten. Noch immer leben in der Innenstadt viele Inder, die während der britischen Herrschaft in den 1930er-Jahren mehr als die Hälfte der Bevölkerung Yangons stellten.

Wie der alte Name *Dagon* („Goldene Pagode", „Platz der Verehrung") belegt, war die Shwedagon-Pagode seit jeher Mittelpunkt und Herz der Stadt. Und auch heute noch beeindruckt sie jeden Besucher nachhaltig.

## Die Shwedagon-Pagode

Ein Besuch der Shwedagon-Pagode ist für viele einer der Höhepunkte ihrer Myanmar-Reise. Ihre Bedeutung und ihr Wert – als Symbol des Landes und als Pilgerstätte für Buddhisten aus aller Welt – sind unschätzbar: Goldglänzend und erhaben grüßt sie Pilger und Reisende. Uralt soll sie sein, mit Tonnen von Gold und Tausenden Edelsteinen geschmückt, ein erhabener Ort der Ruhe, Besinnung und Meditation.

Die **Ursprünge** der Pagode liegen im Dunkeln. Manche sagen, sie sei bereits 2500 Jahre alt und noch vor dem Tod des historischen Buddha Siddharta Gautama erbaut worden (s. Kasten). Andere datieren die Gründung auf das 6. bis 10 Jh. Gesichert scheint, dass der Stupa anfänglich nur etwa 10 m hoch war. Im Laufe der Jahrhunderte wuchs er stetig – viele Mon- und später birmanische Könige trugen gemäß der Tradition das Ihrige dazu bei. 1372 renovierte der Mon-König Binnya U das Heiligtum. 50 Jahre später erweiterte König Binnya Kyan den Stupa auf eine Höhe von 90 m. Seine Nachfolgerin, Königin Shinsawbu (reg. 1453–72), stiftete ihr Körpergewicht in Gold, um die Pagode erstmalig mit dem edlen Metall zu verkleiden – eine Tat, die von vielen Herrschern nachgeahmt wurde. Noch heute ist es für birmanische Pilger selbstverständlich, im Rahmen ihrer Möglichkeiten Blattgold für die Verschönerung der Pagode zu stiften. Ihre jetzige Höhe von 100 m erreichte die Shwedagon unter König Hsinbyushin aus Inwa im Jahre 1774. Im 20. Jh. forderten Naturgewalten ihren Tribut: Ein Erdbeben 1919 und ein Feuer 1931 zerstörten viele Teile. Zuletzt bebte die Erde 1970. Mitte der 1990er-Jahre kam es zu einer weitreichenden Renovierung: Die Aufgänge wurden neu gestaltet, und die Plattform bekam einen neuen Boden. Auch der Stupa wurde erneuert und die etwa 13 000 Kupferplatten neu vergoldet. Ihr Gesamtgewicht beträgt nun 149 t, davon sind 9,75 t Gold.

Für die birmanische **Freiheitsbewegung** ist die Shwedagon ebenfalls ein wichtiger Ort. 1920 planten auf der Plattform einige Studenten den ersten anti-britischen Streik. Die Tochter des einstigen Anführers Bogyoke Aung San, die Oppositionsführerin und Friedensnobelpreisträgerin Aung San Suu Kyi, hielt hier 1988 ihre erste öffentliche Rede.

Am Fuße des Hügels liegen viele ältere und neuere Klöster. Vier überdachte Aufgänge führen auf die fast 60 000 m² große, mit weißem Marmor gepflasterte **Plattform**. Hier stehen reich geschmückte Schreine, mit fantastischen Holzschnitzereien verzierte *tazaung* (Gebetshallen) und *zayat* (offene Pavillons), in denen Buddhafiguren aus Marmor und Messing verehrt werden. 64 kleinere und vier größere Stupas umgeben den Hauptstupa, der sich fast 100 m über die Plattform erhebt – ein weithin sichtbares Symbol des Strebens nach Vollkommenheit.

Den ganzen Tag über herrscht an der Pagode Betrieb: Überall sitzen Gläubige in Meditation und Gebet versunken. Buddhafiguren und anderen verehrten Statuen werden Blumen und Schirmchen als Gaben dargebracht. Einige fegen die Plattform, was als gute Tat gilt, andere sitzen herum und schauen zu. Ganze Familien lagern mitsamt Picknickkorb in den Hallen (besonders in der Nordwestecke), und in der Mittagshitze hält mancher ein erholsames Schläfchen. Dazwischen sieht man staunende Touristen, denen einheimische Führer die Wunder der Pagode erklären.

Die elegante **Architektur** des Hauptstupas entsteht durch verschiedene ineinander übergehende Teile. Auf die achteckige Basis mit 433 m Umfang folgen drei *piccaya* (Terrassen). Auf der untersten stehen 64 kleinere und vier größere Pagoden. Nach der zweiten und dritten Terrasse beginnt der Bereich des *khaung laung pone* (Glocke, 22 m hoch), dann folgen *thabeik* (umgekehrte Almosenschale), die mit 16 Lotosblütenblättern verziert ist, *baung yit* (gewickelter Turban), *kyalan* (Lotosblüte, 9,50 m hoch), der Bereich der 16 m hohen *hngat pyaw bou* in Form einer Bananenblüte, der siebenfache *hti* (Schirm, 10 m hoch), der mit über 1000 Diamanten und noch mehr Rubinen und Saphiren verziert ist, und, an der langen Spitze, eine Wetterfahne und die *seinbu* (Diamantenknospe). Letztere ist eine Kugel von 25 cm Durchmesser, besetzt mit 4351 Diamanten, Rubinen, Saphiren und Topasen. Die oberste Krönung bildet ein 76-karätiger Diamant. Die Kugel dient als „Rastplatz der Vögel".

## Die Legende der Shwedagon-Pagode

Legende und – nach westlichem Verständnis – belegte Geschichte sind bei der Shwedagon eine unauflösliche Verbindung eingegangen. Vor mehr als 2500 Jahren, als Buddha noch auf Erden weilte, lebten in Okkalapa, in der Gegend des heutigen Yangon, die beiden Händler Tapussa und Bhallika. Eines Tages machten sie sich mit ihrem Schiff nach Indien auf. Unterwegs trafen die jungen Männer einen Nat, der sie zu Buddha führte. Sie fielen vor dem Erleuchteten nieder und übergaben ihm Reiskuchen und Honig. Nachdem sie zu seinen Anhängern geworden waren, schenkte Buddha ihnen zum Abschied acht seiner Haare, die sie in ihrer Heimat auf dem Singuttara-Hügel aufbewahren sollten, wo schon die Reliquien der drei vorherigen Buddhas verehrt wurden.
Als die Händler auf ihrer Rückreise den König von Ajjhatta trafen, schenkten sie ihm zwei der kostbaren Haare. Zwei weitere Haare mussten sie dem Naga-König Jayasena abgeben, der vor der Südwestküste Birmas herrschte. Schließlich übergaben die Brüder König Okkalapa das Kästchen mit den verbliebenen vier Haaren. Wie durch ein Wunder waren bei der Öffnung jedoch alle acht wieder vorhanden. Sie schwebten in der Luft und leuchteten in allen Farben. Edelsteine regneten vom Himmel, Gehörlose konnten plötzlich hören, Stumme sprechen und Gelähmte laufen. Der König ließ die Haare auf dem Singuttara-Hügel in einem Stupa einmauern. So entstand die Shwedagon-Pagode, das Nationalheiligtum Myanmars.

© VOLKER KLINKMÜLLER

Der Ostaufgang der Shwedagon-Pagode

Der *hti* wurde 1999 erneuert, sein Vorgänger stammt noch von Birmas vorletztem königlichem Herrscher, König Mindon, der sie 1871 aus seinem Palast in Mandalay nach Yangon schickte. Eine Prozession von mehreren hunderttausend Birmanen begleitete die Gabe – sehr zum Verdruss der Briten, die damals schon in Yangon Fuß gefasst hatten und diesen Beweis für die Macht des oberbirmanischen Königs gar nicht gerne sahen. Auf der Plattform gibt es Bücher über den *hti* – ein Blick auf die Nahaufnahmen zeigt die filigrane Arbeit. Der reiche Schmuck und die kleinen Figuren, die von unten nicht zu sehen sind, lassen sich so zumindest erahnen. Ebenfalls zu sehen sind die Bilder in einer Fotoausstellung.

Die Plattform beherbergt zwei große **Bronzeglocken**. Die Maha Tissada Gandha in der nordöstlichen Ecke wurde 1841 von König Tharawaddy gestiftet. Sie ist 2,60 m hoch und wiegt 42 t. Die Maha Gandha, 1778 von König Singu Min gespendet, ist 2,10 m hoch und wiegt 23 t. Eine dritte Glocke, die Awinga Zauk, wurde von König Dhammazedi (reg. 1472–92) gestiftet – sie wog 29 t und versank im Fluss, als der Portugiese Philip de Brito sie 1608 stahl, um sie für neue Kanonen einzuschmelzen. Auch die Maha Gandha-Glocke ist bereits einmal im Fluss versunken: 1825, als die Briten sie nach dem gewonnenen Ersten Anglo-Birmanischen Krieg als Beute nach Kalkutta bringen wollten. Alle Bergungsversuche der Briten scheiterten. So gaben sie die Glocke offiziell an die Birmanen zurück, und denen gelang dann das scheinbar Unmögliche: Taucher befestigten ungezählte Bambusrohre an der Glocke, bis der Auftrieb sie zurück an die Oberfläche hob. Im Triumphzug wurde sie an ihre heutige Stelle zurückgebracht. Das Ereignis gab auch dem birmanischen Nationalstolz einigen Auftrieb.

Alle drei Jahre wird das Gold der Pagode abgenommen und der gesamte Hauptstupa neu vergoldet.

## Ein Rundgang über die Plattform

Vier überdachte Aufgänge führen auf die Plattform. Zahlreiche Führer bieten in der Pagode ihre Dienste an, sie erwarten eine kleine Spende. Auch Mönche sind diesen Gaben nicht abgeneigt und fordern sie z. T. sogar ein.

### Öffnungszeiten und Eintritt

🕒 4–22 Uhr, Eintritt 8000 Kyat. Im Eintrittsgeld ist die Fahrt mit dem Aufzug auf die Plattform enthalten. Mit dem Ticket kann die Pagode mehrmals am Tag besucht werden.

Der **Südaufgang** **1** kann als Haupteingang bezeichnet werden. Er ist die Verlängerung der aus der Innenstadt herausführenden Shwedagon Pagoda Road. Zwei etwa 9 m hohe *chinthes* (mythische Löwen) bewachen seit 1870 den Eingang. Sie sind ein Symbol, das eng mit dem Buddhismus verknüpft ist – Buddhas Lehre wird gerne mit dem Brüllen eines Löwen verglichen. Eine Legende erzählt, dass ein Prinz von Löwen verschleppt und aufgezogen wurde. Später findet der Prinz seinen Vater wieder und tötet auf dessen Befehl den Löwen, bereut dann die Tat und setzt den Löwen vor allen Tempeln ein Denkmal. Hinter den *chinthes* stehen zwei menschenfressende *bilu* (Dämonenfiguren). Sie sollen die Pagode schützen und wachen außerdem darüber, dass auch alle Touristen ihre Schuhe ausziehen. Am Südaufgang gibt es seit 1957 einen Aufzug, mit dem man auf die Plattform fahren kann. Reizvoller ist es, die 104 Stufen zu Fuß zu nehmen. Dabei geht es vorbei an vielen Händlern, die Devotionalien und Souvenirs anbieten.

Oben angekommen, befindet sich direkt gegenüber dem Südaufgang der **Konagamana Tazaung** **2**. Die Andachtshalle ist dem zweiten der vier letzten Buddhas auf Erden gewidmet. Sie wurde in den 1950er-Jahren erbaut. In der Halle steht eine große Anzahl von Buddhastatuen, die zu den ältesten der Pagode gehören. Sie unterscheiden sich im Stil deutlich von den heute hergestellten.

Links davon steht der **Schrein des Merkur** **3**. Er wird von allen am Mittwochvormittag Geborenen besucht; das dazugehörige Symbol-Tier ist der Elefant mit Stoßzähnen. Weiter links, an der südwestlichen Ecke des Stupa, wird der **Schrein des Saturn** **4** von den am Samstag Geborenen verehrt. Naga, die mythische Drachenschlange, ist diesem Tag zugeordnet. Die Gläubigen übergießen hier und an den anderen Kardinalpunkten Buddhastatuen aus Alabaster mit Wasser – eine heilige Handlung, während der Gebete gesprochen werden.

Gegenüber dem Saturn-Zeichen steht der **Tazaung der chinesischen Gemeinde** 5 mit einem 179 kg schweren Jadebuddha.

An der Südwestecke der Plattform erinnert eine **Gedenksäule** 6 an die studentischen Unruhen von 1920 gegen die britische Kolonialmacht. Inschriften in birmanischer, englischer, russischer und französischer Sprache ehren die elf Studentenführer, die am 5. Dezember 1920 zum ersten Universitätsstreik aufriefen.

Geht man an dem Stupa weiter im Uhrzeigersinn Richtung Norden, sieht man in einem Glaskasten zwei **Nat-Figuren** 7. Der Herr rechts ist der Schutzgeist der Shwedagon: Bo Bo Gyi; links neben ihm steht Thagyamin, der König der Nats.

Der **Rakhine Tazaung** 8 ist eine Stiftung zweier Händler aus dem westlichen Küstenstaat. Vergoldete Holzschnitzereien zeigen *jataka* (Geschichten aus Buddhas Leben) und eine Szene mit Königin Shinsawbu und König Dhammazedi.

Ein paar Meter weiter befindet sich in einer **Andachtshalle** 9 ein liegender Buddha, der 8,50 m misst und von seinen engsten Schülern Ananda, Mogallana und Sariputtra flankiert wird. Dreidimensionale, bunte Schnitzereien unter dem Dach erzählen die Legende vom goldenen Felsen in Kyaikhtyio. Im daneben befindlichen **Tazaung der chinesischen Händler** 10 sind viele Buddhastatuen in unterschiedlichsten Positionen untergebracht.

Gegenüber den beiden Pavillons, am Fuß des Stupa auf der ersten Terrasse, stehen zwei hoch verehrte Figuren 11: die der **Mai La Mu** (die aus der Frucht des Mangrovenbaumes Geborene) und die des **Sakka**, des Königs der Nats (auch Thagyamin genannt). Die weißen Schirme, die sie vor der Sonne schützen, sind ein Symbol ihres Königtums, denn der Legende nach sind sie die Eltern von König Okkalapa, dem Gründer der Shwedagon.

Der **Westaufgang** 12 am Ende der U Wisara Road ist mit 166 Stufen der längste Aufgang. Während der britischen Herrschaft war er für 80 Jahre geschlossen. Beim Großfeuer von 1931 brannte er fast vollständig ab, wurde aber schnell wieder aufgebaut. Die Andachtshalle am oberen Ende des Westaufgangs heißt **Two Pice Tazaung** 13, denn hier spendeten Händler des Surati-Marktes täglich zwei Pice-Münzen.

Gegenüber liegt der **Tazaung des Kassapa Buddha** 14, eine Andachtshalle, die dem dritten Buddha unserer Weltzeit gewidmet ist. Bis hierhin fraß sich die Feuersbrunst von 1931, sodass es sich heute um eine Replik der ursprünglich 1841 gebauten Andachtshalle handelt.

Links davon liegt der **Schrein des Jupiter** 15, dem die Ratte und der Donnerstag zugeordnet sind. Ein paar Schritte weiter nördlich entlang des Stupa, an der nordwestlichen Ecke, steht eine Statue des Gründers der Pagode, **König Okkalapa** 16 unter einem weißen Schirm.

An der Nordwestecke des Stupas steht außerdem der **Rahu-Schrein** 17. em mythischen Planeten sind der Mittwochnachmittag und der Elefant ohne Stoßzähne zugeordnet.

Auf dem Platz nordwestlich davon steht die **Acht-Wochentage-Pagode** 18. In den acht Nischen sitzen Buddhas, und auf den Rundbögen der Nischen repräsentieren Tierplastiken die dazugehörigen Planeten und Himmelsrichtungen.

Hinter der Pagode befindet sich die berühmte **Maha Gandha-Glocke** 19 aus Bronze, die 1779 unter König Singu gegossen wurde. In der birmanischen Inschrift äußert König Singu die Hoffnung, dank der Glocken-Spende als Buddha wiedergeboren zu werden.

In der großen **Andachtshalle** 20 daneben steht eine 9 m hohe Buddhastatue. Aus allen Teilen des Landes kommen Mönche, um Vorträge über den Buddhismus zu halten. Wer hier spricht, gehört zu den wichtigsten Lehrern im Land. Die lehrenden Mönche sitzen auf dem goldenen Thron gegenüber der Statue. Vor der Statue liegen einige wunscherfüllende Steine: Fühlt sich der angehobene Stein leicht an, geht der Wunsch in Erfüllung.

An der sternförmigen **Wunscherfüllungsstelle** 21 neben der Halle knien meist viele Gläubige, dem großen Stupa zugewandt, und beten um Erfüllung ihrer Wünsche.

Im dahinter liegenden großen Pavillon befindet sich eine interessante **Fotoausstellung** 22 mit vielen Abbildungen, die die Geschichte der Pagode dokumentieren.

# Shwedagon-Pagode

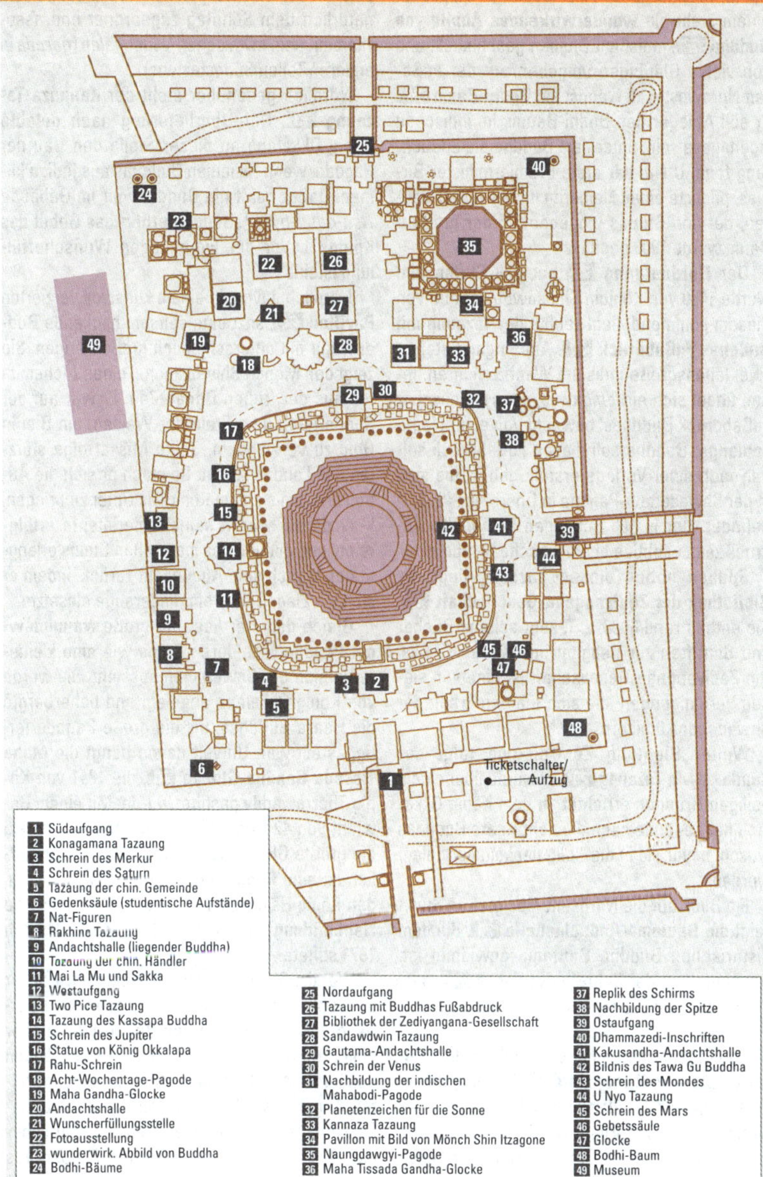


1 Südaufgang
2 Konagamana Tazaung
3 Schrein des Merkur
4 Schrein des Saturn
5 Tazaung der chin. Gemeinde
6 Gedenksäule (studentische Aufstände)
7 Nat-Figuren
8 Rakhine Tazaung
9 Andachtshalle (liegender Buddha)
10 Tazaung der chin. Händler
11 Mai La Mu und Sakka
12 Westaufgang
13 Two Pice Tazaung
14 Tazaung des Kassapa Buddha
15 Schrein des Jupiter
16 Statue von König Okkalapa
17 Rahu-Schrein
18 Acht-Wochentage-Pagode
19 Maha Gandha-Glocke
20 Andachtshalle
21 Wunscherfüllungsstelle
22 Fotoausstellung
23 wunderwirk. Abbild von Buddha
24 Bodhi-Bäume
25 Nordaufgang
26 Tazaung mit Buddhas Fußabdruck
27 Bibliothek der Zediyangana-Gesellschaft
28 Sandawdwin Tazaung
29 Gautama-Andachtshalle
30 Schrein der Venus
31 Nachbildung der indischen Mahabodi-Pagode
32 Planetenzeichen für die Sonne
33 Kannaza Tazaung
34 Pavillon mit Bild von Mönch Shin Itzagone
35 Naungdawgyi-Pagode
36 Maha Tissada Gandha-Glocke
37 Replik des Schirms
38 Nachbildung der Spitze
39 Ostaufgang
40 Dhammazedi-Inschriften
41 Kakusandha-Andachtshalle
42 Bildnis des Tawa Gu Buddha
43 Schrein des Mondes
44 U Nyo Tazaung
45 Schrein des Mars
46 Gebetssäule
47 Glocke
48 Bodhi-Baum
49 Museum

Der nordwestliche Teil der Plattform bietet Raum für eine ganze Anzahl kleiner Stupas. In einem steht ein **wunderwirkendes Abbild von Buddha** 23, meist mit Blumen geschmückt und von vielen Gläubigen umgeben. An der äußeren Nordwestecke wächst ein **Bodhi-Baum** 24. Er soll Ableger des Bodhi-Baums im indischen Bodhagaya sein, unter dem Buddha die Erleuchtung fand. U Nu, der erste Premierminister Birmas, pflanzte einen kleineren in den 1950er-Jahren, der von Stupas umgeben ist; der größere Baum wurde 1903 gepflanzt.

Der **Nordaufgang** 25 hat 128 Stufen und wurde 1460 von Königin Shinsawbu gebaut. Von diesem kommend, liegt rechts der **Tazaung mit Buddhas Fußabdruck** 26. Am Eingang stehen zwei lebensgroße indische Wächterfiguren. Innen findet sich ein *chidawya*, ein symbolischer Fußabdruck Buddhas, bewacht von einer Nagaschlange. Buddha soll diesen Fußabdruck selber nach einer Vorlage erstellt haben, die sich in der Shwesettaw-Pagode in Oberbirma (S. 313) befindet. Der in 108 Sektionen aufgeteilte Abdruck zeigt wichtige buddhistische Symbole.

Südlich neben diesem *tazaung* liegt die **Bibliothek der Zediyangana-Gesellschaft** 27. Sie enthält rund 6000, z. T. sehr seltene Bücher und Schriften zur Religion und Kultur Birmas. Die Zediyangana-Gesellschaft ist eine von sieben Vereinigungen, die sich um den Erhalt der Shwedagon kümmern.

Weiter Richtung Zentralstupa folgt der **Sandawdwin Tazaung** 28. Er wurde über einem heiligen Brunnen errichtet, in dem König Okkalapa der Legende nach die acht Haare Buddhas wusch, bevor sie in die Reliquienkammer gelegt wurden.

Ein Blick auf die Nordseite des großen Stupa zeigt die **Gautama-Andachtshalle** 29, die dem historischen Buddha Gautama gewidmet ist. Daneben liegt der **Schrein der Venus** 30, dem der Freitag und das Meerschweinchen zugeordnet sind.

Gegenüber steht eine Nachbildung der indischen **Mahabodi-Pagode** 31; auffällig, da sie als Einzige auf der Plattform nicht im Mon- oder birmanischen Stil erbaut ist. Sie ist mit bunten Fresken geschmückt, die Szenen aus dem Leben Buddhas zeigen.

An der nordöstlichen Ecke des großen Stupa steht das **Planetenzeichen für die Sonne** 32, natürlich dem Sonntag zugeordnet und assoziiert mit dem mythischen Vogel *galon* (*garuda* in anderen Teilen Südostasiens).

Nördlich gegenüber steht der **Kannaza Tazaung** 33. Der Überlieferung nach gelobte König Okkalapa an dieser Stelle den Bau der Pagode, wenn Reliquien Buddhas aus Indien kämen. Daher heißt die Buddhafigur im Gebäude *Hsu-daun-byáy* („Buddha erhört das Gebet des Königs"). Vor der Figur liegen Wunscherfüllungssteine.

Nördlich davon, in einem kunstvoll verzierten **Pavillon** 34, sitzt eine seltsam blickende Buddhafigur mit unterschiedlich großen Augen. Sie zeigt den Mönch Shin Itzagone, einen Alchemisten aus der frühen Bagan-Zeit. Er war auf der Suche nach dem Stein der Weisen, um Blei in Gold zu verwandeln. Seine Misserfolge stürzten das Land in Armut. So stach er sich die Augen aus, um sie dem König als Opfer zu bringen. Kurz darauf waren seine Experimente erfolgreich, und mithilfe des magischen Steins erlangte der Mönch sein Augenlicht zurück, indem er sich ein Ziegen- und ein Rinderauge einsetzte.

Gleich dahinter liegt die große **Naungdawgyi-Pagode** 35, deren Stupa wie eine kleinere Version der Shwedagon aussieht. Sie wurde von König Okkalapa angelegt und beherbergte die Haare Buddhas, bis die große Pagode fertiggestellt war. Unweit davon hängt die **Maha Tissada Gandha-Glocke** 36, die 1841 von König Tharrawaddy gestiftet wurde. Mit einem Gewicht von 42 t und 2,30 m Durchmesser ist sie die größte Glocke der Shwedagon. Weiter südlich ist eine **Replik des Schirms** 37 zu sehen, den König Hsinbyushin 1774 spendete, und eine **Nachbildung der Spitze** 38, die König Mindon 1871 stiftete.

Wer die Shwedagon vom **Ostaufgang** 39 her besucht, erlebt einen stimmungsvollen Übergang aus dem turbulenten Bahan-Viertel über eine Straße, die von Klöstern und Marktständen gesäumt ist. 118 Stufen führen an einem breiten Angebot an Devotionalien vorbei: Buddhafiguren aus Alabaster oder Bronze, Papierschirme, Blumen, Gebetsschnüre und Puppen aus Pappmaschee.

Im Eingang befanden sich früher die **Dhammazedi-Inschriften** 40, die jetzt in der Nordostecke der Plattform zu finden sind. Die Sandsteinstelen wurden 1485 von König Dhammazedi aufgestellt: Sie sind die ältesten Inschriften über die Entstehung der Shwedagon in Birmanisch, Pali und Mon.

Am oberen Ende des Aufgangs, an der Ostseite des großen Stupa, ist die **Kakusandha-Andachtshalle** 41. Auch sie wurde beim Brand von 1931 zerstört und 1939 wieder aufgebaut. Innen befinden sich Buddhafiguren mit dem sogenannten *Varada-* oder *Dana-mudra*: Die Rechte ruht, mit der Handfläche nach außen geöffnet, auf dem Bein. Dies ist die Geste des Gebens.

Hinter der Andachtshalle, nur tief gläubigen buddhistischen Männern mit einer Sondergenehmigung zugänglich, steht auf der ersten Plattform in einer Nische ein **Bildnis des Tawa Gu Buddha** 42, auch Buddha mit dem Rubinauge genannt. Hier bohrten britische Ingenieure auf der Suche nach Schätzen einst einen 30 m tiefen Tunnel in den Zentralstupa. Die Buddhafigur steht vor dem wieder verschlossenen Loch, doch ihr Bild wird mit einer Webcam auf einen Bildschirm übertragen. Sie soll Wunder wirken können.

Neben der Kakusandha-Halle befindet sich der **Schrein des Mondes** 43, der (ebenso wie die Sonne) in der birmanischen Astrologie zu den acht Planeten zählt. Er ist Ziel für die am Montag Geborenen und mit dem Tiger verbunden.

Gegenüber liegt der **U Nyo Tazaung** 44, 1938 erbaut, dessen Holzschnitzarbeiten Ereignisse aus Buddha Gautamas Leben erzählen. An der Südostecke des großen Stupa befindet sich der **Schrein des Mars** 45, dem Löwen und dem Dienstag zugeordnet.

Gegenüber steht eine **Gebetssäule** 46. Solche Säulen sollen dem Stifter Gesundheit, Wohlstand und Erfolg garantieren. Auf der Spitze sitzt ein *hintha*, die mythologische Gans. Daneben hängt eine **Glocke** 47 – sie dreimal mit dem Holzschlegel erklingen zu lassen, bringt Glück. An der südöstlichen Ecke der Plattform wächst ein weiterer **Bodhi-Baum** 48, der wie die beiden im Nordwesten ein Ableger des Baumes sein soll, unter dem Buddha Erleuchtung erlangte.

An der Westseite der Plattform befindet sich ein kleines **Museum** 49, das eine Sammlung buddhistischer Statuen und Kunstobjekte enthält.

Der Genuss des Wassers aus den hier und da herumstehenden **Wasserspendern** scheint übrigens unbedenklich.

## Im Zentrum der Altstadt

Beeindruckend sind die kolonialen Altbauten im Zentrum von Yangon (s. Karte A, S. 154/155). Viele von ihnen sind in einem sehr schlechten Zustand – die Frage „Renovieren oder abreißen?“ wird in Myanmar heiß diskutiert.

Abgesehen von den im Historischen Rundgang (S. 163/164) genannten Gebäuden gibt es noch mehr zu entdecken, z. B. die **Holy Trinity-Kathedrale** in der Bogyoke Aung San Road. In der anglikanischen Kathedrale wurde 1894 die erste Messe gefeiert.

### Sule-Pagode

Im Zentrum von Yangons Altstadt steht mitten im Kreisverkehr die Sule-Pagode. In der Mittagspause und in den Abendstunden zieht sie zahlreiche Gläubige an, die ihren religiösen Pflichten nachkommen. Die Sule-Pagode ist ein Alltagstempel, der weniger pompös ist als die Shwedagon. Auch die Gebete und Bitten, die hier gesprochen werden, beziehen sich auf Probleme des Alltags. Schuhe müssen am Eingang abgegeben werden. Eine kleine Spende wird erwartet. Am südlichen Haupteingang befindet sich ein Kassenhaus, Eintritt 3000 Kyat, plus 500 Kyat „Donation“ für die Schuhabgabe. An allen Eingängen werden Devotionalien verkauft. Rechts neben dem Haupteingang steht eine Hintha-Barke mit Seilzugsystem zu einem Buddhaschrein an dem Stupa. Direkt dahinter befinden sich in einem *tazaung* einige Nat-Darstellungen.

In einem Schrein im Nordwesten werden Bo Bo Gyi und Bo Min Gaung verehrt. Ein Stück südlich vom Haupteingang befindet sich ein *tazaung* mit zahlreichen Fotos und Bildern. Motive sind buddhistische Heiligtümer und Buddhafiguren aus vielen Ländern.

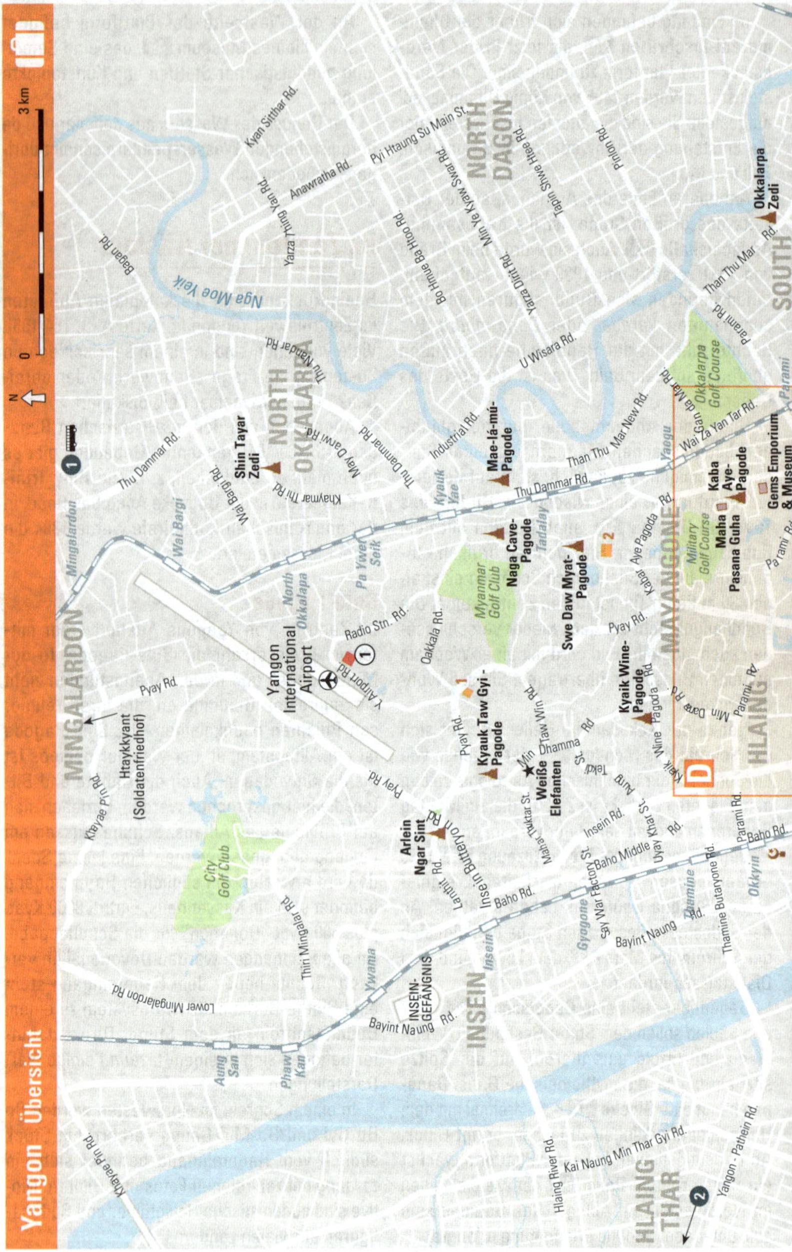
Yangon Übersicht
N
0
3 km
MINGALARDON
NORTH OKKALARPA
NORTH DAGON
INSEIN
MAYANGONE
HLAING
HLAING THAR
SOUTH
Yangon International Airport
Htaykkyant (Soldatenfriedhof)
INSEIN-GEFÄNGNIS
City Golf Club
Myanmar Golf Club
Military Golf Course
Okkalarpa Golf Course
Shin Tayar Zedi
Mae-lá-mú-Pagode
Naga Cave-Pagode
Swe Daw Myat-Pagode
Kyauk Taw Gyi-Pagode
Weiße Elefanten
Kyaik Wine-Pagode
Arlein Ngar Sint
Kaba Aye-Pagode
Maha Pasana Guha
Gems Emporium & Museum
Okkalarpa Zedi
Nga Moe Yeik
Mingalardon
Wai Bargi
North Okkalapa
Pa Ywet Seik
Kyauk Yae
Tadalay
Yaegu
Parami
Aung San
Phaw Kan
Ywama
Insein
Gyogone
Thamine
Okkyin
Pyay Rd.
Thu Dammar Rd.
Khaymar Thi Rd.
Wai Bargi Rd.
Thu Nandar Rd.
May Darwi Rd.
Industrial Rd.
U Wisara Rd.
Than Thu Mar New Rd.
Than Thu Mar Rd.
Wai Za Yan Tar Rd.
Parami Rd.
Kabar Aye Pagoda Rd.
Radio Stn. Rd.
Airport Rd.
Oakkala Rd.
Min Dhamma Rd.
Taw Win Rd.
Maha Thukhar St.
Teladi St.
Aung
Kyaik Wine Pagoda Rd.
Min Dama Rd.
Insein Rd.
Uyay Khat St.
Baho Middle Rd.
Baho Rd.
Say War Factory St.
Bayint Naung Rd.
Thamine Butaryone Rd.
Insein Buttayon Rd.
Lanthit Rd.
Thiri Mingalar Rd.
Lower Mingalardon Rd.
Khayae Pin Rd.
Bagan Rd.
Kyan Sitthar Rd.
Anawratha Rd.
Pyi Htaung Su Main St.
Yarza Thing Yan Rd.
Bo Hmue Ba Htoo Rd.
Min Ye Kyaw Swar Rd.
Yarza Dirit Rd.
Tapin Shwe Htee Rd.
Pinlon Rd.
Hlaing River Rd.
Kai Naung Min Thar Gyi Rd.
Yangon - Pathein Rd.
D

ÜBERNACHTUNG
1 Seasons
SONSTIGES
1 Ocean Supercenter
2 International Theravada Buddhist University
TRANSPORT
1 Aung Mingalar-Busbahnhof
2 Dagon Ayar-Busbahnhof
Detailpläne:
A Zentrum
B Rund ums Zentrum
C Rund um die Shwedagon-Pagode und den Kandawgyi-See
D Rund um den Inya-See
OKKALARPA
THINGANGYUN
THAKETA
DAWBON
BOTATAUNG
MINGALAR TAUNG NYUNT
TARMWE
BAHAN
YANKIN
KAMARYUT
SANCHAUNG
DAGON
LANMADAW
AHLONE
Yangon Arnandar
Kyaik-Kasan-Pagode
Shwenapan-Pagode
Moe Kaung-Pagode
Chauk Htat Gyi-Pagode
Ngadatkyi-Pagode
Shwedagon-Pagode
Wizara-Pagode
Ein Daw Yar-Pagode
Mahar Myaing-Pagode
Koe Htat Gyi-Pagode
Sule-Pagode
Shwe Phone Pwint Zedi
Botataung-Pagode
National Race Village (1 km)
Thuwunna Bridge
Thuwunna-Stadion
Kandawgyi-See
Inya-See
University of Yangon
Volkspark
People's Sq.
ZOO
Kyaikkasan Playground
Pazundaung
Yangon River
Hlaing
Pun Hlaing
Pun Hlaing International Hospital
Pun Hlaing Golf Club

# A Yangon Zentrum



### ■ ÜBERNACHTUNG

2 Central Hotel
3 Sule Shangri-La Hotel
4 Beautyland Hotel II
5 Panorama Hotel
6 Clover Hotel City Center
7 Backpacker Myanmar
8 east hotel, dining, art & craft
9 Cherry Guesthouse
10 Chan Myaye Guesthouse
11 30th Corner Boutique Hostel
12 Pyin Oo Lwin 2 Guesthouse
13 Hotel K
14 City Star Hotel & Restaurant
15 May Shan Hotel
16 Mahabandoola Guesthouse
17 Okinawa 2 Guesthouse
18 Garden Guesthouse
19 White House Hotel
20 Okinawa Guesthouse
21 Tokyo Guesthouse
22 Zar Chi Win
23 May Fair Inn
24 Good Time Hotel
25 Strand Hotel

### ■ ESSEN

1 Genius Café
2 Thiripyitsaya Sky Bistro
3 the Phayre's
4 APK Kitchen Thaifood
5 J's Donuts
6 Nooch Restaurant & Bar
7 Suzuki Café Thai Food
8 New Delhi Restaurant
9 Yuzana Biryani
10 Nilar Biryani & Cold Drink
11 999 Shan Noodle Shop
12 Parisien
13 J's Donuts
14 Singapur Food Connection and Beer Bar
15 Café KSS
16 Hario Bakery
17 Mi Mi Lay Ice Cream
18 Power Food and Drink
19 Y2T
20 Rangoon Tea House
21 Gekko

### ■ TRANSPORT

3 Malaysia Airlines
4 Exotissimo Travel & Tours, Sun Far Travel & Tours
5 Columbus Travel & Tours
6 Fähre nach Dala

### ■ SONSTIGES

3 Kinos
4 Ruby Mart
5 Pansodan Gallery
6 Kino
7 Bookstore
8 AYÉ Apotheke
9 Lion World
10 AA Pharmacy
11 Buchstände
12 Buchstände
13 Bagan Book House
14 Aladdin Recreation Center
15 Buchstände
16 May Pharmacy
17 Myanmar Book Center
18 Indische Botschaft
19 Sarpay Beikmann Bookcenter

**Spaziergang durch Yangons Geschichte**

Route (s. S. 163/164)

A => T

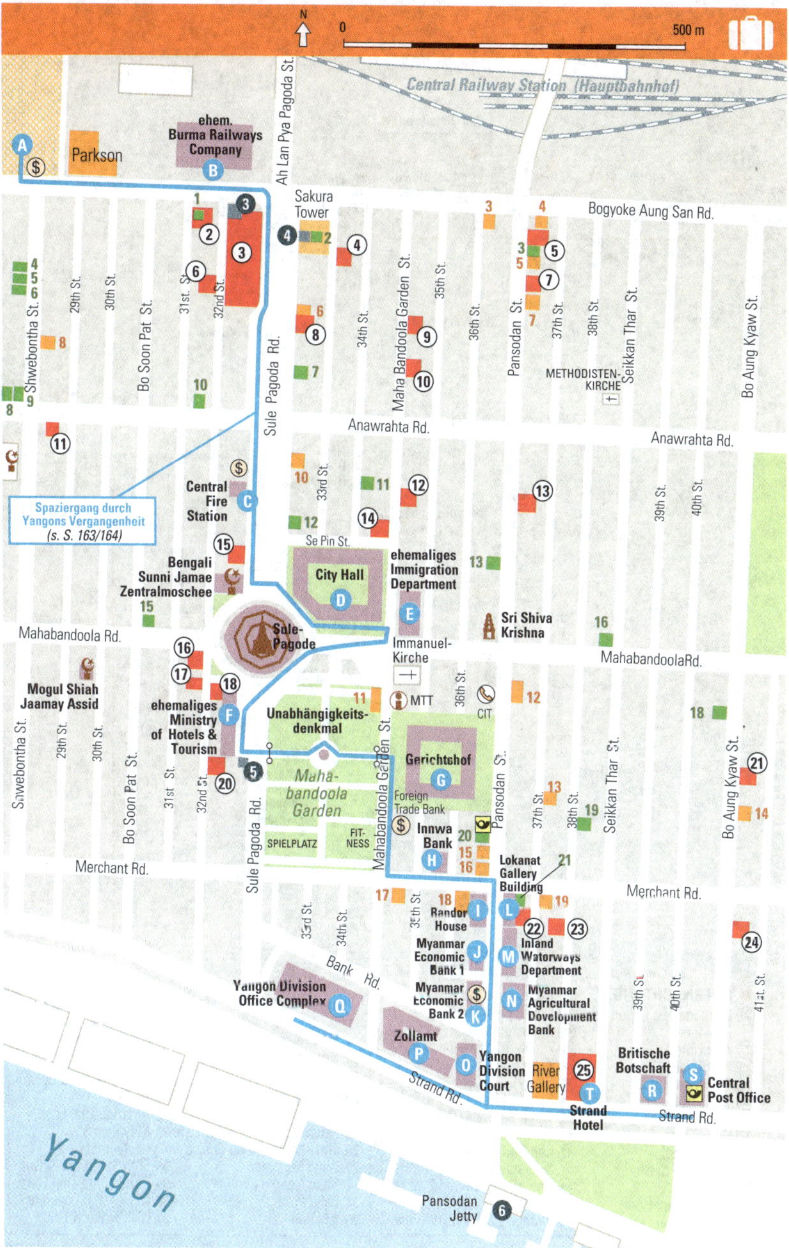
N
0
500 m
Central Railway Station (Hauptbahnhof)
ehem. Burma Railways Company
Parkson
Ah Lan Pya Pagoda St.
Sakura Tower
Bogyoke Aung San Rd.
Shwebontha St.
29th St.
30th St.
Bo Soon Pat St.
31st. St.
32nd St.
Sule Pagoda Rd.
33rd St.
34th St.
Maha Bandoola Garden St.
35th St.
36th St.
Pansodan St.
37th St.
38th St.
Seikkan Thar St.
Bo Aung Kyaw St.
METHODISTEN-KIRCHE
Anawrahta Rd.
39th St.
40th St.
Spaziergang durch Yangons Vergangenheit (s. S. 163/164)
Central Fire Station
Se Pin St.
City Hall
ehemaliges Immigration Department
Bengali Sunni Jamae Zentralmoschee
Sule-Pagode
Sri Shiva Krishna
Mahabandoola Rd.
Immanuel-Kirche
MahabandoolaRd.
Mogul Shiah Jaamay Assid
ehemaliges Ministry of Hotels & Tourism
Unabhängigkeits-denkmal
MTT
CIT
Gerichtshof
Maha-bandoola Garden
Foreign Trade Bank
Innwa Bank
SPIELPLATZ
FIT-NESS
Merchant Rd.
Lokanat Gallery Building
Randor House
Myanmar Economic Bank 1
Inland Waterways Department
Bank Rd.
Yangon Division Office Complex
Myanmar Economic Bank 2
Myanmar Agricultural Development Bank
41st. St.
Zollamt
Yangon Division Court
River Gallery
Strand Hotel
Britische Botschaft
Central Post Office
Strand Rd.
Yangon
Pansodan Jetty

## B Yangon Rund ums Zentrum

**ÜBERNACHTUNG**

- (26) Belmond The Governor's Residence
- (27) Alfa Hotel
- (28) Parkroyal
- (29) Thamada Hotel
- (30) The Loft Hotel
- (31) Panda Hotel
- (32) Hotel Esta
- (33) Yoma Hotel
- (34) Aung San Si Gh.
- (35) Hotel 51
- (36) Queens Park Hotel
- (37) Orchid Hotel
- (38) Motherland Inn 2
- (39) Ocean Pearl Inn
- (40) Agga Youth Hotel
- (41) Family Treasure Inn
- (42) Agga Gh.
- (43) Sleep In Hostel
- (44) Royal 74 Hotel
- (45) Three Seasons Hotel
- (46) New Yangon Hotel
- (47) Chit Sayar Hotel & Restaurant
- (48) Hotel Grand United 21st Downtown
- (49) Vintage Luxury Yacht Hotel

**ESSEN**

- 22 Feel Myanmar Food
- 23 Pandomar Restaurant
- 24 Sprouts
- 25 Fatman Steak Bistro & Café
- 26 Thu Kha Yeik Food Centre
- 27 Aung Mingalar Shan Noodle Shop
- 28 PaPa Pizza
- 29 Ichi Ban Kan
- 30 Santino Café & Bakery
- 31 Ko San
- 32 Amazing Thai Food
- 33 May Kyin Shan Restaurant
- 34 50th Street Bar & Grill
- 35 Suzuki Café Thai Food
- 36 Monsoon Restaurant
- 37 UNION Bar & Grill

N
0
1000 m
s. Detailplan C
s. Detailplan A
ZOO
Naturkunde-museum
26
EINGANG
Zoological Garden Rd.
Bo Min Khaung Rd.
MINGALAR TAUNG NYUNT
Dobe Lane
Theinphyu Sports Ground
Banyar Dala Rd.
Naung Yoe St.
124th St.
121st St.
127th St.
Set Yone Rd.
Daw Thein Tin St.
Mya Yar Gone St.
Upper Pansodan St.
87th St.
88th St.
89th St.
90th St.
91st St.
92nd St.
93rd St.
94th St.
Myanma Gone Yi St.
Bo Min Yaung St.
Pazundaung
Kan Taw Galay St.
Alan Pya Pagoda St.
27
7
Aung San-Stadion
Gyo Phyu St.
29
8
28
Gyee St.
30
U Pho Kyar St.
Mandalay St.
JÜD. FRIEDHOF
MUSLIM. FRIEDHOF
Thein Byu Rd.
101st St.
102nd St.
104th St.
New Thaketa Bridge
Upper Pazun Daung Rd.
Maha Thuka St.
Kyi Taw St.
Kun Chan St.
Central Railway Station (Hauptbahnhof)
Dawina St.
Kwet Thit St.
PAZUN DAUNG
DAW-BON
Pazun Daung
Myaung Gyi St.
Yae Kyaw St.
Shwe Phone Pwint Zedi
Nyaung Tan Jetty
Nyaung Tan St.
33
34
Bogyoke Aung San Rd.
St. Mary's-Kathedrale
HAUS DES ERZBISCHOFS
Sikh-Tempel
KIRCHE DER HEILSARMEE
45th St.
46th St.
47th St.
48th St.
49th St.
50th St.
51st St.
52nd St.
35
36
Lower Pazun Daung Rd.
Anawratha Rd.
Sri Devi-Tempel
37
39
38
30
Prime Ministers Offices
45
33
53rd St.
54th St.
55th St.
56th St.
57th St.
Rd.
Sule Pagoda Rd.
33rd St.
34th St.
Mahabandoola Garden St.
35th St.
36th St.
37th St.
38th St.
39th St.
40th St.
Bo Soon Pat St.
City Hall
Sule-Pagode
Maha-bandoola Garden
GERICHTSHOF
29th St.
30th St.
Mahabandoola Rd.
St. Philips-Kirche
Bo Myat Htun St.
BOTAHTAUNG
Bothataung Pagoda Rd.
Botahtaung Zay Rd.
San Da Koo St.
45th St.
Thein Byu Rd.
Merchant Rd.
Bank Rd.
Pansodan St.
Seikkan Tha St.
Bo Aung Kyaw St.
31
34
35
41st St.
42nd St.
Bogalay Zay St.
43rd St.
44th St.
32
36
GENERAL POST OFFICE
Strand H.
Strand Rd.
37
61st St.
62nd St.
10
Pansodan Jetty
Botataung-Pagode
11
49
SONSTIGES
20 Botschaft Thailand
21 Botschaft China
22 Botschaft Sri Lanka
23 Botschaft Laos
24 Botschaft Malaysia
25 Botschaft Indonesien
26 Amusement Park
27 Asia Light-Supermarkt
28 Gallery SixtyFive
29 Mingalar Cineplex
30 City Mart
31 Büro Bangkok International Hospital
32 Pomelo
TRANSPORT
7 S.S.T. Tourism
8 Ticketschalter privater Busgesellschaften
9 Columbus Travels and Tours
10 Fähre nach Dala
11 Ausflugsboote

# C Yangon Rund um die Shwedagon-Pagode und den Kandawgyi-See

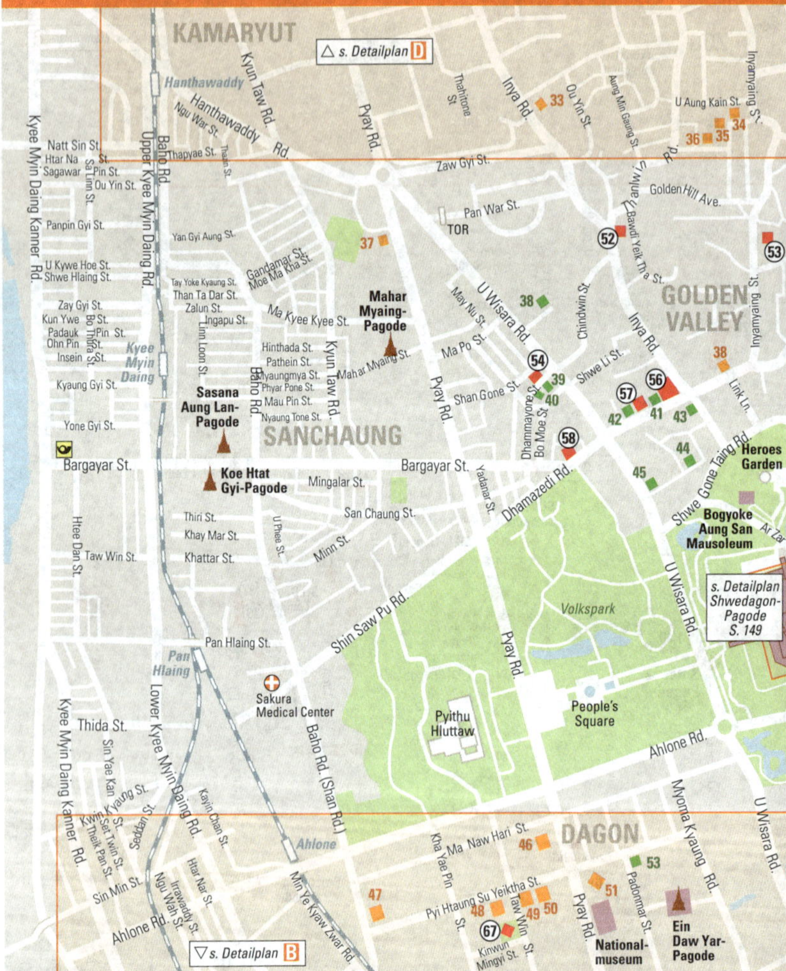


**ÜBERNACHTUNG**

50 Hotel Alamanda
51 Mya Yeik Nyo Royal Hotel
52 Winner Inn
53 Mingalar Garden Hotel Yangon
54 Humble Footprints Hotel and Hostel
55 Kaung Lay Inn
56 Savoy Hotel
57 Guest Care Hotel
58 My Hotel
59 Golden City Hotel
60 Hotel Pho Sein
61 Clover Hotel
62 Beauty Land Hotel 1
63 Fame Hotel
64 Green Hill Hotel
65 Chatrium Hotel
66 Kandawgyi Palace Hotel
67 Belmond The Governor's Residence

**ESSEN**

38 House of Memories
39 After Work Bistro & Bar
40 Green Feel Restaurant
41 Sharky's
42 Coffee Circle/ The Vue
43 Thai Kitchen
44 Hla Myanmar und Mya Myint Mo Restaurant
45 Mai Thai Restaurant

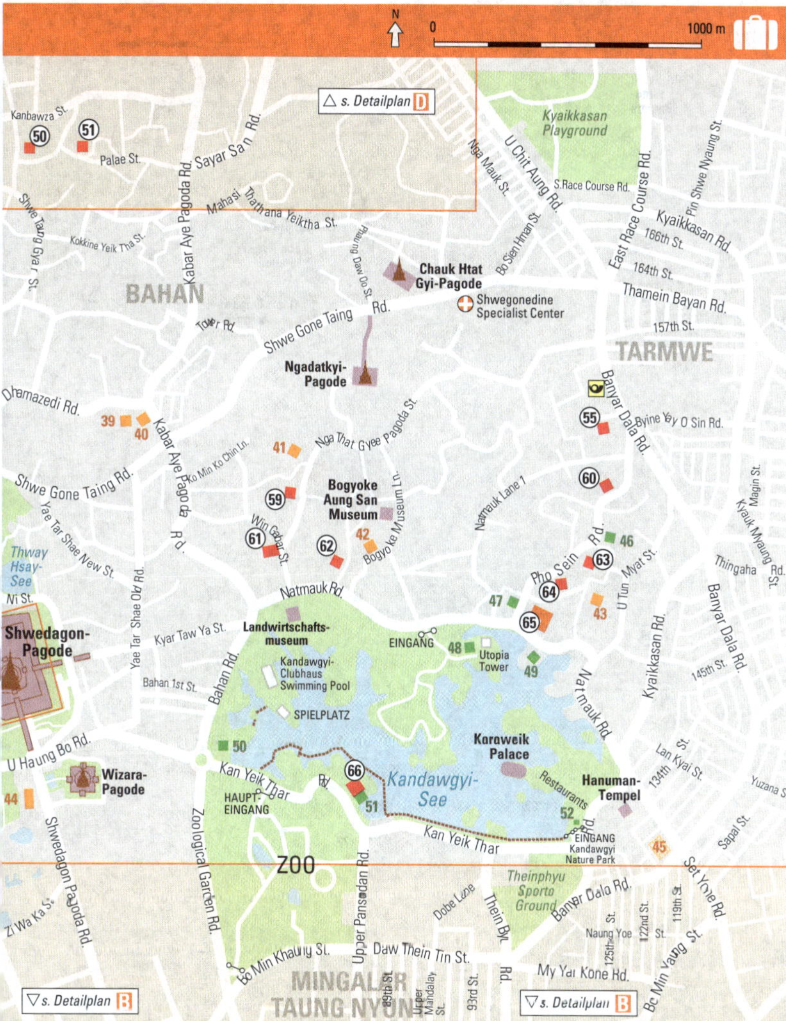


46 Ohsama Japanese Hot-Pot Restaurant
47 Vietnam Kitchen
48 Royal Garden Restaurant
49 Bangkok Kitchen
50 Signature - The Garden Bistro
51 Thiri Café
52 Off The Beaten Track
53 Feel Myanmar Food

**SONSTIGES**

33 Inya Day Spa
34 Mr. Kyi & K, Antique & Decorative Art
35 KZL Art Gallery
36 New Treasure Art Gallery
37 EMS-Versandservice
38 Souvenirläden (Holzarbeiten)
39 Botschaft Singapur
40 Monument Books
41 Dhamma Joti Vipassana Centre
42 Deutsche Botschaft
43 Botschaft Nepal
44 Happy World (Vergnügungspark)
45 Mingalar Zei
46 Botschaft Thailand
47 Botschaft China
48 Botschaft Sri Lanka
49 Botschaft Laos
50 Botschaft Malaysia
51 Botschaft Indonesien

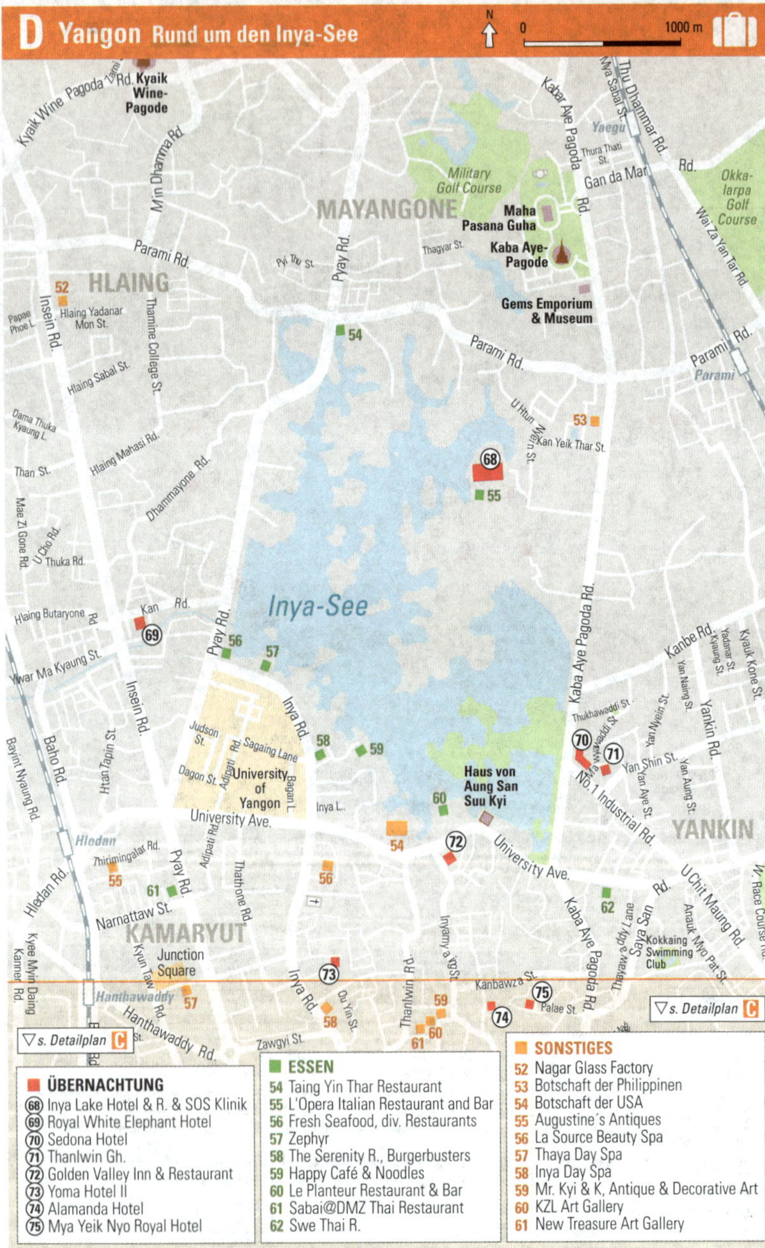
D Yangon Rund um den Inya-See
N
0
1000 m
Kyaik Wine Pagoda Rd.
Kyaik Wine-Pagode
Min Dhamma Rd.
Military Golf Course
MAYANGONE
Maha Pasana Guha
Kaba Aye-Pagode
Gems Emporium & Museum
Kabar Aye Pagoda Rd.
Thu Dhammar Rd.
Yaegu
Thura Thati St.
Gan da Mar
Okka-larpa Golf Course
Wai Za Yan Tar Rd.
Parami Rd.
Parami
Pyay Rd.
Pyi Thu St.
Thagyar St.
HLAING
Insein Rd.
Hlaing Yadanar Mon St.
Papae Phoe L.
Thamine College St.
Hlaing Sabal St.
Hlaing Mahasi Rd.
Dama Thuka Kyaung L.
Than St.
Dhammayone Rd.
U Htun Nyein St.
Kan Yeik Thar St.
Mae Zi Gone Rd.
U Cho Rd.
Thuka Rd.
Inya-See
Hlaing Butaryone Rd.
Kan Rd.
Ywar Ma Kyaung St.
Kaba Aye Pagoda Rd.
Kanbe Rd.
Yadanar St.
Kyaung St.
Kyauk Kone St.
Yan Naing St.
Yankin Rd.
Thukhawaddi St.
Ma Waywaddi St.
Yan Nyein St.
Yan Shin St.
Yan Aye St.
Yan Aung St.
No.1 Industrial Rd.
YANKIN
Bayint Nyaung Rd.
Baho Rd.
Htan Tapin St.
Judson St.
Sagaing Lane
Adipati Rd.
Dagon St.
University of Yangon
Bagan L.
Inya Rd.
Inya L.
Haus von Aung San Suu Kyi
University Ave.
Hledan
Thiriimingalar Rd.
Hledan Rd.
Thathone Rd.
Narnattaw St.
KAMARYUT
Junction Square
Kyun Taw Rd.
Hanthawaddy
Hanthawaddy Rd.
Kyee Myin Daing Kanner Rd.
Du Yin St.
Thanlwin Rd.
Inyamya St.
Kanbawza St.
Palae St.
Thayawaddy Lane
Saya San Rd.
Kokkaing Swimming Club
U Chit Maung Rd.
Anauk Myo Pat St.
W. Race Course Rd.
Zawgyi St.
▽ s. Detailplan C
▽ s. Detailplan C
ÜBERNACHTUNG
68 Inya Lake Hotel & R. & SOS Klinik
69 Royal White Elephant Hotel
70 Sedona Hotel
71 Thanlwin Gh.
72 Golden Valley Inn & Restaurant
73 Yoma Hotel II
74 Alamanda Hotel
75 Mya Yeik Nyo Royal Hotel
ESSEN
54 Taing Yin Thar Restaurant
55 L'Opera Italian Restaurant and Bar
56 Fresh Seafood, div. Restaurants
57 Zephyr
58 The Serenity R., Burgerbusters
59 Happy Café & Noodles
60 Le Planteur Restaurant & Bar
61 Sabai@DMZ Thai Restaurant
62 Swe Thai R.
SONSTIGES
52 Nagar Glass Factory
53 Botschaft der Philippinen
54 Botschaft der USA
55 Augustine´s Antiques
56 La Source Beauty Spa
57 Thaya Day Spa
58 Inya Day Spa
59 Mr. Kyi & K, Antique & Decorative Art
60 KZL Art Gallery
61 New Treasure Art Gallery

### Moscheen

Neben der Sule-Pagode steht eine der vielen Moscheen Yangons, die viel Zulauf haben. Abends strömen Hunderte Muslime nach dem Abendgebet aus der **Bengali Sunni Jamae-Zentralmoschee**. Wenige Blöcke entfernt liegt in der 30th Street die von Iranern erbaute **Mogul Shiah Jaamay Assid**. Sie steht unter Denkmalschutz.

### Mahabandoola Garden

Inmitten der Stadt, hinter der Sule-Pagode Richtung Fluss, befindet sich der kleine **Mahabandoola Garden**, an dessen Nordseite das **Unabhängigkeitsdenkmal** an die Unabhängigkeit und die Union Myanmars erinnert. Der große Obelisk symbolisiert den Zentralstaat Birma, die kleinen die Staaten, die als erste der Union beitraten. Bewacht wird das Denkmal von *chinthes*, löwenähnlichen Fabelwesen. Morgens treffen sich hier Chinesen zum Tai Chi, abends lassen Familien und junge Paare im Park den Tag ausklingen. Richtung Fluss befindet sich ein kleiner Spielplatz für Kinder bis etwa drei Jahre – daneben Fitnessgeräte für die Größeren. 🕒 bis 17.30 Uhr.

## Rund ums Zentrum

### St. Mary's-Kathedrale

Die St. Mary's-Kathedrale an der Bo Aung Kyaw Road, Ecke Bogyoke Aung San Road, ist eine beeindruckend große katholische Kirche und die größte Kathedrale des Landes. Es finden zahlreiche Gottesdienste statt. Von der mächtigen geschnitzten Kanzel im Kirchenschiff wird nur in Ausnahmefällen gepredigt. Direkt im Eingangsbereich der 1911 aus Backstein errichteten Kirche befindet sich eine Gedenktafel für den holländischen Priester, Erbauer und Architekten Hendrick Janzen. Vor dem Altarbereich stehen inbrünstig verehrte Bildnisse der Jungfrau Maria. Am Seitenaltar links kämpft der heilige Georg gegen den Drachen.

### Prime Minister's Office

Der einstige Sitz der britischen Kolonialverwaltung ist die wohl spektakulärste Hinterlassenschaft der ehemaligen Herren aus Europa. Der große Komplex aus mehreren Gebäuden, die z. T. üppig mit Säulen, Rundbögen, Türmchen und Kuppeln geschmückt sind, kann leider nur aus der Ferne durch einen Zaun bestaunt werden. Seit der Erbauung von 1889–1905 wurde aus dem Minister's Office in der 300 Theinbyu Rd. die gesamte Kolonie verwaltet. Traurige Berühmtheit erlangte es am 19. Juli 1947, als General Aung San, der charismatische Führer des Landes und Vater der heutigen Freiheits-Ikone Aung San Su Kyi, hier einem tödlichen Attentat zum Opfer fiel. Nach der Unabhängigkeit wurde das Haus weiter als Regierungssitz genutzt. Seit die Regierung 2005 nach Nay Pyi Taw umzog, war das Gebäude sich selbst überlassen. Der Taifun Nargis zerstörte 2008 große Teile der Dächer. Heute ist das Gebäude kaum noch nutzbar und wartet auf seine Restaurierung.

### Botataung-Pagode

Diese Pagode liegt am Fluss östlich des Zentrums. Vor ihren Toren steht ein Kassenhaus, wo US$2 Eintritt verlangt werden (Fotografieren US$1, Filmen US$2). Auch die Schuhe müssen hier abgegeben werden.

Der Stupa der Botataung-Pagode ist von innen begehbar. Ein vergoldeter Gang mit einigen Figuren und Pagodenmodellen hinter Glas umgibt das innerste Heiligtum. Hier steht ein Schrein, der eine Haarreliquie Buddhas enthalten soll. Die Gläubigen versuchen Geldscheine in eine Schale zu werfen.

#### Chinatown und Little India

Zwei Stadtviertel westlich der Sule Pagoda Rd. sind unbedingt einen Besuch wert: Entlang der Anawratha Rd. erstreckt sich das sehr belebte **Little India** mit vielen indischen Restaurants. Abends eröffnen auf dem Bürgersteig unzählige kleine Shops – von der Unterhose bis zum Schraubenschlüssel ist alles zu haben.

**Chinatown** erstreckt sich entlang der Mahabandoola Rd. und ist ein Paradies für Freunde kulinarischer Entdeckungstouren. Tipp: die 19. Straße (S. 178).

An der linken Außenseite des Tempels gibt es ein Wasserbecken, in dem einige Schildkröten leben. Im nahen *tazaung* befinden sich Darstellungen einiger Nats und Weizzars (Magier), darunter Bo Bo Gyi, Bo Min Gaung und Bo Bo Aung.

## Hindutempel

An der Ecke Mahabandoola und Pansodan Road befindet sich der Hindutempel **Sri Shiva Krishna**, in dem wöchentlich Zeremonien abgehalten werden. Bei diesen Gelegenheiten findet sich meist ein kleines Tempelorchester mit Trommeln, Zimbeln und einem Harmonium ein. Verehrt wird neben zahlreichen Göttern, darunter Ganesh, Vishnu, Shiva und Kali, vor allem der Guru Sai Gayatri (Sai Ba Ba), dem ein eigener Altar gewidmet ist. Auch ein Foto seiner Füße wird verehrt, 🕒 7–20 Uhr.

Im **Sri Devi-Tempel** an der Anawrahta Road, Ecke 51st Street, kann man die farbenfrohe Götter-Darstellungen bewundern. Linker Hand in der Vorhalle steht ein Altar, der dem Gründer des Tempels gewidmet ist. 🕒 unregelmäßig.

Interessant ist auch der **Sri Kali-Tempel** an der Anawrahta Road auf Höhe der 26th St. 🕒 5–11, 15–21 Uhr.

## Chinesischer Tempel

An der Strand Road, Ecke Sintodan Street, liegt der ehrwürdige chinesische Tempel **Kheng Hock Keung**. Er ist der chinesischen Göttin Mazu gewidmet, der Schutzherrin der Seefahrer und Fischer. Ihre Statue steht auf dem Haupt-Altar. Rechts von ihr sieht man Bao Sheng Da Di, den Gott der Medizin, und links wacht der aufrechte Feldherr Guan Gong. Der Tempel wurde zwischen 1861 und 1863 aus Holz erbaut und diente den Hokkien-Chinesen als Gemeindehaus. 1903 wurde er als Ziegelsteinbau erneuert. Die letzte Renovierung fand 2011 zum 150-jährigen Jubiläum statt. Heute empfängt das heilige Haus den Besucher am Eingang mit aufwendigen Steinmetzarbeiten. Morgens zwischen 6 und 8 Uhr finden manchmal besondere Zeremonien statt.

## Nationalmuseum

Das Nationalmuseum in der Pyay Road, nordwestlich des Zentrums, lohnt einen Besuch, für den historisch Interessierte durchaus mehr als zwei Stunden einplanen sollten. Das Highlight ist der berühmte Löwenthron aus dem Königspalast von Mandalay, der nun in der angemessen prunkvollen zentralen Halle im **Erdgeschoss** des Museums steht. Vor dem aus Holz geschnitzten, mit Lack und Gold verzierten 8 m hohen Thron, der eher einem hohen Tor ähnelt, saß einst der König zu Gericht. Seit 1886 befand sich das Symbol der Macht in Kalkutta und wurde erst 1948 an Myanmar zurückgegeben. Modelle von weiteren Thronen für andere Anlässe umgeben das beeindruckende Kunstwerk. Im Erdgeschoss kann zudem die Entwicklung der Schriften von einer Steininschrift der Pyu aus dem 5. Jh. v. Chr. bis heute nachvollzogen werden. Historische Fotos, einige gerettete Möbel und schwere Roben von König Tibor und der Königin lassen etwas vom Prunk am letzten Königshof erahnen.

Ein weiteres Highlight sind die königlichen Insignien, der königliche Goldschmuck, goldene Schrifttafeln und viele wertvolle Betelbehälter in der Schatzkammer hinter hohen Gittern im **1. Stock**. Nebenan haben auch Fossilien und prähistorische Faustkeile sowie Fotos und Karten von archäologischen Ausgrabungsstätten einen Platz gefunden. Der historische Saal ist nicht sehr üppig bestückt, enthält aber einige interessante Ausstellungsstücke wie die etwa 2000 Jahre alten Statuen von Tänzern und Musikern.

Der **2. Stock** vermittelt einen Eindruck von der Vielfalt des einheimischen Kunsthandwerks, von feinsten Lackdöschen bis zu kunstvoll verzierten Ochsenkarren, und den traditionellen Musikinstrumenten.

Die Kunstgalerie im **3. Stock** hätte ein besseres Umfeld verdient, ebenso wie der alte Goldschmuck hinter Gittern nebenan. Wer noch nicht zu müde ist, kann im **4. Stock** einen guten Eindruck von der ethnischen Vielfalt des Landes erhalten. Hier sind nach Staaten gegliedert nicht nur die Nationaltrachten, sondern auch interessantes Kunsthandwerk der Naga, Shan, Rakhine, Mon, Chin und Kayin zu bewundern, das allerdings manchmal nicht eindeutig zugeordnet ist. Im angrenzenden Nation Building Showroom stellt sich die derzeitige Regierung dar.

🕒 9.30–16.30 Uhr, Einlass bis 16 Uhr, Mo und Feiertage geschlossen, Eintritt 5000 Kyat. Fotografieren und Filmen verboten.

# Spaziergang durch Yangons Geschichte

- Länge: 2 km
- Dauer: ca. 1 Std.

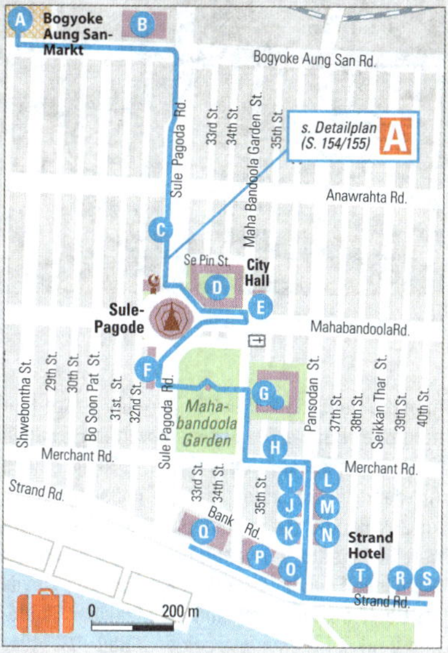


Ein kurzer Spaziergang durch Yangons Altstadt führt an vielen historischen Gebäuden vorbei, die mehr als eine Geschichte zu erzählen haben. Der Weg beginnt am **Bogyoke Aung San-Markt** Ⓐ (auch: Scott's Market), der 1926 erbaut und ursprünglich nach James George Scott benannt wurde, einem schottischen Journalisten, der für die Kolonialverwaltung arbeitete und das Fußballspiel in Birma populär machte. Sein wichtigstes Werk, *The Burman – His Life and Notions* von 1882, verfasste er unter dem Pseudonym Shway Yoe. Es ist bis heute in Yangon als Nachdruck erhältlich.

Wendet man sich nach Osten und geht ein paar Schritte die Bogyoke Aung San Road hinunter, passiert man linker Hand die ehemalige **Burma Railways Company** Ⓑ. Das u-förmige Gebäude aus rotem Backstein stammt von 1877 und ist eines der ältesten Verwaltungsgebäude in Yangon. Es ist von einem hohen Zaun umgeben – ein Investor hat das Gebäude gekauft und wird es, da es unter Denkmalschutz steht, nun renovieren müssen. Betreten streng verboten: Das Wachpersonal hat Argusaugen und versteht keinen Spaß.

Der Weg führt nach Süden Richtung Sule-Pagode, vorbei an der **Central Fire Station** Ⓒ mit ihrem Glockenturm, wo bis heute die Feuerwehrautos einsatzbereit parken, zur hellblau gestrichenen **City Hall** Ⓓ, in der noch immer die Verwaltung von Yangon residiert (Eintritt nur für Einheimische). An dem mächtigen Gebäude wurde von 1925 bis 1940 gearbeitet. Als Zierrat wurden viele birmanische Elemente eingebaut – etwa die dreistöckigen *pyatthat*-Dächer oder die Naga-Schlangen an den Eingängen. Zwei weitere schöne Kolonialgebäude liegen ganz in der Nähe: Das ehemalige **Immigration Department** Ⓔ, erbaut 1908–1910, das in seiner Geschichte auch schon ein Kaufhaus war und heute, frisch renoviert, eine Bank beherbergt, sowie das ehemalige **Ministry of Hotels & Tourism** Ⓕ, das noch auf eine neue Funktion wartet.

Quer durch den Mahabandoola Garden mit seinem hoch aufragenden Unabhängigkeitsdenkmal geht es weiter zum **Gerichtshof** Ⓖ, einem besonders augenfälligen Beispiel britischer Kolonialarchitektur. Erbaut 1905–1911, fehlen hier weder Glockenturm noch Löwenstatuen, um dem Prachtbau ein imposantes Flair zu verleihen. Zeit seines Bestehens war das Gebäude der höchste Gerichtsstand im Land. Erst seit das oberste Gericht in der neuen Hauptstadt Nay Pyi Taw tagt, hat das alte Gericht an Bedeutung verloren, und einige Teile des Gebäudes stehen nun leer.

Vorbei an historischen Banken in der Merchant Road, darunter die 2011 renovierte **Innwa Bank** Ⓗ, ab 1885 von Oppenheimer & Co. genutzt, erreicht

© M. MARKAND

Die City Hall im Herzen Yangons

man die Pansodan Street, in der eine ganze Reihe großer Bauwerke mit sehenswerten Fassaden stehen: das **Rander House** I von 1930 mit seinen Art-déco-Verzierungen, das an indische Händler aus Rander (einer Hafenstadt in Indien) erinnert und heute Verwaltungszwecken dient, die **Myanmar Economic Bank 1** J, 1923 von Lloyds als Bankhaus errichtet, und die **Myanmar Economic Bank 2** K, ebenfalls seit dem Bau 1939–1941 eine Bank (damals: Chartered Bank of India). Vor diesen Banken und dem Rander House haben sich auf dem Bürgersteig ein paar Teeverkäufer niedergelassen.

Auf der anderen Straßenseite befindet sich das pastellgelbe **Lokanat Gallery Building** L, ungefähr 1906 erbaut, eines der wenigen Häuser, in die man hineingehen kann. Die namensgebende Galerie befindet sich im ersten Stock, ⌚ 9–17 Uhr, Eintritt frei. In diesem Haus hatte seinerzeit auch der deutsche Fotograf Peter Klier sein kleines Souvenir- und Postkartenlädchen – seine Bilder sind heute noch als Postkarten und in historischen Bildbänden zu finden. Auf der Rückseite des Hauses findet sich das kleine Zar Chi Win Guesthouse (S. 170).

Direkt daneben liegt das Gebäude des **Inland Waterways Department** M von 1933, zuvor von der britischen Irrawaddy Flotilla Company genutzt. Mit seinen Säulen und Arkaden wirkt es sehr würdevoll. An der benachbarten **Myanmar Agricultural Development Bank** N (erbaut um 1930 von der britischen Grindlays Bank) fällt besonders das goldene Eingangstor mit seiner halbrunden Überdachung auf.

Schräg gegenüber an der Ecke zur Strand Road liegt der **Yangon Division Court** O, gebaut um 1900. Seine achteckigen Ecktürme sind von einem Kuppeldach gekrönt. Einige Gebäudeteile wurden im 2. Weltkrieg bombardiert und sind bis heute nicht vollständig instandgesetzt. Ein paar Schritte weiter an der Strand Road steht das 1912–1916 aus Backsteinen erbaute **Zollamt** P mit seinem weithin sichtbaren weißen Turm. Noch etwas weiter westlich schließt sich der **Yangon Division Office Complex** Q (1927–1931) mit seiner wuchtigen Säulenfassade an. Die ganze Konstruktion wurde um ein Stahlgerüst herum gebaut.

Mit der **Britischen Botschaft** R von 1900 und dem **Central Post Office** S (erbaut 1908) liegen zwei weitere Perlen des Kolonialbaus etwas östlich an der Strand Road. Doch vielleicht ist es nun Zeit, bei einer Tasse Tee das Gesehene zu verdauen. Am besten begibt man sich dafür in die stilvolle Bar des 1901 erbauten **Strand Hotels** T. Seit seiner Wiedereröffnung 1993 ist es der am gründlichsten renovierte Kolonialbau des Landes.

## Rund um die Shwedagon-Pagode und den Kandawgyi-See

### Chauk Htat Gyi-Pagode

In dieser Pagode nahe der Shwedagon-Pagode liegt in einer offenen Halle eine der größten Buddhafiguren Myanmars. Wer es nicht bis nach Bago schafft, sollte diesen 72 m langen liegenden Buddha besuchen. Er wurde 1907 erschaffen und von 1966 bis 1973 restauriert. Unweit von hier steht die **Ngadatkyi-Pagode**, die einen 10 m hohen sitzenden Buddha beherbergt. Ein Leser rät zum Besuch des Klosters. Hier leben etwa 500 Mönche, die Gästen das Kloster zeigen und sie gegen eine Spende in die Meditation einführen. ⌚ 6–20 Uhr.

### Wizara-Pagode

Die Pagode liegt am Fuße des Südaufgangs der Shwedagon. Der Stupa ist von innen begehbar. Der Innenraum ist als Wald gestaltet; stilisierte Bäume ragen an den Wänden empor bis zur Kuppel, auf der Sternbilder dargestellt sind. Zu den Motiven zählen ein Elefant, ein Pferd und eine Muschel. Manchmal wird der Innenraum verdunkelt und Lämpchen erhellen den Sternenhimmel. Im Zentrum steht ein Schrein mit acht Buddhafiguren. Ein Wandelgang führt um das Zentralheiligtum herum. Entlang des Ganges stehen hinter Glas Miniaturdarstellungen von Pagoden aus allen Teilen des Landes. Holzschnitzarbeiten zeigen Buddha, wie er als junger Siddhartha Gautama die Übel des Lebens erkennt.

General Ne Win hatte maßgeblichen Einfluss auf den Bau der Pagode. Daher ist sie auch als Ne Win Pagode bekannt.

### Parks und Seen

Der **Volkspark**, zwischen Pyay Road und U Wizara Road, ist selten überlaufen. Vor allem Ausländer schrecken häufig vor dem hohen Eintritt zurück (Erwachsene US$5). Ein wichtig aussehendes Schild mahnt alle Besucher, die Tickets aufzubewahren und auf Verlangen vorzuzeigen. Die Anlage bietet inmitten der Stadt Entspannung unter schattigen Bäumen. Reisebusse halten oft in der Pyay Road gegenüber dem Gebäude der Nationalversammlung am großen Zaun, hinter dem sich in einiger Entfernung die Torwächter der Shwedagon-Pagode als beliebtes Fotomotiv anbieten. Von hier aus sieht man auch den bekannten Brunnen des Volksparks, der von steinernen Elefanten gesäumt ist.

Hinter dem Nordaufgang der Shwedagon-Pagode liegt der **Thway Hsay-See**, in dem laut Inschriftentafel die Helden Myanmars nach dem Ersten und Zweiten Anglo-Birmanischen Krieg (1824–26 und 1852–64) das Blut von ihren Schwertern wuschen. Wenige Schritte weiter liegt auf einer Anhöhe der **Heroes Garden**. Ausländer zahlen ein Eintrittsgeld von 3000 Kyat und eine ebenso hohe Fotogebühr.

Links unterhalb des Gartens befindet sich das **Bogyoke Aung San-Mausoleum**, dessen Tore das ganze Jahr über verschlossen sind. Nur am Todestag Aung Sans am 19. Juli ist das sozialistisch anmutende Bauwerk für die jährliche Kranzniederlegung geöffnet.

Der Haupteingang zum **Zoo** befindet sich an der Südseite des Kandawgyi-Sees. Im Zoo sind neben Elefanten und Tigern auch seltene asiatische Tiere zu sehen. Die Haltung ist nicht immer einwandfrei. Wer Zoos generell kritisch gegenübersteht, sollte auf einen Besuch verzichten. Ansonsten ist es ein schöner Ausflug, um entweder am Wochenende zu erleben, wie die Yangoner Mittelschicht entspannt, oder in der Woche in der gepflegten Anlage auszuruhen. Jeden Sonntag werden Tiershows veranstaltet, kleine akrobatische Kunststückchen mit Hund, Affe und Bär, die bei Familien beliebt sind. Viele Tiere sind sehr zutraulich, da jeder Zoobesucher sie füttern kann. Möglich ist auch ein Ritt auf kleinen Ponys und Elefanten, was jedoch nicht lohnt. ⌚ 8–18 Uhr, Tickets bis 16.30 Uhr, Eintritt 3000 Kyat, Kinder 2000 Kyat.

### Museen

Das **Bogyoke Aung San-Museum** ist in jenem englischen Wohnhaus untergebracht, in dem der gleichnamige charismatische Führer bis zu seinem frühen Tod 1947 mit seiner Familie lebte. Seine Tochter Aung San Suu Kyi wurde in dem Haus geboren und wohnte hier bis 1953 – das Jahr, in dem ihr älterer Bruder im Gartenteich ertrank. Heute ist alles so eingerichtet, wie es einmal ausgesehen haben mag: Zu sehen sind die Bücher des Freiheitskämpfers und Fotografien seiner Familie. ⏲ tgl. außer Mo 9–16 Uhr, Eintritt 3000 Kyat.

Im **Landwirtschaftsmuseum** am Kandawgyi-See werden der Anbau und die Weiterverarbeitung von einheimischen Agrargütern anschaulich dargestellt. Eintritt frei.



## Rund um den Inya-See

### Maha Pasana Guha

Ursprünglich für die Sechste Buddhistische Synode errichtet, kann diese künstliche Höhle bis zu 10 000 Menschen aufnehmen. Das Welttreffen fand zwischen Mai 1954 und 1956 anlässlich des 2500. Jahrestages von Buddhas Erleuchtung statt. Mehrere tausend Repräsentanten aus über 30 Ländern folgten der Einladung des ersten Premiers Birmas, U Nu, um den endgültigen Text des buddhistischen Kanons festzulegen. Die Grotte ist fast 140 m lang und über 110 m breit und wird von zahlreichen Bodhi-Bäumen umgeben. Heute werden hier Mönchsprüfungen der auf dem gleichen Gelände befindlichen buddhistischen Universität abgehalten.

### Kaba Aye-Pagode

Die Pagode, deren wörtliche Übersetzung „Pagode des Weltfriedens" lautet, steht unweit der Höhle und wurde von U Nu 1952 ebenfalls anlässlich der Synode erbaut. Im Inneren des hohlen Stupas werden Reliquien der beiden engsten Buddha-Schüler Mogallana und Sariputra aufbewahrt. Außen blicken Buddhabildnisse in die verschiedenen Richtungen.

### Edelsteinmuseum

Im **Gems Emporium & Museum**, 66 Kaba Aye Pagoda Rd., das eher als ein großes Edelsteinkaufhaus auf drei Etagen zu bezeichnen ist, finden Liebhaber funkelnder Steine wahre Schätze. Viele der interessantesten Stücke sind allerdings in das neuere Gems Museum in Nay Pyi Taw gebracht worden, wohl auch, um der neuen Hauptstadt etwas mehr Glanz zu verleihen. ⏲ 10–17 Uhr, Eintritt frei.

## Sehenswürdigkeiten im Großraum Yangon

### Dala

Wem es in Yangon Downtown zu eng, zu voll und zu laut wird, der kann ganz einfach einen kleinen Ausflug in die Provinz unternehmen – die nur ein paar Bootsminuten entfernt auf der anderen Seite des Yangon-Flusses liegt. Dem kleinen Flecken Dala (S. 197) stehen allerdings große Veränderungen bevor, wenn dort wie geplant neue Siedlungs- und Industriegebiete erschlossen werden. Anfahrt mit der ganztags verkehrenden Flussfähre ab der Pansodan Jetty etwa alle 20 Min. für 2000 Kyat. Auf der anderen Seite bemühen sich Rikschafahrer um die Gunst der Ankommenden.

### Mae-lá-mú-Pagode

Die Pagode liegt nördlich, etwas außerhalb des Stadtzentrums am Nga Moe Yeik-Fluss, nahe der Stadtbahnstation Tadalay. Auf dem weitläufigen Gelände befindet sich eine Vielzahl großer Buddhafiguren im Freien und in mehreren *tazaung*. Buddha ist als Prediger zu sehen und auch auf seinem Weg zur Erleuchtung.

Im hinteren Bereich des Tempelgeländes liegt ein großes steinernes Krokodil. Es trägt eine Frucht auf dem Rücken, die von innen mit Spiegeln ausgestaltet ist und einen Buddha beherbergt. Auch das Krokodil ist von innen begehbar. Viele Studenten und Schüler verbringen hier die Mittagszeit und lernen oder ruhen im Maul des Krokodils oder an anderen schattigen Plätzen. Um das Gelände herum führt ein überdachter Gang mit zahlreichen Ständen, die neben Essen Devotionalien, Spielzeug und Poster zum Verkauf anbieten. Astrologen und Handleser haben sich in kleinen Häuschen niedergelassen. Über den Fluss sind mit einem kleinen Boot neu errichtete Schreine zu erreichen.

### Swe Daw Myat-Pagode

Diese recht neue Pagode liegt auf einem kleinen Hügel im Norden und strahlt weiß und golden. *Chinthes* bewachen die Eingänge zu dem Heiligtum, in dem das Duplikat eines Zahns von Buddha als Reliquie verehrt wird. Der große Stupa ist

## Ein Tag am Kandawgyi-See

© A. MARKAND

Am Kandawgyi-See kann man herrlich entspannen. Die weitläufige Anlage wurde neu gestaltet und teilt sich seither in zwei Bereiche, die zur Zeit der Recherche nicht miteinander verbunden waren. Nahe der Shwedagon-Pagode befindet sich der Teil des Parks, der vor allem Ruhesuchende und Liebespaare anzieht. Hier zahlt der ausländische Besucher 2000 Kyat Eintritt. Unter anderem lockt der Utopia Tower, ein gemauerter Aussichtsturm, der von außen wie ein Berg aussieht. Wer die zahlreichen Stufen hinaufsteigt bzw. sich in den alten Aufzug wagt, den belohnt eine schöne Aussicht auf den See und die Shwedagon (oben zahlt man noch einmal 200 Kyat). Es gibt Spielplätze mit Baumhäusern, Klettergerüsten, Schaukeln und Rutschen (auf denen sich neben Kindern auch Jugendliche treffen), einen Fitnessparcours, ein Schwimmbad und einen schönen hölzernen Steg auf dem Wasser. Der südwestliche Teil, der auch „Kandawgyi Nature Park" bzw. „Karaweik Garden" genannt wird, lockt sowohl mit einem Spiel- als auch mit einem Konzertplatz und vielen Restaurants. Hier ist vor allem abends viel los; Eintritt 300 Kyat. Auch eine Foto- und Videogebühr wird erhoben (500/1000 Kyat).

begehbar und seine Wände sind mit einer goldenen Tapete mit Buddhamotiven bis hinauf in die Kuppel ausgestaltet. Angestrahlte Buddhas und Wächterfiguren (dekorativ mit Lampen im Mund) bewachen die aus China stammende Reliquie. Diese ist in einem Miniaturschrein zentral im Stupa platziert und darf nicht fotografiert werden.

### Kyauk Taw Gyi-Pagode

Nahe dem Flughafen wurde Anfang des 21. Jhs. eine neue Pagode errichtet. Ein großer Marmorbuddha sitzt hinter Glas, vor Verschmutzungen sicher geschützt. Unweit davon auf der anderen Straßenseite fristen drei weiße Elefanten ihr Dasein auf blankem Beton – als Statussymbole der Regierung. Diese seltenen Tiere, die als heilig gelten und seit jeher die birmanischen Machthaber in ihrer Stellung bestätigen, erfüllen das Militär mit besonderem Stolz. Das Zuhause der verehrten Dickhäuter ist jedoch so trist, dass sie eher ein Symbol für den Umgang der Herrscher mit ihren Ressourcen sind. Fotografieren verboten.

### National Race Village

Das National Race Village wurde Ende 2002 eröffnet. Nachbauten traditioneller Häuser und lokaler Sehenswürdigkeiten stehen in diesem groß angelegten Park beisammen und geben einen Überblick über Birmas Völker, Bauweisen und Heiligtümer. Es werden regionale Tänze aufgeführt und Handwerkskünste vorgestellt. Das Angebot richtet sich auch an Yangons Stadtbewohner, die die kulturelle Vielfalt ihres Landes kennenlernen sollen. Das Dorf liegt östlich außerhalb Yangons. Der Eintritt beträgt US$3 für Ausländer. Der Bus Nr. 32 fährt von der Sule-Pagode in etwa 30 Min. zum Village.



## Soldatenfriedhof des Zweiten Weltkriegs

In Htaukkyant, etwa 30 km nördlich von Yangon, gabelt sich die Straße: Rechts geht es weiter nach Bago, Toungoo, Nay Pyi Taw und Mandalay, links nach Pyay. In der Nähe des Abzweigs nach Mandalay liegt der Soldatenfriedhof von Htaukkyant (Taukkyan). Er ist als Park angelegt und wird sorgsam gepflegt. 27 000 alliierte Soldaten, die im Zweiten Weltkrieg in Birma ihr Leben verloren, sind hier begraben – hauptsächlich indische Soldaten und nepalesische Gurkhas, die für die britische Armee Dienst taten.

Nach Ansicht der Birmanen sollte der Besuch eines Friedhofs keinesfalls am Anfang einer Reise liegen: Das bringt großes Unglück über den Reisenden.

Von der Innenstadt benötigt man mit dem Taxi etwa 45 Min., ab dem Flughafen sind es nur etwa 25 Min.

## ÜBERNACHTUNG

Yangon bietet eine Vielzahl an Unterkünften. Die Preise sind in den letzten Jahren sprunghaft gestiegen, der Standard hingegen nicht. Zimmer, die vor wenigen Jahren noch US$15 kosteten, werden jetzt schon mal für bis zu US$40 feilgeboten. Solange die Nachfrage da ist, wird das so bleiben, doch der Trend scheint wieder in Richtung Entspannung zu gehen. Einige günstige Plätze gibt es in der Innenstadt, viele davon im quirligen indischen Viertel. Hier machen auch immer mehr Hostels auf. Wer ruhiger wohnen möchte, kann sich am Kandawgyi-See (auch hier gibt es ein erfolgreiches Hostel) oder nahe der Shwedagon einquartieren. Am Inya-See sind vor allem große teure Hotels angesiedelt. Die meisten Zimmerpreise beinhalten ein Frühstück, nur in den ganz billigen Unterkünften ist es nicht inklusive. Dort wird manchmal die tägliche Begleichung des Zimmerpreises verlangt. WLAN ist mehr und mehr verbreitet, oft allerdings nur in der Nähe der Rezeption.

### Zentrum

Karte A, S. 154/155

**Untere Preisklasse**

Die billigsten Gästehäuser ❶ sind häufig verwohnt und bieten keinerlei Annehmlichkeiten. Bessere Zimmer ❷ haben meist AC, was im oft heißen Yangon sehr angenehm ist. Zudem ist die Ausstattung weniger spartanisch; manche bieten TV und Kühlschrank. Oft riecht es beim Betreten des Zimmers muffig, doch wenn die AC erst einmal läuft, verflüchtigt sich der Geruch.

€ **Backpacker Myanmar** ⑦, 256 Pansodan St., Zimmer 209, 9. Stock, ✆ 01-122 1459, [9888]. Ein großer Schlafsaal mit über 20 Schlafkojen, die sich in zwei Etagen an einer Wand aufreihen. Hell und gepflegt; ein guter Ort, um Leute kennenzulernen. ❶

**Beautyland Hotel II** ④, 188-192 in der 33rd St., ✆ 01-243 952, 💻 www.beautylandhotel.com, [5300]. Einfache Zimmer mit Ventilator und ohne eigenes Bad sind mit US$18 für ein Doppelzimmer eine gute Option (vor allem die Zimmer „Pearl", „Ruby" und „Diamond" an der Dachterrasse). Die AC-Zimmer mit TV sind, sofern sie ein Fenster haben, ebenfalls eine gute Wahl. Inkl. Frühstück. Recht zentral und ziemlich beliebt. ❷–❹

**Chan Myaye Gh.** ⑩, 256/276 Mahabandoola Garden St., ✆ 01-382 022, 255 860, ✉ chanmaye.gh@gmail.com, [8495]. Saubere und gepflegte Unterkunft mit familiärer Atmosphäre und hilfsbereitem Personal. Einige Zimmer sind mit neuer, andere mit alter AC ausgestattet. Das macht sowohl preislich als auch in Lautstärke und Effizienz einen Unterschied. Ventilator, Warmwasser, Kühlschrank. Ganz oben ein Pärchen-Dorm mit mehreren Doppelbetten (US$18/Bett, US$15, wer das Bett als Einzelperson nimmt). Nicht alle Zimmer haben ein Fenster und einige sind sehr klein. Es gibt aber auch ein besonders großes Zimmer für bis zu 5 Personen. Einige kleine Balkone mit Sitzgelegenheit sind allen zugänglich. Die 30 Zimmer sind oft ausgebucht; Reservierung empfohlen. Wer hier Geburtstag feiert, zahlt in der Nacht nichts für sein Zimmer. ❷

**Cherry Guesthouse** ⑨, 278/300 Mahabandoola Garden St., ✆ 01-255 946, 095-340 623, ✉ cherry.guesthouse@gmail.com, [8496]. Einfaches, in die Jahre gekommenes Guesthouse in der 4. und 5. Etage (Aufzug). Die AC-Zimmer sind klein, gefliest und mit Fernseher ausgestattet. Wer ein Zimmer ohne Bad zu nehmen bereit ist, kann in Zimmer 601 mit großem Fenster und recht viel Platz wohnen. Sonst oft fensterlos. ❷

**Garden Gh.** ⑱, 441-445 Mahabandoola Garden St., ✆ 01-253 779, 09-7304 6837, [8498]. Aus dem großen Panoramafenster der Lobby bietet sich ein toller Blick auf die Sule-Pagode. Die recht großen AC-Zimmer haben dagegen keine Fenster; das einzige Zimmer mit Fenster ist winzig. Toast-mit-Marmelade-Frühstück inkl. Nimmt keine Reservierungen entgegen. ❷

**Mahabandoola Gh.** ⑯, Nr. 93 in der 32nd St., Ecke 453 Mahabandoola Rd., 2. Etage, ✆ 01-248 104, 095-411 368, [8512]. Günstig, aber total heruntergekommen: Die Zimmer sind Bretterverschläge, die Matratzen z. T. verwanzt, Ratten huschen über die Feuerleiter. Immerhin bekommt man hier als Einzelreisender ein Bett für US$6 – darunter geht es in Yangon nicht. Wer hier wohnt, erlebt in jedem Fall eine besondere Nacht, die er niemals vergessen wird. ❶

**May Fair Inn** ㉓, Nr. 57 in der 38th St., zwischen Merchant St. und Strand Rd., ✆ 01-253 545, [8499]. Die Zimmer sind spartanisch eingerichtet, alle mit AC ausgestattet und sauber. Es werden nur Walk-in-Gäste empfangen und die Zimmer müssen in US$ bezahlt werden. Hier ist oft noch was frei, wenn andere Plätze bereits durch Vorbucher belegt sind. ❷–❸

**Okinawa Gh.** ⑳, Nr. 64 in der 32nd St., ✆ 01-274 318, [8500]. Kleines, mit viel Holz gestaltetes Haus mit einfachen Zimmern. Eines mit AC, die anderen mit Ventilator, alle mit Moskitonetzen. Die DZ sind teils groß genug für 3 Pers., und da die Matratzen in den meisten Zimmern auf dem Boden liegen, können entweder eine, zwei oder drei Matratzen Platz finden. Es gibt ein Zimmer mit vier Betten und eines mit Dormbetten (US$10 p.P.) im Obergeschoss. Nicht alle Zimmer haben ein Fenster, was aber weniger stört als in anderen Hotels. Die meisten Zimmer ohne eigenes Bad. Nicht alle Zimmer sind gut in Schuss. Zudem ist die Bauweise recht hellhörig. Uns und viele Reisende überzeugt das Haus dennoch. ❷–❸

**Okinawa 2 Gh.** ⑰, Nr. 89 32th St., ✆ 01-385 728, [9784]. In der gleichen Straße wie der ältere Bruder und in ähnlicher Bauweise errichtet. Viel japanischer Stil dank Schiebetüren, Matratzen auf dem Boden und sehr spartanisch, dennoch mit Charme. Teils mit eigenem Bad und AC, meist jedoch ohne Bad. Alle mit Moskitonetz. ❷–❸

**Pyin Oo Lwin 2** ⑫, 184 Mahabandoola Garden St., ✆ 01-243 284, [8501]. Über eine steile, aber breite Treppe führt der Weg in den 4. Stock. Entgegen dem ersten Eindruck aus dem Treppenhaus erwartet Besucher in der Lobby eine heimelige Atmosphäre. Die 10 Zimmer sind klein, aber sauber, alle mit Bad und AC. Kein Generator bei Stromausfällen. ❷

**Tokyo Guest House** ㉑, 200 Bo Aung Kyaw, ✆ 01-386 828, ✉ tokyoguesthouse.yangon@gmail.com, [8504]. Die 6 einfachen AC-Zimmer von Herrn Myint Soe werden oft und gerne von japanischen Budget-Travellern bewohnt. Sehr klein, sehr einfach. Saubere Gemeinschaftsbäder. ❷

**White House Hotel** ⑲, 69/71 Konzaydan Rd., ✆ 01-240 780, 240 781, ✉ whitehouse.mm@gmail.com, 🖳 whitehousehotelyangon.blogspot.com, [8505]. Dieses Hotel gibt es bereits seit 1982 und es ist seither beliebt. Die Zimmer sind zwar einfach und nur für Leute ohne Ansprüche, aber es wurde stetig renoviert und alles ist gut in Schuss. Das Haus ist vor allem eine Option für Budgetreisende, die auch mit Ventilator glücklich werden und kein Fenster brauchen. Die Zimmer mit AC und eigenem Bad sind für das Gebotene zu teuer. Das Beste an diesem Hotel ist das Frühstück auf der Dachterrasse: Früchte, Saft, Toast, Nudeln, Reis und frische Avocadocreme – auch für Nicht-Gäste (von 8–10 Uhr für US$10). Hier findet man schnell Anschluss. WLAN. ❷–❸

**Zar Chi Win** ㉒, Nr. 59 in der 37th St., 1. Stock, zur Straße, ✆ 01-375 407, [8506]. In dem imposanten, aber baufälligen alten Kolonialgebäude hat sich ein kleines Guesthouse eingenistet – eine ehemals große, hohe Halle wurde mit Sperrholz und Fantasie zu einer 2-stöckigen Billigunterkunft umgebaut. Winzige einfachst ausgestattete Zimmer mit Gemeinschaftsbad, für die stolze US$20 verlangt werden. Viele Zimmer werden nur an Birmanen vermietet. Vorsicht beim Erkunden vom Rest des Hauses: Das Treppenhaus macht z. T. einen gefährlichen Eindruck. ❷

### Mittlere Preisklasse

**30th Corner Boutique Hostel** ⑪, 241/251, Anawratha Rd. nahe der 30th St., ✆ 01-251 818, 🖳 www.30thcorner.com, [9785]. Der erste bezahlbare Platz im Boutique-Schick für Hostelfreunde. Mitten im Trubel erwartet den Gast hinter der Tür eine Oase der Ruhe und Sauberkeit. Hier trifft man auf freundliche Leute (Angestellte wie Gäste) und eine gute Atmosphäre. Es gibt sowohl Doppelzimmer als auch Betten im Schlafsaal (US$22 p. P.). Wann der Schimmel sich durch die Wandfarbe frisst, ist jedoch leider nicht vorauszusagen. Das Haus befindet sich mitten im Trubel der Downtown und die Bausubstanz ist alt und marode. ❹–❺

**City Star Hotel** ⑭, 169/171 Mahabandoola Garden St., ✆ 01-370 920, 🖳 www.citystarhotelmm.com, [8509]. Nahe der City Hall und der Sule-Pagode, auf die von manchen Zimmern ein Blick zu erhaschen ist. Alle Zimmer mit AC, TV, Warmwasser und Minibar; einige mit schönem Ausblick, vor allem in den oberen Stockwerken. Die Standardzimmer sind zwar groß, aber ohne Fenster, zudem mit recht niedriger Decke. Frühstücksbuffet. Das Hotelrestaurant im 2. Stock bietet neben Thai-Küche auch Snacks und Burger. ❺

**Clover Hotel City Center** ⑥, Nr. 217 in der 32nd St., hinter dem Traders, ✆ 01-377 720, 🖳 www.clovercitycenter.asia, [8510]. 84 strahlend weiße, aber ziemlich kleine Zimmer, viele ohne Fenster. Wasserkocher, Safe. ❺

**Good Time Hotel** ㉔, 114/116 Bo Aung Kyaw St., ✆ 01-256 620, ✉ GoodTimeHotel116@gmail.com, [9786]. Saubere, recht kleine Zimmer und saubere Bäder. Das Doppelbett kostet etwas mehr als zwei Einzelbetten. Die Suiten haben ein Doppel- und ein Einzelbett und können von 3 Pers. bewohnt werden. Kühlschrank, TV, Aufzug. Asiatisches Frühstücksbuffet. ❹

**May Shan Hotel** ⑮, 115/117 Sule Pagoda Rd., ✆ 01-252 986-7, 🖳 www.mayshan.com, [8518]. Die 26 Zimmer sind relativ klein und z. T. verwohnt. Manche bieten einen tollen Blick auf die Sule-Pagode, viele haben jedoch kein Fenster. Alle mit AC, TV, Minibar und Warmwasser, einige mit Badewanne. Alteingesessen, sehr beliebt und daher etwas überteuert. Wer vorbucht, kann nicht stornieren. ❹–❺

### Obere Preisklasse

**Central Hotel** ②, 335-337 Bogyoke Aung San Rd., ✆ 01-241 001, 🖳 www.centralhotelyangon.com, [8508]. Gutes Businesshotel. Die Zimmer sind recht klein, aber sauber, alle mit AC, TV und Minibar. ❺–❻

**east hotel, dining, art & craft** ⑧, 234-240 Sule Pagoda Rd., ✆ 09-7313 5311, 🖳 www.east.com.mm, [8511]. Schick – eine „Boutique"-Oase, betrieben und gestaltet vom Künstler Kyaw Nhi Kin. Die Aufteilung der Zimmer mit den halb offenen sanitären Einrichtungen ist speziell, aber insgesamt macht das Haus einen guten Eindruck. ❺–❻

**Hotel K** ⑬, 190-194 Pansodan Rd., ✆ 01-373 904; 🖳 www.hotelk.asia, [9802]. Ende 2014 eröffnetes Haus mit ansprechenden Zimmern. Alle mit Fenster, einige mit Balkon (Zugang z. T. durchs Badezimmer), Safe, TV, Minibar, Fön, Waserkocher und Tisch mit zwei Stühlen. Geräumig. Aufzug. ❺–❻

**Panorama Hotel** ⑤, 294-300 Pansodan St., ✆ 01-253 077, 🖳 www.panoramaygn.com, [5304]. Eine schöne Holzfassade empfängt die überwiegend asiatischen Gäste. Die Zimmer sind groß und mit AC, TV, Minibar und breiten Betten ausgestattet; die mit Badewanne kosten etwas mehr. Etwas abgewohnt. Reichhaltiges Frühstücksbuffet. ❻

**Strand Hotel** ㉕, 92 Strand Rd., ✆ 01-243 377, 💻 www.hotelthestrand.com, [9787]. Die bekannteste Adresse Yangons. Erbaut 1901 von den Sarkie Brothers, die auch das berühmte Raffles in Singapore schufen. Luxus pur in kolonialer Atmosphäre. Das Ambiente ist außergewöhnlich schön und die hauseigenen Cafés, Bars und Speisesäle locken auch auswärtige Gäste auf einen Drink. Happy Hour Fr 17–23 Uhr. ❽

**Sule Shangri-La Hotel** ③, 223 Sule Pagoda Rd., Ecke Bogyoke Aung San Rd., ✆ 01-242 828, 💻 www.shangri-la.com, [5302]. Ausgezeichneter Ruf. Service und Ambiente stimmen, haben jedoch ihren Preis. Fitnesscenter, Pool und Businesscenter. Hervorragendes Frühstücksbuffet. ❼–❽

## Rund ums Zentrum

Karte B, S. 156/157

### Untere Preisklasse

**Agga Guesthouse** ㊷, 88, 13th St., ✆ 01-224 654, 095-122 4654, ✉ aggaguesthouse@gmail.com, [9788]. Beliebtes kleines Gästehaus mit zwei Dorms (pro Bett US$11). Außerdem Doppelzimmer und auch kleine fensterlose Einzelzimmer (US$17). WLAN in allen Räumen. Kleines Frühstück inkl. ❸

**Agga Youth Hotel** ㊵, 86, 12th St., ✆ 01-225 480, ✉ aggahotel@gmail.com, [9789]. Recht neues, sauberes Haus mit überwiegend sehr kleinen Einzelzimmern ohne Fenster. Die Doppelzimmer, in denen nach vorne zur Straße 3 Pers. unterkommen, sind wesentlich empfehlenswerter. Alle Zimmer sind recht hellhörig. TV, AC, Minibar. Inkl. Frühstück im Dachrestaurant. Aufzug. ❷–❸

**Aung San Si Guesthouse** ㉞, 100 Bogyoke Aung San St., ✆ 01-299 874, 💻 www.oceanpearlinn.com, [9790]. Einfache Zimmer im 1. Stock eines heruntergekommenen Gebäudes. Okay, aber nicht gerade erste Wahl. Wer im Mutterhaus Ocean Pearl Inn nichts findet, kommt vielleicht hier unter. ❷

**Motherland Inn 2** ㊳, 433 Lower Pazundaung Rd., ✆ 01-291 343, 290 348, 💻 www.myanmarmotherlandinn.com, [6708]. Bewährtes Haus. Die Zimmer sind klein, aber sauber. Aufmerksames Personal. Reichliches Frühstück und gutes hauseigenes Restaurant. Vor dem Hotel Möglichkeit zum Draußensitzen. Internetzugänge. Gäste werden 2x tgl. vom Flughafen abgeholt (6.30 und 15 Uhr). ❷–❸

**Ocean Pearl Inn** ㊴, 215 Botataung Pagoda Rd. ✆ 01-296 637, 💻 www.myanmarhotel-budget.com, [9792]. 15 Min. Fußweg zum Zentrum, sauber, 14 kleine Zimmer mit Sat-TV und AC, z. T. ohne Fenster. Oft ausgebucht. ❸

**Sleep In Hostel** ㊸, 34, 9. Str., ✆ 01-226 827, 226 828, ✉ sleepinyangon@gmail.com, [9884]. Günstig wohnen in Chinatown – in Stockbetten-Dorms für 6–8 Personen. Einfaches Frühstück inkl. ❶

### Mittlere Preisklasse

**Chit Sayar Hotel & Restaurant** ㊼, 646 Mahabandoola Rd., ✆ 01-242 094, 💻 www.chitsayarhotel.com, [8877]. Ausweichmöglichkeit im quirligen Chinesenviertel – nicht jedermanns Geschmack, aber die recht großen, einfach ausgestatteten Zimmer liegen in einer interessanten Gegend mit guten Essensmöglichkeiten (19th St., S. 178). Auch Dreibettzimmer. ❹–❺

**Family Treasure Inn** ㊶, 93, 13th St., ✆ 01-224 533, 💻 www.familytreasure-inn.com, [9793]. Neues Hotel mit sauberen, meist großen Zimmern. Mit zwei Einzelbetten etwas teurer als mit Doppelbett. Standardzimmer mit und ohne Fenster (kein Preisunterschied). Inkl. Frühstück. Kein Aufzug. Auch Familienzimmer mit einem großen und zwei kleinen Betten (ab US$75). ❹

**New Yangon Hotel** ㊻, 830 Mahanbandoola Rd., Ecke 9th St., ✆ 01-210 157, 💻 www.newyangonhotel.com, [9794]. In Chinatown gelegenes Hotel mit zwar etwas abgewohnten, aber dennoch einladenden Zimmern. Alle mit Safe. Freundlicher Service, inkl. Frühstück. Schöner kann der Morgen in dieser Stadt kaum anfangen, denn vom verglasten Frühstücksraum in der obersten Etage bietet sich ein wunderschöner Blick auf den Fluss und in der Ferne die Shwedagon-Pagode. Aufzug. ❺

**Orchid Hotel** ㊲, 91 Anawratha Rd., ☎ 01-399 930, 💻 www.orchidhotelsmyanmar.com, [8514]. Angenehmes Hotel mit komfortablen, gut in Schuss gehaltenen Zimmern. Besonderheit: Im ganzen Haus sind Alkohol und Zigaretten verboten. ❺

**Queens Park Hotel** ㊱, 132 Anawrahta Rd., Ecke Bo Myat Htun St., ☎ 01-200 656, 296 447, 💻 www.qpyangon.com, [8878]. 55 saubere Zimmer mit AC und TV, die billigen ohne Fenster und spartanisch eingerichtet, teurer mit Fenster. Aus einigen Zimmern toller Blick auf die Stadt. ❹–❺

**Royal 74 Hotel** ㊹, 74 Shwe Taung Tan Street, ☎ 01-222 540, 💻 www.royal74hotel.com, [9795]. 36 Zimmer in zentraler Lage. Die Ausstattung ist einfach. Die Zimmer sind sehr klein und viele haben kein Fenster (auch einige Superior-Zimmer nicht). Wer vorbucht, sollte auf jeden Fall ein Zimmer mit Fenster reservieren. Dennoch nicht die schlechteste Wahl in dieser Lage. Fahrstuhl. ❸–❹

**Thamada Hotel** ㉙, 5 Signal Pagoda Rd., ☎ 01-243 639, 💻 www.thamadahotel.com, [9796]. Sauberes 6-stöckiges Hotel in Staatsbesitz mit 58 Zimmern, alle mit Minibar, Safe, TV, AC. Die Zimmer sind schon seit Jahrzehnten unverändert (hier gibt es sogar noch die alten Steckdosensysteme, Adapter bekommt man an der Rezeption), aber so gut gepflegt, dass das Haus noch immer sehr empfehlenswert ist. Sehr freundliches und professionelles Personal. Je nach Buchung mit gutem Frühstück im angrenzenden Restaurant (S.179, 24 Std. geöffnet, hier können Spätankommer essen). Aufzug. Teils gute Angebote über Buchungsmaschinen. ❺

**Three Seasons Hotel** ㊺, Nr. 83/85 in der 52nd St., ☎ 01-293 304, ✉ phyuaung@mptmail.net.mm, [8879]. Familienbetrieb, 8 saubere Zimmer mit Ventilator, Bad und Fenster in einem niedlichen kleinen Haus. Spezielle Frühstückswünsche werden, wenn möglich, erfüllt. Oft ausgebucht; beherbergt Tourgruppen. Großes Familienzimmer. Gäste werden vom Flughafen abgeholt. ❹

**Yoma Hotel** ㉝, 146 Bogyoke Aung San Rd., ☎ 01-297 725, ✉ yoma.one@mptmail.net.mm, [9797]. Sauberes Hotel mit einfachen Zimmern mit und ohne Fenster. Alle haben AC, TV, Minibar und Bad. Vorsicht bei Standardzimmern, denn diese haben so niedrige Decken, dass nur kleine Menschen (bis etwa 1,60 m) nicht anstoßen. Größere sollten ein Superior-Zimmer wählen. ❸–❺

### Obere Preisklasse

**Alfa Hotel** ㉗, 41 Na Wa Day St., ☎ 01-377 960, 💻 www.alfahotelyangon.com, [9798]. Großes Hotel mit 90 Zimmern in 6 Kategorien auf 11 Etagen. Die Räume haben eine ziemlich niedrige Deckenhöhe und Teppichboden. Aus einigen Zimmern und von der Dachterrasse hat man Aussicht auf die Shwedagon-Pagode. ❻

**Hotel 51** ㉟, 154/156 51th St., ☎ 01-293 022, 💻 www.hotel51myanmar.com, [9799]. Ansprechendes, zentral gelegenes Hotel mit modern ausgestatteten Zimmern, alle relativ groß und mit Fenster, Safe und Wasserkocher. Freundliches Personal. Aufzug. Inkl. Frühstück, mal à la carte in der Nebensaison, mal Buffet, wenn viele Gäste da sind. ❻

**Hotel Esta** ㉜, 19/20, Bogyoke Aung San Rd., ☎ 01-223 701, 💻 www.hotelesta.com, [9800]. Sehr schönes Haus mit großen, ordentlichen, ansprechend möblierten Zimmern. Alle mit Fenster, Safe, Schreibtisch und TV. Teils mit Badewanne und Blick auf die großen Bäume an der Straße. Eine gute Wahl für alle, die nicht direkt in Downtown wohnen und doch alles noch gut zu Fuß erreichen wollen. ❺–❻

**Hotel Grand United 21st Downtown** ㊽, Nr. 66-70, 21 Str., ☎ 01-378 200, 💻 www.hotelgrandunited.com, [9801] . Ende 2014 eröffnetes großes Hotel in zentraler Lage mit ansprechenden Zimmern. Alle verfügen über Safe, Wasserkocher, AC und Minibar und fast alle haben ein Fenster. Besonders einladend sind die oberen Zimmer, denn sie bieten einen tollen Ausblick. Das gilt auch für die Dachterrasse, auf der das Frühstück serviert wird. ❺–❻

**Panda Hotel** ㉛, 205 Wadan Rd., Ecke Min Ye Kyaw Swa Rd., ☎ 01-229 360, 212 850, 💻 www.myanmarpandahotel.com, [8513]. Das große

Hotel mit 117 Zimmern auf 12 Etagen ist von außen keine Schönheit, von innen jedoch sehr gepflegt. Alle Zimmer haben AC, TV, Minibar und große Panoramafenster; von einigen eröffnet sich ein toller Blick auf die Shwedagon-Pagode. Sehr hellhörig. Frühstück inkl. ❻

**Luxus**

**Belmond The Governor's Residence** ㉖, 35 Taw Win Rd., ✆ 01-229 860, 💻 www.governorsresidence.com. Gepflegte Anlage. Die luxuriösen Zimmer mit AC, TV, Minibar und Safe sind stilvoll mit Teakmöbeln eingerichtet. Das Haupthaus mit Bars und Restaurant (französische und asiatische Küche) ist ein restauriertes Kolonialgebäude aus den 1930er-Jahren. Die großen, ruhigen Zimmer haben meist Blick auf den Lotusgarten. ❼–❽

**Parkroyal** ㉘, 33 Alan Pya Phaya Rd., ✆ 01-250 388, 💻 www.yangon.parkroyalhotels.com, [9803]. Großes, luxuriöses Hotel mit Bäckerei, Frisör, Restaurants und Kunstgalerie. Für Sportler gibt es Sauna, Schwimmbad und Tennisplatz. ❼–❽

**The Loft Hotel** ㉚, Nr.33, Yaw Min Gyi St., ✆ 01-372 299, 💻 www.theloftyangon.com, [9804]. Sehr schönes modernes Hotel im Boutique-Schick, eine Oase der Ruhe. Bilder an den Wänden, große Fenster, eine dezente Beleuchtung und zahlreiche kleine Extras mehr lassen den Gast mit Geld das turbulente Treiben draußen vergessen. Freundliches Personal. ❼

**Vintage Luxury Yacht Hotel** ㊾, 6 Botataung Jetty, ✆ 01-901 0555, 951 8155, 💻 www.vintageluxuryhotel.com, [9885]. Mal was anderes: Eine Luxusyacht wurde nahe der Botataung-Pagode am Ufer des Yangon-Flusses festgemacht und in ein schwimmendes Hotel verwandelt – im Stil der 1920er-Jahre. Vom Lichtschalter im Zimmer bis zum Laserdrucker im Business-center, über allem liegt die (künstliche) Patina der „guten alten Zeit". Das kann man durchaus kitschig finden – oder einfach nur den Komfort genießen. Die Whirlpools des Spa-Bereiches auf dem Vordeck mit Blick auf das Ufer sind einmalig, und es ist sogar ein eigenes Bordkino vorhanden. Auf Sonderangebote online achten, sonst ❻–❼.

## Rund um die Shwedagon-Pagode und den Kandawgyi-See

Karte C, S. 158/159

**Untere Preisklasse**

**Fame Hotel** ㊸, 28A Pho Sein Rd., ✆ 01-541 235, ✉ famehotel.posein@gmail.com, [9805]. Unspektakulär eingerichtete Zimmer, oft recht klein, aber sauber. Einige punkten mit großen Fenstern. Das größte Zimmer für US$45 ist sein Geld wert. Wer US$35 zahlt, wohnt hingegen recht eng. ❸–❹

€ **Yoma Hotel II** ㊸, Karte D, S. 160, 24A Inya Rd., ✆ 01-525 482, 💻 www.soft-comm.com/Yoma_Hotel/Contactus.html, [8100]. Zweistöckiges Häuschen mit bezahlbaren, großen Zimmern und Restaurant. ❷

**Mittlere Preisklasse**

**Beauty Land Hotel 1** ㊷, 9 Bo Cho Rd., ✆ 01-540 092, 💻 www.beautylandhotel.com, [8022]. Einfache Zimmer mit gefliesten Böden. Schön sind die beiden Zimmer an der Dachterrasse mit Blick auf die Shwedagon-Pagode. Frühstück wird bei gutem Wetter im Gartenlokal serviert. ❸–❹

**Golden City Hotel** ㊹, 13 Ngar Htat Kyee Pagoda St., ✆ 01-540 640, ✉ goldencityhotel@gmail.com, [8026]. Recht saubere, wenn auch nicht mehr neue Zimmer mit Bad und Kühlschrank. Alle punkten mit Holzfußboden. Zum Teil ohne Fenster. Frühstück auch auf dem kleinen Vorplatz im Freien. Freundliche Leute. ❹

**Humble Footprints Hotel and Hostel** ㊹, 4 Thukha St., ✆ 01-122 2587, 💻 www.humblefootprints.com, [9806]. Anfang 2014 eröffnetes, weiß getünchtes Haus mit Doppel- und Dreibettzimmern und zahlreichen kleinen Dorms (4–8 Betten à US$16, kein reiner Frauenschlafsaal). Sauber gehalten, trotzdem leider teils schon Schimmel an der Wand. Die Dorms überzeugen im Preis-Leistungs-Verhältnis mehr als die Doppelzimmer (diese haben ein eigenes Bad). In der Lobby einige Computer und Gemeinschaftsecke. Gute Atmosphäre. Alle mit AC und Warmwasser. Das Haus liegt in der Nähe von ein paar kleinen, ansprechenden Restaurants. Hier könnte sich durchaus eine kleine Travellerszene etablieren. ❹–❺

**Kaung Lay Inn** (55), 75 B Moe Ma Kha St., ✆/📠 01-548 167, ✉ kaunglayinn@myanmar.com.mm, [8101]. Sauberes Haus mit schön eingerichteten, individuellen Zimmern (je weiter oben, desto ruhiger) inmitten eines Wohnviertels und doch recht nah am See. Der Holzfußboden schmeichelt den Füßen, die Holzverkleidung den Augen. Frühstück auf der überdachten Dachterrasse. Freundliches, hilfsbereites Personal. Alle Zimmer haben TV, AC und Kühlschrank, manche eine Badewanne. Gutes Preis-Leistungs-Verhältnis. ❹

**Mingalar Garden Hotel Yangon** (53), 30 Inya Myaing Rd., ✆ 01-525 493, ✉ mingalar@mptmail.net.mm, [8098]. Ruhige Lage zwischen alten Kolonialvillen. Wirkt von außen wie ein Hochsicherheitsgefängnis mit hohen Mauern und Nato-Draht, innen jedoch einladend. Zimmer mit Blick in den Garten, sehr hohe Decken. Balkon, Badewanne. Die Suite ist etwas verwohnt. ❺

### Obere Preisklasse

**Chatrium Hotel** (65), 40 Natmauk Rd., ✆ 01-544 500, 💻 www.chatrium.com, [8103]. Der große, mehrgeschossige Hotelkomplex bietet ansprechende Zimmer. Zudem einen Swimmingpool, das empfehlenswerte Lilawadee Spa, Shops, Bars und verschiedene Restaurants. ❼–❽

**Clover Hotel** (61), 7A Wingabar Rd., ✆ 09-7317 7781, 💻 www.cloverhotel.asia, [8068]. Modernes Hotel nahe am Kandawgyi-See. Saubere, geflieste Zimmer, leider etwas spartanisch eingerichtet. Europäisches und chinesisches Frühstücksbuffet. ❻

**Green Hill Hotel** (64), 12 Po Sein Rd., ✆ 01-209 299, 💻 www.greenhillhotelyangon.com, [8069]. Angenehmes Hotel der Best-Western-Kette. Die grün gestrichene Lobby wirkt etwas kühl, dafür sind die Zimmer mit schönem Holzboden und ansprechenden Bädern gut eingerichtet. Restaurant. Europäisch-asiatisches Frühstücksbuffet inkl. ❻

**Guest Care Hotel** (57), 107(A) Dhammazedi Rd., ✆ 01-511 118, 💻 www.guestcarehotel.com, [8070]. Das Hotel nahe der Shwedagon-Pagode hat einige ansprechende Zimmer, andere sind jedoch schon etwas abgewohnt. Vorbuchen ist also ein Glücksspiel. Von der Dachterrasse und den Zimmern im 4. Stock ist die nächtlich beleuchtete Pagode wunderschön anzusehen. Nr. 402 und 403 haben direkten Zugang zur Dachterrasse. Die Zimmer sind recht groß und unterschiedlich ausgestattet, alle haben AC, TV und Minibar. Zimmer in der Nähe des Treppenhauses besser meiden, da hier der Notstromgenerator steht. ❺–❻

**Hotel Alamanda** (50), 60B Shwetaung Gyar Rd., ✆ 01-534 513, 💻 www.hotel-alamanda.com. Zwei französische Damen vermieten in ihrem Wohnhaus 10 geschmackvoll eingerichtete Zimmer. Die Zimmer mit Terrasse sind alle geschmackvoll, exquisit und individuell eingerichtet. Mit Moskitonetzen. Im Restaurant im Garten des Hauses gibt es französische Küche, gute Fischgerichte und Nordafrikanisches (Tajine und Kuskus); Baguette und Crêpes dürfen natürlich nicht fehlen, dazu Kaffee und Wein vom Feinsten. ❻

**Hotel Pho Sein** (60), 67B Pho Sein Rd., ✆ 01-545 489, 💻 www.hotelphosein.net, [9807]. Elegante kleine Lobby in Grün- und Brauntönen. Die 23 Zimmer sind ebenso geschmackvoll wie modern eingerichtet. Vom 1. bis 4. Stock Superior-Zimmer, die letzten beiden Stockwerke Deluxe. Alle Zimmer sind recht groß und einladend, manche haben große Fenster und blicken auf die Shwedagon. Im 7. Stock befindet sich das Restaurant, in dem der Gast bis 23.30 Uhr etwas zu essen bekommt. ❺–❻

**Kandawgyi Palace Hotel** (66), Kann Yeik Thar St., ✆ 01-249 255, 💻 www.kandawgyipalace-hotel.com, [9808]. Das Hotel liegt direkt am See und zählt zu den schönsten der Stadt. Die architektonisch gelungene Anlage mit viel Teakholz hat 200 Zimmer und verwöhnt ihre Gäste mit vielen guten Restaurants, die sowohl asiatische als auch westliche Küche anbieten. Es gibt ein Businesscenter, ein Fitnesscenter und eine schöne Badelandschaft mit Blick auf den See. ❼–❽

**My Hotel** (58), 275 Bagayar Rd., ✆ 01-230 4447, 💻 www.myhotelmyanmar.com, [8099]. Elegante kleine Lobby mit viel Marmor. Die Standardzimmer mit den dunklen Holzböden und Möbeln schaffen ein angenehmes

Ambiente, ebenso wie die Bäder mit Badewanne und Granitarbeiten. Die Deluxe-Zimmer und Suiten in den oberen Stockwerken haben einen tollen Blick. ❺–❻

**Mya Yeik Nyo Royal Hotel** ㉛, 20 Palae St., ✆ 01-548 310, [8102]. 52 großzügige Zimmer inkl. Balkon mit Ausblick aus manchen Zimmern auf die Shwedagon-Pagode. Auf dem weitläufigen Gelände befinden sich die Street-Bar mit Dachterrasse und die Sports-Bar mit großer LED-Leinwand für Sportübertragungen. Drei Schwimmbäder und ein Fitnesscenter runden das Angebot ab. ❻–❽

**Savoy Hotel Yangon** ㊱, 129 Dhammazedi Rd., Ecke Inya Rd., ✆ 01-526 289, 💻 www.savoy-myanmar.com, [8104]. Ansprechendes und gediegenes Hotel unter deutschem Management. Das Haus versprüht kolonialen Charme; die dezent luxuriöse Zimmereinrichtung und die dunklen Holzböden lassen keine Wünsche offen. Babysitter-Service für entspanntes Speisen, Bibliothek, Schwimmbad, Spa-Anwendungen. Eine Bar und ein Restaurant, auch mit westl. Küche, runden das Angebot ab. Von der Terrasse bietet sich ein toller Blick auf die Shwedagon-Pagode. Poolbenutzung für Nicht-Gäste US$10. WLAN. ❼–❽

**Winner Inn** ㉜, 42 Than Lwin Rd., ✆ 01-535 205, 💻 www.winnerinnmyanmar.com, [8060]. Etwas weiter außerhalb der Stadt in Richtung Inya-See mit einfachen, ordentlich eingerichteten und sauberen Zimmern. Alle haben einen Safe. Restaurant mit birmanischer Küche. ❺–❻

## Umgebung Inya-See und Flughafen

Karte D, S. 160

**Golden Valley Inn & Restaurant** ㊲, 17A Inya-myaing Rd., ✆ 01-524 173, ✉ goldenvalleyinn.ygn@gmail.com, [8020]. Das 2-stöckige Haus vermietet etwas überteuerte Zimmer. Bäder meist mit Badewanne. Die Zimmer im Erdgeschoss sind günstiger. Im Innenhof gibt es ein überdachtes Restaurant, in dem Frühstück serviert wird, aber auch bis 22 Uhr chinesische und thailändische Küche. WLAN. ❸–❹

**Inya Lake Hotel** ㊸, 37 Kabar Aye Pagoda Rd., ✆ 01-662 857, 💻 www.inyalakehotel.com, [8021]. Das Hotel sieht von außen klotzig sozialistisch aus, innen empfängt einen jedoch eine große ansprechende Halle. Ein 15 ha großer Park und der am See gelegene Pool laden zur Entspannung ein, ebenso die Terrasse der Lake View Bar. Das Frühstück ist außergewöhnlich reichhaltig und lecker. Sehr gutes Fitnesscenter inkl. Sauna und auch Tennisplätze. 2x tgl. kostenloser Shuttlebus in die Innenstadt. ❼

**Royal White Elephant** ㊹, 11 Kan St., ✆ 01-503 986, 💻 www.rwehotel.com, [9809]. Relativ günstig, dafür aber ziemlich verwohnt. Mitreisende Kinder (bis 18 Jahre) zahlen nichts; ein Extrabett kostet US$10. Die Zimmer verfügen über TV, Minibar und AC (oft alt und wenig effektiv). Die Standardzimmer haben keine Fenster. Asiatisches Frühstücksbuffet. ❹–❺

**Seasons** ①, 1 International Airport Mingaladon, ✆ 01-666 699, ✉ saesons@mptmail.net.mm, [9810]. Übersichtskarte Yangon, S. 152/153. Das Flughafenhotel hat nicht nur große, gut ausgestattete Zimmer, sondern auch einen Pool und Fitnessraum. ❻

**Sedona Hotel** ㊵, 1 Kabar Aye Pagoda Rd., ✆ 01-666 900, 💻 www.sedonamyanmar.com, [9886]. Das Hotel bietet im renovierten Hauptgebäude mit 366 Zimmern Luxusklasse vom Schwimmbad bis zum Fitnessraum. 3 Restaurants mit verschiedenen Küchen; in der Ice Bar abends Livemusik. Eröffnung des neuen, hoch aufragenden Flügels („Inya Wing") mit 430 zusätzlichen Zimmern Ende 2015. ❼–❽

**Thanlwin Guesthouse** ㊶, Y-25, Pyinnayawaddy Estate, Thanlwin St., ✆ 01-542 677, ✉ thanlwinguesthouse@hotmal.com, [9887]. Sieht fast aus wie ein Privathaus und bietet unterschiedliche, recht große Zimmer mit bis zu 6 Betten; teils mit Gemeinschaftsbad, sowie einen Frauenschlafsaal. Gute Atmosphäre. Sitzgelegenheit im Garten. Dorm-Bett ❷, private Zimmer ❹–❺

## ESSEN

In Yangon gibt es eine große Auswahl verschiedener Küchen, wobei die birmanische Küche sich durch zahlreiche Überschneidungen mit den Küchen der Nachbarländer auszeichnet. Ein Überblick:

© M. MARKAND

Essenstände in Yangon sind Treffpunkte für Einheimische und Experimentierfeld für Entdecker.

**Birmanisch**

In authentischen, einfachen birmanischen Restaurants oder an Straßenständen gibt es meist große Töpfe mit Gebratenem oder Currys, die bereits früh morgens zubereitet und bis spät abends verkauft werden. Man bestellt aus einem der Töpfe; dazu gibt es dann Reis, eine Suppe, etwas gesäuertes Gemüse und/ oder Eingelegtes. Preiswert und gut – für Entdeckungsfreudige. Nicht unbedingt am ersten Tag ausprobieren!

**Cafés, Teestuben** und **Cold Drink and Food Center**: In fast jeder Straße findet sich eine Teestube. Neben den einfach ausgestatteten, die Tee, Kaffee und indische oder chinesische Snacks anbieten, gibt es vermehrt solche, die eine Mischung aus Restaurant und Café darstellen. Immer mehr breiten sich zu Kaffeehausketten aus. Hier zahlt man bereits bei der Bestellung, bekommt eine Nummer und das Gewünschte dann an den Tisch gebracht.

Cold Drink Shops bieten Softdrinks und andere kühle Getränke, dazu werden meist ein paar Gerichte verkauft.

Daneben gibt es eine Vielzahl **chinesischer Restaurants**, die alle mehr oder weniger dasselbe anbieten: Suppen, gebratenen Reis oder Nudeln mit Gemüse, Huhn, Fleisch und Frittiertes. Die oft angebotene Ente ist nicht immer vorrätig und sollte vorbestellt werden. Zu jedem Gericht gehören meist eine Suppe und ein kleiner Salat. Viele chinesische Restaurants tragen wie die Cold Drink Shops den Begriff Food Center im Namen.

**Shan**: Nudelgerichte aus dem Shan-Staat sind besonders beliebt und gut verträglich. Es gibt sie vom Frühstück bis zum Abendessen in kleinen, meist sehr schmackhaften Portionen.

**Andere asiatische Küchen**

**Indisch**: In Yangon sind zahlreiche indische Restaurants zu Hause. Die meisten sind sehr preisgünstig. Vor allem in der Anawrahta Rd. ist das Angebot groß. In den authentischen indischen Lokalen bekommt man keine alkoholischen Getränke.

**Thai**: In Yangon gibt es sehr gute thailändische Küche; die Gerichte sind aber meist weniger scharf als in Thailand. Thai-Küche bieten auch viele chinesische Restaurants, doch meint der Begriff „thai" hier meist nur, dass alles etwas schärfer ist als die chinesische Version.

**Westliche und Fusion-Küche**
Französische Haute Cuisine findet sich in Yangon ebenso wie gute italienische Pasta und hausgemachte Pizza. Bei den preislich gehobenen Restaurants empfiehlt es sich, während der Hauptreisezeit einen Tisch zu reservieren, da dort überwiegend Reisegruppen und Geschäftsleute speisen.

### Zentrum

Karte A, S. 154/155

**Birmanisch**

**999 Shan Noodle Shop**, 130/B, 34th St., ✆ 01-389 363. Sehr kleines Lokal mit guter, authentischer Küche. Empfehlenswert sind die verschiedenen Shan-Nudeln, jeweils als Suppe oder Salat serviert. Daneben gibt es eine kleine Auswahl an Reisgerichten. ⌚ 7–18 Uhr.

**Power Food and Drink**, 217-219 Bo Aung Kyaw. Birmanisch-chinesische Speisen und preiswertes Bier vom Fass: Ein typisches Foodcenter-Restaurant, in dem auf westlichen Geschmack keine Rücksicht genommen wird – was für einige gerade reizvoll ist.

**Y2T**, 38 St. Bei Einheimischen beliebtes birmanisch-chinesisches Restaurant mit einer umfangreichen Speisekarte, auf der sich einige empfehlenswerte Spezialitäten finden: Hervorragend sind z. B. die Gerichte aus dem Kachin-Staat (vor allem das scharfe Huhn). Abends, wenn es voll wird, ist es ziemlich laut. *Myanmar Beer* vom Fass. ⌚ bis kurz nach 22 Uhr.

**Andere asiatische Küchen**

**APK Kitchen Thaifood**, 397 Shwebontha Rd., ✆ 09-4320 7659. Thailändische Gerichte in verschiedenen Variationen stehen zur Auswahl. Mittleres Preisniveau, ab etwa 3500 Kyat. Recht großer, nicht sehr heimeliger Speisesaal. Aufmerksamer Service. Preise zzgl. Service-Charge. ⌚ 9.30–21 Uhr.

**New Delhi Restaurant**, 274 Anawrahta Rd., ✆ 09-7320 1518. Ausgezeichnete Currys mit vielen Beilagen, die stetig nachgereicht werden, zu günstigen Preisen. Die Auswahl an Gerichten ist sehr groß und verlockt dazu, Unbekanntes zu probieren. ⌚ 6–22 Uhr.

**Nilar Biryani & Cold Drink**, zwischen der 31st und 32nd St. an der Anawrahta Rd. Bekannt für gute Biryani-Küche. Ein ähnliches Angebot bietet **Yuzana Biryani**, das mehrere Filialen im Stadtgebiet hat. ⌚ 5–23 Uhr.

**Nooch Restaurant & Bar**, 387-397 Shwebontha Rd., ✆ 01-378 166. Neben Thai-Gerichten gibt es auch Chinesisches in diesem modernen, schicken Laden. WLAN. ⌚ 12–23 Uhr.

**Suzuki Café Thai Food**, 182 Sule Pagoda Rd., ✆ 09-7313 9180, und 149 Bokalayzay St., ✆ 01-380 826 (Karte B, S. 156/157). Die zwei ansprechenden kleinen, ordentlichen Restaurants laden an gemütlichen Holztischen zu schmackhafter, recht preisgünstiger Thaiküche. Abends werden im Restaurant nahe der Sule-Pagode Tische auf die Straße gestellt. Aufmerksamer Service.

**Aus aller Welt**

**Café KSS**, 470-472 Mahabandoola Rd., ✆ 09-7318 1611. Umfangreiche Speisekarte mit westlichen und östlichen Gerichten in sauberer, klimatisierter Bistro-Atmosphäre. Zudem Kaffee, Eis und Fruchtsäfte.

**Gekko**, 535 Merchant St., ✆ 01-386 986, 💻 www.gekkoyangon.com. Zentral gelegenes, stilvolles Restaurant in einem schön renovierten alten Kolonialhaus. Serviert wird auf zwei Ebenen. Es gibt „set menus", und wer mag, kann sich sein Essen auch liefern lassen. Etwas teurer als anderswo, aber das Ambiente zahlt man mit. Fr oft Livemusik.

**The Phayre's**, 292 Pansodan St., ✆ 01-246 968. Modernes Café mit einer Auswahl kleiner Speisen am Tag und abends ansprechende Cocktailbar.

**Thiripyitsaya Sky Bistro**, 20. St., Sakura Tower, ✆ 01-255 277. Toplage mit Panoramablick über das Zentrum bis zur Shwedagon-Pagode, internationale und asiatische Gerichte, Menüs um 10 000 Kyat. Wer auf der Suche nach Pizza und Pasta ist, wird hier fündig. Cocktails ab 5000 Kyat. ⌚ tgl. 9–22.30 Uhr.

**Bäckereien und Eisdielen**

**Genius Café**, 220, 31 St., ✆ 01-373 375, 💻 www.geniuscoffee.info. Hier gibt es in netter Atmosphäre im angenehm temperierten

AC-Café fair gehandelten, biologisch angebauten Kaffee aus den Shan-Bergen nahe Pindaya. Neben gutem Cappuccino und Caffè Latte auch leckere Eiskaffee-Kreationen und ein paar Snacks. Freundliche Leute. ⌚ 10–19 Uhr.

**Hario Bakery**, Mahabandoola Rd., Ecke Seikkhan Thar St. Neben Backwaren eine kleine Auswahl an Snacks, u. a. Thunfisch-Sandwich und Hamburger. Shakes und Eiscreme. Die Kette hat weitere Filialen im Stadtgebiet.

**J's Donuts**, Pansodan St. Bei den Einheimischen sind die bunten Teigkringel heiß begehrt. Weitere Filialen überall in der Stadt.

**Mi Mi Lay Ice Cream**, Kon Zay Dan, unweit des Theingyi-Marktes. Bei Einheimischen sehr beliebt: leckeres Eis und guter Vanillepudding. ⌚ tagsüber.

**Parisien**, Sule Pagoda Rd. Im klimatisierten Café lassen sich entspannt Kaffee, Shakes und leckere Kuchen genießen.

## Rund ums Zentrum

Karte B, S. 156/157

### Birmanisch

**Aung Mingalar Shan Noodle Shop**, Bo Yar Nyunt St., Ecke Na Wan Day St. Großes, offenes Restaurant mit Shan-Gerichten (englische Speisekarte). Es gibt u. a. Shan-Nudeln, Tofu-Salat und frische Säfte. Beliebt bei Einheimischen wie Touristen. Wer hier keinen Platz mehr findet, kann morgens gegenüber im **Thu Kha Yeik Food Centre** traditionelles Curry ordern. ⌚ 7–21 Uhr.

### Essen mit Erlebniswert

Die **Grillrestaurants in der 19. Straße** (zwischen Anawratha und Mahabandoola) sollten auf jeden Fall abends einmal ausprobiert werden! Man sucht sich an einem der Restaurants ein paar Spießchen aus, die dann zubereitet und an den Tisch gebracht werden. Das einzelne Spießchen kostet je nach Aufgestecktem zwischen 300 und 800 Kyat, ein ganzer Fisch 3000 Kyat. Dazu frisches *Myanmar Beer* vom Fass – und dann den Trubel genießen.

**Feel Myanmar Food**, 124 Pyi Htaung Su Yeiktha St., ✆ 09-7304 8783, 💻 www.feelrestaurant.com. Für viele das beste Restaurant mit traditioneller Myanmar-Küche, das vor allem zum Frühstück und Mittagessen besucht wird. Der einstöckige, etwas stickige Innenbereich ist längst zu klein geworden. Deshalb stehen auch Tische unter Zeltdächern nebenan und vor dem Restaurant. Die Speisekarte auf Birmanisch mit Bildern, aber ohne Preisangaben, ist wenig hilfreich. Besser ist es, sich am umfangreichen Buffet etwas auszusuchen. Dabei kann man sich auf die Hilfe von Englisch sprechenden Mitarbeitern verlassen. Das ausgewählte Essen wird dann zusammen mit dem üblichen birmanischen Salatteller und Dip, einer Suppe und Reis an den Tisch gebracht. Die meisten Gerichte kosten um 2000 Kyat. Kostenlos mit der Rechnung gibt es ein Dessert. Wem das nicht ausreicht, der kann sich an einer Kuchentheke und am Eiscremestand sowie an anderen Snackständen vor dem Restaurant mit weiteren Leckereien versorgen.

**May Kyin Shan Restaurant**, Botataung Pagoda Rd., neben dem Ocean Pearl Inn. Kleines einfaches Restaurant mit Shan-Küche, in dem vor allem die Gäste des GH speisen. ⌚ 8–21 Uhr.

### Andere asiatische Küchen

**Amazing Thai Food**, 66 Phone Gyee St., ✆ 094-2009 0008. Kleines AC-Restaurant mit guter Thaiküche. Die Speisekarte gibt es in englisch und mit vielen Bildern. Wer mag, kann hier richtig scharf essen. ⌚ 10–22 Uhr.

**Ichi Ban Kan**, Go Phyu St., ✆ 01-394 824, 393 051. Das kleine japanische Restaurant am Bogyoke Aung San-Stadion ist inzwischen so oft bis auf den letzten Platz besetzt, dass um Reservierung gebeten wird. Gute Küche, ausgewählte Gerichte. ⌚ 11–14 und 17.30–22 Uhr. Ausgezeichnete japanische Gerichte gibt es auch im Restaurant **Shiki Tei** im Parkroyal Hotel, ⌚ tgl. 11–14.30, Mo und Di 18–22.30 und Mi–So „Familien-Buffet" von 17.30–22.30 Uhr.

**Monsoon**, 85-87 Thein Byu Rd., ✆ 01-295 224, 💻 www.monsoonmyanmar.com. In sehr gepflegtem Ambiente gibt es im

## Fine Dining in Yangon

**House of Memories** (Karte C, S. 158/159), Nath Villa, 290 U Wizara Rd., ✆ 01-525 195, 💻 www.houseofmemoriesmyanmar.com. Schönes renoviertes Kolonialgebäude. Birmanische und internationale Küche, dazu Klaviermusik. Dem Flair entsprechend hohe Preise. Es finden immer mal wieder Events statt, etwa Partys zu Halloween. Ankündigungen auf der Webseite. 🕒 11–23 Uhr.
**Le Planteur Restaurant & Bar** (Karte D, S. 160), 80 University Rd., ✆ 01-514 230, 💻 www.leplanteur.net. Top-Restaurant mit stilvoller Atmosphäre. Hervorragende französische und indochinesische Küche, die allerdings ihren Preis hat. 🕒 12–14 und 18–23 Uhr.
**Pandomar Restaurant** (Karte B, S. 156/157), 105/107 Kha Yae Pin Rd., ✆ 09-4315 5749, 💻 www.myanmar-restaurantpandomar.com. Stimmungsvoll ist ein Essen in den aufwendig gestalteten Räumen der kolonialen Villa in jedem Fall. Alternativ sitzt man bei gutem Wetter im Garten. Thai- und birmanische Küche: recht teuer, aber von entsprechend guter Qualität. Gut geschultes Personal. 🕒 13–1 Uhr.

restaurierten Kolonialbau schmackhafte Gerichte aus Thailand, Laos, Kambodscha und Vietnam zu etwas gehobenen Preisen. Zur Hauptsaison oft ausgebucht, daher sollte man vorher reservieren. Nach Absprache werden Kochkurse veranstaltet. 🕒 10–22.30 Uhr.

**Three Six Five - 365**, im Thamada Hotel, ✆ 01-243 047. Gemütliche Atmosphäre, teils hohe Sessel, teils ganz normale Tische. Eine Auswahl an Thaiküche und Westlichem. Gäste des Thamada nehmen hier ihr Frühstück ein (sehr schmackhaft). Das besondere Plus: Das Restaurant hat 24 Stunden geöffnet – ein Tipp also für alle, die spät ankommen und noch Hunger haben.

### Aus aller Welt

**50th Street Bar & Grill**, 9/13 50th St., ✆ 01 397 060, 💻 www.50thstreetyangon.com. Ein Hotspot in Yangons Bar- und Restaurantszene; schön gestalteter Tresen, gute westliche Gerichte, Billardtisch. Treffpunkt vieler ortsansässiger Ausländer. WLAN. Donnerstags wird gepokert, freitags spielt Livemusik, samstags Brunch und sonntags Happy Hour den ganzen Tag. 🕒 Mo–Fr 11–14.30 und 17 Uhr bis spät, Sa und So 10.30 Uhr bis spät.
**Fatman Steak Bistro & Café**, 26 Bo Yar Nyunt St., ✆ 094-2030 5666. Wer Lust auf ein Steak oder Fish&Chips verspürt, kann in diesem gemütlichen Pub einkehren. Plätze drinnen und draußen. Etwas gehobene Preise. Bier und gute Cocktails. Beliebt bei Expats. 🕒 8–22 Uhr.

**Ko San**, 19th St. In der Straße der Grillrestaurants bietet dieses kleine Lokal eine Alternative mit deftigen Hamburgern, sündhaften French Toasts mit viel Vanille-Eis und anderen Gerichten aus aller Welt. Dazu preiswerte Cocktails. 🕒 10 Uhr bis spät.
**PaPa Pizza**, 9B Nawaday St., ✆ 01-376 907. In einer Seitengasse bietet die kleine Pizzeria eine große Auswahl an leckerer Pizza. Ab 7500 Kyat (Margherita) bis zu 14 000 Kyat (Capricciosa). Lieferservice. 🕒 10–21 Uhr.
**Santino Café & Bakery**, 18/A Bo Yar Nyunt St., ✆ 01-387 880. Hier wird jeder etwas finden: Ob Schwarzwälder Kirschtorte, Eiskaffee oder Eisbecher, Thai-Reis mit Basilikum, Spaghetti oder Fish&Chips, die Auswahl ist reichhaltig. Die Pizza ist nicht empfehlenswert, aber vieles, was wir probiert haben, war lecker. Innen viel Platz, nicht sehr gemütlich, aber sauber und gut temperiert. 🕒 8–21 Uhr.
**Sprouts**, 68/A Yaw Min Gyi St., ✆ 094-2110 2223, 💻 www.sproutsmyanmar.com. Diese kleine Oase der Gesundheit liegt etwas versteckt. Frischer Salat, den man à la carte bestellen oder nach eigenen Wünschen zusammenstellen lassen kann. Auf der Karte stehen auch Schafskäse und andere Leckereien. 🕒 8–20 Uhr.
**UNION Bar & Grill**, 42 Strand Rd., Ecke 42nd St., Myanmar Red Cross Bldg., ✆ 094-2018 0214, 💻 www.unionyangon.com. Modernes Ambiente und westliche Küche, daneben ausgewählte asiatische Gerichte. Sa und So Frühstück. WLAN. Gehobene Preise. 🕒 10 Uhr bis spät.

## Rund um die Shwedagon und den Kandawgyi-See

Karte C, S. 158/159

**Birmanisch**

**Green Elephant Restaurant**, 37 University Avenue, 01-536 498, www.greenelephant-restaurants.com. Gekonnte Verbindung von Verkauf und Restaurant. Im schattigen Innenhof kann man zum einen die angebotenen Möbelstücke und Souvenirs bewundern und zum anderen kreative, auf den europäischen Gaumen zugeschnittene birmanische Küche genießen. 10–19 Uhr.

**Hla Myanmar**, 27 West Shwe Gone Taing (5th) Rd. Bei Einheimischen beliebtes Restaurant zur Mittagszeit. Aus einer Vielzahl von Töpfen kann das Tagesangebot an Fisch, Garnelen, Rind, Schwein oder Huhn ausgesucht werden, dazu ein Teller Gemüse nach Wahl. Hinzu kommen eine Suppe und viel Grünzeug. Preis für ein Mittagsgericht um 3000 Kyat.

**Mya Myint Mo Restaurant**, West Shwe Gone Taing (5th) Rd. Wechselnde Tagesangebote an birmanischer Hausmannskost. Einfach auf die Töpfe zeigen und ausprobieren.

**Rangoon Tea House**, 2. Stock 77-79 Pansodan St., 01-122 4534. Hier wird die birmanische Küche der Zukunft kreiert: Spannende Rezepte verbinden Traditionelles mit frischen Ideen. Auch Kaffee und Kuchen sind ein Tipp. 8–22 Uhr.

**Andere asiatische Küchen**

**After Work – Bistro & Bar**, 38 A1 Shan Gone St., 092-504 4753. Bei westlichen Besuchern, vor allem aber auch asiatischen Gästen angesagtes Bistro mit einer kleinen Auswahl von Gerichten aus der traditionellen und der Fusion-Küche zu recht günstigen Preisen. Cocktails, Bier und Wein. Die Küche schließt um 21.30 Uhr, aber wer hier versacken mag, kann dies bis spät nachts tun. ab 10 Uhr.

**Bangkok Kitchen**, gegenüber dem Hotel Chatrium, am See. Großes Restaurant mit guter Thai-Küche. 10.30–22.30 Uhr.

**Golden Duck**, auf dem Gelände des Vergnügungsparks Happy World (S. 183). Chinesische Küche im Hongkong-Stil. Die namengebende Ente ist nicht immer im Angebot.

**Green Feel Restaurant**, 26 Shan Kone St., 094-2002 8722. Kleines, seinem Namen alle Ehre machendes, grün getünchtes Restaurant mit Gerichten aus der Thai- und der chinesischen Küche. 9–21 Uhr.

**Mai Thai Restaurant**, 197/1-3 West Shwe Gone Taing (5th) St., 01-383 662. Stilvolles Thai-Restaurant mit Veranda. Kokos-Curry in der Nuss kredenzt, viel Seafood, teils aus Frischwasserbecken, zubereitet vom Thai-Küchenchef. 10–22 Uhr.

**Off The Beaten Track**, im Kandawgy Nature Park (nahe Eingang 2, Eintritt 300 Kyat), 09-510 2657, www.otbt-myanmar.squarespace.com. Schöner Platz im Park mit einer großen Auswahl an Getränken und einigen leckeren Gerichten aus West und Ost. Hier haben wir den ersten Bananenshake Yangons entdeckt und für lecker befunden. Abends werden hier eher Cocktails und Bier getrunken. Ein schöner Platz, an dem zwischen 18 und 23 Uhr auch ein Infoschalter für Backpacker geöffnet ist. 11–23 Uhr.

**Ohsama Japanese Hot-Pot Restaurant**, 28 B Pho Sein Rd., 01-555539, www.ohsama.sakura.ne.jp. In einem von außen imposanten Haus wird im etwas sterilen Innenraum gute japanische Hot Pot-Tradition gepflegt. Große Auswahl an Zutaten. Wer etwas anderes essen möchte, bekommt aber auch Pommes. 16–23 Uhr.

**Royal Garden Restaurant**, Nat Mauk Rd., 01-546 923. Großes chinesisches Restaurant direkt am Kadawgyi-See. Ab halb sieben Uhr morgens wird Dim Sum serviert. Gehobene Preise. 6.30–22 Uhr.

**Thai Kitchen**, 126 A Dhammazedi Rd, in der Seitenstraße 5th St., 09-861 3400. Nennt sich „Noodle & Fast Food" und hat neben guter Thai-Küche (Tomyam, Currys, viele Fischgerichte) auch Shan-Nudeln und eine große Auswahl an Nudelsuppen im Angebot. Mittlere Preislage, Gerichte ab 2500 Kyat. 10.30–22.30 Uhr.

**Vietnam Kitchen**, 1 A Pho Sein Rd., 01-524 709, www.vietnamkitchen.info. Das gemütliche Gartenlokal, in dem man sich morgens vietnamesische Pho schmecken lassen kann, liegt etwas zurück versetzt.

Viele weitere Gerichte auf der Karte, etwas gehobene Preise. Der Kaffee hat uns nicht überzeugt, original vietnamesisch schmeckt er besser. Aber die Atmosphäre stimmt, und wer eine Abwechslung sucht, ist hier richtig. ⌚ 9–22 Uhr.

**Aus aller Welt**

**Coffee Circle**, 107(A) Dhammazedi Rd. Stylisches Café mit viel Glas, das auch in eine europäische Großstadt passen würde. Junge Birmanen, Geschäftsleute und viele Gäste des Guest Care Hotels surfen hier auf ihren Laptops. Die Speisekarte bietet alles zwischen Asien und Europa. Absolut gelungen sind die Nudel-Fusion-Kreationen. Kuchentheke, leckerer Kaffee, exzellente Weinkarte. Nicht ganz billig. ⌚ 6–24. Auf der 1. Etage öffnet zusätzlich ab 17 Uhr das ebenso durchgestylte **The Vue** mit Aussicht auf die stark befahrene Dhammazedi Rd. Die moderne Architektur ist sehr gelungen. WLAN. Nichtraucher.

**Signature – The Garden Bistro**, Bahan Rd. Ecke Kan Yeik Thar Rd., ✆ 01-546 488. Stilvolles Ambiente direkt am Kandawgyi-See. Im Haupthaus gediegene Atmosphäre und eingedeckte Tische. Das halb überdachte Bistro mit gemütlichen Sesseln bietet Seeblick. Beide haben die gleiche Speisekarte: überwiegend italienisch, daneben europäische Klassiker und etwas Asiatisches. Frische Fruchtshakes, Kaffeespezialitäten und Cocktails.

**Sharky's**, 117 Dhammazedi Rd., ✆ 01-524 677, [5665]. Im Erdgeschoss gibt es Tapas und eingelegte Oliven sowie diverse, im Shan-Staat hergestellte Käse und Schinken zu kaufen, dazu ökologisch angebautes Gemüse. Gutes angeschlossenes Restaurant auf der 1. Etage: stylish mit Wechselausstellungen lokaler Künstler (die Bilder sind auch käuflich zu erwerben) und sehr hochpreisig. Ganz bewusst kein WLAN, denn die Gäste sollen miteinander sprechen. ⌚ 9–22 Uhr.

## Umgebung Inya-See

Karte D, S. 160

**Asiatische Küchen**

**Fresh Seafood**, am Inya-See. Eines der Restaurants direkt am See. Überwiegend Meeresfrüchte auf der Speisekarte. Beliebt bei Einheimischen.

**Sabai@DMZ Thai Restaurant**, Mya Khun Tha Park, gegenüber vom Sedona Hotel. Große Auswahl an guten thailändischen Currys und Salaten in gepflegtem Ambiente. ⌚ 12–23 Uhr.

**Swe Thai Restaurant**, 34 New University Avenue Rd., ✆ 01-704 067. AC-Restaurant, einige Stühle auf der kleinen Veranda. Sehr große Auswahl an Thaigerichten, auch mit Erklärungen versehen. Dazu einige chinesische Gerichte aus der Hainan-Küche.

**Taing Yin Thar Restaurant**, 5A Parami Rd., Ecke May Kha Rd., ✆ 01-660 792, 💻 www.taingyinthar.com. Untergebracht in einem 2-stöckigen Holzhaus. Authentische Küche in hübschem Ambiente. Es werden ausschließlich natürliche, frische Zutaten verwendet und mit wenig Erdnussöl verarbeitet. Die große Auswahl an Gerichten deckt die kulinarische Bandbreite der Shan-, Mon- und Rakhine-Küche ab. Umfangreiche Menüs, die prima Gelegenheit bieten, mit den landestypischen Speisen vertraut zu werden. Mittleres Preisniveau. Freundlicher Service. ⌚ 10–22 Uhr.

**The Serenity Restaurant**, 114 Inya Rd. Einfaches Restaurant mit günstigen Gerichten. BBQ, Fried Rice, Aal, Huhn, Ente und Vegetarisches. Eis und Shakes.

**Aus aller Welt**

**Burgerbusters**, 114 Inya Rd. Burger und andere Snacks im AC-Raum. ⌚ 8–22 Uhr.

**Happy Café & Noodles**, Inya Rd., Inya-See. Am Weg zum See gelegenes Restaurant. Kaffee in allen Varianten im AC-Raum oder auf der Terrasse. Dazu gibt es eine große Auswahl verschiedener Gerichte.

**L'Opera Italian Restaurant and Bar**, 62 U Tun Nyein, ✆ 01-665 516, 💻 www.operayangon.com. Liebhaber der italienischen Kochkunst finden hier eine teure, aber gute Küche vor. Eine Pizza kostet ab US$10. ⌚ 11–14.30 und 18–21.30 Uhr.

**Zephyr**, am Seeufer in einem kleinen Park gelegen. Es gibt Kaffee und Snacks und man kann direkt am Wasser sitzen.

YANGON

## UNTERHALTUNG

### Bierbars und Karaoke

In Yangon gibt es zahlreiche Bierbars, die neben Flaschenbier auch Gezapftes im Krug oder Glas anbieten. Zudem kann man bis spät abends (meist chinesisch) essen. Unterhaltung und Essen bieten auch zahlreiche Karaokebars, in denen nicht die Gäste singen, sondern junge Sängerinnen von 19 Uhr bis Mitternacht birmanische Schlager zum Besten geben. Tagsüber gibt es kühles Bier und Essen.

**Singapur Food Connection and Beer Bar** (Karte A, S. 154/155), Shwedagon Pagoda Rd., Ecke Mahabandoola Rd., 1. Etage über dem Theingyi Zei-Markt. Hier gibt's *Myanmar Beer*, chinesische Speisen und abends oft Gegrilltes zu lautem Gesang. 100 m weiter nördlich an der Ecke zur Anawratha Rd. ein ähnliches Programm im **Lion World**. Dort sehr gutes chinesisch-birmanisches Essen.

### Diskotheken

Die meisten Diskotheken und Nachtclubs verbergen sich in den großen Hotels und verlangen ca. US$5 Eintritt (inkl. Freigetränk). Im **Parkroyal**, **Sedona** und **Kandawgyi Palace Hotel** wird die Konserven-Musik oft von den Auftritten recht guter Livebands unterbrochen. Aufgelockert wird das abendliche Vergnügen durch einstudierte Tanzvorführungen und Fashion-Shows.

### Kinos

Zahlreiche Kinos werben für indische, birmanische und westliche Filme.

In der Sule Pagoda Rd. steht das **Nay Py Daw Cinema** (Karte A, S. 154/155), das einige Blockbuster zeigt, zum Teil bereits in 3D.

An der Bogyoke Aung San Rd. (Karte A, S. 154/155) finden sich gleich mehrere Lichtspielhäuser, die vor allem asiatische Produktionen bringen.

Außerdem gibt es das **Thamada Kino** neben dem Hotel gleichen Namens (Karte B, S. 156/157). Blockbuster sind im modernen **Mingalar Cineplex**, Anawratha Rd., Ecke Phone Gyee St., zu sehen (Karte B, S. 156/157).

### Konzerte

Hinweise zu Konzerten finden sich auf Werbeplakaten überall in der Stadt. Meist kann man zwar das Datum und die Uhrzeit lesen, aber nicht den Ort. In dem Fall kann ein Digitalfoto und die Übersetzung im Hotel weiterhelfen. Auch die Angestellten in den diversen CD-Läden wissen, wann wo welche Konzerte stattfinden. Ob Rock, Pop oder Hip-Hop: ein Konzertbesuch lohnt fast immer. Wenn am Kandawgyi-See Konzerte gegeben werden, kündigen riesige Plakatwände am Eingang zum Kandawgyi Nature Park das Ereignis an.

### Kulturshows

Veranstaltungen, bei denen traditioneller Tanz, u. a. eine Szene aus dem Ramayana, Volkstänze, eine Chinlon Performance (auch Cane Ball genannt) und Puppentheater aufgeführt werden, bietet das **Karaweik Palace** (Karte C, S. 158/159) auf dem Kandawgyi-See, ✆ 01-290 546. Die Show wird täglich inkl. Dinner für US$32 angeboten. Im Kandawgyi Palace Hotel am königlichen See (s. Karte C), ✆ 01-249 255, gibt es bei entsprechender Nachfrage eine etwas kürzere Show für US$25 inkl. Dinner. Das Buffet wird um 18.30 Uhr eröffnet, die Vorstellung beginnt um 19.30 Uhr und dauert ca. 1 Std. In der Hauptsaison besser reservieren!

### Puppentheater

Traditionelles **Puppentheater** zeigt die sehr renommierte Truppe **Htwee Oo Myanmar**, die als eine der besten des Landes gilt. Direktor U Khin Maung Htwe und seine Familie haben den Unterhalt des Ensembles zu ihrem Lebensziel gemacht und viele erfahrene Puppenspieler um sich versammelt. Die insgesamt 150 Puppen gelten als besonders hochwertig. Aktuelle Auftrittstermine und -orte s. 💻 www.htweoomyanmar.com.

### Theater

Yangon verfügt über ein **Nationaltheater** (Karte B, S. 156/157); der Spielplan ist unregelmäßig, Aufführungen sind selten. Manchmal kommen Ausschnitte der birmanischen Version des Ramayana zur Aufführung, manchmal finden Konzerte statt. Infos beim MTT.

### Vergnügungsparks

Am Südaufgang der Shwedagon befindet sich der Vergnügungspark **Happy World** (Karte C, S. 158/159). Auf dem überdachten Rummelplatz gibt es Karussells und Geschicklichkeitsspiele. An einem kleinen See mit Park stehen quietschende Tretboote zur Ausleihe. Viele Birmanen bringen ihr eigenes Picknick mit und lassen sich im Gras oder auf dem kleinen überdachten Platz inmitten des Sees nieder. Feiner speist man im chinesischen Golden Duck Restaurant. ⌚ 9–21 Uhr, Eintritt 200 Kyat.

Im **Aladdin Recreation Center**, Bo Aung Kyaw St. (Karte A, S. 154/155), kann man sich auf eine ganz besondere Art austoben: Viele Maschinen motivieren zum Tanzen und Spielen. Vor allem Kinder und Jugendliche lieben das bunte, laute Geschehen.

## EINKAUFEN

### Bücher

**Bagan Book House** (Karte A, S. 154/155), Nr. 100 in der 37th St., ✆ 01-377 227, 09-511 7470. Neben Secondhand-Romanen, einigen Klassikern wie *Der Glaspalast* (gedruckt und gebunden in Myanmar) und neuer birmanischer Literatur (z. T. ins Englische übersetzt) gibt es hier Reise- und Sprachführer. Zudem eine Auswahl ansprechender Kochbücher. Das Interessanteste im Sortiment sind jedoch die vielen handgebundenen Kopien alter Bücher aus der Kolonialzeit. Herumstöbern lohnt sich! Nach einem Schlaganfall im Jahre 2004 hat der Begründer des Ladens U Ba Kyi das Geschäft in die Hände seines Sohnes U Htay Aung gegeben, der es im Sinne seines inzwischen verstorbenen Vaters weiterführt. Die Preise sind fest und angemessen.

**Bookstore** (Karte A, S. 154/155), 246 Pansodan Rd., ✆ 01-243 216. Unter der kleinen Anzahl englischsprachiger Titel lässt sich hin und wieder eine Entdeckung machen.

**Monument Books** (Karte C, S. 158/159),, 150 Dhammazedi Rd., ✆ 01-536 306. Eine gut sortierte, klimatisierte Buchhandlung mit vielen guten Bücher über Myanmar und Asien. Im oberen Stockwerk viele westliche hochpreisige Spielwaren. ⌚ 10–18 Uhr.

**Myanmar Book Center** (Karte A, S. 154/155), 561-567 Merchant Rd., ✆ 001-384 508. Hat eine recht große Auswahl an in Englisch



Auf den Märkten gibt es meist Reproduktionen für kleines Geld zu kaufen.

© A. MARKAND

erschienenen aktuellen Titeln über Myanmar. Zudem viele Wörterbücher.

**Sarpay Beikmann Bookcenter** (Karte A, S. 154/155), Merchant Rd., Ecke 37th St., führt Post- und Landkarten, teils englische Literatur.

In jedem Fall lohnt sich beim Schlendern durch die Stadt ein Blick auf die **Bücherstände**, die in der Mahabandoola Garden oder in der Pansodan Rd. aufgestellt sind. Immer wieder finden sich hier auch in Englisch publizierte Bücher aus oder über Myanmar.

YANGON

## Kunst und Kunsthandwerk

Bilder und Kunsthandwerk aller Art gibt es in den Verkaufsräumen der größeren Hotels, wie dem Strand oder dem Parkroyal, außerdem auf dem Bogyoke Aung San-Markt. Einige private Kunstgalerien haben sich im Golden Valley nördlich der Shwedagon-Pagode und im Zentrum etabliert. Hier werden Bilder zeitgenössischer Künstler des Landes ausgestellt.

**Augustine's Antiques** (Karte D, S. 160), 23A Thiri Mingalar St., nahe der Pyay Rd., ✆ 01-504 290, 💻 www.augustinesouvenir.com. In dem kleinen Laden, der bis oben hin mit ausgewählten Antiquitäten vollgestellt ist, lässt es sich herrlich stöbern. Es gibt Buddhafiguren, Marionetten, Lackwaren, Schränke. 🕒 11.30–19.30 Uhr. Ein ähnliches Angebot hat **Mr. Kyi & K, Antique & Decorative Art** (Karte C, S. 158/159), 84 Than Lewin Rd., ✆ 01-534 927. 🕒 10–18 Uhr.

**Gallery SixtyFive** (Karte B, S. 156/157), 65 Yaw Min Gyi Rd., ✆ 01-246 317. Wechselnde Ausstellungen zeitgenössischer Kunst, die sich großer Beliebtheit erfreuen. In dem alten Holzhaus stimmt das Ambiente.

**Nagar Glass Factory** (Karte D, S. 160), etwas versteckt in der 152 Yawgi Kyaung St., nahe der Insein Rd., ✆ 01-526 053. Interessante Glasarbeiten. Hier widmete sich eine Familie seit Generationen der Kunst der Glasbläserei, doch seit einigen Jahren ist die Produktion eingestellt. Es ist jedoch noch viel Ware vorhanden, und die angebotenen Weingläser und Schalen sind ein außergewöhnliches Mitbringsel. Sie sollten jedoch wegen des schwierigen Transports erst am Ende der Reise gekauft werden.

**New Treasure Art Gallery** (Karte C, S. 158/159), 84/A Thanlwin Rd., Golden Hill Av., ✆ 01-526 776, ✉ newtreasureart@gmail.com. Lohnt für Kunstliebhaber. Hier lebt und wirkt Min Wae Aung, der mit seinen Bildern von gehenden Mönchen vor goldgelbem Hintergrund der wohl berühmteste birmanische Gegenwartskünstler

### Wo traditionelles Handwerk auf westliches Design trifft

Der westliche und der birmanische Geschmack, sei es in Farbe oder Form, könnten oft unterschiedlicher nicht sein. Hier setzt ein gelungenes Konzept von Paula Camba an. Sie und ihre ehrenamtlichen Kollegen aus aller Welt lassen unter dem Label Pomelo Kunsthandwerk in neuem Design herstellen. Bisher gibt es diese Handwerkskunst nur in Yangon. Ein Muss für alle, die etwas Ausgefallenes mitbringen wollen und damit auch noch Gutes tun können. Denn 50 % des Preises gehen direkt an die jeweiligen Betriebe. Zu kaufen sind geschmackvolle und ausgefallene Taschen, Schmuck, Kleidung, Alltagsgegenstände, Schirme u. v. m. Das Geschäft ist eine Oase der Kreativität. Und die Preise sind angemessen. Die Idee hinter diesem Geschäft, „design for change", geht auf. Die von kleinen Handwerkskooperativen gestalteten Mitbringsel sind eine gelungene Kombination aus birmanischer Tradition und westlichem Designgeschmack. In Lohn und Brot kommen so Menschen, die an Aids erkrankt sind, oder Behinderte. Es gibt Kooperationen mit kreativen Familienbetrieben oder auch mit Studenten aus ärmeren Schichten, die sich so ihr Studium mit finanzieren. Im Laden arbeiten Frauen verschiedener Nationalitäten ehrenamtlich (u. a. die Deutsche Ulla Kröber), und man wird sehr gut über die Hintergründe der Arbeit von Pomelo informiert. Die hier arbeitenden Birmanen werden aber selbstverständlich von dieser Non-Profit-Organisation bezahlt.

**Pomelo** (Karte B, S. 156/157), 89 Thein Pyu Rd. (neben Monsoon Restaurant), 2. Stock, 💻 pomeloyangon.com. 🕒 10–21 Uhr, in der Hauptsaison oft bis 22 Uhr.

ist. Wenige Meter entfernt stellt die **KZL Art Gallery** ebenfalls birmanische Gegenwartsmaler aus, die einen moderneren Stil verfolgen (Karte C, S. 158/159), 184/A Thanlwin Rd., ✆ 09-533 3518. ⌚ 9–24 Uhr.

**Pansodan Gallery** (Karte A, S. 154/155), 1. Stock, 286 Pansodan Rd., ✆ 09-513 0845, 💻 www.pansodan.com. Die kleine, angesagte Galerie im Zentrum lockt mit einer ansprechenden Auswahl aktueller alternativer Werke von z. T. noch unbekannten Künstlern. ⌚ 10–18 Uhr.

**River Gallery** (Karte A, S. 154/155), nahe dem Strand Hotel, 33/35 37th, Ecke 38th St., und im Strand Hotel, 💻 www.rivergallerymyanmar.com.Die ausgesuchte Kunst lohnt einen Besuch, auch wenn man nicht die Absicht hat, ein Bild zu kaufen. Die ausgestellten Künstler machen sich derzeit weltweit einen Namen und stellen u. a. auch in Deutschland und Amerika aus.

In der **Dhammazedi Rd.** befinden sich kleine Läden (Karte C, S. 158/159), die antike Holzarbeiten, Alltagsgegenstände und Kunsthandwerk anbieten. Hier findet man oft eine große Auswahl an geschmackvollen Holzschnitzereien, Lackwaren, Schmuck, Taschen, Rubinen, Pailettenkunst, Möbeln und Malerei.

## Märkte

Der **Bogyoke Aung San-Markt** (Karte A, S. 154/155) wird vor allem von Touristen und wohlhabenden Birmanen besucht. Im Hauptgebäude führt ein zentraler Weg vorbei an zahlreichen lizenzierten Schmuck- und Edelsteinhändlern. Wer ohne einheimischen Fremdenführer kommt, zahlt mindestens 30 % weniger, denn die Händler geben die Provision, die sie einem Führer zahlen müssen, an den Kunden weiter. Hier gibt es Gemälde (vorwiegend Aquarelle), Holzschnitzereien, Stoffe und Haushaltswaren. Zudem ein Essensmarkt und im ersten Stock zahlreiche Schneider. ⌚ tgl. außer Mo und feiertags 10–17 Uhr.

Im **Theingyi Zei-Markt** (Karte A, S. 154/155), der sich über drei Gebäudekomplexe erstreckt, findet man im westlichen Bereich – auch Plaza genannt – vor allem Kleidung und Elektroartikel, im mittleren Gebäude Stoffe und Kleidung, die meist im Fünferpack verkauft wird, sowie Moskitonetze. Im östlichen Abschnitt werden Pigmente (zum Färben von Stoffen und Nahrungsmitteln), Gewürze und Lebensmittel angeboten.

Der **Mingalar Zei** (Karte C, S. 158/159) liegt südöstlich vom Kandawgyi-See und hat Stoffe, Lebensmittel und Kleidung im Angebot, die meist aus Thailand, Singapore oder China importiert sind.

Der **Nachtmarkt in Chinatown** findet tgl. ab 18 Uhr westlich der Sule Pagode Rd. an der Mahabandoola Rd. statt (Karte A/B, S. 154/155 und 156/157). Im Angebot sind frische Früchte und alles, was man für die chinesische Küche braucht.

## Musikkassetten, VCD und Poster

Diese Medien gibt es an den zahlreichen **Straßenständen** im indischen Viertel. Neben buddhistischen Gesängen auf Kassette werden auch Bänder beliebter Hardrockbands wie Iron Cross und der neuen HipHop-Helden verkauft. Neben indischer und birmanischer Musik haben mittlerweile auch amerikanische Pop-Ikonen den Markt erobert. In **Fachgeschäften**, von denen immer mehr eröffnen, werden CDs und VCDs vornehmlich aus birmanischer Produktion angeboten: Es lohnt sich, hineinzuhören, denn nicht selten sind diese Läden Labels, die nur hier erhältliche Musik vertreiben.

## Straßenstände

Ein Blick auf die Straßenstände lohnt sich immer. Blechspielzeug, Kompasse oder seltenes Werkzeug, Uhrenarmbänder, Batterien oder Kleidung, lustiges Spielzeug oder Haushaltswaren – vieles ist an den Gehsteigen besonders günstig zu erstehen.

## Supermärkte

**City Mart** (Karte B, S. 156/157), Anawrahta Rd., Ecke 47th St. Hier fühlen sich Besucher aus dem Westen wie zu Hause. Es gibt Schokolade, Fanta, Wein und Eis, Sonnenmilch, Rasierklingen, Fotobatterien, Tampons und das wirksame Mückenmittel Odomos. Kleine Musikabteilung und Apotheke, ⌚ Mo–Sa 9–21 Uhr. Eine Zweigstelle befindet sich am Bogyoke Aung

San-Stadion, zwei weitere nahe dem Queen's Park Hotel und im Junction Center. ⌚ 9–21 Uhr.

**Ocean Supercenter** (Karte Yangon Übersicht, S. 152/153), nahe dem Flughafen an der Pyay Rd. Der größte Supermarkt Yangons verkauft im Obergeschoss Kleidung (gute Auswahl hochwertiger Longyis, Jeans) und Kinderartikel, unten ist die Essensabteilung. ⌚ 9–21 Uhr.

**Ruby Mart** (Karte A, S. 154/155), Bogyoke Aung San Rd., Ecke Pansodan St., ✆ 01-398 246. Im Erdgeschoss Supermarkt und Cafeteria, darüber zwei Stockwerke mit modernen Textilien, Schuhen und Handtaschen. Im 3. und 4. Stock Elektro-, Haushaltsgeräte, Computer und Handys. Im obersten Stock ist ein Kinderparadies und Restaurant. ⌚ 9–21 Uhr.



### Textilien

Auf dem **Bogyoke Aung San-Markt** gibt es Läden mit Kleidung. Einige kleine Modeläden stehen auch inmitten des Getümmels des indischen Viertels oder tauchen unerwartet an anderer Stelle auf. Modern präsentiert sich das große Einkaufszentrum **Junction Square** an der Pyay Rd. (Karte D, S. 160) mit überwiegend modernen Textilien sowie auf den oberen Etagen einem Kino und Restaurants, u. a. der Ketten YKKO und Moon Bakery. ⌚ 9–21 Uhr.

## AKTIVITÄTEN

### Marathon

Jeweils am 3. oder 4. Sonntag im Januar findet in Yangon der Internationale YOMA-Yangon-Marathon statt. Neben der klassischen Marathon-Strecke (42,2 km) gibt es auch einen Halbmarathon und einen 5-km-Lauf. Aktuelle Informationen hierzu unter 💻 www.yangon marathon.com.

### Massagen und Spas

Auch in Yangon nehmen die Angebote an traditioneller Massage, Fußreflexzonenmassage und sonstigen Wellnessangeboten zu.

**Inya Day Spa** (Karte D, S. 160), 16/2 Inya Rd., ✆ 01-537 907, 💻 www.inyaspa.com. Massagen und Sauna in entspannender Umgebung. In der angeschlossenen Boost Bar gibt's gesunde Fruchtsäfte und WLAN. Nur mit Voranmeldung. ⌚ 10–21 Uhr. Dazuj gehört auch das **Thaya Day Spa** (Karte D, S. 160), 💻 www.thayaspa.com, im Junction Square, Inya Rd., Reservierungen unter ✆ 09-7317 3979.

**La Source Beauty Spa** (Karte D, S. 160), 80 Inya Rd., ✆ 01-512 380, 💻 www.lasource beautyspa.com. Stilvolles Spa in restaurierter Villa in ruhigem Garten. Geboten wird ein Wohlfühlprogramm – auch mit Haarpflege. Nur mit Voranmeldung. ⌚ 9–19 Uhr.

### Meditation

Zehntägige Meditationskurse organisiert u. a. das **Dhamma Joti Vipassana Centre** nördlich des Kandawgyi-Sees (Karte C, S. 158/159). Nördlich des Inya-Sees befindet sich die **International Theravada Buddhist University** (Karte Yangon-Übersicht, S. 152/153). Siehe auch Meditation S. 72.

### Schwimmen

Einige Hotels lassen Gäste anderer Unterkünfte in ihrem **Swimmingpool** schwimmen oder im Fitnesscenter trainieren. Dazu zählen das Sule Shangri-La Hotel und das Parkroyal. Meist kostet der Spaß um die US$10. Ebenfalls Abkühlung bietet der **National Swimming Pool** (Karte B, S. 156/157) in der U Wisara Rd., Kinder- und Erwachsenenbecken. Sauber, aber einfach. ⌚ 9–12 und 13–16 und 18–20 Uhr. Eintritt für Ausländer 3000 Kyat.

**Kandawgyi Clubhaus Swimming Pool** (Karte C, S. 158/159), Eingang Bahan Rd. Hat einen Pool, in dem man sportlich seine Bahnen ziehen kann. Clubmitglieder zahlen US$20 im Monat; einmaliger Besuch 4000 Kyat. ⌚ 15–20 Uhr.

## SONSTIGES

### Apotheken

**AA Pharmacy** (Karte A, S. 154/155), nahe der Sule-Pagode. Neben den wichtigsten Medikamenten führt die Apotheke auch Mückenschutzmittel (Sketolene) und Naturheilmittel *(myanmar traditional medicine)*. ⌚ tgl. 24 Std. Ähnlich gut bestückt ist die **May Pharmacy** (Karte A, S. 154/155) in der Merchant St.

Wer diagnostischer Hilfe bedarf, findet sie in der **AYÉ-Apotheke** (Karte A, S. 154/155), Shwebontha Rd. Die Apotheke hat tagsüber geöffnet, ist günstig und führt auch Schnelldiagnosen durch. Dementsprechend voll ist es hier mit Birmanen, die die in den Hinterzimmern wartenden Ärzte unterschiedlicher Spezialgebiete aufsuchen.

## Geld

Zahlreiche Banken haben in den letzten Monaten ihre Tore geöffnet. Fast alle bieten einen Automaten (ATM).
**KBZ-Bank** (Karte A, S. 154/155), Mahabandoola Garden St., südlicher Block. ⌚ Mo–Fr 9.30–15 Uhr.
**AGD-Bank** (Karte A, S. 154/155), etwas nördlich des May Shan Hotels, ⌚ Mo–Fr 10–16 Uhr.
Alle Banken schließen zwischen 12 und 13 Uhr.

## Informationen

An der Sule-Pagode bietet das **Myanmar Travel & Tour Office** (Karte A, S. 154/155), MTT genannt, ✆ 01-374 281, aktuelle Infos über Reisebestimmungen. Das Personal ist sehr freundlich. Wer in abgelegenere Gebiete reisen will, für die eine besondere Erlaubnis notwendig ist, kann sich beim MTT erkundigen, sollte sich dann aber an ein Reisebüro wenden. Dieses kann ggf. eine **Sondererlaubnis** *(special permit)* bei den zuständigen Behörden in Nay Pyi Taw erwirken. Das ist allerdings meist an die Inanspruchnahme eines Angebots der betreffenden Agentur gekoppelt. ⌚ tgl. 8.30–17.30 Uhr.

### Wichtige Telefonnummern

| | |
|---|---|
| **Polizei:** | 199 |
| **Feuerwehr:** | 191 |
| **Ambulanz:** | 192 |
| **Ambulanz Rotes Kreuz:** | 295 133 |
| **Immigration:** | 286 434 |
| **Zoll Yangon:** | 284 533 |
| **Flughafen Yangon:** | 662 811 |
| **MTT:** | 278 376, 282 013, 282 075 |

## Medizinische Hilfe

**SOS Clinic** (Karte D, S. 160), Inya Lake Hotel, 37 Kaba Aye Pagoda Rd., ✆ 01-667 871 (Administration), 667 877 (Notfall), 667 879 (Klinik). Wer bei einem Verkehrsunfall verletzt, von giftigen Tieren oder solchen mit Tollwut gebissen wird oder den Verdacht hegt, an Malaria oder Denguefieber erkrankt zu sein, kann sich an die SOS Clinic wenden. Hier werden Voruntersuchungen und Impfungen durchgeführt und medizinische Rettungsflüge organisiert. Die Klinik hat gut ausgebildete Ärzte in 24-Std.-Bereitschaft.
Ein internationales Krankenhaus ist das **Pun Hlaing International Hospital** (Karte Yangon-Übersicht, S. 152/153), Pun Hlaing Golf Estate Av., ✆ 01-684 323, 💻 www.punhlaing.com/facilities/hospital. Das Krankenhaus befindet sich etwas abseits auf einem Golf-Gelände im Stadtteil Thar Yar. Es wurde 2005 als erstes internationales Privatkrankenhaus Myanmars eröffnet und ist sehr modern ausgestattet.
Weitere Kliniken in Yangon sind das **Shwegonedine Specialist Center** (Karte C, S. 158/159), 7 East Shwe Gone Taing Rd., ✆ 01-554 128, 544 116, und das **Sakura Medical Center** (Karte C, S. 158/159), 23 Shin Saw Pu Rd., ✆ 01-511 079, 510 186.
**SOS Air Rescue** Ist eine international operierende Luftrettungsgesellschaft, die im Notfall mit Jets und Hubschraubern evakuiert. Die nächstgelegene Filiale sitzt in Bangkok, ✆ 0066-2-205 7777, 💻 www.internationalsos.com.
**Bangkok International Hospital** (BIH) unterhält ein kleines Office in Yangon, 181 Bo Myat Tun St. (Karte B, S. 156/157), ✆ 01-202 120, 💻 www.bangkokhospitalmyanmar.com. ⌚ tgl. 8.30–17 Uhr. Es organisiert im Ernstfall eine Überstellung nach Bangkok.

## Post

Das **General Post Office** (GPO, Karte A, S. 154/155) liegt in der 39 Bo Aung Kyaw St., Ecke Strand Rd. Der Haupteingang befindet sich in der Strand Rd., wenige Meter hinter dem Strand Hotel. Schon im Eingangsbereich verkaufen Händler Briefmarken, und an einem kleinen Schalter sitzt eine Dame von der Post mit dem gleichen Angebot. Sollte die Klebe-

fläche nicht ausreichend präpariert sein, schaffen die fliegenden Händler mit Klebstoff Abhilfe. Die Karten erreichen Europa nach etwa 2–3 Wochen. Im 2. Stock wird ein Poste-restante-Service angeboten.
Dokumente und Fracht können mit **DHL** verschickt werden. Hauptoffice: c/o HB Logistics, 45 Pyay Rd., 6 1/2 mile, ✆ 01-507 471, 📠 507 476, ✉ Mminfo@dhl.com. 🕒 Mo–Fr 8.30–17.30, Sa 8.30–12 Uhr, So und feiertags geschl. Auch **EMS** bietet einen Versanddienst an; große Filiale in der 361 Pyay Rd. (Karte C, S. 158/159), ✆ 01-515 151, 📠 500 500. 🕒 9–16 Uhr.

YANGON

### Wäschereien
In fast allen Hotels und Gästehäusern wird Wäsche gewaschen. Außerhalb gibt es kaum empfehlenswerte Waschsalons.

## NAHVERKEHR

### Stadtbusse
In Yangon fahren Stadtbusse, die pro Strecke 200–300 Kyat kosten (zu zahlen in kleinen Scheinen). Sie sind oft sehr voll und halten meist nach Heranwinken (mit den Fingern nach unten). Wer außerhalb wohnt und in die Stadt will, braucht nur an einer Haltestelle zu warten. Die Kartenverkäufer rufen die Endstation und weisen Touristen auf das Ziel hin. Auch an der Sule-Pagode bekommt man Hilfe bei der Wahl des Busses. Bus Nr. 43 fährt von der Sule-Pagode nahe dem Ostaufgang der Shwedagon vorbei weiter zum **Inya-See** und zum **Aung Mingalar Highway Busterminal**. Direkt zur **Shwedagon-Pagode** fährt Nr. 203 von der Sule Pagoda Rd. nahe dem Kino und vom Strand Hotel.

### Taxis
Neben den Stadtbussen übernehmen Taxis den Nahverkehr. Sie sollten nicht mehr als etwa 2000–4000 Kyat für kurze Strecken innerhalb des Zentrums kosten (Anhaltspunkt: Sule–Shwedagon 2000 Kyat). Eine Fahrt zum Aung Mingalar-Busbahnhof kostet etwa 8000 Kyat, zum Flughafen 7000–9000 Kyat. Reizvoll und erholsam ist das Tempel-Hopping mit dem Taxi. Auch Ausflüge in die Umgebung sind mit dem Taxi bequem. Ein Auto mit Fahrer kostet am Tag etwa 100 000 Kyat.

„Hurry up, hurry up" … der Busbegleiter kümmert sich um den zügigen Einstieg der Fahrgäste.

© M. MARKAND

### Eisenbahn

Eine schöne Rundfahrt durch die Stadt verspricht die **Circle Line**, eine Bahnstrecke, die in ca. 3 Std. vom Hauptbahnhof bis weit nördlich des Flughafens und auf der anderen Seite der Stadt wieder zurück zum Bahnhof führt. Die Bahn verkehrt den ganzen Tag über, die Fahrt kann beliebig oft unterbrochen werden. Eine tolle Möglichkeit, in den Alltag Yangons einzutauchen. Nicht alle Züge fahren die ganze Runde: Manche halten in Höhe des Flughafens und fahren dann wieder zurück. Informationen bekommt man am zentralen Verkaufsschalter in der Bahnhofsmitte.
Ein Ticket kostet 300 Kyat (manchmal verlangt der Verkäufer auch 200 oder 500 Kyat).

## TRANSPORT

### Busse

In den vergangenen Jahren haben die meisten Gesellschaften relativ neue Busse angeschafft, die das Reisen deutlich bequemer machen. Tickets für die Hauptstrecken bekommt man am Busbahnhof, in vielen Gästehäusern oder an den Schaltern am **Bogyoke Aung San-Stadion** (Karte B, S. 156/157). Es ist sinnvoll, sich an den Verkaufsstellen zu erkundigen, ob und wie lange im Voraus die Busse reserviert werden müssen. Das variiert je nach Nachfrage; einen Tag vorher sollte man rechnen. Fast alle Busse haben AC (Kopfbedeckung mitnehmen!) und Video.
Die Fahrt zu den außerhalb gelegenen Busbahnhöfen kostet mit dem Taxi etwa 8000 Kyat. Die im Folgenden angegebenen Abfahrtszeiten und Preise sind als Orientierungshilfe zu verstehen und beziehen sich auf Busgesellschaften, deren Tickets einfach in Gästehäusern oder am Stadion verkauft werden. An den Busbahnhöfen selbst fahren noch viele weitere Gesellschaften auch zu anderen Zeiten ab.

**Aung Mingalar-Busbahnhof**
(Karte Yangon-Übersicht, S. 152/153)
Die Fahrt zum Busbahnhof im Stadtteil Nord-Okkalapa dauert vom Zentrum etwa 40 Min. Dort startet die Mehrzahl der Busse.
BAGAN, 8, 19 und 20 Uhr, 15 000–18 000 Kyat, 9 Std.
BAGO, stdl. zwischen 5 und 22 Uhr, 4000 Kyat, 2–3 Std.
KALAW, Abfahrt des Nachtbusses um 20 Uhr, 11 000 Kyat, 10 Std.
KYAIKTYIO, zwischen 8 und 17 Uhr etwa alle 1–2 Std., 8000 Kyat, 5 Std.
MANDALAY, 9 und 21 Uhr, 10 800–17000 Kyat, 8 Std.
MAWLAMYINE, 9, 12, 15 und 21.30 Uhr, 5000–8000 Kyat, 6 Std.
NGAPALI BEACH (Thandwe), 14 Uhr, 15 000 Kyat, 10 Std.
PYAY, etwa stdl. zwischen 7 und 23.30 Uhr, 6000 Kyat, 6 Std.
SHWENYAUNG (für INLE-SEE), 18 und 19 Uhr, 17 500–24 000 Kyat, 8 Std.
TOUNGOO, 7, 8, 9 und 19 Uhr, 5000 Kyat, 5 Std.

**Dagon Ayar-Busbahnhof**
(Karte Yangon-Übersicht, S. 152/153)
Der Busbahnhof liegt im Stadtteil Hlaing Thayar weit außerhalb im Westen Yangons, ca. 45 Autominuten vom Zentrum – wenn kein Stau ist. Man sollte sich ggf. auf das Wort des Taxifahrers verlassen und früher starten. Ab 5 Uhr morgens fahren Busse den ganzen Vormittag über ins Delta, z. B.
NGWE SAUNG, 6.30 und 7 Uhr, 11 000 Kyat, 7 Std.
PATHEIN, 7 Uhr, 5000 Kyat, 5 Std.

### Eisenbahn

Zugfahren in Myanmar ist ein Erlebis für sich – nicht die schnellste Methode, von A nach B zu kommen, und nichts für Sauberkeits-Fanatiker; dafür sind die Tickets recht günstig und man bekommt gut Kontakt zur lokalen Bevölkerung. Fahrkarten kann man selbst am Bahnhof erstehen (englischsprechende Mitarbeiter am Schalter mit der Aufschrift „Tourists warmy welcome") oder sich über ein Reisebüro besorgen lassen.
Einige Preise *(ordinary/upper/sleeper)* in Kyat und ungefähre Fahrzeiten:
BAGO 600/1150/ – ; 2 Std.
KYAIKHTO 1200/2400/ – ; 4 Std.
MANDALAY 4650/9300/12 750; 16 Std.

## Zugfahrplan (Auswahl)

**Yangon – Nay Pyi Taw – Mandalay**

| Zugnr. | Yangon | Bago | Toungoo | Nay Pyi Taw | Thazi | Mandalay |
|---|---|---|---|---|---|---|
| **3up** | 17.00 | 18.45 | 23.25 | 1.57 | 5:58 | 7.45 |
| **5up** | 15.00 | 16.44 | 20.59 | 23.32 | 2.11 | 5.00 |
| **7up** | 20.30 | 22.13 | 2.23 | 5.00 | – | – |
| **11up** | 6.00 | 7.48 | 12.31 | 15.22 | 18.15 | 21.00 |
| **31up** | 8.00 | 9.43 | 14.10 | 17.00 | – | – |

**Yangon – Bago – Kyaikhto – Mawlamyaing**

| Zugnr. | Yangon | Bago | Kyaikhto | Mawlamyaing |
|---|---|---|---|---|
| **35up** | 21.00 | 22.50 | 1.30 | 6.00 |
| **89up** | 7.15 | 9.04 | 11.57 | 16.50 |
| **175up** | 18.25 | 20.19 | 11.57 | 4.30 |

**Yangon – Bagan**

| Zugnr. | Yangon | Bagan |
|---|---|---|
| **61up** | 16.00 | 9.40 |

MAWLAMYAING 2150/4250/ – ; 11 Std.
NAY PYI TAW 2800/5600/7000 sowie 10 000 für „special sleeper"; 10 Std.
PYAY mit 3up, 11up und 31up (s. Tabelle), 1950/3900/ – ; 5 Std.
THAZI 3700/7350/10 100; 14 Std.
TOUNGOO 2000/4000/ – ; 6 Std.

### Boote

Nach DALA am anderen Ufer des Yangon-Flusses pendeln von frühmorgens bis spätnachmittags Personenfähren für 2000 Kyat pro Strecke. Abfahrt ist am **Pansodan Jetty** schräg gegenüber dem Strand Hotel.
Vom **Lanthit Jetty** (Karte B, S. 156/157) starten die meisten Boote ins Deltagebiet. Nach TWANTE (3 Std.) tgl. um 6.30 Uhr, 4000 Kyat. Nach MA-UBIN, WAKEMA und MYAUNG MYA 3–4x wöchentl. zwischen 14 und 17 Uhr. Deck: 8000 Kyat auf dem Boden bzw. 10 000 Kyat für einen der wenigen Liegestühle, Kabine: US$12 bzw. US$30 p. P. je nach Standard. Wer keine Kabine bucht, sollte eine warme Jacke und eine Decke einpacken. Ankunft in Myaung Mya nach ca. 21 Std.; der letzte Bus von Myaung Mya nach PATHEIN fährt um 15 Uhr vom Busbahnhof etwas außerhalb.

Verschiedene **Ausflugsboote** starten am Bootsanleger nahe der Botataung-Pagode. Tickets der verschiedenen Gesellschaften können direkt vor Ort erstanden werden, z. B. von **Royal Green River**, ✆ 01-536 232, 🖳 www.royalgreenriver.com; Fr, Sa, So 17–19 Uhr Dinner Cruise (US$30) sowie Di und Mi 17–19 Uhr Sunset Cruise (US$20).

### Flüge

Der **Flughafen** liegt einige Kilometer nördlich des Zentrums und ist in etwa einer halben Stunde erreicht – falls kein Stau ist, was immer seltener wird! Sicherheitshalber sollte man eine Stunde, in der Rushhour eventuell auch mehr, einplanen. Ein Taxi vom Flughafen in die Innenstadt kostet je nach Anzahl der Mitfahrer um 7000–10 000. Am 12. Februar, dem Union Day, finden Paraden statt; die Straße zum Flughafen wird dann ab Mittag gesperrt.

#### National

Die nationalen Fluggesellschaften fliegen die wichtigsten touristischen Ziele mehrmals tgl. an, die meisten für etwa US$70–200. Die genauen Flugdaten und Preise erfährt man im Reisebüro oder direkt bei den Gesellschaften. Diese wissen auch, ob der Flieger

tatsächlich abhebt, denn gerade bei abgelegenen Zielen kann es zu Stornierungen oder Zeitverschiebungen kommen. Die Routenpläne bitte aktuell immer auf den jeweiligen Webseiten der Anbieter einsehen.
**Air Bagan**, ✆ 01-513 322, Flughafen ✆ 653 343, 💻 www.airbagan.com. Fliegt nach MANDALAY, MYITKYINA, NYAUNG U (Bagan), HEHO, THANDWE, SITTWE, KYAUK PYU und PUTAO, sofern genug Passagiere gebucht haben. Die Tickets sind in Reisebüros günstiger als im Headoffice.
**Air KBZ**, ✆ 01-372 977, 💻 www.airkbz.com. Fliegt nach DAWEI,HEHO, KAWTHAUNG, KENGTUNG, LASHIO, MANDALAY, MYEIK, MYITKYINA, NAY PYI TAW, NYAUNG U, SITTWE, TACHILEIK und THANDWE.
**Air Mandalay**, ✆ 01-501 520, Flughafen ✆ 652 754, 💻 www.airmandalay.com. Fliegt nach DAWEI, HEHO, KAWTHOUNG, KENGTUNG, MANDALAY, NAY PYI TAW, NYAUNG U, SITTWE, TACHILEIK und THANDWE.
**Asian Wings**, ✆ 01-533 145, ✆ 01-515 261, Flughafen, 💻 www.asianwingsairways.com. Bedient die Strecke NYUANG U–MANDALAY–HEHO–YANGON und MANDALAY–MYTKYINA–BHAMO (teils PUTAO). 1x wöchentl. nach NAY PYI TAW.
**Golden Myanmar Airlines** ✆ 01-860 4035, ✆ 01-533 272 (Flughafen), 💻 www.gmairlines.com. Fliegt ebenfalls alle großen und viele kleine Flughäfen im Land an.
**Mann Yadanarpon** ✆ 01-656 969, 💻 www.airmyp.com. Seit 2014 Flüge zwischen MANDALAY und Yangon, zudem werden u. a. HEHO und BAGAN angeflogen. Es sind weitere Flugverbindungen geplant (auch internationale Routen, z. B. nach Phuket).
**Myanmar National Airlines** 💻 http://flymna.com. Die staatseigene Airline (ehem. „Myanma Airways") fliegt 26 inländische Flughäfen an.
**Yangon Airways**, ✆ 01-383 100 bis 383 106, 💻 yangonair.com. Fliegt nach DAWEI, HEHO, KAWTHAUNG, KENGTUNG, LASHIO, MANDALAY, MYEIK, MYITKYINA, NAY PYI TAW, NYAUNG U, SITTWE, TACHILEIK, THANDWE.

**International**

Die meisten internationalen Fluggesellschaften haben ihre Büros im Sakura Tower (Karte A, S. 154/155).
**Air Asia**, ✆ 01-370 847, 💻 www.airasia.com. Fliegt tgl. nach BANGKOK und KUALA LUMPUR.
**Air Bagan**, ✆ 01-513 322, 💻 www.airbagan.com. Fliegt 2x wöchentl. die Strecke CHIANG MAI–Yangon. Die Tickets sind in Reisebüros günstiger als im Headoffice.
**Air KBZ**, ✆ 01-372 977, 💻 www.airkbz.com. 3x wöchentl. Flüge nach CHIANG MAI.
**Bangkok Airways**, ✆ 01-255 122, 💻 www.bangkokair.com. Tgl. von und nach BANGKOK. Zudem 4x wöchentl. nach CHIANG MAI.
**Golden Myanmar Airlines**, ✆ 01-860 4035, Flughafen ✆ 01-533 272, 💻 www.gmairlines.com. Flüge nach CHIANG MAI, BANGKOK und SINGAPORE.
**Myanmar Airways International**, ✆ 01-255 260, 💻 www.maiair.com. Tgl. nach BANGKOK, KUALA LUMPUR, INCHEON (Südkorea) und SINGAPORE, 3x wöchentl. nach GAYA (Indien), GUANGZHOU (China) und KANSAI (Japan).
**Myanmar National Airlines** 💻 http://flymna.com. Nach dem Erhalt neuer Airbus-Jets sollen auch internationale Verbindungen geboten werden.
**Qatar Airways** ✆ 01-379 845, 💻 www.qatarairways.com. Verbindet Yangon mit DOHA.
**Thai Airways International**, ✆ 01-255 499, Flughafen ✆ 662 661, 💻 www.thaiair.com. Tgl. nach BANGKOK.
**Vietnam Airlines**, ✆ 01-255 066, 💻 www.vietnamairlines.com. 5x wöchentl. nach HA NOI, 3x wöchentl. nach HO-CHI-MINH-STADT (Sai Gon).
Weitere internationale Fluggesellschaften s. eXTra [8524].

SCHIRME IN PATHEIN; © MARTIN H. PETRICH

# 2 Ayeyarwady-Delta

**Im Südwesten des Landes zeigt sich Myanmar von seiner fruchtbarsten Seite: üppiges Grün, wohin man blickt. Das Leben der Menschen findet vorwiegend entlang der unzähligen Flussarme und Kanäle statt, entsprechend prägt Wasser ihren Alltag. Für Touristen ist das Ayeyarwady-Delta noch kaum erschlossen.**

# Stefan Loose Traveltipps

**Pathein** Stadt mit Schirm und Charme. Per Fahrradrikscha geht es durch geschäftige Straßen zu beschaulichen Pagoden. S. 201

**Chaungtha Beach** Lebendiges Strandleben und leckere Fischgerichte. Hier gibt es Badeurlaub auch für den kleinen Geldbeutel. S. 208

3 **Ngwe Saung Beach** Kilometerlange Palmenstrände – genau der richtige Ort, um die Seele baumeln zu lassen. S. 211

AYEYARWADY; © VOLKER KLINKMÜLLER

CHAUNGTHA BEACH; © MARTIN H. PETRICH

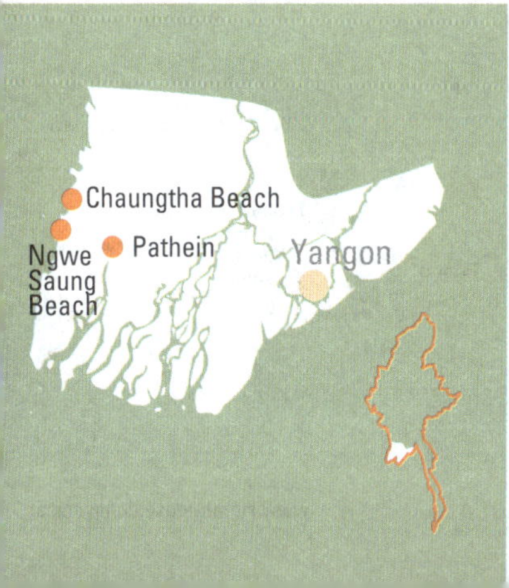


**Wann fahren?** Zwischen November und April

**Wie lange?** Ein bis vier Tage

**Bekannt für** die schönen Strände und endlosen Kanäle

**Beste Feste** Das Ramayana-Festival in Pyapon

**Outdoor-Tipp** Eine Bootstour nach Meinmahla Kyun

**Unbedingt probieren** Halawa in Pathein

**Highlight** Der Strand von Ngwe Saung

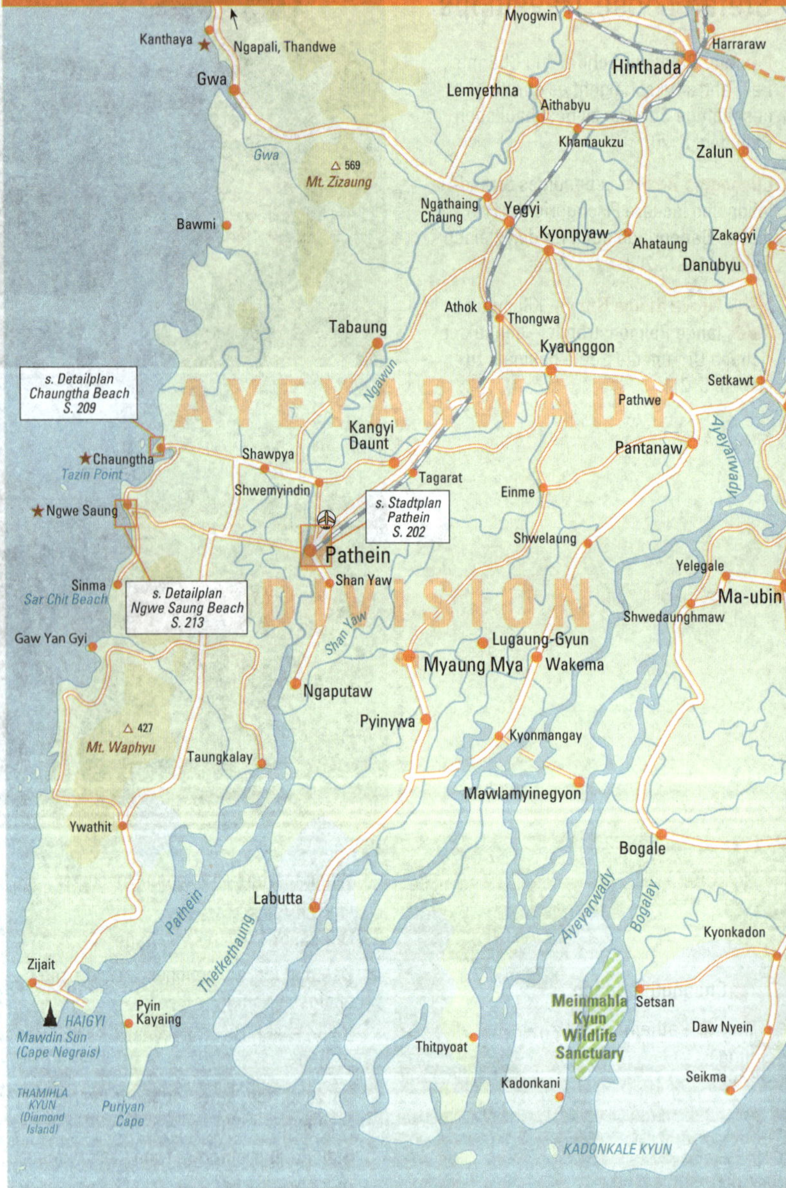

Myogwin
Harraraw
Kanthaya
Ngapali, Thandwe
Gwa
Hinthada
Lemyethna
Aithabyu
Khamaukzu
Zalun
Gwa
569
Mt. Zizaung
Ngathaing Chaung
Yegyi
Kyonpyaw
Ahataung
Zakagyi
Bawmi
Danubyu
Athok
Thongwa
Tabaung
Kyaunggon
Ngawun
s. Detailplan Chaungtha Beach S. 209
AYEYARWADY
Setkawt
Pathwe
Kangyi Daunt
Pantanaw
Chaungtha
Shawpya
Tazin Point
Tagarat
Shwemyindin
Einme
Ayeyarwady
Ngwe Saung
s. Stadtplan Pathein S. 202
Shwelaung
Pathein
Yelegale
Shan Yaw
Ma-ubin
Sinma
Sar Chit Beach
s. Detailplan Ngwe Saung Beach S. 213
DIVISION
Shwedaunghmaw
Shan Yaw
Gaw Yan Gyi
Lugaung-Gyun
Myaung Mya
Wakema
Ngaputaw
Pyinywa
427
Mt. Waphyu
Kyonmangay
Taungkalay
Mawlamyinegyon
Ywathit
Bogale
Labutta
Pathein
Thetkethaung
Ayeyarwady
Bogalay
Kyonkadon
Zijait
Meinmahla Kyun Wildlife Sanctuary
Setsan
HAIGYI
Pyin Kayaing
Mawdin Sun (Cape Negrais)
Daw Nyein
Thitpyoat
Kadonkani
Seikma
THAMIHLA KYUN (Diamond Island)
Puriyan Cape
KADONKALE KYUN

Seit die Briten das 35 000 km² große Ayeyarwady-Delta ab Mitte des 19. Jhs. urbar machten, indem sie Feuchtgebiete trockenlegten und Kanäle gruben, gilt es als die Reiskammer Myanmars. Davor bestand es überwiegend aus Mangrovenwäldern und Sümpfen. Das Delta vergrößert sich ständig, denn jedes Jahr transportieren die Arme des 2170 km langen Ayeyarwady schätzungsweise 300 Mio. t fruchtbares Schwemmmaterial mit sich, das sich im Meer ablagert. Hinsichtlich der Höhe des Sedimentgehaltes liegt der Strom weltweit an fünfter Stelle hinter dem Gelben Fluss, dem Ganges, dem Amazonas und dem Mississippi. Vor etwa 300 000 Jahren lag die Mündung des Ayeyarwady noch ca. 280 km weiter landeinwärts auf der Höhe des heutigen Pyay. Die größeren Delta-Städte Twante, Myaung Mya und Pathein liegen auf Erhebungen aus Laterit, die ursprünglich Inseln im Meer waren.

Das Deltagebiet ist ökologisch von enormer Bedeutung, denn seine Mangrovenwälder wirken wie ein natürlicher Salzwasserfilter. Sie sind Heimat vieler bedrohter Tierarten, darunter das Leistenkrokodil und die Batagur-Flussschildkröte. Doch das ökologische Gleichgewicht ist angesichts der intensiven landwirtschaftlichen Nutzung bedroht. Allein im 20. Jh. hat sich die Fläche der Mangrovenwälder um mehr als 80 % verringert. Dies ist angesichts steigender Meeresspiegel infolge der globalen Erderwärmung fatal. Experten sind überzeugt, dass der verheerende Zyklon Nargis im Mai 2008 vor allem aufgrund fehlender schützender Mangrovengürtel so viele Opfer forderte.

Die fruchtbaren Böden haben das ehemals kaum bewohnte Deltagebiet inzwischen mit fast 200 Bewohnern pro km² zur am dichtesten besiedelten Region Myanmars werden lassen. Ein Großteil der über 6 Mio. Einwohner, überwiegend Birmanen und Kayin, lebt vom Reisanbau. Ist genügend Wasser vorhanden, kann der Reis bis zu dreimal im Jahr angepflanzt werden. Berühmt ist das Delta für den hochwertigen Duftreis *paw-san-hmwej htamin*. Weitere Agrarerzeugnisse sind tropische Früchte, Jute, Mais und Bohnen. Natürlich spielt auch der Fischfang eine große Rolle. Wegen des Exportprofits wurde die Garnelenzucht erheblich ausgeweitet.

## Thanlyin (Syriam)

Thanlyin liegt 25 km südöstlich von Yangon und kann dank einer chronisch verstopften Brücke über den Bago-Fluss erreicht werden. Für die Besichtigung reicht ein halber Tag. Nur wenig erinnert heute daran, dass die Stadt über Jahrhunderte hinweg neben Pathein und Mottama Birmas Tor zur Welt darstellte. Es ist anzunehmen, dass sie schon im ersten Jahrtausend ein wichtiges Handelszentrum war. Der Aufstieg des Hafens ging Hand in Hand mit der Zunahme des internationalen Handels mit Europa. Zu traurigem Ruhm gelangte das einstige **Syriam** im frühen 17. Jh., als der portugiesische Abenteurer Philip de Brito y Nicote von hier aus seinen kleinen Tyrannenstaat lenkte. 1647 eröffnete die britische East India Company eine Fabrik, ab dem frühen 18. Jh. unterhielt sie eine eigene Werft. Mit seinen Kirchen und Handelshäusern hatte Thanlyin ein europäisches Gesicht. Rebellierende Mon brannten die Stadt jedoch 1743 nieder, und im Juli 1756 machte der Begründer der Konbaung-Dynastie, Alaungpaya (reg. 1752–60), sie in seinem Krieg gegen die Mon dem Erdboden gleich. Unter den Briten avancierte Thanlyin zu einem wichtigen Umschlagplatz für Reis. Heute gewinnt die Heimat von fast 270 000 Menschen als Industriestandort wieder an Bedeutung, vor allem wegen des Industriehafens **Thilawa**, der seit geraumer Zeit zu einer „Special Economic Zone" erweitert wird. Hier sind auch Myanmars größte Raffinerie und eine Brauerei angesiedelt und mit der **Star City** entsteht entlang des Bago-Flusses eine moderne Trabantenstadt mit Hochhäusern und Einkaufszentren.

Mit Thanlyin sind auch die Anfänge der katholischen Mission in Myanmar verbunden. Philip de Brito lud zwei Jesuiten zur Betreuung der kleinen katholischen Gemeinde ein. Sie bestand vorwiegend aus Portugiesen und ihren einheimischen Frauen samt Nachkommen. Nach de Britos Hinrichtung mussten sie die Stadt verlassen und sich in Dörfern bei Sagaing und Shwebo ansiedeln. Dort sind ihre Nachfahren, *bayingyi* genannt, bis heute zu finden. Erst 1722 konnten italienische Barnabiten in Thanlyin wieder eine katholische Mission errichten. Aufgrund ihrer Gelehrtheit genossen die Missionare sehr schnell den Respekt der Herrscher. Aus der Feder des Paters Sigismondo Maria Calchi (gest. 1728) stammt das erste birmanische Wörterbuch. Die Barnabiten konnten dank der finanziellen Unterstützung durch den armenischen Händler Nicholas de Aguillar 1750 eine neue Kirche mit Klerikerhaus und Schule errichten. Doch bereits sechs Jahre später wurden die Gebäude von den Soldaten Alaungpayas zerstört. Da Alaungpaya den Missionar Paolo Nerini als Freund seines Gegners, des Mon-Königs Binnya Dala (reg. 1747–57) ansah, ließ er ihn 1756 enthaupten. Die anderen Barnabiten wurden vertrieben. Heute sind von der Anlage nur noch wenige Reste zu sehen. Nun trifft sich die kleine katholische Gemeinde in der **Herz-Jesu-Kirche** aus dem Jahr 1930. Sie liegt an der Straße nach Kyauktan.

Etwa 4 km südlich der Stadt liegt auf einem Hügel die bedeutende **Kyaik Khauk-Pagode**, deren 40 m hoher goldener Stupa noch von Yangon aus zu sehen ist. Bereits der Name *kyaik* (= *zedi* in der Mon-Sprache) deutet darauf hin, dass hier ein buddhistisches Heiligtum der Mon stand. Der Legende nach kam Buddha selbst hierher und hinterließ zur Erinnerung sechs Haare. Von historischem Interesse sind am Nordeingang die Gräber zweier Poeten: Natshinnaung, Prinz von Toungoo, und Padethayaza (1684–1751), der als Minister am Königshof lebte und das erste Theaterstück des Landes schrieb. Den wegen seiner Liebeslyrik bis heute ver-

### Das Delta erleben

Die meisten Reisenden durchqueren das Delta, um möglichst schnell zu den Stränden **Chaungtha** oder **Ngwe Saung** am Golf von Bengalen zu gelangen. Dabei bekommen sie jedoch nur einen kleinen Ausschnitt der üppigen Flusslandschaft zu sehen. Wer mehr vom Delta erleben möchte, sollte **Pathein** ansteuern. Um einen kleinen Eindruck von der Landschaft zu erhalten, genügt von Yangon aus ein Tagesausflug nach **Twante** oder **Pyapon**. Für Naturfreunde interessant ist eine mehrtägige Fahrt ins **Schutzgebiet Meinmahla Kyun** (S. 200) südlich von **Bogale**.

## Der „König von Syriam"

Zu den schillerndsten Europäern in Birma zählt **Philip de Brito y Nicote**. Der Portugiese kam als Schiffsjunge in die Hauptstadt des Rakhine-Reiches, Mrauk U, und arbeitete sich dort nach oben. 1599 unterstützte er König Razagyi (reg. 1593–1612) bei seinem erfolgreichen Eroberungsfeldzug nach Bago und durfte als Belohnung in der Hafenstadt Syriam die Zollverwaltung übernehmen. Doch de Brito träumte von einem eigenen Königreich und erklärte Syriam kurzerhand für unabhängig. Zur Festigung seiner Macht fuhr er 1601 ins portugiesisch besetzte Goa (Südindien), heiratete die Nichte des dortigen Vizekönigs und stellte Syriam unter dessen Schutz. Als „Hochzeitsgeschenk" erhielt er sechs Schiffsladungen voller Soldaten und Waffen, mit denen er 1603 zurückkehrte. Der „König von Syriam" begann die Region zu terrorisieren, zerstörte buddhistische Tempel und zwang Handelsschiffe, seinen Hafen anzulaufen, um ihnen deftige Zölle abzunehmen. Erst 1613 konnte der in Bago residierende Herrscher Anaukpetlun (reg. 1605–28) Syriam einnehmen. Er ließ den selbst ernannten Alleinherrscher durch Pfählung hinrichten. Augenzeugenberichten zufolge soll de Brito erst nach zwei qualvollen Tagen gestorben sein.



ehrten Natshinnaung ließ König Anaukpetlun 1613 zusammen mit de Brito wegen Hochverrats hinrichten.

### ESSEN

Einige Restaurants liegen an oder in der Nähe der Kyaik Khauk Pagoda Rd., die zur gleichnamigen Pagode führt. Im **Bonsai Garden Hotel**, 2 Kyaik Khauk Pagoda Rd., kann man in einem netten Innenhof speisen, während das **Pwint Restaurant**, 28 Kyaik Khauk Pagoda Rd., für seine birmanischen Gerichte bekannt ist.

### TRANSPORT

Wer bequem und schnell nach Thanlyin fahren möchte, nimmt für die Halbtagstour ein **Taxi** (US$40). Die Fahrt dauert von YANGON aus je nach Verkehr 1–1 1/2 Std.. **Minibusse** starten von der Sule-Pagode (ca. 2 Std.). Vor Ort können **Pferdekutschen** gemietet werden.

## Kyauktan

Etwa 20 km südlich von Thanlyin liegt auf einer kleinen Insel im Padawa (Pilakhat) Creek, einem Seitenarm des Yangon-Flusses, die **Kyauktan-Pagode** (Eintritt 2000 Kyat). Im Volksmund wird sie aufgrund ihrer Lage auch **Yele Paya** („Pagode in der Mitte des Flusses") genannt. Ein eigens für Ausländer reserviertes Boot bringt Besucher für schlappe 3000 Kyat auf die Insel. Entlang der Straße zwischen Bushaltestelle und Fluss reihen sich zahlreiche Souvenirläden. An der Anlegestelle wird Fischfutter für die wohlgenährten Welse verkauft, die sich in Massen im Fluss tummeln. Mit ihrer Fütterung wollen die Gläubigen Verdienste für ihre nächste Inkarnation erwerben. Die Pagode besteht aus einer Vielzahl von *tazaung* und Stupas. Am quirligsten ist es dort zum zweiwöchigen Pagodenfest am Vollmond Tabaung (Feb/März).

## Dala

Jenseits des Yangon-Flusses liegt Dala, das immer noch kleinstädtische Beschaulichkeit ausstrahlt, obwohl hier 170 000 Menschen leben. Doch mit der Gemütlichkeit wird es wohl bald vorbei sein, denn Spekulanten ließen die Bodenpreise in die Höhe schießen und vielerorts werden neue Siedlungs- und Industriegebiete erschlossen.

Möglicherweise spielte Dala als Hafenstadt bereits im 1. Jt. eine wichtige Rolle. Und auch in der Bagan-Zeit war die Stadt offensichtlich so bedeutsam, dass König Narathihapate (reg. 1254–87) sie von einem seiner Söhne regieren ließ. Während der Kolonialzeit unterhielt die Irrawaddy Flottila Company verschiedene Werften, die teilweise heute noch bestehen.

### Ausflug ins südliche Delta

Je nach Zeit lässt sich das südliche Delta in ein bis drei Tagen erkunden. Im Rahmen einer **Tagestour** kann man Pyapon besuchen, wofür man mit der Fähre zunächst von Yangon nach Dala übersetzt und dann den Bus in die 95 km entfernte Delta-Stadt nimmt. In **drei Tagen** lässt sich die Tour nach Bogale und Meinmahla Kyun verlängern. Dabei fährt man zunächst nach Pyapon, besichtigt die Stadt, unternimmt eine Bootstour und fährt dann weiter ins 35 km entfernte Bogale. Nach einer Übernachtung im einfachen Gästehaus startet man am 2. Tag zu einer ganztägigen Bootstour nach Meinmahla Kyun. Am besten verbringt man auch die Nacht dort, um abends zu einer Beobachtungsfahrt aufbrechen zu können. Am 3. Tag kann man per Boot noch nach Kadonkani fahren und dort den Fischmarkt besuchen, bevor es zurück nach Bogale und per Bus nach Dala geht.
Dieser südliche Teil des Deltas ist touristisches Neuland, kaum jemand spricht Englisch. Zudem sind die Bootstouren allein nicht leicht zu organisieren. Wir empfehlen daher, von Yangon aus einen Guide mitzunehmen, etwa über S. S. T. Tourism in Yangon, ✆ 01-393 094, 💻 www.sstmyanmar.com, oder die beiden erfahrenen Reiseleiterinnen Thiri Than Than Aye, ✆ 09-507 9614, ✉ thiritouristguide@gmail.com, und Ei Thu Htut, ✆ 09-513 9961, ✉ eithuhtut@gmail.com. Letztere spricht Deutsch.

An Sehenswürdigkeiten hat Dala nichts Spektakuläres zu bieten. Es ist eher etwas für jene, die dem Yangoner Großstadttrubel entfliehen und das Flussleben genießen oder ins südliche Delta weiterreisen möchten. Am besten dreht man eine Runde mit einer der Fahrradrikschas, die an der Anlegestelle am Yangon-Fluss warten. Oder man beobachtet das geschäftige Treiben dort. Schon die Anfahrt mit den **Personenfähren** hat ihren Reiz; sie pendeln in kurzen Abständen von frühmorgens bis abends zwischen den Pansodan Jetty in Yangon (schräg gegenüber dem Strand Hotel) und Dala (2000 Kyat). Unweit des Anlegers in Dala starten auch Busse und Sammeltaxis nach Twante, Pyapon und Bogale.

## Twante (Twantay)

Ein interessanter Ausflug führt von Yangon via Dala ins 25 km entfernte Twante (sprich: Twunte). Der sympathische Ort (220 000 Einw.) ist heute vor allem wegen seiner Töpferwaren und als Namensgeber für den Mitte des 19. Jhs. gegrabenen, 34 km langen **Twante-Kanal** bekannt. Seit der Kolonialzeit stellt er eine wichtige Verbindung zwischen dem Ayeyarwady-Delta und der Hauptstadt dar.

Twante war eine Siedlung der Mon und ähnlich wie Dala während der Bagan-Ära von strategischer Bedeutung. Darauf lassen Ziegelsteine mit dem Signum König Anawrahtas (reg. 1044–77) schließen, die in der näheren Umgebung gefunden wurden. Abgesehen von wenigen Resten der Stadtmauer ist von der einstigen Größe wenig zu spüren. Twante präsentiert sich heute als lebendiges Städtchen, das gemütlich per Pferdekutsche, Trishaw oder zu Fuß zu erkunden ist. Ein Spaziergang führt vorbei am **Markt** und der katholischen Kirche **St. Marien**. (s. eXTra [5711]). Die **Töpferwerkstätten** liegen im Ortsteil **Oh Bo** am östlichen Ende von Twante und sind mit der Trishaw, aber auch zu Fuß gut zu erreichen: Man folgt der Hauptstraße bis zum Unabhängigkeitsdenkmal; zu den Werkstätten geht es dann noch etwa zehn Minuten geradeaus, bis die Straße in eine Staubpiste übergeht. Hier liegen rechts und links die Wohnungen und Werkstätten der Töpfer.

### Shwesandaw-Pagode

Die etwa 1 km südlich des Kanals auf einer Anhöhe gelegene Shwesandaw-Pagode ist mit 75 m die vierthöchste des Landes (Eintritt 2000 Kyat). Vermutlich entstand die Pagode der „goldenen *(shwe)* Haarreliquie *(sandaw)*" bereits im 1. Jt., allerdings weist nichts auf ihr Alter hin, da sie immer wieder verändert wurde.

Um den zentralen Stupa gruppieren sich viele *tazaung*. An einer Stelle wird an die Niederschlagung eines Aufstands der Mon durch König Bayinnaung (reg. 1551–81) im Jahr 1564 erinnert. Hier soll er mehrere tausend Rebellen in Bambuskäfigen gefangen gehalten haben, um sie verbrennen zu lassen. Doch infolge einer Intervention von Mönchen ließ der in Bago residierende Erobererkönig alle außer 70 Anführern frei. Daher wird der Ort von Gläubigen heute als Wunscherfüllungsstelle aufgesucht.

Am letzten Tag des birmanischen Neujahrsfestes Mitte April werden auf der Plattform unzählige **Sandstupas** errichtet.

### TRANSPORT

Mit dem **Mietwagen** (ca. US$60) kann man von YANGON über den Hlaing Thayar Highway direkt nach Twante fahren (50 km, ca. 1 1/2 Std.). Schneller und wesentlich günstiger ist es, zunächst mit der Fähre nach DALA überzusetzen (S. 198). Von der dortigen Anlegestelle starten bei genügend Passagieren **Pick-ups** nach Twante (1000 Kyat für Ausländer). Ein paar Schritte entfernt warten auch **Busse**, die jedoch meist überfüllt sind. Die Fahrt dauert 30–40 Min.
Die einst populären **Fähren** nach Twante haben ihren Betrieb eingestellt.

## Pyapon

In die 95 km südlich von Yangon an einem Flussknie gelegene Delta-Stadt verirren sich selten Touristen. Das mag sich langsam ändern, denn im Rahmen eines Tagesausflugs kann man hier erlebnisreiche **Bootstouren** (2–3 Std., ca. 20 000 Kyat) durch die Kanäle unternehmen und einige sehenswerte Pagoden besuchen. Ausgangspunkt dafür ist der stets belebte **Markt** zwischen 2nd Street und Pyapon-Fluss. Die Touren, die zunächst entlang des Stroms und dann durch diverse Kanäle zu Dörfern der Bamar und Kayin führen, lassen sich nur mit Hilfe eines Guides arrangieren, denn vor Ort spricht kein Bootsfahrer Englisch. Zwei erfahrene Reiseleiterinnen sind Thiri Than Than Aye und Ei Thu Htut (s. Kasten S. 198). Bis zur Flussmündung sind es nur 20 km, weshalb die 190 000 Einwohner zählende Stadt ein wichtiger Umschlagplatz für Meeresfrüchte ist.

Entlang der Hauptstraße, der 2nd Street, die Pyapon parallel zum Fluss von Nord nach Süd durchquert, liegen einige interessante Heiligtümer, darunter im Norden das „Königliche Kloster", **Min Kyaung**. 1846 von dem nach Pyapon geflohenen königlichen Bootsführer U Shwe Baw gestiftet, birgt das Gebäude massive Teakholzsäulen und feinste Schnitzereien am Buddha-Altar.

Das von Teichen umgebene „Kloster der goldenen Schutzgeisthöhle", **Shwe Nat Gu Kyaung**, weiter südlich zählt zu den bedeutendsten Sakralbauten der Stadt. Es ist landesweit für das Ramayana-Epos (Yama Zat Daw) bekannt, das seit 1878 alljährlich über neun Nächte hinweg aufgeführt wird. Beginn ist derzeit am ersten Tag nach dem November-Vollmond Tazaungmon, aber nach Fertigstellung der neuen Halle soll es wieder auf den traditionellen Termin nach dem Oktober-Vollmond verlegt werden. Die Vorführung startet nach Sonnenuntergang und dauert die ganze Nacht. Das Jahr über werden die verwendeten Masken und Kopfbedeckungen neben dem Hauptaltar aufbewahrt. In der Halle sind zudem große Lack-Behälter ausgestellt, die beim allmorgendlichen Almosengang mitgeführt werden.

Der **Thazi Paya** im Süden der Stadt liegt direkt am Fluss und birgt einen riesigen sitzenden Buddha aus dem Jahr 1887, der stoisch in Richtung Meer blickt. Nach starken Schäden infolge des Zyklons Nargis wurde die Anlage in den letzten Jahren ziemlich aufgehübscht.



### ÜBERNACHTUNG UND ESSEN

Die genannten Gästehäuser sind bescheiden, nur auf Birmanisch beschriftet und bieten kein Frühstück. Sie liegen entlang der 2nd St. in Spazierweite voneinander entfernt und vermieten einfache, mäßig saubere Zimmer mit und ohne Klimaanlage:
**La Pyayt Gh.**, 34 2nd St., ✆ 045-41147, gegenüber dem STK Restaurant über einem Longyi-Shop; **Shwe Myaing Gh.**, 28 2nd St., ✆ 045-41272; **Shwe War Win Gh.**, 3 2nd St., ✆ 045-41519, neben einem grün gestrichenen Laden mit Elektrowaren und Solarzellen.
Alle ❶–❷
Teashops und Lokale verteilen sich ebenfalls entlang der 2nd Street, z. B. das **STK Restaurant** mit ordentlichen Currys. Hier gibt es auch die für Pyapon bekannte *mohinga* mit Fischbrühe.

### TRANSPORT

#### Auto

Für eine Tagestour nach Pyapon bezahlt man von YANGON aus etwa US$120 inkl. Fahrer.

#### Busse

Zwischen DALA (S. 197) und Pyapon (95 km) verkehren fast stdl. Busse in beide Richtungen, 4000 Kyat, 2 1/2–3 Std. In Dala warten unweit der Fähre auch Sammeltaxis (ca. 6000 Kyat p. P.). Busse fahren auch stdl. weiter nach BOGALE (35 km, 45 Min.).

## Meinmahla Kyun Wildlife Sanctuary

Auf der „Insel der schönen Mädchen", so die Bedeutung von **Meinmahla Kyun**, sucht man birmanische Schönheiten vergebens. Dafür findet man im 140 km² großen Schutzgebiet eine faszinierende Flora und Fauna, die sich von den Zerstörungen durch den Zyklon Nargis 2008 wieder einigermaßen erholt hat. Ein Besuch lohnt sich aber nur für Naturfreunde mit Interesse an einem der letzten Refugien des vom Aussterben bedrohten Leistenkrokodils *(Crocodylus porosus)*, an seltenen Wasservögeln und dichten Mangrovenwäldern.

Die knapp 26 km lange und fast 10 km breite Insel *(kyun)* liegt im unteren Mündungsgebiet der Flüsse Bogalay und Kadonkani, etwa 20 km südlich der Stadt Bogale. Bereits 1895 wurden die dortigen Mangrovenwälder unter Naturschutz gestellt. Seit 1994 besitzt die Insel auch den Status eines Schutzgebietes für Wildtiere, um das bedrohte Leistenkrokodil vor dem Aussterben zu bewahren. Von den ursprünglich zehntausenden Krokodilen im Deltagebiet sind nur noch knapp hundert übrig. Die Insel wird von zahlreichen Kanälen durchzogen und ist fast vollständig von Mangrovenwäldern bedeckt, in denen auch 54 erfasste Vogelarten beheimatet sind, darunter verschiedene Storchenarten wie der Kleine und Große Adjutant *(Leptoptilos javanicus* bzw. *L. dubius)* oder der Wollhalsstorch *(Ciconia episcopus)*.

Da es fast keine touristische Infrastruktur gibt, kann das Schutzgebiet nicht auf eigene Faust besucht werden, sondern nur in Begleitung von Mitarbeitern des Forstministeriums. Am besten organisiert man die Tour bereits in Yangon (s. Kasten S. 198).

Auf Meinmahla Kyun gibt es eine Zuchtstation für Krokodile zu besichtigen. Die nachtaktiven Krokodile sind vor allem nach Einbruch der

Dunkelheit auf einer Bootstour durch die unzähligen Wasserarme der Insel zu erspähen. Die beste Zeit dafür sind die 7–10 Tage vor und nach dem Vollmond in den Monaten November bis März. Auch wenn es noch so heiß sein mag, vom Sprung ins Wasser ist auf Meinmahla Kyun abzuraten ... Mit Glück lassen sich außerdem Irrawaddy-Delphine entdecken.

Schließlich lohnt auch ein Abstecher zum Fischerdorf **Kadonkani** auf der westlichen Seite des gleichnamigen Flusses. Der Ort dient den Fischern als Sammelstelle für Krebse, Fische und Shrimps. Diese werden an Zwischenhändler aus Yangon weiterverkauft, die sie hauptsächlich ins asiatische Ausland exportieren. Sehenswert sind in der einfachen Siedlung urige Reismühlen und das engagierte, aber ziemlich unterfinanzierte Turtle Research Office. Es kann Bootstouren zur im Mündungsgebiet gelegenen Flussinsel **Kadonkale Kyun** organisieren, an deren Stränden und Sandbänken Meeresschildkröten ihre Eier ablegen. Die bevorzugten Zeiten sind November bis Januar.

## ÜBERNACHTUNG

### Bogale

Das Nature and Wildlife Conservation Department bietet in seinem kolonialen Gästehaus von 1930/31 an der Strand Rd. akzeptable Zimmer für 15 000 Kyat p. P. (nur nach Reservierung über eine Agentur!).

**Arkar Kyaw**, 71 3rd St., ✆ 045-45063.
Das einfache Gästehaus verfügt auf seinen beiden Etagen über nicht sehr saubere Zimmer mit Bad, teils mit AC. Kein Frühstück. ❷

**Pan Tha Khin Gh.**, 38 Bogyoke Aung San Rd., ✆ 045-45071, 45072. AC-Zimmer mit Kaltwasser-Bad und einfachere mit Ventilator und Gemeinschaftsbad. Kein Frühstück. ❷

**Shwe Linn Eain Gh.**, 9 Botayza St., ✆ 045-45648. 8 EZ und 12 DZ, teils mit Gemeinschaftsbad. Nicht sehr sauber, kein Frühstück. ❷

### Auf der Insel

Die einzige Übernachtungsmöglichkeit ist das **Thaung Chaung Camp** des Forestry Departments für 15 000 Kyat p. P. plus 5000 Kyat pro Mahlzeit.

Die Umweltorganisation FREDA besitzt ein **Gästehaus** in Kadonkani, ✆ 01-243 827, ✉ fredamyanmar@gmail.com, 💻 www.fredamyanmar.com. ❸

## INFORMATIONEN

**Nature and Wildlife Conservation Department**, Ministry of Forestry, The Warden of Meinmahla Kyun Wildlife Sanctuary, Bogale, Strand Rd., ✆ 045-45578.

## TRANSPORT

### Busse

Aufgrund verbesserter Straßen fahren Busse vormittags nahezu stdl. von DALA nach Bogale (130 km), 5000 Kyat, 3–4 Std.

### Boote

Die **IWT-Fähre** nach Bogale (160 km) startet von der Lanthit Jetty in YANGON tgl. um 18 Uhr, Ankunft gegen 7 Uhr; Deck: US$5, Kabine: US$25 p. P. Infos unter: ✆ 01-222 472, 222 475.
Das bessere **Shwe Pyi Tan-Boot** legt tgl. um 6 Uhr von der Sint Oh Dan Jetty in Yangon ab (an: ca. 12 Uhr). Abfahrt in Bogalay tgl. 7 Uhr (an: 12 Uhr); 11 000 Kyat p. P.
Das Boot von Bogale nach Meinmahla Kyun wird vom Forestry Department arrangiert (US$60). Am Pier kann man aber auch nach Privatbooten fragen. Boote für die Fahrt nach Kadonkani (ca. 5–6 Std.) kosten 50 000–60 000 Kyat.

# Pathein

Das politische Zentrum des Deltas ist mit fast 300 000 Einwohnern Pathein. Trotzdem wirkt die Stadt am Ostufer des gleichnamigen Flusses noch recht verschlafen. Entlang mancher Staubpiste verstecken sich Holzhäuser hinter Bambushecken; hier und da stehen einige sehenswerte Kolonialgebäude. Doch auch in Pathein stehen die Zeichen auf Aufbruch, wovon die Banken und Smartphone-Shops entlang der Hauptstraßen im Zentrum zeugen. Schon im 1. Jt. soll Pathein eine wichtige Hafenstadt ge-

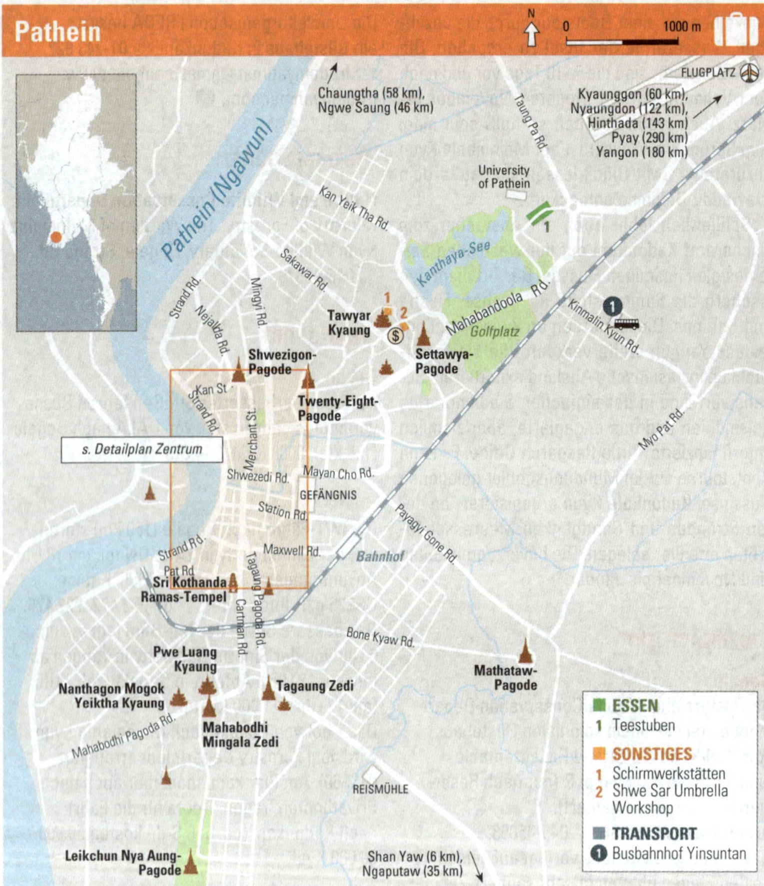


wesen sein. Die birmanische Bezeichnung *pusim*, woraus sich der heutige Ortsname ableitet, taucht zum ersten Mal 1266 in einer Bagan-Inschrift auf. Die *Glaspalastchronik* (S. 106) berichtet von einem Aufstand der Mon während der Regentschaft Alaungsithus (reg. 1112–67), unter dem Pathein als Tor zum Golf von Bengalen von Bedeutung war. Das blieb die Stadt bis zum letzten großen Herrscher Bagans, Narathihapate (reg. 1254–87), der in Pathein einen seiner Söhne als Gouverneur einsetzte. Als später das Mon-Reich während der Regentschaft König Dhammazedis (reg. 1472–92) seine größte Ausdehnung erreichte, erfuhr die Stadt eine enorme Aufwertung. Die Briten bauten Pathein ab 1852 zum wichtigsten Handelsplatz für Reis aus dem Deltagebiet aus. Dieser Ära verdankt **Bassein**, wie die neuen Herren die Stadt nannten, sein heutiges Gesicht.

Reisende lassen die freundliche Hafenstadt auf dem Weg zu den Stränden meist links liegen. Dabei lohnt es sich sehr wohl, hier zumindest ein paar Stunden zu verweilen, eine Schirmwerkstatt oder Pagode zu besuchen und eine Bootsfahrt durch die Kanäle zu unternehmen (s. auch **eXTra [3971]**).

## Shwemokhtaw-Pagode

Patheins Wahrzeichen liegt nördlich des Marktes in der Shwezedi Street. Mit ihrem 47 m hohen Zedi prägt die „Edle *(shwe)* Pagode *(mokhtaw)*" das Stadtbild. Man kann das Tempelareal von vier Seiten betreten, wobei der südliche Aufgang wegen der vielen kleinen Geschäfte der interessanteste ist.

Wie viele alte Pagoden der Mon wird auch die Shwemokhtaw mit dem indischen König Ashoka (reg. ca. 268–232 v. Chr.) in Verbindung gebracht, der Legenden zufolge 84 000 Stupas gestiftet haben soll. Von Alaungsithu, einem der großen Tempelbauer Bagans, wird berichtet, er habe 1115 auf dem Rückweg von Indien und Sri Lanka nach Bagan in Pathein Rast gemacht und an dieser Stelle einen 11 m hohen Zedi namens Htupayon errichtet. Der heutige Bau aus dem Jahr 1263 wird dem Mon-König Smodagossa und seiner Königin Ommadanti zugeschrieben.

Im Zentrum erhebt sich der vergoldete **Zedi**, dessen dreistufiger *hti* an der Spitze den Wert mancher birmanischer Bank in den Schatten stellt. Die oberste Stufe ist mit 7 kg Gold beschichtet, die mittlere mit Silber und die untere mit Bronze. Insgesamt enthält der *hti* 22 kg Gold und ist mit 829 Diamanten, 843 Rubinen und 1588 weiteren Edelsteinen bestückt.

Auf dem Gelände befinden sich rund um den Zedi einige größere *tazaung*. Gegenüber dem Südaufgang wird die bedeutendste Buddhafigur der Pagode verehrt, der **Htiloshin Pondawpyi**. Legenden zufolge gelangte er übers Meer von Sri Lanka nach Pathein. Neben ihm sollen drei weitere angeschwemmt worden sein, die heute in Kyaikhto, Dawoi und Kyaikkami verehrt werden. In der Nordwestecke befindet sich ein **Schrein von Shin Upagout**. Auf einem Lotosthron sitzend ist der wundertätige Mönch von zwei Nagaschlangen umgeben und blickt wie üblich gen Himmel, während seine Hand in die Almosenschale greift. Der Schrein des Beschützers der Fischer und Seefahrer steht in einem Wasserbassin mit Schildkröten. In der Nähe wird in drei kleineren Schreinen **Bo Min Gaung**, eines im 20. Jh. auf dem Mount Popa lebenden *weizzar* (Mystiker mit übernatürlichen Kräften), des elefantenköpfigen Hindugottes **Ganesha** und des weiß gekleideten *weizzar* **Bo Bo Aung** gedacht. Das Pagodenfest fällt mit dem höchsten buddhistischen Feiertag Kason an Vollmond im April/Mai zusammen.

## Pagoden im Norden

Einem buddhistischen Themenpark gleicht die **Settawya-Pagode** im Nordosten der Stadt, denn sie besteht aus mehreren, auf kleinen Anhöhen verstreut liegenden Gebäuden, Zedis und Buddhas. Sie alle sind neueren Datums und daher von geringem historischen Interesse. Dafür zeugen sie von der fantasiereichen Religiosität der Bewohner. Im Zentrum der Verehrung steht ein Fußabdruck Buddhas, den der Erleuchtete der Legende zufolge höchstpersönlich bei seiner Durchreise hinterlassen haben soll.

Etwas stadteinwärts beherbergt die unter dem englischen Namen bekannte **Twenty-Eight-Pagode** ebenso viele stehende Buddhafiguren. Sie sind im Mandalay-Stil errichtet (typisch dafür sind übergroße *ushnisha* und ausgeprägt gefaltete Roben) und sollen an die 28 bisher in der Welt erschienenen Buddhas erinnern. Am Ende des länglichen Baus steht eine Statue des Thuratthadi-Nat. Das heutige Gebäude aus dem Jahr 1978 ersetzte den einem Sturm zum Opfer gefallenen Vorgängerbau aus der Mitte des 19. Jhs.

Über die nach ihr benannte Straße erreicht man die im Norden gelegene **Shwezigon-Pagode**. Die große sitzende Buddhafigur wird sicherlich nie einen Schönheitswettbewerb gewinnen. Dafür lohnt der Besuch des an der Nordwestseite gelegenen Nat-Schreins. Dort wird neben Thuratthadi, der birmanischen Version der Hindugottin Saraswati, der Ko Myo Shin-Nat verehrt. Als Attribut hält der aus dem Shan-Staat stammende, schwarz gekleidete „König, der über neun Städte herrscht" zwei Schwerter in seinen Händen. Mit dem einen richtete er sich selbst.

## Sehenswertes im Süden

Einige architektonisch bemerkenswerte Sakralbauten sind südlich des Stadtzentrums zu finden. Mit Fahrrad oder Trishaw kann man sie gut erreichen. Der **Mahabodhi Mingala Zedi** zeigt mit seiner achtseitigen Basis Mon-Einflüsse. Rechts des Eingangs erinnert eine Figurengruppe mit Buddha und seinen ersten fünf Schülern

AYEYARWADY-DELTA

an die Predigt von Benares, in der er die Vier Edlen Wahrheiten (S. 128) darlegte. Auf der gegenüberliegenden Straßenseite umfasst das Kloster **Pwe Luang Kyaung** noch ein paar schöne Kolonialgebäude aus den 1920er-/30er-Jahren. Als multikulturelle Stadt besitzt Pathein auch mehrere Moscheen, Hindutempel und Kirchen, etwa die 1872 begonnene und 1921 vollendete **St.-Peters-Kathedrale**. Zu ihr gehören auch einige restaurierte Kolonialgebäude in der Seitenstraße, die heute Schulen, Büros und die Residenz des katholischen Bischofs beherbergen. Aus Bengalen eingewanderte Muslime errichteten von 1902–05 die **Zerbadi Sunni Jamae-Moschee** in der Mosque Street.



## Ausflüge in die Umgebung

Der Reiz Patheins liegt v. a. in der Umgebung, wo die endlosen Reisfelder von zahlreichen Strömen und Kanälen durchzogen sind. Am besten lässt sich die Landschaft auf einer **Bootstour** erkunden, etwa entlang des Shanywar-Flusses zu einigen Kayin-Dörfern. Startpunkt ist der Ort Shan Yaw, 6 km südöstlich von Pathein (halber Tag: ca. 30 000 Kyat, ganzer Tag: 40 000 Kyat).

Mit dem **Moped** lohnt sich ein weiterer Tagesausflug nach **Ngaputaw** (170 000 Einwohner), einem netten Städtchen am Pathein River, etwa 35 km südlich von Pathein. Die Fahrt führt durch urige Dörfer, vorbei an Reisfeldern und Kokospalmen (ca. 15 000 Kyat).

Infos und Arrangement der beiden Touren: Soe Moe Aung, c/o New Pammawaddy Inn Hotel, ✆ 09-250 322 368, 09-974 081 211, 🖳 www.traveltopathein.wordpress.com.

## ÜBERNACHTUNG

Das Übernachtungsangebot ist eher auf lokale Geschäftsleute abgestimmt, meist wird kein Frühstück angeboten. Zu den Unterkünften s. auch eXTra [4030].

**Golden Myanmar Hotel**, 11 Mahabandoola Rd, ✆ 042-25574. Die 33 Zimmer unterschiedlicher Kategorien wirken steril und glanzlos, sind dafür aber recht sauber. Alles in allem empfehlenswert. ❷–❸

**La Pyae Wun Hotel**, 30 Mingyi St., ✆ 042-24669, [4031]. Der klotzige Bau ist nicht sehr einladend, doch die 40 Zimmer mit Du/WC und AC sind funktional, geräumig und sauber. Das Personal ist sehr hilfsbereit. ❷–❸

**New Pammawaddy Inn**, 14 A Mingyi St., ✆ 042-21165, ✉ newpammawaddy@gmail.com. Der vierstöckige Kasten mit 28 sauberen Zimmern mit Du/WC und AC liegt in einer ruhigen Seitenstraße. Zwar mit nüchterner Atmosphäre und teilweise sehr klein, dafür mit Flachbildschirm und relativ sauber. ❷–❸

€ **Sein Pyae Hlyan Inn**, 32 Shwezedi St., ✆ 042-21654, [4032]. Das Gästehaus besteht aus einem alten Trakt und einem Neubau mit insgesamt 30 Zimmern in diversen Kategorien. Entsprechend groß ist die Preisspanne. Die günstigsten Zimmer sind bereits für US$8 zu haben. ❶–❸

**Shwe Ba Gyi Gh.**, 99 Strand Rd. ✆ 042-24450. Das vierstöckige Gästehaus liegt etwas nördlich des Zentrums und verfügt über 35 saubere Zimmer mit Du/WC und AC. Im Erdgeschoss ist ein gutes indisches Restaurant untergebracht. ❶–❸

## ESSEN

Die multikulturelle Stadt bietet eine gute Auswahl an chinesischer, indischer und birmanischer Küche. Sie ist auch bekannt für **Halawa** (Halva), eine braune Masse aus Sesam, karamellisiertem Zucker, Honig und Pflanzenöl. Aus dem arabischen Raum stammende Süßspeise kann man an Ständen und in Shops kaufen, etwa im **Shwe Myin Bien** in der Merchant St.

Einfach, aber am stimmungsvollsten isst man ab 17 Uhr an den unzähligen Ständen auf dem **Nachtmarkt** in der Strand Rd., zwischen Mahabandoola Rd. und Shwezedi St.

In den zahlreichen **Teestuben** unweit der University of Pathein ist man schnell im Kontakt mit Studenten. WLAN zum Frühstück und leckere Snacks gibt es in den einander gegenüber liegenden Teashops **Mann San Thu** und **Nyaung Yoe (1)** in der Shwezigon Rd., beide ◷ 7–21.30 Uhr.

**Golden Land Restaurant**, 7 Merchant St., gegenüber dem Sportplatz. Bietet solide chinesische Küche in einem Innenhof. ◷ 8–22 Uhr.

Pathein Zentrum
N
0
300 m
Shwezigon-Pagode
Kwin Tan Rd.
Kalae Tan St.
Nejalida Rd.
Takasila Rd.
Kan St.
U Lu St.
U Sai thit St.
Pyo Kayin Baptist Church
Mingyi Rd.
Yoe Dayar Gine St.
Twenty-Eight-Pagode
Strand Rd.
Pandin St.
Shwezigon Rd.
Merchant St.
Yadayagon St.
Magyi Bandan Rd.
Sportplatz
Jail Rd.
DIVISION OFFICE
Thida St.
PanchanSt.
Myanmar Baptist Church
Pathein (Ngawun)
NACHT-MARKT
UHRTURM
Mahabandoola Rd.
ANLEGER
Kozu Rd.
Zye Chaung
ZOLLHAUS
ÜBERNACHTUNG
1 Shwe Ba Gyi Gh.
2 Golden Myanmar Hotel
3 Sein Pyae Hlyan Inn
4 La Pyae Wun Hotel
5 New Pammawaddy Inn
Shwemokhtaw-Pagode
Mingalar St.
Thit Sar Rd.
Myan Cho Rd.
Shwezedi Rd.
Rathaus
MARKT
Zye Chaung St.
GEFÄNGNIS
Strand Rd.
Konzone Rd.
Bengali Sunni Jamee-Moschee
Kino
Myaenu Rd.
Tayok Kyaung Rd.
Shwe Gyi Tann St.
Station Rd.
Bahnhof
Chin Tempel
Yvet Pyaw Tan St.
Merchant St.
Omardanchi St.
SONSTIGES
3 Shwe Myin Bien Halawa Shop
4 Htet Thu Myint Umbrella Shop
5 U Kyauk Lone Umbrella Shop
6 Bandoola Umbrella Shop
Zerbadi Sunni Jamae-Moschee
Kalagan St.
Zaw Haung St.
Mosque Rd.
St.-Peters-Kathedrale
Maxwell Rd.
ESSEN
2 Mann San Thu
3 Nyaung Yoe (1)
4 Golden Land Restaurant
5 Shwe Ayer
6 Top Star Restaurant
7 Ywathit
8 Shwe Zin Yaw Restaurant
9 Zune Pann
10 Shwe Pyi Restaurant
11 Mopale Restaurant
Ban Bwe Gone St.
Tagaung Pagoda Rd.
TRANSPORT
2 Fähre von/nach Mawdin Sun
3 Busse von/nach Chaungtha
4 Busse von/nach Mawdin Sun
5 Busse von/nach Ngwe Saung
6 Bustickets
Catman Rd.
Tagaung-Pagode
Mahabodhi Mingala Zedi
Kuthein Nayone Pagoda St.
Sri Kothanda Ramas-Tempel

**Mopale Restaurant**, Merchant St. Könnte indischer nicht sein: leckere Biryanis in typisch hektischer Atmosphäre. ⌚ 7–19 Uhr.

**Shwe Ayer**, Mingalar St. Eine bei Einheimischen beliebte Adresse für indisch-birmanische Küche von Biryani bis Curry. Kein Alkoholausschank. ⌚ 8–21 Uhr.

**Shwe Pyi Restaurant**, Tayok Kyaung Rd. Zaubert gute birmanische Hausmannkost.

**Shwe Zin Yaw Restaurant**, 24/25 Shwezedi St. Hat sich auf birmanische Currys und indische Biryanis spezialisiert. ⌚ 6.30–21 Uhr.

**Top Star Restaurant**, Shwezedi St., Ecke Strand Rd. Hier gibt es günstiges Fassbier zu ordentlichen chinesischen Gerichten. ⌚ 7.30–22 Uhr.

**Ywathit** tischt an ihrem Stand an der Shwezedi, Ecke Merchant St., leckere *mohinga* auf.

**Zune Pann**, Myae Nu St. Das einfache Lokal serviert gute birmanische Küche und ist bei Einheimischen bekannt für leckeren Limetten-Salat *(shauk thee thoke)*. Es liegt hinter dem Shwe Pyi Taw-Kino. ⌚ 9–21 Uhr.

## SONSTIGES

### Geld

In der **CB Bank**, Merchant St., Ecke Shwezedi Rd., und der **KBZ Bank**, 232 Mahabandoola Rd., gibt es Geldautomaten und Umtauschmöglichkeiten

### Informationen

Der agile Guide **Soe Moe Aung**, c/o New Pammawaddy Inn Hotel. ✆ 09-250 322 368, 09-974 081 211, 💻 www.traveltopathein.wordpress.com, organisiert Bootstouren und Mopedtrips. Er hat außerdem jede Menge Tipps parat.

## TRANSPORT

### Auto

Die Fahrzeit für die 180 km lange Strecke von YANGON nach Pathein beträgt je nach Straßenzustand 4–5 Std. Wagen mit Chauffeur verlangen dafür mind. US$120.

### Schirme mit Charme

Wer in Myanmar den Namen Pathein hört, denkt weniger an die Stadt als vielmehr an den *pathein hti*, den berühmten Bambusschirm. Eigentlich ist er von geringem Nutzen, denn bei einem kräftigen Monsunregen versagt er und für einen Spaziergang in der Sonne ist er fast zu schade. Trotzdem wird er gern gekauft, denn welcher Schirm besitzt so viel Charme? Er wird seit Generationen in Familienbetrieben hergestellt, nachdem der königliche Schirmmacher U Shwe Sar nach Abdankung des letzten Monarchen Thibaw 1885 seinen Job verlor und nach Pathein auswanderte. Vom Schirmüberzug bis zum Ständer ist alles ein Naturprodukt. Schirmstock und -stangen sind aus drei Jahre lang gelagertem Bambus, die Zwischenteile aus weichem Holz. Selbst die raffiniert eingebaute Feder zum Öffnen und Schließen besteht aus Bambus. Grundmaterial des Überzugs ist normalerweise ein Baumwollstoff, der entsprechend seiner Verwendung eingefärbt wird. Ein beliebtes Mitbringsel sind die farbigen Schirme mit Blumenmustern, die es in verschiedenen Größen gibt. Nach wie vor in Gebrauch sind die dunkelroten Schirme für die Mönche. Die rotbraune Farbe wird aus einer Frucht namens *deal* gewonnen. Um sie wasserdicht zu machen, werden sie mit einem stark riechenden Naturharz bestrichen. Die Schirme sind ein begehrtes Mitbringsel, aber Achtung: Wegen des intensiven Geruchs sollte man sie am Anfang längere Zeit auslüften lassen.

Die **Schirmwerkstätten** befinden sich etwas versteckt in Straßen westlich der Settawya-Pagode. Auf Ausländer eingestellt hat sich der Shwe Sar Umbrella Workshop in der Tawya Kyaung Street, wo man die verschiedenen Arbeitsschritte beobachten kann. Andere Werkstätten spezialisieren sich auf einzelne Arbeitsschritte und liegen in kleinen Seitenstraßen nordwestlich davon verstreut.

Folgende **Geschäfte** mit ähnlichem Angebot konzentrieren sich südlich der Omardandi Street entlang der Merchant Street: Htet Thu Myint Umbrella Shop, U Kyauk Lone Umbrella Shop und Bandoola Umbrella Shop.

### Busse

Für die meisten Pathein–Yangon-Busse beginnt und endet die Fahrt am **Busbahnhof Yinsuntan**. Da er einige Kilometer außerhalb liegt, bieten die Busunternehmen einen kostenlosen Shuttle-Service von und zu ihren Verkaufsschaltern im Zentrum. Man sollte mindestens 30 Min. vor Abfahrt bei den Verkaufsschaltern sein.

**Yangon**

Mehrere private Busgesellschaften bedienen die Strecke YANGON–Pathein (180 km, 4–5 Std.), manche starten bereits in Chaungtha und Ngwe Saung. Die günstigsten Tickets gibt es bei Ayer Shwe Zin (3600 Kyat), inklusive Abholung in Yangon vom Busbahnhof nach Downtown in die 13th St. Tickets für die Fahrt nach Yangon gibt es an den Schaltern der Busgesellschaften in der Shwezedi St., zwischen Merchant St. und Mingyi St. Die Busse starten vom Busbahnhof Yinsuntan zwischen 4 und 16 Uhr im Zweistundentakt.

**Nach Westen**

Gute Busse von ACM Beach Express nach NGWE SAUNG (46 km, 3000 Kyat, 1 1/2 Std.) fahren um 8, 10, 14 und 16 Uhr von der Bushaltestelle an der Mingalar St. ab. Alternativ kann man ein Mopedtaxi nehmen (12 000 Kyat, 1 1/2 Std.).

Nach CHAUNGTHA (58 km, 3000 Kyat, 2 1/2–3 Std.) starten Busse zwischen 8 und 16 Uhr alle 2 Std. in der Yadayagon St.

S. auch eXTra [4037].

**Nach Süden**

Tgl. startet ein Bus um 12 Uhr vor der Myawaddy Bank in der Strand Rd. nach MAWDIN SUN (4 Std.)

**Nach Norden**

Vom Busbahnhof Yinsuntan startet um 5 Uhr ein Minibus nach PYAY (290 km, 10 000 Kyat, 4 1/2–5 Std.), wo es abends Weiterfahrtmöglichkeiten nach Ngapali oder Bagan gibt. Um 15 Uhr fährt ein AC-Bus des Unternehmens Kaung Myat Mann nach MANDALAY (720 km, 17 000 Kyat, 10 Std.).

### Boote

Der Fährverkehr zwischen YANGON und Pathein wurde 2014 eingestellt. Von November bis Juni verkehrt tgl. eine Fähre um 19.30 Uhr nach KYAUK CHAUNG (100 km, 4000 Kyat, 9 Std.), das 5 km von Mawdin Sun entfernt liegt.

## Mawdin Sun und Thamihla Kyun

Eine der wichtigsten Pilgerstätten des Deltagebietes, die **Mawdin-Pagode**, liegt am Südostzipfel der Pathein-Flussmündung. Zum berühmten 15-tägigen Pagodenfest vor dem Vollmond von Tabaung (Feb/März) kommen zigtausende Pilger, denn der Shwedagon-Legende nach war es hier, dass die beiden Händler Tapussa und Bhallika auf dem Weg von Indien zurück nach Dagon zwei Haare Buddhas an den im Meer herrschenden Naga-König Jayasena abgeben mussten. Die Mawdin-Pagode war das erste bedeutende Bauwerk, das der venezianische Edelsteinhändler Gasparo Balbi 1583 bei seiner Ankunft in Birma sah.

Der heute **Mawdin Sun** (Mawdin Point) genannte Ort war Seefahrern als wichtiger Navigationspunkt unter dem Namen **Cape Negrais** bekannt. Im 17. Jh. geriet das Kap ins Blickfeld der britischen East India Company. Sie konnte ihren Handelsstützpunkt aber erst 1753 errichten, nachdem sie dem ein Jahr zuvor an die Macht gekommenen König Alaungpaya (reg. 1752–60) in dessen langwierigem Krieg gegen die Mon Waffenlieferungen zugesagt hatte. Doch schon sechs Jahre später ließ der König die Niederlassung zerstören, weil Gerüchte kursierten, die Briten wurden heimlich die Mon unterstützen.

Die beiden Pagoden, eine am unteren Weg und eine an der Klippe, stellen auch heute noch eine Art Willkommensgruß für Seefahrer dar. Man kann dort nicht nur beten, sondern auch am kilometerlangen Sandstrand baden. Dort liegen auch einige urige Fischerdörfer der Rakhine, darunter **Kyauk Chaung** und **Ka Nyin Chaung**.

Auf der im Mündungsgebiet des Pathein-Flusses gelegenen **Thamihla Kyun** („Insel der schönen Tochter") befindet sich eine Zuchtstation für

Batagur-Flussschildkröten *(Batagur baska)*. Die auch als „Diamond Island" bekannte Insel wurde 1970 zum Schutzgebiet erklärt. Für den Besuch ist eine Genehmigung notwendig. Ein Boot von Mawdin Sun kostet ca. 75 000 Kyat.

### ÜBERNACHTUNG UND ESSEN

Überraschenden Komfort bietet das **Silver Mountain Resort** in der Nähe des Fischerdorfes Zee Chail direkt am Strand mit großen Zimmern in Holzbungalows. ❹–❺

Günstiger ist das **Myat Shwe Ein Gh.**, auf der Flussinsel Hai Gyi Kyun, etwa 4 km vor Mawdin, ein zweistöckiger Bau mit einfachen Zimmern mit Gemeinschaftsbad. Kontakt über Soe Moe Aung (S. 206).

### TRANSPORT

In Kyauk Chaung, 5 km von Mawdin Sun entfernt, startet zwischen November und Juni tgl. um 19.30 Uhr ein **Boot** nach PATHEIN (100 km, 4000 Kyat, 9 Std.). Von Mawdin Sun fährt tgl. gegen 7 Uhr ein **Bus** nach Pathein.

## Chaungtha Beach

Der etwa 2,5 km lange, sichelförmige Chaungtha Beach liegt knapp 60 km nordwestlich von Pathein am Golf von Bengalen. Benannt ist der von Kasuarinen und Kokosnusspalmen gesäumte Strand nach dem Fischerdorf an der Mündung des U Do Chaung. Vor gut 100 Jahren gegründet, wurde die Siedlung „Schöner *(thayar)* Strom *(chaung)*" genannt, woraus Chaungtha wurde; s. auch eXTra [5700].

Zwar ist der Sand nicht strahlend weiß und oft leider auch ziemlich vermüllt, trotzdem hat er seine Attraktionen. Da er sehr breit ist, eignet er sich hervorragend für Strandsportarten wie Beach-Volleyball. Man kann sich mit Fischerbooten in einer halben Stunde zur **White Sand Island** (Thae Phyu Kyun) hinausfahren lassen (Abfahrt südlich vom Max Hotel, ca. 3000 Kyat).

Am Südende liegt, durch die Mündung des U Do Chaung vom Festland getrennt, die Insel **Hpokkala Kyun**, auch **Aung Mingalar Island** genannt (Boot: 1000 Kyat. ca. 5 Min.). Dort gibt es eine kleine Fischersiedlung und auf einer Klippe eine kleine Pagode. Sie ist ein beliebtes Fotomotiv bei Sonnenuntergang.

Einsamkeit liebenden Strandspaziergängern bietet sich ein Fußmarsch entlang des nördlich an Chaungtha anschließenden **White Sand Beach** in Richtung Magyi-Dorf an, wo in Zukunft weitere Hotels entstehen sollen. Dank der guten Straße kann man dort auch gut per Fahrrad oder Moped hinfahren. Im Hauptort buhlen unzählige Restaurants um Kundschaft.

### ÜBERNACHTUNG

Es gibt zahlreiche und für jeden Geldbeutel passende Unterkünfte. Tagsüber haben die wenigsten Strom. Es ist ratsam, bei der Wahl des Zimmers darauf zu achten, dass der Generator nicht direkt vor dem Fenster steht. Die Preise sind fast immer inkl. Frühstück. An der Straße Richtung Aung Mingalar-Insel reiht sich eine Vielzahl günstiger, teilweise ganz netter Gästehäuser aneinander. Sie sind vorwiegend auf Einheimische eingestellt. Falls nicht anders vermerkt, liegen die genannten Unterkünfte entlang des 2,5 km langen Strandabschnitts direkt am Meer.

#### Untere Preisklasse

**Diamond Hotel**, ✆ 042-42194, 42380. Freundliche Anlage mit 52 älteren Zimmern (Bad, Ventilator), darunter 11 bessere mit Meerblick, AC, TV, Minibar. ❷–❹

**Hill Garden Hotel**, auf einem Hügel nördlich des Strandes, ✆ 09-4957 6072, 09-422 459 966, ✉ hillgarden.ct@gmail.com. Die 14 Bambusbungalows inmitten eines Gartens mit Bananenbäumen und Ananaspflanzen samt urigem Restaurant zaubern ein Tropenfeeling. Zum ruhigen White Sand Beach sind es nur 5 Min. zu Fuß. Dieselben Besitzer wie das Shwe Hin Tha Hotel. ❷–❸

**Shwe Hin Tha Hotel**, ✆ 042-42118, 42322, 01-650588 (Reservierung), ✉ shwehinthahotel@gmail.com. Wer unter Travellern sein will, ist hier richtig; 48 Zimmer, viele mit Veranda und Meerblick, gute Küche. Engagiert, aber etwas unpersönlich gemanagt. Das Personal hilft

Chaungtha Beach
N
0
200 m
ÜBERNACHTUNG am Strand
1 Hill Garden Hotel
2 ACE Hotel
3 Shwe Hin Tha Hotel
4 Uncle Kyaw Gh.
5 Diamond Hotel
6 Belle Resort
7 Grand Hotel
8 Thiri Chaungtha Beach Resort Hotel
9 Golden Beach Resort Hotel
10 Khine Chaung Tha Hotel
11 Breeze Resort
12 New Chaugtha Lodge
13 Max
ÜBERNACHTUNG an der Hauptstraße
14 Shwe Ya Min
15 William Restaurant & Gh.
ESSEN
1 William Restaurant
2 Pasta Fresca Restaurant
3 Teestuben
4 Beach Paradise Restaurant
5 Golden Sea Restaurant
6 May Kha Lar Restaurant
7 For Moon Restaurant
8 Annawa Pathein
SONSTIGES
1 Caribbean Bar
2 Rhythm Guests & Food House
3 Pearl Mart
TRANSPORT
1 Fischerboote, Fähren
2 Boote zur Hpokkala Kyun
1 (1,5 km), Magyi (13 km), Twin Rock (Kyauk Maung Hna Ma, 7km)
Pathein (61 km)
Zagawa Taung Stupa
WINDRAD UND SOLARANLAGE
Lai Lai Chaungtha Beach Hotel
Kyauk-Stupa
KRANKENHAUS
Ywama Kyaung
Pyilon Chantaw Kyaung
U Do Chaung
Chaungtha Dorf
White Sand Island (1 km)
Hpokkala Kyun (Aung Mingalar Island)
Fähre nach Kanji, Weg nach Ngwe Saung (15 km, nur Moped/Boot)

mit Tipps für Ausflüge. In der Hochsaison oft ausgebucht, besser reservieren! ❷–❹

€ **Shwe Ya Min**, in der Hauptstraße, ☏ 042-42126, 09-401 525 153. Nettes Restaurant, das im hinteren Bereich 21 Zimmer mit Moskitonetzen, Bad, z. T. mit AC, bietet. Nicht am Strand, aber empfehlenswert. ❶–❷

**Uncle Kyaw Gh.**, an der Straße nach Pathein, ☏ 042-42151. In einem länglichen Bau verteilen sich auf 2 Etagen 16 Zimmer mit Bad und Ventilator samt kleinem, halbrundem Holzbalkon. 5 Min. Fußweg zum Strand. ❶–❷

**William Restaurant & Gh.**, schräg gegenüber dem Lai Lai Hotel, ☏ 042-42377. Die freundliche Familie kocht nicht nur gut, sondern bietet ihren Gästen auch 7 kleine, nicht sehr saubere Zimmer mit Ventilator für unter US$15. Hier fühlen sich Sparsame gut aufgehoben. ❶

### Mittlere und obere Preisklasse

**ACE Hotel**, am Nordende des Strandes, ☏ 042-42353, 42354, ✉ sales.hotelace@gmail.com. Das schicke Resort vermietet 32 sehr geschmackvolle AC-Zimmer, meist mit Meerblick. Zwei Suiten gewähren für US$150 sogar Luxusfeeling. Zum Sonnenuntergang bietet sich ein Cocktail in der Caribbean Bar an. ❹–❻

**Belle Resort**, ☏ 042-42320, 42321, 💻 www.belleresorts.com. Das angenehme Resort mit 56 stilvollen Zimmern mit AC, Bad, TV, Minibar von Superior bis Deluxe ist das Richtige für Anspruchsvolle. Es gibt einen Pool, Massagen und ein offenes Restaurant. ❺–❼

**Breeze Resort**, ☏ 042-42338, 42123. Die freundliche Anlage bietet 40 Zimmer mit AC, Bad, TV, davon 2 Suite- und 14 Deluxe-Villas direkt am Strand. ❹–❻

**Golden Beach Resort Hotel**, ☏ 042-42128, 42129, 💻 www.goldenbeachchaungtha.com. Größere Anlage mit 56 Zimmern mit Du/WC, fast alle mit AC, einige mit Meerblick. Pool. Minigolf. Spa. ❺–❻

**Grand Hotel**, ☏ 042-42329, 42330, 💻 www.grandhotel-chaungtha.com. Sympathische, gut geführte Anlage mit Restaurant am Meer. 7 Bungalows mit viel Holz und Rattan und Meerblick, 6 zum Garten hin sowie 12 in einem 3-stöckigen Bau. ❺

**Khine Chaung Tha Hotel**, ☏ 042-42242, 42243, 01-226628 (Reservierung), ✉ khinechaungtha@gmail.com. Die 36 Zimmer mit AC und TV in den Bungalows zur See hin sind ganz passabel. Ein Familienbungalow mit 4 Zimmern. Nettes Restaurant mit Meerblick. ❸–❹

**Max**, ☏ 042-42346 bis 42349, 💻 www.maxhotelsgroup.com. Das weitläufige Resort ist Chaungthas beste Unterkunft. 38 geschmackvolle Zimmer in Bungalows und 32 Standardzimmer in 2-stöckigem Gebäude. Mit Pool, Minigolf, Spa, Karaoke, und für 5000 Kyat/Std. dürfen auch Tagesgäste den Tennisplatz nutzen. ❺–❽

**Thiri Chaungtha Beach Resort Hotel**, ☏ 042-42224, 42334, ✉ thirihotel074@gmail.com. Insgesamt 24 Zimmer, davon 6 Strandbungalows mit Bad, AC, Meerblick für US$80. 8 ordentliche Zimmer mit Bad und AC im Seitengebäude. Stilvolles Restaurant am Strand. Gute Leserkritiken. ❹–❺

## ESSEN

Im Dorf Chaungtha konkurrieren jede Menge Restaurants mit preisgünstigen Meeresfrüchten. Empfehlenswert sind **May Kha Lar**, **For Moon** und **Golden Sea** in der Hauptstraße und das gemütliche **Beach Paradise** an der Ecke zur Strand-Straße. Gegenüber dem Lai Lai liegt das von einer sehr gastfreundlichen Familie geführte **William Restaurant** mit herrlichem Seafood. Wer auf Meerblick Wert legt, hat nur die Wahl zwischen verschiedenen Hotelrestaurants, die etwas höhere Preise verlangen. Gut sind die des **Grand Hotels**, des **Thiri Chaungtha Beach Resort Hotels** und der **New Chaungtha Lodge**. In den **Teestuben** unweit des Busbahnhofs werden die üblichen Snacks serviert, darunter Nan Roti im **Star & Moon**.

**Annawa Pathein**, am U Do Chaung unweit der Fähre, serviert frisches Seafood zu günstigen Preisen und ist auch ein guter Ort zum Sonnenuntergang. ⌚ 9–23 Uhr.

**Pasta Fresca Restaurant**, nördlich des Krankenhauses, ☏ 09-422 445 138. Das von einem birmanisch-italienischen Paar geführte Lokal bereitet Reismüden Gaumenfreuden. Zur abendlichen Chill-out-Musik im

schönen Garten gibt es hausgemachte Gnocchi, Pizza und ausgezeichneten Espresso. Auch Seafood ist auf dem Speiseplan.
**Shwe Ya Min**, direkt an der Hauptstraße (s. Übernachtung), tischt in nettem Ambiente durchaus gute Speisen auf, wobei die indischen extrem ölig sind.

## UNTERHALTUNG

Beliebt sind die Strandbar des **Shwe Hin Tha Hotels** und das **Rhythm Guests & Food House** mit gelegentlicher Livemusik. Wer mal wieder gute Cocktails schlürfen möchte, sollte in der wie ein Piratenschiff gestalteten **Caribbean Bar** des ACE Hotels am Nordende des Strandes vorbeischauen.

## SONSTIGES

### Boots- und Schnorchelausflüge

Interessant ist die Fahrt mit dem Fischerboot nach **Ngwe Saung** (US$70–80, ca. 45 Min.), die vom Shwe Hin Tha Hotel oder von Ko Chit Kaung (s. Informationen) arrangiert werden kann. Allerdings ist sie nur bei geringem Wellengang zu empfehlen, da sich entlang der Küste zahlreiche Klippen befinden und die Boote nicht gerade vertrauenerweckend sind. Über die teuren Unterkünfte bietet das Unternehmen Hotel Zone Schnorchelfahrten zur **White Sand Island** (6000 Kyat p. P.) oder zu einem **Fischerdorf** am U Do Chaung (12 000 Kyat p. P.) an.

### Fahrrad- und Mopedverleih

Das beste Fortbewegungsmittel ist der Drahtesel, zu mieten entlang des Strandes oder im Hotel (ca. 3000 Kyat/Tag). Das Shwe Hin Tha Hotel verleiht auch Mopeds (18 000 Kyat/Tag).

### Geld

Keine Bankautomaten und Wechselstuben.

### Informationen

Der agile **Ko Chit Kaung**, ✆ 09-422 544 634, unterhält neben dem Shwe Ya Min Gh. einen Souvenirshop. Die private **Tourist Information**, ✆ 09-4973 4562, 💻 www.myanmartravelbeach.weebly.com, liegt gegenüber dem Shwe Hin Tha Hotel. Beide geben Tipps und arrangieren Ausflüge in die Umgebung.

## TRANSPORT

### Mopedtaxis

Mit dem Moped kann man sich für 15 000 Kyat (inkl. Fährgebühren) entlang der Küste zum 15 km südlich gelegenen Strand von NGWE SAUNG fahren lassen. Abhängig von den Wartezeiten an den drei Flüssen U Do Chaung, Ye Do Chaung und Tazin Chaung, die mit kleinen Booten zu überqueren sind, beträgt die Fahrzeit 1 1/2–2 Std. Es empfiehlt sich, früh zu starten, da die Boote morgens häufiger verkehren. Sparsame können sich auch zum Fähranleger am U Do Chaung bringen lassen und auf der anderen Seite nach einem anderen Mopedtaxi Ausschau halten, s. auch eXTra [5702].

### Busse und Taxis

Die Fahrt von Chaungtha nach PATHEIN (58 km, 3000 Kyat, 2 1/2–3 Std.) wäre recht reizvoll, wenn die Busse besser in Schuss wären und nicht so viel abgeholzt worden wäre, denn der Weg führt teilweise über die etwa 300 m hoch gelegenen Ausläufer des Rakhine Yoma. Abfahrt vom übersichtlichen Busbahnhof zwischen 8 und 10 Uhr im Zweistundentakt. Mehrere Unternehmen unterhalten Direktverbindungen nach YANGON (240 km, 8000 Kyat, 6–7 Std.). Die meisten Busse starten zwischen 6 und 10 Uhr.

3 HIGHLIGHT

# Ngwe Saung Beach

Neben Ngapali zählt der über 14 km lange „Silberne Strand" zu den schönsten Stränden Myanmars. Hinsichtlich seiner Lage und Qualität läuft er dem Chaungtha Beach den Rang ab, liegt aber bei den Übernachtungspreisen deutlich höher.

Einige vorgelagerte Inseln, allen voran die **Bird Island**, empfehlen sich zum Tauchen und

Schnorcheln. Dort sollte man jedoch auf die Strömung achten; Leser beklagen den Leichtsinn und die Ignoranz mancher Bootsfahrer.

Am Nordende des Strandes liegt der Hauptort **Ywama**, auch Ngwe Saung Village genannt, in dem es mehrere Souvenirshops und Restaurants gibt. An Wochenenden und Feiertagen dominiert die Zahl der einheimischen Touristen, die gerne mit dem Moped den Strand entlang sausen. Die Sonne meidend, treffen sie sich morgens und abends bei der markanten **Zwillingspagode** (Kyauk Maung Hna Ma), zwei auf einen Felsblock gebauten Stupas. Schnorchler können vor der **Liebesinsel** am Südende des Strandes die Unterwasserwelt erkunden, allerdings verleihen die wenigsten Hotels eine Ausrüstung. Ebenfalls am Südende des Strandes kann man von einem **Hügel mit Stupa** den herrlichen Ausblick genießen. Ein Stück weiter erstreckt sich der weitläufige **Ngwe Saung Yacht Club & Marina**, der 2013 wegen der Vertreibung der lokalen Bevölkerung in Verruf geraten war.

AYEYARWADY-DELTA

## ÜBERNACHTUNG

Die Preise verstehen sich inkl. Frühstück. Wegen eines fehlenden öffentlichen Stromnetzes bieten nur die teuren Resorts eine nahezu ganztägige Versorgung an, was die Übernachtungspreise in die Höhe treibt, da die Stromkosten 35–40 % der Gesamtkosten ausmachen. Alle anderen Unterkünfte lassen ihren Generator nur nachts laufen.

### Untere und mittlere Preisklasse

**Central Hotel**, am Südende des Strandes, ✆ 042-40211 bis 40215, 💻 www.centralngwesaung.com. Die großzügige Anlage bietet 59 Bungalows diverser Preisklassen mit schöner Einrichtung. Für Aktive gibt es einen Pool und Minigolf. Im Angebot sind auch morgendliche Bootsausflüge auf dem See. ❹–❺

**Hill Top**, auf einer Anhöhe südlich des Silver Coast Beach, ✆ 042-40293, ✉ hilltop.beachresort@gmail.com. Die Bungalowanlage verfügt über 9 einfache Holzhütten mit karger Ausstattung und Moskitonetzen. Essen wird in einem offenen Pavillon gereicht. ❷–❸

**Shwe Hin Tha Hotel**, ✆ 042-40340, 09-520 0618. Die populärste Traveller-Bleibe. Alle 34 Zimmer (Veranda, Bad, Ventilator oder AC) aus Bambus oder Stein bieten Meerblick, sind aber in die Jahre gekommen. Das Personal hilft bei der Weiterreise und Ausflugsplanung. Fahrrad- und Mopedverleih. ❷–❹

**Silver Coast Beach**, ✆ 032-40324, 40325. In einem großen Palmenhain verteilen sich mehrere Bungalows mit 18 etwas in die Jahre gekommenen und nüchternen Zimmern (davon 3 ohne AC für US$25). Essen gibt es im **Jasmine Restaurant** direkt am Meer. Für den Preis akzeptabel. ❷–❹

**Silver View Resort**, ✆ 042-40317, 40318, 01-502681, 💻 www.myanmarbeachsilverview.com. Mit 17 geräumigen Zimmern mit AC, TV, Minibar und Dusche eine empfehlenswerte Anlage. Am besten sind die 5 bunt bemalten Bungalows mit Flachbildschirmen und CD-Player. Restaurant am Strand. ❹–❺

### Obere Preisklasse

**E.F.R. Seconda Casa**, ✆ 042-40398, 💻 www.efrsecondacasa.com. Die zentrale Lage im Dorf ist gut, die 17 AC-Zimmer in Chalets und Bungalows mit Naturmaterialien sind es trotz enger Bebauung ebenfalls. 2 Zimmer sind auf Familien ausgerichtet. Im hinteren Bereich tischt das Restaurantteam gute Seafoodgerichte auf. ❺

**Eskala**, ✆ 042-40341, 40343, 💻 www.eskalahotels.com. Auf einem länglichen, recht eng bebauten Grundstück verteilen sich 12 Bungalows und 48 geräumige Zimmer mit Balkon bzw. Veranda im Haupthaus. Die Einrichtung ist großzügig und modern. Sehr einladend wirkt die großräumige Lobby mit schweren Rattansofas. Im vorderen Bereich befinden sich das halboffene Restaurant und der Pool. ❻–❼

**Myanmar Treasure Resort**, ✆ 042-40225, 09-9500 3999, 💻 www.myanmartreasureresorts.com. Wunderschöne, 4 ha große Anlage mit 63 aparten Bungalows unter Palmen samt Pool und Spa. Angenehmes Restaurant, nette offene Bar. ❻–❼

**Palm Beach Resort**, ✆ 042-40233, 40234, ✉ palmbeachgwesaung@gmail.com, [5721]. Resort mit 31 liebevoll eingerichteten Chalets

Ngwe Saung Beach
N
0
1 km
Thazin Point,
Chaungtha Beach
(15 km, nur mit Moped/Boot)
Zeemaw Village
Ngwe Saung
Village
(Ywama)
POLIZEI
KRANKENHAUS
MARKT
Pathein (46 km)
Ngwe Saung Zedi
SCHULE
Bird Island
Chankgyi Chaung
Zwillingspagode
(Kyauk Maung Hna Ma)
LIEBESINSEL
(Chittumya Kyun)
Ngwe Saung Yacht Club
& Marina (500 m),
Sinma (18 km),
Gaw Yan Gyi (50 km)
See
ÜBERNACHTUNG
1 Bay of Bengal Resort
2 Aureum Palace
3 Sunny Paradise Resort
4 Dream Paradise Resort
5 Ocean Paradise
6 E.F.R. Seconda Casa
7 Myanmar Treasure Resort
8 Eskala
9 Palm Beach Resort
10 The Emerald Sea
11 Silver View Resort
12 Yamonnar Oo Resort
13 Shwe Hin Tha Hotel
14 Silver Coast Beach
15 Hill Top
16 Central Hotel
ESSEN
1 Wine Wine La Restaurant
2 West Point
3 Golden Myanmar Restaurant
4 Phyant Thin Restaurant
5 Thidar San Restaurant
6 Golden Heart Restaurant
7 Sea King Restaurant
8 Royal Flower Restaurant
9 Mya Yeik Mon
10 Jasmine Restaurant
SONSTIGES
1 Fisherman Bar
2 Teestuben/Fahrradverleih
3 Ume Café
TRANSPORT
1 Shwe Pyi Lwin-Bus nach Yangon
2 Khan Htoo Aung Express nach Yangon
3 Bus von/nach Pathein

unter Palmen. Relaxen kann man am Pool oder im empfehlenswerten Spa. Tennisplatz (US$5 für Außenstehende), Schnorchel- und Surfausrüstung sind vorhanden. Tipp: Sunset Cocktail auf der Terrasse und der frisch gebrühte Kaffee. Gelobt werden die westlichen Gerichte im Restaurant. ❺–❻

**The Emerald Sea**, ✆ 042-40247, 40394, 💻 www.emeraldsearesorts.com. Lauschige Bungalowanlage unter Palmen mit 23 netten Zimmern mit Bad, AC, TV, Kühlschrank (viel Holz und Rattan). Schöner Pool und offenes Restaurant. Empfehlenswert für gehobene Ansprüche. ❺–❻

**Yamonnar Oo Resort**, ✆ 042-40335, 40338. Sympathisches Resort mit ansprechenden Bungalows und insgesamt 61 AC-Zimmern mit TV, Bad und Meerblick. Ideal für Gäste, die es etwas ruhiger haben möchten. Netter Pool. ❺

## Tipps für Aktive

Auf der Höhe des Central Hotels führt ein kurzer Fußweg zu einem kleinen **Stausee**, an dem sich zu den Morgen- und Abendstunden Wasservögel tummeln. Ein lauschiger Ort für Natur- und Vogelfreunde.

Wer zum 15 km entfernten Strand von **Chaungtha** wandern will, lässt sich mit dem Moped zur Fähre am Tazin Chaung (1200 Kyat) fahren. Auf der anderen Flussseite führt der Weg durch einen Kokospalmenhain, an Garnelenfarmen vorbei und am Strand entlang. Es müssen noch zwei weitere Flüsse, Ye Do Chaung (Fähre 1400 Kyat) und U Do Chaung (1500 Kyat), überquert werden. Insgesamt ist man 3–4 Std. unterwegs.

Mit dem Moped bietet sich ein Halbtagsausflug zum stimmungsvollen **Fischerdorf Sinma** an, das 18 km südlich von Ngwe Saung liegt. Bei Ebbe verläuft die Fahrt teilweise direkt am Strand entlang (einfach 1 1/2 Std.). Zum Baden bietet sich dort der **Sar Chit Beach** an (10 000 Kyat plus Fährtickets; inkl. Seafood-Lunch 30 000 Kyat), s. auch eXTra [5733]).

Eine zweitägige Tour führt 50 km gen Süden zu den unberührten Stränden von **Gaw Yan Gyi** (4 Std.) mit Übernachtung im einfachen Shwe Eain Se Gh. (12 Zimmer à 10 000 Kyat) im Dorf Ngayoke Kaung. Die Ausflüge nach Sinma und Gaw Yan Gyi lassen sich am besten über Tom Tom (S. 215) organisieren.

### Nördlich des Dorfes

**Aureum Palace**, ✆ 042-40218 bis 40221, 💻 www.aureumpalacehotel.com. Verwöhnprogramm für die Schönen und Reichen: 97 geräumige Zimmer in wohnlichen Bungalows, großzügiges Gelände, offenes Restaurant, Pool und ein gar nicht so teures Spa. Zumeist wurden Naturmaterialien verwendet, die Palmen sind echt, die schilfartige Dachbedeckung nicht. ❻–❼

**Bay of Bengal Resort**, ✆ 042-40346, 💻 www.bayofbengalresort.com. Da hat Myanmars Stararchitekt Stephen Zaw Moe Shwe, 💻 www.spinearchitects.com, ein Glanzstück moderner Hotelarchitektur geschaffen. Klare Strukturen und offene Räume bestimmen die großzügige Anlage mit 62 Zimmern von Superior bis Villa. Über 500 m Strand, großer Pool, etwas kleines Spa, Tennisanlage (US$10–20 für Tagesgäste), hauseigener Arzt, 2 Bars – was will man mehr? ❻–❼

**Sunny Paradise Resort**, ✆ 042-40227 bis 40229, 💻 www.sunnyparadiseresort.com. Weitläufige Anlage mit 163 Zimmern unterschiedlicher Kategorien. Am besten wohnt man in den vorderen Bungalows. Schönes, günstiges Spa, großer Pool. Zum Resort gehören auch das **Dream Paradise** und das etwas günstigere **Ocean Paradise**. ❹–❼

## ESSEN

Im Dorf buhlen mehrere Restaurants um Kundschaft. **Sea King**, **Golden Heart**, **Golden Myanmar** und **Phyant Thin** tischen solide Seafoodgerichte auf, während das **Thidar San** mittags birmanische Currys bietet.

Die **Captains Bar** im Bay of Bengal Resort hat eine gute Kuchenauswahl.

**Mya Yeik Mon**, am Ortseingang seitlich der Schule, hat wenig Ambiente, dafür gutes Rakhine-Essen. Lecker ist *myin kwa ywat thoke*, ein Salat aus Blättern des Indischen Wassernabel (engl. *pennywort*).

Das **Palm Beach Resort** serviert westliches Essen zu annehmbaren Preisen. Dort gibt es sogar einen richtigen Kaffee oder Espresso zum Verdauen.

**Royal Flower**, am Dorfeingang, bietet nicht nur schmackhaftes Seafood, sondern auch regelmäßig Livemusik und gut gemixte Cocktails.

**West Point**, im Norden des Ortes, punktet mit Rakhine-Speisen und Meerblick.

**Wine Wine La**, im Norden, serviert neben Seafood auch einige japanische Speisen.

## UNTERHALTUNG

Unter den großen Hotels ist die offene **Fisherman Bar** des Bay of Bengal mit Drinks ab 2000 Kyat und Billard für 1500 Kyat/Std. ebenso zu empfehlen wie die schicke **Fishermen's Bar** im Aureum Palace. Auf einem kleinen Hügel zwischen den Resorts Silver Beach und Yamonnar Oo serviert das urige **Ume Café** birmanische und japanische Speisen, und abends gegen 19.30 Uhr läuft eine „Fire Show".

## SONSTIGES

### Geld

Keine Bankautomaten und Wechselstuben.

### Informationen

Der hilfsbereite **Tom Tom (Tun Lin Htaik)** vom Shwe Hin Tha Hotel, ✆ 09-422 462 904, ✉ tom.tunlin@gmail.com, hilft bei Reisefragen aller Art und kann Ausflüge, Mopeds, Fischerboote u. v. m. organisieren. Auch **Kyaw San Win**, ✆ 09-250 226 227, 💻 www.mrwin-myanmar.com, arrangiert Moped- und Bootstouren. Er ist oft im Restaurant Silver Blue Sea südlich des Eskala anzutreffen.

### Massagen

Das schöne Spa des **Emerald Sea Resorts** bietet solide birmanische Massagen ab 15 000 Kyat für 1 1/2 Std. an. Im Spa des **Bay of Bengal Resorts** bekommt man Thai-Massagen für US$20/Std., im weitaus schöneren „Nature Spa" des **Aureum** für US$35/Std. Günstiger und bescheidener sind die Spa-Angebote des **Sunny Paradise** mit 12 000 Kyat/Std. für Thai- und die etwas heftigere Myanmar-Massage. Mit Blick aufs Meer kann man sich im **Palm Beach Resort** durchkneten lassen.

### Medizinische Hilfe

Außer im schlichten Distriktkrankenhaus gibt es im Bay of Bengal Resort einen Arzt (tgl. 9–12, 13–17 Uhr).

### Schnorcheln

Von den Unterkünften werden **Schnorcheltouren** zur 1 1/2 Fahrstunden entfernten Bird Island angeboten. Loose-Leser warnen vor zuweilen starken Strömungen.

## TRANSPORT

### Busse und Taxis

Die 46 km lange Strecke zwischen Ngwe Saung und Pathein ist gut und führt über den abgeholzten Rakhine Yoma, vorbei an Kayin-Dörfern und Kautschukplantagen. Vom Platz vor der Schule starten gute **Busse** von ACM mit 14 Sitzen um 6.30, 7.30, 13.30 und 15.30 Uhr nach PATHEIN (3000 Kyat, ca. 1 1/2 Std.).

Um 6.30 und 8 Uhr fährt der AC-Bus von Shwe Pyi Lwin und um 10 Uhr von Golden Star und Khan Htoo Aung nach YANGON (230 km, 9000–15 000 Kyat, 6 Std.). Mit dem **Taxi** kostet die Fahrt zwischen Yangon und Ngwe Saung US$170.

### Mopedtaxis und Boote

Zum Strand von CHAUNGTHA fährt man am besten mit dem Mopedtaxi (15 000 Kyat plus Fährgebühren, 15 km, 1 1/2–2 Std.) oder mit einem Fischerboot (US$60–70, 45 Min.). Alternativ kann man sich mit dem Mopedtaxi nach PATHEIN fahren lassen (46 km, 8000–10 000 Kyat, 1 1/2 Std.).

SHWEMAWDAW-PAGODE, BAGO; © A. MARKAND

# Nördlich von Yangon

**Die Region nördlich von Yangon ist auf zwei Korridoren zu bereisen. Die Mehrzahl der Reisenden fährt Richtung Mandalay und besucht auf diesem Weg die Tempel von Bago. Richtung Rakhine-Staat im Westen befindet sich das noch wenig erschlossene Pyay mit dem nahe gelegenen Weltkulturerbe Sri Ksetra. Von hier geht es dann weiter nach Bagan oder ans Meer.**

# Stefan Loose Traveltipps

4 **Bago** Die alte Hauptstadt der Mon beherbergt den bekanntesten liegenden Buddha des Landes. S. 219

**Toungoo** Der ehemalige Königssitz gewährt Einblicke in das Provinzleben. S. 227

**Nay Pyi Taw** In der neuen Hauptstadt von Myanmar können die gigantischen Visionen der Regierung bestaunt werden. S. 232

**Sri Ksetra** Mit der Trishaw zur antiken Stadt – wer mag, steigt dort auf den Ochsenkarren um und erkundet das Weltkulturerbe auf eine ganz besondere, archaische Art. S. 241

WEIBLICHER BÜFFEL-NAT MEDAW, BAGO; © A. MARKAND

WARENTRANSPORT IN BAGO; © A. MARKAND

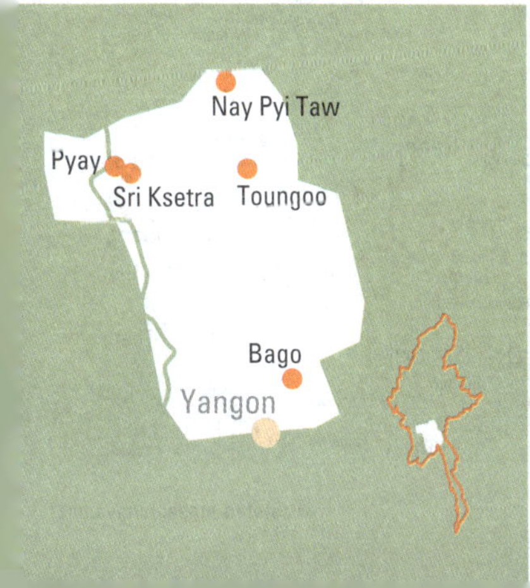


**Wann fahren?** Die beste Reisezeit für diese Region sind die Monate Januar und Februar.

**Wie lange?** Für jede Stadt braucht man nur einen Tag einzuplanen. Will man jedoch alle besuchen, muss die Reisezeit großzügig kalkuliert sein.

**Abseits ausgetretener Pfade** Seit Kurzem ist Sri Ksetra Weltkulturerbe. Eine Entdeckungstour für alle, die abseits der Touristenpfade wandeln wollen.

**Schöne Tagesausflüge** Viele besuchen die Tempel von Bago auf einem Tagesausflug von Yangon aus oder stoppen hier für ein paar Stunden auf ihrem Weg ins Landesinnere.

Nördlich von Yangon
N
0
50 km
Wetmansot
Minbu
Myothit
Magwe
Yin
Beikthano
Taungdwingyi
Myingun
Min-Hla
Malun
Migyaungye
Chaungnet
Taungnyo
Satthwa
Yaenanma
MAGWE
DIVISION
Sinbaungwe
Sinthay
Ngalaik
Nyaunglun
Tatkon
Kydaunggan
Paunglaung
Mingon
Nay Pyi Taw
Pyinmana
Lewe
Ela
s. Detailplan
Nay Pyi Taw
S. 233
Thawatthi
Yeni
Myohla
Elefanten-
camp
Thagara
Swa
Yedashe
1905
Pinlaung
Sanka
Hsi Hseng
Sa-koi
Pekon
1829
Mongpai
Loikaw
Loiyin
1726
Nanmekhon
Ngwetaung
Demoso
Yado
Hpruso
2037
Kyephogyi
Dawnye Hku
Hoya
Bawlakhe
KAYAH
STATE
Leiktho
Kaykaw
Thandaunggyi
Thandaung
Bawgaligyii
Hpasawng
Nampon
Aunglan
Thayet
Kyaukpadaung
Bwetgyi
Shwebandaw
Pyaye
Ayeyarwady
Pyalo
Sabadan
Nawin
Kamma
Yenantha
Wethtigan
s. Stadtplan
Pyay
S. 239
Pyay
Paukkaung
Paungdale
Sri Ksetra
Sinde
Hmawza
Padaung
Sinmezwe
s. Detailplan
Sri Ksetra
S. 242
Okshittpin
Shwedaung
Thegon
Padigon
Hmattaing
Tonbo
Nyaungzaye
Paungde
Bago
Yoma-Gebirge
Khabaung
Kyungon
Toungoo
Oktwin
YE SEIN BAGO YOMA-
NATIONALPARK
Phyu
Tantabin
Zayatgyi
s. Stadtplan
Toungoo
S. 228
2623
Mawchi
Nat Mountain
Sittaung
Bomati
Nyaungchedauk
Zayawaddy
Mon
534
Phyu
Nyaungbintha
Kawludo
BAGO
Kun
821
Mt. Sinnamaung
Kanyutkwin
Kyaukkyi
Yunzalin
Kyangin
Myanaung
Zigon
Gyobingauk
DIVISION
Yenwe
Kyauktaga
Kyaukkyi
Hpapun
1287
Okpho
Penwegon
1884
1221
Mt. Taungni
Tugyi
Monyo
Seinkantlant
Shandaw
Minhla
Sitkwin
Myochaung
Tawwi
Naunglebin
Pyontaza
Madauk
Shwegyin
Mawaing
Ingapu
Mezaligon
Bago
Mt. Kantbalu
803
Kwingauk
Letpadan
Ziphyugon
Harraraw
Hpaihwegyaw
Daiku
Phaungdawth
Pa-o-tha
Lagunpyo
Myogwin
Hinthada
Tayarwaddy
Tonse
Zaungdu
Kadok
Kunzeik
Myttkyo
Donthami
Lemyethna
Aithabyu
Ayeyarwady
Myitmaka
Pyinbongyi
Moeyingyi-
See
Theinzayat
1102
Mt. Kyaikhtiyo
Laykhay
Khamaukzu
Zalun
Okkan
Gyo Phyu-
See
Phayagyi
Waw
Moatpalin
Abataung
Apyauk
Paunggyi
Bago
Kinmon
Danubiu
Zakagyi
Taikkyi
Thanatpin
Kyaikto
Kamase
Bilin
Wanet Chaung
Intagaw
Kawkadwaut
Setkawt
Hmawbi
Tongyi
Pathwe
Satthawadaw
Hlegu
Onhhe
Theinzeik
Nyaungdon
Tantabin
Htaukkyant
Dabein
Kawa
s. Stadtplan
Bago
S. 222
Pantanaw
Samalauk
Insein
YANGON
DIVISION
Kayan
Thaton
Yangon
Thabyegan
Yelegale
Maubin
Twante-Kanal
Thanlyin
Thongwa
Yinnyein
Dala
Seikkyi
Thathaykwin
Shwedaunghmaw
Twante
Kaabe
Thilawa
Tadaywa

4 HIGHLIGHT

## Bago

Bago, die alte Hauptstadt der Mon, liegt etwa 80 km nordöstlich von Yangon am Golf von Mottamma. Die ersten europäischen Reisenden im 16. Jh. nannten sie Pegu und beschrieben sie als blühende Stadt. Heute ist Bago ein typischer Provinzort, doch die einstige Pracht lässt sich bei der Erkundung der zahlreichen Tempel noch erahnen. Zwei schlimme Erdbeben 1919 und 1932 zerstörten viel Antikes, aber dank jahrelanger intensiver Restaurierung, die bis heute anhält, und dem Neubau weiterer Heiligtümer gibt es eine Menge Pagoden und Buddhas zu sehen.

Die Legende berichtet, dass Bago einst eine winzige Insel war, auf der sich ein Wildgänsepärchen seinen Landeplatz suchte. Da die Insel so klein war, nahm das Weibchen auf dem Rücken des Männchens Platz. Zwei Mon-Fürsten, die das Schauspiel beobachteten, deuteten dies als günstiges Zeichen und gründeten im Jahr 573 eine Siedlung. Andere Chroniken erzählen, dass die Stadt 825 von den Brüdern Thamala und Wimala gegründet wurde. Bago war neben Thaton und Mottama das wichtigste Zentrum der Mon, bis es schließlich 1057 von Anawrahta, dem ersten großen Bagan-König (reg. 1044–77), erobert wurde. Viele Mon flohen im Laufe der Jahrhunderte aus Bago, und Birmanen siedelten sich an. Heute sind die Mon in ihrem alten Siedlungsgebiet in der Minderheit. Hinterlassen haben sie eine Vielzahl imposanter Tempel, die gut per Mietwagon, Rikscha oder Fahrrad erkundet werden können.

Wichtig für das heutige Erscheinungsbild der Stadt und die Anzahl der Wallfahrtsorte ist die Regierungszeit König Dhammazedis (reg. 1472–92), der Bago zum Zentrum des Theravada-Buddhismus machte. Der Legende nach war Dhammazedi ein Mönch, der von Prinzessin Shinsawbu, die keine eigenen Kinder hatte, zum Nachfolger erkoren wurde. Wer aus Yangon kommt, wird schon vor den Stadttoren von Dhammazedis berühmten vier sitzenden Buddhas begrüßt.

Die ursprünglichen Bauten, die aus verschiedenen Epochen stammen, sind vielfach durch neuere ersetzt worden – eine Folge von Erdbeben und Plünderungen. Dennoch lassen sich die unterschiedlichen Baustile noch immer erkennen, beispielsweise die der Mon, darunter vor allem jene Bauten des Dhammazedi.

Entspannen kann man sich nicht nur in einigen der abseits des Touristentrubels liegenden Pagoden, sondern auch in einem kleinen Pavillon bei einem Wasserbecken auf dem Weg zum Palast. Am Eingang kann man Brotreste kaufen und damit die riesigen Karpfen im Wasser füttern. Das soll Glück bringen.

### Besichtigung (Hauptroute)

Die meisten Touristen fahren mit dem Auto und eigenem Fahrer nach Bago. Nach der Besichtigung der wichtigsten Tempel geht es für sie gewöhnlich weiter bis Toungoo auf dem Weg nach Mandalay. Jene, die hier mit öffentlichen Verkehrsmitteln ankommen, können die Pagoden und Tempel wahlweise mit einem Tuk Tuk, einer Rikscha oder einem Moped erkunden. Eine etwa fünfstündige Mopedtour, die am besten am frühen Morgen oder am frühen Nachmittag beginnt, kostet 10 000 Kyat. Fahrer finden sich überall, wobei die wenigsten Englisch sprechen. 15 000 Kyat kostet die Fahrt mit dem Tuk Tuk,

#### Betrugsmasche mit Eintrittspreisen

Vermehrt versuchen Mopedfahrer, ihre Kunden über den Tisch zu ziehen: Vermeintlich in der Absicht, ein Ticket zu kaufen, kassieren sie das Eintrittsgeld (S. 220), stecken es in die eigene Tasche und fahren dann nur die Plätze an, für die kein Eintritt nötig ist. Wer alle Tempel sehen will, sollte sich sein Ticket immer selber kaufen. Wird dieser Wunsch freundlich und bestimmt vorgetragen, schmollen die Mopedfahrer zwar kurz, sind dann aber meist schnell wieder freundlich und fahren alle Sehenswürdigkeiten an. Am Eingang zum Palastgelände müssen auch die Mopedfahrer einen kleinen Obolus (200 Kyat) zahlen, um auf das Gelände zu kommen. Diese Kosten kann man ihnen ggf. abnehmen.

z. B. mit Myo Min Han, ✆ 09-3120 1510, ✉ myo minhan99@gmail.com. Der freundliche Mr. Myo spricht recht gutes Englisch und steht oft nahe dem Bahnhof bei der Teestube Khao Tae San.

Die Sehenswürdigkeiten haben wir in der Reihenfolge gelistet, in der sie meist angefahren werden.

## Eintritt

An vier Sehenswürdigkeiten, den vier Buddhas von Kyaikpun, der Shwethalyaung-Pagode, der Shwemawdaw-Pagode und der Palastanlage befinden sich **Ticketschalter**. Hier müssen pauschal 10 000 Kyat Eintritt gezahlt werden. Das Ticket gilt für alle vier Sehenswürdigkeiten, auch wenn man nur eine einzige besucht. Alle anderen Tempel und Pagoden können kostenlos besichtigt werden. Kontrolliert wird meist zwischen 9 und 16 Uhr, davor und danach ist der Eintritt frei.

### Die vier Buddhas von Kyaikpun

Wer von Yangon nach Bago fährt, wird etwa 4 km vor dem Stadtkern auf der linken Seite vier sitzende Buddhas sehen. Der 30 m hohe Turm, an dem Rücken an Rücken sitzende Buddhas in die vier Himmelsrichtungen blicken, wurde 1476 von König Dhammazedi errichtet. Nach Norden blickt Gautama, der historische Buddha. Die drei anderen Buddhas sind seine Vorgänger. Konagamana schaut nach Süden, Kakusandha nach Osten und Kassapa nach Westen. Alle Buddhas wurden im Laufe der letzten Jahre restauriert. Weiße Haut, rote Lippen und in der Sonne glitzernde, mit Spiegeln versehene Fingernägel – so schön zurechtgemacht, blicken die vier ins Land und warten auf den kommenden Buddha. Eintritt s. Kasten, Fotogebühr 300 Kyat, Video 500 Kyat.

### Shwethalyaung-Pagode

Der Shwethalyaung-Buddha gilt als der schönste liegende Buddha des Landes. Er ist über 50 m lang, 16 m hoch und zeigt Buddha im Augenblick seines Todes, dem Moment, in dem er ins Nirvana eintritt. Buddha ruht auf Kissen, auf denen Szenen aus seinem Leben dargestellt sind.

An der Rückseite des Buddhas erzählen Zeichnungen mit englischen und birmanischen Erklärungen die Geschichte der Pagode: Einst, in der wilden, vorbuddhistischen Zeit, schickte König Migadeikpa seinen Sohn in den Wald, um etwas zu jagen, was den Göttern geopfert werden könnte. Der Prinz verliebte sich unterwegs in eine junge Mon-Dame, die eine Anhängerin Buddhas war. Sie folgte ihm in den Palast, unter der Bedingung, ihre Religion weiterhin ausüben zu dürfen. Eine Intrige von Hofbeamten brachte den König dazu, die Prinzessin den heidnischen Göttern opfern zu wollen. Die Prinzessin konnte jedoch durch Gebete die Statue eines grausamen Gottes zerstören, was dem König eine „Heiden"-Angst einjagte: Er wurde selbst zum Anhänger Buddhas, ließ überall Buddhastatuen aufstellen und beendete 994 den Bau der Shewthalyaung-Pagode.

Im 15. Jh. ließ Dhammazedi die Statue restaurieren. Danach geriet sie etwas in Vergessenheit. 1881 wurde sie beim Bau der Eisenbahn wiederentdeckt und mit der schützenden Dachkonstruktion versehen.

Die Pagode gehört seit vielen Jahren zu den bei Touristen beliebtesten Sehenswürdigkeiten. Am Aufgang bieten Souvenirhändler Holzschnitzereien, Kästchen aus duftendem Sandelholz und andere kunsthandwerkliche Produkte zum Kauf. Oben in der Halle ist eine Foto-/Videogebühr von 300/500 Kyat zu zahlen sowie das Eintrittsticket vorzuweisen oder zu kaufen (s. Kasten). Mit Studentenausweis kann der Buddha umsonst besucht werden. Die Fotogebühr halbiert sich dann.

### Mahazedi-Pagode

Die weiß getünchte Pagode befindet sich westlich der Shwethalyaung-Pagode. Ihr Name bedeutet „großer Stupa". Die erste Version der Pagode wurde 1560 von König Bayinnaung errichtet. Bereits vier Jahre später zerstörte ein Erdbeben das Heiligtum. Nur wenige Jahrzehnte danach muss ein Wiederaufbau erfolgt sein, denn es heißt, der Portugiese de Brito habe 1601 die Edelsteine des neuen *hti* gestohlen.

Ein weiteres Mal soll die Pagode 1757 bei der Eroberung Bagos durch Alaungpaya, den Begründer der Konbaung-Dynastie, zerstört worden sein. Bis zum letzten großen Erdbeben 1930 gelang keine wirkliche Rekonstruktion der Ruine. Erst in den 1980er-Jahren erfolgte der Bau der heutigen Pagode. 1982 wurde der neue *hti* aufgerichtet, dessen Spitze mittlerweile vergoldet ist. Der steile anstrengende Aufgang zum hohen Stupa ist nur Männern gestattet. Frauen können sich derweil den kleinen Tempel im hinteren Bereich ansehen – außen im Bagan-Stil aus Sandstein erbaut und innen wunderschön vergoldet. Zahlreiche Buddhafiguren wachen in kleinen Nischen. Hierher kommen vornehmlich weibliche Gläubige zum Gebet.

### Shwegugale-Pagode

Ein Nachfolger Dhammazedis, König Byinna Ran (reg. 1492–1526), baute 1494 die Shwegugale-Pagode. Der Zentralstupa ist innen durch einen Wandelgang begehbar. In dem halbdunklen Gewölbe sitzen 64 Buddhafiguren. Ein Schrein auf dem Gelände beherbergt u. a. zwei Mönchsfiguren mit skurril wirkenden Brillen. Zwei Glockenträger-Figuren mit traditionellen Tattoos haben ein Handy im Longyi stecken. Im Garten befindet sich zudem ein Buddhagarten mit der Darstellung zahlreicher Mudras.

### Mya Tharlyaung (Liegender Buddha) und Le Myana (Four Faces)

Der wunderschöne liegende Buddha Mya Tharlyaung wurde Ende 2006 fertiggestellt. Sanft lächelt er den Besucher an, und da er bisher noch kein Dach über dem Kopf hat, kommt seine Gestalt besonders gut zur Geltung. Die Figur ist etwa 90 m lang und 21 m hoch. Leider lässt er sich nur schwer fotografisch in Szene setzen, da sein Gesicht von der Sonne abgewendet ist. Schräg gegenüber dem liegenden Buddha, stehen vier Buddhafiguren (Le Myana), die in alle vier Himmelsrichtungen blicken, um nach dem zukünftigen Buddha Ausschau zu halten. Auf dem Gelände befindet sich zudem ein kleiner Buddhagarten.

### Maha Kalyani Sima

König Dhammazedi schuf diesen *thein* (Ordinationshalle) 1476, um den zersplitterten Mönchsorden *(sangha)* zu vereinen, oder vielleicht auch, um den Orden unter seine königliche Kontrolle zu bringen. Dies war die erste von 397 Hallen, die er zu diesem Zweck im ganzen Land erbauen ließ.

Am Eingang steht ein türkis verspiegelter Schrein mit einem großen Buddha. Die Ordina-



Ruhig und gelassen warten die vier Buddhas von Kyaikpun auf den zukünftigen Buddha.

© M. MARKAND

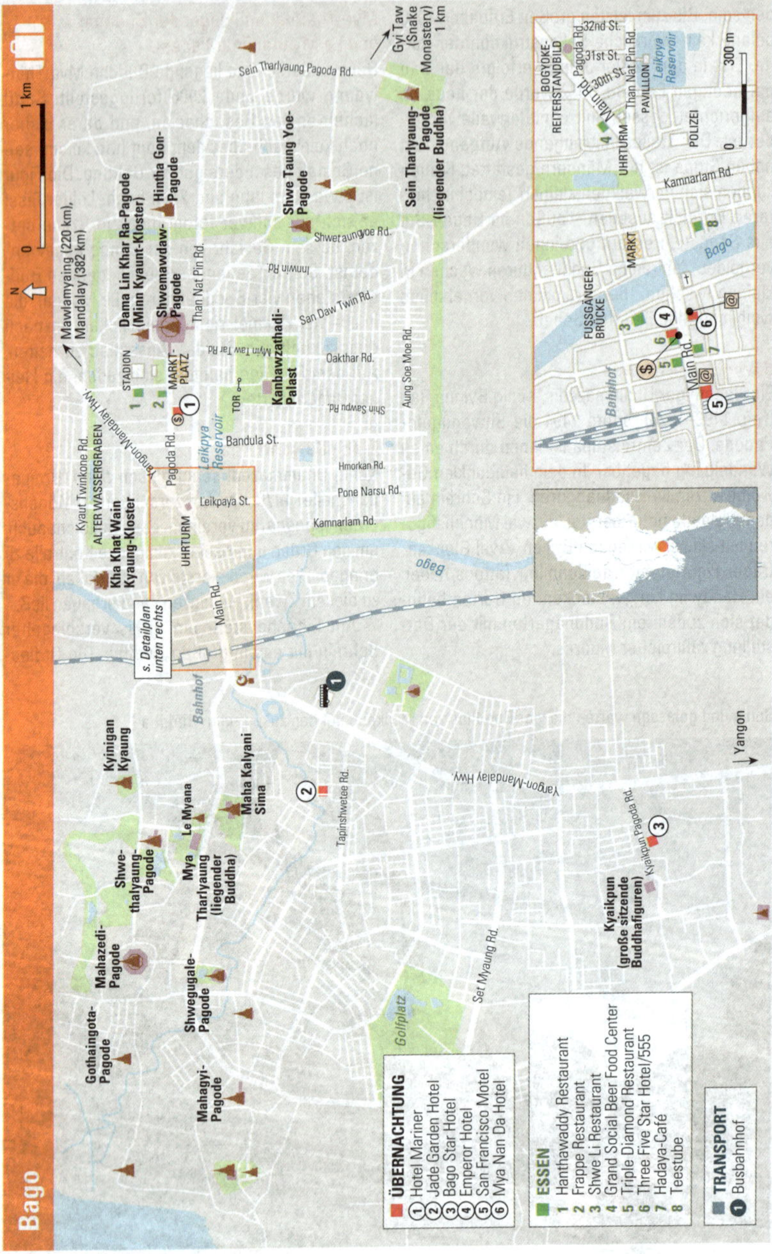
Bago
0
1 km
N
Mawlamyaing (220 km), Mandalay (382 km)
Gyi Taw (Snake Monastery) 1 km
Yangon-Mandalay Hwy.
Kyaut Twinkone Rd.
ALTER WASSERGRABEN
Kha Khat Wain Kyaung-Kloster
Dama Lin Khar Ra-Pagode (Minn Kyaunt-Kloster)
Shwemawdaw-Pagode
Hintha Gon-Pagode
STADION
MARKT-PLATZ
Than Nat Pin Rd.
Pagoda Rd.
Leikpya Reservoir
Leikpaya St.
UHRTURM
Main Rd.
s. Detailplan unten rechts
Bahnhof
Bandula St.
TOR
Myin Taw Tar Rd.
Kanbawzathadi-Palast
Shwe Taung Yoe-Pagode
Shwetaungyoe Rd.
Sein Tharlyaung Pagoda Rd.
Sein Tharlyaung-Pagode (liegender Buddha)
Innwin Rd.
San Daw Twin Rd.
Oakthar Rd.
Shin Sawpu Rd.
Aung Soe Moe Rd.
Hmorkan Rd.
Pone Narsu Rd.
Kamnarlam Rd.
Bago
Kyinigan Kyaung
Maha Kalyani Sima
Le Myana
Mya Tharlyaung (liegender Buddha)
Shwe-thalyaung-Pagode
Mahazedi-Pagode
Shwegugale-Pagode
Gothaingota-Pagode
Mahagyi-Pagode
Tapinshwetee Rd.
Yangon
Kyaikpun Pagoda Rd.
Kyaikpun (große sitzende Buddhafiguren)
Set Myaung Rd.
Golfplatz
BOGYOKE-REITERSTANDBILD
32nd St.
31st St.
30th St.
PAVILLON
POLIZEI
300 m
FUSSGÄNGER-BRÜCKE
MARKT
ÜBERNACHTUNG
1 Hotel Mariner
2 Jade Garden Hotel
3 Bago Star Hotel
4 Emperor Hotel
5 San Francisco Motel
6 Mya Nan Da Hotel
ESSEN
1 Hanthawaddy Restaurant
2 Frappe Restaurant
3 Shwe Li Restaurant
4 Grand Social Beer Food Center
5 Triple Diamond Restaurant
6 Three Five Star Hotel/555
7 Hadaya-Café
8 Teestube
TRANSPORT
1 Busbahnhof

tionshalle darf der Legende nach nicht durch jede Tür betreten werden. Wer hinein will, sollte den Westeingang benutzen. Der Innenraum ist mit Wandgemälden und Buddhafiguren geschmückt. Kühler Marmorboden erfreut die nackten Füße. Von außen ist das Gebäude mit Reliefs versehen, die Buddha mit seinen Jüngern zeigen.

### Shwemawdaw-Pagode

Diese große Pagode liegt mitten im Stadtgebiet und ist eines der wichtigsten und belebtesten Heiligtümer Bagos. Der heutige Stupa ist von 1954 und mit 114 m der größte des Landes. Obwohl er viele Touristen und Pilger anzieht, gibt es an den Aufgängen keine Verkaufsstände. Devotionalien werden am Fuß des Ostaufgangs auf einem größeren Markt verkauft.

Der Westaufgang wird von zwei *chinthe* (mythischen Löwen) bewacht. Im Maul tragen sie eine Figur von Shin Upagote, dem Beschützer der Fischer und Seefahrer. Der Ostaufgang führt zum Hinthagon-Hügel, der von der gleichnamigen Pagode gekrönt ist.

Drei Erdbeben zerstörten die Pagode in den Jahren 1912, 1917 und 1930. Nach jedem Einsturz wurde sie ein bisschen prächtiger wieder aufgebaut. An der Ostecke des zentralen Stupas wurde ein Stück der alten Pagode in den neuen Bau integriert. 1990 wurde die Pagode erneuert und neu vergoldet.

Viele kleine *tazaung* befinden sich auf der Tempelterrasse, wo sich Mönche, Gläubige und Touristen tummeln. Eintritt s. Kasten S. 220, Fotogebühr 300 Kyat, Video 500 Kyat.

### Kha Khat Wain Kyaung

Im Kha Khat Wain Kyaung leben über Tausend Mönche. Die meisten erhalten hier eine mehrjährige Ausbildung. Viele Thais kommen zum Kloster, um während der Essensausgabe gegen 11 Uhr Mönchen Snacks und andere Präsente zu überreichen. Zu ihnen gesellen sich Busladungen von Touristen, die das Spektakel fotografieren. Vor dem Eingang stehen aufgrund der vielen spendenfreudigen Besucher zahlreiche Bettler und halten schlafende Kinder im Arm. Auf uns wirkten diese künstlich ruhiggestellt, sodass wir persönlich davon abraten, Spenden zu verteilen. Kinder fordern „shoe money" von allen, die hier ihre Schuhe abgestellt haben (unter 200 Kyat sind sie meist nicht zufrieden). Generell ist die „Mönchspeisung" ein sehr seltsames Erlebnis und nicht jedermanns Sache.

### Der weibliche Büffelgeist

Ein Nat-Schrein auf dem Gelände der Shwemawdaw-Pagode zeigt den weiblichen Schutz-Nat von Bago; erkennbar an der schwarzen Kleidung und dem Wasserbüffelschädel. Der Legende nach war die Bago Maedaw eine Wasserbüffelkuh, die ein ausgesetztes Kind fand und es liebevoll großzog. Als sich das Kind als Prinz entpuppte und an den Hof zurückkehrte, suchte die Kuh ihr Junges. Auf ihrer verzweifelten Suche zerstörte sie zahlreiche Felder. Auf Befehl des Königs tötete der Prinz seine Ziehmutter. Er erkannte seinen Fehler zu spät, woraufhin er die tote Wasserbüffelkuh mit allen Ehren beerdigen ließ. Seither wird die Bago Maedaw als die Königsmutter von Bago verehrt.

### Palastanlage

Auf dem Platz der ursprünglichen Mon-Stadt ließ König Bayinnaung 1566 eine Palastanlage bauen, die bereits 33 Jahre später wieder zerstört wurde und deren Grundmauern erst 1990 von Archäologen freigelegt wurden. Heute ist der **Kanbawzathadi-Palast** zum Teil wieder aufgebaut, um jenem König zu huldigen, unter dessen Herrschaft Birma die größte Ausdehnung in Südostasien verzeichnen konnte. Auf den alten Grundmauern sind die Audienz- und die Thronhalle neu entstanden und glänzen golden. Der Moderne Rechnung tragend, wurde nicht nur Holz, sondern auch Beton und Glas zum Bau verwendet. Trotz der imposanten, rekonstruierten Bauten lässt sich die einstige Pracht nur erahnen; ursprünglich maß die Anlage 1,8 km an jeder Seite. ⌚ 9–16 Uhr, Eintritt s. Kasten S. 220.

### Gyi Taw (Snake Monastry)

In diesem Kloster wartet eine Attraktion der besonderen Art: Eine riesige, etwa 40 Jahre alte und knapp 6 m lange Python wird hier als Reinkarnation Buddhas verehrt. Mal liegt sie ge-

Die Dama Lin Khar Ra-Pagode bietet als Kloster vielen Mönchen eine Heimat.

lassen in einer Ecke ihres Raumes zusammengerollt, sodass Gläubige sie anfassen können (dies ist jedoch aufgrund der stetig steigenden Besucherzahlen nicht mehr erwünscht). Mal schlängelt sie sich etwas nervös ob der vielen Zuschauer an einem Wasserbecken entlang. Man kann über ein paar Stufen zu einer Pagode mit einer Buddhafigur und beschützender Schlange hochsteigen und hat von dort einen sehr schönen Blick auf die Umgebung mit einem Mon-Dorf.

## Weitere Sehenswürdigkeiten

Die folgenden Pagoden liegen nicht auf der Hauptroute und werden selten angefahren. Wer sie besuchen will, sollte dies frühzeitig mit dem Fahrer klären. Leider stimmen einige Fahrer zwar zu, dorthin zu fahren, bedienen aber dann doch nur die Standardroute.

### Dama Lin Khar Ra-Pagode (Minn Kyaunt-Kloster)

Ein paar Meter hinter der Shwemawdaw-Pagode befindet sich diese etwa 500 Jahre alte Pagode, die noch heute als Kloster dient. Am Tor erwarten zwei große Elefanten den Besucher. Die Halle des Klosters ist wunderschön gestaltet, Teakholzsäulen und Türen sind reich verziert und mit Gold und leuchtendem Rot bemalt. Zahlreiche kleine und große Buddhas stehen auf der rechten Seite der Halle, frontal zum Eingang sind weitere (aus Thailand stammende) Buddhas aufgereiht. In kleinen Seitenräumen auf der linken Seite stehen weibliche Gottheiten und Nats. Draußen, linker Hand der Halle, vorbei an alten Meditationskammern (eine beklemmende Vorstellung, dort länger zu verweilen), kann man auf einer Treppe nach oben steigen. Dort erwartet Besucher neben verfallenen Räumen ein riesiger Buddhakopf und ein schöner Blick auf die nahe gelegene Shwemawdaw-Pagode. Rechts der Haupthalle befindet sich in einem Nebengebäude ein großer Buddha, der aus Thailand stammt und dem Kloster gestiftet wurde. Sollte die Tür zum Kloster verschlossen sein, findet sich immer jemand, der Interessierten öffnet. Es wird eine Spende erbeten.

### Hintha Gon-Pagode

Die Pagode liegt auf einer Anhöhe und bietet von oben einen schönen Blick auf die Stadt. Am Aufgang werden Devotionalien verkauft. In der

Halle sitzt Buddha in einem goldenen Schrein, um den herum viele weitere Buddhas gruppiert sind. Vor der zentralen Buddhafigur ist noch einmal die Legende dargestellt: die beiden Vögel, aufeinander rastend. Auf diesem Hügel sollen sie einst gelandet sein. Dieselben Darstellungen finden sich auch auf den Stelen. Reisegruppen werden hier mit Gesang, Musik und Folklore bedacht. Fotogebühr 300 Kyat, Video 500 Kyat.

### Gothaingota-Pagode

Nach einem kurzen Aufstieg über die Tempeltreppe wähnt sich der Besucher in einem Buddhagarten (unter diesem Namen ist der Platz auch einigen Hotelinhabern und Rikschafahrern bekannt). Pferde, Schildkröten, Nagas, Enten, Elefanten und Fabelwesen tragen goldene und weiße Stupas. Eine beeindruckende Skulptur, die von einem kleinen Teich umgeben ist, zeigt zwei mächtige Nagas, mythische Drachen-Schlangen, die sich drohend und schützend zugleich über Buddha aufrichten. Die Hauptpagode wurde neu getüncht und in drei Schreinen finden sich golden glänzende Buddhas.

### Mahagyi-Pagode

Über dem schattigen Pagodengelände liegt ein Hauch von Verfall. Der Hauptstupa ist terrassenförmig angelegt und mit kleineren Stupas geschmückt. Kinder schwärmen durch die wenig gepflegte und selten besuchte Anlage – neugierig und Englisch übend. An den Ecken und in der Mitte sitzen auf halber Höhe *hinthas*, die mythischen Gänse. Mönchsfiguren marschieren auf der rechten Seite des Stupas in einer Fünferreihe.

### Sein Tharlyaung-Pagode (Liegender Buddha)

Ein weiterer großer liegender Buddha befindet sich östlich des Palastes. Auf dem Gelände gibt es einen alten verfallenen Stupa, eine schöne Darstellung Buddhas und einen kleinen Pavillon auf dem Wasser.

## ÜBERNACHTUNG

Die Nächte in der Stadt sind relativ laut, da die Hotels an der Hauptstraße liegen und der Verkehr auch nachts nicht stillsteht. Da oft der Strom ausfällt, sollte man abends seine Taschenlampe nicht vergessen.

**Bago Star Hotel**, 11-21 Kyaikpon Pagoda Rd., ✆ 052-30066, 01-535563, www.bagostarhotel.googlepages.com, [5311]. 30 Holzhäuser im Bungalowstil, die direkt an der Auffahrt zu den vier sitzenden Buddhas aufgereiht sind, alle mit AC und Warmwasser. Sauber, aber teils etwas muffig, da man die Fenster nicht öffnen kann. Das Plus ist der Pool. Fahrradverleih (3000 Kyat/Tag). ❹

**Emperor Hotel**, Main Rd., ✆ 052-23024, [7934]. Einfaches Low-Budget-Haus. Bezahlt wird pro Person (US$10). Recht neue einfache Matratzen. Die Bäder könnten mal renoviert werden. Alle Zimmer mit AC, einige haben einen schönen Ausblick. Auch auf der Dachterrasse im 4. Stock sitzt man gemütlich und blickt auf Bago. Kein Frühstück. „Check out any time." ❷

**Hotel Mariner**, 330 Shwe Maw Daw Pagoda Rd., ✆ 052-201034, ✉ hotelmariner@hotmail.com, [9826]. Zentral an der Shwemawdaw-Pagode gelegenes Haus mit einladenden Zimmern. Neben der klassischen Hotelausstattung wie Flachbild-TV und Minibar punktet dieses Haus vor allem mit der aus einigen Zimmern spektakulären Sicht auf die Pagode. Nicht nur nachts ein besonderes Erlebnis. ❹

**Jade Garden Hotel**, 364 Bogyoke Aung San Rd., ✆ 052-30570, [7935]. Ruhig gelegen, etwas abseits des Trubels. 28 Zimmer verschiedener Kategorien: alle mit AC, TV und Kühlschrank, wahlweise mit Kalt- oder auch Warmwasser. Familienzimmer mit Sitzecke. 8 Zimmer im modernen Bau im rückwärtig gelegenen Teil der Anlage. Restaurant. ❷–❸

**Mya Nan Da Hotel**, 10 Main Rd., ✆ 052-22275, [5312]. Einfaches, alteingesessenes Hotel mit kleinen, relativ sauberen Zimmern. Die Fassade ist wesentlich heruntergekommener als die Zimmer. Bad mit Warmwasser. Die Einzelzimmer haben allerdings Gefängnis-zellen-Charakter. Alle Zimmer mit kleiner AC. Frühstück (Toast und Ei). ❷

€ **San Francisco Motel**, 14 Main Rd., ✆ 052-22265, [5314]. Kurz vor der Betonbrücke Richtung Yangon. 6 einfache, saubere

NÖRDLICH VON YANGON

Zimmer, meist mit Ventilator, einige mit AC. 5 Zimmer bieten einen Balkon (nach vorne zur Straße recht laut, aber es gibt viel zu sehen). WLAN in der Lobby. Fahrradverleih für 2000 Kyat/Tag. ❷

## ESSEN

Bago bietet eine kleine Auswahl an Lokalen, in denen die chinesische Küche dominiert. Zum Frühstück eignet sich die **Teestube** direkt am Fluss. Auf der großen Veranda lässt sich zu den süßen Leckereien nicht nur der schöne Blick aufs Wasser genießen: Wer in der Frühe zwischen 6 und 7 Uhr hier einkehrt, kann die Mönchsprozession auf der Brücke beobachten.

**Frappe**, Pagoda Rd., Ecke Hintha St. In dem großen Restaurant mit teils gemütlichen Korbstühlen, teils unbequemen Metallbänken trifft sich Tourist und Einheimischer. Es gibt zahlreiche Gerichte auf der Speisekarte. Fried Rice und Fried Noodles und all die anderen üblichen Verdächtigen.

**Grand Social Beer Food Center**, an der Hauptstraße hinter der Flussbrücke. Neben chinesischer Küche und gezapftem Bier zum Abendessen Karaoke auf einer großen Bühne.

**Hadaya Café**, neben dem Gästehaus Mya Nanda. Der Tee in der beliebten Teestube ist sehr schmackhaft und auch die süßen Snacks sind lecker. Morgens gute *mohinga*. ⌚ 3–22 Uhr.

**Hanthawaddy Restaurant**, 192 Hintha St. ✆ 052-201 647, [7939]. „Fine Dining" à la Bago: In einem alten Holzhaus auf zwei Ebenen untergebrachtes Restaurant. Besonders schön sitzt man auf der großen Terrasse im 1. Stock mit Blick auf die Shwemawdaw-Pagode. Chinesisch-thailändisches Essen zu etwas gehobenen Preisen (ca. 2500–7000 Kyat).

**Shwe Li Restaurant**, am Fluss, 194 Strand St., ✆ 052-22213. Wird von Einheimischen als gut und günstig empfohlen. Die Speisekarte ist chinesisch geprägt. Lecker das Chicken-Curry.

**Three Five Star Hotel**, 10 Main Rd., ✆ 052-1022 223. Obwohl der Name das Lokal als Hotel ausweist, ist es ein Restaurant, auch unter dem Namen **555** bekannt. Die Speisekarte bietet Abenteuerliches wie gebratene Ziegenhoden, aber auch Leckeres aus der chinesischen Reis- und Nudeltradition. Dazu gibt es Bier vom Fass. Oft gutes WLAN.

**Triple Diamond Restaurant**, neben dem 555. Die üblichen Fried-Rice-, Nudel- und Süß-Sauer-Gerichte. Gut und günstig, große Portionen.

## SONSTIGES

Die **CB Bank** neben dem Emperor Hotel wechselt Dollarnoten zu Tageskursen. ⌚ Mo–Fr 9.30–15.30 Uhr. Hier gibt es Western Union Service und einen Geldautomaten. Ein weiterer ATM z. B. neben dem Hotel Mariner.

## NAHVERKEHR

**Trishaws** und **Mopedtaxis** bieten Touristen ihre Dienste an. Daneben verkehren in Bago **Pick-ups**: Fahrpreis Innenstadt bis Busbahnhof 100 Kyat. Wer mit **Fahrrad** auf Tour gehen will, fragt in seinem Gästehaus nach. Räder kosten etwa 3000 Kyat/Tag.

## TRANSPORT

Bago liegt nur etwa 80 km von Yangon entfernt. Der Ort eignet sich sowohl als Tagesausflugsziel als auch als Zwischenstopp auf der Strecke Mandalay–Yangon, zum goldenen Felsen von Kyaiktiyo und Mawlamyaing (Moulmein).

### Auto und Taxi

Mit dem Taxi oder Mietwagen ist Bago besonders gut zu erreichen, die Fahrt von YANGON dauert etwa 1 1/2 Std. Wagen mit Fahrer kosten von Yangon aus etwa 50 000 Kyat, um 100 000 Kyat für den ganzen Tag inkl. Rundfahrt zu den Sehenswürdigkeiten (ca. 7–17 Uhr). Die Rückfahrt nach Yangon mit einem Taxi, das ansonsten leer zurückfahren würde, ist oft ab 30 000 Kyat zu haben. Vom Flughafen in Yangon kostet die Fahrt 30 000 Kyat.

Ab Bago verlangt ein Taxi zum GOLDEN ROCK ab 70 000 Kyat (hin und zurück). Hartgesottene Zweiradfreunde können für diese Strecke

auch einen Mopedtaxifahrer engagieren (20 000–25 000 Kyat).
Wer mit Wagen und Fahrer unterwegs ist und plant, in TOUNGOO zu übernachten, darf an den Tempeln nicht zu lange verweilen, da er sonst erst sehr spät abends an seinem Zielort eintrifft.

### Pick-ups

Pick-ups von Bago fahren zwischen 4 und 21 Uhr, wenn sie voll sind, für 2000 Kyat nach YANGON, Haltepunkt vor der Eisenbahnbrücke am Triple Diamond Restaurant. Besonders an Sonn- und Feiertagen sind sowohl Pick-ups als auch Busse voll, da viele Birmanen einen Ausflug nach Bago unternehmen.
Pick-ups von Bago nach KYAIKTYO erreichen den goldenen Felsen nach rund 5 Std. und verlangen etwa 3000 Kyat. Sie stehen ab 4 Uhr bis etwa 9 Uhr vor dem Hadaya Café.

### Busse

Bustickets können am **Busbahnhof** erstanden werden oder auch zuverlässig inkl. Platzreservierung im Hadaya Café bzw. gegenüber am kleinen Ticketschalter neben dem 555 Restaurant bei der freundlichen Mrs. Mimi.
KINPUN (Basislager am Goldenen Felsen), stdl. zwischen 7 und 17 Uhr, 7000 Kyat (nur in der Hauptsaison), ca. 3 1/2 Std.
KYAIKTHO, um 7 und 8 Uhr, 7000 Kyat, ca. 3 Std.
MANDALAY, um 18.30, 19.30 und 20.30 Uhr, 15 000 Kyat, ca. 10 Std.
MAWLAMYAING, um 7 und 8 Uhr, 10 000 Kyat, ca. 7 Std.
NAY PYI TAW, um 5, 7 und 11.30 Uhr, 9000 Kyat, ca. 5 Std.
PYAY, um 6 und 17 Uhr, 8000 Kayt, 8 Std.
PYIN U LWIN, um 18.30, 17 000 Kyat, ca. 10 Std.
SHWENYAUNG (für INLE-SEE), um 6.30, 15 000 Kyat, 12 Std. (Weiterfahrt von der Shwenyaung Junction bis Nyaungshwe am Inle-See mit dem Taxi für bis zu 8000 Kyat).
TOUNGOO, etwa stdl. zwischen 6 und 21 Uhr, 4500–6000 Kyat, ca. 6 Std.
YANGON, im Dreiviertelstunden-Takt von 6–17.15 Uhr, 1000 Kyat, 1 1/2 Std. bis Pyay Rd., etwa Höhe Airport, weiter bis Sule-Pagode für insgesamt 1300 Kyat (keine Platzreservierung).
Alle **Tickets** sollten am Tag vor der Reise gebucht werden.

### Eisenbahn

Bago ist ein Zwischenstopp auf den Strecken Yangon–Mandalay und Yangon–Mawlamyaing. Es ist schwierig, spontan Zugtickets zu bekommen, denn meist ist alles bereits ab Yangon ausgebucht. Tickets daher am besten einen Tag vorher um 16 Uhr am Bahnhof kaufen.
Der Fahrplan für Ziele entlang dieser Strecken sowie Preise und Fahrtdauer s. S. 189 (Yangon Transport).
Nach YANGON u. a. um 15.23 Uhr (32dn), 15.36 Uhr (90dn) und 18.59 Uhr (12dn) in knapp 2 Std. für 600–1200 Kyat.

## Toungoo

Toungoo war einmal eine königliche Hauptstadt, wovon allerdings nicht mehr viel zu sehen ist. Die Stadt erlebte ihre Blütezeit im 15. und 16. Jh. Heute erstreckt sie sich einige Kilometer entlang der Straße Yangon–Mandalay. Reste der Stadtmauern stehen noch und sind neben einigen Pagoden die einzigen Zeugen der goldenen Zeit dieser Stadt.

Das Leben hier ist ruhig, die Menschen sind freundlich, und in einigen Gästehäusern lässt es sich ein paar Tage aushalten. Bei den Birmanen ist Toungoo vor allem wegen seiner Arecapalmen berühmt. Deren Frucht, die Betelnuss, wird im ganzen Land gekaut. Außerdem ist Toungoo ein wichtiger Umschlagplatz für Teakholz aus dem Bago Yoma und dem Kayin-Staat.

Ein ganz besonderes Erlebnis ist der Besuch im **Elefantencamp**. Es gibt ein reines Tourismusprojekt und ein richtiges Arbeitscamp. Letzteres ist Loose-Lesern (und uns) besonders erlebnisreich in Erinnerung (S. 231, Bago Yoma).

### Sehenswürdigkeiten

Einige Reste der **Stadtmauer** sind noch zu erkennen. Sie soll ursprünglich etwa 6 m hoch und 2,50 m breit gewesen sein und wurde von

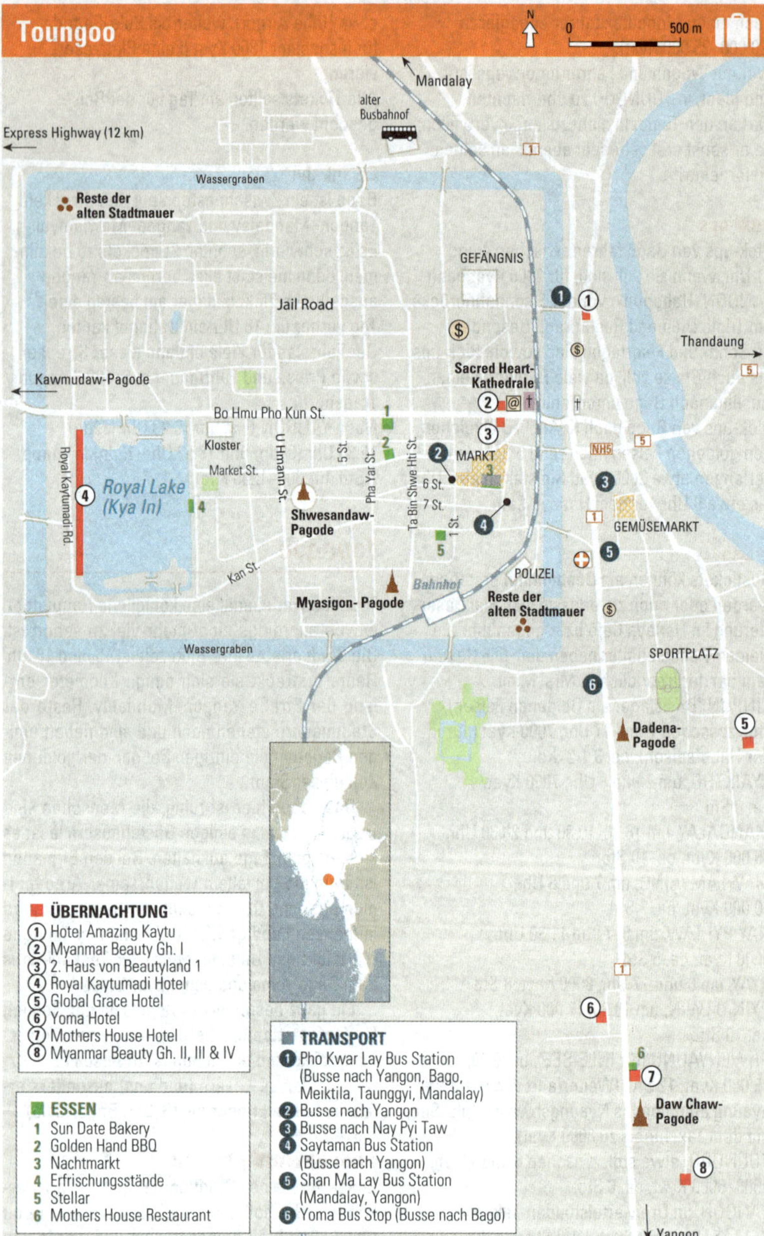
Toungoo
N
0
500 m
Mandalay
alter Busbahnof
Express Highway (12 km)
1
Wassergraben
Reste der alten Stadtmauer
GEFÄNGNIS
Jail Road
Thandaung
5
Sacred Heart-Kathedrale
Kawmudaw-Pagode
Bo Hmu Pho Kun St.
Kloster
Market St.
U Hmann St.
5 St.
Pha Yar St.
Ta Bin Shwe Hti St.
MARKT
6 St.
7 St.
1 St.
NH5
GEMÜSEMARKT
Royal Kaytumadi Rd.
Royal Lake (Kya In)
Shwesandaw-Pagode
Kan St.
Bahnhof
POLIZEI
Myasigon- Pagode
Reste der alten Stadtmauer
Wassergraben
SPORTPLATZ
Dadena-Pagode
Daw Chaw-Pagode
Yangon
ÜBERNACHTUNG
1 Hotel Amazing Kaytu
2 Myanmar Beauty Gh. I
3 2. Haus von Beautyland 1
4 Royal Kaytumadi Hotel
5 Global Grace Hotel
6 Yoma Hotel
7 Mothers House Hotel
8 Myanmar Beauty Gh. II, III & IV
ESSEN
1 Sun Date Bakery
2 Golden Hand BBQ
3 Nachtmarkt
4 Erfrischungsstände
5 Stellar
6 Mothers House Restaurant
TRANSPORT
1 Pho Kwar Lay Bus Station (Busse nach Yangon, Bago, Meiktila, Taunggyi, Mandalay)
2 Busse nach Yangon
3 Busse nach Nay Pyi Taw
4 Saytaman Bus Station (Busse nach Yangon)
5 Shan Ma Lay Bus Station (Mandalay, Yangon)
6 Yoma Bus Stop (Busse nach Bago)

mehreren Stadttoren durchbrochen. Der natürliche See **Kya In** (Lotus-See) wurde über die Jahre vergrößert. Er wird auch Lay Kyaung Kandawgyi, königlicher See, genannt. Auf dem See sind vier kleine Inseln entstanden, die Sabe (Jasmin), Nga pyaw (Banane), Oun (Kokosnuss) und Leinmaw (Orange) heißen. Auf ihnen stehen Pavillons, die früher einmal zum Palast gehörten. Dank einiger Stege sind die Inseln zu Fuß erreichbar.

Die beiden wichtigsten Pagoden der Stadt stehen im Zentrum. Die bedeutendste Pilgerstätte ist die **Shwesandaw-Pagode**, in deren Vorgängerin der Legende nach einmal eine Haarreliquie Buddhas aufbewahrt wurde. Über den Resten der alten Pagode wurde 1597 der heutige Stupa errichtet. Der 3,60 m große sitzende Buddha wurde von einem Mann gestiftet, der sein Gewicht in Bronze aufwiegen ließ. Als er drei Jahre später verstarb, wurde seine Asche hinter der Statue beigesetzt. In einem *tazaung* finden sich Statuen der sieben Könige von Toungoo, die bildlich auch in der nahe gelegenen **Myasigon-Pagode** anwesend sind. Die Myasigon-Pagode beherbergt zwei Bronzefiguren, die 1901 von einem Deutschen namens Jürgen hierher gebracht wurden. Jürgen heiratete eine birmanische Frau und stiftete die vermutlich aus China stammenden Figuren der Pagode.

Bei der **Kawmudaw-Pagode** markiert ein verspiegelter Pfeiler jene Stelle, von der die Könige einst auszogen, um ihre Feinde zu bekämpfen. Noch heute pilgern Gläubige hierher, die sich Erfolg für ein besonderes Projekt erhoffen. Diese älteste Pagode Toungoos ist über die Straße westlich des Sees zu erreichen.

Die **Daw Chaw-Pagode**, nahe den Gästehäusern Myanmar Beauty Land II, III und IV an der Hauptstraße rechts Richtung Mandalay, erstrahlt nachts wie ein kleines Märchenschloss. *Chinthes* bewachen den Eingang zu der fragil gebauten Pagode mit einem kleinen goldenen *hti*. Sie beherbergt auf geschnitzten Altären acht sitzende Buddhas.

Ein paar Meter weiter Richtung Downtown steht die **Dadena-Pagode**, eine Versammlungshalle, die nur bei Besuchen ranghoher Mönche zum Einsatz kommt. Ansonsten lebt und arbeitet hier niemand.

## ÜBERNACHTUNG

**Global Grace Hotel**, 20 Mingalar Rd., Ecke Setchin Rd., ✆ 054-26167, 💻 www.globalgracehoteltoungoo.com, [7950]. In einer ruhigen Seitenstraße. Große saubere Zimmer im 2-stöckigen Haus mit Säulengang. AC, TV, Kühlschrank. Das Bad braucht einen Anstrich. Schöner sind die 4 Holzbungalows mit Terrasse. ❸–❹

**Hotel Amazing Kaytu**, 8 Ohtkyauttan, ✆/📠 054-23977, 💻 www.amazing-hotel.com, [7947]. In einer kleinen Seitenstraße nahe der Hauptstraße gelegen. Der Stadtkern ist zu Fuß in etwa 20 Min. zu erreichen. Das Hotel wird vor allem von Reisegruppen frequentiert und ist daher in der Saison, z. B. um Weihnachten, oft ausgebucht. Die Zimmer sind recht einfach, aber sauber und ordentlich, haben TV, AC, Kühlschrank und Bad. ❸

**Mothers House Hotel**, 501-502 Yangon–Mandalay Highway, ✆ 054-24240, ✉ mhh@baganmail.net.mm, [7949]. Saubere große Zimmer, alle mit Doppelbett und Extra-Bett, TV, Kühlschrank und AC in Bungalows im von der Straße zurückversetzten Bereich. Große Bäder. Gutes Restaurant (s. Essen). ❹

**Myanmar Beauty Gh. I**, 7/134 Bo Hmu Po Kun Rd., ✆ 054-25071, ✉ myanmarbeautyhotel@gmail.com, [7948]. Nahe dem Markt gelegenes Holzhaus mit einfachen, großen Zimmern. Economy mit Ventilator, Standard mit AC und TV, Superior in einem neueren Haus auf der anderen Straßenseite mit weit mehr Komfort. Alle Zimmer mit Bad. Ohne Frühstück. Eher zweite Wahl, aber mitten im Geschehen. ❷–❸

**Myanmar Beauty Gh. II–IV**, 801 Pauk Hla Gyi Rd., ✆ 054-25073, 💻 www.myanmarbeautyhotel.com, [5317]. Diese drei Häuser gehören derselben Arztfamilie wie das gleichnamige Haus beim Markt und liegen im Min Gyi Nyo Quarter am südlichen Ortsrand. Die drei schönen, gut instand gehaltenen Holzhäuser liegen direkt an den Reisfeldern und sind ein guter Ort zum Entspannen. Das ausgezeichnete und reichhaltige Frühstück aus birmanischen Spezialitäten und Obst der Saison ist das besondere Plus. Die Zimmer in den drei Holzhäusern sind sauber und geschmackvoll eingerichtet, alle haben ein eigenes Bad. Haus Nr. IV (Superior-AC-Zimmer) hat den schönsten Blick auf die Reisfelder. Die einfachsten Zimmer (Economy) und die etwas teureren Standardzimmer (bessere Matratzen) sind aber auch eine gute Wahl. Fahrräder 1500 Kyat/Tag. Der Inhaber Dr. Chan Aye organisiert erlebnisreiche Touren zu einem Elefantencamp (s. Bago Yoma, S. 231). Geplant sind ein Bio-Garten, abendliche Kochkurse, ein Massageplatz und ggf. weitere Zimmer mit AC. WLAN nur im Restaurant. Hier auch den ganzen Tag bis abends gute Küche. ❷–❹

**Royal Kaytumadi Hotel**, Royal Kaytumandi St., ✆ 054-24761, 💻 www.kmahotels.com, [5318]. Wer in der Stadt wohnen und sich etwas gönnen möchte, wird hier ab US$85 glücklich. Das ansprechende Hotel im Stil einer riesigen Palastanlage mit Pagode, vielen Häusern und Statuen nimmt die gesamte Westseite des Sees ein. Restaurant, Fitnessraum, Pool, Beautybereich und geschmackvoll gestaltete Zimmer. In jedem Fall nach „lake view" fragen, denn die Kategorie allein entscheidet hier nicht, ob man diesen tollen Ausblick genießen kann. WLAN. ❺, Suiten ❽

**Yoma Hotel**, 666 Gamani St., ✆ 054-25078, [7951]. Zwei typische Häuser mit einfachen älteren Zimmern mit Holzfußboden. Die Räume sind relativ groß, bieten eine alte AC und ein Bad (muss dringend renoviert werden). Im TV auch englische Sender. Familienzimmer mit einem großen und einem kleinen Bett. Trotz der genannten Mängel eine Option. Freundliche Leute. ❷

## ESSEN

Wer im **Myanmar Beauty II–IV** wohnt, kann dort bestens essen. ⏲ 7–22 Uhr.

Auch die Gäste des **Mothers House** essen meist im gleichnamigen Restaurant am Highway. Die Speisekarte bietet eine recht große Auswahl an Nudeln und Reisgerichten. ⏲ 9–22 Uhr.

In der Stadt selbst gibt es weniger Optionen. Die **Sun Date Bakery**, Bo Hmu Po Kun Rd., verkauft neben deftigem Kuchen auch einige Reis- und Nudelgerichte. Keine Speisekarte, aber alle sind bemüht und die Verständigung klappt irgendwie. Besser englisch spricht der Betreiber des **Stellar**, eines etwas abseits gelegenen Food & Drink-Restaurants. Die umfangreiche Speisekarte ist allerdings nur in birmanischer Schrift. ⏲ 9–23 Uhr.

Im **Golden Hand BBQ**, Market St., kann man mit Einheimischen ein Bier trinken und nebenbei etwas Gegrilltes essen.

In Toungoo gibt es zahlreiche **Teestuben**, die Kekse oder andere Leckereien anbieten. Es lohnt sich, gerade in wenig touristischen Orten wie hier, einmal in einem solchen kleinen Laden Platz zu nehmen.

Auf dem **Nachtmarkt** neben dem zentralen Markt werden Chapati und andere lokale Gerichte angeboten.

## TRANSPORT

### Auto

Die meisten Reisenden, die mit einem Mietwagen von YANGON aus nach Norden unterwegs sind, machen in Toungoo ihre erste Übernachtungspause. Man kann problemlos morgens in der alten Hauptstadt aufbrechen, ein paar Tempel in BAGO besichtigen und bis nach Toungoo weiterfahren, das man dann bei Dunkelheit erreicht.

Mit dem Jeep ist eine Tour durch den Urwald bis nach PYAY möglich (S. 231, Bago Yoma).

### Busse

Einige lokale Busse nach Yangon, Mandalay und Meiktila fahren vom alten Busbahnhof ab. Die meisten Gesellschaften haben ihr Büro am Highway, wo auch die jeweiligen Busse halten.

Die Betreiber der Gästehäuser können Auskunft über die aktuellen Preise und genauen Abfahrtszeiten geben und die Tickets besorgen.

BAGO, um 5.30, 8, 9.30 und 12 Uhr, 4500 Kyat, 5 Std. Der Bus um 8 Uhr gilt als die beste Wahl.

KALAW und NYAUNG SHWE, um 18.30 Uhr, je 17 000 Kyat, 8 bzw. 10 Std.

MANDALAY, AC-Busse zwischen 18.30 und 19 Uhr, 8000 Kyat, ca. 6 Std.
MEIKTILA, mit dem Mandalay-Bus, 8000 Kyat, 5 1/2 Std. Ankunft nachts gegen 1 Uhr am Highway (4 km von der Stadt entfernt).
Die bessere Option ist der langsame Tagesbus für 4500 Kyat, der etwa 7 Std. braucht. Aktuelle Abfahrtszeiten im Guesthouse erfragen.
NAY PYI TAW, 9x tgl. zwischen 6 und 15 Uhr, 2000 Kyat, 4 Std.
YANGON, 5, 7.30, 10, 11, 12, 17, 19, 21 und 23 Uhr, 5000 Kyat, 4 Std.

### Eisenbahn

Der Bahnhof ist nicht besonders belebt. Wer nachts ankommt, sollte sich sicherheitshalber vorher um den Transport zum Hotel kümmern (abholen lassen). Hier spricht kaum jemand Englisch. Die Ticketverkäufer sind zwar bemüht und hilfsbereit, aber Auskunft zu erhalten, ist sehr schwierig. Karten bekommt man erst am Tag der Reise, etwa eine halbe Stunde vor Abfahrt. Platzreservierungen sind nicht möglich, ggf. landet man in der Holzklasse (die kostet dann aber auch sehr viel weniger).
MANDALAY, um 12.31 Uhr mit dem 11up, Ankunft um 21 Uhr, 20.59 Uhr mit dem 5up, Ankunft 5 Uhr morgens, oder um 23.25 Uhr mit dem 3up, Ankunft um 7.45 Uhr, für etwa 7000 Kyat.
THAZI, mit den Zügen nach Mandalay, am besten eignet sich der 11up um 12.31 Uhr, Ankunft in Thazi 18.15 Uhr, für 4000 Kyat.
YANGON, um 10.59 Uhr mit 32dn, Ankunft 17 Uhr, oder um 14.51 Uhr mit dem 12dn, Ankunft 21 Uhr, für 5000 Kyat.

### Flüge

Ein Flughafen in der Nähe von Bago ist in Planung; die Eröffnung wird für 2017 anvisiert.

## Bago Yoma

Nahe Toungoo, etwa 200 km von Yangon entfernt, befindet sich im Bago Yoma-Gebirge der **Ye Sein Bago Yoma-Nationalpark**. Hier befinden sich zwei Elefantencamps, die besucht werden können. Während sich das eine Camp ausschließlich an Touristen wendet und die Elefanten nur noch „arbeiten", wenn Zuschauer da sind, ist das zweite Camp noch in Betrieb.

Oft wird Touristen der Besuch des Elefantencamps Pho Kyar Forest Resort angeboten. Hier gibt es Shows und Unterkunft. Unserer Ansicht nach ist es nicht sehenswert. Ein authentisches Erlebnis hingegen ist das **Bago Yoma Elephant Camp**, in dem die Elefanten noch hart im Wald arbeiten. Obwohl die Zahl der geschlagenen Bäume Jahr für Jahr zurückgeht, ist der Elefant hier noch als Arbeitstier im Einsatz. Je nach Budget geht es mit dem Pick-up (Economy), dem Auto (Standard) oder dem privaten Jeep (Superior) zum Camp. Zu sehen bekommt der Gast meist nur ein bis zwei Elefanten, doch ist er hier ganz nah dran. Das innige Verhältnis von Mahout und Elefant ist unübersehbar – auch ihr gemeinsames Leben im Wald und die gemeinsame harte Arbeit wird eindrücklich erfahrbar. Der Gast nimmt teil an Alltagssituationen, wie etwa dem Bad im Fluss. Wer mag, kann in einer Schule oder in einem Kloster über Nacht bleiben und bei der morgendlichen Fütterung dabeisein. Es sind zudem Touren mit zwei Übernachtungen möglich, bei denen auch noch ein Karen-Dorf besucht wird. Wer es ganz abenteuerlich mag, fährt mit dem Jeep durch den Urwald bis nach Pyay. Nur auf dieser Tour ist noch richtiger Urwald zu erleben, denn leider sind weite Bereiche des Bago Yoma bereits stark gerodet.

### TRANSPORT

Besuche des **Pho Kyaw Forest Resort** werden über Agenturen in YANGON gebucht. Die Anfahrt erfolgt mit Bus oder Taxi; der Ausflug dauert einen ganzen Tag.
Von TOUNGOO aus können Touren über das Myanmar Beauty Gh. gebucht werden. Von hier ist die Anreise per Moped oder Auto möglich.
Auch Besuche im **Bago Yoma Elephant Camp** können über das Myanmar Beauty Gh. organisiert werden. Dr. Chan Aye kümmert sich um die Einholung der Genehmigungen. Touren

zum Arbeitscamp werden mit dem Pick-up bzw. Auto zurückgelegt, die letzte Strecke geht es zu Fuß weiter. Oft muss man dabei durch einen Bachlauf waten. Die Touren sind nicht billig, doch sie sind ihren Preis wert. Bisher haben wir nur positives Feedback bekommen. Tagestouren ab US$180 für einen Einzelreisenden. Je mehr Personen sich zusammenschließen, desto preiswerter wird es. Bei zwei Teilnehmern zahlt jeder nur noch US$120, bei 6 Pers. ist jeder bereits mit US$90 dabei. Mit Übernachtung ab US$250 p. P. bei 2 Teilnehmern, 4 Pers. ab US$180 p. P. Touren durch den Urwald bis nach Pyay mit 2 Übernachtungen für 2 Pers. je US$360. Aktuelle Preise bitte bei Dr. Chan Aye, 💻 www.myanmarbeautyhotel.com [5317], erfragen. Wer sich frühzeitig meldet, erhöht die Chance, dass sich mehrere Personen finden und so die Kosten geringer ausfallen.



## Nay Pyi Taw

In Anlehnung an die königliche Tradition, Hauptstädte zu verlegen, und vielleicht auch auf astrologischen Rat hin, setzten sich in den frühen Morgenstunden des 6. November 2005 in Yangon über 600 Militärlaster Richtung Pyinmana in Bewegung – der Beginn eines historischen Umzugs. Und seit August 2006 hat das kleine Dorf Kyet-Pyay, 15–20 km nordwestlich von Pyinmana, einen neuen Namen: Nay Pyi Taw. An der neuen Hauptstadt Myanmars wurde seit ungefähr dem Jahr 2000 heimlich gebaut, inklusive Flughafen und Golfplatz. Der Name wurde schon zu früheren Zeiten einmal verwendet und steht für die „königliche Stadt".

Nay Pyi Taw [5358] kann kaum als Touristenattraktion bezeichnet werden, es sei denn, man reist mit eigenem Auto und Fahrer an und empfindet Freude an achtspurigen, völlig freien Straßenzügen. An den wichtigsten Kreuzungen verzieren riesige Lotusblumen die Mitte. Die Ausdehnung der Stadt hat gigantische Züge – die ihr zugewiesene Fläche entspricht fast achtmal der Fläche Berlins!

Die Stadt ist in verschiedene **Zonen** unterteilt: eine Zone für Regierungsgebäude und eine für Wohnhäuser der Regierungsangestellten, Zonen für Einkäufe und Hotels. Rechts und links der gepflegten, aber verwaisten Straßen liegen deshalb vereinzelt Ansammlungen von Wohnblocks, Villen, ein Shoppingcenter oder eine Ladenzeile.

Vom Highway-Busbahnhof kommend, überragt die große **Uppatasanti-Pagode** die Stadt. Zwischen dem Parkplatz und dem Haupteingang säumen kleine Erfrischungs- und Verkaufsstände den Weg. Schuhe müssen für 100 Kyat rechts vor dem Eingang abgegeben werden. Ausländische Besucherinnen ohne lange Hosen oder Longyi bekommen letzteres Kleidungsstück ausgeliehen und angezogen. Die Besucher fahren dann mit dem Fahrstuhl hinauf auf die Plattform, in deren Mitte sich die goldene Kuppel erhebt. Die Uppatasanti-Pagode ist in Form und Größe der Shwedagon-Pagode in Yangon nachempfunden; sie ist lediglich 30 cm kürzer. Die riesige helle Plattform wirkt jedoch seltsam unbelebt. Von hier aus hat man einen guten Blick auf die Stadt – oder eher auf die riesigen Grünflächen. Eintritt frei.

Am Fuße des nördlichen Pagoden-Aufgangs (rechter Hand) stehen unter zwei hübsch verzierten Dächern auf kleinem Raum gehaltene weiße Elefanten und ihr Nachwuchs.

Der **Water Fountain Garden** in der Stadtmitte ist eine schön angelegte Grün- und Wasserfläche, die nachts bunt illuminiert wird und viele Einwohner anzieht. Künstlich angelegte Wasserfälle und Pools, in denen auch geschwommen wird, eine Hängebrücke, Wasserrutschen und Kinderkarussells locken Familien. Zwei einfache Restaurants bieten Erfrischungen an. Abends treffen sich hier Jugendliche und lauschen englischer Rockmusik; dazu gibt es passende Wasserfontänen im großen Teich. Eintritt für das Gelände 500 Kyat.

Im **Edelsteinmuseum** lassen sich Edelsteine und daraus gefertigte filigrane Figuren bewundern. Selbst wer nichts mit den Steinen anfangen kann, wird über den großen Saphir aus Mogok staunen, der immerhin 12 kg wiegt und auf über 60 000 Karat geschätzt wird. Lange galt er als der größte der Welt. Auch die größte natürliche Perle der Welt ist hier ausgestellt. Ein freundlicher Führer zeigt die besten Stücke des Museums. ⏲ tgl. außer Mo 9.30–16.30 Uhr, Eintritt 5000 Kyat. Ausländer müssen den Reisepass abgeben.

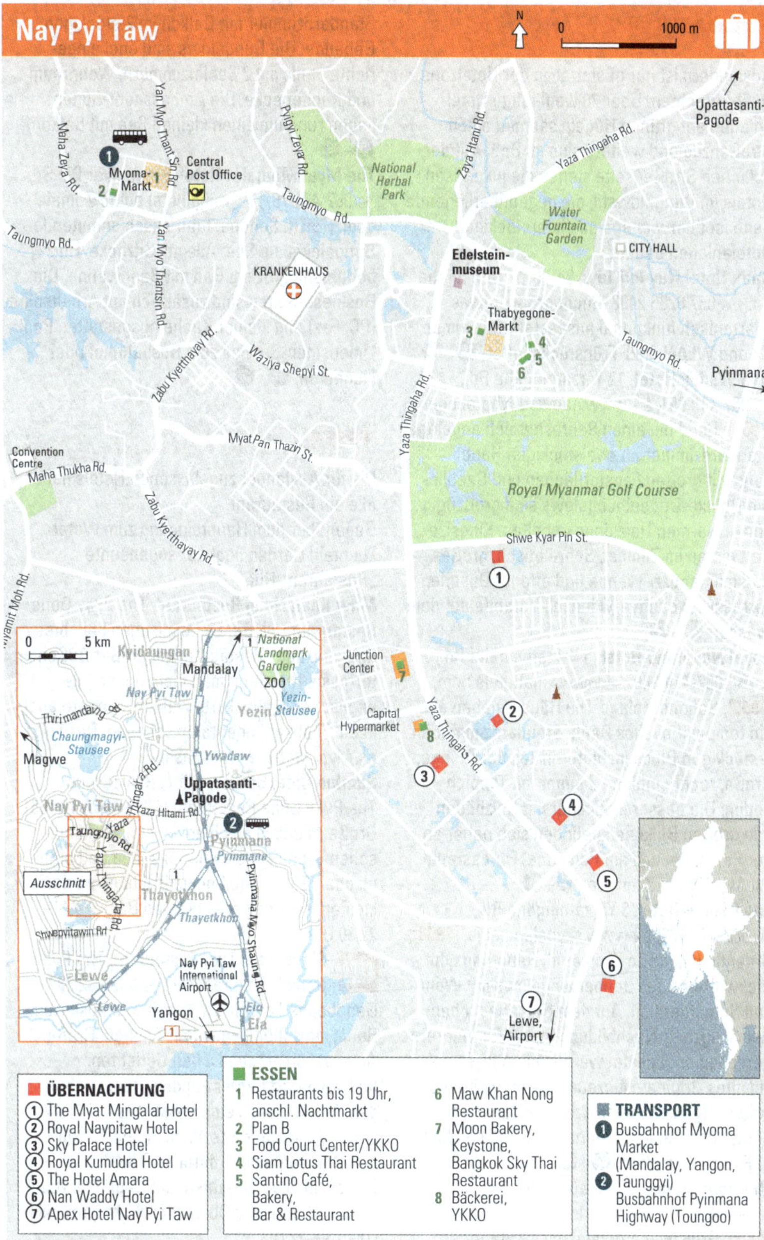
Nay Pyi Taw
N
0
1000 m
Upattasanti-Pagode
Yaza Thingaha Rd.
Zaya Htani Rd.
National Herbal Park
Pyigyi Zeyar Rd.
Yan Myo Thant Sin Rd.
Maha Zeya Rd.
Myoma-Markt
Central Post Office
Taungmyo Rd.
Water Fountain Garden
CITY HALL
Edelstein-museum
KRANKENHAUS
Yan Myo Thantsin Rd.
Thabyegone-Markt
Taungmyo Rd.
Pyinmana
Zabu Kyetthayay Rd.
Waziya Shepyi St.
Myat Pan Thazin St.
Yaza Thingaha Rd.
Convention Centre
Maha Thukha Rd.
Royal Myanmar Golf Course
Zabu Kyetthayay Rd.
Shwe Kyar Pin St.
Junction Center
Capital Hypermarket
Yaza Thingaha Rd.
Lewe, Airport
0
5 km
Kyidaungan
Mandalay
National Landmark Garden
ZOO
Nay Pyi Taw
Yezin
Yezin-Stausee
Thirimandaing
Chaungmagyi-Stausee
Magwe
Ywadaw
Yaza Thingaha Rd.
Uppatasanti-Pagode
Nay Pyi Taw
Yaza Hitami Rd.
Yaza
Taungmyo Rd.
Pyinmana
Pyinmana
Ausschnitt
Yaza Thingaha Rd.
Thayetkhon
Thayetkhon
Pyinmana Myo Shaung Rd.
Shwepyitawin Rd.
Lewe
Lewe
Nay Pyi Taw International Airport
Yangon
Ela
Ela
ÜBERNACHTUNG
1 The Myat Mingalar Hotel
2 Royal Naypitaw Hotel
3 Sky Palace Hotel
4 Royal Kumudra Hotel
5 The Hotel Amara
6 Nan Waddy Hotel
7 Apex Hotel Nay Pyi Taw
ESSEN
1 Restaurants bis 19 Uhr, anschl. Nachtmarkt
2 Plan B
3 Food Court Center/YKKO
4 Siam Lotus Thai Restaurant
5 Santino Café, Bakery, Bar & Restaurant
6 Maw Khan Nong Restaurant
7 Moon Bakery, Keystone, Bangkok Sky Thai Restaurant
8 Bäckerei, YKKO
TRANSPORT
1 Busbahnhof Myoma Market (Mandalay, Yangon, Taunggyi)
2 Busbahnhof Pyinmana Highway (Toungoo)

## ÜBERNACHTUNG

Ausländern ist nur gestattet, in der Hotelzone zu übernachten. Über 20 weitläufige Hotelanlagen auf grünen Hügeln säumen einen Straßenzug und weitere sind im Bau. Auf der östlichen Straßenseite stehen die luxuriösen Hotels im Bungalowstil, die gegenüberliegende Seite ist überwiegend mit mehrstöckigen Hotelanlagen bebaut.

**Apex Hotel Nay Pyi Taw**, 34-35 Yarzathingaha Rd., ✆ 067 6235 2498. Recht große, etwas spartanisch funktional ausgestattete Zimmer. TV und WLAN. Inkl. Frühstücksbuffet. ❸–❹

**Nan Waddy Hotel**, 12 Yarzathingaha Rd., ✆ 067-419 051, 🖳 www.nanwaddyhotel.com, [7954]. Rund um einen Seerosenteich angelegt. Standardzimmer im zweistöckigen Haupthaus mit großen Fensterflächen und Seeblick. Die Deluxe-Doppelbungalows sind großzügig und in warmen Holztönen gehalten. Kingsize-Bett mitten im Zimmer, Schreibtisch, großes Bad mit Jacuzzi-Wanne und offener Dusche, Terrasse. Executive-Villen mit Veranda auf dem Wasser. ❹–❼

**Royal Naypitaw Hotel**, 5 Yarzathingaha Rd., ✆/📠 067-414 960, 🖳 www.kmahotels.com, [7956]. Schöne Anlage. Die Häuser haben alle ein tempelähnliches Dach. Standardzimmer im 3-stöckigen Block im hinteren Teil der Anlage. Große, recht einfache Zimmer mit Teppichboden. Die besseren Zimmer mit Holzböden und großen Balkonen befinden sich näher an der Rezeption und am Pool. Spa, Fitnessraum. WLAN auf den Zimmern. ❺–❽

**Sky Palace Hotel**, 3 Yarzathingaha Rd., ✆ 067-422 122, 🖳 www.skypalace.asia, [7958]. Ordentliche, große Zimmer im Haupthaus. Im rückwärtigen Teil Doppelbungalows mit Wohn- und Schlafbereich. Auf dem Gelände stehen zwei Flugzeug-Nachbildungen, die für mehrere Personen angemietet werden können. Daneben ein altes Original-Flugzeug, das ein Restaurant beherbergt. Die Einkaufszentren Junction Center und Capital Hypermarket sind von hier zu Fuß zu erreichen. ❹–❻

**The Hotel Amara**, 3 Yarzathingaha Rd., ✆ 067-422 201, 🖳 www.thehotelamara.com, [7957]. Großzügige Anlage mit 4 Kategorien. Standardzimmer mit Balkon im 2-stöckigen Gebäude. Die Bungalows sind edel eingerichtet, teils mit 2 Schlafzimmern, Wohnraum und Küchenecke. Die Ambassador-Suiten liegen rund um einen kleinen See mit Balkon. ❺–❽

**The Myat Mingalar Hotel**, Shwe Kyar Pin St., ✆ 067-421 707, ✉ mmglhotel.npt.fo@gmail.com, [7953]. Schöne, futuristisch anmutende Bungalows am See. Alle mit Sitzecke, Holzboden und großem Bad mit Badewanne. Die Business-Suiten sind zusätzlich mit Arbeitsplatz (PC, Fax) und kleiner Küche ausgestattet. Pool. Limousinen-Service zum Busbahnhof oder Flughafen. ❻–❼

## ESSEN

Die für Ausländer zugelassenen Hotels haben alle ein Restaurant.

Gegenüber dem Haupteingang zum Water Fountain Garden liegt der sogenannte „Restaurant-Hügel":

**Maw Khan Nong Restaurant**, Tha Pyay Gone Restaurant Hill. Bei Einheimischen beliebtes und günstiges Restaurant mit großer Außenterrasse. Hier kann man nicht nur von der englischen Speisekarte wählen, sondern auch in die Töpfe im Innenraum schauen. Dazu gibt es *Myanmar*-Bier vom Fass.

**Santino Café**, Bakery, Bar & Restaurant, Tha Pyay Gone Restaurant Hill, ✆ 067-414 551. Große Auswahl an chinesischen, thailändischen, japanischen, europäischen und birmanischen Gerichten. Cocktails gibt es an der kleinen, sehr hell erleuchteten Bar. 🕒 7.30–22.30 Uhr.

**Siam Lotus Thai Restaurant**, Tha Pyay Gone Restaurant Hill, ✆ 067-432 337. Gehobenes Thai-Restaurant in klimatisiertem Raum mit schön gedeckten Tischen. Große Auswahl an authentischen Gerichten.

Im **Food Court Center** auf dem Hügel neben dem Markt gibt es eine große Auswahl an weiteren Restaurants. Viele haben Tische draußen aufgestellt, darunter **YKKO**, das Nudeln in allen Varianten und Gegrilltes zubereitet, dazu frische Obstsäfte. Nicht ganz billig. 🕒 10.30–22 Uhr.



 

Im **Junction Center** in der Hotelzone befindet sich ein Ableger der **Moon Bakery**-Kette mit koreanischen Reisgerichten, Nudelsuppen, Fruchtsäften und Süßigkeiten. Weitere Restaurants stehen im Untergeschoss des Einkaufsparadieses zur Verfügung: das **Bangkok Sky Thai Restaurant** oder das Nudel-Restaurant **Keystone**.
Im **Capital Hypermarket** gibt es eine Bäckerei und einen weiteren Ableger der YKKO-Kette.
Der **Myoma-Markt** beherbergt einige einheimische Restaurants (bis 19 Uhr), danach locken die Stände des großen **Nachtmarkts** vor dem Myoma-Markt mit günstigem Essen. Auch hier gibt es einen benachbarten Hügel mit einigen Restaurants, z. B.dem **Plan B**.

## NAHVERKEHR

Auch wenn die Straßenzüge wie ausgestorben wirken: **Motorradtaxis** lassen sich überall heranwinken (besser, man hat eine zweisprachige Karte dabei, kaum einer spricht Englisch). Vor den Restaurants oder dem Water Fountain Garden stehen Fahrer und warten auf Gäste (etwa 2000 Kyat bis zur Hotelzone). Wer lieber ein bequemeres **Taxi** möchte, kann sich an den Tipp einer Leserin halten und Herrn Naung anrufen, der ein wenig Englisch spricht, ✆ 09-4485 9542 oder 097-9824 9116 (US$40 für eine mehrstündige Tour).

## TRANSPORT

### Busse

Der 4-spurige Highway, der Yangon mit Mandalay verbindet, ist die beste Straße in ganz Myanmar. Dementsprechend zügig und bequem sind die meisten Busverbindungen. Nay Pyi Taw hat zwei Busbahnhöfe: Im Ort Pyinmana liegt der **Highway-Busstop** (etwa 30 Min. Fahrzeit von der Hotelzone, 4000 Kyat für ein Motorradtaxi). Lokale Direkt-Busse nach Toungoo fahren von hier. In die Busse nach Yangon, Mandalay und Taunggyi kann man am näher liegenden **Busbahnhof Myoma Market** zusteigen (2000 Kyat für ein Motorradtaxi von der Hotelzone). Empfehlenswert der Mandalar Minn Express mit Bildschirmdurchsagen in englischer Sprache sowie Shwe Mandalar und JJ-Express mit Bordservice. Beide bedienen die Strecke Yangon–Mandalay.
**Achtung:** Die Busse von Nay Pyi Taw nach Yangon sind oft ausgebucht; vor allem freitags und samstags, wenn Hunderte von Regierungsangestellten nach Hause zu ihrer Familie fahren. Es kann dann zu längeren Wartezeiten kommen.
LOIKAW (schöne Strecke durch die Berge), 7 und 15 Uhr, 10 000 Kyat, ca. 8 Std.
MANDALAY, mehrere Gesellschaften zwischen 7 und 21 Uhr, 6000 Kyat, 4–5 Std.
MEIKTILA und THAZI, um 10 Uhr, 4000 Kyat, 2 1/2 Std.
NYAUNG U (Bagan), um 19 Uhr, 6500 Kyat, 5 Std.
TAUNGGYI, um 6 Uhr, 6000 Kyat, 8 Std.
TOUNGOO, mehrmals zwischen 6 und 21 Uhr, 1800 Kyat, 3 1/2 Std.
YANGON, mehrere Gesellschaften etwa stdl. zwischen 7 und 22.30 Uhr, 6000 Kyat, 4–5 Std.

### Eisenbahn

Am weit außerhalb gelegenen Bahnhof Pyinmana halten die meisten Züge der Strecke Yangon–Mandalay. MANDALAY, am besten mit dem 11up um 15.22 Uhr, Ankunft um 21 Uhr, knapp 6000 Kyat.
THAZI, mit dem 11up Richtung Mandalay, Ankunft 18.12 Uhr, etwa 3000 Kyat.
YANGON, am besten mit dem 32dn um 8 Uhr, Ankunft 17 Uhr, oder mit dem 12dn um 11.54 Uhr, Ankunft in Yangon 21 Uhr, 6000 Kyat.

### Flüge

Mehrere Fluggesellschaften verbinden die Hauptstadt tgl. mit YANGON und MANDALAY (ca. US$65–75). Auch BANGKOK ist von hier aus erreichbar.

# Pyay

Pyay [7898], von den Engländern Prome genannt, ist eine kleine Provinzstadt, die als Zwischenstation auf dem Weg von Yangon nach Bagan besucht werden kann. Außerdem ist sie ein wichtiger Knotenpunkt auf dem Weg in

© A. MARKAND

Der große zehnstöckige Sehtatgy Buddha in Pyay



den Rakhine-Staat an der Westküste. Besondere Bedeutung erhält sie durch ihre Nähe zu den Ruinen von **Sri Ksetra** (Thayekhittaya) einem Weltkulturerbe. Pyay selbst hat neben der **Shwesandaw-Pagode**, die auch Ziel einheimischer Pilger ist, ein **Reiterdenkmal** von General (Bogyoke) Aung San und einen kleinen Nachtmarkt zu bieten. Am Ufer des Flusses steht ein kleiner Schrein zu Ehren Ramas, des königlichen Helden aus dem indischen Ramayana-Epos. Einmal im Jahr, am Novembervollmond, versammeln sich hier zahlreiche Hindus, um im Fluss zu baden. Dann fühlt man sich rund um den **Sri Ram Janki-Tempel** fast wie in Indien.

Wer sich abends vom Ufer in Richtung Norden aufmacht, kann in den hohen Bäumen beobachten, wie sich die Vögel einen Schlafplatz suchen und die Flughunde zu ihren nächtlichen Beutezügen aufbrechen – ein lautes und imposantes Schauspiel.

Die Stadt war schon in der Bagan-Zeit ein Handelszentrum. Heute werden hier viele Geschäfte mit Kaufleuten aus dem Rakhine-Staat abgewickelt, von dem soziale und kulturelle Einflüsse zu spüren sind: Zahlreiche Bewohner Rakhines reisen durch Pyay nach Zentralbirma oder in die Hauptstadt, und für junge Mönche aus dem Küstenstaat bedeutet der Eintritt ins Kloster von Pyay einen Schritt in die große weite Welt.

## Sehenswürdigkeiten

Die **Shwesandaw-Pagode** (Pagode der goldenen Haarreliquie) ist das bedeutendste Heiligtum der Stadt. Die Eingänge der Pagoden werden von großen *chinthes* bewacht. Für Lauffaule gibt es einen Aufzug, der vor allem in den frühen Abendstunden von Pilgern gern benutzt wird. Der Zentralstupa unterscheidet sich von anderen Stupas durch seine ungewöhnliche Form: Er verjüngt sich nicht konstant von unten nach oben. Auch die Goldplatten sind erstaunlich dick, was gut an der groben Vernietung zu erkennen ist.

Wer vom zentralen Treppenaufgang zur Pagode in Richtung Osten geht, findet ein kleines **Museum** mit alten Buddhafiguren und anderen Überresten aus der Pyu-Zeit. Noch weiter im Osten bietet sich ein guter Blick auf den **Sehtatgyi Buddha**, den großen zehnstöckigen Buddha. Vom langen Steg des Aufzugs lassen sich schöne Fotos der abends angestrahlten Pagode machen. Von hier eröffnet sich auch ein weiter Blick auf den Fluss und die Stadt.

Die **Shwe Nwe-Pagode** in der Lanmadaw Street wurde 1995 mit Spenden aus der Bevölkerung renoviert. Die umliegenden Händler erzählen gern, wer an welcher der neuen bunten Glocken beteiligt war. Die Pagode hat einen kleinen vergoldeten Stupa und einige Buddhafiguren. In einem Nebengebäude rechts sitzen zwei schlanke, goldene und hochverehrte Buddhafiguren. In einem Glaskasten rechts davon befinden sich kleine Statuetten und Bronzefiguren, die vermutlich aus der Sri-Ksetra-Zeit stammen.

Die **Payagyi** (Große Pagode) am Ostende der Stadt ist nach einem sehr langen Fußmarsch oder mit der Fahrradrikscha zu erreichen. Wer sich nicht die ganze alte Stadt Sri Ksetra ansehen möchte, kann hier einen Eindruck von der Architektur dieser Epoche gewinnen (mehr dazu auf S. 241).

Nur wenige Meter hinter der Payagyi-Pagode befindet sich die **Shwe Lei Ya-Pagode**. Umringt wird der goldglänzende Stupa von 49 Buddhafiguren. Jede stellt Buddha in einer anderen Pose dar. Mehr als die Hälfte der Bildnisse stammt aus Myanmar, z. B. der Harfe spielende und der magere Buddha. Ungefähr jede zweite Figur hat ihren Ursprung jedoch in anderen Ländern, u. a. Indien, Nepal, Kambodscha, Japan und auch Afghanistan und Pakistan.

Direkt am Fluss liegt ein kleines indisches Heiligtum, der **Sri Ram Janki-Tempel**, in dem Rama, sein Bruder Lakshmana, seine Frau Sita und der Affengeneral Hanuman verehrt werden. Es sind Figuren aus dem indischen Heldenepos Ramayana, die in ganz Asien bekannt sind. Sie erfreuen sich auch großer Beliebtheit als Helden in künstlerischen Darstellungen wie Tanz und Gesang.

Neben einem Ausflug in die alte Stadt Sri Ksetra (S. 241) ist auch eine Fahrt in die Kleinstadt Shwedaung, 15 km südlich von Pyay, eine Option. Ein großes Schild weist dort den Weg zur berühmten **Shwemyetman-Pagode**. Sie wird von vielen Pilgern besucht, denn der darin sitzende Buddha mit der goldenen Brille verspricht im Volksglauben Hilfe bei Augenleiden. Seine erste Brille bekam der Buddha angeblich in der Konbaung-Zeit (18./19. Jh.). Sie wurde jedoch gestohlen. Die Brille, die Buddha jetzt trägt, stiftete in der Kolonialzeit ein englischer Offizier, dessen Frau an einem Augenleiden litt – sie wurde natürlich geheilt. Die Brille wird alle 14 Tage geputzt: Dazu sind neun Mönche nötig. Anreise mit dem Pick-up zwischen Pyay und Shwedaung den ganzen Tag über ab dem Busbahnhof. Wie immer dünnt der lokale Nahverkehr nachmittags aus und spätestens gegen 17 Uhr sollte man sich auf den Rückweg machen. Mit dem Mopedtaxi dauert die Fahrt pro Strecke etwa 20 Min. und kostet 5000 Kyat.

## ÜBERNACHTUNG

**Lucky Dragon Hotel**, 772 Strand Rd., ✆ 053-242222, 💻 www.luckydragonhotel.com, [7900]. Hotelanlage im Bungalowstil am Fluss. 30 Zimmer mit 2 Betten, Doppelbett oder 3 Betten liegen rund um einen schön angelegten Garten mit kleinen Pavillons. Die Zimmer sind geschmackvoll eingerichtet. Moderne, große Bäder. Vor jedem Zimmer ist eine kleine Veranda mit Tisch und Stühlen und Blick in den Garten. Kleiner Pool mit Jacuzzi. Vermietet Fahrräder für 2000 Kyat/Tag. Die Angestellten sprechen wenig Englisch und wirkten nicht sehr motiviert. WLAN. ❹

**Mingalar Garden Resort**, Flying Tiger Garden, ✆ 053-28661, [7928]. Am Ostende der Stadt, nahe der Paya Gyi-Pagode. Elegante Anlage mit schönen Bungalows an einem See. Es gibt drei Zimmertypen, die alle den gleichen Preis haben. Am besten gefallen haben uns die alten Bungalows mit Blick aufs Wasser. Schön auch die Bungalows im japanischen Stil mit Matratzen auf dem Boden. Am wenigsten einladend sind die Zimmer in den „neuen" Bungalows. Das Frühstück wird bei gutem Wetter in kleinen Pavillons am See gereicht. Gutes Restaurant mit chinesischer und birmanischer Küche. WLAN. ❺

**Myat Lodging House**, 222 Bazaar St., ✆ 053-25695, [7901]. In diesem Gästehaus gibt es einfache, etwas überteuerte Zimmer (alle mit AC und Gemeinschaftsbad). Sie sind teils etwas verwohnt und der Putz bröckelt von der Wand. Ansonsten recht gut in Schuss. Es gibt Handtücher. ❷–❹

NÖRDLICH VON YANGON

**Nawaday Hotel**, 866 Nawaday Rd., ✆ 053-26442, [9828]. Recht neues Haus mit ansprechend großen Zimmern. Alle recht einfach, aber durchaus eine gute Wahl, vor allem, wenn man einen schönen Blick schätzt, denn je weiter oben man ein Zimmer wählt, desto günstiger wird es – dank den lauffaulen Birmanen, die für ein Zimmer im EG ohne Ausblick mehr zahlen als für schönere Räume im obersten Stockwerk. Ganz oben sind die Zimmer also besonders günstig. ❷–❹

€ **Pann Gabar Aircon Lodging House**, 342 Merchant St., ✆ 053-26543, 094-2365 6248, [9827]. In einem alten Holzhaus nahe dem Fluss gibt es 4 sehr einfache Zimmer mit eigenem Bad (das einer dringenden Renovierung bedarf). Die Zimmer sind groß und sauber gehalten, bieten Betten und Moskitonetz. Keine Handtücher. Die restlichen Zimmer im Haus sind einheimischen Pilgern und Händlern vorbehalten. Der freundliche und hilfsbereite Win Naing managt das Haus seit vielen Jahren und hat eine Menge Loose-Freunde. Einzelreisende zahlen US$7, sonst US$6 p. P. Gutes lokales Frühstück. WLAN. ❶

**Pyay Strand Hotel**, 6 Strand Rd., ✆/📠 053-25846, [7929]. Recht einfache Zimmer unterschiedlicher Kategorien. Die billigsten haben nur Kaltwasser und sind recht klein. Wer bereit ist, US$50 auszugeben, wohnt recht ordentlich. Nebenan im Lucky Dragon ist es aber für denselben Preis schöner. Überwiegend birmanische Gäste. Frühstück im Restaurant mit Blick in den kleinen Garten. ❸–❹

## ESSEN

**Auntie Mo's Meiy Wet War Restaurant**, Kan Lan. Gute birmanische Küche. In einem großen hellen Speisesaal warten schmackhafte Currys in den Auslagen, die am besten per Fingerzeig bestellt werden.

**Beer Garden**, nahe dem Reiterdenkmal. Hier gibt es zum frisch gezapften *Myanmar*-Bier Fleischspieße oder Fisch frisch vom Grill. Der Eigentümer spricht Englisch und freut sich über jeden ausländischen Gast.

**Café Grandma**, Bogyoke Lan, am Nachtmarkt. Kleines Restaurant auf zwei Ebenen mit großen Fenstern zum Nachtmarkt. Koreanische Küche und ein paar europäische Gerichte wie Pasta und Sandwiches. Günstige Preise.

**Golden Rose**, am Reiterdenkmal. Einfache Reis- und Nudelgerichte, dazu Musik oder Nachrichten aus dem Fernseher. Ideal, um das bunte Treiben rund um die Reiterstatue zu beobachten. 🕒 ab dem frühen Abend.

**Hline Ayar Restaurant**, Strand Rd. Lockt mit schönem Blick auf den Fluss. Neben BBQ auch chinesische Küche. Die Preise sind relativ hoch, doch das Ambiente stimmt. Manchmal spielt ab 20 Uhr eine Liveband.

**San Francisco Restaurant**, zwischen Lucky Dragon und Pyay Strand Hotel an der Strand Rd. Alteingesessen und bekannt für schmackhafte chinesische Küche in einem AC-Raum und im Freien.

**UDV Dagon Beer Station**, am Reiterdenkmal. Großes Restaurant mit birmanischen Gerichten (und entsprechender Speisekarte, für die sich immer ein Übersetzer findet) sowie frisch gezapftem Bier. Hier ist erst abends etwas los.

**Yokohama Restaurant**, 117 Kannar St., ✆ 094-2367 0546. Ein toller Lesertipp für Freunde der japanischen Küche: Über 30 japanische Gerichte und schmackhafte Spaghetti werden mit Parmesan und Tabasco gereicht. Gerichte zwischen US$2–5. 🕒 11.30–14 Uhr und 17–22 Uhr.

Ein **Nachtmarkt** findet ab dem frühen Abend zwischen dem Fluss und dem Reiterdenkmal statt. Es werden neben süßen Leckereien auch Curry-, Reis- und Nudelgerichte verkauft. Zahlreiche **Teestuben** bieten mal indische, mal chinesische Snacks an, und in der ein oder anderen wird am Abend auch schon mal mit Rockmusik unterhalten.

## SONSTIGES

### Einkaufen

In Pyay findet täglich außer sonntags ein großer **Markt** nahe dem Fluss statt, auf dem Stoffe, Haushaltswaren und eine Vielzahl an Nahrungsmitteln angeboten werden. Von Nüssen über Chilis und getrockneten Fisch bis hin zu süßen Leckereien gibt es viel zu entdecken.

Pyay
N
0
200 m
Fähr-anlegestelle
MARKT
UHRTURM
Shwe Phone Pwint Pagoda St.
Tayote Tan St.
Shwe Ta Chaung Rd.
Bagan (398 km)
Broker St.
Merchant St.
Sitke St.
Yone St.
Strand Rd.
Pantain St.
Lanmadaw St.
Pan Pae Tan St.
Market St.
Shwe Nwe Pagoda St.
Goldene Pagode
Tut St.
Shwe Nwe-Pagode
Kan St.
Park
Bahnhof
Sri Ram Janki-Tempel
Reiter-denkmal
Bogyoke Lan
Uhrturm
POLIZEI
Bogyoke Lan
FAHRRADWEG
Nawady Todar
AUFZUG
Sehtatgyi Buddha (10-stöckiger Buddha)
Shwesandaw-Pagode
Strand Rd
Sri Ksetra, Hmawza, Yangon
Shwe Lei Ya-Pagode
Payagyi-Pagode
3 km
Sri Ksetra
Ayeyarwady
Taunggok, Ngapali
Shwedaung, Yangon (288 km)
Nawade Bridge
ÜBERNACHTUNG
1 Pann Gabar Aircon Lodging House
2 Myat Lodging House
3 Mingalar Garden Resort
4 Lucky Dragon Hotel
5 Pyay Strand Hotel
6 Nawaday Hotel
ESSEN
1 Yokohama Restaurant
2 Auntie Mo's Moiy Wet War R.
3 Teestube (Rockmusik)
4 Hline Ayar Restaurant
5 Cafè Grandma
6 Nachtmarkt
7 Golden Rose
8 San Francisco Restaurant
9 UDV Dagon Beer Station
10 Beer Garden
SONSTIGES
1 Bangkok International Hospital Büro

**Devotionalien**, z. B. Buddha-Plakate und geschnitzte Figuren, werden vor dem Aufzug und im Nordaufgang der Shwesandaw-Pagode verkauft. Viele Handwerker schnitzen die Figuren vor Ort. Sie verkaufen ihre Werke günstig und nehmen auch Auftragsarbeiten an.

### Geld

Mehrere Geldautomaten (ATM) in der Stadt und an den Hotels Lucky Dragon und Mingalar Garden. Eine **CB Bank** mit ATM und Western Union-Service zudem am Reiterdenkmal. ⌚ Mo–Fr 9.30–15.30 Uhr.

### Guides

Wer jemanden sucht, der Englisch spricht, freundlich ist und sich zudem recht gut auskennt, wendet sich am besten an **Scott**, ✆ 094-5233 5255, ✉ scottjogurt@gmail.com. Der kleine drahtige Birmane hat sich als Joghurtverkäufer versucht, ist zudem Englischlehrer und nun auch lizenzierter Tourguide. Ausflüge zu den Ruinen kosten offiziell US$35, und wer nicht auf jeden Dollar gucken muss, sollte ihm dieses Einkommen auch zugestehen. Für Budgetreisende macht er aber auch günstigere Preise.

### Internet

Wie überall in Myanmar sind auch die Betreiber der Unterkünfte in Pyay um WLAN bemüht. Einige bieten bereits diesen Service, der mehr oder weniger gut funktioniert. Restaurants können dagegen noch nicht damit dienen. Es gibt einige Internetshops im Ort, in denen man Mails checken und skypen kann, u. a. **My Space**, Kan St., ⌚ 8.30–23 Uhr.

### Medizinische Hilfe

Ein Büro des **Bangkok International Hospital**, A-1 Meeyahta Yeiktha Yangon Pyay Rd. nahe dem Reiterdenkmal, ✆ 053-24446, bietet Hilfe bei ernsten Problemen, z. B. wenn man ausgeflogen werden muss.

## NAHVERKEHR

Als Nahverkehrsmittel werden hauptsächlich **Fahrradtrishaws** oder **Mopedtaxis** genutzt. Eine Fahrt zum Busbahnhof kostet 1500 Kyat, kürzere Fahrten ab 500 Kyat. Eine Fahrt im **Pick-up** oder **Tuk Tuk** zum Busbahnhof kostet 2500 Kyat, **Taxis** sind je nach Verhandlungsgeschick unwesentlich teurer.
Für einen Ausflug mit der Trishaw zu den Ruinen zahlt man ungefähr 10 000 Kyat, etwa 12 000 Kyat kostet ein Mopedtaxi.Tuk Tuks zu den Ruinen verlangen etwa 15 000 Kyat (hin und zurück). Da Tuk Tuk-Fahrer am Busbahnhof auf ankommende Passagiere warten, kann ein Ausflug zu den Ruinen schon dort abgesprochen werden.
Auch mit dem **Zug** gelangt man theoretisch zu den Ruinen der alten Stadt bzw. in die Nähe des Museums. Die Züge verkehren derzeit jedoch zu so ungünstigen Zeiten, dass man mitten in der Nacht aufbrechen müsste. Wer Interesse hat, kann am Bahnhof in der Stadt nachfragen, ob sich an den Zeiten etwas geändert hat.

## TRANSPORT

### Auto und Taxi

Mit dem **Mietwagen** ist die Fahrt von YANGON nach Pyay besonders bequem und in etwa 5 Std. zu bewerkstelligen. Bei dieser Form der Anreise bietet sich schon auf der Hinfahrt ein Stopp bei der Shwemyetman-Pagode an, die etwa 15 km vor Pyay im Dorf Shwedaung liegt (S. 237).
Ein privates **Taxi** nach NGAPALI kostet US$250: Die Fahrer wissen, was sie ihren Autos auf dieser Strecke antun. Größere Gruppen, die schon leidgeprüft sind, können auch einen Pick-up für 6–8 Pers. mieten, er kostet etwa US$180–200.

### Busse

Der **Busbahnhof** von Pyay liegt am östlichen Ende der Stadt.
BAGAN, tgl. 17 Uhr, im Wechsel AC-Bus und NO-AC-Bus, 12 000 bzw 14 000 Kyat, mind. 11 Std.
MANDALAY, etwa 6x tgl. zwischen 15.30 bis 19 Uhr, 10 000 Kyat, 10 Std.
YANGON, tgl. AC-Busse stdl. von 5.30–23 Uhr, 5000 Kyat, 6 Std. Auf der Hälfte der etwa

288 km langen Strecke legen die Busse eine Pause in LETPADAN ein, einem kleinen Dorf mit ein paar Restaurants.
NGAPALI BEACH, mit dem Minibus um 19 Uhr mit Yoma Yazar, 15 000 Kyat (zzgl. 300 Kyat Versicherung), 12 Std. Am besten einen Tag vorher buchen. Wer nur nach THANDWE will, kann ggf. in den großen Bus aus Yangon zusteigen, doch dieser wird Ausländern ungern angeboten; er ist oft total überfüllt, und da die Straßen sehr schlecht sind, ist von dieser Option abzuraten.
PATHEIN, mit dem Minibus um 5.30 Uhr, 10 000 Kyat, 7 Std.

### Eisenbahn

YANGON, mit dem 72dn um 4 Uhr morgens, 2000 Kyat *ordinary class* und 10 000 *sleeper* (*upper class* gibt es nicht), etwa 9 Std.
BAGAN, Abfahrt ca. 22 Uhr, 2600 Kyat *ordinary class*, 3400 Kyat *upper class*, 10 000 Kyat *sleeper*, etwa 10 Std.
Tickets für die einfache Klasse gibt es bis kurz vor Abfahrt. Wer bequemer unterwegs sein will, muss sich unbedingt frühzeitig um ein Ticket bemühen.

## Sri Ksetra (Thayekhittaya)

Die unweit des heutigen Pyay gelegenen Ruinen der alten Stadt Sri Ksetra [24251] werden von den Einheimischen meist nur Ancient City genannt. Einst war es die größte Stadt der Pyu (und auch die letzte ihrer Art) und Hauptstadt ihres Königreiches. Es heißt, die Stadt sei 544 v. Chr. (bzw. etwa im 101. Jahr der buddhistischen Zeitrechnung) von König Duttabaung gegründet worden. Sie war über 600 Jahre das Machtzentrum der Region und wurde von 25 Königen regiert. Die wenigen Quellen vermuten den endgültigen Untergang des Reiches um 832 n. Chr. Die Pyu wurden verdrängt, über 3000 sollen als Gefangene nach Yunan verschleppt worden sein. Die verbliebenen Bewohner vermischten sich mit anderen Völkern des Landes und die Hauptstadt wurde im Laufe des 9. Jh. nach Bagan verlegt.

1882 begann sich der deutsche Epigraph Dr. E. Forchammer für Sri Ksetra zu interessieren. Ihm folgten ab 1900 zahlreiche Forscher, die damit begannen, die Ruinen auszugraben und teils zu restaurieren. Diese Arbeiten hielten sich jedoch zum Glück in Grenzen, denn sonst



Die Ruinen der alten Stadt Sri Ksetra sind weit über tausend Jahre alt.

© MARIO WEIGT

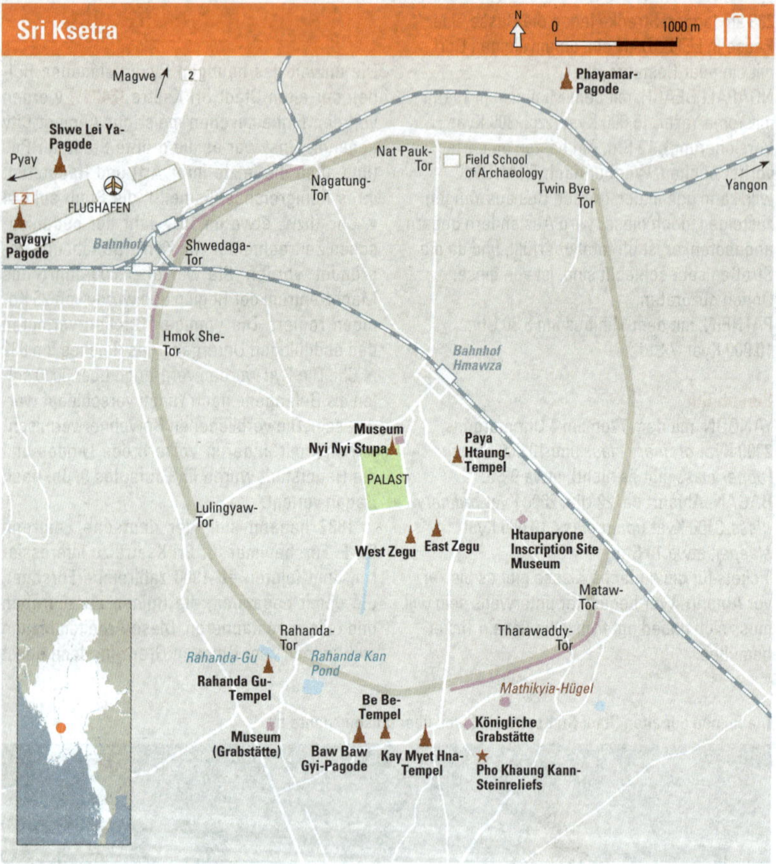




wäre die Stadt sicher nicht so schnell als Weltkulturerbe der Unesco anerkannt worden. Bereits 1996 wurden die Ruinen vorgeschlagen; 2014 war es dann so weit und Sri Ksetra wurde Weltkulturerbe. Heute sind viele Ruinen teilweise restauriert, sodass man einen Eindruck von der Architektur der Pyu erhält, ohne dass die Bauten neu erschaffen wurden (wie es beispielsweise vielfach in Bagan geschah). Einiges, wie der Palast und viele Eingangstore, ist daher nicht mehr als eine kleine Ansammlung roter Backsteine. Andere Tempel sind hingegen so gut erhalten, dass sich ein Besuch durchaus lohnt. Man darf allerdings kein Weltwunder erwarten. Im Folgenden sind die Sehenswürdigkeiten in der Reihenfolge gelistet, in der man sie anfährt. Im Laufe der Jahre werden sicherlich weitere Ausgrabungen hinzukommen bzw. Wege besser ausgebaut sein, sodass dann auch andere Routen befahren werden könnten.

## Payagyi-Pagode

Die aus rotem Backstein errichtete Payagyi-Pagode am Ostende von Pyay stammt vermutlich aus dem 6.–7. Jh. und gehört laut einer Inschrift zu den ältesten Pagoden Myanmars. Sie gilt als Prototyp für die späteren Pagoden des Landes. Es heißt, die Pagode sei kurz vor der

Baw Baw Gyi-Pagode (S. 244) gebaut worden. Mündliche und schriftliche Überlieferungen legen den Schluss nahe, dass die Payagyi-Pagode eine jener neun Pagoden ist, die von König Duttabaung errichtet wurden. Der große Zehennagel von Buddhas rechtem Fuß soll hier neben anderen Reliquien eingemauert sein. Der *hti* (Schirm) stammt vermutlich von einem Mönch, der ihn nach der letzten Restaurierung um 1888 gespendet haben soll. Der Name der Pagode änderte sich mehrmals im Laufe ihrer Geschichte: Wegen der langen Bauzeit hieß sie zuerst Sai Sai-Pagode, was so viel wie „Langsam-Langsam-Pagode" bedeutet. Danach wurde sie aufgrund ihrer Größe Maha Zedi (großer Zedi) genannt. Später erhielt sie ihren heutigen Namen Payagyi (große Pagode). Frauen dürfen nur bis zur zweiten Erhöhung steigen. Männern ist es erlaubt, auch die dritte Stufe zu erklimmen.

## Stadtmauer

Etwa 4 km weiter stößt man an die Stadtmauer von Sri Ksetra. Sie weist eine ovale Form auf und ist aus rotem Backstein erbaut. Quellen berichten von zwölf Toren, bisher wurden aber erst neun freigelegt. Viele der Seitenwände befinden sich noch immer unterhalb des Erdreiches. Aus Pyay kommend passiert man zuerst das 1971 ausgegrabene **Nagatung-Tor**. Aufgrund seiner gewundenen Form wird es auch „sich windender Drache" *(wiggling dragon)* genannt. An der Stadtmauer entlang erreicht man das **Nat Pauk-Tor**, das 2010 ausgegraben wurde. Vorbei an der **Field School for Archeology** ist das bald Museum erreicht.

## Museum

Vor dem Museum ist der Eintritt von 5000 Kyat zu zahlen, der zum Besuch Sri Ksetras befugt. Wer sich zudem das Museum ansehen will, zahlt weitere 5000 Kyat. In dem kleinen Haus befinden sich wenige, jedoch interessante Stücke aus der Pyu-Epoche. Neben Buddhabildnissen, Steinreliefs und Inschriften sind auch alte Münzen und große steinerne Urnen ausgestellt. Leider nur noch auf Fotos zu bestaunen sind kleine, aus Bronze gefertigte Figuren, die Musiker und Tänzer darstellen. Einst waren die nahe der Phayamar-Pagode gefundenen Figuren hier im Original zu bewundern – bis sie gestohlen wurden. Als sie viele Jahre später wieder auftauchten, entschloss man sich, sie nicht mehr der Öffentlichkeit zugänglich zu machen. In der Shwe Nwe-Pagode in Pyay werden Figuren aufbewahrt, die ebenfalls aus dieser Epoche stammen sollen. ◷ Di–So 9.30–16.30 Uhr, feiertags geschlossen.

## Palast

Ein paar Meter hinter dem Museum steht die erste Mauer, die zur Palastanlage gehört. Von dem dahinter liegenden Palast ist nicht mehr viel zu sehen, nur ein paar Steine sind im Boden zu entdecken. Einst maß der Palast 518 x 343 m. Mit den Ausgrabungen wurde bereits 1968/69 begonnen. Bis zum Jahr 2013 fanden insgesamt 14 Ausgrabungsprojekte statt. Es wird davon ausgegangen, dass der Palast während der Herrschaft der Pyu einige Male umgebaut wurde. Ein paar Meter weiter sind große Eisennägel zu sehen, die in der Mauer gefunden wurden. Es ist nichts darüber bekannt, wie die Pyu diese bearbeitet haben. Sie dienten wohl zur Verstärkung der Wände und sollten das Böse fernhalten.

## Rahanda Gu

Durch das **Rahanda Tor** hindurch gelangt man außerhalb der Stadtmauern zum kleinen **Rahanda Gu-Tempel**, dessen Erbauungszeit unbekannt ist. Er wurde für acht sitzende, in Sandstein gemeißelte Buddhafiguren errichtet, die im Inneren des höhlenartigen Baus untergebracht sind (der Tempel wird oft auch als Cave Pagoda bezeichnet). Der Eingang ist durch ein Gitter versperrt. Dahinter sind zwei von ursprünglich drei Buddhafiguren (die mittlere fehlt) zu sehen. Sie blicken in Richtung der alten Stadt. Gegenüber dem Tempel befindet sich der **Rahanda Kan Pond**, der als Stausee diente und einst dank eines hydraulischen Systems half, die Felder zu bewässern.

## Museum (Grabstätte)

Erst 2011/12 wurden die hier zu sehenden Terrakotta-Töpfe ausgegraben. Nachdem man zuerst von einer Töpferwerkstatt ausging, wurde schnell klar, dass es sich um Urnen und somit um eine Bestattunsgsstätte handeln musste. In den Urnen fanden sich jeweils kleine Eisenkeile, die wohl auch hier das Böse fernhalten sollten.

## Baw Baw Gyi-Pagode

Wenige Meter von der Grabstätte entfernt, befindet sich die große Baw Baw Gyi-Pagode. Der zylindrische Stupa hat eine Höhe von rund 47 m und wurde als einer der neun Tempel von König Duttabaung erbaut. Die Form ist recht außergewöhnlich und ähnelt den Tempeln Varanasis in Nordindien. Einst war der Stupa mit weißen Schindeln bedeckt, von denen noch ein paar wenige erhalten sein sollen. Chroniken berichten, König Anawratha habe einst die heiligen Reliquien, die im Inneren aufbewahrt wurden, aus der Stupa entnommen und nach Bagan in die Shwezigon-Pagode gebracht. Damit nicht noch mehr geklaut wird, wacht nun Nat Myat Say (was übersetzt so viel wie „Grand Lady" bedeutet), die auf einer Schaukel rechter Hand der Pagode sitzt, über die möglicherweise verbliebenen Reliquien. Gläubige opfern der Wächterin Tücher und auch schon mal ein Paar Schuhe.

## Be Be-Tempel

Der kleine Tempel, nur 4,90 x 5,20 m groß, steht nahe der Baw Baw Gyi. In seinem Inneren befindet sich ein Steinrelief, das Buddha mit zwei Mönchen zeigt. Buddhas Körper wurde restauriert und mit Beton nachmodelliert. Aufgrund der Form des Stupas, wird der Bau des Tempels in die Zeit der Bagan-Ära datiert (11.–13. Jh.). Das Buddha-Relief ist jedoch vermutlich älter und stammt aus der späten Pyu-Ära des 7. Jhs.

## Kay Myet Hna-Tempel

Dicke Eisenträger stützen den kleinen Tempel, der etwa 7x7 m im Quadrat misst und etwa 6 m hoch ist. Er wurde vermutlich in der späten Pyu-Zeit im 7.–9 Jh. erbaut. Der Kay Myet Hna ist der einzige Tempel der Region, der vier Eingänge aufweist. Die in Stein gemeißelten Buddhagesichter im Inneren gucken in alle vier Himmelsrichtungen. Ein Abbild ist sehr gut erhalten (bzw. wohl einmal neu gemacht), zwei andere sind mit Beton geflickt und das letzte ist so stark verwittert, dass die Figur nur noch schemenhaft zu erkennen ist.

## Königliche Grabstätte

An dieser Stelle soll in einer der großen Urnen die Königin Beikthano bestattet sein. Insgesamt wurden hier 1967/68 sechs große Sandsteinurnen ausgegraben. Sie bestehen aus jeweils drei in Stein gehauenen Ringen, die perfekt aufeinander passen. Die Bedeckungen wurden nicht gefunden. Man nimmt an, dass hier neben der Königin ihre nahen Angehörigen beigesetzt wurden. Heute sind die Urnen wieder recht tief in der Erde vergraben, nur auf Fotos kann man sie in Gänze bewundern.

## Pho Khaung Kann-Steinreliefs

In einem kleinen Haus werden zwei große Steinreliefs aufbewahrt. Zur Zeit der Recherche war das kleine Museum jedoch geschlossen und es ist unklar, ob es wieder geöffnet wird. Die Reliefs wurden bereits 1907/08 gefunden. Beide sind etwa 1,80 m hoch und nahezu ebenso breit. Sie zeigen u. a. den meditierenden Buddha. Man nimmt an, dass sie im 5.–7. Jh. entstanden.

## Mathikyia-Hügel

Der Sockel eines Stupas gehört zu den ersten Ausgrabungsstätten Sri Ksetras und wurde bereits 1927/28 von Charles Duroiselle gefunden. Archäologen datieren den Bau des Stupas auf das 3.–4. Jh. Es wurden zudem Eisennägel, Bronzespiegel, Votivtafeln und Waffen ausgegraben. Diese sind hier heute nicht mehr im Original zu sehen (nur auf einer Infotafel).

## East und West Zegu

Zurück Richtung Palast führt eine Straße, die nicht bei jedem Wetter befahrbar ist, vorbei am East und am West Zegu. Im East Zegu wurde eine Buddhastatue gefunden, die heute im Museum zu bestaunen ist. Der West Zegu, heute nur noch eine Ruine, befndet sich nahebei. Wer hier nicht vorbeifahren kann, nimmt die äußere Straße zurück, vorbei am Baw Baw Gyi-Tempel.

## Paya Htaung-Pagode

Diese kleine Pagode befindet sich nahe dem Museum. Lange Zeit galten Erbauer und Zeitraum als unbekannt. Heute gehen Forscher davon aus, dass der Bau zwischen 900–1000 n. Chr. errichtet wurde. Die Legende berichtet, 1000 Offiziere hätten ihn bezahlt. Im Stil ähnelt die Pagode jenen von Bagan. Einst sollen die vier Türen offen gewesen sein, heute sind sie zugemauert. Nahebei wurden Urnen gefunden, u. a. soll hier eine große Urne in einem Stupa eingemauert gewesen sein. Das Beweisfoto zum Fund ist aber äußerst fragwürdig und sieht eher aus wie die Photoshoparbeit eines Anfängers. Wo die Urne, die über 2 m Durchmesser aufweisen soll und mit Inschriften geschmückt ist, heute zu finden ist, konnten wir leider noch nicht herausfinden.

## Phayamar-Pagode

Wieder außerhalb der Stadtmauer ist die Phayamar-Pagode die letzte Station der Besichtigungstour. Sie ähnelt der Payagyi-Pagode und wurde wohl auch zur selben Zeit erbaut. Auch Phayamar soll einmal Reliquien Buddhas beherbergt haben: einen Finger, einen Fußnagel und auch Knochenstückchen.

## TRANSPORT

Für einen Ausflug benötigt man etwa 4 Std. Zeit. In der Stadt bieten **Mopedfahrer** ihre Dienste an. Für 10 000 Kyat kann man sich zu den Sehenswürdigkeiten bringen lassen.

Die Feldwege innerhalb der alten Stadtmauern sind in einem annehmbaren Zustand und können mit einem Moped gut befahren werden. Auf einem **Fahrrad** in Eigenregie ist es etwas schwieriger, aber machbar. E-Bikes gab es zur Zeit der Recherche noch nicht.
Nostalgiker mieten sich einen **Ochsenkarren** (US$5) und lassen sich von einem der Bauern gemächlich zu den Tempeln und Pagoden kutschieren. Welche Tempel genau besichtigt werden, muss mit den Bauern geklärt werden.
Wenn die Rikschafahrer Englisch sprechen oder ein Führer dabei ist, ist die Route schnell geklärt. Die Mopedfahrer fahren die Tempel meist in der Reihenfolge ab, wie oben gelistet.
Zu Fuß ist der Ausflug beschwerlich, wenn auch für gute **Wanderer** machbar. Zum Schutz vor Schlangen sollte auf festes Schuhwerk geachtet werden. Und auf jeden Fall muss genug Wasser im Gepäck sein. Auf der Hin- und Rückfahrt in die Stadt bieten zwar einige Toddy-Bars leckeren Palmwein und andere Getränke zur Erfrischung an, und auch innerhalb der Stadt haben einige kleine Erfrischungsstände eröffnet, sie sind aber dünn gesät.

PER BALLON ÜBER BAGAN; © MARTIN H. PETRICH

# Bagan und Umgebung

**Wenn die ersten oder letzten Sonnenstrahlen die einmalige Kulturlandschaft in warmes Licht hüllen, wünscht man sich nichts mehr, als dass der Augenblick zur Ewigkeit wird. Sprachlos steht man vor einem der heute über 3400 aufgelisteten Monumente Bagans, die innerhalb von 250 Jahren errichtet wurden und zu den architektonischen Meisterleistungen Asiens zählen.**

# Stefan Loose Traveltipps

**5** **Bagan** Oft beschrieben und doch unbeschreiblich: eine endlose Pagodenlandschaft in pastellfarbenen Tönen. S. 250

**Sale** Gemütlicher Flecken im Dornröschenschlaf mit Zeugnissen einer lebendigen Vergangenheit. S. 295

**Mount Popa** Wie eine Fata Morgana in endloser Weite. Ein Ort schicksalhafter Begegnungen und unruhiger Geister. S. 300

**Pakokku** Lebendige Stadt am Ayeyarwady mit geschichtsträchtigen Klöstern und interessanten Handwerksdörfern in der Umgebung. S. 303

**Salin, Legaing und Sagu** Stimmungsvolle Städtchen in Ober-Myanmar mit geschichtsträchtigen Holzklöstern. S. 310

KUTSCHPARTIE AUF BIRMANISCH; © MARTIN H. PETRICH

BALLHERSTELLUNG IM THAZIN-DORF; © MARTIN H. PETRICH

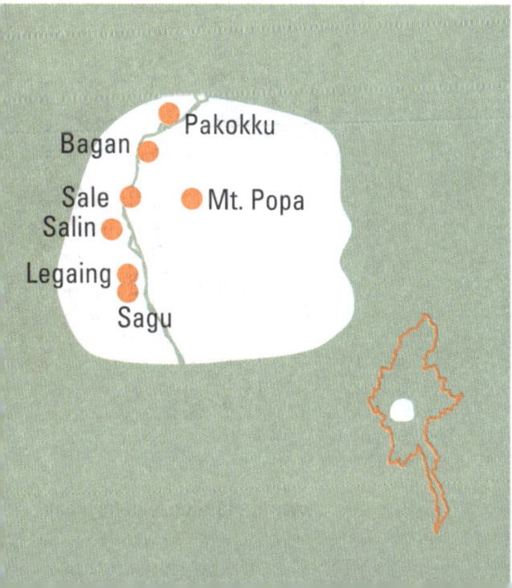


**Wann fahren?** Bagan und Umgebung sind das ganze Jahr über schön.

**Wie lange?** Besucher sollten mindestens zwei Tage einplanen, besser mehr.

**Bekannt für** die herrliche Pagodenlandschaft

**Beste Feste** Das Ananda-Festival im Januar

**Unbedingt ausprobieren** Die süßen Tamarindenblättchen

**Highlight** Eine Fahrt mit der Pferdekutsche durch Bagan ist ein besonderes Erlebnis. Ungleich teurer, aber ebenfalls ein absolutes Highlight: im Heißluftballon über das Pagodenmeer zu gleiten.

Bagan
0
1 km
N
Pakokku
Nyaung U Jetty
IWT-Büro
Thetkyamuni
7
8
Ayeyarwady-Brücke (20 km), Pakokku (30 km)
NYAUNG U AIRPORT
Anauk Myene
DISTRICT HOSPITAL
Tetthe
6
Mantegu
Hngyatpyit-taung Umin
Nyaung U
5
Golf-platz
Izagawna
50
Aleya-Gruppe
Nanmyint-Turm
49
1
Shwezigon
Tansaung Kyaung
2
Alopyi Kyaung
4
3
Wetkyi-In
Shinboemae
Soolaygon-Gruppe
Thingan-yon
Letputkan
Shweleiktoo
Wuttanataw-Gruppe
Alopyi-Gruppe
9
Khaymingha
Oak Kyaunggyi
Kloster
11
10
Myazigon
Payangazu-Gruppe
Sint-Pahto
Ywahaunggyi
s. Detailplan Nyaung U S. 258
Ayeyarwady
Leya
27
Taungbi
Ananda
JETTY
Almdara Pyitsaya
Thatbyinnyu
Alt-Bagan (Bagan Myohaung)
Shwekunchar
Bupaya
JETTY
Minyeingon
s. Detailplan Alt-Bagan S. 264
12 – 26

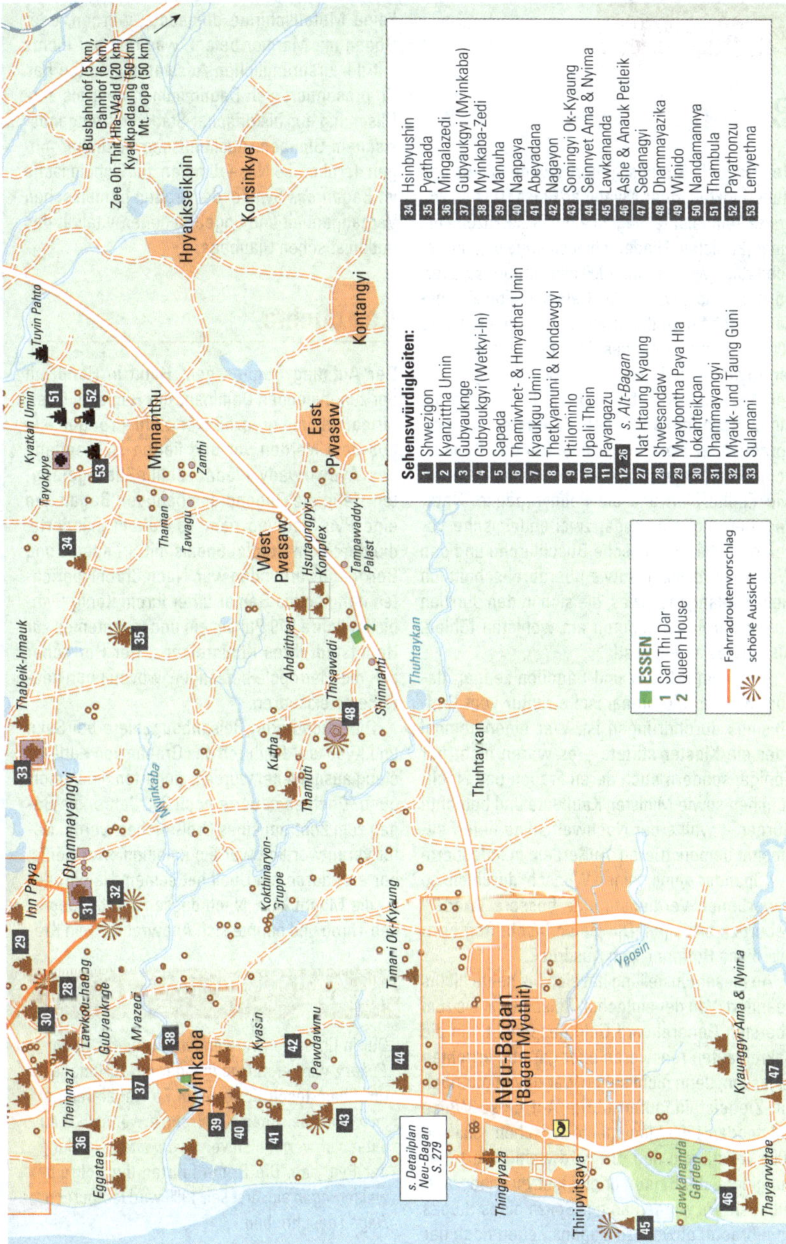

Sehenswürdigkeiten:
1 Shwezigon
2 Kyanzittha Umin
3 Gubyauknge
4 Gubyaukgyi (Wetkyi-In)
5 Sapada
6 Thamiwhet- & Hmyathat Umin
7 Kyaukgu Umin
8 Thetkyamuni & Kondawgyi
9 Htilominlo
10 Upali Thein
11 Payangazu
12 26 s. Alt-Bagan
27 Nat Htaung Kyaung
28 Shwesandaw
29 Myaybontha Paya Hla
30 Lokahteikpan
31 Dhammayangyi
32 Myauk- und Taung Guni
33 Sulamani
34 Hsinbyushin
35 Pyathada
36 Mingalazedi
37 Gubyaukgyi (Myinkaba)
38 Myinkaba-Zedi
39 Manuha
40 Nanpaya
41 Abeyadana
42 Nagayon
43 Somingyi Ok-Kyaung
44 Seinnyet Ama & Nyima
45 Lawkananda
46 Ashe & Anauk Petleik
47 Sedanagyi
48 Dhammayazika
49 Winido
50 Nandamannya
51 Thambula
52 Payathonzu
53 Lemyethna
ESSEN
1 San Thi Dar
2 Queen House
Fahrradroutenvorschlag
schöne Aussicht
Busbahnhof (5 km),
Bahnhof (6 km),
Zee Oh Thit Hla-Wald (20 km)
Kyaukpadaung (50 km)
Mt. Popa (50 km)
Hpyaukseikpin
Konsinkye
Kontangyi
Minnanthu
East Pwasaw
West Pwasaw
Hsutaungpyi-Komplex
Tampawaddy-Palast
Tuyin Pahto
Kyatkan Umin
Tayokpye
Zanthi
Thaman
Tawagu
Thabeik-hmauk
Ahdaithtan
Thisawadi
Shinmahti
Thuhtaykan
Kutha
Thamuti
Myinkaba
Dhammayangyi
Inn Paya
Kokthinaryon-Gruppe
Tamari Ok-Kyaung
Lawkou-haung
Gubyaukrge
Mrazedi
Theinmazi
Eggatae
Myinkaba
Kyasin
Pawdawmu
Neu-Bagan (Bagan Myothit)
s. Detailplan Neu-Bagan S. 279
Thingayaza
Thiripyitsaya
Lawkananda Garden
Thayarwatae
Kyaunggyi Ama & Nyima
Yeosin

5 HIGHLIGHT

# Bagan

Der Besuch Bagans gehört zweifellos zu den Höhepunkten einer Myanmar-Reise. Das 40 $km^2$ große Tempelareal liegt in einer Trockenzone mit einer jährlichen Niederschlagsmenge von durchschnittlich weniger als 1000 mm. *Tattadesa*, „verdorrtes Land", wurde das Gebiet in alter Zeit genannt. Schuld an der Trockenheit sind die bis zu 3000 m hohen Gipfel des Rakhine Yoma im Westen Myanmars, da sie die schweren Regenwolken des Monsuns abhalten. Die Landschaft hat einen savannenähnlichen Charakter mit entsprechender Flora und Fauna. Bei den Bäumen dominieren Akazien, Niem und Tamarinde sowie Euphorbien und die Palmyrapalme. Unter den Tieren gibt es sogar zwei endemische Vogelarten, die Birmanische Buschlerche und den Weißkehldrossling, sowie überdurchschnittlich viele Schlangenspezies, die sich in den dunklen Ecken der Tempelbauten am wohlsten fühlen. Also etwas aufgepasst!

Die vielen Klöster und Pagoden zeugen davon, wie tief die birmanische Kultur vom Buddhismus durchdrungen ist. Wer einen Tempel oder ein Kloster stiftete – es waren nicht nur Könige, sondern auch deren Frauen und Nachkommen sowie Minister, Kaufleute und betuchte Bürger –, wollte der Nachwelt seine tiefe Religiosität demonstrieren. Außerdem manifestierte der Spender damit seinen Wunsch, durch die so erworbenen Verdienste eine bessere Wiedergeburt zu erlangen. Die vielen Inschriften bringen diese Hoffnung zum Ausdruck.

An dieser Einstellung hat sich bis heute nichts geändert. Von der einfachen Reisbäuerin bis zum obersten General wird Geld gespendet, um die Sakralbauten renovieren oder gar neu errichten zu lassen, denn nicht selten war davon nur noch ein Ziegelsteinhaufen übrig. Auf diese Weise entstanden 1299 Monumente zwischen 1995 und 2008 vollständig neu. Oft wird wenig Wert darauf gelegt, die Bauten originalgetreu wiederaufzubauen. *Hti* werden an der Spitze eines Stupas angebracht, obwohl zu Bagans Zeiten noch gar keine Metallschirme eingesetzt wurden, oder Böden mit Marmor belegt, was rein gar nichts mit der ursprünglichen Ausstattung zu tun hat. So präsentiert sich Bagan immer mehr als eine Mischung aus historischer Stätte und zeitgenössischem Glauben. Ausländische Besucher mögen darüber die Nase rümpfen, für Einheimische ist Bagan *das* Symbol der großen birmanischen Vergangenheit und ungebrochenen Vitalität des buddhistischen Glaubens.

## Geschichte

Der Aufstieg Bagans geht Hand in Hand mit der zunehmenden Dominanz der Bamar in Oberbirma. In immer größerer Zahl drangen sie aus dem Norden vor und ließen sich entlang des Ayeyarwady nieder. Schließlich gelangten sie in die Gegend des heutigen Bagan, wo eine Pyu-Siedlung namens **Pukam** existierte, die durch ein Städtebündnis mit Sri Ksetra und Beikthano verbunden war. Nach Chronikberichten nahmen die Bamar unter ihrem König Pyinbia im Jahre 849 Pukam ein und machten es zur Hauptstadt ihres Königreiches. Der Herrscher ließ die Metropole befestigen, wovon noch heute Reste existieren.

Die fruchtbaren Reisanbaugebiete bei Salin und Kyaukse, die durch das Graben von Kanälen stetig ausgeweitet wurden, sicherten die Versorgung. Doch es dauerte noch 200 Jahre, bis Bagan zum Zentrum eines Großreiches wurde. Dafür verantwortlich war ein ambitionierter König, der erst durch ein Duell mit seinem Halbbruder an die Macht kam. Nach dessen Tod bestieg er den Thron und nannte sich **Anawrahta**. Sein Krö-

### Namen

Der in Chroniken verwendete Name für Bagan, *Pukam*, wird erstmalig in einer um 1050 datierten Cham-Inschrift aus dem Po Nagar-Tempel im vietnamesischen Nha Trang erwähnt. Bagan leitet sich vermutlich von *Pyu gama*, „Siedlung der Pyu", ab. Die Briten führten die Schreibweise *Pagan* ein, erst seit 1989 wird lautgerecht *Bagan* geschrieben.

nungsjahr 1044 gilt als der Beginn des Ersten birmanischen Reiches. Der Königsstadt gab er den Sanskritnamen **Arimaddanapura**, „Stadt, die den Feind vernichtet".

## Glanz und Untergang einer Regionalmacht

Anawrahta gelang es innerhalb kurzer Zeit, sein Reich zu festigen. Doch um es wirklich zu einem Großreich werden zu lassen, brauchte er den Zugang zum Meer. Daher unterwarf der König die Küstenregion, wo mit Mottama (bei Mawlamyine), Dala (bei Yangon) und Pathein wichtige Häfen für den Seehandel im Golf von Mottama und Bengalen lagen. Ob Anawrahta wirklich 30 000 **Mon** samt ihrem König Manuha aus Thaton verschleppte, wie es die fantasiereiche *Glaspalastchronik* detailreich schreibt, bleibt angesichts fehlender Beweise fraglich.

Unter Anawrahta begann in Bagan ein atemberaubender religiöser Bauboom. Mit der Fertigstellung der Shwezigon und der Errichtung des Ananda setzte sein zweiter Nachfolger, **Kyanzittha** (reg. 1084–1112), neue architektonische Maßstäbe und ließ sich von diversen Kulturen inspirieren. Für seine Inschriften verwandte er neben dem altbirmanischen Alphabetensystem auch jenes der Mon und entwickelte in seinen Bauten die Architektur von Pyu-Tempeln weiter, während die Skulpturen wiederum nordindischen Vorbildern folgten. Der Niedergang des Ersten birmanischen Reiches begann im 13. Jh., wofür es eine Reihe von Gründen gibt. In der Provinz rebellierten manche Statthalter, auch ging die Küstenregion wieder verloren. Zu einem chronischen Problem wurden die sinkenden Steuereinnahmen infolge der vielen Landschenkungen an buddhistische Klöster. Vor allem unter dem baufreudigen Regenton **Narapatisithu** (reg. 1173–1210) und dessen Sohn **Nadaungmya** (reg. 1210–34) nahm der Anteil monastischer Ländereien enorm zu.

Es gibt Berechnungen, dass in der zweiten Hälfte des 13. Jhs. mehr als 60 % der in der weiteren Umgebung Bagans geschätzten 2308 km² Anbaufläche für Nassreis von Abgaben befreit waren. Versuche, die teilweise übermächtig gewordenen **Klöster** zu enteignen, konnten daran nicht viel ändern. Kostspielige Tempelbauten führten zur Konzentration der Arbeitskräfte, die an anderer Stelle fehlten, sodass Bagan den bevorstehenden geopolitischen Veränderungen in Südostasien nichts entgegenzusetzen hatte.

Als die rasanten Eroberungszüge des Mongolenführers Kublai Khan auch das birmanische Reich erreichten, war dies der Anfang vom Ende Bagans. Nach einer ersten Expedition in den Norden des Landes 1285 folgte ein gutes Jahr später eine zweite. Es ist jedoch unwahrscheinlich, dass die Mongolen jemals nach Bagan kamen. Vom letzten großen König **Narathihapate** (reg. 1254–87) wird erzählt, er habe 1287 eine mongolische Gesandtschaft hinrichten lassen, sei nach Pyay geflohen und dort von seinem Sohn umgebracht worden. Allerdings wurde die Stadt mit seinerzeit etwa 400 000 Einwohnern vermutlich erst Mitte des 14. Jhs. verlassen, als etwa 180 km flussaufwärts in Sagaing (und später Inwa) ein neues Machtzentrum entstand.

### Die Könige von Bagan

| | |
|---|---|
| **Anawrahta** | reg. 1044–1077 |
| **Sawlu** | reg. 1077–1084 |
| **Kyanzittha** | reg. 1084–1112 |
| **Alaungsithu** | reg. 1112–1167 |
| **Narathu** | reg. 1167–1170 |
| **Naratheinkha** | reg. 1170–1173 |
| **Narapatisithu** | reg. 1173–1210 |
| **Nadaungmya („Htilominlo")** | reg. 1210–1234 |
| **Kyazwa** | reg. 1234–1250 |
| **Uzana** | reg. 1250–1254 |
| **Narathihapate** | reg. 1254–1287 |
| **Kyawzwa** | reg. 1287–1298 |
| **Sawhnit** | reg. 1298–1312 |

# Architektur

Die 3400 Bauwerke sind fast ausschließlich religiöser Natur und unterteilen sich in Tempel *(pahto)*, Stupas *(zedi)*, Klosteranlagen *(kyaung)* und andere Gebäude wie Schreine, Bibliotheken *(pitakataik)* und Ordinationshallen *(thein)*. Fast alle nicht-religiösen Gebäude wie Königspalast und Wohnhäuser existieren nicht mehr, da sie aus Holz oder Bambus errichtet wurden. Nur das Tharaba-Tor und Teile der Stadtmauer sind erhalten.

Auch viele religiöse Gebäude wie die Wohnräume der Mönche, Ordinationshallen oder Bibliotheken bestanden aus Holz. Wie sie ausgesehen haben, lässt sich vage rekonstruieren, da noch einige Beispiele aus Stein existieren, darunter der Upali Thein und Pitaka Taik.

Bevorzugtes Baumaterial ist unübersehbar der **Ziegelstein**. Er wurde teilweise weit nördlich von Bagan an den Ufern des Chindwin und Ayeyarwady gebrannt und mit Booten in die Königsstadt transportiert. Ursprünglich waren alle Ziegelsteinbauten mit **Stuck** überzogen, der entsprechend feine Verzierungen zuließ. Manche Bauten, darunter Stupas und *shikhara*, das sind gerippte Tempelspitzen mit vier Seiten, waren zudem mit Lack überzogen und vergoldet. Nur marginal wurde auch der nördlich von Bagan vorhandene **Sandstein** als Baumaterial verwendet, z. B. beim Nanpaya in Myinkaba. An Großbauten setzte man ihn zur Sicherung der Statik als stabilisierenden Eckstein ein (s. Dhammayangyi und Ananda). Aber als Grundmaterial für Skulpturen und Reliefs war er unabkömmlich. Es dominieren zwei Typen von religiösen Bauwerken: das massive *zedi* und der innen begehbare *pahto*.

### Bauphasen in Bagan

**Frühe Phase**: In der Anfangszeit, auch Mon-Phase genannt, wirken die *pahto* aufgrund ihres niedrig gehaltenen Hauptraums und der meist flach ansteigenden Dachkonstruktionen sehr gedrungen. Durch die gitterförmigen Fensteröffnungen dringt nur wenig Licht ins Innere. Die Kühle und Dunkelheit sowie zahlreiche Nischen verleihen ihnen einen „Höhlencharakter", weshalb die Tempel häufig als *gu*, „Höhle", bezeichnet werden.

**Mittlere Phase**: Typisch für diese Bauperiode im 12. Jh. sind die kubisch gestalteten, deutlich voneinander abgehobenen Stockwerke. Große Fenster- und Türöffnungen lassen viel Licht ins Innere.

**Späte Phase**: Während des 13. Jhs. finden sich verschiedene Stilrichtungen. Mal dienen ältere Bauten als Vorbild, mal wird der *pahto* vollkommen anders gestaltet, wie etwa der dreiteilige Payathonzu in Minnanthu.

## Zedi

Die verschiedenen Stupa-Formen in Bagan ermöglichen es, die Entwicklungsgeschichte dieses wichtigsten buddhistischen Kultbaus zu rekonstruieren. Zur Symbolik des Stupas s. S. 135.

- **Typ 1**: Die ältesten Exemplare wie der Bupaya und der **Ngakywenadaung** in Alt-Bagan lassen mit ihren eigenwilligen Formen (gurken- und eiförmig) unschwer Pyu-Einflüsse erkennen. Sie entstanden ausnahmslos vor der großen Zeit Bagans.
- **Typ 2**: Ein eigener birmanischer Stil deutet sich erstmalig in der ersten Hälfte des 11. Jhs. mit dem **Lawkananda** und noch mehr mit der **Shwesandaw-Pagode** an. Die sich deutlich voneinander abhebenden Terrassen gewinnen an Prominenz und der *anda* nimmt immer mehr die Form einer Glocke an. Den Abschluss bilden mehrere sich verjüngende Ringe *(chattra)*, die bei späteren Pagoden nicht mehr wegzudenken sind. Diese Elemente finden ihre klassische Ausformung in der **Shwezigon-Pagode**. Sie wurde zum Prototyp des birmanischen Stupas und in Bagan mehrfach kopiert, z. B. beim Mingalazedi und mit gewissen Abweichungen beim Dhammayazika.
- **Typ 3**: Terrassen und Glockenform des *anda* finden sich ebenfalls bei Pagoden dieses Typs, aber der Abschluss wird durch eine breite, diskusförmige Schale mit anschließendem zylindrischem und geripptem Aufsatz gebildet. Bekanntestes Beispiel ist der **Seinnyet Nyima**. Die Form lässt sich auch beim Stupa-Aufsatz der Tempel Abeyadana und Pahtothamya erkennen.
- **Typ 4**: Markenzeichen der Stupas auf Sri Lanka ist der quadratische Aufsatz über dem *anda*, *harmika* genannt. Bekanntlich waren die Beziehungen zwischen der südasiatischen Insel und Bagan sehr eng. So verwun-

dert es nicht, dass dieses Bauelement auch bei vielen Stupas in der birmanischen Königsstadt zu finden ist. Offensichtlich erfreuten sie sich vor allem im 13. Jh., also zur Spätphase Bagans, großer Beliebtheit, wie viele Exemplare rund um Minnanthu beweisen. Eines der frühesten Beispiele für diesen „singhalesischen Stil" ist die **Sapada-Pagode** in Nyaung U aus dem ausgehenden 12. Jh.

## Pahto

Architektonische Vorrangstellung in Bagan nehmen unübersehbar die Tempelbauten ein, *pahto* genannt. Im Gegensatz zum *zedi* sind sie begehbar. In ihrem Innern beherbergen sie eine oder mehrere Buddhafiguren, zu dessen bzw. deren Verehrung sie je nach Größe und Bedeutung Vorräume und Korridore besitzen. Als Vorbilder gelten die *pahto* der Pyu in Sri Ksetra (Thayekhittaya) sowie nordindische Sakralbauten. Hinsichtlich ihres Grundrisses kann man zwei Haupttypen unterscheiden:

**Zentrische Tempel**: Sie besitzen eine quadratische Grundform mit einem oder vier Eingängen. Bei den Großtempeln wie dem Ananda oder Dhammayangyi gleicht der Grundriss einem griechischen Kreuz. Manche sind zweistöckig wie der Thatbyinnyu, Htilominlo, Sulamani oder Gawdawpalin.

**Axial ausgerichtete Tempel**: Trotz der vielen Varianten (ein- und zweistöckige Bauten) haben die Tempel dieses Typs alle eine vorgelagerte Eingangshalle. Die schlichteste Form ist eine einfache Zelle mit Vorraum (Payathonzu, Nandamannya). Manche *pahto* haben einen massiven Pfeiler in der Mitte mit Buddha-Altären auf allen vier Seiten (Gubyaukgyi Wetkyi-in, Shwegugyi). Größere Tempel besitzen einen umlaufenden Korridor (Nagayon, Gubyaukgyi in Myinkaba).

## Wandmalereien

In 347 der Tempel Bagans sind zumindest Reste von Wandmalereien erhalten. Als Experten der Unesco in den 1980er-Jahren mit Restaurierungsarbeiten begannen, kamen hervorragende künstlerische Arbeiten zum Vorschein. Oft kamen die Experten jedoch zu spät: Viele Malereien waren bereits durch Übertünchung für immer verloren.

### Stupas

**Typ 1:** Bupaya (vor 10. Jh.)

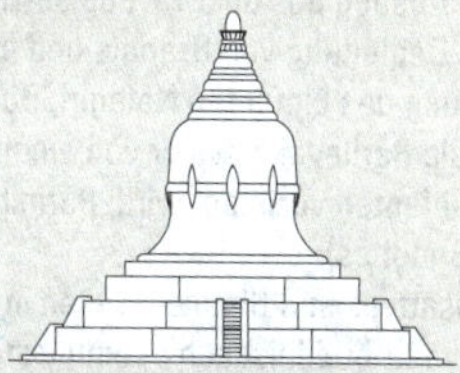

**Typ 2:** Lawkananda (1059)

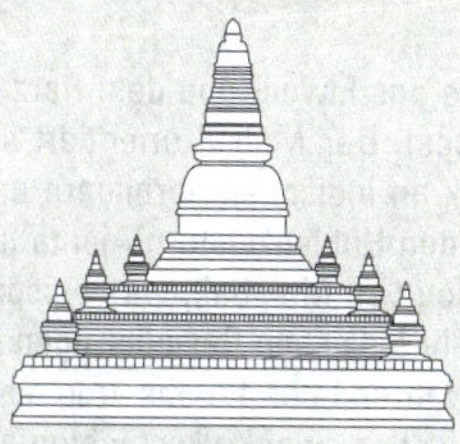

**Typ 3:** Seinnyet Nyima (11. Jh.)

**Typ 4:** Sapada (1181)

Anhand des Untergrunds ist eine grobe Datierung der Malereien möglich: Im 11./12. Jh. wurde auf die Ziegelsteinwand zuerst eine Putzschicht aufgetragen und mit einer Kalkschicht und einer Farbgrundierung überzogen (mögli-

### Themen der Wandmalereien

- die 28 bisher erschienenen Buddhas (jeder fand unter einem anderen Baum die Erleuchtung)
- 547 (gelegentlich auch 550) Jatakas
- Szenen aus dem Leben des Gautama Buddha, darunter sehr häufig folgende acht Hauptereignisse: Geburt; Erleuchtung; erste Predigt von Benares; Vermehrungswunder in Kosala (Buddha erscheint gleich mehrfach); Abstieg aus dem Tavatimsa-Himmel (oft in Begleitung von Brahma und Indra); Zähmung des Elefanten Nalagiri; Buddha im Wald Parileyaka, wo er von einem Affen und Elefanten verpflegt wird; Parinibbana (Tod Buddhas)
- Bodhisattvas und Himmelswesen in mahayana-buddhistisch beeinflussten Tempeln
- hinduistische Motive



cherweise aus Eiweiß und dem Harz des Akazienbaumes). Der Malstil orientiert sich noch sehr stark an indischen Vorbildern und ähnelt jenem in den Höhlenklöstern Ajanta und Ellora (nordöstlich von Mumbai), was beispielsweise an den sehr indischen Gesichtszügen zu erkennen ist. Während des 12. Jhs. trug man auf die Wand zwischen zwei Kalkschichten eine Putzschicht auf. Im 13. Jh. malten die Künstler auf drei Kalkschichten, deren oberste sie mit Wasser befeuchteten. Nie jedoch wurde die Freskotechnik angewendet, bei der die Farbe auf eine feuchte Grundschicht aufgetragen wird.

Die Motive sind fast ausnahmslos religiöser Art. Gleichwohl geben sie Aufschluss über die zeitgenössische Kleidung, Haartracht und Architektur der Bagan-Ära. Folgende *pahto* enthalten teilweise noch gut erhaltene Malereien: Abeyadana, Gubyaukgyi (Wetky-in), Gubyaukgyi (Myinkaba), Lokahteikpan, Nandamannya, Nagayon, Payangazu-Gruppe (mit Resten von Stoffmalereien), Payathonzu, Pathothamya, Hsinbyushin-Klosterkomplex.

Die Malereien im Ananda Ok-Kyaung und Upali Thein sind jüngeren Datums: Sie stammen aus dem 18. Jh.

## Zerstörung und Restaurierung

Auch nachdem Bagan seine Funktion als Königsstadt verloren hatte, galt der Ort als symbolisches Zentrum Birmas. Bedeutende Könige ließen es sich nicht nehmen, die wichtigsten Tempel zu restaurieren oder zu beschenken. So ließ König Bayinnaung (reg. 1551–81) im Jahr 1557 die Shwezigon neu vergolden und stiftete eine neue Glocke. Im 18. Jh. wurden mit dem Upali Thein und Ananda Ok-Kyaung sogar zwei neue Tempel errichtet. Doch konnte nicht verhindert werden, dass es regelmäßig zu Plünderungen kam, u. a. von den deutschen Hobby-Archäologen Dr. Thomann (S. 261) und Fritz Noetling.

Noetling, der als Geologe in den Ölfeldern von Yenangyaung arbeitete, entfernte am Mingalazedi und Dhammayazika zahlreiche Terrakottatafeln. 1893 schenkte er 101 Tafeln dem Berliner Museum für Indische Kunst, wo heute einige Exemplare ausgestellt sind. Einem anderen Deutschen, dem Archäologen Dr. Emil Forchhammer, Professor für Pali am Rangoon College, der im Auftrag der Kolonialregierung Bagan 1881 erstmalig erforschte, sind einige wichtige Tempelstudien zu verdanken.

Vor allem war es jedoch Gordon Hannington Luce (1889–1979), der ab 1912 Bagan systematisch untersuchte und die Geschichte anhand der mehr als 400 Inschriften zu erhellen versuchte. Von dem Briten stammen die wichtigsten Forschungsergebnisse, welche er u. a. zusammen mit Bo-Hmu Ba Shin in seinem Standardwerk *Old Burma; Early Pagan* veröffentlichte. Die politische Isolation ab 1962 verhinderte spätere Arbeiten. Das schwere Erdbeben vom 8. Juli 1975 bedeutete einen herben Rückschlag für den Erhalt der Tempel in Bagan.

Erst unter dem Franzosen Pierre Pichard kam es im Auftrag der École française d'Extrême-Orient (EFEO) ab 1992 zu einer umfassenden Bestandsaufnahme der Tempel. Problematisch sind die dilettantischen Restaurierungsarbeiten und Rekonstruktionsversuche, wie etwa der Neubau des Königspalastes. Ausländische Experten sind daran kaum beteiligt, und einheimische qualifizierte Archäologen sind rar. Trotzdem sollen einige Tempel von Bagan 2017 in die Unesco-Welterbe-Liste aufgenommen werden.

## Besichtigung

Viele Unterkünfte und Läden verleihen **Fahrräder** ab rund 1500 Kyat und **E-Bikes** um 7000 Kyat am Tag. Schwierigkeiten bereiten allerdings die sandigen Wege abseits der Hauptstraßen. Dornige Zweige können zudem die Fahrt vorzeitig stoppen. Eine kleine Testfahrt bei der Ausleihe verhindert böse Überraschungen, da manche Zweiräder die Tempel in ihrem ruinösen Zustand zu überbieten scheinen.

Wer es bequemer haben möchte, kann das Tempelareal mit einer **Pferdekutsche** besuchen. Viele Fahrer sprechen passables Englisch. Für eine Tagestour erwarten die Kutscher abhängig von der Route ab 20 000 Kyat. An der Anlegestelle unweit des Aye Yar River View Hotels kann man auch ein **Boot** mieten, um z. B. den Höhlentempel Kyauk-gu Umin zu besuchen. Diese zwei- bis dreistündige Fahrt ist vor allem nachmittags sehr schön (ca. 20 000 Kyat). Für eine Sunset-Tour verlangen die Fahrer etwa 12 000 Kyat/Stunde.

Zur Besichtigung vieler Tempel ist eine **Taschenlampe** nötig. Sollte ein Gebäude verschlossen sein, findet sich immer jemand, der weiß, wo sich der **Schlüsselträger** gerade aufhält. Gegen ein kleines Trinkgeld öffnen sich viele Türen. Weitere Infos zu Bagan gibt es auch unter eXTra [5343].

### Orientierung

Zur leichteren Orientierung werden die Tempel den verschiedenen Ortschaften zugeordnet. Im Norden befindet sich das wirtschaftliche Zentrum Bagans, **Nyaung U**, nach dem auch der Flughafen benannt ist. Von Nyaung U führen parallel zwei breite Straßen in Richtung Südwesten.

#### Eintritt

Für den Besuch der archäologischen Stätten wird ein einmaliger Eintritt von US$20 verlangt. Wer mit dem Bus anreist, muss das Ticket bereits vor Ankunft an einem Schalter an der Einfallstraße bezahlen. Weitere Kassen befinden sich in Nyaung U unweit der Bootsanlegestelle und am Flughafen.

#### Best of Bagan

- **Ananda** der prächtigste Kultbau, S. 262
- **Shwezigon** der glänzendste Stupa, S. 255
- **Dhammayangyi** die massivste Pyramide, S. 272
- **Manuha** die ungewöhnlichsten Buddhas, S. 276
- **Gubyaukgyi** (Myinkaba) die schönsten Malereien, S. 275
- **Nanpaya** die feinsten Sandsteinreliefs, S. 276
- **Payathonzu** die filigransten Wandbilder, S. 281
- **Kyaukgu Umin** Meditationshöhle mit der bezauberndsten Anfahrt, S. 260
- **Shwesandaw** der Stupa mit der schönsten Aussicht, S. 271
- **Thatbyinnyu** der höchste Tempelbau, S. 266

Nach etwa 5 km gelangt man zum ehemaligen politischen Zentrum, heute **Alt-Bagan (Bagan Myohaung)** genannt. Dort liegen die wichtigsten Tempelanlagen. Im Mai 1990 wurden die Bewohner in einer umstrittenen Aktion zwangsumgesiedelt. Heute leben sie im 4 km südlich gelegenen **Neu-Bagan (Bagan Myothit)**, das sich mit seinen zahlreichen Hotels und Gästehäusern inzwischen zu einer lebendigen Siedlung gemausert hat. Etwa 1 km südlich von Alt-Bagan liegt **Myinkaba** mit zahlreichen Lackwerkstätten. Weitere Orte sind **Thiripyitsaya** am Ayeyarwady, das mit Neu-Bagan zusammengewachsen ist, und **Minnanthu** im Osten Bagans.

## Nyaung U

### Shwezigon 1

Die vergoldete Shwezigon zählt zu den Meisterwerken der Tempelbauten Bagans. Erstmalig wurde mit ihr ein Zedi in einem eigenständigen birmanischen Stil errichtet. Auch für Laien unverkennbar hebt sich ihre Form von den älteren Pyu-Vorbildern oder den singhalesischen Pagodentypen ab.

Der Baubeginn im Jahr 1059 fällt in eine Phase, in welcher der Stifter-König **Anawrahta** sein neu geschaffenes Großreich durch eine einheitliche Religion, den Buddhismus, festigen wollte. Daher war ihm sehr daran gelegen, die wichtigsten Reliquien Buddhas nach Bagan zu bringen und für sie eine Pagode zu bauen. Aus der alten Pyu-Metropole Thayekhittaya (Sri Ksetra) brachte er ein Stirnbein Buddhas mit, und der befreundete König von Sri Lanka machte ihm ein Duplikat der berühmten Zahnreliquie (heute in Kandy) zum Geschenk. Einer alten Tradition folgend, ließ er den geeigneten Standort der zu errichtenden Pagode von einem weißen Elefanten ermitteln. Dort, wo das frei herumlaufende Tier mit den Reliquien auf dem Rücken anhielt, sollte sie erbaut werden. So geschah es. Die erwählte Stelle wurde *zeya bhumi*, „Land des Sieges", genannt, woraus sich der Name der Shwezigon ableitet. Doch noch vor ihrer Vollendung starb Anawrahta um 1077.

Nach mehrjähriger Unterbrechung nahm **Kyanzittha** den Weiterbau wieder auf und konnte die Pagode nach sieben Monaten am Vollmondtag Kason im Mai 1090 endgültig fertigstellen. Dass die Shwezigon auch in den folgenden Jahrhunderten von großer Bedeutung war, zeigt sich daran, dass noch lange Zeit nach dem Untergang Bagans birmanische Herrscher sie immer wieder restaurierten und reichlich beschenkten. Bis heute wird sie von Gläubigen gerne besucht, vor allem zu ihrem Pagodenfest zu Tazaungmon im November. Dann entsteht über mehrere Wochen hinweg rund um die Shwezigon ein bunter Jahrmarkt.

Da Höhe und Breite an der **Basis** mit knapp 49 m exakt gleich sind, wirken die Proportionen sehr massiv und kompakt. Die Basis bilden drei hohe, sich verjüngende quadratische Terrassen, die auf allen vier Seiten mit Treppenaufgängen verbunden sind. Es folgt eine achtseitige Zwischenplattform, auf welcher der glockenförmige *anda* ruht. Er wird durch immer kleiner werdende Kreise und am Ende durch nach oben bzw. unten gerichtete Lotosblätter abgeschlossen. Dies wurde zum Markenzeichen für Stupas im birmanischen Stil. Die Spitze hat die Form einer Bananenblüte und wird von einem eleganten schmalen *hti* – er wurde 1977 von den umliegenden Bewohnern gestiftet – gekrönt.

An den drei **Terrassen** sind viele grün glasierte Terrakottatafeln erkennbar. Ursprünglich waren es insgesamt 584, viele sind jedoch heu-

Die Schwezigon begründete einen eigenständigen birmanischen Pagoden-Stil.

© RENATE LOOSE

BAGAN UND UMGEBUNG

**Shwezigon-Pagode**

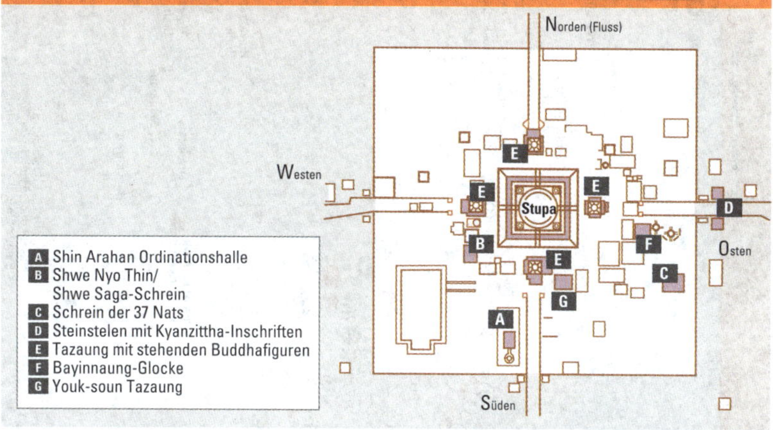


te verschwunden. Die Motive stellen eine der 550 Geburtsgeschichten Buddhas, die Jataka, dar. An den Ecken der Terrassen stehen vergoldete vasenartige Gefäße, *kalasa* genannt. Auf der obersten befinden sich zudem vier kleine Stupas, sodass sich die Gesamtzahl Fünf ergibt, eine Anspielung auf die fünf Gipfel des mythologischen Berges Meru.

Rund um den Stupa gibt es weitere interessante Gebäude, wie z. B. die vier *tazaung* an seinen Seiten. In ihnen befinden sich stehende Buddhafiguren aus Bronze, die vermutlich aus dem frühen 12. Jh. stammen. Wie üblich präsentieren die Figuren die vier Buddhas des gegenwärtigen Zeitalters. Doch nicht nur der Erleuchtete wird verehrt, sondern auch die Nats, denen im Südostteil der Anlage ein Schrein gewidmet ist. Es ist der erste **Nat-Schrein** auf dem Gelände eines buddhistischen Heiligtums. Nur die lackierte und vergoldete Holzplastik des Nat-Königs Thagyamin ist noch ein Original, alle anderen 36 Nat-Figuren sind jüngeren Datums, ebenso der heutige Bau. In einem unscheinbaren Gebäude auf der linken Seite des Westeingangs werden zwei weitere Nats, **Shwe Nyo Thin**, der Vater, und hinter ihm sein Sohn, **Shwe Saga**, verehrt. Sehenswert ist wegen seiner schönen Holzschnitzereien auch der **Youk-soun Tazaung** unweit des Südaufgangs.

Zu den wichtigsten Zeugnissen der Regentschaft Anawrahtas und Kyanzitthas zählen die beiden **Steinstelen**, die der letztere König auf beiden Seiten des östlichen Zugangs aufstellen ließ.

Auch eine von König Bayinnaung (reg. 1551–81) im Jahr 1557 gestiftete **Glocke**, ebenfalls unweit des östlichen Zugangs, ist für Historiker äußerst bedeutsam, da die Inschrift in drei Sprachen (Pali, Bamar und Mon) über dessen zahlreiche Feldzüge berichtet.

## Kyanzittha Umin 2

Irreführenderweise wird dieser Höhlentempel *(umin)* westlich von Nyaung U nach König Kyanzittha benannt, obwohl er stilistisch eher der Zeit Anawrahtas (reg. 1044–77) zuzuordnen ist. Der massive Ziegelsteinbau ist Teil einer Klosteranlage, von welcher jedoch nur noch die Außenmauern erhalten geblieben sind. Alle anderen Gebäude, wie etwa Mönchszellen und Refektorium, waren aus Holz und sind deshalb verschwunden. Das Innere besteht aus Gängen und Kammern, die der Meditation dienten. Aufgrund der dicken Mauerwerke blieb das Innere immer angenehm kühl. An den Wänden sind noch Reste von Wandmalereien zu sehen. Eine Besonderheit ist die Darstellung mongolischer Krieger. Wann sie gemalt wurden, ist jedoch unklar.

Nyaung U
0
500 m
N
JETTY
Boote nach Pakokku
Teestuben
IWT-Büro
IMMIGRATION
Ayeyarwady-Brücke (20 km)
Pakokku (30 km)
MARKT
Hmyathat-Umin
Thamiwhet Umin
Laysu-taw
Montegu
Hngyatpyittaung Umin
Shin Arahan-Ok Kyaung
Royal Bagan Clinic
District Hospital, Busbahnhof (5 km)
Bahnhof (6 km)
Lanmadaw Rd.
POLIZEI
SCHULE
KBZ Bank
Sapada
Amazing Bagan Resort
Thiripyitsaya (3) Rd.
Thiripyitsaya (4) Rd.
Thiripyitsaya (5) Rd.
Pyi Wa-Pagode
siehe Ausschnitt
Aye Nyein Tharyar Park
Ayeyarwady
FAHR-KARTEN
KINO
Nyangyi-kone
Shwezigon
Anawrahta Rd.
Bagan Golf Club
Alopyi Kyaung
Tansaung Kyaung
Kyanzittha Umin
Gubyaukgyi
Bagan-Nyaung U Rd.
Gubyauknge
Wetkyi-In
Shinboemae
Shweleik-too
Alt-Bagan (5 km)
Neu-Bagan (10 km)
Theinmazi-Pagode
AGD Bank
Zfreeti Hotel
Anawrahta Rd.

**ÜBERNACHTUNG**
① Golden Myanmar Gh.
② Inn Wa Gh.
③ Pyinsa Rupa Gh.
④ May Kha Lar Gh.
⑤ Grand Empire Hotel
⑥ Shwe Na Di Gh.
⑦ Pann Cherry Gh.
⑧ Eden Motel II
⑨ Eden Motel I
⑩ Thante Hotel
⑪ New Life Gh.
⑫ Large Golden Pot Gh.
⑬ Motel Zein
⑭ Oasis Hotel
⑮ Hotel Blazing
⑯ New Park Hotel
⑰ Yar Kin Tha Hotel
⑱ Prince Gh.
⑲ Aung Mingalar Hotel
⑳ Bagan Princess Hotel (2x)
㉑ Winner Gh.
㉒ New Wave Hotel
㉓ Bagan Umbra

**ESSEN**
3 The Beach Bagan
4 Shwe Myit Tar
5 Shwe Moe
6 San Kabar Pub & Restaurant
7 Moe Moe Win Yangon
8 Thante Bakery House
9 Novel
10 Bibo
11 Hti Bar
12 Black Bamboo
13 Pyi Wa Restaurant
14 Aroma (2)
15 A little bit of Bagan Restaurant
16 Kan Thar Oo
17 Eden BBB
18 Nanda Restaurant
19 Pyi Sone
20 Golden Emperor
21 Harmony

**SONSTIGES**
1 Daw Aye Win Massage
2 Private Transportation
3 Balloons over Bagan
4 Oriental Ballooning
5 Golden Eagle Ballooning

**TRANSPORT**
1 Shwe Keinnery, Malikha
2 Asian Wings
3 Air Mandalay
4 Yangon Airways
5 Air KBZ
6 Air Bagan
7 Busse nach Pakokku und Magwe

## Gubyauknge 3 und Gubyaukgyi 4

Am meist ausgetrockneten Flussbett des Shwe Chaung, südöstlich des Dorfes Wetkyi-in, befindet sich der **Gubyauknge**: „Kleiner *(nge)* bemalter *(byauk)* Höhlentempel *(gu)*". Da eine Inschrift fehlt, ist nicht ganz klar, wann er errichtet wurde; stilistisch wird er in die Endphase von Kyanzitthas Regentschaft, also frühes 12. Jh., datiert. Leider sind die Wandmalereien im Innern in einem dermaßen schlechten Zustand, dass die dargestellten 550 Jataka kaum mehr zu erkennen sind. Dafür sind die Stuckarbeiten an der Außenwand teilweise noch sehr gut erhalten. Typisch für die frühe Bauphase sind die aus kleinen Durchlässen bestehenden Außenfenster, die nur wenig Licht ins Innere dringen lassen.

Etwas weiter liegt der **Gubyaukgyi-Tempel**, ein einfacher *pahto* mit nach Norden ausgerichtetem Eingang. Vermutlich ist er im 13. Jh. entstanden. Sein abschließender *shikhara* erinnert mit den vier flachen Seiten an den Mahabodhi-Tempel im indischen Bodhgaya. Das Innere macht dem volkstümlichen Namen, „Großer *(gyi)* bemalter *(byauk)* Höhlentempel *(gu)*", alle Ehre.

Fast 700 Jahre überstanden die Wandmalereien Verfall und Zerstörung. 1899 jedoch entfernten der deutsche Pseudoarchäologe Dr. Thomann und seine Kollegen große Teile davon mit einer Säge. Bis heute gelten sie als verschollen. Anfang der 1990er-Jahre säuberte ein Expertenteam unter der Führung der Unesco die übrig gebliebenen Malereien. Erst danach wurde deutlich, welche Schätze der Gubyaukgyi birgt und was verloren ging.

An den Seitenwänden des Hauptraumes ist auf den ursprunglich 544 kleinen quadratischen Flächen jeweils eine Jataka-Geschichte dargestellt. Über ihnen sind auf beiden Wandseiten je 14 Buddhas abgebildet und erinnern an die bisherigen 28 Buddha-Erscheinungen. Die überdimensionale Buddhafigur, deren halsloser breiter Kopf an einen verstorbenen bayerischen Ministerpräsidenten erinnert, verdeckt leider Teile der Wandmalereien in der Mitte, welche den Angriff der Armee Maras darstellen.

## Sapada 5

Wo die Anawrahta Road auf die Straße zum Bahnhof und Flughafen trifft, befindet sich der

## Vorschläge für Tagestouren

### Erster Tag: die Highlights

**Morgens**: Shwezigon (S. 255) ▸ Kyanzittha Umin (S. 257) ▸ Gubyaukgyi (Wetkyi-In, S. 259) ▸ Ananda (S. 262) ▸ Ananda Ok-Kyaung (S. 265)
**Nachmittags**: Gubyaukgyi (Myinkaba) (S. 275) ▸ Nanpaya (S. 276) ▸ Manuha (S. 276) ▸ Sulamani (S. 273) ▸ Dhammayangyi (S. 272) ▸ Shwesandaw (Sonnenuntergang, S. 271)

### Zweiter Tag

**Morgens**: Myauk Guni (S. 273) ▸ Payathonzu (S. 281) ▸ Nandamannya (S. 281) ▸ Dhammayazika (S. 280) ▸ Lawkananda (S. 278)
**Nachmittags**: Upali Thein (S. 262) ▸ Htilominlo (S. 262) ▸ Payangazu (S. 262) ▸ Shwegugyi (S. 268) ▸ Nathlaung Kyaung (S. 266) ▸ Thatbyinnyu (S. 266) ▸ Bupaya (Sonnenuntergang, S. 271)

### Dritter Tag

**Morgens**: Mingalazedi (S. 275) ▸ Abeyadana (S. 276) ▸ Nagayon (S. 277) ▸ Somingyi Ok-Kyaung (S. 277) ▸ Ashe und Anauk Petleik (S. 278)
**Nachmittags**: Myaybontha Paya Hla (S. 272) ▸ Lokahteikpan (S. 272) ▸ Bootsfahrt nach Kyaukgu Umin (Sonnenuntergang auf dem Boot, S. 260)

Auf der Bagan-Karte (S. 248/249) findet sich ein Vorschlag für eine Tagestour mit dem **Fahrrad**.

Sapada-Zedi. Benannt ist er nach dem Mönch Sapada Sayadaw (auch: Chapada), der den Bau 1181 initiierte. Mit dem charakteristischen *harmika*, der quadratischen Reliquienkammer auf dem glockenförmigen *anda*, weist er singhalesische Einflüsse auf. Der Grund liegt auf der Hand: Der aus Pathein stammende Sapada gehörte zu jener Mönchsgruppe, die 1171 nach Sri Lanka aufgebrochen war, um dort den orthodoxen Buddhismus zu studieren. Neu ordiniert, kehrte er nach zehn Jahren zurück und erbaute den Stupa. Der strenggläubige Mönch weigerte sich jedoch, die in Birma ordinierten Mönche anzuerkennen und gründete daher den singhalesischen Orden, was zu Spaltungen im Sangha führte. Nach seinem Tod kam es zu weiteren Spaltungen, sodass am Ende der Bagan-Ära vier buddhistische Schulen existierten.

### Thamiwhet- und Hmyathat Umin 6

Die östlich von Nyaung U gelegenen tunnelartigen Höhlentempel Thamiwhet- und Hmyathat Umin wurden Ende des 12./Anfang des 13. Jhs. in einen Sandsteinhügel gegraben und mit Ziegeln ausgebaut. Die in den Berg geschlagenen Einzelzellen dienten den Mönchen zur Meditation. Anscheinend hielten sich dort noch im 15. Jh. Mönche auf, da im Thamiwhet Umin Buddhafiguren und Inschriften aus jenem Jahrhundert gefunden wurden. Im Hmyatha Umin führt ein Korridor im Zickzackkurs durch den länglichen Bau.

### Kyaukgu Umin 7

Nordöstlich von Nyaung U liegt in einem Bergeinschnitt nahe dem Ayeyarwady das wohl schönste Beispiel einer Meditationshöhle, die Kyaukgu Umin. Der Archäologe Emil Forchhammer, der den „Steinernen Höhlentunnel" untersuchte, berichtet von der „unbeschreiblichen Einsamkeit", die einen hier überkomme.

Der massive Ziegelsteintempel wurde direkt an den Berghang gebaut. Der obere Bereich gliedert sich in drei Terrassen und wird von einem später hinzugefügten Stupa gekrönt. Türpfosten und Fensterrahmen weisen hervorragende, in den Sandstein gearbeitete Verzierungen auf. Das massive Dach wird im Innenraum von zwei mächtigen Pfeilern gestützt. Das Hauptaugenmerk gilt hier der kolossalen, 6,50 m großen Buddhafigur aus Stein. In den Wänden befinden sich zahlreiche Nischen, die mit Sandsteinreliefs bestückt waren. Viele sind

## Schöne Bootsfahrt

Den Besuch von Kyaukgu Umin kann man mit einer Bootsfahrt verbinden (um 20 000 Kyat). Nachmittags ist die Fahrt am schönsten. Aber auch mit Fahrrad und Pferdekutsche ist er gut zu erreichen.

## Affäre Dr. Thomann

Am 30. November 1899 schickte ein Sekretär der kolonialen Finanzverwaltung in Rangoon einen Brief an das Generalgouvernement in Kalkutta mit dem Betreff: „Zerstörung sakraler Kunstwerke in Pagan durch deutsche Archäologen". Darin teilte er mit, ein gewisser „Mr. Thomann" habe sich mit vier Kollegen für drei Monate in Bagan aufgehalten und dort zahlreiche archäologisch wertvolle und für Buddhisten heilige Objekte entwendet. Aus einem Tempel seien sogar Wandmalereien mit einer Säge entfernt worden. Nach der daraufhin angeordneten Ausweisung durch den Generalleutnant Sir Frederic Fryer hätten sie Rangoon am 16. November mit einem Dampfer verlassen.

Dr. Th. H. Thomann, wie der selbst ernannte Archäologe sich auf seinen Reisen vorstellte, war im Juni 1899 nach Bagan gekommen und residierte dort mit fünf Reisebegleitern in einem buddhistischen Kloster. Mit deutscher Gründlichkeit untersuchte er die zahlreichen Tempelruinen, dokumentierte sie und entfernte die interessantesten Objekte. Am schlimmsten betroffen waren die beiden kleineren Tempel Gubyaukgyi in der Nähe des Dorfes Wetkyi-in und der heute kaum besuchte Theinmazi, nördlich von Myinkaba. Dort fielen die schönsten Teile der Wandmalereien Thomanns Raffgier zum Opfer. Sie waren noch relativ komplett und gut erhalten, wie Fotoaufnahmen von Thomanns Team beweisen. Der Beutezug sollte sich für ihn lohnen. Dem Hamburger Völkerkundemuseum verkaufte er 1906 Teile der Theinmazi-Malereien und andere Objekte für die damals gewaltige Summe von 60 550 Reichsmark. Heute werden die Exponate nur selten aus dem Magazin geholt. Die gestohlenen Malereien des Gubyaukgyi-Tempels sind bis heute verschollen.

Dr. Thomann starb 1924 unter nicht ganz geklärten tragischen Umständen. Offensichtlich sollte sich bewahrheiten, was die Bagan-Königin Phwa Saw Plünderern in ihrer Inschrift zum Tempel Myauk Guni 1241 wünschte: „Mögen all jene, die meine verdienstvollen Großtaten zerstören oder rauben, von unzähligen Krankheiten und großen Unglücken heimgesucht werden ... Als Mensch sollen sie zu Geistern werden ... Sie sollen von ihren geliebten Frauen, Söhnen oder Ehemännern für immer getrennt werden. Möge der Blitz in ihr Haus einschlagen ... Und nachdem sie gestorben sind, sollen sie in der Avici-Hölle so oft schmoren, wie es Staubkörner zwischen Nyaung U und Thiripyitsaya gibt."

verschollen oder befinden sich im Archäologischen Museum.

Zu beiden Seiten der sitzenden Buddhafigur führen Höhlengänge mit angeschlossenen Meditationskammern in den Berg hinein. Eine Datierung des Klosters fällt schwer, da Inschriften fehlen. Aufgrund stilistischer Parallelen mit Nanpaya und Manuha wird es aber dem ausgehenden 11. Jh. zugeordnet. Die oberen Terrassen sind wahrscheinlich erst während der Regentschaft Narapatisithus (reg. 1173–1210) entstanden.

### Thetkyamuni und Kondawgyi 8

Die Bootsfahrt zum Kyaukgu Umin kann etwa 1 km davor unterbrochen werden, um zwei kleine, aber feine *pahto* zu besuchen. In ein einfaches Kloster eingebettet liegt der **Thetkyamuni-Tempel** (Sanskrit: Shakyamuni). Der quadratische Block mit einer im Westen anschließenden Vorhalle wirkt aufgrund der fein abgestuften Terrassen und eines abschließenden, geschwungenen *shikhara* formvollendet. Im Inneren birgt er Wandmalereien aus dem frühen 12. Jh., darunter 550 Jataka, die 28 bisher erschienenen Buddhas unter ihren entsprechenden „Erleuchtungsbäumen" sowie Darstellungen des Königs Ashoka und der Ausbreitung des Buddhismus in Sri Lanka.

Nicht weit entfernt liegt etwas südlich davon auf einer Anhöhe der zeitgleich entstandene **Kondawgyi-Tempel** („großer erhabener Erdhügel"). Anstelle eines maiskolbenförmigen *shikhara* schließt hier ein Stupa die obere Terrasse des Tempels ab. Im Osten ist der quadratische Block durch eine massig wirkende Vorhalle erweitert. Das Innere ist ebenfalls mit Malereien ausgeschmückt.

# Zwischen Nyaung U und Alt-Bagan

## Htilominlo 9

An der Straße nach Alt-Bagan steht auf der linken Seite der letzte große in Bagan errichtete *pahto*, der Htilominlo. Unschwer ist seine Ähnlichkeit mit dem Sulamani-Tempel zu erkennen, und in der Tat diente dieser drei Jahrzehnte zuvor fertiggestellte Bau König Nadaungmya (reg. 1210–34) als Vorbild für sein neues Projekt. Der Name des 1211 vollendeten Tempels – „Vom Schirm bevorzugt, vom König bevorzugt" – bezieht sich auf die volkstümliche Bezeichnung Nadaungmyas, der laut Überlieferung von seinem Vater dadurch erwählt wurde, dass jener seine fünf erbberechtigten Söhne sich um einen weißen Schirm setzen ließ. In wessen Richtung der Schirm fiel, der sollte die Nachfolge antreten. Der auf Ausgleich bedachte Nadaungmya ließ jedoch seine Brüder an der Macht teilhaben und bildete dafür einen obersten Rat. Daraus sollte sich später der *hluttaw*, Ministerrat, entwickeln.

Der 46 m hohe und an der quadratischen Basis 43 m breite Htilominlo ist in zwei deutlich voneinander abgehobene Blöcke getrennt, die durch drei zurücktretende Terrassen harmonisch miteinander verbunden sind. An deren Ecken sind noch die dekorativen Miniaturstupas erhalten geblieben. Die Krönung bildet ein eleganter *shikhara*.

Beide Ebenen enthalten auf allen vier Seiten Buddhafiguren, wobei die Figur im Osten durch ihre Größe hervorragt. Im unteren Eingangsbereich sind noch Reste von Wandmalereien und einige Horoskope zu sehen.

### Tipps für Vogelfreunde

Vom weiß getünchten Myazigon-Zedi am Ufer des Ayeyarwady lassen sich in den frühen Morgenstunden bis zu zehn Vogelarten beobachten, darunter die endemische Birmanische Buschlerche *(Mirafra microptera)*, die Perlhalstaube *(Streptopelia chinensis)* und der Smaragdspint *(Merops orientalis)*.

## Upali Thein 10

Gegenüber dem Htilominlo-Tempel liegt der unscheinbare Upali Thein. Die Ordinationshalle ist nach dem Mönch Shin Upali benannt, einem einstigen Friseur und späteren Schüler Buddhas. Das längliche Gebäude stammt aus der Konbaung-Ära. In der Mitte des Satteldaches befindet sich ein kleiner Stupa, zwei Reihen von Zinnen zieren die Dachseiten. Laut Inschrift stiftete ein betuchtes Ehepaar die Wandmalereien im Inneren für 1920 Kyat. Die Arbeiten begannen am 4. März 1793 und dauerten ein Jahr.

Das Gewölbe ist mit himmlischen Wesen und ornamentalen Verzierungen ausgeschmückt und an den Wänden werden die Biografien der 28 bisher erschienenen Buddhas illustriert. Deren Leben verlief nahezu identisch: die Erleuchtung der Buddhas unter verschiedenen Bäumen; ihr Auszug in die Hauslosigkeit, allerdings mit unterschiedlichen Reittieren und Gefährten (Elefant, Pferd, Sänfte); ihre erste Predigt vor verschiedenen Zuhörerschaften. Begleitet werden sie von zahlreichen Schutzgeistern und Himmelwesen.

## Payangazu 11

Das einige hundert Meter südwestlich des Htilominlo gelegene Tempelensemble wird Payangazu, „Gruppe der fünf Tempel", genannt. Einer von ihnen, Tempel Nr. 1845, birgt in seinem Inneren eine Besonderheit: Der Hintergrund der zentralen Buddhafigur besteht aus einem bemalten Baumwolltuch. Die Tuchmalerei hat all die Jahrhunderte seit Errichtung des *pahto* im 12. Jh. überstanden. Leider entfernte auch hier Dr. Thomann einige der Wandmalereien.

# Monumente in Alt-Bagan

## Ananda 12

Mit dem östlich der ehemaligen Stadtmauer gelegenen Ananda-Tempel setzte sein Stifter, König **Kyanzittha**, neue architektonische Maßstäbe. Bis in die jüngste Vergangenheit wurde er vielfach kopiert. Wahrscheinlich fand er um 1090 seine Vollendung. Kyanzittha nannte ihn nach einem der Attribute Buddhas *anantapañña*, „unendliche Weisheit". Seine Ursprungslegende wird in der *Glaspalastchronik* erzählt: Vor Kyan-

© MARTIN H. PETRICH

Ein Bilderbuch des Buddhismus – der Ananda



zitthas Palast erschienen acht indische Mönche und berichteten ihm, sie kämen von dem Berg Gandhamadana und lebten dort in der Nandamula-Grotte. Hindu-buddhistischen Mythologien zufolge ist der Gandhamadana („der Aromatische") der östliche der vier den Berg Meru umgebenden Gipfel. In seinen Wäldern wachsen zahlreiche Heilpflanzen. Kyanzittha wollte unbedingt mehr über das Aussehen der Grotte erfahren. Daher ließen die Mönche sie in einer Vision vor Kyanzitthas Augen erscheinen, woraufhin er beschloss, diese heilige Grotte nachzubauen.

In der Tat lässt der Ananda im dunklen Innern die Atmosphäre einer Grotte aufkommen. Zwei Korridore umlaufen den Kern des kubischen Baus. Sie werden auf allen vier Seiten durch Gänge unterbrochen, die von den Vorhallen ins Innere verlaufen. Durch diese Vorhallen erhält der **Grundriss** (s. rechts) des Ananda die Form eines griechischen Kreuzes mit einer Seitenlänge von 91 m. Hohe Räume mit jeweils einer etwa 10 m hohen stehenden Buddhafigur bilden den Abschluss der Eingänge. Die insgesamt vier **Figuren** stellen die Buddhas der gegenwärtigen Weltzeit dar: im Norden Kakusandha, im Osten Konagamana, im Süden Kassapa und im Westen Gautama. Alle Figuren sind aus Holz, mit Lack überzogen und vergoldet. Allerdings sind nur die nördliche und südliche Figur im Original erhalten geblieben. Sie sind mit der lehrenden Handhaltung *(dharmachakra-mudra)* dargestellt. Die beiden anderen Figuren ersetzten wahrscheinlich Ende des 18., Anfang des 19. Jhs. die zerstörten Originale.

Am Fuße des Buddhas auf der Westseite – er ist mit der besänftigenden Handhaltung *(abhaya-mudra)* dargestellt – knien beidseitig in Nischen

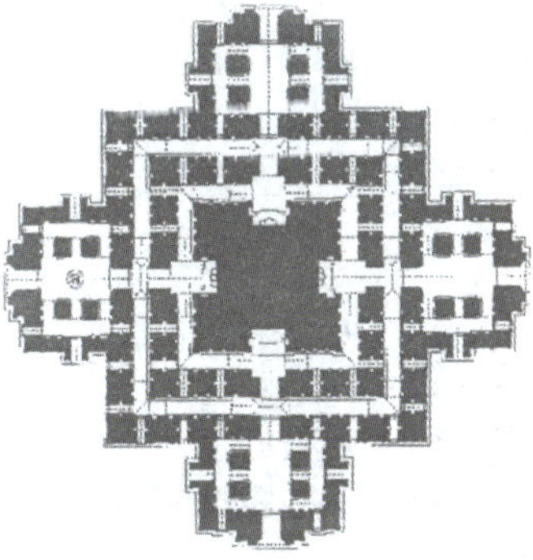

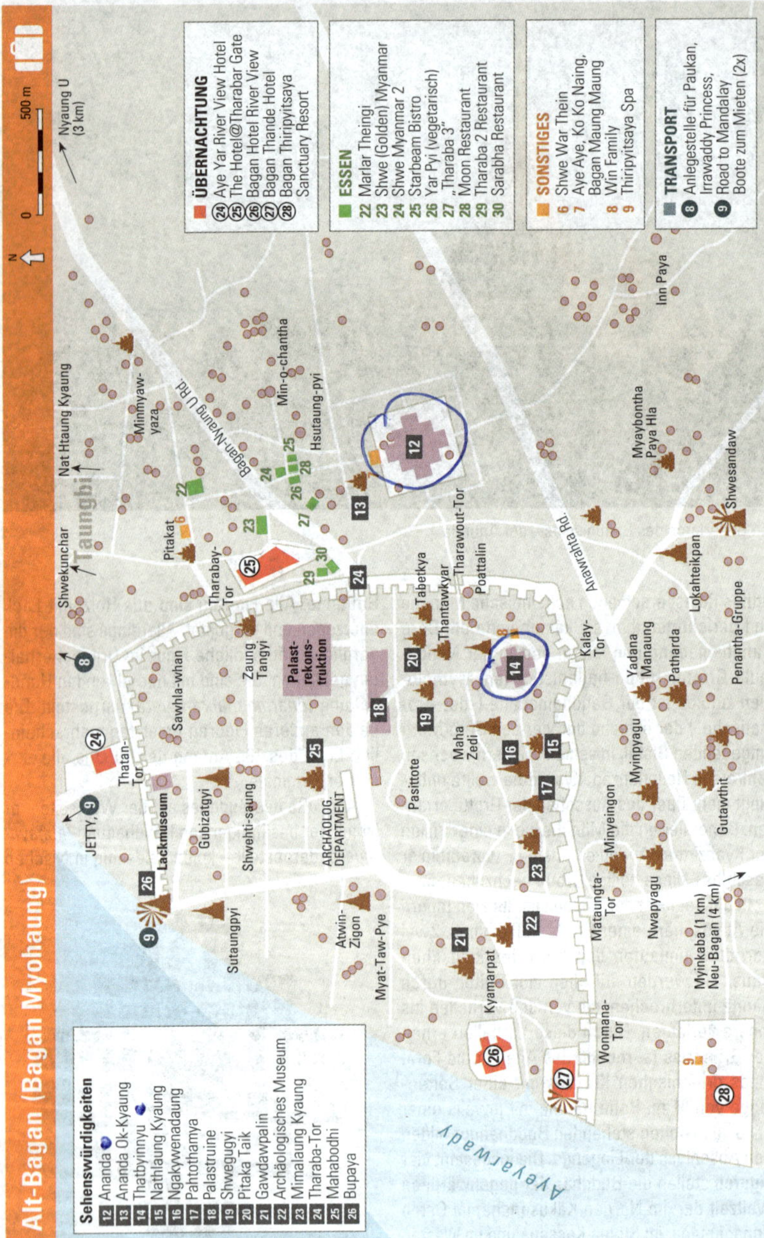

Alt-Bagan (Bagan Myohaung)
Sehenswürdigkeiten
12 Ananda
13 Ananda Ok-Kyaung
14 Thatbyinnyu
15 Nathlaung Kyaung
16 Ngakywenadaung
17 Pahtothamya
18 Palastruine
19 Shwegugyi
20 Pitaka Taik
21 Gawdawpalin
22 Archäologisches Museum
23 Mimalaung Kyaung
24 Tharaba-Tor
25 Mahabodhi
26 Bupaya
ÜBERNACHTUNG
24 Aye Yar River View Hotel
25 The Hotel@Tharabar Gate
26 Bagan Hotel River View
27 Bagan Thande Hotel
28 Bagan Thiripyitsaya Sanctuary Resort
ESSEN
22 Marlar Theingi
23 Shwe (Golden) Myanmar
24 Shwe Myanmar 2
25 Starbeam Bistro
26 Yar Pyi (vegetarisch)
27 „Tharaba 3"
28 Moon Restaurant
29 Tharaba 2 Restaurant
30 Sarabha Restaurant
SONSTIGES
6 Shwe War Thein
7 Aye Aye, Ko Ko Naing, Bagan Maung Maung
8 Win Family
9 Thiripyitsaya Spa
TRANSPORT
8 Anlegestelle für Paukan, Irrawaddy Princess, Road to Mandalay
9 Boote zum Mieten (2x)
N
0
500 m
Nyaung U (3 km)
Nat Htaung Kyaung
Shwekunchar
Taungbi
Minmyaw-yaza
Min-o-chantha
Hsutaung-pyi
Bagan-Nyaung U Rd.
Pitakat
Tharabay-Tor
Zaung Tangyi
Palast-rekons-truktion
Sawhla-whan
Thatan-Tor
JETTY
Lackmuseum
Gubizatgyi
Shwehti-saung
ARCHÄOLOG. DEPARTMENT
Sutaungpyi
Atwin-Zigon
Myat-Taw-Pye
Kyamarpat
Pasittote
Maha Zedi
Tabetkya
Thantawkyar
Tharawout-Tor
Poattalin
Anawrahta Rd.
Kalay-Tor
Mataungta-Tor
Wonmana-Tor
Minyeingon
Myinpyagu
Nwapyagu
Yadana Manaung
Patharda
Penantha-Gruppe
Gutawthit
Lokahteikpan
Shwesandaw
Myaybontha Paya Hla
Inn Paya
Myinkaba (1 km)
Neu-Bagan (4 km)
Ayeyarwady

## Die Buddha-Legende

Im äußeren Korridor des **Ananda-Tempels** illustrieren auf zwei Ebenen insgesamt 80 Sandsteinreliefs das Leben Gautama Buddhas von seiner Geburt bis zur Erleuchtung. Sie sind in Nischen der Außenseite eingefügt. Grundlage der Szenen ist die Buddha-Legende Nidanakatha aus dem 5./6. Jh. Die Erzählung beginnt auf der unteren Ebene rechts vom Westeingang und verläuft weiter im Uhrzeigersinn. Um alle Szenen zu erfassen, muss man den Korridor zweimal umlaufen. Auf der unteren Ebene wird die Geschichte von der Schwangerschaft seiner Mutter Maya bis zum Verlassen des Palastes geschildert, auf der oberen Ebene, wieder am Westeingang beginnend, von Buddhas Weltentsagung bis zur Erleuchtung.

anstelle der üblicherweise abgebildeten Buddhaschüler Moggallana und Shariputra der Mönch Shin Arahan (links) und König Kyanzittha (rechts). Das *mudra* der Figur im Osten ist ein äußerst seltenes, war aber während der Konbaung-Zeit (18./19. Jh.) offensichtlich populär, da es aus dieser Periode viele Beispiele gibt. In Buddhas rechter, nach unten gerichteter Hand befindet sich ein bohnenförmiger Gegenstand. Dabei handelt es sich um die „Königin der Heilpflanzen", Myrobalan *(Terminalia chebula)*, die die heilende Kraft Buddhas unterstreichen soll. Freigelegte Wandmalereien am Nordeingang legen die Vermutung nahe, dass das Innere komplett ausgemalt war.

Man sollte unbedingt auch einen genaueren Blick auf das Äußere werfen, um die Massivität des Baus wahrzunehmen. Wie ein Band umgibt eine Vielzahl von grün glasierten **Terrakottatafeln** – das sind gebrannte und glasierte Tontafeln – die Basis des Tempelbaus. Bei genauerem Hinsehen fallen Fabeltiere und bewaffnete Menschen auf. Sie gehören zur „Armee" des Mara, der als Verkörperung von Leidenschaft und Begierde Buddha in Versuchung führen möchte. Seine Vertreibung wird von *devas* bejubelt. An den vier Ecken befinden sich sogenannte *manouthiha*, Löwen mit einem Kopf und zwei Körpern. An den nicht zugänglichen oberen, sich verjüngenden Terrassen befinden sich weitere, insgesamt 537 Terrakottatafeln, die jeweils eine Jataka-Geschichte darstellen. Die letzten zehn Jataka werden auf 389 Tafeln auf den vier obersten Terrassen geschildert.

An der **Spitze** des 51 m hohen Tempels befindet sich ein seit 1990 vergoldeter *shikhara*, der an seinen Seiten in fünf übereinander liegenden Nischen Buddhafiguren enthält. Neben den üblichen vier Buddhas des jetzigen Zeitalters wird zusätzlich der zukünftige Buddha Metteya dargestellt. Zusammen mit den vier umgebenden kleineren *shikhara* symbolisieren die Spitzen die fünf Gipfel des Berges Meru.

## Ananda Ok-Kyaung 13

- A Kukkura-Jataka
- B Katthahari-Jataka
- C Cullakasethi-Jataka
- D Serivanija-Jataka

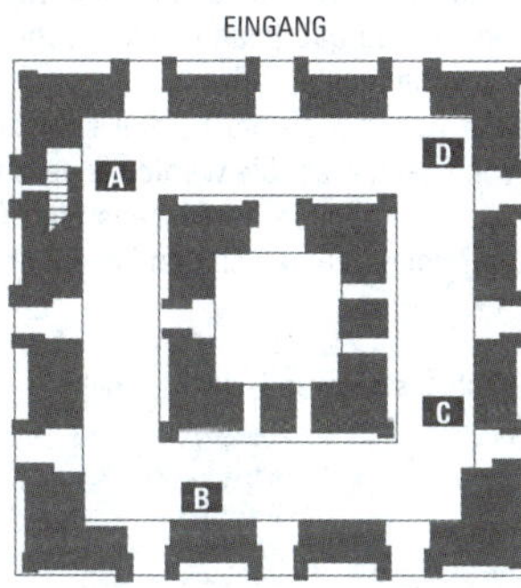


In unmittelbarer Nachbarschaft des Nordeingangs zum Ananda-Tempel liegt das Ananda Ok-Kyaung mit wunderbaren Wandmalereien aus dem ausgehenden 18. Jh., als Bagan unter den Konbaung-Königen eine Renaissance erlebte. Das „Ziegelsteinkloster" *(ok kyaung)* wurde 1775 begonnen und elf Jahre später vollendet. Insgesamt verbauten die Handwerker laut Inschrift 450 000 Ziegelsteine und 1500 *viss* (2544 kg) Kalk. Dafür musste die Stifterfamilie des Königlichen Archivars 3959 *tical* (67 kg) Silber berappen.

Das komplett aus Ziegeln errichtete Gebäude erhebt sich auf einer Plattform und besticht durch eine elegante gestaffelte Dachkonstruktion. Das Innere besteht aus einem Kernraum mit umlaufendem Korridor. Typisch für die Malkunst jener Zeit sind die farbenfrohe Detailverliebtheit sowie eine reichhaltige Ornamentik. Dies wird gerade bei den Jataka-Geschichten deutlich, welche auf zwei Ebenen den äußeren Korridor komplett ausschmücken und zudem Mode und Stil des 17. Jhs. widerspiegeln (s. Kasten S. 269). Der Kernraum illustriert mit dem Berg Meru die Mitte des Universums.

## Thatbyinnyu 14

Mit 61 m ist der Thatbyinnyu das höchste Bauwerk Bagans. Er liegt an der Südostecke Alt-Bagans. Sein vollständiger Name *thatbyinnyutanyan* leitet sich vom Pali-Wort *sabbannutanana* ab und bedeutet „allwissend". Mit diesem Bau wurde die Mittlere Periode eingeläutet, deren wesentliches Merkmal zwei deutlich voneinander abgehobene Stockwerke sind. Als Stifter gilt König Alaungsithu, der ihn vermutlich Mitte des 12. Jhs. in Auftrag gab (mangelnde Inschriften lassen nur Vermutungen zu).

Markant heben sich die beiden kubischen Blöcke voneinander ab. Sie werden jeweils von drei sich verjüngenden Terrassenstufen (mit eleganten Miniaturstupas an den Ecken) abgeschlossen. Dadurch wirkt der Bau trotz seiner Massigkeit leicht. Die Spitze bildet ein kurz gehaltener *shikhara*.

Beiden quadratischen Blöcken ist im Osten eine Eingangshalle vorgelagert, die im Inneren eine Buddhafigur birgt. Sie wird von zwei *dvarapala*, Tempelwächtern, flankiert, an deren Gürtel die Gesichter des Dämonen Kala angebracht sind. Dank zweier übereinander liegender Fensterreihen wirkt das Innere im Gegensatz zu den frühen *pahto* – man denke nur an den Ananda – luftig und hell.

Südwestlich des Thatbyinnyu stehen auf einem Klostergelände zwei große Steinpfeiler, an denen ursprünglich die Tempelglocke angebracht war. Wie viele Ziegelsteine für den Thatbyinnyu verwendet wurden, kann man bei einem gar nicht so kleinen nahe liegenden Tempel erahnen. Für jeden zehntausendsten Ziegel wurde einer zur Seite gelegt und dieser *pahto* errichtet.

## Nathlaung Kyaung 15

Der volkstümliche Name bedeutet „Kloster *(kyaung)* der eingesperrten *(hlaung)* Nats" und mag auf den Versuch Anawrahtas anspielen, den Nat-Kult nur kontrolliert zuzulassen. Tat-

Bagans höchstes Bauwerk – der 61 m hohe Thatbyinnyu

© VOLKER KLINKMÜLLER

sächlich jedoch ist der Tempel der einzige reine Hindutempel Bagans – möglicherweise für die recht zahlenstarke indische Gemeinde. Seine Ikonografie deutet darauf hin, dass er dem Gott Vishnu geweiht war. Bereits im 10. Jh. soll er unter König Taungthugyi (reg. 931–64) errichtet worden sein. Die Inschrift eines aus dem südindischen Tamil Nadu stammenden Stifters könnte auf größere Umbauten im 13. Jh. hinweisen.

Ursprünglich war der Tempel von einem überdachten Korridor umgeben. Er ist jedoch vollständig abgetragen, sodass heute nur noch die Haupthalle steht. In ihrem Zentrum befindet sich ein massiver Stützpfeiler, der an seinen vier Seiten Darstellungen Vishnus enthält. Sie wurden Ende der 1990er-Jahre nur sehr mangelhaft rekonstruiert, wie etwa der auf der Weltenschlange Ananta ruhende Vishnu *(anantashayin)*, aus dessen Nabel drei Lotosblumen wachsen mit je einer Hindugottheit – darunter Brahma – darauf sitzend. Hier handelt es sich um einen Schöpfungsmythos: Vishnu als kosmischer Mensch vereinigt im Schlaf alles Gewesene der vergangenen Zeiten, damit es sich im neuen Zeitalter wieder entfalten kann.

In den Nischen der vier Außenseiten befanden sich Abbildungen der zehn Erscheinungsweisen *(avatar)* Vishnus, u. a. als Rama und Krishna. Einige der verschwundenen Figuren wurden von dem Deutschen Fritz Noetling Ende des 19. Jhs. entfernt und dem Berliner Museum für Indische Kunst vermacht.

## Ngakywenadaung 16

Dieser zwiebelförmige Stupa gilt als einer der ältesten Bagans und könnte im 9. Jh. von Pyu errichtet worden sein, denn stilistisch ist er eindeutig diesem Volk zuzuordnen. Ende der 1990er-Jahre wurde er leider unsachgemäß restauriert. Original erhalten geblieben sind noch mehrere grün glasierte Ziegelsteine, die von einigen Forschern als chinesisch beeinflusst interpretiert werden (die Pyu hatten rege Handelskontakte nach China).

## Pahtothamya 17

Über den Ursprung des Pahtothamya, der „Mutter der Theravada-Tempel", wie G. H. Luce ihn bezeichnete, herrscht Unklarheit. Wenig glaubwürdige Überlieferungen zählen ihn zu einem der fünf Heiligtümer des Sagenkönigs Sawrahan im 10. Jh. Wahrscheinlicher ist jedoch, dass er im ausgehenden 11. Jh. unter König Sawlu (reg. 1077–84) oder Kyanzittha (reg. 1084–1112) erbaut wurde.

Auf die frühe Bauphase in Bagan deuten die gitterförmigen Fensteröffnungen hin, die nur wenig Licht in das Innere des Tempels gelangen lassen. Daher sind die schlecht erhaltenen Wandmalereien im umlaufenden Korridor – die frühesten Bagans – nicht gut sichtbar. Einige wurden restauriert und lassen eine hohe künstlerische Qualität sowie eine umfassende Kenntnis der theravada-buddhistischen Schriften erahnen. Dem geduckt wirkenden Hauptbau ist auf der Ostseite eine geräumige Vorhalle angeschlossen. Oben erhebt sich ein ungewöhnlicher zwiebelförmiger *shikhara* mit gerippter achtseitiger Spitze über drei flach gehaltenen Terrassen.

### Tipps für Fotografen

Einen großartigen Panoramablick hat man vom 60 m hohen **Nanmyint-Turm** im Osten des Tempelareals (Eintritt: US$5). Von den oberen Etagen des **Pyathada** in der Nähe des Dorfes Minnanthu bieten sich in der Morgensonne schöne Ausblicke, da das Pagodenfeld westlich liegt.
Von **Bupaya, Shwekunchar** (unweit des Dorfes Taungbi) und **Lawkananda** kann der Sonnenuntergang über dem Ayeyarwady beobachtet werden. Schöne Ausblicke bietet auch der **Myazigon** unweit des Ayeyarwady, südwestlich von Nyaung U. Einer der schönsten Rundblicke Bagans eröffnet sich von den beiden benachbarten Tempeln **Myauk-** und **Taung-Guni** südlich des Dhammayangyi. Aus gutem Grund ist der **Shwesandaw** zum Sonnenuntergang sehr überlaufen. Von hier aus zeigt sich der Dhammayangyi sehr schön im Abendlicht. Doch auch morgens ist die Stimmung dort sehr gut. In Tempeln mit Wandmalereien darf nicht fotografiert werden. Das gilt auch für das Archäologische Museum.

## Palastruine 18

Nur wenige hundert Meter westlich des Tharaba-Tores lassen sich an der linken Straßenseite die zu Beginn der 1990er-Jahre freigelegten und inzwischen überdachten Fundamentreste des ehemaligen Königspalastes erkennen. An dieser Stelle hatte Anawrahta einst seine Residenz erbauen lassen. Unter seinen Nachfolgern wurde sie stetig umgebaut, unter anderem im Jahr 1101 von Kyanzittha, der die Errichtung auf einer Stele ausführlich beschrieb, sodass Archäologen sich ein ungefähres Bild von der Anlage machen können. Auf dieser Grundlage ist nördlich der Straße ein klobiger Nachbau des Palastes aus Beton errichtet worden (Eintritt US$5), der abendliche Dinner-Shows bietet.

## Shwegugyi 19

Der „Große *(gyi)* goldene *(shwe)* Höhle *(gu)*" genannte Tempel ist eine Stiftung des Königs Alaungsithu (reg. 1112–67). Der Eingang ist nach Norden in Richtung Palast ausgerichtet. Dank der beiden Inschriften an der Innenseite der Nordwand ist die exakte Bauzeit bekannt. Der Tempel wurde am Sonntag, dem 17. Mai 1131, begonnen und nach sieben Monaten am Mittwoch, dem 16. Dezember, fertiggestellt – um einen „freundlichen, lieblichen Raum, eine wohlriechende Kammer für den allsehenden Gautama Buddha" zu schaffen, so die Inschrift.

Er gilt als eines der schönsten Beispiele für die Übergangsphase zwischen der Frühen und Mittleren Periode. Während der Grundplan noch den älteren Vorbildern folgt, strebt der Bau im Gegensatz zu jenen in die Höhe. Diese Wirkung wird vor allem durch den schlanken *shikhara* an der Spitze erzielt. Er bildet den Abschluss von mehreren, sich nach oben hin verjüngenden Terrassen, an deren Ecken vier elegante Miniaturtürme stehen. Der ganze Tempelbau steht auf einer ca. 4 m hohen Plattform und überragt die Umgebung. Durch die hohen Fenster und Eingänge wirkt das Innere luftig und hell. Beachtenswert sind die zum Teil gut erhaltenen Stuckverzierungen, die leider dilettantisch restauriert wurden.

Mit dem Shwegugyi ist das tragische Ende Alaungsithus verbunden. Sein zweitältester Sohn Narathu habe, so berichtet die *Glaspalastchronik*, den 81-jährigen sterbenskranken König 1167 in seinen Tempel gebracht und dort mit einer Decke erstickt. Mit dem Tod Alaungsithus endete eine 55 Jahre währende friedvolle Regentschaft und es folgte die kurze grausame Tyrannei Narathus (reg. 1167–70).

## Pitaka Taik 20

Nur wenige hundert Meter vom Shwegugyi entfernt liegt das „Gebäude *(taik)* des Tipitaka". Es soll unter König Anawrahta im 11. Jh. errichtet worden sein, um die aus der Mon-Metropole Thaton verschleppten 30 Sammlungen des Palikanon aufzubewahren. Der heutige, 15,50 x 15,50 m große Bau wurde jedoch 1784 unter König Bodawpaya erheblich verändert, um ein neues Set des Tipitaka unterzubringen. Einer Praxis der Konbaung-Zeit (18./19. Jh.) folgend, ahmt die Bibliothek die zeitgenössische Holzarchitektur nach. Typisch dafür ist das fünffach gestaffelte Dach.

## Gawdawpalin 21

Gegenüber dem Archäologischen Museum und in der Nähe des Bagan-Hotels befindet sich der Gawdawpalin-Tempel. Er wurde von König Narapatisithu (reg. 1173–1210) nach Fertigstellung des Sulamani (1183) begonnen und von seinem Sohn und Nachfolger Nadaungmya (reg. 1210–34) vollendet. Als Vorbild für das neue, rund 55 m hohe Bauprojekt diente sicherlich der Sulamani.

Der Name, „Thron der Ehrerbietung" *(kadaw)*, verleitet zur Annahme, dass der Gawdawpalin der Verehrung verstorbener Könige gedient haben könnte. Hinsichtlich seiner Architektur gilt er als eines der attraktivsten Beispiele der Mittleren Bauphase. Wie der Thatbyinnyu besteht er aus zwei sich deutlich voneinander abhebenden quadratischen Blöcken mit Vorhalle auf der Ostseite. Im Gegensatz zu Ersterem wirkt er jedoch aufgrund seiner fein verzierten Terrassen und eines schlanken *shikhara* an der Spitze um vieles eleganter – oder „romantischer", wie G. H. Luce bemerkte. Vom großen Erdbeben von 1975 wurde er erheblich in Mitleidenschaft gezogen. Heute sind alle Schäden beseitigt, allerdings ging ein Großteil des originalen Stuckwerks verloren.

## Vom Mäuseverkäufer zum Millionär

Die Jataka charakterisieren den Buddha in seinen früheren Inkarnationen als intelligenten und großherzigen Bodhisattva auf durchaus unterhaltsame Weise. Dies wird bei den Illustrationen des Ananda Ok-Kyaung (S. 265) deutlich:

**Serivanija-Jataka** (Nr. 3, östliche Außenwand, links): Der Bodhisattva wird als Händler Seriva wiedergeboren, der mit Gürteln und Gefäßen sein Geld verdient. Eines Tages reist er mit einem habsüchtigen Kaufmann in die Stadt Andhapura. Sein Kollege trifft eine verarmte Familie, die eine goldene Schale besitzt, ohne ihren Wert zu erkennen. Er aber weiß darum, sagt jedoch: „Nicht einen halben Pfennig ist sie wert" und wirft sie auf die Erde – mit dem Ansinnen, sie später doch noch für wenig Geld zu erwerben. Auch Seriva trifft die verarmte Familie und klärt sie über den wahren Schatz auf. Alles, was er besitzt, gibt er ihr und kauft die Schale. Der habsüchtige Kaufmann kommt wieder, geht leer aus und nimmt ein tragisches Ende: „Sein Herz wurde glühend, aus seinem Munde schoss ein Blutstrom und sein Herz barst wie Seeschlamm". **Cullakasethi-Jataka** (Nr. 4, östliche Außenwand, rechts): Der Bodhisattva sieht eine tote Maus und ruft: „Für einen einsichtigen Sohn von guter Familie ist es möglich, wenn er diese Maus aufhebt, ein Weib heimzuführen und Geschäfte zu machen." Ein junger Mann nimmt ihn beim Wort und verkauft die Maus einem Händler als Katzenfutter, investiert das verdiente Geld immer wieder neu, verkauft mal Holz, mal Wasser oder Gras und wird auf diese Weise innerhalb von vier Monaten zum erfolgreichen Geschäfts- und glücklichen Ehemann.

**Katthahari-Jataka** (Nr. 7, südliche Außenwand): Der König von Benares, Brahmadatta, geht in seinen Park, sieht eine schöne Holzsammlerin und schwängert sie. Er gibt ihr einen Siegelring und verspricht: „Wenn es eine Tochter ist, so gib diesen weg und ziehe sie damit auf; wenn es aber ein Sohn wird, so bringe ihn samt dem Ringe zu mir." Als sie einen Sohn zur Welt bringt, geht sie zu ihm. Doch er verleugnet seine Vaterschaft. Darauf spricht sie: „Wenn ich diesen Knaben von dir geboren habe, soll er in der Luft stehen; wenn nicht, dann soll er zu Boden fallen und sterben", greift ihren Sohn an den Füßen und schleudert ihn in die Luft. Erst als der Knabe mit gekreuzten Beinen in der Luft schwebt, nimmt er Mutter und Kind zu sich.

**Kukkura-Jataka** (Nr. 22, westliche Außenwand, rechts): Der Bodhisattva erscheint als Anführer eines Hunderudels. Als eines Tages die Palasthunde die Lederriemen der königlichen Sänfte durchbeißen, ordnet der König voller Zorn die Tötung aller Hunde an, verschont aber die Schuldigen. Daraufhin weist der Bodhisattva den König zurecht und legt ihm die Lehre von den vier Übeln der Parteilichkeit, der Abneigung, der Unwissenheit und Furcht dar.



## Archäologisches Museum 22

Seit seiner Fertigstellung im Jahr 1998 überragt das gewaltige Gebäude des Archäologischen Museums die Pagodenlandschaft Bagans. Trotz seiner abschreckenden Größe ist die Zahl der sehenswerten Exponate überschaubar. In der riesigen Haupthalle im Erdgeschoss sind einige der herausragendsten Sandsteinreliefs versammelt.

Sehenswert ist in einem rechts abgehenden Raum die Stelen-Sammlung, welche als Informationsquelle für Historiker unabkömmlich ist. Sie geben Auskunft über die Stifter sowie Motiv und Umfang ihrer Schenkung. Teilweise wurden peinlich genau die Kosten für einen Tempelbau aufgeführt. Vielen Klöstern wurden zum Lebensunterhalt der Mönche ganze Dörfer zugewiesen. So vermerkt in der berühmten Rajakumar-Stele aus dem Jahr 1113 der Stifter, er habe zum Erhalt des Tempels die drei Dörfer Munalun, Yape (bei Yangon) und Hainbo (bei Kyaukse) bestimmt. Da sie die identischen Texte in Mon, Pali, Birmanisch und Pyu enthält, konnte Charles Otto Blagden 1911 die Pyu-Schrift entziffern. Zudem ist sie das älteste Zeugnis für eine eigenständige birmanische Schrift. Von dem dort genannten *mranma* leitet sich der heutige Landesname ab.

Exponate in einem links von der Haupthalle abgehenden Raum gewähren eher Einblicke

## Mahagiri-Nats

Im Königreich Tagaung lebte einst ein Schmied, der so kräftig war, dass er in jeder Hand einen Hammer halten konnte. Seine Schläge brachten sogar die Erde zum Beben. Wegen seiner ansehnlichen Gestalt erhielt er den Spitznamen „Herr Stattlich". Die Beliebtheit und Stärke des jungen Mannes kam auch dem König zu Ohren, der ihn aus Furcht und Neid töten lassen wollte. Doch **Maung Tinde** wurde rechtzeitig gewarnt und floh. Daraufhin nahm der König dessen schöne Schwester zur Frau und lud ihn in den Palast ein. Kaum hatte Maung Tinde die Königsstadt betreten, wurde er festgenommen, an einen Sagabaum gebunden und verbrannt. Seine verzweifelte Schwester stürzte sich daraufhin zu ihrem Bruder ins Feuer, wo beide qualvoll starben. Nur das Gesicht der Frau blieb unversehrt, weshalb man sie später „Goldgesicht" nannte. Die Geister der Geschwister blieben im Sagabaum zurück und brachten allen, die in den Schatten des Baumes traten, Unglück.

Daraufhin ließ der König den Stamm fällen und in den Ayeyarwady werfen. Schneller als der Stamm weitertrieb, verbreitete sich die Geschichte wie ein Lauffeuer im Land, und als der Stamm Thiripyitsaya bei Bagan erreichte, ließ ihn der dortige König herausfischen und zwei Figuren daraus schnitzen. Die Statuen brachte er zum Berg Popa und ernannte die beiden zu den Herrschern des „Großen Berges", Mahagiri.



in die Alltagskultur Bagans, etwa die Frisurengalerie. Im Obergeschoss birgt ein Raum eine umfassende Sammlung von Sandsteinreliefs und Buddhafiguren, darunter einige Raritäten aus Bronze. ⌚ Di–So 9.30–16.30 Uhr, Eintritt 5000 Kyat.

## Mimalaung Kyaung 23

Wenig Beachtung findet das Mimalaung Kyaung unweit des verschwundenen Mataungta-Tores im Süden Alt-Bagans. Das einstige Kloster wurde 1174 von Narapatisithu (1173–1210) gestiftet und steht zum Schutz vor Feuer auf einem 4 m hohen quadratischen Unterbau – daher auch sein Name „Kloster, das vom Feuer nicht verbrannt werden kann". Auf die Plattform führt eine Treppe, die von zwei ansehnlichen *chinthe* flankiert wird. Oben erhebt sich ein *pahto*, dessen Stil einen massiven Umbau während der Konbaung-Zeit vermuten lässt.

## Tharaba-Tor 24

Als einziges von ursprünglich zwölf Toren ist das Tharaba-Tor erhalten geblieben. Die seitlich abgehenden Überreste der Stadtbefestigung einschließlich des Wassergrabens wurden Anfang der 1990er-Jahre restauriert. Das Tor stammt aus der Zeit des Königs Pyinbya im 9. Jh. und wurde wahrscheinlich deshalb nicht abgetragen, weil sich in zwei Nischen die verehrten Statuen der Schutzgeister Bagans befinden: Maung Tinde, „Herr Stattlich" (links), und dessen Schwester Shwe Myethna (rechts), „Frau Goldgesicht", auch Meinmahla („schöne Frau") genannt. Alles, was mit Feuer zu tun hat, gehört in ihren Verantwortungsbereich.

Wer ein neues Auto kauft, fährt zuerst zum Tharaba-Tor, um ihnen ein Opfer zu bringen. Im neuen Fahrzeug werden ein weißes und rotes Band angebracht. Mehr zur Geschichte der Mahagiri-Nats im Kasten.

## Mahabodhi 25

Seiner eigenwilligen Architektur wegen kommt dem Mahabodhi in Bagan eine Sonderstellung zu. Bereits der Name deutet darauf hin, dass er in Verbindung mit dem gleichnamigen Tempel im nordindischen Bodhgaya steht. Jener wurde an der Stelle errichtet, an der Buddha unter einem Bodhi-Baum die Erleuchtung erlangt hatte. Zu dieser Stätte pflegten die Könige Bagans ein besonders enges Verhältnis. So schickten Kyanzittha und Alaungsithu Handwerker dorthin, um ihn zu renovieren. Im Jahr 1211 ließ Nadaungmya (reg. 1210–34) in Bagan eine Kopie des Mahabodhi erbauen. Über dem massiven quadratischen Schrein erhebt sich ein steil ansteigender pyramidenförmiger Tempelturm, umgeben von vier kleineren Türmen. Dies ist das Markenzeichen des Mahabodhi. An seinen vier Außenseiten befinden sich zahlreiche Nischen mit Buddhafiguren.

### Bupaya 26

Am Ufer des Ayeyarwady steht die in leuchtendem Gold erstrahlende „Flaschenkürbis-Pagode" *(bupaya)*. Ihr Name stammt von der eigentümlichen Form. Der Stupa wird den Pyu zugeordnet und stand spätestens bei der Errichtung der Befestigungsanlagen im 9. Jh., wahrscheinlich schon früher. Unwahrscheinlich sind jene Legenden, die ihn ins 3. Jh. v. Chr. datieren. Das Erdbeben von 1975 hatte den Baukörper dermaßen zerstört, dass er vollkommen neu errichtet werden musste.

### Nat Htaung Kyaung 27

Im Dorf Taungbi nordöstlich von Alt-Bagan ist unweit des Ayeyarwady das urige Holzkloster Nat Htaung Kyaung sehenswert. Dank der Spenden von Touristen wurde das „Kloster der aufgerichteten Schutzgeister" in den letzten Jahren etwas restauriert. Idyllisch in einen Hof mit Palmyrapalmen und Padauk-Bäumen eingebettet, blickt es mit seinen eleganten schlanken Dächern und Schnitzereien auf eine fast 200-jährige Geschichte zurück.

## Zwischen Alt-Bagan und Minnanthu

### Shwesandaw 28

Viele Besucher Bagans schließen ihren Tag zum Sonnenuntergang an der Shwesandaw-Pagode ab – entsprechend groß ist abends das Gedränge. Der 41 m hohe Stupa der „Goldenen *(shwe)* Haarreliquie *(sandaw)*" gehört zu den ersten Bauten Anawrahtas. Chroniken zufolge ließ der Herrscher ihn um 1057 nach seiner siegreichen Rückkehr aus der Mon-Hauptstadt Thaton zu Ehren einer Haarreliquie Buddhas errichten. Die Reliquie soll ihm der Regent von Bago vermacht haben.

Bei der Platzwahl folgte Anawrahta einer Tradition der Pyu, die außerhalb der Stadtmauer zum spirituellen Schutz der Metropole Pagoden errichteten. Daher ließ er neben dem Shwesandaw vier weitere Pagoden erbauen:

BAGAN UND UMGEBUNG

Der Shwesandaw-Stupa ist einer der ältesten Bauwerke Bagans.

© RENATE LOOSE

im Norden die Shwezigon, im Süden den Lawkananda, im Osten eine Pagode auf dem Berg Tuyin Taung und westlich des Ayeyarwady eine Pagode auf dem Berg Tangyi Taung.

Die Pyramidenform des Stupa entsteht durch fünf sich stark voneinander abhebende quadratische Terrassen, zwei achtseitige Zwischenebenen und einen schlanken glockenförmigen *anda*. Ein Novum für Bagan stellen die Treppen an den vier Achsenpunkten dar. Offensichtlich sollten die Gläubigen die in den Nischen befestigten Terrakottatafeln mit Jataka-Geschichten betrachten können. Sie waren an den Terrassenseiten angebracht, sind aber heute fast komplett verschwunden. Ebenso fehlen Darstellungen des hinduistischen Elefantengottes Ganesha (birm. „Mahapeine"), welche die Ecken der Terrassen zierten.

Auf der Südwestseite des Shwesandaw-Tempelbezirks befindet sich ein massiver länglicher Ziegelbau. Er enthält die gut 21 m lange liegende Buddhafigur **Shinbinthalyaung**. Sie ist die größte liegende Figur in Bagan und stammt wahrscheinlich aus dem 11. Jh. Verwirrung stiftet die Orientierung des Kopfes nach Süden, da Darstellungen Buddhas im *parinibbana* immer nach Norden ausgerichtet sein müssen. Möglicherweise sollte das Gesicht des Erleuchteten in Richtung Stupa weisen.

## Myaybontha Paya Hla 29

Auf dem Weg der Anawrahta Road in Richtung Shwesandaw liegt etwas abseits auf der linken Seite der wenig besuchte Myaybontha Paya Hla. Der „Schöne *(hla)* Tempel *(paya)*" wird in die Anfangsphase der Regentschaft Alaungsithus (reg. 1112–67) datiert und gilt als ein wichtiges Beispiel für die Übergangszeit zwischen der Frühen und Mittleren Phase. Während Haupt- und Vorhalle noch sehr den ersten *pahto* verhaftet sind, löst sich der deutlich abgehobene obere Bereich mit einem eigenständigen Tempelraum von älteren Vorbildern. Der massige, aber trotzdem harmonisch wirkende *shikhara* ist in den oberen Teil integriert. Teilweise in exzellentem Zustand sind noch die Stuckverzierungen mit schönen Darstellungen des körperlosen Dämonen Kala, auch *kirthimukha*, „Ruhmgesicht", genannt.

Im Innern sind auf den vier Seiten des massiven Innenpfeilers die vier zentralen Lebensstationen Buddhas dargestellt: Geburt (Nordseite), Erleuchtung (Ostseite), Erste Predigt (Südseite), Tod (Westseite). An der jeweiligen Altarbasis befinden sich teilweise noch Figuren des viergesichtigen Brahma. Seinen Namen *myaybontha* (Untergrund) erhielt der *pahto*, weil er bis zur Restaurierung teilweise zugeschüttet war.

## Lokahteikpan 30

Geht man von der Anawrahta Road kommend auf dem Sandweg in Richtung Shwesandaw, so führt bald ein rechts abzweigender Weg zu dem äußerlich unscheinbaren Lokahteikpan („Zierde der drei Welten"). Der kompakte Tempel wird dem baufreudigen Alaungsithu (reg. 1112–67) zugeschrieben und entstand wohl im frühen 12. Jh. Das Innere der Vor- und Haupthalle ist mit recht gut erhaltenen Wandmalereien ausgeschmückt. Neben Darstellungen der 28 bisher erschienenen Buddhas und der acht Hauptereignisse des Erleuchteten sind die zehn letzten Jataka illustriert.

## Dhammayangyi 31

Das wohl augenfälligste Bauwerk Bagans ist der Dhammayangyi. Narathu, der in der *Glaspalastchronik* als grausam beschriebene König und Mörder seines Vaters Alaungsithu, ließ ihn während seiner kurzen Regierungszeit (reg. 1167–70) erbauen – vielleicht als Sühne. Jedenfalls hat Narathu damit eines der eindrucksvollsten Bauwerke Bagans hinterlassen.

### Dunkle Gestalten

Einheimische meiden nachts den Dhammayangyi, da er so sehr mit Tod und Unheil verbunden ist. Denn auch der Erbauerkönig fand ein tragisches Ende. Hatte er doch laut *Glaspalastchronik* seine Frau Kyaban, die Tochter eines indischen Königs, in einem Anfall von Jähzorn getötet. Die Rache ließ nicht lange auf sich warten. Als Brahmanen verkleidete Männer kamen im Auftrag ihres Vaters nach Bagan und ermordeten den Tyrannen. Noch heute trägt Narathu den Spitznamen Kalagya, „der von Indern Getötete".

Der Dhammayangyi lehnt sich in seiner Architektur unverkennbar an den Ananda-Tempel an. Auch bei ihm gleicht der Grundriss einem griechischen Kreuz. Seinem Vorbild folgend besitzt der Dhammayangyi vier vorgelagerte Eingangshallen und nur ein Stockwerk. Die fünf Terrassen sind dermaßen geneigt, dass sie den Tempel einer Pyramide gleichen lassen. Die hervorragende Verarbeitung der Ziegelsteine ist im Detail erkennbar. Die Steine sind exakt einander angepasst und lassen kaum eine Lücke entstehen. Unklar ist, was als Bindemittel verwendet wurde, eventuell wurde Lack oder der Saft der Palmyrapalme beigemischt. Zur Stabilisierung setzten die Baumeister an den Ecken Sandsteine ein. Die Grausamkeit Narathus traf auch die Maurer. Sobald er eine Nadel zwischen die Ziegelsteine stecken konnte, wurden sie hingerichtet.

Der Bau birgt eines der größten Rätsel Bagans, denn der innere der beiden umlaufenden Korridore wurde zugemauert. Einzig an der Ostseite geht der Eingang bis tief in das Gebäude hinein. Ob der innere Wandelgang während der Regentschaft Narathus verschlossen wurde oder danach, lässt sich nicht mehr sagen. Untersuchungen ergaben, dass er vollendet wurde. Eine Besonderheit sind auch die nebeneinander sitzenden Buddhafiguren im westlichen Zugang. Ist hier der Erleuchtete zusammen mit dem zukünftigen Buddha Metteya dargestellt? Oder soll an ein im mahayana-buddhistischen Lotos-Sutra beschriebenes Ereignis erinnert werden, als eine frühere Buddhaexistenz während der Predigt Gautama Buddhas erschien, neben ihm Platz nahm und mit ihm zusammen predigte?

## Myauk Guni und Taung Guni 32

Vor allem zum Sonnenuntergang wird der Tempel „Nordliche rote Höhle", Myauk Guni, gerne aufgesucht. 1241 auf Initiative der einflussreichen Hauptkönigin und Gattin Narathihapates, Phwa Saw, entstanden, liegt er nur gut 100 m südlich des Dhammayangyi. Mit den beiden deutlich abgetrennten Ebenen samt Hallen und elegantem Shikhara ist er ein gutes Beispiel für die Spätphase. Von den Malereien sind nur wenige Reste erhalten. Daneben liegt der etwas kleinere Tempel „Südliche rote Höhle", Taung Guni, welcher ein halbes Jahrhundert früher um 1190 von dem königlichen Minister Thingathu gestiftet wurde.

## Sulamani 33

Ein weiterer mächtiger Tempel liegt nordöstlich des Dhammayangyi: der Sulamani. Laut Inschrift ließ ihn Narapatisithu 1183 einweihen, „damit die Menschen dem Pfad (Buddhas) folgen und *nibbana* erlangen". Der Name „Krönendes Juwel" bezieht sich auf den legendären Sulamani-Zedi, welchen der Gott Sakha im Tavatimsa-Himmel für die abgeschnittenen Haarlocken Buddhas errichtet hatte. Krönend ist in der Tat die Architektur, denn die beiden elegant aufeinander abgestimmten Blöcke wurden zum Vorbild für andere Tempel der Mittleren Periode, allen voran der Htilominlo. Der Tempel besitzt einen quadratischen Grundriss mit einer Vorhalle im Osten. Die beiden gleich hohen Stockwerke sind durch drei sich verjüngende Terrassen harmonisch miteinander verbunden. Den Abschluss bildet der in den 1990er-Jahren wiederhergestellte *shikhara*, welcher proportional abgestimmt aus den oberen Terrassenstufen hervorgeht. Im unteren Block verläuft ein Wandelgang mit noch teilweise gut erhaltenen Wandmalereien aus der Konbaung-Zeit. Er verbindet die Altarnischen auf den vier Seiten. Das Gleiche wiederholt sich im nicht zugänglichen oberen Stockwerk. Auch das Mauerwerk und die teilweise gut erhaltenen Stuckreste weisen auf hohes handwerkliches Können hin. Die Außenmauer und deren mächtige Tore sind noch in sehr gutem Zustand. Ursprünglich befanden sich dort 100 Mönchszellen *(kutis)*. Im nördlich anschließenden **Sulamani Kyaung-taik** residierte der oberste Mönchspatriarch.

## Hsinbyushin 34

Wer auf dem sandigen Weg vom Sulamani weiter in Richtung Minnanthu fährt, gelangt zum Klosterkomplex Hsinbyushin. Er ist deshalb von Bedeutung, weil er beweist, dass auch in den Jahrzehnten nach dem Untergang Bagans die Stadt vorerst ein wichtiges kulturelles Zentrum blieb. Als Stifter gilt der „Herr über den weißen Elefanten" (Hsinbyushin), **Thihathu** (reg. 1312–24). Er war der jüngste, aber ambitionierteste von drei Brüdern, die anfänglich im Dienste Narathihapa-

Dämonenfratze im Klosterkomplex Hsinbyushin

© MARTIN H. PETRICH



tes standen, nach dessen Tod 1287 das politische Vakuum ausnutzten und nach der erfolgreichen Vertreibung der mongolischen Besatzer im Jahr 1298 die Macht in Oberbirma übernahmen.

Thihathu entmachtete den regulären Regenten Kyawzwa (reg. 1287–98), nahm dessen erste Königin zu seiner Frau und erkor 1312 als uneingeschränkter Herrscher Oberbirmas den Ort Pinya, südlich von Inwa, zu seiner neuen Residenz. Die buddhistische Chronik *Sasanavamsa* preist den frommen König als Förderer des Buddhismus und Stifter zahlreicher Pagoden und Klöster. Mit dem Hsinbyushin ließ er eine der größten Universitäten Oberbirmas erbauen.

Die Maße sind beeindruckend: Eine 244 x 216 m messende Umfassungsmauer schließt den Gesamtkomplex ein. Hier sind noch die Reste der kubischen Meditationszellen erkennbar. Die wichtigsten Gebäude befinden sich im inneren Bereich, der ebenfalls von einer Umfassungsmauer (114 x 100 m) eingeschlossen ist. Dort steht im Westen ein *pahto* mit teils gut erhaltenen Stuckresten. Ihm ist im östlichen Bereich eine offene Ordinationshalle vorgelagert. Insgesamt 28 Säulen stützen das rekonstruierte Dach. Nördlich davon steht ein begehbarer Stupa im singhalesischen Stil mit gut erhaltenen Wandmalereien. Ein Wasserbassin in der Nordostecke diente den Mönchen wohl zum kühlenden Bad.

### Pyathada 35

Etwa 1 km südöstlich des Sulamani erhebt sich der massige Tempelkomplex Pyathada. Er wurde umfassend restauriert und ist nun gefahrlos zugänglich. Kyazwa (reg. 1234–50) beauftragte den Bau, übernahm sich damit jedoch und musste ihn aufgeben. Im Volksmund hieß die Bauruine bald *pyathana paya*, „Problem-Pagode". Nur der Unterbau konnte in groben Zügen abgeschlossen werden, wurde aber durch das Erdbeben von 1975 erheblich beschädigt. Da der obere Teil vollständig fehlt, kann man auf der Plattform bequem die Pagodenlandschaft und den Sonnenuntergang genießen.

## Myinkaba

Im heute friedlichen Myinkaba entschied sich im Jahr 1044 der blutige Machtkampf zwischen Anawrahta und seinem Halbbruder Sokkate. Vom Speer getroffen, soll Sokkate in den

Myinkaba Chaung gestürzt und gestorben sein. Schließlich fristete hier auch ab 1057 der verschleppte Mon-König Manuha sein Dasein. Für heutige Besucher lohnt sich ein Spaziergang durch das Dorf, in dessen zahlreichen Werkstätten und Privathäusern die Nachkommen Manuhas Lackwaren produzieren.

## Mingalazedi 36

Auf halbem Wege zwischen Alt-Bagan und Myinkaba liegt die „Glücksbringende Pagode", Mingalazedi. Sie ist das letzte bedeutende Bauprojekt Bagans und sollte ihrem Namen keine Ehre machen, denn erst nach sechsjähriger Bauzeit wurde sie 1274 fertiggestellt. Weil sich der Bau ewig hinzog, flüsterten sich die Bewohner gegenseitig zu, dass mit Vollendung des Stupas der Untergang des Reiches besiegelt sei. Als dieses schlechte Omen König Narathihapate (reg. 1254–87) zu Ohren kam, veranlasste er die Einstellung des Baus. Erst als ihn der Mönch Panthagu auf die buddhistische Lehre der Unbeständigkeit *(anicca)* hinwies, ließ er die Bauarbeiten wieder aufnehmen. Die Prophezeiung bewahrheitete sich: Mit diesem König ging das Bagan-Reich unter.

Die Shwezigon-Pagode ist unschwer als Vorbild für den Mingalazedi auszumachen. Wie bei ihr bilden drei durch Treppen verbundene Terrassen die Basis, auf welcher sich der glockenförmige *anda* erhebt. An den Ecken der obersten Terrasse stehen vier kleinere Stupas, die bei den unteren Terrassen durch sogenannte *kalasa*, „Heilige Töpfe", ersetzt sind. Ein Großteil der Terrakottatafeln an den Terrassenseiten – sie repräsentieren jeweils eine Jataka-Geschichte – ist verschwunden. Über 100 von ihnen entfernte Fritz Noetling und vermachte sie 1893 dem Berliner Museum für Indische Kunst. Dort sind einige schöne Exemplare ausgestellt.

## Gubyaukgyi 37

Mit diesem Tempel im Norden Myinkabas ist eine Liebesgeschichte verbunden: Auf der Flucht vor der Rache des Königs Anawrahta gelangte der damalige General Kyanzittha eines Tages zu einer Einsiedelei. Dort lebte ein Mönch mit seiner schönen Nichte Thambula. Wie an heiligen Stätten Birmas nicht unüblich, verliebten sich die beiden ineinander. Thambula wurde schwanger, doch noch vor der Entbindung musste Kyanzittha an den Königshof zurückkehren. Als Erkennungszeichen schenkte er ihr einen Ring. Sieben Jahre später, als Kyanzittha bereits König war, übergab ihr Sohn **Rajakumar** dem Herrscher den Ring. Beide wurden daraufhin in den Königshof aufgenommen. In späteren Jahren sollte der „Königliche *(raja)* Prinz *(kumar)*" zu einem der größten Gelehrten und wichtigsten Berater des Königs werden. Kurz nach dem Ableben Kyanzitthas ließ Rajakumar im Jahr 1113 den Gubyaukgyi-Tempel errichten. Damit wollte er dem Vater gegenüber seine Loyalität beweisen, obwohl jener nicht ihn, sondern einen Enkel namens Alaungsithu zum Nachfolger bestimmt hatte.

Architektonisch zählt der Gubyaukgyi zu den frühen *pahto*: ein quadratisches Sanktuarium mit einem weiten Vorbau im Osten. Das steil ansteigende Dach endet in einem gerippten *shikhara*. Durch die gitterförmigen Fenster – mit teilweise exzellent erhaltenen Stuckverzierungen – dringt so spärlich Licht ins Innere, dass man sich fragt, wie die Künstler die dortigen Wände dermaßen detailgenau bemalen konnten.

Das **Sanktuarium** besteht innen aus einem nach Osten geöffneten Raum mit umlaufendem Korridor. Die Außenwände des Korridors sind auf mehreren Reihen komplett mit 550 Jataka-Geschichten (drei mehr als gewöhnlich) ausgemalt. Jede Geschichte ist in einem der Quadrate mit der Hauptszene dargestellt und in der Mon-Schrift betitelt. Die Serie der Geburtsgeschichten beginnt auf der linken Seite der Ostwand, drittoberste Reihe. Die obersten beiden Reihen erzählen die Geschichte Gautama Buddhas sowie einen Schöpfungsmythos. Auf den gegenüber liegenden Innenwandseiten werden neben weiteren Szenen aus dem Leben Buddhas (z. B. an der westlichen Innenwand der erfolglose Angriff Maras sowie der Abstieg Buddhas aus dem Tavatimsa-Himmel), Legenden früherer Buddhas, die ersten drei Konzilien sowie das Leben des indischen Königs Ashoka dargestellt. Zehnarmige Bodhisattvas (eigentlich für den Mahayana-Buddhismus typisch) flankieren als Wächter den Eingang zum Heiligtum.

Auf dem Gelände des benachbarten Stupas **Myazedi** fand Emil Forchhammer 1886/87 eine der beiden Rajakumar-Stelen, mit deren Hilfe die Pyu-Schrift entziffert werden konnte. Die eine befindet sich heute im Archäologischen Museum, die andere auf dem Tempelgelände in einem kleinen Schrein.

## Myinkaba-Zedi 38

Die Stelle, an welcher Anawrahta seinen Halbbruder Sokkate 1044 in einem Duell getötet hatte, erwählte er für den Bau einer Pagode. Der schlichte zylindrische Stupa lässt noch Pyu-Einflüsse erkennen.

## Manuha 39

Einer der ungewöhnlichsten Tempel Myinkabas ist der Manuha-Tempel. Im klobig wirkenden länglichen *pahto* sind drei riesige sitzende Buddhafiguren dermaßen hineingezwängt, dass füllige Personen sie nur mit großen Schwierigkeiten aufsuchen können. Auf der Westseite des Gebäudes ist eine liegende Buddhafigur im *parinibbana* untergebracht.

Der Tempel wird dem Mon-Regenten Manuha zugeschrieben. Er soll damit seiner beengten Situation als Gefangener Ausdruck verliehen haben. Während der Bau stilistisch dem 12. Jh. zuzuordnen ist, gehören die Statuen eher der Frühen Periode, also dem 11. Jh. an. Auf dem Tempelgelände wurde linker Hand ein offener Schrein mit Statuen des Manuha und seiner Frau Ningaladevi errichtet.

## Nanpaya 40

Auf der Südseite des Manuha befindet sich nur wenige Schritte entfernt der Nanpaya-Tempel. Narapatisithu (reg. 1173–1210) soll ihn an der Stelle der ehemaligen Residenz des Manuha errichtet haben, daher sein Name „Palasttempel". Stilistisch gehört er eindeutig der Frühzeit Bagans an: ein quadratischer, flacher Bau mit einem weit vorgezogenen, nach Osten ausgerichteten Vorbau. Auch die gitterartigen Fenster deuten auf das 11. Jh. hin. Eine Besonderheit ist die vollständige Auskleidung des Baus mit fein verarbeitetem, weichem Sandstein, wobei der Kern wiederum aus Ziegelstein besteht. Zum Teil sind die feinen Verzierungen mit Darstellungen von „Ruhmesgesichtern" *(kirtimukha)* des körperlosen Dämonen Kala, aus dessen Mund Rankenwerk sprießt, krokodilartigen Ungeheuern *(makara)* sowie des von spiralförmiger floraler Ornamentik umgebenen Vogels *hintha* (Symbol der Mon und Reittier Brahmas) noch gut erhalten.

Das Innere besteht aus einem Raum mit vier massiven Pfeilern in der Mitte, die sich um die heute verschwundene zentrale Kultfigur gruppieren. Die quadratischen Pfeiler sind mit Flachreliefs aus Sandstein verkleidet. Unverkennbar ist an den beiden Innenflächen der vierköpfige Hindugott Brahma mit Lotosblumen in der Hand dargestellt. Bemerkenswert sind seine mongolischen Gesichtszüge. Das hinduistische Motiv gibt Rätsel auf: Ist der Nanpaya ein Hindutempel? Oder soll auf den Abstieg Buddhas aus dem Tavatimsa-Himmel angespielt werden, bei welchem er von Brahma und Indra begleitet wird? Dann müsste sich in der Mitte eine stehende Buddhafigur befunden haben. Warum wurde dann aber nicht auch Indra dargestellt?

## Abeyadana 41

Südlich von Myinkaba liegt auf der Westseite der Straße nach Neu-Bagan der Abeyadana. Benannt nach Kyanzitthas bengalischer Hauptfrau soll der Tempel der Überlieferung nach an jener Stelle errichtet worden sein, an welcher Abeyadana auf ihren vor König Sawlu fliehenden Mann gewartet hat. Bauliche Parallelen zum Nagayon-Tempel lassen vermuten, dass die beiden *pahto* Ende des 11. Jhs. etwa zeitgleich errichtet wurden. Dem quadratischen Bau ist an der Nordseite eine lange Eingangshalle vorgelagert. Das abgeschrägte Dach wird von einem Stupa gekrönt, der von einer diskusförmigen Schale mit anschließendem zylindrischem und geripptem Aufsatz abgeschlossen wird.

Die Motive der Wandmalereien im Inneren geben Anlass zu fantasiereichen Spekulationen. Finden sich in der Eingangshalle klassische Themen des Theravada-Buddhismus, allen voran die Jataka, so tauchen an der Außenwand des um den Zentralblock laufenden Wandelgangs auf mehreren Ebenen typische mahayanabuddhistische Motive auf, etwa der Bodhisattva Avalokiteshvara. An der Korridor-Innenwand wiederum zeigen sich hinduistische Motive wie Brahma, Vishnu und Indra. Dieser religiöse Pluralismus wurde mit der indischen Herkunft

### Niem – die Apotheke Birmas

Für den erschöpften Besucher Bagans hat der mächtige Niembaum vor allem einen Nutzen: Er spendet Schatten für eine Ruhepause. Dabei wird ihm kaum bewusst sein, dass dieser Baum zu den wichtigsten Nutzpflanzen der Erde gehört. Der Niembaum (birm. *tamar*), erkennbar an seinen fedrigen, spitz zulaufenden schmalen Blättern, ist in dieser trockenen Region häufig anzutreffen, weil er mit viel Wärme und wenig Wasser auskommt. Er wächst vor allem in den Savannenlandschaften Indiens und Birmas und wird gerne für die Wiederaufforstung verödeter Gebiete verwendet, z. B. auf dem Berg Shwe Pon Taung bei Chauk.

Heute wird „der Heiler der Gebrechen", *arishtha*, wie er in ayurvedischen Schriften genannt wird, in vielen Ländern Lateinamerikas und Afrikas kultiviert, weil sein Öl, seine Samen, Rinde und Blätter vielfältige Wirkstoffe besitzen. Die gemahlenen Samen werden mit Wasser vermischt als Pestizid verwendet und vertreiben Mücken, Läuse und anderes Ungeziefer. Das aus den Samen gepresste Öl kann zu Seife weiterverarbeitet werden, hilft bei Magen- und Darmerkrankungen und stärkt das Immunsystem. Die Blätter bilden die Basis für Zahnpasta, Kompressen und Mückenmittel. Die Rinde schließlich wirkt antiseptisch und lindert Rheuma und Fieber.

Seinen umfassenden Nutzen hatte auch der US-amerikanische Chemiegigant W. R. Grace & Co. erkannt. Er ließ in den 1990er-Jahren in den USA und in Europa einige Anwendungen patentieren, obwohl sie seit Jahrhunderten bekannt sind. Als es v. a. in Indien zu massenhaften Protesten gegen diese „Bio-Piraterie" kam, widerrief das zuständige Europäische Patentamt in München im Jahr 2000 das Patent. Der „freie Baum", so die Bedeutung des persischen Namens *azad darakht* (lat. *Azadirachta indica*), wurde daraufhin zum Symbol für den Kampf gegen die neue Form des Kolonialismus.

Abeyadanas in Verbindung gebracht. Vielleicht beweist er aber auch nur, dass die Bewohner Bagans – einschließlich der Könige – so orthodox buddhistisch nicht waren, sondern sich für viele religiöse Strömungen offen zeigten.

## Nagayon 42

Auf der Weiterfahrt nach Süden passiert man linker Hand einen weiteren Tempel der Frühzeit: den Nagayon. Auch sein Standort steht in Verbindung mit der Flucht Kyanzitthas vor Sawlu. Hier soll er laut *Glaspalastchronik* im Schutz einer Naga-Schlange geschlafen haben – wie einst Buddha vom Naga-König Mucalinda geschützt wurde. So zumindest ist die gewöhnliche Deutung des Namens Nagayon, „von einem Naga beschützt".

Wie beim Abeyadana weist der Eingang in Richtung Norden. Im Gegensatz zu ihm werden die abgeschrägten Dachterrassen jedoch von einem *shikhara* abgeschlossen. Insgesamt wirkt die Architektur des Nagayon wohlproportioniert. Dies zeigt sich gerade auch an den Dachterrassen, die zum Vorbild für den später errichteten Ananda-Tempel wurden. Im Sanktuarium umläuft ein Korridor den Zentralblock, in welchem eine 5,50 m große, auf einem Naga stehende Buddhafigur verehrt wird. Sie wird von zwei weiteren stehenden Buddhas flankiert, die stilistisch der Frühzeit zuzuordnen sind.

Die Wände des Korridors enthalten 60 Nischen, welche Sandsteinreliefs mit Darstellungen aus dem Leben Buddhas beherbergten. Viele Originale befinden sich heute im Archäologischen Museum und wurden durch Kopien ersetzt. Sowohl in der Vorhalle als auch an den Wänden des Korridors sind noch Reste von Wandmalereien auszumachen.

## Somingyi Ok-Kyaung 43

Etwa auf halbem Weg zwischen Myinkaba und Neu-Bagan befinden sich auf der westlichen Straßenseite die Ruinen des Somingyi Ok-Kyaung. Es ist eines der wenigen Klöster, die vollständig aus Ziegeln erbaut wurden. In Anlehnung an die indische Praxis, Klosterbauten aus Stein zu errichten, wird es im Volksmund *kala* (indisches) *kyaung* (Kloster) genannt. Einer aufgefundenen Inschrift zufolge wurde es 1204 von einer Frau namens Somin gestiftet. Der quadratische, von einer Mauer eingeschlossene Bau besteht aus kleinen Mönchszellen an den Seiten, einer Eingangshalle im Osten und einem zweistöckigen, turmartigen *pahto* für religiöse Feiern im Westen. Von den meisten Bauten sind jedoch nur noch Reste übrig.

Im Gegensatz dazu ist der benachbarte Stupa noch gut erhalten und bietet von der untersten seiner drei Terrassen einen guten Rundblick (besonders zum Sonnenuntergang).

### Seinnyet Ama und Seinnyet Nyima 44

Kurz vor dem Ortseingang Neu-Bagans stehen auf der östlichen Straßenseite in geschwisterlicher Harmonie vereint der Seinnyet Ama-Tempel („Ältere Schwester") und die Seinnyet Nyima-Pagode („Jüngere Schwester"). Der Überlieferung nach sollen beide Sanktuarien im 11. Jh. von der Königin Seinnyet errichtet worden sein. Allerdings sprechen die architektonischen Baustile eher für unterschiedliche Bauzeiten in der Mittel- bzw. Spätphase Bagans.

Der Seinnyet Ama ist ein quadratischer *pahto* mit vier Eingängen, wobei der Osteingang etwas vorgelagert ist. Die drei Terrassen lassen das Dach wie eine Pyramide erscheinen. Den Abschluss bildet ein gerippter *shikhara*. Er könnte im 12. Jh. erbaut worden sein.

Drei Terrassen bilden die Basis für den glockenförmigen *anda* des Stupas Seinnyet Nyima. An deren Ecken stehen *kalasa*-Gefäße, die im 13. Jh. augenscheinlich sehr beliebt waren. Teilweise sind die Stuckverzierungen noch in gutem Zustand, etwa in der Mitte des *anda*, der von einem Band durchschnitten wird. Ringsherum sind Kala-Fratzen zu sehen, deren Mäuler durch Girlanden verbunden sind. Auf vier Seiten befinden sich in Nischen kleine Buddhafiguren. Auffallend ist der diskusförmige Glockenaufsatz mit einer sich nach oben verjüngenden gerippten Spitze.

## Tempel in Neu-Bagan

Der geschichtsträchtige Hafenort Thiripyitsaya ist mittlerweile mit dem nach 1990 entstandenen Neu-Bagan (Bagan Myothit) zusammengewachsen. Beide Orte liegen etwa 4 km südlich von Alt-Bagan. Thiripyitsaya war während der Bagan-Ära der Haupthafen, wo auch Schiffe aus Indien und Sri Lanka anlegten. Entsprechend finden sich hier einige wichtige Monumente.

Tempel in Neu-Bagan s. Karte S. 279 und S. 248/249.

### Lawkananda 45

Zu Ehren eines Duplikats der berühmten Zahnreliquie aus Sri Lanka ließ Anawrahta im Jahr 1059 im Süden Thiripyitsayas direkt am Ufer des Ayeyarwady einen Stupa errichten. Mit seinem zylindrisch geformten *anda* ist er noch den Pyu-Vorbildern verhaftet. Die Basis bilden drei achteckige Terrassen, von denen zwei über Treppen begehbar sind. Der Lawkananda – abgeleitet vom Pali-Wort *lokananda*, „Freude der Welten" – zählt zu den insgesamt fünf Pagoden, die von Anawrahta zum spirituellen Schutz Bagans errichtet wurden. In den 1990er-Jahren wurde er vergoldet. Südlich von ihm schließt sich der „Lawkananda-Garten" an, der dazu einlädt, den Tag bei einem kühlen Bier ausklingen zu lassen.

### Ashe und Anauk Petleik 46

Etwas südlich von Thiripyitsaya stehen die beiden Tempel Ashe (östlicher) Petleik und Anauk (westlicher) Petleik. Es gibt Vermutungen, dass sie noch vor Anawrahtas Regentschaft in der ersten Hälfte des 11. Jhs. errichtet wurden. Von außen wirken die beiden Stupas eher unspektakulär. An ihrer Basis befanden sich umlaufende überdachte Korridore, was eher ungewöhnlich für Stupas ist. Als zwischen 1907 und 1915 die Restaurierungsarbeiten durchgeführt wurden, versah man die eingestürzten Korridore mit einem Dach. Bei der Ausgrabung kam eine Vielzahl von unglasierten gebrannten Tontafeln zum Vorschein. Die dargestellten Jataka-Szenen beeindrucken in ihrer klaren Schlichtheit. Es wird angenommen, dass sie von Mon-Künstlern aus Thaton angefertigt wurden.

### Sedanagyi 47

Auf dem Weg von Neu-Bagan nach Chauk fällt linker Hand der monumentale Stupa des Sedanagyi (machmal auch Sitanar-Zedi genannt) auf. Die *Glaspalastchronik* schreibt ihn König Nadaungmya (reg. 1210–34) zu. Der dekorative quadratische Aufsatz auf dem Stupa, *harmika* genannt,

## Neu-Bagan (Bagan Myothit)

Am Ufer des Ayeyarwady – der 1059 erbaute Lawkananda



deutet auch architektonisch auf die Spätphase hin. Da er sich jedoch nicht sehr harmonisch in die Gesamtarchitektur einfügt, könnte er auch bei einem Umbau hinzugefügt worden sein. An der Basis befinden sich Elefantenskulpturen, wie sie nur selten in Bagan anzutreffen sind.

### Dhammayazika 48

Auf den ersten Blick scheint der Dhammayazika („dem König des Gesetzes gehörend") mit seinen drei Terrassen und dem glockenförmigen *anda* sehr der Shwezigon zu ähneln. Doch zeigt sich beim näheren Hinsehen ein elementarer Unterschied: Die Terrassen des 1196 von Narapatisithu errichteten Stupas sind fünfseitig und nicht, wie üblich, quadratisch. Den Seiten ist jeweils ein *tazaung* vorgelagert, in welchem nicht nur einer der vier Buddhas des jetzigen Zeitalters verehrt wird, sondern auch der zukünftige Buddha Metteya.

Von den Terrakottatafeln auf den Terrassen sind leider viele verschwunden. Nachdem der zwischen Neu-Bagan und Minnanthu gelegene Dhammayazika lange Zeit verloren im Feld stand, erfuhr er in den 1990er-Jahren eine Art Revival. Im Auftrag des Militärs wurde der *anda* vergoldet, die Plattform um den Tempel verschönert und mehrere neue Holzpavillons errichtet. Der Aufstieg zu den Terrassen des Stupas ist verboten.

## Die Tempel von Minnanthu

An der östlichen Peripherie der Königsmetropole, rund um das heutige Dorf Minnanthu, entstanden im 13. Jh. viele Klosteranlagen. Ihre Umfassungsmauern sind teilweise noch recht gut erhalten. Architektonisch mag ihnen die Monumentalität früherer Bauten fehlen, dafür bergen sie in ihrem Inneren manche Überraschung. Wer mal etwas anderes als Tempel sehen möchte, kann auch einen Rundgang durch den netten Ort unternehmen. Alternativ bietet sich ein Spaziergang durch eine der beiden etwas weiter südlich gelegenen Ortschaften, **West-Pwasaw** und **Ost-Pwasaw**, an.

### Winido 49

Südlich der Zufahrt zum Nanmyint-Turm liegt in einer Gruppe von kleineren Sakralbauten der 1243 von einem Ehepaar gestiftete Tempel

Winido (Nr. 659) mit noch sehr schön erhaltenen Wandmalereien. Die Inschrift befindet sich rechts in einer Nische. Typisch für den Stil der Spätzeit sind die detailverliebten Darstellungen von Himmelswesen, Fabeltieren und Rankenverzierungen. Der nach Osten ausgerichtete Eingangsbereich enthält die Jataka-Geschichten, an den Wänden im quadratischen Hauptschrein sind Szenen aus dem Leben des Erleuchteten gemalt.

## Nandamannya 50

Von außen wirkt der Nandamannya-Tempel sehr unscheinbar. Es ist ein kleiner quadratischer *pahto* mit vier gleich gestalteten Seiten; oben wird er durch einen Stupa abgeschlossen, was sehr typisch für die Architektur der Spätzeit ist. König Kyazwa (reg. 1234–50) stiftete ihn 1248 und benannte ihn nach einem der Attribute Buddhas „Unendliche Weisheit" (Pali: *anantapañña*). Die Überraschung liegt im Inneren. Dort ist er fast vollständig ausgemalt. Selbstverständlich sind es wieder vorwiegend Szenen aus dem Leben des Erleuchteten, wie etwa seine wundersame Geburt aus der Seite seiner Mutter Maya, und die Darstellungen der 28 Buddhas. Zudem sind zahlreiche tierische Fabelwesen abgebildet, die zur Armee des Mara gehören. Raffiniert wurden sie in die Ornamentik der Wandpfeiler eingearbeitet.

Auf mehr Interesse mag jedoch die Prozession barbusiger Frauen stoßen, deren anscheinend vulgär erotische Darstellung dem prüden französischen Pali-Experten Charles Duroiselle bei seinen Forschungen 1915 noch die Röte ins Gesicht trieb. Sie ist in einer Nische an der Südwand unter einer Buddha-Darstellung zu sehen. Der Buddhalegende Nidanakatha zufolge wurden die Frauen unterschiedlichen Alters von den drei Töchtern Maras geschickt, um Buddha „auf jede Art und Weise" zu verführen. Die drei Töchter namens Tanha (Gier), Raga (Lust) und Arati (Unzufriedenheit) sind auf der gegenüberliegenden Seite nochmals mit ihrem Vater dargestellt. Da die Malereien jenen des Payathonzu ähneln, gibt es Vermutungen, dass hier dieselben Künstler am Werk waren.

Nur wenige Schritte entfernt stößt man auf den **Kyatkan Umin** (11. Jh.) mit noch heute genutzten unterirdischen Meditationszellen.

## Thambula 51

Thambula (auch Thonlula), die erste Frau des Königs Uzana (reg. 1250–54), ließ 1255 diesen nach ihr benannten *pahto* errichten. Er besteht aus einem quadratischen Unterbau mit vier Öffnungen und einer östlich anschließenden Vorhalle. Drei deutlich abgestufte Terrassen mit Miniaturstupas an den Ecken führen elegant zum abschließenden *shikhara* über. Das Innere war ursprünglich vollständig ausgemalt. Heute sind die meisten Szenen – wie Jataka, acht Lebensstationen Buddhas, 28 Buddhas etc. – sehr verblasst. Auffallend ist auf der Ostseite die Darstellung eines Bootsrennens.

## Payathonzu 52

Ein Stück weiter südlich liegt der unvollendet gebliebene Payathonzu („drei Tempel"). Er besteht aus drei auf einer Ost-West-Achse liegenden quadratischen Kammern, die durch schmale Gänge miteinander verbunden sind. Oben werden sie von drei Terrassen und einem *shikhara* abgeschlossen. Zwar ist diese Dreiteilung äußerst ungewöhnlich für die Tempel Bagans, doch findet sie sich auch bei einigen Khmer-Tempeln in Kambodscha und Thailand (z. B. Lopburi).

Im Inneren dominieren drei Altäre mit restaurierten Buddhafiguren den Raum. Nur der östlich gelegene *pahto* ist vollständig mit Wandmalereien ausgeschmückt. In dessen Vorraum finden sich typische theravada-buddhistische Motive wie die 547 Jataka und einige Szenen aus dem Leben Buddhas, darunter seine Geburt und der Abstieg aus dem Tavatimsa-Himmel.

Im Hauptraum lassen sich an den Seitenwänden die unter Bäumen meditierenden 28 Buddhas erkennen. Zudem gibt es mahayana-buddhistische Darstellungen wie mehrarmige Bodhisattvas, nicht identifizierbare Figuren in inniger Umarmung mit weiblichen Gestalten sowie Fabelwesen und Ornamentik. Die schachbrettartig gemusterte Decke ist mit unzähligen Buddhas angefüllt. Möglicherweise wurde der Payathonzu von Gruppen genutzt, die eine tantrische Form des Buddhismus praktizierten.

## Lemyethna 53

Der Lemyethna, ein auffallend weiß getünchter Tempel, nördlich von Minnanthu, besticht durch seine Eleganz. Bewirkt wird sie durch den feinen Übergang zwischen dem quadratischen Unterbau und dem schlanken *shikhara*. Der „Tempel der vier Himmelsrichtungen" ist eine Stiftung von Ananthaturiya – einem Minister am Hofe Nadaungmyas – und seiner Frau aus dem Jahre 1223, um laut Inschrift „zu einem allwissenden Buddha zu werden, der alles weiß und alles sieht". In ihrer Inschrift erwähnen sie zudem „wunderschön gemalte Szenen aus den 550 Jataka". Doch leider wurden Teile der Originalmalerei von den Einheimischen übertüncht.

## ÜBERNACHTUNG

Die günstigsten Übernachtungsmöglichkeiten bieten **Nyaung U** und **Neu-Bagan**. Beide Orte sind etwa 10 km voneinander entfernt. In **Alt-Bagan**, das etwa in der Mitte liegt, gibt es einige schöne, allerdings nicht gerade billige Hotels. Wer vorhat, mehrere Tage in Bagan zu bleiben, kann ein paar Tage im nördlichen Bereich verbringen, die anderen im südlichen. Leider sind auch in Bagan die Übernachtungspreise derzeit völlig überzogen, in der Hochsaison sollte man unbedingt reservieren. Die meisten Unterkünfte bieten WLAN und einfaches Frühstück.



### Nyaung U

Karte S. 258

Als Verwaltungs- und Wirtschaftszentrum Bagans hat Nyaung U eine entsprechende Infrastruktur mit Krankenhaus, Banken, Schulen, Hotels, Restaurants etc. Auch der Flughafen ist nach dem Städtchen benannt. Ein Spaziergang durch den sympathischen Ort mit einem bunten **Markt** lohnt sich allemal. Dank einer genügenden Auswahl an guten Restaurants und günstigen Unterkünften wird Nyaung U von vielen Besuchern als Standort bevorzugt. Eine geschäftige Straße zwischen Anawrahta Road und altem Busbahnhof hat sich zur Travellermeile entwickelt. Dort kann man gut essen, Infos austauschen und E-Mails checken.

#### Lanmadaw (Main) Road

**Golden Myanmar Gh.** ①, Lanmadaw Rd., ✆ 061-60901, ✉ gmyanmar58@gmail.com. Einfaches, recht nüchtern gehaltenes Gästehaus mit 15 Zimmern, die meisten mit AC und Bad. Im 1. Stock verströmen die 7 Räume mit ihrer dünnen Holzvertäfelung rustikale Hüttenatmosphäre. ❸

**Grand Empire Hotel** ⑤, Lanmadaw Rd., ✆ 061-60206, ✉ grandempirehotel.nyu@gmail.com. Etwas pompöser Name für die 25 teilweise recht kleinen und fensterlosen Zimmer mit AC, TV und Warmwasser-Bad. Überall wurde viel Teppich verlegt. Essen gibt es nebenan im Tharawun Restaurant. ❷–❺

**Inn Wa Gh.** ②, Lanmadaw Rd., ✆ 061-60902, 60849, ✉ innwa.gh@gmail.com. Gut geführtes 3-stöckiges Gästehaus mit 40 kleinen, aber netten AC-Zimmern mit Bad, einige größere mit TV und Kühlschrank. Frühstück auf der Dachterrasse. ❸–❹

**May Kha Lar Gh.** ④, Lanmadaw Rd., ✆ 061-60304, 60907. Das betagte Gästehaus bietet für jeden Geldbeutel etwas: 6 AC-Zimmer mit Gemeinschaftsbad, 25 AC-Zimmer mit Bad, TV und Kühlschrank, 4 Dreibett-Zimmer. Fahrradverleih, hilfreiches Personal, WLAN auf dem Balkon im 1. Stock. ❸

**Pann Cherry Gh.** ⑦, an der östlichen Zufahrt zur Shwezigon, ✆ 061-60075. Klassiker für Asketen: länglicher Bau mit 20 kargen Zimmern mit Ventilator und teilweise Gemeinschaftsbad. Es gibt aber auch große 3- bis 4-Bett-Zimmer mit AC für Familien. ❷–❺

€ **Pyinsa Rupa Gh.** ③, Lanmadaw Rd., ✆ 061-60607. Eine beliebte Traveller-Absteige mit 30 meist einfachen Zimmern mit Ventilator oder AC und wenig sauberen Bädern. Weitaus besser sind die Zimmer im hinteren Anbau. Es gibt auch einige Family Rooms mit 3–4 Betten. Hilfsbereite Angestellte. ❷–❸

**Shwe Na Di Gh.** ⑥, Lanmadaw Rd., ✆ 061-60409. Eine der günstigsten Optionen in der Straße. Nicht unbedingt heimelig, aber mit solider Grundausstattung: 24 Zimmer mit Bad, AC und TV plus 8 Zimmer mit Gemeinschaftsbad. Radverleih. ❷–❸

#### Zwischen Shwezigon Road und Anawrahta Road

**Aung Mingalar Hotel** ⑲, Bagan-Nyaung U Rd., ✆ 061-61169, 60847, ✉ aungmingalarhotel@

gmail.com. Toplage gegenüber der Shwezigon-Pagode mit 33 auf mehrere Bungalows verteilten Zimmern mit Bad, AC, TV und Kühlschrank. Die 2012 renovierten Räume sind mit viel Holz ausgestattet und recht geschmackvoll eingerichtet. ❹–❺

**Hotel Blazing** ⑮, Thiripyitsaya (4) Rd., ✆ 061-60864, 60912, ✉ hotelblazing.nyu@gmail.com. In mehreren Bungalowreihen verteilen sich 28 Zimmer mit AC, Veranda, kleinen Bädern sowie knallroten Teppichen. Netter Garten. Rad- und E-Bike-Verleih. ❸

**Motel Zein** ⑬, Thiripyitsaya (1) Rd., Ecke Anawrahta Rd., ✆ 061-60204, 09-2597 52044, ✉ motelzein.myanmar@gmail.com. Das gut geführte Gästehaus unweit der Saraba-Pagode verfügt über 24 freundliche, mit viel Holz ausgestattete Zimmer (AC, Bad, kleine Veranda) in 2 Kategorien, die sich in einem 2-stöckigen Bau verteilen. Für den Preis eine gute Wahl. ❸–❹

**New Life Gh.** ⑪, Main Rd., neben dem Thante Hotel, ✆ 061-61035, 60646. Die 22 Zimmer verteilen sich in 2 parallelen Gebäuden. Einige sind mit Balkon/Veranda, von denen man jedoch nur die andere Hauswand anschaut. Die Zimmer sind relativ freundlich, wenn auch dunkel und etwas klein, aber sauber. ❸–❹

**New Park Hotel** ⑯, Thiripyitsaya (4) Rd., ✆ 061-60322, 60484, 🖳 www.newparkmyanmar.com. Die Bungalowanlage mit 26 Zimmern liegt in einer Seitenstraße und hat 2 Standards: etwas kleinere Zimmer in einem länglichen Flachbau mit Veranda, AC, TV, WC und Kühlschrank; die anderen seitlich sind wesentlich größer. Frühstück gibt es in einem offenen Pavillon, Tourenarrangement und Fahrradverleih. ❸–❹

**Oasis Hotel** ⑭, Anawrahta Rd., ✆ 061-60923, 🖳 www.oasishotelbagan.com. Der Name passt, denn das lang gezogene Grundstück ist schön bepflanzt. In den länglichen Bauten verteilen sich 18 ansehnliche, weitgehend in Weiß gehaltene Zimmer mit nettem Interieur. Wohnliches Ambiente, der kleine Pool und das offene Restaurant machen das Hotel zu einer guten Wahl. ❺–❻

**Prince Gh.** ⑱, Anawrahta Rd., ✆ 061-60411. Inmitten eines schönen Gartens mit Bambus finden sich 28 schlichte Standard- und geräumige Deluxe-Zimmer mit Warmwasser-Bad und AC. Frühstück wird in einer offenen Halle serviert. ❷–❸

**Yar Kinn Tha Hotel** ⑰, Anawrahta Rd., ✆ 061-60051, 60451. Etwas kühl wirkender Kasten, doch gutes Preis-Leistungs-Verhältnis. 43 etwas nüchterne AC-Zimmer mit WC, TV und Kühlschrank in 2 Kategorien sowie 12 schöne Bungalows samt Veranda im Innenhof. Der Pool wirkt vernachlässigt. Auf der Dachterrasse bietet **La Terrazza** gute italienische Küche. ❸–❺

**Weitere Unterkünfte**

**Eden Motel** ⑨, südlich vom Markt, ✆ 061-60639. Wegen seiner Lage recht beliebt. 18 einfache, kleine Zimmer (AC, Bad) mit Bambus-Deko. Pluspunkt ist das Frühstück auf der Dachterrasse. Gegenüber liegt das bessere **Eden Motel II** ⑧, ✆ 061-60812, mit 7 großen, für Familien geeigneten Zimmern, für den gleichen Preis. Man sollte jedoch keinen Service erwarten. ❸

**Large Golden Pot Gh.** ⑫, Nähe Sapada-Pagode, ✆ 061-60074. Nicht ganz so fantasievoll wie der Name sind die 14 eher langweilig gestalteten AC-Zimmer mit Bad im Hauptbau. Im hinteren Bereich bieten 12 weitere Zimmer etwas mehr Komfort. Auf der Dachterrasse kann man sein Bier genießen. Fahrradverleih. ❷–❸

**Thante Hotel** ⑩, in Nyaung U unweit der großen Kreuzung, ✆ 061-60315, 🖳 www.thantenyu.com. Eine gute Wahl für jene, die zentral und etwas komfortabler wohnen wollen. Pluspunkt ist der Pool (Außenstehende US$6 pro Tag). Die 37 Zimmer (AC, Du/WC) in Bungalows sind sauber und ebenso wie das Restaurant etwas nüchtern eingerichtet. ❹–❺

## Wetkyi-In

Karte S. 258, Nyaung U

Die Unterkünfte zwischen Nyaung U und Alt-Bagan haben den Vorteil, dass die Wege zu den wichtigsten Sehenswürdigkeiten nicht so weit sind. Zudem gibt es einige vorzügliche Restaurants und Snackbars.

BAGAN UND UMGEBUNG

**Bagan Princess Hotel** ⑳, 061-60661, 60872, www.baganprincesshotel.com. 25 geschmackvolle AC-Zimmer mit viel Holz, Ziegelstein und Jacuzzi machen dieses Boutiquehotel zu einer guten Wahl. Um die Ecke bietet ein funktionales Gebäude 12 günstigere, dafür aber gesichtslose Zimmer. ❸–❻

**Bagan Umbra** ㉓, Bagan-Nyaung U Rd., 061-60034, 60381, baganumbra@gmail.com. Die 57 Zimmer sind optisch zwar nicht der Hit, aber okay. Sie variieren etwas in der Größe, ansonsten sind sie ähnlich ausgestattet: AC, Du/WC, TV, Kühlschrank. Pool, Internet (1000 Kyat/Std.), Fahrradverleih. Auf Wunsch werden Touren arrangiert, etwa für 40 000 Kyat zum Mt. Popa. Schrittweise soll die Unterkunft aufgewertet und um 44 Zimmer erweitert werden. ❸–❺

**New Wave Hotel** ㉒, 061-60731. Im vorderen Altbau verteilen sich 8 funktionale Zimmer mit AC und Bad, im hinteren, 2-stöckigen Gebäude 22 freundliche Zimmer mit allen Annehmlichkeiten. Allerdings wirken die dicht beieinander stehenden Gebäude sehr beengend. ❸–❺

€ **Winner Gh.** ㉑, neben dem New Wave, 061-61069. Hier wurde fleißig erweitert und aus der einstigen Budget-Bleibe ein solides Gästehaus mit 24 Zimmern gemacht, einige davon sehr gut für Kleinfamilien geeignet. Selbst Schwergewichte liegen auf den stabilen Stahlbetten gut. Auch das Preis-Leistungs-Verhältnis stimmt. ❷–❸

### Alt-Bagan (Bagan Myohaung)

Karte S. 264

Anstelle der 1990 vertriebenen einheimischen Bevölkerung logieren heute Touristen innerhalb der Tore Alt-Bagans. Wer hier wohnt, hat zwei Vorteile: komfortable Unterkünfte und Toplage. Zu Fuß oder mit dem Fahrrad sind die interessantesten Pagoden einfach zu erreichen. Auch der Ayeyarwady ist nicht weit. Einem Sundowner – etwa im Garten des Bagan Thande oder Aye Yar River View Hotels – steht also nichts im Wege.

**Aye Yar River View Hotel** ㉔, nördlich von Alt-Bagan, 061-60313, 60352, www.ayeyarriverviewresort.com. Das Hotel am Ayeyarwady hat sich zu einer Edelbleibe gewandelt. Von Superior bis Deluxe kann man in den 127 meist geräumigen Zimmern (AC, TV, Minibar, Du/WC) komfortabel logieren. Am schönsten wohnt es sich in den Bungalows mit Blick auf den Fluss und in den weitläufigen Ayeyar-Suiten. Offenes Restaurant mit Pagode, Spa und Pool. Weitere 60 Zimmer sind in Planung. ❸–❼

**Bagan Hotel River View** ㉖, Nähe Gawdawpalin-Pagode, 061-60032, 60316, www.kmahotels.com. Schöne Hotelanlage mit eigener Pagode am Ayeyarwady. Alle Bauten sind im Stil der Pagodenruinen errichtet worden. In den 116 Zimmern (AC, TV, Minibar) lässt es sich wunderbar logieren, für schlappe US$500 auch in der Presidential Riversuite. Zur Anlage gehören Konferenzraum, Businesscenter, Pool und Massage. Internet für US$5/Std. und kostenloses WLAN. Im herrlichen Garten werden Frühstück und Dinner serviert. ❻–❽

**Bagan Thande Hotel** ㉗, neben dem Archäologischen Museum, 061-60025, 60031, www.baganthandehotel.net. Bagans älteste Unterkunft hat sich gemausert. Wo der Prince of Wales (und spätere Edward VIII.) 1922 residierte, bietet das Hotel heute 2 riesige Suiten und ein Restaurant. Einige der 44 Deluxe-Zimmer befinden sich direkt am Ayeyarwady-Ufer. Die Bungaloweinheiten mit 20 Superior-Zimmern, alle mit AC, TV, Minibar, Du/WC, liegen etwas zurückversetzt. Tipp: Auch wer nicht in diesem Hotel wohnt, kann sich unter den knorrigen Akazienbäumen mit herrlichem Flussblick einen Drink gönnen. Seitlich gibt es Pool und Massage. Fahrradverleih. ❻–❼

**The Hotel @ Tharabar Gate** ㉕, 061-60037, 60042, www.tharabargate.com. Wo einst die Dorfschule stand, erstreckt sich nur einen Steinwurf vom Tharaba-Tor entfernt das weitläufige Hotel mit 84 geräumigen Zimmern (AC, TV, Du/WC, Minibar). Beim Interieur wurden vorwiegend einheimische Materialien, allen voran Teakholz, verwendet. Zur Ausschmückung der Räume kopierten lokale Künstler Tempelmalereien. Restaurant, Gartenanlage und Pool sind der Umgebung harmonisch angepasst. Zum Angebot gehört auch ein Spa. ❻–❼

## Neu-Bagan (Bagan Myothit)

Karte S. 279

Neu-Bagan wurde 1990 von den zwangsumgesiedelten Bewohnern Alt-Bagans gegründet. Heute ist es ein lebendiger Ort mit zahlreichen Hotels, Restaurants, Souvenirshops und Lackwerkstätten. Die günstigeren Unterkünfte haben sich vorwiegend entlang der Khayae Street, meist schlicht „Main Road" genannt, und einiger Seitenstraßen angesiedelt. Eine Reihe von Mittelklasse-Hotels liegt etwas abseits am östlichen Ortsrand und ist eher für Touristen mit eigenem Fahrzeug geeignet. Fast alle Zimmerpreise schließen Frühstück mit ein.

### Untere Preisklasse

**Bagan Central Hotel** ㊴, 15/16 Khayae St., ✆ 061-65057, 65265. Die Außenwände der 26 Zimmer wurden mit versteinerten Bäumen verkleidet. Auch innen sind die geräumigen Zimmer mit Holzboden, AC und Du/WC ansehnlich. Netter Innenhof mit schattigen Niembäumen. Beste Wahl in dieser Gegend und Preisklasse. ❷–❸

**Glorious Bagan Hotel** ㊸, Sabae St., südlich der Khayae St., ✆ 061-65260. Ruhig gelegene Anlage mit Bungalows rund um einen Niembaum. 11 Zimmer mit AC, TV, Du/WC, Minibar und Veranda. Wirkt alles etwas angestaubt. ❷–❸

**NK Betelnut Hotel** ㊳, Khayae St., ✆ 061-65054, 65262. Gut geführtes Gästehaus mit 24 sauberen Zimmern mit AC, Du/WC,TV und Minibar in einstöckigen Bungalows. Kleiner Garten und Sky Bar. Behilflich beim Besorgen von Tickets. ❸

**Ostello Bello Bagan** ㊶, Khayae St., Nahe Shit Myathna-Pagode, ✆ 061-65069, 🖳 www.ostellobello.com. Das populäre Hostel ist nicht nur mit viel Holz geschmackvoll gestaltet, sondern bietet auch eine Bandbreite von Wohnoptionen: Je 3 x 4- bis 8-Bettzimmer, aber auch 14 DZ. Saisonabhängig sind indes bis zu US$25 pro Bett zu bezahlen. Sehr schön die Garten-Bar und die Terrasse. ❷–❹

**Ruby Gh.** ㊵, Khayae St., westlich der Shit Myathna-Pagode, ✆ 061-65124. 9 einfache, funktionale Zimmer mit AC, Du/WC und grünen Teppichen. Kein Frühstück. Zuverlässiger Wäscheservice. Arrangiert Touren. ❷

### Mittlere Preisklasse

**Arthawka Hotel** ㊱, ✆ 061-65321, ✉ arthawka@gmail.com. Sympathisches 2-stöckiges Hotel mit insgesamt 59 Zimmern (AC, Du/WC,TV, Minibar). Restaurant mit Tiefgaragen-Flair, aber man kann auch auf der Dachterrasse speisen. Den Pool im Innenhof wird man an heißen Tagen zu schätzen wissen. ❹–❺

**Bawga Theiddhi Hotel** ㊻, Myat Lay St., ✆ 061-65425, 65426, 🖳 www.bawgatheiddhihotel.com. So unaussprechlich der Hotelname, so ansprechend die Anlage mit 44 Zimmern mit Bagan-Touch. Die Bäder in den Deluxe-Zimmern sind etwas klein, der Boden mit roten Teppichen oder Laminat verlegt. Pluspunkte sind der große Pool und der nette Garten. ❺

**Kaday Aung Hotel** ㉚, Hninn Pann St., ✆ 061-65070, 🖳 www.kadayaunghotel.com. Ansprechendes Mittelklassehotel mit Pool und schönem Garten. 46 wohnliche Zimmer mit AC, Bad und viel Rattan und Bambus. Gutes Preis-Leistungs-Verhältnis, sehr zu empfehlen. ❸–❺

**Kumudara Hotel Bagan** ㉙, 5th St., Ecke Dawna St., ✆ 061-65142, 65402, 🖳 www.kumudara-bagan.com. Das ziemlich abseits gelegene Resort ist vor allem bei Reisegruppen beliebt. Zu Recht, denn Service und Komfort stimmen. Die 50 geräumigen Zimmer mit AC, Du/WC, TV und Minibar sind auf einzelne Bungalows verteilt. Pool. ❹–❺

**Lawkanat Hotel** ㉟, Khayae St., ✆ 061-65046. Heimelige Bungalowanlage mit 20 geräumigen und geschmackvoll eingerichteten Zimmern mit AC, Du/WC,TV und Minibar. Kleiner netter Garten. ❹–❺

**Manisanda Hotel** ㉜, 7th St., Ecke Hninn Si St., ✆ 061-65438, 65438, 🖳 www.manisandahotel.com. Familiäres Mittelklassehotel am östlichen Ortsrand mit 48 recht dunklen, aber sauberen Zimmern in einem verwinkelten Gebäudekomplex. Toller Pagodenblick von der Dachterrasse. ❹

**Nan Eain Thu** ㊲, Myat Lay Rd., ✆ 061-65118, 65214. Die 27 AC-Zimmer mit Du/WC und

Minibar sind angenehm sauber und verbreiten eine entspannte Atmosphäre. ❸–❹

**Ruby True Hotel** ㊽, Myat Lay Rd., ✆ 061-65065, 65043, 🖳 www.rubytrue.com. Saubere 38 Zimmer aus Bambus und Holz mit AC, Du/WC, TV, Minibar und Veranda in netter Bungalowanlage. Großer, nüchterner Speiseraum. ❺

**Thiri Marlar** ㉛, Sabae St., Ecke Thiri Marlar St., ✆ 061-65229, ✉ thiri marlar@mptmail.net.mm. Beliebte Anlage mit 21 Standard- und Superior-Zimmern (AC, TV, Du/WC, Minibar). Die Zimmer sind geschmackvoll eingerichtet, aber etwas schmal. Dachterrasse mit gutem Ausblick. Nette Sunset-Bar. ❸–❹

### Obere Preisklasse

**Areindmar** ㉝, 2nd St., zwischen Nweni St. und Cherry St., ✆ 061-65049, 🖳 www.areind marhotel.com. Auf überschaubarem Gelände umschließt ein 2-stöckiger Bau einen schönen Garten. Der kleine Pool liegt seitlich des halb offenen Restaurants. 50 geschmackvoll mit viel Holz und traditionellem Dekor ausgestattete Deluxe-Zimmer mit AC, TV, Du/WC. ❼

**Blue Bird Hotel** ㊺, Myat Lay St., ✆ 061-65440, 65449, 🖳 www.bluebird bagan.com. 24 stilvolle Zimmer mit Betonböden, großen Betten und Wasserfall-Duschen im Bad. Alles mit einem Hauch Bagan-Chic verschönt, inklusive Schwarz-Weiß-Bildern der Tempelstadt in den Gängen. Der Pool ist eher was für Kleinkinder. ❺–❻

**Myanmar Treasure Resort (New Bagan)** ㊹, Khayae St., ✆ 061-65443, 65445, 🖳 www.myan martreasureresorts.com. Detailfreudig ausgeschmückt, ist dieses Resort an die geschichtsträchtige Umgebung angepasst. Das gilt besonders für die 94 Zimmer (AC, Du/WC, TV und Minibar). Professioneller Service, Pool und Spa garantieren einen schönen Aufenthalt. ❼–❽

**Raza Gyo Hotel** ㉞, Myat Lay St., ✆ 061-65326, 65431, 🖳 baganrazagyohotel.com. Am östlichen Ortsausgang gelegenes Boutique-Hotel mit 40 überwiegend kleinen Zimmern mit Du/WC und Teppich. Der kleine Garten und die geschwungenen Torbögen am Eingang verströmen eine einladende Atmosphäre. ❺–❻

**Shwe Yee Pwint Hotel** ㊷, 2nd St., südlich der Khayae St., ✆ 061-65421, 65418, 🖳 www.shweyeepwinthotel.com. Großzügige Anlage mit 35 stilsichere, etwas kleinen Superior-Zimmern mit AC, TV und Bad im Hauptbau sowie größere Deluxe-Zimmer in Bungalows. Zur Einrichtung gehören Meditationsraum, Pool und Dachterrasse mit Pagodenblick. ❺–❻

**Thazin Garden Hotel** ㊼, Thazin Rd., ✆ 061-65035, 65044, 🖳 🖳 www.thazingarden.com. Die wunderbare Anlage liegt weit im Süden des Ortes. Die 60 Zimmer mit AC, Du/WC, TV und Minibar wurden bis ins Detail stilvoll (mit viel Holz) eingerichtet. Zum Komfort gehören ein gutes Restaurant, ein Pool und ein Spa, wo müde Muskeln wieder munter massiert werden. Der schattige Garten erscheint wie eine Oase. ❻–❼

## ESSEN

### Nyaung U

Karte S. 258, s. auch eXTra [5344].

Entlang des „Traveller Walks", der Thiripyitsaya (4) Road zwischen altem Busbahnhof und Anawrahta Road, buhlen zahlreiche Lokale um Kundschaft. Leser loben das **Pyi Wa** (neben dem Pyi Wa-Tempel) und das familiengeführte **Bibo** in einer Seitenstraße westlich des Pyi Wa-Tempels. Das **Novel** tischt solide Thai-Gerichte auf. Mit Lampions und Kerzen wirbt **A little bit of Bagan** um Kundschaft, während das **La Terrazza** auf der Dachterrasse des Yar Kinn Tha Hotels leckere Pasta- und Pizza-Gerichte zubereitet, 🕒 11–22 Uhr. Im **Kan Thar Oo** gegenüber dem New Park Hotel wird solide China-Küche serviert. Im etablierten **Aroma (2)** sorgt Mr. Rajendra für indische Küche und zufrieden lächelnde Gäste mit vollem Magen. Wem es gar nicht schmeckt, muss auch nicht zahlen.

**Black Bamboo**, in einer Nebenstraße. In dem schicken Gartenrestaurant können Gäste in noble Bambussessel versinken und gute chinesische und birmanische (30 Min. Wartezeit) Speisen verkosten oder das superleckere Eis genießen.

© VOLKER KLINKMÜLLER

Das Angebot auf dem Markt von Nyaung U ist vielfältig.

**Hti Bar**, Thiripyitsaya (4) Rd., in der Nähe der Pyi Wa-Tempels. Mit Shisha unterm Bambusdach schmecken die Cocktails (1500–2500 Kyat) besonders lecker. Ein Tipp aus der Küche: Chili con Carne. ⌚ tgl. 9–22.30 Uhr.

**Shwe Myit Tar**, im schmalen Seitenweg hinter dem Markt. Mit seinen vorzüglichen birmani-schen Currys eine Institution. ⌚ tgl. 9–21 Uhr.

**Thante Bakery House**, beim gleichnamigen Hotel, verkauft in nüchternem Ambiente Snacks und Kuchen. ⌚ tgl. 6–22 Uhr.

**The Beach Bagan**, 12 Hmang Kyo Yat, ☎ 061-60126, 60456, am Ende einer vom Markt-Kreisel abgehenden Straße direkt am Ayeyarwady, ist mit Abstand das stilvollste Restaurant in Nyaung U. Zu zarten Saitenklängen und Flussblick kann man aus der reichhaltigen Speisekarte wählen. Das Angebot reicht von Thai-Gerichten bis zu birmanischen Currys. Von 16–18 Uhr ist „Beach Happy Hour". Von einem Besuch profitieren nicht nur die Gaumen, sondern auch bedürftige Menschen, denn der agile Miteigentümer, Jürgen von Jordan, ist mit seiner Myanmar Foundation in verschiedenen humanitären Projekten engagiert. Infos: www.myanmar-stiftung.de. ⌚ 8–22 Uhr.

Zwischen Markt und altem Busbahnhof bei der Shwezigon gibt es entlang der Lanmadaw Street ebenfalls einige einladende Lokale, darunter das **San Kabar Pub & Restaurant** mit guten Nudelgerichten und Pizza oder das in Zuschriften gelobte Lokal **Shwe Moe** mit günstigen und guten Currys. Das **Moe Moe Win Yangon** ist morgens eine beliebte Adresse für *mohinga*.

## Wetkyi-In

Karte S. 258, Nyaung-U

**Nanda**, ☎ 061-60754. Bietet in einer schön dekorierten Halle und einem großen Garten allabendliche Marionettenvorführungen. Die birmanischen und chinesischen Speisen sind vorzüglich. Der Nachteil: Durch die vielen Reisegruppen herrscht viel Trubel.

Weitaus lauschiger und ziemlich schick ist das weiter nördlich gelegene **Eden BBB**, ☎ 061-60040, mit guten Fusion-Gerichten.

Nördlich des Bagan Umbra Hotels bereitet das sympathische **Pyi Sone** gute chinesische und (nach Vorbestellung) birmanische Küche zu. Sehr schön sitzt man auf der Dachterrasse. In der Nachbarschaft tischt das einfachere und günstigere **Golden Emperor** ebenfalls leckere Speisen aus Birma und China auf.

€ Für den kleinen abendlichen Hunger bietet sich das **Harmony**, neben dem Bagan Umbra Hotel, mit Grillspießchen und billigem Bier an.

### Alt-Bagan und Myinkaba

Karte S. 264 und S. 248/249

**Shwe Myanmar** (auch: Golden Myanmar) und **Marlar Theingi** westlich des The Hotel @ Tharabar Gate sind eine gute Wahl für birmanische Currys. Leckere Speisen serviert auch ein weiteres Lokal namens **Shwe Myanmar (2)** an der nördlichen Zufahrt zum Ananda-Tempel.

Im **Moon Restaurant** nebenan wirken nicht nur die rotkarierten Tischdecken stilvoll, dort wird auch ziemlich Leckeres aufgetischt. Neben Vegetariern kommen Suppenfreunde auf ihre Kosten. ⌚ 9–21 Uhr. Es wird von Loose-Lesern ebenso empfohlen wie das gegenüberliegende **Yar Pyi**, in welchem „den Tieren zuliebe" vorzügliche vegetarische Gerichte wie „Special Obergine" gezaubert werden. Ein Hit sind dort die Lassis und Shakes, etwa mit Avocado (Okt–März) oder Mango (April–Juli). Zum Verdauen kann man sich vom Eigentümer des Lokals mit seiner Pferdekutsche durch Bagans Pagodenwelt fahren lassen. ⌚ 7–21 Uhr.

Alternativ bietet sich der Gang zu Tin Myint und seiner Frau im **Starbeam Bistro** an, die in ihrem Lokal seitlich des Moon nicht nur frisch gebrühten Biokaffee aus Myanmar bieten, sondern auch erstaunlich leckeres Brot und Gebäck. Das Eigentümerpaar hat sich in der Hotelküche kennengelernt und zaubert herrliche Gerichte und verführerische Desserts, die einen Hauch Haute Cuisine in die Pagodenlandschaft bringen. Empfehlenswert sind der Avocado-Salat und frischer Fisch vom Fluss. ⌚ 9–22 Uhr.

Ordentliche chinesische und birmanische Gerichte servieren in schönem Ambiente die Restaurants **Sarabha** und **Tharaba 2** nahe dem Tharaba-Tor, ⌚ 9–22 Uhr. Rustikale **Teestuben** gibt es nahe der Bupaya-Pagode und der Anlegestelle am Aye Yar River View Hotel.

Wärmstens empfehlen viele Leser das sympathische **San Thi Dar** [5345] in Myinkaba, das sich auf birmanische Currys und vegetarische Gerichte schon ab 1500 Kyat spezialisiert hat. Es ist dank Khin Maung Oo und seiner Frau San San Win auch sehr familiär.

€ Die altertümliche Tempelstadt ist im ganzen Land bekannt für ihre leckeren Currys – und derzeit kocht sie in Alt-Bagan niemand besser als Kyi Kyi Min vom **Tharaba 3** [5672], wie Einheimische ihren Essensstand nennen: ein paar Tische unter einem Akazienbaum am Rand des großen Platzes gegenüber dem Hotel @ Tharaba Gate, die sich schnell mit zig Schälchen leckerer Speisen füllen. Man wählt ein, zwei Currys, der Rest kommt von selbst. ⌚ 10–17 Uhr.

### Neu-Bagan

Karte S. 279

**Aye Mya Thida**, Khayae St., ✆ 061-65290. Von außen eher unscheinbar, bietet das „Food &Drink Centre" in einer offenen Bambushalle mit etwas kitschigen Bildern schmackhafte birmanische Currys. Auch die chinesischen Gerichte sind gut. Der Service ist etwas zurückhaltend. ⌚ 10–21 Uhr.

**Black Rose**, am Pagoden-Kreisel. Aufmerksamer Service, günstige Preise und ordentliche chinesische Gerichte haben das Lokal zum Liebling der Traveller werden lassen. ⌚ 9–22 Uhr.

**Green Elephant**, Khayae St., ✆ 061-65422. Unterm Bambusdach werden in schönem Ambiente gute Currys aufgetischt. Zur Auswahl stehen diverse Curry-Sets für den kleineren und größeren Hunger zwischen 4000 und 12 000 Kyat. ⌚ 10–22 Uhr.

**Kyaw Kitchen**, 4th St., ✆ 061-65103. Hinter einem begrünten Innenhof wird in einer offenen Bambushalle sehr gutes

Essen aufgetischt. Ein bisschen teurer als die Konkurrenz an der Hauptstraße, stimmt bei den birmanischen und chinesischen Speisen die Qualität. Auf Anfrage werden **Kochkurse** angeboten. ⌚ 10–22 Uhr.

**Marlar Theingi**, gegenüber dem Markt. Hier kocht Daw Yim Yim Htay schmackhafte birmanische Currys. ⌚ 9–21 Uhr.

**Mingalarbar Food Corner**, Bagan-Chauk Rd. Keine große Küche, aber ein gemütlicher Ort mit Terrasse, um sich mit Bier den Bagan-Staub herunterzuspülen. ⌚ 11–22 Uhr.

**Queen House**, ☎ 061-65497, ein Restaurant an der Straße nach Minnanthu, zwischen dem Tempel Dhammayazika und West Pyasaw. Von diesem Dorf kommen auch die vielen Akteure der wunderbaren Kulturshow her, die allabend-lich um 18.30 und 19.30 Uhr zum Dinner aufgeführt wird. Schon dies macht den recht abgelegenen Standort wieder wett. ⌚ 18–22 Uhr.

**Ristorante „Da Ignacio"**, einen Block südlich der Hauptstraße, ☎ 061-65385, 09-4250 29248. Die italienisch-russischen Eigentümer bieten in ihrem Gartenlokal gute Pasta-Gerichte und leckere Lasagne. Auch die Süßspeisen sind empfehlenswert. Kostenloser Pick-up-Service von den Unterkünften Neu-Bagans. ⌚ 11–22 Uhr.

**Silver House**, Khayae St. Das einfache Lokal zählt zu den ältesten des Ortes und kocht solide chinesische Gerichte. ⌚ 10–22 Uhr.

**Sunset Garden**, ☎ 061-65037. Weitläufiges Restaurant mit chinesischer und birmanischer Küche und tollem Flussblick. ⌚ 11–15, 18–21 Uhr.

## EINKAUFEN

### Alt-Bagan

Die meisten Tempeleingänge quellen über mit Souvenirs. Darunter ist leider viel Ramsch. Ordentliche Qualität zu guten Preisen bieten die etablierten Verkaufsstände am Nordeingang des Ananda-Tempels, für Lackarbeiten etwa **Aye, Aye, Ko Aung Lin** und **Ko Ko Naing**. Dort verkauft auch der Fotograf **Bagan Maung Maung** seine hervorragenden Bilder.

> **Bagan Chic**
>
> Myanmars schickste Handtaschen werden nicht in einer teuren Boutique in Yangon, sondern einem unscheinbaren Laden seitlich des Thatbyinnyu-Tempels in Alt-Bagan verkauft. Was Aye Aye Win und ihre Familie anfertigen lässt, tragen modebewusste Birmaninnen ebenso wie Liebhaber von Naturmaterialien. Die Taschen sind nämlich aus Rattan, Bambus oder Wasserhyazinthe angefertigt. Aus dem gleichen Material gibt es zudem Hüte, Sandalen, Smartphone-Halter und vieles mehr. Gerne arrangiert die Familie auch einen Besuch bei den produzierenden Bewohnern des Dorfes Tha Zin auf der anderen Flussseite, etwa 30 km südwestlich von Pakokku, S. 305.
>
> **Win Family**, Nordostseite des Thatbyinnyu, ☎ 061-60880, s. auch eXTra [5675].

Ausgesuchte Lackwaren und Schnitzarbeiten gibt es im Geschäft von **Shwe War Thein**, ☎ 061-67032, ⌚ 7–21 Uhr. Es liegt an einer Staubpiste hinter The Hotel @ Tharaba Gate, unweit des Dorfes Taungbi. Der Weg dorthin ist ausgeschildert.

### Myinkaba

Die vom Maler Maung Aung Myin geführte **Art Gallery of Bagan** unweit des Gubyaukgyi-Tempels, ☎ 061-65047, 65287, bietet wohl Bagans beste Auswahl an hochwertigen Lackwaren. **Golden Cuckoo**, ☎ 061-65156, hat ebenfalls exzellente Qualitätsprodukte im Angebot. Die Werkstatt befindet sich in einem nördlich des Manuha-Tempels abgehenden Seitenweg. Hinter dem Golden Cuckoo produziert auch der von Lesern empfohlene **Jasmine Family Lacquerware Workshop** gute Qualitätsware.

### Neu-Bagan

In Neu-Bagan gibt es einige recht touristische Workshops, darunter **Tun Handicrafts**, Khayae St., Ecke Bagan-Chauk Rd., und **U Ba Nyein**, Khayae St., südlich der Shit Myathna-Pagode. Ihre Auswahl ist entsprechend groß.

## SONSTIGES

### Geld

Mehrere Bankschalter am Flughafen und verschiedene Souvenirshops bieten Geldwechsel. Ansonsten verfügen in Nyaung U die **KBZ Bank** unweit der Sapada-Pagode sowie ein Schalter der **AGD Bank** in der Thiripyitsaya (4) Rd. über Geldautomaten und Wechselstube. Keinen Umtausch, aber Kreditkartenzahlungen für Tickets und Hotels ermöglicht das ICS-Büro in Neu-Bagan (s. Informationen) neben einer **KBZ Bank-Filiale** mit Geldautomaten.

### Informationen

An vielen Tempeleingängen wird **The Map of Bagan** von DPS-Maps verkauft.
In der Thiripyitsaya (4) Rd. In Nyaung U liefert der **Information Service**, ✆ 09-4027 45664, 09-4302 5879, ✉ kosoesoe@gmail.com, Infos aller Art. Sie können Flug- und Bootstickets ebenso besorgen wie Mietwagen und Kleinbusse. Hier kann man sich auch nach Mitfahrgelegenheiten erkundigen.
In Neu-Bagan ist das Büro von **ICS**, B 146 Khayae St., ✆ 061-65130, 65131, ✉ komoe bagan@gmail.com, gegenüber dem Myanmar Treasure eine gute Anlaufstelle. Der Vorteil: Flüge und Hotelbuchungen können auch per Kreditkarte bezahlt werden. Am nördlichen Ortseingang an der Bagan-Chauk Rd. liegt das **MTT-Büro**, ✆ 061-65040, dessen freundliches Personal Mietwagen und Bootstickets arrangiert sowie Hinweise für die Weiterfahrt geben kann, u. a. nach Mrauk U (Kontakt: Phyu Phyu Zan, ✆ 09-5680 223). ⏲ tgl. 9–16.30 Uhr.

### Massagen

Fast alle Großhotels wie **Thazin Garden** und **Thiripyitsaya Sanctuary** verfügen über sehr schöne, aber kostspielige Spas. Das **Amata Boutique House**, 25 Bagan-Chauk Rd., ✆ 061-65099, 💻 www.amatabtqhouse.com, liegt knapp 1 km nördlich von Neu-Bagan und ist ein Komplex mit Shops, Restaurant und Spa, wo gute Fuß- und Thai-Massagen ab US$30 angeboten werden, ⏲ 10–21 Uhr.
Konkurrenzlos günstig ist **Daw Aye Win**, ✆ 09-2523 84569, die in ihrem einfachen Haus in der Nähe der Pyi Wa-Pagode für 8000 Kyat pro Std. massiert, ⏲ 8–22 Uhr.

### Medizinische Hilfe

Das bescheiden eingerichtete staatliche **District Hospital Nyaung U** liegt an der Nyaung U-Kyaukpadaung Rd., ✆ 061-60508. Nicht weit entfernt bietet in derselben Straße die private **Royal Bagan Clinic**, ✆ 061-60060, 60061, soliden medizinischen Grundservice. In Neu-Bagan hat Dr. San Nwe Yee in der Shwedaw St., ✆ 061-65022, ihre Praxis

### Post und Telefon

In **Nyaung U** liegt die Post in der Anawrahta Rd., einige hundert Meter südlich der Sapada-Pagode, ⏲ Mo–Fr 9.30–15 Uhr. Dort befindet sich auch das **Telecommunication Center**, ⏲ tgl. 9.30–17 Uhr.
**Neu-Bagans** Postamt findet sich in der Bagan-Chauk Rd., Ecke Gangaw St.

## NAHVERKEHR

### Busse und Pick-ups

Zwischen Nyaung U und Neu-Bagan verkehren in regelmäßigen Abständen Pick-ups und Busse; sie starten unweit des Busbahnhofs. Die meisten fahren weiter nach Chauk oder kommen von dort.

### Boote

An den Piers von Nyaung U und Alt-Bagan (dort beim Bupaya-Tempel und Aye Yar River View Hotel) warten Bootsfahrer auf Kundschaft. Für eine einstündige „Sunset-Tour" verlangen sie um 12 000 Kyat, für eine Bootsfahrt zum Kyaukgu Umin ab Alt-Bagan etwa 20 000 Kyat, für den Besuch des Taungyi Taung auf der anderen Flussseite ebenfalls 20 000 Kyat.

### Fahrradverleih

Vorschlag für eine Rundtour s. Karte S. 248/249. Viele Unterkünfte und Verleihe vermieten Zweiräder. Die Preise variieren erheblich und starten bei 1500 Kyat/Tag für ganglose Räder und 2500 Kyat/Tag für Mountainbikes. Entsprechend groß sind allerdings auch die

Qualitätsunterschiede. Man sollte daher am Anfang unbedingt eine Proberunde drehen. **E-Bikes** (eher E-Mofas, da man nicht treten muss) sind ebenfalls in großer Zahl zu haben (ab 6000 Kyat). Zahlreiche Verleihe gibt es in der Thiripyitsaya (4) Rd., Nyaung U. In Neu-Bagan wird man in der Khayae St. fündig, u. a. bei **Cherry** unweit des Green Elephant Restaurant, ✆ 09-4025 92037, und bei **Tun Bike & E-Bike Rentals** neben der Aya Bank.

**Grasshopper Adventures**, Ecke Hin Si, 3rd St., Neu-Bagan, ✆ 09-4026 59886, www.grasshopperadventures.com, Mo–Fr 7–13 Uhr, bietet Touren in die Umgebung an.

### Pferdekutschen

Pferdekutschen sind unübersehbar das am weitesten verbreitete Fortbewegungsmittel in Bagan – beruhigend für das ökologisch sensible Gewissen und außerdem relativ bequem. Sie bieten Platz für bis zu drei nicht gar so beleibte Personen. Zumindest tagsüber sind sie einfach aufzutreiben. Man kann sie für eine Strecke, einen Zeitraum oder einen ganzen Tag mieten. Handeln ist jedoch angesagt, denn die Preise sind sehr abhängig von der Saison und Tageszeit. Pferdekutscher verlangen für die Fahrt von Nyaung U nach Alt-Bagan oder zum Flughafen je nach Tageszeit 4000 Kyat. Gleich viel kostet eine Fahrt zwischen Alt- und Neu-Bagan. Für einen halben Tag sind 15 000 Kyat, für einen ganzen Tag – abhängig von der vereinbarten Route und Dauer – 25 000–30 000 Kyat einzukalkulieren. Einige Kutscher sprechen passables Englisch und können neben Erklärungen auch beim Auftreiben von Schlüsseln für die Tempeleingänge etc. behilflich sein, s. eXTra [5676].

### Ballonfahren

Angesichts der traumhaften Pagodenlandschaft gehen in Bagan viele gern in die Luft. „Die Pagodenwelt frühmorgens von oben zu erleben, ist jeden Dollar wert", so der allgemeine Kommentar. Seit **Balloons Over Bagan** 1999 erstmals abhob, ist die Fahrt mit Heißluftballons zum Renner geworden. Mittlerweile sind über 20 Himmelsgefährte unterwegs. Dauer: je nach Thermik 45–60 Min. Wer abheben will, muss tief in die Tasche greifen. Mit Reservierung kostet der Rundflug ab US$320 p. P., bei Verfügbarkeit gibt es kurzfristig Standby-Tickets. Passagiere mit über 125 kg Körpergewicht zahlen das Doppelte.

**Balloons over Bagan**: Thiripyitsaya (5) Rd., nahe Zfreeti Hotel, Nyaung U ✆ 061 60347, 09 4480 45716, tgl. 8–11, 17–20 Uhr, www.balloonsoverbagan.com; **Oriental Ballooning**: Lanmadaw Rd., Nyaung U, ✆ 09-2505 05383, 09-2591 00511, www.orientalballooning.com, tgl. 8–17 Uhr; **Golden Eagle Ballooning**: Bagan Umbra Hotel, Main Rd., Wetkyi-In, ✆ 09-2520 84232, 09-2520 84242, www.goldeneagleballooning.com, tgl. 9–19 Uhr.

## TRANSPORT

### Auto

Mietwagen oder Minibusse bieten sich an, wenn unterwegs weitere Sehenswürdigkeiten angesteuert werden sollen, die mit öffentlichen Verkehrsmitteln nicht oder nur umständlich besucht werden können.

Allerdings sind die Mietpreise nicht gerade niedrig, zudem kann es in der Hochsaison zu Engpässen kommen. Man sollte vor Fahrtantritt mit dem Fahrer genau die Route absprechen. One-Way-Fahrten sind immer teurer, da der Fahrer wieder zurückfahren muss. Bei mehrtägigen Fahrten reduziert sich der Preis. Preisvergleiche lohnen sich auf jeden Fall.

**Ko Moe** von ICS in Neu-Bagan, ✆ 09-204 2010, 061-65130, ✉ komoebagan@gmail.com, kann Wagen und Van arrangieren. Ein zuverlässiger und freundlicher Fahrer mit eigenem Fahrzeug ist **Minthu**, ✆ 09-4301 5048. Die Fahrpreise sind stark von den Preisschwankungen für Sprit abhängig, s. eXTra [5674].

- Bagan-Sightseeing: US$30–40
- Mt. Popa oder Sale: US$40–45
- Mt. Popa und Sale: US$60
- Magwe: US$100
- Pakkoku: US$60
- Hsale: US$65–70 (Jeep)

BAGAN UND UMGEBUNG

# Tempelsafari mit dem Jeep

- **Route**: Nyaung U – Hsale – Magwe – Minbu – Sagu – Legaing – Salin – Nyaung U
- **Länge**: ca. 300 km
- **Dauer**: 2 Tage
- **Buchung**: Jeeps mit Fahrer kann man in Nyaung U buchen (S. 291).
- **Kosten**: Die Zweitagetour kostet um US$160 für einen offenen Jeep, US$300 für einen Prado.

Die zweitägige **Rundtour mit dem Jeep** führt durch eine typische Landschaft Ober-Myanmars: meist sehr karg und sandig, entlang der Ströme und Kanäle saftig grün. Neben den markanten Palmyrapalmen dominieren Niem-, Akazien- und Tamarindenbäume die Flora, auf den Feldern wachsen vorwiegend Erdnüsse, Sesam, Sorghum und Bohnen. Vor allem das beschauliche Leben in den Dörfern und die eindrucksvollen Holzklöster aus dem 19. Jh. sowie Tempel aus der Bagan-Ära machen diese Reise zu einem beeindruckenden Erlebnis. Vielerorts scheint die Uhr stehen geblieben zu sein. Ausländische Besucher sind hier noch eine Seltenheit, zuweilen werden sie distanziert beäugt. Besonders reizvoll ist die Tour in den Monaten Oktober bis Januar, danach kann es sehr heiß werden und die Landschaft wirkt sehr ausgedörrt. Während der Regenzeit wiederum können sich sonst ausgetrocknete Flussläufe in reißende Ströme verwandeln, was den Besuch von Hsale unmöglich macht.

## Die Route

Es empfiehlt sich, in Nyaung U früh zu starten. Wer vor der Abfahrt noch keinen Hunger hat, kann ihn nach 50 km (1 Std.) in den Teestuben oder Lokalen von **Kyaukpadaung** (S. 299) stillen. Von diesem Verkehrsknotenpunkt, wo auch eine Straße zum Mount Popa führt, geht es weiter gen

© MARTIN H. PETRICH

Hsale war zur Zeit Bagans im 13. Jh. ein bedeutender Ort.

Süden nach **Yenangyaung** (60 km, ca. 1 1/2 Std.). Nicht nur die Bohrtürme, auch der Ortsname, „Strom von Öl", erinnert an die Bedeutung des „schwarzen Goldes" für die Stadt. Vor dem Ort überspannt eine Brücke den Pin Chaung. Einige Kilometer weiter muss der Jeep nach rechts, also gen Westen, in eine Sandpiste einbiegen. Angesichts diverser abgehender Seitenwege kann man sich leicht verfahren, weshalb der Fahrer unbedingt einen Einheimischen nach dem Weg fragen sollte. Nach einigen Kilometern ist der im Jahreslauf meist ausgetrocknete Pin Chaung zu überqueren und schon bald, etwa 20 Fahrminuten von der Abzweigung in Yenangyaung aus gerechnet, das urige Dorf **Obo** erreicht. Mit seinen schlichten Häusern aus Bambus und Holz erstreckt es sich oberhalb des Ayeyarwady, dessen fruchtbares Ufer die Bewohner während der Trockenzeit als Gemüsebeete nutzen. Nur wenig weiter verteilen sich bei **Hsale** (S. 310), der nächsten Siedlung, auf mehreren Hügeln 41 Tempel aus dem 13. Jh. mit teilweise herrlichem Blick auf den Ayeyarwady.

Auf dem gleichen Weg fährt man wieder nach Yenangyaung zurück, das sich als Essensstopp eignet. Dann wird die Fahrt ins etwa 45 km entfernte **Magwe** (S. 314) fortgesetzt, wo sich nicht nur mehrere Unterkünfte zur Übernachtung anbieten, sondern mit der Mya Tha Lun-Pagode im Norden des Zentrums auch ein wunderbarer Ort zum Sonnenuntergang lockt.

Am nächsten Morgen, nach Überquerung des Ayeyarwady, kann man bei den Schlammvulkanen in **Minbu** (S. 312) vorbeischauen, um anschließend die recht passable Straße westlich des Ayeyarwady in Richtung Norden zu befahren. Dort liegen einst prosperierende Orte, die sich alle ihren Charme bewahren konnten und vor allem wunderbare Holzklöster aus dem 19. Jh. bergen: **Sagu** (S. 311), 16 km nördlich von Minbu, **Legaing** (S. 311), etwa 10 km weiter, und **Salin** (S. 310), das weitere 40 km nördlich liegt.

Hinter Seikphyu führt die Brücke nach Chauk und der Weg weiter ins 30 km nördlich gelegene Nyaung U. Wer Hsale nicht besucht, kann für die Tour auch einen normalen Wagen mit Fahrer mieten, denn ein Großteil der Strecke besteht aus einer recht gut ausgebauten Straße (s. eXTra [5685]).

### Busse und Pick-ups

Der **Busbahnhof** liegt etwa 5 km südöstlich an der Straße zum Mt. Popa. Tickets können in Nyaung U an den Verkaufsstellen beim alten Busbahnhof an der Bagan-Nyaung U Rd. nahe der Shwezigon besorgt werden (am besten am Vortag). In Neu-Bagan ist SAN Ticketing, 3rd St., ✆ 061-65191, 09-4440 04641, eine gute Adresse. Die meisten Busunternehmen holen ihre Passagiere von den Unterkünften ab, wobei Mandalar Minn diesbezüglich als recht unzuverlässig gilt.**Tipp**: Wer von Bagan nach Mrauk U (500 km) reisen möchte, fährt zunächst nach Magwe und nimmt dort gegen 22.30 Uhr den aus Mandalay kommenden Nachtbus (350 km, 9–10 Std., 30 000 Kyat) von Nan Taw Win, ✆ 09-2588 09598.

**Magwe und Pakokku**

Mit non-AC-Bussen von **Aung Gabar**, ✆ 061-61129, um 8.30, 14 und 16.30 Uhr nach MAGWE (150 km, 4 Std., 6500 Kyat) und um 9, 10, 12 und 19.30 Uhr via PAKOKKU (30 km, 1 Std., 1500 Kyat) nach MONYWA (140 km, 4 Std., 5000 Kyat). Ansonsten fährt man mit dem Pick-up vom Markt in Nyaung U nach KYAUKPADAUNG (55 km) und nimmt dort einen Bus oder Pick-up über Yenangyaung nach Magwe. Die Ticketbüros liegen gegenüber dem alten Busbahnhof nördlich der Shwezigon.

**Mandalay und Pyin U Lwin**

Die meisten Busse fahren via MYINGAN und den Express Way (170 km, 5 Std.), darunter von **Pyi Taw Aye Express**, ✆ 09-2590 32910, ab 5, 9, 12, 14.30 und 16.30 Uhr, 9000 Kyat. **Shwe Man Thu**, ✆ 09-650 0152, startet um 8.30 und 21.30 Uhr für 8500 Kyat. Kleinbusse von **OK Express**, ✆ 09-2562 73331, starten am alten Busbahnhof um 5, 8, 13, 16 und 18 Uhr für 9000 Kyat. Um 7 Uhr fährt ein Bus direkt nach Pyin U Lwin (220 km, 7 Std., 13 000 Kyat).

**Taunggyi**

Um 7.30 Uhr mit **Shwe Man Thu** via NYAUNG SHWE und gegen 19 Uhr mit **Ye Thu Aung**, ✆ 061-60230, für jeweils 11 000 Kyat (330 km, 8–9 Std.).

**Yangon**

Um 7.30, 8, 19.30 und 20 Uhr mit **Mandalar Minn**, ✆ 061-61196, 09-4929 1000, für 13 000 Kyat; um 8, 19 und 20 Uhr (VIP-Bus) mit **Bagan Minn Thar Express**, ✆ 061-60202, für 13 000 Kyat; um 18.30 Uhr mit dem sehr komfortablen **JJ Express**, ✆ 09-4211 52861, für 18 000 Kyat, und um 19 Uhr mit **Ye Thu Aung**, ✆ 061-60230, für 13 000 Kyat. (680 km, 9–10 Std.). Alle genannten Busse fahren auf dem Highway über NAY PYI TAW (6 Std.).

### Eisenbahn

Der Bahnhof liegt ungünstige 6 km südöstlich von Nyaung U an der Straße zum Mount Popa. Zug Nr. 119up nach MANDALAY startet tgl. um 7 Uhr (Ankunft: 14.30 Uhr). Der Gegenzug Nr. 120dn verlässt Mandalay gegen 21 Uhr (Ankunft: 4.20 Uhr). *Upper class*: 2900 Kyat, *ordinary first class*: 1300 Kyat.

Zug Nr. 62dn nach YANGON schnauft tgl. um 17 Uhr (Ankunft: 10.30 Uhr) los. Der Gegenzug Nr. 61up verlässt die einstige Hauptstadt um 16 Uhr (Ankunft: 9.30 Uhr). *Upper class sleeper*: 16 500 Kyat, *upper class*: 9000 Kyat, *first class*: 4500 Kyat.

Wer per Eisenbahn in den Shan-Staat will, kann mit Bus oder Pick-up von Nyaung U nach THAZI fahren (Zwischenstopps in Kyaukpadaung und Meiktila) und dort die Züge nach SHWENYAUNG nehmen (S. 421). Tickets gibt es bis zu 3 Tage im Voraus am Bahnhof, ⏲ 9–18 Uhr; oder in Nyaung U im Blue Sea Kitchen Mart, gegenüber dem Grand Empire Hotel.

### Boote

Die Fahrt mit dem Boot zwischen MANDALAY und Bagan zählt zu den beliebtesten Anreise-Varianten. Nähere Hinweise und Fahrzeiten s. Kapitel Mandalay, S. 358. Die Adressen der Ticketbüros sind:

**Malikha River Cruises**, ✆ 09-7314 5748, 💻 www.malikha-rivercruises.com.

**Myanmar Golden River Group (MGRG)**, H 72 Khant Kaw St., Neu-Bagan, ✆ 09-4027 52010, 09-2042 642, 💻 www.mgrgexpress.com.

**Shwe Keinnery**, Nordeingang zum Markt in Nyaung U, ✆ 09-4027 00662, 💻 www.nmaihka.com.

### Flüge

Der **Flughafen** liegt etwa 3 km südöstlich von Nyaung U. Manche Hotels bieten einen kostenlosen Transfer an. Vom Flughafen zahlt man nach festgelegten Tarifen mit dem Taxi nach Nyaung U 5000 Kyat, nach Alt-Bagan 6000 Kyat und nach Neu-Bagan 7000 Kyat.
Der Flughafen wird von allen Inlandsgesellschaften angeflogen. Saisonabhängig fliegen vorwiegend Propellermaschinen von **Air Bagan**, **Air KBZ**, **Air Mandalay**, **Mann Yadanarpon**, **Asian Wings** und **Yangon Airways** mehrmals tgl. die 1 1/4-stündige Strecke zwischen YANGON undNyaung U (offizieller Preis: US$178). Meist setzen die Flieger den Flug nach MANDALAY (US$78) und HEHO (US$118) fort. Die Flugfrequenz richtet sich nach der Touristensaison, aber auch der tägliche Flugplan ist variabel, daher vor Abflug immer nach der aktuellen Zeit fragen!

**ICS** in Neu-Bagan, B 146 Khayae St., ✆ 061-65130, 09-204 2010, akzeptiert beim Ticketkauf Visa und MasterCard.

**Fluggesellschaften**

**Air Bagan**, Thiripyitsaya (4) Rd., Nyaung U, ✆ 061-60588, 60599.
**Air KBZ**, nahe Thante Hotel, Nyaung U, ✆ 061-61186, 61187.
**Air Mandalay**, Lanmadaw Rd., Nyaung U, ✆ 061-60774.
**Asian Wings**, Lanmadaw Rd., Nyaung U, ✆ 061-60391, 61184.
**Mann Yadanarpon**, Lanmadaw Rd., Nyaung U, ✆ 061-61063, 61236.
**Yangon Airways**, Lanmadaw Rd., Nyaung U, ✆ 061-61205, 60475.

# Via Sale zum Berg Popa

Von Bagan aus bietet sich ein Tagesausflug via **Sale** zum **Berg Popa an**. Dabei kann man nicht nur zwei interessante Orte kennenlernen, sondern auch eine markante Savannenlandschaft, in der sich idyllische Dörfer mit Palmenhainen und weiten Ebenen abwechseln. Wer beide Orte an einem Tag besuchen möchte, kann zuerst über eine schmale, aber akzeptable Straße entlang des Ayeyarwady gen Süden fahren. Nach etwa 30 km passiert man die Ölfelder von **Chauk**, einem geschäftigen Industriestandort. Von dort sind es nur 8 km bis nach Sale. Weiter geht die Reise über Kyaukpadaung zum Berg Popa. Über eine direkte Straße kann man von diesem erloschenen Vulkan nach Nyaung U zurückkehren (insgesamt ca. 150 km).

Da bei Chauk eine Brücke den Ayeyarwady überspannt, lässt sich die Fahrt auch auf der anderen Flussseite in Richtung **Minbu** (S. 312) fortsetzen. Es bietet sich zudem eine Tour in Richtung Westen zum Natmataung National Park mit dem **Mount Victoria** (S. 521) in den Rakhine-Bergen an, das sich in den letzten Jahren zu einem beliebten Wandergebiet entwickelt hat.

## Sale (Salay)

Knapp 40 km südlich von Bagan liegt Sale (auch Salay geschrieben), ein bedeutender Ort während der Spätzeit des Bagan-Reiches. Allein im Stadtkreis hat das Archäologische Department 52 Monumente aus jener Zeit erfasst. Die meisten stammen wohl aus dem 13. Jh., aber genauere Infos sind mangels fehlender Quellen spärlich.

Wenn Birmanen heute den Namen der Stadt hören, denken sie in erster Linie an Salay U Ponnya (1812–67), einen Literaten aus der Konbaung-Zeit. Seine bahnbrechenden Werke und sein tragisches Ende machten ihn zu einer berühmten Gestalt.

Heute präsentiert sich Sale als gemütlicher Flecken von knapp 10 000 Bewohnern mit einigen sehenswerten Klöstern, Tempeln und Kolonialgebäuden. Leider stört die mit japanischer Hilfe errichtete Düngefabrik im Norden der Stadt etwas die Optik.

### Youk-soun Kyaung

Hauptattraktion Sales ist fraglos das Youk-soun Kyaung, seit 1995 ein Museum für buddhistische Kunst. Das 1882 errichtete Holzkloster geht auf eine Stiftung des Händlers U Po Gyi und seiner Gattin Daw Shwe Thet zu Ehren eines Mönchs namens U Guna zurück. Nach Jahrzehnten des

# Umgebung Bagan

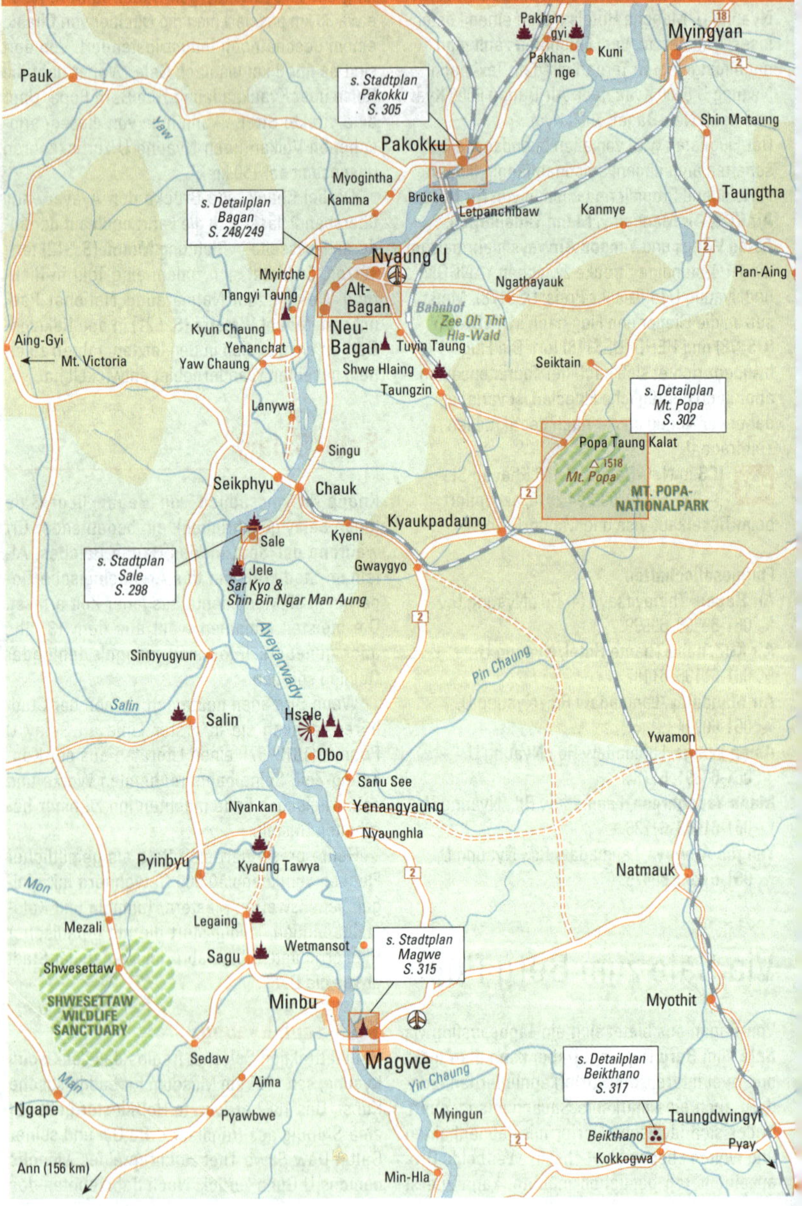

Verfalls wurde das 23 x 31 m große Gebäude 1992 umfassend restauriert. Einige der 154 Stützsäulen mussten ausgewechselt werden.

Interessant sind einerseits die Holzschnitzereien an der Verkleidung der äußeren Veranda. Dort sind buddhistische und folkloristische Szenen zu sehen wie etwa die Entführung der schönen Ma Shwe U durch den Taungbyone-Nat Min Lay, Shin Upagout und einige Jataka-Geschichten. Zum anderen kann sich auch die Buddhafiguren-Sammlung, darunter einige Exemplare aus der Bagan- und Konbaung-Zeit, sehen lassen. Eine unscheinbare Steininschrift, ebenfalls aus der Zeit Bagans, gibt Aufschluss über die damalige Vererbungspraxis, derzufolge auch Frauen das Recht hatten, über ihr Eigentum zu verfügen und entsprechend zu vererben (in diesem Fall an die Kinder aus erster Ehe). ⌚ Di–So außer feiertags 9–16.30 Uhr.

## Man Paya

Ein kleiner Weg führt vom Youk-soun Kyaung in Richtung Norden zum Man Paya. Während die Halle nichts Besonderes darstellt, ist die im Inneren aufbewahrte 3 m große Buddhafigur ein Unikum, denn sie ist ausschließlich aus einer Mischung von Lack und Sägemehl gearbeitet. Wer es nicht glaubt: An ihrem Rücken befindet sich eine Tür, durch die man ins Innere der Figur gelangt – eventuell muss man den Schlüssel von einem Bediensteten besorgen. Die vergoldete Figur soll um 1300 hergestellt worden sein und wurde 1888 bei einem Hochwasser in Sale an Land gespült.

## Weitere Sehenswürdigkeiten

Vom Man Paya führt der Weg zu einem weiteren Holzkloster, dem **Thadana Yaunggyi Kyaung** (auch Withodarama Kyaung). In den 1870er-Jahren ließen die Stifter, wohlhabende Bauern, es zu Ehren ihres Cousins, des Mönchs U Khin Kyi Tha, erbauen. Heute ist es ein regional bekanntes Meditationskloster. Neben Holzschnitzereien ist im Innern eine wertvolle Truhe mit buddhistischen Schriften sehenswert.

Noch aus der Bagan-Zeit stammt der **Payathonzu** („drei Tempel"). Stilistischen Unterschieden nach zu schließen, scheinen die drei in einer Reihe stehenden *pahto* zu verschiedenen

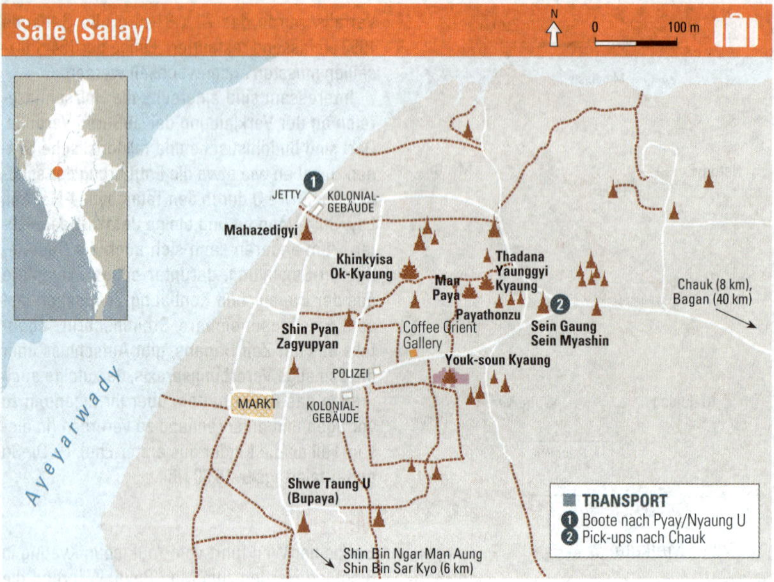




Zeiten entstanden zu sein. Das kann man etwa an den unterschiedlich gestalteten *shikhara* (Spitze) sehen. Im Inneren sind noch Reste von Malereien vorhanden.

Am Ortseingang stößt man auf einen Stupa im singhalesischen Stil – darauf deutet der quadratische Aufsatz hin –, den **Sein Gaung Sein Myashin**. Der dort verehrte Buddha ist nach Norden, gen Bagan ausgerichtet. Der Legende nach soll hier für einige Zeit der 1057 aus der Mon-Metropole Thaton verschleppte Tipitaka aufbewahrt worden sein.

Das **Khinkyisa Ok-Kyaung**, ein steinernes Klostergebäude, stammt ebenfalls aus der Bagan-Ära und besitzt noch einige Reste von Stuckverzierungen. Von dort lohnt sich ein Spaziergang in Richtung Ayeyarwady, wo es einige hübsche **Kolonialgebäude** gibt.

### Eintritt

Für die Besichtigung von Sale wird ein Eintritt von 5000 Kyat verlangt. Der Ticketschalter befindet sich im Hof des Youk-soun Kyaung.

## Shin Bin Sar Kyo und Shin Bin Ngar Man Aung

6 km südlich von Sale erinnern 51 weitere Monumente an die Bedeutung des Gebietes während der Bagan-Ära. Bei **Jele** führt ein Weg zum **Shin Bin Ngar Man Aung** mit Tempeln aus dem 13. Jh. und Klosteranlagen aus der Kolonialzeit.

Nur einige hundert Meter weiter südlich ist der Tempelkomplex von **Shin Bin Sar Kyo** sehenswert. Er soll erstmalig 1191 unter König Narapatisithu errichtet worden sein. Die heutigen, vorwiegend aus Holz errichteten Gebäude stammen jedoch meist aus dem 19. Jh. Ihre Zahl und Größe lassen darauf schließen, dass sie einst Teil eines prosperierenden Klosters waren. Heute leben nur noch wenige Mönche hier. Im Eingangsbereich zum Haupttempel sind Figuren aus Stuck sowie Wandmalereien zu sehen, darunter auch Sternzeichen aus der westlichen Astrologie.

### ÜBERNACHTUNG UND ESSEN

In Sale gibt es keine offiziellen Unterkünfte. Im Notfall hilft der Gang ins Kloster. Als Ort abseits der Verbindungsstraßen fehlt es auch an guten Restaurants. Auf dem Markt bieten **Essensstände** schmackhafte Nudelgerichte an. Zudem gibt es eine Reihe von **Teestuben**.

### TRANSPORT

In regelmäßigen Abständen fahren **Pick-ups** von Nyaung U/Neu-Bagan nach CHAUK (32 km, 2 Std.). Dort muss man einen weiteren Pick-up ins 8 km entfernte Sale nehmen. Allerdings ist dies sehr zeitaufwendig. Manche Gästehäuser können ein **Taxi** organisieren. Für die Halbtagstour werden pro Fahrzeug US$40–45 verlangt. Sinnvoll ist es, einen Besuch Sales mit dem Mt. Popa zu verbinden (ca. US$60).

## Kyaukpadaung

Wer von Sale zum Berg Popa oder von Nyaung U nach Meiktila oder Magwe fährt, wird zwangsläufig nach 50 km durch den Ort Kyaukpadaung kommen. Der regionale Verkehrsknotenpunkt ist auf Durchreisende eingestellt. Zwar fehlen Sehenswürdigkeiten, dennoch besitzt der Ort einen ländlichen Charme. Der Berg Popa liegt etwa 18 km entfernt und ist über eine landschaftlich schön gelegene Straße zu erreichen.

Nur wenige Lokale sind auf ausländische Touristen eingestellt, etwa das **Thiri Nanda Restaurant** oder das **Pho Pa Gyi Restaurant**, 400 m nördlich der Hauptkreuzung.

### Salay U Ponnya (1812–67)

Über seine Lebensdaten bestehen Meinungsverschiedenheiten. Wahrscheinlich wurde er 1812 in Sale geboren. Sein Vater stand in Diensten des Kronprinzen und späteren Königs Tharawady (reg. 1837–46), der Vater seiner Mutter war Oberhaupt *(thugyi)* im nahe gelegenen Ort Sale-pakan. Den Namen U Ponnya hat er von seinem Mönchsnamen abgeleitet (Pali: *puñña*: Gutes, Rechtes, Tugend). Während seiner Ausbildung im Kloster prophezeiten ihm die Äbte seines lebhaften Geistes wegen Probleme im weltlichen Leben, die sein vorzeitiges Ende verursachen könnten, wenn er sich nicht ins Kloster zurückzöge. Tatsächlich war er die meiste Zeit Mönch, legte die Robe erst nach der Thronbesteigung von König Mindon (reg. 1853–78) ab und trat in die Dienste von dessen Bruder, Kronprinz Kanaung.

Obwohl er nicht sonderlich gut aussah und etwas behindert war – sein rechter Arm war vom Ellenbogen abwärts gelähmt –, machte ihn sein Geschick beim Handlesen und Sterndeuten besonders für die Frauen interessant, sollte ihm aber zum Verhängnis werden. Hochstehende Persönlichkeiten ließen sich gern von ihm den günstigsten Termin für Unternehmungen astrologisch bestimmen, so auch die Prinzen Myingun und Myingondain. Ihnen soll er den besten Zeitpunkt für ihre Rebellion gegen König Mindon vorhergesagt haben, ohne den König zu informieren – aus Angst um sein Leben. Nach dem Scheitern der Rebellion von 1866, bei der Prinz Kanaung ums Leben kam, wurde U Ponnya in den Ort Myotha im Shan-Staat verbannt. Der dortige Statthalter ließ ihn 1867 umbringen, angeblich, weil ihn die Beliebtheit des Wort- und Horoskopkünstlers bei den Damen seines Hauses verdross.

U Ponnya war versiert in allen literarischen Genres und außerordentlich produktiv. Berühmt ist er besonders wegen seiner Dramen, deren meist aus den Jataka entnommene Themen er hintergründig mit Kritik an Verhältnissen bei Hofe verband und die einen für jene Zeit ungewöhnlichen Realismus spüren lassen. Eine andere von ihm bevorzugte und weiterentwickelte Literaturform sind die *Myitta-sa*, übersetzbar mit „Freundschaftsbotschaft" (Pali *metta* = Freundschaft, Wohlwollen). Im Kontrast zum Titel hatten seine *Myitta-sa* oft satirischen Charakter. Herausragend sind auch seine „Raketenlieder": volkstümliche Gesänge mit personenbezogenem Spott- und Lobcharakter, die beim Abschießen von Raketen während bestimmter Festlichkeiten vorgetragen wurden. U Ponnya wird auch heute noch als einer der größten Dichter des Landes verehrt, seine Werke gehören zum Standardprogramm des Literatur-Unterrichts.

*Dr. Uta Gärtner*

## Mount Popa

Wer von Bagan aus durch die von Palmyrapalmen gesäumte Landschaft fährt, wird den weit sichtbaren Berg Popa wie eine Fata Morgana erleben. Im Vergleich zur kargen Ebene erscheinen seine Wälder saftig grün. Glücklicherweise wurde der 1518 m hohe erloschene Vulkan zum Nationalpark erklärt, sodass der wertvolle Baumbestand weitgehend erhalten blieb.

### Byat-ta und Mae Wanna

In der Zeit des Königs Anawrahta hatte sich in den Wäldern des Berges Mae Wanna Thanegi, die schöne Schwester des gefangenen Mon-Königs Manuha, zurückgezogen, um zu meditieren. Damit ihr niemand etwas antun konnte, bat sie Buddha, sie Fremden gegenüber als Dämonin erscheinen zu lassen. Der Wunsch wurde ihr gewährt. Eines Tages kam Byat-ta, ein aus Indien stammender Moslem und Krieger, zum Berg. Er stand in Diensten Anawrahtas und musste jeden Morgen frische Blumen zum Palast bringen. Da er mit übermächtigen Kräften ausgestattet war, sah er das wirkliche Gesicht Mae Wannas und verliebte sich in sie. Auch sie war ihm zugeneigt, sodass er sich aufgrund des täglichen Tête-à-Tête immer häufiger verspätete.

Mae Wanna wurde schwanger und gebar die Zwillinge Min Gyi und Min Lay. Als Byat-ta wieder einmal zu spät nach Bagan zurückkam, ließ ihn der erzürnte Regent töten. Die beiden Söhne wurden daraufhin zum Palast gebracht. Mae Wanna konnte den Verlust nicht überwinden und starb aus Gram. Wie ihr Mann – und später ihre Söhne, die heute als die berühmten Taungbyone-Nats verehrt werden – wurde sie zu einem mächtigen Schutzgeist des Berges, zur Popa Maedaw. Viele Orte auf dem Berg erinnern an sie. Da Byat-ta Moslem war, wird bis zum heutigen Tag rund um den Berg Popa kein Schweinefleisch gegessen, und da die Popa Maedaw stets schwarz gekleidet war, sollte man diese Farbe beim Besuch des Berges meiden.

Seit Urzeiten ist der Berg von Mythen umrankt. Zahllose geheimnisvolle Wesen haben sich in seinen Wäldern herumgetrieben, darunter Okkultisten und Alchimisten auf der Suche nach lebensverlängernden Wunderkräutern. Kurzum: ein Ort seltsamer Gestalten und schicksalhafter Begegnungen. Doch spielte er auch eine strategische Rolle, denn die Wälder boten Räubern und Rebellen Schutz. Seinerzeit versteckte sich hier Anawrahta mit seiner Truppe, um gegen seinen Halbbruder Sokkate um den Thron zu kämpfen. Einige Jahrzehnte später nutzte auch Kyanzittha die geografischen Vorzüge des Berges.

### Besichtigung

Die meisten Besucher werden sich nicht auf die Spitze des Popa-Berges mühen, sondern „nur" den seitlich gelegenen 737 m hohen **Popa Taung Kalat** erklimmen. Dieser markante Vulkankegel ist einer der wichtigsten birmanischen Wallfahrtsorte für die Verehrung der 37 Nats. Ihnen wurde am Fuße des Berges ein eigener Schrein gebaut, wo häufig *nat pwe* abgehalten werden. Im Mittelpunkt des Kultes stehen die Mahagiri-Nats und die Popa Maedaw, deren Schicksal mit dem Berg verbunden ist (S. 270). Sie steht mit ihrem Göttergatten und den beiden Söhnen in der Mitte der insgesamt 37 lebensgroßen Nat-Figuren, die im Schrein in einer Reihe aufgestellt sind. Ihr Markenzeichen ist eine Dämonenmaske.

Andere Nats sind an Kleidung und Attributen erkennbar, darunter Ko Myo Shin, immer mit zwei Schwertern dargestellt, weil er mit dem einen kämpfte und mit dem anderen sich selber umbrachte; der mit Whiskeyflaschen behangene Ko Gyi Kyaw (oder U Min Kyaw), der seine Zeit mit Hahnenkämpfen und Trinken verbrachte; oder Yun Bayin, zu Lebzeiten König Mekuti (reg. 1551–64) von Chiang Mai (birmanisch: Zimme), der 1558 von König Bayinnaung nach Bago verschleppt wurde und – weil er den birmanischen Curry nicht vertrug – an Diarrhöe starb. Dargestellt wird er auf einem Lotosthron sitzend und mit einem Schwert in der Hand.

Im **Pilgerdorf** reihen sich entlang der einzigen Straße einige einfache Lokale. Frauen versuchen Blumen und den berühmten Popa-Stein

(ein Stein, der in hohles Lava eingeschlossen ist) zu verkaufen. 787 überdachte Treppen führen bis zur 120 m höher gelegenen Spitze des Taung Kalat.

Der halbstündige **Aufstieg** ist allerdings beschwerlich, da man den Großteil barfuß gehen muss und die Stufen teilweise sehr schmal und hoch sind. Aber am Rande gibt es Verkaufsstände und Sitzgelegenheiten, wo Getränkeverkäufer auf keuchende Kunden warten. Man sollte seine Taschen nicht gerade voller Süßigkeiten oder Bananen packen, denn entlang des Aufstiegs springen freche, gelegentlich auch aggressive Makaken umher. Am besten die wilden Affen einfach ignorieren, langsam weitergehen und auf die allgegenwärtige Makaken-Kacke achten.

Oben angelangt, eröffnet sich an klaren Tagen eine wunderschöne Aussicht über die weite Ebene und den Berg. An Sehenswürdigkeiten gibt es hingegen nichts Besonderes, denn die Stupas und *tazaung* sind allesamt neueren Datums und wurden auf Initiative des Mönches U Pyi Sone († 1994) errichtet. Manche Stellen erinnern auch an den *weizzar* (Magier) **Bo Min Gaung**, der hier im frühen 20. Jh. lebte und dem übernatürliche Kräfte nachgesagt werden. Zu Lebzeiten praktizierte dieser birmanische Harry Potter, den indischen Sadhus nicht unähnlich, strenge Askese und extreme Meditationsformen, *thamahta* genannt, um durch Zauberei und Wunder glänzen zu können. Er ist auch nicht gestorben, sondern hat sich 1952 einfach in Luft aufgelöst. Bo Min Gaung wird sitzend, das eine Bein über das andere Knie geschlagen, und mit gewöhnlicher Kleidung abgebildet.

## Blumen und Vögel

Der Name Popa leitet sich aus dem Sanskrit ab und bedeutet „Blume". Eine nahe liegende Bezeichnung, denn in seinen dichten Wäldern verbirgt sich eine vielfältige Flora mit zahlreichen Blumenarten, darunter mehreren Orchideenspezies. Vom Sagabaum *(Michelia champaca)*, einer Magnolienart, werden die gelben duftenden Blüten gesammelt, in Flaschen gepackt und als Souvenir verkauft. Mit 176 Vogelarten ist der Berg auch ein interessanter Ort für Ornithologen.

Der markante 737 m hohe Popa Taung Kalat

© VOLKER KLINKMÜLLER

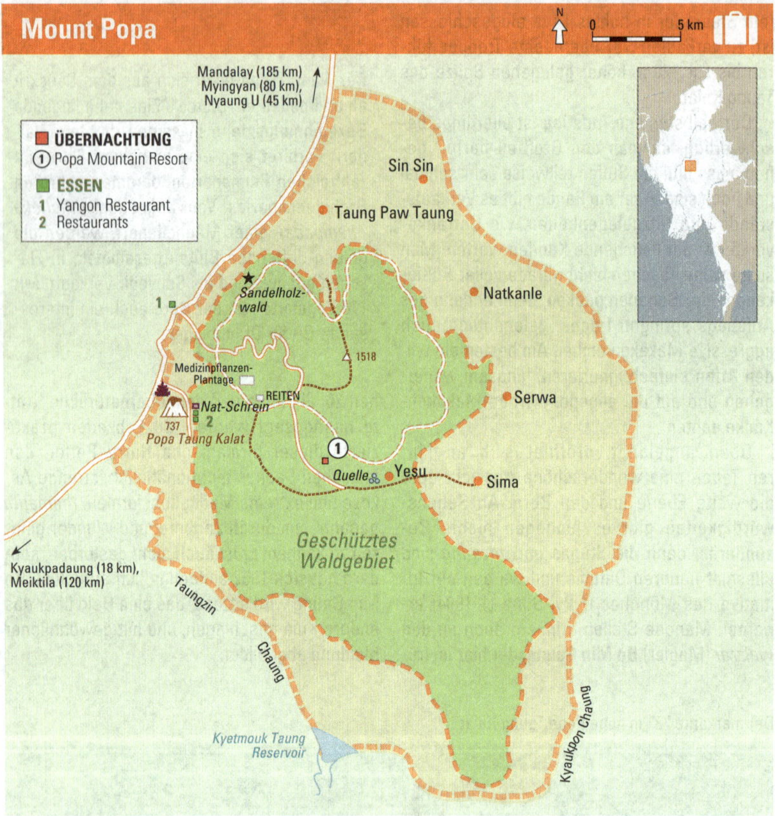


Das wichtigste **Nat-Fest** wird zum Vollmond Nadaw (Nov/Dez) abgehalten, steht jedoch im Schatten des populären Festes zu Ehren von Bo Min Gaung im September.

## ÜBERNACHTUNG UND ESSEN

**Popa Mountain Resort**, Popa Mountain Park, ✆ 02-69168, 💻 www.myanmartreasure resorts.com. Man mag erstaunt sein, eine so luxuriöse Anlage inmitten des Popa Mountain-Parks zu finden. Von ihr hat man einen grandiosen Blick auf den Popa Taung Kalat. Die 30 sehr geschmackvoll eingerichteten Zimmer im Chaletstil sind vom Feinsten. Günstiger und bescheidener wohnt es sich in den 20 Standard-Zimmern. Es gibt einen Pool, ein gutes Restaurant mit tollem Ausblick, ein Tagungszentrum und ein Spa. Vom Resort führen Wanderwege durch den Nationalpark. ❻–❼

**Yangon Restaurant**, Popa Rd., ✆ 061-50744. Offeriert gute chinesische und birmanische Gerichte. Das gut geführte Lokal und Gästehaus liegt unweit der Auffahrt zum Popa Mountain Resort. 🕒 tgl. 9–21 Uhr.

## TRANSPORT

### Auto

Ein Mietwagen verlangt für die Rundtour von BAGAN aus US$40–45. Schließt man

Sale mit ein, so kostet der Trip um US$60. Einige Gästehäuser organisieren regelmäßig Halbtagsfahrten. Wer mit dem Mietwagen in Richtung Shan-Staat oder Mandalay unterwegs ist, kann am Mount Popa einen Zwischenstopp einlegen. Allerdings sollte man dafür früh aufbrechen.

### Pick-ups

Nach NYAUNG U sind es etwa 45 km, nach KYAUKPADAUNG 18 km. Je nach Saison fahren vom Busbahnhof in Nyaung U Pick-ups direkt zum Mount Popa, um nach etwa 2 Std. wieder zurückzufahren. Alternativ nimmt man einen Pick-up nach Kyaukpadaung (2 Std.) und von dort einen weiteren zum Berg Popa. Dies ist allerdings umständlich und nimmt den ganzen Tag in Anspruch.

## Der Wald von Zee Oh Thit Hla

Keine Umweltaktivisten, sondern die beiden Htein Taw-Nats sind dafür verantwortlich, dass inmitten der kargen Savannenlandschaft auf einer Fläche von etwa 16 ha über 600 uralte Salbäume *(Shorea robusta)* stehen und angenehmen Schatten spenden: Das Gebiet gilt als heilig und die Bäume als unantastbar – trotzdem darf man die Schuhe anlassen. Für Buddhisten ist der in Myanmar *ingyin* genannte Salbaum auch deshalb von Bedeutung, weil unter ihm Buddha geboren und gestorben sein soll. Die Einheimischen erinnern sich eher an die schaurige Geschichte der beiden Nats, von Pan Mya Yin und ihrem Bruder Aung Tin Hla. Beide versteckten sich in diesem Wald vor einem Bagan-König, der hinter dem schönen Mädchen her war. Sie wurden jedoch entdeckt und hingerichtet. Seitdem gelten sie als Herrscher über den Wald am Rand des Dorfes **Zee Oh**, das etwa 7 km nördlich der Straße von Nyaung U nach Kyaukpadaung liegt (Abzweigung unweit des Tuyin Taung), aber nur über eine Staubpiste zu erreichen ist.

Am besten mietet man sich einen Jeep im etwa 20 km entfernten Bagan. Der Wald ist auch ein interessantes Ziel mit dem Mountainbike (s. eXTra [5671]).

# Nördlich von Bagan

## Pakokku und Umgebung

Lange wurde Pakokku links liegen gelassen, doch heute legen dank der 2012 eröffneten Brücke immer mehr Touristen einen Stopp in dieser 140 000 Einwohner zählenden Stadt am Westufer des Ayeyarwady ein. Denn wer mit dem eigenen Fahrzeug zwischen Monywa und dem nur eine halbe Stunde entfernten Bagan unterwegs ist, kann hier eine mehrstündige Besichtigungstour unternehmen und am gleichen Tag weiterfahren.

Pakokku ist ein wichtiger Umschlagplatz für Handelswaren und Anbauzentrum für Tabak, Baumwolle und Thanaka. Zwar ist die Stadt im ganzen Land für ihre großen Klöster bekannt, doch bietet sie für Touristen wenige Attraktionen. Dennoch lohnt sich eine Trishaw-Rundfahrt.

### Tihoshin

Das bekannteste und geschichtsträchtigste buddhistische Heiligtum ist der **Tihoshin-Tempel** im Süden Pakokkus, an der Straße zur Anlegestelle. Chroniken zufolge wurde der Zedi erstmalig 1117, also während der Regentschaft Alaungsithus (reg. 1112–67) errichtet und im Laufe der Jahrhunderte, zuletzt 1927, vergrößert. Das Zentrum der Verehrung bildet eine stehende Buddhafigur, die der König von Sri Lanka dem damaligen birmanischen Regenten Alaungsithu zum Geschenk gemacht haben soll. Sie besteht aus zehn verschiedenen Holzsorten und war bis 1996 über und über mit Blattgold beklebt. Da die Figur jedoch immer mehr aus der Form geriet und am Schluss eher einem Aussätzigen als einem Erleuchteten glich, wurde das gesamte Gold entfernt.

1178 stiftete ein Dorfvorsteher zwei weitere stehende Buddhafiguren, die nun die Hauptfigur flankieren. Bemerkenswert sind die filigranen Holzschnitzarbeiten an den Eingängen zum Hauptschrein. Beim Rundgang über das Tempelgelände kann man auch einen Blick in das **Museum** werfen, wo u. a. Figuren gekrönter Buddhas im Inwa-Stil (17./18. Jh.) ausgestellt sind, deren Kronen Federn gleichen. Am Vollmond Nayon (Mai/Juni) findet über drei Wochen hinweg das berühmte Tihoshin-Tempelfest statt.

## Weitere Sehenswürdigkeiten

Im Südwesten der Stadt liegt das **Mandalay Kyaung Taik**, in dem ein sehenswertes, 1907 gestiftetes Kolonialgebäude mit einer raffinierten Dachkonstruktion steht. Es dient größeren Versammlungen und Mönchsprüfungen.

Das berühmteste und mit durchschnittlich 700 Mönchen größte Kloster Pakokkus ist das **Mahawithutayama Kyaung**, auch „Mittleres Kloster" genannt. Es wurde 1903 von dem Mönchsgelehrten Gandhadhaya Sayadaw gegründet und galt lange Zeit als eine der besten Klosteruniversitäten. „Niemand kann vollkommen werden, ohne in diesem Kloster studiert zu haben", heißt es bis heute. Ein 1955 gestifteter „Big Ben" steht auf dem riesigen Gelände und macht mit dem Klang seinem Londoner Bruder Konkurrenz.

An der Bogyoke Street lohnt sich der Besuch der **Shwegugyi-Pagode** wegen einer wunderbaren filigranen Schnitzarbeit am Hauptaltar. Sie wurde 1908 von einem lokalen Holzschnitzer und seinem Sohn angefertigt und stellt im unteren Bereich eine Episode aus dem Leben Buddhas dar, in welcher ein Prinz namens Ajatasattu auf Anraten seines heimtückischen Freundes Devadatta seinen Vater Bimbisara auf grausame Weise verhungern und schließlich durch Abschneiden der Zehen töten lässt. Zu spät erkennt er die große Liebe seines Vaters. Bimbisara war König von Magadha und ein großer Förderer des Erleuchteten. Im oberen Teil des Kunstwerkes ist der Abstieg Buddhas aus dem Tavatimsa-Himmel dargestellt.

Ein weiteres bedeutendes Kloster, das nach dem indischen König Ashoka benannte **Athokayone Kyaung**, liegt im Norden der Stadt. Über 500 Mönche werden dort ausgebildet. Entsprechend groß ist die 1919 gegründete Anlage, die eher einer eigenen Siedlung gleicht. Der Bagan-König Narapatisithu (reg. 1173–1210) soll die benachbarte **Phaung Daw U-Pagode** gestiftet haben, die eine völlig mit Blattgold überklebte Buddhafigur birgt.

Aber nicht nur die Tempel sind sehenswert: Die „Stadt des Tabaks" besitzt natürlich auch einige Cherootfabriken, z. B. die Fabrik von **Aung Gya Nyunt** in der Bogyoke Street. Nur einen Steinwurf entfernt lässt sich bei **Gyo Gyar Ni (Flamingo) Myanmar Slippers** die Herstellung von Lederschlappen beobachten.

## ÜBERNACHTUNG UND ESSEN

**Aung Tha Ra Phu Hotel**, 10 Azarni St., ✆ 062-21947. Inmitten eines sympathischen Wohnviertels mit vielen Holzhäusern bietet diese villenähnliche Unterkunft in Orange 20 funktionale Zimmer mit AC und Bad. ❸–❹

Hotel Juno, 211 Myoma Rd., ✆ 062-21791, ✉ supercozaw@007@gmail.com. Holzvertäfelung und -boden verströmen eine wohnliche Atmosphäre in den 45 sauberen Zimmern. Sie verteilen sich in einem Hauptbau und einigen Bungalows. Das Restaurant wirkt steril, hingegen wird man den Pool an heißen Tagen schätzen. ❹–❺

**Mya Yatanar Inn**, 75 Lanmadaw St., ✆ 062-21457. Östlich vom Markt, am Fluss. Einfache Zimmer mit Gemeinschaftsbad. Die freundiche Daw Mya Mya spricht etwas Englisch und kann viele Tipps geben. ❷

**Pakokku Hotel**, Monywa Rd., Ecke Myopark St., ✆ 062-23779. 27 akzeptable Zimmer mit AC, TV und Dusche. Recht klein und gesichtslos, aber für den Preis annehmbar. ❷–❸

**Thu Kha Hotel**, 1 Myoma Rd., ✆ 062-23077, 23277. Hauptklientel sind einheimische Geschäftsreisende. Der Nüchternheit des optisch nur wenig überzeugenden Gebäudes setzen die Holzböden und -schränke in den Zimmern etwas dagegen. Frühstück wird im 4. Stock serviert. WLAN. ❹–❺

Die Lokale **Ho Pin**, 2nd St., ✆ 062-22979, und **Yaw Buffet**, Myaing Rd., servieren schmackhafte birmanische Currys.

## EINKAUFEN

Bekannt ist Pakokku auch für seine Baumwollwebereien, in denen die weitverbreiteten karierten Baumwolldecken hergestellt werden. Eine gute Auswahl bietet **Galon Min Nyi Naung** in der 6th St.

## TRANSPORT

### Busse

In Pakokku starten in der Seitenstraße nördlich des Städtischen Krankenhauses Busse von Aung Kabar um 6, 9, 11 und 13.30 Uhr nach MONYWA (110 km, 3 Std., 3000 Kyat). An derselben Stelle halten auch die Busse aus Monywa in Richtung NYAUNG U (30 km, 1 Std., 1500 Kyat) gegen 8.30, 11.30 und 15.30 Uhr. In der Nähe verkauft **Mahar San Travels & Tours**, ✆ 09-4201 76150, Tickets für Vans nach MANDALAY (170 km, 5 Std.) um 4, 7 und 15 Uhr.

Der **Busbahnhof** an der Main Road ist Startpunkt der Busse via Nyaung U nach YANGON (ca. 600 km, 10 Std., 11 000–15 000 Kyat) von Shwe Mandalar um 7.30 und 18 Uhr, von Ye Thu Aung um 17 Uhr. Shwe Man Thu fährt von hier um 7.30, 9 und 10.30 Uhr via Sagaing nach MANDALAY (195 km).

### Eisenbahn

Der **Bahnhof** liegt ca. 3 km nördlich des Zentrums. Zug Nr. 62dn nach YANGON startet tgl. um 15.20 Uhr (Ankunft: 10.30 Uhr), der Gegenzug Nr. 61up in Yangon um 16 Uhr (Ankunft: 11.10 Uhr).

## Handwerksdörfer bei Myitche

Etwa 30 km südwestlich von Pakokku lohnt der Besuch von drei urigen Handwerksdörfern, die sich seit vielen Generationen auf unterschiedliche Produkte spezialisiert haben. Sie liegen jeweils nur wenige Kilometer von dem kleinen Städtchen **Myitche** entfernt, das sich in der Nähe des Ayeyarwady-Flusses erstreckt. In dem 800-Seelen-Ort **Tha Zin** produzieren mehrere Familien in ihren Häusern Taschen, Schlappen und diverse Accessoires aus Bambus, Rattan und Wasserhyazinthe. Der Tagesverdienst liegt je nach Aufwand und Schnelligkeit zwischen 2500 und 5000 Kyat. Unter mächtigen Tamarindenbäumen lässt es sich auch schön durch die sandigen Straßen schlendern, was schon sehr bald die Neugier der Kinder weckt.

**Eye Shay** ist wiederum für seine Webarbeiten bekannt, die in mehreren Werkstätten an altertümlichen Webstühlen hergestellt werden. Trotz Billigkonkurrenz aus China sind noch heute Hunderte von Frauen in dem Gewerbe aktiv. Schon ab 3000 Kyat lassen sich hier wunderschöne Baumwolldecken und Longyis erstehen – und ländliche Arbeitsplätze erhalten!

In **Htan Taw Chauk**, westlich von Myitche, widmen die Bewohner sich der Herstellung von Korbwaren aus den fasrigen Blättern der Palmyrapalme.

Die Dörfer können problemlos mit eigenem Wagen von Bagan aus besucht werden (60 km, ca. 1 1/2 Std.), vgl. eXTra [8739]).

## Pakhan-gyi

Ähnlich wie Sale war auch das 20 km nördlich von Pakokku gelegene Pakhan-gyi während der Bagan-Ära eine bedeutende Stadt. Sicherlich spielte ihre strategische Lage unweit des Chindwin-Flusses eine wichtige Rolle. Wie Funde aus dem Neolithikum beweisen, war die Region offensichtlich schon sehr früh besiedelt. Es gibt einige interessante Sehenswürdigkeiten, die den Ort zu einem lohnenswerten Ausflugsziel oder Zwischenstopp auf der Fahrt von Monywa nach Pakokku bzw. umgekehrt machen.

Das von 255 Teakholzstämmen gestützte **Holzkloster** ist fraglos die Hauptattraktion des Ortes. Seine Entstehung ist einer Art „Steuerflucht" zu verdanken, denn um heftigen Abgaben zu entgehen, ließen der Kaufmann U Po Dok und seine Frau Daw Phe Teile ihres Vermögens in den Bau des Klosters fließen. Zwischen 1868 und 1870 wurde es errichtet. Sehenswert sind innen die Schnitzereien mit Darstellungen von Szenen aus dem *Ramayana*. Auf der Westseite des Klosters stehen einige **Grabstupas** zu Ehren verendeter Arbeitselefanten.

Besuchenswert ist auch das Museum mit Exponaten aus dem Neolithikum (Ton, Steine, Scherben …) und insgesamt acht Steininschriften, die vorwiegend über Klosterstiftungen berichten. Die meisten stammen aus der Bagan-Ära. Eine Tour durch Pakhan-gyi lässt erahnen, dass der Ort so unbedeutend nicht gewesen sein kann, denn viele **Stupa-Ruinen** liegen im Umkreis verstreut. Reste der mächtigen **Stadtbefestigung** und eines **Tunnelsystems** im Westen der Stadt, das vermutlich zu Verteidigungszwecken angelegt worden war, erinnern an Pakhan-gyis militärische Bedeutung. Am westlichen Ortsrand werden in Privathäusern im alten Stil Tongefäße getöpfert. Für den Besuch der archäologischen Stätte einschließlich des Museums wird eine Eintrittsgebühr von US$3 verlangt. Meist muss man erst nach dem Museumswächter fragen, da die Türen normalerweise verschlossen sind.

Als Fortbewegungsmittel vor Ort kann man versuchen ein Fahrrad auszuleihen. Busse und Pick-ups von Pakokku nach Yesagyo oder Monywa passieren auch Pakhan-gyi.

## Pakhan-nge

Eigentlich ist Pakhan-nge ein verschlafenes Nest am Chindwin, das nur über einen Damm vom 3 km entfernten Pakhan-gyi zu erreichen ist. Allerdings lässt das große verfallene **Kloster** darauf schließen, dass der Ort einst bessere Zeiten gesehen hat. Wie Zahnstocher ragen die 332 Stützstämme des *kyaung* aus dem Boden. Zwischen 1857 und 1864 errichtet, war es einst das größte Kloster der Umgebung. Sponsor war U Yan Wei, ein ehemaliger Mönch und Lehrer König Mindons, der in seinen späten Jahren als *myosa*, Statthalter, von Pakhan-gyi fungierte.

In den beiden Wochen vor dem Vollmond Tabaung (Feb/März) herrscht in Pakhan-nge Ausnahmezustand. Tausende von Menschen aus der ganzen Region machen sich auf, um im Dorf **Kuni** auf der anderen Seite des Chindwin das Fest des berühmten Nats **Ko Gyi Kyaw** zu feiern. Zu Ehren dieses Rauf- und Trunkenboldes geht es dabei ziemlich feuchtfröhlich zu. Flaschen werden geleert und Hühner geopfert, vor seinem Schrein kommt es zu wilden Tänzen. Für die Marktleute aus der Region ist es nach dem Anandafest das lukrativste Fest (s. eXTra [5677]).

# Östlich von Bagan

## Meiktila

Die Provinzstadt Meiktila liegt an einem 9 $km^2$ großen See, der von einer großen Brücke überspannt wird und an dessen Rand sich eine nette Uferpromenade entlangzieht. Der See trägt den Namen der 180 000-Einwohner-Stadt und verleiht ihr ein freundliches Gesicht. Bereits vor Jahrhunderten wurde er künstlich angelegt und ist bis heute als Wasserreservoir lebenswichtig. Die von ihm gespeisten Reisfelder machten die Region bereits zur Zeit Bagans zum wirtschaftlichen Rückgrat des Reiches.

Sehenswürdigkeiten sind rar, denn die Stadt wurde immer wieder zerstört, zuletzt bei einem Großbrand 1991. Meiktila war auch Schauplatz einer entscheidenden Schlacht während des Zweiten Weltkriegs, als die Briten sie im Februar/März 1945 nach längerer Belagerung eroberten. Im März 2012 kam es zu brutalen Übergriffen auf die moslemische Minderheit, bei welcher Dutzende Todesopfer zu beklagen waren. Seitdem hat sich die Lage in der Stadt wieder einigermaßen entspannt.

Auch in Meiktila zählen die Tempel und Klöster zur Hauptattraktion, besonders die kleine, goldglänzende **Antaka Yele-Pagode** auf dem See. Schon der Weg über Brücke mit einer Gebetshalle am Ufer entfaltet eine entspannte Atmosphäre. In der Nähe von Meiktila, an der Straße Richtung Mandalay, befindet sich eine Basis und Ausbildungsstätte der Luftwaffe. Am Eingang steht ein ausrangiertes Kampfflugzeug aus den 1950er-Jahren.

### Der Trinker-Nat

Ko Gyi Kyaw – oder U Min Kyaw, wie er auch genannt wird – war der Sohn von Kuni Devi und einem *myosa* von Pyay. Außerdem war er mit einem weiteren berühmten Nat, Ko Myo Shin, verschwägert und wie jener sehr jähzornig. Er vertrieb sich seine Tage mit Hahnenkämpfen, Trinkgelagen und Wettreiten. Daher wird er immer auf einem Pferd sitzend und mit Alkoholflaschen behangen dargestellt. Ko Gyi Kyaw war so grausam, dass er eines Tages bei einem Raubzug durch den Shan-Staat die beiden Shan-Prinzen Khun Chou und Khun Tha umbrachte. Beide wurden zu Nats und rächten sich, indem sie einen Baum auf ihn stürzen ließen. Der vom Baum erschlagene Trunkenbold wurde zu einem mächtigen Nat und wird vor allen Dingen in geschäftlichen Belangen konsultiert.

### ÜBERNACHTUNG

**Honey Hotel**, Pan Chan St., ✆ 064-23588. Sympathisches Haus am See mit insgesamt 14 einfachen sauberen Zimmern, die meisten mit Bad/WC. Hinter dem Haus stehen 3 kleine, etwas in die Jahre gekommene Bungalows; aber hier hat man den besten Blick direkt auf den See. ❷

**Meiktila Hotel**, am Ortsausgang Richtung Mandalay, ✆ 064-21892. Hinter einer langen Auffahrt verbirgt sich das im Chaletstil erbaute Hotel. 34 Zimmer mit AC, Bad/WC, Frühstück inkl. Wer mit dem Bus aus Mandalay kommt, kann direkt beim Hotel aussteigen, wenn er dem Busfahrer Bescheid gibt. Ein Hotel gleichen Namens in der Innenstadt hat keine Lizenz für Ausländer. ❷–❸

**Wunzin Hotel**, Than Lwin Rd., am nördlichen Seeufer, ✆ 064-23848. Das 2-geschossige, weiß getünchte Haus liegt abseits und ruhig direkt am See. Die etwas abgewohnten Zimmer im Haupthaus unterscheiden sich in Preis und Ausstattung und bieten einen tollen Blick aufs Wasser. Günstige Zimmer befinden sich in einem alten Holzhaus im Garten. Die riesigen Zimmer mit mind. 3 Betten erinnern an eine Lagerhalle, die Bäder sind nur etwas für genügsame Traveller. Tennisplatz. ❷–❹

## ESSEN

Direkt am See nahe der Brücke kann man im beliebten, modern mit Korbsesseln und bunten Plastikstühlen eingerichteten **Kan Thar Yar Restaurant** mit Blick aufs Wasser entspannt essen. Es gibt Reis- und Nudelgerichte, frische Obst- und Milchshakes. Kurz dahinter ist das **Honey Restaurant** in einem wenig schicken Häuschen untergebracht; seine chinesische Küche genießt aber einen guten Ruf.

Im **Shwe Ohn Pin Restaurant** an der Hauptstraße legen die meisten Expressbusse eine Essenspause ein. Angeboten werden chinesische und birmanische Gerichte. Wie so oft bestellt man birmanische Currys, die schon morgens zubereitet wurden, per Fingerzeig, während die auf Englisch gelisteten chinesischen Speisen frisch zubereitet werden.

In Kino-Nähe befindet sich das bei Einheimischen besonders beliebte **Starlight Café** mit leckeren Snacks und gutem Tee. Kekse und bunte Backwaren führt der **Champion Cake Shop** an der Hauptstraße. Nach der sich anschließenden Brücke liegt, ebenfalls auf der rechten Seite, die **Mandalay Beer Bar**, ein schattiger Platz mit einfacher chinesischer Küche und frisch gezapftem Bier.

## TRANSPORT

### Pick-ups und Busse

Pick-ups in Richtung KYAUKPADAUNG (96 km), MANDALAY (154 km), MYINGYAN (93 km), NYAUNG U (153 km) und THAZI (22 km) starten am **Busbahnhof** östl. der Htee Thone Sint-Pagode oder an der Hauptstraße. Lokale Busse (non-AC) fahren von 5–16 Uhr etwa halbstündl. nach MANDALAY (3 Std.) und vormittags um 5, 7 und 9 Uhr nach TAUNGGYI (186 km, 8 Std.).

### Eisenbahn

Zugtickets gibt es im **Bahnhof** von Thazi. Pick-ups und Busse nach THAZI fahren bis zum frühen Nachmittag ab dem Busbahnhof (ca. 30 Min., 1000 Kyat).

# Thazi

Dieser Verkehrsknotenpunkt verdankt seine Bedeutung allein seinem Bahnhof: In Thazi kreuzen sich die Bahnlinien Yangon–Mandalay und Myingyan–Shwenyaung. Das kleine Örtchen liegt am Rande der Tiefebene; am östlichen Horizont zeichnen sich bei guter Sicht die Shan-Berge ab. Häuser und Geschäfte reihen sich an der ausgebauten Hauptstraße und der Straße Richtung Bahnhof aneinander. Die Läden sind auf Weiterreisende eingestellt. Ansonsten hat der Ort nicht viel zu bieten.

## ÜBERNACHTUNG UND ESSEN

**Moon Light Rest House**, an der Hauptstraße, etwa 1 km vom Bahnhof, ✆ 064-69056. 15 etwas abgewohnte Zimmer, einige mit AC und Bad. Ni Ni, die freundliche Besitzerin, hilft gerne mit Tipps für die Weiterreise, arrangiert Tickets und gestattet auch Kurzbesuchern, sich zu erfrischen. ❶–❷

Im angeschlossenen **Red Star Restaurant** wird gute chinesische und birmanische Küche serviert. Kreative Touristen haben die Wartezeit wohl damit verkürzt, die Speisekarte in ihre Muttersprache zu übersetzen. Es gibt sie auf Deutsch, Französisch, Italienisch, Japanisch und Schwedisch. Lecker sind die selbst gemachten *fried chilies* und der hausgemachte Käse. Das Essen kann auch als Proviantpaket verpackt werden.

Auf dem Weg zum und am Bahnhof finden sich zahlreiche **Stände** und kleine **Läden** mit Keksen, Chips, Softdrinks und Wasser.

## TRANSPORT

### Pick-ups

Die halbstündige Fahrt nach MEIKTILA (22 km) kostet mit dem Pick-up 1000 Kyat, je nach Gepäckgröße manchmal noch zusätzlich 500 Kyat. Vormittags starten in unregelmäßigen Abständen einige Pick-ups nach KALAW (93 km, ab 4 1/2 Std., 5000 Kyat); nur wenige fahren weiter nach SHWENYAUNG (145 km, 6 Std.) und TAUNGGYI (164 km, 7 Std., 7000 Kyat). Tipp: Schal und Mundschutz bereithalten, denn auf der holprigen Strecke ist es streckenweise sehr staubig.

### Busse

Die Busse von/nach MANDALAY, TAUNGGYI und NYAUNG U (Bagan) halten an der Hauptstraße gegenüber dem Moon Light Rest House.

### Zugfahrplan für Thazi

| Zug-Nr. | 11up | 5up | 3up |
|---|---|---|---|
| **Yangon** | 06.00 | 15.00 | 17.00 |
| **Thazi** | 18.12 | 02.08 | 04.55 |
| **Mandalay** | 21.00 | 05.00 | 07.45 |
| **Zug-Nr.** | **12dn** | **6dn** | **4dn** |
| **Mandalay** | 06.00 | 15.00 | 17.00 |
| **Thazi** | 08.51 | 17.46 | 19.46 |
| **Yangon** | 21.00 | 05.00 | 07.45 |
| **Zug-Nr.** | **143** | **141** | |
| **Thazi** | 05.00 | **07.00** | |
| **Kalaw** | 11.35 | **13.30** | |
| **Heho** | 13.40 | **15.30** | |
| **Shwenyaung*** | 14.50 | **17.00** | |

Preis Thazi–Shwenyaung: *upper class* 3000 Kyat

* Mit Pick-ups Anschluss nach Taunggyi und Nyaungshwe am Inle-See.

BAGAN UND UMGEBUNG

Wer weiter nach YANGON reisen möchte, muss zunächst nach Meiktila fahren. Nach MANDALAY (3 Std.) passieren die Busse den Ort zwischen 11 und 12 Uhr, nach NYAUNG U (4 Std.) zwischen 10 und 11 Uhr.

### Eisenbahn

Die Fahrkarten sollten einen Tag vorher besorgt werden. Die Betreiberin des Moon Light Rest House hilft gern. Es gibt eine Wartehalle, in der Getränke und Snacks verkauft werden. Gegen eine Gebühr von US$1 dürfen dort auch Ausländer hinein und in einem der halbwegs bequemen Sessel Platz nehmen. Hier gibt es auch einigermaßen saubere Toiletten.

# Von Bagan nach Magwe

Wer von Bagan Richtung Süden nach Magwe fahren möchte, hat zwei Möglichkeiten: entweder auf der Straße östlich des Ayeyarwady über Kyaukpadaung und Yenangyaung oder westlich davon über Chauk, Salin, Sagu und Minbu. Mit öffentlichen Verkehrsmitteln ist letztere Variante allerdings nur sehr schwierig zu bewältigen.

## Hsale

Kurz nach dem Ortseingang von Yenangyaung, 60 km südlich von Kyaukpadaung, biegt eine schlechte Staubpiste in Richtung Westen ab und ist nur per Jeep befahrbar. Der Weg führt durch das Dorf Obo und das meist trockene Flussbett des Pin Chaung. Nach etwa 10 km ist **Ober-Hsale**, ein uriges Dorf unweit des Ayeyarwady, erreicht. Dort liegen auf mehreren Hügeln insgesamt 41 kleinere **Tempel** aus der Bagan-Ära. Von 15 sind jedoch nur noch Ziegelhaufen übrig geblieben. Aber mehr als die Hälfte birgt teilweise recht gut erhaltene Wandmalereien im Inneren. In einigen sind besonders mahayana-buddhistische Motive bemerkenswert, die sehr an die Heiligtümer von Minnanthu (S. 280) erinnern. Wer die Tempel gestiftet hat und wann sie genau errichtet wurden – vermutlich im 13. Jh. –, ist nicht klar. Doch allein die große Zahl der Monumente weist darauf hin, dass es sich während der Bagan-Zeit um eine bedeutende buddhistische Stätte gehandelt haben muss (s. **eXTra [5679]**).

### ÜBERNACHTUNG UND ESSEN

**Country Gh. & Restaurant**, Yangon-Mandalay Rd., Yenangyaung, ✆ 060-21346. Im Restaurant wird gutes chinesisches Essen gebrutzelt, zur Not kann man auch in den bescheidenen Räumen nächtigen. ❷

Das **Lei Thar Gone Gh.**, ✆ 060-21620, liegt westlich von Yenangyaung auf einer Anhöhe, die den Ayeyarwady überblickt, und verfügt über 4 komfortable Zimmer mit Veranda und Bad. Allerdings kann man hier nur nach Rücksprache mit dem Besitzer übernachten. Er ist Leiter eines Projekts zur Unterstützung armer Familien, weshalb man auch 2–3 Tage dort bleiben sollte, um aktiv mitzuarbeiten. Näheres unter www.kinderhilfe-birma.de. ❹

### TRANSPORT

Da das Dorf Hsale auch bei Einheimischen ziemlich unbekannt ist und sein Name ähnlich wie das berühmtere Sale klingt, sollte man sich vergewissern, dass der Fahrer das richtige Ziel ansteuert. In Bagan kann **Ko Moe** von ICS, ✆ 09-204 2010, 061-65130, Jeeps und erfahrene Fahrer organisieren. Busse von und nach Magwe durchqueren auch Yenangyaung.

## Salin

Die Stadt liegt knapp 80 km südlich von Nyaung U bzw. 35 km von Chauk auf der Westseite des Ayeyarwady. Inschriften und Chroniken zufolge spielten die Reisfelder um Salin bereits zur Zeit Bagans eine wichtige Rolle. Dank des angrenzenden **Wethtigan-Sees** und des mit ihm verbundenen Kanalsystems ist eine Bewässerung auch während der langen Trockenzeit gewährleistet. Salin präsentiert sich als grüne Oase im Savannengebiet. Viele Pagoden – vor allem am nördlichen Ortseingang – und insgesamt fünf Klöster zeugen von ihrem einstigen Reichtum.

Im Stadtzentrum biegt bei der Polizei eine Straße nach Westen ab in Richtung See. An dessen Ostseite erhebt sich die **Shwe Maw Taw** wie eine Insel aus dem Wasser. Salins Hauptattraktion ist jedoch das **Myaw Hle Sin Kyaung** etwas südlich des Sees. Der von 245 Stämmen getragene Holzbau aus dem Jahr 1868 wurde etwas restauriert und präsentiert im Inneren eine kleine Buddha-Sammlung. Die Holzschnitzereien an der Veranda sind von hervorragender Qualität. Etwas weiter südlich, auf dem Weg zu den Stupas von **Buddha Tataung**, kann man Stellmachern beim Anfertigen von Wagenrädern zuschauen (s. eXTra [5680]).

Da Salin auf der Strecke Chauk – Minbu liegt, halten dort auch alle Pick-ups. Entlang der Straße in Richtung See gibt es einige **Restaurants**, darunter das La Min Thaw Tar.

## Legaing

Der unscheinbare Flecken auf halbem Wege zwischen Pyinbyu und Sagu war während der Konbaung-Zeit ebenfalls ein wichtiger Ort. Sehenswert ist das 1891 gestiftete **Youk-soun Kyaung**, dessen Holzbalustraden von den besten Künstlern aus Mandalay gefertigt wurden. Der Stifter U An Taw und seine Frau mussten für den Bau 17,5 Körbe Silber aufbringen. Immerhin stellte ein Verwandter ihnen Elefanten zur Verfügung, um die 214 Teakstämme zu schleppen. Leider wurden schon viele wertvolle Gegenstände gestohlen. Das Kloster ist über einen gen Westen abgehenden Fußweg zu erreichen.

Das an der Hauptstraße gelegene **Athuru Kyaung**, auch Bhawe Kyaung genannt, lohnt aufgrund der schönen Buddhastatuen und filigranen Holztafeln im Inneren ebenfalls einen Besuch. 1894 stiftete ihn die Tugaung Myo-Familie (s. eXTra [5681]).

### Friedliche Fische

In **Legaing** biegt eine Straße in Richtung Nordosten zum Mon-Fluss ab. In Ufernähe erhebt sich die **Kyaung Tawya-Pagode** an jener Stelle, wo Buddha der Legende nach bei seinem Besuch in einem Sandelholzkloster gewohnt haben soll (S. 313, Shwesettaw). Zwischen Juli und Oktober kommen besonders viele Pilger hierher, um im Flusswasser Riesenwelse zu streicheln und zu füttern. Dem Glauben zufolge kommen die Fische hierher, um Buddha zu verehren.

## Sagu

Knapp 50 km südlich von Salin und 16 km nördlich von Minbu liegt ein weiterer, dank der üppigen Reisfelder prosperierender Ort, Sagu. Er gehörte bereits in der Bagan-Ära zum ökonomischen Rückgrat des Reiches. Gespeist werden die Reisfelder vom Man-Fluss, der seinen Ursprung im Rakhine Yoma hat.

Im 19. und frühen 20. Jh. war Sagu ein bedeutendes Zentrum der buddhistischen Lehre. Dies ist heute noch beim **Maha Withurama Kyaung** der Fall, einer Anlage aus den 1920er-Jahren, die inmitten eines großen Geländes westlich der Hauptstraße liegt. Das Kloster ist eine bekannte Pali-Schule, was nicht zuletzt am Gemurmel der lernenden Novizen zu hören ist. Dank mehrerer Restaurierungen ist das Kloster relativ gut erhalten. An den Ecken der Veranda sind mythologische Schutzwesen hervorragend in das Holz gearbeitet, darunter Yakshas (Dämonenwesen), Nagas, Kinnaras, Garudas und andere gute und weniger gute Geister. Ein weiteres, nicht weit entfernt gelegenes Kloster, **Thet Daw Kyaung**, ist schlichter, birgt aber eine sehr schöne Sammlung von Buddhas.

Einige hundert Meter weiter besitzt auch das 1886 erbaute **Hman Khin Youk-soun Kyaung** hervorragende Schnitzarbeiten an den Veranda-Balustraden. Die Stifterin Daw Nyein Kaung war eine reiche Reederin. Die Motive an der Nord- und Nordwestseite stammen aus dem *Culla Paduma Jataka* (Nr. 193); jene an der Südost-

© MARTIN H. PETRICH

Holzschnitzkunst am Maha Withurama Kyaung in Sagu



seite schildern die Geschichte von Udena, dessen Mutter von einem Riesenvogel verschleppt wurde, als sie mit Udena schwanger war. Die Nordseite illustriert eine weitere Entführung: jene der schönen Weberin Ma Shwe U, die mit dem Taungbyone-Nat Min Lay und seinem Tiger von dannen zog. Leider verwehrt der unfreundliche Abt sehr häufig den Zugang (s. eXTra [5682]).

## Minbu

Bei Minbu ist der Ayeyarwady kilometerbreit. Seit eine 2930 m lange Brücke den Fluss überspannt, profitiert die Stadt erheblich von der verbesserten Verkehrsanbindung. Zwar hat sie nicht viele Sehenswürdigkeiten zu bieten, mag aber als Übernachtungsstätte infrage kommen, oder als Ausgangspunkt für die Fahrt zur 53 km entfernten Shwesettaw-Pagode.

Am südlichen Ortsrand können **Schlammvulkane** besichtigt werden. Eigentlich sind es nur Erdlöcher, aus denen flüssiger heißer Schlamm blubbert. Die Einheimischen nennen sie Nagapwet Taung, „Drachenberg", und entsprechend ist der Ort so heilig, dass man sogar die Schuhe ausziehen muss. Der Nagapwet Taung gleicht einem „Drachen-Themenpark". Zwei Pythonschlangen werden gehalten und gerne gegen ein Entgelt zur Schau gestellt. Buddha wird unter dem Naga-König Mucalinda sitzend dargestellt. Schließlich verehren Gläubige in einem Nat-Schrein das Geschwisterpaar Amadaw („ältere Schwester") und Maungdaw („jüngerer Bruder"). Beide tragen einen Drachenkopf als Kopfbedeckung.

Eher der Aussicht wegen lohnt sich der Besuch der auf einem Hügel liegenden **Settkeindeh-Pagode**. Von ihr kann man weit über die Ayeyarwady-Ebene bis nach Magwe blicken. Einer Legende zufolge hat der Erleuchtete hier auf einer mit Smaragden verzierten Couch genächtigt, für welche später zwei Dämonen die Mya Tha Lun-Pagode in Magwe errichteten. Im Inneren des hohlen Stupas wird auf jeder der acht Seiten des Schreins ein anderer Planet verehrt. Ein weiterer, etwas erhöht liegender Schrein birgt einen Fußabdruck Buddhas. Mit viel Lärm und Klamauk verbunden ist der Versuch, eine vor Nagas „fliehende" Opferschale im Spendenraum zu treffen (s. eXTra [5683]).

### ÜBERNACHTUNG

**Joy Gh.**, 3 Minbu-Sagu Rd., ✆ 065-21098. 18 AC-Zimmer, teilweise mit Bad oder Gemeinschaftsbad, verströmen nur wenig Charme, sind jedoch für eine Nacht annehmbar. ❶–❷
**Motel High Way**, Minbu Rd., ✆ 09-2601 15522. Das Resort liegt an der Straße Richtung Ayeyarwady-Brücke und hat über 20 funktionale Bungalows mit viel Plastik und ein nüchternes Restaurant. Eher auf einheimische Geschäftsleute eingestellt. ❹
**Shwe Mintha Gh. II**, ✆ 065-21302. Das Gästehaus unweit des Busbahnhofs besitzt 4 kleine Dreibett-Zimmer mit AC und Du/WC. Achtung: Die großen getönten Fensterscheiben an der Vorderfront mögen manch ungebetenen Zuschauer anlocken! ❷

### ESSEN

Da Minbu ein wichtiger lokaler Verkehrsknotenpunkt ist, haben sich Lokale und Teestuben entlang der Hauptstraße (Minbu-Sagu Rd.) etabliert.
Empfehlenswert ist das **Joy Restaurant** (nur birmanisch angeschrieben) unweit des Joy Guest House mit leckeren Curry-Gerichten.

## Shwesettaw

Einer der wichtigsten Wallfahrtsorte Birmas liegt weit abgeschieden in den östlichen Ausläufern des Rakhine Yoma, 53 km südwestlich von Minbu. Schon die Lage ist etwas Besonderes. Dort, wo der Man-Fluss sich durch die bewaldeten Berge windet und eine Schleife macht, werden zwei Fußabdrücke Buddhas verehrt. Viele glauben, dass der Erleuchtete selbst einst hier geweilt hat. Einer der Fußabdrücke liegt direkt am Fluss und wird als **Au Settawya** verehrt. Der zweite befindet sich über eine Treppe mit dem unteren verbunden am Berghang und wird **Ahte Settawya** genannt. Nachdem der heilige Ort über viele Jahrhunderte in Vergessenheit blieb, soll er im 10. Jh. wiederentdeckt worden sein, als ein Einsiedler von ihm träumte und die Fußabdrücke mit Hilfe eines Jägers und dessen schwarzem Hund aufspürte.

Im Schrein von Ahte Settawya wird zudem eine Kopie der Mahamuni-Statue verehrt. Eine Statue errinnert an den Einsiedlermönch U Khanti, der in vielen Teilen Birmas, vor allem in Mandalay, Wallfahrtsorte wiederbelebt und Geld für die Renovierung von Pagoden gesammelt hatte – so auch hier.

Mit dem zunehmenden Pilgerfluss hat man die Anlagen in den letzten Jahren verschönert und erweitert. Die offizielle Pilgersaison beginnt am fünften Tag des zunehmenden Mondes im Mondmonat Tabodwe (Feb/März) und endet mit dem Neujahrsfest im April, Thingyan. In dieser Zeit werden entlang dem Fluss zahlreiche Bambushütten, in denen die Gläubigen übernachten können, errichtet.

Doch an Schlaf ist in den beengten Verhältnissen nicht zu denken, denn Birmanen wären nicht Birmanen, würden sie die Wallfahrt nicht mit einer ausgelassenen „Buddha Party“ verbinden. So ist es auch kein Problem, dass nur wenige Meter von dem hochverehrten Fußabdruck Buddhas entfernt Unmengen an Alko-

### Die Fußstapfen Buddhas

Eines Tages bat ein Mönch namens Maha Punna den Erleuchteten, doch in das Land Sunaparanta Vaniccagama zu kommen, um seine Lehre auch den Menschen dort zu verkünden. Buddha willigte ein und reiste mit 500 Schülern an. Ein Sandelholzkloster wurde als Unterkunft während ihres Aufenthalts errichtet. Zum Schluss des Besuchs wünschten sich die beiden einheimischen Anhänger Sicca Vanda und Naga Nammada eine Erinnerung. Diese gewährend hinterließ Buddha zwei Fußabdrücke, einen direkt am Ufer des Man-Flusses und einen zweiten auf einer nahe gelegenen Anhöhe. Der Ort wurde Shwesettaw, „goldener Fußabdruck“, genannt. Anstelle des Sandelholzklosters errichtete man die Kyaung Tawya-Pagode, welche unweit von Legaing am Mon-Fluss liegt und noch heute viele Pilger anzieht (S. 311).

hol fließen. Natürlich wird der Besuch von jungen Menschen mit Vorliebe zum Flirten genutzt. Wie viele Ehen sich hier schon anbahnten, weiß nur Buddha. Wer die Atmosphäre des Ortes wirklich erleben möchte, sollte also unbedingt dort nächtigen.

Der Wallfahrtsort liegt am südlichen Rand des 813 km² großen **Shwesettaw Wildlife Sanctuary**, das sich zwischen Mon- und Man-Fluss erstreckt. Allerdings hat dieser Status keine Konsequenzen für das Verhalten der Einheimischen, die nach wie vor ihren Müll hier zurücklassen. Im Schutzgebiet gibt es eine Reihe von Chin-Dörfern, deren Bewohner ebenfalls gerne hierher pilgern.

### ÜBERNACHTUNG

An Schlaf ist aus genannten Gründen kaum zu denken. Während der Saison hat man die Möglichkeit, eine der Hütten am Fluss zu mieten. Mit sehr viel Glück (VIPs und Mönche haben Vorrang!) können Besucher auch in einem Gebäude nahe der oberen Pagode übernachten. Doch viel komfortabler ist es nicht, denn als Bett dienen auf dem Boden liegende Matten.

### TRANSPORT

Während der Pilgersaison fahren öffentliche **Pick-ups** von MINBU zur Shwesettaw – über die Abfahrtszeit erkundigt man sich am besten vor Ort. Ansonsten muss man ein eigenes Fahrzeug organisieren.

Zwei Routen führen zu den „Fußabdrücken“: Die erste geht südlich von SALIN ab. Während der Hauptzeit zwischen Februar und April werden temporäre Bambusbrücken über den Mon-Fluss errichtet, den Rest des Jahres über ist der Weg unpassierbar. Die Fahrt dauert von Salin aus etwa 2 Std.

Die zweite Option beginnt in MINBU. Von dort fährt man die ersten 35 km in Richtung Südwesten entlang der Minbu-Ann Rd. und biegt dann in eine Piste ein, die über knapp 20 km direkt zur Shwesettaw führt. Fahrtdauer etwa 1 1/2 Std. Landschaftlich sind beide Varianten sehr schön.

## Magwe (Magway)

Etwa 150 km südlich von Nyaung U liegt Magwe, die Hauptstadt der gleichnamigen, 44 820 km² großen Magwe-Division. An Sehenswürdigkeiten bietet sie wenig, hat aber nach Öffnung der Ayeyarwady-Brücke Ende 2002 für den Durchgangsverkehr an Bedeutung gewonnen. Zudem spielt die Heimat von etwa 250 000 Menschen eine wichtige Rolle als Verwaltungs- und Bildungszentrum. Für Touristen kommt sie am ehesten als Übernachtungsstopp infrage. Man kann die Zeit für einen Rundgang durch den **Myoma-Markt** nutzen oder für einen Spaziergang entlang der **Strand Road**. Im Süden der Stadt gibt es noch manch schöne Villa aus der Kolonialzeit.

Nicht versäumen sollte man den Besuch der **Mya Tha Lun-Pagode**, die nördlich der Stadt auf einer Anhöhe liegt. Von ihr kann man abends bei klarem Wetter einen schönen Sonnenuntergang über dem Ayeyarwady erleben. Der erste Stupa soll von Bagan-König Sawlu (reg. 1077–84) gestiftet worden sein, als dieser noch Kronprinz war, und wurde zwischen 1064 und 1092 errichtet. Nachdem er lange Zeit eine Ruine war, ließen ihn die Bewohner Magwes 1857 wieder aufbauen.

Wie vielerorts in Birma hat auch diese Pagode in den 1990er-Jahren eine Renovierung erfahren, sodass der goldene Stupa wieder glänzt. Einer Legende nach waren die beiden Dämonen Bawgyaw und Bawthaw Stifter des Stupa, um eine „Smaragd-Couch“ – so die Übersetzung des Namens *mya tha lun* – aufzubewahren, auf welcher Buddha bei seinem Besuch auf der anderen Flussseite, im heutigen Minbu, gelegen haben soll. Daher sind an den Eingängen zur Pagode Dämonen zu sehen. Auch der liegende Buddha in einem der *tazaung* erinnert an die Legende.

Das Pagodenfest feiern die Bewohner in den Tagen um den Vollmond Thadingyut (Okt), mit dem die dreimonatige buddhistische Fastenzeit endet.

### ÜBERNACHTUNG

**Magway Hotel**, 1 Natmauk Rd., ✆ 063-23343, 23523. Die 21 Zimmer mit TV, AC und Bad sind in Ordnung, aber überteuert. Bescheidenes Frühstück. ❸

**Nan Htike Thu Hotel**, Strand Rd., ✆ 063-28597, 063-28596. Das 4-geschossige Business-Hotel mit Blick auf den Ayeyarwady bietet 68 Zimmer mit viel Holz und Blumen-Plüsch sowie ein Swimming Pool, Spa und ein recht nüchternes Restaurant. Derzeit Magwes erste Adresse, ist es vorwiegend auf birmanisches Klientel eingerichtet. ❹

**Phan Khar Myay Hotel**, Myopark Rd., ✆ 063-23497, 23604. In gleichem Besitz wie Magway Hotel, aber wesentlich besser. Etwas abseits gelegen. 20 netto Zimmer mit TV, AC und Bad; inkl Frühstück. ❸

**Rolex Gh.**, Mya Tha Lun Pagoda Rd., Ecke Ayeyarwady-Brücke, ✆ 063-23536. Zentral gelegen. Im Obergeschoss gibt es 6 geräumige AC-Zimmer mit Du/WC. Neben weiteren 6 kleineren mit Du/WC gibt es noch 15 Zimmer mit Ventilator und Gemeinschaftsbad. Frühstück inkl. Niedrige Stromspannungen lassen die AC jedoch nicht immer in Fahrt kommen. ❷

**Sein San Hotel**, 234 17th St., ✆ 063-23499. 15 einfache, aber saubere Zimmer mit AC und Bad. Strom: 5–7, 17–23 Uhr, kein Frühstück. ❷–❸

## ESSEN

Schmackhafte Snacks bieten einige **Teestuben** entlang der Hospital Rd. und am Myoma-Markt. Das **Thain Chit** in der Natmauk Rd. kocht neben birmanischen auch indische Gerichte. Im **Padauk Myaing Restaurant**, in einer Querstraße östlich der Polizeistation, werden wohlschmeckende chinesische Gerichte serviert. Dies tun auch einige weitere Lokale in der Nachbarschaft.

Das **Monalizar 2 Riverview**, Strand Rd., zieht vor allem männliches Jungvolk an. Der Grund liegt weniger am schönen Blick auf die angestrahlte Brücke und am Fassbier, sondern vielmehr an den trällernden Sängerinnen. Gute günstige Gerichte. 🕒 18–22 Uhr.

Das **A 1** in der Hospital Rd. offeriert gegrillte Spießchen zum Fassbier (450 Kyat pro Glas).

## TRANSPORT

Der **Busbahnhof** liegt einige Kilometer östlich des Stadtzentrums. Die Strecke nach YANGON (533 km, ab 13 Std.) bedienen mehrere Unternehmen, darunter **Nan Htike Taw Win**, ✆ 063-26575, mit AC-Bussen um 7.30, 19 und 20.30 Uhr (8500–10 000 Kyat), und **Wai Pyo Aung**, ✆ 063-26215, mit einem Bus um 18 Uhr (8300 Kyat). **Aung Gabar**, ✆ 063-25650, 26901, unterhält Busverbindungen ebenfalls nach Yangon (19.30 Uhr, 8000 Kyat) und um 7.30 und 19 Uhr nach MANDALAY (305 km, 6 Std.) für 7500 bzw. 6500 Kyat.

Nach NYAUNG U (150 km, 4 Std.) startet der **Nyaung U Mann Express** um 6 Uhr (6000 Kyat) und Aung Gabar um 22.30 und 23.30 Uhr.

Gegen 22.30 Uhr hält ein Nachtbus aus Mandalay von **Nan Taw Win**, ✆ 063-26900, 25977, via Ann nach MRAUK U (350 km, 9–10 Std., 30 000 Kyat). Zudem gibt es regelmäßig Pick-ups nach YENANGYAUNG und KYAUKPADAUNG.

# Beikthano

Knapp 20 km westlich von Taungdwingyi liegen an der Magwe–Pyay Road die Ruinen der ältesten Pyu-Stadt: Beikthano. Nur wer sich eingehend für die Geschichte der Pyu interessiert, wird den Besuch der Unesco-Welterbe-Stätte lohnend finden, denn mehr als Fundamentreste gibt es nicht zu sehen.

Die „Stadt des Vishnu" – Beikthano ist die birmanische Verballhornung des Namens Vishnu – florierte wahrscheinlich zwischen dem 1. und 5. Jh. und wurde nach ihrer Zerstörung von Sri Ksetra abgelöst. Die näheren Umstände sind ungeklärt. In den *Neuen Annalen* der chinesischen Tang-Dynastie (618–907) ist im Kapitel *Nan Man* („Die südlichen Barbaren") folgende Beschreibung überliefert: „Die rundliche Stadtmauer dieser Stadt besteht aus grün glasierten Ziegelsteinen und misst 160 *li*. Sie besitzt 12 Stadttore und drei Pagoden an ihren vier Ecken ... In der Stadt gibt es etwa einhundert Klöster aus Ziegelstein, die mit Gold und Silber verziert sind ..."

Von 1959–63 wurden 100 Ruinen identifiziert und 35 von ihnen ausgegraben und teilweise restauriert. Dabei kamen Reste eines Klosters sowie von Stupas zutage. Da sie zeitlich und stilistisch mit südindischen buddhistischen Stätten korrespondieren, vor allem mit jenen von Amaravati und Nagarjunakonda, vermutet man kulturelle und politische Verbindungen. Vor dem Brennen der Ziegel wurden dem Lehm Reiskörner beigemischt, sodass er etwas porös erscheint.

Bei den Ausgrabungen kamen zudem über 700 zylindrische Urnen zutage, 45 von ihnen in relativ intaktem Zustand. Daraus schließen die Archäologen, dass die Pyu ihre Toten verbrannten und die Urnen am Rande oder innerhalb ihrer Siedlungen aufbewahrten. Reste der oval angelegten Stadtbefestigung mit einem Umfang von knapp 9 km² sind noch erhalten geblieben.

## Besichtigung

Die archäologischen Ausgrabungen liegen nördlich des Dorfes Kokkogwa. Da das Gelände sehr weitläufig ist, sollte man sich entweder nach einem Ochsenkarren umschauen oder mit dem eigenen Fahrzeug zu den Ruinen fahren. Entlang der östlichen Stadtmauer von Beikthano – außer

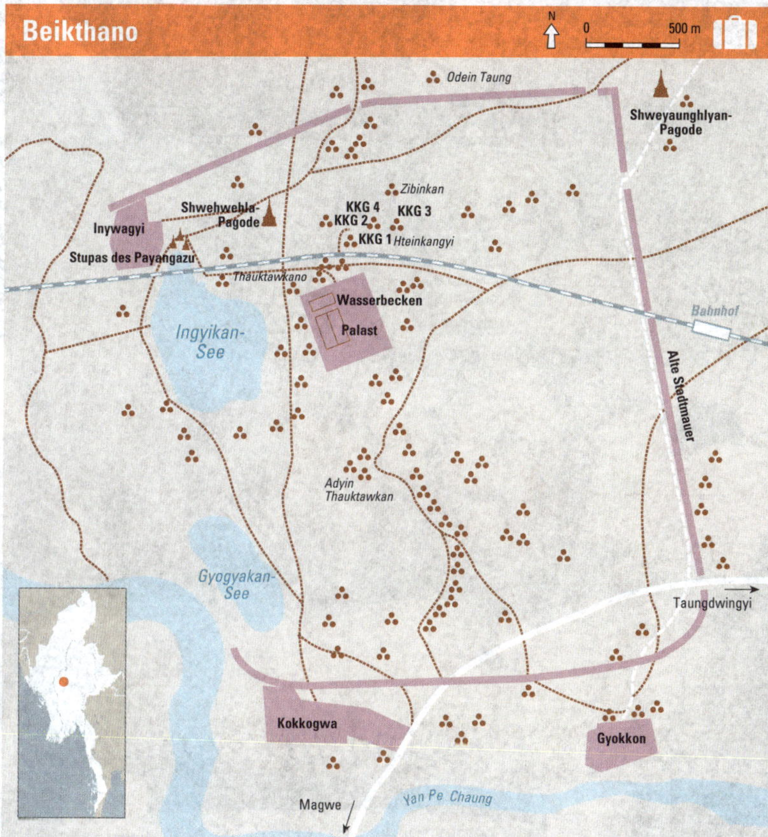


Resten des Erdwalls ist nichts zu sehen – führt ein Weg in Richtung Norden. An dessen Ende, nördlich des Bahnhofs, steht der elegante dreistufige Stupa der **Shweyaunghlyan-Pagode**.

Südlich der Bahnlinie führt ein Weg nach Westen. Dort kann man die wichtigsten Ruinen besuchen, z. B. einen länglichen Raum mit acht gleich großen Zellen, **KKG 2** genannt, die offensichtlich zu einem Kloster gehörten.

In der Nähe befindet sich das freigelegte Fundament eines Stupas, **KKG 3**, der wahrscheinlich dem berühmten Stupa des indischen Amaravati glich. Einige hundert Meter weiter südlich legten Archäologen die Reste des **Palastes** frei. Er liegt etwas östlich des Sees **Ingyikan**, der zur Wasserversorgung des Dorfes Inywagyi dient. Im Haus eines Mitarbeiters des archäologischen Departments werden noch Urnen und Münzen aufbewahrt. Aus neuerer Zeit stammen die fünf weiß getünchten Stupas des **Payangazu** am Nordende des Sees. Die mehrere hundert Meter weiter nördlich stehende **Shwehwehla-Pagode** soll noch aus der Bagan-Zeit stammen.

MAHAMUNI-PAGODE; © VOLKER KLINKMÜLLER

# 6 Mandalay

**Auf den ersten Blick erscheint Mandalay als quirlige Metropole, aus der die traditionellen Trishaws (Rikschas) langsam verschwinden. Dennoch macht sich der Wandel nicht so bemerkbar wie in Yangon: Nach Sonnenuntergang liegt die zweitgrößte Stadt des Landes nach wie vor großflächig im Dunkeln, und die maroden Straßen hüllen sich noch immer in Staubschwaden.**

# Stefan Loose Traveltipps

**Königspalast** Zwischen Holzsäulen, Spiegelwänden und Sänften unterwegs auf den Spuren des Romans *Der Glaspalast* von Amitav Ghosh. S. 327

**Mandalay Hill** Der schweißtreibende Aufstieg auf den 236 m hohen, legendenumrankten Berg wird mit einem faszinierenden Panoramablick belohnt. S. 330

**Kuthodaw-Pagode** Wer im größten Buch der Welt blättern will, braucht viel Kraft: Es besteht aus 729 schneeweißen Marmortafeln. S. 332

**Mahamuni-Pagode** Die mit Abstand meistverehrte Buddhastatue Myanmars wird jeden Tag von Gläubigen mit Blattgold belegt, sodass sich ihre Konturen immer mehr verformen. S. 334

**Kunsthandwerk** Neben den zahlreichen Klöstern ist es das religiöse Kunsthandwerk, das Mandalay zum spirituellen Herzen des Landes macht. S. 336

**Theater** Marionettenspiel, Musik, Tanz oder Kabarett sorgen für niveauvolle Unterhaltung in der zweitgrößten Stadt Myanmars. S. 339

MARIONETTEN-VERKAUF; © NIPAPORN YANKLANG

OLDTIMER-LASTWAGEN; © VOLKER KLINKMÜLLER

**Wann fahren?** Auch in der Monsunzeit, die Region gilt als besonders regenarm

**Wie lange?** Mindestens zwei Tage

**Der beste Überblick** Vom Mandalay Hill

**Keinesfalls verpassen** Morgenstimmung am Ufer des Ayeyarwady oder zum Sonnenuntergang mit Fassbier

**Schlemmer-Spartipp** Buffets in den Shan-Restaurants

**Verlockende Mitbringsel** Thanaka aus erfahrener Hand

**Schönster Abstecher** Mit Fähre und Fahrrad nach Mingun

Mandalay
ÜBERNACHTUNG
1 Mandalay Hill Resort
2 Shwe Taung Tarn Hotel
3 Emerald Land Inn
4 Woodland
5 Ayarwaddy Riverview Hotel
6 Rupar Mandalar Resort
7 Karaweik Mobile Hotel
8 Shwe Pyi Thar (Best Western Premier Hotel Shwe Pyi Thar)
0 1000 m
s. Detailplan Zentrum S. 322/323
Mandalay Hill
Two Snakes-Pagode
Shweyataw-Buddha
Hauptportal
Kuthodaw-Pagode
Sandamani-Pagode
Atumashi-Kloster
Shwenandaw-Kloster
Kyauktawgyi-Pagode
Yadanabon Zoological Gardens
Golfplatz
Lay Thein-Tor
Nordtor
Königspalast
Myanansankyaw Golden Palace
Nan Myint Saung
Cultural Museum
Nandawan Park
Myaing Hay Wun Park
Oo-Htate-Tor
Arlawi-Tor
Kyae Mhon-Tor
Unabhängigkeitsdenkmal
Palastmauer
Aung Daw Mu-Pagode
Mingala-Bazaar
People's Hospital
Bahnhof
Ayeik Ma Hwet-Pagode
The Ye-Markt
Madaya (30 km), Mogok (200 km)
Htee Ta Saung-Pagode
Yadana Myintzu-Pagode
Ta Wa-Gu
Shwe Ean Taw-Pagode
Shwekyimyint-Pagode
Shin Boemei-Pagode
Lan Ler-Pagode
Thakya Thiha-Pagode
Zeigyo-Markt
UHRTURM
Shwe Pan Myaing-Pagode
BLUMENMARKT
Chanthar Gyee-Pagode
Eindawya-Pagode
Pyi Kyaw-Markt
Sunset Point
City Park
Ayeyarwady
Se Yaik
Yan Kin Hill
Nanshae
26th Rd. (B Road)
22nd Rd. (C Road)

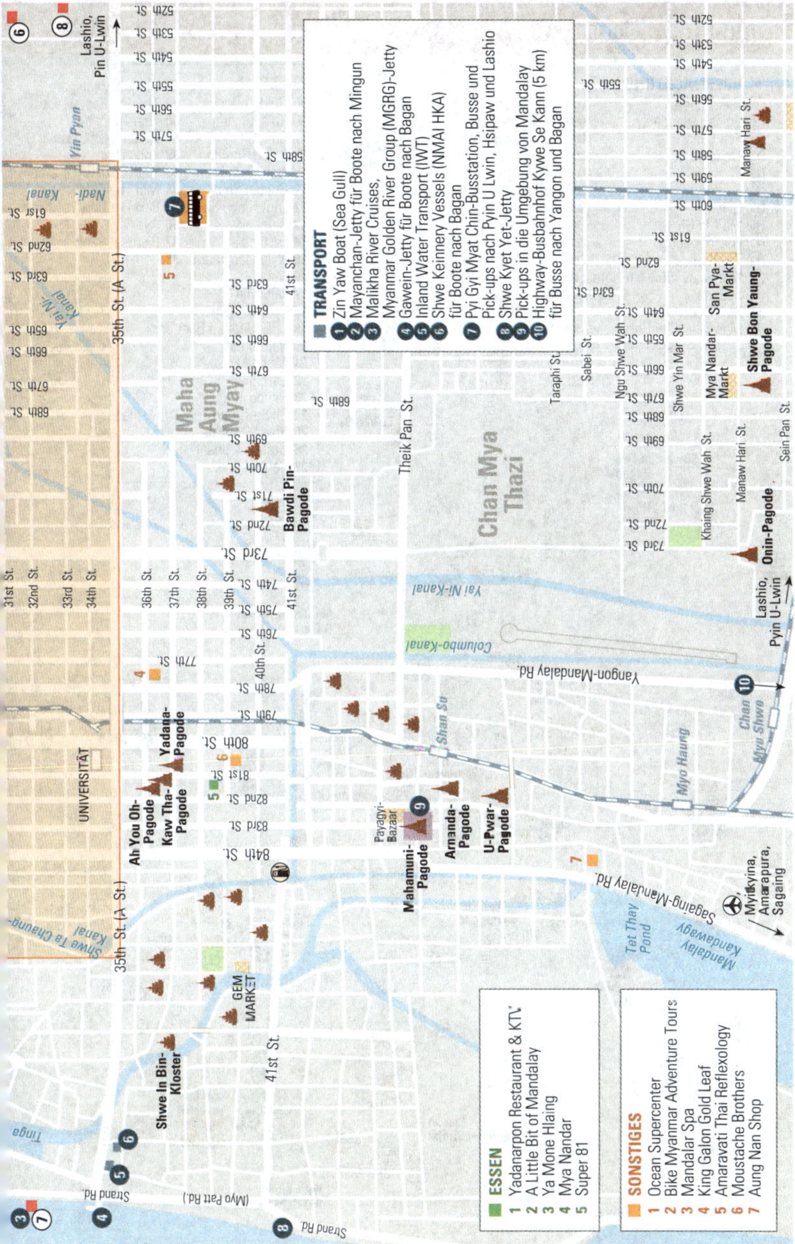
TRANSPORT
1 Zin Yaw Boat (Sea Gull)
2 Mayanchan-Jetty für Boote nach Mingun
3 Malikha River Cruises, Myanmar Golden River Group (MGRG)-Jetty
4 Gawein-Jetty für Boote nach Bagan
5 Inland Water Transport (IWT)
6 Shwe Keinnery Vessels (NMAI HKA) für Boote nach Bagan
7 Pyi Gyi Myat Chin-Busstation, Busse und Pick-ups nach Pyin U Lwin, Hsipaw und Lashio
8 Shwe Kyet Yet-Jetty
9 Pick-ups in die Umgebung von Mandalay
10 Highway-Busbahnhof Kywe Se Kann (5 km) für Busse nach Yangon und Bagan
ESSEN
1 Yadanarpon Restaurant & KTV
2 A Little Bit of Mandalay
3 Ya Mone Hlaing
4 Mya Nandar
5 Super 81
SONSTIGES
1 Ocean Supercenter
2 Bike Myanmar Adventure Tours
3 Mandalar Spa
4 King Galon Gold Leaf
5 Amaravati Thai Reflexology
6 Moustache Brothers
7 Aung Nan Shop
Maha Aung Myay
Chan Mya Thazi
Chan Myo Shwe
Myo Haung
Shan Su
UNIVERSITÄT
Ah You Oh-Pagode
Kaw Tha-Pagode
Yadana-Pagode
Shwe In Bin-Kloster
GEM MARKET
Mahamuni-Pagode
Payagyi-Bazaar
Arnanda-Pagode
U-Pwar-Pagode
Bawdi Pin-Pagode
Onin-Pagode
Shwe Bon Yaung-Pagode
Mya Nandar-Markt
San Pya-Markt
Yangon-Mandalay Rd.
Sagaing-Manadalay Rd.
Strand Rd.
(Myo Patt Rd.)
Theik Pan St.
35th St. (A St.)
Yai Ni-Kanal
Nadi-Kanal
Columbo-Kanal
Shwe Ta Chaung-Kanal
Mandalay Kanal
Tet Thay Pond
Thinga
Yin Pyan
Lashio, Pin U-Lwin
Lashio, Pyin U-Lwin
Myitkyina, Amarapura, Sagaing

MANDALAY

# Mandalay Zentrum

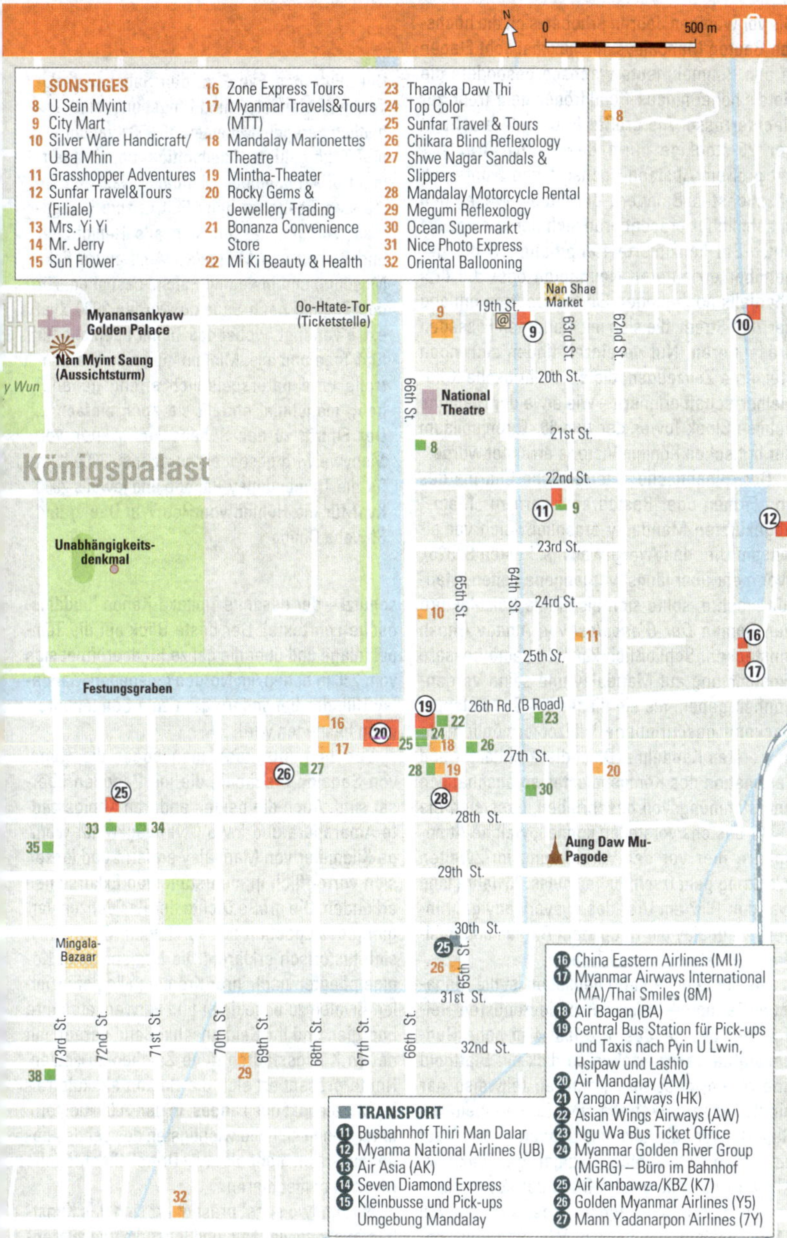
N
0
500 m
SONSTIGES
8 U Sein Myint
9 City Mart
10 Silver Ware Handicraft/ U Ba Mhin
11 Grasshopper Adventures
12 Sunfar Travel&Tours (Filiale)
13 Mrs. Yi Yi
14 Mr. Jerry
15 Sun Flower
16 Zone Express Tours
17 Myanmar Travels&Tours (MTT)
18 Mandalay Marionettes Theatre
19 Mintha-Theater
20 Rocky Gems & Jewellery Trading
21 Bonanza Convenience Store
22 Mi Ki Beauty & Health
23 Thanaka Daw Thi
24 Top Color
25 Sunfar Travel & Tours
26 Chikara Blind Reflexology
27 Shwe Nagar Sandals & Slippers
28 Mandalay Motorcycle Rental
29 Megumi Reflexology
30 Ocean Supermarkt
31 Nice Photo Express
32 Oriental Ballooning
Myanansankyaw Golden Palace
Nan Myint Saung (Aussichtsturm)
y Wun
Oo-Htate-Tor (Ticketstelle)
Nan Shae Market
19th St.
63rd St.
62nd St.
20th St.
66th St.
National Theatre
21st St.
22nd St.
Königspalast
Unabhängigkeits-denkmal
23rd St.
65th St.
64th St.
24rd St.
25th St.
Festungsgraben
26th Rd. (B Road)
27th St.
28th St.
Aung Daw Mu-Pagode
29th St.
30th St.
Mingala-Bazaar
65th St.
31st St.
73rd St.
72nd St.
71st St.
70th St.
69th St.
68th St.
67th St.
66th St.
32nd St.
TRANSPORT
11 Busbahnhof Thiri Man Dalar
12 Myanma National Airlines (UB)
13 Air Asia (AK)
14 Seven Diamond Express
15 Kleinbusse und Pick-ups Umgebung Mandalay
16 China Eastern Airlines (MU)
17 Myanmar Airways International (MA)/Thai Smiles (8M)
18 Air Bagan (BA)
19 Central Bus Station für Pick-ups und Taxis nach Pyin U Lwin, Hsipaw und Lashio
20 Air Mandalay (AM)
21 Yangon Airways (HK)
22 Asian Wings Airways (AW)
23 Ngu Wa Bus Ticket Office
24 Myanmar Golden River Group (MGRG) – Büro im Bahnhof
25 Air Kanbawza/KBZ (K7)
26 Golden Myanmar Airlines (Y5)
27 Mann Yadanarpon Airlines (7Y)

Bis vor wenigen Jahren erhoben sich die höchsten Bauten Mandalays mit maximal acht Etagen in den Himmel, heute wachsen besonders die Hotels höher hinaus – und frönen dem Trend zur Dachterrasse. Als größte Bausünde erscheint der 25-stöckige Turm des Zeigyo-Areals – mit großem Abstand höchstes und wohl auch hässlichstes Bauwerk der Stadt. Wesentlich ansehnlicher präsentieren sich der in einer Art Retro-Stil konzipierte Hauptbahnhof, die gegenüber errichteten Neubauten oder die drei ebenfalls noch jungen Einkaufszentren entlang der 78th Street, die sich mit modernen Fassaden präsentieren. Nur vereinzelt finden sich noch steinerne Zeitzeugen, die an die britische Kolonialherrschaft erinnern – wie etwa der Diamond Jubilee Clock Tower, der zum 60. Thronjubiläum der britischen Königin Victoria errichtet wurde.

Der romantische, altertümliche Charme des von Firmen oder Restaurants gern zu „Mann" abgekürzten Mandalay erschließt sich vor allem am Ufer des Ayeyarwady (s. Kasten S. 326). Wer mehr über längst vergangene Zeiten erfahren möchte, sollte sich als ideale Reiselektüre den Roman *Der Glaspalast* von Amitav Ghosh einstecken. Schließlich kann es keine bessere Einstimmung auf Mandalay und seine Vergangenheit geben, als sie dieser 600 Seiten lange, packend geschriebene Wälzer ermöglicht. In den ersten Kapiteln z. B. ist die Architektur und Faszination des Königspalastes so anschaulich und stimmungsvoll beschrieben, dass sich die Leser bestens vorstellen können, welche Atmosphäre hier vor der Vernichtung im Zweiten Weltkrieg geherrscht haben muss. 25 Jahre lang war das 1857 am Ufer des Ayeyarwady gegründete Mandalay die Hauptstadt Birmas und Residenz des letzten Königs Thibaw.

Bis heute unversehrt geblieben ist die Mahamuni-Pagode – eines der bedeutendsten Heiligtümer des Landes. Die fast 4 m hohe Buddhastatue ist inzwischen so dick mit Blattgold überzogen, dass ihre Konturen teilweise gar nicht mehr zu erkennen sind. Zu den weiteren Superlativen, die Myanmars zweitgrößte Stadt zu bieten hat, zählen einzigartige Teakholz-Klöster und „das größte Buch der Welt": Rund um die Kuthodaw-Pagode findet sich auf 729 Marmortafeln – und von Mini-Pagoden geschützt – der gesamte Tipitaka-Kanon (buddhistische Lehrtexte). Der beste Blick auf die Tempelanlage und über die ganze Stadt eröffnet sich vom 236 m hohen, im Norden gelegenen Mandalay Hill, der besonders gern zum Sonnenuntergang bestiegen wird.

Von hier aus kann man sogar die Hügel von Sagaing erspähen, die mit Pagoden übersät sind. Auch die beiden anderen Königsstädte Amarapura und Inwa (Ava) liegen nur wenige Kilometer von Mandalay entfernt und lassen sich vortrefflich in mehrstündigen Exkursionen erkunden. Die große Dichte der Residenzen vergangener Epochen auf so kleinem Raum lässt sich historisch erklären: Die birmanischen Könige pflegten nach ihrer Krönung alle potenziellen Rivalen zu beseitigen und verwendeten ihre Energien und ihr Geld anschließend darauf, mit neuen Königsstädten neue Zeichen zu setzen. Heute präsentiert sich die Region als kultureller Mittelpunkt des Landes. In den 2000 Klöstern, unter denen sich die wichtigsten des Landes befinden, sollen mehr als zwei Drittel aller Mönche Myanmars meditieren.

Nirgendwo sonst präsentiert sich das Kunsthandwerk so vielfältig und lebendig wie in Man-

### Eintritt

Die „Entrance Fees" zu den Sehenswürdigkeiten in Mandalay (und Umgebung) sind einheitlich geregelt. Mit einem 10 000 Kyat teuren, fünf Tage gültigen **Sammelticket** des Department of Archaeology Mandalay, das sich die meisten Besucher beim Eintritt zum Königsplast zulegen, lassen sich alle Heiligtümer und Ruinen von Mandalay, Amarapura (inkl. Museum) und Inwa (mit Paleik) besuchen. Für den Zugang nach Sagaing werden 3000 Kyat extra verlangt, wobei das Ticket ebenfalls für fünf Tage und inkl. Mingun gültig ist. Die Kontrolle wird unterschiedlich streng gehandhabt, manchmal entfällt sie auch einfach ... Der Eintritt zu den Sehenswürdigkeiten von Monywa wird gesondert berechnet: 3000 Kyat für die Thanboddhay-Pagode und jeweils 2000 Kyat für die Höhlen von Hpo Win Daung und Shweba Daung.

dalay. Beachtung verdient vor allem das religiöse Kunsthandwerk, von der Erschaffung der Buddhafiguren bis zur Blattgoldherstellung. Dazwischen werkeln überall traditionelle Kunsthandwerker-Gemeinschaften der Holzschnitzer, Kunstschmiede, Bronzegießer, Schirmmacher, Steinschleifer oder Seidenspinner und Teppichweber. Der Tourismus hat ein weiteres Gewerbe aufblühen lassen: An fast jedem Tempeleingang bieten Kunstmaler mit Freiluftgalerien formen- und farbenfreudige Zeugnisse ihrer Fertigkeiten an.

Auch die Schriftsteller Somerset Maugham und George Orwell sind in Mandalay gewesen, im Gegensatz zum Kollegen Rudyard Kipling, der sich allein schon durch den klangvollen Namen beflügelt fühlte, Mandalay in musikalischer Versform zu verarbeiten: *…Come you back to Mandalay, where the old flotilla lay: Can't you hear the paddles clunkin from Rangoon to Mandalay? On the road to Mandalay, where the flying fishes play, and the dawn comes up like thunder outer China crost the bay* – dichtete er 1890 über den Weg, der einen britischen Soldaten zu seiner birmanischen Geliebten führen sollte. Man könnte sich daran erinnert fühlen, wenn auf dem Ayeyarwady wieder einmal das grazile Kreuzfahrtschiff *Road to Mandalay* vorbeigleitet, das hier natürlich auch seinen Heimathafen hat.

## Geschichte

Obwohl es sich bei Mandalay um eine noch vergleichsweise junge Stadt handelt und die Ära als Residenz des letzten birmanischen Königreichs nur kurz anhielt, ist ihr klangvoller Name mit einem gewissen Mythos verbunden. Schließlich hatten die Regenten ihre Hauptstädte, von denen heute nur noch Ruinen erhalten sind, schon seit Jahrhunderten in der Umgebung angesiedelt.

Als vorletzter Herrscher der Konbaung-Dynastie legte am 13. Februar 1857, einem von den Astrologen vorbestimmten Tag, **König Mindon** den Grundstein für seine neu gewählte Hauptstadt. Zwei Jahre später erfolgte der Umzug aus dem 12 km entfernten **Amarapura**. Offenbar wollte der König mit der Verlegung einen Neuanfang machen, nachdem er in einem Staatsstreich mit Unterstützung seines jüngeren Bruders Prinz Kanaung seinen Halbbruder Pagan Min abgesetzt hatte. Außerdem folg-



Am Ufer des Ayeyarwady ist das Leben noch ursprünglich.

© VOLKER KLINKMÜLLER

## Wo Mandalay am schönsten ist

Keinesfalls versäumt werden sollte ein Besuch des mit einigen Sitzbänken und spärlichen Andeutungen eines Parks hergerichteten **Sunset Point** am Flussufer, wo Mandalay einen ganz besonderen Reiz entfaltet. Denn am Ende der 22nd Street lädt das erhöhte Ufer dazu ein, das rege Treiben am und auf dem Ayeyarwady zu beobachten – so, wie es sich schon vor Jahrhunderten abgespielt haben muss ... Massenhaft Fässer und Säcke werden hier verladen, Baumaterialien, Bambus und Bast entladen, mit purer Muskelkraft und einem illustren Fuhrpark aus rustikalen Nutzfahrzeugen. Unterdessen legen ständig kleine Boote an oder ab, zuweilen auch bedeutend größere Schiffe, wie die nostalgischen Flusskreuzer der **Paukan-Flotte**.

Besonders lohnend ist der Besuch am Sunset Point natürlich zum Sonnenuntergang, aber auch bei nebelverhangener Morgenstimmung. Für den Weg von hier zur Ablegestelle der Boote nach Mingun sollte unbedingt die Strecke direkt am Ufer entlang gewählt werden. Die führt nämlich mitten durch das bunte Treiben, falls sich dieses nicht bei hohem Wasserstand direkt auf die von Baumriesen flankierte Uferstraße verlagert, an der sich auch das bei Familien beliebte Freizeitgelände des **City Parks** erstreckt.

Bisher noch als Geheimtipp gilt die Erkundung des Dorfs **Se Yaik**. Es besteht aus etwa 100 Pfahlbauten und 300 Bewohnern und liegt denkbar romantisch auf einer Landzunge in Sichtweite des Sunset Point. Mit einem der hier dümpelnden, schaukeligen Holzboote (5000–6000 Kyat) lässt es sich auf beschauliche Weise erkunden oder in der Trockenzeit sogar auf dem Landweg, was allerdings rund 1 1/2 Std. in Anspruch nimmt.

Zur stimmungsvollen Einkehr mit Flussblick und erfrischendem Fassbier empfehlen sich die am Flussufer liegenden Restaurants **Ya Mone Hlaing** und **Mya Nandar** oder das Dachterrassen-Restaurant des **Ayarwaddy River View Hotels** (S. 343). Als illustre Alternative bietet sich seit Ende 2014 die fotogene ***Karaweik*** an – ein schwimmendes Hotel ⑦, das in prunkvoller Weise von traditioneller Handwerkskunst zeugt. Das imposante Schiff verfügt über 39 holzvertäfelte Luxuszimmer mit 25 bis 60 m², möchte aber auch externe Restaurant-Besucher an Bord nehmen, wenn es künftig täglich von 16–18 Uhr zum Sonnenuntergang zwischen Mingun und Sagaing über den Ayeyarwady gleiten soll, 💻 http://mdykaraweik.com.

Ebenfalls neu ist die faszinierende Möglichkeit, Mandalay per Heißluftballon in Augenschein zu nehmen. Eine Stunde Ballonfahrt liegt bei US$380 – buchbar bei **Oriental Ballooning**, C1, Ecke (35/71), ✆ 02-626 25, 💻 www.orientalballooning.com.

te er mit dem Ortswechsel einer Prophezeiung Buddhas: Der Erleuchtete hatte auf dem Mandalay-Berg seinem Schüler Ananda verkündet, dass hier 2400 Jahre nach seinem Tod eine Stätte der buddhistischen Lehre entstehen würde. Nach alter birmanischer Tradition wurde der neue Palast vorwiegend mit den abgetragenen Holzmaterialien des alten errichtet, während die weitere Stadtplanung in vielen Dingen buddhistischen Traditionen folgte. Mindon wollte seine neue Residenz Yadanabon („Juwelenhaufen“) nennen, doch unter den rund 100 000 umgesiedelten Menschen setzte sich der Name Mandalay durch, der sich von dem Pali-Wort *mandala* („gute Ebene“) ableitet.

Es wurden zahlreiche Reformen umgesetzt, wie die Einführung eines Münzsystems und die Stärkung des Ministerrats, der dem König fortan sogar widersprechen durfte. Aber Mandalays Glanz hielt nicht lange. Denn Mindon bestimmte mit **Thibaw** einen unglückseligen Nachfolger, der die Stadt am 29. November 1885 in die Hände der Briten fallen ließ. Thibaw und seine berüchtigte Königin (und Halbschwester) **Supayalat** wurden ins Exil nach Indien verbannt und mussten mit ihren Kindern und den letzten Günstlingen noch am selben Tag auf Ochsenkarren schmachvoll zum Hafen hinunterziehen. Ab sofort war das „Zentrum des Universums“ oder die „Goldene Stadt“ nur noch ein Außenposten des Britischen Empire. Bei den Kämpfen gegen die Japaner versank dieser 1945 überwiegend in Schutt und Asche.

15 Jahre nach der Unabhängigkeit fiel Mandalay unter der sozialistischen Regierung von General Ne Win in einen Dornröschenschlaf. Aber seit mehrere Rebellengruppen befriedet werden konnten, der Handel liberalisiert und die **Burma Road** (s. eXTra [5798]) durch Lashio nach China wieder eröffnet wurde, erlebt die Stadt als Tor nach Norden einen enormen wirtschaftlichen Aufschwung. Immer mehr wohlhabende chinesische Händler kommen über die Grenze, um sich hier niederzulassen. Das Geld fließt vorwiegend aus drei Quellen, die im Volksmund gern „rote, grüne und weiße Linie" genannt und von Syndikaten der Chinesen und Minderheiten kontrolliert werden: Damit ist nichts anderes gemeint als Rubine, Jade und Heroin ...

## Orientierung

Im Westen wird Mandalay vom Ayeyarwady, im Norden vom Mandalay Hill begrenzt. Der Berg gilt als natürlicher Orientierungspunkt und erinnert zusammen mit dem quadratischen Areal des ehemaligen Königspalastes an den ebenfalls durch Befestigungsanlagen und Wassergräben markierten Grundriss von Thailands zweitgrößter Stadt Chiang Mai.

Die weiten Entfernungen innerhalb Mandalays lassen sich gut an den langen Festungsmauern des Königspalastes abschätzen. Erkundungstouren durch das Stadtzentrum können aber auch, besonders in der Trockenzeit, aufgrund von meist hohen Tagestemperaturen, viel Staub und einer großen Abgasbelastung schnell zur Qual werden. Nicht zuletzt deshalb empfiehlt es sich, den Aufenthalt in Mandalay mit Ausflügen in die Umgebung zu verbinden oder zur Erkundung der Region vielleicht sogar mal eine Fahrradtour zu unternehmen (S. 354).

### Das System der Nummern

Im Zentrum erleichtern in amerikanischem Stil durchnummerierte, rechtwinkelig aufeinanderstoßende Straßen die Orientierung. Die von West nach Ost führenden Verkehrswege reichen bis in die 40er, während die von Norden nach Süden bei 60 beginnen und in den 80ern enden. Die wichtigste Durchgangsstraße in Ost-West-Richtung ist die **35th Street**, während die **80th Street** die wichtigste Nord-Süd-Achse ist. Hauptgeschäftsstraßen sind die **26th und 84th Street**. Eine Anschrift wie: 80th St. (39/40) bedeutet, dass der Ort in der 80. Straße zwischen den Einmündungen der 39. und der 40. Straße liegt. Im Westen werden die Straßenabschnitte, die sich über den Shweta-Kanal fortsetzen, mit einem eigenen Namen sowie dem Begriff „Lan" (Straße) versehen.

# Königspalast

*Der Saal war erfüllt von geschäftigem Lärm, einem emsigen Summen, das sich zusammensetzte aus Schneiden und Hämmern, aus Brechen von Holz und Zerschlagen von Glas. Überall waren Menschen eifrig an der Arbeit, Männer und Frauen, bewaffnet mit Beilen, und taten das: Sie zerhackten mit Juwelen besetzte Kästchen, brachen Edelsteine aus dem verzierten Marmorboden, kratzten mit Hilfe eines Angelhakens Elfenbeinintarsien aus Truhen.*

Amitav Ghosh in seinem Roman *Der Glaspalast* über Plünderungen nach dem erzwungenen Auszug von König Thibaw 1885

Das 4 km² große Palastgelände von Mandalay präsentiert sich als Stadt in der Stadt. 1857 hatte König Mindon den Bau seiner stark befestigten Residenz in Auftrag gegeben: Die 8 m hohen, aus Erdwällen und Ziegeln bestehenden Mauern sind unten 3 m dick und laufen oben an der Zinnen-Krone mit einer Breite von 1,5 m aus. Alle vier Mauerseiten sind jeweils 2 km lang (obwohl sie zuweilen als Rechteck dargestellt oder empfunden werden) und werden von einem 52 m breiten, 3 m tiefen Wassergraben flankiert, über den fünf Brücken führen. Auf jeder Seite gibt es zwölf Wachttürme und drei Stadttore. Eines davon durfte nur für den König, ein anderes nur für das Heer geöffnet werden. Die alte Bezeichnung für das Westtor hat sich bis heute gehalten. Es heißt Arlawi, „Tor des Unheils", weil es nur für Todgeweihte und Trauerzüge bestimmt war.

Im Zentrum befand sich der mit hölzernen Palisaden befestigte Königspalast – auf Schildern ausgewiesen als **Myanansankyaw Golden Palace**. Er bestand aus rund 130 Gebäuden, die auf einem Rechteck aus 650 x 680 m untergebracht und in einen äußeren, mittleren und inneren Bereich untergliedert waren. In der Mitte stand der Thronsaal als Zentrum des Universums. Er war von einem siebenstufigen, vollständig vergoldeten Pavillon (Pyat That) überragt. Von seinem berühmten Löwenthron aus, der heute im Nationalmuseum von Yangon zu bewundern ist, nahm der König dreimal im Jahr die Loyalitäts-Bekundungen seiner Untertanen entgegen. Zu literarischer Berühmtheit gelangte der Glaspalast, dessen Name aus den bunt verglasten und verspiegelten Wanddekorationen resultierte, durch den gleichnamigen Roman von Amitav Ghosh. Allerdings handelte es sich eher um einen Arbeitssaal, denn hier traf sich der König zur Beratung mit seinen Ministern und Sekretären. Mehr über dieses Werk s. eXTra [5796].

Nachdem die Königsstadt im Dezember 1885 an General Prendergast übergeben worden war, machten die Briten die Anlage zum Sitz ihrer Kolonialverwaltung und zum militärischen Hauptquartier. Ein Jahr später wurde sie zu Ehren des Besuchs von Lord Dufferin in Fort Dufferin umbenannt. Ehrwürdige Palastbauten wurden in Offizierscasinos und Billardzimmer verwandelt, der Mye-Nan-Pavillon in eine Kirche. Erst 1901 kam Lord Curzon auf die Idee, den Palast als architektonisches Erbe zu schützen. Doch am 20. März 1945 fing er bei erbitterten Gefechten zwischen britischen und indischen Truppen gegen die japanischen Streitkräfte, die Mandalay seit 1942 besetzt hielten und deren Hauptquartier dort vermutet wurde, Feuer und brannte bis auf die Grundmauern nieder. So erlitt die letzte und großartigste Anlage dieser Art das Schicksal vieler anderer Paläste, die nach birmanischer Tradition vollständig aus Holz gebaut waren. Nur außerhalb der Mauern hat ein Stück Palast überlebt: der **Pavillon**, in dem König Mindon starb und der – 1880 in ein Kloster verwandelt – an anderer Stelle wieder aufgebaut worden war.

Als nördliches Stabsquartier ist das Festungsgelände, das Mitte der 1990er-Jahre mithilfe von Zwangsarbeit herausgeputzt worden ist (S. 329), ein wichtiger Stützpunkt der birmanischen Armee – mit Tausenden Soldaten. Aber weite Teile des Geländes wirken eher wie ein Obst- und Gemüsegarten, mit dem ihre Familien den kargen Sold aufzubessern pflegen. In der Nordostecke des Geländes finden sich einige Gräber der königlichen Familie und das **Mausoleum von König Mindon**. Sein Grab war ursprünglich vergoldet und mit Glasmosaiken verziert, doch diese Zeugen früher Handwerkskunst fielen vor über 100 Jahren einer Restauration zum Opfer.

Früher waren die Bauten des Palastbereichs aus vergoldetem Schnitzwerk oder mit Glasmosaiken verziertem Teakholz oder auch aus Ziegeln gebaut. Für die **Rekonstruktion** jedoch – und deshalb sollten an die Erkundung von vornherein keine allzu hohen Erwartungen geknüpft werden – wurden vor allem Beton und Wellblech verwendet oder Goldbronze als Ersatz für Blattgold. Nicht zuletzt deshalb sind die 1989–96 entstandenen Bauwerke Geschmackssache, aber für viele auch eine Prinzipienfrage – und stets dazu geeignet, die Gemüter zu erhitzen oder auch die Fantasie zu beflügeln. Andererseits scheint manch Hotelier bestrebt, dem einstigen Palast zu etwas Renaissance zu verhelfen – wie z. B. im Rupar Mandalay Resort oder Shwe Pyi Thar Hotel, wo einige Suiten wie klassizistische Königsgemächer wirken …

Ein 55 m hoher, 1990 aus Holz erbauter **Wachturm** (Nan Myint Saung), der über eine spiralförmig heraufführende Außentreppe bestiegen werden kann, bietet einen luftigen Ausblick auf die Anlage. Er diente König Thibaw einst als einziges Fenster zur Außenwelt, denn wegen häufiger Intrigen wagte er nicht, seinen Palast zu verlassen. Der Aufstieg lohnt sich, bietet er doch einen hervorragenden Blick über die acht Thronsäle, Privatgemächer des Königs und seiner Lieblingsfrauen, das Schatzamt und andere wichtige Regierungsgebäude sowie das neue Kulturmuseum und die weitläufigen Palastgärten. Die Pavillons der Frauen waren auch den ältesten Söhnen des Königs verboten. Ab einem gewissen Alter durften sie ihre Mütter nicht mehr besuchen. Die unterschiedliche Größe der Unterkünfte spiegelte den Rang der je-

## Der schöne Schein – vom Zwang zur Stadtverschönerung

Wie ästhetisch sich die Silhouette der Zinnen und Wachttürme in den breiten Wassergräben spiegelt, während an den Ufern des Ayeyarwady eine Idylle aus Schatten spendenden Bäumen, bunten Blumenrabatten und romantischen Sitzbänken zum Verweilen einlädt ... Touristen genießen die historischen Befestigungsanlagen von Mandalay – wie auch die Uferstraße unten am Fluss, die stets einen freien Blick auf kinoreife Kulissen ermöglicht. Das Herausputzen dieser Sehenswürdigkeiten jedoch war nur gegen einen hohen, (un)menschlichen Preis zu haben: viel Blut, Schweiß und Tränen durch Zwangsarbeit und Zwangsumsiedlungen, wie sie so in der westlichen Welt schon lange unbekannt sind!

### Umzug für die neue Uferstraße

Die Menschen, die einst an den Uferbänken wohnten und arbeiteten, leben jetzt im Distrikt Yadanabon. Zur Jahrtausendwende mussten sie ihre seit Generationen angestammte Heimat verlassen, um einem effektiveren Hochwasserschutz und der neuen Uferstraße nach Sagaing Platz zu machen. Zwangsumsiedlungen gab es in Birma sogar schon bei der Gründung von Mandalay: Unter Androhung der Todesstrafe waren die rund 100 000 Einwohner von Amarapura einst gezwungen worden, König Mindon in die neue Residenz zu folgen.

### Wühlen in den Wassergräben

Auch einige Bewohner im Bereich der Stadtbefestigungen mussten 1995 ihre Behausungen innerhalb von fünf Tagen eigenhändig abreißen und in eine neue, etwa 50 km entfernte Gegend übersiedeln, damit die Anlage ihren heutigen, parkartigen Charakter erhalten konnte. Rund 1000 Häuser fielen der Spitzhacke zum Opfer. Doch viele Bewohner Mandalays betrachten diese „Stadtverschönerung" aus anderen Gründen mit gemischten Gefühlen: Sie mussten – zusammen mit Gefangenen in Ketten – Zwangsarbeit leisten, um die Wassergräben vom Schlamm zu säubern und neu zu befestigen. Jede Familie wurde gezwungen, für einen Tag im Monat einen Angehörigen als Arbeitskraft zur Verfügung zu stellen oder sich durch die Bezahlung einer anderen Person freizukaufen. 20 000 Menschen sollen auf diese Weise zum Einsatz gekommen, auch einige Klosteranlagen so restauriert worden sein.

### Unglückselige Tradition

Derartige Methoden haben in Birma eine lange, unglückselige Tradition. Allzeit war die Bevölkerung der Willkür ihrer Herrscher ausgesetzt, die ihre Untertanen zu Fron- und Kriegsdiensten zwangen, auch ansehnliche Pagoden mit dem Blut und Schweiß von rechtlosen Bauern erschaffen ließen. Welcher Myanmar-Urlauber mag erahnen, dass auch manches gern genutzte Projekt der Neuzeit auf diese Weise erschaffen worden ist – wie z. B. der Botanische Garten von Pyin U Lwin, die Landroute zwischen Mandalay und Yangon, die 180 km lange Eisenbahnstrecke zwischen Dawei und Ye oder der Flughafen von Kawthoung?

weiligen Bewohnerin wider. Konkubinen lebten in einfachen Häusern, Hauptfrauen in prachtvolleren Gebäuden. Mindon war der einzige König, der seine Frauen – meist zwei am Tag – nach einem festgelegten, von einem Minister entworfenen Terminplan zu besuchen pflegte. Insgesamt 49 Frauen, 53 Söhne und 60 Töchter soll das familiäre Gefolge des Herrschers umfasst haben.

Ausländern wird nur durch das **Osttor** Einlass gewährt, aber ihren Reisepass müssen sie dafür heute nicht mehr abgeben. Per Moped-Taxi oder Fahrrad für 1000 Kyat gelangt man über die Hauptachse zum Mittelpunkt der Anlage, wobei Soldaten ebenso wenig fotografiert werden dürfen wie militärische Einrichtungen. Das in die unter Fachleuten umstrittenen Nachbildungen integrierte **Museum**, 🕒 7.30–16.30 Uhr, zeigt einige Überbleibsel aus königlichem Besitz: historische Gewänder, hölzerne Sänften und Kutschen, große Spiegel mit geschnitzten Rahmen und auch ein eindrucksvolles Glasbett. Historische Fotos von Gebäuden und Personen vermitteln einen Eindruck davon, wie es hier einst zugegangen sein muss …

## Mandalay Hill

Vom 236 m hohen Gipfel des Berges von Mandalay (Mandalay Hill) eröffnet sich ein faszinierender Panoramablick in alle Richtungen. Im Norden verfängt er sich in einer weiten Ebene aus Reisfeldern und Bewässerungskanälen. Im Westen glitzert der Ayeyarwady vor der Kulisse der Hügel von Sagaing und Mingun, die mit Pagoden übersät sind. Im Osten reicht die Sicht sogar bis zur wolkenverhangenen Silhouette der Shan-Berge.

Meist richtet sich die Aufmerksamkeit jedoch zuerst auf das Areal des Königspalastes und die weißen Pagoden des „größten Buchs der Welt" am Fuß des heiligen Berges. Als Bauten der Neuzeit fallen vor allem das achtstöckige Mandalay Hill-Hotel und das markante Sedona-Hotel ins Auge, aber auch ein großer, gelblicher Gefängniskomplex, der auf einem ehemaligen Friedhof errichtet wurde und bis vor Kurzem etliche politische Gefangene beherbergte.

Zu genießen ist der Ausblick von einer riesigen, sonnenerwärmten Terrasse, die rund um die **Two Snake Pagoda** (Wunscherfüllungs-Pagode) angelegt ist. Die großzügige Anlage wurde erst Anfang bis Mitte der 1990er-Jahre mit Spendengeldern von Firmen aus Singapore und Einheimischen errichtet. Mit ihren Säulen und Spiegelmosaiken, den 10 x 10 cm großen weißen, hellblauen, gelben, grünen und rosafarbenen Bodenfliesen sowie den goldenen Stupas wirkt sie wie ein einziges, farbenfrohes Glitzerwerk. Am späten Nachmittag geht es hier überaus gesellig und geschwätzig zu. Manchmal versuchen Mönche und Studenten der „Mandalay University of Foreign Languages" mit den Touristen, die zum Sonnenuntergang in Scharen hierher pilgern, ins Gespräch zu kommen und Englisch oder sogar Deutsch zu praktizieren.

Zwischen 16 und 17 Uhr ist eine gute Zeit, mit dem rund 30-minütigen Aufstieg auf den Man-

MANDALAY

Ein Visite auf dem Mandalay Hill verbindet sich stets mit einer besonderen Stimmung.

© NIPAPORN YANKLANG

dalay-Berg zu beginnen – insofern man nicht den frühen Morgen bevorzugt, an dem weniger Betrieb herrscht und der Blick auf die Stadtkulisse meist wesentlich klarer ist. Zwei riesige, weiße Löwenfiguren bewachen den Südwesteingang, während der Berg-Nat Bobogyi die Aufsicht am Südosteingang übernommen hat. Das Sammelticket muss meist nicht vorgezeigt werden. Wer denselben Weg zurückgehen möchte, kann seine Schuhe an einem der Erfrischungsstände deponieren. Wer sie lieber mitnimmt, sollte sie in einer Tasche oder Tüte verschwinden lassen.

Insgesamt führen drei überdachte, miteinander verzweigte **Treppenaufgänge** im Zickzack durch das Grün des Hügels nach oben. Sie sind von kleineren Tempelanlagen, Hallen und Plattformen mit Erfrischungsständen, Andenkenbuden und Holzschnitzereien unterbrochen. Wer sich die Mühe macht, die Stufen zu zählen, wird überrascht sein: Statt der meist genannten Zahl von 1729 sind es – gezählt am Hauptaufgang – nur 934 Stufen, die auf den Berg von Mandalay führen!

Fast überall laden flankierende, steinerne Sitzbänke zu Verschnaufpausen ein. Auf halber Höhe liegt der erste größere **Schrein**, der an drei Knochen von Buddha erinnern soll. Sie lagern in einem Kloster am Fuß des Hügels und gehören zu den wenigen Überresten des Erleuchteten, denen eine hohe Authentizität zugeschrieben wird. 1908 waren sie bei Ausgrabungsarbeiten eines zerstörten, aus dem 11. Jh. stammenden Tempels im pakistanischen Peshawar gefunden worden. Die britische Kolonialverwaltung übergab sie im originalen Reliquienbehälter an die Burmese Buddhist Society, weil die Region inzwischen moslemisch geworden war.

Nach rund zwei Dritteln des Aufstiegs ist der stehende **Shweyataw-Buddha** erreicht, der mit ausgestreckter Hand auf das Palastgelände zeigt. Das einst von König Mindon in Auftrag gegebene Original ist 1882 verbrannt und wurde von dem buddhistischen Einsiedler U Kanthi rekonstruiert. Wie auch die bunt bemalte **Frauenskulptur** kurz unterhalb des Gipfels, steht diese Skulptur in engem Zusammenhang mit der Legende zur Stadtgründung. Bis 1990 endete hier der Aufstieg, alle weiteren Anlagen wurden später ergänzt. In der Nähe erinnert ein marmornes **Mahnmal** mit der Inschrift „For all Japanese, Myanmars and English victims of the war, we pray for their souls to rest in peace here forever" daran, dass der Mandalay Hill 1945 erbittert umkämpft gewesen ist. Hier hatte sich die britische Artillerie verschanzt, um den Palast zu beschießen.

Seit 1993 führt auch eine asphaltierte Straße zum Gipfel, auf der sich Ausländer in Sammeltaxis für 2000 Kyat nach oben bringen lassen können. An ihrem Ende warten ein Lift (zuweilen außer Betrieb) und eine imposante Rolltreppen-Anlage (funktioniert tagsüber nur aufwärts, nach Sonnenuntergang dann abwärts), mit der die Plattform für größere Menschenmassen, aber auch alte und behinderte Besucher zugänglich geworden ist. Hier sind meist 1000 Kyat an Fotogebühren zu entrichten – völlig egal, mit was für einem Gerät man fotografiert oder filmt.

## Wie Mandalay entstand

Der Weg zum Gipfel des heiligen Berges führt an zwei religiösen Skulpturen vorbei, die eng mit der mythischen Entstehungsgeschichte von Mandalay verknüpft sind. Mit ausgestreckter Hand deutet der **Shweyataw-Buddha** in Richtung des Königspalastes, der früher das Stadtzentrum bildete. Diese Geste geht auf eine Prophezeiung Buddhas zurück: Bei seinem Besuch in Begleitung des Mönchs Ananda (kniende Statue) hatte er vorausgesagt, dass 2400 Jahre später am Fuße dieses Hügels eine große Stadt entstehen würde. Nach westlichem Kalender wäre das 1857 gewesen und damit genau der Zeitpunkt, zu dem König Mindon den Umzug von Amarapura nach Mandalay angeordnet hatte. Kurz vor dem Gipfel gelangt man zu einer bunt bemalten **Frauenskulptur**, die Buddha ihre beiden Brüste überreicht. Der Legende nach war die Dämonin Sanda Moke Kit von seiner Prophezeiung so angetan, dass sie sich – weil sie sonst nichts weiter besaß – ihre Brust abschnitt und dem Erleuchteten schenkte. Als Dank soll er ihr ihre Wiedergeburt als Gründer und König dieser Stadt versprochen haben.

## Pagoden, Klöster und Kirchen

### Kyauktawgyi-Pagode

Hier wird im Oktober Mandalays populärstes, eine Woche dauerndes Fest veranstaltet. Die Kyauktawgyi-Pagode, die als viertwichtigstes **Heiligtum** der Stadt zwischen 1853 und 1878 erbaut worden ist, erhebt sich in der Nähe des Südeingangs zum Mandalay Hill. Wäre nicht die Palastrevolte dazwischengekommen, wäre sie genauso aufwendig wie die gleichnamige Pagode in Amarapura gestaltet worden, die wiederum dem Ananda-Tempel von Bagan nachempfunden wurde. Aber immerhin enthält sie ebenfalls eine riesige, aus einem einzigen Marmorblock gemeißelte, sitzende Buddhastatue.

Der **Marmorblock** aus den Steinbrüchen des rund 60 km nördlich gelegenen Sagyin soll mit seinen 800 t gigantisch groß gewesen sein. Der Legende nach waren 10 000 Männer im Einsatz, um ihn vom Ufer des Ayeyarwady in rund zwei Wochen über einen eigens dafür gebauten Kanal und rollende Baumstämme 7 km weit zu seinem jetzigen Standort zu schaffen. Nach der Bearbeitung wiegt der 15 m hohe Steinblock, von dem 3 m unter der Erde liegen, immerhin noch 500 t. Zwischen den Augenbrauen glitzert ein rundes **Ornament**, das aus 54 einkarätigen Diamanten bestehen soll. Rings um den Schrein sind an allen vier Seiten (in Gruppen zu jeweils 20) Buddhas 80 Schüler *(arahat)* figürlich dargestellt. Eine weitere Attraktion besteht in dem einzigen erhalten gebliebenen Gemälde von König Mindon.

Der Zugang zu der von zwitschernden Vögeln umschwirrten Statue erfolgt über eine eindrucksvolle, verspiegelte **Säulenhalle**, die in Türkis und Hellblau ausgeschmückt worden ist. Unterwegs kann man sich von Souvenirverkäufern, Handlesern und Astrologen abfangen lassen.

### Ein ausgefüllter Tag in Mandalay

Wer früh genug aus den Federn kommt, sollte sich zuerst auf den Weg zum **View Point** machen und dann in aller Ruhe die Klosteranlagen **Shwenandaw** und **Atumashi** sowie die nahe gelegene **Kuthodaw-Pagode** besuchen. Später könnten – je nach Interesse und Ausdauer – einige der **Kunsthandwerkstätten**, zumindest aber die für Gold und Marmor, auf dem Programm stehen. Zur heißen Mittagszeit sollte man sich in die **Mahamuni-Pagode** begeben, wo es sich auch nett einkaufen lässt, und dann nachmittags in den **Königspalast** weiterziehen. Von dort ist es nicht mehr weit zum Sonnenuntergang auf dem **Mandalay Hill**, von dem es dann direkt in ein **Shan-Bufett-Restaurant** oder **BBQ-Biergarten** gehen sollte.

### Kuthodaw-Pagode

Einen guten Überblick über das Ausmaß der 1868 fertiggestellten „Pagode der Königlichen Verdienste" kann man sich anhand des großen, anschaulich gestalteten **Modells** im südlichen Pavillon machen. Sieben Jahre, sechs Monate und 22 Tage sollen 200 örtliche Kunsthandwerker gebraucht haben, um den gesamten *Tipitaka* als „größtes Buch der Welt" auf 729 Marmortafeln zu verewigen. Dieses Werk, das auch als Palikanon bezeichnet wird und sich mit „Drei Körbe" übersetzen lässt, umfasst in drei Teilen die buddhistische Lehre. Bis zu diesem Zeitpunkt waren die Texte immer nur auf Palmblätter geschrieben worden. Anfangs waren die beidseitig beschriebenen Tafeln von Metallschirmen geschützt, erst später erhielt jede einzelne eine kleine Pagode. Ursprünglich war die Schrift – in birmanischer Schreibweise abgefasstes Pali – vergoldet, heute ist sie nur noch in schwarzer Farbe ausgemalt. Im Jahr 1900 erschien eine gedruckte Fassung des steinernen Originals, bestehend aus 38 Bänden mit jeweils 400 Seiten.

Wer hier jeden Tag rund acht Stunden liest, würde wahrscheinlich 450 Tage benötigen, um das gesamte Werk durchzuarbeiten. Anlass zur Erschaffung dieses Heiligtums war die Fünfte Buddhistische Synode von 1871, die König Mindon zum Gedenken an den 2400. Todestag Gautama Buddhas einberufen hatte. Während der sechsmonatigen Großveranstaltung rezitierten 2400 Mönche den gesamten Text des *Tipitaka* und einigten sich auf eine einheitliche Fassung.

Aus der Mitte der weitläufigen Anlage erhebt sich die vergoldete **Maha Lawka Marazein-**

**Pagode**, die nach dem Modell der Shwezigon-Pagode von Bagan bereits 1857 errichtet wurde. Die traditionell dazugehörige Glocke hängt zwischen zwei Teakholzpfosten, auf denen bunte Figuren des Göttervogels Garuda stehen. Im Schatten des über 150 Jahre alten „Star Flower Tree", dessen imposante Ausläufer mit Holzsäulen abgestützt werden, bietet sich eine wunderbare Möglichkeit zu Rast und Einkehr.

## Sandamani-Pagode

Diese Pagode südwestlich des Mandalay-Berges wird gelegentlich mit der weiter östlich stehenden Kuthodaw-Pagode verwechselt, weil sie ebenfalls aus einer riesigen Anzahl kleiner, weiß getünchter Pagoden mit Schrifttafeln besteht. Es sind zwar erheblich mehr, doch sind sie nicht so ansehnlich und stehen erheblich dichter aneinander. Hier erhob sich während des Baus des Königspalastes die provisorische Residenz von König Mindon.

Die Sandamani-Pagode wurde zur Erinnerung an Kronprinz Kanaung errichtet, der Mindons jüngerer Bruder und als dessen Nachfolger auserwählt war. Doch während einer Palastrevolte im August 1866 wurde er hier von zwei Söhnen König Mindons ermordet. Erst 1913 wurde die Pagode auf Initiative des populären, auf dem Mandalay-Berg lebenden Einsiedlermönchs U Khanti mit langen Reihen weiß getünchter Pagoden umgeben. Diese enthalten 1774 **Marmortafeln**, auf denen zwei berühmte Kommentare zum *Tipitaka* eingemeißelt sind. Außerdem findet sich hier eine eiserne, 1802 von König Bodawpaya gestiftete **Buddhastatue**.

## Shwenandaw-Kloster

Der imposante Holzbau des „Goldenen Palastklosters" ist das einzige größere Überbleibsel vom einstigen Kern des Königspalastes und hat bereits zwei Umzüge überstanden. Erstmalig 1782 errichtet, wurde es 1857 zerlegt und in Mandalay innerhalb von zwei Jahren wieder aufgebaut. Es gehörte zu den Privatgemächern König Mindons, der hier auch gestorben ist. Sein Sohn und Nachfolger Thibaw ließ die Anlage 1880 abermals abbauen und außerhalb der Palastmauern in der Nähe des Osttors wieder errichten, sodass sie dem verheerenden Feuersturm von 1945 entgehen konnte. Er benutzte den Pavillon noch eine Weile zur Meditation, bevor er ihn den Mönchen als Kloster stiftete. 1996



Das imposante Shwenandaw-Kloster als größtes Überbleibsel aus dem einstigen Königspalast

© VOLKER KLINKMÜLLER

wurde das Bauwerk renoviert und der Öffentlichkeit als **Museum** zugänglich gemacht.

Anhand des Shwenandaw-Klosters lassen sich die Pracht und Atmosphäre des ehemaligen Königspalastes weitaus besser erahnen als am Nach- und Neubau der übrigen Palastteile innerhalb der Befestigungsanlagen. Es gibt kaum eine Fläche, die nicht mit kunstvoll geschnitzten Nat-Figuren oder Blumenornamenten ausgeschmückt ist. Schön erhalten sind die letzten zehn Jataka-Erzählungen (Szenen aus dem Leben Buddhas). Früher war dieses Bauwerk außen und innen vergoldet sowie vielerorts mit eingelegten Glasmosaiken verziert. Heute sind nur noch die eindrucksvolle Decke des Hauptraums vergoldet und einige Teile der 150 mächtigen, rot gestrichenen Teakholzsäulen, auf denen das Bauwerk ruht. Im Hauptraum findet sich eine Nachbildung des Königthrons. Hinein gelangt man barfuß über eine umlaufende, schmale Veranda, wo zuweilen Novizen darauf warten, für ein paar Kyat fotogen in den Öffnungen abgelichtet zu werden. Man beachte den Eingang mit der etwas höheren Stufe: Diese neckische Hürde hatte der König installieren lassen, um zu gewährleisten, dass nur seine Frauen den Raum betraten. Denn dabei mussten sie ihren Rock anheben, sodass die obligatorische Tätowierung am Fußknöchel zum Vorschein kam …



## Atumashi-Kloster

Das von König Mindon 1857 im Westen des Shwenandaw-Klosters als „Unvergleichliches Kloster" begonnene Bauwerk gehörte einst zu den großartigsten Anlagen seiner Art in Südostasien. 1890 war es bis auf die aus Stein erbauten und mit Stuck verzierten Balustraden und Treppenaufgänge niedergebrannt, wobei auch vier komplette *Tipitaka*-Ausgaben in Teakholzkisten vernichtet wurden. Die 1996 mithilfe von Zwangsarbeitern leider nur in Betonbauweise durchgeführte Rekonstruktion gilt als nicht besonders gelungen, zumal nach der typischen birmanischen Klosterbauweise eigentlich ein Sockel gemauert und dann das hölzerne Gebäude darübergestülpt wird. Einst gab es in dem Kloster eine Buddhastatue, die aus Seidenstoffen des Königs und Lack gefertigt war. Auf ihrer Stirn soll sie einen großen Diamanten getragen haben. Bei der britischen Eroberung der Stadt kam die Statue 1885 abhanden.

## Mahamuni-Pagode

Im Süden der Stadt laufen aus allen vier Himmelsrichtungen überdachte Basar-Passagen, in denen es ein fotogenes Angebot an Devotionalien, Kunsthandwerk und Souvenirs gibt (Mandalay Slippers kosten hier z. B. nur 2000–3000 Kyat), auf die sitzende **Mahamuni-Statue** („erhabener Weiser") zu, denn sie ist die mit Abstand meistverehrte Figur Myanmars und zählt mit der Shwedagon-Pagode und dem Goldenen Felsen zu den Hauptpilgerzielen des Landes. Sie ist 3,80 m hoch und war ursprünglich eine Bronzefigur, die im Laufe der Zeit fast bis zur Unförmigkeit mit Blattgold bedeckt wurde. Das Gewicht des aufgeklebten Goldes wird mittlerweile schon auf mehrere Tonnen geschätzt! Am Arm soll es 25 cm dick sein, an der Brust sogar 35 cm. Die Finger haben ihre Form bereits verloren. Sogar die umliegenden Pfeiler sind vergoldet. Auf der Stirn trägt die Mahamuni-Statue mehr Rubine, Saphire und Diamanten als jedes andere gekrönte Haupt der Welt.

Von den Einheimischen wird das Heiligtum gern **Payagyi** („Große Pagode") genannt, doch auch **Rakhine-** bzw. **Arakan-Pagode** sind geläufige Bezeichnungen. Herzstück des Schreins ist die Mahamuni-Statue, die 1784 von König Bodawpayas Truppen, als Kriegsbeute in drei Teile zerlegt, aus Rakhine hierher gebracht wurde. Der Legende nach hat König Chandrasurya sie einst in Rakhine als Abbild von Buddha anfertigen lassen, nachdem er von dem Erleuchteten über die Vier Edlen Wahrheiten belehrt worden war. Der Überlieferung nach handelt es sich dabei um eines von nur fünf Ebenbildern, die schon zu Buddhas Lebzeiten geschaffen worden sein sollen.

In der Regenzeit wird die Statue, die mit der rechten Hand den Boden berührt und somit die „Erdberührungsgeste" einnimmt, mit Mönchsroben bekleidet. Jeden Morgen um 5 Uhr waschen Mönche – einer indischen Tradition bei Hindugöttern folgend – das Gesicht der ursprünglich bronzenen Mahamuni-Statue, das dadurch ebenfalls schon einen goldenen Farbton angenommen hat, obwohl es bisher als einziger Körperteil vom Blattgold verschont wurde. Dabei werden der Statue sogar die Zähne geputzt, was jedoch nicht fotografiert werden darf. Jedes Jahr Anfang Februar wird das Tempelfest der Mahamuni-Pagode veranstaltet, das zu den wichtigsten religiösen Feierlichkeiten Myanmars gehört. Dann pilgern Tausende aus Mandalay und Umgebung zur Statue und übervölkern die Tempelanlage so sehr, dass sogar Videos und Monitore installiert werden müssen, damit auch wirklich alle Gläubigen an den Zeremonien teilhaben können.

Die andächtigen Blicke der sitzenden Besucher und das ständige Gemurmel ihrer Gebete spiegelt die Bedeutung dieses Schreins wider. Allerdings dürfen sich nur Männer der Mahamuni-Statue nähern und Blattgold anbringen, während Frauen das Betreten des innersten Bereichs verboten ist. Selbst in größerer Entfernung von der Statue müssen sie sich einen Longyi überstreifen (kostenlos zu leihen), auch bei männlichen Besuchern müssen die Knie bedeckt sein. Es ist erstaunlich, dass Ausländern der Zugang zu diesem wichtigen Heiligtum in so großzügiger Form gewährt wird, erscheinen sie mit ihren Fotoapparaten und Videokameras (je 1000 Kyat Gebühr) doch als erheblicher Störfaktor. Die Sammeltickets werden hier eher selten kontrolliert.

Die Tempelanlage, die nach einem Großbrand 1884 erneuert werden musste, war 1784 von König Bodawpaya erbaut worden und über eine 8 km lange, überdachte Ziegelstraße mit seinem Palast in Amarapura verbunden. Ein kleines Gebäude an der Nordseite des Hofes beherbergt sechs bronzene, rund 800 Jahre alte **Khmer-Figuren**, die zusammen mit dem Mahamuni-Buddha ebenfalls als Kriegsbeute von Mrauk U nach Mandalay gebracht wurden.

Einst waren es 30, doch König Thibaw ließ die meisten zu Kanonen umschmelzen. Übrig sind noch drei **Löwen** und zwei **Tempelwächter** *(Dvarapala)*, denen magische Kräfte zugeschrieben werden. Denn nach birmanischem Volksglauben vertreibt das Reiben an den entsprechenden Körperstellen der Statuen eigene körperliche Beschwerden. Der blank gescheuerte Bauch zeigt, dass durchaus auch die Einheimischen von Magenproblemen geplagt werden. Am besten erhalten ist allerdings der rund 1,50 m hohe **Erawan** – ein dreiköpfiger Elefant als Reittier des hinduistischen Götterkönigs Indra. Einst wachten diese Figuren über Kambodschas Angkor Wat, doch 1431 brachten die Siamesen sie nach Ayutthaya. Als Kriegsbeute kamen sie 1564 dann mit König Bayinnaung nach Bago (Pegu), von wo sie König Razagyi 36 Jahre später nach Mrauk U brachte.

Nicht weit entfernt findet sich ein traditioneller birmanischer **Tempelgong**, der 5 t wiegen soll, aber erst 1960 mithilfe von Spendengeldern gegossen worden ist, sowie **Stelen** mit alten Inschriften, die König Bodawpaya in seiner Sammelleidenschaft zusammentrug.

### Wie viel Gold mag es sein?

Es ist interessant, aber extrem schwierig zu schätzen, wie viel Blattgold die Gläubigen im Lauf der Jahrzehnte bereits auf den Mahamuni-Buddha gedrückt haben mögen. Offizielle Vermutungen schwanken zwischen 3,5 und mehr als 12 t. Konkrete Anhaltspunkte indes gibt es nur ganz wenige: Bei dem großen Brand von 1884 war das gesamte Gold von der Figur heruntergeschmolzen. Danach konnten 5450 Ticals (1 Tical = 16 g) geborgen werden. Ein Jahr später spendete König Thibaw weitere 6000 Ticals Gold. Das zusammen entspricht erst einer Menge von fast 200 kg. Seitdem haben jedoch jeden Tag Tausende Pilger weiteres Blattgold aufgebracht, sodass die dicksten Schichten an einigen Stellen bald eine Stärke von 50 cm erreichen dürften. Wie dem auch sei, gesichert ist, dass pro Jahr allein um die 8 kg Gold gesammelt werden, das von heruntergefallenem Blattgold stammt oder mit dem Waschwasser vom Gesicht geflossen ist – und natürlich erneut zu hauchdünnen Blättchen verarbeitet wird.

## Shwekyimyint-Pagode

Diese Pagode wurde 1167 während der Bagan-Epoche von Prinz Minshinzaw, einem verbannten Sohn von König Alaungsithu, gegründet und ist damit lange vor der Gründung Manda-

MANDALAY

## Tiere statt Tempel

Ein Streifzug durch die **Yadanabon Zoological Gardens** nördlich des Festungsgrabens kann kontrastreiche Abwechslung zu den Heiligtümern bieten. In dem 55 ha großen, 1989 eröffneten Zoo sind Elefanten, Leoparden, Bären, Affen, Nilpferde und Krokodile und viele Vogelarten – für asiatische Verhältnisse relativ gepflegt – untergebracht. Fast alle Tiere können gefüttert werden, worauf sich diverse Verkaufsstände spezialisiert haben. Parallel laufen Zuchtprojekte für zwei vom Aussterben bedrohte Schildkrötenarten. ◷ 7–17 Uhr, Eintritt 2000 Kyat.

lays entstanden. Mitten im Stadtzentrum an der 24th Street (82/83) in der Nähe des Uhrturms gelegen, hat sie so manche Überraschung zu bieten. Die Buddhastatue im Inneren stammt aus dem 12. Jh. wie auch die aus dem Königspalast von Mandalay gerettete Sammlung von Buddhaskulpturen aus Gold, Silber und Kristall sowie wertvolle Geschenke der letzten birmanischen Könige. Diese Kleinodien wurden kurz nach der britischen Besetzung hierher gebracht, werden aber leider nur zu wichtigen religiösen Anlässen zugänglich gemacht.

### Eindawya-Pagode

Der Schrein wurde 1847 von König Pagan Min an dem Ort errichtet, an dem er vor seiner Thronbesteigung gewohnt hatte. Die „Pagode am Platz des königlichen Hauses" findet sich etwas abseits in der 89th Street westlich des Zeigyo-Markts und bietet durch den stark vergoldeten Stupa ein schönes, in der Sonne schillerndes Fotomotiv. Die Eindawya-Pagode ist von mehreren kleinen Tempeln und Pagoden umgeben. Sie beherbergt eine seltene Buddhastatue aus Quarz und Opal, die 1839 aus Bodhgaya in Indien nach Myanmar gelangt sein soll.

### Setkyathiha-Pagode

Diese in der 85th Street, nur wenig südwestlich des Zeigyo-Markts auf einem Mauersockel stehende Pagode enthält eine aus Bronze erschaffene, fast 5 m hohe, sitzende Buddhastatue. Sie wurde 1823 unter König Bagyidaw in Inwa gegossen, später nach Amarapura und dann nach Mandalay gebracht. Im Innenhof sind Abbildungen von liegenden Buddhas zu sehen. Den heiligen Bodhi-Baum auf dem Gelände hat der ehemalige Ministerpräsident U Nu gepflanzt.

### Shwe In Bin-Kloster

Das südlich der 35th Street gelegene, anmutig wirkende Teakholzkloster wurde 1895 von zwei reichen chinesischen Jade-Kaufleuten gestiftet und lohnt einen Besuch wegen seiner wunderschönen Schnitzereien an den Balustraden und Dachgesimsen, aber auch wegen der besonders angenehmen, stillen Atmosphäre.

### Kirchen

Angesichts der ständigen Begegnung mit buddhistischen Tempelanlagen und Heiligtümern mutet es fast schon als Überraschung an, gelegentlich einen Kirchturm zu erspähen. In der 80th Street (34/35) findet sich z. B. die 1894 von den Franzosen im gotischen Stil erbaute **Katholische Kirche des Pater Lafon**, die 1919 restauriert wurde. Um einen kompletten Neubau handelt es sich dagegen bei der **Sacred Heart Cathedral** in der 82nd Street (25/26), die im Zweiten Weltkrieg den Bomben zum Opfer gefallen war. Es sind vorwiegend indische und chinesische Christen, die sich in diesen beiden Gotteshäusern täglich (sonntags zweimal) zum Gottesdienst treffen. Nach einem amerikanischen, in Myanmar hoch verehrten Missionar benannt ist die **Judson-Baptistenkirche** in der 82nd Street (33/34).

## Kunsthandwerk mit Verkauf

In Zeiten wachsender Besucherscharen haben sich viele Betriebe des zumeist religiösen Kunsthandwerks darauf eingestellt, neugierigen Besuchern nebenbei ihre Produkte zu verkaufen, sodass sich der Bummel durch die Werkstätten im Südwesten der Stadt durchaus als Einkaufstour gestalten lässt. Da die kleineren Handwerksbetriebe oft ziemlich versteckt liegen, kann es sinnvoll sein, mit einem ortskundigen Führer oder Taxifahrer auf die Suche zu gehen.

## Schläge im Schummerlicht – hammerharte Arbeit, federleichtes Gold

Normalerweise würde jeder reflexartig in Deckung gehen, wenn aus der Höhe ein Hammer herunterschnellt und mit großer Wucht nur wenige Handbreit entfernt aufprallt. Doch die jungen Männer, die sich in dem engen, nur schummrig beleuchteten Holzschuppen direkt zwischen den schwitzenden Goldschlägern zu einer Pause niedergelassen haben, vertrauen ganz und gar auf die Fertigkeiten ihrer muskulösen Kollegen im Lendenschurz. Schließlich wurden diese ja auch sechs Monate lang ausgebildet, damit ihnen der 3 kg schwere Hammer niemals aus den Händen rutscht! Bereits mit 16 Jahren kann der Beruf des Goldschlägers erlernt werden, nach rund zehn Jahren stellen sich die berüchtigten, chronischen Rückenprobleme ein, und mit spätestens 45 Jahren sind die menschlichen Maschinen verschlissen. Dennoch ist der Beruf begehrt, denn er garantiert ein gutes Einkommen und unbezahlbare Verdienste für das nächste Leben.

### Goldschläger in Rotation

„Gold beating" findet ausschließlich im Stadtteil Myat Par Yat statt. Vor allem in der 78th Street (35/36) führt das gleichmäßige Klopfen der Hämmer direkt zu den rund 50 Werkstätten der Goldschläger. Nur in den Familienbetrieben von Mandalay wird das hauchdünne Blattgold produziert, mit dem die Gläubigen Statuen und Stupas in ganz Myanmar überziehen. Eng geschichtet und verpackt in Hirschleder-Lappen, dampft das 24-karätige Gold – es stammt meist aus dem Ayeyarwady oder seinen Nebenflüssen – zwischen hauchdünnen Lagen Bambuspapier, das in ebenfalls aufwendiger Herstellung speziell für dieses Ritual vorbereitet wird. Im Rotationsbetrieb arbeiten die Goldschläger eine volle Stunde lang, bevor sie sich 15 Minuten Pause gönnen. Um die Fläche des Goldes immer weiter zu vervielfältigen, wird 6 1/2 Stunden (erst eine halbe, dann eine ganze und anschließend 5 Std.) lang darauf herumgehauen.

### Dünner als ein Tintenstrich

Dabei wird die Zeit der einzelnen Arbeitsgänge mit einer traditionellen Wasseruhr gemessen; einer schwimmenden Kokosnussschale, die sich durch ein kleines Loch mit Wasser füllt und dann jeweils nach einigen Minuten versinkt. Am Ende hat sich die Fläche des Goldes so sehr erweitert, dass das Blattgold nur noch einen Tausendstel Millimeter misst – also dünner ist als ein Tintenstrich auf einem Blatt Papier. Haben Frauen sich beim Goldschlagen in respektvoller Entfernung zu halten, so sind sie paradoxerweise aus anderen Teilen des Produktionsprozesses nicht wegzudenken: In verglasten, windgeschützten Zimmern schneiden junge Mädchen das ausgetriebene, federleichte Gold an niedrigen Tischen zu quadratischen Goldplättchen (schon beim ersten Arbeitsschritt wird die Menge versechsfacht), um es für die weitere Verarbeitung vorzubereiten oder schließlich zum Verkauf zu verpacken.

### Verkauf auch zum Verzehr

Das Zehnerpäckchen mit je 2 x 2 cm großen Stückchen Blattgold kostet 3000 Kyat, in der Größe 4 x 4 cm 5000 Kyat und mit 5 x 5 cm 7000 Kyat. Die glitzernden Quadrate sind zwar weitgehend geschmacklos, werden aber – z. B. zusammen mit Schokolade – durchaus auch verzehrt, weil ihnen eine positive gesundheitliche Wirkung zugeschrieben wird. Zehn Arbeitskräfte produzieren pro Tag durchschnittlich zehn Packungen. Ausländische Zuschauer fragen sich mitunter, wie sich die Goldschläger von Mandalay bei ihrem stundenlangen, monotonen Gehämmer ablenken oder gar entspannen können. Doch derartige Gedanken scheinen abwegig: Jeder Hammerschlag erfordert höchste Konzentration, weil die Lederpäckchen jeweils zielgenau auf ihrer ganzen Fläche getroffen werden müssen.

© VOLKER KLINKMÜLLER

Mithilfe von eifrigen Arbeitsgemeinschaften wird reichlich Blattgold produziert.



Wer Interesse an der Restauration alter Stupas hat oder bei der Anfertigung eines *hti* zuschauen möchte, sollte die Werkstätten am Westeingang der Mahamuni-Pagode besuchen. Hier wird alles gefertigt, was für einen Tempel benötigt wird.

## Blattgoldproduktion

Die meisten Betriebe finden sich in der 36th Street (77/78), wie **King Galon Gold Leaf** im Haus Nr. 143, ✆ 02-32135, als größtes Unternehmen mit 30 Mitarbeiter(inne)n, die nach Anzahl der produzierten Päckchen bezahlt werden. Durch das rhythmische Klopfen sind sie leicht zu finden (S. 337). Hier oder in benachbarten Werkstätten kann man zudem den langwierigen, komplizierten Prozess zur Herstellung von Bambuspapier erleben, das zur Blattgold-Produktion benötigt wird (s. dazu auch 💻 www.kultur-in-asien.de/Birma/seite115.htm).

## Bronzegießereien

Glocken, Gongs und kleinere Statuen werden in mehreren Werkstätten am Myohaung-Bahnhof gefertigt. Hauptsächlich Buddhafiguren werden indes im Kyithunkha-Viertel gegossen, das kurz vor Amarapura liegt. Besonders gut ist der Herstellungsprozess bei **Myanmar Bronze Moulder Casting**, 93 Panthidan, Tampawaddy-Viertel, ✆ 02-23182, zu beobachten.

## Holzschnitzkunst

Vorwiegend im Tampawaddy-Viertel, aber auch im östlichen Aufgang der Mahamuni-Pagode oder an der 84th Street in Richtung Amarapura finden sich die emsigen Holzschnitzer. Sie fertigen vor allem Buddhafiguren, Hausaltäre und Klosterreliefs. Auftraggeber dafür sind meist Mönche und religiöse Stifter.

## Jadeverarbeitung

In den beiden Dörfern **Kyawzu** und **Minthazu**, die inzwischen mit Mandalays Süden verwachsen sind, wird Jade geschnitten, poliert und durch traditionelle Schnitzkunst zu Schmuck verarbeitet. Der ebenfalls hier beheimatete **Jademarkt** ist in ein geschlossenes Gebäude an der 87th Street (38/39) umgezogen, für das Touristen 1000 Kyat Eintritt bezahlen müssen. 🕒 7–17 Uhr. Vorsicht beim Einkauf: Es gibt Fälschungen der roten, weißen oder grünen Steinklumpen, bei denen nur außen eine dünne

Jadeschicht aufgetragen ist, während sich im Inneren des Klumpens wertloses Gestein oder gar Zement verbirgt.

### Silberschmiede

Wer sich für dieses Handwerk interessiert, kann vor allem in **Ywataung**, das an der Straße von Mandalay nach Monywa hinter Sagaing liegt, Silberschmieden über die Schulter schauen. Am besten zur Verarbeitung eignet sich eine Legierung aus 92,5 % Silber und 7,5 % Kupfer.

### Steinmetzbetriebe

Herrliche Impressionen ergeben sich bei einem Bummel durch die Straße der Steinmetze, die **Kyauk Sit Tan** genannt wird. Sie liegt an der Mahamuni-Pagode, Ecke 84/85, und ist am besten über den Westausgang des Heiligtums zu erreichen. Hier werden Buddhastatuen aller Größen aus Stein und Marmor gemeißelt, gefräst oder gebohrt – stets ein interessantes Schauspiel. Zuerst wird der Körper herausgearbeitet, zuletzt das Gesicht. Einige Foto-Impressionen s. eXTra [5798].

### Teppichknüpfer

Handgefertigte Teppiche wie auch Kalaga-Wandbehänge werden vorwiegend zwischen der Bahnlinie und der 78th Street im Stadtteil **Shwe Che Doe** hergestellt. Letztere bestehen aus schwerem Stoff mit prächtigen Stickereien, die höfische oder religiöse Szenen zeigen.

### Textilwebereien

Gewoben werden Baumwolle und Seide, die relativ fest ist und sich gut für Longyis eignet, vor allem gegenüber dem Osteingang des Königspalastes und an der Ecke 62/19.

## Traditionelle Shows

Als kulturelles Herz des Landes ist Mandalay nicht nur die wichtigste Stadt des religiösen Kunsthandwerks, sondern auch der traditionellen, birmanischen Unterhaltungskunst. Es gibt mehrere Dutzend *pwe*-Gruppen, die bei Tempelfesten, Ordinationen oder Hochzeiten mit ihrer Musik, Dramen, Marionetten-Vorführungen (S. 140) und Improvisationstheater auftreten. Sie sind v. a. im Bereich der 39th und 40th St. (80/81) beheimatet. Im Juni und Juli, wenn sie wegen der Regenzeit nicht auf Tournee über Land ziehen, lassen sie sich gern bei ihren Proben oder der Prüfung neuer Künstler zusehen. Die beste Tageszeit dafür ist zwischen 10 und 16 Uhr.

Während der Hochsaison gibt es jeden Abend – beginnend meist gegen 19 Uhr – touristische Musik-, Tanz- und Marionettenvorführungen, z. B. in den Restaurants **Mya Nandar** (auch in der Nebensaison), **Canal Mandalay** oder auf den Dachterrassen der Hotels **Yadanarbon** und **Ayarwaddy River View**. Besonders stimmungsvoll sind die „Tanz der Dynastien"-Aufführungen (Okt–März) im Gartentheater des **Mandalay Hill Resorts**, die Themen aus tausend Jahren birmanischer Geschichte aufbereiten.

### Mandalay Marionettes Theatre

Das 1990 gegründete **Marionettentheater**, 66th St. (26/27), am Sedona Hotel, ✆ 02-34446, 💻 www.mandalaymarionettes.com/aboutus.html, bietet eine ideale Gelegenheit, um sich allabendlich ab 20.30 Uhr für 10 000 Kyat in einer rund einstündigen Vorstellung einen Eindruck von der hohen Kunst des birmanischen Puppenspiels zu verschaffen. Mit seinem freundlichen Personal, den rund 60 Sitzplätzen, schummrig beleuchteten Bastwänden und einem traditionellen Orchester strahlt das 1990 gegründete Theater eine gemütliche Atmosphäre aus. Das von Mrs. Daw Ma Ma Naing geführte, 16-köpfige Ensemble ist sogar schon auf Tournee in Europa, Amerika, Asien und Afrika gewesen. Im angegliederten **Marionettengeschäft** kann man die illustren Geschöpfe erwerben oder zuweilen auch bei ihrer Erschaffung zuschauen. ⌚ 9–23 Uhr.

### Mintha-Theater

Gegründet 2006 von U Ohn Maung, der früher zum Mandalay Marionettes Theater gehörte. Das 15-köpfige Ensemble bietet von 20.30–21.30 Uhr (Juli–März) eindrucksvolle, traditionelle **Tanzvorführungen** zum Eintrittspreis von 8000 Kyat. Das Theater, 27th St. (65/66), ✆ 09-680 3607, 💻 www.minthatheater.com, hat 50 Plätze, doch könnte es durch den geplanten Umzug zu einer längeren Spielpause kommen.

## Moustache Brothers

Da heute nicht mehr verboten bzw. vom Wandel überholt, haben ihre Kommentare zu aktuellen politischen oder wirtschaftlichen Themen enorm an Bedeutung und Brisanz verloren. Doch präsentieren sich die „Schnauzbart-Brüder" **U Lu Maw** und **U Lu Zaw** als lebende Legenden und mit einer in Myanmar einzigartigen Form der Unterhaltung, die früher unter extrem kritischer Beobachtung der Militärjunta stand.

In einem kleinen, bereits 1992 gegründeten Theater, 39th St. (80/81), ✆ 09 402 579 799, das zugleich als Wohnstube dient und wo die meist nur wenigen Gäste (Mindest-Teilnehmerzahl: fünf) direkt an der Bühne sitzen, wird von 20.30–21.30 Uhr für 8000 Kyat eine über weite Strecken improvisierte, vorwiegend englischsprachige Show geboten, wie sie ob mancher Langatmigkeit und Unverständlichkeit nicht unbedingt jedermanns Sache sein dürfte ... Mit ihren Tänzerinnen, Musikern, Erzählern und Marionettenspielern bietet die Familie Gelegenheit, etwas über die traditionelle *pwe* zu erfahren.

Wegen politischer Kritik in Form von Satire waren der ältere Bruder **U Par Par Lay** (2013 verstorben) und sein Vetter U Lu Zaw mit einem Dutzend weiterer Schauspieler 1996 in Mandalay verhaftet und anschließend zu sieben Jahren Arbeitslager verurteilt worden. Kurz zuvor waren die Komödianten vor dem Haus von Aung Sun Suu Kyi in Yangon auf einer Veranstaltung zum Unabhängigkeitstag aufgetreten, die sich spontan zu einer Versammlung von rund 2000 Oppositionellen entwickelt hatte. Es war vor allem der Intervention von Amnesty International zu verdanken, dass die Moustache Brothers nach fast sechs Jahren entlassen wurden – und sogar (allerdings nur vor Ausländern) wieder auftreten durften. Während des Mönchsaufstands von 2007 wurde U Par Par Lay abermals verhaftet und für 36 Tage ins Gefängnis gesteckt.

## National's Theatre

Neu seit 2014: Der Theatersaal auf dem Gelände der School of Fine Arts, 66th St. (20/21), ✆ 02-61168, bietet 1200 Plätze bzw. am zweiten und vierten Samstag eines Monats von 19–20.30 Uhr Aufführungen traditioneller Musik- und Marionettenkunst, Tickets kosten 10 000 Kyat.

## ÜBERNACHTUNG

Wer Luftverschmutzung und Lärm im Zentrum entrinnen möchte, sollte eine Unterkunft in einer Nebenstraße oder an der Peripherie wählen – oder vielleicht sogar im schönen Sagaing, wo es allerdings nur 2 brauchbare Hotels gibt. Direkt in der Stadt ist die Auswahl immens: Gab es 2011 lediglich 76 Hotels mit rund 3350 Zimmern, waren es 2015 bereits 166 mit fast 8800 Zimmern – und 40 geplanten Neueröffnungen für 2016!
Die jüngste Generation der Hotels kommt gern mit Laminat-Böden, Flachbild-TV, zeitgemäßen Zimmersafes, Touchscreen-Liften oder Dachterrassen-Restaurants (Rooftop- oder Skybars) daher. Fast überall darf mit kostenlosem WLAN gerechnet werden – meist sogar auf dem Zimmer. Mit etwas Komfort wie AC liegt der Mindestpreis bei US$20–25. Die folgenden Preisangaben gelten für ein Doppelzimmer, eine Ermäßigung in der Nebensaison oder für Einzelreisende ist aber durchaus üblich.

### Im Zentrum

Karte S. 322/323

#### Untere Preisklasse

Die stadtweit günstigsten Hotels liegen – meist ohne jedes Backpacker-Ambiente – im pulsierenden Herzen von Mandalay und kosten meist US$20–25, mit Ventilator zuweilen sogar nur US$15–18. Der im Erdgeschoss des Bonanza Hotels Mitte 2014 als erster AC-Supermarkt seiner Art eröffnete, gut sortierte Bonanza Convenience Store, ✆ 02-31035, 🕒 8.30–20.30 Uhr, erleichtert die Versorgung mit vielem, was das Touristenleben angenehm machen kann.

€ **AD-1** ㉗, zwischen (87/88) und (27/28), ✆ 02-34505, ✉ ad.1hotel@gmail.com. Liegt als beliebte Traveller-Unterkunft etwas versteckt dicht an der Eindawya-Pagode bzw. in einem stimmungsvollen Altstadt-Straßenzug. 27 einfache, aber saubere Fliesen-Zimmer mit Fenstern und Warmwasser-Bad zu US$22 bzw. mit AC US$26. Im 4. Stock gibt es eine schöne Dachterrasse für das oft gelobte Frühstück mit 3 Obstsorten (leider nur 7–9 Uhr). ❷

**Bonanza** ㉙, Ecke (82/28), ✆ 02-31032-4. Als 5-stöckiger Bau zentral an einer Kreuzung gelegen, aber viel Straßenlärm und wenige Fenster. Als Pluspunkte lassen sich der schöne Frühstücksraum und der im Untergeschoss eröffnete AC-Supermarkt werten. Zu den 28 teils etwas kleinen AC-Zimmern gelangt man über die Lobby im 1. Stock. ❷–❸

**ET** ⑬, 129A 83rd St. (23/24), ✆ 02-65006, ✉ ethotel129a@gmail.com. Nicht besonders, aber günstig und erstaunlich beliebt. 12 einfach möblierte, saubere Fliesen-Zimmer – einige mit Ventilator und Gemeinschaftsbad, andere modernisiert mit neuer AC und Flachbild-TV. ❷

**Garden** ⑭, 174 83rd St. (24/25), ✆ 02-31884, ✉ gardenhotemdyl@gmail.com. Der langjährige, gut Englisch sprechende Manager Mr. Naylin bietet 32 akzeptable Zimmer, davon 7 mit Ventilator, sowie schöne Flur-Balkone zum Relaxen. Vermietung von Fahrrädern (1500 Kyat) und Mopeds (8000 Kyat, mit Automatik 12 000 Kyat). ❷

**Golden Mandalay** ⑩, 78 (Nga), Ecke (19/60), ✆ 09-4025 18896, ✉ shwendy 1974@gmail.com. Architektonisch originell gestaltet aus Ziegeln und Naturmaterialien, im Inneren teilweise mit faszinierenden Reliefs dekoriert. In ihrer für Mandalay einzigartigen, familiär geführten Bungalowanlage bietet das freundliche Ehepaar Thinzar 10 Komfortzimmer mit erhöhtem Wohlfühl-Charakter (am schönsten ist Nr. 103). Im hinteren Teil der Gartenanlage liegt eine lauschige Bambusterrasse – mit herrlichem Blick auf den gleichen teichartigen Kanal, der mit seinem üppigen Lotosbewuchs auch das Grundstück der Peacock Lodge durchzieht. ❸

**Nylon** ⑮, Ecke (83/25), ✆ 02-33460, ✉ nylon hotel25@gmail.com. Oft gelobtes, 4-stöckiges Hotel mit 25 kleinen, bis unter die Decke gefliesten AC-Zimmern und Badewannen-Bädern. Die an der Rückseite liegenden sind etwas ruhiger. Freundliches Personal. ❷

€ **Rich Queen Gh.** ㉑, 87th St. (26/27), ✆ 02-60172. Noch jung – als beliebte, saubere Traveller-Herberge in guter Innenstadt-Lage, mit moderaten Preisen um die US$25. Die vorderen Zimmer sind wesentlich komfortabler und freundlicher als die lichtarmen im hinteren Bereich. Gutes Frühstück und Verleih von Fahrrädern (1500 Kyat). ❷

**Royal City** ㉔, 130 27th St. (76/77), ✆ 02-31805, 💻 www.royalcityhotel mandalay.com. Gehört dem gleichen Besitzer wie das Royal Gh. Angenehme, freundliche Atmosphäre mit 20 liebevoll dekorierten, über 20 m² großen Zimmern zu US$35 und US$40, die über mehrere Fenster verfügen und sauber bis steril wirken. Der 6. Stock besteht aus einer schönen, teilweise überdachten Dachterrasse, wo es sich (als Alternative zum hoteleigenen Restaurant) angenehm frühstücken und entspannen lässt. ❸

**Royal Gh.** ⑱, 41, 25th St. (82/83), ✆ 02-65697. Wirkt etwas beengt, ist aber als Traveller-Herberge beliebt und daher häufig ausgebucht. 22 in heiteren Farben gestrichene Zimmer, davon 15 mit eigenen Bädern und AC sowie einige mit Balkon (Nr. 101, 102, 201 und 202). Allerlei Serviceleistungen inkl. Vermietung von Fahrrädern (1500 Kyat) und Mopeds (10 000–12 0000 Kyat). Steile Stufen führen die Gäste zu einer lauschigen Rooftop-Lounge. ❷

€ **Treasure** ⑫, Nähe Kreuzung (26/62), östlich des Yezitkan-Teichs, ✆ 02-36033, ✉ yatanartreasure1995@gmail.com. Etwas abgelegen, aber ruhig und preiswert – als 2-stöckiger Winkelbau mit 28 geräumigen, verglasten Zimmern, von denen die teureren Parkettboden haben. 49 weitere Komfortzimmer (an den Ecken sind sie etwas größer) für ebenfalls US$35 bietet der hinten auf dem Grundstück verborgene Neubau von 2013. ❸

**Unity** ㉓, Ecke (27/82), ✆ 02-66583, ✉ unity@ mandalay.net.mm. Die hässliche Fassade des zentral gelegenen Hotels kann leicht darüber hinwegtäuschen, dass es hier 40 gut ausgestattete, mit viel Holz ausstaffierte AC-Zimmer und einen Fahrstuhl gibt. ❷–❸

**Mittlere Preisklasse**

In dieser Kategorie handelt es sich oft um chinesische Hotels der Preiskategorie US$40–50, das Frühstück ist meist inbegriffen.

**Bagan King** ㉕, 44 Ecke (73/28), ✆ 02-67123-4, 💻 www.bagankinghotel.com. Seit Ende 2014 als märchenhaft anmutende

MANDALAY

Unterkunft, an traditioneller Architektur und authentischer Dekoration nicht zu überbieten. Viel Backstein, Holzboden und Teakholzmobiliar sowie landestypische Relief- und Textilwebkunst. 29 Zimmer als Deluxe und Superior King. Hier sollte man zumindest mal im Rooftop-Restaurant oder in der Nga Htway-Bar vorbeischauen. ❺

**Ma Ma Gh.** ⑯, 60th St. (25/26), ☎ 02-33411, 💻 http://mama-guesthouse.com. Der Name ist Programm – zumal dieses neue, 3-stöckige Guesthouse vom denkbar erfahrenen, freundlichen Senior-Ehepaar der benachbarten Peacock Lodge betrieben wird. 9 geräumige, zeitgemäß ausstaffierte Wohlfühl-Zimmer für US$40–60. ❹

**Mandalay View Inn** ⑲, 17 (B) 66th St. (26/27), ☎ 02-61119, 💻 www.mandalayviewinn.com. Direkt am Sedona Hotel und im Besitz einer indischen Familie, der auch das überteuerte Red Canal Hotel gehört. Professionelles und freundliches Management und stilvolles Ambiente. Die 12 Zimmer sind kreativ gestaltet, geschmackvoll möbliert und vergleichsweise günstig (besonders schön sind Nr. 102 und 202). Die 4 Superior-Zimmer sind größer, verfügen über Balkone und Badewannen. Besonders einladend ist das gemütliche, holzverkleidete Frühstücks-Restaurant. Keine Ermäßigung für Einzelreisende und oft ausgebucht. ❹–❺

**Mya Mandalar** ㉖, Ecke (27/69), ☎ 02-3009, ✉ myamandalarhotel@gmail.com. Alteingesessenes, dreigliedriges Hotel, dessen ältester Teil aus den 1970er-Jahren stammt. 42 gepflegte Zimmer, im Hauptbau mit Holzboden. Angenehme Anlage mit Garten und dem ältesten Pool der Stadt sowie dem externen Central Restaurant auf dem Gelände. ❹

**Myit Phyar Ayer** ㊱, 568 80th St. (33/34), ☎ 02-35210, ✉ mpahotel@myanar.net.mm. Alter Stil, aber angenehm – mit 40 gepflegten Zimmern in 6 Etagen und Lift. Die Superior-Zimmer sind etwas größer, mit Holzböden und Badewannen – Suiten gibt es schon für US$60. ❹

€ **Pacific 1 & 2** ㉜, Ecke (30/78), ☎ 02-32506-8, 💻 www.pacifichotelmandalay.com. Gegenüber dem Bahnhof mit 7 Stockwerken und einem guten Preis-Leistungs-Verhältnis. Die beiden Bauten umfassen insgesamt 152 extrem saubere Komfortzimmer mit Teppichboden, Flachbild-TV und passablen Badewannen-Bädern. ❹

**Peacock Lodge** ⑰, 60th St. (25/26), ☎ 02-61429, 09-204 2059, 💻 www.peacocklodge.com. Oft gelobtes Wohngefühl an einem idyllischen Kanal. Seit 1995 und mittlerweile in 2. Generation von dem engagierten Ehepaar Nyein Win Tun (spricht perfekt Englisch) und Chit Su Kyi geführt – und auch etwas teurer geworden. Das Haupthaus beherbergt 5 geräumige Komfortzimmer mit jeweils mehreren Fenstern (im Erdgeschoss kühler, am besten sind Nr. 101 und 102). Ebenfalls über wahlweise AC oder Ventilator verfügen die 4 Neubau-Zimmer, 2 davon (Nr. 107 und 109) sogar über Balkon mit Lotosblick. Das neue Restaurant bietet Homestay-Flair, das Frühstück frische Früchte und hausgemachte Erdbeermarmelade. Fundierte Infos, allerlei Transfers und Touren, Vermietung von Fahrrädern (2000 Kyat). ❸–❺

**Queen** ㉟, 456 81st St. (32/33), ☎ 02-39805, 💻 www.hotelqueenmandalay.com. Zählt zu den jüngeren Hotels der Stadt – mit 68 gepflegten, wohnlichen Holzboden-Zimmern und Badewannen-Bädern. Von den 4 Preisklassen empfehlen sich vor allem die Superior-Kategorie und die Suiten. Im 7. Stock lockt die schöne Sky View Bar mit einem faszinierenden Ausblick und ab 19 Uhr mit Livemusik. ⌚ 17–24 Uhr. ❹–❺

**Silver Swan** ㉞, 400 83rd St. (32/33), ☎ 02-36333, 💻 www.silverswanhotel.com. Nicht nur wegen der 51 sauberen, gepflegten Zimmer mit guter Ausstattung, reichlich Holz und angenehmen Bädern empfehlenswert, sondern auch wegen der schönen Dachterrasse im 8. Stock. ❸–❹

**Smart**, ㉚, 167 28th St. (76/77), ☎ 02-32682, 💻 www.smarthotelmandalay.com. Ob sich der Name gar vom humorvoll-höflichen, weltgewandten Manager Mr. Terrence ableitet, der neue Gäste trotz seines vorgerückten Alters am liebsten persönlich begrüßt? Seit 2012 mit 29 Teppichboden-Zimmern – als Superior (meist Eckzimmer mit Schreibtisch) US$65, in der empfehlenswerten Executive-Kategorie zu US$75 sogar mit lauschigem Balkon (wie Nr. 603 und 604). Der 7. Stock ist als Sky Bar mit tollem Ausblick gestaltet. ❹–❺

**United** ⑨, 60 Ecke (19/64), ✆ 02-274 176, ✉ hotelunited.mdy@gmail.com. Kein besonders origineller Name für ein derart schönes, neues Hotel. Seit Mitte 2014 in perfekter Lage zu allerlei Sehenswürdigkeiten mit 56 großzügig verglasten, wohnlichen Holzboden-Zimmern unterschiedlicher Größe, von denen sich besonders die der Family- und Triple-Kategorie empfehlen. Herrlicher Ausblick auch vom Frühstücks-Restaurant im 7. Stock. ❸–❹

**Yadanarbon** ㉝, 31st St. (76/77), ✆ 02-71058, 💻 www.hotelyadanarbon.com. Seit 2013 in zentraler Lage als wohl erfolgreichste Neueröffnung der Stadt – professionell und freundlich gemanagt. 58 wohnliche Zimmer mit Parkettböden, landestypischer Dekoration, Flachbild-TV und Badewannen-Bädern. Besonders zu empfehlen ist die Deluxe-Kategorie. Das halb offene Sky Bar-Restaurant im 6. Stock bietet einen schönen Ausblick, eine originelle, aber nicht billige Speisekarte sowie in der Hochsaison tgl. von 19–21 Uhr Marionetten-Shows. ❺

### Obere Preisklasse

Reservierungen für diese Kategorie sind per Internetbuchung oft erheblich günstiger abzuwickeln. In der Nebensaison lassen sich die offiziellen Preise oft um bis zu 50 % herunterhandeln.

**Mandalay City** ㉒, 26th St. (82/83), ✆ 02-61700-4, 💻 www.mandalaycityhotel.com. 2004 auf dem Gelände des ehemaligen Busbahnhofs eröffnet, präsentiert sich das Hotel seit seiner umfassenden Renovierung im Boutique-Stil und mit verdoppelten Preisen. 58 der 70 originell dekorierten Holzboden-Zimmer mit tollen Bädern zählen zur US$114 teuren Superior-Kategorie, besonders verlockend erscheinen die beiden großen Suiten. Schöne Innenhof-Oase mit kleiner Stupa und einem 12-Meter-Becken als einzigem Pool im Zentrum. Auch das freundliche Personal sorgt für angenehmes Ambiente. ❺–❻

**Red Canal** ⑪, 417 Ecke (63/22), ✆ 02-61177, 💻 www.hotelredcanal.com. Der ungewöhnliche Name basiert auf dem kleinen, entlang der Straße verlaufenden Kanal. Das Hotel versteht sich mit 26 Zimmern in 4 Kategorien für exorbitante US$300–350 als Boutique-Resort, wirkt aber z. T. etwas eng und verbaut. Für ein nettes Ambiente sorgen der Garten mit kleinen Wasserkanälen und hübschem Pool sowie ein stilsicheres Restaurant. ❽

**Sedona** ⑳, 1 Ecke (66/26), ✆ 02-36488, 💻 www.sedonahotels.com.sg. Galt lange als Hotel-Flaggschiff und touristisches Wahrzeichen von Mandalay. 251 Zimmer mit allem Komfort und Blick auf den Mandalay Hill. 3 gediegene Restaurants und ein großer Ballraum für bis zu 1100 Gäste. Die Preise beginnen bei US$300, doch gibt es zuweilen 50-prozentige Rabatte. Im Siam Spa kann man ermattete Glieder wieder in Schwung bringen. ❽

**Shwe Ingyinn** ㉛, Ecke (30/78), ✆ 02-73462, 💻 www.shweingyinnhotel.com. 61 wohnliche Zimmer (besonders die mit den herrlich gebogenen Fensterfronten), aber nicht gerade zu Schnäppchenpreisen. Toller Rundblick von der Sky Bar im 10. Stock. ❺–❻

**Yadanarpon Dynasty**, ㉘, 413 65th St. (27/28), ✆ 202-21443, 💻 www.yadanarpondynastyhotel.com. Neu seit 2014 in praktikabler Lage. 58 empfehlenswerte Zimmer mit Holzböden, hohen Decken und stilvollem Mobiliar, davon 22 als Deluxe mit Balkonen und 16 als wunderbare Villen zu US$125 – mit Baldachinbetten, großen Terrassen sowie originell geformten Waschbecken und Toilettenschüsseln. ❺–❻

### Außerhalb des Zentrums

Karte S. 320/321

**Ayarwaddy River View** ⑤, Strand Rd. (22/23), ✆ 02-64945, 💻 www.ayarwaddyriverviewhotel.net. Am Ufer des Ayeyarwady – mit entsprechendem Ausblick. 65 angenehme Holzboden-Zimmer in 5 Kategorien und ein Pool. Die 5. Etage ist als AC- und Open-Air-Restaurant mit Bar (Flasche Bier 4000 Kyat) konzipiert, in der Hochsaison gibt es hier tgl. von 20–21 Uhr eine Marionetten-Show. ❺–❻

**Emerald Land Inn** ③, 9 14th St. (87/88), ✆ 02-35694, ✉ emeraldland@wimaxmail.net.mm.

Ziemlich im Abseits als Oase inmitten eines Wohnviertels. Außergewöhnliches, angenehmes Hotel mit eigenem Stil und 37 Zimmern oder Suiten, die sich in 2 Gebäuden und einigen Bungalows verteilen – umrahmt von einer hübschen Gartenanlage mit kleinem Pool und viel Liebe zum Detail. ❹–❺

**Mandalay Hill Resort** ①, 9 10th St., ✆ 02-35638, 💻 www.mandalayhillresorthotel.com. Herrliche Oase am Fuß des Mandalay Hill und beste Option am Ort. Das einstige Novotel der Accor-Gruppe beherbergt 208 stilvolle, bestens ausgestattete Zimmer und Suiten, zu denen die Gäste mit Mandalays schönsten Liften (vertäfelt und verspiegelt, frische Blumen und Musik) gelangen. Im schönen Garten des 8-stöckigen Hotels finden sich ein großes Schwimmbad, das Gartentheater Kisanar sowie ein Meditationszentrum und das Mandalar Spa mit ausgefeilter Wellness. Während der Saison spielt ein Pianist in der Lobby, insgesamt verfügt das Hotel über fast 400 gut geschulte, stets freundliche Mitarbeiter sowie auch einen ASEAN Green Award – verliehen u. a. für die Abwassernutzung und Reduzierung von Chemikalien die. Auch das tägliche Frühstücksbuffet kann sich sehen lassen. ❻–❼

**Rupar Mandalar Resort** ⑥, A-15 Ecke (53/30), rund 4 km östlich vom Zentrum, ✆ 02-61553-9, 💻 www.ruparmandalar.com. Hier hat ein Magnat aus dem Edelsteingeschäft seinen Traum verwirklicht. Als eindrucksvoller Edelholzpalast präsentiert sich das stilvollste Hotel von Mandalay, dessen Zufahrt ein imposanter Baumstumpf ziert. 46 Zimmer in 6 Kategorien, die meisten als Suiten. Wände und Decken sind mit feinstem und nach allen Regeln der Kunst verarbeitetem Hartholz verkleidet, während die TV-Geräte sogar eine Art Pyjama tragen. Die Preise beginnen bei US$380, doch werden zuweilen erhebliche Nachlässe gewährt. ❽

**Shwe Pyi Thar** ⑧, B 8 Pyin U Lwin Rd. (31/31), ✆ 02-74402-9, 💻 www.hotelshwepyithar.com. Seit 2012 teuerstes Hotel von Mandalay bzw. Hobby eines Goldminenbesitzers und Juweliers, Mitte 2015 vom Konzern **Best Western** übernommen. Es dominieren Holz, Marmor und edle Tapeten. Von den 91 Zimmern mit 33–380 m² liegen 63 als Deluxe-Kategorie und 4 als Suiten im Hauptbau, der Rest sind Villen ab US$1000 – darunter die legendäre Royal King Villa. Bis Ende 2016 kommt ein monströser Hotelturm mit 200 Zimmern hinzu. ❼–❽

**Shwe Taung Tarn Hotel** ②, 14th St. (88/89), ✆ 02-75405, 💻 http://shwetaungtarnhotel.webs.com. Neu seit 2012 mit origineller Architektur, erhöhtem Wohlfühlcharakter und Pool. 14 apart dekorierte, wohnliche Zimmer mit je einem großen und einem kleinen Bett, Eck-Badewannen und Privatbalkonen im Obergeschoss. ❺

**Woodland** ④, 101 D/E Yatanabon St., ✆ 02-22141, 💻 http://woodlandhotel.net. Etwas abgelegen, im Besitz eines Inders. Ein für Mandalay ungewöhnliches Hideaway, das mit seinem Resort-Charakter, der üppigen Begrünung, dem Nieren-Pool und viel Holz eher an Thailand erinnert. 20 Zimmer in Bungalows mit schönen Terrassen sowie 10 Zimmer mit kleinen Terrassen in einem Neubautrakt. ❸–❹

## ESSEN

Die Gastronomie-Szene von Mandalay wächst nicht so schnell wie in Yangon, doch finden sich hier – ob schon lange etabliert oder noch jung – jede Menge verlockende Restaurants. Zur neuen Generation zählen etliche

### Boom der BBQ-Biergärten

Immer mehr Einheimische zieht es in die beliebten BBQ-Beergardens: Aus großen Kühlschränken- oder tresen suchen sich die Gäste aus, was sie gern gegrillt haben möchten – und bestellen sich dazu Hot-Pot-Suppen oder weitere Gerichte von der Speisekarte sowie eisgekühltes *Myanmar*-Bier vom Fass. Einige Restaurants bieten sogar Livemusik (wie z. B. das **Hlaing Thant**, 26th St. (63/64), ✆ 02-611 132, ⌚ 9.30–21 Uhr) oder eine Großbildleinwand, über die z. B. aktuelle oder aufgezeichnete Fußballspiele flimmern. Viele Restaurants der neuen Spezies finden sich in der 30th St., die deshalb auch gern als **BBQ Street** bezeichnet wird ...

© VOLKER KLINKMÜLLER

In den traditionellen Teestuben sitzt man auf Miniatur-Mobiliar zusammen.

Dachterrassen-Spots (s. Hotels) oder auch die BBQ-Biergärten (S. 344). Als Alternative bieten sich einfache **Essensstände** an, wie sie in belebten Straßenzügen oder auf dem Nachtmarkt am Zeigyo-Markt in der 84th St. (28/29) bis spät abends geöffnet haben. Tagsüber wird vielerorts frisch gepresster Zuckerrohrsaft mit Eis angeboten, laden etliche **Teestuben** mit belebenden Tee- und Kaffeemixturen zur preiswerten Rast ein (S. 347).

## Im Zentrum

Karte S. 322/323

### Birmanisch

**Aye Myit Tar**, 530 81st St., ✆ 02-31627. Schlichtes Ambiente, aber viel gelobt für das freundliche, aufmerksame Personal und die authentische Küche – wie einheimische Currys oder das Tontopf-Gericht *meeshay*, serviert stets mit allerlei Gratis-Beilagen. ⌚ 8.30–21.30 Uhr.

**Green Elephant**, 3H 27th St. (64/65), ✆ 02-61237, 💻 www.greenelephant-restaurants.com. Professionell und erfolgreich geführt in einem betagten Kolonialbau, wie auch das Preisniveau beweisen dürfte. Die Gäste können auf einer schönen Holzterrasse speisen, an den 3 Tischen im AC-Bereich mit Erker oder lauschig in Salas unter Bäumen mit Lampions im Garten. Die Hauptgerichte beginnen bei 8000 Kyat. Zu den Spezialitäten des Hauses zählen das *chicken curry* mit Joghurt für 9000 Kyat oder gegrillter *cottage cheese* mit Zwiebeln für 5000 Kyat. Ebenso empfehlenswert wie touristisch sind die Ableger in Yangon und Bagan. ⌚ 11–21.30 Uhr.

€ **Pakokku Daw Lay May**, 73rd St. (27/28), ✆ 02-35082. Einfach, aber sauber und atmosphärisch. Die Gerichte stehen in Muster-Schälchen in einer Vitrine, zudem kommt automatisch eine enorme Menge an Beilagen auf den Tisch. ⌚ 10–21 Uhr.

**Shwe Taung Tan (Kyae Ohe)**, 802 66th St. (26/27), gegenüber dem Sedona Hotel, ✆ 02-68123. Beliebt für seine großen Schüsseln mit guter einheimischer Suppe zu 3000 Kyat. Neuerdings gibt es einen Ableger an der Ecke (Manawhari St./64th St.). ⌚ 10.30–22 Uhr.

**Too Too**, 79 27th St. (74/75), ✆ 02-66451. Kann auf eine Tradition von über 30 Jahren zurückblicken und erstreckt sich über 3 Räume, einer davon mit AC. Die Gäste werden aus Töpfen in einer Glasvitrine bedient. Es munden besonders die auf Einheimische zugeschnittenen, aber nicht preiswerten Currys mit Lamm, Ziege oder Flusskrabben. 🕒 9.30–21 Uhr.

**Unique Myanmar**, Ecke (27/65), ✆ 02-23562. Neu seit 2013 – als auf Touristen ausgerichtetes, halb offenes Restaurant, das mit Kerzenlicht-Ambiente und aufmerksamem Personal punkten kann. Bei der Zubereitung der Speisen wird angeblich auf lokale Bioprodukte gesetzt statt auf die Verwendung von Glutamat. Die meisten Gerichte kosten 3000–6000 Kyat – jeweils ausgewiesen für kleine und große Portionen. 🕒 9–22 Uhr.

### Chinesisch

**Kohn Htat**, 28th St. (80/81), gegenüber dem Myoma-Kino, ✆ 02-24100. Spartanisch, aber empfehlenswert aufgrund der köstlichen und erfreulich günstigen Hühnchengerichte. Zudem munden hier allerlei Eiscreme-Variationen. 🕒 7–19 Uhr.

**Mann**, 83rd St. (25/26), ✆ 02-66026. Bereits etabliert seit 1977, hat dieser Klassiker nach der letzten Renovierung zwar an urtypischem Charme verloren, fungiert aber nach wie vor als beliebter Anziehungspunkt für Traveller, die sich hier gern unter die Einheimischen mischen. Gute Speisen zu Preisen von 2000–2500 Kyat, großes *Myanmar Beer* nur 1500 Kyat. Ideal nicht zuletzt auch für eine späte Versorgung mit günstigen Getränken und Spirituosen sowie Mieten von Fahrrädern (2000 Kyat) oder Mopeds (10 000 und 15 000 Kyat). 🕒 11–22 Uhr.

**Min Min**, 83rd St. (26/27), ✆ 02-34449. Lang gestrecktes, stuckverziertes Innenstadt-Restaurant mit einer fast vier Jahrzehnte währenden Tradition – wie der freundliche, gut Englisch sprechende Besitzer Mr. Caesar Mah gern zu betonen pflegt. Gute und preiswerte Küche mit chinesischen, aber auch birmanischen und moslemischen Speisen. Besonders beliebt sind die geröstete Honig-Ente und Hühnchen für 2500 Kyat pro Teller, im ganzen Stück erhältlich für 9000–11 000 Kyat. 🕒 10.30–21 Uhr.

### Indisch

**Marie Min**, 27th St. (74/75), ✆ 02-36234. Viel gelobtes Vegetarier-Restaurant in ruhiger Lage, betrieben von einer freundlichen indischen, katholischen Familie. Angenehmes Ambiente mit 8 Tischen auf einer halb offenen Terrasse im Obergeschoss. Die Speisekarte bietet Currys ab 3000 Kyat, Müsli, Bratkartoffeln oder Pfannkuchen. Gute Joghurt-Drinks und inzwischen endlich auch Bier. Im Erdgeschoss lockt der angegliederte Souvenirladen Sun Flower. 🕒 9–21.30 Uhr.

**Spice Garden**, im Red Canal Hotel, S. 343. Hier ist nicht nur das Ambiente, sondern auch das Preisniveau gehoben, zumal es sich um das einzige indische Fine-Dining-Restaurant Mandalays handelt. Gebrutzelt werden die exzellent mundenden Speisen in einer Schauküche. Besonders schön sitzt es sich auf der Terrasse am künstlichen Wasserfall. 🕒 6–22.30 Uhr.

### Thai

**Ko's Kitchen**, 282 Ecke (19/80), ✆ 02-69576. Langjährig geführt von einer Thailänderin. Angenehmes Ambiente, aber in der Saison auch viele Reisegruppen – deshalb rechtzeitig reservieren. Vielfältige, bebilderte Speisekarte mit guten und auch einigen günstigen Gerichten. Im Untergeschoss sitzt es sich angenehmer als oben – und die Gäste können durch ein Panoramafenster in die Küche schauen. 🕒 11.30–14.30 und 17.30–22 Uhr.

**Rainforest**, 27th St. (74/75), ✆ 02-36234. Noch jung, aber beliebt und bestens geeignet, um hier luftig bei offenen Fenstern abzuhängen ... Nette Atmosphäre, üppige Dekoration und oft gelobte, authentische Thai-Küche in ansehnlichen Portionen. Die thailändische Köchin ist mit dem Besitzer verheiratet, der im Erdgeschoss einen interessant bestückten Souvenirladen betreibt und der Bruder von Marie Min (schräg gegenüber) ist. 🕒 9–22 Uhr.

**Thai Thani**, 27 64th St. (27/28), ✆ 09-2592 36878. Neu seit 2014 und beliebt für authentische Thai-Küche – wie sich nicht zuletzt an der häufigen Gegenwart thailändischer Gäste

## Kein Tag ohne Teestube

Noch mehr traditionelle Teestuben als in Yangon soll es in Mandalay geben ... Überdacht, unter freiem Himmel oder im Schatten von Bäumen laden sie mit einfachem, oft miniaturartig kleinem Mobiliar zu frisch zubereitetem Tee, Kaffee, Kakao, Milchshakes ab 500 Kyat und überaus günstigen Snacks ein, vor allem aber zum geselligen Beisammensein.

### Sehnsüchte im Straßenleben

Bereits gegen 5 Uhr morgens öffnen die ersten Teestuben zum Frühstück, während sich andere auf das Mittags- oder Nachmittagsgeschäft spezialisiert haben. Zwischen 19 und 23 Uhr bilden sie den Mittelpunkt von Mandalays Nachtleben, das bisher noch ohne Discos oder Musikkneipen auskommt. Dann hocken nur noch männliche Besucher auf den Stühlen und Schemeln, hören Musik und versuchen, ihren Tee mit *Eye Candies* zu versüßen: Im vorbeiziehenden Straßenleben halten sie nach hübschen Mädchen Ausschau, um die Sehnsucht nach Romantik, Liebe und Eheglück schweifen zu lassen ...

### Tee mit Samosa und Salz

Da die meisten Teestuben eine indische Ausrichtung haben, gehören vielerorts dreieckige Samosa-Teigtaschen oder Palata-Fladenbrot zum Angebot, während es bei den eher chinesisch beeinflussten Tea Shops Frühlingsrollen, Dampfbrötchen oder frittiertes Stangengebäck sind. Wie Kaffee wird auch Tee – im Birmanischen *laphet ye* genannt – gern mit viel Milch und Zucker aufgebrüht, wie es in Indien üblich ist. Je nach Zubereitung ist zwischen *pon maen* (nicht süß, nicht bitter), *cho pot* (eher bitter), *pot kya* (sehr bitter), *faen cho* (süß und bitter) und *kyauk pa daung* (stark gesüßt) zu unterscheiden. Manchmal wird der Tee auch mit einer Prise Salz veredelt.

### Modernisierung einer Institution

Die Qualität einer Teestube lässt sich am einfachsten an der Dichte der abgestellten Mopeds ablesen. Besonders populär sind beispielsweise das **Min Tiha Café** in der 72nd St. oder das **Shwe Pyi Moe** in der 66th St. (26/27), das besonders für seine Pastries und Pancakes gerühmt wird. Doch die Jugend zieht es verstärkt in die moderne Generation der Teestuben bzw. gestylten, tief heruntergekühlten Eiscafés, von denen in Mandalay nun immer mehr eröffnen – und die natürlich meist auch WLAN zu bieten haben ...

ablesen lässt ... Reiche Auswahl von Speisen zu angemessenen Preisen – zu genießen in einem einladenden Innen- und Außenbereich. ⌚ 10–14 und 18–21 Uhr.

**Westliche Küche, Snacks und Szenetreffs**

**Bistro at 82nd**, 82nd St. (30/31), ✆ 09-7312 2527, 09-2501 21280, ✉ bistro82nd@gmail.com. Neu und angesagt, aber mit gehobenem Preisniveau. Erstreckt sich über 3 Räumlichkeiten mit Holzboden und sparsamer, eigenwilliger Dekoration. Der Expat-Amerikaner Chad bietet exzellente, westliche Speisen wie Steaks, Salate und Desserts als kreativ konzipierte Tellergerichte. Vorspeisen etwa 3000–6000 Kyat, Hauptspeisen ab 8000 Kyat. ⌚ 11–22 Uhr.

**Cafe City**, am östlichen Palastgraben, 66th St. (20/21), ✆ 02-24054. Populär nicht nur bei der einheimischen Jugend. Wirkt etwas dunkel, generiert aber mit Boden und Decke aus Holz, dem rötlichen Korbstuhlmobiliar, origineller Deko und Bildern an der Wand eine gewisse Wohlfühlatmosphäre. Geboten werden allerlei Kaffeespezialitäten und Eiscreme, aber z. B. auch leckere Pizza, Spaghetti und

## Gut und günstig: Shan-Buffets

In der nördlichen Innenstadt finden sich als ideale Option (besonders für Vegetarier) zum Mittags- oder Abendmahl einschlägige Restaurants mit authentischer Shan-Küche. Als Buffet bzw. verlockende Probiermeile arrangiert, können die Gäste per Fingerzeig zwischen rund zwei Dutzend täglich wechselnder Speisen wählen. Vegetarische Gerichte kosten meist 500 Kyat pro Teller, Fleisch oder Fisch liegen bei 1000–1500 Kyat. Mancherorts kann man sich den Bauch auch zur Flatrate von 3000 oder 4000 Kyat vollschlagen. ◷ Kernzeit 9.30– 21.30 Uhr.

**Golden Shan**, 84th St. (22/23), ✆ 09-2533 18141. Auch nach dem Umzug in einen Neubau die wohl beste Option. Reichhaltige Auswahl in guter Qualität und Früchte als Nachtisch.

**Lant Mawl Sail**, 84th St. (22/23), ✆ 09-4037 02971. Üppig bestücktes Buffet mit günstiger Flatrate zum Schlemmen.

**Lashio Lay**, 23rd St. (83/84), ✆ 02-22653. Bereits seit über 30 Jahren etabliert und beliebt. Unbedingt mal das *red pork curry* versuchen, auch wenn es keinerlei Curry enthält. Gespeist wird an großen Rundtischen oder auch im Obergeschoss.

**Nan Khan Man**, 84th St. (22/23), ✆ 02-33024. Familiär geführt, macht aber bisher nicht einen ganz so gepflegten Eindruck wie die anderen Shan-Restaurants.

**Pyi Taw Win**, 79th St. (26/27), ✆ 09-680 1787. Etwas abgelegen und schlicht, doch gibt es hier auch frisch Gegrilltes und eisgekühltes Fassbier.



Seafood-Gerichte sowie natürlich auch WLAN. Der Besitzer betreibt auch das **BBB** (Barman Beer Bar), 292 76th St. (26/27), ✆ 02-73525, das einst und lange zu den ersten westlichen Restaurants der Stadt zählte. ◷ 9–23 Uhr.

**Café jj 26**, 26th St. (26/65), ✆ 02-74349, 🖳 www.cafejj.com. Gepflegt, gediegen und gut heruntergekühlt bzw. angesagt als stilvolle (Internet- und Surf-)Oase mit behaglichem Korbstuhl-Mobiliar, ansprechender Dekoration, vielen roten Kissen und attraktiv bebilderter Speisekarte. *American breakfast* inkl. Pommes und Würstchen, kreativ gestaltete Tellergerichte und Pizza für 7000–13 000 Kyat sowie Kaffeespezialitäten, Milchshakes, Fruchtsäfte oder auch *Tiger*-Fassbier und Cocktails. Als kleinerer Ableger findet sich das **Café jj 73**, 73rd St. (32/33). ◷ beide 8–22.30 Uhr.

**Central Park**, 27th St. (68/69), ✆ 09-9101 3500. Neu und klein, aber beliebt – besonders bei Insidern. Originelle westliche Kreationen wie *worksburger* mit Spiegelei und Ananas oder mexikanische Speisen wie *tacos* und das leckere *chicken quesadillas*. Ein Glas *Tiger*-Fassbier kostet 1000 Kyat, Cocktails liegen bei 3000–6000 Kyat und umfassen illustre Kreationen wie *Adios Motherfucker* oder *AK 47*. Während der Happy Hour von 18.30–19.30 Uhr gibt es das zweite Getränk gratis. Ebenso verlockend: Für 4000 Kyat kann man das Schwimmbad des benachbarten Mya Mandalar Hotels nutzen. ◷ Mo–Do 14–23, Fr, So schon ab 11 Uhr.

**Fudo Cake & Ice-Cream**, Ecke (35/74), ✆ 09-603 2261. Neue Kette mit gehobenem Niveau und stadtweit 4 Filialen. Verlockender, üppig bestückter Kühltresen zum Auswählen. Kuchen, Eiscreme, Fruchtsäfte. Angenehm, um sich etwas hinzuhocken und abzukühlen. ◷ 8–22 Uhr.

€ **Noble Cake Bakery**, 250 A 28th St. (82/83), ✆ 02-69508. Moderne und gut sortierte Bäckerei mit allerlei Kuchen und Keksen zu verschwindend geringen Preisen. ◷ 7.30–21 Uhr.

**Nylon Icecream**, 176 Ecke (25/83), ✆ 02-65754. In der besten und bekanntesten Eisdiele der Stadt sitzen die Gäste auf Alu-Mobiliar. Der synthetische Name scheint für einen hohen Grad an Keimfreiheit zu stehen, denn Magenprobleme gibt es hier nach dem Besuch eigentlich nie. Ob *Rainbow*-Eis, Erdbeer-Milchshake, Joghurt oder Pudding – alles mundet gut. ◷ 7–21 Uhr.

**Rainbow**, Ecke (23/84), ✆ 02-23266. Das Eckhaus-Restaurant entpuppt sich als populärer Treff der Einheimischen. Serviert wird reichlich BBQ-Kost und eisgekühltes *Myanmar*-Fassbier (Glas 600 Kyat, Krug 2400 Kyat). Die 1. Etage lockt als AC-Raum, die 2. als luftige Dachterrasse. Die zahlreichen Spucknäpfe allerdings können westliche Gäste etwas irritieren. ⌚ 9.30–22 Uhr.

### Außerhalb des Zentrums

Karte S. 320/321

**Birmanisch**

**A Little Bit of Mandalay**, 1-A/3, 28 St. (52/53), ✆ 09-9104 8506, 💻 www.littlemandalay.com. Länger etabliert, aber nach dem Umzug an die Peripherie der Stadt mit völlig verändertem Ambiente. In traditioneller Architektur bzw. U-Form errichtetes Veranda-Restaurant mit tropischer Begrünung und 24-Zimmer-Hotel. Das freundliche, ehemalige Reiseleiter-Ehepaar Ma Theingi und U Min lockt mit einer glutamatfreien Speisekarte, auf der vielversprechende Gerichte wie *Irrawady Wharf* oder *Irrawady Treats* für 4000–7000 Kyat stehen, doch die Qualität ist spürbar auf Touristen(gruppen) ausgerichtet. ⌚ 11–14.30 und 17–21.30 Uhr.

**Chinesisch**

**Golden Duck**, 192 Ecke (80/16), ✆ 02-36808. Erstreckt sich über 3 Etagen und ist eher auf Reisegruppen ausgerichtet, bietet aber gute chinesische Knusper-Ente sowie birmanische, thailändische und europäische Gerichte – serviert zu gehobenen Preisen. ⌚ 10–21 Uhr.

**Mya Nandar**, Strand Rd. (26/35), ✆ 02-66110. Gediegen-gepflegtes, halb offenes Restaurant in hervorragender Uferlage und prädestiniert, um hier den Sonnenuntergang zu genießen – bei leider 1000 Kyat teurem *Tiger*-Fassbier (Krug sogar 5000 Kyat, Flasche 3500 Kyat) oder Cocktails zu 4500 Kyat. Von der verlockend bebilderten, vergleichsweise günstigen Speisekarte empfehlen sich u. a. die leckeren Gerichte mit Lammfleisch oder Fisch. Allabendlich gibt es von 19–21 Uhr traditionelles Marionetten-Theater, aber zuweilen auch Karaoke-Singsang. ⌚ 9–22 Uhr.

**Super 81**, No. 582 81 St. (38/39), ✆ 02-32232. Neu – vielleicht als Alternative zum lange etablierten Golden Duck. Einheimische speisen meist unten, Ausländer lieber im klimatisierten Obergeschoss oder auf der schönen Dachterrasse. Üppig bemessene Portionen – knusperig gebraten und herzhaft gewürzt, wie z. B. *grilled duck with honey*, *szechuan chicken* oder *fried chicken basil leaf*. Dazu können die Gäste eisgekühltes Fassbier strömen lassen. ⌚ 9–23 Uhr.

**Ya Mone Hlaing**, Strand Rd., ✆ 02-60314. Neben dem Mya Nandar-Restaurant, aber erheblich spartanischer und billiger. Nicht weit vom Mingun-Pier eröffnet sich ein herrlicher Panoramablick auf den Ayeyarwady, das bunte Treiben am Ufer und den Sonnenuntergang. Im Schatten großer Bäume gibt es zu Gratis-Erdnüssen frisch gezapftes, eisgekühltes *Dagon*-Fassbier zu 600 Kyat (Krug 3000 Kyat) und einheimische Speisen zu 3000–5000 Kyat. Aus dem neuerdings angegliederten AC-Café kann man sich Kaffeespezialitäten kommen lassen sowie inzwischen sogar auch westliche Gerichte wie Pizza oder Cordon Bleu. ⌚ 9–22 Uhr.

## UNTERHALTUNG

Das **Nachtleben** von Mandalay hält sich in Grenzen. Es gibt einige schummrige Karaoke-Schuppen, in denen reichlich Flaschen- und Fassbier fließen und laute Musik läuft sowie Fashion-Shows, die fast nur einheimische Gäste in Stimmung bringen. Das am Mandalay Hill bzw. dem größten öffentlichen Schwimmbad der Stadt (mit 20-Meter-Pool und Sprungturm, ⌚ 6–18 Uhr, Eintritt 1000 Kyat) liegende **Yadanarpon Restaurant & KTV**, ✆ 09-3308 9999, ist einen Besuch wert. Hier lässt es sich ausgiebig schlemmen und trinken (z. B. *Tiger*- oder *Myanmar*-Fassbier für 800 bzw. 1000 Kyat pro Glas), während auf einer farbenfroh beleuchteten Bühne trällernde Sängerinnen, illustre Schönheitswettbewerbe und Fashion-Shows für Unterhaltung sorgen, ⌚ 19–24 Uhr (Restaurantbetrieb bereits ab 10 Uhr).

Eine gediegenere Alternative abendlicher Unterhaltung bietet die **Kipling's Lobby Lounge** im Mandalay Hill Resort Hotel. ⌚ 20–23 Uhr, bei viel Betrieb auch länger.

## EINKAUFEN

### Einkaufszentren

Die modernsten, größten und besten Einkaufszentren von Mandalay reihen sich entlang der 78th St. auf. Als landesweites Flaggschiff eröffnete Mitte 2011 das 6- bzw. 7-stöckige **Yadanarpon Diamond Plaza**, www.yadanarpondiamondplaza.com, 9–21.30 Uhr. In futuristischer Architektur konzipiert und von ansehnlichen Rotunden geziert, beherbergt der 181 000 m² große Komplex rund 2200 Ladeneinheiten, die allerdings noch längst nicht alle bestückt werden konnten. Im obersten Stockwerk liegen ein Kino, ein Food Court und Kinderspielstätten. Im Untergeschoss erstreckt sich der bestens sortierte Supermarkt **Ocean Supercenter**, www.oceansupercenter.com, 9–21.30 Uhr. Eine weitere Niederlassung dieser landesweit führenden Unternehmenskette, hat in der 73rd St. (Thazin St./Ngu Shwe War St.) am Stadtrand eröffnet.

### Fotoläden

Professionelle Fotogeschäfte finden sich vor allem in der Nähe des Bahnhofs.

**Nice Photo Express**, 305 35th St. (82/83), 02-63239. Das Herunterladen von Digitalfotos auf CD kostet 1000 Kyat, während für einzelne Abzüge 90 Kyat verlangt werden.

**Top Color**, 13 30th St. (77/78), 09-9102 1745. Brennt Foto-CDs für günstige 500 Kyat, einzelne Abzüge kosten je nach Menge 70–90 Kyat. 8–21 Uhr.

### Kunst(handwerk) und Schmuck

Gibt es quasi überall zu kaufen, v. a. an den Zuwegen (wie dem Ostgang der Mahamuni-Pagode) zu den und meist sogar auch innerhalb der Tempelanlagen oder natürlich auch direkt in den Werkstätten. Wer mit Führern, Fahrern oder anderen professionellen Schleppern auf Einkaufstour geht, sollte nicht vergessen, dass viele Geschäfte diesen hohe Provisionen zahlen, die sich natürlich über den Verkaufspreis finanzieren. Empfehlenswert und günstig sind die vielerorts angebotenen Ölgemälde und Aquarelle, die es sogar schon im Postkartenformat gibt.

**Aung Nan**, in den Häusern 97-99 an der Mandalay-Sagaing Rd., kurz vor der Bon Kyaw-Brücke, 02-70145, 09-3330 4689,

Besonders in der 78th Street präsentiert sich Mandalay mit einem modernen Gesicht.

© VOLKER KLINKMÜLLER

💻 www.aungnan.com. In dieser Schatzkammer sollte man sich auch umschauen, wenn man partout nichts kaufen möchte ... Weitläufiges, uriges Stöbergeschäft mit *Tomb Raider*-Charme, wo sich zu vergleichsweise teuren Preisen das unterschiedlichste Kunsthandwerk findet und teilweise auch produziert wird. 🕒 8–17 Uhr.

**Rocky Gems & Jewellery Trading**, 27th St. (62/63), 📞 02-74106, 09-201 3447. Mrs. Myint Myint und ihre Töchter warten nicht gerade mit Discountpreisen auf, doch gibt es meist bis zu einem Drittel Rabatt, wenn man ohne Schlepper kommt. Das reichhaltige Sortiment an Edelsteinen (wie z. B. blauer Saphir oder schwarzer Turmalin), das durch regelmäßige Einkaufstrips nach Mogok aufgefrischt wird, kann sich genauso sehen lassen wie das Angebot von Schmuck, Kunst(handwerk) und Textilarbeiten. 🕒 8–21 Uhr.

**Sun Flower**, s. Marie Min Restaurant. Vor oder nach dem Essen bereitet es Spaß, seinen Blick durch das bunte Sortiment dieses Souvenirladens schweifen zu lassen. Das gilt erst recht für die Glasvitrinen im Obergeschoss. 🕒 7–21 Uhr.

**U Sein Myint**, 42 62nd St., 📞 02-26553. Der 70-jährige Künstler, dessen Werke es bis in das New Yorker UN-Hauptquartier geschafft haben, produziert schöne Wandbehänge, während seine Werkstatt eindrucksvoll mit Antiquitäten, Gemälden und Schnitzereien dekoriert ist. 🕒 9–18 Uhr.

## Thanaka aus erfahrener Hand

Wer in Myanmar unterwegs ist, wird schnell feststellen, dass es im Vergleich zu anderen asiatischen Ländern kaum einheimische Frauen gibt, die unter Hautproblemen im Gesicht leiden. Das Erfolgsrezept heißt Thanaka, das unter westlichen Besucherinnen zu einem immer beliebteren Souvenir avanciert. Die pastellfarbene Paste aus geriebenem Holz des Zitrusbaums *Limonia acidissima* (auf Deutsch: Indischer Holzapfel oder Elefanten-Apfel) und Wasser kann die Haut vor Sonne, Schmutz und Austrocknung schützen. Zum Erwerb eignet sich besonders das fast 60 Jahre alte Geschäft der betagten Schwestern **Daw Thi** und **Daw Yi**. In Haus Nr. 163 der 80th St. (28/29), 📞 02-65660, lässt sich Thanaka in allen Variationen erwerben, auch als originäre Holzstangen. Kleine Plastikdosen kosten 500 Kyat, die großen 1000 Kyat. Empfehlenswert ist vor allem (am besten zum nächtlichen Auftragen) die unparfümierte, besonders effektive Variante in den schlichten, gelblichen Dosen. 🕒 8.30–21 Uhr.

## Märkte

Überragt von Mandalays erstem Wolkenkratzer, der nach vieljähriger Bauzeit als klotziger Profanbau mit 25 Etagen in den Himmel ragt, erstreckt sich in der 84th St. (26/27 und 27/28) als pulsierendes Herz der Stadt der **Zeigyo-Markt**, 🕒 8–16.30 Uhr. Der Begriff Zeigyo, Zei-gyo, Zegyo, Zay Cho oder Zei-cho, der „Se-Dschou" gesprochen wird, bedeutet ganz einfach: Zentralmarkt. Einst bestand er aus weitläufigen, einstöckigen Markthallen, die 1903 von dem italienischen Grafen Caldari – damals Chefsekretär der Stadtverwaltung Mandalays – entworfen worden waren. 1990 wurde das Bauwerk gegen den Widerstand der Bevölkerung abgerissen und durch eine hässliche Betonkonstruktion mit Rolltreppen und Aufzügen ersetzt. Das chinesisch bis sozialistisch anmutende, in zwei Gebäudeteile mit bis zu vier Geschossen zergliederte Marktlabyrinth wirkt auf westliche Touristen nicht besonders anziehend, zeichnet sich aber durch ein reichhaltiges Angebot mit Waren aus dem ganzen Land, China und Thailand aus. In vielen kleinen Ladeneinheiten werden Alltagswaren, Schmuck, Bücher, Kleidung und Stoffe oder auch Kunsthandwerk verkauft.

Auf dem **Kaing Dang-Markt** in der 27th St. (86/87), einige Straßenzüge westlich des Zeigyo-Markts, werden frisches Gemüse, Obst und Zuckerrohr angeboten. Der größte Umschlagplatz für frische Lebensmittel ist allerdings der **Nyaung Pin Bazaar** in der 19th St. (84/86). Der **Mingala Bazaar** ist ein kleiner, aber lebendiger Markt an der Ecke (73/30). Auf religiöse Artikel spezialisiert ist der **Payagyi-Bazaar** in der Nähe der Mahamuni-Pagode, 83rd St. (44/45).

In der immer schneller wachsenden Chinatown hat sich der **chinesische Straßenmarkt** ausgebreitet, dessen Kern in der 34th St. (74/76) liegt. Außer Lebensmitteln und vielen Garküchen gibt es hier auch ein breites Angebot an Textilien und besonders preisgünstige Alltagswaren aus China und Thailand.
In der 84th St. (27/29) beginnt mit der Dämmerung ein **Nachtmarkt**, dessen Sortiment an Radios, Uhren, Werkzeug, Musikkassetten, T-Shirts, Jeans, Militärausrüstung und Postern nicht besonders vielfältig erscheint. Doch ein Bummel bietet stets interessante Eindrücke und führt an zahlreichen günstigen Garküchen vorbei. Gegen 22 Uhr packen die Händler ein.

### Schuhe

**Shwe Nagar Sandals & Slippers**, 233 80th St. (31/32), ✆ 02-68699. Bietet eine üppige, qualitativ hochwertige Auswahl (auch Ausländer-Größen) an traditionellen, teilweise auch extravaganten Slippern, die auf Wunsch auch maßgefertigt werden. Die Preise allerdings liegen zwei- oder gar dreimal höher als andernorts – was darin wurzeln dürfte, dass für die Popularität bezahlt werden muss … Denn hier kaufen auch Models, Film- und Popstars oder sogar Thailands Prinzessin ein, wie es die an den Wänden hängenden Fotos stolz verkünden. 🕒 8–21 Uhr.

### Silberwaren

**Silver Ware Handicraft**, Ecke (66/24), ✆ 02-35635, mit betriebsamer Werkstatt und Filiale an der Durchgangsstraße in Sagaing bzw. im Silberschmiede-Bezirk Ywataung, ✆ 072-21304. Die Familie von U Ba Mhin und Daw Khin Lay verkauft schönen, teilweise recht günstigen Silberschmuck sowie größere Arbeiten. 🕒 7.30–17.30 Uhr.

## SONSTIGES

### Fahrrad- und Mopedverleih

Dichter Verkehr, schmutzige Luft und tropische Hitze können die Fortbewegung per Zweirad zum zweifelhaften Vergnügen machen. Vermietungen finden sich vor allem im Stadtkern, z. B. am/im Royal Gh., Rich Queen Gh., Garden Hotel oder Mann Restaurant sowie in der Peacock Lodge. Einfache **Fahrräder** (mit 3 bis 6 Gängen) kosten 1500–3000 Kyat pro Tag, **Mountainbikes** bis zu 15 000 Kyat.
**Mopeds** zu mieten ist für Touristen wegen der Unfallgefahr offiziell verboten, doch werden motorisierte Ausländer meist nicht aus dem Verkehr gezogen. Pro Tag sind je nach Modell und Zustand 10 000–13 000 Kyat zu berappen, z. B. bei dem schon länger etablierten, exzellent Englisch sprechenden Mr. Jerry, 83rd St. (25/26), ✆ 02-65312, der über ein Dutzend Mopeds und doppelt so viele Fahrräder verfügt, oder im schräg gegenüberliegenden Geschäft seiner Frau Mrs. Yi Yi, ✆ 09-9102 9425, 🕒 beide ca. 8.30–19 Uhr.
Gut gepflegte Enduro-Maschinen für längere Touren – wie **Hondas XR 125L** (40 000 Kyat, Mindest-Mietdauer 4 Tage) oder **Hondas CRF 250L** (nur für geführte Touren verfügbar) – gibt es beim Expat-Amerikaner Mr. Zach bzw. Mandalay Motorcycle Rental, 32nd St. (79/80), ✆ 09-4440 22182, 💻 www.mandalaymotorbike.com.

### Geld

Auf dem Flughafen gibt es einen Geldautomaten, im Stadtgebiet eine ganze Menge – besonders im Bereich des Zeigyo-Markts. Die KBZ-Bank unterhält z. B. welche in der 26 St. (62/63), der 30 St. (71/72) oder an der Ecke (34/78), die CB Bank z. B. in der 78 St. (27/28). Bargeld aller Währungen lässt sich unkompliziert und zu realen Raten bei Zone Express Tours (s. Reisebüros) tauschen.

### Informationen

Das Büro von **Myanmar Travels & Tours** (MTT) liegt an der Ecke (27/68), ✆ 02-60356-7, 🕒 9.30–16.30 Uhr, ist aber inzwischen weitgehend überflüssig geworden. Mit 💻 www.mandalaycity.com gibt es eine erste professionelle Homepage für die Stadt.

### Internet

Fast alle Hotels haben Internet und WLAN – meist sogar auf dem Zimmer. Beliebt ist das Surfen und Mailen in angesagten Restaurants wie z. B. **Café jj** (S. 348) und **Café City** (S. 347).

### Medizinische Hilfe

Apotheken finden sich vor allem in der 30th St. (77/78), ggü. dem Mandalay General Hospital. Die Eröffnung mehrerer Privatkliniken hat die medizinische Versorgung verbessert.

**Hals-Nasen-Ohren-Klinik**, 288 81st St. (24/25), ✆ 02-26841. Eine Privatklinik, die von Dr. Win Swin geleitet wird.

**Linn (Augenklinik)**, 146 80th St. (14/15), ✆ 02-32115, ⌚ 12–14 Uhr. Filiale in der 27 24th St. (81/82), ✆ 02-33584, ⌚ 17–20 Uhr.

**Nyein (Diagnostic Centre & Special Clinic)**, 333 82nd St. (29/30), ✆ 32050, 34795, 27718. Nähe Bonanza Hotel. ⌚ rund um die Uhr.

**Palace Specialist Clinic**, 71st St. (28/29), ✆ 02-361 128, 60445-9. 2004 in einem 7-stöckigen Bau als größte Privatklinik der Stadt eröffnet und z. T. mit Geräten aus Deutschland ausgestattet.

**Pesodent (Zahnklinik)**, 110 74th St. (27/28), ✆ 02-24622.

**Than Myan Thu (Zahnklinik)**, 11 78th St. (33/34), ✆ 02-39848.

### Reisebüros

Als professionell und zuverlässig erscheinen:

**Sun Far Travels & Tours**, 7 SY Building, 30th St. (77/78), gegenüber dem Bahnhof, ✆ 02-72743, 09-732 2051 (Mrs. Zar Zar – spricht gut Englisch), 💻 www.sunfartravels.com. Hier wird alles, was mit Flugtickets zu tun hat, erfreulich professionell abgewickelt. An der Ecke (25/81) findet sich eine kleinere Filiale. ⌚ beide 9–17, Sa und So nur bis 12 Uhr.

**Zone Express Tours**, 1 68th St. (26/27), ✆/📠 02-74651-2, 09-200 7337, ✉ zoneexpresstours@gmail.com, zone.mandelay@gmail.com. Geführt von der kompetenten, smarten Mrs. Sabai Oo (Jasmine). Professionelle Vermittlung von Flug- oder Schiffstickets (z. B. Schnellboote nach Bagan oder *Pandaw*-Flotte), Langstrecken-Taxis oder Unterkünften (ca. 200 Hotels unter Vertrag). Neuerdings auch Organisation von Permits und Pauschaltouren zum geheimnisvollen Mogok (S. 399), bisher noch ca. 1 Woche Vorlauf erforderlich. ⌚ 8–19 Uhr.

### Reiseführer

Natürlich lässt sich die Region auf eigene Faust erkunden, doch kann es sinnvoll sein, sich für US$15–60 einem Taxifahrer mit Moped, Limousine oder Minivan anzuvertrauen (S. 357). Wer es gehaltvoller mag bzw. gesteigerten Wert auf Erläuterungen legt, sollte sich einen ortskundigen, lizenzierten Fremdenführer leisten. Für die Stadt kosten diese US$30–35 am Tag, für die Umgebung US$35–40 und für weitere Abstecher wie nach Monywa US$40–50 plus Übernachtungskosten (ca. US$20) und Verpflegung (ca. US$5). Beste Erfahrungen gemacht haben Leser/innen z. B. mit **Ko Ko**, ✆ 09-2591 86146, ✉ kokonaingmdy3@gmail.com.

MANDALAY

## Massagen

Es ist es üblich, dass Frauen von Frauen und Männer von Männern massiert werden, der Preis für eine Stunde Fuß- oder Ganzkörper-Massage liegt bei 6000–8000 Kyat. ⌚ meist 9–23 Uhr.

**Amaravati Thai Reflexology**, Ecke (62/37), ✆ 02-66869, 09-4440 32013. Etwas abgelegen, aber im Vergleich zu den meisten anderen Spots ansprechend dekoriert und nicht zuletzt deshalb recht beliebt.

**Chikara Blind Reflexology**, 65th St. (30/31), ✆ 09-601 0682, 09-4440 03095. Hier gehen 25 % des entrichteten Obulus an die blinden Angestellten. Wer sich statt in den profanen, eisgekühlten 3-Bett-Zimmern lieber im eigenen Hotelzimmer massieren lassen möchte, zahlt keinerlei Aufpreis – wie auch bei der etwas günstigeren **Megumi Reflexology**, 32nd St. (69/70), ✆ 02-68273, 09-2540 72029.

**Mandalar Spa**, ✆ 02-35638, ext. 2903, im Garten des Mandalay Hill Hotels. Das faszinierend angelegte Spa bietet eine hervorragende Auswahl von Wellness- und Massage-Behandlungen durch qualifiziertes Personal und zu entsprechenden Preisen. 1 Std. ab ca. US$40.

**Mi Ki Beauty & Health**, im Untergeschoss des Venus Hotels, 28th St. (80/81), ✆ 09-4026 18566. 2000 eröffnet als stadtweit erster Massagesalon, der auch westliche Ausländer bedient hat, scheint aber mit dem düsteren Ambiente etwas in der Vergangenheit stehen geblieben zu sein.

# Reizvolle Radtouren um Mandalay

- **Routen**: rund um den Mandalay Hill und durch Inwa (Ava) und Amarapura
- **Länge**: 20 km bzw. 22 km
- **Dauer**: je 4–5 Std.

Diese beiden erlebnisreichen, halbtägigen Fahrradtouren bieten die Chance, dem Trubel und Staub des Stadtzentrums von Mandalay zu entkommen und mehr vom Charme der Region zu erfahren. Sie eröffnen faszinierende Einblicke in das Alltagsleben der Einheimischen und dürften neidische Blicke aus Touristenbussen und -kutschen garantieren.

## Routen

Die entspannenden Etappen verlaufen über abwechslungsreiche, wenig befahrene Straßen und Feldwege, vorbei an Pagoden und touristischen Highlights, aber auch durch ursprüngliche Dörfer, wo man durch die bunten Märkte der Einheimischen streifen oder traditionellen Handwerkern über die Schulter schauen kann. Die Morgentour ab 7.30 Uhr (20 km) führt rings um den Mandalay Hill, die Halbtagstour ab 13 Uhr (22 km) durch Inwa (Ava) und Amarapura und endet zum Sonnenuntergang mit einer längeren, romantischen Bootsfahrt über den Taungthaman-See bis zur U Bein-Brücke.

## Anbieter

Das auch in anderen Regionen Südostasiens (wie Thailand, Laos, Kambodscha und Vietnam) aktive Unternehmen **Grasshopper Adventures**, 4/3 Mya Sandar Rd. (24/25) und (62/63), ✆ 094-0265 9886, 💻 grasshoppersadventures.com, bietet die Tour „Magnificant Mandalay Mornings“ für US$33 an, den „U Bein Bridge Sunset Ride“ für US$55 – jeweils inkl. Equipment und Trinkwasser. Die Anzahl der radelnden Teilnehmer ist auf zehn Personen begrenzt.

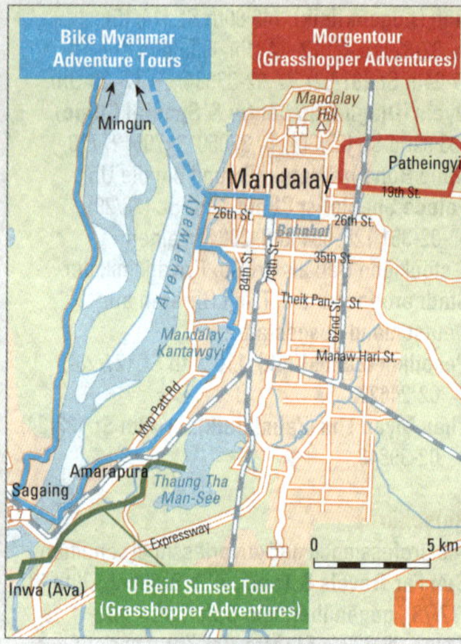


## Individuelle Radtouren

Als sympathische und passionierte Fahrrad-Guides für individuell arrangierte, spannende Touren innerhalb von Mandalay, zu den ehemaligen Königsstädten in der Umgebung oder z. B. sogar inkl. einiger Übernachtungen auch bis zum legendären Pagodenfeld nach Bagan empfehlen sich **Aung Zaw** und **Nay Myo Ko** von **Bike Myanmar Adventure Tours** (S. 355). Der Preis für die exklusiv ausgetüftelte, verlockende Tagestour „Real Secrets of Mandalay“ beträgt z. B. US$60 – plus jeweils US$50 für jede weitere Person. In diesem Preis inbegriffen sind nicht nur die Tagesmiete für ein importiertes, gut gewartetes Merida- oder Trek-Mountainbike mit 24 oder 27 Gängen, sondern auch professionelle Fahrradhelme, Marschverpflegung und eine zünftige Teeshop-Einladung.

Unter dem Namen **Bike Myanmar Adventure Tours**, 9th St. (73/74), ✉ bikemyanmar adventuretours@gmail.com, ✆ 09-4440 27603, 09-3331 2814, haben sich auf durchorganisierte Fahrradtouren in der Region Mandalay oder anderen Landesteilen spezialisiert: der gut Englisch sprechende **Aung Zaw** (Zaw Zaw), und der liebenswürdige **Nay Myo Ko** (Myo Myo), ✆ 09-4300 2903, ✉ konaymyo6@gmail.com. Das Tagessalär beginnt bei US$60 und richtet sich nach Teilnehmerzahl bzw. Entfernung (s. S. 354, Reizvolle Radtouren um Mandalay), auch kostengünstige Vermittlung von Charter-Fahrzeugen und Langstrecken-Taxis.

## NAHVERKEHR

### Busse und Pick-ups

Für exotische Abenteuer mit öffentlichen Verkehrsmitteln bzw. **Bussen** oder **Pick-ups** bieten sich z. B. die Routen zum Mandalay Hill und Mingun-Pier an, aber vor allem die Fahrt nach Amarapura, Inwa und Sagaing, die in rund 1 Std. zu bewältigen ist (meist nur bis ca. 18 Uhr). Wichtigste Startpunkte sind die Ecke (84/35), das Osttor der Mahamuni-Pagode oder der Zeigyo-Markt. Die Fahrt kostet 500–1000 Kyat, Details am besten in der Unterkunft erfragen.

### Mopedtaxis

Kleinere und mittlere Strecken mit Mopedtaxis kosten 1500–3000 Kyat, eine längere wie nach Amarapura oder Sagaing bis zu 5000 Kyat, ein halber Tag je nach Verhandlungsgeschick 10 000–15 000 Kyat und ein ganzer Tag bis zu 20 000 Kyat.

### Taxis

Die in Mandalay einst üblichen Pferdefuhrwerke, orangefarbenen Thounbeins oder kleinen, himmelblauen Mazda-Pick-ups sind gänzlich verschwunden, während es der Metropole erstaunlicherweise an einem organisierten Taxiwesen mangelt. Kleinere und mittlere Strecken kosten mit einer der alten, weißen **Toyota-Limousinen**, wie sie allerdings schwierig aufzutreiben sind bzw. sich vor allem im Bereich von Hotels finden, 3000–8000 Kyat. Die Charter für einen Tag innerhalb von Mandalay liegt bei US$40–50, ein ganzer Tag mit Ausflügen nach Amarapura, Inwa oder Sagaing kostet US$50–60.

### Trishaws

Landestypische Fahrrad-Rikschas, in denen die Fahrgäste Rücken an Rücken sitzen, sind ein stilechtes und beschauliches Verkehrs-

### Ein Symbol auf dem Rückzug

Spätestens seit Fahrrad-Rikschas selbst in Berlin-Mitte Einzug gehalten haben, ist der Personentransport per Muskelkraft auch in mitteleuropäischen Breitengraden gesellschaftsfähig geworden, allerdings zu einer Zeit, da dieses Verkehrsmittel in den Metropolen Südostasiens längst zum Aussterben verurteilt scheint.

In Hongkong und Singapore gibt es Fahrrad-Rikschas nur noch als inszenierte Touristenattraktion oder Foto-Objekt, auch in Bangkok, Hanoi oder Saigon sind die **Samlors**, **Cyclos** oder **Trishaws** – einst traditionelles Symbol für brodelndes, asiatisches Leben – meist schon aus den größeren Städten verschwunden, weil die Behörden sie als „Verkehrshindernisse" und „Symbole der Armut" verboten haben. Zuerst verschwanden die Fahrrad-Rikschas aus Yangon, nun auch aus den Hauptverkehrsadern von Mandalay, wo immer mehr Autos, Motorräder und Mopeds das Straßenbild dominieren.

Der Rückzug der **Rikschas** bedeutet nicht nur einen Verlust von Ursprünglichkeit und Authentizität, sondern auch an zwischenmenschlichen Begegnungen. Denn schon aus manchem Trishaw-Trip ist eine Freundschaft erwachsen. Schließlich verführt nicht zuletzt die Konstruktion der birmanischen Rikschas zu angeregten Plaudereien: Während die beliebten Gefährte in den Nachbarländern so konstruiert sind, dass die Fahrgäste, meist abgeschirmt durch einen Sonnen-Regen-Schutz, vor oder hinter dem Chauffeur Platz nehmen, so werden sie in Myanmar Rücken an Rücken neben dem Fahrer sitzend transportiert.

mittel zur Erkundung von Mandalay, finden sich aber mittlerweile fast nur noch im Bereich von Märkten oder Außenbezirken (S. 355). Der Fahrpreis sollte stets vorher ausgehandelt werden bzw. für eine Einzelstrecke max. 2000 Kyat betragen.

## TRANSPORT

Die Anbindung von Mandalay hat sich durch den neuen Highway so sehr verbessert, dass man für die Strecke nach Yangon nicht unbedingt in einen Flieger steigen muss.

### Taxis

Die hohen Preise bei längeren Strecken wurzeln darin, dass auch gleich für den Rückweg (sofern das eine Leerfahrt ist) mitbezahlt werden muss, jede unterwegs eingelegte Nacht wird in der Regel mit zusätzlichen US$50 berechnet. Langstrecken-Taxis sind z. B. zuverlässig und entsprechend lizenziert buchbar bei **Zone Express Tours** (S. 353).

| Strecke | Kosten |
|---|---|
| Mandalay–Amarapura–Inwa–Sagaing | US$55–60 |
| Mandalay–Shwebo (Tagestour) | US$80–90 |
| Mandalay–Pyin U Lwin (Tagestour) | US$70–80 |
| Mandalay–Monywa (Tagestour) | US$80–90 |
| Mandalay–Bagan (inkl. Mount Popa) | US$150–160 |
| Mandalay–Inle-See | US$170–190 |
| Mandalay–Taunggyi | US$170–190 |
| Mandalay–Pakkoku | US$150–170 |
| Mandalay–Hsipaw | US$130–140 |
| Mandalay–Lashio | US$180–190 |

### Busse und Minibusse

Die Tickets werden vor allem von den Büros der entsprechenden Busgesellschaften in der 31st St. (82/83) oder in der 32nd St. (82/83) verkauft, lassen sich aber auch bequem von den Unterkünften oder Service-Agenturen besorgen. Auf den Verkauf fast aller Strecken hat sich z. B. das neben Sunfar Travel & Tours liegende **Ngu Wa Bus Ticket Office**, 30th St. (77/78), ✆ 02-35110, 68353, ⌚ 7–21.30 Uhr, spezialisiert (persönliches Erscheinen erforderlich, das Personal spricht etwas Englisch). Viele Verbindungen werden nun auch von AC-Minibussen bedient und sind auf jeden Fall den langsamen, vollgestopften Pick-ups vorzuziehen. Der **Kywe Se Kann** oder auch **Main Bus Station** genannte Highway-Busbahnhof liegt nahe dem alten Flughafen, rund 8 km südlich des Zentrums. Moped-Taxis kosten 3000–5000 Kyat, Taxis um 10 000 Kyat. Von hier fahren die Busse über Meiktila und Bago nach YANGON sowie nach BAGAN, KALAW und TAUNGGYI. Die meisten anderen Ziele werden vorwiegend von Kleinbussen (25 Plätze), Pick-ups oder Pick-up-Trucks (Sammeltransporte) angesteuert.

#### Yangon

Der 2011 eröffnete Yangon-Mandalay-Expressway hat die Fahrtzeit zwischen den beiden Metropolen auf 8–9 Std. verkürzt. Die rund 670 km lange Strecke wird von rund 30 Unternehmen bzw. vorwiegend mit neuen, großen AC-Bussen aus chinesischer Produktion bedient. Sie haben um die 45 Sitzplätze und kosten ab 11 000 Kyat. Die meisten Busse starten gegen 9 Uhr sowie zwischen 21 und 22 Uhr und benötigen inkl. einer längeren Toiletten-/Raucherpause 9–10 Std.
**Tipp**: Es empfiehlt sich, die Strecke mit einem **Special Bus** zurückzulegen, wobei die Bezeichnung je nach Anbieter zwischen *First Class*, *Special Class*, *Business Class* und *VIP-Night-Bus* variieren kann. Die Busse haben meist nur 27 Sitzplätze (3 pro Reihe), entsprechend mehr Komfort und eine gut funktionierende AC, sodass die Verteilung von Decken zum Standard gehört. Die Ticketpreise liegen zwischen 14 000 und 20 000 Kyat. Abfahrt ist meist um 21 Uhr, die Ankunft in Yangon erfolgt morgens gegen 6 Uhr.

#### Bagan

Für die 290 km lange, von 3 Unternehmen bediente Strecke nach Bagan benötigen die

## Tolle Touren per Taxi

Mandalays Taxifahrer kennen sich meist nicht besonders gut aus in Geschichte, Kultur und Architektur, dafür umso besser mit den Provisionen der von ihnen empfohlenen Geschäfte – so zumindest ein gängiges Vorurteil ... Doch manch ein Vertreter der Zunft entpuppt sich als hilfsbereiter, freundschaftlicher Begleiter, spricht recht passabel Englisch und versteht sich darauf, seinen Passagieren Mandalay und Umgebung möglichst authentisch zu präsentieren. Leser/innen empfehlen, die Bekanntschaft mit folgenden Persönlichkeiten zu machen (auch wenn sich deren Erreichbarkeiten schnell mal ändern können):

### Mit dem Moped

- **Myint Shin**, ✆ 09-2591 25095, ✉ myintshin15@gmail.com, trägt den Spitznamen *Mr. Take-It-Easy*, ist stets gut motiviert und meist im Bereich der 27th St. (80/81) zu finden.
- **Thar Gyi**, ✉ misterktg@gmail.com, kennt sich gut aus und spricht ein passables Englisch.
- **Kore Koore**, ✆ 09-7978 40833, ✉ koore6070@gmail.com, führt seine Gäste gern und engagiert auf dem Sozius seines Mopeds herum.

Normalerweise verlangen Mopedtaxifahrer für einen ganzen Tag US$15–25, doch kann die gewünschte Gage durchaus auch das Tagessalär eines professionellen Reiseführers erreichen (S. 353). Die Taxipreise für einen vollen Tag können von US$40–60 variieren.

### Mit dem Taxi (meist ältere Limousinen, aber auch gepflegte Minivans)

- **Maung Win Nying**, ✆ 09-202 8137, ✉ winnying10908@gmail.com, steht mit seinem bequemen Toyota Minivan meist am Hauptaufgang zum Mandalay-Berg. Er spricht passabel Englisch, ist schon lange im Geschäft, kompetent und verlässlich – zu rationalen Preisen.
- **Moe**, ✆ 09-201 8594, ✉ moemandalay1@gmail.com, moemandalay2@gmail.com, verfügt über einen angenehmen Minivan, mit dem er auch gern mal weitere Touren unternimmt.
- **Nay Gyi**, ✆ 09-4025 68843, ✉ naygyi2544@gmail.com. Verfügt über einen gut gepflegten Toyota Crown mit AC, kennt alle Zielpunkte bestens, ist wohltuend hilfsbereit und höflich.
- **Nyunt**, ✆ 09-512 3985, wird als versiert und sehr zuverlässig bzw. umsichtiger Fahrer gelobt.
- **Bo Tauk**, ✆ 09-4301 1915, ist mit Maung Win Nying befreundet und wartet mit seinem Wagen meist vor dem Mandalay Hill Resort auf Gäste.

Busse um die 7 Std. Tickets kosten 8000 9000 Kyat. Abfahrt ist meist zwischen 8 und 9 sowie 15 und 16 Uhr.

**Bhamo**
Als neue Alternative zum Wasserweg dauert die landschaftlich teilweise ebenfalls recht spannende, 2x tgl. bediente Busstrecke mind. 14 Std., Tickets etwa 15 000 Kyat.

**Hsipaw**
Von der Pyi Gyi Myat Chin Busstation, 60 St. (35/36), startet morgens und nachmittags je ein komfortabler Bus, der 5–6 Std. benötigt und um 5000 Kyat kostet.

**Inle-See**
Busse bewältigen die 360 km lange Strecke zum Inle-See in 8–9 Std. Tickets kosten 12 000–15 000 Kyat. Abfahrt ist meist zwischen 19 und 20 Uhr. Die Busse halten an der Hauptkreuzung in SHWE NYAUNG, von wo man entweder nach TAUNGGYI weiterfährt oder aber mit Sammeltaxis für 1000–1500 Kyat ins 12 km entfernte, direkt am Inle-See liegende NYAUNSHWE (Yaunghwe). Mittlerweile gibt es 23 Anbieter, die die Strecke direkt bedienen.

**Lashio**
Von der Pyi Gyi Myat Chin Busstation, 60 St. (35/36), mit Minibussen meist um 8 Uhr für

## Schnell und komfortabel nach Bagan

Der Ayeyarwady zwischen Mandalay und Nyaung U müsste eigentlich „Road to Bagan" heißen, denn die meisten Touristen starten von der nördlichen Metropole aus mit dem Boot zur alten Königsstadt. Die Touren präsentieren sich als verlockende Alternative zum halbstündigen Flug, doch sollten die Erwartungen an diese Flussfahrten nicht zu hoch gesteckt werden: In diesem Abschnitt zeigt sich die Landschaft eher eintönig – der Ayeyarwady ist breit und das Ufer flach.
Zudem erschweren Ende der Trockenzeit (März–Mai) niedrige Wasserstände und zahlreiche Sandbänke die Navigation. Dadurch kommt es häufig zu erheblichen Verzögerungen, zuweilen laufen die **Fährboote** sogar auf Grund oder stellen ihren Betrieb ganz ein. Deshalb kann der Betrieb in der Nebensaison extrem unregelmäßig laufen. Die schnellsten Boote benötigen rund 9–10 Std. (in Gegenrichtung 11–13 Std.), während sich luxuriöse **Flusskreuzer** bis zu drei Tagen Zeit lassen. Einen hilfreichen Überblick ermöglicht das Internetportal 🖳 www.myanmarrivercruises.com. Aber: Auch **Slow Boat-Törns** haben ihren Reiz! Sie dauern zwar mindestens fünf Stunden länger, garantieren aber mehr Kontakt mit Einheimischen und auch sonst intensivere Impressionen, da die Schiffe mehrmals zum Be- und Entladen anlegen.

### Komfortable Expressboote

**Malikha River Cruises,** Pearl St., zwischen (77/78) und (32/33), ✆ 02-72279, 09-511 8357 (Manager Aung Naing Soe spricht gut Englisch), 🖳 www.malikha-rivercruises.com. Die schnittige *Malikha 2* kann die Passage mit bis zu 100 Passagieren und einer Geschwindigkeit von elf Knoten bewältigen. Zudem verfügt das 106 m lange und 17 m breite, zweistöckige Kabinenboot über einen klimatisierten Innenbereich und ein Sonnendeck mit Sitzgelegenheiten (am besten rechtzeitig belegen, da sehr beliebt). Abgelegt wird in Mandalay morgens um 7 Uhr (mind. 9 Std., US$42). In Gegenrichtung erfolgt die Abfahrt aus Bagan um 6 Uhr (mind. 11 Std., US$35). An Bord gibt es gratis Trinkwasser, Kaffee, Tee und kleine Snacks, gegen Bezahlung auch Cola und Bier sowie ein kleines Mittagsmahl. Als weiteres Kabinenboot wird die noch etwas längere und sogar 110 Passagiere fassende *Malikha 6* eingesetzt. Die für bis zu 150 Passagiere ausgelegte *Malikha 3*, eine 110 m lange, beschauliche Holzdschunke, ist etwas gemächlicher unterwegs und wird vor allem für Chartertouren eingesetzt.
**Myanmar Golden River Group (MGRG),** Büro im Bahnhof: 38th St. (79/80), ✆ 02-66204, Jetty: Strand Rd. (26/35), ✆ 09-9100 6098, 🖳 www.mgrgexpress.com. Erst seit 2013 im Expressboot-Geschäft – mit sechs Booten und täglichen Verbindungen (außer März) ab 7 Uhr (mind. 10 Std.,



13 000 Kyat, große Busse starten gegen 18 Uhr, kosten 6300 Kyat und benötigen 6–7 Std.

#### Loikaw

Diese seit Kurzem angebotene Strecke wird von 2 Unternehmen bedient, Abfahrt Main Bus Station. Die Busse starten um 18–19 Uhr, brauchen 14 Std. und kosten 10 300 Kyat.

#### Mawlamyaing

Die Mammutstrecke wird von 4 Unternehmen angeboten – mit Abfahrt von der Main Bus Station. Die Busse starten um 17 und 18 Uhr, benötigen 12–13 Std. und kosten 15 500 Kyat.

#### Monywa und Shwebo

Abfahrt nach MONYWA stdl. zwischen 7 und 17 Uhr vom Busbahnhof Thiri Man Dalar, 89th St. (21/22), 3 km südlich vom Uhrturm. Die Kleinbusse brauchen meist 3 1/2 Std. und kosten 2000–3000 Kyat. Die gleichen Daten gelten für SHWEBO, das aber etwas weniger häufig bedient wird.

#### Pyin U Lwin

Die meisten der häufig verkehrenden Pick-ups starten von der Ecke (82/35), die Fahrtzeit beträgt bis zu 2 1/2 Std., Tickets kosten 1500 Kyat – ein Platz in der Kabine 3000 Kyat. Die Shared Taxis von Shwe Mann May,

US$45 inkl. Reiseführer in Bagan), Rückfahrten um 5.30 Uhr (12–13 Std., US$40). Auch zwei- bis dreitägige Kreuzfahrten im Angebot.

**Shwe Keinnery**, in der zweiten Etage des Bahnhofs oder im GEC Building, 35th St. (91/92), ✆ 09-3311 5588, 09-4027 00062, ✉ nmaikhamdy@gmail.com. Startet gegen 6.30 Uhr (mind. 10 Std., US$40) und fährt vom Nyaung U-Pier in Bagan um 6 Uhr zurück (mind. 12 Std., US$35). Das Schiff kann bis zu 120 Passagiere aufnehmen und verfügt über ein Sonnendeck mit Stühlen.

## Nostalgische Flusskreuzer

Am luxuriösesten bewältigen lässt sich die Strecke mit stil- und stimmungsvollen Flusskreuzfahrten bzw. schwimmenden Boutiquehotels, bei denen ab US$280 mind. eine Übernachtung an Bord vorgesehen ist.

**Amara River Cruises**, 💻 www.amara-myanmar.travel. Mit einer jeweils zwölfköpfigen Besatzung auf Kreuzfahrt gehen die beiden hölzernen Schiffe *Amara I* und *Amara II* bis hoch nach Bhamo. 50 % der Einkünfte werden – so verspricht die Homepage – sozialen Zwecken zugeführt.

**Ayravata Cruises**, 💻 www.ayravatacruises.com. Nostalgisch und nobel geht es auf der betagten, umfassend restaurierten *RV Paukan 1947* und ihren drei Nachbauten *RV Paukan 2007*, *RV Paukan 2012* und *RV Paukan 2014* zu.

**Baganflotilla**, www.baganflotilla.com. Die fast 27 m lange und 7 m breite *M.S. Hintha* hat ihre Bagan-Touren bis auf Weiteres durch zwei- bis dreitägige Kreuzfahrten in die Umgebung von Mandalay ersetzt, die in der Hochsaison US$500 kosten.

**Belmond**, 💻 www.belmond.com. Das ehemalige Rheinschiff *Road To Mandalay* kann mit Suiten für bis zu 82 Passagiere und einem bordeigenen Pool aufwarten – wie auch die *Orcaella*, die in ihren Panoramafenster-Kabinen bis zu 50 Kreuzfahrer aufnehmen kann.

**Irrawaddy Princess River Cruise**, 💻 www.irrawaddyprincess.com. Die 3-stöckige *Irrawaddy Princess* verkehrt auf zwei- bis dreitägigen Kreuzfahrten zwischen Mandalay und Bagan.

**Pandaw River Expeditions**, 💻 www.pandaw.com (s. Kasten S. 362). Die führende Reederei für Flusskreuzfahrten bedient die Strecke mit mehreren Schiffen bzw. zwei- bis dreitägigen Törns.

Sämtliche Fluss(kreuz)fahrten lassen sich in Mandalay z. B. über **Zone Express Tour** buchen (S. 353). In Deutschland hat sich das Hamburger Unternehmen **Asia Trips**, ✆ 040-999 987 130, 💻 www.asia trips.travel, auf nostalgische Reisen über den Wasserweg spezialisiert.

79th St. (27/28), ✆ 09-680 6556, kosten 5000 und 7000 Kyat. Praktikabel sind die neuen Minibusse, die ihre Passagiere für ca. 6000 Kyat vom Hotel abholen.

## Eisenbahn

An der Stelle des alten britischen Bahnhofs erhebt sich ein imposantes, modernes Bauwerk. Das Ticket-Büro, ✆ 02-35140, liegt im Erdgeschoss. ⌚ tgl. 6–16 Uhr.

### Yangon

Die Optimierung des Busverkehrs zwischen den beiden Metropolen fordert ihren Tribut. Nur noch 3 Expresszüge verlassen tgl. Mandalay (s. Tabelle S. 360). Sie starten um 15, 17 und 6 Uhr, um für die Strecke rund 15–16 Std. zu benötigen. Die Tickets kosten je nach Zug und Buchungsklasse 4650 Kyat (*ordinary seat*, Ventilator), 9300 Kyat *(upper seat)* und 12 750 Kyat *(sleeper)*. Der *slow train* startet um 19.15 Uhr und trifft am nächsten Tag um 17.35 Uhr in Yangon ein.

### Bagan (Nyaung U)

Es ist zwar nicht üblich, diese Strecke per Eisenbahn zurückzulegen, doch der Zug Nr. 120 verlässt Mandalay tgl. gegen 21 Uhr und erreicht Bagan gegen 4.20 Uhr, für 1800 Kyat *(ordinary class)*.

**Monywa**
Es gibt eine tgl. Verbindung um 14.30 Uhr, die aber nur in der *ordinary seat* für 700 Kyat möglich und wegen der langen Fahrtdauer von 5–6 Std. nicht besonders akzeptabel ist.

**Myitkyina**
Die Strecke nach Myitkyina benötigt bis zu 20 Std. Die um 14.10 Uhr *(55 up)* und 16.20 Uhr *(57 up)* abfahrenden Express-Züge (s. Tabelle) lassen sich für 4150 Kyat *(ordinary class)*, 5150 Kyat *(first class)* und 8250 Kyat *(upper class)* buchen – und sind bei ausländischen Passagieren am beliebtesten. Der um 13 Uhr *(33 up)* startende Zug ist der einzige mit einer *sleeper class*. Neu im Fahrplan ist der privat betriebene Zug von Myit Sone – Mandalar Express Train, *(37 up)*, der um 10.20 Uhr abfährt – die Tickets gibt es ebenfalls am Bahnhof für 8300 Kyat *(ordinary)* bzw. 16 500 Kyat *(upper class). Der 41 up* verkehrt als Postzug, der allerdings überall stoppt.

**Pyin U Lwin, Hsipaw, Lashio**
Ein einfacher Zug startet tgl. um 4 Uhr. Nach PYIN U LWIN kosten die Tickets (jeweils *ordinary/first class)* 600–700 Kyat, bis HSIPAW 1700–3200 Kyat und bis LASHIO 2400–3200 Kyat. Die Fahrt über den Gokteik-Viadukt zwischen Pyin U Lwin und Hsipaw zählt zu den schönsten Zugstrecken in Myanmar. Bis Pyin U Lwin rund 3 1/2 Std. und landschaftlich weniger spannend, nach Hsipaw etwa 9 Std. und bis Lashio rund 16 Std.

## Boote
Der Begriff „Jetty" bezeichnet in Mandalay keine betonierten Piers, sondern lediglich die mit mobilen Holzbrett-Brücken bestückten Anlegestellen am lehmigen Ufer des Ayeyarwady. Die beiden wichtigsten sind der **Mayanchan Jetty** (auch Mayangyan- oder Mingun Jetty, für Boote nach Mingun) am Ende der 36th St. und der **Gawein Jetty** (auch Gawwein Jetty) für Schiffe nach Bagan am Ende der 35th St. Die luxuriösen Flusskreuzer *Road to Mandalay* und die Schiffe der *Pandaw*-Flotte starten vom Anleger **Shwe Kyet Yet** – rund 2 km vor der Brücke nach Sagaing. Tickets für den Wasserweg nach Bagan, Pyay und Bhamo gibt es im Büro der **Inland Water Transport (IWT)**, das sich nicht weit vom Gawein Jetty bzw. am Westende der 35th St. befindet, ✆ 02-36032, ⏲ 9.30–16.30 Uhr. Auf einem Boot am Flussufer gibt es ein „Floating Office", wo u. a. die Fahrkarten für Bhamo und um 5 Uhr morgens Last-Minute-Tickets verkauft werden, ✆ 02-36035. ⏲ 5 bzw. 8–11 und 13–15 Uhr. Die Tickets können max. 3 Tage, sollten aber mind. 1 Tag vor Abreise gekauft und mit US-Dollar bezahlt werden. Mit einem Aufpreis von US$2–3 kann man sie sich meist auch bequem von der Unterkunft oder einer Reiseagentur besorgen lassen.

**Bagan**
Slow Boats der staatlichen **IWT**, die US$15 (Tickets auch auf dem Boot) bzw. US$30 für einen Kabinenplatz kosten, legen am So und Mi gegen 5.30 Uhr ab und treffen zwischen 18 und 20 Uhr in Bagan ein. Die von dort am Do und Mo gegen 5.30 Uhr nach Mandalay

### Zugfahrplan

| Zug-Nr. | 6 down | 4 down | 12 down | | |
|---|---|---|---|---|---|
| **Mandalay** | 15.00 | 17.00 | 06.00 | | |
| **Yangon** | 05.30 | 07.45 | 21.00 | | |
| **Zug-Nr.** | **55 up** | **57 up** | **41 up** | **37 up** | **33 up** |
| **Mandalay** | 14.10 | 16.20 | 19.45 | 10.20 | 13.00 |
| **Myitkyina** | 10.45* | 13.30* | 21.05* | 04.00** | 06.30* |

* Ankunft am nächsten Tag

MANDALAY

© VOLKER KLINKMÜLLER

Am Ufer des Ayeyarwady dümpelt stets eine ansehnliche Armada.

startenden Boote müssen stromaufwärts fahren, sodass sie inkl. der üblichen Übernachtungsstopps in Simikhone 25–30 oder gar bis zu 50 Std. benötigen. Prinzipiell empfiehlt es sich aber, die Strecke schneller und/oder mit deutlich mehr Komfort zurückzulegen (s. Kasten S. 358).

### Bhamo

Schiffe der **IWT** bedienen die Strecke regelmäßig für US$12, wobei eine recht saubere Kabine bis zu US$60 kosten kann. Abfahrt ist Mo, Do und Sa um 6 Uhr. Stromaufwärts brauchen die Boote 3 Tage und 2 Nächte, in Gegenrichtung (Mo, Mi und Fr ab 7 Uhr) meist nur 2 Tage und 1 Nacht. Luxus-Kreuzfahrten: Auf der **Road to Mandalay** gibt es 11-tägige, mit der **Pandaw-Flotte** bis zu 2 Wochen dauernde Törns nach Bhamo (s. Kasten S. 362). Praktikabel, aber nicht gerade preiswert sind die Charterboote der am Mayanchan-Jetty ansässigen Firma **Zin Yaw Boat**, ✆ 09-4025 78583, ⏲ 6–17 Uhr. Mr. U Thet Tun und seine Familie besitzen 8 verschiedene Schiffe (für max. 80 Pers.), die vor allem für Flusskreuzfahrten nach Mingun und Bagan (2–5 Pers. US$500, 6–10 Pers. US$850) eingesetzt werden. Touren nach Bhamo (4 Tage rauf/3 Tage runter) kosten bei 1–4 Pers. etwa US$1200, die Charter für eine Schiffstour in den Chin-Staat (9 Tage rauf/7 Tage runter) liegt bei US$5300. Für die Übernachtung der Passagiere stehen einfache Kabinen mit Ventilator zur Verfügung.

### Mingun

Die Abfahrten erfolgen vom Mayanchan Jetty. Wer die staatliche, um 9 Uhr ablegende Fähre benutzen will, sollte sich rechtzeitig im entsprechenden Büro (Manager Khin Maung Aye spricht fließend Englisch), ✆ 02-65396, ⏲ 8–10.30 Uhr, gemeldet haben. Das eigens für Ausländer eingerichtete Linienboot kostet 5000 Kyat p. P. (Fahrräder plus 500 Kyat), benötigt 60 Min. und kehrt um 13 Uhr in 45-minütiger Fahrt wieder zurück nach Mandalay. MGRG, ✆ 02-66204, startet um 9 und sogar auch 14.30 Uhr für US$8. Romantischer fährt man mit einem der 30 hier liegenden Charterboote nach Mingun, die für 25 000–60 000 Kyat bis zu 30 Pers. befördern (ggf. am Fährbüro warten, bis genug Passagiere zusammengekommen sind). Sie sind bequem und ermög-

MANDALAY

## Expeditionen mit Nostalgie, Luxus und Legenden

Als Pionier für Flusskreuzfahrten und in besonderer Weise kompetent gilt das Unternehmen **Pandaw River Expeditions** (The Irrawaddy Flotillia Company), www.pandaw.com, dessen Ursprung in Myanmar liegt bzw. bis in das Jahr 1865 zurückreicht und das in Südostasien mittlerweile insgesamt zwölf kolonial-nostalgische Luxusschiffe betreibt. Das verlockende Programm wird ständig ausgebaut und umfasst landesweit mittlerweile schon elf Touren, von denen etliche in Mandalay starten und auf dem Ayeyarwady z. B. bis nach Bhamo führen oder auf dem Chindwin über Monywa bis nach Kalewa oder sogar Homalin. Die erlebnisreichen Expeditionen können bis zu drei Wochen dauern.

lichen flexible Besuchszeiten, sodass man ggf. auch schon vor 9 Uhr in Mingun sein kann bzw. bevor die Touristenmassen eintreffen (weitere Infos, auch über Kombinationen mit dem Fahrrad, S. 379, Mingun).

### Flüge

Der 2000 eröffnete **Mandalay International Airport**, www.mandalayairport.com, liegt rund 35 km südlich der Stadt. Obwohl er durch breite neue Straßen angebunden ist, beträgt die Fahrtzeit fast 1 Std. Der für US$600 Mio. von einem thailändisch-italienischen Konsortium erbaute Flughafen wirkt etwas heruntergekommen und soll mithilfe japanischer Investoren gemanagt bzw. für US$100 Mio. modernisiert werden. Er kann mit seiner 4267 m langen Start- und Landebahn (gilt als längste Südostasiens) auch größere Maschinen abfertigen. Für 3 Mio. Passagiere im Jahr konzipiert, wurde er gern als „Geisterflughafen" tituliert, bevor ihm die neuen Direktflüge nach/von Thailand mehr Leben eingehaucht haben … Im Terminal finden sich mehrere Schalter für Geldwechsel und SIM-Cards. Transfers s. Kasten.

#### National

Die Inlands-Anbindung von Mandalay hat sich durch etliche neue Privat-Airlines wie Asian Wings Airways und Air Kanbawza (KBZ) oder Golden Myanmar Airways sowie Mann Yatanarpon Airlines erheblich verdichtet.

Die wichtigsten Flugrouten sind:
BAGAN, bis zu 6x tgl., 30 Min., US$50–60, meist als Zwischenstopp nach Yangon.
BHAMO, 4x wöchentl., 1 Std., ca. US$120, mit 3 Airlines.
HEHO / INLE-SEE, 5x tgl., 30 Min., US$50–60.
KENGTUNG, tgl., 85 Min., ca. US$140, mit 3 Airlines.
MYITKYINA, 3x wöchentl., 1 Std., US$126, als Zwischenstopp nach Putao, mit 4 Airlines.
PUTAO, 3x wöchentl., US$138, mit 2 Airlines.
YANGON, bis zu 10x tgl., 1 1/4 Std., US$110–120, morgens, mittags und nachmittags – mit 6 Airlines plus der staatlichen Myanmar National Airlines.

## Flughafen-Transfers

Es gibt keinen öffentlichen Busverkehr zwischen Mandalay und dem Flughafen. Professionelle Anbieter von Flughafen-Transfers sind **Sun Far Travels & Tours**, 02-72743, **Sein Myanmar Transport**, 02-30128, und **Seven Diamond Express Travels**, 82nd St. (26/27), 02-30128, www.sevendiamondtravels.com. **Sammeltransporte** (meist inkl. Abholung von der Unterkunft) per Limousine oder Minibus kosten 4000 Kyat. **AirAsia** verwöhnt seine Passagiere mit einem gratis **Shuttle-Bus**, der am (Bus)Bahnhof und Königspalast hält, zurück zum Flughafen geht es um 9 Uhr aus der 79th St. (26/27). Ein **Taxi** vom/zum Flughafen gibt es ab 12 000 Kyat, ein etwas besseres Fahrzeug mit AC bis zu 22 000 Kyat. Privattransfers bieten die Möglichkeit, unterwegs einen Abstecher zur noch weitgehend unbekannten, illustren Schlangen-Pagode **Mway Paya** (in Paleik bzw. auf halbem Weg, ca. 5 Min. Autofahrt von der Hauptstrecke) zu verbinden.

Auch HOMALIN, HKAMTI, LASHIO, KALAYMYO, NAY PYI TAW und TACHILEK werden bedient.

**International**

Von besonderer Bedeutung sind natürlich die noch jungen Verbindungen nach Bangkok. Die wichtigsten Flugrouten sind:

BANGKOK, tgl. um 12.45 Uhr in knapp 2 Std. mit AirAsia (US$80–150) (Achtung: nur zum Don Mueang Airport), tgl. um 14 Uhr mit Bangkok Airways (US$130) sowie 4x wöchentl. um 11.45 Uhr mit Thai Airways International (US$110).

CHIANG MAI, 3x wöchentl. um 12.15 Uhr in rund 1 1/2 Std. mit Bangkok Airways (US$100–130) oder mit Asian Wings Airlines.

KUNMING, 1x tgl. um 14.40 Uhr in ca. 3 Std. mit China Eastern Airlines (US$350).

SINGAPORE, tgl. um 8 Uhr in 2 Std. mit Golden Myanmar Airlines sowie 3x wöchentl. um 15.55 Uhr mit Silk Air (US$145–200).

Weitere Auslands-Verbindungen von Mandalay gibt es nach GAYA und IMPHAL in Indien sowie nach SEOUL in Korea.

**Fluggesellschaften**

Die Innenstadt-Büros der Airlines haben meist Mo–Fr 9–17 Uhr und Sa/So 9–12 Uhr geöffnet, doch lassen sich alle flugtechnischen Dinge auch bestens über Sun Far Travels & Tours abwickeln (S. 353).

**Air Asia (AK)**, 26th St. (78/79), ✆ 02-61529, 09-4211 1711.

**Air Bagan (BA)**, 78th St. (27/28), ✆ 02-61791-2 und 27049 (Airport).

**Air Kanbawza / KBZ (K7)**, Ecke (30/65), ✆ 02-24862-3, 02-27053-4 (Airport).

**Air Mandalay (AM)**, 78th St. (29/30), ✆ 02-64554 und 27051 (Airport).

**Asian Wings Airways (AW)**, 30th St. (77/78), ✆ 02-74791-3 und 74793 (Airport).

**Bangkok Airways (PG)**, 78th St. (33/34), ✆ 02-36323 und 02-27082 (Airport).

**China Eastern Airlines (MU)**, 82nd St. (27/28), ✆ 02-60990-1.

**Golden Myanmar Airlines (Y5)**, 83rd St. (31/32), ✆ 02-30720 und 02-27073 (Airport).

**Mann Yatanarpon Airlines (7Y)**, 78th St. (33/34), ✆ 02-67099 und ✆ 02-67099 (Airport).

**Myanmar National Airlines (UB)**, 81st St. (25/26), ✆ 02-36221.

**Myanmar Airways International (MA) / Thai Smiles (8M)**, A1 Ecke (78/27), ✆ 02-69551-2, 02-27077 und 02-20279 (Airport).

**Silk Air (MI)**, ✆ 02-27096 (Airport).

**Thai Airways International (TG)**, Sun Far Travel & Tours oder Yangon-Airport, ✆ 01-533 172.

**Yangon Airways (HK)**, 78st St. (29/30), ✆ 02-34405-6 und 27050 (Airport).

THANBODDHAY-PAGODE, MONYWA; © NIPAPORN YANKLANG

# Die Umgebung von Mandalay

**Pittoreske Hinterlassenschaften längst versunkener Königreiche, mit Pagoden und Klöstern übersäte Hügel, aber auch mehrere kleine Weltwunder und Kuriositäten locken zu Entdeckungstouren in die Umgebung von Mandalay, die sich aus der Metropole wunderbar als Tagesprogramm arrangieren lassen.**

# Stefan Loose Traveltipps

**Amarapura** Die „Stadt der Unsterblichkeit" lohnt allein schon wegen der UBein-Brücke einen Besuch – zumal sie als längste Holzbrücke der Welt gilt. S. 367

**Sagaing** Nirgends in Myanmar findet sich eine so spektakuläre Dichte von Tempeln, Pagoden und Klöstern wie zwischen den Hügeln am Ufer des Ayeyarwady. S. 375

**Mingun** Die faszinierenden Überreste der Mantara Gyi-Pagode zeugen noch heute davon, dass hier einst die größte Pagode der Welt errichtet werden sollte. S. 380

**7** **Pyin U Lwin** Von den Briten angelegt, erfreut der Bergort mit kühlem Klima, filmreifen Kolonialhotels und urigen Westernkutschen. S. 383

**8** **Monywa** Die Thanboddhay-Pagode wird von 582 357 Buddhabildnissen geschmückt, während sich nicht weit entfernt die zweithöchste Buddhastatue der Welt erhebt. S. 392

**Mogok** Den Geheimnissen der legendären Edelstein-Enklave nachspüren. S 399

REGIONALE SPEZIALITÄTEN, PYIN U LWIN; © VOLKER KLINKMÜLLER

WASSERBÜFFEL, MONYWA; © VOLKER KLINKMÜLLER

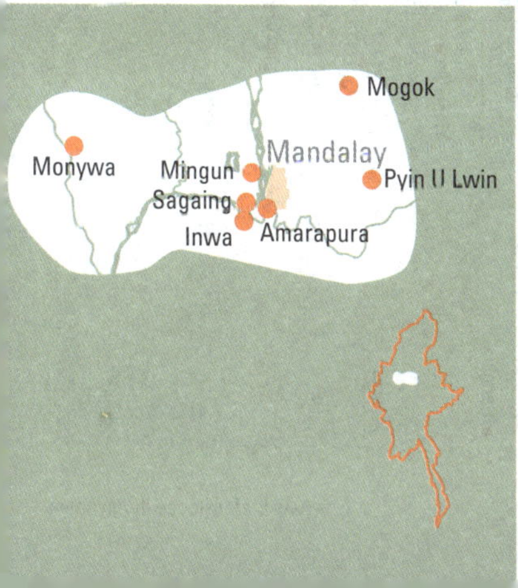


**Wie lange?** Mit der Edelstein-Enklave Mogok eine ganze Woche

**Unvergessliches Erlebnis** Das Besteigen der Mingun-Pagode

**Nicht verpassen** Visite bei den beiden goldenen Riesen-Buddhas von Monywa

**Romantischer Reiz** Sonnenuntergang mit Blick auf die Brücke von Amarapura – am besten vom Ruderboot aus

**Leckere Mitbringsel** Getrocknete Früchte aus Pyin U Lwin

**Worauf nur wenige kommen** Eine Übernachtung in Sagaing

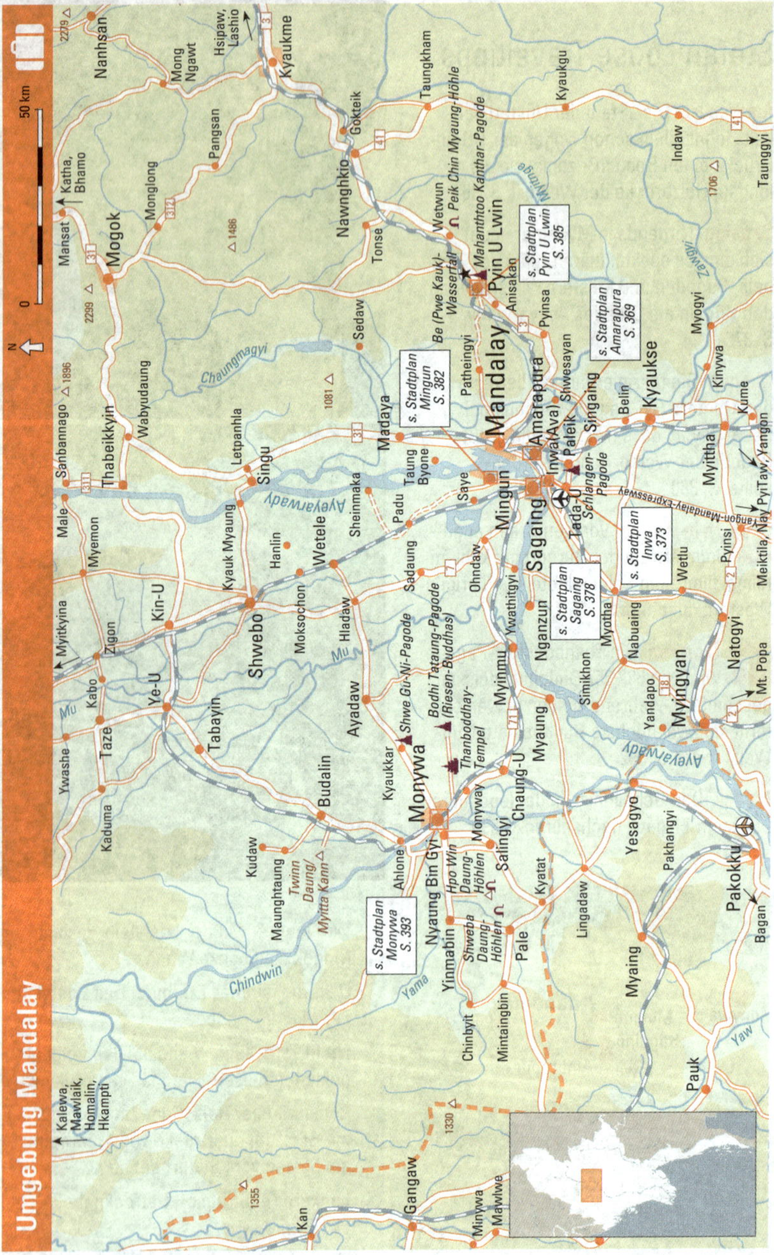
Umgebung Mandalay
0
50 km
N
Kalewa, Mawlaik, Homalin, Hkampti
Katha, Bhamo
Myitkyina
Hsipaw, Lashio
Taunggyi
Yangon
PyiTaw, Nay
Meiktila
Mt. Popa
Bagan
Nanhsan
Mong Ngawt
Kyaukme
Mogok
Mansat
Monglong
Pangsan
Gokteik
Taungkham
Nawnghkio
Tonse
Wetwun
Peik Chin Myaung-Höhle
Mahanthtoo Kanthar-Pagode
Be (Pwe Kauk)-Wasserfall
Pyin U Lwin
Anisakan
s. Stadtplan Pyin U Lwin S. 385
Kyaukgu
Indaw
Myitnge
Zawgyi
Pyinsa
Mandalay
Patheingyi
Amarapura
Shwesayan
s. Stadtplan Amarapura S. 369
Inwa (Ava)
Paleik
Singaing
Belin
Kyaukse
Myogyi
Kinywa
Kume
Myittha
Schlangen-Pagode
Tada-U
Yangon-Mandalay-Expressway
s. Stadtplan Inwa S. 373
Wetlu
Pyinsi
Sagaing
Mingun
s. Stadtplan Mingun S. 382
Taung Byone
Saye
Padu
Sheinmaka
Sedaw
Chaungmagyi
Madaya
Letpanhla
Singu
Ayeyarwady
Thabeikkyin
Sanbannago
Wabyudaung
Male
Myemon
Kyauk Myaung
Hanlin
Wetele
Sadaung
Ohndaw
Ywathitgyi
Nganzun
s. Stadtplan Sagaing S. 378
Myotha
Nabuaing
Natogyi
Simikhon
Yandapo
Myingyan
Kin-U
Zigon
Shwebo
Moksochon
Hladaw
Mu
Kabo
Ye-U
Taze
Ywashe
Kaduma
Tabayin
Budalin
Ayadaw
Shwe Gu-Ni-Pagode
Bodhi Tataung-Pagode (Riesen-Buddhas)
Thanboddhay-Tempel
Kyaukkar
Monywa
Myinmu
Myaung
Chaung-U
Monyway
Salingyi
Kyatat
Lingadaw
Yesagyo
Pakhangyi
Pakokku
Kudaw
Maunghtaung
Twinn Daung/ Myitta Kann
Ahlone
Nyaung Bin Gyi
Hpo Win Daung-Höhlen
Shweba Daung-Höhlen
s. Stadtplan Monywa S. 393
Yinmabin
Pale
Chindwin
Yama
Chinbyit
Mintaingbin
Myaing
Pauk
Yaw
Gangaw
Kan
Minywa
Mawlwe
2279
2299
1896
1486
1081
1706
1330
1355

Auf engstem Raum finden sich um Mandalay mit Amarapura, Inwa (Ava), Sagaing und Shwebo vier ehemalige Königsstädte, die sich leicht im Rahmen von Tagesausflügen besuchen lassen. Denn nach dem Niedergang von Bagan blieben Mandalay und Umgebung bis 1885, als der Dritte und letzte Anglo-Birmanische Krieg mit einer endgültigen Niederlage endete, das Zentrum der Königreiche. Um das jeweils mit der alten Residenz verbundene Unheil – etwa durch das Töten von Rivalen und ihrer Familien – abzuschütteln, verlegten die Herrscher der rund 130 Jahre währenden Konbaung-Dynastie ihre Hauptstadt insgesamt fünf Mal!

Immer wenn der Umzug in eine neue Hauptstadt anstand, wurden die weitgehend aus Edelhölzern errichteten Paläste und Klöster einfach ab- und an der neu erwählten Stätte wieder aufgebaut. Sobald die Herrscher mit ihrem Gefolge abgezogen waren, wurden ehemals mächtige Städte wieder zu einfachen Bauerndörfern, während die aus Mauerwerk und Ziegeln erbauten Heiligtümer Bestandteil der Landschaft blieben. Nach dem Sturz von Bagan erlangte im frühen 14. Jh. zunächst Sagaing Bedeutung, aber schon 1364 schwang sich Inwa zur Nachfolge auf – wurde Regierungssitz von 1764 bis 1783. Dann wurde die Hauptstadt nach Amarapura verlegt, doch 1823 war Inwa wieder an der Reihe, bis das verheerende Erdbeben von 1838 die gesamte Region verwüstete und die Staatsverwaltung zurück nach Amarapura verlegt werden musste. König Mindon zog 1857 schließlich nach Mandalay um, das bis zur britischen Eroberung für 25 Jahre Hauptstadt blieb.

Obwohl das nördlich von Mandalay am Ayeyarwady liegende Mingun niemals Königsstadt gewesen ist, kann es mit spannenden Sehenswürdigkeiten aufwarten, darunter die Überreste einer gigantischen Pagode und die größte funktionstüchtige Glocke der Welt. In Monywa locken mit der bunt-verspielten, von 450 000 Buddhastatuen geschmückten Thanboddhay-Pagode und zwei Riesenbuddhas beeindruckende Heiligtümer sowie neuerdings möglich gewordene Flussreisen über den Chindwin. Ein Ausflug nach Shwebo indes führt in eine abgelegene, beschaulich gebliebene Stadt, von der aus König Alaungpaya einst das Dritte birmanische Reich gründete. Die für Ausländer lange gesperrte, geheimnisumwitterte Edelstein-Enklave Mogok, die von bis zu 1200 m hohen Bergen umrahmt wird, darf seit 2014 besucht werden – was allerdings nur mit Sondergenehmigung bzw. im Rahmen einer geführten Tour möglich ist. Hier werden die wertvollsten Rubine und Saphire des Landes aus der Erde gegraben.

### Tourenplanung

Wer es eilig hat, kann die Erkundung von Amarapura, Inwa (Ava) und Sagaing an einem einzigen Tag schaffen, doch für Mingun sollte mindestens noch ein weiterer halber Tag eingeplant werden. Die Sehenswürdigkeiten von Mandalay aus per öffentlichem Personennahverkehr erreichen zu wollen, kann in eine zeitraubende Tortur ausarten – zumal die Ziele meist nicht direkt angefahren werden. Weitaus angenehmer gestaltet sich das Anheuern eines (Moped)Taxis (S. 357) oder eine erlebnisreiche Fahrradtour (S. 354 und S. 379). Übernachten kann man allenfalls in Sagaing, das sich so auch authentischer erleben lässt. Vielerorts muss – abhängig von Saison und Tageszeit – mit aufdringlichem Souvenirverkauf und selbst ernannten Guides gerechnet werden.

Für einen Besuch Pwin U Lwins sollten auf jeden Fall ein oder zwei Übernachtungen eingeplant werden, um die historische Stimmung der ehemaligen Bergstation besser erfassen zu können. Auch zum Abstecher nach Monywa gehört eigentlich mindestens eine Hotelnacht. Als neues mögliches Abenteuer lockt die Edelstein-Enklave Mogok. Nach Shwebo indes sollte sich nur aufmachen, wer bereits alle anderen bedeutenden Sehenswürdigkeiten erkundet hat.

## Amarapura

Der Weg nach Amarapura, Inwa und Sagaing führt vorbei am 3,7 km langen und bis zu 1 km breiten **Kandawgyi-See** (historisch: Thet Thay). An ihm liegen etliche Restaurants, die abends mit bunter Beleuchtung auf sich aufmerksam machen. Als spektakulärstes lockt die Pyi Gyi Mon Royal Barge, die bis Ende der 1990er-Jahre auf dem Festungsgraben am Sedona-Hotel in Mandalay dümpelte und sich nun auf 215 Pfähle stützt. Wie auch das neue Karaweik Mobile Hotel (S. 326) am Ayeyarwady-Ufer in Mandalay, ist sie ein imposanter Nachbau der einstigen königlichen Schiffe – und erreicht eine stattliche Höhe von über 18 m.

Obwohl vom einstigen Palastbereich nur wenig erhalten ist, lohnt sich schon wegen der 1,2 km langen, hölzernen U Bein-Brücke ein Besuch des 11 km südlich von Mandalay liegenden Amarapura. Die auch bequem mit Fahrrädern zu erreichende ehemalige Hauptstadt hat sich als Zentrum der Seiden- und Baumwollweberei etabliert. In vielen Gärten hängen eingefärbte Baumwollfäden zum Trocknen, während aus den Häusern das monotone Klappern der traditionellen Holzwebstühle zu vernehmen ist. Unter anderem werden hier die schönsten Festtags-Longyis des Landes gefertigt. Doch auch viele Handwerksbetriebe des Bronzegusses, der Holzschnitz- und Steinmetzkunst sind hier angesiedelt. Überhaupt erinnert noch so mancher Straßenzug daran, wie es einst in Mandalay ausgesehen haben muss.

Bekannt ist die Stadt auch für ihr Nat-Fest im August: Eine Woche nach Ende des Nat-Festes von Taungbyone (s. Kasten) strömen Gläubige in Scharen zum **Irinaku-Fest** (Yadanagu-Fest), das am östlichen Ende der Hauptstraße stattfindet. Es erinnert an die Mutter der Taungbyone-Brüder, die Popa Maedaw (S. 300). Für seine wilden Auswüchse bekannt, zählt es für die Anhänger des Nat-Kultes zu den Höhepunkten des Jahres.

Obwohl der aus dem Sanskrit stammende Name Amarapura „Stadt der Unsterblichkeit" bedeutet, waren die Zeiten als Hauptstadt nicht von langer Dauer. Kurz nach seiner Thronbesteigung 1782 wählte König Bodawpaya Amarapura zur Hauptstadt, um einen neuen Anfang zu machen. Schließlich hatte er zum Beginn seiner Herrschaft zahlreiche Rivalen und deren Familien umbringen lassen. Doch schon 40 Jahre später verlegte Bagyidaw den Regierungssitz wieder zurück nach Inwa. 1841 wurde Amarapura noch einmal Hauptstadt, bevor König Mindon mit seiner Residenz 1857 nach Mandalay umzog, was insgesamt drei Jahre in Anspruch nahm.

### Das Nat-Festival von Taungbyone

In dem nur 30 km nördlich von Mandalay am Ayeyarwady liegenden Ort Taungbyone wird jedes Jahr im Juli oder August (acht Tage vor dem Vollmond) eines der ausgelassensten Feste Myanmars zelebriert. Zehntausende Menschen strömen herbei, um sich bei ausgedehnten Mahlzeiten, feucht-fröhlichen Trinkrunden, vielfältigen Theatervorführungen und Glücksspielen zu vergnügen und von Astrologen oder Wahrsagern in die Zukunft blicken zu lassen. Im Mittelpunkt des Nat-Festes von Taungbyone stehen die beiden Nat-Brüder **Min Gyi** und **Min Lay.** Nach dem Tod ihrer Eltern (S. 300) waren sie von **König Anawrahta** gezwungen worden, am Feldzug nach Yunnan teilzunehmen. Auf dem Rückweg befahl er seinen Weggefährten, am Ort des heutigen Taungbyone eine Pagode zu bauen. Als die beiden Brüder ihre Hilfe verweigerten, wurden sie kurzerhand hingerichtet. Später schien es den König zu reuen: Er ordnete den Bau eines Schreins an und erließ ein königliches Dekret, jedes Jahr zu Ehren der Brüder ein Fest zu feiern. Dazu werden ihre bemalten Holzfiguren rituellen Waschungen unterzogen und durch die Menge getragen, wobei jeder versucht, sie mal zu berühren.

## Palastruinen

Von dem einst quadratischen Palast Amarapuras sind nur noch steinerne Überreste des alten Wachturms, der Registratur, des Schatzhauses und der vier Pagoden erhalten, die einst die Ecken der von zwölf Toren unterbrochenen Stadtmauer markierten. König Mindon hatte den aus Teakholz erbauten Palast mit in seine neue Hauptstadt Mandalay genommen. Die Briten indes nutzten die zurückgebliebenen Ziegel und Steine als Baumaterialien für Straßen und die Eisenbahnlinie. Innerhalb der Umfriedung liegen die Grabstätten der Könige Bagyidaw und Bodawpaya.

## U Bein-Brücke

Seit der sich südlich der alten Königsstadt Amarapura erstreckende **Taungthaman-See** durch einen Damm aufgestaut wird, kann er das ganze Jahr über Wasser führen. Die beste Tageszeit, ihn über die **längste Teakholzbrücke der Welt** zu überqueren, ist kurz vor Sonnenuntergang oder (noch besser) morgens zwischen 7 und 9 Uhr. Denn dann sind die Touristenmassen noch nicht eingetroffen und die Einheimischen in Scharen unterwegs, während die Lichtverhältnisse für stimmungsvolle Impressionen sorgen können.

Unaufhörlich strömen die Menschen über die Brücke: Mönche in orangefarbenen Roben, Mädchen auf Fahrrädern (obwohl das Befahren verboten ist) oder Frauen mit Kopflasten. Doch der Weg wird auch von vielen Bettlern und Invaliden gesäumt, sodass sich die Mitnahme kleiner Geldscheine empfiehlt. Leider wurden die Sitzbänke und Schatten bietenden Pavillons mittlerweile zu Verkaufsständen umfunktioniert, während mancherorts ein gewisses Vermüllungsproblem zu beklagen ist. Die Sammeltickets für den Eintritt werden nur selten überpüft.

© VOLKER KLINKMÜLLER

Der schönste Blick auf die Brücke eröffnet sich erst auf einer beschaulichen Bootstour.



Zwischen 1849 und 1851 unter der Regentschaft von König Pagan – dem Bruder Mindons und einem der grausamsten Herrscher der Konbaung-Dynastie – errichtet, trägt die 1,2 km lange Brücke den Namen des Bürgermeisters, der damals für die Stadt Amarapura zuständig gewesen ist. Als Baumaterial diente das zurückgelassene Teakholz alter Residenzen aus Inwa und Sagaing. Von den 1060 Stämmen, die die zerbrechlich wirkende Brücke tragen, wurden schon einige durch Betonpfeiler ersetzt, was nicht unbedingt als Ideallösung erscheint. Von der einstigen Vergoldung indes ist überhaupt nichts mehr zu erkennen.

In aller Ruhe lässt sich beobachten, wie Schwärme von Enten gemächlich ihre Bahnen ziehen, Fischer immer wieder schwungvoll Netze auswerfen oder mit ihren Angeln direkt im flachen See stehen. In der Trockenzeit wird der freigegebene, fruchtbare Seegrund intensiv zum Anpflanzen von Gemüse genutzt. Und immer wieder bietet sich ein wunderbarer Blick auf Pagoden, die sich auf der Wasseroberfläche spiegeln (einige Foto-Impressionen s. eXTra [5800]). Es empfiehlt sich eine beschauliche Runde mit einem der **Ruderboote**, die am Ufer warten. Für 6000–8000 Kyat (bei 2 Pers.) verspricht eine solche Tour ganz andere Perspektiven der Holzkonstruktion. Zudem besteht die Möglichkeit, der eindrucksvollen Massenspeisung von mehreren hundert jungen Mönchen und Nonnen im nahe gelegenen **Mahagandhayon-Kloster** beizuwohnen.

## Kyauktawgyi-Pagode

Die U Bein-Brücke führt über den See zu dem malerischen Dorf **Taungthaman**, wo sich vor allem ein Besuch der Kyauktawgyi-Pagode lohnt. Dieses Heiligtum wurde von König Pagan 1847 nach dem Vorbild des Ananda-Tempels von Bagan errichtet. Durch das fünfstöckige Dach wirkt die Pagode auf den ersten Blick wie ein tibetischer oder nepalesischer Tempel.

Im Inneren finden sich eine gewaltige Buddhafigur aus hellem Sagyin-Marmor, Figuren der 88 Schüler Buddhas und der halb menschlichen Manothiha-Fabelwesen. Die Eingangshallen sind mit Wandmalereien geschmückt, die Tierkreisbilder, Paläste und Pagoden zu Zeiten König Pagans oder Alltagsszenen zeigen. Auf diesen lassen sich sogar einige Ausländer erkennen, was belegt, wie bewusst den Einheimischen die Präsenz der Engländer damals bereits gewesen ist. Nicht weit von der Kyauktawgyi-Pagode entfernt verbergen sich mehrere überwucherte Stupas.

## Mahagand(h)ayon-Kloster

Das 1914 am Ortsausgang gegründete und für strenge, religiöse Disziplin gerühmte Mahagandhayon-Kloster gehört zu den landesweit größten und auch bekanntesten Klöstern. Denn die hier täglich um 10.30 Uhr (bei großen Spendenübergaben bereits um 10.15 Uhr) beginnende **Mönchsspeisung** ist in erschreckendem Ausmaß als Touristenspektakel freigegeben. Während sich Hunderte von Mönchen in die Warteschlange einreihen, um geduldig und demütig auf das Füllen ihrer Almosenschalen zu warten, werden sie von ausländischen, teilweise unzureichend bekleideten Besuchern umzingelt. Selbst beim Essen scheinen die Mönche keinen wirklichen Frieden zu finden, denn durch die offenen Fenster und Türen des Speisesaals werden sie von den Touristen gnadenlos mit Fotoapparaten, Blitzlicht und Videokameras „abgeschossen".

Obwohl sich die Bewohner des Klosters vielleicht gar nicht so sehr an den Aufdringlichkeiten stören und auch mal kontaktfreudig ihr Englisch probieren, sollte jeder Besucher dazu beitragen, die Würde des Ortes zu erhalten. Wer es schöner und untouristischer mag, sollte sich auf den Weg ins nahe gelegene **Soon Loon-Meditationszentrum** machen. Dort kommen um 11.15 Uhr nicht nur Mönche, sondern auch Nonnen zur Speisung, und mit etwas Glück darf man sogar an der Speisung teilnehmen.

## Pahtodawgyi-Pagode (Mahavizayaranthi-Pagode)

Dieses gut erhaltene Heiligtum im Südwesten Amarapuras wurde 1820 unter der Regentschaft von König Bagyidaw außerhalb der alten Stadtmauern errichtet. Der im indischen Stil gehaltene, glockenförmige Stupa erhebt sich über fünf Terrassen in eine Höhe von 55 m. Die weißen Marmorplatten der unteren Terrassen zeigen Szenen aus den Jataka-Geschichten, während sich von der obersten schöne Ausblicke auf die Umgebung bieten. Im Inneren kündet ein mit Inschriften versehener Stein von der Geschichte des Bauwerks. Die 2,30 m große Bronzeglocke wiegt über 24 t und zählt zu den größten Myanmars.

### Entspannung mit Köstlichkeiten

Wer die Brücke von Amarapura besucht, sollte sich jenseits der Galerie aus Souvenirständen im Schatten der gewaltigen, 1875 am Seeufer gepflanzten Meh-Zeh-Bäume niederlassen. Denn in den dortigen **Freiluftrestaurants** kann man sich in aller Beschaulichkeit einen heißen Tee, ein eisgekühltes *Myanmar*-Bier und jede Menge leckere Snacks wie gebratene Kürbisstücke, Sojakuchen oder Linsenkugeln mit würziger Tamarindensauce gönnen. Besonders empfehlenswert sind die günstigen, knusprigen Krabben-Omelettes *Basonijo* oder auch die frittierten, klitzekleinen Fische. Der anschließende Verdauungsspaziergang sollte für 2–3 km am Nordwestufer des Sees entlangführen, wo sich zwischen Baumriesen, Holzhäusern und Pagoden allerlei idyllische Eindrücke sammeln lassen.

## Nagayon-Pagode

Auffällig an der Architektur dieses zu Beginn des 19. Jhs. errichteten, strahlend weißen Heiligtums ist, dass der *pahto* von einer riesigen, drachenähnlichen Naga-Schlange geschützt wird, was in der buddhistischen Ikonografie sonst nur Buddhastatuen zuteil wird. Daher erklärt sich auch der Name der „von einem Naga bekrönten" Pagode.

## Guan Yin-Tempel (Chinese Joss House)

Dieser mit seinen typisch chinesischen Dächern und bunten Figuren sehenswerte Tempel von 1773 ist nach Guan Yin, dem Bodhisattva der Barmherzigkeit, benannt. Er gilt als einziges Heiligtum Amarapuras, das seit der Gründung der Stadt ununterbrochen bewohnt ist. Denn beim Umzug von König Mindon nach Mandalay hatten die chinesischen Händler es vorgezogen, in Amarapura zu bleiben, da ihre Häuser im Gegensatz zu denen der Birmanen aus Stein gebaut waren. Die heute noch hier lebenden Chinesen arbeiten vor allem in der Seidenweberei.

Nachdem er 1810 abgebrannt war, wurde der Guan Yin-Tempel 1847 wieder aufgebaut. Um Geistern den Zugang zu erschweren, führt der Eingang nicht geradewegs zum Heiligtum. Nach chinesischer Vorstellung wandern sie nämlich immer geradeaus und dicht am Boden entlang, was auch die erhöhte Türschwelle am Eingang erklärt. Besucher können ihre Schuhe bis in den inneren Altarraum hinein angezogen lassen.

### Bagaya-Kloster

Das am Ortsausgang von Amarapura liegende Bauwerk fungiert als **Museum buddhistischer Kunst** und Bücherei mit Palmblattmanuskripten. Beide werden Besuchern aber nur auf Anfrage geöffnet. Das ehemalige Kloster wurde von 1993 bis 1996 nach Plänen und Zeichnungen aus der Kyauktawgyi-Pagode rekonstruiert. Als historisches Bauelement gelten lediglich die acht Backsteinstufen. Erstmals Anfang des 19. Jhs. anlässlich der Verlegung der Hauptstadt nach Amarapura unter König Bodawpaya errichtet, war das Kloster immer wieder zerstört worden – zuletzt durch die Japaner im Zweiten Weltkrieg.

### Shwe Kyet-Pagoden

Am Ufer des Ayeyarwady liegen die vermutlich aus dem 12. Jh. stammenden Shwe Kyet Kya- und Shwe Kyet Yet-Pagoden. Sie bestehen aus einer Reihe von Zedis, die als „Lauf des goldenen Vogels" bezeichnet werden und einen schroff abfallenden Felsen säumen. Da ihr Anblick vom Fluss aus am eindrucksvollsten ist, sollte man nach einem Bootsbesitzer Ausschau halten, der ein Stückchen hinausfährt, wo man eine herrliche Aussicht auf die beiden Pagoden, die Hügel von Sagaing und den Sonnenuntergang hinter der Inwa-Brücke genießen kann.

#### TRANSPORT

Ein **Mietwagen** mit Chauffeur für eine ganztägige Tour nach Amarapura (plus Inwa, Sagaing oder auch Mingun) schlägt je nach Fahrzeugklasse mit US$50–60 zu Buche. Kleinbusse und **Sammeltaxis** von/nach MANDALAY liegen bei 500–1500 Kyat. Nach der Ankunft kann man zu Fuß die Pahtodawgyi-Pagode erreichen. Für die Anfahrt per **Fahrrad** müssen rund 45 Min. einkalkuliert werden.

## Inwa (Ava)

Innerhalb der Stadtmauern sind mehrere kleine Dörfer entstanden und heute bestellen Bauern den historischen Boden, auf dem einst die Palastanlage stand. Keine andere Hauptstadt hat sich so lange behaupten können wie Inwa („Eingang zum See"), das mit seinem klassischen Pali-Namen Ratnapura („Stadt der Edelsteine") heißt, im Ausland aber eher unter dem Namen Ava bekannt wurde. Die Erkundung ist mit einer kurzen Fährfahrt verbunden, denn als zwischen den Flüssen Myitnge und Ayeyarwady der Kanal Myittha Chaung entstand, wurde Inwa zu einer künstlichen Insel. Nicht zuletzt der Transport mit einer der rund 80 Pferdedroschken, bei denen ein Passagier vorn auf dem Kutschbock und zwei hinten im Wagen mitfahren können, macht einen Besuch des rund 22 km südlich von Mandalay liegenden Orts zu einem idyllischen Ausflug.

Mit dem Zusammenbruch des Bagan-Reichs Ende des 13. Jhs. verlagerte sich das Machtzen-

#### Über diese Brücke sollst du gehen

Die Frage, ob der Sonnenuntergang eher mit Blick von – oder auf – Sagaing genossen werden sollte, erscheint wahrlich knifflig ... Keinesfalls versäumt werden sollte jedoch, die **Yadanabon-Brücke** einmal zu Fuß zu überqueren. Denn von hier eröffnet sich ein faszinierender Ausblick auf den Ayeyarwady, die Pagodenhügel und die imposanten Bögen der altehrwürdigen **Inwa-Brücke**. Mit etwas Glück lässt sich ja vielleicht sogar einer der hier beheimateten Flusskreuzer wie die *Road to Mandalay* oder ein Schiff der *Pandaw*-Flotte erspähen. Als besonders fotogen präsentiert sich die direkt am Flussufer liegende, golden schimmernde Stupa-Gruppe der **Shwe Kyet Kya-Pagode**, von der sich wiederum ein besonders schöner Blick auf die Brücke eröffnet.

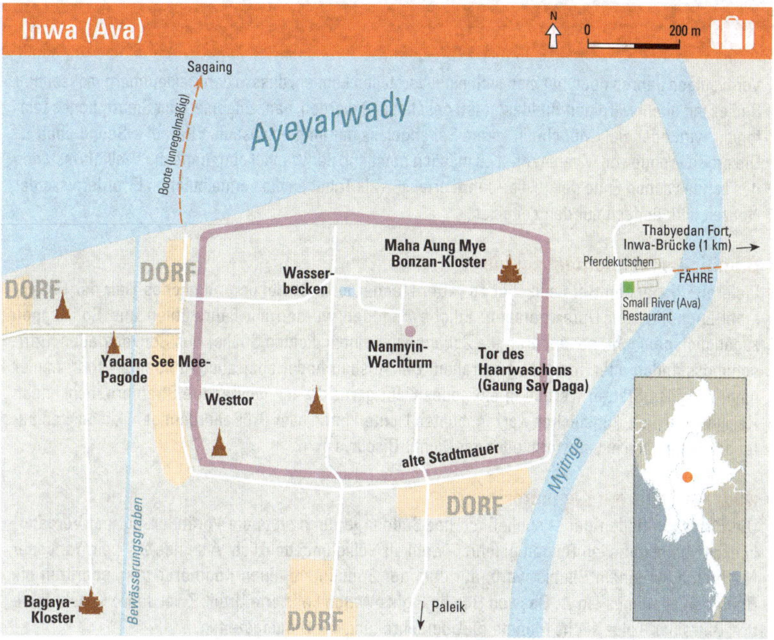


trum in die Umgebung von Inwa. Dort etablierten sich verschiedene Fürstentümer der Shan, unter anderem in Pinya und Sagaing, die 1364 unter dem Shan-Fürst Thadominbya (1364–68) gewaltsam vereint wurden. Aufgrund der strategisch günstigen Lage erwählte der für seine Grausamkeit bekannte Herrscher Inwa zu seinem neuen Regierungssitz. Es sollte – mit mehreren kurzen Unterbrechungen – über 400 Jahre lang Hauptstadt eines birmanischen Königreichs bleiben, bis der Regierungssitz 1841 endgültig in das nur wenige Kilometer nördlich liegende Amarapura verlegt wurde. Letztendlich aber war es das verheerende Erdbeben von 1838, das die glorreiche Geschichte von Inwa als Hauptstadt endgültig beendete.

Obwohl von den Bauwerken der insgesamt drei Herrschaftsperioden – Inwa-Periode (1364–1555), Toungoo-Dynastie (in Inwa ab 1635), Konbaung-Dynastie (1765–83 und 1823–38) – nicht mehr allzu viel zu sehen ist, lädt Inwa mit seiner friedlichen, ländlichen Atmosphäre durchaus zum längeren Verweilen ein.

## Nanmyin-Wachturm

Als einziges Überbleibsel von Bagyidaws Palastanlage ist außer einem großen, gemauerten Wasserbecken nur der 1822 errichtete, einst 27 m hohe Nanmyin-Wachturm übrig geblieben. Der oberste Teil ist allerdings beim Erdbeben von 1838 eingestürzt. Da sich der Rumpf stark geneigt hat, ist oft vom „schiefen Turm von Inwa" die Rede. Im Inneren führt eine steile Holztreppe nach oben. Von oben bietet sich, besonders am späten Nachmittag, ein wunderschöner Blick auf den Ayeyarwady, die Inwa-Brücke und die mit religiösen Bauwerken übersäten Hügel von Sagaing.

## Maha Aung Mye Bonzan-Kloster

Das ockerfarbene Bauwerk nordöstlich des Wachturms ist mit seinen stuckverzierten Außenwänden aus Stein errichtet, imitiert jedoch die traditionelle Holzarchitektur von Klosteranlagen. Es stammt aus dem Jahr 1818 und wurde im Auftrag von Bagyidaws oberster Königin Meh Nu für ihren Geliebten, den königlichen Abt

## Auf der Rolltreppe zum Heiligtum

Vor wenigen Jahren noch hat man sich nicht vorstellen können, dass in den Heiligtümern massenhaft Selfies mit altehrwürdigen Buddastatuen geschossen werden, ganz ungeniert mit Smartphones telefoniert wird oder sich Mönche in einem Seitengelass gar im gemeinsamen Karaoke-Sound üben … Die große Wende von Myanmar hat es möglich gemacht, der Wandel aber hatte die Wallfahrtsstätten des Landes schon Ende der 1990er-Jahre erfasst – als Tribut an die vermeintlichen Erfordernisse der Neuzeit oder einfach nur den Zeitgeist ...

### Blinklichter als Heiligenschein

Vielerorts begannen Betonmischer zu rattern, andernorts ist viel ursprüngliches Flair der Chromstahl-Euphorie zum Opfer gefallen. Etliche Pagoden wurden mit Fahrstühlen und Rolltreppen zugänglich gemacht, bei anderen die Zugänge mit einem dichten Spalier aus Souvenirläden, Erfrischungsständen oder Teestuben umrahmt. Der Ausbau findet aber auch im Kleinen statt: Immer mehr religiöse Stätten werden in ein neues Licht gerückt – mit gleißenden Strahlern, blinkenden Heiligenscheinen, künstlichen Kerzen, bunten Lichterketten aller Größenordnungen, kitschig anmutenden Lämpchen in Lotosform oder gar Digital-Displays.

### Buddhabildnis mit Kopfhörer

Die Birmanen finden das – schließlich hat Buddha ja auch stets die Veränderung und Vergänglichkeit von materiellen Dingen gelehrt – wohl als völlig unbedenklich. Als Ende 2014 ein Yangoner Nachtclub mit einem Bildnis warb, auf dem der Erleuchtete einen Kopfhörer trug, schritten die Behörden allerdings ein … Das von Human Rights Watch kritisierte Urteil: Zwei Jahre Knast für die drei Betreiber – plus sechs Monate für Überschreitung der Öffnungszeiten ...
Manch westlicher Besucher mag die schleichend schwindende Ursprünglichkeit, Würde und Spiritualität in Buddhas Zauberland bedauern bzw. sich nach mehr Denkmalschutz sehnen. Mit den Ruinen von Pyu wurde Mitte 2014 immerhin endlich ein erster Spot in das Welterbe der Unesco aufgenommen, 14 weitere stehen noch auf der „tentative list" – darunter auch Inwa, Amarapura, Sagaing und Mingun.



U Po (Nyaunggan Sayadaw), errichtet. Die großen Schäden, die das Erdbeben von 1838 an diesem Kloster anrichtete, ließ die Königstochter Hsinbyumashin 1873 beheben.

Im Inneren thront eine Buddhastatue auf einem mit Glasmosaiken verzierten Podest. An einer Außenwand sind noch ein Pfau als Symbol für die Sonne und ein Hase als Symbol für den Mond zu erkennen. Mit etwas Glück kann man in der Nähe den überwucherten Gedenkstein für Dr. Adoniram Judson finden. Er hatte 1849 das erste birmanisch-englische Wörterbuch verfasst und wurde von König Bagyidaw 1824 nach Ausbruch des Ersten Anglo-Birmanischen Krieges wegen Spionageverdachts für ein Jahr inhaftiert.

## Bagaya-Kloster

Inmitten der ehemaligen königlichen Reisfelder liegt das Bagaya-Kloster, das vor allem deshalb von großem Interesse ist, weil es bisher von Naturkatastrophen und Eingriffen der Restaurateure weitgehend verschont geblieben ist. Da es einen besonders authentischen Eindruck vermittelt, wird es zu den schönsten Klöstern Myanmars gezählt. Die 1834 von König Bagyidaw errichtete Anlage wurde fast komplett aus besonders dunklem Teakholz erbaut.

Getragen wird die 57 m lange und 31 m breite Konstruktion von 267 mächtigen Teakholzstämmen, deren größter über 18 m hoch ist und einen Umfang von fast 3 m hat. Die Umrahmungen der Eingänge sind mit schönen Schnitzarbeiten verziert. Das Kloster ist nicht nur Touristenattraktion: Noch heute dient es als Pali-Schule für Mönche.

### Yadana See Mee-Pagode

Die Überreste dieses Heiligtums finden sich im Bereich eines mächtigen, mehrere Jahrhunderte alten Seidenwollbaums (*Bombax ceiba*, birmanisch: *let pan bin*), der im birmanischen Sommer eine Vielzahl roter Blüten trägt. Von Mauerresten, Stupa-Stümpfen und den Überbleibseln einer Säulenhalle umgeben, finden sich mehrere hübsche Buddhastatuen.

### Gaung Say Daga

Das Nordtor der hier noch gut erhaltenen hohen Stadtmauer ist das „Tor des Haarwaschens", weil sich die Könige an dieser Stelle im Rahmen einer Zeremonie ihr Haupthaar waschen ließen. Während des Thingyan-Festes im April wird hier das rituelle Haarewaschen veranstaltet, um den König der Nats (Thagyamin) in gebührender Weise zu empfangen. Auch andernorts lassen sich noch Reste der riesigen, einst im Zickzack verlaufenden Stadtmauern und auch einige Teile des ehemaligen Wassergrabens finden. Im Süden führt ein historischer Fußweg aus Ziegeln vom einstigen Stadttor in Richtung Tada-U, wo Mandalays neuer Flughafen entstanden ist.

### Paleik

Das gepflegte Dorf einige Kilometer südöstlich von Inwa wird von über 300 überwucherten Stupas, Pagoden und verlassenen Klöstern umgeben, die vorwiegend aus der Zeit der Konbaung-Dynastie stammen. So wirkt es fast ein bisschen wie Bagan – mit dem Unterschied, dass die Landschaft grüner ist. Die bereits im 12. Jh. von Alaungsithu gegründete **Yadana Labamuni-Pagode** ist auch unter dem Namen „Schlangen-Pagode" bekannt. Denn an einer Buddhafigur haben sich erstaunlicherweise Pythonschlangen niedergelassen, die jeden Morgen um 11 Uhr gewaschen und gefüttert werden. In den beiden Wochen nach dem Vollmond Waso (im Juni/Juli) wird hier ein Fest mit Jahrmarkt und allerlei Vorführungen veranstaltet.

### ESSEN

Eine herrliche Möglichkeit zur Einkehr bietet das **Small River (Ava) Restaurant**. Vor einem alten Haus kann man sich im luftigen Schatten weitausladender Baumriesen (vor allem um die Mittagszeit) mit allerlei Speisen (auch veganen) und Getränken stärken, aber nicht unbedingt zu Schnäppchenpreisen. Am Flussufer locken einige Liegen. ⌚ 9–17 Uhr.

### TRANSPORT

Wer mit einem **Kleinbus** oder **Sammeltaxi** für 1000–1500 Kyat aus MANDALAY oder AMARAPURA kommt, muss an der Inwa-Brücke aussteigen. Ein schlammiger, in der Trockenzeit staubiger Pfad führt hinab zur **Fähre** am Myitnge. Die Passage über diesen kleinen Zufluss des Ayeyarwady kostet 800 Kyat. In der Regenzeit legt manchmal auch eine Fähre in der Nähe des Thabyedan Forts ab. Zur Erkundung von Inwa ist es üblich, eine **Pferdekutsche** zu mieten. Für den rund 8 km langen, 2–3 Std. dauernden Rundtrip, der recht stimmungsvoll geraten kann, werden für 2 Pers. mind. 8000 Kyat verlangt. Manchmal kann man von Inwa aus mit kleinen Booten (200 Kyat, als Charter 2000 Kyat) auch direkt nach Sagaing übersetzen!

## Sagaing

Mehr als 700 Tempel, Stupas, Klöster und Meditationszentren prägen die Hügelketten von Sagaing am westlichen Ufer des Ayeyarwady, wo Touristen die Orientierung naturgemäß etwas schwerfällt. Die Tempel ziehen sich hin bis zum 18 km entfernten Mingun. Um die 6000 Mönche und Nonnen sollen sich hier in buddhistischer Einkehr, Enthalt- und Gelehrsamkeit üben.

Schon bei der Anfahrt aus dem 20 km entfernten Mandalay eröffnet sich ein fantastischer Blick auf die im Sonnenlicht glitzernden Heiligtümer – umflossen von den trägen Wassermassen des Flusses (s. Kasten S. 372). Das fünf Tage gültige, auch für Mingun geltende Besucher-Ticket kostet 3000 Kyat, wird aber vergleichsweise selten kontrolliert. Besucht werden sollten hier auf jeden Fall die **Umin Thounzeh-** und die **Sun U Ponnya Shin-Pagode** sowie die **Shin Pin Nan Khine-Pagode**, die ebenfalls einen wunderbaren Ausblick auf die wichtigsten Hügel, den südlichen Teil des Ortes und den Fluss bietet. An der im Freien sitzenden, etwa 6 m hohen Buddhastatue ist dieses Heiligtum gut zu erkennen – der Aufgang kann von Süden oder Osten erfolgen.

Nachdem der Untergang Bagans das Land ins Chaos gestürzt hatte, war Sagaing von 1315 bis 1364 zur Hauptstadt eines unabhängigen Shan-Fürstentums geworden. Danach wurde die Residenz, deren Name einst Jayapura („Siegesstadt") lautete, in das strategisch günstiger gelegene Ava (Inwa) verlegt. Zwischen 1760 und 1764 war Sagaing dann noch einmal für kurze Zeit Königsstadt, jedoch ohne historisch großartig ins Gewicht zu fallen. Im 18. Jh. ließ König Alaungpaya hier aus Manipur und Ayutthaya verschleppte Silberschmiede ansiedeln. Im Bezirk **Ywataung** (Ra Htaung) werden noch heute in alter Tradition Silberschmiede-Arbeiten gefertigt – meist reichhaltig verzierte Utensilien für religiöse Zwecke. Ein Großteil der Produktion wird über Thailand nach Indien oder Italien exportiert. Entsprechende Werk- und Verkaufsstätten finden sich entlang der Straße nach Shwebo/Monywa.

Es ist durchaus empfehlenswert, Sagaing nicht nur in einem Tagesausflug zu besuchen, sondern hier – statt im geschäftigen Mandalay – Quartier zu beziehen. Denn wenn spätestens gegen 17 Uhr die letzten Touristen den Ort verlassen haben, herrscht eine angenehme, spirituelle Atmosphäre. Zudem laden einige Geschäfte zum abendlichen Bummeln ein. Eines der hiesigen Klöster nimmt sogar Ausländer auf, die sich in denkbar spirituellem Ambiente und unter fachkundiger Anleitung in Meditation üben dürfen (s. Kasten).

### Besinnliche Tage im Kloster

Es muss nicht bei einem flüchtigen Besuch der Heiligtümer und Mönche in den spirituellen Hügeln von Sagaing bleiben. Im **Kyazwa-Kloster** z. B., das nach rund 4 km entlang der Uferstraße nach Mingun erreicht ist, sind westliche Ausländer von Dezember bis Mitte Januar gern gesehene Gäste. Gegen eine Spende können sie für 45 Tage am religiösen Leben teilnehmen und etwas für ihr Seelenheil tun. Die bis zu 50 Teilnehmer, die während ihres Meditationsaufenthalts von einem westlichen Ausländer betreut werden, leben in eigenen, schlichten Kammern, die sich über einen Hang verteilen und mitunter sogar einen hübschen Panoramablick bieten. Nähere Infos und Anmeldung beim Abt, ✆ 09-511 6690. Ebenfalls in der Umgebung von Mandalay bzw. am Berg Yaytagun liegt das 2004 gegründete **Dhamma Mandala Vipassana Meditation Centre,** ✆ 02-39694, 💻 www.mandala.dhamma.org, das bis zu 160 Gäste aufnehmen kann.

## Thabyedan Fort

Kurz vor der Inwa-Brücke lassen sich am Ufer die Überreste der Festung Thabyedan ausmachen. Sie wurde 1885 von den Birmanen unter Anleitung italienischer und französischer Berater als letzte Verteidigungsanlage vor dem Dritten Anglo-Birmanischen Krieg gebaut, aber ohne jeglichen Kampf mühelos von den Angreifern eingenommen.

## Inwa-Brücke (Ava-Brücke)

Die rund 750 m lange, 16 Bögen zählende Brücke wurde 1934 von den Briten gebaut und öffnete den Norden Myanmars für den Straßen- und Eisenbahnverkehr. Bis zur Einweihung der von den Chinesen gebauten Brücke in Pyay 1998 war die Inwa-Brücke die einzige Konstruktion, die über den Ayeyarwady führte. 1942 waren zwei Bögen gesprengt worden, um den Vormarsch der japanischen Truppen aufzuhalten. Die Reparatur erfolgte erst 1954, heute wird die Brücke vor allem für den Eisenbahnverkehr genutzt.

## Yadanabon-Brücke (Irrawaddy-Brücke)

Die 2008 eröffnete, vierspurige Brücke verläuft in 610 m Entfernung parallel zur alten Inwa-

© VOLKER KLINKMÜLLER

Die Umin Tounzeh-Pagode fasziniert mit einem Halbrund aus 45 großen Buddhastatuen.

Brücke. Insgesamt rund 1,7 km lang, zeichnet sie sich durch ihre ansehnliche Nostalgie-Architektur mit drei riesigen Bögen aus. Die Brücke ist mautpflichtig, vor der Überquerung wird zuweilen die Gelegenheit genutzt, die Touristentickets zu kontrollieren bzw. zu verkaufen.

## Hügel von Sagaing

Zu den eindrucksvollsten Heiligtümern von Sagaing gehört die **Umin Thounzeh-Pagode**. Sie enthält 45 größere Buddhastatuen, die in einer wunderschönen, halbmondförmigen Kolonnade angeordnet sind. Die nicht weit entfernte **Sun U Ponnya Shin-Pagode** wurde um 1315 von dem Minister U Ponnya gestiftet. Sie ist 29,3 m hoch, während ihr Schirm 7,8 m misst. Vor dem Hauptaltar in der Gebetshalle dienen bronzene Hasen und Frösche, die an frühere Inkarnationen Buddhas erinnern, als Opferstock. Zu den aufbewahrten Reliquien gehören zwei Bettelschalen. Von der weitläufigen Terrasse bietet sich ein herrlicher Blick.

Im Höhlentempel von **Tilawka Guru**, der um das Jahr 1597 entstand, finden sich wie auch in der **Myinpaun Gyi-Pagode** schöne Wandmalereien, die teilweise noch aus dem 17. Jh. stammen. Viele Zeichnungen stellen wundersame Fabelwesen dar. Darüber hinaus zu sehen sind aufwendig gemalte Fußabdrücke Buddhas und stilisierte Lotosblüten. Leider ist das Heiligtum neuerdings verschlossen, doch kann der Schlüssel (theoretisch kostenlos) beim **Buddha & Cultural Museum** erbeten werden, das überteuerte 5000 Kyat Eintritt kostet und sich auch sonst nicht besonders lohnt. ⌚ 9.30–16.30 Uhr.

## Htupayon-Pagode

Beim großen Erdbeben von 1838 verlor dieses Heiligtum seine Spitze, die auch bei den Restaurationsarbeiten von 1949 nicht ersetzt wurde. Erbaut worden war die Htupayon-Pagode 1444 von König Narapati aus Inwa, der das Bauwerk mit drei für Birma untypischen runden Stockwerken versehen ließ, die von bogenförmigen Nischen umgeben sind.

## Aungmyelawka-Pagode (Eindawya-Pagode)

Wo sich zuvor sein Wohnpalast befunden hatte, erbaute König Bodawpaya 1783 am Flussufer die von zwei riesigen Löwenfiguren bewachte

Aungmyelawka-Pagode. Sie wurde vollständig aus Sandstein errichtet und wirkt wie eine Imitation der Shwezigon-Pagode von Bagan.

## Weitere Heiligtümer

Bei der **Datpaungzu-Pagode** handelt es sich um ein relativ junges Bauwerk, das aber viele Reliquien aus älteren Tempelanlagen enthält, die dem Bau der Eisenbahntrasse durch Sagaing weichen mussten. Die **Ngahtatgyi-Pagode** im Westen von Sagaing wurde 1657 mit fünf Terrassen errichtet und besitzt eine sehr schöne, sitzende Buddhastatue, die als die größte Oberbirmas gilt. Wegen der zahlreichen Elefantenstatuen, die an ihren Eingängen Wache halten, wird die **Hsinmyashin-Pagode** auch „Pagode der vielen Elefanten" genannt. Nach singhalesischem Vorbild 1429 von König Monhyin errichtet, um Reliquien aus Sri Lanka aufzunehmen, erlitt sie bei Erdbeben 1485 und 1955 schwere Beschädigungen.

## Kaunghmudaw-Pagode (Rajamanisula-Pagode)

Der bekannteste Stupa von Sagaing erhebt sich als golden schimmernde, 46,5 m hohe, einen Umfang von 274 m messende Kuppel rund 10 km westlich der Stadt und erinnert eher an eine Radarstation als an ein buddhistisches Heiligtum. Die gewaltige Konstruktion in Form einer

Halbkugel, deren Name „Werk des großen Verdienstes" bedeutet, wurde nach dem Vorbild des Mahazedi (Großer Stupa) in Sri Lanka geschaffen. Die Ursprünge der im singhalesischen Stil errichteten Anlage reichen bis 1645 zurück. Ihre Reliquienkammer nahm einst die aus der Mahazedi-Pagode in Bago herbeigeführten Schätze auf.

Die auch unter dem Pali-Namen *Rajamanisula* bekannte Pagode ist von 812 Steinsäulen umgeben, die 1,50 m hoch und mit kleinen Öffnungen für Öllampen versehen sind. In 120 Nischen, die ebenfalls die Basis umlaufen, befinden sich Nat-Bildnisse. In einer Ecke des Tempelgeländes steht eine fast 3 m hohe Marmorplatte, deren birmanische Inschrift über die Geschichte des Heiligtums berichtet. Auf dem Pagodengelände werden Spatzen und Tauben verkauft, durch deren Freilassung Gläubige ihr Karma verbessern können – aber zuweilen leider auch junge Eulen, für die das Ausharren im gleißenden Sonnenlicht unsägliche Qualen bedeutet.

## Faszinierende Fahrradtour

Wer mit einem eigenen Charterboot bereits vor 9 Uhr nach Mingun gelangt, kann den Charme der Sehenswürdigkeiten meist genießen, bevor die Touristenmassen eintreffen. Auch sonst sind die schönen, großen Boote sehr zu empfehlen, da sie meist über ein Sonnendeck mit gemütlichen Korbsesseln verfügen, aus denen sich die Überfahrt mit Panoramablick genießen lässt. Kaum jemand benutzt bislang allerdings den insgesamt rund 40 km langen Landweg von Mandalay über Sagaing nach Mingun (oder umgekehrt), obwohl dieser überwiegend romantisch am Fluss entlangführt und besonders auf dem letzten/ersten, 23 km langen Abschnitt zwischen Sagaing und Mingun eine wunderbare Strecke für Fahrradtouren abgibt. Die Drahtesel jedenfalls lassen sich bei einer Hin- oder Rückfahrt auf dem Wasserweg meist bequem auf den Booten verstauen. (Weitere Tipps zu Fahrradtouren in der Region Mandalay auf S. 354.)

## ÜBERNACHTUNG

Alle Unterkünfte liegen direkt im Ort bzw. am Fuß der Hügel von Sagaing, der Neubau des lange etablierten **Happy Hotels** präsentiert sich seit geraumer Zeit als Ruine.

**Sein Pann Myaing Gh.**, Thudama St., ✆ 072-21200, 21853. Seit 1992 mit 13 Zimmern, von denen 8 an Ausländer vermietet werden. Sie verfügen zwar über AC, wirken sonst aber nicht besonders einladend. Kommt nur als Notlösung infrage – wie wohl auch für so manches Pärchen, das hier zu einem Kurzzeitaufenthalt absteigt. ❶ ❷

**Shwe Pyae Sone Hotel**, 20 Aoe Tann Lay St., ✆ 072-22781, 09-3330 7933, ✉ shwepyaesonehotel.sgg@gmail.com. Seit 2012 als attraktivste Unterkunft am Ort. 25 Komfortzimmer mit Boden- und Wandfliesen, in der Superior-Kategorie mit eigenem Bad, TV und Minibar. Besonders empfehlenswert sind die Eckzimmer Nr. 201 und 301 (jeweils mit 2 Fenstern) oder Nr. 208 und 309 (jeweils mit einem Extra-Bett). Von der großen Dachterrasse eröffnet sich ein schöner Ausblick auf das Grün und Gold der Pagodenhügel sowie die Brückenbögen. ❸

**Smart Hotel**, 58 Thudama St. ✆ 09-2563 91575, 09-4252 68086. Neu seit 2014 und in blau-weißer Farbkombination gehalten – auch die auffälligen Kugelleuchten. Die 16 Zimmer sind zwar nicht besonders groß, aber sauber sowie mit AC und Flatscreen-TV ausgestattet. ❷

## ESSEN

**Myit Zu Yeit**, am Flussufer. Im Schatten eines über 400 Jahre alten Longifolia (Metukha)-Baums bzw. Blick auf den Ayeyarwady und die alte Inwa-Brücke lässt es sich in rustikalem Mobiliar ausspannen – z. B. bei erfrischendem Fassbier, das sich mit nur 500 Kyat/Glas bzw. 2000 Kyat/Krug auf der Rechnung findet. Es ist zwar etwas schmuddelig, nicht immer alles vorrätig, und die Qualität der günstigen Speisekarte scheint von der Tageslaune des Kochs abzuhängen, doch kann man sich hier z. B. mal an Wasserkresse mit Knoblauch (800 Baht), *fishfingers* (3500 Kyat),

Flussgarnelen (3500 Kyat) oder Aal (4000 Kyat) versuchen. ⌚ 9–20.30 Uhr.

**Sagaing Hill**, Parami Quarter, ☎ 072-21874. Professionell geführtes, populäres Mittagsrestaurant. Etwas abgelegen, aber mit schöner, luftiger Dachkonstruktion. Die Qualität der Speisen wird oft gelobt, z. B. die des *Sagaing Hill Chicken Currys*. ⌚ 11–15 Uhr.

## TRANSPORT

Sagaing ist vom rund 20 km entfernten MANDALAY leicht, schnell und preisgünstig per Bus oder Sammeltransport mit **Pick-ups** zu erreichen, eine Taxifahrt kostet etwa 10 000 Kyat. Innerhalb des Ortes kosten kurze Fahrten (Pferdekutschen sind extrem selten geworden) mit **Tuk Tuk** oder **Mopedtaxi** 2000–3000 Kyat, für einen halben Tag muss man mit 10 000–12 000 Kyat rechnen. Mopedtaxis nach Mandalay liegen bei 5000 Kyat, nach AMARAPURA oder INWA bei 8000 Kyat und für einen Rundtrip nach MINGUN werden um 12 000 Kyat aufgerufen.

### Schöne Aussichten

Nach dem Erdbeben vom November 2012 wurde das Besteigen der Mingun-Pagode aus Sicherheitsgründen verboten, doch kaum jemand hält sich an die aufgestellten, offiziellen Verbotsschilder. Denn der Aufstieg lohnt sich allein schon wegen des tollen Panoramablicks auf die benachbarte Hsinbyume-Pagode, das Hinterland und den eindrucksvollen Ayeyarwady. Obwohl es sich bei diesem Koloss nur um das Fundament einer Ruine handelt, mussten zur Besteigung stets die Schuhe ausgezogen werden. Über eine an der zerbrochenen, rechten Seite angelegte Treppe gelangte man in schwindelerregende Höhe, wo überraschenderweise keinerlei Geländer installiert sind ... Ein provisorisch angelegter Rundwanderweg führte über den quadratischen Ziegelbau. An den Rändern pflegten Pilger bis zu 50 cm hohe Steinhaufen aus Bruchstücken aufzuschichten.

Der meist in der Nähe der kleinen Bahnstation zu findende, ehemalige Trishaw-Fahrer Maunty (Maung Htay), ☎ 09-2503 15699, ✉ maunghtaytrishawman.sgg@gmail.com, verfügt inzwischen über ein Moped und kümmert sich als einziger englischsprachiger Chauffeur am Ort für US$10–15 pro Tag in besonders engagierter Weise um seine Kundschaft.

# Mingun

Nur einen halben Tag nimmt der empfehlenswerte Ausflug nach Mingun in Anspruch. Wer am Morgen startet, kann sich über das bessere Sonnenlicht auf den Sehenswürdigkeiten freuen – gerade auch für Fotos. Am späteren Nachmittag ist Mingun dagegen nicht so sehr von Touristen überlaufen, außerdem lockt auf der Rückfahrt das Flusspanorama mit einem farbenfrohen Sonnenuntergang.

Mit dem Boot indes geht es (je nach Wasserstand) in 1–1 1/2 Stunden von Mandalay 11 km den Ayeyarwady hinauf, bevor auf dem gegenüberliegenden Ufer die riesige Ruine der **Mingun-Pagode** in Sicht kommt. Die Fahrt bietet stimmungsvolle Eindrücke vom Leben am und auf dem Fluss. Mit viel Glück lassen sich vielleicht **Irrawaddy-Delfine** blicken, wurden in diesem Abschnitt doch 2014 von der Wildlife Conservation Society (WCS) nahezu 60 der selten gewordenen Fluss-Flipper gezählt (S. 98). Das touristische Angebot auf dem Weg zwischen den Sehenswürdigkeiten ist fast schon störend. Als guter Kontrast empfiehlt sich ein Besuch in dem 1915 gestifteten, landesweit bekannten **Buddhist Infirmary** (Altersheim) gegenüber der Mingun-Glocke, in dem ausländische Besucher gern gesehene Gäste sind. Hier freut man sich stets über Gastgeschenke, z. B. nicht mehr benötigte Medikamente aus der Reiseapotheke.

## Mingun-Pagode (Pahtodawgyi-Pagode)

Einst sollte es die gewaltigste Pagode aller Zeiten werden und einen Zahn Buddhas enthalten, heute jedoch ist es mit Seitenlängen von 72 m und einer Höhe von 50 m immerhin noch

## Monument des Größenwahns

© NIPAPORN YANKLANG

Sogar vom 20 km entfernten Amarapura aus sollte die neue Pagode von Mingun zu sehen sein: Das kolossale Bauvorhaben symbolisiert den Höhepunkt der Konbaung-Dynastie, denn in der Folgezeit fiel die Macht schrittweise an die Kolonialherrschaft der Briten. Als erstem birmanischem König war es **Bodawpaya** nach über 350 Jahren gelungen, Rakhine zu erobern und den magischen Mahamuni-Buddha in das Kernreich zu entführen.

Von Größenwahn gezeichnet, plante er die Eroberung Siams, Chinas oder sogar Indiens. Doch schon seine 1785 nach Phuket entsandte Streitmacht verwickelte sich in langjährige, schwierige Kämpfe, die gerade mal die Südprovinzen sichern konnte. Der Kaiser von China indes besänftigte ihn 1790 mit der Übersendung von drei Enkeltöchtern und einem Zahn Buddhas. So verlegte Bodawpaya seinen Aktivismus in den spirituellen Bereich und engagierte sich fortan beim Bau von Pagoden. Zur Aufbewahrung der Zahn-Reliquie beschloss er, das mit rund 150 m höchste Heiligtum der Welt zu bauen.

Letztendlich verbrachte der König 20 Jahre damit, sein Mammutprojekt voranzutreiben und verlegte dafür sogar seinen Wohnsitz für einige Zeit auf eine Flussinsel. Westliche Besucher wunderten sich schon damals, dass das Dach und die tragenden Säulen der Reliquienkammer aus Blei gefertigt wurden. So hatte sie dem großen Erdbeben von 1838 wohl nicht allzu viel Stabilität entgegenzusetzen und stürzte ein, wie sich noch heute am lang gezogenen Riss des Ziegelwerks erkennen lässt.

Indirekt trug der Kolossalbau auch zum Niedergang der Konbaung-Dynastie bei: Dass Bodawpaya ungeheure Scharen an Zwangsarbeitern aus Rakhine zum Pagodenbau nach Mingun verschleppt hatte, trieb die dortige Bevölkerung den Briten in die Arme, sodass der Erste Anglo-Birmanische Krieg nicht mehr lange auf sich warten ließ.

der größte Ziegelhaufen der Welt. Seit dem Baubeginn im Jahr 1790 hatte König Bodawpaya viele tausend Sklaven und Kriegsgefangene an der Errichtung des riesigen Stupa arbeiten lassen, der insgesamt eine Höhe von 152 m erreichen sollte (der heute höchste Stupa der Welt erhebt sich mit 127 m im thailändischen Nakhon Pathom). Da die Arbeiten nach dem Tod Bodawpayas 1819 eingestellt wurden, blieb nur die Ziegelbasis zurück, die aber

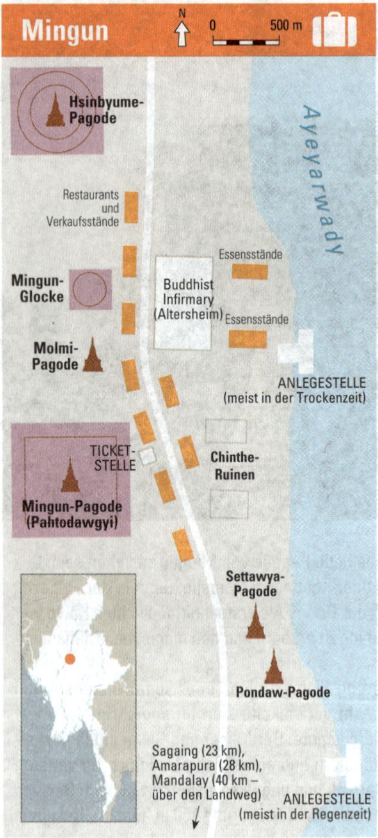




immerhin schon ein Drittel der geplanten Höhe erreicht hatte. 20 Jahre später ereilte ein Erdbeben das gewaltige Monument und beschädigte es schwer. An allen vier Seiten sind aber noch die vierschichtigen Türstürze über den Portalen zu erkennen. Die Terrasse sollte rundum mit bräunlichen und grün glasierten Ziegeln verkleidet werden. Einige davon sind in einem kleinen Gebäude vor der Ruine ausgestellt.

Am Fluss lässt sich ein einst 30 m hohes Paar von weiß getünchten *chinthe*-Figuren entdecken. Sie sind aus Ziegelsteinen gebaut und ebenfalls vom Verfall gezeichnet, da ihnen das Erdbeben von 1838 stark zugesetzt hat (einige Foto-Impressionen s. **eXTra [5801]**).

## Pondaw-Pagode

Nur wenig weiter stromabwärts steht am Flussufer im Schatten eines gewaltigen Mangobaums das 5 m hohe „Arbeitsmodell" der Mingun-Pagode, das einen anschaulichen Eindruck von Bodawpayas Plänen vermittelt. Gleich dahinter erstrahlt die weiße **Settawya-Pagode**, die auf das Jahr 1811 zurückgeht und die erste Pagode war, die König Bodawpaya in Mingun errichtete. Im Inneren ist ein marmorner Fußabdruck von Buddha ausgestellt, der eigentlich in die gigantische Mantara Gyi-Pagode eingemauert werden sollte.

## Mingun-Glocke

Mit einer Höhe von 3,70 m, einem Umfang von 15 m und einem Durchmesser von 5 m (am untersten Rand) gilt dieser Bronzeguss als größte funktionstüchtige Glocke der Welt. Übertroffen wird sie lediglich von der Glocke im Moskauer Kreml, die jedoch gesprungen ist und daher den ursprünglich bestimmten Klang verloren hat. Bodawpaya ließ die Riesenglocke 1808 für sein Mammutprojekt gießen. Der Glockengießer wurde nach Vollendung seiner Arbeit getötet, damit er nicht noch einmal ein derartiges Meisterwerk erschaffen konnte. Beim Erdbeben von 1838 stürzte die 90 t schwere Glocke mitsamt ihrem *tazaung* nieder, jedoch ohne dabei Schaden zu nehmen. Die Einheimischen klettern gern unter sie, um den dumpfen Ton zu hören, wenn außen jemand mit einem Holzknüppel dagegenschlägt.

## Hsinbyume-Pagode (Myatheindan-Pagode)

Sie steht am nördlichen Ende Minguns und wurde von Bodawpayas Nachfolger König Bagyidaw 1816 zu Ehren seiner verstorbenen Lieblingsfrau Prinzessin Hsinbyume errichtet. Vor allem bei blauem Himmel wirkt die Hsinbyume-Pagode überaus elegant, originell und strahlend, weshalb sie ein denkbar beliebtes Fotomotiv abgibt.

Die ungewöhnliche Architektur symbolisiert die Sulamani-Pagode, die der buddhistischen Vorstellung vom Kosmos zufolge auf dem Gipfel des Berges Meru („Zentrum der Erde") steht: Sieben mit Wellen versehene Terrassen führen zum Stupa hinauf und sollen die sieben Meere der buddhistischen Kosmografie symbolisieren, die den Weltberg Meru umschließen. In Nischen auf jeder Ebene stehen zur Bewachung Nats, Dämonen *(bilu)* und Nagas. Auch diese Pagode hatte unter dem Erdbeben gelitten, wurde jedoch von König Mindon 1874 restauriert. Wer sie besteigt, kann im Hinterland zahlreiche kleinere Pagoden und Klosteranlagen ausmachen.

## TRANSPORT

### Auto und Taxi

Leider viel zu selten genutzt wird die schöne Möglichkeit, Mingun mit einem fahrbaren Untersatz von SAGAING aus zu erreichen (S. 375).

### Boote

Je nach Besucherandrang und Wasserstand kann der Abfahrtsort in Mingun leicht variieren. Die Linienboote für Touristen (S. 361, Mandalay) fahren um 13 Uhr nach MANDALAY zurück. Bei den gecharterten Ausflugsbooten lässt sich die Abfahrtszeit individuell bestimmen. Da die Boote auf dem Rückweg mit der Strömung fahren, gerät die Fährpassage kürzer.

**7 HIGHLIGHT**

# Pyin U Lwin (Maymyo)

Obwohl die Asia World Company schon vor etlichen Jahren begonnen hat, die Straße von Mandalay nach Pyin U Lwin (oft auch *Pyin Oo Lwin*) auszubauen, gleicht sie über weite Strecken einer Dauerbaustelle, und auch ihre Holperigkeit scheint etliche Verkehrsteilnehmer nicht davon abzuhalten, sie als Rennstrecke zu betrachten.

Das 67 km östlich von Mandalay am Rande der Shan-Berge liegende, nach anderthalb bis zweistündiger Fahrtzeit erreichte Städtchen empfängt seine Besucher auf fast 1100 m Höhe mit einem angenehm milden Klima, sauberer Luft und viel Grün, was als wohltuender Kontrast zur heiß-trockenen, staubigen Zentralebene zu genießen ist. Besonders gilt dies für den **Botanischen Garten** (National Kandawgyi Gardens), der in jedem Fall einmal durchstreift werden sollte. Doch auch wegen der umliegenden, schönen Wasserfälle lohnt der Ort einen Besuch. Typische Mitbringsel aus Maymyo sind frische oder getrocknete Früchte, Marmelade und Fruchtwein.

Die Region von Pyin U Lwin gehört offiziell nicht zum Shan-Staat, sondern noch zur Mandalay-Division. Die Stadt liegt an der historischen, strategisch und wirtschaftlich wichtigen Burma Road, die von Mandalay über Hsipaw und Lashio bis nach China führt (S. 454). Früher unterhielten die Briten hier eine Garnison und eine Hill Station, in die sich während des heißen Sommers viele koloniale Verwaltungsbeamte zurückzogen. Noch heute leben im früheren Maymyo Tausende Inder und Gurkhas als Nachfahren britischer Armeeangehöriger, und nach wie vor fungiert der Ort als Armeeposten, denn das Militär bildet hier seine Eliten aus.

Etwa 100 Jahre lang hieß die Stadt Maymyo („May-Stadt") – bei ihrer Gründung 1887 benannt nach dem englischen Colonel May, dem dieser Höhenort viel von seiner Bedeutung zu verdanken hat. Die rund 80 000 Einwohner zählende Bergetappe zieht sich jenseits des Zentrums weit auseinander und macht ob des üppig wuchernden, mit einer bunt blühenden Blumenpracht durchsetzten Grüns eher einen dörflichen Eindruck. Vielerorts wirkt sie wie ein Freilichtmuseum: Zahlreiche Bauten im Kolonialstil erinnern an die Zeit, als die Briten in den Bergen Schutz vor der Hitze suchten – wie das 1904 von der Bombay Burmah Trading Company als Gästehaus errichtete **Candacraig**, das durch den Roman von Paul Theroux *The Great Railway Bazaar* (dt. *Abenteuer Eisenbahn – auf Schienen um die halbe Welt*) berühmt wurde, das **Croxton** und das ebenfalls als Hotel genutzte **Craddock Court**.

Der 1936 errichtete **Purcell Tower** nahe dem Markt – ein Geschenk von Königin Victoria, die im südafrikanischen Kapstadt einen identischen Turm bauen ließ – läutet jede Stunde. Klangvorbild war Big Ben, sodass unweigerlich das Gefühl aufkommt, in England oder einer längst vergessenen Epoche der britischen Herrschaft gelandet zu sein. Die für Maymyo typischen, bunt lackierten **Pferdekutschen** verstärken das nostalgische Flair – auch wenn sich ihre Anzahl rapide reduziert hat (s. Kasten S. 389). Doch immer mehr Boutiquen und trendige Restaurants unterstreichen die modernere Ausrichtung Pyin U Lwins als romantisches Ausflugs- und Urlaubsziel der Einheimischen. Nach wie vor großer Beliebtheit erfreut sich der von den Briten bereits vor 120 Jahren angelegte **Golfplatz**, der ursprünglich für Polo-Turniere gedacht war.

## Religiöse Bauwerke

In Pyin U Lwin ist aufgrund der bunt gemischten Bevölkerung eine Vielzahl verschiedener Religionen vertreten. Es gibt fünf buddhistische Pagoden, sechs Moscheen, vier Hindu-Tempel, einen Gurdwara (Versammlungshalle der Sikh), einen chinesischen Tempel und drei Kirchen – darunter eine große für die Katholiken. Diese alte, aus Ziegelstein in kreuzförmigem Grundriss errichtete **Church of the Immaculate Conception** (Kirche der unbefleckten Empfängnis) liegt unter schattigen Bäumen. Sonntags kommen den ganzen Tag über Gläubige aus der nahezu 500 Personen zählenden Gemeinde, sodass die Türen zwischen 7 und 16.30 Uhr geöffnet sind. Aber auch mitten in der Woche findet sich immer eine Ordensschwester, die Besucher einlässt. Das Schwesternheim befindet sich auf der linken Seite, ein paar Schritte von der Kirche entfernt. Erbaut wurde das Gotteshaus vor dem Ersten Weltkrieg von einem italienischen Priester.

In der **All Saints Anglican Church** von 1885 gedenkt man der gefallenen britischen Soldaten während der Schlacht um Mandalay im Zweiten Weltkrieg sowie der Befreiung von der japanischen Besatzung.

Die rund 80 Kinder im **Waisenhaus der St. Matthews Kachin Baptist Church**, 💻 www.peoplesoftheworld.org/individuals/smoc, das die christlichen Kachin in der Bogyoke Road betreiben, freuen sich sehr, wenn Ausländer vorbeischauen, um etwas mit ihnen zu spielen, ein paar Geschenke zu bringen (z. B. einfache Spiele, Malbücher, Stifte ...) oder auch mal eine Stunde Englischunterricht zu geben. Manchmal nehmen sich der Direktor oder Pater Philip auch Zeit für eine kurze Führung.

Die Pagoden von Pyin U Lwin erscheinen wenig spektakulär. In der **Shwezigon-Pagode** im Stadtkern stehen neben einem schneeweißen chinesischen Buddha goldene Figuren unterschiedlicher Stile. In einem Glaskasten meditiert ein alter Abt, genauer gesagt eine Statue von ihm, die jedoch überaus lebensecht wirkt. Nördlich des Bahnhofs erhebt sich die **Nyaung Gyi-Pagode**. Sie liegt auf einem Hügel und bietet einen schönen Blick über die Stadt. Auf dem Gelände des chinesischen Tempels **Tian Ran Kong** erhebt sich ein sechsstöckiger Turm. Im **Shri Krishna-Tempel** am Zentralmarkt und im kleinen **Shri Ganesh-Tempel** treffen sich die Hindus.

## National Kandawgyi Gardens (Botanischer Garten)

Einen angenehmen und ruhigen Ausflug verspricht ein Besuch des Botanischen Gartens, der oft als Kulisse für einheimische Werbe- und Filmaufnahmen genutzt wird. Colonel May ließ ihn 1917 von 4000 türkischen Kriegsgefangenen am Kandawgyi-See anlegen, unter Anleitung britischer Botaniker aus den Kew Gardens in London. Im Park gedeihen auf knapp 100 ha an die 600 Baum- und Pflanzenarten. Wer sich einen besseren Überblick verschaffen will, kann zur Aussichtsplattform des runden, zwölfstöckigen **Nan Myint-Aussichtsturms** hinaufsteigen. Das künstlich angelegte Biotop des Botanischen Gartens ist zum Lebensraum für viele seltene Tiere geworden. Hier schwimmen schwarze und weiße Schwäne neben roten Mandarin-Enten, während ein Marabu andächtig einen eleganten Riesenreiher beobachtet ...

Je nach Jahreszeit verwandeln bunte Blumen den Garten in ein betörendes Farbenmeer. Nahe dem Aussichtsturm gibt es einen sehenswerten **Orchideengarten**, einen Wald mit 75 Bambusarten und ganz im Süden einen weiteren Bambuswald sowie ein Sumpfgebiet, das auf einem Plankenweg durchquert werden kann. Am Ende dieses Pfades sind in einem Gehege seltene **Tapire** untergebracht. In einem Freifluggelände fristen Papageien, Eulen und Greifvögel ihr Dasein. Auch Weißbrauengibbons *(Hulocks)* leben im Park. In einem **Fossilien-**

**museum** werden versteinerte Hölzer, Mammutstoßzähne und andere Funde aufbewahrt, während das faszinierende **Schmetterlingsmuseum** aufgespießte Falter aus aller Welt präsentiert. Sogar die **Kompostierungsanlage** des Parks ist zu besichtigen.

Nahe dem Eingang von der Nandar Lan kann ein Schwimmbad genutzt werden. An Wochenenden und Feiertagen verwandelt sich der Park in einen großen **Picknickplatz**. Das gepflegte **Kandawgyi-Café** bietet an großen Massivholztischen sowie bei einem schönen Ausblick über den See und die akkuraten Blumenrabatten einfache Reis- und Nudelgerichte, Eisbecher und Getränke. Am Wochenende treten im Pavillon manchmal Rockbands auf.

## Das Geheimnis von Pyin U Lwin

Auf der Strecke von Mandalay nach Pyin U Lwin deuten zahlreiche militärische Anlagen darauf hin, dass man in eine besondere Region gerät. Denn mit der Hauptstadtverlegung nach Nay Pyi Taw hat das ehemalige Maymyo noch mehr Bedeutung als Stützpunkt der Tadmadaw gewonnen. Nach ca. 14 km erstrecken sich beidseits der Straße Steinbrüche mit großen Strafgefangenenlagern. Seit 1978 kamen in solchen Lagern mehr als 5000 Häftlinge um, im Oktober 2014 wurde ein Vorstoß des Parlaments abgelehnt, die Zwangsarbeit abzuschaffen.

Vor den Toren von Pyin U Lwin erstreckt sich seit Ende 2007 über unglaubliche 40 km² der **IT-Zentrum Yadanabon Information and Communication Technology Park** (auch Yadanabon Cyber City oder Yadanabon Teleport), der als Silicon Valley bzw. wesentlicher Bestandteil im Kommunikationsnetz des neuen Regierungssitzes fungiert. Zudem ist die Stadt Standort eines der größten **Eisen- und Stahlwerke** von Myanmar.

Bereits 2004 wurde damit begonnen, den im Osten der Stadt liegenden, noch von den Briten stammenden **Anisakan-Flughafen** für die Armee auszubauen (soll alsbald öffentlich genutzt werden). An etlichen Projekten besonders intensiv beteiligt ist die **Htoo Group of Companies (HGC)**, der z. B. auch Air Bagan und immer mehr Hotels gehören. Diese hat mit dem gegenüber der Defense Services Academy (DSA) liegenden **Aureum Palace Hotel & Resort** u. a. ein großes Luxusresort aus dem Boden gestampft sowie 2011 das spektakulär gelegene **Dat Taw Gyaint Waterfall Resort** eröffnet. Der umtriebigen Unternehmensgruppe soll inzwischen sogar der Botanische Garten von Pyin U Lwin gehören …

Geführt wird sie von dem umstrittenen Geschäftsmann **Tay Za** (auch *Tayza* oder *Teza*) und dessen Familienclan, der ein denkbar enges Verhältnis zur Armeeführung unterhält und seit dem Mönchsaufstand von 2007 in Europa und den USA auf der schwarzen Liste steht. Der 51-jährige Magnat gilt als reichster Mann von Myanmar und machte sein Geld seit 1984 zunächst im Teakholz- und Edelsteinexport, bevor er sich Projekten der Infrastruktur und des Tourismus zuwendete. Auch in das Geschäft mit Benzin und Handynetzen ist er zwischenzeitlich involviert.



Die beiden **Eingänge** liegen an der Ostseite des Kandawgyi-Sees. Kleine **Buggys** für bis zu acht Personen fahren Besucher für rund 10 000 Kyat in etwa 20 Minuten durch den Park. ◷ 8–18 Uhr, Orchideengarten, Museen und Turm aber nur bis 17 Uhr, Eintritt für Ausländer 5000 Kyat, Kinder 3000 Kyat, Kameras 1000 Kyat.

## ÜBERNACHTUNG

Die historischen Kolonialherbergen waren bis Mitte 2013 Hotels der Regierung und entsprechend schlicht renoviert oder möbliert, dürften aber nach ihrer geheimnisumwitterten Versteigerung nun zu gediegenen Boutique-Resorts ausgebaut werden. Gleichzeitig entstehen immer mehr Unterkünfte mit Nostalgie-Charakter, denen es aber oft an authentischem Flair mangelt. Die Wahl sollte sich danach richten, ob man eher das Zentrum oder die Peripherie (Vermietung von Fahrrädern) bevorzugt. Zimmer ohne AC, die hier ja ohnehin verzichtbar ist, gibt es bereits ab US$20.

### Untere Preisklasse

**Bravo Hotel**, Mandalay-Lashio Rd., ✆ 085-21223, ✉ bravohotel.pol@gmail.com. Die wohl beste Budget-Option im Zentrum. 14 gepflegte, saubere Komfortzimmer mit AC, Holzböden, Sat-TV und Minibar. Das Personal ist freundlich und hilfsbereit. ❷–❸

**Cherry Gh.**, 19 Mandalay-Lashio Rd., ✆ 085-21306. In einem Geschäftshaus mit weiß gefliester Fassade nahe der Moschee. 18 große, einfache Ventilator-Zimmer mit gefliesten Böden, Fenstern, weichen Schaumstoffmatratzen und einfachen Duschbädern. Günstigste Unterkunft für Einzelreisende. ❶–❷

€ **Dahlia Motel**, 105 Eindaw Rd., ✆ 085-22255. 50 zweckmäßig eingerichtete Zimmer in verschiedenen Bauten mit umlaufenden Balkonen bzw. die beste Budget-Option außerhalb des Stadtzentrums. Die etwas höhere Preiskategorie umfasst AC, Sat-TV und integrierte Bäder. Umfangreiche Serviceleistungen und Miet-Mopeds. ❷–❸

**Gandamar Myaing Hotel** (Croxton), Mandalay-Lashio Rd., ✆ 085-22007. 1903 erbaute, wunderschöne Kolonialvilla in einem Park, die weitgehend im Originalzustand erhalten geblieben ist, aber unter staatlichem Management gelitten hat. 5 Zimmer, eines davon mit hübschem Erker (Nr. 101). Das Hotel wurde von der Regierung versteigert. ❸

**Golden Dream Hotel**, 42/43 Mandalay-Lashio Rd., ✆ 085-21302, ✉ goldendreamhotel@gmail.com. Mit 57 billigen Ventilator-Zimmern – darunter sogar einige unter US$20 – mitten in der Stadt bzw. gleich gegenüber dem Uhrturm. Die an der Treppe zur Rezeption platzierte Werbung „Feel your dreams come true" sollte allerdings nicht wörtlich genommen werden angesichts des Standards, den die indischen Besitzer bieten. ❶

**Grace Hotel II**, 46/48 Mandalay-Lashio Rd., ✆ 085-22081. 14 einfache, preiswerte Zimmer (teilweise groß, mit Fenster und eigenem Bad) in einem 3-stöckigen Gebäude gegenüber dem Uhrturm. Das dem gleichen Besitzer gehörende **Grace Hotel I**, 114 Nan Myaing Rd., ✆ 085-21230, liegt etwas außerhalb mit 11 einfachen, gefliesten Ventilator-Zimmern und Garten, in dem auch gefrühstückt werden kann. ❶–❷

**Royal Green Hotel**, 17 Ecke Ziwaka Rd./Pyitawthar 1st. Rd., ✆ 085 28411. Neu in elegant-auffälliger Architektur und viel gelobt – für das Preis-Leistungs-Verhältnis, den erhöhten Wohlfühl-Charakter und besonders die guten Schlummer-Matratzen. Etwa 15 große, saubere Zimmer mit allem nötigen Komfort. Das Restaurant „The Club Terrace" befindet sich ebenso in Laufnähe wie letztlich auch das Zentrum. ❷–❸

€ **Sa Khan Tha Hotel**, 157A Mandalay-Lashio Rd., ✆ 085-23049. Gutes Preis-Leistungs-Verhältnis in Sichtweite des Zentrums. 10 Zimmer in einem 2-stöckigen Altbau sowie 12 Zimmer im angrenzenden Neubaublock, die über schöne Badewannen-Bäder verfügen. ❶–❷

### Mittlere Preisklasse

**Maymyo Hotel**, 12 Yadanar Rd., ✆ 085-28440, ✉ hotelmaymyo@gmail.com. Neu seit 2014 als beste Option mitten im Zentrum, aber dennoch ruhig, da im rückwärtigen Bereich der Hauptstraße gelegen. 40 große, saubere und schöne Zimmer für US$55 oder US$65, wobei die Superior-Kategorie nur geringfügig besser ausgestattet ist. Die Rezeption erfreut mit Englisch. ❹–❺

**Nwe Waddy Hotel**, 97 Circular Rd., ✆ 085-23399. Noch recht junges Hotel mit etwas kleinen Standard-Zimmern, aber schöner, großflächig verglaster Superior-Kategorie und geäumigen, wohnlichen Reihen-Bungalows, die auf den Hauptbau zulaufen. ❸–❹

**Royal Parkview Hotel**, 107 Lanthaya Rd. ✆ 085-22641, 09-860 1351, 💻 www.royalparkview.hotelspyinoolwin.com. Empfehlenswertes, stilvolles Hotel mit 30 zumeist geräumigen, komfortabel ausgestatteten Holzboden-Zimmern in 3 Kategorien. Alle haben eine kleine Terrasse, einige gruppieren sich um einen begrünten Innenhof. ❹–❺

**Royal Reward Resort**, 36 Circular Rd., ✆ 085-28271-2, 💻 www.royalrewardresorthotel.com. Attraktive Architektur mit netter Gartenanlage. 23 gepflegte Komfortzimmer im 2-stöckigen Haupthaus und in Bungalows. Es empfehlen sich vor allem die 12 Superior-Zimmer. ❹–❺

**Thiri Myaing Hotel (Candacraig)**, Anawratha Rd., ✆ 085-22047. Von der Bombay Burma Trading Company 1904 aus Backstein und Teakholz im Herrenhaus-Stil erbaut und faszinierend umrankt von Kriechpflanzen. Wen sollte verwundern, dass bereits George Orwell hier gewohnt hat? Im Inneren führt eine feudale Treppe ins Obergeschoss. Die 7 Zimmer haben hohe Decken, z. T. Erker, Balkone oder einen versiegelten Kamin (am schönsten ist Nr. 102). Der in einem Park liegende Kolonialbau wurde von der Regierung versteigert. ❹

DIE UMGEBUNG VON MANDALAY

**Win Unity Hotel**, 8/3 Nandar Rd., ✆ 085-23079, 💻 www.winunityhotels.com. Sauberes 2-Sterne-Hotel in einem Neubau nahe dem Botanischen Garten. 23 wohnliche Komfortzimmer, teilweise mit Badewanne in den Bädern. Vermietung von Fahrrädern. ❹–❺

## Obere Preisklasse

**Aureum Palace & Resort**, Gouvernor's Hill, Mandalay Lashio Highway Rd., ✆ 085-21901-2, 💻 www.aureumpalacehotel.com. Versteht sich seit 2007 als beste Unterkunft am Ort, mit 40 großzügig konzipierten Deluxe-Zimmern und Suiten in 4 verschiedenen Kategorien, darunter eine Presidential Suite für US$256 und das „Governors House" für US2166 – jeweils mit einem eigenen Pool. Mit der Eleganz von einst, aber ohne Patina – und oft ziemlich verwaist. ❺–❻

**Dat Taw Gyaint Waterfall Resort**, in Anisakan, ca. 9 km südwestlich von Pyin U Lwin, zu erreichen nach rund 20 Min. Autofahrt, ✆ 085-50262-3, 💻 www.pyinoolwinresort.com. Seit 2011 als exklusives Hideaway in atemberaubender Landschaft mit Panoramablick auf den gleichnamigen Wasserfall. Die 10 denkbar geschmackvoll mit Edelhölzern gestalteten Boutique-Bungalows zeichnen sich jeweils durch eine Fläche von 100 m² aus und verfügen über Terrassen mit originellen Holzwannen-Jacuzzis und Wasserfall-Blick. Sie kosten ab US$300 pro Nacht, doch einen Kaffee im hoteleigenen „The View Restaurant" (s. Kasten S. 390) sollte man sich unbedingt mal leisten! Organisation von Trekking- und Fahrradtouren oder Picknicks am Wasserfall. ❽

**Hotel Pyin Oo Lwin**, 9 Nandar Rd., ✆ 085-21226, 💻 www.hotelpyinoolwin.com. Schöne, wenn auch etwas kahle Anlage im Retro-Look. Zählt mit 10 Min. Fußweg bis zum Botanischen Garten und 30 Min. ins Stadtzentrum zu den besten Optionen am Ort. 36 geräumige, stil- und stimmungsvoll ausstaffierte Zimmer in Doppelbungalows für US$120 mit bequemen Betten, Mikrowelle, Wasserkocher und Safe. Marmorbäder mit Wanne und Tropendusche sowie Terrassen. Auch die schöne Lounge, ein überdachtes, beheizbares Schwimmbad und das hilfsbereite Personal sorgen für Wohlbefinden. Gutes Frühstücksbuffet und Verleih von Mountainbikes für 5000 Kyat pro Tag sowie Mopeds für 4000 Kyat pro Std. ❺–❻

Auf rund 1100 Metern liegend, fasziniert Pyin U Lwin durch ein besonderes Flair.

© VOLKER KLINKMÜLLER

## Touristenattraktion statt Transportmittel

Der Kutscher sitzt oben auf, die Fahrgäste nehmen in der kleinen Kabine Platz. Wenn es auf der Fahrt so richtig ruckelt und schaukelt, kann man einen realistischen Eindruck davon gewinnen, wie strapaziös langes Reisen einst gewesen sein muss … Obwohl sie anachronistisch anmuten, waren die für Birma untypischen **Pferdekutschen** von Pyin U Lwin vor wenigen Jahren noch ein wichtiger Teil des öffentlichen Transports und Personennahverkehrs. Heute fungieren sie vorwiegend als Touristenattraktion, aber wie lange noch? Gab es um 2012 etwa 150 **Gharrys**, sind es heute nur um die 60 (gebrauchte Kutschen können je nach Erhaltungszustand US$800–2000 erzielen). Früher warteten die pittoresk anmutenden Gefährte überall auf Kundschaft, heute finden sie sich konzentriert an zwei Stationen im Zentrum. Ein Rundtrip zum Botanischen Garten kostet inkl. anderthalb bis zwei Stunden Wartezeit rund 8000 Kyat pro Kutsche. Eine einstündige Stadtrundfahrt mit Fotostopps lässt sich bereits für 6000 Kyat arrangieren. Die Kutscher können zumeist etwas Englisch.

**Kandawgyi Hill Resort**, Nandar Rd., am Eingang zum Botanischen Garten, ✆ 085-21839, 💻 myanmartreasureresorts.com. Gediegenes und stilvolles, aber auch nicht gerade preiswertes Hotel. Im renovierten, rot getünchten Haupthaus von 1922 gibt es 3 Deluxe-Zimmer und 2 Junior-Suiten, in den 5 Garten-Bungalows 10 weitere, schöne Zimmer. ❺–❻

**Orchid Nan Myaing Hotel** (Craddock Court), Mandalay-Lashio Rd., ✆ 085-22117-8, 💻 www.orchidhotelsmyanmar.com. Ein Juwel mit Park, das 2013 privatisiert wurde. 32 teils recht große Zimmer mit Ventilator als Standard, Superior und Junior-Suites in 3 Gebäuden aus der Zeit von 1914–22. Viele haben hohe Decken und einen (versiegelten) Kamin, die teureren sogar TV und Heizung. Leider kein antikes Mobiliar. Im Okt/Nov blühen die herrlichen afrikanischen Tulpenbäume des 15 ha großen Anwesens. ❷, ❹ und ❺–❻

### ESSEN

Im Zentrum finden sich etliche kleine Restaurants, von denen sich vortrefflich das Straßenleben beobachten lässt, während an der Peripherie immer mehr westliche Szene-Restaurants eröffnen. Statt des abendlichen Biers sollte man sich auch mal am örtlichen Fruchtwein versuchen.

Neben der Zeigyo-Markthalle erstreckt sich ein Nachtmarkt mit lokalen Snacks, 🕒 17–21 Uhr.

**Feel Café**, Golf Club Rd., gegenüber dem Eingang zum Golfclub, ✆ 085-23170, 💻 www.feelrestaurant.com. Direkt am See als Ableger einer professionellen Gastronomiekette mit originellen Ideen und 20 Filialen. In einer hohen, offenen Halle mit aufgehängten Trishaws werden an diversen Ständen lokale, chinesische und indische Snacks sowie andere leichte Gerichte zubereitet. Neuerdings gibt es auch japanische Speisen. Im angrenzenden Hauptgebäude, wo sich gerahmte Fotos von amerikanischen Filmstars finden, kann man in Separees höchst originell auf Toilettenschüsseln an verglasten, begrünten Badewannen hocken. 🕒 6–18 Uhr.

**Golden Triangle Café & Bakery**, Mandalay-Lashio Rd., ✆ 085-21288. Auf der von Säulen umrahmten Terrasse an der Straße lassen sich zu akzeptablen Preisen entspannende Stunden verleben. Kein Schicki-Mickl, doch das Travellerherz schlägt höher – bei gutem Kaffee (auch *Misty Mountain*), Milchshakes, frischen Säften (sogar aus Erdbeeren), Kuchen (leckere Brownies), Hamburgern, Sandwiches (mit frisch gebackenem Brot), Suppen und Salaten oder Pizza. 🕒 7–22 Uhr.

**Lake Front Feel**, am Ende des Damms am Westufer des Kantawlay-Sees, ✆ 085-22083. Verlockend bebilderte Speisekarte mit überraschend günstigen Preisen. Das schicke Restaurant eignet sich z. B. für Cocktails (ab 3500 Kyat) sowie ein Abendessen (4000–6000 Kyat) mit chinesischen, thailändischen oder japanischen Speisen. Von der Holzterrasse aus hat man einen schönen Ausblick über den kleineren See. ⌚ 8.30–21.30 Uhr.

**Lay Ngoon**, 41 Mandalay-Lashio Rd., nicht weit vom Bahnhof, ✆ 085-22355. Bei Travellern beliebtes Restaurant, das sich mit seinen Holzhockern und Tischen vom üblichen Einerlei abhebt, aber nicht gerade billig ist. Serviert wird chinesische und birmanische Küche. ⌚ 10–21 Uhr.

**The Club Terrace**, 25 The Club Rd., ✆ 085-23311. In einem gepflegten Kolonialbau lockt gediegenes, stilvolles Ambiente und eine romantische, abends von Laternen beleuchtete Holzterrasse. Die Thai-Küche ist authentisch und ebenso angemessen bepreist wie die übrige Speisekarte mit indischen oder chinesischen Speisen sowie die *Specials Today*. ⌚ 10–22 Uhr.

**Thin Ga Ha**, Mandalay-Lashio Rd., ✆ 09-4712 8778. Seit 2012 als angesagtes BBQ-Restaurant, in dem ein Bambusdach, Ziegelboden und rustikales Holzmobiliar für eine romantische Atmosphäre sorgen. In der Mitte fungiert ein Pavillon als Blickfang. ⌚ 10–23 Uhr.

### Besuch im View-Restaurant

Der wohl schönste Ausblick der Region (seit 2012 „ergänzt" ein Tempelbau die Naturkulisse) eröffnet sich aus dem The View Restaurant des **Dat Taw Gyaint Waterfall Resort**. Wer hier – z. B. nur zum Genuss von Kaffeespezialitäten (um 2500 Kyat), Cocktails (6000 Kyat) oder kreativ dekorierten Kuchen einkehrt, braucht keine Zutrittsgebühr zu entrichten, was sich aber durchaus auch ändern kann. Viel Holz und Antiquitäten sorgen für ein perfektes Interieur, als Weinlager – u. a. mit lokalen Tropfen für 15 000–30 000 Kyat dient ein originales Shan-Haus. Von der Restaurant-Terrasse führt ein befestigter Weg zu den Bungalows bzw. ein schmaler Pfad in 30 Min. hinunter zum Wasserfall (Rückweg 60 Min.). In zwei der drei natürlichen Felsenbecken darf man baden, im dritten ist es verboten, nachdem darin Anfang 2014 ein Ausländer verschwunden und nie wieder aufgetaucht ist. ⌚ 10–22 Uhr.

**Woodland Restaurant & Café**, Circular Rd., ✆ 085-22713. Beliebtes Restaurant mit Innenbereich sowie Cocktailbar und Pavillons im Außenbereich. Bar im Garten mit Bier vom Fass (1000 Kyat), Cocktails und Wein aus dem eigenen Weinkeller. Burger und andere westliche Gerichte sowie chinesische und Thai-Küche. ⌚ 11–23 Uhr, Livemusik von 19–21 Uhr.

## EINKAUFEN

Im Herzen der Stadt befindet sich die **Zeigyo-Markthalle**, wo es Alltagswaren und allerlei Souvenirs gibt. Im Obergeschoss nähen Schneider auf teilweise antiquarischen Nähmaschinen. ⌚ 7–17 Uhr.

Auf dem **Shan-Markt** herrscht bereits vor Sonnenaufgang viel Betrieb. Hier werden frisches Gemüse von den umliegenden Feldern und Blumen aus zahlreichen Gärtnereien angeboten, die z. T. als Opferblumen bis in die Zentralebene verkauft werden. Als weitere Erzeugnisse der Region finden sich Kaffee, Baumwolle, Papaya, Ananas oder auch Erdbeeren, deren Haupternte zwischen Februar und März liegt.

Fruchtwein aus der Umgebung oder klassische Tropfen vom Aythaya Vineyard bei Taunggyi lassen sich für 5000 Kyat pro Flasche in dem am nördlichen Marktbereich liegenden **Liqueur Corner** erwerben, ⌚ 8.30–18 Uhr.

Ein regional typisches Geschäft ist das **Shwe Min Tawee**, 100 Thar Yar Rd., ✆ 085-22391, das mit einem breiten Sortiment getrockneter Früchten handelt. Führungen sind bisher nicht üblich, aber vielleicht gelingt es ja, mal einen Blick in die Produktion zu werfen, ⌚ 7.30–17.30 Uhr.

Diverse **Souvenirläden** im Zentrum verkaufen Antiquitäten aus der britischen Kolonialzeit, zerlesene englischsprachige Bücher, Wandbehänge, Marionetten und Utensilien von Bergvölkern. Zuweilen gibt es auch Affenkopfketten und andere Kultgegenstände der Chin, Kachin oder Naga, doch sollte natürlich niemand den Ausverkauf dieser Völker bzw. illegale Tierjagd unterstützen! Aus gutem Grund ist die Einfuhr derartiger Souvenirs nach Deutschland gesetzlich verboten.

## SONSTIGES

### Golf

Eine besondere Attraktion stellt der **Pyin Oo Lwin Golf Course** (ehemals Maymyo Golf Club), Golf Club Rd., ✆ 085-22382, dar. Der im Süden der Stadt liegende 18-Loch-Platz zählt zu den landesweit besten, darf aber nur in angemessener Kleidung (z. B. keine Jeans) bespielt werden. Greenfee 10 000 Kyat, Pflicht-Caddie 5000 Kyat. ⌚ 6–18 Uhr.

### Informationen

Nützliche Infos über alles, was mit Pyin U Lwin zusammenhängt, vermittelt die hervorragend bestückte **Website** 💻 www.pyinoolwin.info.

## NAHVERKEHR

Kurzstrecken mit **Mopedtaxis** kosten etwa 1000 Kyat, ein ganzer Tag – z. B. zu den Sehenswürdigkeiten in der Umgebung – liegt bei 20 000 Kyat. Einige Unterkünfte vermieten **Fahrräder** (2000–3000 Kyat) oder **Mopeds** (bis zu 15 000 Kyat). ⌚ 6–18 Uhr.

## TRANSPORT

Im rund 8 km von Pyin U Lwin entfernten Anisakan gibt es einen Flughafen, der bisher jedoch nicht für den Zivilverkehr zur Verfügung steht.

### Pick-ups und Taxis

Von mehreren Stellen im Zentrum sowie in der Nähe des San Khan Tha Hotel starten **Sammeltaxis** (Pick-ups) nach MANDALAY. Sie kosten für Ausländer 2000–3000 Kyat, ein Platz in der Fahrerkabine ist entsprechend teurer. Bei vielen Zwischenstopps kann die Fahrt bis zu 3 Std. dauern. Wesentlich schneller und komfortabler geht es mit Share-Taxi-Limousinen, die mit max. 4 Passagieren für 7000–8000 Kyat p. P. z. B. in der Nähe der 3-Corner-Junction abfahren.
Share-Taxis nach HSIPAW (gesprochen „Tibor") und LASHIO kosten 15 000 Kyat. Die 160 km lange Strecke von Pyin U Lwin über Hsipaw nach Lashio legen Pkw in etwa 4 Std. zurück. Ein Charter-Fahrzeug kostet US$50–60. Nur bis Hsipaw kostet ein eigenes Taxi um US$40. Einige Kilometer vom berühmten **Gokteik-Viadukt** (S. 447) entfernt, windet sich die Straße in schmalen, schlecht befestigten Serpentinen den Berg hinauf und hinunter. Da dort oft Lkw stecken bleiben, kann es zu erheblichen Wartezeiten kommen. Nach etwa 2 Std. ist Hsipaw erreicht. Danach wird die Straße wesentlich schmaler. Eine andere Überlandroute führt über KYAUKME nach MOGOK, für das Ausländer aber eine Sondergenehmigung benötigen (S. 400).

### Busse

Der reichlich unscheinbare **Busbahnhof Thiri Mandala**, ✆ 085-22633, liegt etwas versteckt hinter der Pyi Chit-Pagode. Tagsüber starten mehrere AC-Busse nach YANGON, die meist über Mandalay fahren, 11 000–13 000 Kyat kosten und insgesamt 11–12 Std. benötigen.

### Eisenbahn

Der rot geziegelte **Bahnhof** findet sich nördlich des Zentrums. Der Bummelzug nach MANDALAY startet gegen 18 Uhr für 600–700 Kyat und benotigt ca. 4–5 Std. In Gegenrichtung geht es um 8.22 Uhr über KYAUKME nach HSIPAW (6–7 Std.) und LASHIO (10–11 Std.). Wer sich in Fahrtrichtung links platziert, hat später (ca. 2–3 Std. nach Abfahrt) mehr von der Fahrt über den legendären Gokteik-Viadukt!

# Die Umgebung von Pyin U Lwin

Die spektakulären **Anisakan-Wasserfälle** – darunter der über 210 m und sechs Stufen hinabrauschende **Dat Taw Gyaint** – finden sich in Richtung Mandalay, etwa 8 km von Pyin U Lwin entfernt. Die Anfahrt mit einem Pick-up ist einfach, sportlicher jedoch ist eine Fahrt mit dem Fahrrad, auch wenn sie auf dem Rückweg anstrengender wird. Ziel dieses mindestens halbtägigen Ausflugs ist das herrlich kühlende Nass

## Vergnügen am Wasserfall

Wer den Einheimischen einmal bei ausgelassenem Freizeitvergnügen zusehen möchte, sollte den unterhalb der Mahanthtoo Kanthar-Pagode rauschenden **Pwe Kauk-Wasserfall** aufsuchen. Denn obwohl das in der britischen Kolonialzeit „Hampshire Falls" genannte Naturschauspiel nicht besonders spektakulär erscheint, ist es ein überaus beliebtes Ausflugsziel. Ein vom Wasser angetriebenes Kinderkarussell und ein von der Natur geformtes Planschbecken sorgen ebenso für Kurzweil wie Autoreifen, auf denen Abenteuerlustige über die Fluten reiten können. Am Eingang gibt es etliche Verkaufsstände für Essen und Getränke sowie auch einige Souvenirläden. Der Eintritt in den Park kostet 1000 Kyat. Für die Mitnahme einer Kamera sind weitere 500 Kyat zu zahlen. ⌚ 6–19 Uhr.

von fünf Wasserfällen, die zum Baden einladen und in einem rund 40-minütigen Marsch vom Parkplatz durch eine Schlucht zu erreichen sind (ideale Zugangsmöglichkeit s. Kasten). Vorsicht ist bei Regen geboten, wenn der Untergrund überaus schlüpfrig werden kann. Die dritte Fallstufe gilt als eindrucksvollste. Die beste Badezeit ist am Nachmittag, wenn die Szenerie von der Sonne beschienen wird.

Auf der Strecke von Pyin U Lwin nach Hsipaw erhebt sich auf einem Hügel die **Maha(r) Aunt Htoo Khan Tha(r)-Pagode** (Aung Htu Kann Tha Paya), in der alle großen buddhistischen Feste zelebriert werden. Die weiße Marmor-Buddhastatue im Innenraum sollte eigentlich mit drei weiteren im April 1997 von Mandalay nach China gebracht werden, doch aus unerklärlichen Gründen fiel sie vom Transporter. Angeblich war es unmöglich, sie wieder zurück auf die Ladefläche zu bekommen. Vielleicht lag das ja auch am Fahrer, der in der Nacht zuvor geträumt haben will, dass eine der aufgeladenen Buddhastatuen das Land nicht verlassen wolle … So sammelten die Menschen der Umgebung Geld und ließen die Pagode erbauen, in der die 17 t schwere Buddhafigur nun an ihrem „selbst erwählten" Platz verehrt wird. Besonders bei Sonnenuntergang ist der Bau eindrucksvoll: Die goldene Kuppel wird hell erleuchtet und bietet ein wunderbares Fotomotiv.

Der buddhistische Höhlenschrein **Peik Chin Myaung** liegt zwischen Pyin U Lwin und Hsipaw. Knapp 25 km hinter Pyin U Lwin führt eine schmale unbefestigte Straße dorthin. Das große Areal wurde auf Betreiben der Regierung 1990 ausgebaut und zieht viele Pilger an. Entlang einem Fluss windet sich ein 600 m langer, mit farbigen Neonröhren beleuchteter Weg in den Berg hinein, der von vielen Statuen und Miniaturmodellen, z. B. der Shwedagon-Pagode in Yangon oder des Goldfelsens von Kyaikhtiyo, gesäumt ist. Vor der Höhle baden die Gläubigen in heiligem Quellwasser, was Glück bringen soll. Am Fuß der Anlage gibt es Essensstände mit leckeren Shan-Nudeln. Der Besuch der Grotte bietet sich für Taxi-Reisende auf dem Weg nach Hsipaw an oder auch als Ausflug von dort. Statt Eintritt wird eine **Fotogebühr** von 500 Kyat erhoben, im Inneren der Höhle ist das Tragen von Schuhen und kurzen Hosen verboten. ⌚ 6.30–16.30 Uhr.

**8 HIGHLIGHT**

# Monywa

Eine Fahrt in das rund 2 1/2 Autostunden entfernte Monywa gehört zu den lohnendsten Abstechern, die man aus Mandalay unternehmen kann. Das letzte Drittel der 135 km langen Strecke führt durch eine unwirtliche Mondlandschaft – entstanden durch die beidseits der Straße liegenden Kupferminen. Ende 2014 hatte z. B. die von Letpadaung internationale Schlagzeilen gemacht, weil die dortige Umweltverschmutzung die Existenz und Gesundheit Tausender Menschen bedroht bzw. es sogar zu Zwangsvertreibungen gekommen war. Die Proteste der Einheimischen wurden von der Polizei mit extremer Gewalt niedergeschlagen, dabei offenbar sogar Phosphor eingesetzt.

Die letzten Kilometer werden über eine herrlich grünende Allee zurückgelegt, wie auch die

ganze Stadt von einem erfreulich hohen Bestand an stattlichen Baumriesen geprägt wird. Am Ufer des Flusses Chindwin gelegen, hat sich die kleine Siedlung aus der Bagan-Zeit mit 300 000 Einwohnern zur zweitgrößten Stadt des Nordens bzw. siebtgrößten Myanmars entwickelt. Erst seit 1888, als sie Verwaltungszentrum des unteren Chindwin-Distrikts wurde, trägt sie ihren heutigen Namen. Der Aufschwung hat sich aber vor allem durch die Lage am Fluss und die 1903 gebaute Eisenbahnlinie nach Mandalay ergeben. Im Zweiten Weltkrieg geriet Monywa zweimal zwischen die britisch-japanischen Fronten, wobei es entsprechend bombardiert wurde.

Heute führen zwei neue, große Brücken über den Chindwin – Hauptverkehrsader in den Nordwesten des Landes bzw. zur indischen Grenze. Die erste wurde 1999 südlich von Monywa in Betrieb genommen, ist 1,5 km lang und wird als Teil des Western Highway gesehen, der eines Tages Pathein (Bassein) im südwestlichen Delta mit Ye U im Nordwesten verbinden soll. Die zweite, fast ebenso lange Brücke wurde 2003 nördlich der Stadt eingeweiht. Die Bauwerke haben dazu beigetragen, dass die Stadt als Handelszentrum für Agrarprodukte wie Baumwolle, Hülsenfrüchte oder Palmzucker weiter wächst.

Auf dem neu errichteten Markt am Flussufer, wo sich mit allerlei Schiffen im Vordergrund ein herrlicher Sonnenuntergang genießen lässt, herrscht reger Betrieb. Denn die großen **Markthallen**, die vor einigen Jahren an der Hauptstraße Bogyoke Road bzw. auf dem Gelände eines moslemischen Friedhofs errichtet wurden, sind bei den Einheimischen weniger beliebt. Gehandelt wird in Monywa gern mit den hier hergestellten, groben Baumwolldecken, die in ganz Myanmar ein Begriff sind, und zu Rucksäcken für Touristen verarbeitet, gelangt der Stoff sogar bis nach Bangkok. Auch Matten und Körbe aus Bambus und Schilfrohr sowie Ochsenkarren und Agrarwerkzeuge wie Hacken oder Macheten werden hier hergestellt.

Das **Ledi-Kloster**, rund 1 km nördlich des Bahnhofs, wurde 1886 auf Anordnung des berühmten Pali-Gelehrten Leidi Sayadaw errichtet und beherbergt eine große Mönchs-Universität. Der Aufbau der Anlage erinnert an die Kuthodaw-Pagode von Mandalay, denn im Tempelbereich finden sich 806 Steinstelen mit buddhistischen Inschriften.

Obwohl es im April und Mai in Monywa – oft mit Temperaturen um die 40 °C – so heiß wie sonst nirgends im Land werden kann, gerät die Handels- und Hafenstadt, die erst seit Beginn der 1990er-Jahre besucht werden darf, in den Fokus westlicher Besucher: Denn Monywa dient nicht nur als neue Etappe für **Flussreisen**, sondern auch als Startpunkt für Kreuzfahrt- und Linienschiffe in Richtung Nordwesten nach Kalewa, Mawleik und Homalin oder sogar bis Hkampti bzw. in den neu zu entdeckenden Chin-Staat (z. T. keine Permits mehr erforderlich). Doch auch in der nahen Umgebung der Stadt finden sich spannende, teilweise noch junge Attraktionen.

## ÜBERNACHTUNG

Um Budget-Optionen bzw. empfehlenswerte Guesthouses ist es bisher schlecht bestellt.

**Chindwin Hotel**, Bogyoke Rd. ✆ 071-21650, www.hotelchindwinmonywa.com. Eröffnet 2013 als 6-stöckiges Bauwerk mit ansehnlicher, origineller Architektur und schönem Foyer als wohl beste Option der Stadt. Es gibt 42 wohnliche Komfortzimmer, von denen 34 zur US$55 teuren, suiteähnlichen Superior-Kategorie gehören, während die 4 kleinen, aber gut ausgestatteten Standardzimmer bereits für US$30 zu haben sind. ❷–❸ und ❹–❺

**Golden Arrow Hotel**, ✆ 071-21548, 22717. In ultimativer Zentrumslage am Uhrturm und preiswert, aber nicht besonders heimelig bzw. eher eine Notlösung. Rund 30 einfache Zimmer, davon einige mit AC, Warmwasser-Bad und TV. ❷

**Monywa Hotel**, Bogyoke Aung San Rd., ✆ 071-21581, monywahotel071@gmail.com. Ehemaliges Regierungshotel auf einem großen, hübsch begrünten Grundstück mit Holzgebäuden, in denen 48 saubere, gepflegte Standard- und 14 Superior-Zimmer mit AC, Warmwasser-Bad, Sat-TV und Minibar untergebracht sind. Schöne Terrassen zum Sitzen. Besonders empfehlenswert sind die Komfortzimmer mit eigenen Balkonen, die der 2-stöckige Neubaublock von 2014 zu bieten hat. Freundliches Management. ❸–❹

**Shwe Taung Tarn Hotel**, 70 Station Rd., ✆ 071-21478. Zählt mit dem Ambiente seines beliebten Dachterrassen-Restaurants sowie rund 40 spartanischen Zimmern zu den ältesten Herbergen am Ort, hat aber in letzter Zeit einiges in ein Upgrade investiert. ❷

**Win Unity Resort Hotel**, Bogyoke Rd., am nördlichen Stadtrand, ✆ 071-22438, www.winunityhotels.com. Errichtet auf einem zugeschütteten Teil des Kan T(h)ar Yar-Sees – mit 125 geräumigen, aber mangels Dekoration nicht sehr wohnlichen Zimmern in Doppel-Bungalows bzw. 6 Kategorien, die 20 teuersten mit Seeblick oder als Pfahlbau-Bungalows im Wasser. Ein mehrstöckiger Erweiterungsbau ist vorgesehen. Einladendes Schwimmbad mit Bar und Jacuzzi sowie Spa und Fitnesscenter.

## ESSEN

Der beliebte **Nachtmarkt** erstreckt sich zwischen Uhrturm und Bogyoke (Aung San)-Statue – mit einer breiten Variation an preiswerten, einheimischen Leckereien. ◷ 17–22.30 Uhr.

**Eureka Café & Bakery**, Yone Gyi Rd., ✆ 09-513 7763. In einem modernen Eckbau als wichtiger Anlaufpunkt für westliche Besucher. Englischsprachige Speisekarte – mit guten Eisbechern und frisch gepressten Früchten. ◷ 8.30–21.30 Uhr.

**Pleasant Island**, gegenüber dem Win Unity Resort Hotel, ✆ 09-681 8162. Eine fotogene Holzbrücke führt zu diesem Insel-Restaurant im Kan T(h)ar Yar-See, das demselben Besitzer gehört wie das „The Beach" in Bagan. Mit gemauerten Turmbögen und geschmackvollem Mobiliar sorgt der Tempelbau ebenso für Boutique-Ambiente wie einige lauschige Pavillons am Ufer, die sich besonders für einen stimmungsvollen Sonnenuntergang empfehlen. Chinesische Küche, die Hauptspeisen liegen bei 3000–9000 Kyat, das Glas Fassbier gibt es für 800 Kyat. ◷ 7–22 Uhr.

**Shine's Shine**, Saik Pyoe Yae Rd. Beschattet von großen Bäumen, in denen abends stimmungsvolle Lichterketten leuchten. Hier sollten vor allem die Speisen probiert werden, die mit frischem Flussfisch oder Ente zubereitet werden. ◷ 10–22 Uhr.

**Shwe Kyar**, nordöstlich des Bogyoke-Kreisverkehrs an der Thazi Rd., ✆ 071-22030. Beliebt für birmanische und chinesische Spezialitäten. Schöner Garten mit Lampions in den Bäumen sowie ein AC-Raum im Obergeschoss. ◷ 8.30–21.30 Uhr.

**Yeh Khae Taung (Ice Mountain)**, ✆ 071-22196. Angenehme Atmosphäre mit schönen Holztischen, Buffet mit recht günstigen Shan-Speisen sowie Fassbier für 600 Kyat. ◷ 7–22 Uhr.

## TRANSPORT

Der Flughafen 12 km nördlich der Stadt wird bisher nur von Myanmar National Airlines bedient – und das auch nur sporadisch.

### Taxis

Für die Strecke zwischen Monywa und MANDALAY werden normalerweise US$120–130 verlangt. Eine Stadtrundfahrt mit Visite der Riesen-Buddhas kostet zwischen 10 000–15 000 Kyat, ein halbtägiger Ausflug zu den Höhlen von HPO WIN DAUNG liegt bei 60 000 Kyat.

### Busse

Der **Busbahnhof Aung Mingalar** liegt rund 1,5 km südlich vom Uhrturm und ist über die Bogyoke Rd. zu erreichen. Zahlreiche Unternehmen bedienen die Strecke zwischen Monywa und MANDALAY von 5–16 Uhr mit passablen Kleinbussen für 2000–3000 Kyat in 3–4 Std. Weitaus weniger häufig wird die 100 km lange, landschaftlich reizvolle Strecke nach SHWEBO gefahren (2000–3000 Kyat, 2–3 Std.). Bis zu 7 Busse tgl. fahren in 3–4 Std. für 2000–3000 Kyat nach PAKOKKU. Von dort kann man per Boot weiter nach BAGAN reisen. Große AC-Busse nach YANGON starten vor allem nachmittags, kosten 12 000–14 000 Kyat und brauchen etwa 12 Std.

### Eisenbahn

Da die Zugreise nach MANDALAY mit den 2x tgl. verkehrenden Zügen 6–7 Std. dauert, bevorzugen sogar die Einheimischen meist die Fahrt per Bus oder Sammeltaxi.

### Boote

Wer als Ausländer in Monywa den Chindwin überqueren will, um z. B. zu den Höhlen von HPO WIN DAUNHG zu gelangen, muss für 3000 Kyat ein eigenes Boot (bis zu 5 Pers.) chartern.

Die Express-Fähren stromaufwärts werden im Wechsel von den in der Kannar Rd. bzw. am Flussufer ansässigen Firmen **MGRG**, ✆ 071-22987, **Shwe Nadi**, ✆ 071-23488, und **Ngwe Shwe Oo**, ✆ 071-23051, angeboten. Sie starten tgl. um 4.30 Uhr und halten nach rund 12–14 Std. in KALEWA (*lower class* 7000 Kyat/*upper class* 18 000 Kyat), 17–19 Std. in MAWLEIK (9000/18 000 Kyat) und sagenhaften 28–30 Std. in HOMALIN (12 000/18 000 Kyat). Die IWT-Schiffe fahren lediglich 1x wöchentl. und brauchen undiskutabel länger. Komfortable Flusskreuzfahrten auf dem Chindwin indes erfreuen sich zunehmender Beliebtheit (s. Kasten S. 362).

## Die Umgebung von Monywa

### Thanboddhay-Pagode (Sambuddha Kat Kyaw-Pagode)

Als bisher wichtigste Sehenswürdigkeit Monywas gilt die rund 10 km südöstlich der Stadt liegende Thanboddhay-Pagode, die zwischen 1939 und 1951 auf Initiative des angesehenen Abtes Moe Nyin Sayadaw U Kyauk Lon mithilfe von Spendengeldern errichtet worden ist. Weil die gesamte Menschheit vom Bau dieses Heiligtums profitieren sollte, wurden die Gründungsdaten in vielen Sprachen ausgewiesen, darunter auch in Deutsch. Die Tempelanlage, die von der äußeren wie inneren Gestaltung her zu einem der landesweit eindrucksvollsten Heiligtümer zählt, gilt als eine Meisterleistung und soll an den heiligen Berg Meru erinnern.

Der Eingang wird von zwei riesigen, weißen Stein-Elefanten flankiert, während 471 Stupas die Terrassen zu einem regelrechten **Pagodenwald** machen. Innerhalb der quadratisch angelegten Mauer finden sich eine Vielzahl von Andachtsstellen – alle bunt bemalt und reich verziert, was manch westlicher Besucher als überladen empfinden mag. Im Inneren des *pahto* sind alle Wände, Nischen und Portale mit winzig kleinen oder auch meterhohen Buddhafiguren aus Knochen und anderen Materialien geschmückt. Insgesamt sollen es 582 357 **Bildnisse** sein, die hier vom religiösen Eifer der Stifter zeugen.

Im massiven **Stupa** sind nach Überlieferung 7000 heilige Gegenstände eingemauert worden. Die Nebengebäude erinnern an die Palastarchitektur der Konbaung-Dynastie und sind an den Außenseiten mit dreidimensionalen **Jataka-Reliefs** geschmückt. Zur Anlage gehört ein skurriler **Aussichtsturm**, der nur von Männern und barfuß über eine Wendeltreppe (mit bei Sonnenschein glühend heißen Stufen) bestiegen werden kann. Das Tempelfest wird im Oktober/November gefeiert. ⌚ 6–17 Uhr, Eintritt 3000 Kyat.

### Bodhi Tataung-Pagode (Riesen-Buddhas)

Rund 7 km hinter der Thanboddhay-Pagode gelangt man über die gleiche Straße zu einem etwa 90 m langen **liegenden Buddha**, der an einem Berghang auf einer gemauerten Couch liegt und von innen begehbar ist. Im höhlenartigen Inneren des 1991 geschaffenen Heiligtums stellen bemalte Zementfiguren anschaulich einige religiöse Szenen dar. Nicht weit entfernt bzw. optisch hinter dem liegenden Buddha und in dieser Kombination einmalig angeordnet, erhebt sich seit 2008 mit der Statue **Lay Kyun Sat Kyar** der zweithöchste stehende Buddha der Welt (s. Kasten).

Der Weg zu den Riesen-Statuen auf dem Po Khaung-Hügel führt durch ein Feld mit mehr als 1000 lebensgroßen Buddhafiguren, die alle mit Blick auf die beiden Statuen ausgerichtet sind und jeweils über einen eigenen, Schatten spendenden Schirm verfügen. Für jede Figur wurde ein Bodhi-Baum gepflanzt, was den Namen dieser religiösen Stätte erklärt. Ein Aussichtsturm ermöglicht einen Überblick über das imposante Ensemble, zu dem auch ein sitzender Buddha, mehrere kleine Pagoden und die große **Aung Setkya-Pagode** zählen. Eindrucksvolle Fotos lassen sich am besten nachmittags schießen (einige Impressionen s. eXTra [5802]).

### Twinn Daung

Rund 30 km nördlich von Monywa, 12 km westlich von Budalin, erhebt sich der **Twinn Daung** („Berg der Quelle"), der eine Höhe von 200 m erreicht. Dort gibt es einen 50 m tiefen See namens **Myitta Kan** („See der Liebe"), dessen Wasserstand sich rätselhafterweise unproportional zum Steigen und Fallen des 3 km entfernten Chindwin verändern soll. Bisher konnte nicht genau nachgewiesen werden, ob dieser grünlich schimmernde See und die nicht weit entfernte Vertiefung bei Kani als Krater auf einen Vulkanausbruch oder aber auf einen Meteoriteneinschlag zurückzuführen sind. Zugänglich ist das Naturwunder kostenlos Mo–Sa 8–16.30 Uhr. Die etwa 1000 Bewohner des Dorfes am Ufer verarbeiten die im See gezüchteten Algen zu Heilmitteln.

### Shwe Gu Ni-Pagode

Auf einer zweispurigen Straße gelangt man durch schöne Landschaften 20 km östlich der Stadt zu einer der wichtigsten Pilgerstätten im Norden Myanmars. Die auf das 14. Jh. zurückgehende Shwe Gu Ni-Pagode, die der Legende

## Buddhastatuen als Superlative

Welche Position der je nach Quelle 89 bis 95 m lange, liegende Buddha von Bodhi Tataung in der Weltrangliste einnimmt, lässt sich nicht exakt ermitteln. Doch der unmittelbar benachbarte, im Jahr 2008 eingeweihte **Lay Kyun Sat Kyar** präsentiert sich mit seinen 116 m als zweithöchster Buddha auf Erden. Wenn man das Fundament noch mit einberechnen würde, käme er sogar auf 130 m und wäre die höchste Buddhastatue der Welt – positioniert noch vor dem 128 m hohen „Spring Buddha" von Henan in China. Mit dem Bau der 31-stöckigen, goldglitzernden und schon von weitem zwischen dem Grün der Reisfelder auszumachenden Konstruktion wurde bereits Mitte der 1990er-Jahre begonnen, doch ist sie im mit Schreinen bestückten Inneren bisher erst bis zur 16. Etage (🕒 7–17 Uhr) begehbar, und auch die Fertigstellung des Besucher-Fahrstuhls an der Rückseite dürfte wohl noch etwas auf sich warten lassen. Wen jedoch soll es verwundern, dass bereits an einer dritten Statue der Superlative gewerkelt wird?

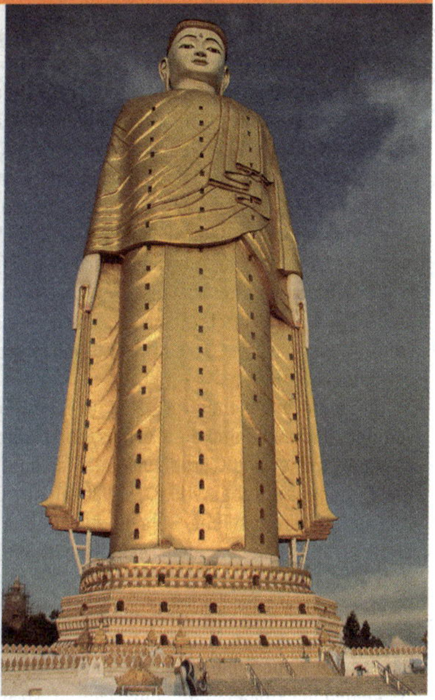

© VOLKER KLINKMÜLLER

nach bereits von König Ashoka gegründet worden sein soll, erreicht eine Höhe von 33 m. Diesem Heiligtum werden „wunscherfüllende" Kräfte zugeschrieben. Die Vorkammer der Schreinhalle enthält Jataka-Malereien aus dem frühen 20. Jh. und ist mit eindrucksvollen Mosaiken verziert.

### Kyaukkar

Dieses Dorf 14 km nordöstlich von Monywa ist seit der Konbaung-Epoche ein Zentrum für die Herstellung von **Lackarbeiten**. Die hiesigen Produkte sind schmuckloser, aber stabiler und zweckmäßiger als die von Bagan. Meist sind sie einfarbig schwarz oder rotbraun, da hier keine mehrfarbigen Muster eingeritzt werden. Da kaum Touristen nach Kyaukkar kommen, sind die Preise niedrig. Östlich des Dorfes erhebt sich die kleine **Paw Daw Mu-Pagode**, von deren Terrasse sich ein schöner Blick auf die Umgebung ergibt. Die Straße nach Kyaukkar wird von malerischen Tamarinden-Bäumen und Reisterrassen gesäumt. Die Pick-up-Sammeltaxis aus Monywa starten vormittags vom Hauptmarkt; die letzten fahren gegen 16 Uhr zurück.

### Höhlen von Hpo Win Daung

Über die Brücke sind es 14 km Umweg, aber ausländische Touristen können in Monywa für 3000 Kyat per Charterboot über den Chindwin setzen, um diese Sehenswürdigkeit auf dem kürzesten Weg zu erreichen. Vom Westufer des Flusses führt dann eine rund 24 km bzw. 45 Min. lange Fahrt, die meist für 20 000–25 000 Kyat (inkl. Wartezeit und Rückfahrt) mit einem betagten Willys-Jeeps oder Pick-up zurückgelegt wird, zum eindrucksvollen, um die 1000 Jahre alten Sandsteinhöhlen-Labyrinth in den Hpo Win-Bergen. Wer der Jeep-Mafia trotzen will, kann mit einem Taxi oder Tuk Tuk direkt aus Monywa anreisen – und zahlt dafür als Rundtrip rund 40 000 Kyat. Die Fahrt führt über die Brücke und in rund 80 Min. durch mehrere Dörfer, vorbei an Betelnussfarmen, Kupferminen und der

## Auf Abwegen – in Shwebo

Dieser Ort zieht bisher wenige Touristen an und sollte auch nur besucht werden, wenn alle bedeutsameren Reiseziele der Region schon absolviert sind. Die von Mandalay rund 110 km lange, gut zwei Stunden dauernde Anfahrt über die Landstraße ist nicht ohne Reiz, und die ehemalige, entlegene Königsresidenz erfreut durch eine relativ idyllische Atmosphäre. Doch gibt es in Shwebo – zwischen 1760 und 1764 Hauptstadt von König Alaungpaya – im Endeffekt so wenig zu sehen, dass ihr die Mehrheit enttäuscht den Rücken kehren dürfte.

Einst hieß die Stadt Yangyiaung, Yadanatheinga, Konbaung („Damm") und Mokesoebo. Erst König Alaungpaya verlieh ihr den königlich klingenden Namen Shwebo: „Goldener General". Hier geboren, machte er den Ort zum Ausgangspunkt seiner Feldzüge und baute ihn zur Residenz seines immer größer werdenden Reiches aus. So wurden von hier aus 1752 auch Inwa und Niederbirma zurückerobert und das Dritte Birmanische Reich gegründet. Nach dem Sieg über die Shan und Mon zerstörte Alaungpaya mehrere britische Handelsposten – als ersten Akt des Widerstands gegen das Vordringen der Briten.

Die mit einer englischen Inschrift ausgewiesene **Grabstätte Alaungpayas** findet sich nicht weit von der Markthalle und dem Königspalast. Letzterer wird als **Shwebon Yadanar Mingalar Nangdaw** bezeichnet und wurde 1995 aus Zement und Stein rekonstruiert, umfasst aber auch einige recht fotogene Holzbauwerke. ⏲ 7.30–17 Uhr, Eintritt 5000 Kyat (inkl. Besuch von Hanlin). Der mit Wasser gefüllte, östliche Befestigungsgraben ist mehrere Kilometer lang und bis zu 10 m tief. Er gehört zusammen mit dem **Maha Nanda-See** zum auffälligsten Nachlass von Alaungpayas einstiger Stadtanlage.

Einen schönen Blick auf die Stadt hat man vom Turm der **Maw Daw Myin Tha-Pagode** auf dem Eindathaya-Hügel im Nordosten von Shwebo. Sie wurde 1755 von Alaungpaya gestiftet und soll eine smaragdene Almosenschale von Gautama Buddha beherbergen. Zu den anderen berühmten Gebäuden der Umgebung gehören der in typisch birmanischem Stil erschaffene **Myo Daung Zedi** sowie die nahe **Shwe Daza-Pagode** im Süden der Stadt. Den „Wünsche erfüllenden Ort" **Aung Mye Hsu Taung**, der kurz vor der Stadt bei der Anfahrt aus Mandalay passiert wird, soll König Alaungpaya vor dem Auszug zu seinen Schlachten aufgesucht haben.

Das rund 20 km südöstlich von Shwebo liegende **Hanlin** (Halingyi) ist nur mit Charter-Fahrzeugen erreichbar. Hier hat sich vom 3. bis 9. Jh. die nördliche Metropole der Pyu befunden, doch die Überreste beschränken sich auf zerbröckelnde Stadtmauern, einige Tore und Säulen. Im örtlichen Kloster präsentiert ein kleines Museum ausgegrabene Töpfe und andere Gegenstände. Eine relativ gute Straße führt von Shwebo zu der 29 km östlich liegenden Kleinstadt **Kyauk Myaung**. Sie ist vor allem für ihre glasierten Töpferwaren bekannt, zu denen auch große Martaban-Krüge gehören. Selbstverständlich lässt sich ihre Fertigung besichtigen.

Die meisten Unterkünfte in Shwebo sind einfach und/oder haben keine Lizenz für Ausländer, weshalb die Auswahl begrenzt ist. Als wichtigste Anlaufstelle fungieren das **Win Guesthouse**, Aung Zeya St., ✆ 071-22049, das auch einige Komfortzimmer mit Fliesenboden, AC und eigenem Bad zu bieten hat, ❷, sowie das seit über 30 Jahren als ältestes Restaurant am Ort etablierte **Eden Culinary Garden**, Aung Zeya Rd., ✆ 075-21651, das mit einer englischen Speisekarte und erfrischendem *Tiger*-Fassbier für 700 Kyat pro Glas lockt, ⏲ 6–21 Uhr.

**Shwe Taung Oo-Pagode**, die einen tollen Ausblick bietet und sich besonders für einen Besuch zum Sonnenuntergang anbietet.

Die Labyrinthe wurden nach dem einst hier lebenden, legendären Alchemisten **U Hpo Win** benannt. Die Einheimischen pilgern gern zu seiner Höhle, in der auch noch der Mahlstein zu sehen ist, auf dem der Wunderheiler einst seine Mittelchen zubereitet haben soll. Am Eingang werden traditionelle Arzneien verkauft. Diese unwirtlich anmutende, heiße Region soll bereits vor Urzeiten besiedelt gewesen sein.

Im Südwesten erstreckt sich die Bergkette Pondaung-pon-nya, wo Paläontologen fossile Überreste des **Pondaung-Menschen** gefunden haben, der hier bereits vor vielen Millionen Jahren gelebt haben soll. Heute befinden sich in den Höhlengängen zahlreiche Buddhafiguren aus Sandstein, die wie auch die Wandmalereien meist aus dem 17. oder 18. Jh. stammen sowie vereinzelt sogar aus dem 14. bis 16. Jh.

Insgesamt sollen die Sandsteinberge von etwa 900 Höhlen mit Tausenden Buddhastatuen durchzogen sein, die vermutlich von dem Pyu-König Bandawa, seiner Frau und seinen Ministern gestiftet wurden. Ausgangsort für die Erkundung ist das Dorf **Minzu**, an dessen Ortseingang sich eine Tafel mit Lageplan befindet. Zur Haupthöhle führt ein überdachter Treppenaufgang. Drumherum finden sich massenhaft Höhlen, die entweder aus nach außen offenen, wabenförmig ins Gestein gehauenen Nischen mit Buddhastatuen bestehen oder aus begehbaren Labyrinthen, in denen große sitzende und liegende Darstellungen sowie oft gut erhaltene, bunte Wandmalereien zu sehen sind. Einige Höhlen waren früher mit kunstvoll geschnitzten Teakholztüren verschlossen, die inzwischen jedoch verschwunden sind.

Ständige Begleiter sind erschreckend aufdringliche Affen, die unbedingt mit den vor Ort erhältlichen Erdnüssen oder Mini-Tomaten bei Laune gehalten werden wollen. Wer diese in der Hand hält, wird meist sofort bestürmt, sodass nicht wenige Besucher die „Übergabe" an die Affenhorde lieber den Verkäuferinnen überlassen. Der Zutritt zu den Höhlen kostet 2000 Kyat.

## Höhlen von Shweba Daung

Erst vor rund 100 Jahren sind die in den Berg gehauenen, nicht weit von Hpo Win Daung entfernten Höhlen rund um die Shwebataung-Pagode entstanden. Noch heute stiften reiche Birmanen weitere Höhlen, zu denen die Gläubigen über eine tief in den Felsen geschlagene Treppe gelangen können. Kolonial anmutende Vorbauten und frisch bemalte Buddhafiguren erwecken einen eher modernen Eindruck. Eintritt 2000 Kyat.

# Mogok

Schon seit Jahrhunderten von den birmanischen Königsdynastien und auf der ganzen Welt begehrt sind die wertvollen Rubine und Saphire aus Mogok. Umgeben von bis zu 1200 m hohen, mystisch vernebelten Bergen und landschaftlich hübsch eingebettet, schmiegt sich der Ort idyllisch um einen See. Die bergige Umgebung ist mit religiösen Stätten übersät, von denen sich oft ein faszinierender Blick eröffnet. Aufgrund der Höhenlage herrscht im „Rubinland" ein moderates Klima, das anders als im Tiefland den Januar bis Mai zur Regenzeit macht!

Rund 200 km nordwestlich von Mandalay liegend, gehört das legendäre Mogok zum Pyin U Lwin-Distrikt in der Mandalay Division und wurde 1595 zum ersten Mal urkundlich erwähnt. Die ersten Schürfreche in den Edelsteinminen wurden bereits 1883 vergeben, und zwar

### Minen und Handel

Rubine und Saphire sind Mogoks Lebenselixier, aber auch meist in **Kalksteinschichten** verborgene Halbedelsteine wie Peridot, Lapislazuli, Mondstein, Granat und Chrysoberyll werden in mühevoller Handarbeit aus Stollen im Gebirge ausgegraben, ausgeschlagen oder ausgewaschen. Zudem leicht fündig werden kann man in **Erdlöchern** oder **Flussbetten**. Rein chemisch gesehen sind Rubine – gern als „Blutstropfen aus dem Herzen der Erde" verklärt – eine kristallisierte Verbindung aus Aluminium und Sauerstoff (Aluminiumoxyd). Doch nur hier in Mogok sollen die Steine (90 % aller weltweit gehandelten Rubine stammen aus Myanmar) von so exzellenter Qualität sein und die Vorkommen noch immer so ergiebig, dass kaum Fälschungen auftauchen. Deshalb stellt sich meist nur die Frage, ob die Qualität gut und der Preis angemessen ist ... Gehandelt werden die roten und blauen Steine auf Märkten wie dem **Peiq Shwe** (nahe Mogok Hotel), **Pan Chan** oder **Hta Pwe** (beste Zeit 10–13 Uhr), die meist nur wenige Stunden dauern. Die (Ver)Käufer lassen sich meist nicht besonders gern bei ihren Aktivitäten fotografieren.

von König Thibaw an eine französische Firma, die sich allerdings schon drei Jahre später die Briten aneigneten. 1889 gründeten sie die Ruby Mines Company, die hier die mit 304 und 400 Karat bisher größten Rubine fand. Zwischen 1942 und 1945 machten sich die Japaner an die Ausbeutung der Edelsteinvorkommen. Anfang der 1960er- bis in die 1990er-Jahre kontrollierte die Regierung den Abbau, heute schürfen hier Hunderte Firmen in den Minen. Trotz strenger Überwachung dürfte rund die Hälfte aller Fundstücke illegal nach China, Thailand und Laos gelangen.

Die 150 000 Einwohner sind überwiegend Birmanen, doch es gibt auch zahlreiche Shan, Lisu, Palaung, Kachin, Chinesen, Nepali und Inder, die sich ebenfalls im Edelsteingeschäft und den verarbeitenden Industrien betätigen. Sogar Einheimischen blieb der Zugang lange verwehrt. Seit Ende 2013 dürfen auch Ausländer Mogok besuchen – allerdings nur mit einem Permit und einer gebuchten Pauschaltour (s. Kasten). Die ab Pyin U Lwin neu gebaute Straße schlängelt sich – mit 135 km bzw. 3 1/2 Std. Fahrtzeit – von Osten an den Ort heran, während es die alte von Westen tut. Die Bergenklave ist wohl nicht zuletzt deshalb geöffnet worden, um der Region bei einsetzender Erschöpfung der Edelsteinminen ein touristisches Standbein zu bescheren.

### Permit und Pauschaltouren

Ein Abstecher in das geheimnisvolle Mogok ist ein spannendes und bisher noch exklusives, aber nicht gerade billiges Vergnügen, wenn man nicht als Kleingruppe reist. Auf das Besorgen des erforderlichen **Travel-Permits** hat sich z. B. **Zone Express Tours** in Mandalay spezialisiert. Möglichst eine Woche vorab müssen ein Scan des Reisepasses und das gewünschte Reisedatum übersendet werden. Die als Pflicht zu buchende Pauschaltour für drei Tage/zwei Nächte kostet inkl. Sondergenehmigung (staatliche Gebühren US$40) für eine Person US$650, für zwei US$700, zu dritt US$920 und für ein Quartett US$955. Nach dem Eintreffen in Mogok erledigt der obligatorische **Reiseführer** beim Departement of Gems & Mining die erforderlichen Formalitäten. Die Besucher dürfen (natürlich) nicht selbst in die rund ein bis zwei Stunden entfernten, in den Bergen liegenden Minen, können dort aber u. a. beim Auswaschen, Säubern und Sichten von Lehm oder Geröll zuschauen. Wer sich mit aufregender, regionalbezogener **Reiselektüre** versorgen möchte, sollte sich *Cale Dixon and the Mogok Murders* von David C. Dagley zulegen: Der Kriminalroman beginnt in San Francisco, folgt der Spur der Rubine bis nach Mogok und taucht tief in die dortige Szenerie ein ...

## Religiöse Stätten

Die sich mit uzähligen Edelsteinen präsentierenden Heiligtümer unterstreichen den legendären Ruf von Mogok als „Shangri La" von Myanmar. Die **Chan Tha(r) Gyi-Pagode** nördlich des Zentrums soll von König Minkhaung (reg. 1401–22) der Inwa-Dynastie (1364–1555) errichtet worden sein und bietet den besten Ausblick auf die wie in einem Wok liegende Stadt. Ein ebenfalls herrlicher Ausblick eröffnet sich vom **Pin Gu Taung** („Berg der Spinnen"), der zu Fuß erklommen werden muss und einen liegenden Buddha und Spiegelmosaik-Stupa zu bieten hat.

Die **Phaung Daw Oo-Pagode** thront auf einer Anhöhe südwestlich des Mogok-Sees und besitzt einen Schrein mit zwei sehr alten Buddhastatuen aus purem Gold. Etwa 80 cm groß, ruhen sie auf ca. 40 cm hohen, mit Tausenden Edelsteinen verzierten Podesten aus Gold bzw. Silber in einem verglasten Safe, um allabendlich herausgeholt und auf ein Holzpodest gesetzt zu werden. Die **Lay Myet Hna-Pagode** liegt auf einem Hügel im Süden und die **Shwe Gu Gyi-Pagode** im Norden der Stadt.

## Märkte

Im Westen des Mogok-Sees wird an jedem fünften Tag der **Zei Thit** (Neuer Markt) oder **Zeigyo** (Zentralmarkt) veranstaltet. Am meisten Betrieb herrscht morgens, wenn viele Angehörige von Stämmen aus der Umgebung für buntes Treiben sorgen. Der **Aung Chantha Zei-Markt** im Zentrum findet täglich statt und wirkt betriebsamer als der Zeigyo. Vor dem Mogok Hotel gibt es einen **Nachtmarkt**, auf dem aber nur Essen verkauft wird.

## ÜBERNACHTUNG UND ESSEN

Die Übernachtung ist Ausländern bisher nur im Rahmen einer Pauschaltour bzw. in den folgenden Hotels erlaubt, von dem eines noch ganz neu ist.

**Golden Butterfly Hotel**, ziemlich abgelegen am westlichen Stadtrand bzw. ca. 20 Min. vom Zentrum, ✆ 042-819 9378, 09-4025 34366. Lange beherbergte die Gründerin Mrs. Dollarwin die meisten ausländischen Mogok-Besucher, dann wurde das Hotel für 10 Jahre geschlossen und in 2012/13 umfassend renoviert bzw. mit 9 schönen „Suite Room"-Bungalows für US$120 erweitert. Von den Komfortzimmern, dem Pool und Restaurant, das erfreulich gutes Essen bietet, eröffnet sich ein herrlicher Blick, in unmittelbarer Nähe beginnen einige Wanderpfade. ❺–❻

**King Bridge Hotel**, ca. 10 Min. vom Zentrum bzw. am Fuß des Berges Kya Pin, ✆ 086-20088, 09-2598 98883. Neu seit 2015 als Terrassen-Reihen-Bau mit 20 Superior- und Deluxe-Zimmern, davon einige mit Balkon, sowie 2 Suiten. Es gibt ein kleines Schwimmbad. ❺–❻

**Mogok Motel**, Circular Rd. (Myopaq Lan), ✆ 086-20118, 09-697 9026. Das 1992 nahe dem Zentrum und See erbaute Regierungs-Hotel hatte lange die einzige Lizenz zur Unterbringung von Ausländern. Es präsentiert sich als profaner, 3-stöckiger Blockbau mit 42 einfachen Zimmern, die aber über AC, TV, Heißwasser-Bäder und Minibar verfügen, sowie 2 Special Rooms für US$90. Ein Restaurant und eine Karaoke-Bar sind angschlossen. ❸–❺

## TRANSPORT

Zwischen Mandalay und MOGOK verkehren mehrere Transportgesellschaften – mit dem wichtigsten Zwischenstopp in PYIN U LWIN. **Ausländer** dürfen diese Busse allerdings **nicht** nutzen und würden an einem der vielen Kontrollposten gnadenlos zurückgeschickt. Per Auto sind für die Fahrt, die über weite Strecken durch schöne Landschaften führt, ca. 5 Std. zu kalkulieren.

MARKT IM SHAN-STAAT; © M. MARKAND

# Der Nordosten

**Travellern zeigt sich im gebirgigen Shan-Staat ein Landesteil mit beeindruckenden Naturschönheiten. Die Freundlichkeit der Menschen, der Einblick in das Leben in den Dörfern und die zahlreichen Feste lassen einen Besuch unvergesslich werden.**

# Stefan Loose Traveltipps

**9** **Die Shan-Berge um Kalaw** Eine Trekkingtour durch die überwältigende Natur mit Übernachtung im Kloster oder in einem kleinen Bergdorf. S. 413

**10** **Pindaya** Ein Ausflug auf den Spuren von Prinzessinnen zur Höhle der 8000 Buddhas. S. 417

**Nyaungshwe** Die kleine Stadt ist nicht nur Ausgangsort für Fahrten zum Inle-See, sondern auch selbst sehenswert. S. 422

**11** **Inle-See** Ein Bootsausflug zu den schwimmenden Gärten und Einbeinruderern. S. 432

**Taunggyi** Bunte Tierballons und leuchtende Feuerwerkskörper: Das beeindruckende Heißluftballonfest ist ein echtes Spektakel. S. 438

**Gokteik-Viadukt** Eine Zugfahrt im Schneckentempo auf einer atemberaubenden Strecke. S. 447

**12** **Hsipaw** Trekking bei den Shan und Palaung. S. 448

**Kengtung** Trekking im abgelegenen Osten des Landes. S. 459

EHEM. PALAST DES KAYAN-FÜRSTEN, LOIKAW; © M. MARKAND

TRADITIONELLES GEWAND; © M. MARKAND

**Wann fahren?** Die beste Zeit, um die Region zu besuchen, sind die Monate November bis April.

**Wie lange?** Ein paar Tage sollte man sich Zeit nehmen, aber auch wer länger bleibt, wird es nicht bereuen.

**Unbedingt probieren** Shan-Nudeln, ob als Suppe oder als Salat, meist als Frühstück verzehrt, sind lecker und sehr günstig.

Der Nordosten
0
100 km
N
C H I N A
s. Stadtplan Lashio S. 456
s. Stadtplan Hsipaw S. 449
Bhamo
Shwegu
Thabyehla
Moda
Palewshe
Sinaung
Sinkham
Ayeyarwaddy
Shweli
Momauk
Mansi
Mantha
Tasaing
Ma-ubin
Sinlumkaba
2387
Lweje
Pamkham
Si-U
Taunggon
Maben
Mantong
Mong Lon
Manmawk
Man Na
Mong Mit
Mansat
Nabu
2299
Mogok
Monglong
Namshan
Manhsan
Bawdwin
2279
2157
Namtu
Mong Tat
Mong Ying
Mongwi
Namputhka
2360
Namkhan
Muse
Ruili
Wandingzhen
Longchuan
Santaishan
Zhefang
Luxi
Mong Ko
Kyu-khok
Nantaung
Mongyu
Kon Kyan
Laukkaing
Motai
2547
Wanchanshu
Mongsi
Tarmonye
Kutkai
Kunlong
Hopang
Mengdingjie
Gengma
Mengcheng
Panglong
Changyuan
Pangwaun
Man Kan Mong
Mong Kyet
Hseni
Mongli
Na Wi
Mong Naung
Mong Mao
2490
Mong Yaw
Lashio
Mehan
Nanpaung
Pahtan
Nawngkai
2267
Manle
2675
Mong Yai
Man-hpan
Nawnghpa
Ta-kaw-et
Tang Yan
Naphan
Loikin
Ximeng
Shangyun
Lancang (Meng Lang Ba)
Puwen
Jinghong
Menghai
Meng Lian
Mengman
Man Pangphek
Pansam
Tarkwut
2104
Pang Yang
Tarmabum
Mongkaung
Manmon
Saungkye
2034
Nanyan
Namlan
Naphai
Namon
Panglon
Mong Ngawt
1948
Hsipaw
Kyaukme
Gokteik
Goteik-Viadukt
Nawnghkio
Pangsan
Tonse
Wetwun
Pyin-U-Lwin
Anisakan
Pyinsa
Myitnge
Taungkham
Naung-wo
Kyaukgu
Tonglaw
Wunpwe
Pankaytu
Mong Tung
Hannge
Kyethmansan
Kenglon
Mong Awt
Mong Hsu
Kyat Ou Taung
Mong Pawk
Mong Noun
Mong-khet
Mong Hpin
Mong Yang
Mong La
Da Luo
Mong Ma
Mong Kaw
2031
2320
Mong San
Mong Nawng
Mong Kung

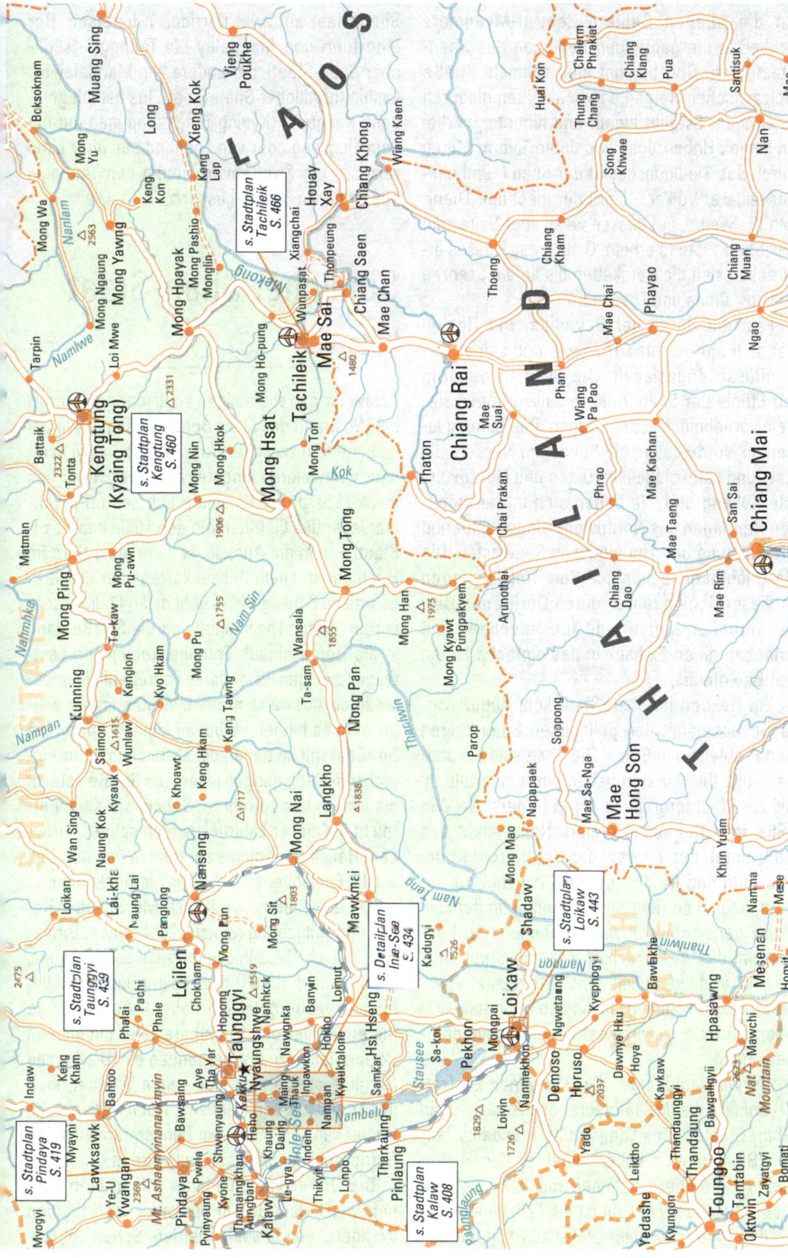
LAOS
THAILAND
Muang Sing
Vieng Poukha
Long
Xieng Kok
Keng Lap
Houay Xay
Chiang Khong
Wiang Kaen
s. Stadtplan Tachileik S. 466
Mekong
Mong Wa
Mong Yu
Bcksoknam
Nanlam
Keng Kon
Mong Yawng
Mong Ngaung
Mong Hpayak
Mong Pashio
Monglin
Xiangchai
Thonpeung
Chiang Saen
Wunpasat
Mae Sai
Tachileik
Mae Chan
Mong Ho-pung
Namlwe
Tarpin
Loi Mwe
Kengtung (Kyaing Tong)
s. Stadtplan Kengtung S. 460
Battaik
Tonta
Mong Hsat
Mong Ton
Mong Nin
Mong Hkok
Kok
Matman
Mong Ping
Mong Pu-awn
Mong Tong
Nam Sin
Mong Pu
Nahmnka
Ta-kaw
Wansala
Mong Han
Kunning
Kenglon
Kyo Hkam
Keng Tawng
Ta-sam
Mong Pan
Nampan
Saimon
Wunlaw
Kysauk
Khoawt
Keng Hkam
Langkho
Wan Sing
Naung Kok
Mong Nai
Loikan
Lai-khe
Naung Lai
Panglong
Nansang
Mong Sit
Mawkmai
Nam Teng
Loilen
Chokham
Mong Pun
s. Detailplan Inle-See S. 434
s. Stadtplan Taunggyi S. 439
Taunggyi
Hopong
Nanhkok
Nyaungshwe
Nawgnka
Banyin
Loimut
Hsi Hseng
Phalai
Pachi
Phale
Aye Tha Yar
Kakku
Inpawkon
Hokho
Kyauktalone
Samkar
Indaw
Keng Kham
Bahtoo
Bawsaing
Mt. Ashaemyinanaukmyin
Shwenyaung
Heho
Maing Thauk
Inle-See
Nampan
Nambelu
Tharkaung
s. Stadtplan Pindaya S. 419
Lawksawk
Myayni
Ye-U
Ywangan
Pindaya
Pwela
Kyone
Thamaingkhan
Aungban
Kalaw
Khaung Daing
Indein
Le-gya
Thikyit
Lonpo
Pinlaung
s. Stadtplan Kalaw S. 408
Myogyi
Pyinyaung
Stausee
Pekhon
Sa-koi
Mongpai
Loikaw
s. Stadtplan Loikaw S. 443
Shadaw
Kadugyi
Nampan
Mong Mao
Napapaek
Mong Kyawt
Pungpakyem
Thaton
Chiang Rai
Mae Suai
Wiang Pa Pao
Phan
Phayao
Mae Chai
Chiang Kham
Thoeng
Chiang Muan
Ngao
Nan
Song Khwae
Thung Chang
Chiang Klang
Pua
Chalerm Phrakiat
Huai Kon
Santisuk
Mae
Chai Prakan
Phrao
Mae Kachan
Chiang Dao
Arunothai
Mae Taeng
San Sai
Chiang Mai
Mae Rim
Soppong
Parop
Mae Hong Son
Mae Sa-Nga
Khun Yuam
Thanlwin
Tharlwin
Namma
Mese
Mesenen
Hogyit
Bawlakhe
Kyephogyi
Ngwetaung
Hpasawng
Mawchi
Nat Mountain
Demoso
Hpruso
Dawnye Hku
Hoya
Kaykaw
Bawgaligyii
Thandaung
Thandaunggyi
Yado
Leiktho
Nanmekhon
Loiyin
Yedashe
Kyungon
Toungoo
Tantabin
Zayatgyi
Bomati
Oktwin
Paunglaung

An die ebenen Gebiete Zentral-Myanmars schließen die gebirgigen Regionen des Shan-Staates an. Dort beginnt eine schmale Straße sich zwischen Bergen und Schluchten hindurch zu winden. Es geht hinauf und hinunter, vorbei an langen Höhenzügen und tiefen Tälern. Mitten durch das Siedlungsgebiet der Shan – und einiger anderer Völker – fließt der mächtige Thanlwin (Salween), auf dessen westlicher Seite sich das Shan-Plateau erhebt. Östlich des Flusses erstrecken sich die Bergketten bis an die Grenzen zu Laos, China und Thailand.

Fast die Hälfte der Bewohner der Region hat sich am Ufer des Thanlwin und seiner Nebenflüsse angesiedelt. Die meisten gehören zur Ethnie der Shan. Andere Volksgruppen siedeln vornehmlich in den Bergen. Die Palaung leben im Nordwesten, die Kachin im Norden, die Kaw und Lahu siedeln im Osten und Nordosten. Die Kokang und Wa haben sich in den höheren Berglagen des Nordostens eingerichtet und die Padaung und Thaungthu im Südwesten. Die Pa-O leben nahe dem Inle-See. Trekkingtouren in dieser Region führen durch Dörfer und Berge, vorbei an Kaffee- und Teesträuchern, und erlauben einen Einblick in das einfache Leben der Bewohner.

Ein Besuch im Shan-Staat konfrontiert viele Besucher mit den politischen Spannungen und Problemen in Birma. Die Shan sind ein stolzes Volk. Ihre Fürsten haben jahrhundertelang, bis zur Machtergreifung durch General Ne Win 1962, ihr Land selbst regiert. Heute steht das Volk unter der Gewalt der Zentralregierung. Die Hoffnung friedliebender Shan ruht auf einem möglichen föderalen Myanmar, in dem sie ihre Eigenständigkeit wahren können. Der Konflikt um die Vorherrschaft im Shan-Staat wurde und wird jedoch mit der Waffe ausgetragen. Noch immer kommt es in einigen Gebieten – vor allem im Osten – zu bewaffneten Auseinandersetzungen.

Derweil entdecken die Bewohner Zentral-Myanmars die Wallfahrtsorte des zugänglichen Shan-Staates. Aus Yangon und Mandalay fahren Busladungen voller Pilger zu den Heiligtümern. Reichere kommen mit dem eigenen Auto. Besonders beliebt ist ein Familienausflug zu den Pindaya-Höhlen. Touristen können den Shan-Staat auf zwei Korridoren bereisen: Der eine führt von Mandalay bis Taunggyi (südlicher Shan-Staat), der andere von Mandalay bis Lashio (nördlicher Shan-Staat). Ins östlich gelegene Kengtung (Kyaing Tong) kann man nur mit dem Flugzeug oder von Thailand aus über Land reisen – die Straßenverbindung von Taunggyi aus ist für Ausländer gesperrt.

# Südlicher Shan-Staat

## Kalaw

Kalaw ist ein ehemaliger englischer Luftkurort am Westrand der Shan-Berge. Er liegt etwa auf halbem Weg zwischen Thazi und Taunggyi in einem verzweigten Hochtal auf einer Höhe von etwa 1320 m. Für Reisende aus Zentral-Myanmar ist er das Eintrittstor in den südlichen Shan-Staat. Schon die Anreise ist nicht ohne Reiz: Im Flachland rumpeln Ochsenkarren über die Straße und im Schlingerkurs geht es an Chili-Feldern vorbei. Hinter Thazi müht sich die Straße dann in die Berge hinauf. Entgegenkommende Lastwagen zwingen die anderen Fahrer auf die unbefestigten Ausweichstreifen. Weiter, immer weiter geht es hinauf, vorbei an kleinen Hütten am Straßenrand, in denen die Menschen unter einfachsten Bedingungen leben. Die Straße scheint ins Nirgendwo zu führen. Sobald sie Kalaw erreicht, ist dieser Eindruck jedoch schnell verflogen. Häuser im Kolonialstil zeugen von der Zeit, als die Engländer zur Erholung hierher kamen.

Heute wohnen etwa 186 000 Menschen in Kalaw und Umgebung (Zensus 2014): Shan, Birmanen, indische Muslime und Nepalesen (Gurkhas, die sich nach dem Dienst beim britischen Militär hier niedergelassen haben). Ausgedehnte Kiefernwälder und fruchtbare Täler mit kleinen Dörfern laden zu Spaziergängen ein. Die frische Bergluft ist kühl und klar – eine Wohltat nach der staubigen Zentralebene. Doch Vorsicht: Im Winter kann es nachts bei Temperaturen um den Gefrierpunkt empfindlich kalt werden.

Die Dörfer verschiedener Minoritäten können von Kalaw aus in ein- oder mehrtägigen Wanderungen besucht werden. Schon ein kurzer Spaziergang durch den weitläufigen Ort in die angrenzenden Seitentäler kann interessante Begegnungen eröffnen. Wer weiter vordringen will, sollte sich einem Führer anvertrauen. Beliebt sind Tageswanderungen zum Viewpoint und einem Stausee im Westen sowie zu den Höhlen von Pindaya im Osten, die auch mit Taxi oder Bus zu erreichen sind (S. 418).

## Im Zentrum

Auf dem **Marktplatz** kommen die Bewohner der Umgebung zusammen, darunter Pa-O, Palaung und Danu – vor allem, wenn vormittags der große Wochenmarkt stattfindet.

Vier Tempel zieren das Zentrum: Der **Aung Chang Tha-Tempel** im Stadtkern, dessen spiegelverzierter Stupa im Morgenlicht silbern funkelt, beherbergt im Innenbereich vier Buddhas, ansonsten ist der Raum recht kahl. An der gegenüberliegenden Straßenseite steht der zweistöckige **Dama Yon-Tempel**. Unweit davon befindet sich die **Hsu Taung Pye-Pagode**, auf deren Gelände viele weiß getünchte Stupas stehen.

Auf einem Hügel im Norden erhebt sich die **Thane Taung-Pagode**. Eine lange Treppe führt gegenüber dem Pineland Inn zu diesem Kloster hinauf. Hier wird im Mondmonat Tazaungmon ein großes Fest mit Feuerwerk und brennenden Riesenfackeln gefeiert. Nachdem sittsam gekleidete Mädchen mit Kerzen durch die Stadt gezogen sind, folgen ihnen die wilden jungen Männer. Mit alkoholischen Getränken versorgt, lauthals singend, tragen sie riesige Fackeln zum Tempel. Dort werden die Fackeln mit einer Krone aus Feuerwerkskörpern (und Wasserflaschen mit Benzin) versehen, aufgestellt und angezündet. Ein Heidenradau beginnt, der sich bis spät in die Nacht hinzieht. Hier feiern vor allem Shan, und sie lassen westliche Besucher gern daran teilhaben. Vorsichtige Naturen sollten sich jedoch nicht unbedingt ins Zentrum des Treibens begeben.

Hindus haben in der Innenstadt mehrere kleine **Tempel** errichtet, die Sikh-Gemeinde trifft sich im **Gurdwara** östlich vom Markt, und die Christen feiern ihre Gottesdienste in der **Kayin Baptist Church** und der katholischen **Christ The King Church** mit einem angeschlossenen christlichen Internat.

## Westlich vom Zentrum

Jenseits der Circular Road wird die Stadt von einem weitläufigen **Golfplatz** umrahmt, der noch aus britischer Zeit stammt. Er liegt auf dem nur begrenzt zugänglichen Militärgelände. Etwa 25 Min. südwestlich des Zentrums befindet sich innerhalb des öffentlich zugänglichen Militärgeländes die **Shwe U Min-Pagode.** Die Höhlen hinter einem Pagodenfeld sind mit hunderten Buddhastatuen ausgestattet. Viele sind mit bunten Lichterketten geschmückt.

Etwas weiter nördlich zweigt von der Circular Road hinter der Schranke die schmale Hnee Pagoda Road ab. Nach einer viertelstündigen Wanderung endet die asphaltierte Straße an der **Hnee-Pagode**. Sie beherbergt einen seltenen Lack-Buddha. Sein geflochtener Bambuskern wurde mit unzähligen Lackschichten überzogen, bis die perfekte Oberfläche erreicht war, die anschließend vergoldet wurde. Die Figur ist überlebensgroß und doch so leicht, dass vier Mönche sie tragen können, wie auf einem Foto neben dem Buddha zu sehen ist.

## ÜBERNACHTUNG

Kalaw bietet einfache bis luxuriöse Unterkünfte, wobei das Preis-Leistungs-Verhältnis vor allem bei jenen für um die US$30 sehr schwankt. Klimaanlagen sind bei den herrschenden Temperaturen nicht nötig, ein paar handverlesene Anlagen bieten jedoch Klima mit Heizung. In den Wintermonaten sind auch Hotels mit Kamin nicht zu verachten. Alle Unterkünfte bieten offiziell heißes Wasser, doch in Low-Budget-Hotels dreht man oft vergebens am rot markierten Hahn. Dicke Decken gibt es auf Anfrage; bei Kälte gehören sie zum Service. In der Hauptsaison ist seit ein paar Jahren alles restlos ausgebucht. Wer bei den hier gelisteten Unterkünften ohne Reservierung nicht unterkommt, findet evtl. noch ein einfaches Hotel im Stadtkern oder ein Notbett in einer Pagode.

### Zentrum

**Dream Villa**, Zatila Rd., ✆ 081-50144, ✉ dreamvilla@myanmar.com.mm, [9831]. Gutes, gepflegtes Mittelklassehotel im Stadt-

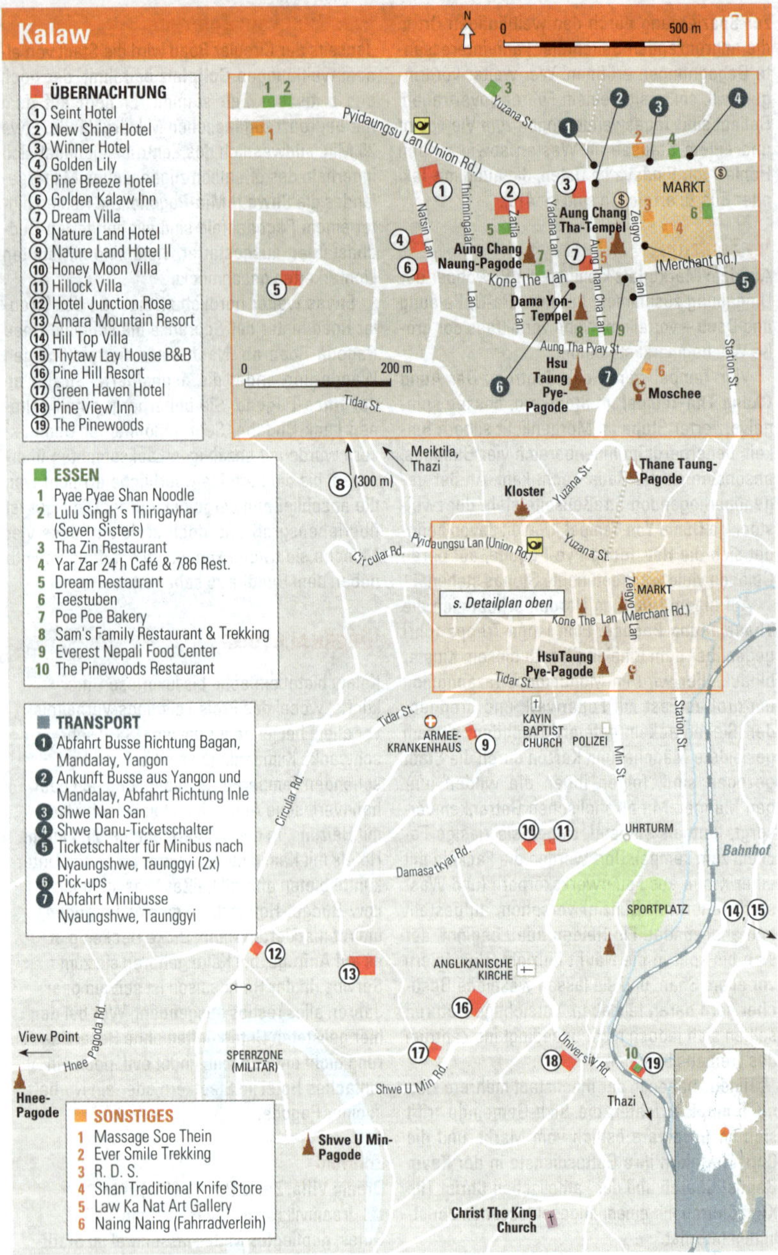

Kalaw
N
0
500 m
ÜBERNACHTUNG
1 Seint Hotel
2 New Shine Hotel
3 Winner Hotel
4 Golden Lily
5 Pine Breeze Hotel
6 Golden Kalaw Inn
7 Dream Villa
8 Nature Land Hotel
9 Nature Land Hotel II
10 Honey Moon Villa
11 Hillock Villa
12 Hotel Junction Rose
13 Amara Mountain Resort
14 Hill Top Villa
15 Thytaw Lay House B&B
16 Pine Hill Resort
17 Green Haven Hotel
18 Pine View Inn
19 The Pinewoods
ESSEN
1 Pyae Pyae Shan Noodle
2 Lulu Singh´s Thirigayhar (Seven Sisters)
3 Tha Zin Restaurant
4 Yar Zar 24 h Café & 786 Rest.
5 Dream Restaurant
6 Teestuben
7 Poe Poe Bakery
8 Sam's Family Restaurant & Trekking
9 Everest Nepali Food Center
10 The Pinewoods Restaurant
TRANSPORT
1 Abfahrt Busse Richtung Bagan, Mandalay, Yangon
2 Ankunft Busse aus Yangon und Mandalay, Abfahrt Richtung Inle
3 Shwe Nan San
4 Shwe Danu-Ticketschalter
5 Ticketschalter für Minibus nach Nyaungshwe, Taunggyi (2x)
6 Pick-ups
7 Abfahrt Minibusse Nyaungshwe, Taunggyi
SONSTIGES
1 Massage Soe Thein
2 Ever Smile Trekking
3 R. D. S.
4 Shan Traditional Knife Store
5 Law Ka Nat Art Gallery
6 Naing Naing (Fahrradverleih)
Pyidaungsu Lan (Union Rd.)
Yuzana St.
MARKT
Natsin Lan
Thiriningalar Lan
Zatila
Yadana Lan
Aung Chang Tha-Tempel
Aung Chang Naung-Pagode
Aung Than Cha Lan
Zeigyo Lan
(Merchant Rd.)
Kone The Lan
Dama Yon-Tempel
Aung Tha Pyay St.
Hsu Taung Pye-Pagode
Moschee
Station St.
0
200 m
Tidar St.
(300 m)
Meiktila, Thazi
Thane Taung-Pagode
Kloster
Circular Rd.
s. Detailplan oben
HsuTaung Pye-Pagode
ARMEE-KRANKENHAUS
KAYIN BAPTIST CHURCH
POLIZEI
Min St.
UHRTURM
Bahnhof
Damasa tkyar Rd.
SPORTPLATZ
ANGLIKANISCHE KIRCHE
University Rd.
View Point
Hnee Pagoda Rd.
Hnee-Pagode
SPERRZONE (MILITÄR)
Shwe U Min Rd.
Thazi
Shwe U Min-Pagode
Christ The King Church
DER NORDOSTEN

kern. Ordentlich ausgestattete Zimmer mit großen Fenstern, TV, Bad (Warmwasser) und Kühlschrank. Einige Zimmer mit Veranda. Weitere Terrassen sind allen zugänglich. WLAN. ❹

**Golden Kalaw Inn**, 5/92 Natsin Rd., ✆ 081-50311, ✉ goldenkalawinn1@gmail.com, [9832]. Die seit Jahren beliebte Budget-Unterkunft hat ein neues Haus gebaut und bietet nun einfache, saubere Zimmer mit Bad. In den oberen Stockwerken ein paar Dormbetten (US$7 p.P.). Tolle Aussicht. ❷

€ **Golden Lily**, 5/88 Natsin Rd., ✆ 081-50108, ✉ goldenlily@mandalay.net.mm, [5323]. Ein Klassiker in Kalaw: Ansprechende Budget-Zimmer mit Bad an einer großen Terrasse und die wohl preiswertesten Doppelzimmer der Region (mit Gemeinschaftsbad) im alten Haupthaus. Lily und Robin Singh, die Betreiber, geizen nicht mit Tipps und Empfehlungen. Lilys „Charme" kommt jedoch nicht bei allen Gästen gleich gut an. Frühstück. ❶

**Nature Land Hotel**, Tharyarkone St., ✆ 081-50711, 💻 www.naturelandhotel.com, [9833]. Etwa 500 m außerhalb des Zentrums auf einem Hügel Richtung Thazi liegt diese kleine ruhige Anlage mitten in einer Wohngegend. Einfache Standardzimmer mit Linoleumboden und sehr ansprechende Deluxe-Bungalows mit viel Holz. Zudem gibt es 2-stöckige Häuschen mit Wohnzimmer, großem Bad, Küche und einem Dreibettzimmer mit Balkon (US$70). Alle Zimmer mit TV und Kühlschrank. Restaurant mit traditioneller Küche. ❸–❹

**New Shine Hotel**, 21 Union Rd., ✆ 081-50028, ✉ newshinehtl@gmail.com, [8477]. Hotel mit 2 Häusern (rechts und links, Ecke Zatila Rd.) mit insgesamt 36 gepflegten, hellen Zimmern mit Holzfußboden, einige mit Balkon und Kühlschrank, inkl. American Breakfast. Große Dreibettzimmer. ❷–❸

**Pine Breeze Hotel**, 174 Thittaw St., ✆ 081-50459, 50166, ✉ pinebreezehotel@gmail.com, [9834]. Ruhig gelegenes Haus nahe dem Stadtkern mit toller Aussicht, auch aus dem Restaurant im 2. Stock. Superior-Zimmer mit Balkon und Badewanne, Standard-Zimmer ohne. Sonst sind alle gleich. Gute Ausstattung, recht groß, Kühlschrank und das besondere Plus für alle, die im Winter kommen: Die AC funktioniert auch als Heizung. Einziges Hotel mit Aufzug in Kalaw. ❸–❹

**Seint Hotel**, 11/5 Main Rd., ✆ 081-50696, 095-186 003, ✉ seinmotel@gmail.com, [8476]. Haus mit hellen Zimmern (große Fenster zu zwei Seiten); große Betten mit guten Matratzen, Bad mit Wanne. Dreibettzimmer (Family Room). Inkl. Frühstück. ❷–❸

**Winner Hotel**, Pyi Taung Su Rd., ✆ 081-50025, 50279, ✉ winnerhotel.kalaw@gmail.com, [8480]. Von außen etwas heruntergekommen, innen besser in Schuss. Die günstigen Zimmer sind in Ordnung; um die Bäder müsste sich mal jemand kümmern. Die Superior-Zimmer sind besser gepflegt und gehören eher der mittleren Preisklasse an. Sie verfügen zudem über eine AC, die auch heizen kann. ❶–❸

### Abseits des Zentrums

**Amara Mountain Resort**, 10/182 Thida Rd., ✆ 081-50470, Yangon ✆ 01-652191, 💻 www.amara-myanmar.travel, [5324]. In dem Resort stimmt einfach alles, dafür sorgen die birmanisch-bayerischen Besitzer und der aufmerksame Service. Ein 1912 erbautes und 2002 renoviertes Kolonial-Fachwerkhaus sowie ein zweites, originalgetreu nachgebautes Haus mit insgesamt 12 Zimmern stehen in einer toll angelegten Gartenanlage. Die Zimmer sind exquisit und stilvoll eingerichtet mit hochwertigen Holzmöbeln und -böden, guten Matratzen, einem Kamin und hübschen Marmorbädern mit großen Duschen. Im Restaurant werden birmanische und europäische Gerichte serviert. Gute Mountainbikes für US$2/Std. ❺, Walk-in ❼

**Green Haven Hotel**, Shwe Oo Min Pagoda Rd., ✆ 081-50639, 💻 www.facebook.com/pages/Green-Haven-Hotel/225312570841663, [9835]. Zwei sehr ruhig gelegene 2-stöckige Gebäude mit Sprossenfenstern, die an britische Landhäuser erinnern. Ein weiteres Haus ist im Bau. Unten kleine Standard-Zimmer, oben schönere Superior-Zimmer mit super Blick ins Grüne. Wer reserviert, sollte betonen, dass er nach vorne aus dem Fenster blicken möchte. Die Standard-Zimmer sind recht klein, aber alle sind ansprechend möbliert. Einige mit Terrasse oder kleinem Balkon. Einfaches

DER NORDOSTEN

Frühstück, auf Wunsch auch Shan-Nudeln. Fahrradverleih 1000 Kyat/Std. ❸–❹

€ **Hillock Villa**, Damasatkyar St., ✆ 081-50282, [9836]. In einem netten kleinen Haus werden sehr ansprechende Zimmer für wenig Geld angeboten. Viel Holz, viel Licht, teils sehr groß und mit wunderschönem Ausblick. Gutes Preis-Leistungs-Verhältnis und ein kleiner Geheimtipp. ❷

**Hill Top Villa**, Ward 3, Bogon, ✆ 081-50346, [5326]. Verspricht gehobene Wohnqualität in einem geometrisch angelegten Bungalowkomplex an einem Berghang südöstlich von Kalaw. Zum Sonnenuntergang schöner Blick ins Tal. Beherbergt vornehmlich Reisegruppen. Ins Dorf läuft man fast eine halbe Stunde. ❹–❺

**Honey Moon Villa**, Damasatkyar St., ✆ 081-50468, Yangon ✆ 01-512 797, 💻 www.honeymoonvillakalaw.com, [9837]. Ansprechende Zimmer in Reihenhausbungalows mit TV, Kühlschrank und viel Holz. Im neuen 2-stöckigen Fachwerkhaus Zimmer mit Kamin, in denen es im Winter herrlich warm wird. ❹–❺

**Junction Rose Hotel**, Bamboo Pagoda Rd., Ecke Shwe Oo Min Pagoda Rd., ✆ 081-50572, 💻 www.junctionrosehotelsss-kalaw.com, [9838]. Sehr ansprechende moderne Anlage im Boutique-Chic. TV, Kühlschrank und viele kleine nette Details. Schöne Badezimmer. Gutes Preis-Leistungs-Verhältnis. ❹

**Nature Land Hotel II**, ✆ 081-50545, 094-2815 2149, [9840]. Die großen, ansprechenden Bungalows liegen recht weit abseits in den Bergen. 2013 eröffnet und vor allem im Netz populär, daher oft ausgebucht. Alle Zimmer mit TV-Zimmer und Kühlschrank. Deluxe und Suiten, wobei die Suiten zweigeschossig sind. Gutes Preis-Leistungs-Verhältnis. ❸–❹

**Pine Hill Resort**, 151 U Min Rd., ✆ 081-50079, Yangon ✆ 01-240853, 💻 www.myanmarpinehill.com, [5328]. Zimmer in Bungalows und im Haupthaus, alle mit TV und viel Komfort inmitten einer gepflegten Gartenanlage. Einige Zimmer liegen an einem Gemeinschaftsraum mit Kamin. Die Lobby befindet sich in einem der ältesten kolonialen Holzhäuser Kalaws. Gute Küche. Ein Pool ist im Bau, und Ende 2014 wurde kräftig renoviert und gebaut. ❹–❺

**Pine View Inn**, University Rd., ✆ 081-50185, [9841]. Von außen wenig einladende Steinreihenhauszimmer. Innen aber angenehm sauber und 2014 modernisiert. Neue Matratzen, gepflegter Holzfußboden. ❷

**The Pinewoods**, nahe der Gleise unweit der University Rd., ✆ in Yangon 01-657 630, 💻 www.facebook.com/thepinewoods.kalaw, [9842]. Schöne Holzzimmer in niedlichen Häuschen. Ansprechende moderne Ausstattung. Auch Dreibett-Zimmer auf zwei Ebenen. Mit Balkon. Einladendes Restaurant (s. Essen), wo auch das Frühstück serviert wird. ❹

**Thytaw Lay House B&B**, Forest Rd., ✆ 094-2027 4273, 💻 www.thitawlayhouse.com, [9843]. Die drei Zimmer, zwei in Holzbungalows und ein großer Raum für drei Personen im Haus, liegen in den Bergen. Es herrscht absolute Ruhe. Reisende sind begeistert. Das Zimmer im Haus eignet sich auch für Rollstuhlfahrer, denn es wurde extra barrierefrei gebaut. Moskitonetze und je nach Wetter Ventilator oder kleine Heizung. WLAN. ❹

## ESSEN

**Dream Restaurant**, 5/47 Zatila St., ✆ 081-50554. Bietet in gepflegter Umgebung drinnen und draußen asiatische Gerichte für den europäischen Gaumen an, die ca. 2000–4500 Kyat kosten. Dazu gibt's Bier und Wein.

**Everest Nepali Food Center**, Aung Chang Tha Rd., [9845]. Serviert im großen, hellen Raum mit schweren Holzmöbeln leckeres indisch-nepalesisches Essen; Currys, Salate, würzigen Masala-Tee, Lassi und Myanmar-Wein, am Wochenende auch Biryani.

**Lulu Singh's Thirigayhar (Seven Sisters)**, etwas außerhalb an der Hauptstraße Richtung Thazi, ✆ 081-50216. Das Restaurant befindet sich in einem schönen Wohnhaus. Geboten werden chinesische, indische und Shan-Küche in gediegener Atmosphäre zu gehobenen Preisen.

**The Pinewoods Restaurant**, nahe der University Rd., etwas abseits im gleichnamigen Hotel. Für die Gäste, die südlich der Stadt wohnen, ein schöner Platz, um gut zu Abend zu essen bzw. einen guten Kaffee zu trinken.

© M. MARKAND

Kalaw am Westrand der Shan-Berge bietet frische, klare Bergluft.

Die Terrasse lädt dazu ein, zu entspannen und eines der Gerichte zu probieren: Thai-Currrys gibt es hier ebenso wie Pommes und Fischstäbchen. ⌚ 8–21 Uhr.

**Poe Poe Bakery**, Kone The Lan, ☎ 081-50159. Leckeres frisches Gebäck zu günstigen Preisen. Empfehlenswerter Bananenkuchen.

**Pyae Pyae Shan Noodle**, direkt an der Hauptstraße Richtung Thazi, [5321]. Das einfache Restaurant serviert leckere (und mit 500 Kyat wirklich sehr günstige) Shan-Nudeln in guter Qualität. Milchshakes. Beliebt bei Einheimischen und Travellern.

**Sam's Family Restaurant and Trekking**, Aung Chang Tha Rd., ☎ 081-50377. Kleines, familiäres Restaurant, das preiswerte Currys und andere leckere Gerichte aus der chinesischen Küche auftischt. Trekking-Angebote.

**Tha Zin Restaurant**, Yuzana St (oberhalb der Hauptstraße). Kleines Lokal mit birmanischer Hausmannskost, serviert im Wohnzimmer der Familie. Ein Gästebuch voller lobender Einträge wird gerne gezeigt, und auch uns wurde das Restaurant von Lesern sehr empfohlen.

**Yar Zar 24 h Café & 786 Restaurant**, nördlich des Marktes. Rund um die Uhr geöffnet – wer morgens um 4 Uhr mit dem Bus ankommt und noch kein Hotel arrangiert hat, kann sich hier mit einer Tasse Tee wärmen, ehe um 6 Uhr die ersten Hotels aufmachen.

**Teestuben** finden sich am Markt. Günstige Shan-Nudeln und andere Kleinigkeiten. Wer einheimischen Kaffee trinken möchte, muss dies deutlich sagen, ansonsten gibt es Coffee-mix-Instantkaffee. Auf dem **Markt** bekommt man bis nachmittags günstiges Essen.

## EINKAUFEN

In Kalaw gibt es einige **Galerien**, z. B. **Law Ka Nat Art Gallery**, Aung Chang Tha Rd., in denen Aquarelle und Bleistiftzeichnungen verkauft werden; Motive sind Menschen aus der Umgebung und Landschaften.

Auf dem **Markt** werden Obst, Gemüse, Haushaltswaren, verschiedenes Kunsthandwerk, Souvenirs und Shan-Messer verkauft.

Ein **Shan Traditional Knife Store**, der in der Region produzierte, handgeschmiedete Messer in verschiedenen Größen (ab 5000 Kyat) und anderes Kunsthandwerk verkauft, liegt im Mittelgang hinter der Kreuzung in östlicher

Richtung. Zahlreiche kleine Stände bieten Kleidung und Taschen an. Einige Hosen und Hemden sind jedoch nicht traditionell aus Myanmar, sondern kommen aus Thailand. Die kurzen Fischerhosen, die Thailandbesucher auch kennen, sind aber traditionell birmanisch; sie werden von den Fischern des Inle-Sees getragen.

Die **R.D.S. (Rural Development Society)**, ✆ 081-50747, ✉ audreysan12@gmail.com, unter Leitung von Tommy Aung Ezdani kümmert sich seit 1993 um Hilfsprojekte für die umliegenden Bergdörfer und hat u. a. in Schulen, Bibliotheken, Wasserversorgung und Brückenbau investiert. In dem kleinen Geschäft am Markt werden ansprechende Handwerksarbeiten, darunter Kleidung, Shan-Taschen und Schmuck zu fairen Preisen angeboten. Der Erlös kommt den Dörfern zugute. Im Geschäft liegen weiterführende Informationen aus.

## SONSTIGES

### Fahrradverleih

Einige **Gästehäuser** bieten Fahrräder zur Ausleihe. Wer nur innerhalb des Dorfes damit herumfährt, nimmt einen einfachen Drahtesel. Wer hingegen durch die Wälder kurven will, sollte ein Mountainbike wählen (leider oft bereits verliehen). Ein paar Räder verleiht **Naing Naing**, direkt vor der Moschee, ✆ 094-2831 2265. Mountainbike 1000 Kyat/Std. bzw. 6000 Kyat/Tag, einfaches Stadtrad 500 Kyat/Std. bzw. 3000 Kyat/Tag.

### Geld

Die **KBZ Bank** am Markt bietet neben einer Wechselstube auch einen Geldautomaten (ATM, 24 Std.) und Western Union Money Transfer. ⊙ tgl. 8.30–14 Uhr. Ein weiterer Automat an der Hauptstraße.

### Internet

Die WLAN-Verbindungen, die von allen Hotels und immer mehr Restaurants angeboten werden, sind meist gut. Facebook und Mails lassen sich gut lesen, und auch Skype ist gut nutzbar. Der Seitenaufbau anderer Webseiten dauert meist etwas, ist aber möglich.

### Traditionelle Pa-O-Massage

Wer sich nach der strapaziösen Anfahrt oder einer anstrengenden Trekkingtour den ramponierten Rücken wieder einrenken lassen will, dem sei eine Massage bei Master Soe Thein empfohlen, [9844]. Soe Thein praktiziert in einem kleinen, blau gestrichenen Holzhaus. Wenn er nicht anwesend sein sollte, kann man ihn auch telefonisch erreichen: ✆ 094-2837 0502. Es handelt sich nicht um eine reine Wohlfühlmassage, vielmehr wird man ordentlich durchgeknetet und physiotherapeutisch behandelt. Ein tolles Erlebnis für Körper und Geist. Eine etwa einstündige Behandlung kostet 8000 Kyat.

### Trekking

Zahlreiche Agenturen bieten ihre Dienste an. Tagestouren kosten je nach Teilnehmerzahl unterschiedlich viel: Alleinreisende zahlen 15 000 Kyat, 2 Pers. jeweils 10 000 Kyat und ab 3 Pers. je 9000 Kyat und weniger, mindestens jedoch 6000 Kyat. Sobald eine Übernachtung enthalten ist (sowie Essen und Wasser), kostet eine Tour etwa 13 000 Kyat p. P., zzgl. anfallende Taxikosten bzw. Bootstickets (z. B. die Tour zum Inle-See, S. 415).

**Ever Smile Trekking**, Yuzana Rd., ✆ 094-0162 3795, 09-3601 9859, 💻 www.eversmiletrekking.com, [9847]. Die Agentur wird von Toe Toe geleitet, die das Geschäft von ihrem verstorbenen Mann übernommen hat und es erfolgreich fortführt. Hier arbeiten nicht nur männliche Trekkingguides, sondern auch viele Frauen. Gute Tages- und Mehrtagestouren, freundliche Leute, gute Englischkenntnisse.

## TRANSPORT

### Auto und Taxi

Ein Taxi oder Mietwagen bietet sich für die beliebte Fahrt nach PINDAYA an, vor allem, wenn es noch am selben Tag zurück nach Kalaw gehen soll. Ein Taxi kostet 35 000 Kyat, ob einfache Fahrt oder hin und zurück.

Eine Fahrt nach NYAUNGSHWE kostet 35 000 Kyat, zum Flughafen nach HEHO zahlt man 25 000 Kyat.

### Pick-ups

Nach AUNGBAN tagsüber regelmäßig von der Merchant Road in einer halben Stunde für 1000 Kyat.
Es ist möglich, in Aungban einen Pick-up nach PINDAYA zu besteigen, doch die ersten Pick-ups starten so früh, dass sie von Kalaw aus nicht mehr erreicht werden können. Bis genug Mitfahrer für spätere Pick-ups beisammen sind, kann viel Zeit vergehen.

### Busse

Bustickets verkaufen Reisebüros oberhalb des Marktes an der Hauptstraße. Hier fahren auch die Busse Richtung Zentral-Myanmar ab. Mittlerweile gibt es verschiedene Busunternehmen, meist führen die Agenturen alle im Angebot. Je teurer das Ticket, desto hochwertiger der Bus.
Busse Richtung Bagan, Mandalay, Bago, Toungoo und Yangon gibt es zuverlässig bei **Shwe Nan San**, ✆ 094-2832 2863. Neben Bussen in diese Richtung bietet **Shwe Danu**, ✆ 09-428 342 268, auch Tickets nach Pyin Oo Lwin, Hsipaw und Lashio. Diese Busse halten vor dem Büro. Tickets für Minibusse Richtung Taunggyi sind am Markt erhältlivh. Abfahrt um die Ecke (s. Karte S. 408).
BAGAN, um 7.30 und 21 Uhr, 13 000 Kyat, 7–9 Std.
BAGO, um 4 und 5 Uhr morgens, 14 000 bzw. 15 000 Kyat, 10 Std.
HSIPAW, um 15.30,16.30 und 17.30 (Check-in 1 Std. vorher), 15 500 Kyat, 12 1/2 Std.
LASHIO, mit denselben Bussen wie nach Hsipaw für denselben Preis, 14 Std.
MANDALAY, um 9.30 Uhr, 11 000 Kyat, 7 Std.
NYAUNGSHWE, am Inle-See, mit den Minibussen Richtung Taunggyi bis Shwenyaung (2500 bzw. 3000 Kyat – wie nach Taunggyi –, 1 1/2–2 Std.), von da mit dem Pick-up weitere 20 Min. für ca. 1500 Kyat (Taxi 6000 Kyat).
PYIN OO LWIN, um 22 Uhr (Check-in 30 Min. vorher) mit dem VIP-Bus, 17 500 Kyat, 8 1/2 Std.
THAZI und MEIKTILA, zwischen 7.30 und 12 Uhr, 5000 bzw. 7000 Kyat, 4 bzw. 4 1/2 Std.
TAUNGGYI, mit dem Minibus um 6.30, 7 und 7.30 Uhr ab Haltestelle nahe dem Markt neben dem Golden Win Rest., 2500 Kyat, oder um 8 Uhr ab Haltestelle am Markt, 3000 Kyat, 3 Std.
TOUNGOO, um 15 und 19.30 Uhr, 14 000 bzw. 15 000 Kyat, 8 Std.
YANGON, einige Busse um 18 Uhr.
Die verschiedenen Anbieter nehmen zwischen 11 000 und 17 000 Kyat. Die Busse sind etwa 12 Std. unterwegs. Es lohnt sich, das teuerste Ticket für den VIP-Bus zu kaufen.

### Eisenbahn

SHWENYAUNG, mit dem 143up um 11.40 Uhr (Ankunft 14.50 Uhr) oder mit dem 141up um 13.30 Uhr (Ankunft 17 Uhr), 1500 Kyat.
THAZI, mit dem 144dn um 13.24 Uhr (Ankunft 20.45 Uhr) oder dem 142dn um 11.30 Uhr (Ankunft 19 Uhr), 1850 Kyat.
YANGON, mit dem 144dn und dem 142dn können Zugfans und Sparfüchse mit Sitzfleisch in 26 Std. bis Yangon durchfahren, Kosten: 8500 Kyat.
Die Erfahrung lehrt: Die birmanische Eisenbahn ist nie pünktlich, und man sollte sich auf erhebliche Verspätungen einstellen. Einen Tag vor Abfahrt noch mal checken, welche Züge geplant sind! Tickets gibt es kurz vor Abfahrt direkt am Bahnhof.

**9 HIGHLIGHT**

## Die Umgebung von Kalaw

Die Umgebung von Kalaw lädt zu Wanderungen ein. In den umliegenden Shan-Bergen leben Pa-O, Danu und Taunggyi. Auch etwa 60 000 Palaung, ein Volk der Mon-Khmer-Sprachgruppe, siedeln hier. Die Frauen sind an ihren blauen und grünen Jacken mit rotem Kragen zu erkennen. Ihre Longyis sind rot gestreift und mit Bambus verstärkt. Die Palaung genießen besonders wegen ihrer sachkundigen Teekultur hohes

Ansehen. Viele leben vom Anbau und Verkauf der Cheroot-Blätter, daneben bauen sie Ingwer und anderes Gemüse an.

## Wanderungen und Trekking-Touren

**Tageswanderungen** auf eigene Faust sind möglich, sofern es einem nichts ausmacht, sich zu verirren. Kalaw ist weitläufig, und außerhalb der Stadt verlaufen viele schmale, unbefestigte Wege und Fußpfade, auf denen man leicht die Orientierung verliert. Allerdings ist der Weg zurück in die Stadt kaum zu verfehlen. Längere Touren sollte man nie alleine unternehmen, denn in den Dörfern spricht fast niemand Englisch, es gibt dort nur sehr begrenzt Lebensmittel zu kaufen, keine Unterkünfte und im Notfall ist niemand zur Stelle, der helfen könnte. Besser ist es daher, sich einem Guide anzuvertrauen.

Zahlreiche **Trekking-Agenturen** bieten Touren ab etwa 8000 Kyat pro Tag (bei mehreren Teilnehmern) an. Manchmal wird die Übernachtung in Dörfern und das Essen extra berechnet, manchmal sind sie inbegriffen, dann kostet eine Tour etwa 15 000 Kyat am Tag. Viele Gästehäuser und Hotels vermitteln Guides. Bei der Auswahl des Führers empfiehlt es sich, auf dessen Englischkenntnisse zu achten. Das Pensum für Tageswanderungen liegt bei etwa sechs Stunden. Wer nicht sehr fit ist und daher wenige Hügel hinauf und hinunter will, sollte dies bei der Wahl seiner Route mit dem Führer besprechen. Insgesamt gibt es etwa hundert **Guides** im Ort, von denen nur wenige eine staatliche Lizenz besitzen. Dennoch ist es aufgrund des Touristenbooms in der Saison nicht einfach, einen gut Englisch sprechenden Führer zu finden. Manche Gruppen sind so groß, dass sie an einen Schulwandertag erinnern. In einer Kleingruppe sind die Chancen wesentlich größer, unterwegs mit Einheimischen in Kontakt zu kommen und spontan eingeladen zu werden. Angeboten werden Tageswanderungen rund um die Stadt, die unterschiedlich gestaltet werden. Ziele sind Dörfer der Danu und Palaung, Teeplantagen, der Viewpoint und/oder ein Stausee Neben 3-tägigen Trecks zum Inle-See auf verschiedenen Routen (S. 415) sind auch längere Touren in andere Gebiete möglich. In Kalaw gibt es eine Vielzahl an Trekkingangeboten, vom freien Trekkingführer bis zu Agenturen. Unser Tipp ist Ever Smile Trekking (S.412), eure Leser-Tipps und Erfahrungen zu Touren und Trekking-Guides unter dem **eXTra [8482]**.

### Ausflug zum Elefantencamp

Ein schöner Ausflug in der Umgebung von Kalaw führt in das **Green Hill Valley Elephant Camp**, wo ein engagiertes Team mehr als ein halbes Dutzend graue Riesen pflegt – einige ältere Arbeitselefanten, die hier ihren Lebensabend genießen, sowie einige jüngere, die sich freuen, wenn Besucher ihnen (unter Anleitung) mal so richtig den Rücken schrubben. Die Betreiber sind zudem engagiert in Sachen Wiederaufforstung. Mehr Infos und Tourangebote unter www.ghvelephant.com.

## Viewpoint

Ein schönes Ziel für eine Wanderung auf eigene Faust ist der Viewpoint etwa zwei Stunden westlich der Stadt. Anfangs folgt man der Ausschilderung zur Hnee-Pagode (S. 407), hinter der sich der Weg fortsetzt. Sobald die schmale Straße zum Tempelberg hin ansteigt, wendet man sich nach rechts und läuft auf der unbefestigten Straße bis hinter den Berg. Sollte der Weg durch das Tal zu schlammig sein, kann man auch auf einem Fußpfad im Uhrzeigersinn laufen oder zum Tempel hinauf und jenseits der Pagode wieder hinabsteigen. Nun geht es weiter geradeaus auf einer Straße, die anfangs noch mit Steinen befestigt ist und später streckenweise recht schlammig sein kann. Sie windet sich ohne größere Steigungen an den Nordhängen der Berge entlang immer weiter nach Westen. Rechts bieten sich nach einer guten Stunde tolle Ausblicke über die Berglandschaft. Etwa 1 1/2 Std. hinter dem Kloster ist eine Gabelung erreicht. Rechts geht es hinab in das Palaung-Dorf Taryaw und links dem Schild entsprechend nach sieben Minuten zum Viewpoint. Inmitten einer Orangenplantage betreibt eine Nepali-Familie ein kleines Gartenrestaurant, wo man bei leckerem Masala-Tee und einfachen, preiswerten Gemüsecurrys mit Chapati die fantastische Aussicht genießen kann. Von hier aus ist es möglich,

# Zu Fuß von Kalaw zum Inle-See

- **Länge:** ca. 50–70 km
- **Dauer:** 2 oder 3 Tage
- **Anspruch:** Mittlere Kondition und Trittsicherheit sind auf den unbefestigten Wegen von Vorteil.
- **Buchung:** über fast alle Trekkingagenturen in Kalaw und Nyaungshwe
- **Kosten:** ab 15 000 Kyat pro Tag und Person bei Gruppen ab 2–3 Pers., zzgl. Gepäcktransport (3000 Kyat), Anteil an der Bootsfahrt (17 000 Kyat pro Boot) und Eintritt Inle-Zone (US$5)

Wer durch Myanmar reist, fährt mit Bus, Bahn, Taxi, Pferdekutsche oder Trishaw; manche fliegen und einige – laufen! Ein Stück der Reiseroute zu Fuß zurückzulegen, dabei zu entschleunigen, Land und Leuten näherzukommen: Diese Gelegenheit bietet sich zwischen Kalaw und dem Inle-See. Die Wanderung dauert drei Tage, ist aber auch in zwei Tagen zu bewältigen. Obwohl sie seit 1996 schon von tausenden Travellern begangen wurde, ist sie für viele auch heute noch ein einzigartiges Erlebnis, denn trotz der Touristen führen die Menschen ihr tägliches Leben fort wie eh und je. So ergeben sich interessante Einblicke in den Alltag der verschiedenen Volksgruppen, durch deren Dörfer man wandert.

## Erster Tag

Los geht's morgens am vereinbarten Treffpunkt mit leichtem Gepäck – Rucksäcke und Koffer werden vom Veranstalter zum Zielort transportiert. Die Wanderung beginnt wie eine Tagestour um Kalaw herum: Erstes Ziel ist der **Viewpoint**, an dem das Mittagessen zubereitet wird. Anschließend führt

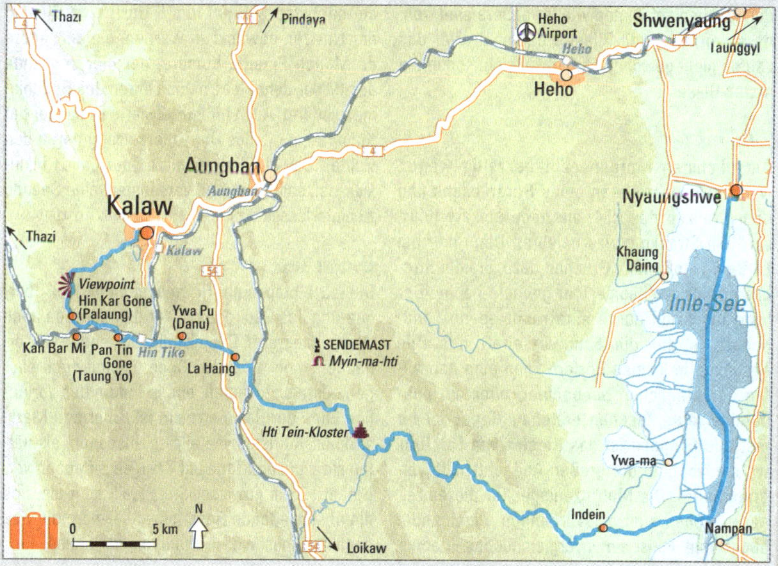

der Pfad weiter nach Süden. Die Palaung-Siedlung **Hin Kar Gone** wird von fast allen Gruppen durchquert. Wenn sich der Weg nach Osten wendet, Richtung Inle-See, gehen die Guides getrennte Wege und besuchen unterwegs unterschiedliche Dörfer, z. B. **Kan Bar Mi** oder **Pan Tin Gone**, wo Taung-Yo wohnen. Meist besteht die Möglichkeit, in einem der Häuser einzukehren und eine Tasse Tee zu trinken oder einen kleinen Snack zu probieren. Wer Glück hat und in Pan Tin Gone den ortsansässigen Schamanen trifft, kann womöglich eine selbstgemachte Kräutermedizin gegen Magengrimmen erwerben: ein in Myanmar generell nützlicher Reisebegleiter.

Viele Guides führen ihre Gruppe nun entlang der Bahngleise nach Osten – wenn der Zug kommt, heißt es Deckung suchen. Am kleinen Bahnhof von **Hin Tike** kann Wasser oder ein anderes Getränk nachgekauft werden, ehe es auf schmalen Pfaden durch die Felder weitergeht, bis am späten Nachmittag der erste Ort für die Nacht erreicht wird – meist das Danu-Dorf **Ywa Pu**, wo eine der Familien Unterkunft gewährt. Nach dem gemeinsamen Abendessen laden dünne, harte Matratzen und dicke, bunte Decken zur Ruh. Einige lassen bei Kerzenschein den Tag Revue passieren, andere schreiben Tagebuch im Schein der Taschenlampe, und wieder andere sind froh, dass der Tourguide Pflaster dabeihat: Wer das Laufen nicht gewöhnt ist, hat vielleicht schon die ersten Blasen.

© M. MARKAND

Begegnung in den Bergen

## Zweiter Tag

Am nächsten Morgen geht es zeitig weiter. Nach dem Überqueren eines Bergrückens und dem Kreuzen der N54, die nach Loikaw führt, wird die Strecke etwas belebter: Denn hier bei **La Haing** stoßen die Gruppen dazu, die die Strecke nur als zweitägige Tour gebucht haben. Der Weg führt nun durch eine recht ebene Landschaft, in der die Landwirtschaft das Bild bestimmt. In kleinen Dörfern kann man den Alltag der Menschen beobachten oder ein paar handgewebte Taschen erstehen. Tagesziel für fast alle Gruppen ist das **Kloster von Hti Tein**, wo die Nacht in der großen Andachtshalle verbracht wird. Die Matratzenlager für die einzelnen Gruppen sind mit Vorhängen voneinander abgetrennt. Es ist ein unvergleichliches Erlebnis, am nächsten Morgen (um 5 Uhr!) vom Gesang der Novizen geweckt zu werden, die der leitende Mönch Patanta Kumara, der hier seit Ende der 1980er-Jahre lebt, in die Lehren des Buddhismus einführt. Auch für interessierte Besucher hat Kumara ein offenes Ohr (Übersetzung durch den Guide). Obwohl die gebuchte Tour „alles inklusive" ist, sollte niemand versäumen, eine Spende zu hinterlassen.

## Dritter Tag

Die letzte Etappe der Reise beginnt mit der Überquerung des Gebirgszugs, der den Inle-See nach Westen begrenzt. Dann ist die blinkende Wasserfläche schon zu sehen! Doch es sind noch einige Kilometer zu laufen, ehe in **Indein** das vorläufige Ende der Reise erreicht ist. Über den Markt strömen Touristen, die alle so aussehen, als hätten sie *nicht* drei Tage auf Schusters Rappen verbracht … ein gewisser Stolz stellt sich ein, und die abschließende Bootsfahrt über den Inle-See nach Nyaungshwe wird zum reinen Genuss.

den Weg zu einem Stausee fortzusetzen und auf einem anderen Weg nach Kalaw zurückzukehren. Ohne Guide ist der Weg über die Straße allerdings sicherer (einige Leser haben sich bereits verlaufen).

### Myin-ma-hti-Höhle

Die **Myin-ma-hti-Höhle**, die südöstlich von Kalaw an der Straße nach Loikaw liegt, ist ebenfalls einen Ausflug wert. Kurz hinter der östlichen Ortsausfahrt Kalaws gabelt sich die Straße: Links geht es Richtung Aungban, rechts nach Loikaw. Die Höhle kann auch auf der dreitägigen Tour zum Inle-See oder als Tageswanderung ab Kalaw besucht werden. In diesem Fall läuft man um die Bergkette herum, die durch den hohen Sendemast gut markiert ist.

Bis Anfang der 1990er-Jahre war dieses Heiligtum selbst den Zentralbirmanen unbekannt. *Myin-ma-hti* bedeutet „Pferd hat's nicht berührt". Die Legende erzählt, ein Reiter sei über den Berg gegenüber dem Höhleneingang gesprungen, ohne ihn mit seinem Pferd zu berühren, und an der Stelle der Höhle gelandet.

Die Höhle wurde vor langer Zeit zumindest teilweise von Hand in den Fels geschlagen. Eine Besonderheit ist, dass sie durch den Berg hindurch zu einem zweiten Eingang weiter westlich führt. Der Weg windet sich durch den Felsen, vorbei an kleinen Stupas und Buddhafiguren, die sich im Laufe der vergangenen Jahrhunderte angesammelt haben. Ein großer goldener Stupa kurz hinter dem Eingang ist angeblich 2300 Jahre alt. Einige Felsformationen werden von den Birmanen als heilig – glückverheißend und helfend – angesehen, so der „Frosch", ein knubbeliger Stein, auf den zahlreiche Pilger ihre Hand legen.

## Aungban

Aungban ist das größte Handelszentrum der Region. Getreide, Obst und Gemüse, die in dieser Gegend angebaut werden, finden von hier ihren Weg zu den Konsumenten. Für Touristen ist der geschäftige Ort nicht mehr als ein Pausenstopp.

Es gibt einige Restaurants und Teestuben. Auch Hotels und Gästehäuser sind vorhanden, die allerdings meist von Lastwagenfahrern und anderen Handelsreisenden besucht werden. Ausländer schlafen, wenn überhaupt, im lizenzierten **Royal Zawgyi Garden Resort**, 44 Mingalar Rd., ✆ 09-4935 7317, 081-60884, ✉ royalzwagyi@gmail.com, ❷–❹.

### TRANSPORT

**Busse** und **Pick-ups**, die von Taunggyi kommen, halten in Aungban an der Kreuzung vor dem Mikhine Restaurant und nehmen dort Weiterreisende auf.

MANDALAY, um 14 Uhr, 11 000 Kyat, ca. 9 Std.
NYAUNG U (Bagan), um 19 Uhr, 12 000 Kyat, ca. 9 Std.
YANGON, zwischen 14 und 15 Uhr, 15 000 Kyat, etwa 13 Std.
Nach KALAW (10 km) kann man auch ein **Motorradtaxi** für ca. 3000 Kyat nehmen. Pick-ups kosten 1000 Kyat.
Nach LOIKAW starten westlich des Ortskerns an der N54 vormittags mehrere kleine Lokalbusse für wenige 1000 Kyat in etwa 5 Std.

10 HIGHLIGHT

## Pindaya

Die kleine Stadt Pindaya ist eines der früheren Fürstentümer des Shan-Staates und hat heute etwa 50 000 Einwohner. Sie liegt auf einer Höhe von 1200 m an einem fast rechteckigen, künstlich angelegten See, den man in etwa einer Stunde gemütlich zu Fuß umrunden kann. In einer Parkanlage am See laden große alte **Banyan-Bäume** zur schattigen Rast. An Tagen, an denen Händler der Volksgruppen auf den Fünf-Tage-Markt kommen, ist besonders viel los. Ansonsten macht die Stadt einen verschlafenen Eindruck. Am Ortseingang sind von Ausländern US$2 an die Danu Self Administration Zone zu zahlen.

Zahlreiche Birmanen pilgern nach Pindaya, um die berühmten **Kalksteinhöhlen** zu besuchen. Westliche Besucher sind vor allem von der

## Von Spinnen und Prinzessinnen

Eine Riesenspinne und ein Prinz mit Pfeil und Bogen vor dem Höhleneingang verweisen auf die Legende der Höhlen. Einst sollen sieben im See badende Prinzessinnen von einer Riesenspinne in einer der Höhlen gefangen genommen worden sein. Ihr Retter war Prinz Kummabhaya. Mit Pfeil und Bogen tötete er die Spinne, befreite die Frauen und wählte die schönste von ihnen zur Gemahlin. Eine andere Geschichte erzählt, dass ein geheimer Gang in der Pindaya-Höhle abzweige, der erst in der Nähe von Bagan wieder an die Erdoberfläche trete! Der Gang soll früher von Bagan-Königen als Fluchtweg benutzt worden sein.

dort verehrten Vielzahl an Buddhastatuen beeindruckt. Das Unterkunftsangebot für Low-Budget-Traveller ist bescheiden, viele ziehen daher einen Tagesausflug vor, z. B. vom Inle-See oder von Kalaw. Von überfallartig auftretenden Touristen, die sich mit der Kamera austoben, sind die auf den Feldern arbeitenden Bewohner inzwischen genervt. Die Szenerie fasziniert jedoch selbst Hobbyfotografen derart, dass sie nicht einfach vorbeifahren wollen. Die beste Zeit ist Oktober/November, wenn viele Felder herrlich gelb blühen. Von den Berggipfeln grüßen weiße oder goldene Pagoden. Vieles erinnert an das Voralpenland: Nicht umsonst wurde die Gegend von den Engländern wegen der pittoresken Berglandschaft „Birmanische Schweiz" genannt.

Was in Kalaw schon ein großes Geschäft ist, beginnt in Pindaya gerade erst: Trekkingtouren in die Umgebung. Die Wege hier sind noch nicht ausgetreten, und wer hier trekkt, gehört zu den Trendsettern. Die Hoteliers helfen beim Auffinden eines Guides, der zu den Dörfern der Shan, Danu, Pa-O und Palaung führen kann.

### Pindaya-Höhlen

Die Höhlen sind ein beliebter Wallfahrtsort für viele Birmanen aus der Zentralebene. Schon bei der Anfahrt nach Pindaya ist der Eingang der Höhlen am Höhenzug westlich des Ortes zu sehen. Wie riesige versteinerte Schlangen winden sich die überdachten Aufgänge den steilen Berg empor. Wer sich zu Fuß aufmacht, hat Hunderte von Stufen vor sich! Touristen, die es lieber bequemer haben, können sich durch eine wunderschöne, mit alten Banyan-Bäumen gesäumte Allee bis fast an den Eingang fahren lassen. Wer sich die letzten 100 Stufen sparen will, kann den Glas-Aufzug nehmen.

Spätestens in der Eingangshalle heißt es: Schuhe ausziehen. Dann eröffnet sich der Blick auf die erste große Höhlenkammer. Dort befinden sich die vergoldete Shwe U Min-Pagode und einige große Buddhastatuen. Danach verzweigt sich die Höhle in ein Labyrinth aus Höhlen und Gängen, die immer weiter in den Berg hineinführen. Über 8000 Figuren, die aus Materialien wie Gips, Bronze, Holz, Stein oder Zement in den unterschiedlichsten Größen hergestellt sind, stellen Buddha in verschiedenen Posen dar. Wann die ersten Buddhafiguren aufgestellt wurden, ist nicht genau belegt. Wissenschaftler nehmen an, dass die meisten Figuren aus dem 18. Jh. stammen; die älteste erhaltene Inschrift wird auf das Jahr 1783 datiert. Vermutlich hat die Höhle aber schon seit sehr viel längerer Zeit eine religiöse Funktion. 🕒 6–18 Uhr, Eintritt 3000 Kyat, Foto-/Filmgebühr 300 Kyat.

### Hsin Khaung-Kloster

Am äußersten Rand des Dorfes, unterhalb der Höhlen, steht das Elefantenkopf-Kloster Hsin Khaung. Seinen Namen verdankt das vor über 250 Jahren erbaute Teakholzkloster einem nahe gelegenen Stein, dessen Form an einen Dickhäuter erinnert.

Das Kloster besitzt viele alte buddhistische Schriften in Birmanisch, Englisch und Pali, da-

## Wie Papier gemacht wird

Familienbetriebe haben sich am Fuße der Pindaya-Höhlen auf die Produktion von **Schirmen** und **Webarbeiten** spezialisiert und gewähren gern Einblick in ihre Arbeit. Von der Herstellung des Papiers bis zum fertigen Schirm, jedes Familienmitglied hat seine Aufgabe und meistert sie in erstaunlicher Geschwindigkeit und Perfektion. Die Schirme können direkt vor Ort erworben werden.

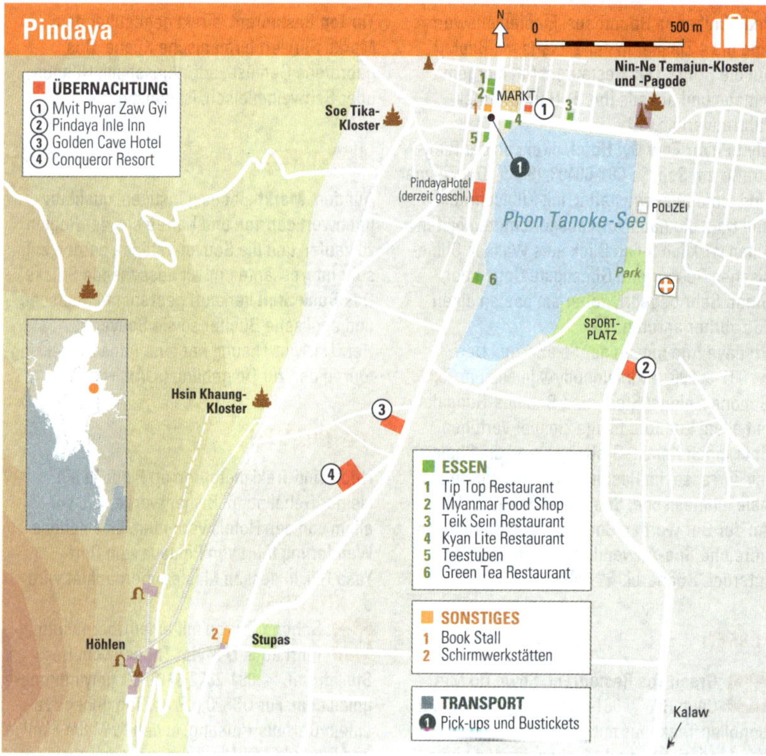


runter 500 Jahre alte Palmblattschriften des Tipitaka, die achtlos in Schränken verstauben. Das Kloster beherbergt auch eine Galerie mit Buddhastatuen verschiedener Stilrichtungen. Viele sind im Shan-Stil mit Lackarbeiten versehen. Daneben stehen Buddhas aus weißem Marmor und Buddhas, die mit Goldlack veredelt sind.

Oberhalb des Conqueror Hotels ist eine kleine Höhle mit zahlreichen Buddhabildnissen. Von hier bietet sich ein toller Blick auf die Stadt.

## ÜBERNACHTUNG

In der Nebensaison (Mai–Sep) können Rabatte ausgehandelt werden. Oft ist abends die Stromversorgung unterbrochen, nur die teuren Hotels haben einen eigenen Generator. Eine Taschenlampe neben dem Bett kann nicht schaden.

**Conqueror Resort**, unterhalb der Höhle, ✆ 081-66106, Yangon ✆ 01-256 623, 💻 www.conquerorresorthotel.com, [5337]. Geräumige Bungalows mit TV, Minibar, teilweise Kamin, großem Bad und Veranda. Highlight sind die kleinen Häuser im traditionellen Danu-Stil mit zwei Zimmern. Ein Spa-Bereich und ein Pool mit Liegen und Bar laden zum Entspannen ein. Restaurant mit traditionellen und internationalen Gerichten. Unterschiedliche Trekkingtouren im Angebot, Internet, Fahrradverleih (3000 Kyat/halber Tag). ❺–❻

**Golden Cave Hotel**, nahe der Höhle, ✆ 081-66166, 💻 www.goldencavehotel.com, [5338]. Einfache, große Vierer-Bungalows mit wenig Charme, aber sauber. Im eigenen Badezimmer gibt es heißes Wasser. Etwas bessere und nur ein wenig teurere Zimmer mit Balkon, TV und Minibar im Haupthaus. Empfehlenswert sind die 4 Zimmer in der 2. Etage mit Blick auf die Höhle. Das Restaurant hat morgens, mittags und abends (bis 21 Uhr) geöffnet. Fahrradverleih. ❸

**Myit Phyar Zaw Gyi Hotel**, direkt an der Ringstraße am See, ✆ 081-66403, [9825]. Die Zimmer sind einfach ausgestattet, mit Kühlschrank und Bad, die nach vorn ausgerichteten bieten einen wirklich tollen Blick aufs Wasser. Chinesisches Restaurant. Günstigste Option der Stadt. Sehr begehrt, daher am besten einen Tag vorher anrufen. ❷

**Pindaya Inle Inn**, an der Straße zum Dorf, ✆ 081-66280, ✉ inleinnpdy@gmail.com, [5339]. Schöne Anlage; Stein- und Bambus-Bungalows mit allem Komfort. Einige Zimmer verfügen über einen Kamin. Großzügig sind die Chalets mit Terrasse. Im Restaurant gibt es internationale, chinesische, Shan- und Danu-Küche. An der Bar werden Cocktails u. a. Spirituosen gereicht. Spa-Anwendungen, Fitnessraum, Internet, Bücherei. ❺–❻

## ESSEN

**Green Tea Restaurant**, Shwe Oo Min Cave Rd, ✆ 081-66344. Im großen traditionellen Teakhaus mit liebevoller Dekoration wie Marionetten und Masken werden birmanische und europäische Gerichte serviert. Von der Terrasse bietet sich ein fantastischer Blick auf den See. Weinkarte. Etwas gehobenes Preisniveau.

**Kyan Lite Restaurant**, gegenüber dem Markt, ✆ 081-66154. Das günstige Restaurant bietet eine große Auswahl chinesischer Gerichte; eine englische Speisekarte erleichtert die Bestellung. Verkauft auch fermentierte Teeblätter für den beliebten Shan-Salat.

**Myanmar Food Shop**, am Markt. Das einfache Restaurant offeriert thailändische Speisen und Currys.

**Teik Sein Restaurant**, wenige Meter neben dem Klostergelände am See. Günstige und gute Shan- und chinesische Küche. Shan-Nudeln gibt es als Suppe oder Salat. Der Teeblattsalat *le-pet thouq* ist im Angebot, frisch zubereitet oder luftdicht verpackt. Leckere Plätzchen.

**Tip Top Restaurant**, direkt gegenüber dem Markt. Serviert birmanische Küche. Das gebratene Gemüse, auf Wunsch mit Hühner- oder Schweinefleisch, ist günstig.

## EINKAUFEN

Auf dem **Markt** gibt es günstigen, qualitativ hochwertigen Tee und Kaffee aus der Region zu kaufen und die Souvenirstände bergen z. T. sehr interessante und alt aussehende Stücke. Das **Book Stall** verkauft gebrauchte deutsche und englische Bücher sowie Souvenirs. Herr U Myint Thoung hat gute Infos zu Trekkingtouren und zur Umgebung (s. Aktivitäten).

## AKTIVITÄTEN

Noch sind Trekkingtouren ab Pindaya ein kleiner Geheimtipp. Bisher werden sie vor allem von den Hotels vermittelt. Eine schöne **Wanderung** führt von Pindaya zum Dorf Yasa Gyi, in dessen Kloster übernachtet wird, s. eXTra [5543].

Schöne Touren mit einer Übernachtung führt auch **U Myint Thoung** vom Book Stall durch, ✆ 094-2822 3719, ✉ umyintthong@gmail.com. Für US$20 p.P. am Tag geht es zu einem Dorf der Palaung, in dem U Myint Familie und Freunde hat. Hier wird einheimische Kost gegessen und übernachtet, abseits des Massentrekkings in anderen Regionen.

## TRANSPORT

### Pick-ups und Taxis

Pick-ups nach AUNGBAN fahren tagsüber, wenn genügend Passagiere zusammenkommen. Sicher fährt ein Pick-up um 8.30 Uhr für 1000 Kyat in 1 1/2 Std.

Ein Pick-up von Pindaya nach SHWENYAUNG kostet ca. 1000 Kyat, von dort geht ein Pick-up für 2000 Kyat bis nach NYAUNGSHWE zum Inle-See. Mit einem eigens gecharterten Taxi kostet die Fahrt bis zu US$50.

### Busse

Von Pindaya fährt nur ein einziger Bus nach TAUNGGYI, um 5.30 Uhr, 5000 Kyat, 3 Std.

Busse nach BAGAN, KALAW, MANDALAY und YANGON müssen in Aungban bestiegen werden (S. 417). Genaue Abfahrtzeiten in den Gästehäusern erfragen.

## Die Umgebung von Pindaya

Die **Padah Lin-Höhlen** nordwestlich von Pindaya nahe dem Dorf Ye-Ngan können nur im Rahmen einer organisierten Tour besucht werden, da ein allradgetriebenes Fahrzeug notwendig ist. Außerdem muss man in Yangon eine Genehmigung einholen (etwa US$50). Der Ausflug verspricht einmalige Erlebnisse, denn in der über 200 Mio. Jahre alten Höhle wurden nicht nur Waffen und Werkzeuge gefunden, sondern auch Malereien aus dem Neolithikum, die wohl einzigartig in Myanmar sind: Vierbeiner, Fischskelette, Sonnen- und Sternenmotive, dazu eine geöffnete menschliche Hand – ein Gruß aus der Urzeit.

## Heho

Diesen Ort erleben Touristen vor allem auf der Durchreise – auf dem Weg vom oder zum außerhalb der Stadt gelegenen Flughafen. Es gibt in Heho keine Unterkünfte mit einer Lizenz für Ausländer. Interessant wird die Stadt jedoch alle fünf Tage, wenn der **Markt** stattfindet. Heho hat den Ruf, besonders viele Händler anzuziehen. Der staubige Marktbereich in der Stadt quillt dann über von Menschen und Waren. Es sind vor allem Angehörige der Bergvölker, die auf dem Markt ihre Waren feilbieten. Daneben preisen fahrende Händler über scheppernde Lautsprecher Pulver und Tinkturen an. Etwas weiter wechseln Wasserbüttel den Besitzer.

In der Nähe des Marktes versorgen Teestuben und kleine Restaurants die hungrige und durstige Kundschaft. Wer Bargeld braucht, findet diverse Geldautomaten am Flughafen.

### TRANSPORT

#### Pick-ups und Taxis

Nach Heho fahren **Pick-ups** von den umliegenden Ortschaften KALAW, SHWENYAUNG und TAUNGGYI. Auf dieser Strecke verkehrende Busse halten ebenfalls hier. Am einfachsten (und pünktlich zum Abflug) ist die Anfahrt jedoch mit dem **Taxi** – von Kalaw 12 000 Kyat, von Nyaungshwe 15 000 Kyat, von Taunggyi 25 000 Kyat. Vom Flughafen zahlt man nach KALAW etwa 20 000 Kyat, nach Nyaungshwe 25 000 Kyat und nach Taunggyi 40 000 Kyat. Manchmal ist es günstiger, sich von seinem Hotel abholen zu lassen.

#### Flüge

Der südliche Shan-Staat ist über den Flughafen Heho sehr gut an den Rest des Landes angebunden. Man sollte etwa eine Stunde vor Abflug am Flughafen sein.

**Air Bagan**, 💻 www.airbagan.com, fliegt tgl. nach YANGON, THANDWE und MANDALAY (außer So). Zudem Flüge nach Nyaung U, TACHILEIK und KENGTUNG.

**Air Mandalay**, 💻 www.airmandalay.com, fliegt nach YANGON, NYAUNG U und MANDALAY, zudem nach KENGTUNG und TACHILEIK.

**Asian Wings**, 💻 www.asianwingsair.com, mehrmals wöchentl. nach MANDALAY und YANGON. Zudem (seltene) Verbindungen nach TACHILEIK und LASHIO.

**KBZ Air**, 💻 www.airkbz.com, fliegt nach YANGON sowie mehrmals wöchentl. nach MANDALAY und seltener nach LASHIO.

**Yangon Airways**, 💻 www.yangonair.com, fliegt tgl. (meist mehrmals) nach YANGON und MANDALAY. Außerdem nach KENGTUNG, TACHILEIK, NAY PYI TAW und NYAUNG U.

## Shwenyaung

Shwenyaung ist eine Haltestelle für Langstreckenbusse sowie Umsteigeplatz für Pick-ups von und zum Inle-See, ansonsten hat der Ort wenig zu bieten.

### TRANSPORT

#### Pick-ups und Taxis

**Pick-ups** nach Shwenyaung kommen z. B. aus HEHO, TAUNGGYI, KALAW oder PINDAYA und verlangen im Schnitt etwa 1500 Kyat, dazu manchmal einen Aufschlag für das Gepäck. Gleiches gilt für die kurze Fahrt nach NYAUNGSHWE. Auch **Taxis** verkehren nach Nyaungshwe (6000 Kyat pro Wagen).

### Busse

Busse von und nach Taunggyi und Loikaw bzw. in die Gegenrichtung nach Kalaw, Toungoo, Bago, Mandalay, Yangon und Bagan halten an der Kreuzung in Shwenyaung. Die meisten **Nachtbusse** von Taunggyi nach MANDALAY und YANGON halten hier zwischen 17 und 19 Uhr. **Tickets** besorgt man sich am besten einen Tag vorher in Nyaungshwe über eine der Reiseagenturen, die im günstigsten Fall auch den Transport zur Bushaltestelle übernehmen – ansonsten muss man sich selbst einen Pick-up oder ein Tuk Tuk suchen (ca. 1500 Kyat p. P., bei wenigen Mitfahrern mehr).

### Eisenbahn

Die langsame Fahrt durch die bergige Landschaft hat ihren Reiz, ist jedoch nur für Leute geeignet, die viel Zeit mitbringen. Erfrischungen gibt es an jedem größeren Bahnhof – eine gute Gelegenheit, die lokalen Spezialitäten zu probieren.

KALAW, mit dem 144dn um 9.40 Uhr (Ankunft 13.10 Uhr), 4000 Kyat *(upper class)*. Der gleiche Zug fährt weiter nach THAZI (Ankunft 20.45 Uhr), 7000 Kyat *(upper class)*. Tickets gibt es eine Stunde vorher am Bahnhof.



## Nyaungshwe

Die alte Fürstenstadt Nyaungshwe hat sich zu einem beliebten Traveller-Ziel entwickelt. Pizza, Pasta, Internet – es bildet sich eine wohlbekannte Infrastruktur, ohne dass bisher die Atmosphäre des Städtchens darunter leidet. Da der Ort nur etwa 5 km vom Inle-See entfernt ist, ziehen die meisten Reisenden eine günstige Unterkunft im Ort den teureren am See vor. Von hier fahren Ausflugsboote auf den See; Kanutouren durch die Kanäle laden zum Fotografieren ein. Trecks in die umliegenden Bergdörfer oder zu den Ruinen von Kakku fordern die sportlichen Urlauber heraus. Auf dem Mingala Zei, dem städtischen Markt, herrscht am frühen Morgen reges Treiben. Nyaungshwe gilt als das älteste der Intha-Dörfer des Sees (S. 432), und die ganze Region Inle-See wird von hier verwaltet. Am **Kassenhaus** am Ortseingang von Nyaungshwe zahlen anreisende Touristen 10 000 Kyat oder US$10 für den Besuch der Inle-Zone.

### Die Stadt

Mitten in der Stadt liegt die **Yadana Man Aung-Pagode**, deren filigrane Mosaike im Shan-Stil sehr beeindruckend sind. In der Pagode sind zahlreiche Relikte aus vergangener Zeit ausgestellt, die wohl einmal als Geschenke ihren Weg nach Nyaungshwe fanden. Dazu gehören alte Muscheln und ein großer Sägezahn. Neben dem Haupteingang rechts auf dem Tempelgelände befinden sich lebensgroße Figuren, die wichtige Stationen aus Buddhas Leben darstellen. „The four great signs of the old, the sick, the dead and a serene medicant monk" zeigen deutlich, warum Buddha das Leben insgesamt als Leiden ansah. Daneben ist dargestellt, wie Buddha sich von seiner Frau und seinem neugeborenen Sohn verabschiedet und auf die Suche nach der Befreiung vom Leiden aufbricht. Auf dem Tempelgelände findet sich zudem ein Fußabdruck Buddhas mit darüber hängender großer Glocke.

Etwas außerhalb (und daher für einen Spaziergang geeignet) liegt das frisch renovierte Shan-Kloster **Nigyon Taungyon Kyaung**, das als Meditationskloster genutzt wird. *Chinthes* und andere Fabelwesen bewachen das Gelände. Um ein rechteckiges Wasserbassin schlängelt sich die mythische Drachen-Schlange Naga. Auch der *Manothiha* ist hier anzutreffen – ein Fabelwesen, bestehend aus dem Oberkörper eines Mannes und den Hinterteilen von zwei Löwen.

Zahlreiche weitere Pagoden, z. B. der wunderschön verspiegelte Stupa am Fluss neben dem Aroma Restaurant, erinnern an die einstige Bedeutung des Ortes als Sitz der Saophas (S. 461) von Nyaungshwe. Eine große Pagode mitten im Ort ist nur einmal im Jahr geöffnet, wenn anlässlich einer Prozession die Buddhafiguren aus der Phaung Daw U-Pagode auch in Nyaungshwe verweilen (S. 433).

Der **Palast des Shan-Sawbwa** wurde in ein **Museum** verwandelt Er liegt in der Haw St. unweit des Marktes. Innen darf nicht fotografiert werden. ⌚ Di–So außer feiertags 10–16 Uhr, Eintritt 2000 Kyat. Der alte Palast aus Teakholz und Ziegeln ist recht gut instandgesetzt. Er war ehemals der Sitz des Shan-Fürsten, der von dort über seine Provinz herrschte. Die feudalen Zeiten waren vorbei, als das Militär 1962 die Macht ergriff. Der letzte Shan-Fürst Sao Shwe Thaike starb im Oktober 1962 unter ungeklärten Umständen im Yangoner Insein-Gefängnis. Wie kein anderer der 34 Shan-Fürsten beeinflusste er die politischen Entwicklungen Birmas in den ersten Jahren der Unabhängigkeit (mehr dazu im Hintergrundexkurs unter eXTra [8484]). Sein wenig beachtetes **Fürstengrab** befindet sich unweit des Unabhängigkeitsdenkmals. Das Museum bietet einen kleinen Einblick in das Leben der Shan-Fürsten und zeigt z. B. ein gut 1,50 m langes Schwert in einer reich verzierten Scheide, einst Symbol fürstlicher Macht. Daneben einige prunkvolle Möbelstücke und Kleider, u. a. ein golddurchwirktes Gewand. Von der früher kompletten Vergoldung der Innenräume sind Reste von Gold auf den Teakbalken, die die hohe Decke tragen, übrig geblieben. Die relativ wenigen Ausstellungsstücke werden ergänzt durch Buddhastatuen verschiedener Stilepochen: Sehr alte Statuen, darunter ein sitzender Buddha aus der Pyu-Zeit (4. Jh.), sind ebenso zu sehen wie Sandsteinfiguren aus der Hanthawaddy-Zeit (16. Jh.) und z. T. sehr schöne Buddhas aus verschiedenen Stilepochen der Bagan-Zeit.

### Junge Mönche im antiken Kloster

Etwa 2 km nördlich von Nyaungshwe steht die Pagode des **Shwe Yan Bye-Klosters**. Sie wurde einst von einem Shan-Fürsten erbaut. In der Pagode befinden sich in kleinen Nischen in der Wand zahlreiche Buddhafiguren. Das Heiligtum ist aus Ziegeln, das angrenzende Kloster im Shan-Stil aus Teakholz erbaut. Ein klassisches Fotomotiv sind die Novizen hinter den ovalen Fenstern des Klosters. Gegenüber versuchen Händler neben Opiumgewichten und -waagen vor allem kleine Statuen und Bücher mit buddhistischen und Tätowier-Motiven an den Touristen zu bringen.

## Ausflüge in die Umgebung

Von Nyaungshwe aus lassen sich schöne kleine Touren mit dem Fahrrad oder zu Fuß unternehmen. Etwa 1 km südlich des Four Sisters befindet sich bei Nanthe in ruhiger Umgebung die **Kyauk Pyu Gyi-Pagode** und östlich des Ortes auf einem Hügel das **Lwe Ngan-Kloster**, das auch auf einigen Trekking-Touren besucht wird.

Etwa eine Stunde Fußweg nach Osten ist es zur **Tha Eing-Pagode**, einem stimmungsvollen Höhlentempel. Mit Kerzen kann man die Meditationsräume besuchen. Am besten sucht man sich einen Führer.

Eine mögliche Radtour könnte 8 km am Ostufer des Sees entlang über eine Schotterpiste nach **Maing Thauk** führen, wo ein Waldkloster in den Bergen wartet (30 Min. bergauf zu Fuß), oder am Westufer entlang zu den **heißen Quellen** bei Khaung Daing (S. 435).

## ÜBERNACHTUNG

Alle Unterkünfte servieren Frühstück, das im Preis enthalten ist – oft gibt es Ei mit Toast, doch wer nachfragt, bekommt meist auch ein traditionelles Shan-Frühstück. Die meisten Zimmer haben ein eigenes Bad mit Warmwasser. Viele Besucher wohnen hier in der Stadt, da die Unterkünfte am See sehr hochpreisig sind. Zudem hat sich eine Travelleratmosphäre entwickelt, die dazu führt, dass viele länger bleiben als gedacht.

### Untere Preisklasse

**Aquarius Inn**, 2 Phaung Daw Pyan, ✆ 081-209 352, ✉ aquarius352@gmail.com, [3997]. Beliebtes Haus mit 16 Zimmern, einige sehr schön und hochpreisig, andere ganz einfach mit Gemeinschaftsbad. Rundum-Service mit Geldwechsel, Ticketverkauf, Massage und Touren. Veranden und Innenhof zum Relaxen. Gute Atmosphäre. ❷–❹

**Four Sisters**, 105 Nan Pan Qr., ✆ 081-209 190, [4003]. 5 2-Bett-Zimmer und ein 3-Bett-Zimmer in einem Reihenbungalow. Bezahlt wird pro Person (US$10). Abends Restaurantbetrieb mit Intha- und Shan-Küche, ⌚ 18.30–21 Uhr. ❷

**Good Will Hotel**, Sao San Htun Rd., ✆ 081-209 729, ✉ goodwillhotel@gmail.com, [8486].

DER NORDOSTEN

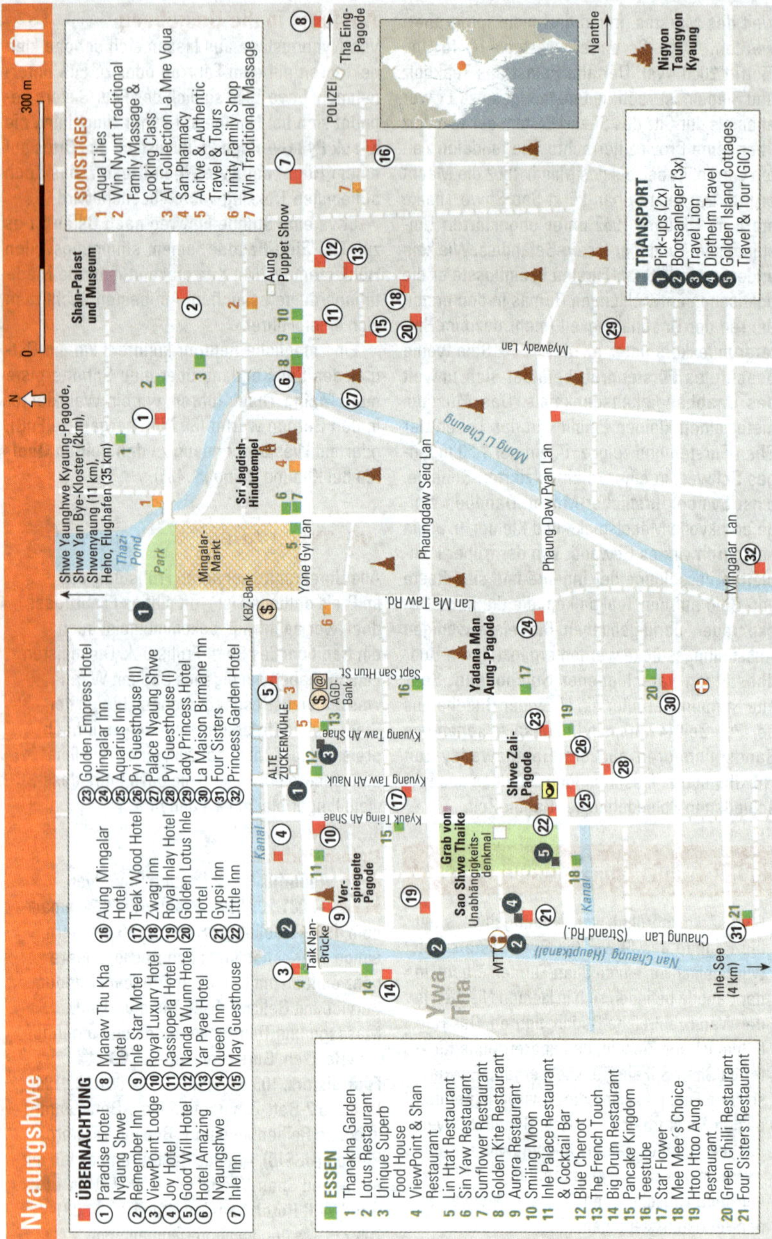
Nyaungshwe
ÜBERNACHTUNG
1 Paradise Hotel Nyaung Shwe
2 Remember Inn
3 ViewPoint Lodge
4 Joy Hotel
5 Good Will Hotel
6 Hotel Amazing Nyaungshwe
7 Inle Inn
8 Manaw Thu Kha Hotel
9 Inle Star Motel
10 Royal Luxury Hotel
11 Cassiopeia Hotel
12 Nanda Wunn Hotel
13 Yar Pyae Hotel
14 Queen Inn
15 May Guesthouse
16 Aung Mingalar Hotel
17 Teak Wood Hotel
18 Zwagi Inn
19 Royal Inlay Hotel
20 Golden Lotus Inle Hotel
21 Gypsi Inn
22 Little Inn
23 Golden Empress Hotel
24 Mingalar Inn
25 Aquarius Inn
26 Pyi Guesthouse (II)
27 Palace Nyaung Shwe
28 Pyi Guesthouse (I)
29 Lady Princess Hotel
30 La Maison Birmane Inn
31 Four Sisters
32 Princess Garden Hotel
ESSEN
1 Thanakha Garden
2 Lotus Restaurant
3 Unique Superb Food House
4 ViewPoint & Shan Restaurant
5 Lin Htat Restaurant
6 Sin Yaw Restaurant
7 Sunflower Restaurant
8 Golden Kite Restaurant
9 Aurora Restaurant
10 Smiling Moon
11 Inle Palace Restaurant & Cocktail Bar
12 Blue Cheroot
13 The French Touch
14 Big Drum Restaurant
15 Pancake Kingdom
16 Teestube
17 Star Flower
18 Mee Mee´s Choice
19 Htoo Htoo Aung Restaurant
20 Green Chilli Restaurant
21 Four Sisters Restaurant
SONSTIGES
1 Aqua Lilies
2 Win Nyunt Traditional Family Massage & Cooking Class
3 Art Collection La Mne Voua
4 San Pharmacy
5 Acitve & Authentic Travel & Tours
6 Trinity Family Shop
7 Win Traditional Massage
TRANSPORT
1 Pick-ups (2x)
2 Bootsanleger (3x)
3 Travel Lion
4 Diethelm Travel
5 Golden Island Cottages Travel & Tour (GIC)
0
300 m
N
Shwe Yaunghwe Kyaung-Pagode, Shwe Yan Bye-Kloster (2km), Shwenyaung (11 km), Heho, Flughafen (35 km)
Shan-Palast und Museum
Thazi Pond
Park
Mingalar-Markt
Sri Jagdish-Hindutempel
KBZ-Bank
Yone Gyi Lan
Aung Puppet Show
POLIZEI
Tha Eing-Pagode
Nanthe
Nigyon Taungyon Kyaung
ALTE ZUCKERMÜHLE
AGD-Bank
Kanal
Taik Nan-Brücke
Ver-spiegelte Pagode
Kyaung Taw Ah Shae
Kyaung Taw Ah Nauk
Kyauk Taing Ah Shae
Sapt San Htun St.
Lan Ma Taw Rd.
Phaungdaw Seiq Lan
Mong Li Chaung
Phaung Daw Pyan Lan
Myawady Lan
Mingalar Lan
Yadana Man Aung-Pagode
Shwe Zali-Pagode
Grab von Sao Shwe Thaike
Unabhängigkeits-denkmal
MTT
Ywa Tha
(Strand Rd.)
Chaung Lan
Nan Chaung (Hauptkanal)
Inle-See (4 km)

Einfaches Hotel im Stadtzentrum mit gefliesten Zimmern, teils Ventilator, teils AC und TV. Nicht gerade pfiffige Ausstattung, aber die Lage am Markt und der günstige Preis machen das wett. ❶–❷

**Gypsi Inn**, 82 Kan Nar Rd., ✆ 081-209 084, [4004]. Beliebte Traveller-Unterkunft mit einfachen großen, teils verwohnten Zimmern mit Gemeinschaftsbad und neueren, etwas teureren Zimmern mit eigenem Bad. ❶–❷

**Inle Inn**, Yone Gyi Rd., ✆ 081-209 016, ✉ inleinns@gmail.com, [4012]. 14 einfache, teils kleine, teils geräumigere Zimmer mit Holz und viel Bambus. Alle mit Ventilator und eigenem Bad mit Warmwasser. Schöne Sitzgelegenheiten im überdachten Innenhof. Oft ausgebucht. ❷–❸

**Joy Hotel**, Jetty Rd., ✆ 081-209 083, 09-4311 0067, ✉ joyhotelinle@gmail.com, [5361]. An einem kleinen Seitenkanal gelegen; einfache Zimmer, mit und ohne Bad. Es gibt ein großes Familienzimmer mit 3 Betten und Bad mit Wanne. Das Frühstück wird auf der Veranda serviert. Auf diesem Abschnitt des Kanals ist viel los. Die angenehme Travelleratmospähre entschädigt für den höheren Lärmpegel und den recht hohen Zimmerpreis. ❷

**Lady Princess Hotel**, 80 Myawaddy Rd., ✆ 095-210 230, 💻 www.ladyprincesshotel.com, [9772]. Geschmackvolle Zimmer, nicht riesig, aber ansprechend und sauber. Freundliche Leute. Das Familienzimmer ist etwas größer, hat AC und bietet Platz für ein großes Bett und eine Matratze auf dem Boden. Sonst Ventilator. Die Bäder sind leider etwas klein geraten, ansonsten eine gute Wahl. ❷

**Little Inn**, Phaung Daw Pyan, ✆ 081-209 195, [3998]. 7 einfache Zimmer mit viel Bambus und Holz in Reihe mit kleiner Terrasse, die an einem kleinen Garten liegen. 2014 wurden zudem neue Reihenhauszimmer gebaut; demnächst gibt es 15 Zimmer. Alle mit Ventilator und Bad. Frühstück wird bei schönem Wetter draußen aufgetischt. ❷–❸

**May Gh.**, 85 Myawady Rd., ✆ 081-209 734, ✉ mayguesthouse@gmail.com, [4015]. Holzhaus mit 10 einfachen, sauberen, beliebten Zimmern mit Bad, davon 2 mit 3 Betten. Sitzgelegenheiten auf der Veranda und im Hof. ❷–❸

**Palace Nyaung Shwe**, Nandawon 6, ✆ 08-120 9274, [9811]. Ein Lesertipp in Nyaungshwe ist dieses kleine ansprechende Hotel mit 6 Zimmern (6 weitere sind in Planung). Freundliche Leute. 2000 Kyat für ein Fahrrad, abends umsonst. ❸

**Queen Inn**, Win Qr., ✆ 081-209 544, 09-4315 5510, ✉ queen.inle@gmail.com, [4006]. Ansprechende Zimmer in zwei Häusern direkt am Fluss – von dort tolle Aussicht vom Balkon –, aber auch etwas laut wegen des Geknatters der Bootsmotoren. Sehr nette Betreiber. ❷–❸

**Remember Inn**, 1 Haw St., ggü. dem Shan-Palast, ✆ 081-209 257, 💻 www.rememberinn.jimdo.com, [4009]. Von außen sieht das Hotel nicht gerade einladend aus, doch die Zimmer sind schöner, als man denkt. Relativ groß, sauber, neue Matratzen. Vor allem im Haus in den günstigen Zimmern mit Ventilator wohnen viele Traveller. Auch die Bungalows mit AC-Zimmern haben ein gutes Preis-Leistungs-Verhältnis. Frühstück gibt es ganz oben im Restaurant auf dem Dach. ❷–❸

**Yar Pyae Hotel**, Yone Gyi, Ecke Nandawun St., ✆ 081-200 9942, [9773]. 2014 eröffnetes Hotel in ruhiger Lage mit ansprechenden Zimmern. Keine Chance auf einen Designerpreis, aber gutes Preis-Leistungs-Verhältnis (vor allem die Standardzimmer). Geräumige Zimmer, teils Badewanne. Alle AC, TV und Minibar. ❷–❸

**Zwagi Inn**,122 Nandawun St., ✆ 081-209 929, 09-502 4610, ✉ zwagiinn@gmail.com, [9774]. 7 einfache Zimmer mit 2 Betten, außerdem 2 Zimmer für 3 Personen. Ventilator, eigene Bäder, kleine Veranden mit Tisch und Stuhl. Inkl. Frühstück. Auf Wunsch gibt es im Winter einen kleinen Heizofen. Internet am hauseigenen Computer. Fahrräder für 1500 Kyat/Tag. Freundliche und hilfsbereite Betreiber. ❸

### Mittlere Preisklasse

**Aung Mingalar Hotel**, Nandawunn Qr., ✆ 081-209 339, ✉ aungmingalarhotelinle@gmail.com, [4014]. Nach dem Durchqueren eines imposanten Eingangstors erwarten den Gast in einem ruhigen Garten komfortabel ausgestattete Bungalows. Die drei schönsten Zimmer befinden sich in einem Haus, das wie ein kleiner Tempel von Bagan gebaut wurde. Die Standardzimmer sind in einfacheren Steinhäusern mit weniger Charme untergebracht. Inkl. AC, TV und Frühstück. Schließfächer in der Lobby. ❹

**Cassiopeia Hotel**, 15 Yone Gyi St., ✆ 081-209 902, ✉ hotelcassiopeia@gmail.com, [9775]. Ende 2014 eröffnetes Hotel mit Zimmern im Haus und in Reihenbungalows. Geräumig und sauber. Safe, AC, TV und Minibar. ❹–❺

**Golden Empress Hotel**, 19 Phaung Daw Pyan, ✆ 081-209 037, ✉ goldenempresshotel@gmail.com, [8485]. 13 schöne, geräumige Zimmer mit viel Holz, derzeit mit Ventilator, AC ist geplant. Teils mit einem großen und einem kleinen Bett. Kein TV oder Kühlschrank. Drei Zimmer haben einen kleinen Balkon, alle anderen Gäste treffen sich auf der Dachterrasse. Moskitonetze. Freundliche Atmosphäre. ❹

**Inle Star Motel**, 49 Canal Rd. ✆ 081-209 745, ✉ info@inlestar.com, [9777]. Das kleine Hotel liegt direkt am Kanal und bietet recht kleine, gut ausgestattete Zimmer. Mit TV und Minibar. Wenn AC, dann auch mit DVD-Spieler. Etwas überteuert, aber in guter Lage. Schöne Frühstücksterrasse mit Blick auf den Fluss. ❹

**Manaw Thu Kha Hotel**, Yone Gyi Rd., ✆ 081-209 230, 🖳 www.manawthukhahotel.com, [4013]. Komfortable AC-Zimmer im Bungalow-Stil, gemütlich mit Holzvertäfelung und einem aus Backstein gemauerten unechten Kamin im Bagan-Stil, in dem TV und Minibar stehen. Bäder mit Badewanne. Inkl. Frühstück. ❷–❹

**Mingalar Inn**, Phaung Daw Pyan, ✆ 081-209 198, 🖳 www.mingalarinn.blogspot.com, [3989]. Große, helle und komfortable Zimmer mit bequemen Betten. Üppiges Frühstück. Pool. ❸–❺

**Nanda Wunn Hotel**, 80 Yone Gyi Rd., ✆ 081-209 211, ✉ nandawunn@gmail.com, [4010]. Großes, 2-stöckiges Haupthaus mit 30 Zimmern. Zudem 24 Zimmer in Reihenbungalows, jedes davon mit kleiner Veranda. Standardzimmer mit Ventilator, Superior mit und ohne AC. Die Zimmer sind sehr unterschiedlich gut instand gehalten. Freundliches, hilfsbereites Personal. ❷–❹

**Paradise Hotel Nyaungshwe**, 40 Museum Rd., ✆ 081-209 321, Yangon ✆ 01-293 425, 🖳 www.inleparadise.com, [4008]. Neben ordentlichen, gefliesten Zimmern im Haupthaus sind besonders die großen, gut ausgestatteten Zimmer in den neuen Bungalows ein Tipp. AC, TV, viel Holz in der Ausstattung, gepflegte Bäder. Ein zusätzliches Plus sind die recht großen Veranden. ❹–❺

**Princess Garden Hotel**, Mine Li St., ✆ 081-209 214, ✉ princessgardenhotel@gmail.com, [5363]. Ruhige Oase direkt an einem Kanal. Holz-Bungalows im traditionellen Stil mit Veranda stehen in einem tropischen Garten. Zudem gibt es einfache Zimmer in einem Reihenhaus. Die Bungalows sind einfach, aber geschmackvoll ausgestattet. Von der 1. Etage im Haupthaus, wo morgens ein üppiges Frühstück serviert wird, bietet sich ein wunderschöner Blick auf die umliegenden Felder und Berghänge. Das Highlight ist der Pool mit Liegen (nur für Gäste, keine Besucher). Die freundlichen Besitzer sprechen gut englisch, geben gute Tipps und schaffen eine familiäre Atmosphäre, in der doch jeder seine Privatsphäre genießt. Reservierung nur per E-Mail möglich. ❸–❹

**Royal Luxury Hotel**, Kyaung Taing Ah Shae, Ecke Yone Gyi St., ✆ 081-209 302, ✉ hotelroyalluxury@gmail.com, [9778]. Recht großes, 2014 eröffnetes Hotel mit ansprechenden Zimmern, einige mit Balkon und tollem Ausblick dank großer Fenster. Teils mit Badewanne. Leider wird nebenan ein großes Hotel gebaut, sodass einige Zimmer an Attraktivität verlieren werden. Weitaus günstiger ist die Unterkunft, wenn man sie über das Web bucht, und für Reisegruppen. ❸–❹

**Teak Wood Hotel**, ✆ 081-209 250, 09-521 0195, 🖳 www.teakwoodgh.com, [3996]. Geschmackvoll eingerichtete große Zimmer und schöne Bäder in mittlerweile 4 Häusern, einige Zimmer im Bungalow-Stil, andere im alten Holzhaus, die meisten in 2 roten Steinhäusern. Gemütliche Sitzecken, Terrassen und ein Garten runden die anheimelnde Atmosphäre ab. Auf Wunsch Shan-Frühstück. Im angrenzenden Restaurant wird Shan-Küche serviert. Vor allem in der Nebensaison eine gute Option, da die Preise dann viel niedriger sind. ❷–❺

### Obere Preisklasse

**Golden Lotus Inle Hotel**, Phaung Daw Pyan Rd., ✆ 081-209 930, 💻 www.goldenlotushotel.net, [9779]. Große Mittelklassehotelzimmer. Holzfußboden, TV, AC und Safe. ❺

**Hotel Amazing Nyaungshwe**, Yone Gyi St., ✆ 081-209 079, 💻 www.amazing-hotel.com, [5362]. Einladendes, gut geführtes 2-geschossiges 3-Sterne-Hotel. 16 Zimmer mit Blick aufs Wasser, alle mit TV (DW und viele englische Programme), Safe, Minibar und AC. Geschmackvoll und luxuriös eingerichtet. Hauseigenes Restaurant mit Intha-, Shan-, europäischer, chinesischer und birmanischer Küche. ❺–❻

**La Maison Birmane Inn**, Sai Yone Rd., ✆ 081-209 901, 💻 www.lamaisonbirmane.com, [9780]. Eine Oase der Ruhe und des guten Geschmacks. Geführt vom freundlichen Mr. Htun. Geschmackvolle Chalets und Bungalows. Zudem ein Familienbungalow mit zwei Zimmern. Gutes Restaurant. Wer in der Nacht oder frühmorgens ankommt, kann sich in der Lobby auf zwei angenehmen Sofas ausruhen. ❺

**Pyi Guesthouse (I & II)**, 35 Phaung Daw Pyan, ✆ 081-209 076, ✉ pyi.nsmm@gmail.com. Endo 2012 eröffneten die Betreiber des schlichten Pyi Gh., [8487], ❶, auf einem nahe gelegenen Gelände das moderne Pyi Gh. II, [3995]. Hier stehen 9 geräumige Bungalows in offener Bauweise; Trennwände lassen die Bäder nach oben offen. Moderne AC, Safe, Minibar und TV. Beliebt und oft gelobt. ❺

**Royal Inlay Hotel**, 62 Phaung Taw Pyan, ✆ 081-209 932, ✉ royalinlayhotel252@gmail.com, [9781]. Geräumige Zimmer, TV und Minibar. Prototypische Hotelzimmer. Die Standardzimmer sind eine gute Wahl. Aufzug. ❹ ❻

**View Point Lodge & Fine Cuisine**, an der Taik Nan-Brücke, ✆ 081-209 062, 💻 www.inleviewpoint.com, [4005]. Die bestgelegenen Zimmer der Stadt. Bungalows auf Stelzen über dem Kanal. Im Design stilvoll und modern. Tolle Details wie verschiebbare Trennwände, im Tisch eingebaute Minibar etc. Das Frühstück, auf Wunsch auch traditionell, wird auf der 1. Etage des geschmackvollen Shan Nouvelle Cuisine Restaurants serviert. ❻–❼

## ESSEN

In Nyaungshwe finden Freunde von Pancakes und Pasta zahlreiche Restaurants, die neben westlicher Küche meist auch ein paar lokale Gerichte auf der Speisekarte haben. Darüber hinaus gibt es gute traditionelle Intha- und Pa-O-Küche, Chinesisches, Indisches und Thailändisches. Viele **Teestuben** bieten leckere Kleinigkeiten an.

**Aurora Restaurant**, Yone Gyi Lan. Von Lesern immer wieder wegen der guten Shan-Küche empfohlen; insbesondere die Fischgerichte und der Shan-Nudelsalat sind vorzüglich. Daneben chinesische Variationen von Huhn und Schwein.

**Big Drum Restaurant**, am Kanal, ✆ 081-209146. Das einfache Restaurant mit schönem Blick aufs Wasser bietet gute chinesische und Shan-Küche. Zudem lassen sich hier viele einen Shake oder ein kühles Bier schmecken. Vermietet auch ein paar einfache Zimmer im angrenzenden River Wood Inn. ❷

**Golden Kite Restaurant**, Yone Gyi Lan, ✆ 081-209 374. Hier gibt es neben selbst gemachten Nudeln auch gute Drinks. Ein Leser lobt ausdrücklich die gute Pizza. Aus Italien importierte Wurst und Käse. Tische auf der Veranda mit Aussicht zur Straße. Etwas höherpreisig und beliebt bei Tourgruppen.

**Green Chilli Restaurant**, Hospital Rd., ✆ 081-209 132, [3991]. Authentische thailändische Küche mit allen Klassikern wie Tom-Yam-Suppe und Currys zu vernünftigen Preisen. In sehr stilvollem Ambiente bei aufmerksamem Service kann auch eine Flasche Wein aus einheimischer Produktion geköpft werden. Viele Tourgruppen. 🕒 zum Mittag- und Abendessen.

**Htoo Htoo Aung Restaurant**, Phaung Daw Pyan, Ecke Kyuang Taw Ah Nauk, [3993]. Köstlichkeiten der Shan-Küche und Chinesisches zu günstigen Preisen.

**Inle Palace Restaurant & Cocktail Bar**, Yone Gyi St., ✆ 094-2835 8707. Schön gestaltetes Restaurant, vieles aus Bambus und bunt angemalt. Ansprechende Dachterrasse. Große Speisekarte mit Pizza, Pasta und Asiatischem. Happy Hour 16–18 Uhr, günstiges Bier und Cocktails.

DER NORDOSTEN

**Lin Htat Restaurant**, am Markt. Restaurant mit typisch birmanischer Küche. Sehr lecker und authentisch und sehr beliebt bei Einheimischen und Reisenden aller Nationen. Freundliche Leute, guter Service.
**Lotus Restaurant**, ein paar Schritte westlich des Shan-Palastes. Familiäres kleines Restaurant mit wenigen Tischen und einer auf handgeschöpftem Papier in Schönschrift handgeschriebenen Speisekarte. Die Küche wird gelobt; die Fruchtshakes sind lecker.
**Mee Mee's Choice**, Phaung Daw Pyan, am Kanal. Leckere, frisch zubereitete Nudeln, dazu gibt es geriebenen Käse. Auch Gnocchi, diverse Pancakes und Sandwiches stehen auf der Speisekarte. Wird heute vom Ex-Mann der namengebenden Dame betrieben. Das Basilikum wächst im Blumentopf vor dem Haus – gesät aus deutschen Samentütchen.
**Pancake Kingdom**, im Wohngebiet wenige hundert Meter südöstlich der verspiegelten Pagode. Abseits der ausgebauten Straßen hat sich dieses kleine „Königreich" einen Namen gemacht. Hier gibt es Pancakes, sowohl süß als auch herzhaft, sowie getoastete Sandwiches, Omelettes, Shakes, Säfte und Lassi. Internetshop nebenan, WLAN möglich.
**Sin Yaw Restaurant**, am Markt. Traveller-Restaurant mit einer großen Auswahl traditioneller Gerichte und typischer Reis/Nudel-Gemüse-Fleisch-Gerichte. Pancakes, Shakes und Bier fehlen ebenfalls nicht.
**Smiling Moon**, östlich der Brücke an der Yone Gyi Rd. ✆ 081-209 287, ✉ smilingmoonlay@gmail.com. Serviert eine große Auswahl traditioneller Shan-Gerichte. Wer sich lieber an Pasta und Pancake hält, wird ebenfalls fündig. Einige Traveller loben den Laden; andere meinen, sich hier eine Magenverstimmung geholt zu haben. Die umtriebige Managerin Ms. Thandar vertreibt Tickets für Bootsfahrten und Trekkingtouren.
**Star Flower**, Phaung Daw Pyan, [3992]. Steinofenpizza für 6000 Kyat, selbst gemachte Pasta, Gnocchi und frische Lassis im Angebot.
**Sunflower Restaurant**, am Markt, ein weiteres einfaches Travellerrestaurant mit leckerer Küche. Aufmerksamer Service.
**Thanakha Garden**, 43 Thazin Qu. Schön ruhig und etwas abseits gelegenes Restaurant mit einladender Speisekarte. Birmanische und

Touren auf dem See führen durch Gärten, kleine Dörfer und vorbei an zahlreichen Pagoden.

© A. MARKAND

DER NORDOSTEN

westliche Küche. Sauber. Wer Wert darauf legt, nur mit Mineralwasser gekochte Speisen zu essen, ist hier richtig. ◷ 11–21.30 Uhr.

**The French Touch**, 32 Kyaung Taw Shayt St., ✆ 095-9525 1365, [9782]. Ansprechend gestaltetes Restaurant, oft mit französischer Musik als Untermalung. Innen- und Außenbereich. Es gibt guten Kaffee, aber auch Eis und Cocktails. Auch einige Gerichte aus der Shan-und Intha-Küche. Etwas gehobene Preise, aber gerechtfertigt wegen des schönen Ambientes. Gute WLAN-Verbindung. Die gleichen Betreiber bieten außerdem im **Blue Cheroot**, Yone Gyi Rd., ✆ 092-5062 8449, eine ähnlich ansprechende Atmosphäre.

**Unique Superb Food House**, Myawady Lan, [4017]. Gute birmanische und europäische Küche in einem kleinen Garten.

**View Point & Shan Restaurant**, ✆ 081-209 062, [5364]. Im Ort die stilvollste Art zu speisen. Im arabisch-mediterran angehauchten Rundbau in der 1. Etage gleitet der Blick zum Kanal, zur verspiegelten Pagode und über die umliegenden Reisfelder und Berghänge. Die Karte zeichnet eine gelungene Crossover-Küche aus einheimischen Shan-Gerichten und europäischen Einflüssen aus. Verwendet werden nur saisonale, frische Zutaten aus der Region. Ein Gedicht sind die kleinen, exquisit zubereiteten Tapas der Shan-Küche, die feinen Kuchen aus Baby-Shrimps oder kleine frittierte Fische in Limettensauce. Das Butterfischfilet im Bananenblatt mit feinen Gewürzen zergeht auf der Zunge. Das Auge isst mit: Die gekonnten Kreationen aus Bananenblättern runden das Ambiente ab. Menüs 8000–14 000 Kyat. Französische und einheimische Weine.

## AKTIVITÄTEN UND TOUREN

### Bootsfahrten

Am Ufer des Hauptkanals bieten Bootsführer **Touren auf dem Inle-See** an. Eine Standardtour kostet etwa 16 000 Kyat für etwa 7 Std., ein Abstecher nach Indein 4000 Kyat extra. Die Touren beginnen meist in aller Frühe, es lassen sich aber auch Vereinbarungen treffen (S. 435, Touren auf dem Inle-See).

Mit einem **Paddelboot** (ohne knatternden Motor) können gemütliche Fahrten durch die schwimmenden Gärten und zu einigen Dörfern und Handwerkern unternommen werden. Ein Boot mit Bootsmann (oder -frau) kostet etwa 3000 Kyat/Std. Diese Fahrt ist sehr beschaulich, vor allem gegen Abend, wenn die Sonne im See versinkt.

Bootstouren nach Samkar (S. 437) ins Pa-O-Gebiet südlich des Inle-Sees organisiert **Golden Island Cottages Travel & Tour (GIC)**, 89 Paung Daw Pyan, ✆ 081-209 551, ✉ gictravel@myanmar.com.mm. Auch das **Shwe Inthar** nebenan, ✆ 081-209 372, bietet diesen Service. Wer will, kann aber auch selber ein Boot chartern, ein Guide ist nicht notwendig.

### Kochkurse

Im **View Point & Shan Restaurant** werden Kochkurse zur Shan-Küche angeboten. Gestartet wird um 8 Uhr mit einem Besuch auf dem Markt. Vier Gerichte werden nach Absprache unter kundiger Anleitung der Köchin Ma Myo zubereitet. Zur Auswahl stehen z. B. Shan-Nudeln, Fleisch-Currys oder Fisch in Bananenblatt. Auch die Deko aus Bananenblatt fehlt nicht. Ma Myo verwendet traditionelle Gewürze der Shan-Küche und geizt nicht mit Gesundheitstipps. Nach ca. 3 Std. Zubereitung wird gemeinsam gegessen. Der Hobbykoch erhält ein Rezeptbuch. Aktuelle Preise und Anmeldung im Restaurant.

€ Mit 10 000 Kyat p. P. weit günstiger und sehr familiär-authentisch ist der Kochkurs **Win Cooking Class** (die Familie bietet auch eine entspannende Massage an, s. Kasten S. 430). Nach Absprache werden drei Gerichte gemeinsam gekocht und gegessen.

### Radtouren

Einfache Fahrräder zum Erkunden der Umgebung werden für 1000 bis 1500 Kyat pro Tag überall in Nyaungshwe vermietet, u. a. nahe der Post und am Markt; z. T. auch von den Gästehäusern. Mountainbikes gibt es für US$7 am Tag bei **Acitve & Authentic Travel & Tours**, Kyaun Taw St., ✆ 094-2102 8796, ✉ aat.tours myanmar@gmail.com.

### Trekking und Ausflüge

Zahlreiche Agenturen, Gästehäuser und einzelne Führer, die in der ganzen Stadt ihre Dienste anbieten, veranstalten Trekkingtouren in die angrenzenden Berge und Dörfer. **Halbtagestouren** für ca. 10 000 Kyat führen in einige Dörfer und Pagoden der Umgebung und beinhalten manchmal auch einen Besuch auf einem Weingut (S. 431). Auf **Tagestouren** für um die 20 000 Kyat sieht man etwas mehr und erhält zusätzlich unterwegs eine einfache Mahlzeit (8–16 Uhr). Einige Guides bieten **2- bis 3-tägige Touren** nach **Kalaw** oder **Taunggyi** an, bei denen z. T. in Klöstern übernachtet wird. Für diese Touren berechnen die Veranstalter etwa 40 000 Kyat (1 Übernachtung) bzw. 75 000 Kyat (2 Übernachtungen) p. P. Enthalten sind Unterkunft und Verpflegung. Getränke können in den Dörfern gekauft werden. Die Strecke nach Kalaw (über 50 km) kann auch mit nur einer Übernachtung bewältigt werden, dann wird die letzte Strecke per Pick-up zurückgelegt.

Ausflüge Richtung **Kakku** (ins Gebiet der Pa-O) sind nur mit besonders lizenzierten Führern der Pa-O möglich. Von Nyaungshwe sind etwa 50 000 Kyat für ein Taxi zu kalkulieren. Zwischen US$8–US$10 kosten Führer und Eintritt (S. 441, Kakku).

## SONSTIGES

### Einkaufen

Geschäfte in der Stadt, Händler auf dem **Mingalar-Markt** (an Voll- und Neumond geschlossen) und zahlreiche Straßenverkäufer verkaufen Souvenirs. Dazu gehören neben den Shan-Umhängetaschen auch Opiumgewichte und Silberschmuck. Im **Trinity Family Shop** gibt es Fächer, Lampenschirme, Bilderrahmen und vieles mehr aus handgefertigtem Papier, das die Familie in Pindaya herstellt.

### Galerien

**Art Collection La Mne Voua**, 135 Yone Gyi St., ✆ 092-5321 2067. Obwohl nur ein kleiner Raum zur Verfügung steht, fühlt sich der Gast wie in einem kleinen Museum. Schöne Auswahl namhafter zeitgenössischer Künstler, deren Werke zu angemessenen und bezahlbaren Preisen verkauft werden. Zudem gibt es Kataloge, in denen man sich schlau lesen kann. Der Inhaber Nyi Nge ist selber Künstler und verkauft auch eigene Bilder. ⌚ tgl. außer Mo 9–21 Uhr.

### Geld

Bare Dollar und Euro tauschen die **KBZ (Kanbawza) Bank**, gegenüber dem Markt. Geldautomat (ATM), ⌚ tgl. 9.30–15 Uhr, und die **AGD-Bank**, Yone Gyi Lan, ATM, ⌚ tgl. außer feiertags 9–12 und 13–15 Uhr.

### Informationen und Bustickets

Nahezu alle Hotels und Gästehäuser bieten die üblichen Touren an. Zudem gibt es zahlreiche Trekking- und Informationsbüros überall in der Stadt. Meist haben die Reisebüros aber nur die gängigen Busse nach Bagan und Mandalay im Programm. Viele weitere Busse, auch zu weniger touristischen Zielen, vermittelt **Travel Lion**, Yone Gyi Rd., ✆ 09-3610 3603,

#### Massage mit Familientradition

In Nyaungshwe werden die Angebote für traditionelle Massage der Intha immer zahlreicher. Eine Stunde kostet etwa 5000 Kyat. Die Masseure arbeiten vornehmlich mit Druckpunkten. Das kann schmerzhaft sein, doch anschließend stellt sich eine wohltuende Entspannung ein. Eine gute Adresse ist **Win Nyunt Traditional Family Massage**. Die Technik wird von der ganzen Familie nun schon in der achten Generation ausgeübt. Überzeugt hat uns auch **Win Traditional Massage**, ✆ 094-2837 1395, ebenfalls ein Familienbetrieb, in dem die Mutter das Wissen an ihre Kinder weitergibt. Bei der Massage, die den ganzen Körper (außer Bauch und Brust) einschließt, kommt Kokosnussöl zum Einsatz, sodass man nach der Massage angenehm duftet. Man kann wählen zwischen hart, medium oder soft. Die Atmosphäre im kleinen Massageraum aus Bambus ist angenehm und die Leute sind sehr freundlich. Es gibt Tee und Kekse, und wer will, kann auch noch kochen lernen (S. 429).

## Weinprobe bei Nyaungshwe

Etwa 4 km außerhalb von Nyaungshwe (Karte S. 434) liegt das **Red Mountain Estate Vineyards & Winery** [5357], ✆ 081-209 366, 🖳 www.redmountain-estate.com, auf einem Hügel mit Blick auf die Berghänge. Seit 2002 werden unter Pa-O-Management in den umliegenden Hängen spanische, französische und israelische Trauben angebaut und in einer hochmodernen Kelterei zu Wein verarbeitet. Traubenlese ist zwischen Februar und März. Interessierte Besucher können die Reifetanks und Abfüllanlage besichtigen. Vier Weine können für 2000 Kyat verkostet werden. Auch für den hungrigen Magen ist gesorgt; auf der kleinen Speisekarte stehen Reisgerichte mit Fleisch oder Fisch und Salat. Das Restaurant mit einem tollen Ausblick über die von Bergen umgrenzte Ebene und das nördliche Seeufer ist ein fantastischer Platz für ein Glas Wein zum Sonnenuntergang. Ein Leser fand den Wein wenig schmackhaft. Gelobt wurde das etwas weiter entfernte, nahe Taunggyi liegende **Vineland in Aythaya**, ✆ 081-208 548, 🖳 www.myanmar-vineyard.com.mm. Letzteres wird jedoch nicht während der Standardtour besucht.

✉ nyiswe2013@gmail.com. Die beiden Cousins Mg Yu und Nyi Swe sprechen gut Englisch und verkaufen auch Bustickets nach Bago, Toungoo, Pyin Oo Lwin u. v. m.
Ein Büro der Schweizer **Diethelm Travel** liegt neben dem Gypsi Inn Hotel, ✆ 081-209143.

### Internet

Viele Hotels und Guesthouses bieten mittlerweile WLAN, doch die Verbindungen sind bisher selten stabil. The French Touch und Blue Cheroot waren zur Recherchezeit die einzigen Restaurants mit einer guten Verbindung. Es ist zu hoffen, dass sich hier in den nächsten Jahren etwas verbessert. Restaurants bieten noch selten WLAN, eine gute Verbindung hat lediglich The French Touch.

### Medizinische Hilfe

Das **Krankenhaus** liegt im südlichen Teil der Stadt nahe dem Mong Li-Kanal. Unter den Apotheken tut sich die **San Pharmacy** in der Yone Gyi Lan durch Sortiment und Beratung hervor, ✆ 081-209 459, ⌚ tgl. 7.30–21.30 Uhr.

### Puppentheater

Aufführungen, die aber nicht mit jenen in Mandalay vergleichbar sind, bietet die **Aung Puppet Show** in der Yone Gyi Rd. Die Darbietungen beginnen tgl. um 19 und 20.30 Uhr, dauern etwa eine halbe Stunde und kosten 3000 Kyat. Der Raum bietet lediglich Platz für 8 Zuschauer.

### Spa

**Aqua Lilies**, Day Spa & Beauty Center, Museum Rd., ✆ 094-2836 3584, ✉ aqualilies.spa@gmail.com. Schön am Kanal gelegenes großes Holzhaus mit ansprechender Ausstattung und zahlreichen bezahlbaren Beauty-Angeboten. Freundliche Leute, aufmerksamer Service, eine Oase der Ruhe. ⌚ 9–21 Uhr.

## TRANSPORT

### Taxis

Nach BAGAN kostet ein Taxi etwa 100 000 Kyat, wer etwa 2 Tage vorher ein „shared taxi" anfragt, kommt oft schon für 40 000 Kyat nach Bagan. Von Bagan kommend sind die Taxis meist teurer. Zum Flughafen nach HEHO kostet eine Fahrt 15 000 Kyat (45 Min.). Die Strecke nach und von SHWENYAUNG kostet 6000–8000 Kyat; nach PINDAYA zahlt man etwa 42 000 Kyat und nach MANDALAY 75 000 Kyat, als „shared taxi" 30 000 Kyat (1–2 Tage vorher anmelden, 7 Std).

### Busse

Alle **Busse** Richtung Mandalay, Yangon, Bagan, Kalaw und Pindaya passieren das 11 km entfernte SHWENYAUNG. In Nyaungshwe können die Tickets in den Hotels und in Reisebüros besorgt werden. Etwa eine halbe Stunde bis zu einer Stunde vor Abfahrt wird der Gast dann am Hotel abgeholt. Zur Sicherheit sollte man die Busse mindestens einen Tag vorher reser-

vieren. Nahe gelegene Ziele wie KALAW und TAUNGYI werden den ganzen Tag über mit Pick-ups ab Shwenyaung angefahren, die Anfahrt geschieht auf eigene Faust.
BAGAN, um 19 Uhr fährt ein einfacher Bus für 10 000 Kyat, 10 Std.
BAGO, um 18.30 Uhr, 22 000 Kyat, 12 Std.
LOIKAW, um 7 Uhr ab Shwenyaung, 14 000 Kyat, 5 Std.
MANDALAY, um 19.30 und um 20.30 Uhr mit komfortablen Schlafbussen, 14 000 bzw. 15 000 Kyat, knapp 10 Std.
TOUNGOO, ab Shwenyaung um 14 Uhr (Ankunft 3 Uhr morgens), 14 000 Kyat.
YANGON, um 18 Uhr, 21 000 Kyat, 17 Std.

### Pick-ups

Pick-ups Richtung SHWENYAUNG und TAUNGGYI fahren zwischen 6 und ca. 16 Uhr, ab 1000 Kyat. Wartezeit muss einkalkuliert werden: Wenn die erforderlichen 20 Passagiere nicht zusammenkommen, wird der Preis auf die fehlenden Personen umgelegt und die Fahrt entsprechend teurer. Die Pick-ups starten vor 9 Uhr am Halteplatz an der alten Zuckermühle, nach 9 Uhr um die Ecke am Kanal. S. auch S. 421, Shwenyaung.

### Eisenbahn

Der nächste Bahnhof befindet sich im 11 km entfernten Shwenyaung, s. S. 421.

### Flüge

Der nahe gelegene Flughafen in Heho wird tgl. angeflogen (S. 421).

#### Balloon-Festival in Taunggyi

Wenn in Taunggyi die Ballons in den Himmel steigen, bieten einige Reisebüros und Gästehäuser die ganze Woche über Sammeltaxis an. Eine Fahrt hin und zurück zum Spektakel kostet dann ca. 10 000 Kyat. Wer sich eine kleine Gruppe selber zusammensucht, kommt günstiger in die Nachbarstadt. Wohnen muss man also nicht im weitaus weniger attraktiven Taunggyi, wenn man sich dieses Schauspiel nicht entgehen lassen möchte. Mehr dazu auf S. 438.

11 HIGHLIGHT

## Inle-See

Der Inle-See ist eines der größten Highlights Myanmars. Er ist der zweitgrößte See des Landes und liegt mit einer Länge von 22 km und einer Breite von 11 km auf einer Höhe von 900 m. Breite Schilfgürtel säumen den See, dessen schwimmende Gärten weltweit bekannt sind. Um den See herum erheben sich die bis zu 2000 m hohen Shan-Berge. Seit 1985 stehen der See und das umliegende Feuchtgebiet unter Naturschutz – es ist ein Vogelschutzgebiet mit zahlreichen Wasservögeln. Reisende berichten von Silberreihern, die ungefähr eine Stunde vor der Dämmerung in Formationen über den See hinwegfliegen.

Die Menschen, die rund um den See leben, nennen sich *Intha* – „die Menschen vom See". Insgesamt gehören etwa 100 000 Bewohner zu dieser Ethnie. Daneben leben hier auch Shan, Danu, Pa-O, Kayah und einige Birmanen. Die Intha stammen vermutlich aus der Gegend von Dawei im Tanintharyi, die sie vor mehreren hundert Jahren aufgrund von kriegerischen Auseinandersetzungen verließen. Sie leben heute als Fischer, Bauern oder Handwerker und sind vor allem für ihre spezielle Rudertechnik berühmt: Auf den schmalen Booten balancierend, schlingen sie einen Fuß um das Ruder und bewegen es im Stehen. So bleibt die andere Hand zum Fischen frei. Außerdem lässt sich mit dieser Rudertechnik in den schmalen Kanälen gut zwischen den schwimmenden Gärten manövrieren. Schwimmende Beete werden im seichten Wasser, das meist nur etwa 3 m tief ist, festgemacht und tragen reichlich Früchte, die mehrmals jährlich geerntet werden können. Das milde Klima trägt zur reichen (und wohlschmeckenden) Ernte bei.

Die Intha werden auch als geschickte Handwerker gerühmt. Zum breiten Angebot an Kunsthandwerk gehören Keramik-, Messing-, Silber- und Lackarbeiten. Besonders der handgewebte Stoff erfreut sich in ganz Myanmar großer Beliebtheit.

## Das Phaung Daw U-Fest

© MARTIN H. PETRICH

Wer im September oder Oktober unterwegs ist, sollte unbedingt das **Phaung Daw U-Fest** [5693] erleben. Es beginnt drei Wochen vor dem Vollmond Thadingyut und endet wenige Tage danach. Vier der fünf kugeligen Buddhastatuen aus der Phaung Daw U-Pagode werden täglich mit der goldenen Barke von einem Ort am See zum anderen gefahren. Dort verbleiben sie die Nacht zur Verehrung. Gezogen wird die Barke in Form eines Karaweik-Vogels von bis zu 40 Langbooten, auf denen stramme Einbeinruderer aus den verschiedenen Gemeinden stehen. Mit Tanz und heiteren Rufen feuern sie sich gegenseitig beim Rudern an. Ein wahrhaft buntes und fröhliches Spektakel, an dem Tausende Pilger aus dem Umland teilnehmen. Am letzten Tag findet vor der Phaung Daw U-Pagode ein Bootsrennen der Einbeinruderer statt.

Dass die kleinste der fünf Statuen „zu Hause" bleibt, hat damit zu tun, dass sie innerhalb weniger Jahre gleich zweimal – 1957 und 1965 – zusammen mit den anderen Statuen beim Kentern des Bootes im Wasser versank. Während die anderen vier geborgen werden konnten, blieb sie verschwunden. Später fand man sie wie durch Zauberei an ihrem ursprünglichen Platz in der Pagode wieder. Seitdem bleibt sie dort zurück. Eine Säule, auf der ein goldener Karaweik sitzt, markiert mitten auf dem See die Stelle, an der die Barke sank.



## Sehenswürdigkeiten

Die **Phaung Daw U-Pagode** liegt nahe der Stadt Ywa-ma am Westufer des Sees. Sie zählt zu den heiligsten Stätten des südlichen Shan-Landes und beherbergt fünf kleine Buddhafiguren. Diese haben aufgrund der von den Pilgern seit Jahrhunderten angebrachten Goldblättchen ihre ursprüngliche Gestalt längst verloren, was den ihnen gezollten Respekt noch verstärkt. Alljährlich begeben sich vier der fünf Figuren auf große Fahrt und wandern auf einer langen Prozession durch die Dörfer des Inle-Sees (s. Kasten). Die Geschichte der Buddhastatuen reicht der Legende nach bis ins 12. Jh. zurück.

Das aus dem 19. Jh. Stammende, aus Teakholz erbaute **Nga Phe Chaung-Kloster** ist auch unter dem Namen „Kloster der springenden Katzen" bekannt und liegt mitten auf dem See. Die namengebenden springenden Katzen scheinen allerdings den Spaß an den kleinen Übungen verloren zu haben, die sie den Besuchern viele Jahre lang vorführten. Das Kloster ist dennoch

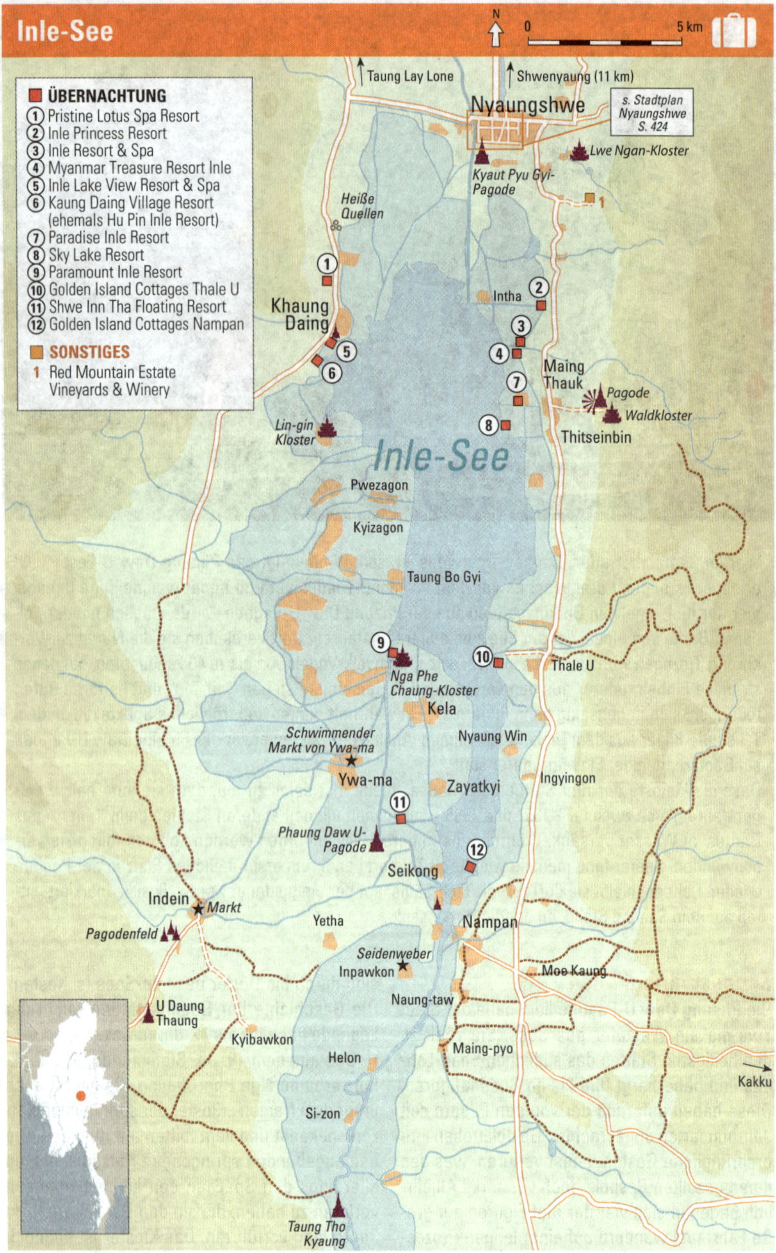
Inle-See
N
0
5 km
Taung Lay Lone
Shwenyaung (11 km)
ÜBERNACHTUNG
1 Pristine Lotus Spa Resort
2 Inle Princess Resort
3 Inle Resort & Spa
4 Myanmar Treasure Resort Inle
5 Inle Lake View Resort & Spa
6 Kaung Daing Village Resort (ehemals Hu Pin Inle Resort)
7 Paradise Inle Resort
8 Sky Lake Resort
9 Paramount Inle Resort
10 Golden Island Cottages Thale U
11 Shwe Inn Tha Floating Resort
12 Golden Island Cottages Nampan
SONSTIGES
1 Red Mountain Estate Vineyards & Winery
Nyaungshwe
s. Stadtplan Nyaungshwe S. 424
Lwe Ngan-Kloster
Kyaut Pyu Gyi-Pagode
Heiße Quellen
Intha
Khaung Daing
Maing Thauk
Pagode
Waldkloster
Thitseinbin
Lin-gin Kloster
Inle-See
Pwezagon
Kyizagon
Taung Bo Gyi
Nga Phe Chaung-Kloster
Thale U
Kela
Schwimmender Markt von Ywa-ma
Nyaung Win
Ywa-ma
Zayatkyi
Ingyingon
Phaung Daw U-Pagode
Seikong
Indein
Markt
Pagodenfeld
Yetha
Nampan
Seidenweber
Inpawkon
Moe Kaung
U Daung Thaung
Naung-taw
Kyibawkon
Maing-pyo
Helon
Kakku
Si-zon
Taung Tho Kyaung

einen Besuch wert: Es beherbergt zahlreiche wertvolle Buddhastatuen im Shan-Stil, die den Besucher in einer weiten Halle erwarten.

## Touren auf dem Inle-See

Eine Fahrt auf dem See verspricht neben der Besichtigung der Pagoden und Tempel auch einen Einblick in die fremde Welt der Intha, die in ihren auf Stelzen gebauten Häusern am Rande oder mitten auf dem See wohnen. Ein Seebesuch dauert den ganzen Tag und beginnt in aller Frühe. Nur Boote mit Außenbordmotor dürfen Ausflügler auf den See bringen, und sie fahren so schnell durch die abgekühlte Luft, dass morgens unbedingt ein dicker Pullover notwendig ist.

Touren auf den See starten am großen Kanal in Nyaungshwe. Eine **Standard-Bootstour** kostet derzeit in der Hochsaison bis zu 35 000 Kyat, in der Nebensaison etwa 18 000 Kyat. Wer den See abseits der Touristenpfade erkunden will, zahlt mehr. Direkt bei den Bootsfahrern sind die Preise günstiger, da Agenturen und Hotels oft eine Provision einbehalten. Ein Besuch des Sees kostet staatlich verordnete US$10 p. P., das Geld wird direkt bei der Ankunft in Nyaungshwe einkassiert.

Zu Beginn steuern die Touren den jeweils gerade stattfindenden **Markt** an. Die Marktorte wechseln im Fünf-Tage-Rhythmus (s. Kasten). Meist wird zudem das schwimmende Dorf **Ywama** angesteuert, dessen Bewohner hauptsächlich von der Weberei leben. Besonders berühmt sind die hier hergestellten Seiden-Longyis. Auch in **Inpawkon** sind die Weber für ihre guten Stoffe, die Zinme-Longyis, berühmt. Die Webtechnik stammt ursprünglich aus dem nordthailändischen Chiang Mai, das auf Birmanisch Zinme heißt. Angeblich wird die verwendete Seide aus China importiert, da die buddhistischen Intha die Seidenraupen nicht selbst töten wollen. Weitere Besuche von Werkstätten und Souvenirshops stehen bei den meisten Touren auf dem Programm.

Der **Markt von Indein** wird oft empfohlen, ist aber nicht bei allen Standardtouren mit eingeplant (Aufpreis etwa 5000 Kyat). Er ist durch den Andrang ausländischer Besucher ziemlich touristisch geworden. Hier kann man außerdem noch ein großes **Pagodenfeld** besuchen, das etwa 20 Minuten zu Fuß entfernt liegt. Die zahlreichen Stupas sind auch außerhalb des Markttags ein lohnendes Ziel. Sie stammen wahrscheinlich aus dem 17. Jh., als Indein noch Sitz eines Shan-Fürsten war. Der Ort, der am Fuß der westlichen Bergkette, etwa 8 km westlich vom See liegt, ist über einen Zufluss landeinwärts zu erreichen.

Ebenfalls nicht obligatorisch bei den Touren der Bootsveranstalter ist ein Ausflug zu den **heißen Quellen**, den sogenannten Hot Spas, etwas nördlich bei Khaung Daing. Hier kann man für US$10 Eintritt in kleinen Bassins planschen. 🕒 7–17 Uhr. Zu erreichen ist dieser Ort entweder über die Straße von Nyaungshwe in Richtung Heho oder mit dem Boot über den See.

### Fünf-Tage-Märkte

**1. Tag**: Heho, Kyone (zwischen Aungban und Pindaya), Taung Tho (Inle-See), Narbaung (zwischen Taunggyi und Kakku).
**2. Tag**: Taunggyi, Aungban, Schwimmender Markt von Ywa-ma, Kyauktalone (zwischen Inle-See und Kakku).
**3. Tag**: Pwe Hla (zwischen Aungban und Pindaya), Maing Thauk (Inle-See), Phaung Daw U (Inle-See), Khaung Daing (Inle-See).
**4. Tag**: Shwenyaung, Kalaw, Khaung Daing (Inle-See), Indein (Inle-See), Hmawbe (südlich des Inle-Sees).
**5. Tag**: Nyaungshwe, Pindaya, Nampan (Inle-See), Hamsee (zwischen Taunggyi und Kakku).

## ÜBERNACHTUNG

Am und auf dem See gibt es sehr schöne, ruhige Plätze für die Nacht – alle recht teuer, manche luxuriös. Fast überall stehen TV, Kühlschrank und Telefon in den Bungalows, von deren Veranden sich eine herrliche Sicht auf den Sonnenaufgang (vom Westufer) oder den Sonnenuntergang (vom Ostufer) bietet.

### Ostufer

**Golden Island Cottages Nampan**, Nampan, ✆ 081-209 390, Yangon ✆ 01-549 019, 💻 www.gicmyanmar.com, [5350]. Gepflegte Anlage mit

40 auf Pfählen stehenden Bungalows am See. Ein Teil des Sees ist als Schwimmbad eingezäunt. Das GIC gehört den Pa-O, hier gibt es die besten Informationen zu Wanderungen nach Kakku und Fahrten zum Sagar-See. Gute Küche; organisiert Bootsrennen. ❹–❺

**Golden Island Cottages Thale U**, ✆ 081-209 389, weitere Kontaktnummern s. Golden Island Cottages Nampan. Zur Begrüßung spielt ein kleines Orchester. Ähnelt seiner Schwesteranlage. 20 Bungalows in Reihe direkt am Vogelschutzgebiet, wo abends aus den Bergen heimkehrende Seevögel den Himmel schwarz färben. Von der Anlage führt ein Steg ins Dorf Thale U. ❹

**Inle Princess Resort**, ✆ 081-209 055, 💻 www.inleprincessresort.net, [5348]. Traumhaft schöne Anlage mit Luxus-Bungalows am See. Haupthaus direkt am Wasser – aus Teak gebaut, wirkt es wie die Palasthalle eines Shan-Prinzen. Frühstück auf der großen Veranda. Spa-Bereich, birmanische und schwedische Massagen. Mick Jagger ließ es sich hier ein paar Tage lang gut gehen. Zwei Einbeinruderer bringen den Gast zum Haupthaus, sodass den Erholungssuchenden kein Motorengeräusch stört. ❻

**Inle Resort & Spa**, ✆ 081-209 361, 💻 www.inleresort.com, [5352]. Die AC-Bungalows und das Haupthaus erinnern an eine Tempelanlage. Die großzügigen Suiten mit Seeblick sind teuer, die kleineren zur Landseite günstiger. ❻

**Myanmar Treasure Resort Inle**, ✆ 081-209 481, 💻 www.myanmartreasureresorts.com, [5349]. Eine Suite und 59 Bungalows mit See- oder Landblick, großzügig und stilvoll eingerichtet, TV und Sitzecken. Bar mit Blick auf den Sonnenuntergang. Businesscenter. ❻

**Paradise Inle Resort**, Maing Thauk, ✆ 081-333 4009, 💻 http://paradiseinle.kmahotels.com, [5354]. Nach der Begrüßung durch ein kleines traditionelles Orchester empfangen den Gast 53 Bungalows, die in langen Reihen durch Stege miteinander verbunden sind. Die Bungalows mit Größen zwischen 32 und 65 m² sind stilvoll eingerichtet. Im Restaurant wird Shan-Küche, Thailändisches und Chinesisches geboten, dazu Weine und Cocktails. ❹–❺

**Sky Lake Resort**, , Maing Thauk, ✆ 081-209 128, [5351]. 44 Bungalows mit Balkon im traditionellen Intha-Stil. Arrangiert Bootsrennen. ❹

### Westufer

**Kaung Daing Village Resort** (ehemals Hu Pin Inle Resort), Khaung Daing, ✆ 081-209 291, 💻 www.hupinhotelmyanmar.com. Schwesteranlage des Hotels in Nyaungshwe mit 84 Zimmern in geräumigen Bungalows am See auf Stelzen (eigener Anleger) und in Häusern aus Stein und Teak. Gepflegtes Ambiente, Straßenanbindung. In der Nähe liegen die vom Hotel verwalteten heißen Quellen. ❹–❺

**Inle Lake View Resort & Spa**, Khaung Daing, ✆ 081-209 332, 💻 www.inlelakeview.com. Luxuriöses Resort mit 38 großen (45–100 m²), bequem ausgestatteten Räumen. Von einigen Zimmern schöner Blick aufs Wasser. Spa mit traditioneller Massage. ❼

**Pristine Lotus Spa Resort**, Khaung Daing, ✆ 081-209 317, 💻 www.pristinelotusparesort.com. Auf den Hügeln stehen 52 Bungalows und eine Suite, alle luxuriös und großzügig eingerichtet. Seeblick, Pool, Fitnesscenter und Spa-Bereich. Restaurant mit internationaler und traditioneller Küche. Kochkurse, Musik- und Tanzdarbietungen. ❼–❽

### Auf dem See

**Paramount Inle Resort**, ✆ 081-209 477, 💻 www.paramountinleresort.com, [5355]. 16 Zimmer und 12 Bungalows mit AC, auf Gruppen eingestellt, nahe dem „Kloster der springenden Katzen". Nett ist der kleine turmartige Pavillon, auf dem sich ein Drink mit Aussicht genießen lässt, etwas laut ist die Lage an einer viel befahrenen Hauptverkehrsader des Sees. Kanuverleih. WLAN. ❺–❻

**Shwe Inn Tha Floating Resort**, ✆ 081-209 313, 09-4935 1315, 💻 www.inlefloatingresort.com, [5353]. Die AC-Bungalows auf dem Wasser sind durch Stege verbunden, die Zimmer nach traditionellem Vorbild ausgestattet. Das Restaurant bietet neben europäischer auch Pa-O-, Intha- und birmanische Küche. In den Bungalows weist ein mehrsprachiges Schild darauf hin, dass die Intha im nahe gelegenen Dorf morgens um 4 Uhr lautstark ihre Gebete verrichten. Das Hotel liegt an dem von Touristenbooten frequentierten Wasserweg. Kleiner Pool. ❻

### ESSEN

Bei den Ausflügen auf den See steuern die Bootsleute mittags meist ein auf Touristen ausgerichtetes Restaurant mit chinesisch-europäischer Küche an: Etwa das **Nice** bei Seikong oder das **Nampan** beim gleichnamigen Dörfchen. In der Nähe befindet sich auch eine Niederlassung des **Golden Kite Restaurants**. Zwischen dem „Kloster der springenden Katzen" und dem Seidenweberdorf Inpawkon liegt das **Burmese Cats Café**.
Ein paar kleine Restaurants hinter der Phaung Daw U-Pagode bieten preisgünstig Lokales an: Im **Pann Ma Ma** gibt es z. B. *nga tha me*, ein einfaches, aber leckeres Fisch-Reis-Gericht.

### TRANSPORT

Am großen Kanal in Nyaungshwe können Boote für Fahrten auf dem See gemietet werden. Es gibt keine ausgebaute Ringstraße um den See. Einige Hotels sind mit dem Auto, andere nur auf dem Wasserweg zu erreichen. Wer ein Hotel reserviert hat, wird meist vom Flughafen in Heho oder aus Nyaungshwe abgeholt. Mehr zum Transport s. Nyaungshwe, S. 429 und 431.

## Samkar und Umgebung

Eine interessante Bootstour führt ins Gebiet der Pa-O südlich des Inle-Sees. Nach etwa zwei Fahrstunden (von Nampan aus gerechnet) entlang eines pittoresken Flusses erreicht man den Marktflecken **Samkar** [5691].

Am Ufer gegenüber, in **Tharkaung**, findet sich ähnlich wie in Indein und Kakku ein Wald aus etwa 1000 Pagoden, von denen man allerdings nur wenige zu sehen bekommt. Es gibt jedoch Reste schöner Wandmalereien und Stuckverzierungen zu bewundern.

Unterwegs können in den noch sehr ursprünglichen Dörfern **Phaya Taung** und **Lont Kant** am Südende des Sees Märkte und in **Chaing Kham** Lotoswebereien besucht werden. Noch weiter südlich wurde ein Staudamm errichtet, bei dem es sich um den größten des ganzen Landes handeln soll: Er hat bereits einige Pagoden und viel landwirtschaftliche Nutzfläche überflutet.

Da das Gebiet um Samkar von der Pa-O National Organisation (PNO) kontrolliert wird, besucht man es am besten im Rahmen einer Tour; buchbar über Golden Island Cottages bzw. in Nyaungshwe im Golden Island Cottages Travel & Tour. Ein Boot kostet etwa 55 000 Kyat. Organisierte Touren sind teurer. Unterkunft bietet die **Little Samkar Lodge**, ✆ 09-681 0445, ✉ littlesamkarlodge@gmail.com, ❺.

## Aye Tha Yar (Aythaya)

Nur wenige Reisende stoppen an diesem kleinen Verkehrsknotenpunkt auf dem Weg nach Taunggyi. Wer hier strandet, den kostet die Weiterfahrt per Taxi auf der steilen Straße nach Taunggyi 4000 Kyat. Es verkehrt außerdem ein Pick-up zwischen Taunggyi und Nyaungshwe, der an einem Schild zu erkennen ist, das einen Einbeinruderer auf hellem Grund darstellt und an der Stirnseite des Aufbaus befestigt ist. Die Fahrt kostet etwa 200 Kyat, manchmal zuzüglich 100 Kyat „für das Gepäck". Mit dem Taxi dauert die Fahrt bis nach Nyaungshwe etwa 30 Minuten, mit dem Pick-up natürlich länger

### ÜBERNACHTUNG UND ESSEN

Nur eine einzige Anlage beherbergt westliche Besucher: das luxuriöse **Aye Thar Yar Golf Resort**, ✆ 081-24245. Hier treffen Golfreunde aus aller Welt und Generäle in Grün zusammen. Gut ausgestattete Zimmer in Reihenhäusern und luxuriöse Suiten in achteckigen Bungalows. Auch Nicht-Gäste können spielen, für insgesamt etwa US$50 inkl. Ausrüstung und Caddy. Internationale Küche. ❹–❺
**Aythaya Vineyard**, Htone Bo, Aythaya, Taunggyi, ✆ 081-24536, 💻 www.myanmar-vineyard.com.

Das Weingut kann besichtigt und der Wein probiert werden. Neben einem Restaurant gibt es ein Schwimmbad, das Gäste nutzen können. Viele Agenturen in Nyaungshwe bieten Touren hierher.

## Taunggyi

Taunggyi liegt 1500 m hoch in den Shan-Bergen und ist etwa 50 km vom Inle-See entfernt. Das kühle Klima veranlasste die britischen Kolonialherren, den Ort als Bergstation zu nutzen. Sie verwalteten von hier aus den Shan-Staat. In Taunggyi traf sich der Shan-Rat, in dem die Saophas auf Initiative der Kolonialherren zusammengeschlossen waren. Von der kolonialen Epoche ist jedoch nur ganz wenig erhalten: Lediglich einige Holzhäuser am Stadtrand und die Kathedrale zeugen noch von der britischen Zeit. Auch einige Kirschbäume haben überlebt und erfreuen die Besucher – besonders wenn sie blühen. Heute ist Taunggyi Provinzhauptstadt und ein geschäftiges Handelszentrum mit über 200 000 Einwohnern, in dem der chinesische Einfluss nicht zu übersehen ist.

### Ballons und Feuerwerk

Einmal im Jahr, zum Mondmonat Tazaungmon (13.–15. Tag des Mondmonats, Okt/Nov), feiern die Shan in Taunggyi das große **Heißluftballon-Fest** [5735], dessen Feierlichkeiten sich über mehrere Tage hinziehen. Aus allen Teilen des Shan-Staates kommen die Bewohner zusammen und stellen sich dem Wettbewerb um den schönsten und aufwendigsten Heißluftballon. Tagsüber sind es Tiermotive, die in den Himmel steigen, nachts mit Feuerwerk ausgestattete Unikate. Schon bei der Anfahrt aus den Bergen wird gefeiert und getanzt. Auf der Hauptstraße in Taunggyi angekommen, reihen sich die Fahrzeuge auf. Jeder Wagenlenker wartet, bis er an der Reihe ist. Vorbei an zahlreichen Händlern und Essenständen zieht die Karawane zu einem Platz unterhalb der Sula Muni-Pagode. Tausende Besucher strömen zu der Stelle, an der die Ballons, einer nach dem anderen, in die Lüfte aufsteigen. Das Spektakel ist in jedem Falle sehenswert, doch ist Vorsicht geboten: Immer wieder kommt es zu Unfällen, da nicht jeder der selbst gebastelten Ballons problemlos aufsteigt. Manch ein Ballon ist noch auf Kopfhöhe der Besucher, wenn das Feuerwerk beginnt. Es ist daher ratsam, sich etwas abseits der Menge aufzuhalten, um nicht zu Schaden zu kommen. Ausländer werden oft gebeten, sich auf der V.I.P-Tribüne niederzulassen, von wo sich ein toller Blick auf das Geschehen und die Menschenmenge bietet.

### Sehenswürdigkeiten

Im Stadtzentrum bietet die geräumige **Myoe Le Dhamma Yon-Pagode** vor allem Ruhe vor dem Treiben auf der Straße. Die Türen der katholischen **St. Josephs-Kathedrale** öffnen sich denen, die am benachbarten Pfarrhaus klopfen. Auf dem Vorplatz befinden sich die Gräber der beiden italienischen Missionare, die einst die Gemeinde aufbauten. Es gibt auch einige Moscheen und einen **Sikh-Tempel**.

Das **Shan-Staat-Kulturmuseum** wurde 1956 eröffnet und stellt in vier Räumen Sehenswertes dieser Kultur aus. Im ersten und zweiten Raum im Erdgeschoss werden die verschiedenen ethnischen Gruppen des Shan-Staates als lebensgroße Figuren in ihrer traditionellen Kleidung vorgestellt. Zudem finden sich hier Haushaltsgegenstände und Modelle, die das Dorfleben illustrieren. Außerdem sind Lackwaren und Musikinstrumente der Shan, darunter eine Bronzetrommel, sowie weitere traditionelle Kleidungsstücke ausgestellt. Im dritten Raum (1. Stock) wird der Unabhängigkeit der Shan gedacht. Zu sehen sind das Schriftstück des Panglong-Abkommens (s. Geschichte S. 117) – es verpflichtete Vertreter der Birmanen, Chin, Shan und Kachin, im Sinne der Union von Birma zusammenzuarbeiten – und Fotos der Vertragsunterzeichnung am 12. Februar 1947. Weiterhin sind Fotos prestigeträchtiger Bauten der Regierung im Shan-Staat zu sehen und Erfolge der Regierung bei der Beschlagnahme illegaler Drogen. Der vierte Raum beherbergt zahlreiche Gemälde, auf denen Personen in traditioneller Kleidung abgebildet sind, daneben dörfliche

Taunggyi
N
0
500 m
ÜBERNACHTUNG
1 Hotel Heart Hom
2 Muse Hotel
3 Kan-Tone Ka-Sone Hotel
4 Sweet Dream Hotel
5 Sun Minn Hotel
6 Taunggyi Hotel
ESSEN
1 Coca Cola Restaurant
2 Lyan Yu Hotel Restaurant
3 Shwe Min Thu Café
TRANSPORT
1 Busse nach Yangon, Mandalay,Bagan, Nay Pyi Taw
2 Pick-ups zum Inle-See
3 Taxis
4 Sunflower Travels & Tours
Meiktila, Inle-See
Khwango
Lan
Min Kyaung-Kloster
Na Ga Bat-Kloster
BAPTISTEN-KIRCHE
Merchant St.
Aung San Rd.
Bogyoke
NEUER MARKT
ALTER MARKT
NACHTMARKT
KINO
TUBERKULOSE-KRANKENHAUS
Mogok Meditation Centre
POLIZEI
Kath. St. Josephs-Kathedrale
Myoe Le Dhamma Yon-Pagode
SIKH-TEMPEL
Bogyoke-Park
Shan-Staat-Bücherei
Shan-Staat-Kulturmuseum
Phayar Gyi St.
Yat Taw Me-Pagode (Wunscherfüllungs-pagode)
Sula Muni Lawka Chan Thar-Pagode
Bahnhof
Kyaing Tong

Alltagsszenen oder heilige Orte des Shan-Staats. ⌚ Mi–So außer feiertags 10–16 Uhr, Eintritt US$2. Direkt neben dem Museum ist die Shan-Staat-Bücherei angesiedelt. Wenn die Türen des Museums verschlossen sind, findet sich in der Bibliothek oft jemand, der dennoch öffnet.

Etwas außerhalb des Stadtzentrums auf einer kleinen Anhöhe liegt die **Yat Taw Me-Pagode** (Wunscherfüllungspagode), in der ein 10 m hoher stehender Buddha nach Osten blickt. Um ihn herum sind in einem Spiegelgang große Schutzgeister *(devas)* gruppiert. Die Spiegel, einige Fenster und die blau gestrichene Decke sorgen für ein seltsam klares Licht. Auf den nördlich und westlich gelegenen Hügeln des ausgedehnten Wohngebietes sind ein halbes Dutzend weiterer Pagoden und Tempel verstreut.

Etwa 3 km vom Markt entfernt am südlichen Stadtrand liegt die große **Sula Muni Lawka Chan Thar-Pagode**, die 1994 eingeweiht wurde. Der 30 m hohe Stupa des weiß und golden leuchtenden Heiligtums ist weithin sichtbar. Als Höhlentempel gestaltet, findet sich innen ein Wandelgang mit Nischen für Buddhafiguren in den Wänden. Vier große stehende Buddhas blicken in die vier Himmelsrichtungen.

Taunggyi ist die letzte Stadt im Osten des Shan-Staates, die auf dem Landweg von Zentral-Myanmar aus besucht werden kann. Dahinter beginnt eine gesperrte Zone, die angeblich noch immer von Drogenhändlern und Schmugglern regiert wird.

## ÜBERNACHTUNG

Die Hotels sind hauptsächlich auf chinesische Geschäftsleute und einheimische Reisende eingestellt. Während des Ballonfestivals sind alle Zimmer bereits Wochen vorher ausgebucht.

**Hotel Heart Hom**, 9/A Bogyoke Aung San Rd., ✆ 081-22604, [8489]. Der plüschige Eingangsbereich ist sehenswert. In Ordnung gehaltene Zimmer mit eigenem Bad, TV, z. T. Fenster nach 2 Seiten. Inkl. Frühstück. ❷–❸

**Kan-Tone Ka-Sone Hotel**, 31 Bogyoke Aung San Rd., ✆ 081-23737, [5332]. Recht ordentliche Zimmer; empfehlenswert (da ruhiger) diejenigen, die nach hinten raus liegen. Badezimmer mit Badewanne. Das Personal ist hilfsbereit und spricht Englisch. Inkl. Frühstück. ❸

**Muse Hotel**, 6 Bogyoke Aung San, ✆ 081-22567, ✉ musehotel.taungyyi@gmail.com. Teilweise recht große Zimmer, einige davon mit kleinen Balkonen; freundliches Management. Hat auch teurere Zimmer für Familien. ❸

**Sun Minn Hotel**, 137 Bogyoke Aung San Rd., ✆ 081-22353, [5331]. Saubere Zimmer mit Bad, Warmwasser, einige mit TV und Minibar. Angegliedertes chinesisches Restaurant. ❷

**Sweet Dream Hotel**, 128 Merchant St., ✆ 081-23416, [8490]. Auch wenn die „Lobby" nicht wirklich einladend wirkt: Die Zimmer haben ein eigenes Bad, sind hell, komplett gefliest, sauber und mit TV ausgestattet. Inkl. Frühstück. ❷–❸

**Taunggyi Hotel**, Shu Myaw Khynn Rd., ✆ 081-21127, ✉ taunggyihotel.tgh@gamil.com, [8491]. Am südlichen Rand der Stadt, von einer schönen Parkanlage umgeben. Die älteren Standardzimmer sind nichts Besonderes, aber immerhin mit Bad, Minibar und TV ausgestattet. Die Superior-Zimmer sind die bessere Alternative. Frühstück inkl. ❸–❹

## ESSEN

**Coca Cola Restaurant**, Bogyoke Aung San Rd. Chinesisch-birmanische Kost. Tagsüber wenig los, erst abends wird es voll. Kein Englisch.

**Lyan Yu Hotel Restaurant**, etwas südlich des Marktes. Bekannt für seine guten Nudeln und sehr beliebt. Zu chinesischen Gerichten gibt es eine klare Brühe. Fassbier erhältlich. Wer will, kann sich in kleine Separees zurückziehen und privat speisen.

**Shwe Min Thu Café**, neben der Hauptpost. Bei Einheimischen für Kaffee, Tee und kleine Snacks sehr beliebt. Morgens kann man bei einer leckeren *mohinga* das Treiben an den Tischen beobachten. Oftmals ist zudem guter Vanillepudding im Angebot.

Günstig und gut lässt es sich tagsüber an den Essenständen im **Alten Markt** essen. Ob chinesisch oder Shan, die kleinen Snacks sind sehr lecker, und es macht Spaß, hier per Fingerzeig zu bestellen. Abends bietet der Nachtmarkt am **Neuen Markt** ein ähnliches Angebot.

In den **Teestuben** gibt es leckere Kleinigkeiten, nicht selten auch Shan-Nudeln. Die meisten Teestuben liegen nahe dem Markt. Leckeres Gebäck verkaufen einige Marktstände und benachbarte kleine Läden.

## SONSTIGES

### Einkaufen

In dem großen, zentralen **Marktbereich** (Alter und Neuer Markt) mischen sich Angehörige der Bergvölker unter die Händler und tragen dabei manchmal ihre farbenfrohen Trachten.
Noch größer ist der alle fünf Tage stattfindende **Wochenmarkt**. Hier gibt es u. a. Kunsthandwerk zu kaufen. Besonders erwähnenswert sind die Korbflechtarbeiten.

### Informationen

Im Taunggyi Hotel befindet sich ein **MTT-Büro**, ✆ 081-21611, in dem Informationen eingeholt werden können.

### Internet

Mehrere Internetcafés im ganzen Stadtgebiet. Eine große Wahrscheinlichkeit, E-Mails zu versenden, besteht im **Public Internet Access Center**, Bogyoke Aung San Rd. 1000 Kyat/Std. 🕒 8.30–21 Uhr.

## TRANSPORT

### Pick-ups und Taxis

Nach NYAUNGSHWE verkehren tagsüber **Pick-ups** für 1000 Kyat in einer guten Stunde. Sie fahren erst los, wenn sich mind. 20 Personen hineingezwängt haben. Bis dahin kann einige Zeit verstreichen.
Ein **Taxi** für die gesamte Strecke nach Nyaungshwe kostet mind. US$20.

### Busse

Einige Busse starten an den im Ortskern gelegenen **Ticketbüros**; andere am etwa 1,5 km westlich der Stadt liegenden **Busbahnhof**.
MANDALAY, um 17.30 Uhr private Busse, ca. 15 000 Kyat, 5–6 Std.
NAY PYI TAW, um 16.30 Uhr private Busse, ca. 10 000 Kyat, ca. 8 Std.
NYAUNG U (Bagan), um 17 Uhr, ca. 16 000 Kyat, ca. 8 Std.
YANGON, gegen 16 und 17 Uhr AC-Busse, 15 000–24 000 Kyat, ca. 14–16 Std.

### Eisenbahn

Taunggyi ist seit 1996 mittels einer Bahnstrecke nach Osten mit Namsang verbunden (wo Touristen nicht hinfahren dürfen). Der Anschluss an das Netz in Shwenyaung erfolgte Weihnachten 1997. Dennoch findet keine Personenbeförderung nach Shwenyaung statt, da die Fahrt über die Bergstrecke gegenüber dem Bus wohl nicht konkurrenzfähig ist.

### Flüge

Taunggyi liegt etwa 35 km von Heho entfernt, von dort tgl. Flüge nach YANGON, MANDALAY und BAGAN (S. 421). Ein Taxi von und zum Flughafen kostet US$15–20. **Air Bagan** hat ein Büro in der 134 Bogyoke Aung San Rd., ✆ 081-24736. **Air Mandalay**, ✆ 081-21330, und **Yangon Airways**, ✆ 081-24641, unterhalten ebenfalls Büros in der Bogyoke Aung San Rd. **Sunflower Travels & Tours**, ✆ 081-22575, bietet Tickets von allen Gesellschaften an.

# Kakku

Kakku (auch Kekku) ist ein antikes **Pagodenfeld** in malerischer Umgebung, das lange nicht zugänglich war. Bis ins Jahr 2000 haben nur sehr wenige Ausländer dieses fantastische Baudenkmal zu sehen bekommen, das für das hier lebende Volk der Pa-O das zentrale Heiligtum darstellt. Die Anlage liegt etwa 40 km südlich von Taunggyi, östlich des Inle-Sees. Sie grenzt im Westen an den Khe-La Berg, der 1300 m über den Meeresspiegel aufragt.

Zwei große Treppenaufgänge führen von Norden und von Südosten aus dem Tal zu den Pagoden hinauf. 2500 Tempel und Stupas stehen dicht gedrängt auf einem Quadratkilometer. Die meisten Stupas sind aus Backstein und Laterit gebaut, zwischen 3 und 10 m hoch und mit mythischen und glücksbringenden Symbolen geschmückt. Einige Skulpturen und Reliefs sind zerstört, manches wurde auch gestohlen.

In einige der mit der Zeit spröde und rissig gewordenen Bauten haben Bäume und Büsche ihre Wurzeln geschlagen. Pilger spenden viel Geld für die Restaurierung der Baudenkmäler. Im Süden der Anlage erstreckt sich eine große Schlucht, dahinter erhebt sich ein **Plateau**. Wer auf die Anhöhe wandert, wird mit einem fantastischen Blick auf Kakku belohnt. Oben auf dem Plateau stehen zwei gut erhaltene, fast lebensgroße Pferdestatuen und zwei Stupas.

An der vom Eingang aus linken Seite des Pagodenfeldes steht ein **Glasschrein**, in dem ein goldenes Wildschwein verehrt wird. An den Seiten befinden sich runde Öffnungen, in die Geldscheine geworfen werden, um das Schwein zu „füttern". Die Legende erzählt, dass eines Tages mehrere Stupas im Boden versanken. Die Menschen suchten und gruben den Boden um, doch die Pagoden blieben verschwunden. Da kam ein Wildschwein aus dem Wald und wühlte im Boden. Als die Menschen an der Stelle gruben, stießen sie auf die Stupas. Das Pagodenfeld wird mit diesen Spendengeldern renoviert. Auf Tafeln an den Stupas ist zu lesen, wer wie viel für die Wiederherstellung gespendet hat.

Die Geschichte der Anlage liegt im Dunkeln. Eine lokale Legende erzählt, dass schon die ersten buddhistischen Missionare aus Indien die Anlage im 3. Jh. v. Chr. gründeten – eine Geschichte, mit der sich allerdings viele lokale Heiligtümer in Myanmar schmücken. Eine andere These lautet, die Tempelstadt sei im 12. Jh. von dem Bagan-König Alaungsithu (reg. 1112–67) gegründet worden.

Das Alter vieler Stupas ist schwer zu bestimmen, da sie aus mehreren Schichten Backstein und Stuck bestehen. Einige konnten ins 16. Jh. datiert werden, als unter Bayinnaung (reg. 1551–81) das Zweite Birmanische Reich den Shan-Staat und Nordthailand einschloss. Sicher scheint zumindest, dass der Tempelkomplex zuletzt im 19. Jh. während der Konbaung-Dynastie erneuert wurde.

Die meisten **Pa-O** leben von der Landwirtschaft: Reis, Knoblauch, Kartoffeln, Mais und Obst. Sie führen ein Leben im Rhythmus der Jahreszeiten. Einmal im Jahr, im Frühjahr, treffen sie sich in Kakku zu einem großen Fest. Zum Vollmond des Tabaung (Feb/März) kommen Tausende mit ihren Ochsenkarren aus den Bergen herbei und bauen eine ganze Stadt aus Zelten und Ständen auf. Das Fest dauert drei Tage. Der Markt, die Tanzveranstaltungen und seltene Delikatessen für Gaumen und Kehle ziehen auch fremde Besucher in ihren Bann.

Individualreisende dürfen nur mit einem Führer nach Kakku kommen. Übernachtungsmöglichkeiten gibt es hier nicht. Auf der Westseite des Pagodenkomplexes bietet das große Hlaing Konn Restaurant chinesische, birmanische und lokale Spezialitäten und wirbt mit großen Portionen und *oversized drinks*. Der Ausblick von hier macht einen Besuch des Restaurants empfehlenswert, auch wenn die Küche selbst nicht berauschend ist.

### TRANSPORT

Viele private Agenturen in NYAUNGSHWE berechnen etwa US$50 für Auto und Fahrer. Dazu kommen etwa US$10 für *zone fee* und Führer. Man sollte den Trip mindestens einen Tag vorher organisieren.
In TAUNGGYI kann ein Besuch über das dortige MTT-Büro organisiert werden.
Von Taunggyi aus sind für ein Auto mit Fahrer ca. US$50 einzuplanen. Die Fahrt nach Kakku dauert ca. 1 1/2 Std.

# Kayah-Staat

Der Kayah-Staat war früher auch als Karenni-Staat (Staat der Roten Karen), bekannt. Diese bilden die Hauptbevölkerung in dem Landstrich, der im Norden und Westen an den Shan-Staat, im Süden an den Kayin-Staat und im Osten an die thailändische Provinz Mae Hong Son grenzt. Er war lange Zeit für westliche Besucher wegen bewaffneter Auseinandersetzungen nicht zugänglich. Erst seit März 2013 können die Hauptstadt Loikaw und ihre nähere Umgebung ohne Permit besucht werden. Der Rest des Staates ist, wenn überhaupt, nur mit Genehmigung bereisbar. Aufgrund der Unwägbarkeiten der Situation sollte man sich vor Antritt einer Reise nach der aktuellen Lage erkundigen.

## Loikaw und Umgebung

Loikaw [8876] erstreckt sich in einem weiten, fruchtbaren Tal entlang des **Pilu-Flusses** und ist als Hauptstadt des Kayah-Staates ein wichtiges Verwaltungszentrum. Hauptsehenswürdigkeit ist die hoch verehrte **Taung Kwe-Pagode** *(split mountain pagoda)*; sie krönt zwei mit einer Brücke verbundene Karsthügel nahe dem Stadtzentrum. Unweit entfernt liegt der 1914 erbaute **Thiri Mingalar Haw**. Das schöne Haus war einst Sitz der Kayah-Fürsten; die Enkel des letzten Fürsten übereigneten es 1994 der buddhistischen Gemeinde. Nach einer umfassenden Restaurierung dient der Bau nun als buddhistisches Kloster und kann besichtigt werden. Einen Besuch wert ist auch Loikaws großer **Thiri Mingalar-Markt**, auf dem sich die Volksgruppen der Regionen ein Stelldichein geben (Einkaufstipp: der hier oft verwendete Szechuan-Pfeffer; *makatih)*.

Im 1996 eröffneten **Cultural Museum** informiert eine Ausstellung über die ethnischen Minderheiten der Region. ⌚ tgl. außer Mo 9–16 Uhr, Eintritt 2000 Kyat. Einen Blick lohnt auch die moderne **katholische Kathedrale** aus dem Jahr 2000. Hinter ihr versteckt sich die alte Kirche von 1939. Der katholische Glaube hat in dieser Region eine lange Tradition: Die ersten Missionare kamen im Jahre 1511.

Das knapp 900 m hoch gelegene Loikaw ist umgeben von einer schönen Bergwelt, in der viele indigene Völker siedeln, darunter die **Kayan** (von den Shan werden sie Padaung genannt, was die Kayan jedoch nicht gern hören), die berühmt sind für ihre Frauen, deren Hälse durch das Anbringen von Metallringen künstlich verlängert wirken („Langhalsfrauen" – tatsächlich werden aber die Schultern nach unten gedrückt). Möglich ist ein Besuch in ihrem Dorf **Panpat (Pah Pae)**. Eintritt wird nicht verlangt; es sollte jedoch selbstverständlich sein, sich durch den Kauf einer angebotenen Handwerksarbeit für die Gastfreundschaft erkenntlich zu zeigen. Ein erfreutes Lächeln erntet, wer sich dann auch noch auf Kayah bedankt: *tarih ba na*.

Erweiterbar ist der Besuch manchmal durch eine Wanderung durch die Berglandschaft bis zur Intha-Siedlung **Paya Phyu** (mit anschließender Bootstour zurück nach Loikaw) oder durch

DER NORDOSTEN

© M. MARKAND

Das Wahrzeichen von Loikaw: die Taung Kwe-Pagode

Besuche in anderen Dörfern oder auf Märkten in der Umgebung. Auf dem Hin- oder Rückweg kann man noch einen Blick auf die **animistischen Schreine** in Dor Sor Bee nahe Loikaw werfen; hier werden in manchen Jahren jeweils im April die Feierlichkeiten zum Kayah-Neujahr begangen (in anderen Jahren finden sie an anderen Orten statt). Bei jedem Fest wird ein neuer geschmückter Holzpfahl errichtet.

Interessant ist auch ein Ausflug zur **Kyet-Höhle** (auch Yarsu Ku, Schießpulverhöhle, genannt), etwa 15 km nordöstlich von Loikaw in Richtung Shadaw: In der 2,1 km langen Tropfsteinhöhle, die noch nicht richtig erforscht ist liegen eigenartige, z. T. sehr große ausgehöhlte Baumstämme, die möglicherweise einer längst verschwundenen Menschengruppe als Särge dienten: So sagt es jedenfalls U Ua Ya Ma, ein alter buddhistischer Mönch, der seit Jahren in und vor dieser Höhle als Einsiedler lebt. Einsam ist er jedoch nicht, denn die geheimnisvolle Höhle (Taschenlampe mitbringen!) zieht viele einheimische Besucher an.

Bei allen Touren dieser Art ist die Unterstützung eines lokalen Guides unerlässlich (s. Informationen).

## ÜBERNACHTUNG

Keines der Hotels in Loikaw ist speziell auf westliche Reisende eingestellt, aber überall wird man herzlich empfangen – allerdings muss man in den einfacheren Häusern, kommt man unangemeldet, manchmal erst mal nach Englisch sprechendem Personal suchen (lassen).

**Hotel Loikaw**, 9 St., Naung Yar (A) Qr., ✆ 083-22946, 22947, 💻 www.hotelloikaw.com, [9877]. 25 holzvertäfelte Zimmer in Bungalows am kleinen Htee Ngar Yar-See. Ein 2015 fertiggestellter Neubau erweitert die Kapazität des Hauses erheblich. Das bevorzugte Hotel für Tourgruppen. ❺

**Min Ma Haw Hotel**, 120 Gangaw St., Mingalar Qr., ✆ 083-21451, 09-428 006 997, ✉ minmahaw96@gmail.com, [9879]. Empfehlenswertes kleines Haus mit etwas zu teuren, schlichten AC-Zimmern, aber auch einigen komfortablen Räumen, in denen das Preis-Leistungs-Verhältnis stimmt. ❸–❹

€ **Moon Joy Inn**, 4 U Thiri Rd., Daw Oo Khu Wrd., ✆ 083-21681, 21021, [9880]. In die Jahre gekommenes Guesthouse mit

DER NORDOSTEN

einfachen Räumen von der Einzelzelle bis zum Mehrbett-Zimmer; die meisten mit Gemeinschaftsbad. Die teureren Zimmer mit Bad sind hauptsächlich wegen der besseren Matratzen zu empfehlen. Ein Restaurant ist angegliedert, Frühstück inkl. Relativ zentral gelegen: Kayah-Palast, Bergpagode und Markt sind zu Fuß gut zu erreichen. ❶–❷

**Myat Nan Daw Hotel**, 54 (Ka) Gannayawady St., Minelone Qr., ✆ 083-240 034, 240 035, 💻 www.hotelmyatnantawloikaw.com, [9878]. Das erst 2014 eröffnete Haus bietet 33 gepflegte Superior-Zimmer und 4 weitere Zimmer in kleinen Bungalows am Parkplatz. Die 2 erheblich teureren Deluxe-Zimmer lohnen den Aufpreis nur bedingt. Auf der Dachterrasse mit Blick auf die Taung Kwe-Pagode sollen zum Sonnenuntergang Cocktails gereicht werden. WLAN und Frühstück inkl. ❺–❻

## ESSEN

Westliches Essen sucht man in Loikaw vergebens, aber wer sich für regionale Küche interessiert, findet Spannendes und Leckeres in Hülle und Fülle. Dabei sind nicht nur die unten genannten Restaurants empfehlenswert; auch auf dem Markt bietet sich einiges. Fleischesser sollten z. B. unbedingt *htauk papreh*, frische Würstchen mit Chili und Szechuan-Pfeffer probieren. Dazu gehört traditionell ein Schluck *kaung yoe*, ein (mehr oder weniger) leicht alkoholisches Getränk aus Hirse und Reis.

**Master Restaurant**, am See. Schöne Lage und gute einheimische Küche. Empfehlenswert z. B. das *Kayah Traditional Style Chicken* mit Reis. WLAN.

**Pwe Kushar Lay Restaurant**, am Nam Pilu-Fluss nahe dem Moon Joy Inn. Solide chinesische Küche und *Myanmar*-Bier vom Fass.

**Royal Restaurant**, am Nam-Pilu-Fluss nahe dem Uhrturm. Lockt abends mit leckeren Grillspießchen. Angeschlossen ist ein zuverlässiger Taxi-Service.

**Shwe Nagar Lay Restaurant**, am Nam-Pilu-Fluss gegenüber von Downtown. Beliebtes Lokal mit netter Aussicht von der Terrasse, guter lokaler Küche (ein Tipp sind die Salate) und *Double Strong Beer* vom Fass.

## SONSTIGES

### Feste

Neben dem Kayah-Neujahrsfest im April, das nur alle paar Jahre in Loikaw stattfindet, wird jedes Jahr regelmäßig am 15. Januar der **Kayah State Day** begangen. Schon 5 Tage vorher beginnt das große Spektakel, bei dem u. a. etwa 400 kleine Stände mit *local wine and food* aufgebaut werden.

### Geld

Geldautomaten u. a. an den zwei Filialen der **KBZ-Bank** Downtown und am Markt.

### Informationen und Touren

Die lokalen Guides wissen über die aktuellen Möglichkeiten für Ausflüge in die Umgebung Bescheid. Aber auch ein Streifzug durch die Stadt macht mit einem Führer mehr Spaß – und Restaurantbesuche sowieso, denn englische Speisekarten sind hier noch Mangelware. Erfahrene Führer sind **Kyaw Thu Latt** („Ko Latt"), ✆ 09-3251 2314, 09-428 002 006, ✉ kolat loikaw@gmail.com, und **Win Naing**, ✆ 09-428 001 621, 09-4927 8443, ✉ loikawtravelinfos @gmail.com. Sie arrangieren ggf. Permits und können auch bei der Anreise ab Nyaungshwe behilflich sein. Die Honorare betragen je nach Tour etwa US$30–40 pro Tag, zzgl. Transport.

## TRANSPORT

### Taxis

Die **Anreise** auf dem Landweg dauert von KALAW aus etwa 5 Std. (Wagen mit Fahrer ca. 180 000 Kyat). Von NYAUNGSHWE kostet ein Taxi etwa 150 000 Kyat.

### Busse

Wer mit dem **Bus** anreisen möchte, kann, von Kalaw oder Taunggyi kommend, vormittags am Abzweig nach Loikaw in AUNGBAN in einen der lokalen Rumpelbusse umsteigen. Zudem verkehrt tgl. ein Direktbus von NAY PYI TAW (S. 235).

Loikaws **Busbahnhof Shwe Yarzar** liegt etwa 1,5 km nördlich des Zentrums. Taxis/Tuk Tuks vom und zum Zentrum verlangen um 2000 Kyat.

KALAW, mit dem Taunggyi-Bus bis Aungban und dort umsteigen.
NAY PYI TAW (schöne Strecke durch die Berge), 7 und 15 Uhr, 10 000 Kyat, ca. 8 Std.
TAUNGGYI mit der Eastern Sun Company ca. 6.30 Uhr für 8000 Kyat in 7 Std.
YANGON um 5 und 12 Uhr für 12 800 Kyat in ca. 15 Std.
Manchmal ist auch ein Direktbus nach SHWENYAUNG verfügbar. In jedem Fall sollte man sich am Tag vorher nach den aktuellen Verbindungen erkundigen.

### Boote

Eine 7-stündige Bootstour von NYAUNGSHWE führt über den Inle- und Sakar-See nach PEKHON. Das Boot kostet etwa 130 000 Kyat. Von Pekhon dann mit dem Taxi für etwa 20 000 Kyat bis Loikaw.

### Flüge

Loikaws **Flughafen** wird 2x wöchentl. von Myanmar National Airways, ✆ 083-21500, 21014, angeflogen, planmäßig Di und Do, doch kommt es des Öfteren zu Verschiebungen.



# Nördlicher Shan-Staat

Während der südliche Shan-Staat mit dem Inle-See von fast jedem Myanmar-Reisenden besucht wird, sieht der nördliche Teil weniger Besucher und ist daher ein Tipp für alle, die es etwas ruhiger mögen. Einzig das kleine Örtchen Hsipaw hat es bisher auf die touristische Landkarte geschafft.

## Kyaukme

36 km westlich des Traveller-Städtchens Hsipaw, an der Straße, die von Mandalay über Pyin U Lwin nach Lashio und weiter nach China führt, liegt die Bezirkshauptstadt Kyaukme [5568]. Sie ist Heimat eines Militärpostens, eines Marktes und einiger übrig gebliebener Kolonialbauten. Bisher verirren sich nur wenige Reisende hierher – sie suchen nach Zielen *off the beaten track*. Hier finden sie eine einzige Unterkunft mit der Lizenz, Ausländer zu beherbergen, wenige Guides und viele schöne Trekkingrouten in den umliegenden Bergen.

Bei einem Spaziergang durch die Stadt sollte man dem lebendigen **Markt** einen Besuch abstatten. Vielleicht findet sich hier das ein oder andere ungewöhnliche Souvenir. Südwestlich des Marktes krönt die **Pyi Lone Chan Tha-Pagode** einen kleinen Hügel; der Aufstieg lohnt allein schon wegen des Ausblicks von der Plattform. Anbei liegt das 1958 gegründete **Thiho Paryatti Sarthin Taik-Kloster**. In der mit einem siebenstufigen Dach geschmückten Andachtshalle befindet sich eine große Buddhafigur. Ein bunter **chinesischer Tempel** liegt direkt neben dem Treppenaufgang zur Pyi Lone Chan Tha-Pagode.

**Wanderungen in die Umgebung** mit Übernachtung in einem Bergdorf lassen sich mit Guides unternehmen. Empfehlenswert sind u. a. **Naing Naing**, ✆ 09-4730 7622, ✉ naingnine nine@gmail.com, sowie **Thura**, ✆ 09-4730 8497, ✉ thuranaing84@gmail.com, 💻 www.thura trips.page.tl.

Wer in der Umgebung unterwegs ist, wird sicherlich den **Lonely Tree** *(ghala daung)* besuchen: Der markante, einsame Baum steht auf einem Hügel, auf dem sich auch ein aus Steinen zusammengetragener Stupa befindet (aufgrund der Bauweise „Nepalese mountain" genannt). Zudem sieht man am Fuß des Berges die Gebeine eines hochgeschätzten Dorfbewohners in einem Sarg aus Plexiglas aufgebahrt und umgeben von einer schlichten Wellblechhütte. Mehr Eindrücke aus der Umgebung s. eXTra [5572].

### ÜBERNACHTUNG UND ESSEN

**A Yone Oo Hotel**, Shwe Pi Oo Rd., eine Querstraße nördlich des Marktes, ✆ 082-40183, 09-523 2210, [5570]. Zimmer unterschiedlichster Kategorien: ohne Frühstück, mit Ventilator oder AC, mit eigenem Bad oder Gemeinschaftsdusche. Die einfacheren Zimmer befinden sich im Haupthaus, die besser ausgestatteten in einem weiteren Haus und in Bungalows im rückwärtigen Bereich. Einfaches Frühstück an einem Tisch in der Lobby. ❶–❸

## Luftige Fahrt im Schneckentempo

© MARTIN H. PETRICH

Der **Gokteik-Viadukt** liegt auf der Strecke zwischen Pyin U Lwin und Kyaukme und ist die berühmteste Eisenbahnbrücke Myanmars. Sie wurde 1899 von den Briten in Auftrag gegeben. Die amerikanische *Pennsylvania and Maryland Bridge Construction Company* übernahm den Bau. Die Stahlkomponenten wurden eigens aus den USA herbeigeschafft. Der Viadukt erregte bei seiner Fertigstellung im Jahr 1900 wegen seiner technischen Perfektion weltweit Aufsehen. Seinerzeit war er der zweitgrößte der Welt. Die Strecke von Naung Hkio nach Hsipaw wurde Mitte 1901 eröffnet, der Rest bis Lashio folgte zwei Jahre später. Der Viadukt ist fast 800 m lang und knapp 111 m hoch. Die inzwischen einmal renovierte Brücke wird äußerst vorsichtig im Schritttempo befahren – ein Erlebnis für Eisenbahnfans.

**One Love Hotel**, Pin Lon Rd., ✆ 082-40943. Neben den recht neuen Doppelzimmern mit eigenem Bad ist auch ein größeres Familienzimmer vorhanden. ❸

**The Northern Rock Lodge**, Shwe Pi Oo Rd., gegenüber dem A Yone Oo, ✆ 082-40660. Kleiner, freundlicher Familienbetrieb, in dem eine angenehme, gastfreundliche Atmosphäre herrscht. ❶–❷

Gutes **chinesisches Essen** und eine englische Speisekarte bieten das **Sein Restaurant**, **Yunan Restaurant** und **Joy Restaurant**, alle in der Querstraße südlich des Marktes. Im Joy Restaurant gibt es zudem eine kleine Auswahl an Eisbechern.

Preiswerte **indische Küche** (Chapati) in der Aung San Rd. – vom A Yone Oo kommend links die Straße hinunter, die nächste (Aung San Rd.) wieder links, dann auf der linken Seite.

Wem es nach etwas Westlicherem gelüstet: Der **Bread and Cake Shop** gegenüber vom Markt hat Brot und eine große Auswahl an Kuchen im Angebot.

## TRANSPORT

### Busse und Minibusse

Bus nach MANDALAY (3500 Kyat, 6 Std.) und PYIN U LWIN (2000 Kyat, 2 1/2 Std.) um 5.30 Uhr ab Busbahnhof. Die Tickets sollte man einen Tag vorher am Busbahnhof kaufen (der Aung San Rd. nach Norden folgend kurz hinter den Bahngleisen auf der rechten Seite).

Minibusse nach MANDALAY (über Pyin U Lwin) um 8 und 16 Uhr, 7500 Kyat, Abholung am Guesthouse, Tür-zu-Tür-Service.
Busse nach HSIPAW um 7, 12 und 16 Uhr am Markt, Aung San Rd., 1000 Kyat, 1 Std.; Tickets im Bus, keine Platzreservierung, daher besser frühzeitig da sein.

### Eisenbahn

Mit dem Zug um 11 Uhr Richtung PYIN U LWIN und MANDALAY, um 13.30 Uhr nach HSIPAW (US$2–4, Tickets jeweils 30 Min. vorher am Bahnhof ein paar Minuten nördlich des Zentrums).

12 HIGHLIGHT

## Hsipaw

Hsipaw ist ein kleiner Ort in der zweiten touristisch zugänglichen Schneise, die von der Zentralebene ins Shan-Land führt. Aus dem heißen Mandalay kommend, fühlen sich die meisten Besucher hier recht wohl und mancher bleibt länger als geplant. Das liegt wohl auch an der reizvollen Umgebung: an den Palaung- und Shan-Dörfern, die auf schönen Wanderungen erreicht werden können, sowie einigen interessanten Ortschaften im Umkreis – die Business-Metropole Lashio, das abgelegene Bergdorf Namshan und Kyaukme als touristisches Neuland.

Hsipaw war einst Sitz eines Shan-Fürsten, der Anfang der 1950er-Jahre in Amerika seine Traumfrau kennenlernte und sie nach Birma brachte. Sie stammte aus Österreich und setzte der Stadt Hsipaw und ihrem Mann ein literarisches Denkmal. In *Dämmerung über Birma – Mein Leben als Shan-Prinzessin* erzählt Inge Sargent aus der Zeit, in der sie als verehrte *Mahadevi* im Palast lebte, und davon, wie das Militär ihren Mann Sao verschleppte (und wahrscheinlich tötete) und sie nach Europa und später in die USA zurückging, wo sie heute noch lebt und sich für die Shan engagiert, 💻 www.burmalifeline.org.

### Sehenswürdigkeiten

Im Norden jenseits der Bahnlinie liegt in der Gasse gegenüber dem hohen Tamarindenbaum der **Schrein des Schutzgeistes von Hsipaw**, Tong-Sunt Po Po Gyi, der von einer Pagode, Tigerstatuen und kleineren Schreinen umgeben ist. Hinter der Pagode ist an einem Gedenkstein die Legende des Geistes auch auf Englisch verewigt. Folgt man dem weiteren Weg in südwestlicher Richtung, kommt man an Mrs. Popcorn's Garden (S. 451) vorbei zum **Maha Nanda Kantha-Kloster**. Es ist von halb verfallenen **Pagodenfeldern** umgeben, die Klein-Bagan genannt werden und zum Nachdenken über die Vergänglichkeit einladen. Ein altes Klostergebäude aus Holz beherbergt in seiner Gebetshalle eine berühmte Buddhastatue, die 1848 ganz aus Bambus gefertigt und anschließend vergoldet wurde.

Seit Anfang der 1990er-Jahre der Fürstenpalast in Kengtung abgerissen wurde, gehört der im britischen Kolonialstil errichtete **Shan-Palast** *(haw)*, in dem die österreichische Prinzessin bis in die 1960er-Jahre hinein lebte, zu den wenigen erhaltenen und noch bewohnten Residenzen der Shan-Fürsten. Mr. Donald, der Neffe des letzten Fürsten, lebt inzwischen in Taunggyi, während seine Frau Farn Besuchern in der zweistöckigen Villa gegen eine kleine Spende anschaulich das abenteuerliche Familienleben präsentiert. Die Villa liegt im Norden der Stadt hinter den hohen Sendemasten und dem kleinen Kloster.

Die **Mahamyatmuni-Pagode** befindet sich im Süden der Stadt und beherbergt eine große Buddhastatue, die jener in Mandalay nachempfunden ist. An der Straße Richtung Mandalay markiert der Nachbau des Goldenen Felsens und ein stehender Buddha den Eingang zu einem weiteren Kloster.

### ÜBERNACHTUNG

In Hsipaw gibt es ein breites Spektrum an Unterkünften für jeden Geldbeutel. Wer unterwegs hört: „Die Stadt ist total überlaufen, die Leute schlafen schon auf dem Balkon", sollte das nicht zu ernst nehmen – manche Traveller schlafen offenbar lieber beim allseits empfohlenen Mr. Charles auf der Veranda, anstatt sich nach einer anderen Unterkunft

DER NORDOSTEN

© M. MARKAND

Die grünen Berge in der Umgebung von Hsipaw locken zu immer neuen Entdeckungstouren.

umzusehen. Wer kurz vorher anruft, bekommt fast immer ein Zimmer in einer der genannten Unterkünfte.

**Ever Green Gh.**, Thein Ni St., abgehend von der Bogyoke Rd., ✆ 082-80670, 09-527 8274, [9872]. In der ruhigen Straße, die schräg gegenüber vom Mr. Kid abzweigt, befindet sich das 2-stöckige Gästehaus mit 9 Zimmern. Im Erdgeschoss recht große Zimmer mit gefliesten Böden, die günstigen mit Gemeinschaftsduschen, im 1. Stock schöne Holzböden. Teurere Zimmer mit AC und Du/WC. ❶–❷

**Lily – The Home**, 108 Aung Tha Pyay St., ✆ 082-80318, 80408, www.lilythehome.com, [7890]. Saubere Zimmer in mehreren Häusern, geleitet von der sehr freundlichen und hilfsbereiten Lily und ihrem Mann. Günstige Zimmer mit Ventilator und Gemeinschaftsbad, größere Räume mit kleinem Bad, ein Familienzimmer. Im neuen Hotelbau zur Straße sehr ordentliche, komfortable Zimmer mit Balkon, TV und Safe. WLAN. ❶–❹

**Mr. Charles**, 105 Auba Rd., ✆ 082-80105, ✉ resv.marcharles@gmail.com, [5564]. Bei Travellern die bekannteste Adresse der Stadt; viele Jahre lang wohnte hier so gut wie jeder westliche Besucher. Das Angebot reicht von preiswerten Betten im AC-Dorm bis zu komfortablen AC-Zimmern (eigenes Bad mit Wanne, z. T. Balkon) im Neubau. Inkl. Frühstück. WLAN. Wer Einsamkeit sucht, kann in einen der Bungalows der neuen **Mr. Charles Lodge** etwa 15 Taxi-Minuten südlich von Hsipaw ziehen. ❶–❹, Lodge ❺

**Mr. Kid** oder **Yamin Shwe Zin** („Goldene Puppe"), ✆ 082-80066, [7887]. Direkt bei der Einfahrt von Mandalay kommend linker Hand finden sich einfache, preiswerte Zimmer im rustikalen Holzhaus mit Gemeinschaftsbad oder eigenem Bad und WC. Die vorbeifahrenden Autos stören die Ruhe, und einige Traveller meinten, die Besitzer seien zwar freundlich, aber nicht allzu sehr auf Sauberkeit bedacht. Aufenthaltsraum mit TV. ❶

**Nam Khae Mao** („Clock Tower"), 134 Bogyoke Rd., ✆ 082-80088, ✉ namkhaemaoguesthouse@gmail.com, [5563]. Das Mutterhaus von Lily – The Home bietet weiterhin einfache, saubere und günstige Zimmer in diversen Größen mit und ohne Fenster/Bad. Die Lage an der lauten Hauptstraße ist nicht optimal. WLAN. ❶–❸

DER NORDOSTEN

**Red Dragon Hotel**, nördlich vom Sportplatz, ✆ 092-5832 5553, ✉ reddragonhotel.hsipaw@gmail.com, [9873]. War zum Zeitpunkt unserer Recherche noch nicht fertig, wird jedoch bei Erscheinen dieser Auflage 7 Standard- und 27 Superior-Zimmer zu einem vermutlich recht günstigen „Opening"-Tarif anbieten. WLAN und Frühstück inkl., Dachterrasse. Etwa ❸

**Riverside @ Hsipaw Resort**, 29/30 Myohaung Village, ✆ 082-80721, 💻 www.hsipawresort.com, [9874]. Das zur Amata Hotel Group (Ngapali Beach) gehörende Resort markiert das obere Ende der Wohnmöglichkeiten in Hsipaw. Die schön ausgestatteten Bungalows mit 28 Deluxe-Zimmern liegen auf der anderen Flussseite, sind jedoch mit einem kostenlosen Shuttle-Boot an die Stadt angebunden. Eine Vergrößerung der Anlage nach Norden hin ist geplant, und im Laufe des Jahres 2015 sollen ein Spa eröffnet und die Speisekarte um westliche Gerichte erweitert werden. ❺

**Tai House Resort**, 38 Sabai St., ✆ 09-9527 8275, 💻 www.taihouseresort.com, [9881]. Die hübschen Bungalows aus Naturmaterialien und das gute Restaurant haben sich seit ihrer Eröffnung 2014 schnell herumgesprochen, in der Hauptsaison sollte man daher reservieren. ❹–❺

**Yee Shin Guesthouse**, Mine Pone St., ✆ 082-80711, 09-527 8501, [9875]. Relativ neues Guesthouse unter chinesischer Leitung mit 22 kleinen, einfachen Zimmern mit Gemeinschaftsbad. ❶

## ESSEN

**Black House**, am Fluss in der Nähe des Marktes. Kaffee, Tee, Säfte und kleine Gerichte wie Pancakes und gute Shan Nudeln im Garten eines alten Shan-Holzhauses; ruhig, freundlich und toller Blick auf das vorbeifließende Wasser.

**Duhtawady Café**, am Markt. Teashop und Busstop in einem: Hier fahren Busse nach Lashio, Kyaukme und Mandalay (s. Transport) ab. Wer morgens auf den Bus wartet, kann knusprige, in Fett gebackene Pfannkuchen mit einer Art kalter Bohnensuppe frühstücken. Dazu gibt es starken, süßen Tee.

**La Wün Aung**, eines der vielen kleinen, einfachen Restaurants zwischen Werkstätten und Friseursalons in der einstöckigen Häuserreihe zwischen Sportplatz und Hauptstraße. Das frisch zubereitete Essen ist preiswert und schmeckt gut; empfehlenswert z. B. die Shan-Nudeln, der Nudel- und der Teeblättersalat sowie die Hühnerfleischgerichte. Dazu gibt es Tee oder Mandalay-Bier. Bietet auch Touren an.

**Law Chun (Mr. Food)**, Namtu Rd. Seit Jahren bei Travellern beliebt: Die großen, runden Tische bieten Platz für 8 Personen, die auf der umfangreichen, touristenfreundlichen Speisekarte bestimmt fündig werden. Dagon-Bier vom Fass.

**Mrs. Popcorn's Garden**, am Weg nach Klein-Bagan und dem Bambusbuddha gelegen. Die pensionierte Lehrerin Kim Min Te, die hervorragendes Englisch spricht, hat ihren Garten für Besucher mit bequemen Bambusstühlen ausgestattet. Tolle Fruchtshakes und frisches Obst, Letzteres teils aus eigenem biologischem Anbau. Empfehlenswert sind der frische Limetten-Mint-Shake sowie der Shan-Kaffee. Der weitläufige Garten ist ein guter Zwischenstopp auf der Wanderung.

**Myanmar Traditional Food Shop**, Bogyoke, Ecke Namtu Rd. Wie der Name schon sagt: Hier werden traditionelle birmanische Gerichte aufgetischt, vor allem Currys, die mit vielen Beilagen serviert werden. 🕒 vormittags bis früher Abend.

**Now!**, Namtu, Ecke Auba Rd. Schönes traditionelles Shan-Haus, vor dem in den Abendstunden allerlei Leckereien auf dem Grill brutzeln. 🕒 abends.

**Pontoon**, am Sportplatz. Das gemütliche Café im Holzhaus mit kleinem Gartenbereich bietet den besten Kaffee der Stadt, zubereitet in einer italienischen Kaffeemaschine. Für den kleinen Hunger gibt es Sandwichs, Müsli und French Toast. Alkohol und Zigaretten sind untersagt.

**San Restaurant**, Namtu Rd. Tische im Innen- und Außenbereich. Umfangreiche bebilderte englische Speisekarte u. a. mit Shan-Gerichten, außerdem Fleischspieße auf dem Grill. 🕒 8–23 Uhr.

**The Best Shan Food**, an der Straße zum Bahnhof. Kleiner Verschlag mit wenigen Tischen und noch weniger Gerichten, doch die angebotenen Shan-Nudeln (500 Kyat) sind sehr gut. Dazu gesäuertes Gemüse, eine kräftige Brühe und grüner Tee – lecker. Nur Vegetarier gehen leer aus. ⌚ tagsüber.

**The Club Terrace**, 35 Shwe Nyaung Pin St., ✆ 094-0275 2971. Netter Stopp für ein Glas Wein oder die von Lesern empfohlenen vegetarischen *spring rolls* u. a. asiatische Gerichte. Mit seinen weiß gedeckten Tischen etwas „feiner" als das Black House nebenan.

**Yuan Yuan (Mr. Shake)**, Namtu Rd., ✆ 094-0373 1865. In dem kleinen Shop mit nur wenigen Tischen gibt es vom freundlichen Besitzer frisch gemixte, sehr leckere Shakes aus Früchten der Saison, wahlweise mit Joghurt (oder auch Whisky) und Eiscreme. Zudem einige empfehlenswerte kleine Gerichte, z. B. Huhn mit Reis oder Guacamole. Gute Mojitos!

## SONSTIGES

### Einkaufen

Artikel des täglichen Bedarfs gibt es auf dem **Markt**, den man am besten morgens aufsucht. Wer Lesestoff sucht, findet bei **Mr. Book** in der Hauptstraße gegenüber dem neuen Kloster einige Bücher in englischer Sprache.

### Fahrrad- und Mopedverleih

Räder und Mopeds werden von verschiedenen Gästehäusern vermietet bzw. vermittelt. Fahrrad um 3000 Kyat/Tag, Moped 10 000 Kyat/Tag.

### Geld

Sowohl die **MAB-Bank** als auch die **KBZ-Filiale** haben Geldautomaten; der KBZ-ATM ist bei schlechten Internetverbindungen länger aktiv.

### Informationen und Touren

Touren werden von vielen Unterkünften und einigen Restaurants vermittelt. Sehr erfahren ist **Ko Pee Tour Service**, auf dem Gelände von Mr. Charles, 105 Auba Rd., ✆ 09-201 9072, ✉ skminyu@gmail.com, ⌚ tgl. 7–9 und 16–18 Uhr.

## TRANSPORT

### Busse und Sammeltaxis

Bustickets sollten unbedingt am Vortag gekauft werden, um einen Platz sicher zu haben.

BAGAN, um 5, 8.30 und 9.30 Uhr, 9000 Kyat, 7 Std., sowie um 19.30 Uhr, 15 300 Kyat (ab der RC-Bushaltestelle).

KYAUKME, mit den Mandalay-Bussen. Zudem gibt es noch ein altertümliches Gefährt, das um ca. 16 Uhr für 1000 Kyat am Duhtawady-Café losfährt. Wer keinen Wert auf einen gesicherten Sitzplatz legt, kann das Ticket für Letzteren auch kurz vor der Fahrt erstehen.

LASHIO, um 5.30 und 7.30 Uhr am Duhtawady-Café, 2000 Kyat, knapp 2 Std., oder um 14 und 15.30 Uhr an der RC-Haltestelle in der Hauptstraße, 15 300 Kyat (voller Preis für einen aus Mandalay kommenden Bus; Reservierung erforderlich).

MANDALAY, um 5.30 Uhr, 4500 Kyat, um 6 Uhr, 5500 Kyat, 2 Busse um 7 Uhr, 7300 Kyat, sowie ein Minibus um 7 Uhr, 9000 Kyat, außerdem je ein Bus um 10 Uhr, 9000 Kyat, und 14.30 Uhr, 4500 Kyat. Abends um 19.30 Uhr an der RC-Bushaltestelle ein weiterer Bus für 6300 Kyat, etwa 6–7 Std. Zwischen 9 und 15 Uhr ist bei Vorbuchung auch das Zusteigen in das aus Lashio kommende **Sammeltaxi** nach MANDALAY möglich, 16 000 bzw. 14 000 Kyat (max. 4 Personen), 5 Std.

MONYWA, um 4 bzw. 5 Uhr, 11 000 Kyat, 9–10 Std.

NAMSHAN, mit dem **Pickup-Truck**, der zwischen 9.30 und 10.30 Uhr an der Bogyoke Rd. hält. Unbedingt einen Platz vorbestellen. Ticket 7000 Kyat, Fahrtdauer ca. 4–5 Std.

PYIN U LWIN, mit den Mandalay-Bussen zum Mandalay-Preis, 4 Std.

TAUNGGYI, um 15.30, 16.30 und 17 Uhr, 15 300 Kyat (RC-Bushaltestelle), ca. 16 Std.

SHWENYAUNG (für Inle-See), um 3.30 und 4.30 Uhr, 16 300 Kyat, 14 Std.

YANGON, um 4.30, 5.30 und 6.30 Uhr, 16 300–21 300 Kyat, 14 Std.

### Eisenbahn

Wer viel Zeit hat, kann auch Bahn fahren. Die gemütliche Fahrt führt über den Gokteik-

Viadukt (S. 447, Kyaukme) und bietet unterwegs schöne Ausblicke auf die Landschaft.

Richtung MANDALAY fährt der Zug um 9.40 Uhr. Die Stadt ist nach ca. 13 Std. erreicht. Eine gute Idee ist es, nur bis PYIN U LWIN zu fahren (dabei überquert man den Viadukt) und von dort die Reise auf der Straße abzukürzen. Tickets nach Pyin U Lwin kosten 1200/ 2750 Kyat *(ordinary / upper class)*; Fahrdauer ca. 8 Std.

Nach LASHIO um 15.15 Uhr, Ankunft 19.35 Uhr, für wenige tausend Kyat.

Tickets gibt's jeweils eine Stunde vor Abfahrt am Bahnhof.

## Die Umgebung von Hsipaw

Ausflüge in die Umgebung (vgl. eXTra [5563]) können mit und ohne Guide unternommen werden. Kartenmaterial für Trips auf eigene Faust hat Mr. Charles, der von guten Guides geführte Wanderungen und Motorradtouren anbietet. Die meisten dauern etwa vier Stunden. Ein mögliches Ziel ist eine auf dem Hang gelegene Pagode, der **Sunset Point**. Auf der Straße nach Lashio muss die große Brücke überquert werden, dann zweigt ein Weg nach rechts zur Pagode auf dem Hügel ab. Eindrucksvoll und beschaulich sind auch **Bootstouren** mit Besuchen in den umliegenden Dörfern. Eine Stunde kostet etwa 8000 Kyat pro Boot.

Der **Wasserfall (Namok)** etwa 6 km südwestlich der Stadt ist ein beliebtes Ziel für halbtägige Wanderungen auf eigene Faust. Die erste Strecke auf der viel befahrenen Straße Richtung Mandalay ist zwar nicht sehr schön, aber 1 km jenseits der Eisenbahnlinie geht es hinter der Brücke geradeaus durch eine abwechslungsreiche Gegend. Zuerst wandert man über einen buddhistischen und muslimischen Friedhof und vor dem Eingang zum Kloster nach links über den chinesischen Friedhof hinauf. Hinter der Müllkippe geht es auf einem unbefestigten Weg steil hinab. Jenseits des Tals ist bereits der hohe Wasserfall zu sehen. Bald ist das Bachbett erreicht, dem man vorbei an mehreren einfachen Gehöften folgt. Der Pfad wird schmaler und führt auf Dämmen am Rand der Reisfelder entlang. Es gilt, auf Baumstämmen mehrere kleine Wasserläufe zu überqueren. Hinter einem schattigen Teich geht es schließlich steil den Berg hinauf zum Badepool unter dem Wasserfall.

Die **Bawgyo-Pagode**, die 1995 renoviert wurde, liegt etwa 8 km außerhalb von Hsipaw Richtung Mandalay. Sie gilt als eine der heiligsten Stätten des nördlichen Shan-Staates und wird vor allem am alljährlichen Pagodenfest (zum Tabaung-Vollmond, Feb/März) von zahlreichen Pilgern besucht.

Einige Kilometer westlich der Stadt Richtung Kyaukme gibt es bei einem Shan-Dorf **heiße Quellen** namens **Nam Onn**. Wer keine hohen Ansprüche hat, kann sich hier für einen geringen Eintritt wärmen. Wer mit einem Führer unterwegs ist, kann unterwegs die **Gewinnung von Salz** aus salzhaltigem Grundwasser beobachten, die vor etwa 100 Jahren von deutschen Ingenieuren initiiert wurde.

Hartgesottene Trekking-Fans können über Mr. Charles Guesthouse auch mehrtägige Touren aushandeln, bis hin zu siebentägigen Wanderungen, die im 85 km entfernten Palaung-Städtchen Namshan enden. Sie sind allerdings aufgrund der unruhigen Lage in einigen Gebieten nicht immer möglich.

## Namshan

Etwa 85 km nördlich von Hsipaw liegt auf fast 2000 m Höhe das Palaung-Städtchen Namshan [5557], eine Ansiedlung von Teebauern, die hier hervorragenden grünen Tee (zum Trinken und als Salat *lo-pet thouq*) produzieren. Abseits der Haupt-Handelsrouten in den Tälern scheint die Zeit auf diesem Bergkamm langsamer zu fließen: Die Hauptstraße ist gesäumt von gut gepflegten Holzhäusern, wenig Verkehr stört die Ruhe, die Anwohner sind beschäftigt mit der Verarbeitung ihrer Ernte und schauen Besucher fast ein wenig verwundert an.

Zu Fuß lassen sich der Ortskern und die nahe gelegene **Sayan Gyi-Pagode** erkunden. Man erreicht sie, wenn man die Hauptstraße am Guesthouse vorbei etwa 1 km bergauf weiterfährt; dann geht man den überdachten Treppenaufgang hoch. Von der Plattform, auf der Dutzende von Stupas stehen, hat man einen schönen Ausblick. Unterwegs können einige weitere Klöster und Pagoden besucht werden. Englisch wird dort allerdings kaum gesprochen.

Die **Tee verarbeitenden Betriebe** erlauben höflichen Besuchern sehr gern einen Einblick in ihre Tätigkeiten. Besonders interessant ist die kleine **Le-pet-Fabrik** ein paar hundert Meter vom Guesthouse die Straße hinauf (auf der linken Seite).

Wer mit einem Moped unterwegs ist und sich eine schwierige Fahrt über sehr grob gepflasterte Wege zutraut, kann der Hauptstraße durch das Dorf weiter geradeaus folgen: Nach dem Passieren einiger Dörfer erreicht man nach etwa 30–40 Min. Fahrzeit die in der Region sehr berühmte **Daung Yo-Pagode**, von der aus man eine fantastische Aussicht hat.

Mehrtägige **Trecks in die Umgebung** oder zurück nach Hsipaw können im Guesthouse organisiert werden. Es gibt allerdings nur drei Guides im ganzen Ort, und wenn die unterwegs sind, muss man sich eventuell gedulden.

Je nach politischer Lage in den Bergen kann es sein, dass Namshan gar nicht zugänglich ist, wie es z. B. Anfang 2015 der Fall war.

### ÜBERNACHTUNG

**Shwephe Taung Tan Cooperative Guesthouse**, N0-B/126 Myole Qr., ✆ 33-33200, 09-4731 4180, [5559]. Kleine, einfachste Zimmer mit sehr harten Matratzen für wenige 1000 Kyat p. P. Manager U Htun Hling ist Ansprechpartner in Sachen Trekking und erwartet die (von Hsipaw aus angekündigten) Gäste meist schon am Straßenrand, denn das winzige „Guesthouse"-Schild wird leicht übersehen. ❶

### TRANSPORT

Die **Anreise** erfolgt entweder mit dem Pickup-Taxi aus Hsipaw (S. 452) oder mit dem Moped über eine Straße, die schöne Ausblicke in die Bergregion erlaubt, vgl. eXTra [5561].
Die **Abreise** kann auch zu Fuß als mehrtägiger Treck nach Hsipaw erfolgen. Die Benutzung der Straße nach Kyaukme ist nicht erlaubt.

## Lashio

Lashio [5553] liegt 854 m über dem Meeresspiegel und wirkt, obwohl noch einige Kilometer von der Grenze zu China entfernt, wie eine Grenzstadt. Die chinesisch-birmanische Handelsstadt hat ein ganz besonderes Flair: Zahlreiche Händler aller Couleur mischen sich hier, vom chinesischen Schmuggler mit Sonnenbrille und Bomberjacke bis zur traditionell gekleideten Marktfrau aus den Bergen. Die Stadt eignet sich hervorragend für Leute, die Ziele abseits der Touristenroute suchen, denn nur wenige Besucher kommen hierher.

Viele Chinesen leben bereits seit Generationen in Lashio und den Dörfern der Umgebung. Das chinesische Kloster ist ein Ort des friedlichen Austauschs und der Besinnlichkeit. Die Stadt unterteilt sich in **Lashio Lay** und **Lashio Gyi** (Klein-Lashio und Groß-Lashio), wobei Letzteres der neuere Teil ist. Die Theinni Road verbindet die beiden Stadtteile.

Lashio bietet sich als Tagesausflug von Hsipaw an, wenn man nach Trecks durch die Dörfer des Shan-Landes mal etwas Stadtluft schnuppern möchte. Es ist zudem ein Zwischenstopp für Reisende auf dem Weg nach Muse zur chinesischen Grenze (S. 457).

### Sehenswürdigkeiten

Auf die birmanische **Mansu-Pagode** in Lashio Gyi führt ein kurzer Treppenaufgang. Das Innere der goldglänzenden Pagode ist mit zahlreichen Spiegelmosaiken geschmückt. Auf der anderen Straßenseite befindet sich ein Shan-Kloster, in dessen großer Versammlungshalle ein Buddha mit ernstem Gesichtsausdruck auf die Gläubigen herabblickt. Ebenfalls auf einem Hügel steht die **2500-Jahre-Pagode (Thatana 2500 Year Phaya)**. Über eine Serpentinenstraße im Südwesten können Autos bis auf das Gelände fahren. Zu Fuß ist die Pagode, die 1957 erbaut wurde, über einen parallel verlaufenden, überdachten Treppenaufgang zu erreichen. Von oben bietet sich ein Rundblick über Lashio Gyi. In einem Seitenschrein neben der goldglänzenden Pagode stehen Bo Bo Aung und Bo Min Gaung (der strenge Herr mit Stab) und eine lebensgroße Figur des Sai Gayatri (auch: Sai Baba), eines indischen Gurus, der z. B. auch im Sri Shiva Krishna-Tempel in Yangon sehr verehrt wird. Neben diesem indischen Einfluss zeugen chinesische Figuren von der gegenseitigen Beeinflussung der Religionen. Dem Kloster ist ein internationales Vipassana-Meditationszentrum angeschlossen.

In der im Jahr 1995 erbauten **Mahamyatmuni-Pagode** nördlich vom Markt wird eine goldene Buddhastatue verehrt. Die angeschlossene Versammlungshalle wird an buddhistischen Festtagen für Vorträge genutzt.

Von Mandalay kommend fahren die Busse am Ortseingang an der 2006 erbauten **Myo U Zedi-Pagode** vorbei. Auf dem weitläufigen, schön angelegten Gelände fallen die 45 m hohe goldene Pagode und ein sitzender Buddha unter einer ihn beschützenden Schlange auf. Gegenüber dem Lashio Motel gibt es einen verwahrlosten **Park** mit einem Unabhängigkeitsdenkmal, kleinen Karussells und einem Karaoke-Raum.

Eindrucksvoll ist das chinesische Kloster **Kuan Yin San** auf einem Hügel südlich von Lashio Lay. Bei dunstigem Wetter mit schwer am Himmel hängenden Wolken erinnert die Atmosphäre an mittelalterliche Klostergeschichten. Dabei stammt das Kloster aus dem Jahr 1950. Es hat etwa 50 Bewohner. Der Tempel ist äußerst eindrucksvoll. Innen steht Buddha neben chinesischen Heiligen im Halbdunkel. Das Gelände ist weitläufig angelegt. In künstlichen Bassins dümpeln Schildkröten um Miniaturwelten herum. Besonders die jungen Nonnen sind sehr freundlich und Gäste werden gerne auf einen Tee und Bonbons eingeladen. Oft wird mit Bedauern zur Kenntnis genommen, dass keine Unterhaltung möglich ist. Wer mit Dolmetscher kommt, kann viel Wissenswertes über das Leben im Kloster erfahren.

## ÜBERNACHTUNG

**Golden Hill Hotel**, Bagan St., Ecke Hnin Si St., ✆ 082-25656, ✉ goldenhillhotel.lashio@gmail.com, [7875]. 50 sehr schöne, teils große Zimmer der gehobenen Kategorie mit hellem Fliesenboden und Bädern mit Granitablage. Die teureren Zimmer mit dunklen Sitzmöbeln und Badewanne, die günstigeren mit winzigen Bädern. Alle Zimmer mit TV, AC, Kühlschrank und Trinkwasserbehälter. Inkl. Frühstücksbuffet. WLAN. ❹–❻

**Lashio Motel**, No 1 Qr., Railway Station Rd., ✆ 082-23702, [7873]. Das Hotel in einem parkähnlichen Garten wird manchmal von Reisegruppen genutzt, die von China kommend einen Halt einlegen. Recht große, bieder möblierte Zimmer. In einem zweistöckigen Kolonialbau neben dem Neubau kann man historische Atmosphäre schnuppern. Die großzügigen Zimmer haben sogar noch einen Kamin, der aber nicht mehr funktioniert, Polstermöbel, TV mit englischem HBO und alte, geflieste Bäder. Inkl. Frühstück im Festsaal. ❸–❹

**Royal Ground Hotel**, 34 Theinni Rd., ✆ 082-25516, [5556]. Kleines, freundliches Haus mit sauberen, unspektakulären AC-Zimmern mit Teppichboden und TV. Etwas ruhiger liegen die Zimmer im hinteren Anbau zu einem Innenhof. Familienzimmer vorhanden. ❸

**Thi Da Aye Hotel**, 218 Thiri Rd., ✆ 082-22165, [5555]. Im Keller (!) befinden sich die wenig einladenden Billig-Zimmer mit antiquierten Hock-Toiletten, aber die sauberen AC-Zimmer in den oberen Stockwerken sind definitiv die Mehrausgabe wert. Vom Dach des Hauses (wird zum Wäscheaufhängen genutzt, erreichbar über eine äußere Metalltreppe) hat man einen tollen Blick über die Stadt. WLAN. ❶–❸

**Ya Htaik Hotel**, Bogyoke Rd., ✆ 082-22655, [5567]. Das mehrstöckige Hotel nordöstlich des Marktes bietet Zimmer mit unterschiedlichem Standard, von einfachen DZ mit Gemeinschaftsbad bis zu Zimmern mit TV, Bad, AC und Kühlschrank. Viele Zimmer haben große Fenster. Kein Frühstück. WLAN. ❷–❸

## ESSEN

Auf dem **Nachtmarkt** in der Gasse von der Sankaung St. zur Moschee gibt es hervorragende, sehr günstige Wantan- und Nudelgerichte sowie Suppen.

Tagsüber bieten **Essensstände** an der Mahamyatmuni-Pagode neben Fleischspießen vom Grill auch Samosas und anderes Fettgebackenes an.

DER NORDOSTEN

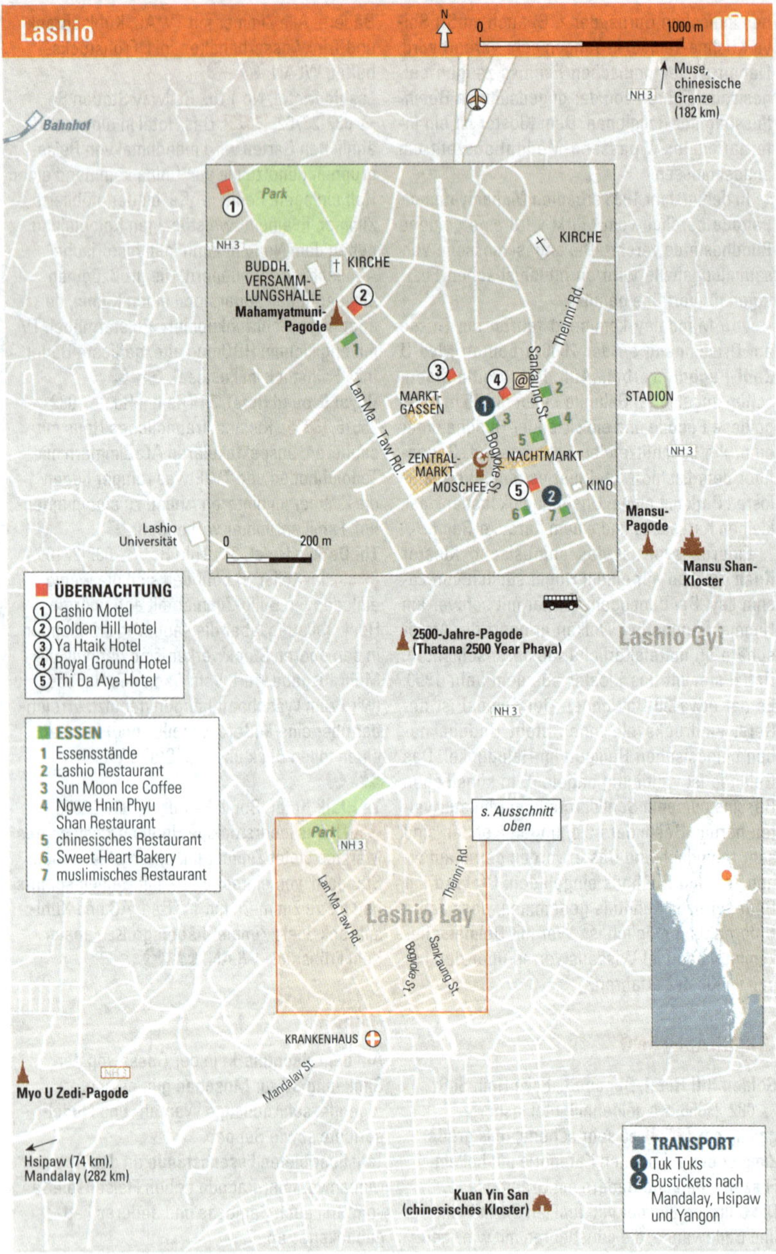


DER NORDOSTEN

**Lashio Restaurant**, Theinni, Ecke Sankaung St. Das altertümliche, offene Restaurant bietet chinesische Küche und gilt bei Einheimischen als für Touristen geeignet. Das Essen ist gut, aber nicht ganz billig; neben den Hauptgerichten werden leckere Beilagen serviert. In 3 Separees können sich Gruppen bis 7 Pers. in eine intimere Atmosphäre zurückziehen.

**Ngwe Hnin Phyu-Shan Restaurant**, Sankaung St., etwa 100 m südlich vom Lashio Restaurant, ✆ 082-22639. Das Buffet wie die frisch zubereiteten Gerichte in dem sauberen, gut besuchten Restaurant schmecken toll und sind recht preiswert. Keine englische Karte, aber hilfsbereite, Englisch sprechende Familienmitglieder. Gegenüber ein ähnliches **chinesisches Restaurant**.

**Sun Moon Ice Coffee**, Bogyoke St. Über der Bäckerei mit einer großen Auswahl an Gebäck werden in einem gefliesten, von Neonröhren ausgeleuchteten Saal im 1. Stock Hamburger, Chicken Wings und andere Gerichte für 1500 Kyat sowie Shakes, Kaffee und Tee serviert. Bebilderte Karte.

Die **Sweet Heart Bakery** hat eine Auswahl an süßem Gebäck.

Viele **Teestuben** und einige **muslimische Restaurants** bieten weitere Alternativen.

## NAHVERKEHR

Kleine dreirädrige **Tuk Tuks** fahren für 500 Kyat vom Busbahnhof zum Markt. Ein Pkw-Taxi kostet auf dieser Strecke 2000 Kyat.

## TRANSPORT

### Auto und Taxis

Wer sich in HSIPAW ein Taxi mietet oder mit einem Mietwagen unterwegs ist, kann einen Tagesausflug nach Lashio unternehmen. Die Fahrt dauert auf der gut ausgebauten zweispurigen Straße rund 1 1/2 Std. Die Weiterreise nach MUSE an die chinesische Grenze (5 Std.) ist nur mit Special Permit gestattet.

### Busse, Sammeltaxis und Tuk Tuks

**Busse** fahren um 17.30 und 18.30 Uhr über Hsipaw und Pyin U Lwin nach MANDALAY, 6000 Kyat, 7 Std. Nach HSIPAW um 9, 11, 13.30 und 15 Uhr, 2000 Kyat, knapp 2 Std. Tickets am Busbahnhof. Ein Ticketschalter, ✆ 082-23528, ggü. dem Royal Palace Café verkauft Fahrkarten für weitere Langstreckenbusse anderer Gesellschaften nach MANDALAY (18 Uhr, Ankunft frühmorgens) und YANGON (12 Uhr, Ankunft nächster Tag 10 Uhr); Tickets je nach Ziel und Gesellschaft etwa 10 000–20 000 Kyat.

Ein **Minivan** fährt tagsüber bis MANDALAY, Abfahrt um 6 Uhr, Abholung im Hotel um 5.30 Uhr, 8000 Kyat, 7 Std.

Morgens ab 8 Uhr starten **Sammeltaxis** nach MANDALAY, 15 000 Kyat für den Vordersitz und 13 000 Kyat für einen Platz auf der Rückbank, 6–7 Std.

### Eisenbahn

Ein Zug startet morgens um 5 Uhr Richtung MANDALAY (Ankunft 22.40 Uhr) über HSIPAW (Ankunft 9.25 Uhr) und PYIN U LWIN (Ankunft 16.05 Uhr). Auf dieser Fahrt überquert man den berühmten Gokteik-Viadukt.

### Flüge

**Yangon Airways**, **Asian Wings Airways**, **Air KBZ** und **Myanmar National Airlines** bedienen fast tgl. HEHO und TACHILEIK sowie YANGON.

# Muse

Am Eingangstor nach China endet die Straße durch den nördlichen Shan-Staat. Wer sich rechtzeitig eine Genehmigung besorgt hat, kann auf der von zahlreichen Lastwagon befahrenen, ausgefransten und ständig in Reparatur befindlichen Straße über mehrere Hügelketten bis hinauf nach China fahren. Die Busse legen auf der Strecke in Kutkai eine Essenspause ein (gutes Shan-Buffet). Nach mehreren Kontrollstellen und vielen Unterschriften ist schließlich der lebhafte Grenzort erreicht. Auf dem **Markt** nahe dem Uhrturm und in den Geschäften werden vor allem Billigimporte aus China verkauft, aber auch einheimische Leckereien und Nudelsuppen.

Neben dem Einreiseposten wird ein Büro der staatlichen Tourismusbehörde öffnen, dessen

Mitarbeiter jeden betreut, der die Grenze übertritt. **Ruili** auf der chinesischen Seite ist eine boomende Stadt mit vielen modernen Einkaufszentren, Geschäften und Hotels, die vor allem mit einheimischen Gruppen belegt sind, die in den Grenzort kommen, um Jade zu kaufen und sich vor dem Grenzstein fotografieren zu lassen.

## ÜBERNACHTUNG

Sollte es beim Grenzübertritt zu Verspätungen kommen, kann man in Muse übernachten. Mehrere Hotels liegen rings um den Markt.

**Twin Star Hotel**, Muse-Jeigao Gate, gegenüber dem Grenzübergang neben dem Shan-Tempel, ✆ 082-50434, 52162, ✉ twinstar muse@gmail.com. Dreistöckiges chinesisches Hotel, eines der drei besten Hotels der Stadt. Einfaches chinesisches Frühstücksbuffet inkl. ❷–❸

## SONSTIGES

### Geld

Kyat und chinesische Yuan (RMB) werden von zahlreichen Frauen auf und um den Markt gewechselt. US$ werden nicht getauscht.

### Grenzübertritt

Der Grenzübergang liegt etwa 1 km westlich des Zentrums, ⌚ 6.30–22 Uhr. Für Ausländer ist er nur nach langwierigen Vorbereitungen passierbar und manchmal geschlossen. Das erforderliche **Permit** muss von einem Reisebüro in der Hauptstadt Nay Pyi Taw beantragt werden. Die Bearbeitungszeit beträgt 4 Wochen (Express 2 Wochen). Da es nur für einen bestimmten Tag ausgestellt wird, kann man sich keine Verspätung erlauben. Jeder Ausländer muss von einem Fahrer und Guide bis an die Grenze begleitet bzw. von dort abgeholt werden. Der Grenzübertritt selbst ist langwierig.

Von **China** kommend muss das Ausreiseformular mit schwarzem Stift ausgefüllt sein. Erst wenn Myanmar bestätigt hat, dass der Guide mit dem erforderlichen Permit eingetroffen ist, gibt es den Ausreisestempel.

Am Posten, der für die Einreise nach Myanmar zuständig ist, sollte man sich auf längere Wartezeiten einstellen, auch wenn niemand sonst zu sehen ist. (Derzeit passieren etwa 30 Ausländer im Monat diesen Grenzübergang.) Nun müssen weitere Formulare ausgefüllt und getippt, bestätigt und kopiert werden. Sind schließlich alle Unterschriften komplett, kann es weitergehen.

### Zeitzone

In China muss die Uhr um 1 1/2 Std. vorgestellt werden.

## TRANSPORT

Ausländer dürfen nur mit Sondergenehmigung, einem eigenen Fahrzeug und Guide in das Grenzgebiet nördlich von Lashio reisen. Jenseits der Grenze in Ruili kann man sich frei bewegen. Vom Busbahnhof in Ruili, etwa 3 km von der Grenze entfernt, fahren große Busse in alle größeren Städte der Umgebung. Schalter ⌚ bis 19 Uhr.

# Östlicher Shan-Staat

Der östliche Shan-Staat ist auf dem Landweg nur über Thailand erreichbar – wer aus Myanmar anreisen möchte, muss ein Flugzeug nehmen. Grund sind die unruhigen Verhältnisse in der Region, deren östlichster Zipfel Teil des berühmt-berüchtigten „Goldenen Dreiecks" zwischen Myanmar, Thailand und Laos ist. Nur die Hauptstadt des Shan-Staates, **Kengtung** (birm.: Kyaing Tong), sowie die Grenzstadt **Tachileik** stehen unter voller Kontrolle der Regierung. Im Rest des Landes herrschen Milizen, und eine Region, Mong La an der chinesischen Grenze, hat sogar offiziell einen teilautonomen Status.

Ein Besuch in diesem abgelegenen Teil Myanmars lohnt dennoch: Kengtung ist mit seinen alten Häusern und unzähligen Tempeln und Klöstern für manche eine der schönsten Städte des Landes. Und in der Umgebung können Berge und Täler erwandert werden, die vielen noch ursprünglich lebenden ethnischen Minderheiten ein Zuhause bieten. Aus Sicherheitsgründen sind jedoch bisher nur Tagesausflüge möglich.

## Kengtung (Kyaing Tong)

Die einstige Fürstenstadt Kengtung [5686] im Grenzgebiet zu Thailand, Laos und China liegt am Naung Tong-See und blickt auf eine lange Geschichte zurück. Die Einflüsse der angrenzenden Länder sind noch heute spürbar – sie haben die Menschen stärker geprägt als die birmanische Kultur. Grund ist die geografische Lage: Kengtung liegt zwischen den Flusstälern des Thanlwin und des Mekong auf 787 m Höhe und wird im Westen von den 2000 m in die Höhe ragenden Bergrücken des Shan-Plateaus von Zentral-Birma abgetrennt. Der Legende nach war das Gebiet einst von Wasser überspült. Mit einem Zauberstab gelang es dem Einsiedler Tungkalasi, den riesigen See trockenzulegen, indem er zwei Kanäle zog. Ein kleiner See blieb, die Kanäle wurden zu den Flüssen Nam Lap und Nam Khon.

In der näheren und weiteren Umgebung der Stadt befinden sich Dörfer von 13 verschiedenen Volksgruppen, darunter den Wa, Shan, En, Akha, Akhe, Palaung und Lahu. Ein Teil der Berge wird von verschiedenen Armeen dieser Völker kontrolliert – ein Besuch ist Ausländern hier noch untersagt. Andere Gegenden sind auf Trekkingtouren zugänglich. Seit Langem ist die Grenzregion als „Goldenes Dreieck" bekannt, und als dessen heimliche Hauptstadt galt Kengtung. Bis 1993 durfte kein Ausländer hierher reisen, doch inzwischen haben die Regierungstruppen das Gebiet im Griff und es kommt in der näheren Umgebung kaum noch zu Auseinandersetzungen mit den umliegenden Volksgruppen und Drogenproduzenten. Die Bergvölker pflegen weitgehend ihren traditionellen Lebensstil, und so sieht man sie in ihren bunten Trachten auch auf dem Markt von Kengtung. Leider wurden die Wälder rund um Kengtung abgeholzt und damit die wunderschöne Natur nachhaltig zerstört.

In Kengtung erwartet Reisende ein angenehmes Klima. Die Nächte sind kühl und die Tage warm. In der kalten Jahreszeit kann es schon mal 5 °C kalt werden. Dem Wetter entsprechend gehörte auch dieser Ort zu den Lieblingszielen der britischen Besatzer. Noch heute zeugen zahlreiche Kolonialbauten von ihrer einstigen Präsenz, während die engen Verbindungen zu Thailand sich wiederum in der Klosterarchitektur zeigen. Über 30 Pagoden glänzen golden, sodass ein kurzer Spaziergang durch die gemischte Architektur abwechslungsreich ist und malerische

Für viele Kinder und Jugendliche im östlichen Shan-Staat sind die Klöster Zuflucht und Ausbildungsstätte.

© M. MARKAND

## Kengtung (Kyaing Tong)

Anblicke bietet – aber wahrscheinlich nicht mehr lange: Investoren aus China drängen vermehrt nach Kengtung, sodass alte Häuser zunehmend hässlichen Neubauten weichen müssen. Die Reste der Stadtmauer und Tore aus der Zeit der Shan-Fürsten bleiben hoffentlich erhalten.

## Sehenswürdigkeiten

Bei den Einheimischen besonders beliebt ist die **Mahamyatmuni-Pagode**, auch Wat Pha Jao Lung genannt. Die bronzene Buddhafigur, die in den 1920er-Jahren in Mandalay gegossen wurde, steht im Inneren des Tempels und ist eine Replik des dortigen berühmten Mahamuni-Buddhas. Goldene Malereien in Schablonentechnik an den rot gehaltenen Wänden illustrieren die Buddha-Legende und Jataka-Geschichten.

Für ausländische Besucher weitaus beeindruckender ist **Wat Jong Kham** (auch als Zom Kham bekannt), das sechs Haarsträhnen des Gautama-Buddhas beherbergen soll. Es heißt, dieser sei selbst hier gewesen. Der goldene *hti* des Tempels wird von Rubinen, Diamanten und Saphiren geschmückt. Auch Jade und Silber wurden hier verarbeitet. Zudem fand bei der Herstellung von Fußleisten und Giebeln Zinn Verwendung. Das Klimpern der kleinen goldenen Glocken auf dem *hti* macht den Eindruck einer reichen buddhistischen Stätte perfekt. Auch im Innenbereich glänzt dieser Tempel: Blattgoldbilder auf Lack zeigen Buddhas Lebensgeschichte, goldene Stoffe schmücken die zahlreichen Buddhafiguren, und die verspiegelten Säulen verstärken den imposanten Eindruck.

Schöne Wandmalereien hat auch die im 13. Jh. auf dem Zom Tom-Hügel errichtete **Sunn Taung-Pagode**. Der Stupa ist 66 m hoch und daher schon aus der Ferne gut zu sehen.

Einen schönen Blick auf die Stadt eröffnet ein Ausflug zum **Wat Pha That Jom Mon**, von wo ein Weg weiter bergauf zu zwei weißen Stupas führt – und zum etwa 70 m hohen, weithin sichtbaren Baum **Kanyin Phyu**, der im Jahr 1115 von König Alaungphaya gepflanzt worden sein soll. In der Umgebung des hochverehrten Baumes treffen sich gerne die jungen Leute, und verliebte Pärchen finden einsame Ecken. Etwas weiter entfernt befindet sich das Waldkloster **Wat Mahabodhi Vipassana**, in dem Mönche Meditation praktizieren.

Südwestlich des Sees thront ein etwa 15 m hoher **stehender Buddha** auf einem Hügel, einem geschichtsträchtigen Ort, denn hier wurde wahrscheinlich vor 1000 Jahren die Stadt gegründet. Daneben liegt das **Cultural Museum**, das einen guten Überblick über die Ethnien der Region bietet. ⌚ tgl. außer Mo und Feiertag, Eintritt 2000 Kyat. In der Nähe befindet sich die **Immaculate Heart Cathedral**. 1913 entstand hier eine römisch-katholische Mission. Heute ist dem Bischofssitz ein Waisenhaus angeschlossen.

Die wohl wichtigste Sehenswürdigkeit, der **Haw Saopha** („Palast des Shan-Fürsten"), wurde der Bevölkerung 1991 genommen, als Arbeiter auf Anweisung der birmanischen Zentralregierung das 1905 im indisch-europäischen Stil errichtete Gebäude niederrissen, um einem hässlichen Hotelklotz (dem New Kainge Tong Hotel) Platz zu schaffen. Damit nahm das Militär dem einstigen Shan-Fürstentum das letzte Zeugnis seiner Herrschaft.

## ÜBERNACHTUNG

Neben ein paar günstigen Häusern gibt es auch einige bequemere Unterkünfte im Ort.

**Golden Star Hotel**, 164 Airport Rd., ☏ 084-22411, ✉ goldenstarhotelktg@gmail.com, [9864]. Der wuchtige Bau entpuppt sich innen als das wohl beste Haus der Stadt: 52 recht große, gepflegte, geflieste Zimmer mit Holzmöbeln und bequemen Betten in insgesamt 3 Kategorien. Ein besonderer Tipp ist das unwesentlich teurere VIP-Zimmer Nr. 417: Mit schwerer Wohnzimmergarnitur und Platz genug für eine Familie. Beim Buchen einer Tour über das Haus gibt es einen Rabatt auf den Zimmerpreis. ❺

**Golden World Hotel**, 26 Zay Dan Loang, ☏ 084-21545, 22733, ✉ goldenworldhotel@gmail.com, [9871]. Wer die Standard- und Superior-Zimmer im Haupthaus trotz hoher Decken als etwas beengend empfindet, sollte als Alterative eines der Zimmer mit Gemeinschaftsbalkon im dazugehörigen Nachbarhaus (hinten über den Hof) wählen. Mäßiges Frühstück inkl. Freundliche Angestellte. In der Lobby viele Bilder des alten Shan-Palastes. ❸

## Im Schatten der Großreiche

Die meisten der 80 000 Bewohner stammen von den Khün ab, einem Volksstamm, der vermutlich im 13. Jh. die fruchtbare Ebene besiedelte, als der nordthailändische König Mengrai sein neu gegründetes Lanna-Reich gen Norden ausweitete. Bis ins 16. Jh. galt die „Stadt des Tung" (Shan: Kengtung, Thai: Chiang Tung), benannt nach dem legendären Einsiedler, als die kleinere Schwester von Chiang Mai. In den folgenden Jahrhunderten war Kengtung mal Zentrum eines unabhängigen Shan-Fürstentums, mal militärischer Vorposten birmanischer Könige. Erst unter den Briten genoss der Saopha von Kengtung wie seine 33 Kollegen im Verbund der Shan-Staaten weitgehende Privilegien. Nach Abgabe des Herrschertitels 1959 wurden infolge des Militärputsches drei Jahre später die meisten Angehörigen des Saopha vertrieben.

**Harry's Trekking House**, 132 Mai Yang Rd., ✆ 084-21418, 09-525 1274, [9865]. Außerhalb des Zentrums am Nordende der Stadt. Passable Zimmer; die meisten mit Warmwasser, AC und Kühlschrank. Fahrradverleih. ❶–❷

**Law Yee Chain**, 9 Kyaing Ngan Rd., ✆ 084-21114, 23242, [9866]. 19 nüchterne Zimmer mit Warmwasser-Bad, TV und AC. Das beliebte Restaurant im Erdgeschoss tischt solide Gerichte aus dem Reich der Mitte auf. ❷–❸

**New Sam Ywet Gh.**, Airport Rd., ✆ 084-21643, 21621, [9867]. Die 15 Zimmer in den Bungalows mit Bad haben kein Warmwasser und sind Einheimischen vorbehalten; die 22 Zimmer im Hauptbau mit Warmwasser-Bad und Ventilator können auch von Ausländern bezogen werden. Alles recht einfach und nicht mehr ganz neu, für Sparsame jedoch annehmbar. Es wird so gut wie kein Englisch gesprochen. ❷

**Noi Yee Motel**, 5 Mai Yang Rd., ✆ 084-21144, [9850]. In diesem fast 100 Jahre alten Gebäude residierten einst die Shan-Prinzessinnen. Doch fürstlich ist die Budgetunterkunft leider nicht mehr. Die Gemeinschaftsbad-Zimmer im Haupthaus sind nur für Einheimische, Ausländer schlafen in den recht heruntergekommenen Zimmern mit Bad im zweistöckigen Reihenhaus im Garten. ❶

**Princess Hotel**, 21 Zay Dan Kalay Rd., ✆ 084-21319, 22159, ✉ kengtung@mail4u.com.mm, [9868]. Das Haus ist von außen wenig ansprechend, doch neben der Lage nahe dem Stadtkern machen die Zimmer und der Service es zu einer der besten Unterkünfte von Kengtung. Die 21 Zimmer bieten AC, TV und Kühlschrank (sofern der Generator läuft). Kein eigenes Restaurant. ❹–❺

**Private Hotel**, 5 Airport Rd., ✆ 084-21438, 22613, 💻 www.privatehotelmyanmar.com, [9869]. 26 Zimmer in Bungalows mit Veranda, die sich um einen Innenhof gruppieren. Das Essen im kleinen Restaurant ist in Ordnung. Das Private und das Princess Hotel werden auch von Reisegruppen frequentiert; es empfiehlt sich daher eine Reservierung. Beide vermitteln zudem Wanderführer und Mietwagen mit Chauffeur. ❸–❹

**Sam Ywet Hotel**, 21 Kyaing Lan, ✆ 084-21235, ✉ samywethotel@gmail.com, [9870]. Das relativ neue Hotel in guter Lage nahe dem Markt bietet 27 karg ausgestattete, geflieste Zimmer mit Warmwasser, AC und TV. ❸

## ESSEN

In Kengtung servieren die Restaurants neben birmanischer auch viel chinesische Küche. Zudem gibt es viele kleine Shops mit Shan-Spezialitäten und ein gutes Thai-Restaurant. Entlang der vordersten Marktgasse buhlt eine Reihe guter und preisgünstiger **Suppen- und Reisküchen** bis 12 Uhr mittags um Kundschaft.

**Aung Naing**, direkt außerhalb des Marktes. Gilt als das beste birmanische Lokal der Stadt. Jeden Vormittag wird eine Auswahl von frisch zubereiteten Currys in Töpfen aufgereiht. Im Preis sind Suppe, Reis, Salate, Saucen, Kräuter und Tee inbegriffen.

**Golden Banyan**, Myaing Yang St., ✆ 084-21421. Nahe dem Pa Laeng-Tor. Beliebtes Restaurant mit chinesischer Küche. Von den Tischen auf der erhöhten Terrasse unter dem Banyan-Baum hat man einen schönen Blick auf die Straße.

**Happy Café**, unweit des Marktes. Nette Tee- und Kaffeestube, wo es zum Heißgetränk auch ein paar Snacks gibt.

**Lok Htin Lu**, Kyaing Rd. Die Yunnan-Gerichte zählen unter Einheimischen zu den Favoriten. Die Speisekarte zeigt zwar keine Preise an, die großen Portionen sind jedoch preiswert und ideal, wenn man ausgehungert vom Trekking zurückkehrt.

**Pann Ka Par – ST Restaurant**, Airport Rd., ✆ 084-51181. Das üppige Angebot des beliebten Restaurants an der Flughafenstraße reicht von chinesischen Gerichten bis zu Shan- und Thai-Spezialitäten. ⏲ tgl. 8–22 Uhr.

**Soonli Restaurant**, Mong Yang Rd. Chinesisches Restaurant mit wenig Atmosphäre, aber guter Küche. Hier werden auch Hochzeiten ausgerichtet.

## SONSTIGES

### Fahrrad- und Mopedverleih

**Harry's** vermietet Fahrräder für US$1. Die Ausleihe von Mopeds ist in Kengtung nicht gestattet.

### Geld

Geldautomaten (ATM) gibt es bei der **KBZ-Bank** nahe der Mahamyatmuni-Pagode und in der **Myanma Apex Bank** nahe dem Markt.

### Guides

Für alle Tagesausflüge muss ein örtlicher Führer engagiert werden. Hotels und Gästehäuser sind bei der Vermittlung gern behilflich. Oft wird man auch auf der Straße angesprochen; fast jeder, der ein paar Brocken Englisch kann, scheint sich als Führer anbieten zu wollen. Folgende erfahrene Shan-Guides sind zu empfehlen:

**Sai Htun**, ✆ 095-251736, ✉ saitunmn@gmail.com. Mitgründer der „Kengtung Guide Association".

**Sai Sam Tip**, ✉ sai.samtip3@gmail.com.

**Sai Win (Wilson)**, ✆ 084-22447, 09-525 2091, ✉ shantrekguide@gmail.com.

**Sai Ywet Kham (Freddie)**, ✆ 09-4903 1934, ✉ email.yotkham@gmail.com.

Der junge **Ah Beay** („Ä-Bi"), 💻 wanna1288@gmail.com, ist ebenso engagiert wie freundlich und vor allem für jüngere Traveller interessant, die einen kleinen Einblick in das Leben der Jugend in Kengtung bekommen wollen.

**Kyaw Sein** (Mr. Eric), ✆ 094-2812 0403, ✉ kyawsein98@gmail.com, gehört zur Ethnie der Akha und ist daher ein besonders guter Führer in Dörfer dieser Gruppe.

Die Kosten betragen am Tag etwa US$30–40 pro Guide, zzgl. nötiger Transportkosten.

### Visa

Bei der **Immigration**, etwas nordöstlich des Pa-Laeng-Tors, ist das Visum zum Preis von US$36 um 14 Tage verlängerbar (bis zu einem Aufenthalt von längstens 2 Monaten). Zur Einreise über Thailand s. S. 36 und S. 465.

## TRANSPORT

Die 452 km lange Straße zwischen Kengtung und Taunggyi ist zwar in einem annehmbaren Zustand, doch ist es Ausländern strengstens untersagt, die Fahrt zu unternehmen. Hier sind Besucher auf den Luftweg angewiesen.

### Taxis und Pick-ups

Ein **Taxi** nach TACHILEIK kostet um die 75 000 Kyat. Man kann über das Hotel auch nach Mitfahrern fragen.

Nordwestlich des Pa Laeng-Tors starten Sammeltaxis und **Pick-ups** in Richtung MONG LA (92 km, 3–4 Std.). Pick-ups fahren vormittags zwischen 7 und11 Uhr los (10 000 Kyat p. P.). Manche Fahrer haben allerdings keine Lust, westliche Besucher mitzunehmen, da sie sich die Melde-Prozedur an der Immigration sparen wollen. Zügiger geht es mit einem **Sammeltaxi** der Marke Toyota Superroof (bis zu 4 Pers., 16 000 Kyat p. P.). Ein erfahrener Fahrer schafft die Strecke inkl. Essenspause in 3 Std.

### Busse

Zwischen Kengtung und TACHILEIK verkehren tgl. um 8 und 12 Uhr Busse mehrerer Gesellschaften, die für die 167 km etwa 4 1/2 Std. brauchen und 10 000 Kyat kosten. Empfehlenswert ist u. a. der **Shwe Myo Daw Express** nahe dem Sam Ywet Hotel, ✆ 084-23004, 23145. Abfahrt jeweils von den Büros (s. Karte S. 460). Tickets einen Tag vorher besorgen.

### Flüge

Von Kengtung aus weiterfliegen dürfen nur Reisende mit 4-Wochen-Visum. Mehrere Gesellschaften fliegen von und nach HEHO, MANDALAY und YANGON sowie nach TACHILEIK, v. a. **Air Bagan**, 💻 www.airbagan.com, **Air Mandalay**, 💻 www.airmandalay.com, **Asian Wings**, 💻 www.asianwingsair.com, und **Air KBZ**, 💻 www.airkbz.com.

Tickets über **Sun Far Travel & Tours**, Kyaing Ngan Rd., ✆ 084-21033.

## Die Umgebung von Kengtung

Von Kengtung lassen sich wunderschöne Tagesausflüge in die Umgebung unternehmen. Leider hat der Kahlschlag vielerorts die Idylle getrübt. Die durchweg interessanten Wanderungen sind nur mit einem lizenzierten Führer erlaubt. Es ist derzeit nicht gestattet, in den Dörfern der Bergvölker zu übernachten, daher sind nur Tagestouren möglich. Sicher ist, dass die weitere Umgebung von Kengtung ein gewaltiges Potenzial für den Trekkingtourismus birgt.

Zu den beliebtesten Wanderzielen zählen diverse Dörfer der Minderheiten in den Bergen ein paar Kilometer nördlich der Stadt: **Wan Pin** (Akha), **Wan Mai** (En) und **Pin Tauk** (Lahu Na). Das urige Shan-Dorf **Yang Kong** liegt im Norden von Kengtung an der Straße nach Mong La und ist bekannt für seine Töpferwerkstätten, in denen Dachziegel und anderes Tonhandwerk hergestellt werden. Eine Autostunde südlich entlang der Straße nach Tachileik lassen sich in den **Ho Kyin-Bergen** sehr ursprüngliche Dörfer der Akha erwandern. Gut zu Fuß sollten auch jene sein, die im Rahmen einer sechs- bis siebenstündigen Trekkingtour das Lahu-Dorf **Pang Pack** besuchen möchten. Ausgangspunkt ist die Wa-Siedlung **Kong Ma**, etwa 45 Fahrminuten westlich von Kengtung.

Lohnend ist außerdem ein Abstecher zur knapp 10 km entfernten, auf einem Hügel östlich der Stadt thronenden Pagode **That Zom Doi**, die nach dem Vorbild der Kaba Aye-Pagode in Yangon errichtet wurde.

Etwa 7 km westlich von Kengtung gibt es ein öffentliches Bad mit **heißen Quellen** – sehr entspannend nach anstrengendem Trekking. Eintritt 500 Kyat p. P. Vor dem Bad laden in parkähnlicher Natur Stände mit Getränken und Snacks zur Erfrischung ein. Nicht weit entfernt liegt das von Silber-Palaung bewohnte Dorf **Wan Pauk**.

Die Tagesmiete für den Wagen beträgt je nach Entfernung US$40–70, s. auch eXTra [5687].

## Loi Mwe

Der von den Briten „Nebelberg" getaufte Ort liegt 33 km südöstlich von Kengtung. Auf über 1600 m Höhe etablierten die Kolonialherren in den 1910er-Jahren den östlichsten Vorposten ihres riesigen „British Raj". 1916 gründeten italienische Nonnen ein **Kloster**, dem heute ein Waisenhaus mit etwa 80 Mädchen angeschlossen ist. Auf dem Hügel verteilen sich einige koloniale Villen, darunter die schöne, 1918 erbaute **Residence of Colonel Rubel**. Die Anfahrt führt durch eine malerische Gegend mit Wäldern und Reisterrassen und endet an einem künstlich aufgestauten **See**. Auf dem Berg liegen verschiedene Siedlungen der Minderheiten, darunter das Wa-Dorf **Nong Kyo**, das Akha-Dorf **Ho Lup** und das Lahu-Dorf **Pang Wai**.

Man kann diesen Ort nur mit dem Mietwagen besuchen (ca. US$45–50), s. auch eXTra [5688].

## Wan Nyat und Wan Seng

Einer der schönsten Wanderausflüge führt zu Siedlungen der Loi Wa in den Bergen östlich von Kengtung. Dabei fährt man zunächst entlang der Straße in Richtung Mong La und biegt nach etwa 65 km links in eine unbefestigte Bergstraße ab. Unterwegs passiert man einen Checkpoint am Nam Lwe-Fluss, ⌚ 6–18 Uhr. Das Auto bleibt wegen der Steigung an der Abzweigung zurück. Nach etwa einer Stunde Fußmarsch (Wasser, Nahrung und Sonnenschutz mitnehmen!) ist das Dorf **Wan Nyat** erreicht, das mit einem an laotische Sakralbauten erinnernden Kloster aus dem 16. Jh. aufwartet. Außer dem gekrönten Buddha wurden die filigranen Holzschnitzereien und Mosaike an den Wänden von kunstbegabten Dorfbewohnern und Mönchen geschaffen.

Eine weitere Gehstunde später taucht auf einem bewaldeten Bergrücken das „Dorf der Hunderttausend", **Wan Seng**, auf. Auch hier lohnt der Besuch des 700 Jahre alten Klosters aufgrund der kunstvollen Holzschnitzereien und schönen Buddha-Darstellungen. Das Wat steht auf einem Gelände oberhalb des Dorfes, in dem die Loi Wa-Familien in mehreren Langhäusern leben. Die Frauen tragen auch noch in ihrem Alltag indigoblaue Wickelröcke und Blusen.

Für die Automiete muss mit etwa US$70–80 gerechnet werden (s. eXTra [5689]).

## Mong La

An der chinesischen Grenze, beschwerliche 85 km entfernt, und nur nach einer Registrierung bei der Immigrationsbehörde in Kengtung zu besuchen, liegt Mong La (auch Mengla). Möglich ist die Reise in die „Special Region Nr. 4" erst, seit 1989 ein Waffenstillstandsabkommen zwischen der birmanischen Regierung und der United Wa State Army (UWSA) geschlossen wurde. Bis dahin war der Ort nicht mehr als eine Rebellenhochburg an einer Drogenhandelsroute. Doch als vornehmlich chinesische Investoren ihre Gelder in die nun weitgehend autonome Zone sprudeln ließen, um ihre Landsleute über die

Grenze in Spielkasinos und Karaokebars zu locken, avancierte Mong La zum „Las Vegas im Dschungel". 2005, als die chinesischen Behörden dem lukrativen Grenzverkehr einen Riegel vorschoben, war damit erst einmal Schluss. Das hat sich seit 2009 wieder gelockert; die Kasinos liegen nun etwas in der Umgebung (und werden mit Shuttle-Bussen angefahren). Mong La kann (meistens) ohne Guide besucht werden, doch ein Chinesisch sprechender Begleiter ist ratsam. Als Währung wird der Yuan benutzt; wechseln sollte man im Vorfeld auf dem Markt in Kengtung. Weitere Reiseinfos s. eXTra [5696], Hintergründe zur Drogenthematik s. eXTra [8488].

## Tachileik

Die kleine Grenzstadt Tachileik [5690] bietet wenig Sehenswertes. So kommt es, dass Touristen von hier aus meist direkt nach Kengtung weiterfahren oder -fliegen. Einige Reisende nutzen die Grenzstadt für ihren Visa-Run, um ein neues Thai-Visum zu bekommen.

Ein Tagesausflug von Mae Sai in Thailand aus bietet sich als Schnupperkurs für zukünftige Birmareisende an. In Tachileik gibt es einige Kunsthandwerksgegenstände der Shan zu kaufen. Diese sind auf der thailändischen Seite für das gleiche Geld zu haben. Obwohl in Tachileik vornehmlich mit Baht bezahlt wird, ist das birmanische Lebensgefühl spürbar.

Wer es nicht nach Yangon schafft, kann sich die Replik der **Shwedagon-Pagode** ansehen, von der man einen guten Blick über die Stadt und die umliegenden Berge hat. Nördlich des Städtchens liegt ein sehr touristisches **Akha-Dorf**.

### ÜBERNACHTUNG

Tachileik ist nicht gerade berühmt für seine Hotels. Das Preis-Leistungs-Verhältnis der Unterkünfte ist auf der thailändischen Seite wesentlich besser.

**Allure Resort**, Baydar Rd., Thailand ✆ 0066-(0)1-530 1113, 🖳 www.allureresort.com. Exklusivste Herberge Tachileiks. Hier verzocken vornehmlich thailändische Touristen ihre Baht

### Grenzübergang von/nach Thailand

Täglich strömen viele Thais über die Grenzbrücke nach Tachileik, um dort billige chinesische Waren einzukaufen. Zu Grenzschließungen infolge bilateraler Zerwürfnisse kommt es derzeit selten. Das Thai-Visum wird direkt an der Brücke gestempelt. ⌚ 6–18 Uhr, am Wochenende bis 21 Uhr. Das Büro der thailändischen Immigration liegt in Mae Sai, rund 1,4 km von der Brücke entfernt, ✆ +66-(0)53-731 008/9.

**Einreise**: Die Einreise nach Myanmar mit dem normalen Touristenvisum ist kein Problem. Die Weiterreise ins Landesinnere muss allerdings von Tachileik oder Kengtung aus mit dem Flugzeug erfolgen. Alternativ erhält man für US$10 ein 14 Tage gültiges **Entry Permit**, das aber nur zu einem Aufenthalt in Tachileik und Kengtung berechtigt. Eine Weiterreise zu anderen birmanischen Zielen ist nicht möglich. Der Reisepass bleibt in diesem Fall bis zur Rückkehr im Immigration Office von Tachileik. Individualreisende mit Entry Permit müssen für den Besuch von Kengtung bereits an der Grenze einen „Tour Guide" anheuern, der mit etwa 1000 Baht bzw. US$30 am Tag plus Kost und Logis zu Buche schlägt. Wer von Kengtung aus Trekkingtouren plant, sollte vorab einen Guide aus Kengtung anheuern und ihn bitten, nach Tachileik zu fahren, denn die Führer aus Tachileik sind für diese Ausflüge nicht geeignet.

**Ausreise**: Wer mit dem Entry Permit über Tachileik nach Myanmar eingereist ist, kann hier wieder problemlos ausreisen. Auch wer über Yangon (oder einen anderen Grenzübergang) ins Land kam, kann ohne Probleme nach Thailand ausreisen.

In Thailand erwartet Touristen eine kostenlose, vier Wochen gültige Aufenthaltserlaubnis. Von der thailändischen Grenze fahren Sammeltaxis zum Busbahnhof, wo tagsüber stündlich Busse nach Chiang Rai [2723] und Chiang Mai [2685] abfahren.

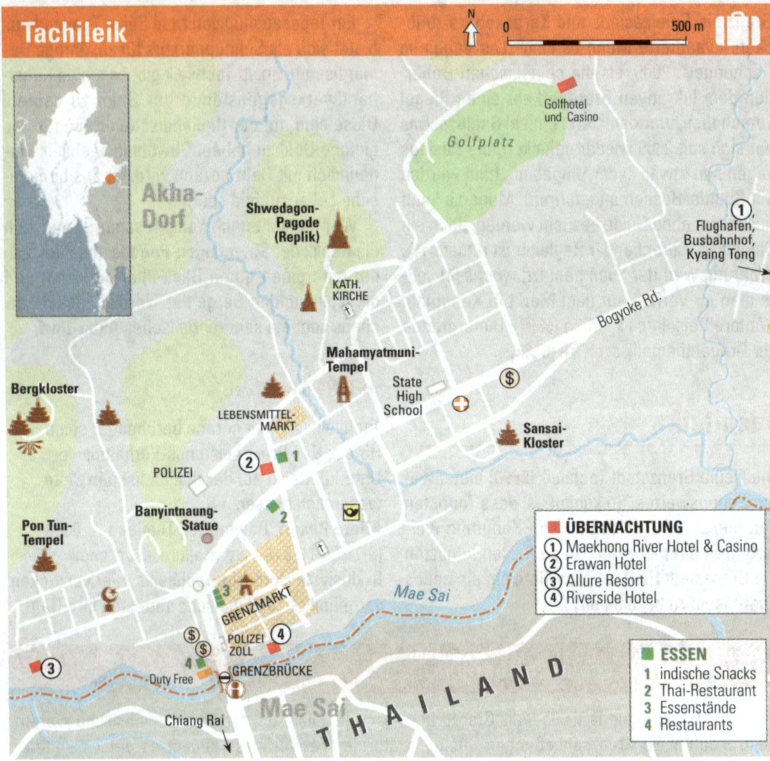




am Spieltisch. Großzügig ausgestattete Zimmer und Suiten lassen kaum Wünsche offen. ❹–❻

**Erawan Hotel**, Main Rd., ✆ 084-51156, Yangon ✆ 01-289 2863. Ordentliche Zimmer inkl. TV und Bad mit Warmwasser, wahlweise Ventilator oder AC. Liegt relativ ruhig im Zentrum nahe dem Lebensmittelmarkt. Gutes Preis-Leistungs-Verhältnis. ❶–❷

**Maekhong River Hotel**, Bogyoke Rd., ✆ 084-51900. Tophotel mit westlichem Standard, Kasino, Sauna und großzügiger Lobby mit viel Marmor. Vom Biergarten auf dem Dach Ausblicke über ganz Tachileik und zur thailändischen Seite. ❸–❻

**Riverside Hotel**, am Fluss, ✆ 084-51161, ✆ Yangon 01-960 0710. Dem Haus würde eine Renovierung guttun. Die direkte Lage am Grenzfluss ermöglicht sehnsüchtige Blicke in die deutlich komfortablere Welt des benachbarten Thailand. ❶–❷

## ESSEN

Zahlreiche **Restaurants** und fahrbare **Essenstände** finden sich direkt an der Grenzbrücke und der **Hauptstraße** (Bogyoke Aung San Rd.). Auch hier ist ein deutlicher Qualitätsabfall gegenüber Thailand festzustellen.

In unmittelbarer Nähe des Erawan Hotels bieten nachmittags südasiatische Muslime äußerst leckere, frisch frittierte vegetarische **Frühlingsrollen**, **Samosa** und **Pakori** an.

Ein kleines, namenloses Restaurant mit wenigen Tischen serviert schmackhafte **Thai-Küche** und ist besonders abends gut besucht.

Falls man kein Thai spricht, einfach mit den Fingern auf die verschiedenen ausliegenden Zutaten deuten.
Das **Maekhong River Hotel** verfügt über einen schönen Biergarten auf dem Dach mit Restaurantbetrieb.

## SONSTIGES

### Einkaufen

Viele Tagestouristen decken sich mit Zigaretten, Alkohol und CDs/DVDs zu günstigen Preisen ein. Kleidungsstücke sind meist in Thailand produziert und kaum billiger. Des Weiteren finden sich Schnitzereien, Kräuter, getrocknete Pilze, Tee und Elektrogeräte aus China im Angebot.

### Geld

Im gesamten Stadtgebiet werden thailändische Baht als Zahlungsmittel akzeptiert. Direkt westlich an der Grenzbrücke bieten kleine Läden die Möglichkeit zum Geldwechsel. Wer nach Kengtung weiterreist, kann jedoch auch dort tauschen.

### Informationen

Das Personal des **Myanmar Travel & Tour Office**, ✆ 084-21023, auf der Grenzbrücke ist freundlich und hilft mit Informationen zur weiteren Reisegestaltung. Auf Wunsch wird ein Taxi nach Kengtung organisiert.

## NAHVERKEHR

Schon an der Brücke warten kontaktfreudige und geschäftstüchtige **Rikschafahrer** auf Kunden (unbedingt vorab Preis und Route festlegen!). Die einfache Fahrt zum Taxistand kostet etwa 30 Baht, der Transport zum 12 km entfernten Flughafen etwa 100 Baht, 2000 Kyat oder US$2. **Songtheaw / Pick-ups** fahren entlang der Hauptstraße und kosten je nach Strecke 5–10 Baht.

## TRANSPORT

### Taxis

Die angenehmste Art, die kurvenreichen 167 km nach KENGTUNG zu bewältigen, ist per Sammeltaxi (bis zu 5 Plätze, 3 1/2–4 Std. inkl. Essensstopp; ab 15 000 Kyat je nach Anzahl der Personen). Die gute Straße windet sich entlang enger Flusstäler mit Reisterrassen und Bambuswäldern. Das MTT hilft gern bei der Vermittlung eines Taxis. Etwas günstiger sind die Sammeltaxis an der Hauptstraße.

### Busse

Tgl. starten um 8 und 12 Uhr Busse vom 7 km östlich der Stadt gelegenen Busbahnhof nach KENGTUNG (167 km), 10 000 Kyat, 4 1/2 Std.

### Flüge

**Air Bagan**, 💻 www.airbagan.com, bedient in den Wintermonaten fast tgl. die Strecke Tachileik–HEHO–MANDALAY–YANGON sowie Mo, Mi und Sa die Strecke nach KENGTUNG. Informationen und Buchungen im Stadtbüro, Bogyoke Aung San Rd., ✆ 084-51024, 51929. Je nach Kapazität steuert auch **Air Mandalay**, 💻 www.airmandalay.com, tgl. Tachileik an. Weitere Flüge u. a. mit **Asian Wings**, 💻 www.asianwingsair.com, und **Air KBZ**, 💻 www.airkbz.com.

BAMBUSBRÜCKE, BHAMO; © M. MARKAND

# Der Norden

**Der Norden Myanmars gehört zu den eher selten bereisten Regionen des Landes. Die Zahl der für Touristen erreichbaren Ziele hält sich in Grenzen und militärische Auseinandersetzungen destabilisieren die Lage. Dennoch hat diese Region ihre ganz eigenen Reize. Ein Besuch empfiehlt sich besonders für jene, die die großen touristischen Hotspots schon gesehen haben – oder vermeiden wollen.**

# Stefan Loose Traveltipps

**Myitson** Der Zusammenfluss von Mekha und Malika markiert den Ursprung des mächtigen Ayeyarwady – und ist von einem Staudammprojekt bedroht. S. 476

**Bhamo** Das freundliche Städtchen Bhamo ist von Mandalay aus mit einer Bootstour zu erreichen. S. 478

**Katha** Das Örtchen, das die Kulisse von George Orwells *Burmese Days* bildet, ist ein schöner Zwischenstopp auf einer Flussreise im Norden. S. 480

**Putao** Für eine Trekking-Tour zu Füßen des Himalaya muss man tief in die Tasche greifen, doch für manche sind die unvergesslichen Erlebnisse einfach unbezahlbar. S. 482

TEESTUBE, KATHA; © M. MARKAND

SHWE MYAE ZU-PAGODE, INDAWGYI-SEE; © M. MARKAND

**Wann fahren?** Die beste Reisezeit für die Region ist zwischen November und März. In den trockenen Sommermonaten wird eine Flussfahrt auf dem Ayeyarwady beschwerlich.

**Wie lange?** Die meisten Reisenden bleiben etwa drei bis fünf Tage.

**Beste Feste** Wer einmal das Manao-Fest in Myitkyina oder das Tempelfest auf dem Indawgyi-See erlebt hat, wird das sein Leben lang nicht vergessen.

**Unbedingt probieren** Die Kachin-Küche ist ein echtes Highlight für kulinarische Entdecker.

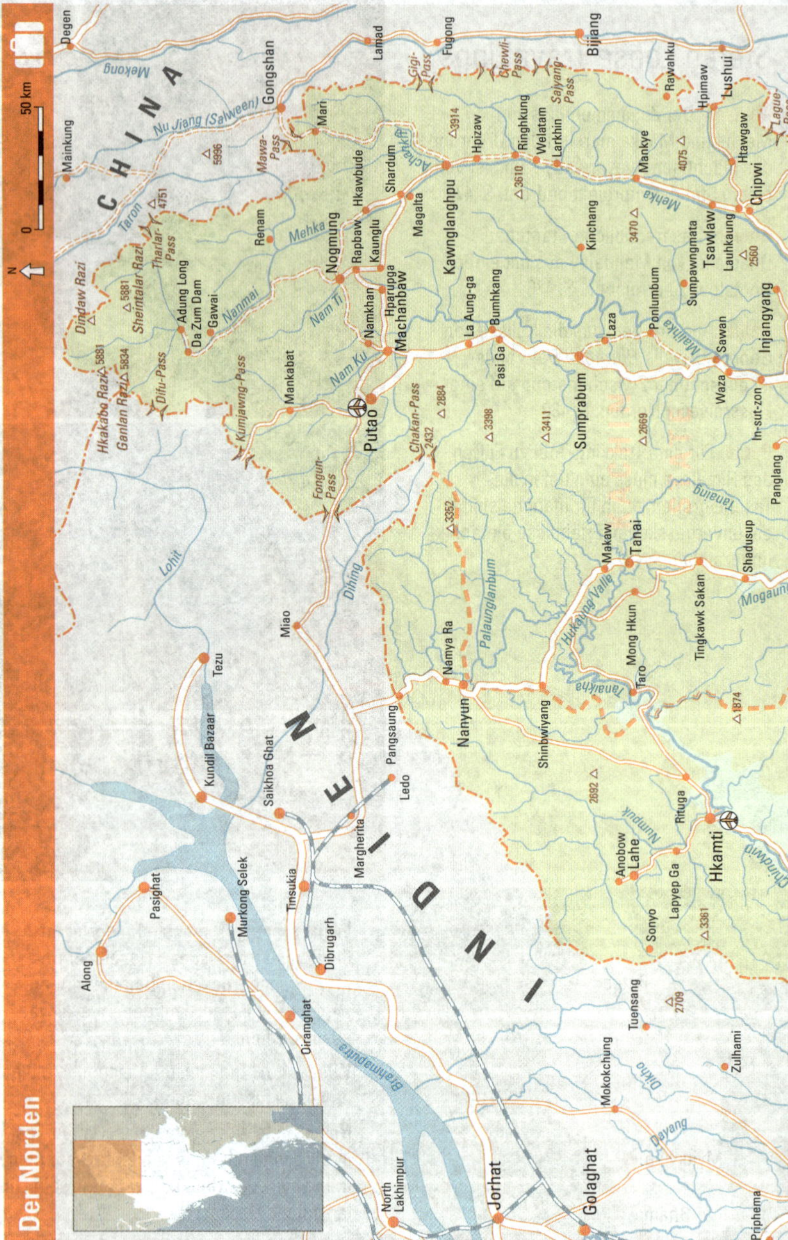
Der Norden
50 km
CHINA
INDIEN
KACHIN STATE
Degen
Mainkung
Mekong
Gongshan
Nu Jiang (Salween)
Lamad
Fugong
Bijiang
Gigi-Pass
Chewli-Pass
Saiyang-Pass
Rawahku
Lushui
Hpimaw
Lague-Pass
Taron
Mawa-Pass
Mari
Tharlar-Pass
Renam
Mehka
Nogmung
Hkawbude
Rapbaw
Kaunglu
Shardum
Magalta
Achaekhti
Kawnglanghpu
Hpizaw
Ringhkung
Welatam
Larkhin
Htawgaw
Chipwi
Mankye
Kinchang
Tsawlaw
Lauhkaung
Sumpawngmata
Ponlumbum
Dindaw Razi
Sheintalar Razi
Adung Long
Da Zum Dam
Gawai
Nanmai
Nam Ti
Namkhan
Hparupga
Machanbaw
La Aung-ga
Bumhkang
Pasi Ga
Laza
Malihka
Sawan
Injangyang
Hkakabo Razi
Ganlan Razi
Difu-Pass
Kumjawng-Pass
Mankabat
Nam Ku
Putao
Chakan-Pass
Sumprabum
Waza
In-sut-zon
Fongun-Pass
Lohit
Dihing
Palaunglanbum
Tanaing
Panglang
Makaw
Tanai
Shadusup
Hukawng Valley
Mogaung
Miao
Tezu
Namya Ra
Mong Hkun
Tingkawk Sakan
Tanaikha
Taro
Nanyun
Shinbwiyang
Pangsaung
Kundil Bazaar
Saikhoa Ghat
Ledo
Margherita
Tinsukia
Rituga
Numpuk
Hkamti
Chindwin
Anobow
Lahe
Lapyep Ga
Sonyo
Pasighat
Along
Murkong Selek
Dibrugarh
Dirampghat
Brahmaputra
Tuensang
Mokokchung
Dikho
Zulhami
Dayang
North Lakhimpur
Jorhat
Golaghat
Priphema
5996
4751
5881
5834
3914
3610
4075
3470
2560
2884
2432
3398
3411
2669
3352
1874
2692
3361
2709

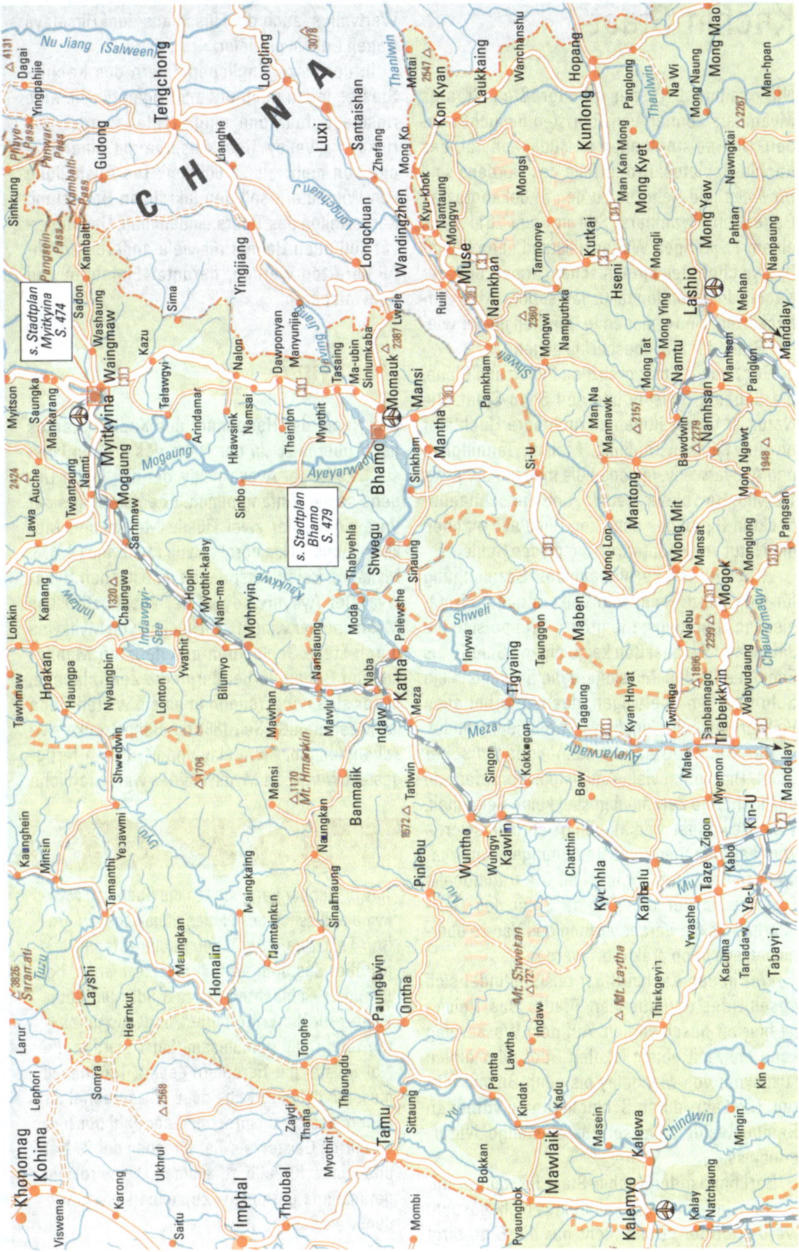
CHINA
Nu Jiang (Salween)
Tengchong
Longling
Luxi
Santaishan
Zhefang
Lianghe
Gudong
Yingpahjie
Dagai
Sinhkung
Kambaiti
Kambaiti-Pass
Panwar-Pass
Pangsein-Pass
Phimaw-Pass
Sadon
Washaung
Waingmaw
Kazu
Sima
Yingjiang
Longchuan
Wandingzhen
Mong Ko
Kyu-khok
Nantaung
Mongyu
Muse
Ruili
Namkhan
Kon Kyan
Motai
Thanlwin
Laukkaing
Wanchanshu
Hopang
Kunlong
Mongsi
Tarmonye
Kutkai
Hseni
Mongwi
Namputhka
Lashio
Mong Yaw
Mong Kyet
Man Kan Mong
Panglong
Na Wi
Mong Naung
Mong Mao
Man-hpan
Nawngkai
Pahtan
Nanpaung
Mehan
Mongli
Mong Ying
Mong Tat
Namtu
Manhsan
Panglon
Mandalay
s. Stadtplan Myitkyina S. 474
Myitson
Saungka
Mankarang
Myitkyina
Talawgyi
Nalon
Dawponyan
Manyunjie
Tasaing
Ma-ubin
Sinlumkaba
Momauk
Lweje
Mansi
Mantha
Pamkham
Shweli
Si-U
Man Na
Manmawk
Mantong
Bawdwin
Namhsan
Mong Ngawt
Pangsan
Arindamar
Hkawsink
Namsai
Theinlon
Myothit
Bhamo
Sinkham
Ayeyarwady
Mogaung
Namti
Twantaung
Auche
Lawa
Sarhmaw
Sinbo
s. Stadtplan Bhamo S. 479
Thabyehla
Shwegu
Sinlaung
Mong Lon
Mong Mit
Mansat
Mogok
Monglong
Lonkin
Kamang
Indawgyi-See
Chaungwa
Hopin
Myothit-kalay
Nam-ma
Mohnyin
Kaukkwe
Nansiaung
Moda
Palewshe
Inywa
Taunggon
Maben
Nabu
Hpakan
Tawhmaw
Haungpa
Nyaungbin
Lonton
Ywathit
Bilumyo
Mawhan
Mawlu
Naba
Katha
Meza
Tigyaing
Tagaung
Kyan Hnyat
Twinnge
Sanbannago
Thabeikkyin
Wabyudaung
Chaungmagyi
Shwedwin
Mansi
Mt. Hmarkin
Banmalik
Tatlwin
Singon
Kokkogon
Baw
Male
Myemon
Kin-U
Kaunghein
Minein
Tamanthi
Yezawmi
Naungkan
Pinlebu
Wuntho
Wungyi
Kawlin
Chatthin
Kyunhla
Kanbalu
Zigon
Taze
Kabo
Ye-U
Mu
Uyu
Maingkaing
Sinamaung
Tamanthi
Maungkan
Homalin
Namteinkun
Paungbyin
Ontha
Mt. Shwetan
Indaw
Mt. Laytha
Thinkgeyin
Ywashe
Kacuma
Tanadaw
Tabayin
Layshi
Saramati
Heamkut
Tonghe
Lawtha
Larur
Lephori
Somra
Ukhrul
Zaydi
Thana
Thaungdu
Sittaung
Pantha
Kindat
Kadu
Yu
Chindwin
Kin
Mingin
Khonomag
Kohima
Viswema
Karong
Saitu
Imphal
Thoubal
Myothit
Tamu
Mombi
Bokkan
Pyaungbok
Mawlaik
Masein
Kalewa
Kalemyo
Kalay
Natchaung
DER NORDEN

# Kachin-Staat

Nur wenige Orte des zweitgrößten Staates Myanmars können von Touristen besucht werden. Die meisten liegen im südlichen Teil des Kachin-Gebietes. Große Teile des Nordens sind *off limits* und gehören zu den unbekanntesten Gegenden Myanmars. Seit im Juni 2011 nach einem 17-jährigen Waffenstillstand neue Kämpfe zwischen der birmanischen Armee und der Kachin Independence Organisation (KIO) aufflackerten, sind anhaltende Unruhen immer wieder Grund für Reisebeschränkungen.

Der Kachin-Staat grenzt an Indien und China, die Sagaing Division und den Shan-Staat. Die Natur ist überwältigend: Fruchtbare Hochtäler an den Flüssen Malihka, Mehka, Tanainghka und Ayeyarwady, in denen die meisten der etwa 1,2 Mio. Bewohner siedeln, und die schneebedeckten Gipfel des östlichen Himalaya machen die Natur zur Hauptattraktion dieses Gebietes.

„Kachin" ist die birmanische Bezeichnung für eine ganze Reihe von Völkern tibeto-birmanischen Ursprungs. Die größte Gruppe sind die Jinghpaw. Sie besaßen keine eigene Schrift, bis Ende des 19. Jhs. Missionare die Sprache in ein Schriftsystem übertrugen, das heute bei allen Volksgruppen der Jinghpaw Verwendung findet.

Der Kachin-Staat ist kein buddhistischer Staat. Hier leben viele Animisten. Tieropfer und dazugehörige Zeremonien sind keine Seltenheit. Viele Bewohner sind allerdings christianisiert – was hauptsächlich auf Bemühungen amerikanischer Baptisten zurückgeht. Die traditionelle Erbfolge, in der der jüngste Sohn des Dorfoberhaupts die Verantwortung des Vaters übernimmt, soll noch praktiziert werden.

Wer in den Kachin-Staat reist, befindet sich abseits der touristischen Pfade. Das Reisen ist hier oft beschwerlich. Auf dem Wasserweg kann man mit einem lokalen Boot oder einem Luxusliner von Mandalay bis nach Bhamo fahren. Die Fahrt durch Schluchten und vorbei an Bambuswäldern verspricht einmalige Naturerlebnisse.

Berühmt ist der Kachin-Staat für seine zahlreichen Jademinen, die allerdings nicht besucht werden dürfen. Doch nicht nur die Erde birgt Wertvolles, auch die Flüsse aus dem Himalaya tragen Gold in die Täler.

In den unzugänglichen Tälern des Kachin-Staates leben noch etwa 50 Tiger, für die eine riesige Schutzzone eingerichtet wurde: das Hukawng-Valley Tiger Reserve mit einer Fläche von mehr als 20 000 km². Die Ausbildung von Wildhütern soll den lukrativen Handel mit Körperteilen des Tigers eindämmen. Das Reservat soll auch Heimat für viele andere bedrohte Tierarten werden, darunter Elefanten und Schwarzbären.

## Myitkyina

Der Name der Hauptstadt des Kachin-Staates heißt übersetzt „in der Nähe des großen Flusses". Es ist der Ayeyarwady, der hier in der Gegend seinen Anfang nimmt. Er entsteht aus der Vereinigung der zwei Flüsse Mehka und Malihka knapp 50 km nördlich von Myitkyina (S. 476, Myitson). Beide entspringen im östlichen Himalaya. Der Ayeyarwady ist der wichtigste Fluss Myanmars, er windet sich südlich von Myitkyina durch steile Schluchten und dann an Mandalay und Bagan vorbei durch die Zentralebene, bis er sich nahe Yangon in einem weiten Delta ins Meer ergießt. Seit 1898 die Bahnstrecke zwischen Yangon, Mandalay und Myitkyina fertiggestellt wurde, ist Myitkyina das wirtschaftliche

### Das Manao-Fest

Am 10. Januar veranstalten die Kachin in Myitkyina anlässlich des Nationalfeiertags ein großes Fest *(manao)*. Jeder Kachin-Stamm feiert über das Jahr verteilt diverse *manao*, bei denen er Schlachten gedenkt oder um gutes Wetter für die Ernte bittet. Am Nationalfeiertag feiern alle gemeinsam. Einst wurden die Nat-Geister mit Tieropfern geehrt. Traditionell mussten dabei 29 Kühe oder Wasserbüffel ihr Leben lassen, entsprechend der Zahl der hier verehrten Geister: ein Tier für jeden der 28 Nat und eines für alle zusammen. Es wird viel getanzt und getrunken. Zu sehen sind außerdem viele schöne Trachten.

Zentrum des Nordens. Die Stadt ist ein wichtiges Handelszentrum zwischen Myanmar und dem benachbarten China.

In Myitkyina leben Kachin, Shan, Inder, Karen, Chinesen und Gurkhas. Die Stadt liegt in einem flachen Tal auf nur 145 m Höhe, was dazu führt, dass es in der Trockenzeit extrem heiß werden kann und die Stadt in der Regenzeit mehr oder weniger unter Wasser steht. Buddhistische Pagoden stehen neben chinesischen Tempeln, und auch Moscheen und Kirchen prägen das Stadtbild. Neben einigen römisch-katholischen Gläubigen gibt es viele Baptisten. Auch Anglikaner und Methodisten sind im Konfessionsgemisch vertreten.

## Sehenswürdigkeiten

Wirkliche Sehenswürdigkeiten bietet Myitkyina kaum. Wer etwas Zeit in der Stadt verbringen möchte, kann – neben dem obligatorischen Streifzug über den Markt – einige religiöse Gebäude besuchen.

Die **Sutaung Pyae-Pagode** ist auch als Wunscherfüllungspagode bekannt. Sie steht idyllisch am Flussufer und wurde 1113 erbaut. Bunt bemalte Löwen bewachen die Eingänge der Anlage. Gegenüber liegt ein großer, sehr schöner Buddha. Er wurde erst in jüngster Zeit errichtet und von einem japanischen Ex-Soldaten gestiftet, der im Zweiten Weltkrieg hier Dienst tat. Auf der anderen Straßenseite befindet sich eine weitere Pagode mit einem großen stehenden Buddha.

Die gläubigen Gurkhas und Hindus der Stadt treffen sich im **Sheeri Shara Swathi-Tempel**. Muslime versammeln sich in der 1956 erbauten **Jaame Masjid**, und Anhänger der taoistisch-buddhistischen Lehre finden sich im **chinesischen Tempel** ein. 15 verschiedene Kirchen bieten Platz für die zahlreichen Christen. Nahe am Zentrum liegt die katholische **St. Columban's-Kathedrale** – auf dem Gelände befindet sich auch der Bischofssitz. Die **Anglikanische Kirche** an der Ausfallstraße nach Norden ist jedes Jahr im Dezember Treffpunkt für mehrere Tausend Anglikaner, die aus ganz Myanmar anreisen. Etwas Besonderes ist die **Shatapru Baptist Church**, die ganz mit runden Flusssteinen verkleidet ist.

Das **Kachin State Museum** nördlich des Zentrums zeigt Trachten, Musikinstrumente und Handwerksgegenstände wie Fischernetze und Webstühle. Die zweite Etage ist dem ehemaligen Fürsten von Putao (dem *Sawbwa* von Hkamti Long) gewidmet. Ausgestellt sind alte Truhen, Kanonen und Muscheln, die der Herrscher wohl als Geschenk von Besuchern erhalten hat. ⌚ tgl. außer Mo 10–15 Uhr, Eintritt 2000 Kyat, Fotogebühr 1000 Kyat.

Noch weiter nördlich befindet sich der **Wunpawng Ninggawn Manau Wang**, der große Platz, auf dem alljährlich das Manao-Fest begangen wird.

## ÜBERNACHTUNG

Die meisten Zimmer in Myitkyina kosten im Januar zum Manau-Fest bis zu doppelt so viel wie unten angegeben. Zu dieser Zeit sollte man frühzeitig buchen.

**Hotel Madira**, 510 Pyayhtaungsu Rd., ✆ 074-21119, 29455, ✉ madira.hotal.mka@gmail.com, [9848]. Myitkyinas jüngstes Hotel ist auch sein bestes. Die 45 gepflegten Zimmer sind z. T. recht geräumig. Bis zum Erscheinen des Buches soll das Haus um ein Spa erweitert werden. Einzig die Lage etwas abseits vom Zentrum ist ein Nachteil. ❺

**Hotel United**, 38 Thit Sa St., ✆ 074-22085, 23300, [5537]. Saubere, geflieste AC-Zimmer; viele davon mit Balkon. ❸–❹

**Nanthida Riverside Hotel**, Zau Jun, Ecke Strand Rd., ✆ 074-22362, ✉ nanthida@myanmar.com.mm, [5539]. Bungalows und große, etwas unpersönliche Zimmer nördlich des Zentrums nah am Fluss. Etwas in die Jahre gekommen. ❸–❹

**New Light Hotel**, 70 Zay Gyi Rd., ✆ 074-23576, 22970, ✉ newlightelec@yangon.net.mm, [5540]. Einfaches, zentral gelegenes Hotel unter indischer Leitung. Die billigeren Zimmer sind recht klein, aber sauber. AC, TV, Kühlschrank. ❷–❸

**Pantsun Hotel**, 36/37 Thit Sa St., ✆ 074-22748, 20655, ✉ pantsun.hotel@gmail.com, [5538]. Zimmer mit AC, TV und etwas angejahrtem Teppichboden, nichts Besonderes, aber okay. ❸–❹

Myitkyina
N
0
500 m
ÜBERNACHTUNG
1 Nanthida Riverside Hotel
2 Hotel Madira
3 Pantsun Hotel
4 YMCA
5 Hotel United
6 New Light Hotel
ESSEN
1 Jing Hpaw Thu (1)
2 Kiss Me
3 Jing Hpaw Thu (2)
4 Bamboo Field
5 Orient Restaurant
6 River View Restaurant
7 lokale Restaurants und Teestuben, Smile World
8 Kashmir
9 Sha Mie 786
SONSTIGES
1 Sun Far Travel & Tours
TRANSPORT
1 Warteplatz
2 Motorradfahrer Snowland Travel
3 Bootsanleger
Myitson (ca. 45 km)
ANGLIKANISCHE KIRCHE
Shatapru Baptist Church, Universität
Wunpawng Ninggawn Manau Wang
1 (500 m)
SPORTPLATZ
Golfplatz
Sutaung Pyae-Pagode
Stehender Buddha
Liegender Buddha
Kachin State Museum
RATHAUS
SPORTPLATZ
REGIERUNGSVIERTEL (NICHT ZUGÄNGLICH)
Swan Ba Yar Bon St.
Sa Mar Rd.
Aung San St.
Ayeyarwady
2 (400 m), 3
Pyayhtaungsu Rd.
Sheeri Shara Swathi-Hindutempel
WACH-TURM
KINO
Se Bin Thayar St.
Mae That St.
Khayae Pin St.
MARKT
FRISCHWAREN-MARKT
Zay Gyee St.
MARKT
SCHULE
St. Columban's-Kathedrale
Sein Mya Ayar St.
Tathana Baykman Buddh. Versammlungshalle
Jaame Masjid
Thamardi St.
Bahnhof
Waing Maw St.
Yawana Gone Yi St.
Woun Tho Kyang St.
Woon Tho-Kloster
Naingan Gone Yi St.
chinesischer Tempel

**YMCA**, N.E.12, Myothit Qr., ✆ 074-23010, 22937, ✉ mka-ymca@myanmar.com.mm, [5541]. Einfache Zimmer in zentraler Lage. Mit TV und Warmwasser im eigenen Bad oder mit Gemeinschaftsbad. Auch 3-Bett-Zimmer. ❷–❸

## ESSEN

Wer nicht unbedingt nach Pancakes und Burgern sucht, kann in Myitkyina recht gut essen gehen.

**Bamboo Field**, 313 Pyi Htaung Su Rd., ✆ 074-23227. Hier trifft sich abends die einheimische Oberschicht bei chinesischem Essen, Fassbier und Whisky. Gelegentlich Livemusik.

**Jing Hpaw Thu**, etwas außerhalb am Fluss nördlich des Manau-Platzes. Hervorragende traditionelle Kachin-Küche; eines der besten Restaurants in der Umgebung. Das Lokal hat noch einen zentraler gelegenen Ableger in der Nähe vom Stadion, der jedoch in Sachen Stimmung und Umgebung nicht ganz mithalten kann.

**Kashmir**, Zay Gyi Rd., ✆ 074-22117, 09-240 1804. Schmackhafte indische Küche. Um die Ecke, gegenüber der katholischen Kathedrale, liegt ein weiteres indisches Restaurant mit einem sehr guten Ruf: das **Sha Mie 786** (muslimische Küche).

**Kiss Me**, am Fluss nahe dem liegenden Buddha. Gutes Essen, aber vor allem bei der lokalen Jugend beliebt wegen der großen Auswahl an Shakes. Ein Lichtblick auch der Kaffee aus der importierten Kaffeemaschine.

**Orient Restaurant**, neben dem YMCA. Nudelsuppe, French Toast, Hamburger und Spaghetti Bolognese. Nicht nur bei Travellern aus dem benachbarten YMCA beliebt – auch Einheimische essen hier gerne einen Snack. ⌚ ab 7 Uhr.

**River View Restaurant**, am Fluss. Toller Blick. Gute chinesische Küche, viele Fischgerichte und Vegetarisches. Bier vom Fass. Abends häufig voll.

Weitere lokale Restaurants und Teestuben in der Zay Gyi Rd. westlich des Bahnübergangs, darunter das beliebte und empfehlenswerte **Smile World** mit birmanischer und chinesischer Küche.

## SONSTIGES

### Einkaufen

Bei einem Bummel über den **Markt** mischt sich der Reisende unter die Angehörigen der verschiedenen Volksgruppen, die hier Handel treiben. Das Angebot an Obst und Gemüse auf dem Markt ist reichlich. Der in der Umgebung angebaute Reis *khat cho* gilt als Delikatesse. Außerhalb der Region wird er fast nie verkauft.

### Informationen

**Sun Far Travel & Tours**, Thamadi St., ✆ 074-23392, 21326. Auch wenn einige Fluggesellschaften Büros in der Pyayhtaungsu Rd. nahe dem Bamboo Field Restaurant eröffnet haben, ist man bei Sun Far T&T besser aufgehoben: Alle Gesellschaften sind im Angebot und die Verständigung klappt gut. ⌚ 8–18 Uhr.

### Touren

Für Touren in die nähere Umgebung empfiehlt sich ein Motorrad mit Fahrer.

**Snowland Travel**, 79 Shansu (North), ✆ 074-23499, 💻 www.snowlandmyanmar.com, ist auf Trekking im hohen Norden spezialisiert.

Eine **Autovermietung** gibt es im Restaurant Kashmir (s. Essen).

## TRANSPORT

### Busse

Ein Bus nach BHAMO startet morgens gegen 8 Uhr (um 7 Uhr da sein) am Busbahnhof. Das Ticket kostet für Ausländer 15 000 Kyat und sollte einen Tag vorher besorgt werden, um einen Sitzplatz sicher zu haben (Tickets am Busbahnhof). Es werden 5 Kopien von Pass und Visum benötigt, die der Busfahrer unterwegs an den Streckenkontrollen vorzeigt bzw. abgibt. Die Fahrt durch eine landschaftlich z. T. sehr reizvolle Strecke dauert etwas über 6 Std.

**Achtung:** Zur Zeit der Recherche war westlichen Besuchern die Benutzung dieses Busses aufgrund der Sicherheitslage nicht erlaubt.

### Eisenbahn

Die Fahrt zwischen Mandalay und Myitkyina (bis zu 26 Std.) ist an sich schon ein Abenteuer

(andere sagen: eine Tortur). Für Verpflegung sorgen die vielen Händler, die an jedem Bahnhof ihre Leckereien und Spezialitäten durchs Fenster reichen.
Richtung Mandalay (via HOPIN, für Weiterfahrt zum Indawgyi-See; und NABA, für Weiterfahrt nach Katha) fahren tgl. 4 Züge; um 4.30, 7.45, 13.15 und 15 Uhr. Die beiden späteren haben auch Schlafwagen. Die Tickets kosten zwischen 1750 Kyat *(Hopin Upper Class)* und 22 500 Kyat *(Mandalay Sleeper)*.

### Boote

Ein Expressboot fährt tgl. um ca. 9 Uhr (um 8 Uhr da sein) für 8000 Kyat von Myitkyina in Richtung BHAMO, das am nächsten Tag erreicht wird. Ein Tuk Tuk aus der Innenstadt zum Anleger kostet 2000–3000 Kyat. Bootstickets gibt's am Anleger morgens vor der Abfahrt. Übernachtet wird in **Sinbo.** Dort bietet das kleine **Shwe Nedy Guesthouse** einfache Zimmer für 4000 Kyat. Abendessen (*fried rice*, Nudeln) gibt es um 18 Uhr im Guesthouse, um 20 Uhr ist Nachtruhe: Dann wird der Strom abgestellt. Am nächsten Morgen geht es um 10 Uhr für weitere 7000 Kyat bis Bhamo. Ankunft dort zwischen 15 und 16 Uhr.
**Achtung:** Zur Zeit der Recherche war westlichen Besuchern die Benutzung dieser Bootsverbindung aufgrund der Sicherheitslage nicht erlaubt.

### Flüge

**Air Bagan,** ✆ 074-23392, 💻 www.airbagan.com, fliegt mehrmals wöchentl. nach MANDALAY und weiter nach YANGON; ebenso **Air KBZ,** 💻 www.airkbz.com, und **Myanmar National Airlines,** 💻 www.flymna.com. **Asian Wings,** 💻 www.asianwingsair.com, verbindet Mytikyina flugplanmäßig 2x wöchentl. mit BHAMO.

## Myitson

Einen schönen Ausflug verspricht die Fahrt nach Myitson, einem kleinen Ort am Zusammenfluss (engl. *confluence*) von Mehka und Malihka. Hier hat der Ayeyarwady seinen Ursprung. Einige kleine Restaurants bieten gute lokale Küche. Bei einem Spaziergang am Flussufer kann man Goldwäschern zusehen.

Vor wenigen Jahren schien es, als seien die Tage dieses Ortes gezählt: Ein wenig flussabwärts wurde mit chinesischer Hilfe ein großes Staudammprojekt begonnen. Die Energie sollte wohl hauptsächlich in das große Nachbarland exportiert werden. Über 15 000 Menschen aus 60 Dörfern müssten dafür umgesiedelt werden. Im September 2011 wurde der Bau aus politischen Gründen gestoppt. Seitdem hängt das Projekt in der Schwebe; aufgegeben ist die Idee aber noch nicht. Es mehren sich die Zeichen, dass mit dem Bau weitergemacht wird, sobald die politisch-militärische Situation in der Region dies wieder erlaubt.

Die Anreise erfolgt am besten mit einem lokalen (Moped-)Fahrer. Theoretisch ist sie auch alleine möglich (Wegbeschreibung im YMCA), doch die Verhandlungen mit den bewaffneten Militärposten, die zu manchen Zeiten den Weg zum Zusammenfluss kontrollieren, überlässt man besser einem Einheimischen, will man nicht allzu tief in die (Dollar-)Tasche greifen.

Unterwegs bietet sich bei einem Zwischenstopp am jedes Jahr baufälliger werdenden **Jaw Bum-Turm** an, einem Aussichtsturm, der ein paar hundert Meter abseits der Hauptstraße auf einem Hügel steht.

## Indawgyi-See

Der idyllische Indawgyi-See („Großer königlicher See"), westlich von Myitkyina, ist einer der größten natürlichen Seen Südostasiens und erstreckt sich auf über 50 km². Im See steht rund 200 m vom Ufer entfernt eine große weiße Pagode mit goldenem Stupa, die sich wunderschön im Wasser spiegelt: die **Shwe Myae Zu-Pagode.** Sie wurde vor etwa 250 Jahren erbaut, im Laufe der Zeit dreimal restauriert und damit zur größten Pagode des Kachin-Staates, an der alljährlich in der zweiten Woche des Mondmonats Tabaung (Feb/März) ein großes, zehntägiges Fest gefeiert wird. Die Einheimischen berichten, dass früher jedes Jahr vor dem Fest zwei parallele Sandbänke aus dem See hervortraten. Eine davon war

© M. MARKAND

Per Taxi-Boot fahren Besucher zur Shwe Myae Zu-Pagode.

den Menschen vorbehalten, damit sie trockenen Fußes zur Pagode gelangten. Die andere, stellenweise von Wasser überflutet, war für die Geister. Sobald das Fest vorüber war, verschwanden die Sandbänke im See, um im Jahr darauf erneut einen Weg zur Pagode zu schaffen. Heute wird der Geisterpfad zum Fest mit Fahnen markiert, während der Dammweg für die Menschen befestigt ist.

Während des **Festes** wohnen die einheimischen Besucher meist mit der ganzen Familie in einem der großen Pavillons, die auf dem Festland gegenüber der Pagode stehen. Die „Zimmer" sind mit 1 m hohen Bambuswänden abgetrennt. Wer fragt, kann vielleicht für 5000 Kyat eine solche Schlafstelle erhalten, sollte sich aber mit einem Schlafsack ausrüsten (Decken sind auf dem Markt erhältlich) und Ohrstöpsel mitnehmen – die Musik auf der Bühne spielt bis 6 Uhr morgens.

Den Rest des Jahres ist es am See sehr ruhig. Allerdings haben in jüngster Zeit auch hier die Auseinandersetzungen zwischen der KIA und der birmanischen Armee zugenommen, sodass man vor einem Besuch unbedingt die aktuelle Sicherheitslage checken sollte.

## ÜBERNACHTUNG UND SONSTIGES

In der kleinen Ortschaft **Lonton** am Westufer des Sees gibt es ein sehr einfaches Guesthouse, das **In Daw Ma Har**. Geführt wird es von Herrn U Tin Myain, ✆ 09-3615 2269, der ein Ansprechpartner in allen Fragen ist, vom Restauranttipp bis zum Mopedverleih. ❶
Auch Kayaks für Touren über den See können über ihn organisiert werden.

## TRANSPORT

### Anreise

Mit einem Mietauto ist der See theoretisch ab MYITKYINA in rund 5 Std. erreichbar, Kosten etwa 70 000 Kyat. Zur Zeit der Recherche war dies allerdings nicht erlaubt.
Langwieriger (und günstiger) ist die Anreise im Zug via HOPIN (sinnvolle Abfahrt in Myitkyina um 7.45 Uhr, 1750 Kyat, ca. 5 Std.), von dort mittags weiter nach Lonton mit einem der letzten voll beladenen Pick-ups zum See (4000 Kyat, ca. 3–5 Std., Kletterkünste erforderlich, um einen der Plätze auf dem Dach zu erreichen; nichts für ängstliche Naturen).

DER NORDEN

In Hopin machen die lokalen Autoritäten vor der Abfahrt eine Passkopie – ganz unkompliziert mit dem Smartphone.

### Abreise

Morgens um 7 Uhr mit dem Pickup von Lonton nach HOPIN, von dort 4x tgl. mit dem Zug nach MANDALAY, um 8, 12, 14.30 und 17.20 Uhr. Letzterer hat auch Schlafwagen. Die Tickets kosten 15 000 Kyat *(upper class)*, Schlafwagen 17 900 Kyat, Fahrtdauer 16–22 Std. Nach MYITKYINA um 6, 9.30 und 19.30 Uhr.

## Bhamo

Bhamo (birm.: Banmaw) ist eine kleine Stadt, deren Haupteinnahmequelle lange Zeit der Handel mit Rubinen war. Die Stadt am Ayeyarwady wurde im 17. Jh. gegründet. Von hier führte eine Karawanenstraße nach China, was die Stadt zu einem Handelszentrum für diese Region machte. Nachdem im Zweiten Weltkrieg die Ledo-Burma Road gebaut wurde, die über Lashio nach Kunming führt, hat sich der Handel mit den Chinesen nach Lashio verlagert. Heute trifft man auf dem Markt oft Angehörige verschiedener Volksgruppen in ihrer traditionellen Tracht.

Der verschlafene Charme der Stadt fesselt die bislang nicht allzu zahlreichen Besucher, die vor allem von den schönen Wanderungen in der Umgebung schwärmen. Auf noch nicht ausgetretenen Pfaden können die angrenzenden Orte der Lisu, Kachin und Shan besucht werden. Auch eine Fahrradtour ermöglicht Besuche in vom Tourismus noch unberührten Gegenden. Außerhalb einer Zwei-Meilen-Grenze dürfen Ausländer die Umgebung jedoch nur in Begleitung eines Guides besuchen.

### Sehenswürdigkeiten

Die **Thein Daw Gyi-Pagode** liegt im Stadtzentrum an einem kleinen Teich und beherbergt eine Zahnreliquie Buddhas. Der in der Sonne glitzernde Stupa wurde in den vergangenen Jahren restauriert. Acht kleine Stupas, die die acht Wochentage symbolisieren, gruppieren sich um den Hauptstupa. Weitere Nebengebäude und Gebetshallen schließen sich an.

Auffällig ist die runde (und runderneuerte) **Kyauk Taw Ya Kan Daw U-Pagode** beim Kyauk Taw U-Kloster, um die herum der Verkehr fließt. Innen sitzen vier große, sehr verehrte Buddhafiguren, außen erheitern allerlei lustige Statuen den Betrachter. Die Pagode stammt von 1882 und wurde 2009 renoviert.

Die **Taung Laylon Datpaungzu-Pagode** beherbergt eine große sitzende Buddhafigur. Auch zwei Buddhafiguren aus Marmor thronen in der Ordinationshalle. Die bronzene Glocke der Pagode stammt aus dem 11. Jh. Angegliedert ist ein Kloster, dessen freundliche Mönche Besucher gern durch die Pagode führen.

Etwa 6 km nördlich der heutigen Stadt Bhamo stehen die Ruinen von **Alt-Bhamo** (Bhamo Myohaung). Hier befinden sich die Überreste eines alten Shan-Palastes, dessen Herrscher einst das Fürstentum Sampanago regierte. Das ehemalige Königreich entstand schon vor der Zeit Bagans und war ebenfalls ein bedeutendes Handelszentrum, das im 15. Jh. sogar in Europa bekannt war. Am schönsten lässt sich die Anfahrt mit einer Pferdekutsche zurücklegen. Wer es mit dem Fahrrad auf eigene Faust probiert, sollte der Hauptstraße nach Norden folgen, am Fluss entlangfahren, am Gefängnis vorbei und den Hinweisschildern zur **Shwe Kyina-Pagode**, einem kleinen Pagodenkomplex inmitten von Reisfeldern, folgen.

Nahe Alt-Bhamo fließt der Tampein, über den eine 490 m lange **Bambusbrücke** führt, die jedes Jahr im Juni von der Bevölkerung demontiert und ein paar Monate später nach der Regenzeit, wenn der Wasserstand es zulässt, wieder zusammengesetzt wird. Sie führt zum **Thein Pa-Hügel**, wo sich ein Kloster befindet.

#### ÜBERNACHTUNG

Nur wenige Unterkünfte im Ort haben eine Lizenz zur Beherbergung von Ausländern.

**Friendship Hotel**, Mingone Qr., ✆ 074-50095, 📠 50654. Saubere und große Zimmer, die meisten mit AC, eigenem Bad (Warmwasser) und TV. Im Altbau günstigere Zimmer mit Gemeinschaftsbad. Inkl. Frühstück – ein Buffet, das in dieser Region seinesgleichen sucht! ❷–❹

**Grand Hotel**, Mingone Qr., ✆ 074-50317. Gute AC-Zimmer mit TV und Bad. ❸–❹

**Paradise Hotel**, Shwe Kyaung Kone St., ✆ 074-50136, ✉ hotelparadisebanmaw@gmail.com. Recht gute AC-Zimmer mit Kühlschrank, bequemen Betten und WLAN. Freundliche Leute, gutes Englisch. Frühstück im gleichnamigen Restaurant nebenan. ❸

## ESSEN

**Maw Kaungkin (Sky Beer Bar)**, 66 Tiyet Rd. Gute birmanisch-chinesische Küche. Großes, verlockendes Angebot an Gegrilltem, das allerdings nicht immer ganz billig ist: Besonders wer mehrere Grillgerichte bestellt, sollte vorher den Preis erfragen, um böse Überraschungen zu vermeiden. Dazu Bier vom Fass und TV.

**Shamie**, Tiyet Rd., ✆ 074-50108. Serviert leckere indische Currys (vegetarisch).

**U Law Tin Bakery**, Strand Rd. Eher ein Teashop als eine Bäckerei; kleine Snacks und süßer Kaffee, Blick auf die belebte Uferstraße.

Wer länger in der Stadt ist, kann zudem im **Sein Sein Restaurant** nördlich des Anlegers an der Uferstraße chinesische Küche probieren, vom **Blue Sea Restaurant** aus dem geschäftigen Treiben in Marktnähe zusehen, im **Gin Xing Restaurant** im Süden der Stadt auf kulinarische Entdeckungsreise gehen oder in einer der vielen **Teestuben** verweilen.

## INFORMATIONEN

Das kleine **MTT-Büro** in einer der Altstadtgassen ist mehr für die Belange anreisender Chinesen zuständig als für westliche Besucher.

Eine lokale Berühmtheit und erstklassige Quelle für Infos ist Herr **U Sein Win**, ein pensionierter Ingenieur, der seit Jahren zu Hause im Wohnzimmer am Bau eines Ein-Mann-Hubschraubers tüftelt. Der rüstige Herr ist über 70 Jahre alt und ein hervorragender Guide für die Umgebung von Bhamo. Er spricht sehr gut Englisch – und seine Tochter sogar Deutsch.

## TRANSPORT

### Auto und Busse

Zurzeit ist Bhamo auf dem Landweg nicht zu erreichen. Es ist aber nicht ausgeschlossen, dass Reiseagenturen gegen ein entsprechendes Entgelt im Rahmen einer gebuchten Tour Permits für eine Anreise mit dem Pkw ab MANDALAY organisieren können.

### Boote

Nach SINBO fährt ein **Expressboot** tgl. um 8.30 Uhr (7000 Kyat, ca. 6 Std.); die Benutzung ist westlichen Besuchern jedoch aufgrund der Sicherheitslage untersagt. Nach KATHA tgl. um 9 Uhr (15 000 Kyat, 4–5 Std.).

Mit der **IWT-Fähre** über Katha nach MANDALAY 3x wöchentl., fahrplanmäßig Mo, Mi und Fr, Abfahrt ca. 7 Uhr (6 Uhr da sein), Ankunft ca. 18 Uhr am nächsten Tag – wenn der Ayeyarwady genug Wasser führt, was im Okt/Nov nach der Regenzeit der Fall ist. Tickets US$12 für einen Platz an Deck (d. h. eine mit einer Nummer markierte Stelle am Boden; für eine Unterlage – auch zum Schlafen – ist selbst zu sorgen) und US$60 für einen Platz in einer Kabine. Es gibt Toiletten und ein „Restaurant" an Bord: Letzteres setzt einen stabilen Magen voraus. Die Fahrt ist landschaftlich interessant und hat ihre ganz eigenen Reize, s. eXTra [5532].

### Flüge

**Myanmar National Airlines**, 💻 www.flymna.com, und **Asian Wings**, 💻 www.asianwingsair.com, verbinden Bhamo laut Flugplan 2x wöchentl. mit MANDALAY.

# Katha

Katha ist ein kleiner Ort am Ufer des Ayeyarwady. Bekannt ist die Stadt dem westlichen Literaturinteressierten als Kyauktada. Diesen Namen gab ihr George Orwell, dem die Stadt als Kulisse für sein Buch *Burmese Days* (dt. *Tage in Burma*) diente. Als Kolonialbeamter lebte er hier ein halbes Jahr von Ende 1926 an. Heute noch stehen einige Häuser, die Orwell beschreibt, und so ist eine Reise hierher mit dem Buch im Gepäck ein Vergnügen. Der Britische Club ist heute eine Landwirtschaftskooperative. Die alten Tennisplätze (kürzlich renoviert), die Polizeiwache, in der Orwell einst Dienst tat, und das Krankenhaus, in dem er sich von einem Denguefieber-Anfall erholte, sind geblieben.

Ansonsten ist Katha ein beschaulicher Ort, in dem nicht viel passiert. Manche Reisende sind fasziniert vom Blick in den Alltag abseits der Touristenströme. In der Umgebung liegen Lisu-, Kachin- und Shan-Dörfer, die mit dem Fahrrad erreichbar sind.

## ÜBERNACHTUNG UND ESSEN

**Ayeyarwadi Hotel**, Strand Rd., etwas nördlich des Schiffsanlegers, ✆ 074-25140. Saubere, z. T. sehr kleine Zimmer mit Gemeinschaftsbad, zudem ein AC-Zimmer mit eigenem Bad. Der Manager Mr. Ko Te ist ein guter Ansprechpartner für alle, die länger bleiben wollen. Fahrradvermietung. ❶

**Eden Guesthouse**, Shwe Phone Shein St., ✆ 074-25428. Die recht komfortablen Zimmer sind eine gute Alternative zum Ayeyarwadi Hotel – allerdings muss man auch doppelt so

© M. MARKAND

An vielen Stellen sieht Katha noch genau so aus wie zu George Orwells Zeiten.

tief in die Tasche greifen. Kühlschrank und teilweise großer Flachbildschirm. WLAN. Einige Zimmer könnten einen neuen Anstrich vertragen. Im Erdgeschoss liegt das beliebte **Eden Café**. ❷

**New Diamond Star Hotel**, Tatmataw St., ✆ 075-25343, 25821. Kathas „bestes Haus" bietet gepflegte, aber gesichtslose Hotelzimmer mit Kühlschrank und kleinem Flachbildschirm. ❸

Chinesisches Essen und lokale Küche serviert das **Shwee See Sar Restaurant** in der Strand Rd. Toller Blick von der Terrasse auf den Fluss.

## TRANSPORT

### Busse

Nach NABA mehrmals tgl. für 2000 Kyat in 1 Std., Abfahrt in der Nähe der Baptistenkirche. Wer mit dem Boot von Bhamo kommt, erwischt meist noch einen der beiden letzten Busse – nur Sitzplätze können dann schon Mangelware sein. Wer nicht in Katha verweilen will, sollte für maximal 1000 Kyat ein Tuk Tuk vom Anleger zum Busbahnhof nehmen.

### Eisenbahn

Katha hat keine Direktverbindung nach Mandalay, aber mit dem Tuk Tuk (um 20 000 Kyat) oder dem Bus ist das Dorf NABA zu erreichen, wo abends zu einigermaßen unvorhersehbaren Zeiten (fahrplanmäßig um 17, 20.30 und 1 Uhr) die Züge Richtung MANDALAY halten: Je früher man hier am Bahnhof wartet, desto besser. Die bequemeren Plätze in den Zügen *(upper class)* sind allerdings oft ausgebucht. Wer nicht bereits in Myitkyina ein Ticket gekauft hat, dem bleibt sogar nur die *ordinary class, no seat* – die ziemlich harte Tour. Ankunft in Mandalay ist am nächsten Morgen. Die Tickets je nach Klasse kosten 3000–16 000 Kyat.

### Boote

Mit der IWT-Fähre nach MANDALAY Mo, Mi und Fr, Abfahrt zwischen 16.30 und 19.30 Uhr, Deck US$7, Kabine US$42, ca. 24 Std. Nach BHAMO 3x wöchentl., Abfahrt mittags, Deck US$4, Kabine US$24, ca. 8 Std. (S. 480).

Expressboot nach BHAMO tgl. 9.30 Uhr, 15 000 Kyat, 5 Std.

# Der hohe Norden

Nur sehr wenige Reisende begeben sich in Myanmars hohen Norden, wo am Horizont die schneebedeckten Gipfel des Himalaya locken. Grund ist die mangelnde touristische Infrastruktur; erreichbar (per Flugzeug) ist nur Putao, und ein Aufenthalt mit Trekkingtouren in der Region geht richtig ins Geld.

## Putao

Immergrüner tropischer Regenwald und die in der Ferne glänzenden schneebedeckten Berge des Himalaya umgeben die kleine Ortschaft Putao. Etwa 10 000 Menschen, überwiegend den Volksgruppen der Rawang, Kachin und Lisu zugehörig, leben hier auf etwa 400 m Höhe. Auch ein paar Birmanen und Shan haben sich angesiedelt. Um den Ort herum im Hochland leben Bergvölker, die ihre Trachten allerdings meist nur an Festtagen tragen. Eine Traumgegend für Wanderer, die aber nur mit Special Permit und teuren gebuchten Touren zu erreichen ist. Während unserer Recherche war Putao wegen der anhaltenden Unruhen zwischen den Kachin und der birmanischen Armee sogar ganz gesperrt: Wer sich für einen Trip in diese Gegend interessiert, sollte mit den Vorbereitungen weit im Vorfeld beginnen und die aktuelle Situation im Auge behalten.

Landwirtschaft und Jagd sind die einzigen Einkommensquellen in dieser Region, und so geht es hier beschaulich zu. Fast scheint Putao aus einer anderen Epoche zu stammen: keine Umweltverschmutzung, keine Industrie – nur Wald, Berge und unberührte Natur. Man kann mit einem Ochsenkarren herumfahren, in die nahe Umgebung wandern oder sich einfach nur entspannen. Es wird empfohlen, keine allzu weiten Ausflüge ohne Führer zu unternehmen, weil man sich schnell verläuft und kaum jemand Englisch spricht. Aber da diese Enklave sowieso nur in Begleitung eines lizenzierten Führers besucht werden darf, stellt sich das Problem kaum. Ohnehin sollte man beim MTT in Yangon rechtzeitig Informationen zu den aktuell benötigten Papieren einholen oder lieber gleich die Hilfe einer erfahrenen Reiseagentur in Anspruch nehmen.

In Putao gibt es zwei Märkte, auf denen Angehörige der Bergvölker ihre Waren verkaufen. Der bekannteste ist der **Myoma-Markt**, wo neben Kunsthandwerk aus Bambus und Holz auch Medizin aus Heilkräutern gehandelt wird.

In der **Mahamuni-Pagode** befindet sich eine Glocke, die aus einem Flugzeugpropeller hergestellt wurde. Im Zweiten Weltkrieg war die Maschine in den Bergen abgestürzt und die Materialien fanden schnell Wiederverwendung. In der **Taungdan Thathana Pyu-Pagode** können Besucher sich beim leisen Glockenspiel herrlich entspannen.

In Putao gibt es mehrere Kirchen, denn viele Einwohner sind Christen verschiedener Glaubensrichtungen; Katholiken (Kirche nahe dem Putao Trekking House), Baptisten und andere. Einen Besuch wert ist das mit westlicher Hilfe gegründete **Kachin Environmental Education Center**, vom Markt fünf Minuten zu Fuß bergab. Es dokumentiert die gefährdeten Tierarten der Umgebung und die Pläne der Regierung, sie zu schützen.

### ÜBERNACHTUNG

**Government Guesthouse**, auf dem Grundstück einer Kaserne. Relativ gute, aber auch teure Zimmer. Schöne Dachterrasse mit Blick auf Sonnenauf- und Sonnenuntergang. Kein Frühstück. ❸

**Malikha Lodge**, im Dorf Mulashedi, rund 20 Autominuten von Putao. Reservierung über Reiseagenturen. Sehr teure, aber schöne Anlage in reizvoller Umgebung. Die Bungalows sind luxuriös und geschmackvoll ausgestattet und liegen in einer weitläufigen Gartenanlage mit Blick auf den Nam Lang-Fluss und die Berge. Die Gäste werden nicht nur am Abend von knisternden Feuerstellen gewärmt, sondern bei Bedarf auch tagsüber in den Bungalows – mit gusseisernen Öfen aus Dänemark. ❽

**Putao Trekking House**, 5 Min. vom Flughafen entfernt, recht zentral gelegen, ✆ 09-840 0138, 840 0209, 💻 www.putaotrekkinghouse.com.

Vier zweigeschossige Holzhäuser mit jeweils 4 komfortabel ausgestatteten Zimmern, die oberen mit Balkon, die unteren mit Terrasse. Wird von Gruppenreisenden im Rahmen organisierter Touren genutzt und ist die zentrale Anlaufstelle für alle, die sich für Trekking in der Region interessieren. ❻

### ESSEN

Nahe dem Markt befindet sich das **Kham Su Ko Restaurant** mit chinesischer und Shan-Küche.
Auch das unweit entfernte **Sein Restaurant** führt chinesische Küche. Leckere Snacks gibt es in den **Teestuben**.

### TRANSPORT

Eine Anreise nach Putao ist nur mit dem Flugzeug möglich, wofür allerdings entsprechende Wetterbedingungen herrschen müssen. **Air Bagan**, 💻 www.airbagan.com, bietet saisonal Flüge nach Putao an, die über MANDALAY und MYITKYINA erfolgen. Laut Flugplan 1x wöchentl. fliegt **Myanmar National Airlines**, 💻 www.flymna.com, von YANGON über Mandalay und Myitkyina nach Putao. Die Abflugzeiten ändern sich gelegentlich: Rückflüge sollten daher einen Tag vor Abflug im MA-Büro an der Hauptstraße (vom Markt bergab links) bestätigt werden, ebenso die Abflugzeit.

## Der Hkakabo Razi

Mit 5881 m Höhe gilt der Hkakabo Razi als höchster Berg Südostasiens. 1956 scheiterte der erste Versuch einer Besteigung. Der erfolgreiche Gipfelsturm erfolgte am 15. September 1996, als dem Japaner Takeshi Ozaki gemeinsam mit seinem birmanischen Führer Nama Johnson der erste und bisher einzige Aufstieg auf den schneebedeckten Riesen gelang.

Eine Exkursion in dieses Gebiet ist nur durchtrainierten, erfahrenen Wanderern zu empfehlen. Es werden Sondergenehmigungen benötigt, deren Beschaffung schon vor Reiseantritt vom Heimatland aus organisiert werden sollte.

Der Hkakabo Razi ist schwer zu erreichen, und allein der Anmarsch bis zum Basislager dauert ab Putao um die zwei Wochen: Auf schaukeligen Hängebrücken, die manchmal Hunderte von Metern über den steinigen Flussbetten schwingen, müssen etliche Flüsse überquert werden. Die Wege bestehen meist aus schmalen, an Berghängen entlang oder durch dichten Dschungel führenden Pfaden.

In dieser Region leben ungefähr 1000 Menschen, verteilt auf ein Dutzend Dörfer. Neben Rawan, Lisu und Angehörigen anderer Ethnien finden sich hier die letzten Tarong – ein vom Aussterben bedrohtes Volk, dessen Angehörige nicht größer als 1,10 m werden. Die Völker betreiben Wanderfeldbau und ernten Reis, Weizen, Bohnen, Mais, Senf und Yams. Überschüsse werden zusammen mit Heilkräutern, die im Dschungel gesammelt werden, in der Distrikthauptstadt Putao angeboten. Der Handel mit Fellen, Hörnern, Knochen und anderen Teilen wilder Tiere blüht an der chinesisch-birmanischen Grenze, daher kommen viele Jäger mit ihrer Beute zu den Märkten und bieten ihre Trophäen an. Gejagt wird traditionell mit vergifteten Pfeilen, was die exotische Fauna mancherorts leider schon erheblich dezimiert hat.

Der Unzugänglichkeit der Gegend ist es zu verdanken, dass sich rund um den Hkakabo Razi ein einzigartiges Ökosystem erhalten hat. In den Bergen wachsen wilde Orchideen und über hundert verschiedene Arten von Rhododendron. In der Region sollen schwarze Muntjaks und Blauschafe leben.

FISCHERHAFEN, NGAPALI ; © A. MARKAND

# Der Westen

**Im Westen Myanmars lockt der Ngapali-Strand all jene an, die neben Tempeln und Kultur Meer erleben wollen. Weiter die Küste hinauf in den Norden sind es wiederum Tempelanlagen, die die Besucher in ihren Bann ziehen. Mrauk U ist nicht so gut an das Verkehrsnetz angeschlossen und daher kommen bisher wenige Besucher hierher.**

# Stefan Loose Traveltipps

**Kanthaya Beach** Die Einsamkeit am Strand genießen. S. 489

**13** **Ngapali** Ein kilometerlanger Traumstrand und leckere Meeresfrüchte. S. 491

**Golf von Bengalen** Eine Bootsfahrt entlang der Küste von Rakhine zwischen Inseln und Festland. S. 501

**Sittwe** Auf dem Fischmarkt Trockenfisch probieren, die Fischer mit ihrem Fang begrüßen und sich im Marktgewühl treiben lassen. S. 504

**14** **Mrauk U** Ein Spaziergang zwischen geheimnisvollen Tempeln in der alten Stadt der Rakhine-Könige. S. 511

RAKHINE-FISCHER; © M. MARKAND

BUDDHAFIGUR, MRAUK U; © M. MARKAND

**Wann fahren?** Besonders schön ist ein Besuch am Strand im Herbst – sofern es nicht mehr regnet. Sonne gibt es in der Regel in den Wintermonaten.

**Wie lange?** Wer sowohl Strand als auch Tempel besuchen will, sollte mindestens eine Woche Zeit haben. Wer nicht fliegt, sondern mit Bus und Boot fährt, ist gut beraten, noch mehr Zeit einzuplanen.

**Besonderheiten der Region** Die politische Situation ist angespannt. Nach Ngapali kann jeder problemlos reisen, wer aber nach Mrauk U fahren will, sollte sich vorab über die aktuelle Lage informieren.

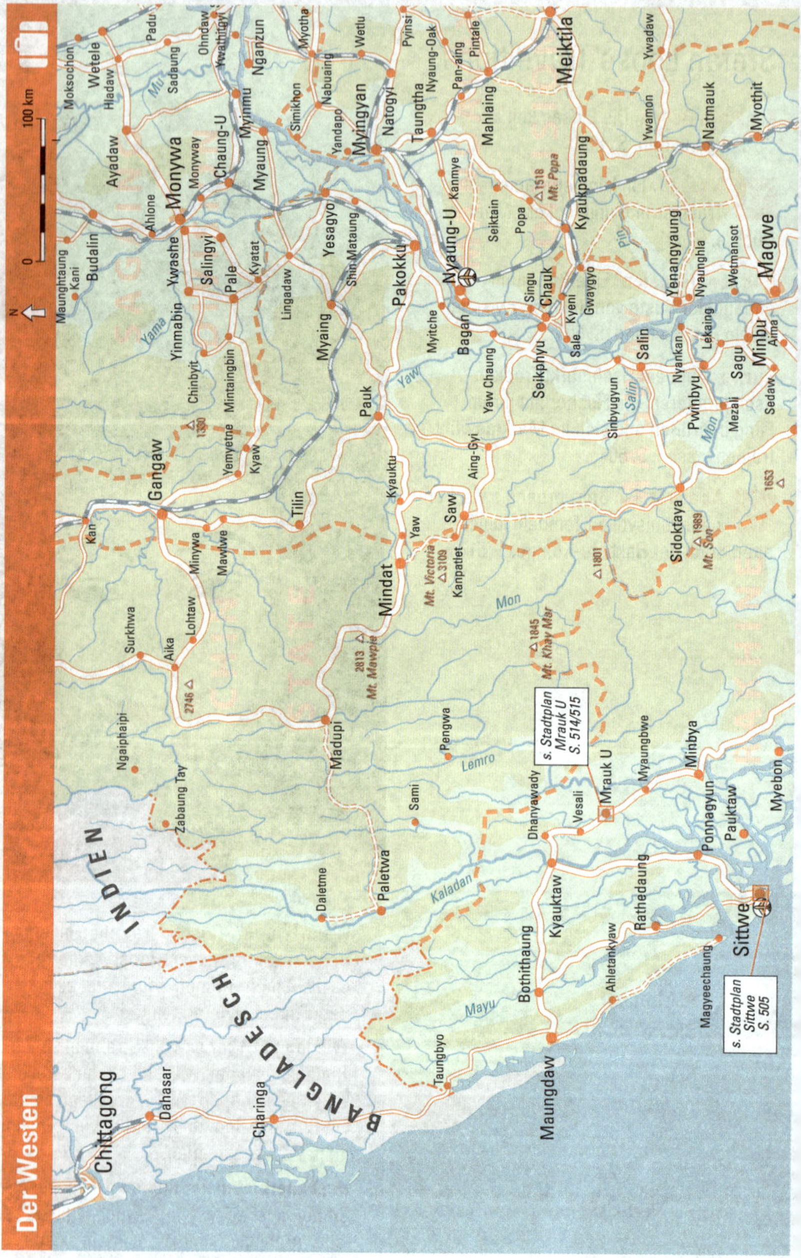
Der Westen
100 km
N
INDIEN
BANGLADESCH
Chittagong
Dahasar
Charinga
Taungbyo
Maungdaw
Bothithaung
Ahletankyaw
Kyauktaw
Rathedaung
Magyeechaung
Sittwe
s. Stadtplan Sittwe S. 505
Pauktaw
Myebon
Ponnagyun
Minbya
Myaungbwe
Mrauk U
Vesali
Dhanyawady
s. Stadtplan Mrauk U S. 514/515
Kaladan
Mayu
Lemro
Paletwa
Daletme
Sami
Pengwa
Madupi
Zabaung Tay
Ngaiphaipi
2746
Aika
Surkhwa
Lohtaw
Minywa
Mawlwe
Kan
Gangaw
Tilin
Yemyetne
Kyaw
1330
Mintaingbin
Chinbyit
Yinmabin
Yama
Mindat
Mt. Mawpie
2813
Mt. Victoria
3109
Kanpatlet
Yaw
Saw
Kyauktu
Pauk
Myaing
Lingadaw
Mt. Khay Mar
1845
1801
Mon
Sidoktaya
Mt. Son
1989
1653
Aing-Gyi
Yaw Chaung
Sinbyugyun
Salin
Pwinbyu
Mezali
Sedaw
Minbu
Sagu
Lekaing
Nyankan
Magwe
Wetmansot
Nyaunghla
Yenangyaung
Kyeni
Sale
Gwaygyo
Chauk
Singu
Seikphyu
Bagan
Myitche
Nyaung-U
Pakokku
Shin Mataung
Yesagyo
Kyatat
Pale
Salingyi
Ywashe
Monywa
Ahlone
Budalin
Kani
Maunghtaung
Ayadaw
Moksochon
Wetele
Hladaw
Padu
Mu
Sadaung
Monyway
Chaung-U
Myaung
Myinmu
Nganzun
Ohndaw
Ywathitgyi
Simikhon
Nabuaing
Myotha
Wetlu
Yandapo
Myingyan
Natogyi
Taungtha
Pyinsi
Nyaung-Oak
Pan-aing
Pintale
Mahlaing
Meiktila
Kanmye
Seiktain
Popa
Mt. Popa
1518
Kyaukpadaung
Pin
Ywamon
Ywadaw
Natmauk
Myothit

Golf von Bengalen
s. Detailplan Ngapali S. 495
Ayeyarwady
Pyay
Thayet
Sinbaungwe
Taungdwingyi
Aunglan
Shwedaung
Paungde
Myanaung
Kyangin
Hinthada
Padaung
Okshittpin
Kinmaw
Thandwe
Ngapali
Lonthar
Maw Shwe Chai Beach
Gwa
Taunggok
Ramree
Kyaukpyu
Munaung
Ann
Dalet
Mindon
Kamma
Combermere Bay
Hunters Bay
Munaung Strait
Mt. Maehtie
DER WESTEN

# Rakhine-Staat

Der Rakhine-Staat (auch Rakhaing-Staat) im Westen Myanmars ist vom Rest des Landes durch das gleichnamige Gebirge getrennt. Der schmale Küstenstreifen erstreckt sich von Gwa im Süden über den **Ngapali Beach** und die alte Hafenstadt **Sittwe** mit den nahe gelegenen Ruinenstädten der Rakhine-Königreiche bis nach Bangladesch.

Die Landschaft ist z. T. hügelig und von Flussläufen durchzogen. An vielen Küstenabschnitten dominieren Mangrovenwälder. Dazwischen liegen lange, nahezu unberührte Sandstrände. Kulturinteressierte zieht es nach **Mrauk U**, wo sich die fast unerforschten Zeugnisse einer glanzvollen Vergangenheit befinden. Mrauk U (Flughafen in Sittwe) und Ngapali Beach (Flughafen in Thandwe) sind relativ bequem von Yangon aus mit dem Flugzeug zu erreichen. Wer Lust auf ein Abenteuer hat, kann auf einer lokalen Fähre die Küste entlangschippern.

Schon der Schriftsteller Rudyard Kipling ließ sich von den Menschen, der Landschaft und den Tieren inspirieren. Im Dschungelbuch werden sie lebendig: die Riesen der Elefantenarmee und das schöne Dorfmädchen mit dem Wasserbehälter, den sie gekonnt auf dem Kopf oder der Hüfte trägt. Noch heute sieht man diese anmutigen Frauen in Mrauk U beim Wasserschöpfen.

Vor der Küste liegen Inseln, die z. T. mit Fischerbooten besucht werden können. Die Fahrzeit beträgt zwei bis fünf Stunden. In der Regenzeit im Sommer kommt es oft zu wochenlangen Regenfällen, die aber von schönen Tagen unterbrochen werden können. Mit Stürmen ist besonders Ende Mai und Anfang Oktober zum Wechsel der Jahreszeiten zu rechnen.

## Gwa

Die Provinzstadt an der Westküste, in der bisher kaum ein Ausländer Halt gemacht hat, ist der größte Ort an der südlichen Rakhine-Küste und touristisch noch unerschlossen. Man passiert Gwa, wenn man von Süden kommend über Land in den Rakhine-Staat einreist. Reisende bleiben hier meist nur aus Zufall oder wegen der Unwägbarkeiten des birmanischen Fernverkehrs hängen. Gut zu erreichen ist von hier der 27 km nördlich gelegene Kanthaya Beach, weshalb die meisten Traveller in Gwa gar nicht aussteigen, sondern direkt weiterfahren. Weitere schöne Strände gibt es südlich der Stadt, wofür man mit der Fähre einfach über den Fluss übersetzen muss. Ein Markt, eine Handvoll Teestuben und ein paar abendliche Essensverkäufer sichern die Grundversorgung. Beim Passieren des hiesigen Checkpoints der Immigration können Touristen meist im Bus sitzen bleiben.

### ÜBERNACHTUNG

Das **Royal Rose Guest House**, ✆ 094-966 6063, liegt neben dem Busbahnhof und bietet für 15 000 Kyat sehr bescheidene Zimmer. Etwas angenehmer ist ein kleines Apartment mit 2 Räumen.
Möglicherweise wird im Laufe der nächsten Jahre mit dem Bau erster **Hotels** begonnen, entsprechende Planungen gibt es seit Langem.

### TRANSPORT

#### Pick-ups

Von und nach THANDWE mehrmals tgl.; alternativ erst nach Kyeintalie und von dort im Pick-up weiter nach Thandwe.

#### Busse

PATHEIN, am besten über Yangon. Die Strecke ist zwar länger als der direkte Weg über Yekyi, der Vorteil: Man erspart sich den nächtlichen Aufenthalt im Nirgendwo. Ansonsten fährt man mit dem Bus Richtung Yangon und steigt mitten in der Nacht in Yekyi aus, um am frühen Morgen weiter nach Pathein zu fahren.
THANDWE, mit dem Bus aus Yangon um 1 Uhr für 12 000 Kyat in 4–5 Std. Von hier geht es dann weiter nach NGAPALI.
YANGON, die Strände an der Westküste werden von 3 Busgesellschaften aus Yangon angefahren. Nach Yangon gegen 19 Uhr für 18 000 Kyat in etwa 12 Std. Auf dieser Strecke

braucht man 5–10 Kopien von Pass und Visum (200–400 Kyat); am besten einige beim Busfahrer abgeben, damit man nachts nicht aussteigen muss.

## Kanthaya

*Kan* heißt Strand und *thaya* bedeutet schön. Der Name verspricht nicht zu viel: Ein 5 km langer weißer Sandstrand mit klarem Wasser lädt zum Verweilen ein. Seit 1998 soll dieser Strand zu einem Touristenziel ausgebaut werden, doch die Entwicklung geht nur zögerlich voran: Bis heute steht nur eine einzige staatliche Anlage am Strand. Ansonsten gibt es noch zwei Restaurants. Etwas nördlich liegt ein kleines Fischerdorf. Alle Pläne für weitere Hotelanlagen und (natürlich) einen Golfplatz sind bislang im Sande verlaufen. Es war sogar einmal angedacht, ein nahes Flugfeld für den Zivilverkehr zu öffnen. Doch die meisten Touristen zieht es an den weitaus besser erschlossenen Ngapali Beach 170 km nördlich oder an die Strände von Chaungtha und Ngwe Saung, die von Yangon leichter zu erreichen sind.

### ÜBERNACHTUNG UND ESSEN

Das **Kanthaya Beach Resort** bietet große, heruntergekommene Doppelbungalows. Hinter der Rezeption hängt ein Schild, das die Preise für Ausländer und Birmanen listet. Reisende berichten, dass der Hotelmanager manchmal Rabatt gewährt. Zur Zeit der Recherche war es, wie die meisten staatlichen Hotels, geschlossen. ❷–❸

Direkt gegenüber dem Beach Resort befindet sich das kleine **SWK-Guesthouse**, welches seit 2014 eine Lizenz zur Beherbergung von Ausländern hat. Die Zimmer sind sehr einfach. ❶

Die zwei kleinen **Restaurants** (empfehlenswert: das **Golden Seahorse**) nahe dem Resort bieten frische Meeresfrüchte. Shrimps, kleinere Langusten und Tintenfisch sind fast immer verfügbar, größere Fische werden meist auf Bestellung aus Zigon, 26 km nördlich von Kanthaya, herangeschafft.

### TRANSPORT

Die Anreise entspricht jener nach Gwa, welches etwa 1 Std. Richtung Yangon entfernt liegt. Ankunft aus Yangon entsprechend 1 Std. später, Abfahrt 1 Std. früher. Auch die anderen Busse verkehren entsprechend, s. Gwa, Transport.

## Maw Shwe Chai

Die Küstenregion im südlichen Rakhine-Staat hat noch weitere schöne Strände zu bieten, die erst nach und nach erschlossen werden. Einer ist der etwa 10 km nördlich von Kanthaya gelegene Maw Shwe Chai Beach – ein Paradies für Reisende, die einmal ganz alleine an einem langen Sandstrand spazieren gehen möchten. Eine einzige Unterkunft bietet ein Dach über dem Kopf. Westliche Reisende trifft man hier fast nie.

### ÜBERNACHTUNG UND ESSEN

**Maw Shwe Chai Beach Resort**, ✆ 09-852 8191, 09-515 7717, in Yangon 01-510 381, 💻 www.mawshwechairesort.com. Man sollte nicht zu hohe Ansprüche an das Resort stellen: Warmes Wasser gibt es in den 20 Beachfront-Bungalows nicht – aber manchmal, wenn der Strom angestellt wird, bietet Sat-TV etwas Abwechslung. Einheimisches Frühstück. Es wird Englisch gesprochen. ❸–❹

Im **Golden Sea Horse Restaurant** gegenüber dem Resort gibt es Seafood und (leicht) gekühlte Getränke.

### TRANSPORT

Busse zwischen YANGON und THANDWE (Ngapali) halten tgl. vor dem Resort. Von Kanthaya liegt Maw Shwe Chai etwa 30 Min. entfernt. Transport wie in Gwa, mit 2 1/2 Std. Unterschied. Soll heißen: Der Bus nach Yangon fährt 2 1/2 Std. früher, aus Yangon ist man 2 1/2 Std. länger unterwegs.

## Thandwe

Der beschauliche Verwaltungssitz Thandwe wurde von den Engländern Sandoway genannt. Heute benutzen nur noch wenige alte Menschen diesen Namen. Dass der Landstrich von den Zentral-Birmanen beherrscht wird, gefällt hier nicht jedem: kein Wunder bei der langen eigenständigen Geschichte, auf die die Küstenregion zurückblickt. Noch heute singen junge Rakhiner stolz Lieder über „ihr Rakhine-Königreich".

Thandwe lag jahrhundertelang im Einzugsbereich der Königreiche von Vesali und Mrauk U und bildete wahrscheinlich eine Zeit lang ein eigenes Fürstentum mit Namen Dvaravati. Davon ist nicht viel übrig geblieben. Im Zentrum der Stadt befinden sich ein paar Teestuben, ein Gästehaus (nur für Einheimische) und einige Moscheen; etwa ein Viertel der Bevölkerung bekennt sich zum Islam.

Am Stadtrand liegen drei **Stupas**, die alle im 8. Jh. erbaut worden sein sollen. Architektonisch sind sie nicht von herausragendem Interesse, jedoch ergeben sich von oben schöne Ausblicke in die Umgebung. Ein besonderes Erlebnis ist der Sonnenaufgang über den Rakhine-Bergen, der sich am besten vom höchsten der Hügel aus beobachten lässt. In der Zeit von November bis Februar schieben sich Nebelbänke zwischen die Bergspitzen und die in der Ebene liegende Stadt Thandwe – ein Bild wie auf einer chinesischen Tuschezeichnung. Man sollte nach Möglichkeit schon morgens um 5 Uhr oben sein. In der dortigen **Nandaw-Pagode** befindet sich die aus dem 6. Jh. datierte Statue eines Rakhine-Königs, der 525–75 regiert haben soll. Hotels in Ngapali können den Ausflug dorthin arrangieren.

In Thandwe werden auch die traditionellen Longyis für Männer hergestellt. In der **Straße der Weber** kann den Frauen bei der Arbeit an den Webstühlen zugeschaut werden. Ebenso wird hier Bambus zu schönen Matten, Tischsets oder Untersetzern verarbeitet.

### ESSEN

In Thandwe gibt es keine besonders aufregenden Restaurants. Lediglich ein paar Teestuben laden zum Verweilen ein. Der zentrale Markt wurde 2013 neu gebaut. An der Polizeistation bzw. am Übergangs-Marktplatz befindet sich das **Cobras Safron Tea Center**, das Tee, Kaffee und Tagesgerichte anbietet. Direkt gegenüber dem Busbahnhof lockt der **Hero Teashop** mit Samosas und Snacks, z. B. süßem Kuchen aus Klebreis. Zur Mittagszeit sind Tagesgerichte im Angebot: einfach in die Töpfe schauen. Sehr gutes Curry mit Schweinefleisch; etwa 1000 Kyat für ein Mittagsmenü.

### SONSTIGES

#### Einkaufen

Auf dem 2013 fertiggestellten **Markt**, einem gelungenen Neubau mit schöner Atmosphäre, gibt es warme Decken in bunten Mustern, die in kühlen Winternächten am Strand gute Dienste leisten. Zudem werden frisches Obst, Haushaltswaren und Longyis verkauft. Lohnend ist ein Blick auf den Fischmarkt. Auch Goldhändler bieten ihre Ware an, die in den angegliederten Werkstätten gefertigt wird. Kleine Läden in der Hauptstraße führen Trinkwasser und Kekse.

#### Geld

Es gibt 3 Banken mit Geldautomaten.

### TRANSPORT

#### Busse und Pick-ups

SITTWE, So und Do mit den Minibussen von Yadanar, Office nahe der Post, ✆ 094-2173 0659. Abfahrt 12 Uhr, Ankunft 6 Uhr morgens für 22 000 Kyat.

YANGON, es gibt einige Gesellschaften, die tgl. über Pyay oder Gwa mit sehr komfortablen AC-Bussen von und nach Yangon fahren, darunter **Aung Thitzar**, ✆ 043-65363, und **Ye Aung Lan**, ✆ 043-65160, in Yangon 01-727 379, und **Myo Zet Thit**, ✆ 043-65360.

Die Fahrt im AC-Bus über PYAY kostet 18 000 Kyat, Fahrtdauer bis zu 20 Std. Über PATHEIN und GWA im Non-AC-Bus 18 000 Kyat, etwa 1 Std. schneller als über Pyay.

Abfahrt nach Yangon ist um 13 und 14 Uhr; die Busse sammeln vorher ab ca. 11 Uhr die Gäste am Ngapali Beach ein. Die neueste

Buslinie **Myo Zet Thit** fährt um 7 und 21 Uhr für 20 000 Kyat. Wer in Pyay, Pathein oder Gwa aussteigen will, bezahlt dennoch den gesamten Fahrpreis bis Yangon. Eine sehr gute Option sind die beiden Busse von Myo Zet Thit, die um 11 und 19 Uhr starten: Sie fahren bis zum Aung San Stadion in Yangon und man muss nicht noch vom Busbahnhof in die Stadt fahren.
Von Thandwe tgl. Pick-ups nach TAUNGGOK um 6.30, 8.30, 12.30, 15 und 16.30 Uhr für 2500 Kyat in 4–5 Std. Der Busbahnhof für diese Busse liegt hinter der Brücke. Schneller und komfortabler mit dem AC-Bus nach Yangon um 13 Uhr für 3500 Kyat in 2 1/2 Std.

### Flüge

Die Strecke YANGON–THANDWE wird je nach Saison von allen Fluggesellschaften z. T. mehrmals tgl. bedient; häufig in Verbindung mit SITTWE. In der Saison gibt es auch Flüge ab HEHO. Die aktuellen Flugpläne finden sich auf den Webseiten der Gesellschaften:
**Air Bagan**, 💻 www.airbagan.com, Air KBZ, 💻 www.airkbz.com, **Air Mandalay**, 💻 www.airmandalay.com, Asian Wings Airways, 💻 www.asianwingsair.com, Myanmar National Airlines, 💻 http://flymna.com, und **Yangon Airways**, 💻 www.yangonair.com.
Thandwes Flugpiste liegt am Meer; aufgesetzt wird direkt hinter dem Strand. Seit die Landebahn 2010 verlängert wurde, ist relativ sicheres Landen nun auch in der Regenzeit möglich. Nur bei Sicht unter 6 km (was selten der Fall ist) wird nach Sittwe ausgewichen.
Außerhalb des Flughafens gibt es einige günstige kleine **Restaurants**, im Flughafen-Garten ein teures **Bistro**.

13 HIGHLIGHT

## Ngapali

Ein Sandstrand erstreckt sich kilometerlang bis zum Horizont, ein Ochsenkarren zuckelt vorbei, und die Sonne versinkt in einem farbenprächtigen Schauspiel im Meer: Am **Ngapali Beach** [5576] werden Strandträume wahr. Der weit ausladende Sandstrand gilt als der schönste des Landes. Der feine Sand verbirgt nur selten piksende Muscheln, und glasklares Wasser lädt zum Baden ein. Lange sanfte Wellen plätschern im Winter still vor sich hin – und im Sommer, wenn die Wogen höherschlagen, herrschen ideale Surfbedingungen (ab Mitte Feb, besonders im April und Mai/Juni). Wer mit kleinen Kindern reist, die noch nicht schwimmen können, Vorsicht: Auch wenn das Wasser im Winter in der Regel flach ist, kann es doch immer wieder zu unerwartet hohen Wellen kommen. Man sollte Kinder daher nie aus den Augen lassen. Es gibt keine gefährlichen Tiere im Meer. Ende März treten jedoch manchmal kleine Quallen auf, deren Nesseln Schwellungen auf der Haut verursachen können, die mit einem Handtuch voll Essig behandelt werden sollten.

Am Strand werden frische Kokosnüsse, Papaya und andere Leckereien aus der Natur angeboten, und auch zahlreiche Stände mit Schmuck und Sonnenschirmchen sind hier zu finden. Dazu lächelt milde die steinerne Meerjungfrau von der kleinen Felsgruppe in der Mitte des Strands.

Eine geologische Sehenswürdigkeit ist das nördlich am Strand gelegene **Kap** – vor allem bei Ebbe. Die Gezeiten haben in langen Rinnen lose Steine rund gewaschen, die nun wie Kugeln in dieser bizarren Landschaft liegen. Ganz vorn am Kap erkennt man kleine Becken, in denen ablaufendes Wasser stehen bleibt – eine Falle für kleine bunte Korallenfische: Die Krebse warten schon! Vom Flugzeug aus sieht man, dass sich ähnliche Formationen an der ganzen Küste hinaufziehen.

Am Südende des Strands liegt ein recht großes **Fischerdorf**. Hier bedeckt Stroh den Sand, darüber befinden sich Plastikplanen, auf denen kleine Fische getrocknet werden. Morgens und abends herrscht hier reger Betrieb, wenn die Fischerboote anlanden und der Fang an Land gebracht wird. Oft tummeln sich dann hier Touristen in Badekleidung. Die Dorfbewohner scheinen sich an den Anblick gewöhnt zu haben (oder schauen mit buddhistischem Gleichmut darüber hinweg), doch natürlich gebietet es der Respekt, sich angemessen zu kleiden.

Entspannen am Strand von Ngapali

Die schönen Muscheln, die manchmal von Kindern am Strand angeboten werden, sollten keinesfalls gekauft werden, trägt ein gesteigerter Absatz dieser Meerestiere doch zu ihrer Ausrottung bei. Umrundet man das Kap, sieht man in der Ferne einen großen stehenden Buddha auf einem Hügel, der den Ozean überblickt.

## Aktivitäten

Natürlich ist die Hauptattraktion der Strand selbst. Das Wasser ist zum **Schwimmen** gut geeignet, und Spaziergänge am Meer oder **Fahrradtouren** in die angrenzenden Dörfer bieten Gelegenheiten zu körperlicher Betätigung. In den meisten Hotels kann man Fahrräder leihen, und für etwas weniger sportlich veranlagte Naturen gibt es E-Bikes. Eine Alternative ist es, sich mit einem Trishaw (Fahrradtaxi) herumfahren zu lassen – und damit einem ortsansässigen Familienvater eine zusätzliche Einnahme zu verschaffen.

**Bootsausflüge** sind eine besonders beliebte Abwechslung. Ein Boot (2 Pers.), das zu den vorgelagerten Inseln fährt, kostet etwa 15 000–25 000 Kyat pro Tag. Auch hier unterstützt man direkt kleine einheimische Familien. Bootsausflüge, die von Hotels oder Reiseagenturen organisiert werden, sind teurer: Ein dreistündiger Hotelausflug kostet ab US$50.

Ein schönes Ziel ist die im Süden vorgelagerte kleine Insel **White Sand Island**. Hier gibt es Sonnenschirme, Stühle zum Faulenzen und eine kleine Bar. Wer seinen selbst geangelten Fisch grillen lassen will, zahlt dafür etwa 2000 Kyat. Ein paar Bootsminuten weiter erreicht man ein Fischerdorf, wo es allerdings nur morgens und abends etwas zu sehen gibt.

Die Küste bietet auch Möglichkeiten zum **Schnorcheln**. Zwar ist die Unterwasserwelt hier nicht spektakulär, aber mit etwas Glück begegnet einem auch mal ein größerer Fisch oder sogar eine Meeresschildkröte. Meist ist die Ausrüstung im Preis eines Schnorchelausflugs inbegriffen, bei Hotelausflügen müssen jedoch die Schnorchel oft extra bezahlt werden (etwa US$3 pro Set). Man sollte die Ausrüstung immer in Augenschein nehmen und anprobieren, bevor man sich damit ins Wasser stürzt. Die meisten Schnorchelausflüge gehen nach **Pearl Island**, der südwestlich vorgelagerten Insel. Bis Mitte der 90er-Jahre wurde hier noch nach Perlen getaucht. Im Nordosten der Insel gibt es einige

Fische zu sehen. Aber Vorsicht, hier kann es wegen der Strömungen gefährlich werden.

Einige Hotel- und Restaurantbetreiber vermitteln Fischerboote für **Angeltouren**. Meist wird mit der Longline geangelt. Wer seinen geangelten Fisch grillen und auf einer einsamen Insel (z. B. auf der Pirateninsel, hinter Pearl Island) verspeisen möchte, kann dies ebenfalls organisieren.

Von Juni bis August zieht es den einen oder anderen **Wind- und Kitesurfer** an den Strand (Equipment muss sich jeder selbst mitbringen, eine Ausleihe gibt es nicht). Die Hotels sind dann billiger, und die langen Wellen versprechen Könnern viel Vergnügen. Ein beliebter Spot ist das Riff am Flughafen.

Auch der **Tauchsport** hat mittlerweile Einzug gehalten, doch legal ist das alles noch nicht. Bislang gibt es keinen guten Divemaster, lediglich guten und erfahrenen Tauchern (im Team) sei das Tauchen hier zu empfehlen.

Als Alternative zum Wassersport: Knapp 5 km entfernt lockt ein **Golfplatz** direkt am Strand.

## ÜBERNACHTUNG

Am Ngapali Beach gibt es viele Unterkünfte, wobei die meisten sehr hochpreisig sind. Während der zentrale Abschnitt unbebaut bzw. mit alten verfallenen Hotels bestückt ist, stehen v. a. im Norden und Süden einladende Zimmer zur Verfügung. Auch in Richtung Flughafen soll der Strand erschlossen werden; doch er ist mit dem Hauptstrand nicht direkt verbunden und etwas abgelegen. Die neu gebauten Unterkünfte sind allesamt hochpreisig. Es wird immer schwieriger, in Ngapali eine günstige Bleibe zu finden. Das führt dazu, dass vornehmlich besser Betuchte hier Strandurlaub machen. Die meisten Besucher sind ab 50 Jahre aufwärts; unter 30-Jährige trifft man eher in der Laguna Lodge, der Lintha Oo Lodge und dem Memento Resort. Da die Luxusanlagen meist über Reisebüros gebucht werden, haben wir uns hier auf eine kleine Auswahl beschränkt. Weitere Adressen finden sich im Club unter eXTra [6641].
Im Hotelpreis ist der Flughafentransfer oft inbegriffen. Nach Absprache auch vom/zum Busbahnhof in Thandwe.

### Untere Preisklasse

€ **Htein Linthar Gh.**, ✆ 09-851 5488, ✉ ksawsoethu10@gamil.com, [9830]. An der Straße gelegenes Haus direkt neben der gleichnamigen Galerie. 4 Zimmer in einem Betonblock. Nur mit Bett und Bad, auf Wunsch Moskitonetz. Strom von 18–23 Uhr. Wer sparen muss, findet hier Unterschlupf. ❷

**SMS Gh.**, an der Straße nahe dem Klong. Wurde zur Zeit der Recherche gerade renoviert. Einfache Zimmer, bisher ohne Lizenz, aber das könnte sich schnell ändern. ❶

### Mittlere Preisklasse

**Laguna Lodge Ngapali**, ✆ 043-42312, in Yangon ✆/℻ 01-501 123, 💻 www.lagunalodge-myanmar.com, [6642]. 12 sehr schöne, individuell und ausgefallen gestaltete große Beach-Front-Zimmer in einer kleinen Anlage am Südende des Strands. 6 weitere Zimmer mit Blick in den Garten. Die 5 oberen Zimmer mit Blick aufs Meer teilen sich 2 riesige Balkone. Ein Extrabett wird auf Wunsch kostenlos gestellt. Offene Bäder.

### Rund um den Flughafen

Wer mit dem Flugzeug in Thandwe landet, fährt anschließend direkt an einigen Nobelresorts vorbei. Zwar hat hier die touristische Entwicklung eingesetzt, viel los ist aber noch nicht. Das gilt auch für den Strand, der sich hinter dem Flughafen erstreckt und ein nettes Ziel für einen Fahrradausflug darstellt. Baden sollte man hier allerdings nicht, die Strömung ist an dieser Stelle zu stark.
Wer eine solche Abgeschiedenheit sucht, kann im **Amara Ocean Resort**, 6 Tayza Rd., ✆ 01-663 347, 💻 www.amara-myanmar.travel, [8002], absteigen, ❼–❽. Zwischen Flughafen und Ngapali-Strand liegt das seit vielen Jahren beliebte **Amazing Ngapali Resort**, ✆ 043-42011, Yangon ✆ 01-502 901, 💻 www.amazing-hotel.com, [8004], ❼. Ebenfalls in gehobenem Ambiente wohnt der Gast im **Hotel at the Rocks**, 💻 www.hotelattherocks.com, und im **Merciel Retreat Resort**, 💻 www.mercielresort.com, ❻.

Inkl. Frühstück, zu dem ein guter Kaffee gehört, Grau- und Körnerbrot, Pancakes, Müsli und Obst; alternativ traditionelles Rakhine-Frühstück. Da hier viele deutsche Traveller eine glückliche Oase der Ruhe finden, gibt es eine gut sortierte Bücherei. Im Zimmer hat jeder Gast einen eigenen Wasserspender mit Trinkwasser, und der Manager Oliver ist bemüht, vor allem benachteiligten Frauen hier einen Job zu geben. Tolle Atmosphäre und unsere Nummer eins für Ngapali. Durchgehend geöffnet; 50 % Discount in der Regenzeit. Wer vorbucht und im Voraus zahlt, bekommt 10 % Rabatt. Oliver erhebt pro Gast zudem eine Ökosteuer von US$2,5, mit der er lokale Aktionen in diesem Bereich subventioniert. Wenn etwas nicht funktioniert, einfach Tag und Nacht die Notfallnummer der Inhaberin Mrs. Khet Khet anrufen, ✆ 095-138 411. Gutes WLAN. ❹–❺

**Linn Tha Oo Lodge**, ✆ 043-42322, in Yangon ✆ 01-547 216, 💻 www.lintharoo-ngapali.com, [8008]. Beliebte Anlage mit 2 Zimmertypen: große Räume in Bungalows für 2–4 Pers. mit Meerblick und Standardzimmer im doppelstöckigen Reihenhaus dahinter. Alle mit AC und Minibar. Frühstücksbuffet. Strom von 18–6 Uhr. WLAN an der Rezeption. Vor der Lodge Felsen im Meer. ❺

**Memento Resort**, ✆ 043-42441, 095-515 190, ✉ ngapalimementoresort@gmail.com, [8009]. Meerblick-Zimmer in Reihenbungalows unterschiedlicher Größe und Ausstattung; alle mit Du/WC, TV und Kühlschrank. Die günstigen mit Ventilator, die teureren mit AC. Hinten in einem Haus zudem ein paar günstige Zimmer mit Ventilator für den schmaleren Geldbeutel. Die meisten Zimmer haben einen schönen Holzfußboden und sind recht geräumig. Ein großer AC-Raum für US$100 am Strand hat 24 Std. Strom, alle anderen nur von 18–6 Uhr. Inkl. Frühstücksbuffet. Vor dem Resort stören die Felsen ein wenig das Badevergnügen. ❸–❺

**Yoma Cherry Lodge**, ✆ 043-42339, 💻 www.yomacherrylodge.com, [8016]. Ansprechende Anlage im Linthar Village. 2-stöckige Bungalows mit Gartenblick bzw. aus den oberen Stockwerken Meerblick, ganz vorne mit Strandblick. Die Zimmer sind mit hübschen Korbmöbeln ausgestattet, haben große Fensterflächen und im Bad eine begehbare Dusche. Der Strand ist sauber, wird aber von Fischern und ihren Booten genutzt. In der Nebensaison purzeln die Preise, dann kostet Gardenview US$70. In der Hauptsaison ist es deutlich teurer. Gute Mountainbikes zur Ausleihe. Strom leider derzeit nur nachts und 2 Std. am Tag. Da helfen am Tage der Kühlschrank und die AC leider wenig weiter. ❺–❼

## Obere Preisklasse

**Amata Resort & Spa**, ✆ 043-42177, in Yangon ✆ 01-665 126, 💻 www.amataresort.com, [8003]. Luxusresort mit 4 Zimmerkategorien. Feudal schläft es sich in den vorderen Zimmern mit Blick aufs Meer. Günstiger sind Zimmer in den doppelgeschossigen Bungalows. Pool, Spa, gutes Restaurant, Frühstücksbuffet, Fahrradverleih. Businesscenter. WLAN. ❼–❽

**Aureum Palace Hotel & Resort**, ✆ 043-42360, in Yangon ✆ 01-399 341, 💻 www.aureum palacehotel.com, [8005]. Eines der Edelresorts in Ngapali. Die über 40 geräumigen Bungalows bieten allen Komfort. „Executive Cottage" mit eigenem Pool. Leib und Seele verwöhnen lassen kann man im Restaurant (Thai-, japanische und internationale Küche), Pool und Spa. Zum Sonnenuntergang lockt ein kleines, eigens erbautes Boot am Strand mit Cocktails und Bier. Happy Hour von 17–19 Uhr (Cocktail US$4). ❼–❽

**Bayview – the beach resort**, ✆ 043-42299, Yangon ✆ 01-504 471, 💻 www.bayview-myanmar.com, [8006]. Unter deutscher Leitung. Pool, Bar, schöne Bungalows mit Meer- oder Gartenblick und Zimmer im 2-geschossigen Haus dahinter. Katamaranverleih und Bootstouren. Spa. WLAN. ❻–❼

**Diamond Ngapali Hotel**, am Südende hinter dem Fluss, ✆ 043-42089, in Yangon ✆ 093-194 6179, 💻 www.diamondngapali.com, [8007]. Versetzt stehende Bungalows mit großer Terrasse und Meerblick. Großer einladender Pool. Wer mehrere Tage bleibt, kann, sofern nicht über Dritte gebucht, gute Discounts

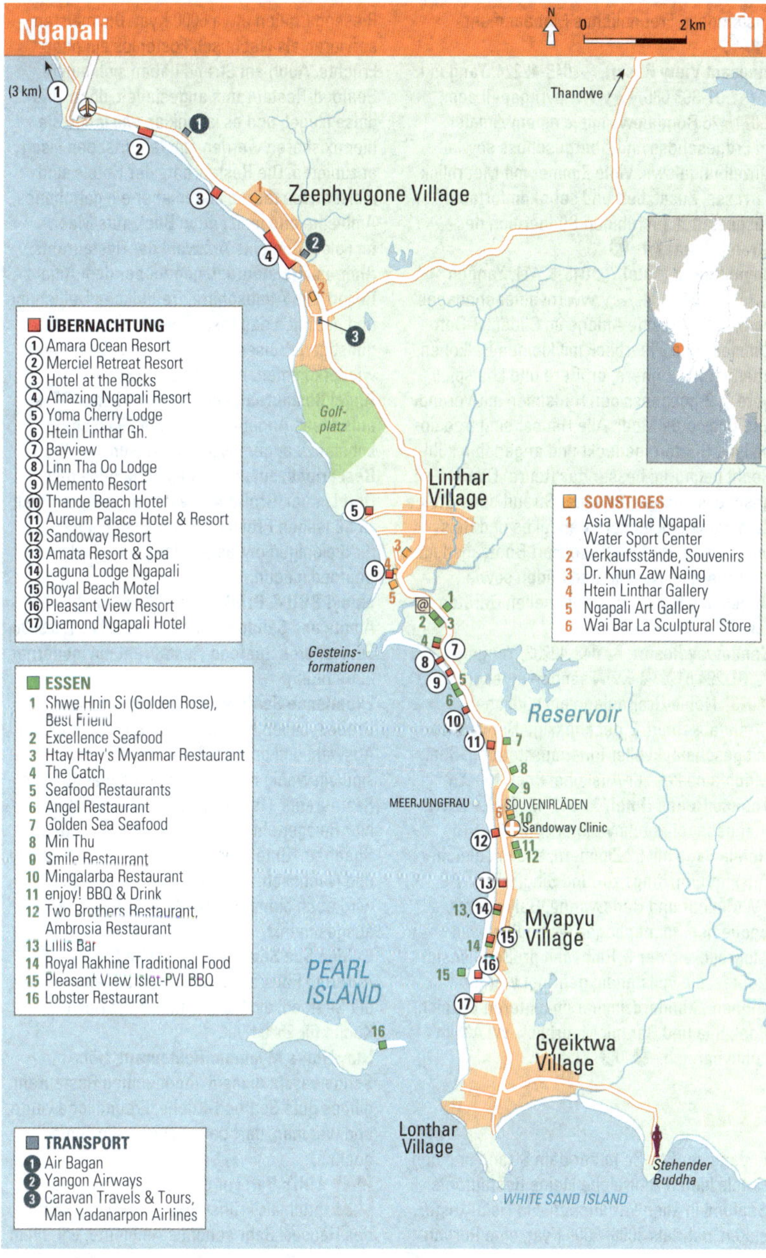

Ngapali
N
0
2 km
(3 km)
Thandwe
Zeephyugone Village
Golf-platz
Linthar Village
Gesteins-formationen
Reservoir
MEERJUNGFRAU
SOUVENIRLÄDEN
Sandoway Clinic
Myapyu Village
PEARL ISLAND
Gyeiktwa Village
Lonthar Village
Stehender Buddha
WHITE SAND ISLAND
ÜBERNACHTUNG
1 Amara Ocean Resort
2 Merciel Retreat Resort
3 Hotel at the Rocks
4 Amazing Ngapali Resort
5 Yoma Cherry Lodge
6 Htein Linthar Gh.
7 Bayview
8 Linn Tha Oo Lodge
9 Memento Resort
10 Thande Beach Hotel
11 Aureum Palace Hotel & Resort
12 Sandoway Resort
13 Amata Resort & Spa
14 Laguna Lodge Ngapali
15 Royal Beach Motel
16 Pleasant View Resort
17 Diamond Ngapali Hotel
ESSEN
1 Shwe Hnin Si (Golden Rose), Best Friend
2 Excellence Seafood
3 Htay Htay's Myanmar Restaurant
4 The Catch
5 Seafood Restaurants
6 Angel Restaurant
7 Golden Sea Seafood
8 Min Thu
9 Smile Restaurant
10 Mingalarba Restaurant
11 enjoy! BBQ & Drink
12 Two Brothers Restaurant, Ambrosia Restaurant
13 Lillis Bar
14 Royal Rakhine Traditional Food
15 Pleasant View Islet-PVI BBQ
16 Lobster Restaurant
SONSTIGES
1 Asia Whale Ngapali Water Sport Center
2 Verkaufsstände, Souvenirs
3 Dr. Khun Zaw Naing
4 Htein Linthar Gallery
5 Ngapali Art Gallery
6 Wai Bar La Sculptural Store
TRANSPORT
1 Air Bagan
2 Yangon Airways
3 Caravan Travels & Tours, Man Yadanarpon Airlines
DER WESTEN

aushandeln. Freundliches Management. ❺–❻

**Pleasant View Resort**, ✆ 043-42224, Yangon ✆/✆ 01-393 086, 💻 www.pvrngapali.com, [8011]. 26 Bungalows mit je einem Zimmer im Erdgeschoss und Obergeschoss sowie Einzelbungalows. Viele Zimmer mit Meerblick. Terrasse, Zusatzbett und sehr komfortabel ausgestattet. Im ruhigen Südbereich des Strands. Spa. ❻–❼

**Royal Beach Motel**, ✆ 043-42411, Yangon ✆/✆ 01-544 484, 💻 www.royalbeachngapali.com, [8012]. Kleine Anlage im Süden. 3-Bett-Zimmer ohne Meerblick mit kleinen Balkonen, aber auch schönere, größere und kostspieligere in 2-geschossigen Häuschen mit Veranda und Blick aufs Meer. Alle Häuser sind traditionell mit Blättern gedeckt und angenehm kühl. Recht hellhörig; besser das (teure) Obergeschoss buchen. Schöner Strand ohne Steine. Zum Frühstück leckere Pancakes und Reisgerichte am Buffet. Organisiert Bootsausflüge zu Dörfern im Norden und Süden sowie Angelausflüge mit professionellen Geräten. ❺–❻

**Sandoway Resort**, ✆ 043-42233, Yangon ✆ 01-294 612, 💻 www.sandowayresort.com, [8013]. Noble Großanlage am südlichen Strandabschnitt. 2-geschossige Bungalows mit geschmackvoller Innenausstattung. Spa. Mountainbikes zur Ausleihe. Pool. ❼–❽

**Thande Beach Hotel**, ✆ 043-42178, 💻 www.thandebeachhotelmyanmar.com, [8015]. Hotelanlage mit 62 Zimmern, alle mit gleicher Ausstattung: Kingsize- und Single-Bett, AC, TV, Minibar und Badewanne. Balkone mit bequemen Sonnenliegen. Bungalows mit Meerblick, in der 2. Reihe mit großen Fensterfronten, die vollständig geöffnet werden können, Standardzimmer im hinteren Bereich. Pool, Spa und Bar mit Meerblick. WLAN im Lobbybereich. ❼–❽

## ESSEN

Entlang der Straße hinter dem Strand und den Hotels bieten zahlreiche kleine Restaurants **Seafood** in allen Variationen. Ein Fisch kostet selten mehr als 3000–5000 Kyat, eine Portion Riesengarnelen etwa 6000 Kyat. Die meisten servieren als Nachtisch kostenlos ein paar Früchte. Auch am Strand haben sich einige Seafood-Restaurants angesiedelt, doch sind diese illegal, und es ist unklar, wie lange sie hier existieren werden, um fangfrischen Fisch anzubieten. Die Restaurants der Hotels sind meist etwas teurer, bieten aber ein gehobenes Ambiente und meist auch Blick aufs Meer. Im Folgenden eine Auswahl der Restaurants.

**Ambrosia Restaurant**, gegenüber dem Amata Resort. Die Atmosphäre, freundliche Bedienung und natürlich das frische Seafood zu recht günstigen Preisen lassen die Urlauber immer wiederkommen. Kostenloses Dessert.

**Angel Restaurant**, am Strand. Schöner Blick aufs Meer. Angeboten werden Fisch und Lobster zu angemessenen Preisen.

**Best Friend**, am nördlichen Ende nahe dem Dorf Linthar. Große Auswahl an Fischgerichten zu günstigen Preisen. Es findet sich auch für diejenigen etwas auf der Karte, die kein Seafood mögen.

**enjoy! BBQ & Drink**, an der Straße auf Höhe Amata und Sandoway Resort, ✆ 094-2176 9838. Ein weiteres Seafood-Restaurant mit moderner Einrichtung.

**Excellence Seafood**, am nördlichen Ende. Großes, beliebtes Restaurant mit reichhaltiger Auswahl und großen Portionen. Die Preise sind ein wenig höher als in den benachbarten Restaurants. Neben Fischgerichten gibt es hier Reisgerichte mit Huhn, manchmal auch Spaghetti. Gute Menüs mit Fisch, Reis, Gemüse und Nachtisch. Neben Rotwein aus Frankreich wird auch birmanischer Wein aus Ananas ausgeschenkt.

**Golden Sea Seafood**, häufig von Gästen des Aurerum Palace Hotels besucht. Kleine Karte mit Seafood, ein kleines Menü der Rakhine-Küche für 2500 Kyat.

**Htay Htay's Myanmar Restaurant**, Höhe Sandoway. In diesem angenehmen Restaurant gibt es gute Seafood-Küche. Freundliche Leute, und wer mag, darf der Köchin in die Töpfe gucken.

**Lilli's Bar**, vor der Laguna Lodge. Dient auch als Frühstücksplatz für die Gäste des Hauses. Sehr schönes Ambiente, vor allem bei Sonnenuntergang zum Cocktail (2000 Kyat). Traditionelle Rakhine-, Thai- und europäische Küche (wenn Besitzer Oliver oder Chefin Khin Myo Ayre anwesend sind).

**Lobster Restaurant**, auf Pearl Island. Wird oft von Bootsausflüglern angesteuert: Auf dem weißen Sandstrand stehen Tische unter Sonnenschirmen. Auswahl an frischem Seafood in paradiesischem Ambiente.

**Min Thu**, hinter dem ehemaligen Ngapali Beach Hotel. Das kleine Restaurant ist bekannt für gute Muscheln zu günstigen Preisen.

**Mingalarba Restaurant**, auf Höhe des Sandoway. Seit Langem beliebt, bietet dieses Restaurant gute Küche in angenehmer Umgebung.

**Pleasant View Islet-PVI BBQ**, am südlichen Ende der Bucht auf einer kleinen vorgelagerten Insel, ✆ 043-42251. Das Restaurant bietet einen schönen Blick auf Pearl Island und allabendlich ein BBQ. Die umfangreiche Karte ist ein Streifzug durch die europäische, thailändische und chinesische Küche. Gehobene Preise, zzgl. Service Charge und Tax. Bei Ebbe kann man das Restaurant zu Fuß erreichen, bei Flut in einem kleinen Boot. ⌚ 9–23 Uhr.

**Royal Rakhine Traditional Food**, Restaurant des Royal Beach Motels mit Meerblick. Geboten wird traditionelle Rakhine-Küche, viel Fisch, Huhn und Fleisch. Suppen ab 1000 Kyat, ausgefallene und umfangreiche Menüs der Rakhine-Küche für 15 000 Kyat.

**Shwe Hnin Si** (Golden Rose), seit Langem beliebtes Restaurant am nördlichen Ende des Strands. Gute Küche zu moderaten Preisen.

**Smile Restaurant**, hinter dem Ngapali Beach Hotel, lange etabliert, gute Küche. Offeriert als Tagesmenü öfter mal Spaghetti mit Meeresfrüchten. Große Auswahl und gutes Preis-Leistungs-Verhältnis. Im Angebot sind auch birmanische Rotweine aus der Inle-Region.

**The Catch**, Bayview Resort. Ausgezeichnete, wenn auch teure Küche. Zudem große Auswahl an Weinen; neben Fischgerichten und birmanischen Spezialitäten auch deutsche Kost. Happy Hour 18–19 Uhr.

**Two Brothers Restaurant**, hinter dem Amata Resort. Beschauliche Atmosphäre. Leckerer Lobster steht hier ebenso auf der Speisekarte wie das tomatenlastige Fish-Curry. Empfehlenswert sind die Spicy Prawns. Cocktails ab 1500 Kyat.

## EINKAUFEN

In der kleinen **Ngapali Art Gallery** stellt der Künstler San Naing Bilder aus, man kann ihm bei der Arbeit zuschauen. Kleine Bilder ab US$100, größere ab US$300. ⌚ 9–18 Uhr.

Direkt daneben in einem schönen Holzhaus weitere Werke ortsansässiger Künstler in der **Htein Linthar Gallery**.

**Wai Bar La Sculptural Store**, ✆ 042-176 2851. Schöne Holzarbeiten, kleine Buddhas aus Sandelholz (ab US$7) oder größere Skulpturen für Garten und Wohnzimmer (um die US$50). Man kann dem Holzschnitzer Kyaw Myint Thu hier auch bei seiner Arbeit zusehen und staunen, wie aus einem einfachen Stück Holz ein Gesicht hervortritt.

In der Strandstraße hinter den Hotels befinden sich zudem kleine Läden, die Obst oder Ngapali-T-Shirts verkaufen.

## TOUREN

Gunther, ein quirliger Mann aus Costa Rica (sein Name kommt von einem deutschen Freund) bietet ansprechende **Sonnenaufgangs- und Sonnenuntergangstouren** an. Mit dem Pick-up (oder wahlweise auf dem Rücken eines Elefanten, dann US$50) geht es auf einen Berg in der Nähe. Von hier bietet sich ein toller Panoramablick auf das Meer und die Umgebung. Abends gibt es Softdrinks, Bier und Wein inkl., daher ist der Trip etwas teurer. Aufbruch Sunrise 5.30 Uhr, nach Sonnenaufgang ist man gegen 7 Uhr wieder zurück, US$10. Abends geht es um 17 Uhr los, Rückkehr gegen 19 Uhr, US$15.

Empfehlenswert für alle, die genug Strandleben genossen haben, ist der **Naturtrek** durch die angrenzenden Wälder zu einem Viewpoint etwa 170 m über dem Meeresspiegel. Unterwegs bekommt man vor allem Blumen und Insekten zu sehen. Auch diese mittelschwere Tour wird von Gunther durchgeführt. Man sollte recht gut zu Fuß sein, wenn man hier mitwandert. Los geht es am besten bereits morgens um 8 Uhr, bevor es zu heiß wird. Dauer der Tour 2 Std., US$25 p. P., Kontakt über die Laguna Lodge oder ✆ 094-2173 1079, ✉ gunther hotero@gamil.com.

## SONSTIGES

### Fahrrad- und Mopedverleih

Die meisten Hotels vermieten Fahrräder, meist aus chinesischer Produktion, die in der Regel nicht für längere Touren geeignet sind. Das **Sandoway Resort** bietet seinen Gästen Mountainbikes. An der **Yoma Cherry Lodge** gibt es Mountainbikes für jeden für 1500 Kyat/Std., 6000 Kyat für einen halben Tag bis 11 000 Kyat für den ganzen Tag. Die Leihgebühr für einfache Räder ist deutlich günstiger: etwa 500 Kyat/Std. bzw. 5000 Kyat/Tag.
E-Bikes bietet **Ngapali A-1** im Ambrosia Restaurant, ✆ 094-2176 9910. Für 4 Std. werden 5000 Kyat berechnet. Mountainbikes und E-Bikes für 2 Pers. 6000 Kyat für 4 Std.

### Geld

In den Hotels der gehobenen Klasse werden Dollar gegen Kyat getauscht.
Geldautomaten gibt es im nahe gelegenen Thandwe an 3 Automaten. Am Flughafen gibt es noch keinen Geldautomaten.

### Gesundheit / Medizinische Hilfe

Noch immer wird für diesen Strand eine **Malariawarnung** ausgesprochen (Nov–März gilt als malariafrei). Mückenschutz sollte man einpacken und anwenden. Sandfliegen gibt es nicht.
In den Wintermonaten, besonders von Mitte Dezember bis Anfang Januar, kann es nachts kalt werden. Um einer Erkältung vorzubeugen, empfiehlt sich ein warmer Pullover.
Gegenüber vom Sandoway Resort liegt die gleichnamige **Klinik**. Hier behandeln ein birmanischer Arzt und oft auch verschiedene ausländische Ärzte die Einheimischen unentgeltlich; von Ausländern wird eine Spende erwartet. ⌚ 9–12 und 13–16 Uhr. Seit Anfang 2015 steht der Englisch sprechende **Dr. Khun Zaw Naing** in der Solar Workshop und Community Clinic (Organisation von Oliver Soe Thet, Laguna Lodge) für Gäste und Einheimische zur Verfügung, ✆ 09-528 3115 oder Kontakt über 043-42312 (Laguna Lodge). 24 Std. Dienst, auch Hotelbesuche.

### Internet

Viele Unterkünfte bieten WLAN, zumindest in der Lobby. Immer mehr Restaurants ziehen nach. Die Verbindung ist jedoch meist eher beschaulich bis nicht vorhanden.

### Kajaks und Bodyboards

Derzeit stehen z. B. bei der Laguna Lodge 2 Kajaks zur Ausleihe, 7000 Kyat/Std., US$25 für den ganzen Tag. Bodyboards für die Gäste der Lodge können auch von allen genutzt werden, die hier in Lillies Bar etwas essen oder trinken. Mittig am Strand nahe der Meerjungfrau bietet **Sunshine Paddle Shak** aufblasbare Kanus für 7000 Kyat bzw. 10 000 Kyat (Doppelkanu). Auch Luftmatratzen und Autoreifen.

### Massagen

Entspannend sind die vielerorts (meist über die Hotels) angebotenen Massagen. Eine 45-minütige Massage kostet US$10–16. Die an der Laguna Lodge angebotenen Massagen sind besonders beliebt. Sei es eine traditionelle Rakhine-Massage oder eine Kopfmassage. Hier unter den Schatten spendenden Palmen massiert zu werden, ist etwas Besonderes (8–18 Uhr, ab 8000 Kyat). Gemanagt werden die 4 Masseure von Pun Sue Aug (spricht gutes Englisch und ist meist an der Rezeption der Lodge zu finden).

### Reisebüros

**Angel Travel & Tours**, Laguna Lodge, ✆ 043-42312, 01-501 123, ✉ angel@myanmar.com.mm. Arrangiert Flüge und organisiert Touren; tolle Ausflüge auf die Inseln vor der Küste. Aktuelle Informationen. Am besten über E-Mail kontaktieren.
**Caravan Travels & Tours**, Reisebüro, Airport St., Kreuzung nach Thandwe, ✆ 043-42404, 094-2175 3980. Vermittelt Flüge und ist das Hauptbüro für Air Mandalay.

**Man Yadanarpon Airlines**, Airport St., neben Carravan T&T, ✆ 092-5426 0072, tgl. Flüge nach Yangon.
**Yangon Airways**, Airport St., hinter dem Amazing Hotel, ✆ 043-42306.

### Tauchen und Schnorcheln

**Asia Whale Ngapali Water Sport Center**, zwischen Flughafen und Amazing Hotel. ✆ 09-4957 7070, Yangon ✆ 01-226 069, 💻 www.ngapaliwatersport.com, [8036]. Unter skandinavischer Leitung. Tauchboot für max. 20 Taucher. Halbtägige Tauchausflüge mit 2 Tauchgängen, je nach Riffentfernung US$110–150 p. P., zzgl. Tauchausrüstung (US$25). Macht keinen so guten Eindruck. Equipment konnten wir nicht sehen. Es gibt nach Angaben der Leute vor Ort keinen richtigen Divemaster. Also nur für erfahrene Taucher. Keine medizinische Versorgung bei Unfällen möglich. Bisher keine offizielle Lizenz.
Ebenfalls buchbar sind halbtägige **Schnorchelausflüge** nach Maw Shwe Chai inkl. Fischerdorf für US$70 p. P. Eine interessante Abwechslung verspricht eine **Flusstour** entlang von Mangroven und Fischerdörfern für US$70 p. P.

### Telefon

Die Vorwahl von Ngapali ist ✆ 043. Obwohl alle Unterkünfte über einen lokalen Anschluss verfügen, empfiehlt sich für eine Reservierung der Kontakt zu den Yangoner Büros bzw. über E-Mail.
Internationale Gespräche kann man im Ngapali Beach Resort führen. Auch andere große Hotels vermitteln Gespräche. Ab 2000 Kyat/Min. bis zu US$6 pro angefangener Gesprächsminute.

## TRANSPORT

### Taxis

Ein Taxi nach THANDWE kostet etwa 8000–10 000 Kyat. Günstiger sind die Tuk Tuks, die Passagiere auf dem Weg einsammeln; eine Fahrt sollte nicht mehr als 1000 Kyat kosten. Wer mit dem Taxi bis nach TAUNGGOK fahren will, zahlt etwa 80 000 Kyat, bis nach PYAY etwa 250 000 Kyat.

### Busse

Wer die Anreise bzw. Weiterreise mit dem Bus plant, wählt am besten die Route Yangon–Heho–Mandalay–Bagan–Pyay–Ngapali bzw. in die umgekehrte Richtung.
PYAY, mit dem Minibus um 11 Uhr ab Lintha Oo Lodge in etwa 13 Std. für 17 000 Kyat. Ankunft mitten in der Nacht zwischen 11 und 1 Uhr, man sollte also ein Hotel vorgebucht haben und angekündigt sein. Die Abfahrtszeit hat sich während der Recherche bereits 3-mal verändert, daher bitte zeitig nachfragen.
PATHEIN, über Gwa (S. 488), am einfachsten erst nach Yangon und dann weiter, bzw. über Pyay (S. 235) und von dort mit dem Minibus, S. 241.
TAUNGGOK, mit dem Pick-up ab Thandwe oder mit dem Minibus von Yoma Yazar Richting Pyay (Abfahrt 15 Uhr, s.o.). Von hier fahren dann die Schnellboote nach Sittwe.
YANGON, in die ehemalige Hauptstadt fahren Nachtbusse über Thandwe. Entweder über Gwa oder über die Pyay. Es ist sinnvoll, die Tickets mind. 1 Tag vorher zu besorgen. Alle Gästehäuser sind hier behilflich.

### Flüge

Knapp 10 km von Ngapali-Strand entfernt liegt der Flughafen von Thandwe, der tgl. aus Yangon, Mandalay und Heho angeflogen wird (S. 491). Zudem Verbindungen von und nach SITTWE (Richtung Mrauk U). Die meisten Hotels bringen ihre Gäste kostenlos bzw. holen

### Passkontrollen und Ausweiskopien

An der Grenze zwischen Niederbirma und dem Rakhine-Staat, etwa 1 1/2 Std. hinter Pyay, müssen sich alle Reisenden ausweisen – auch Birmanen. Es gibt mehrere Checkpoints, an denen Ausländer weniger intensiv kontrolliert werden als Einheimische. Ausländer, die mit dem Bus über Pyay anreisen, benötigen an diesen Checkpoints jedoch Kopien ihres Passes und des Visums. Diese werden i.d.R. von den Angestellten der Busgesellschaft vor Fahrtantritt besorgt (Kopierkosten etwa 200 Kyat).

### Wie aus Thandwe Sandoway wurde

Wer ein Ticket gebucht hat und auf das Flughafenkürzel schaut, wird das geheimnisvolle Kürzel SNW finden. Mit Thandwe scheint dies auf den ersten Blick wenig zu tun zu haben. Das Kürzel steht für Sandoway, eine Bezeichnung der Stadt, die wohl seit Ankunft der Engländer üblich wurde. Moderne Legenden berichten, die Briten hätten das „Th" von Thandwe ihrer Sprache gemäß wie ein „S" ausgesprochen. Ein paar Jahre später hatte sich der Begriff zu Thandaway weiter gewandelt. Transkribiert hat es dann wohl wieder ein anderer Muttersprachler, ggf. gar ein Deutscher, der aus dem englischen „Th" ein „S" werden ließ. So entstand der Ortsname Sandoway, der für den Flughafen heute noch gebräuchlich ist.

sie ab. Wer auf eigene Faust ein Taxi nimmt, zahlt 7000 Kyat pro Strecke. Nationale Flüge werden normalerweise vom Hotel kostenlos und fristgerecht (1–2 Tage vor Abflug) rückbestätigt. Man sollte auf jeden Fall darauf achten, nach der genauen aktuellen Abflugzeit zu fragen. Vor allem in den Monaten Dezember bis Februar kommt es in Yangon oft zu Bodennebel, die Flüge verschieben sich. Statt stundenlang am Flughafen auszuharren, bleibt dann ggf. noch etwas Zeit für ein Bad im Meer.

Wer plant, neben Ngapali auch den Inle-See oder Bagan zu besuchen, sollte Ngapali am Ende seiner Reise einplanen und die Route Bagan–Mandalay–Heho–Thandwe (Ngapali) fliegen. Anders herum führt die Flugroute immer über Yangon. Direktflüge Thandwe–Bagan, Thandwe–Mandalay oder Thandwe–Heho gibt es derzeit noch nicht.

## Taunggok

Diese Stadt (auch Taungup oder Taungoke) ist Reisenden als Busbahnhof oder als Schiffsanlegestelle bekannt. Wer von Pyay kommt und nicht nach Ngapali weiterfährt, nimmt hier ein Boot die Westküste hinauf nach Sittwe und Mrauk U. Reisende, die in Taunggok übernachten müssen, sollten sich den weitläufigen Markt ansehen. Wenn möglich, sollte man eine Übernachtung jedoch vermeiden, denn die Stadt ist nicht gerade einladend und nicht auf westliche Besucher eingestellt.

Der stellenweise Reichtum der Bewohner verdankt sich dem Umstand, dass Taunggok ein erfolgreicher Schmugglerort ist, an dem Waren nach Bangladesch umgeschlagen werden: Holz, Rinder, aber auch Gemüse werden hier illegal gehandelt.

Am Busbahnhof von Taunggok kam es Mitte 2012 zu tödlichen Angriffen auf Muslime, die sich bis heute hier nicht sicher fühlen können und deshalb in Taunggok besser nicht übernachten sollten.

### ÜBERNACHTUNG UND ESSEN

**Nan Taw Oo Gh.**, ✆ 043-60172, 09-853 0217. Einfache Zimmer, harte Betten, mit AC, TV, Minibar, kein Frühstück. Für Ausländer derzeit die wohl beste Option.
Ausweichmöglichkeiten sind das **Kant Thit Win Gh**. ✆ 043-60217, und das **Royal Gh.** ✆ 043-60108, mit Restaurant und Biergarten, alle ❷.
In der indischen **Teestube** am Busterminal gibt es guten *htamin djo*, Reis mit Bohnen. Auch Reis mit Curry wird angeboten (etwa 2000 Kyat). An der Hauptstraße liegen einige **chinesische Restaurants** und weitere Teestuben.

### TRANSPORT

#### Busse

Der **Busbahnhof** gehört zu den schlimmsten Orten Myanmars, es ist schmutzig und etwas unheimlich. Dass sich hinter dem Busbahnhof auch direkt das Rotlichtviertel befindet, in dem vornehmlich die Busfahrer verkehren, macht die Situation noch etwas befremdlicher.
NGAPALI, wer mit dem Minibus von Pyay aus hier ankommt, kann im Bus sitzen bleiben und weiter schlafen. Wer jedoch hier aussteigen muss, weil er in einem lokalen Bus sitzt,

kann auf den Yangon–Thandwe-Bus warten, der zwischen 6 und 8 Uhr in Taunggok eine kurze Pause einlegt: Zusteigen ist für ein paar tausend Kyat möglich. Die Fahrt bis THANDWE dauert mit dem Yangon–Thandwe-Bus 2 1/2 Std., mit den Pick-up-Trucks 4 Std. Von Thandwe aus findet sich leicht ein Taxi zum Strand, oder man nimmt den „Linienbus" (Truck), der vom Markt aus verkehrt.
PYAY, tgl. Minibus gegen 16 Uhr, 8000 Kyat, ca. 8 Std. Auf der ersten Hälfte der Strecke ist die Straße in einem annehmbaren Zustand, danach wird sie zur Staubpiste.
SITTWE, mit dem Minibus von Pyay kommend, erreicht man Taunggok etwa um 3 Uhr nachts. Bis der Ticketschalter gegen 5 Uhr öffnet, kann man ein wenig im Office des Minibusbetreibers ausharren.

### Boote

Das AC-Schnellboot von **Malika Express** bedient die Strecke Taunggok–SITTWE 2x wöchentl.: Mi und Sa über Ramree und Kyaukpyu jeweils um 6.30 Uhr (Check-in 5.30 Uhr). Tickets für US$30 gibt es im Malika-Office, U Ottama St., nahe dem Busbahnhof, ✆ 043-61277. Die Fahrt von etwa 8–11 Std. ist an einigen Stellen recht interessant, wenn es an Mangrovenwäldern vorbei durch das Labyrinth der Lagunen an der Küste geht. Fliegende Fische sind regelmäßig zu sehen, manchmal auch Delphine. Wenn das Boot voll besetzt ist, wird auch der Mittelgang mit Stühlen vollgestellt. Man ist gut beraten, das Ticket einen Tag im Voraus zu kaufen.
Das Schnellboot der **Shwe Pyi Tan**-Gesellschaft, ✆ 043-60156, 094-9668 6659, startet Mo und Do meist morgens um 6.30 Uhr (Check-in 5.30 Uhr, kann sich ändern, je nach Wasserstand) über Ramree und Kyaukpyu nach SITTWE, für 35 000 Kyat.
Die langsamen Boote der **IWT** starten Do und So nach SITTWE (fahrplanmäßig um 5 Uhr) und kosten US$10 für einen Platz auf Deck. Liegestühle können auf dem Boot für einen geringen Betrag gemietet werden; begrenzte Anzahl! Einfache und oft unsaubere Kabinen mit Bett gibt es für US$36 und US$53 in der 2. bzw. 1. Klasse. Die Fahrt dauert 2–3 Tage.
Für alle Boote gilt: Die Abfahrtszeiten/-tage ändern sich hin und wieder und sollten daher im Vorfeld noch einmal verifiziert werden.

## Die Ramree-Inseln

Von diesen Inseln im Golf von Bengalen nahe der Rakhine-Küste starteten die Briten nach dem Zweiten Weltkrieg die Rückeroberung Birmas. Es heißt, zuvor seien viele der hier stationierten japanischen Soldaten von Krokodilen gefressen worden. Selten macht ein Tourist länger Halt, und so sind die wenigen weißen Besucher, die hier stranden, viel bestaunte Attraktionen.

Die Ostküste ist mit dichtem Mangrovenwald bewachsen. Überall führen kleine Kanäle, die nur bei Flut mit flachen Booten befahrbar sind, ins Inselinnere. Im Norden und an der Westküste (Sperrgebiet) befinden sich einige lange Strände. Ganz im Norden der Hauptinsel liegt die Stadt **Kyauk Pyu**, wo in der Vergangenheit Übernachtungen geduldet wurden. Im Jahr 2012 kam es hier zu schweren anti-muslimischen Ausschreitungen, bei denen fast der halbe Ort niedergebrannt wurde.

### Kyauk Pyu

In diesem Städtchen machen sowohl die Speedboote als auch die IWT-Fähre fest – meist, um der Mannschaft und den Passagieren Gelegenheit zum Mittagessen zu geben. Am Hafen reihen sich dann Stände mit gebratenen Meerestieren, Samosas und Currys, die schnell ausverkauft sind. Nahe dem Hafen befinden sich einige Teestuben, die indische und Rakhine-typische Snacks anbieten.

Der Ort mit seinen kleinen zweistöckigen Gebäuden ist recht hübsch. Es gibt kaum Autos, Trishaws und Ochsenkarren bestimmen das Bild. Die Menschen sind freundlich und reagieren auf den seltenen Anblick eines weißen Ausländers schüchtern bis neugierig. Bei Kyauk Pyu liegt ein Militärstützpunkt, daher sieht man schon mal Soldaten mit MG über der Schulter durch die Stadt radeln. Ranghöhere Militärs trifft man auf dem Golfplatz in der Nähe des Flughafens.

Männer tragen Karo, Frauen die bunten, fein gewebten Longyi-Stoffe.

Ein Aufenthalt auf der Insel ist wie ein Ausflug in jene Tage, als in Myanmar kein Tourist einen eigenen Schritt machen durfte. Jeder Ausländer wird sich zwangsläufig eines Fremdenführers erfreuen, der sich seiner annimmt und über jede Bewegung wacht. Dieser fordert für seine Dienste meist ein Geschenk, für Touren zum Markt und zu den Sehenswürdigkeiten etwa US$5.

## Sehenswürdigkeiten

Das wohl älteste und am meisten verehrte Heiligtum von Kyauk Pyu ist die **Kyauk Ta Lo-Pagode**, auch One-Rock-Pagode genannt. Sie liegt etwa 5 km außerhalb des Dorfes Richtung Westen. Die Pagode, die in einen langen Felsrücken hineingehauen ist, stammt wahrscheinlich aus der Vesali-Epoche und beherbergt einige schöne Buddhafiguren unterschiedlicher Stilrichtungen. In den schwarzen Stein sind kleine Nischen gearbeitet, in denen verschiedene Szenen aus dem Leben Buddhas dargestellt sind. Am Eingang zur Pagode gibt es Palmwein und frische Kokosnüsse.

Auf dem Weg zur One-Rock-Pagode liegt an der Straße entlang dem Strand die **Zedi A-Pagode**, die auch 2500-Jahre-Pagode genannt wird. Eine Inschriftentafel berichtet, dass diese Pagode 1962 im heutigen Stil erneuert wurde. Ungewöhnlich ist ihr blauer Sockel. Der kleine Stupa auf dem Hügel ist mit weiteren kleinen Pagoden unterschiedlicher Stilrichtungen durch einen ungepflasterten Fußweg verbunden. Da die Schuhe unten am Tor zurückgelassen werden müssen, kann dieser Weg ein dorniger sein! Immerhin bietet sich dem Pilger von hier oben ein schöner Blick auf den Strand, der aufgrund der starken Strömung kein Badestrand ist.

Der **Markt** von Kyauk Pyu liegt östlich des Hafens direkt am Meer. Morgens wird hier der frische Fisch angelandet – in erstaunlicher Artenvielfalt. Im Markt gibt es günstige Rakhine-Longyis. Sie gelten wegen ihrer ausgefallenen Webtechnik im ganzen Land als besonders schick und werden gern zu besonderen Anlässen getragen. Der brokatähnliche dicke Stoff kostet hier etwa US$2–4. Die Auswahl an Farben und Mustern ist sehr groß. Haarshampoo aus Kräutern und Blättern wird, in Plastiktütchen verpackt, für wenige Kyat verkauft. Diesem Shampoo vertrauen viele Frauen in Myanmar, macht es doch zuverlässig ihre Haare sauber und glänzend.

## ÜBERNACHTUNG

**Ramawady Motel**, wenige 100 m westlich des Hafens, rechts die Hauptstraße herunter. Das staatliche Motel bietet einige einfache Zimmer. Das flache Haus liegt nur ein paar Meter vom Strand entfernt. Die Zimmer sind einfach, aber sauber und haben ein eigenes, rustikales Bad. Alle Betten verfügen über ein Moskitonetz. Angegliedert ist ein Restaurant mit Thai- und birmanischer Küche. Hier kann auch gefrühstückt werden, was jedoch extra zu bezahlen ist. Abends oft laute Musik von der Karaoke-Bühne. Alle Zimmer mit Meerblick. ❷

**Serie Hotel**, am Strand nahe dem Flughafen, ✆ 043-46512. Alle Zimmer in Bungalows mit AC und Minibar, inkl. Frühstück. Die Zimmer sind alle identisch eingerichtet, doch die Aussicht und Größe variieren. Wer hier nichts findet, kann es nebenan im Palace Hotel versuchen. ❸–❹

In Kyauk Pyu sind westliche Gäste selten, daher ist das Anmeldeprozedere etwas aufwendiger. Im Hotel werden die Pässe eingesammelt und zur Immigration gebracht. Bis die Ausweise wieder auftauchen, können Stunden vergehen.

## ESSEN

Wer nicht im Motel essen will, dem stehen in der Nähe des Hafens einige **Restaurants** zur Auswahl. Alle bieten Fisch, der meist mit Gemüse und Reis gereicht wird. Keines hat eine englische Speisekarte. Der Englisch sprechende Aufpasser kann weiterhelfen. Neben der lokalen Fischspezialität *nga thau tu* kann man hier die beliebte 12-Geschmäcker-Suppe *s'h-e-hnâmjo-hin-djo* probieren, die neben Reisnudeln und verschiedenen Gemüsen auch Fisch, Krabbenbällchen und Taubeneier enthält.

Tagsüber gibt es in den **Teestuben** indische Snacks.

Wenn das Schiff erwartet wird, das meist zwischen 13 und 15 Uhr andockt, gibt es **Currys** und **Meeresfrüchte** am Pier – alles sehr frisch, scharf und empfehlenswert.

## NAHVERKEHR

Innerhalb der Stadt kann alles gut zu Fuß besucht werden, auch am Strand lässt sich herrlich spazieren gehen. Der Weg vom Pier zum Hotel ist für Rucksackreisende problemlos. Kurze Fahrten mit der **Trishaw** kosten etwa 500 Kyat p. P., die knapp einstündige Fahrt zur One Rock-Pagode etwa 2000 Kyat (hin und zurück). Für einen gemieteten **Pick-up** sind ca. US$6 für den Hin- und Rückweg zu zahlen.

## TRANSPORT

### Boote

Sowohl **Malika-Express** als auch das **IWT**-Boot und die Schnellboote der **Shwe Pyi Tan**-Gesellschaft halten hier. Während Malika nur eine kurze Essensrast einlegt, müssen bei der IWT-Fähre eine Menge Waren ein- und ausgeladen werden, sodass die Pause sich leicht auf 2–3 Std. ausdehnt. Manchmal bleibt das Boot auch über Nacht. Noch gibt es keine differenzierten Fahrpreise für die IWT-Fähre, die einen Stopp auf der Insel einkalkulieren würden. So muss, wer hier aussteigen will, US$9 (die eigentlich bis Sittwe gelten) in TAUNGGOK bezahlen und ab Kyauk Pyu weitere US$7 bis SITTWE. Kabinen kosten bis Sittwe US$16 p. P. Die IWT hat ein Büro in Hafennähe und verkauft dort Tickets, jedoch erst, wenn das Boot angelandet ist. Sitzplätze können nur an Bord reserviert werden. Wer mit der Malika fährt und hier schlafen will, riskiert nicht nur, noch ein zweites Mal zahlen zu müssen, sondern auch sein Weiterkommen, denn ob auf der nächsten Fähre, die erst ein paar Tage später fährt, Plätze frei sind, ist ungewiss. Daher empfiehlt es sich, Plätze telefonisch in Sittwe oder Taunggok zu reservieren. Fahrpläne und Telefonnummern auf S. 509 und S. 501.

### Flüge

In Kyauk Pyu gibt es einen **Flughafen**, der von **Myanmar National Airways** angeflogen wird. Theoretisch gibt es Flüge für rund US$40–50 von THANDWE oder SITTWE. Hauptnutzer des Flughafens sind die Angehörigen der Marinebasis.

## Sittwe

Sittwe [8882], von den Briten Akyab genannt, ist schon seit mindestens 2000 Jahren ein wichtiger Hafen am Golf von Bengalen. Die Stadt liegt an der Mündung des Kaladan-Flusses, der bis weit ins Land hinein schiffbar ist, und wird seeseitig von den vorgelagerten Baronga-Inseln geschützt. Der heutige Ort Sittwe wurde ab 1826 vom britischen General Morrison zum Verwaltungszentrum aufgebaut. Auf diese Zeit gehen wohl auch die alten Hafenanlagen zurück, an die heute der Markt angrenzt: Wer hier morgens das Anlanden des frischen Fisches beobachtet, wird sich einige Generationen in die Vergangenheit zurückversetzt wähnen. Sittwes geografische Nähe zu Bangladesch schlägt sich in einem hohen Anteil an Moslems in der Stadt nieder. Im Jahr 2012 kam es zwischen der buddhistischen und der moslemischen Bevölkerung zu schweren Ausschreitungen, was dazu führte, dass die Stadt für westliche Besucher zeitweise *off limits* war. Vor einem Besuch sollte man sich daher vorsichtshalber nach der aktuellen Lage erkundigen.

Die Sehenswürdigkeiten der Stadt sind nicht besonders spektakulär. Dafür hat sie gleich zwei **Uhrtürme** zu bieten: Der erste, aus Stahl, wurde 1887 von holländischen Händlern errichtet und steht nahe dem Markt. Den zweiten, ein paar hundert Meter weiter südlich Richtung Flughafen, ließ die Regierung 1991 erbauen. Am Nordende der Stadt, an den Hafenanlagen am Sayokya-Kanal, gibt es große **Lagerhallen** für Reis. Je nach Saison werden hier täglich viele Tonnen umgeschlagen – transportiert von Frauen, die wie vor hundert oder tausend Jahren ihre Lasten in geflochtenen Bastbehältern auf dem Kopf tragen. Gezählt wird die Ware mit einem traditionellen Stäbchensystem.

Südlich der Stadt liegt an der Mündung des Kaladan-Flusses auf einer Landzunge **The Point**, ein bei Einheimischen beliebtes Ausflugsziel. Südwestlich schließt sich ein Strand an, der zwar nicht gerade einladend aussieht, aber wer schwimmen will, kann das hier tun.

Sittwe ist ein beliebter Aufenthaltsort für eine Kolonie **Flughunde**. Manchmal sieht man sie in Scharen auf den Bäumen nahe dem neuen Uhrturm. Wenn sie nicht gerade wie große dunkle Früchte im Baum hängen und schlafen, kann man ihre Luftkämpfe mit den dort ebenfalls residierenden schwarzen Krähen beobachten. Bei Sonnenuntergang fliegen sie in Massen über die Uferpromenade am City Point Restaurant vorbei Richtung Meer und vorgelagerte Inseln.

### Sehenswürdigkeiten

Die **Atulamarazei Pyeloun Chantha Payagyi-Pagode** ist das wichtigste Heiligtum der Stadt. Die große Halle beeindruckt durch zahlreiche Spiegelmosaiken. Auf jeder Säule sind Figuren dargestellt, von denen viele eine Muschel in den Händen halten: Manche heben sie zum Mund und erinnern so an ihre Bedeutung als Signalhörner. Der große sitzende Buddha, gesichert hinter einem eisernen Verschlag, wurde im Jahr 1900 aus Bronze gegossen. Nur das Gesicht glänzt golden, was der Figur einen seltsam unfertigen Anblick verleiht. Anders als andere Buddhafiguren des Rakhine-Stils ist diese über 8,5 t schwere Statue nicht mit Krone oder Juwelenschmuck ausgestattet, sondern sehr schlicht. Spenden sollen der Figur jedoch zu künftigem Glanz verhelfen. Das angegliederte alte Holzkloster beherbergt weitere Buddhafiguren. Die Mönche führen Besucher gerne durch die Anlage.

Das **Kulturmuseum des Rakhine-Staates**, ✆ 043-23465, beherbergt einige Exponate aus der Vesali- und Mrauk U-Epoche. Anschaulich zeigen Miniaturmodelle die antiken Städte. Ein großes Wandgemälde stellt das Leben in Mrauk U im 17. Jh. dar und stammt angeblich von einem belgischen Reisenden. Es folgen alte Lackgefäße und antike Buddhastatuen. In der 2. Etage sind lebensgroße Figuren in der traditionellen Kleidung ethnischer Gruppen der Region zu sehen. Besonders sexy kleiden sich demnach die Mro: die Damen im Miniröckchen, die Herren im Muskelshirt. Im selben Raum sind auch ein paar jener 64 Haartrachten als Perücke zu bestaunen, die einst die Köpfe der Rakhine-Frauen schmückten. Eine Vitrine zeigt alten Schmuck und Rauchutensilien. Einen Raum weiter zeigt ein Brautpaar traditionelle Tracht. Es folgen Figuren und Zeichnungen von Ringern – im Rakhine-Staat hat sich über die Jahrhunderte

Sittwe
N
0
500 m
ÜBERNACHTUNG
1 Kiss Gh.
2 Noble Hotel
3 View Point Gh.
4 The Strand Hotel Sittwe
5 Shwe Myint Mho Motel
6 Shwe Thazin Hotel
7 Mya Gh.
8 Royal Sittwe Hotel
ESSEN
1 Shwe Pyi Taw Restaurant & Dagon Beer Station
2 May Yu Restaurant
3 River Valley Restaurant
4 Ko Aung Mins Restaurant
5 Valley River at Strand Road
6 City Point Restaurant
TRANSPORT
1 Ableger Shwe Pyi Tan-Schnellboote
2 IWT-Ticketbüro
3 Air Mandalay
4 Yangon Airways
5 Malikha Tickets (MFSL)
6 Shwe Pyi Tan-Schnellboot Tickets
7 May Flower Travel & Tours
HAFEN
Sayokya-Kanal
Ye Kyaw Tu Lan
Kyaw Zan Swe Lan
Buddhistisches Museum / Mahakuthala Kyaungdawgyi
Set Yone Su Lan (Main Rd. No. 2)
Myo Lwe Chaung Lan
Main Rd. No. 1
UNABHÄNGIGKEITS-DENKMAL
U Oaktama Lan
Nga Pain Lan
Kloster
Atulamarazei-Pyeloun Chantha Payagyi-Pagode
Shwe Ta Lan
Zeigyo Lan
Htee Dan Lan
Merchant St.
Uhrturm (alt)
ALTER MARKT
Ye Dwin Lan
MARKT FÜR STOFFE UND GEBRAUCHS-GEGENSTÄNDE
FISCH-MARKT
JETTY
Ottamar-Park
Kulturmuseum des Rakhine-Staates
UNIVERSITÄT
Hindutempel, (2 km)
Regierungssitz des Rakhine-Staates (City Hall)
Kyaung Gyi Rd.
KRANKENHAUS
Lawkamandaw-Pagode
BENGALI-KLEIDERMARKT
May Yu Lan
Uhrturm (neu)
St. Mark's Cathedral
POLIZEI
Main Rd. No. 1
Pyay Taw Thar Rd.
The Point, Strand,
Kan Ner Lan (Strand Rd.)
GEFÄNGNIS


DER WESTEN

eine spezielle Technik entwickelt. Wer sich dafür interessiert, kann vielleicht auf einem Pagodenfest in der Gegend einen Wettkampf miterleben. Im obersten Stockwerk ist eine kleine Bibliothek mit Lesetischen untergebracht, die neben einigen englischen Büchern und Nachschlagewerken aus der britischen Kolonialzeit auch ein paar Software-Anleitungen beherbergt, ⏲ Di–So außer feiertags 9.30–16.30 Uhr, Eintritt 2000 Kyat.

Das **Buddhistische Museum** liegt an der Hauptstraße und ist im 2. Stock eines alten Kolonialgebäudes untergebracht, an dessen Front das Schild **Mahakuthala Kyaungdawgyi** („Großes Kloster der Großartigen Verdienste") prangt. Hier finden sich viele alte Buddhafiguren aus der Vesali-Periode (327–818) und aus der Blütezeit Mrauk Us (1433–1785). Eine kleine antike Figur von Shin Thi U Lin, dem Mönch mit Wanderstab und Fächer, steht rechts neben dem großen Buddha. Sie soll über 2000 Jahre alt sein. In den Glasvitrinen sind zudem zahlreiche Reliquien ausgestellt und eine Ansammlung unterschiedlichster Geldscheine und Münzen. Sogar die Deutsche Mark wurde für wert befunden, hier präsentiert zu werden. Auch ein Eurostück ist bereits vorhanden. Das Museum ist jeden Tag von morgens bis nachmittags geöffnet. Es wird kein Eintritt verlangt, eine Geldspende in die dafür vorgesehene Sammelkiste gegenüber dem größten Buddha ist jedoch sehr willkommen. Besonders interessierten Gästen weisen die Mönche den Weg in das zweite buddhistische Museum am Rande der Stadt, Eintritt US$2, was nicht unbedingt lohnt.

Im Süden der Stadt steht vor der City Hall eine große **Rakhine-Freiheitsstatue**. Das Motiv der stolzen Dame mit der Flammenschale in den Händen geht auf die Vesali-Periode zurück. Nur wenige Meter entfernt befindet sich die wahrscheinlich älteste baptistische Kirche Myanmars, die **St. Mark's Cathedral**. Sie wurde 1845 erbaut. Es gibt nur wenige Baptisten in der Region – es sind vor allem Chin aus der Umgebung von Paletwa, die hier Unterstützung finden. Der Pastor betreibt eine kleine Krankenstation und gibt jungen, mittellosen Chin Unterkunft und Verpflegung, damit sie an der nahen Universität studieren können. Jeden 1. und 3. Sonntag im Monat wird um 8 Uhr ein Gottesdienst abgehalten. Einst waren auf dem nahe gelegenen Friedhof auch viele Europäer begraben. Doch die Regierung verleibte sich das Gelände ein. Seither erinnert nur noch eine Schautafel in der Kirche an die Toten.

Einen Ausflug kann man auch zu **The Point** unternehmen. Von hier bietet sich ein schöner Blick auf die Baronga-Inseln. Der in der Ferne stehende Leuchtturm ist ein beliebtes Fotomotiv. Die Gebühr für einen Besuch scheint nicht festzustehen. Besuchern wurden mal 50 Kyat, mal 250 Kyat für Fotos und manchmal sogar 3000 Kyat für die Videokamera abgenommen; einige mussten für ein Foto 500 Kyat bezahlen, andere nicht. Wer dem entgehen will, lässt die Kamera eingepackt.

Erschreckende Mahnmale, die an die Ausschreitungen erinnern, bei denen 2012/2013 Buddhisten Muslime angegriffen hatten, sind die vielen freien Grundstücke entlang der Hauptstraße. Nahezu an all diesen Orten standen Häuser muslimischer Bewohner oder Moscheen, die niedergebrannt wurden. Während der Ausschreitungen kamen 220 Muslime ums Leben, über 140 000 sind seither heimatlos und hausen in Flüchtlingscamps (Stand Anfang 2015).

## ÜBERNACHTUNG

**Kiss Gh.**, 451 Main Rd., ✆ 043-21251.
Kleines Guesthouse mit recht ansprechenden, einfachen Zimmer. Die Wände wurden 2014 neu gestrichen. Es gibt kein Frühstück und auch nur kaltes Wasser. Superior-Zimmer haben eine AC, was vor allem in den Monaten von Nov–Feb sinnvoll ist. ❷–❸

**Mya Gh.**, 51/6 Bowdhi St., ✆ 043-23315, 23358.
Die 31 geräumigen, einfachen Zimmer im sauberen Neubau sind durchaus empfehlenswert. Familienzimmer für US$45. Man sollte ein Zimmer nach hinten wählen, denn vorne an der Straße kann es recht laut werden. Inkl. gutem traditionellem Frühstück (Mohinga, Reis mit Bohnen), wahlweise auch Toast mit Ei. ❸

**Noble Hotel**, 45 Main Rd., ✆ 043-23558, ✉ anw.noble@gmail.com. 20 saubere Zimmer mit AC, TV, Kühlschrank, Bad und Wasserkocher. Zum Frühstück gibt es Eier mit Toast, auf Anfrage auch Rakhine-Suppe. An der Bar Whisky und Wein. WLAN. Gutes AC-Restaurant im 1. Stock. ❹

**Royal Sittwe Hotel**, Sittwe-Strand etwa 10 Min. abseits des Zentrums. Gute ansprechende Zimmer mit dem für diese Stadt höchsten Standard und dem besten Sicherheitssystem. Daher wohnen hier viele NGO-Mitarbeiter und andere Offizielle. Zur Zeit der Recherche hatte der Pool kein Wasser. Inkl. WLAN. Gutes Rakhine-Buffet. ❻

**Shwe Myint Mho Motel**, 56 Main Rd., ✆ 09-4966 0533. Bereits die Standardzimmer haben AC. Superior punktet auch mit TV und Warmwasser. Die Räume mitsamt Fenstern sind eher klein. Kein Frühstück. ❷–❹

**Shwe Thazin Hotel**, 250 Main Rd., nahe dem zweiten Uhrturm, ✆ 043-22314, 🖳 www.shwethazinhotel.com. Nicht mehr ganz neue Mittelklasse-Herberge; die Zimmer sind klein, die Einrichtung besticht durch Schlichtheit. Holzfußboden, TV, Safe und Wasserkocher. Guter Service. ❺

**The Strand Hotel Sittwe**, 9 (Kanar Rd.) Strand Rd., ✆ 043-22881. Zentral gelegenes Kolonialhaus mit 8 Zimmern im Haus und 13 ansprechenden Bungalows. Angenehm große Zimmer, wenngleich in den 4 einfachsten (Superior-) Zimmern auch viel vollgestellt wurde (großer Schrank aus Teakholz). Wer ein extra Bett braucht, kann im Deluxe-Bungalow Platz finden. Die 4 Suiten im Haus haben 3 Betten und einen kleinen Balkon. Kleiner Schreibtisch in allen Zimmern. Manager U Win Myint hat lange Jahre Erfahrung im Hotelgewerbe, und auch das Personal ist gut geschult und spricht Englisch. ❹–❺

**View Point Gh.**, 3 Strand Rd., ✆ 043-23689. 28 einfache Zimmer für wenig Geld in zentraler Lage. Kein Frühstück, kein Warmwasser, kein WLAN. ❶

## ESSEN

**City Point Restaurant** an der Strand Rd. Hier gehen reichere Einheimische hin, wenn sie feiern. In dem Holzhaus am Meer werden neben chinesischer und Rakhine-Küche auch Meeresfrüchte angeboten.

**May Yu Restaurant**, Strand Rd. Innen- und Außenbereich. Chinesische Küche und Fisch. Gezapftes *Myanmar*-Bier. Ein Leser fand das Essen nicht besonders gut, dafür aber die Livemusik „ganz interessant". 🕒 18–22.30 Uhr.

**River Valley at Strand Road**, ✆ 043-23234. Beliebt für seinen guten Muschelsalat und anderes schmackhaftes Seafood. Es gibt aber auch Pommes und Schwein süßsauer. Hier kann man sich einen Transport nach Ngapali, in ein Chin-Dorf oder Mrauk U organisieren lassen.

**River Valley Restaurant**, 68 Main Rd. Gute Rakhine-Küche im Innen- und Außenbereich. Mit Preisen von 4000–7000 Kyat nicht ganz billig, aber es lohnt sich. Ein Tipp sind die Fischgerichte. 🕒 7–22.30 Uhr.

**Shwe Pyi Taw Restaurant & Dagon Beer Station**, 15 Main Rd., ✆ 043-22217. Auch in Sittwe gibt es gezapftes Bier und dazu leckere Snacks. Gemundet hat uns der Crisp Pork Salad. Aber auch andere chinesische Gerichte sind durchaus köstlich.

Sittwe verfügt über eine große Anzahl an **Teestuben**, die auch kleine Leckereien anbieten. Die meisten liegen entlang der Hauptstraße und zwischen Rakhine-Museum und Markt.

Wer am Flughafen auf seinen Flieger warten muss, kann sich in einem der ca. 300 m entfernten Restaurants niederlassen. Beispielsweise lockt das **Ko Aung Mins Restaurant** mit leckerer Tagessuppe für 1500 Kyat. Wer bereits eingecheckt hat, wird vom Flughafenpersonal informiert, wenn das Flugzeug kommt.

## EINKAUFEN

Sittwes großer **Markt** am Fähranleger ist einen Besuch wert – auch für jene, die nichts erstehen wollen. In engen Gassen reihen sich Gewürzhändler, Stoffverkäufer und Lebensmittelhändler aneinander. Berühmt sind die an Brokatstoff erinnernden Longyis, deren Webtechnik für Rakhine typisch ist. Auf dem überdachten Fischmarkt ist vor allem morgens viel los, jedoch sollte zurückhaltend sein, wer eine empfindliche Nase besitzt oder wem sich schnell der Magen herumdreht. Frisch aus

## Abenteuer abseits des *beaten track*

Wer ein Abenteuer am Strand abseits jeglichen Tourismus sucht, der fährt nach Maungdaw, nördlich von Sittwe. Hier wird zukünftig, wenn alles nach Plan läuft, ein weiterer Strand erschlossen. Bis es so weit ist, können Abenteuernaturen hierher ab Sittwe mit dem Boot fahren. Zielhafen: Bothithaung.
Am Strand gibt es bisher nur einfache Gästehäuser. Die Bewohner sind zu 95 % Moslems.

dem Meer gefangen, werden die Fische auf dem Markt verteilt und anschließend von den vielen Verkäufern geputzt und zerhackt. Erfrischend ist der sich anschließende Obst- und Gemüsemarkt, dessen farbenfrohe Ware schöne Fotomotive bietet. Hinter dem Markt verkaufen zahlreiche **Goldhändler** Schmuck. Auf dem **Bengali Cloth-Markt** finden sich viele sehr preisgünstige Waren von Markenherstellern, die aus Bangladesch eingeschmuggelt wurden.

## TOUREN

Für viele ist Sittwe nur ein kurzer Zwischenstopp auf dem Weg nach Mrauk U. Man kann jedoch auch hier einen schönen Ausflug unternehmen und die Gegend erkunden. Mit dem privaten Boot geht es von Sittwe zum **Buddha Footprint Mountain** in Che Daw Ya (Rakhine: Kri Daw Ra), dann weiter nach **Rathedaung**, wo man in der Stadt abseits ausgetretener Pfade spazieren gehen kann. Mittags fährt man gemächlich zurück nach Sittwe. Auf der Flussfahrt durch die schöne Landschaft sieht man Reisfelder, Wasserbüffel und viele Vögel.
Die schönsten Fotomotive finden sich, wenn man frühmorgens bei Sonnenaufgang startet. Der Ausflug kostet etwa US$200 pro Boot.

## SONSTIGES

### Geld

Die KBZ Bank in der Main Rd. besitzt einen Geldautomaten. Western Union-Service bieten zahlreiche Banken an der Hauptstraße.

### Informationen

Im **River Valley Restaurant** gibt es Tickets und logistische Unterstützung bei der Planung von Touren; Ausflüge ins Chin-Land werden ebenfalls angeboten.
Ein Englisch sprechender, privater Guide ist **Mr. Zaw Oo**, ✆ 09-4966 6381. Er organisiert Homestays in Chin-Dörfern und ist in den Hotels bekannt. Bei Buchungen von Flügen hilft **May Flower Travels & Tours**, 179 Main Rd., ✆ 043-23452, ✉ mayflowertravels@gmail.com.

### Internet

Zur Zeit der Recherche gab es in Sittwe nur sehr selten Internetverbindungen, die diesen Namen verdienen. Das kann sich schnell ändern, doch wann, das ist nicht abzusehen. Die beste Verbindung haben Internetaffine derzeit in der Royal Sittwe Hotel-Lobby.

## NAHVERKEHR

Mit dem **Tuk Tuk**, in dem bequem 6 Leute Platz finden, kostet die Strecke vom Flughafen zum Hotel bzw. zum Hafen etwa 2000 Kyat. Mit der **Trishaw** etwa 500 Kyat für 10 Min.

## TRANSPORT

### Busse

Der Highway nach Mrauk U wird gerade komplett saniert. Es ist wahrscheinlich, dass sich noch während der Auflage die Fahrtdauer von Sittwe nach Mrauk U um etwa 1 Std. verkürzt.
MRAUK U, um 6.30, 12 und 13 Uhr in etwa 4 1/2 Std. für 9000 Kyat mit dem Bus der **Shwe Pye Htit Company**, ✆ 043-22166.
THANDWE (nahe Ngapali), Mi und Sa 12 Uhr, 45 000 Kyat, 18 Std., mit dem Minibus von **Yadana Company Air Con Express**, ✆ 09-853 2202. Der Bus fährt über Mrauk U (Abfahrt dort zwischen 15 und 16 Uhr), auch dort kann man zusteigen.
YANGON, tgl. über Kyauktan, Minbya, Mrauk U, Ann, Pyay, 22 300 Kyat, Abfahrt 6 Uhr (Check-in 5 Uhr), 27 Std. Mit der **Kis Sappa**

**Company**, Main Rd., ✆ 094-2171 0941. Wer nach etwa 5 Std. in Mrauk U aussteigen will, muss den vollen Preis bis Yangon zahlen. Nötig sind für die Fahrt einige Passkopien inkl. des Visums.

### Eisenbahn

Noch kann man nicht mit dem Zug nach Sittwe fahren. Es ist jedoch eine Bahnstrecke im Bau, die von Bagan über Nyaung U in die Rakhine-Berge führen wird; bereits fertiggestellt ist die Strecke bis Ann. Von dort wird es weitergehen an Mrauk U vorbei bis nach Sittwe. Die Strecke begleitet eine neue Gaspipeline, die vom Golf von Bengalen bis nach Kunming in Südchina führen soll.
Wegen der Nähe der Trasse zu Mrauk U gab es im Jahr 2010 einigen Wirbel – die Zerstörung wertvollen Kulturerbes wurde befürchtet.
Es kam allerdings um die Jahreswende 2010/2011 zu einem Treffen von Vertretern der lokalen Rakhine-Partei und Regierungsvertretern aus dem Industrie- und Kulturministerium: Man einigte sich auf eine Verlegung der Trasse, sodass für die alten Kultstätten nun hoffentlich keine Gefahr mehr besteht.

### Boote

**Sittwe–Bothitaung**

Nach Bothitaung jeden Mo und Mi um 7 Uhr (Check-in 6 Uhr) für US$20. Zurück nach Sittwe jeden Do und Fr um 7.30 Uhr (Check-in 6.30 Uhr) für US$20.

**Sittwe–Taunggok**

Das **Schnellboot Malikha-Express** fährt Mo und Do um 6 Uhr (Check-in 5 Uhr) in 9–11 Std. für US$30 über KYAUK PYU und Ramree (Kyar Nyi Maw) nach TAUNGGOK. Die Tickets ab Sittwe sollten 1–2 Tage im Voraus gekauft werden: Office: 358 Main Rd., ✆ 043-23441, 24037. Die Fahrt im AC-gekühlten Schnellboot ist relativ bequem, doch durch die rasante Geschwindigkeit rauscht auch die Landschaft an einem vorbei. Auf dem Dach sitzend, lässt sich die Umgebung ein wenig besser beobachten.
Das **Schnellboot der Shwe Pyi Tan-Gesellschaft**, ✆ 043-22719, 09-4959 2709, startet am So, Mi und Fr um 6 Uhr am frühen Morgen (Check-in etwa 5 Uhr) und fährt über KYAUK PYU (Fahrtdauer etwa 3–4 Std.) und über RAMREE (erreicht Kyauk Ni Maw nach etwa

Am Anleger von Sittwe warten Birmanen auf das Boot nach Mrauk U

© STOCK PHOTO / EPIXX

6 Std.) nach TAUNGGOK (Ankunft etwa 15.30 Uhr), 35 000 Kyat.
Die Abfahrtszeiten der Schnellboote können sich mit den Gezeiten verändern.

**Sittwe–Mrauk U**
Die Fahrt Sittwe–Mrauk U ist landschaftlich sehr reizvoll. Wildenten und Delphine können mögliche Begleiter dieser Bootstour sein.
**Schnellboote** der Shwe Pyi Tan-Gesellschaft, ✆ 043-22719, 09-4959 2709, fahren So und Mi um 7.30 Uhr (Check-in 6.30 Uhr) in etwa 2 1/2 Std. für US$20. Von Mrauk U zurück geht es Mo und Do um 7.30 Uhr (Check-in 6 Uhr). Die Boote haben eine Geschwindigkeit von etwa 20 Meilen pro Std. Den schönsten Blick hat man vorne an Deck (nicht stellen, denn dann versperrt man dem Captain die Sicht).
Die **IWT-Fähre** fährt regulär Di und Fr um 7 Uhr in etwa 5–8 Std. für US$6 nach Mrauk U. Die Durchschnittgeschwindigkeit beträgt etwa 5 Meilen pro Std.
**Private Boote**, die von eifrigen Vermittlern schon am Flughafen angeboten werden, kosten etwa US$150 (wer nicht gut handeln kann, zahlt US$200) für die Hin- und Rückfahrt (die Fahrer warten dort aber max. 3 Tage, und auch das meist nicht ohne Murren).
Alternativ kann man mit dem Boot nach Mrauk U fahren und mit dem Bus zurück (s. auch Mrauk U, Transport). Man sollte spätestens um 12 Uhr losfahren, sonst ist es am Ankunftsort bereits dunkel. Nachts dürfen keine Boote auf dem Wasser sein. Zudem: Vor der Anreise sollte man den Transport zum Hotel organisiert haben (s. dazu Tipps bei Mrauk U, Nahverkehr). Leser berichten, dass sie bei 5 Pers. für jeweils 10 000 Kyat ein privates Boot chartern konnten. Zurück sind die Boote jedoch wesentlich teurer. Wer aber mit dem Bus weiter nach Bagan oder Mandalay fährt, braucht das Boot zurück nicht.

### Flüge
Die Verbindung Sittwe–YANGON wird von **Air Mandalay**, ✆ 043-21638, und **Air Bagan**, ✆ 09-852 2256, **KBZ**, ✆ 09-4312 0157, **Yangon Airways**, ✆ 043-24102, und **Myanmar National Airways**, ✆ 098-515 737 bedient. Tickets nach Yangon ca. US$100–140, nach Thandwe etwa US$100. Alle Airlines außer Yangon Airways fliegen auch die Strecke Sittwe–Thandwe. Yangon Airways fliegt die Runde Yangon–Thandwe–Sittwe–Yangon. Alle anderen fliegen Yangon–Sittwe–Thandwe–Yangon.

## Old School Travelling mit der IWT

Die **langsamen Schiffe** der **IWT** fahren mehrmals wöchentlich entlang dem Golf von Bengalen. Wer sich für diese Reisevariante entscheidet, muss eine harte und lange Reise einkalkulieren und sollte sich so früh wie möglich einen Schlafplatz sichern. Die Tickets von Sittwe nach Taunggok sind mit US$10 wesentlich günstiger als jene des Schnellbootes, doch gelten sie nur für das Deck und beinhalten keinerlei Service oder Annehmlichkeiten. Geschlafen wird auf dem harten Stahlboden. Die einfachen Kabinen für US$36 und etwas bessere für US$53 sind meist von reichen Birmanen belegt. Ein paar Kyat extra haben es einigen Reisenden möglich gemacht, die Offizierskabine zu mieten: eine einfache Pritsche, die jedoch die Möglichkeit des Rückzuges bietet. Wer auf Deck schläft, sollte eine warme Decke mitnehmen und versuchen, einen leeren Reissack zum Unterlegen zu ergattern. Nachts wird es an Bord nicht nur kalt, sondern meist auch feucht. Etwas angenehmer ist es, einen Liegestuhl zu mieten. Die Fahrt dauert 2–3 Tage, d. h. ebenso viele Nächte werden auf dem Schiff geschlafen. Je nach Wasserstand verbringt das Boot die erste Nacht noch bis etwa 2 Uhr morgens im Hafen. Alle anderen Nächte fährt es nicht, sondern macht Halt in winzigen Häfen, was den Reiz dieser Fahrt ausmacht. Enger Kontakt zu den Einheimischen ist bei dieser Reiseform garantiert. Viele Mitreisende staunen über die weißen Ausländer und beobachten neugierig jede ihrer Gesten und Verhaltensweisen.

14 HIGHLIGHT

## Mrauk U

Mrauk U [3984], die untergegangene Hauptstadt des letzten Rakhine-Reiches, ist heute eine kleine, verschlafene Stadt, die sich rund um die Ruinen des alten Königspalastes entwickelt hat. Der Ort ist nicht nur wegen seiner ruhigen Atmosphäre weitab der Haupt-Touristenströme einen Besuch wert, sondern auch wegen der malerischen Kulisse: Da erstreckt sich das Dorf, gebaut aus niedrigen Holzhäusern, direkt neben Dutzenden von Tempeln und Pagoden, die in unterschiedlichen Stadien des Verfalls zwischen den umgebenden Hügeln und Feldern verstreut sind. Berge von Reis in der Nähe des Hafens vermitteln einen Eindruck vom einstigen Reichtum dieses Landstrichs. Dem großen Aufkommen an Reis und dessen Export verdankte die Stadt damals den Namen Dhanyawaddy, was so viel wie „Das Land mit viel Reis" bedeutet. Westliche Besucher nannten die Stadt auch „die goldene Stadt". Golden glänzen die Reisberge noch heute in der Sonne. Der Besuch von Mrauk U kann Höhepunkt einer Myanmar-Reise sein.

Mrauk U wurde von **König Mong Saw Mon** (Narakmeikhla) im Jahr 1430 gegründet und war für über 350 Jahre ein Zentrum für Kunst, Kultur und Handel. Bis nach Arabien und Europa reichten die Beziehungen. Portugiesen und Holländer hatten damals sogar ein eigenes europäisches Viertel in der Metropole. Der König ließ sich von japanischen Samurai-Leibwächtern beschützen, und aufgrund der strategischen Lage zwischen Bergen, Flüssen und Kanälen konnte keine feindliche Macht dieses mächtige Reich zerstören. Erst im Jahre 1785 gelang es einem birmanischen König, Mrauk U zu unterwerfen – durch Verrat. 1826 kamen die Briten und verlegten den Verwaltungssitz nach Sittwe. Mrauk U wurde innerhalb weniger Jahre bedeutungslos und war nur noch als Myohaung („Alte Stadt") bekannt. Erst 1979 wurde der alte Name wieder eingeführt.

Noch kommen nicht allzu viele Touristen hierher und man kann oft stundenlang zwischen den Feldern, Hügeln, Tempeln und Pagoden spazieren gehen, ohne einem einzigen westlichen Besucher zu begegnen. Nach Getränke- und Souvenirverkäufern sucht man vergebens – stattdessen leben die Einheimischen zwischen den Tempeln, bestellen ihre Felder und winken den Fremden freundlich zu. Man kann nur hoffen, dass das auch so bleibt, und nicht eines Tages die Einwohner dem staatlich verordneten Tourismus weichen müssen, wie es Anfang der 90er-Jahre in Bagan geschah. Voll wird es nur zum **buddhistischen Neujahr** Mitte April. Dann strömen die Menschen aus der Umgebung herbei und wecken Erinnerungen an die Zeiten, als Mrauk U noch eine Metropole war: Garküchen dampfen, Musik wird gespielt, Ringkämpfe werden veranstaltet. Nicht nur die Buddhastatuen, auch die alten Leute werden gewaschen und ihre Lippen rot geschminkt, und junge Männer und Frauen verlieben sich ineinander. Im nächsten Jahr kommen sie wieder, ein Baby im Arm.

Die Anwesenheit in der Stadt will bezahlt sein: Das **Eintrittsgeld** von 5000 Kyat wird in der Shitthaung-Pagode eingesammelt, in der der zuständige Angestellte mit einem dicken Buch sitzt, in das sich jeder einzutragen hat. Das Ticket gilt auch als Eintrittskarte für das Museum im Palastkomplex. Ob man den Eintritt bezahlt hat, wird bei der Abreise erneut kontrolliert – also Ticket aufbewahren! Nicht immer ist jedoch jemand hier, und bei der Abreise wird das Ticket bisher fast nie kontrolliert.

Eine Tour durch die Tempel ist zu Fuß gut zu meistern, mit einem **Pferdekarren** aber weitaus bequemer. Einige Wege können auch mit dem Fahrrad gefahren werden. Oft sind die Strecken jedoch so sandig, dass man mit dem Drahtesel nur beschwerlich vorankommt.

Wer kann, sollte sich zwei oder mehr Tage für die Erkundung des weitläufigen Geländes Zeit nehmen. Neben den bekannten und beschriebenen Bauwerken können Neugierige sich auch auf die Suche nach vereinzelten Tempeln machen, durch fast menschenleere Gegenden streifen und inmitten der zahlreichen Hügel und Seen abenteuerliche Wanderungen unternehmen. Da es in vielen Tempeln recht dunkel ist, empfiehlt sich die Mitnahme einer **Taschenlampe**, um die Reliefs gut zu erkennen. Bei längeren Ausflügen ist ein Kompass praktisch. Gutes Schuhwerk und reichlich **Trinkwasser** sind bei den Exkursionen besonders wichtig.

Nur unterhalb des Shitthaung befindet sich derzeit ein **Restaurant**, das auch Getränke anbietet. Auf allen anderen Wegen zwischen Reisfeldern und winzigen Bauerndörfern gibt es lediglich warmen Palmwein – der aber auch nicht zu verachten ist. Er wird morgens gezapft und gärt dann in offenen Flaschen. Am Nachmittag hat er etwa den Alkoholgehalt eines Biers erreicht. Mittags, wenn der Wein noch frischer ist, kann er durchaus ein guter Energielieferant sein.

## Königspalast

Mitten in der Stadt befinden sich die Ruinen des alten Königspalastes. Heute stehen nur noch die Grundmauern. Erkennbar sind noch die äußeren Befestigungen mit Wällen, Mauern und Wassergräben. Der innere Bezirk war in drei Terrassen angelegt und bot Raum für Brunnen, künstliche Seen und Gärten. So haben die Rakhine-Könige die Landschaft, in der sie lebten, in ihrem Palast in idealisierter (und bequemer) Form nachgebaut. Der Palast selbst war aus Teakholz errichtet, mit duftenden Hölzern verkleidet und vergoldet.

Mittelalterliche Reisende berichten von verschwenderischer Pracht. Kletterpflanzen aus Gold und Edelsteinen sollen sich an den hohen Teakpfeilern emporgerankt haben, die das mit Kupfer beschlagene Dach trugen. Im Innenhof saßen sieben lebensgroße Buddhafiguren, die über und über mit Edelsteinen geschmückt waren und tausend bunte Lichtstrahlen aussandten.

Auf dem Palastgelände befindet sich das **Museum**. Es enthält eine Sammlung von Fundstücken aus dem ganzen Rakhine-Staat, quer durch die einzelnen Perioden. Bildnisse von Buddha, Steinmetzarbeiten, Inschriften in verschiedenen Sprachen, sehr alte Münzen, Musikinstrumente, Waffen, Votivtafeln – wer sich für die Kultur des Rakhine interessiert, sollte sich einen Besuch nicht entgehen lassen. ⌚ Mi–So außer feiertags 10–16 Uhr, Eintritt 5000 Kyat.

Nördlich vom Palast führt eine Treppe den Hügel empor zur **Theindaung-Pagode** des **Haridaung-Tempels**. Die Schuhe sollten bereits beim Betreten des Tempelgeländes ausgezogen werden. Von oben bietet sich ein toller Blick auf die Stadt und die Umgebung.

## Die Tempel von Mrauk U

Die wichtigste Sehenswürdigkeit ist der **Shitthaung-Tempel**, der erst vor wenigen Jahren generalüberholt wurde. Dies geschah leider nicht zu seinem Besten: Heute hat der Tempel außen einen militärisch tristen grauen Anstrich. In der inneren Gebetshalle ist jedoch der Glanz atemberaubend, wenngleich auch hier die moderne Lichtanlage mit bunten Lampen auf westliche Reisende eher seltsam wirken mag.

Der Shitthaung wurde von König Mong Ba Gree (auch Minbin) 1536 zu Beginn seiner Herrschaft erbaut, kurz nachdem er eine portugiesische Attacke abwehren konnte. Daher wird er auch Ran Aung Zeya (Tempel des Sieges) genannt. 1000 Künstler sollen den Tempel innerhalb eines Jahres errichtet haben. Man sagt, im Shitthaung gäbe es 80 000 Bildnisse von Buddha – tatsächlich sind die Galerien des Tempels von ungezählten Abbildern des Erleuchteten gesäumt. Außerdem finden sich im Inneren Hunderte weitere Skulpturen: religiöse Darstellungen, aber auch Bilder aus dem höfischen Alltag, Tanz- und Kampfszenen.

Das zentrale Heiligtum ist durch die Gebetshalle zu erreichen. Die dort befindliche Steinfigur ist 3 m hoch und sitzt in der Bhumisparsa-Haltung – die rechte Hand berührt die Erde. Der Hauptstupa, innerhalb dessen sich das Heiligtum befindet, ist umgeben von 26 kleineren Stupas. Weitere Stupas stehen an der nördlichen und südlichen Mauer auf der ersten Plattform. Hier befinden sich auch die Sonnenauf- und die Sonnenuntergang-Pagode: Es heißt, sie sollen die Macht des Erbauers ehren, in dessen Reich die Sonne nie untergeht.

Links vom Eingang des Shitthaung befindet sich ein gleichnamiger 3 m hoher Pfeiler, der auf drei Seiten Inschriften trägt. Sie verzeichnen die Namen und Regierungszeiten früher Könige der Region. Die ältesten Texte auf der östlichen Seite werden etwa auf das Jahr 500 datiert. Der Pfeiler wurde aus der nahe gelegenen alten Königsstadt Vesali nach Mrauk U gebracht und kann als das älteste Geschichtsbuch Myanmars verstanden werden.

Wer den Shitthaung durch den Haupteingang verlässt, blickt auf den gegenüberliegenden **Htukkant Thein-Tempel**. Er wurde 1571 von Kö-

© MARTIN H. PETRICH

Mrauk U war über Jahrhunderte das Zentrum der Rakhine-Könige.

nig Mong Phalaung erbaut. Von außen wirkt die Anlage wegen der an Schießscharten erinnernden Fenster wie eine Festung. Birmanische Gelehrte sind sich jedoch sicher, dass das Gebäude ausschließlich religiösen Zwecken diente. Über eine Treppe erreicht man den Eingang, der linker Hand in den Tempel hineinführt. Der Wandelgang ist gesäumt von zahlreichen Buddhafiguren. Links zweigt ein kleiner Durchgang in eine Ordinationshalle ab. Der Weg, der im Uhrzeigersinn weiter spiralförmig durch den Tempel führt, endet schließlich in einer kleinen erhöhten Halle, in der eine Buddhastatue verehrt wird, die dort seit 1970 steht.

Viele der Skulpturen entlang dem Wandelgang zeigen adelige Damen und Herren aus der mittleren Mrauk U-Periode. Anhand von deren Kleidung, Schmuck usw. kann man sich ein ziemlich klares Bild von der Mode dieser Zeit machen. So gab es z. B. sieben unterschiedliche Fußringe und acht verschiedene Haarnadeln, 40 verschiedene Herrenhüte und 64 verschiedene Damenfrisuren.

Der nordwestlich dahinter liegende **Laymyethna-Tempel** („Vier Eingänge") stammt aus dem Jahr 1430 und wurde von König Mong Saw Mon erbaut. Der Innenraum ist nur schwach von wenigen Kerzen beleuchtet und beherbergt 28 große steinerne Buddhafiguren.

Die **Andaw-Pagode** schließt sich 30 m nördlich an den Shitthaung-Tempel an. Sie soll einmal eine Zahnreliquie Buddhas beherbergt haben, die König Mong Ba Gree aus Sri Lanka mitbrachte. 1512 entstand der erste Bau, der am Ende desselben Jahrhunderts noch einmal erneuert wurde. Die achteckige Pagode ist aus Sandstein gebaut. Nach dem Eintritt in den Tempel steht der Besucher in einer Andachtshalle mit einigen stehenden und einem liegenden Buddha. Von hier führt ein Weg ins Innere des Stupas, dessen zwei durchbrochene Rundgänge zu einer runden Säule führen, die bis zum Dach reicht. Überall sitzen Buddhafiguren, auf deren z. T. hell bemalten Gesichtern das wenige vorhandene Licht spielt. Von den Bildnissen am achteckigen Pfeiler tragen zwei eine vor der Brust verknotete Robe *(zenthaing)*, damit beim schnellen Reisen durch die Luft die Kleider nicht davonwehen. Die Figuren erinnern an die Legende von Buddhas Ankunft in Rakhine; er kam damals mit seinen Schülern angeblich auf dem Luftweg zu Besuch.

# Mrauk U

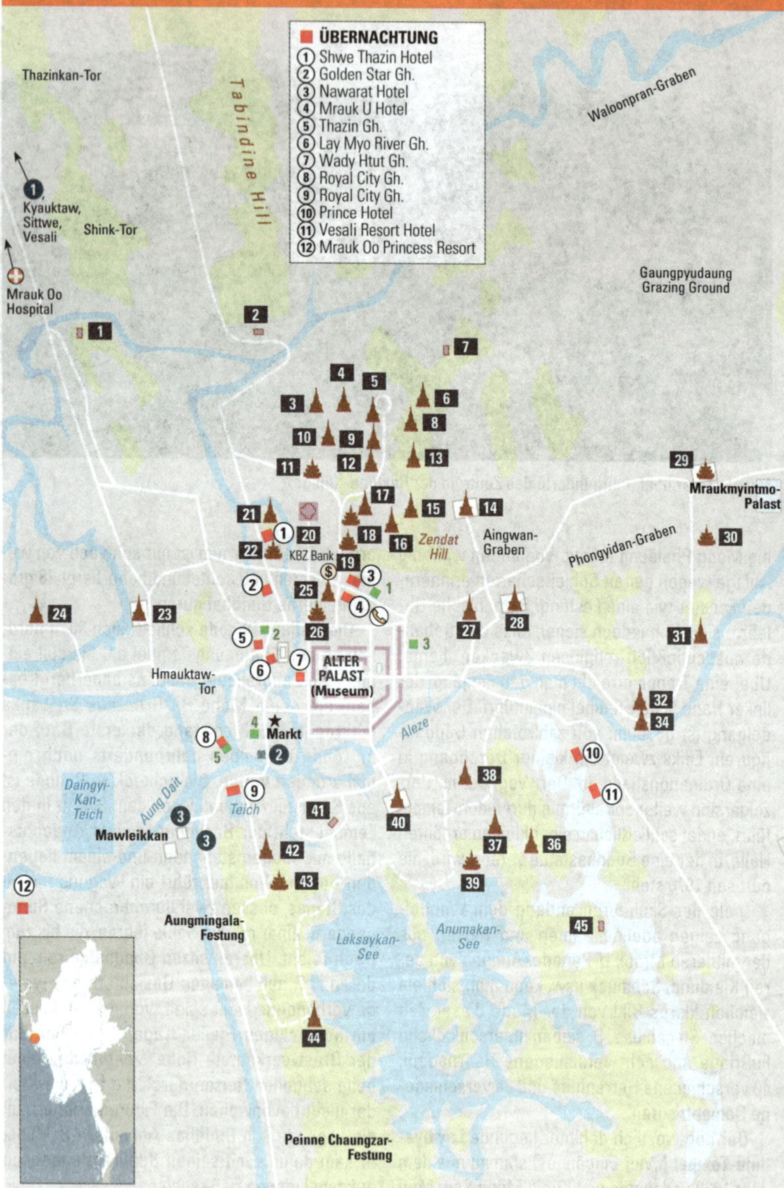




DER WESTEN

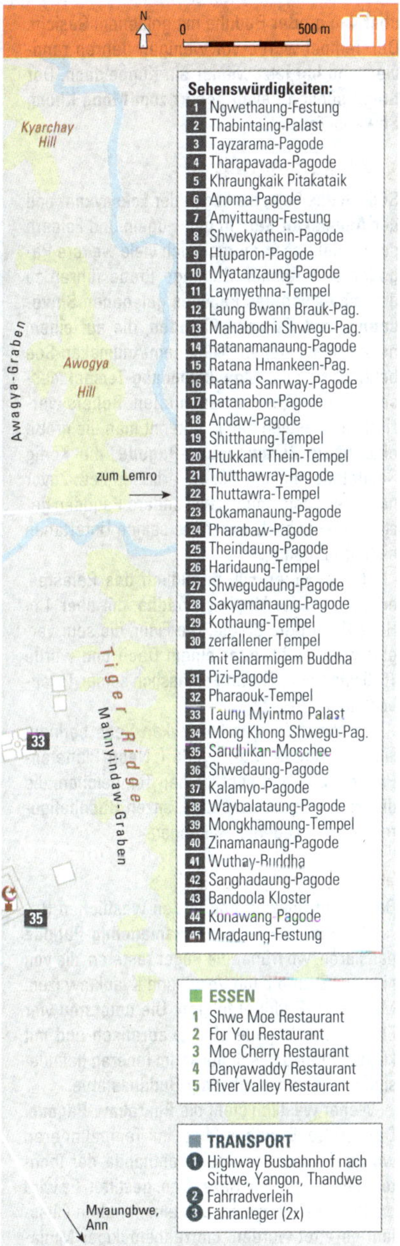


Wenige Meter nördlich befindet sich die **Ratanabon-Pagode**, von deren Plattform sich ein schöner Blick auf den Htukkant Thein bietet. Der große Hauptstupa wird von vielen weiteren kleineren Stupas umringt. Die an den Ecken der Ummauerung angebrachten kleinen *chinthes* sind kaum mehr als solche zu erkennen. Östlich steht eine kleine Ordinationshalle. Im Zweiten Weltkrieg wurde die Pagode von einer Bombe getroffen, nur der massive Sockel blieb stehen. Erst im Jahr 2000 wurde die Pagode restauriert und erhebt sich heute wieder in ihrer ursprünglichen Höhe. Gebaut wurde Ratanabon von König Min Khamong und Königin Shin Htwe im Jahr 1612.

Der Weg rechts neben Ratanabon führt zu zwei hübschen goldglänzenden Pagoden auf einem kleinen Hügel, **Ratana Sanrway** und **Ratana Hmankeen**. Beim Aufstieg passiert man ein kleines Dorf und hat bald ein Rudel Kinder um sich herum, die unterhalten werden wollen.

Im Tal führt der Weg weiter nach Norden, wo sich auf der linken Seite die **Laung Bwann Brauk-Pagode** erhebt, die im Jahr 1525 von König Min Khaung Raza erbaut wurde. Hier sind noch alte Fliesen an der Außenmauer erhalten, die für die Rakhine-Architektur typisch sind. Der Zedi ist heute etwas in sich zusammengesackt und steht leicht geknickt in den Reisfeldern. Nördlich schließt sich die **Htuparon-Pagode** an. Sie wurde von vielen Königen zu Beginn ihrer Regierungszeit besucht, da das als Erfolg versprechend galt. Der Erbauer, König Mong Ran Aung, regierte 1494 allerdings nur ein halbes Jahr.

Ein paar Schritte weiter steht der kleine **Khraungkaik Pitakataik** – eine Bibliothek, in der Abschriften der Aufzeichnungen über Buddhas Leben und Lehren aufbewahrt wurden. Sie ist mit filigranen Steinmetzarbeiten verziert, die erstaunlich gut erhalten sind. Erbaut wurde die Bibliothek im Jahr 1591 von König Minphalaung.

All diese Tempel und Pagoden lassen sich gemütlich an einem halben Tag erlaufen. Gegenüber vom Shitthaung gibt es Erfrischungsgetränke, und nebenan am Brunnen holen die Frauen Wasser in den typischen bengalischen Wasserkrügen.

Wer sich hier vom Zauber Mrauk Us gefangen nehmen lässt, findet in der näheren Umgebung noch eine Menge weiterer Ziele.

## Weitere Tempel im Nordosten

Eine andere Runde mit etwas weiteren Wegen führt in den Nordosten Mrauk Us. Von der nordöstlichen Palastecke aus der Straße folgend, kommt nach etwa 1 km links das Gelände der **Sakyamanaung-Pagode**, das von einer hohen Steinmauer umgeben ist. Die Anlage wurde 1629 von König Thiri Thudham Ma Raza erbaut. Buntbemalte Dämonen bewachen die Eingänge, betende Mädchengestalten wenden sich dem Stupa zu. Der Zentralstupa hat einen ungewöhnlichen Grundriss: Die Plattform ähnelt einer achtblättrigen Lotosblüte. Sie ist umringt von zwölf weiteren kleineren Stupas. Die Pagode ist reich verziert, und in der Ordinationshalle befindet sich ein Fußabdruck Buddhas. Nördlich davon, von der Stadt kommend an der Kreuzung rechts, steht die große **Ratanamanaung-Pagode**. Sie ist achteckig von der Basis bis zur Spitze und ungefähr 60 m hoch.

Folgt man der Straße an der Kreuzung geradeaus, gelangt man nach einem kleinen Spaziergang durch die Felder zum **Kothaung-Tempel**. Die Fassade dieses flachen, rechteckigen Tempels wurde renoviert. Innen beeindrucken fast 90 000 Buddhas die Pilger. Der Erbauer, König Mong Tikkha, wollte damit 1553 seinen Vater Mong Ba Gree (Mong Bong) übertreffen, der im Shitthaung 80 000 Abbildungen des Erleuchteten untergebracht hatte. Der Tempel ist auf verschiedenen Ebenen angelegt. Jüngst wurden Restaurierungsarbeiten durchgeführt: Ganz wie zu Zeiten der ersten Erbauung werden die Steine Stück für Stück per Hand in Form geschlagen.

Die Straße nach Süden führt ins Dorf zurück. Links am Weg steht auf einem kleinen Hügel ein verfallener Stupa mit einem einarmigen Buddha auf seiner Spitze. Innen befinden sich vier weitere steinerne Buddhas. Die Kuppel des Stupas ist weitgehend zerstört.

Noch weiter südlich liegt die **Pizi-Pagode**. Sie stammt noch aus der Zeit vor Mrauk U und wurde 1123 von König Kauliya aus Parein erbaut. In Sichtweite südöstlich davon (der Weg beschreibt hier einen Bogen Richtung Dorf) steht der **Pharaouk-Tempel**. Er thront auf einem Hügel und hat einen kreisrunden Durchmesser. An der Basis sind 29 Nischen eingelassen, in denen Buddhafiguren stehen. Innen sitzt ein über 4 m großer Buddha mit goldenem Gesicht. Der Tempel wurde vor wenigen Jahren renoviert und hat jetzt wieder ein Kuppeldach. Der Stupa südlich davon gehört zum **Mong Khong Shwegu-Tempel**.

## Südlich von Mrauk U

Südlich des Palastes liegen der **Laksaykan**- und der **Anumakan-See**. In den Hügeln und Feldern der Umgebung verbergen sich viele weitere Pagoden und Tempel. Staubige Pfade führen zu den südöstlich des Palastes gelegenen **Shwedaung**- und **Kalamyo-Pagoden**, die auf einem hohen Hügel stehen. Nahe dem Anumakan-See befindet sich der **Mongkhamoung-Tempel**, dessen Eingang mit ornamentalen Reliefs verziert ist. Westlich davon erkennt man die große oktogonale **Zinamanaung-Pagode**, die König Sandathudamma im 15. Jh. erbauen ließ. Zuvor hatte der König schon zwei andere Pagoden gestiftet – angeblich waren sie seinen Untertanen nicht groß genug.

Etwas weiter, 500 m südlich des Palastes, erhebt sich der **Wuthay-Buddha**, mit über 4 m Höhe die größte Statue. Die Figur, die sehr verehrt wird, steht unter einem Dach und wurde 1515 von König Thazata anlässlich seiner Thronbesteigung gestiftet.

Am Westufer des Laksaykan-Sees befindet sich die **Konawang-Pagode** („Neun Planeten-Pagode"). In den acht kleinen Tempelchen, die die Hauptpagode umgeben, sitzen Buddhafiguren in verschiedenen Haltungen.

## Westlich von Mrauk U

Bei einem Spaziergang in den westlichen Bereich kann man an der **Lokamanaung-Pagode** pausieren, wo früher die Pilger rasteten, die von hier der Straße nach Vesali und Kyauktaw (zum Mahamuni-Buddha) folgten. Die untersten vier Ebenen der Pagode sind quadratisch und mit kleinen Stupas geschmückt. Im Inneren befindet sich eine Kammer mit einer Buddhastatue.

Weiter westlich steht die **Pharabaw-Pagode**. Das große Buddhabildnis im Tempelinneren wurde 1603 von Prinzessin Panthanda, der Tochter von König Mong Raza Gree, gestiftet. Es wird erzählt, das Bildnis sei aus einem nahen Flusslauf gerettet worden. Ein zehnstöckiger Miniaturstupa, der mit 103 Buddhas geschmückt ist, symbolisiert die 103 moralischen Gesetze, denen die Rakhine-Bewohner folgten. 1786 brachte Mingyi Kyaw Htin die Pagode in ihre heutige Form. Er war der erste zentralbirmanische Herrscher in Mrauk U.

## ÜBERNACHTUNG

### Untere Preisklasse

**Golden Star Gh.**, 116 Min Bar Gyi Rd. (nördlich des Marktes), ✆ 043-24200 50175, 09-4967 4472, [7060]. Ein Dutzend preiswerte, ordentliche Zimmer, die meisten mit eigenem Bad (noch mit authentischer Myanmar-Dusche mit Schöpfkelle); Zimmer mit Ventilator sind hier schon die gehobene Klasse. Eine gute Wahl sind die 2 etwas größeren Räume mit schöner Aussicht. ❶–❷

**Lay Myo River Gh.**, Min Bar Gyi St., ✆ 09-8522 1935. Einfache Zimmer, alle mit Moskitonetzen, Ventilator und eigenem Badezimmer. Inkl. Frühstück. Ruhige Lage. Treffpunkt lokaler Guides, und auch viele Traveller wohnen hier oder in den benachbarten Unterkünften. Es lassen sich also unproblematisch gemeinsame Fahrten organisieren. ❶

**Prince Hotel**, Mraung Bwe Rd., ✆ 092-5061 0402, 043-24200 50174, ✉ mraukuprince@gmail.com, [4052]. Bunt bemalte, einfache Bungalows und neue komfortable Bungalows mit großer Terrasse. Die Zimmer sind groß, die Matratzen okay. Alle Zimmer haben ein Bad und Moskitonetze und AC. Warmwasser ab 18 Uhr. Frühstück im Garten unter hohen Bäumen. Die Besitzerin Mrs. Shwe Ngw ist sehr freundlich und kümmert sich um ihre Gäste. Familienzimmer für US$60, in den Suiten kommen 3 Pers. bequem unter. Vermittelt auch Touren. Fahrradverleih (2000 Kyat/Tag). ❷–❸

**Royal City Gh.**, in Hafennähe, [4055], ✆ 043-50257, 🖳 www.newpalacehotelsittwe.com/royal-city.htm. Zieht viele Traveller an, die sich eine lange Fahrt mit der Trishaw ersparen wollen. Einfache, sehr kleine und größere Zimmer mit und ohne Bad im Haupthaus und geräumige Steinbungalows mit AC auf der anderen Straßenseite mit Bad und Veranda. Um 23 Uhr geht das Licht aus – was nicht immer schade ist, denn dann verstummt auch das laute TV, mit dem sich die Angestellten die Zeit vertreiben. Zum Frühstück Ei mit Toast, Kuchen und Bananen. ❷–❹

**Thazin Gh.**, 18 Min Bar Gyi Rd., ✆ 043-50252, [9769]. Einzelreisende kommen in diesem einfachen Haus für 3000 Kyat in Minizimmern unter. Etwas geräumiger sind die DZ. Alle mit Moskitonetz, Ventilator. Inkl. Frühstück. ❶

**Wady Htut Gh.**, gegenüber der Südwestecke des Palastes, ✆ 043-24200. 2-stöckiges Haus mit einfachen Zimmern mit Gemeinschaftsbad (oft ohne warmes Wasser); zudem ein besser ausgestattetes Familienzimmer mit Balkon. Wird von vielen Guides empfohlen, ist aber (oder deswegen?) fürs Gebotene etwas teuer. Zur Zeit der Recherche wollte man Ausländer nicht gerne beherbergen. ❷–❸

### Mittlere und obere Preisklasse

**Mrauk Oo Princess Resort**, Aung Tat Yat, ✆ 043-50232, 50235, 09-8500 556, [4053]. Die weitläufige Anlage erstreckt sich am Flussufer südwestlich von Mrauk U. Komfortable, große Holzhäuser auf Stelzen mit Veranda gruppieren sich um einen schönen Teich. Geschmackvolle Einrichtung und luxuriöse Bäder mit Badewanne. Frühstück und Abendessen sind im Preis enthalten. Ein hoteleigenes Boot bringt die Gäste von Sittwe zum Privat-Pier. ❻

**Mrauk U Hotel**, Yangon-Sittwe Rd., ✆ 043-50200, in Yangon, ✆ 01-255 535, ✉ myaukoohotels@gmail.com, [4048]. In tristem Grau gehaltene Bungalows mit TV, AC, Kühlschrank und eigenem Bad. Die teureren haben zudem ein eigenes Wohnzimmer. Das einst staatliche Haus wird seit 2013 privat geführt. Englisch sprechendes Personal. Leider sehr laut. ❺–❻

**Nawarat Hotel**, Yangon-Sittwe Rd., ✆ 043-50203, in Yangon ✆ 01-298 943, ✉ mraukoonawarathotel@gmail.com, [4051]. Bietet geschmackvoll eingerichtete Bungalows mit kleiner Veranda, nur wenige Meter vom Shitthaung-Tempel entfernt. Etwas in die Jahre gekommen, aber sauber. Alle Zimmer mit AC, Kühlschrank, TV und Bad. Restaurant. Die

DER WESTEN

Superior-Bungalows liegen vorne an der Straße. Da es dort derzeit sehr laut ist, sind die Standardzimmer eine bessere Wahl. Nur von außen sehen sie etwas weniger einladend aus, die Einrichtung ist dieselbe. 24 Std. Strom, doch nur, wenn der Gast im Zimmer ist. WLAN derzeit nur abends. ❺

**Shwe Thazin Hotel**, Sunshaseik Quarter, ☏ 09-850 1844, 🖳 www.shwethazinhotel.com. Eine gute Wahl, da ruhig an einem kleinen Fluss in einem Garten gelegen. Alle Zimmer mit AC, Minibar, TV und Safe, einige mit Badewanne. ❺

**Vesali Resort Hotel**, Yangon ☏ 01-526 593, ✉ vesali@myanmar.com.mm, [4054]. Zimmer im Bungalowstil; nicht gerade komfortabel. Auf dem Gelände steht ein verfallener Stupa, der Garten ist schön angelegt, und die umliegenden Reisfelder verbreiten eine angenehme Atmosphäre. Standardzimmer haben nur Ventilator, aber TV und Warmwasser. Superior mit AC. Strom von 5 Uhr bis Mitternacht. ❺

## ESSEN

Einige von Einheimischen besuchte **Restaurants** liegen in der Hauptstraße. In den meisten gibt es chinesische Küche, daneben häufig auch Spare Ribs und Pommes, und meist frisch gezapftes Bier. Ausprobieren lohnt sich!

**For YOU**, Min Bar Gyi Rd. Einfaches Restaurant mit günstiger chinesischer Küche.

**Moe Cherry Restaurant**, Yangon-Sittwe Rd., neben dem Palast, [4057]. Das Moe Cherry ist die bekannteste Adresse Mrauk Us. Hier kocht die Chefin Mie Mie (Mrs. Shwe Phyu) noch selbst. Auf der Dachterrasse finden größere Reisegruppen Platz, auch Einzelreisende treffen sich hier. Die Küche ist sehr gut, vor allem wer traditionelle Rakhine-Küche bestellt, speist gut. Schöne Atmosphäre und freundliche Angestellte. Wer vorbestellt, kann sich einige Gerichte auch als Takeaway in eine Lunchbox packen lassen. Organisiert werden auch Touren, S. 519

**River Valley Restaurant**, an der Hauptstraße zum Fähranleger, ☏ 043-50257, 🖳 www.rivervalleyrestaurantsittwe.com. Gute Küche in schöner Lage unter Bäumen am Fluss. Wurde uns von Lesern wärmstens empfohlen. In diesem Ableger des gleichnamigen Restaurants in Sittwe kehren ebenfalls oft Reisegruppen ein.

**Shwe Moe Restaurant**, Yangon-Sittwe Rd. Traditionelles Restaurant mit großer Auswahl an Currys, Gemüse, Schwein und Fischgerichten. Hier halten oft die Busse nach Yangon.

## SONSTIGES

### Fahrradverleih

Ein Fahrradverleih befindet sich nahe der Brücke zum Markt. Mr. Than Tun, ☏ 043-50149, 09-4967 4291, vermietet die Räder für 2000 Kyat pro Tag.

### Geld

Die KBZ Bank bietet ab Januar 2015 einen Geldautomaten.

### Authentische Mitbringsel

Um nachhaltig die Wirtschaft in den Dörfern zu unterstützen, sind Touristen herzlich eingeladen, die hier hergestellten Handarbeiten zu kaufen. Wer unterwegs ist, sieht in den Dörfern zahlreiche kleine Handwerksbetriebe, in denen in mühevoller Handarbeit kleine Gussbilder aus Messing von typischen antiken Rakhine-Bildern gefertigt werden. Es gibt Steinschleudern aus Teakholz, die sehr schön mit Schnitzereien verziert sind und nur 3000 Kyat kosten. Und auch Chin-Schals für 8000 Kyat sind ein wunderbares Mitbringsel und Erinnerungsstück für Zuhause. An der Chitaung-Pagode haben sich zahlreiche Geschäfte angesiedelt, die diese Waren anbieten. Hier finden sich auch Longyis aus dem Wa Bo-Village nahe Sittwe, T-Shirts mit Rakhine-Aufdrucken und aus Sandstein gefertigte Buddhafiguren.

Noch unmittelbarer ist die Unterstützung, wenn die Waren direkt in den Werkstätten gekauft werden. Beispielsweise bei den Webern, die rund um den Schiffshafen ihre Werkstätten betreiben und die typischen Chin-Schals mit schönen Mustern weben.

### Medizinische Hilfe

Im **Mauk Oo Hospital** spricht Dr. Khin Maung Than gutes Englisch und kann Touristen im Notfall gut weiterhelfen.

### Reisebüros

**Moe Cherry Travel & Tours**, Yangon-Sittwe Rd., ✆ 09-503 0240, gehört zum gleichnamigen Restaurant. Hier können Fremdenführer und Autos mit Fahrer zu den Ruinen von Vesali und zur Mahamuni-Pagode (der wohl schönsten Buddhafigur Myanmars) gebucht werden. Eine Tagestour kostet etwa 70 000 Kyat. Außerdem Touren in ein Chin-Dorf, wo Besucher die letzten der tätowierten Frauen bestaunen können: Mit dem Auto geht es etwa 30 Min. und dann weitere 2 Std. mit dem Boot. Auch Bootstickets für eine Rückfahrt nach Sittwe werden organisiert (eigenes Schiff). Eine solche Tour kostet etwa US$80 für 1–4 Pers. Neu ist die Tour von Bagan über Mindat Chin nach Ann und weiter nach Mrauk U mit dem Auto (mit Stopp in einem Chin-Dorf).

## NAHVERKEHR

Den Transport vom Fähranleger zum Zentrum sollte man vor Ankunft organisiert haben. Leider nehmen auch oft die Hotels hohe Kommissionen. Am Pier verlangen die Mopedfahrer bis zu 10 000 Kyat für die etwa10 Min. lange Fahrt. Ein fairer Preis für ein Platz im Tuk Tuk liegt bei max. 1000 Kyat. Ein zuverlässiger Fahrer ist Mr. Nyi Nyi Soe, ✆ 092-5387 1546. Sein Taxi für 4 Pers. kostet 3000–4000 Kyat.

Bei einem **Fahrradverleih** nahe der Brücke beim Royal kostet ein Drahtesel 2000–3000 Kyat am Tag. Auch einige Gästehäuser verleihen Fahrräder zu diesem Preis. Ansonsten stehen **Trishaws** für den Transport innerhalb der Stadt zur Verfügung (ca. 1000 Kyat vom Anleger zu den Hotels). Die weiter entfernten Ruinen, die nur über Staubpisten miteinander verbunden sind, können gemütlich mit der **Pferdekutsche** oder dem **Ochsenkarren** erreicht werden. Für eine Pferdekutsche müssen etwa 10 000 Kyat pro Tag gezahlt werden. **Jeeps** kosten je nach Strecke bis zu 30 000 Kyat für einen Ausflug.

## TRANSPORT

### Auto

Ein privates Auto von BAGAN nach Mrauk U bzw. von Mrauk U nach Bagan kostet etwa US$200–300. Wer die Strecke Bagan–Mrauk U–Ngapali mit einem Auto zurücklegen möchte, muss mit etwa US$400–500 rechnen.

### Busse

BAGAN, mit dem öffentlichen Bus. Beste und aktuellste Infos dazu hat das Prince Hotel (s. o.). Die Busse fahren die Strecke Sittwe–Mrauk U–Magway–Bagan–Mandalay für 35 000 Kyat. Bis Bagan 10 Std. Fahrt. (Es ist scheinbar auch möglich, Touren inkl. Trekking zu buchen, doch hier haben wir noch keine Erfahrungsberichte vorzuweisen.) Die Strecken sind dann: Bagan–Mindat–Laymro River mit dem Auto (oder über Maputi nach Palama), dann Trekking und Bootstransfer nach Kyauktaw. Weiter nach Mrauk U mit dem Bus. Infos hat Mr. Aung Zan, ✆ 094-2172 2241.

MANDALAY, 35 000 Kyat, 14 Std. Abenteuerliche Fahrt, aber die Straße soll ausgebaut werden.

SITTWE, 6 und 7 Uhr, 9000 Kyat (manchmal zahlt man 1000 Kyat mehr für die Vermittlung des Tickets), 4–5 Std. ab Mrauk U Highway Busstation. Mit Shwe Pye Htit, ✆ 09-4966 0085. Tuk Tuk und Motorradtaxi 1000–4000 Kyat. Wer in einem höherpreisigen Hotel wohnt, muss meist deutlich mehr bezahlen, wenn er sich den Transfer dort organisieren lässt.

THANDWE, mit Yadana im Minibus um 14 Uhr (Abfahrt kann sich auch bis 16 Uhr hinziehen) über Nacht, Ankunft Thandwe morgens um 6 Uhr. Kosten für Ausländer derzeit 45 000 Kyat (Einheimische zahlen 20 000 Kyat). Passkopien mitnehmen!

### Boote

SITTWE, mit dem **Schnellboot** von Shwe Pyi Tan, ✆ 043-22719, Mo und Do um 7 Uhr (Check-in 6 Uhr), US$20/US$25, 2 1/2 Std.

**IWT-Fähren** fahren Mi und Sa zurück nach SITTWE; Abfahrt 12 Uhr, Dauer etwa 6–7 Std., US$6. Unterwegs steigen Essensverkäufer aus den Dörfern zu; es gibt gebratenen Fisch,

geröstete Heuschrecken und Reisfladen.
Auf dem oberen Deck stehen Liegestühle (500 Kyat), die allerdings schnell ausgebucht sind – früh genug da sein!
Die Boote sind in die Jahre gekommen und haben zahlreiche Ausfälle, sodass man z. T. stundenlang auf dem Wasser dümpelt. Wer sich für diese Reisevariante entscheidet, sollte genug Zeit mitbringen.
Tgl. um 8 Uhr fährt auch ein privates Sammelboot von Aung K Moe (Sammel-Taxi-Boot, Größe wie die privaten Booten), US$10 p. P.
Ein „eigenes" **gechartertes Boot** kostet etwa US$150–200 hin und zurück. Man lässt sich hinbringen und nach 2–3 Tagen wieder abholen. Die Vermittler dieser Boote locken gern mit freier Zeiteinteilung für die Hin- und Rückfahrt. Der Kapitän des Schiffes wird aber morgens fahren wollen und sich nicht den Zusagen des Vermittlers beugen – den Verweisen auf Gezeiten und gefährliche Strömungen lässt sich ohnehin wenig entgegensetzen. Wichtig: Aufgrund einiger Unfälle ist das Fahren auf dem Wasser nur am Tag erlaubt. Alle Reisenden sind daher gut beraten, spätestens um 13 Uhr aufzubrechen. Wer noch am selben Tag einen Flieger erreichen muss, sollte losfahren, wenn die Sonne aufgeht.
**Warnung**: Es ist vorgekommen, dass Gäste (womöglich absichtlich) nicht pünktlich zum Pier gebracht wurden. Dann mussten die unter Zeitdruck stehenden Reisenden ein teureres Boot chartern, um rechtzeitig in Sittwe einzutreffen und den Weiterflug zu erwischen. Die Trishaw-Fahrer fragen nämlich schon bei der Ankunft in Mrauk U, wann der Flug von Sittwe zurückgeht, und wissen somit um die Dringlichkeit, an diesem Tag ein Boot zu erwischen. Also genug Zeit einplanen!



# Chin-Staat

Der Chin-Staat liegt im Nordwesten von Myanmar und ist sehr unzugänglich. Im Osten grenzt er an die Sagaing- und Magwe-Division, im Westen an Chittagong in Bangladesch und weiter nördlich an Mizoram in Indien sowie im Süden an den Rakhine-Staat. Weniger als eine halbe Million Menschen leben in der von Gebirgen, tiefen Tälern und reißenden Strömen zerschnittenen Region. Der Staat ist für Touristen gesperrt, doch Ausflüge sind möglich: Von Mrauk U aus in ein kleines Dorf und von Bagan aus zum Mt. Victoria.

Die Chin sind tibeto-birmanischen Ursprungs. Sie bilden keine homogene Volksgruppe, sondern unterteilen sich in einige Dutzend unterschiedliche Ethnien. Es werden etwa 40 verschiedene Sprachen gesprochen. Einige Chin sind gute Jäger und betreiben Wanderfeldbau. Andere bauen auf Terrassen neben Reis, Mais, Kartoffeln, Bohnen und Senf auch Obst wie Mandarinen, Äpfel und Maulbeeren an. Da das Gelände so unwegsam ist, haben sich nie größere Märkte entwickelt. Schon für kurze Strecken sind lange Wanderungen nötig. So kam es, dass die einzelnen Ethnien bis heute unter sich blieben. Es konnten sich viele animistische Riten erhalten. Christliche und buddhistische Missionare sind nicht untätig, doch noch gibt es besonders im südlichen Chin-Staat einige Schamanen, die das Wissen der Vorfahren weitergeben.

Ebenso wie die Langhalsfrauen der Padaung sind die Frauen einiger Chin-Stämme zum Fotomodell avanciert: Ihre Gesichtstätowierungen sind als ethno-authentisches Fotomotiv beliebt. Ein Ausflug von Mrauk U führt zu einem Dorf, in dem (manchmal) Frauen zu sehen sind, die ein spinnennetzartiges Muster im Gesicht tragen. In der Gegend des Mt. Victoria leben die Munn, deren Frauen eine Reihe kleiner Kreise am Nacken und halbmondförmige Linien auf den Wangen tragen. Die Frauen der Dine tätowieren sich viele Punkte ins Gesicht. Dine-Männer bezirzen ihre Frauen durch das Spielen einer Nasenflöte.

## Von Mrauk U ins Chin-Dorf

Von Mrauk U ist ein Abstecher an die westlichen Ausläufer der Rakhine Yoma möglich. Dort liegen einige Chin-Dörfer. Ein Besuch hier war lange Zeit Reisegruppen vorbehalten, ist jetzt aber auch Individualreisenden möglich, wenn sie den Trip in Mrauk U über ein Hotel, Gästehaus oder Reisebüro organisieren.

Nach einer halben Stunde Taxifahrt und anschließend einer etwa zweistündigen Bootsfahrt entlang dem Leymyo geht es mit dem Ochsenkarren oder zu Fuß in ein Dorf, wo dann die Kameras gezückt werden dürfen. Bezahlt werden müssen dafür US$20–30, außerdem jeweils etwa die gleiche Summe für das Boot und den Guide und ungefähr 8000 Kyat für den Ochsenkarren. Wenn sich eine Kleingruppe zusammenfindet, kommen alle billiger davon.

Einige Reisende äußerten sich enttäuscht über die Tour, denn nicht jeder bekommt die fotogenen Gesichter der Frauen tatsächlich vor die Linse, und auch die Farben der Natur leuchten mal mehr, mal weniger strahlend. Dafür können die Chin aber sicher nichts, und auch die Reiseleiter täuschen die Besucher nicht willentlich. Wer sich für den Chin-Staat interessiert, hat hier zumindest Gelegenheit, einen Blick ins Grenzgebiet zu werfen.

Eindrücke von einer Tagestour zu verschiedenen Chin-Dörfern vgl. **eXTra [5713]**.

## Von Bagan zum Mt. Victoria

Der Mt. Victoria heißt auf Chin *Khaw-nu-thone* und auf Birmanisch *Natmataung*. Beides bedeutet: „Mutter der Geister". Die Umgebung wurde zum Nationalpark erklärt. Der höchste Punkt des Chin-Staates überragt mit seinen 3100 m die zerklüftete Landschaft – bei sehr gutem Wetter reicht die Sicht bis nach Indien. Der Gipfel ist relativ leicht zu erreichen: Er liegt nur wenige Stunden Fußmarsch von der letzten Straße entfernt.

Ein Ausflug führt im vierradgetriebenen Fahrzeug von Bagan über Chauk (Ayeyarwady-Überquerung) und Saw nach **Kanpatlet**. Hier gibt es eine **Unterkunft** (einfache Bungalows). Von der Straße aus sind Y-förmige Totempfähle zu sehen. Sie dienen animistischen Zeremonien. Von Kanpatlet führt die Straße noch zwei Stunden weiter Richtung Gipfel. Dann wird geparkt – die letzten drei Stunden zum Gipfel werden zu Fuß zurückgelegt. Ein anderes Ziel am Mt. Victoria ist das Dorf **Mindat**.

Eine Wanderung in die Dörfer der Umgebung führt an flachen Steintischen vorbei: Sie enthalten die Asche der Vorfahren und dienen als Altäre.

Der **Transport** wird von dem Reisebüro organisiert, das auch die Planung der Tour übernimmt. Die meisten etablierten Reisebüros in Myanmar können Ausflüge zum Mt. Victoria anbieten. Diese beinhalten dann, wie es ein Reiseveranstalter so schön schreibt: „Chin tribal dance, full face tattoos lady, nose flute etc." Der Preis für eine solche Tour hängt von der Anzahl der Teilnehmer ab und kann mehrere hundert Dollar betragen.

KYUN PHI LAT, MYEIK-ARCHIPEL; © VOLKER KLINKMÜLLER

# Der Süden

**Einst gehörte Myanmars Süden zum legendären Suvannabhumi – dem „Goldenen Land“. Heute zählt er zu den unberührtesten und reizvollsten Regionen Südostasiens, mit einer Fülle von ungeahnten Sehenswürdigkeiten, endlosen Sandstränden und unzähligen Inseln. Bisher traf man in dem lang gestreckten Küstenstreifen vergleichsweise wenige Ausländer, doch das dürfte sich ob der neuen Reisemöglichkeiten nun rasch ändern.**

# Stefan Loose Traveltipps

**15** **Kyaikhtiyo** Der Goldene Felsen lockt als bedeutendstes Pilgerziel von Myanmar. S. 529

**Zokali** Ein entlegenes Küstendorf fasziniert mit idyllischen Impressionen. S. 533

**16** **Umgebung von Hpa-an** Aus neongrünen Reisfeldern erheben sich bizarre Kalksteinfelsen mit geheimnisvollen Höhlenlabyrinthen und Heiligtümern. S. 538

**17** **Mawlamyaing** Malerisch umrahmt vom Thanlwin-Fluss und den Bergen, wartet die größte Stadt des Südens mit viel Nostalgie und Charme auf. S. 542

**Mudon** Hier schlummert der größte liegende Buddha der Welt – und bald sind es sogar zwei. S. 551

**Dawei** Endlose Strände und verträumte Kolonialvillen konkurrieren mit spektakulären Großprojekten. S. 559

**18** **Myeik** Endlich über den Landweg erreichbar, fungiert die unbekannte Küstenstadt nun auch als Sprungbrett in die paradiesische Inselwelt des gleichnamigen Archipels. S. 567

YE ROAD, DAWEI; © VOLKER KLINKMÜLLER

FISCHMARKT, MYEIK; © VOLKER KLINKMÜLLER

**Wann fahren?** Zur Monsunzeit präsentiert sich der Süden mit besonderem Reiz, der meiste Regen fällt im Oktober.

**Wie lange?** Für Yangon bis Thanbyuzayat mindestens fünf Tage, danach alles offen

**Keinesfalls versäumen** Baden an den Endlos-Stränden von Dawei

**Unbedingt ausprobieren** Die neue Traveller-Route über Ye und Dawei bis nach Myeik

**Abenteuertrip** Den Geheimnissen der Insel Lampi Kyun (Sullivan Island) nachspüren

**Gut für Traveller** Mehrere neue Grenzübergänge nach Thailand

# Der Süden (nördlicher Teil)

Als wichtigste Attraktion auf der touristischen Landkarte Südbirmas hat sich der Goldene Felsen von Kyaikhtiyo etabliert, der nach der Legende von einem einzigen Haar Buddhas im Gleichgewicht gehalten wird und unvergessliche Eindrücke birmanischen Pilgerlebens bietet. Ebenfalls noch viel authentisches Myanmar lässt sich in dem Städtchen Thaton erleben oder in dem nicht weit entfernten, malerischen Küstendorf Zokali. Auf jeden Fall zum Reiseverlauf gehören sollte eine Visite in Hpa-an, dessen landschaftlich reizvolle Umgebung mit einer Vielzahl von Naturwundern bzw. filmreifen Berg- und Höhlen-Heiligtümern aufwarten kann.

Von hier ist es nur noch ein Katzensprung zum schönen Mawlamyaing, das noch mit etlichen Kolonialbauten an seine Vergangenheit als Hauptstadt der britischen Verwaltung erinnert. Wer es bis hierher geschafft hat, unternimmt auch gern einen erlebnisreichen Abstecher ins 65 km südlich liegende Thanbyuzayat, dem einstigen Endpunkt der im Zweiten Weltkrieg von den Japanern erbauten „Todeseisenbahn", siehe eXTra [9894]. Auf dem Rückweg nach Mawlamyaing lassen sich noch der Meerestempel von Kyaikkami oder ein Badestopp am Set Se Beach einbauen sowie unbedingt eine Visite in Mudon: Hier verbirgt sich mit dem 180 m langen Zinathukha Yan Aung Chanta der größte liegende Buddha der Welt.

Bisher war es lediglich diese obere Schleife, die als „Süden von Myanmar" begriffen und dennoch nur selten bereist wurde (idealerweise per Mietwagen mit Chauffeur). Noch weniger westliche Besucher drangen bisher tiefer in den Süden vor – zumal die Strecken zwischen den dort liegenden Städten aus Sicherheitsgründen auch nur per Flugzeug oder Schnellboot bereist werden durften. Seit dem 28. August 2013 ist das Bereisen der Landrouten per (Mini)Bus, Taxi oder Eisenbahn erlaubt (s. Kasten S. 526), während die Öffnung von drei internationalen Grenzübergängen – Myawaddy / Mae Sot, Htee Khee / Punaron, Kawthoung / Ranong – nach/von Thailand für weitere Reisemöglichkeiten gesorgt hat. Wer sich für den Südzipfel Myanmars entscheidet, sollte allerdings ausreichend Zeit und Abenteuerlust mitbringen – zumal die Infrastruktur noch zu wünschen übrig lässt. Auch die Reisepässe werden hier meist noch mit viel Akribie überprüft, und es empfiehlt sich, einige Fotokopien mitzuführen.

Die noch junge Traveller-Route führt über die Neuland-Destination Ye zur Küstenstadt Dawei, der aufgrund ihrer Kolonialarchitektur und der endlos langen Strände – jenseits spekulativ-spektakulärer Megaprojekte – eine große touristische Zukunft vorausgesagt wird. Die weiter südlich liegende Küstenstadt Myeik indes fungiert als landesweit größtes Zentrum der Fischerei-Industrie und inzwischen auch verstärkt als Tor in die einzigartige Meereslandschaft des Myeik-Archipels, der mit über 800 unbekannten Inseln lockt.

# Mon-Staat

Bevor ihr Reich 1057 von Bagan-König Anawrahta zerschlagen wurde, zählten die Mon zu den bedeutendsten Volksgruppen Südostasiens. Sie beherrschten einst den ganzen Süden Birmas und weite Teile Thailands. Schon vor mehr als 2000 Jahren siedelten sie an den Mündungen der großen Flüsse Chao Phraya, Sittoung und Thanlwin, um von dort den Handel zwischen Indien und Südostasien zu dominieren. Münzfunde konnten sogar Kontakte mit Rom belegen. Die Sitten und Bräuche der Mon haben – vor allem in der Musik, bei Gesängen und Tänzen – großen Einfluss auf die Kunst und Kultur Birmas ausgeübt. Ihre aus Südindien stammende Schrift, die Architektur und Handwerkskünste prägten einst die Kultur des Ersten Birmanischen Reichs. Letztendlich waren es auch sie, die den Theravada-Buddhismus nach Südostasien brachten.

Heute leben die meisten der rund 1 Mio. Menschen zählenden Volksgruppe, die ethnisch mit den Khmer in Kambodscha und Thailand verwandt ist, vorwiegend zwischen Bago und Mawlamyaing. Sie haben sich kulturell weitgehend angepasst und mit den Birmanen vermischt, die ihre Städte immer wieder dem Erdboden gleichgemacht haben. Ihren bewaffneten Kampf um einen eigenen Staat, den sie 1949 begannen, haben die Mon durch die Unterzeichnung eines Waffenstillstandsabkommens mit der

## Im Süden viel Neues – Reize, Reiseziele und Risiken

Davon haben passionierte Südostasienfans schon lange geträumt: Spätestens seit der Süden endlich „aufgemacht" hat bzw. die unkomplizierte Ein- und Ausreise über drei internationale, nun ohne *Special Permit* bereisbare **Übergänge an der Grenze zu Thailand** (s. Kästen S. 542, 559 und 578) sowie ein ungehindertes Bereisen der Landrouten möglich geworden ist, trifft die Abenteuerlust von Neulandsuchern und Strand-Travellern auf die Aufbruchstimmung von Einheimischen oder ersten westlichen Idealisten, die sich in diesen entlegenen Breitengraden als Tourismuspioniere versuchen und z. B. erste Bungalowanlagen aus dem Sand stampfen.

### Infos als Trumpf

Obwohl die Qualität der **Straßen** über weite Strecken noch katastrophal und von endlos erscheinenden Baustellen gekennzeichnet ist, bieten sich immer mehr Routen und **(Mini)Buslinien** (s. 💻 www.oway.com.mm) zum Bereisen des Südens an. **Schiffs- und Flugverbindungen** (s. Kasten S. 563) unterliegen noch einer gewissen Unregelmäßigkeit. Die Möglichkeiten, die Inseln des Myeik-Archipels zu besuchen (s. Kasten S. 572) sind bisher noch vergleichsweise rar, streng restringiert und meist auch nicht besonders preiswert). Um an die sich ständig ändernden, aktuellsten **Reiseinfos** zu gelangen, empfehlen sich neben Mundpropaganda und Internetforen der Traveller-Gemeinde die Updates und der Travel-Club der Stefan Loose-Edition sowie die Homepage 💻 www.go-myanmar.com und die regionalspezifische Homepage 💻 www.southernmyanmar.com.

### In der Regenzeit

Es gibt viele gute Gründe, gerade den Süden Myanmars in der **Nebensaison** zu bereisen, denn dieser Landesteil präsentiert sich in den Monaten der **Monsunzeit** von besonderem Reiz. Zwar lässt der Wallfahrtsort des Goldenen Felsens von Kyaikhtiyo es am sonst prallen, farbenfrohen Pilgerleben missen und somit auch etwas an spirituellem Charme. Doch faszinieren z. B. die wasserreiche Umgebung von Hpa-an und landschaftlich herrliche Strecken, wie die von dort nach Mawlamyaing, der Abstecher von der Hauptstraße durch die einsame, sattgrüne Idylle nach Zokthok und Zokali an der Küste oder der neu bereisbare Landweg von Ye durch die Berge nach Dawei sowie von dort nach Myeik. Allerdings ist damit zu rechnen, dass viele der neuen Minibuslinien ihren Betrieb in der Monsunzeit/Nebensaison aussetzen.

Regierung 1995 aufgegeben. Bis dahin hatten die New Mon State Party (NMSP) und ihr militärischer Arm – die Mon National Liberation Front (MNLF) – abgelegene Gebiete an der Grenze zu Thailand kontrolliert und sich außer mit den Regierungstruppen auch immer wieder Scharmützel mit den Kayin (S. 555) geliefert.



# Kyaikhto

Einige Kilometer hinter Bago wird es deutlich einsamer. Ein nur zweispuriges, streckenweise von Bäumen beschattetes und zum Ende der Regenzeit von mannshohen, weiß blühenden Gräsern umrahmtes Asphaltband führt immer tiefer in den Süden. Über weite Strecken dominieren Plantagen für Kautschuk, Cashewnüsse oder Pamelo das Landschaftsbild. In der Umgebung von Waw flankiert ein einst malerischer, 2013 umfassend ausgebaggerter Kanal mit spärlichem Bootsverkehr die Hauptverkehrsader.

Später überquert die Straße den Setthaung, dann zerschneidet sie – aus Richtung Yangon der einzige Zubringer zum Goldenen Felsen von Kyaikhtiyo – den verschlafenen Provinzort Kyaikhto (rund 3 1/2 Autostunden von Yangon und 90 Min. von Bago). Obwohl die etwa 50 000 Einwohner zählende Stadt in Reiseführern kaum Erwähnung findet, kann sich ein kurzer Zwischenstopp lohnen. Denn in dem recht beschaulichen Ort finden sich nicht nur schöne

Holzhäuser und üppiges Grün, sondern auch ein größeres, rund 2300 Jahre altes Heiligtum.

Die **Kyaik Paw Law-Pagode** besteht aus einer weitläufigen Anlage mit verspiegelten Säulengalerien, vergoldeten Wänden, bunten Gemälden und beherbergt eine von vier Buddhastatuen, die einst von Sri Lanka aus auf Flößen über das Meer gekommen waren. Der Legende nach ist diese Begebenheit auf einen singhalesischen König zurückzuführen, der 1418 eine gute Tat verrichten wollte: Aus Mörtel und originalen Stücken des Bodhi-Baums ließ er vier Buddhabildnisse erschaffen, die auf dem Ozean ausgesetzt wurden, um am jeweiligen Ort ihrer Landung (außer Kyaikhto in Kjaikkami, Pathein und Dawei) den Buddhismus zu verankern.

Am Rand des Tempelareals liegt mit der **Mahamuni Thon-Pagode** ein weiteres Heiligtum, in dem eine rund 110 Jahre alte Kopie der berühmten, gleichnamigen Statue in Mandalay verehrt wird. Das wichtigste Kloster von Kyaikhto ist das **Shwe Kyaung**, das auf eine über 180 Jahre alte Tradition zurückblicken kann.

## Basislager Kinpun

Das rund 10 km von Kyaikhto entfernte Basislager Kinpun (Kinpun Camp) ist Ausgangspunkt für einen Besuch des Goldenen Felsens auf dem Berg Kyaikhtiyo. Teilweise von den Kronen mächtiger, leider immer weniger werdender Baumriesen beschattet, hat es sich mit Unterkünften, Restaurants und Waschgelegenheiten für Pilger, Bus-Parkplätzen und sogar einem Riesenrad immer weiter ausgebreitet – bzw. seit 2013 einen derartigen Sprung gemacht, dass man sich hier auch nach Sonnenuntergang nicht mehr langweilen muss. An der neu betonierten Hauptstraße laden einfache Boutiquen, Kräuterläden und Souvenirläden zur Schnäppchenjagd ein, bevor sie allmählich enger wird und schließlich in den Pilgerpfad übergeht. Auch die einst einsame Zufahrt zum Shwe Hin Thar Hotel ist mittlerweile zugebaut.

## Wege zum Heiligtum

Insgesamt 149 leistungsstarke **Kleinlaster** übernehmen zwischen 6 und 18 Uhr den Transport auf den Berg. Prinzipiell zu spät, um am Heiligtum den Aufgang der Sonne zu genießen, bzw. je nach Jahreszeit vielleicht zu früh, um ihren Untergang bestaunen zu können (s. Kasten oben).

Die „Verladung" der Besucher erfolgt rustikal über Rampen. Selbst alte, gebrechliche Pilger lassen den etwas strapaziösen Einstieg wie auch den Transport geduldig über sich ergehen. Ausländer mögen es vielleicht als etwas entwürdigend empfinden, dass sich pro „Fuhre" etwa 40 Passagiere auf die schmalen, niedrigen

### Tipps zu Terminen und Tageszeiten

Obwohl der Besuch des Heiligtums neuerdings auch als Tagestour aus Yangon angeboten wird und sich auch die Übernachtungsmöglichkeiten im Kinpun Camp deutlich verbessert haben, sollte möglichst eine Nacht oben auf dem Berg eingeplant werden – was aber nur zu vergleichsweise hohen Preisen möglich ist! Denn nur so lässt sich die Wallfahrtsstätte in aller Besinnlichkeit erfassen und die faszinierenden **Lichtverhältnisse** zum Sonnenauf- und Sonnenuntergang in aller Muße erleben. Im Winter könnte man – nach dem Bau der nun bis nach ganz oben führenden Straße – zumindest den **Sonnenuntergang** schaffen, weil die letzten Laster um 18 Uhr zurückfahren. Doch das wäre sicherlich mit Hetze verbunden. Beim morgendlichen Verlassen des Berges indes ist bis ca. 10 Uhr mit starkem Andrang zu rechnen.

Wer die Pilgerstätte in der tiefsten **Nebensaison** besucht, könnte das bunte Treiben und somit viel spirituellen Charme vermissen. Zudem kann es bis zu zwei Stunden dauern, bis sich die Kleinlaster füllen, von denen zwischen April und Oktober meist nur ein Drittel im Einsatz ist. Das Kleben von Blattgold an den Felsen ist in der Regenzeit nur von 6–19 Uhr möglich.

Die bis März dauernde **Hochsaison** für einheimische Pilger startet alljährlich mit der Vollmondnacht im Oktober. Dann kommen im Durchschnitt täglich um die 10 000 Birmanen nach Kinpun. An den Spitzentagen – meist freitags, sonnabends oder an Feiertagen – können es sogar Zigtausende sein! Sie können kostenlos in **Massenunterkünften** *(zayat)* oder auch in den Räumlichkeiten der Restaurants übernachten, wenn sie dort das Abendessen einnehmen.

## Kyaikht(iy)o-Kinpun

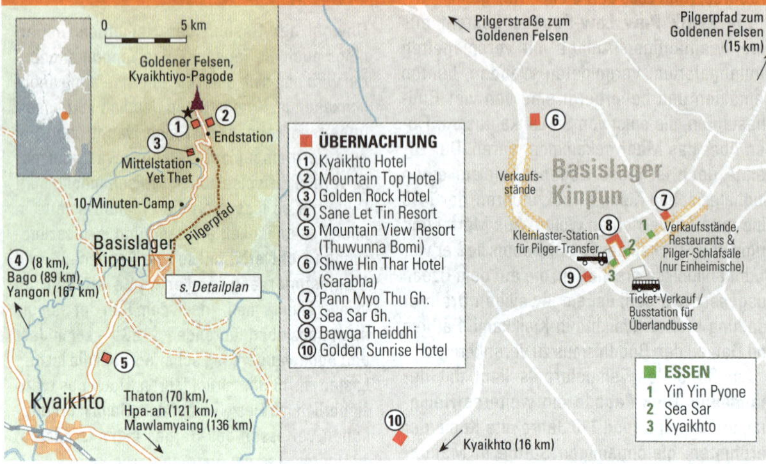


Holzbänke (je 5 Pers.) der Ladepritsche pressen müssen, doch waren es bis 2005 sogar noch 60 (s. Kasten S. 530).

Pro Person und Tour sind 2500 Kyat zu entrichten. Gestartet wird erst, wenn alle Plätze besetzt sind, was in der Saison meist nicht mehr als 20–40 Minuten dauert. Seit 2013 dürfen auch Ausländer über eine neu erbaute Straße bis nach oben auf den Berg fahren, was insgesamt knapp eine Stunde in Anspruch nimmt. In rasanter Fahrt geht es die steile **Serpentinenstraße** hinauf – bis zum sog. **10-Minuten-Camp**, wo der Gegenverkehr abgewartet und per Sammelkorb um Almosen ersucht wird.

Später wird die ehemalige End- und heutige **Mittelstation Yet Thet** erreicht. Hier kann man aussteigen, um zum Golden Rock Hotel zu gelangen oder über den alten **Pilgerpfad** bis hinauf zum Gipfel mit dem Heiligtum. Der Aufstieg ist in knapp einer Stunde zu bewältigen (runter geht's wesentlich schneller). Dabei sind nicht zu unterschätzende 300 Höhenmeter zu überwinden. Diese Passage kann für rund 8000 Kyat auch bequem in einer stabilen **Bambussänfte** (Palankin) mit vier Trägern zurückgelegt werden, die sich im rhythmischen Gleichschritt den Berg hinaufkämpfen. Trotz etwaiger Skrupel kann es zu einem unvergesslichen Erlebnis geraten, zumindest den letzten, besonders steilen Abschnitt in diesem urtypischen birmanischen Transportmittel zurückzulegen. Schließlich müssen die rund 1000 Sänften- und Lastenträger irgendwie ihr tägliches Schüsselchen Reis verdienen. Nach Einrichtung der neuen **Endstation**, von der es nur noch ca. 15 Minuten Fußweg zum Heiligtum sind, waren sie weitgehend arbeitslos geworden.

Natürlich lässt sich auch der gesamte Weg auf **Schusters Rappen** (bzw. Badeschlappen) zurücklegen, denn Pilger können sich durch den schweißtreibenden Aufstieg religiöse Verdienste erwerben. Aber selbst wer über eine gute Kondition verfügt, sollte für die fast 10 km lange Wanderung vom Basislager Kinpun bis zum Gipfel mindestens vier Stunden (je nach Kondition vielleicht sogar bis zu 8 Std.) einplanen. Denn schließlich sind fast 1100 Höhenmeter zu überwinden, wobei der Weg durch Schatten spendende Vegetation und über 33 Hügel führt. Eine detaillierte Karte lässt sich über 💻 www.dpsmap.com/kyaiktiyo/index.shtml abrufen.

Unterwegs laden einige **Schreine**, aber vor allem einfache **Verkaufsstände** mit kühlendem Schatten, Getränken, Snacks oder Obst zum Ausruhen ein. Vereinzelt wird noch immer Medizin aus Bestandteilen und Extrakten wilder Tiere feilgeboten – aus Affenschädeln, Büffelhörnern,

Bärentatzen etwa oder Schlangenhäuten, obwohl seit 1998 rund um den Goldenen Felsen ein 110 $km^2$ großes **Schutzgebiet** gilt. Keinesfalls unterschätzt werden sollte der mehrstündige Abstieg, weil es immer „nur bergab" geht: Gerade das garantiert mehrtägigen Muskelkater.

15 HIGHLIGHT

## Kyaikhtiyo-Pagode (Goldener Felsen)

Mit Yangons Shwedagon-Pagode und der Mahamuni-Statue in Mandalay gehört der Goldene Felsen von Kyaikhtiyo (gesprochen: *Tschai-ti-ju*) zu den heiligsten buddhistischen Stätten Myanmars. Der Legende nach entstand die Wallfahrtsstätte schon zu Lebzeiten Buddhas und wurde später lediglich „wiederentdeckt". Bedeckt von einem rund 6 m hohen Stupa scheint der vergoldete Findlingsblock geradezu über dem 1100 m tiefen Abgrund zu schweben. Sein Name leitet sich aus der Sprache der Mon ab und bedeutet „die Pagode, die vom Kopf eines Einsiedlers getragen wird". Ringsherum bietet sich bei klarem Wetter ein herrlicher Fernblick auf die Bergketten bis nach Thailand, die Pagode von Bago oder sogar den Golf von Martaban.

Als Liebespaare, Freundescliquen, Großfamilien, farbenfroh gekleidete Schulklassen oder Fabrikgemeinschaften posieren die Pilger heiter für Fotos. Andernorts werden Kerzen und Räucherstäbchen entzündet, haben sich in dunkelrote Roben gewandete Mönche oder skurril wirkende Einsiedler im Schneidersitz niedergelassen, um weltentrückt zu meditieren. Ohne Unterlass kleben Gläubige ihre Blattgoldplättchen an den Fels, was allerdings nur Männern vorbehalten ist. Auch Bargeld spielt eine große Rolle – wird in Form von gerollten oder gefalteten Banknoten an kleine Ständer gehängt oder einfach in die zahlreichen Spendenboxen gesteckt. Zuweilen drängen einige Wächter auch ausländische Besucher zum Hinterlassen von „donations".

Wer schon mal in früheren Jahren hier gewesen ist, dürfte das Areal kaum wiedererkennen. Die traditionelle Wallfahrtsstätte hat sich zu einer Art Kleinstadt entwickelt. Grundlage für die

Das Heiligtum des Goldene Felsens wird gern in Familien- oder Freundesgruppen besucht.

© NIPAPORN YANKLANG

DER SÜDEN

umfangreiche Bauerei war die Befestigung der Zufahrtsstraße in den 1990er-Jahren und die Elektrifizierung des Berges. Eine umlaufende Terrasse ermöglicht nun sogar die Betrachtung des Felsens von unten. Komplett neu bebaut wurde die belebte Pilgerpromenade **Moat Soe Paya**, die vom Heiligtum des Goldenen Felsens durch ein Hochtal zum benachbarten, von Höhlen durchzogenen **Moat Soe Taung** („Berg des Jägers") führt. Ein 2004 nachts an einer Kochstelle ausgebrochenes Großfeuer hatte die alte Bausubstanz vernichtet und 21 Menschenleben gekostet. Die aus insgesamt 76 Bauten bestehenden zweistöckigen Häuserreihen beherbergen vor allem Restaurants mit Schlafgelegenheiten. Die Kellnerinnen wetteifern darum, leere Tische durch Lockrufe schnell wieder zu besetzen, denn die Jahresmieten sind horrend. Nicht weit entfernt führt ein Pfad nach rund 80-minütiger Wanderung zu einer beliebten Badestelle.

Vor wenigen Jahren noch benötigten Ausländer eine Sondergenehmigung zum Besuch des Kyaikhtiyo-Berges, heute müssen sie am **Kontrollposten** auf dem Gipfel lediglich **US$6 Eintritt** für ein zwei Tage gültiges Ticket der „Kyaikhtiyo Archaeological Zone" berappen. Natürlich ist an dieser Pilgerstätte auf angemessene, nicht allzu freizügige Kleidung zu achten. Da es auf dem Gipfel in den Wintermonaten empfindlich kühl werden kann, sollte zumindest ein Pullover eingepackt werden. Warme Schuhe helfen hingegen nicht weiter: Die müssen nämlich beim Besuch des Heiligtums ausgezogen werden, auch wenn die Fliesen recht kalt werden können.

### Wie der Fels auf den Gipfel kam

Angeblich soll schon eine Kinderhand den Fels ins Wanken bringen können … Nach der Legende verdankt der Goldfelsen von Kyaikhtiyo sein Gleichgewicht nur einem einzigen Haar von Buddha, das präzise im Inneren des Stupa platziert sein soll. **König Tissa**, der Sohn eines **Alchemisten** (Zawgyi) und einer **Naga-Prinzessin**, soll es im 11. Jh. von einem alten Einsiedler erhalten haben, der es in seinem Haarknoten versteckt hatte. Dieser war auf der Suche nach einem Felsen in Form seines Kopfes, um darauf eine kleine Pagode zur Unterbringung der Reliquie zu errichten. Wegen seiner übernatürlichen Kräfte gelang es dem König, auf dem Meeresgrund einen entsprechenden Steinblock ausfindig zu machen und diesen mit einem Boot auf den Kyaikhtiyo-Berg zu transportieren. Nach der wundersamen Ankunft auf dem Gipfel wurde das Boot zu Stein und ist deshalb noch heute – wenige hundert Meter vom Felsenheiligtum entfernt – als **Kyaukthanban** („Steinboot-Stupa") zu sehen.

### Bequemer auf den Berg

Für Ausländer empfiehlt sich bei der Fahrt zum Gipfel ein Sitzplatz am Rand der Ladefläche, weil man sich dort festhalten und gut rausschauen kann. Zuweilen kann man sich auch im von der letzten Sitzreihe gut erreichbaren Gepäckträger platzieren. Etwas bequemer ist ein Platz vorn in der Fahrerkabine, die für 15 000 Kyat pro Tour verchartert wird – egal ob man allein oder mit bis zu (max.) fünf Passagieren Platz darin nimmt! Wer ein ganzes Fahrzeug allein chartern will, muss etwa 120 000 Kyat bezahlen, sich aber trotzdem an die Uhrzeiten halten.

## ÜBERNACHTUNG

Für die Übernachtung im Basislager und auf dem Berg stehen Ausländern bisher nur wenige Unterkünfte zur Verfügung. Die vielen Rasthäuser *(zayat)* für Pilger dürfen keine Touristen aufnehmen – ein Verbot der Behörden, das sich aber zuweilen schon in Auflösung befinden soll. WLAN sollte noch nicht als Standard vorausgesetzt werden.

### Auf dem Weg nach Kinpun

**Golden Sunrise Hotel**, rund 2 km vor Kinpun, ✆ 09-872 3301, 💻 www.goldensunrisehotel.com. Die Belgierin Tilly (nur selten vor Ort) bietet die sicher stilvollste Unterkunft der Region – mit Wohlfühlfaktor. 12 Zimmer mit AC, Holzböden, schönen Bädern und Terrassen. Gemütliches, 2-stöckiges Restaurant aus Naturmaterialien. ❹

DER SÜDEN

**Mountain View Resort (Thuwunna Bomi),** rund 8 km vor Kinpun an der Hauptstraße aus Richtung Yangon, ✆ 09-862 0722, 💻 www.starbutterfly.net. Mit Erholungswert mitten in einer Obstplantage am Seikphu Taung-Hügel. 34 saubere, geräumige Bungalowzimmer mit AC, Warmwasser-Bädern und Balkonen sowie Frühstück im schönen Restaurant. ❹

**Sane Let Tin Resort**, rund 24 km vor Kinpun an der Hauptstraße aus Richtung Yangon, ✆ 09-872 3123-4, 💻 www.sanelettinresort.com. 2003 als eindrucksvolle Unterkunft bzw. professionellster Touristenspot der Region eröffnet und seitdem ständig erweitert. 60 Komfortzimmer in 5 Kategorien, Pool und Spa. Angenehmes, luftiges Restaurant mit anschaulicher, aber überteuerter Speisekarte (Ausländer zahlen meist mehr). Es gibt chemiefreies Gemüse, Fassbier für 1000 Kyat und Automaten-Kaffee, ⏲ 6–24 Uhr. Das 150 ha große Areal umfasst einen 12 m hohen Aussichtsturm mit Panoramablick und sogar einen Zoo – zu erkunden über einen hohen Brückenpfad. Tatsächlich finden sich hier alle Tiere vom Hotelprospekt (auch ein Orang Utan) – und das sogar in gepflegter Haltung. ❹–❺

**Shwe Hin Thar Hotel (Sarabha)**, ca. 1 km von Kinpun an der Zufahrt zum Berg, ✆ 09-2544 08591. Abseits von jeglichem Trubel. 22 akzeptable AC-Zimmer in 4 Kategorien. Die meisten haben Warmwasser-Bäder, 5 Teppichboden (beste Option ist Nr. 601). ❸–❺

## Im Basislager Kinpun

**Bawga Theiddhi**, ✆ 09-4929 9899, ✉ bt.reservationoffice@gmail.com. Seit 2012 als modernstes und markantestes Haus am Ort. Der 3-stöckige Eckbau umfasst 15 saubere Komfortzimmer, die billigsten mit Gemeinschaftsbad, sowie 6 Bungalows in 5 Min. Entfernung. Das Restaurant bietet den höchsten Standard im Kinpun Camp, der nette Manager Mr. Lin bleibt hoffentlich länger im Amt. ❸–❹

**Pann Myo Thu Gh.**, in Kinpun, ✆ 057-60285, 09-4492 49498. Durch einen lauschigen Minigarten geht es zur Rezeption der beliebtesten Traveller-Herberge am Ort, wo aber mancher Gast schon Negativ-Erfahrungen gemacht hat. Manager Mr. Soe bietet 30 Zimmer, davon die Hälfte als AC, mit Ventilator und Gemeinschaftsbad bereits für US$10. Am beliebtesten sind die Neubau-Zimmer mit den Holzböden und Terrassen. Freundliches Personal. ❶–❸

**Sea Sar (Golden Land) Gh.**, unmittelbar hinter dem gleichnamigen Restaurant und der „Verladestation" für Pilger in Kinpun, ✆ 09-4981 8854. 1985 als erste Ausländer-Unterkunft um einen großen Parkplatz herum erbaut, aber nicht unbedingt heimelig und etwas nachlässig gemanagt. 46 Zimmer in 3 Kategorien, davon 20 als AC, mit Warmwasser-Bädern, einige davon schön groß oder mit kleinen Terrassen. Tourenangebot s. Kasten S. 532. ❷–❸

## Direkt auf dem Berg

**Golden Rock**, 10 Min. zu Fuß bergauf von der ehemaligen Endstation der Pilger-Lkw und ca. 40 Min. unterhalb des Goldenen Felsens, ✆ 09-871 8391, 💻 www.goldenrock-hotel.com. Gehobenes Hotel mit Panoramablick und 56 Zimmern in diversen Bauten, davon 44 als Deluxe mit AC, TV und Minibar. Der ökologische Gemüsegarten und ein kleiner Staudamm zur Stromerzeugung wurden mit einem regionalen Umweltpreis bedacht. ❺–❻

**Kyaikhto**, am Eingang zum Heiligtum, ✆ 09-4253 22010, 💻 http://kyaikhto.com. Bis vor Kurzem im Besitz der Regierung, bietet das abgetakelte Hotel Ausländern die größtmögliche Nähe zum Goldenen Felsen – und wird hoffentlich bald umfassend renoviert. Toll am Hang platziert, verfügt es über viele Terrassen, präsentiert sich aber als architektonisch stillose bis hässliche Ansammlung langer Holzbaracken und einfacher Beton-Bungalows, die sich beidseitig des Wegs zum Heiligtum erstrecken. Die älteste und größte Unterkunft auf dem Berg bietet rund 150 teilweise abgewohnte und unwirtliche Ventilator- oder Teppichboden-Zimmer, die aber immerhin über Warmwasser-Bäder verfügen. Ausländer zahlen deutlich überteuerte Preise. ❺–❻

**Mountain Top Hotel**, ✆ 01-502 479, 💻 www.mountaintop-hotel.com. Ideal platziert und in die Felsen gebaut, liegt das Hotel am Eingang zum Heiligtum nahe dem Ticketbüro. Hier lässt sich der Sonnenaufgang

### Tagestouren in die Umgebung

Als Besitzer des Sea Sar Gh. und Bürgermeister von Kinpun organisiert **Mr. Ko Kyaw Thu Ya**, ✆ 09-872 3288, der passabel Englisch spricht, für US$20 p. P. 4-stündige Ausflugstouren per Auto oder Schusters Rappen. Neu im Angebot ist ein ganztägiger Rundtrip, der durch Kyaikhtiyo führt sowie nach Thaton und Zokthok. Kostenpunkt US$100 pro Fahrzeug.

sogar vom Bett aus genießen, und auch sonst handelt es sich um die beste und entsprechend oft ausgebuchte Unterkunft, um das Heiligtum zu erleben. 52 passable Komfortzimmer in der Kategorie Deluxe und Super Deluxe. Gutes Restaurant und Terrasse mit Panoramablick. Freundliches Management aus Sri Lanka – wie auch beim dazugehörigen, weiter unten liegenden Golden Rock Hotel. ❺–❻

## ESSEN

Die zahlreichen Restaurants an der **Hauptstraße** des Basislagers bieten meist gute chinesische und birmanische Küche – und für Einheimische Schlafgelegenheiten. Englischsprachige Schilder und Speisekarten sind bisher noch die Ausnahme. Oben auf dem Berg empfiehlt sich vor allem ein Besuch der stimmungsvollen Topf-Buffet-Restaurants an der Pilgerpromenade **Moat Soe Paya**, weil es sich dort herrlich vor der Kulisse des bunt vorbeiziehenden Lebens speisen lässt.

**Kyaikhto**, liegt als lange etablierte Alternative und mit ähnlicher Atmosphäre gleich neben dem populär-professionellen Sea Sar-Restaurant. Niemand spricht Englisch. ◷ 5–21.30 Uhr.

**Sea Sar**, gehört zum gleichnamigen Guesthouse und fungiert mit reichhaltiger Speisekarte als abendlicher Treffpunkt von Travellern. Gute Currys vom Topf-Buffet kosten inkl. Reis lediglich 1500 Kyat, eine Flasche *Myanmar*-Bier 1800 Kyat. ◷ 4–22 Uhr.

**Yin Yin Pyone**, zählt zu den Restaurants, die sich etwas von der Masse abheben. Gut beleuchtet mit schönem Holzmobiliar und günstiger Speisekarte. ◷ 2–21 Uhr.

## TRANSPORT

### Taxis

Nach BAGO kosten einfache Taxis ca. US$60 und brauchen ca. 2 1/2 Std. Das Sea Sar Gh. in Kinpun nimmt für Transfers mit Komfort-Fahrzeugen und etwaigen Zwischenstopps US$100 sowie nach YANGON, HPA-AN und MAWLAMYAING jeweils US$120.

### Busse und Pick-ups

In der Nebensaison muss man für überregionale Busse meist vom Basislager Kinpun erst nach Kyaikhto fahren: mit Sammel-Pick-ups 1000 Kyat (Fahrtzeit 1/2 Std.), Moped-Taxis 2000 Kyat.

Tagsüber starten fast stdl. (Mini)Busse in 4 1/2 Std. für 5000–7000 Kyat, mit AC 10 000 Kyat, nach YANGON (Marktführer ist Win Express, ✆ 09-7312 4386, s. auch 💻 www.oway.com.mm). Für Busse nach BAGO (3 Std.) müssen 5000 Kyat berappt werden, Pick-ups gibt es für 3000 Kyat. In Richtung Süden fahren nur wenige Bussen am Tag für 7000 Kyat nach MAWLAMYAING (4 Std.). Pick-ups nach HPA-AN (3 Std.) kosten 5000 Kyat, Kabinenplatz 7000 Kyat.

### Eisenbahn

Expresszüge von Kyaikhto über BAGO (2–3 Std., Plätze in der *upper class* 5000 Kyat) nach YANGON (rund 4–5 Std., 9000 Kyat) starten tgl. um 10, 13.20 und 15.40 Uhr. In Richtung Süden nach MAWLAMYAING (rund 2–3 Std., 6000 Kyat) geht es um 6, 11 und 12 Uhr.

# Von Kyaikhto nach Thaton

## Bilin

Mit allerlei Restaurants und Werkstätten an der Straße ist der rund 35 km südöstlich von Kyaikhto liegende Ort vor allem als Zwischenstation für Lkw-Fahrer auf dem Weg von Yangon nach Mawlamyaing von Bedeutung. Am Ortseingang liegt auf einem Hügel östlich der Hauptstraße der um 2000 errichtete Stupa der **Yan Aung Aye-Pagode**. Nicht weit entfernt zweigt – durch ein Tempeltor in Richtung Westen bzw. Küste führend – die Straße nach Zokthok ab.

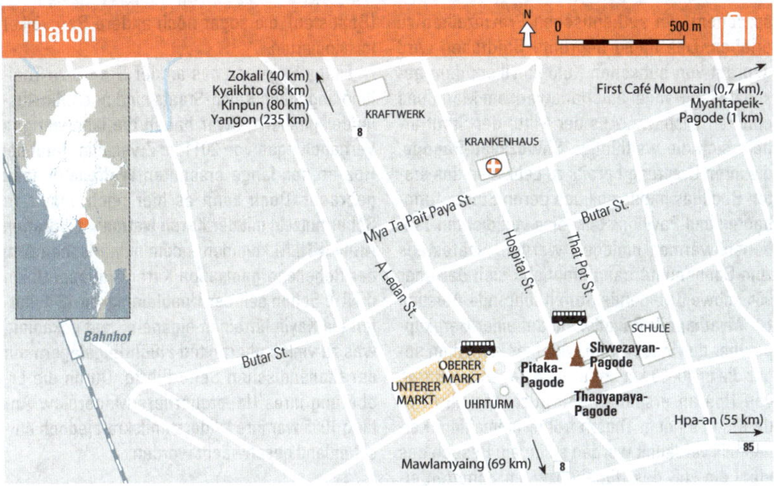


## Zokthok

Herrliche Impressionen, vor allem in der Regenzeit, verspricht der rund 9 km lange Abstecher von der Hauptstraße nach Zokthok. Ein Besuch des unscheinbaren, 5000 Einwohner zählenden Dorfes lohnt sich nicht zuletzt wegen der außergewöhnlichen **Kyaik Tizaung-Pagode**. Sie erhebt sich auf einem quadratischen Sockel und gewinnt durch ihre fantasievollen Steinreliefs und Skulpturen – darunter sogar eine Sphinx, Gongs oder Glocken – einen ganz eigenen Charakter. Dabei fand vor allem rötlicher Laterit Verwendung. Der poröse Stein besteht aus eisenhaltigem Lehm, der durch Trocknung in der Sonne zu stabiler Härte gelangt. Obwohl zum Stupa an jeder Seite Treppen hinaufführen, dürfen diese nicht begangen werden. Auch das Fotografieren wird zuweilen nicht gern gesehen. In einem Pavillon findet sich ein 18 m² großes **Landschaftsrelief** mit dem Goldenen Felsen von Kyaikhtiyo, beleuchtbaren Pagoden und Wasserflächen, auf denen sogar Modellschiffe dümpeln.

Als weitere Sehenswürdigkeit bieten sich die Überreste einer **Festung** aus dem 12. Jh. an. Dabei handelt es sich um eine tiefe Erdkuhle und eine lange Laterit-Mauer, auf deren Reliefs sich Prozessionen oder Aufmärsche mit Elefanten und Pferden erkennen lassen. Hieraus leitet sich wohl auch der Name des Forts ab, das von den Einheimischen als Sin Tat (Elefanten)- oder Myin Tat-(Pferde)Fort bezeichnet wird.

Auch das **Sin Nit Kaung Kyaung** (Kloster der beiden Elefanten) lohnt einen Besuch. Das dekorative Gebäude von 1920 versteckt sich in einem Palmenhain und ist im Kolonialstil mit angedeuteten Säulen, Torbögen und Stuckornamenten erbaut worden. Im Inneren findet sich u. a. ein morscher Holzschrank mit noch sehr viel älteren Palmblatt-Inschriften.

Von Zokthok führt eine rund 6 km lange, je nach Jahreszeit Schlamm- oder Staubpiste durch eine faszinierende Landschaft mit Reisfeldern, Kanälen und stattlichen Wasserbüffeln zu dem malerischen Küstendorf **Zokali**. Es besteht aus rund 300 Hütten, alten Baumriesen und drei Klöstern auf einem Pagodenberg, von dem sich ein herrlicher Panoramablick eröffnet. Wer die Treppenanlage auf der anderen Seite des Berges wieder hinuntersteigt, landet direkt am **Meer**, was sich besonders zum Gezeitenwechsel lohnt: Dann strömen schäumende Wellen in die Bucht und lassen die auf ihnen schwimmenden Fischerboote gewaltig schaukeln.

## Thaton

Etwa vier Autostunden von Yangon bzw. 70 km vom Goldenen Felsen und 48 km von Hpa-an entfernt lockt das reizvolle Thaton (ohne „n" gesprochen), um authentischen Provinzalltag zu erleben. Das üppig begrünte Städtchen wird geprägt von hübschen Kolonialvillen, dem geschäftigen Handel und Handwerk am Markt und etlichen Trishaws. Aus der Mitte der Stadt erhebt sich die weitläufige **Shwezayan-Pagode**, die ihren Ursprung bereits zu Lebzeiten des ersten Buddhas haben soll und deren Stupa, Turmbauten und Pavillons teilweise von dichten Taubenschwärmen umlagert werden. Spätestens zum Sonnenuntergang empfiehlt sich der über 904 schweißtreibende Stufen führende Aufstieg zur **Myathapeik-Pagode**, die auf einer Bergkuppe über der Stadt thront. Von hier kann man sogar die in 40–50 km Entfernung liegenden Berge von Hpa-an erspähen wie auch das glitzernde Meer, an dem Thaton früher einmal lag. Keinesfalls versäumt werden sollte ein Besuch des ideal am Fuß des Hügels bzw. im Schatten eines 150 Jahre alten Regenbaums liegenden **First Café Mountain**, ✆ 09-872 0107. Als originelle Neugründung des jungen, sympathischen Ehepaars Kyaw Moe Jung und Chaw Su ist es aus Naturmaterialien im Boutique-Stil errichtet und bietet ein reichhaltiges, erfreulich günstiges Menü (aber keinerlei Alkoholika). 🕒 6.30–22.30 Uhr. Mehr zu Thaton s. eXTra [9902].

# Kayin-Staat

Die Kayin oder auch Karen gelten mit rund 2,5 Mio. Angehörigen als drittgrößte Volksgruppe Myanmars. Teilweise leben sie auch im Kayah- und Mon-Staat, dem angrenzenden Thailand sowie im Ayeyarwady-Delta.

Aufgrund unterschiedlicher Webmuster lassen sich die einzelnen Volksgruppen anhand ihrer Trachten unterscheiden, z. B. in die gestreiften, weißen, schwarzen oder roten Karen. Bekannt sind die Kayin auch für ihren hohen Bildungsstandard. So brachten sie mit dem *Morning Star* bereits 1841 die erste Zeitung Birmas in einer einheimischen Sprache heraus. Während der Kolonialzeit arbeiteten sie in der Armee und Verwaltung, im Bildungs- und Gesundheitswesen eng mit den Briten zusammen und wurden zu kulturell dominierenden Christen (Baptisten), die sogar noch andere Bergvölker missionierten.

Einige Regionen des an der Grenze zu Thailand liegenden Kayin-Staats sind noch für Ausländer gesperrt. Zwar haben die langwierigen Verhandlungen von 2011 im Zwekabin Hotel bei Hpa-an den lange ersehnten **Waffenstillstand** gebracht. Doch kann es hier noch immer zu Scharmützeln mit der **Karen National Liberation Army (KNLA)** kommen – dem militärischen Arm der Rebellenorganisation Karen National Union (KNU). Schon seit der Unabhängigkeit 1948 hatten die Kayin für einen eigenen Staat gekämpft, was zu vielen überfüllten **Flüchtlingslagern** auf der thailändischen Seite führte. Durch die Eroberung ihres Hauptquartiers Manerplaw Anfang 1995 war ihre Widerstandskraft jedoch entscheidend geschwächt worden.

## Hpa-an

Rund 300 km bzw. 5 Autostunden von Yangon und knapp 140 km vom neuen Grenzübergang Myawaddy / Mae Sot nach Thailand (s. Kasten S. 542) entfernt, ist die Hauptstadt des Kayin-Staats zwar erst seit wenigen Jahren für Ausländer zugänglich, doch sprechen sich die landschaftlichen Reize der Region unaufhaltsam herum. Das vom Thanlwin und einer spektakulären Natur umrahmte Hpa-an lässt Erinnerungen an das laotische Vang Vieng aufkeimen: In bis zu 40 km Entfernung erheben sich mit Höhlen durchsetzte Felsformationen fotogen aus Reisfeldern und Seen (Touren s. Kasten S. 541). Angesichts der amphibischen und somit besonders froschreichen Region sollte es nicht weiter verwundern, dass sich Hpa mit „Frosch" übersetzen lässt.

Dank dem Bau einer 700 m langen Brücke über den **Thanlwin** ist Hpa-an aus dem 50 km entfernten Mawlamyaing wesentlich leichter erreichbar geworden. Doch empfiehlt sich die An- oder Abreise ohnehin per Boot, was je nach Fahrtrichtung rund 2 1/2–5 Stunden dauert – und besonders stimmungsvolle Impressionen beschert (s. Kasten S. 538). Die Breite des fast 3000 km langen, von den Thais als Salween bezeichneten Flusses dürfte allerdings darüber hinwegtäuschen, dass sein ökologisches

Gleichgewicht extrem bedroht ist. Denn am Thanlwin sind mithilfe von China und Thailand über 15 Staudämme zur Stromgewinnung geplant (mehr darüber s. eXTra [5806].

Die Bevölkerung des geschäftigen Handelszentrums setzt sich aus Mon und Birmanen zusammen. Wichtigster Arbeitgeber der Region sind die Zementfabriken von Myaing Ka La, die mit ihren dicken Rauchschwaden und landschaftlichen Wunden – angeknabberte und zum Teil fast verschwundene Berge – unübersehbar an der Strecke nach Thaton liegen (s. Kasten unten).

## Sehenswürdigkeiten

Das Zentrum wird von einer lilafarben getünchten **Moschee** geprägt. Weitere markante Punkte sind die auf einem hohen, weißen Sockel thronende **Thit Hata Man Aung-Pagode** und vor allem die **Shwe Yin Myaw-Pagode** am Flussufer, von der sich stimmungsvolle Sonnenuntergänge erleben lassen. Bereits am späten Nachmittag belebt sich das dortige Flussufer mit vielen Einheimischen, die sich auf ein Schwätzchen treffen, baden oder ihre Sachen waschen – allerdings nicht von Juli bis September, wenn der Fluss weite Teile der Stadt überflutet. Nach Einbruch der Dunkelheit jedoch wirkt Hpa-an ob spärlicher Beleuchtung extrem düster.

### Die Tribute von Hpa-an

Manchmal sind sie sogar bis ins Stadtzentrum zu spüren, und in der Kawt Gon-Höhle haben sie sogar schon Buddhastatuen zu Fall gebracht – die Sprengungen, mit denen allmählich die Naturwunder der Umgebung vernichtet werden. Der Abbau von Kalkstein in der Gegend speist die beiden großen Zementfabriken von Hpa-an: die von den Franzosen bereits vor 25 Jahren gebaute (Produktion von 800 t pro Tag) und die erst vor zehn Jahren mithilfe von Japan in Betrieb genommene, landesweit größte (4000 t). Zusammen haben sie bereits einige Berge vertilgt. Ein ebenso trauriger Tribut an die schmutzige Industrie sind die zahlreichen Tuberkulose-Fälle unter den Bewohnern der umliegenden Dörfer.

Keinesfalls versäumt werden sollte ein morgendlicher Bummel durch die Straßen rund um den **Markt** der prosperierenden Handelssstadt, wo man sich gar nicht sattsehen kann am quirligen, bunten Treiben. Besonderer Trubel herrscht Ende Dezember/Anfang Januar, wenn der Jahreswechsel inbrünstig mit Umzügen, traditionellen Tänzen und Boxkämpfen zelebriert wird.

## ÜBERNACHTUNG

Das Angebot an Unterkünften ließ lange zu wünschen übrig, hat sich aber seit 2013 durch etliche Neueröffnungen entspannt. Dennoch sollte hier noch nicht der übliche Standard erwartet werden.

### Untere Preisklasse

**Galaxy Motel**, Thisar Rd., Ecke Thida Rd., ✆ 058-21347, 09-566 1863, 💻 auf Facebook. Hinter der modernen Fassade verbirgt sich eine freundlich und hilfsbereit geführte Unterkunft als stadtweit beste (Budget-)Option. Mrs. Omaya und ihre Familie bieten einfache, preiswerte AC-Zimmer für US$20 sowie eine unwiderstehliche Dachterrasse mit Panoramablick, einen günstigen Moped-Verleih und engagierten Tourenservice. ❶–❷

**Golden Sky Gh.**, 108 Kanna St., am Flussufer nahe der Shwe Yin Myaw-Pagode, ✆ 058-21510. Von den 22 ganz unterschiedlichen Zimmern vergibt die freundliche Inhaber-Familie nur 15 an Ausländer, einige bieten Flussblick (wie Nr. 306 und 402) oder Stadt- und Pagodenblick (Nr. 401) und Balkone. Schön ist die neue Dachterrasse mit Panoramablick und Sitzgelegenheiten. Allerlei Ausflugstouren zu Land und Wasser im Angebot. ❶–❷

**Kantharyar Gh.**, Thiri Rd., ✆ 058-21600. Romantisch am gleichnamigen See – mit 35 Zimmern, davon 15 als AC. Es empfehlen sich vor allem die 10 Komfortzimmer des Ende 2014 eröffneten Neubauflügels – mit umlaufendem Flur, Balkonen und Blick ins Grüne. Die besten Altbauzimmer (S-1 mit Holzboden und Balkon zum See, N-1 mit 3 Balkonen) sind geräumig und haben mehrere Betten. ❶–❸

**Soe Brothers Gh.**, 2/146 Thitsa St., ✆ 058-21372, 09-4977 1823, ✉ soebrother@gmail.com.

DER SÜDEN

1990 mitten im geschäftigen Straßenleben von den inzwischen betagten Brüdern Ngwe Soe und Aung Soe gegründet und später von dem sympathischen, 2013 verstorbenen Sohn/Neffen Phoe Kwarr (Soe Soe) geführt, wird die populäre Traveller-Herberge heute von dem ebenfalls zur Familie gehörenden Ehepaar Mr. Kyaw Thu Soe und Mrs. Phu Phu gemanagt (für 2016 ist ein Ableger geplant!). 25 einfache und kleine, aber saubere Fliesenboden-Zimmer zu US$12, 16, 18 und 25 (nur Nr. 25), davon 8 mit AC und 3 mit eigenem Warmwasser-Bad. Empfehlenswert sind z. B. das helle Eckzimmer Nr. 1 im 3. Stock, wo die Lobby mit Gemeinschaftsbalkon quasi vor der Tür liegt, Nr. 6 oder auch Nr. 17, mit dem Bett am Fenster. Die Rezeption liegt im 2. Stock, Kaffee und Tee sind gratis. Tourenangebot auf S. 541. ❶–❷

### Mittlere und obere Preisklasse

**Angels Land Hotel**, 4/600 Padauk Rd., ✆ 058-21256, 💻 www.angelslandhotel.com.mm. Neu seit 2014 und näher am Kantaryar-See als am Zentrum. 22 wohnliche Holzboden-Zimmer in 4 Kategorien. Bemühtes Personal bzw. ein erhöhtes Maß an Professionalität. ❹–❺

**Grand Hill Hotel**, Sin Phyu Shin St., ✆ 058-22286, 🖳 www.grandhillmyanmarhotel.com. Etwas abgelegen (Taxi zum Zentrum 2000 Kyat), aber in Sichtweite der fotogenen Lawka Adipati-Pagode. 35 Komfortzimmer in diversen blau geziegelten Bauten, von denen sich besonders die 20 Zimmer in den 5 Bungalows empfehlen. Engagiertes, freundliches Personal. ❸–❹

**Hotel United**, 9/18 (A) Adipati Rd., ✆ 09-2534 52738-9, 🖳 www.hotelunited-hpaan.com. Seit Ende 2014, ca. 2 km vom Zentrum entfernt, in moderner Architektur erbaut von einem Onkel des Soe Brother-Clans, als stadtweit sicherlich beste Mittelklasse-Option. 31 wohnliche, teils geräumige Komfortzimmer in 3 Kategorien (aber leider nur Nr. 204, 205, 315 und 316 mit Balkon). ❸–❹

**Hpa-an Lodge**, am Fuß des Zwe Kabin-Felsens, ca. 11 km südl. der Stadt, ✆ 09-2533 07774-6, 🖳 www.hpa-an-lodge.com. Neu seit Ende 2014 in toller landschaftlicher Einbettung: exklusives Boutique-Resort mit 18 hölzernen Veranda-Cottages im Karen-Stil für US$210 (45 m$^2$) und US$320 (90 m$^2$). Schöner Pool, das französisch-schweizer Management von Madame Leila und Monsieur Paul garantiert natürlich auch gute Küche. ❼

**Than Lwin Paradise Hotel**, 8 Ward Shwe King (4) St., ✆ 09-4985 1531, ✉ reservation@hotelthanlwinparadise.com, 🖳 auf Facebook. Seit Mitte 2014 an einem Seitenarm des Thanlwin-Flusses mit origineller Architektur, jeder Menge Piazza und einem Uhrturm. 36 Komfortzimmer mit Holz- oder Teppichboden in einem Hauptbau und 2 Kategorien Bungalows mit Terrassen (auch die billigen nicht schlecht) sowie Restaurant direkt am Ufer. ❹–❺

**Zwekabin Hotel**, nahe der Thanlwin-Brücke, etwa 5 Min. von Hpa-an (mit Moped-Taxi 2500 Kyat, Auto 5000 Kyat), ✆/📠 058-22556, ✉ hotelzwekabin.zkb@gmail.com. Schönes, aber umstrittenes Resort, da das Grundstück auf fragwürdige Art in den Besitz des Zaykaba-Konzerns kam. Tolle Lage zwischen einem Karsthügel und Reisfeldern, aber an einer zeitweise lauten Straße. Die recht kahle Anlage bietet 24 behagliche Holzboden-Zimmer, doch nur in der Premium-Kategorie gibt es Kingsize. Schönes offenes Restaurant mit AC-Bereich. ❺

## ESSEN

Die Gastronomie-Szene von Hpa-an erscheint bisher noch provinziell. Man sollte sich mal an den für die Region typischen Aal-Gerichten versuchen. Flussgarnelen sind in der Monsunzeit günstiger, da dann in Massen vorhanden. Preisgünstige Teestuben, wie sie sich für Frühaufsteher anbieten, konzentrieren sich vor allem im Bereich des Markts.

**Khit Thit (New Age)**, 2/247 Zay Dan Rd., ✆ 058-21344. Das Original – gegründet bereits vor 50 Jahren und damit das älteste Restaurant der Stadt, betrieben vom freundlichen U Kyi Shein. Wer an den Rundtischen im spartanischen Schummerlicht-Ambiente Platz nimmt, sollte sich mal am *crispy eel* oder den *fried prawns* versuchen, jeweils 4000–5000 Kyat. ⏲ 8–22 Uhr.

**Lucky 1**, gegenüber dem Khit Thit, ✆ 058-22112. Zählt nicht zuletzt aufgrund von Fußball-Übertragungen zu den beliebtesten Spots der Stadt. Das junge Betreiber-Paar bietet mehr oder weniger schmackhafte chinesische Küche sowie frisch gezapftes *Myanmar*- oder *ABC*-Bier zu 600–800 Kyat. Es gibt auch 2 szenische Außentische mit Straßenleben. ⏲ 8–23 Uhr.

**New Day Coffee Shop & Bakery**, 3/624 Bogyoke Rd., ✆ 058-21325. Bäckerei und Coffeeshop, blitzsauber mit Alu-Mobiliar und einer großen Kaffeemaschine, die allerlei Köstlichkeiten brüht. Morgens westliches und Frühstück, zudem Milchshakes, Eiscreme, Puddings und natürlich allerlei Backwaren zu 500–1000 Kyat. ⏲ 7–19 Uhr.

**San Ma Tau (World Gate)**, 1/290 Bogyoke Rd., ✆ 058-21802, 09-873 0626 (Mi Mie). Die stets freundliche, gut Englisch sprechende Mrs. Mi Mie und ihre Eltern bieten ein reichhaltiges Topf-Buffet, dessen Gerichte – sogar *river prawns* oder das leckere *mutton* – jeweils 2000 Kyat kosten, inkl. allerlei Beilagen und tgl. wechselnder Gratis-Suppe. Neuerdings gibt es auch Salate, im Okt/Nov sogar saisonale Pilze. Seit 2014 verfügt ein Teilbereich über AC. ⏲ 11–21 Uhr.

**Shwe Htone Maung**, Myay Ta Tar Rd., ✆ 09-566 1075. Bebilderte Speisekarte mit reichhaltiger Auswahl, westlichem Frühstück und

Grillstand am Eingang – zu konsumieren auf Alu-Mobiliar. Unter dem gleichen Namen findet sich ein kleiner Ableger im Zentrum. ⌚ 5.30–22 Uhr.

**Veranda Youth Community Café**, Zwegabin St. bzw. im Süden des Kantaryar-Sees, ✆ 09-2559 53135, 💻 http://verandacafe.weebly.com. Neu seit 2014, originell und beliebt – mit Kaffee, Säften, Shakes und leichter Kost in einladendem, rustikalem Ambiente. ⌚ Mo–Sa 11–20 Uhr.

## NAHVERKEHR

Zur Erkundung der Umgebung chartert man am besten ein Fahrzeug mit Chauffeur, wobei für eine Halbtagstour per Moped ca. US$15 zu berappen sind, mit Tuk Tuks US$20 und mit einem Pick-up ab US$30–40 (Touren s. Kasten S. 541).

### Beschaulich nach Mawlamyaing

Die drei stattlichen Baumriesen am Flussufer in der Nähe des Bootsanlegers scheinen es bereits anzudeuten: Die Fahrt von Hpa-an über den Thanlwin hinunter bis nach Mawlamyaing ist beschaulich und – vor allem im ersten Abschnitt – landschaftlich reizvoll. Die staatliche, nostalgische Doppeldecker-Fähre gibt es seit 2011 nicht mehr, doch hat ein **privat betriebenes Boot** den Liniendienst übernommen: Es startet um 13.30 Uhr für 8000 Kyat p. P., in Gegenrichtung bereits um 8 Uhr bzw. für 10 000 Kyat.

Für das Chartern privater Boote haben sich vor allem das Soe Brothers Gh. und das Golden Sky Gh. etabliert, in Mawlamyaing sind es das Breeze Gh. und das Cinderella Hotel. Longtail-Boote mit beschatteten Plätzen für bis zu 14 Passagiere kosten 60 000–70 000 Kyat. Die Fahrt dauert 2 1/2–3 Std., inkl. 2 Zwischenstopps bis zu 5 Std. Mit mehr Stil und Komfort (auch für andere Routen!), aber natürlich zu höheren Preisen chartern lassen sich das **Thanlwin Princess Ferry Boat**, 💻 www.elegantmyanmartours.com, oder die **Hte-La-Y**, ✆ 09-7915 90517, 💻 www.htelay.com. Für Sunset-Trips s. Kasten S. 549.



## TRANSPORT

### Busse und Pick-ups

Nach YANGON (7–8 Std.) fahren tgl. etwa 30 Busse, die meisten mit AC (s. auch 💻 www.oway.com.mm). Sie starten am abgelegenen **Busbahnhof**, können aber auch an einigen Orten im Stadtzentrum bestiegen werden. Tickets 5000–6000 Kyat, auch wenn der Bus bereits in KYAIKHTO (3–4 Std.) oder BAGO (5–6 Std.) verlassen wird.

Nach THATON (1 Std.) geht es alle 30 Min. mit Sammel-Pick-ups für 2000 Kyat (Fahrerkabine 3000 Kyat), Abfahrt Moschee am Markt. Es gibt sogar tgl. um 18 Uhr 2 Direktbusse (45 Plätze) nach MANDALAY (12 Std.) für 15 000 Kyat.

In Richtung Süden nach MAWLAMYAING (2 Std.) geht es mit Non-AC-Bussen und Pick-ups stdl. von 6–16 Uhr für 1000 Kyat, Abfahrt ggü. New Day Coffee Shop & Bakery. Minivans zum Grenzübergang Myawaddy / Mae Sot (s. Kasten S. 542) kosten 10 000 Kyat, Charter-Taxis 50 000 Kyat – und benötigen ca. 3 Std.

16 HIGHLIGHT

# Die Umgebung von Hpa-an

Rund um Hpa-an laden nicht nur bizarre Berge (das beste Licht für Fotos gibt es morgens oder am späteren Nachmittag), **Felspagoden** und **Klöster** zur Erkundung ein, sondern auch fünf faszinierende **Karsthöhlen** (birmanisch: *gu*) sowie mit glasklarem Quellwasser lockende Badeziele (zwei mit kaltem, eins mit warmem Wasser). Die Labyrinthe von Bayin Nyi und die Kawgon-Höhle lassen sich gut bei der Anreise aus Thaton einbauen. Es sollte jedoch bedacht werden, dass es sich stets um buddhistische Heiligtümer handelt, die nur barfuß zu betreten sind. Das kann jenseits typischen „Höhlendufts" auch zur Tortur werden. Denn im Schummerlicht von Taschenlampen kann es nicht nur durch Matsch, Fledermauskot und den zurückgelassenen Müll anderer Höhlenbesucher gehen, sondern auch über scharfkantige Felsen und spitze Steinchen.

## Faszinierendes Höhlenheiligtum

Hier lockt das mit 52 m kürzeste Labyrinth der Region, aber eines der schönsten Höhlenheiligtümer Südostasiens: Die rund 46 km von Thaton und 26 km von Hpa-an entfernte **Kawgon-Höhle** besteht aus einer großen Felsenhalle, die in ihrer Mitte gefliest ist. Hier lassen sich die Einheimischen in angenehmer Kühle gern zum Nickerchen nieder. An den Rändern laden zwei große liegende und zahlreiche sitzende Buddhafiguren zur Andacht ein. Einen faszinierenden Eindruck hinterlassen nicht zuletzt auch die über 10 000 Relief-Buddhas, die als Votivtafeln an Decke und Wänden des Felsentempels kleben. Zu erreichen ist die Höhle über eine staubige Zufahrt, an der ganz unvermutet der Protzbau des „Institutes of Computer Science" auftaucht. Imposante Regenbäume mit ausladenden Kronen markieren den Eingang, wo ein Eintritt von 3000 Kyat zu entrichten ist. Nur etwa 2 km weiter nördlich erstreckt sich die eindrucksvolle **Yathaypayan-Höhle**, die ein gewisses Indiana Jones-Flair aufkeimen lässt.

© VOLKER KLINKMÜLLER

## Bayin Nyi-Höhle

Beim Dorf **Sandangu**, rund 20 km von Thaton auf der Straße nach Hpa-an, führt eine 500 m lange Abzweigung zu einem hoch aus der flachen Landschaft aufragenden Felsen. Am Fuß des Berges liegen ein Kloster und mehrere Stupas – erreichbar über einen Betonpfad, der durch einen aufgestauten See führt. Das glasklare, nach Glauben der Einheimischen Heilkräfte besitzende Wasser stammt aus heißen Quellen und lädt zum kostenlosen **Thermalbad** ein!

Eine steile Treppe führt zur 200 m langen Bayin Nyi-Höhle, in der sich zahlreiche Buddhafiguren verbergen. In der Regenzeit kann sich der Felskomplex in ein Wasserschloss verwandeln, das nur mit Ruderbooten erreichbar ist.

## Zwe Kapin (Gabin)-Felsen

Wer diesen fast 800 m hohen Berg 11 km südlich von Hpa-an mit seinen **Klöstern**, einer quirligen Affenschar, dem markanten Sendemast und herrlichem Panoramablick besteigen will, braucht Ausdauer – erst recht in der schlüpfrigen Monsunzeit. Bis zu drei Stunden dauert der steile Aufstieg über Treppen, für den viel Wasser mitzunehmen ist. Doch der tolle Ausblick lohnt die Strapazen. Wer auf dem Gipfel übernachten will, was Ausländern zuweilen verboten ist, kann in den Klöstern gegen eine Spende eine Matte, Decken und ein Duschbad bekommen. Es gibt sogar ein kleines Restaurant, ⏱ 9–17 Uhr. Anfang März findet hier ein großes, dreitägiges Fest statt. In einem einzigartigen Gemeinschaftserlebnis schubsen sich die Pilger gegenseitig die Stufen hinauf. VIP-Gäste nutzen lieber den oben angelegten Hubschrauberlandeplatz. Am Fuß des Berges, ausgewiesen als **Lumbini Park**, finden sich 1121 überlebensgroße Buddhastatuen.

## Kaw Ka Thaung-Höhle

Gleich drei Höhlen laden in diesem riesigen, rund 12 km nordöstlich von Hpa-an in der Nähe von **Eindu** liegenden Felskomplex zur Erkundung ein. Eine bunte Prozession aus Buddha-Statuen begrüßt die Besucher am Eingang, während sich im gefliesten Inneren lange Reihen gleichgroßer Buddhafiguren befinden. An Felsen entlang führt eine unbefestigte Straße zu einem weiteren, rund 100 m langen Höhlenheiligtum mit einigen Andachtsstellen. Es heißt **Pada Myar**, ist aber weniger einladend. Nur zehn Minuten entfernt öffnet sich mit der **Patta Myu Gu (Ruby Cave)** ein weiterer Höhlenschlund. Auch hier verbergen sich Buddhastatuen, die aber jüngeren Datums sind.

## Yae Ta Khun (Ye Dagon Paya)

Auch zum Besuch dieser Attraktion sollten unbedingt Badesachen mitgebracht werden. Obwohl sie gern als „Wasserfall" bezeichnet wird, handelt es sich nur um eine Quelle. Die allerdings speist ein glasklares Wasserbecken, das in faszinierender Weise an einen See grenzt. Die Besucher entspannen sich beim erfrischenden Bad sowie in diversen Bambusrestaurants, die nicht selten mit Thai-Kost aufwarten können. Blaue Pastikboote laden zu einer Ruderpartie ein. Ein paar Schritte entfernt liegt die tiefe Felsspalte, aus der das Wasser strömt.

## Saddan-Höhle (Sedan oder Seren-Höhle)

Rund 30 km von Hpa-an entfernt und von der Hauptstraße nach einer 20-minütigen Fahrt über einen Feldweg zu erreichen, verbirgt sich eine der eindrucksvollsten Höhlen Myanmars. Das mit 800 m längste Labyrinth der Region beginnt mit einem riesigen **Felsschlund** – umrahmt von imposanten **Tropfsteinformationen** und **Buddhadarstellungen**. Als Statuen oder als Halbreliefs aus Ton an die Wände geklebt, dekorieren sie mehrere Andachtsstellen – darunter sogar einen Felsvorsprung direkt unter der Decke. Am Ausgang kann man ein **Fischerboot** mieten und über einen See zu einer weiteren Höhle dümpeln, die teilweise unter Wasser steht.

Ein hoher, breiter Gang führt zu drei weiteren Höhlenöffnungen, durch die das Sonnenlicht in die Tiefe des Berges strömt. Von hier fällt der Blick auf einen beschaulichen, von üppigem Grün umrandeten **See**. Unterwegs geht es durch Fledermauskolonien und eine mehrere Meter tiefe Schlucht, die sich in der Regenzeit – wie auch die Umgebung des Felsenkomplexes – mit Wasser füllt. Deshalb ist die Erkundung von Juli bis September nicht möglich.

Spannender als jede Höhle: das als Nadelfelsen im Wasser liegende Heiligtum Kyauk Ka Lat

© VOLKER KLINKMÜLLER

DER SÜDEN

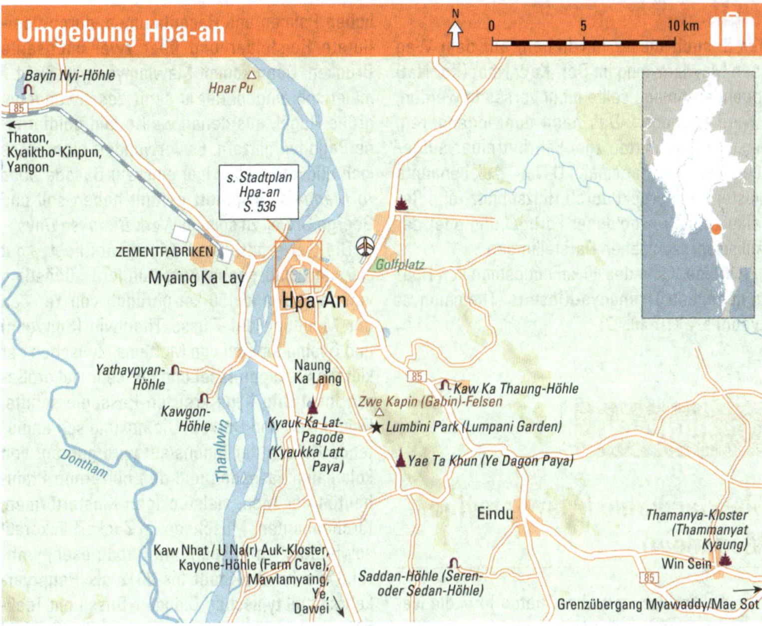


## Kyauk Ka Lat-Pagode (Kyaukka Latt Paya)

Das rund 10 km südwestlich von Hpa-an liegende Heiligtum erinnert an den James-Bond-Felsen in Thailand – und ist im Endeffekt weitaus faszinierender als jede Höhle! Typisch birmanisch ist die goldene Pagode auf dem spitzen Nadelfelsen, der zur Hälfte über Treppen begehbar ist. Wie sich die Bäume dort oben ohne Wasser halten können, scheint rätselhaft. Rings um das Felsheiligtum sammeln sich zum Ende der Trockenzeit die letzten Wassermassen – als einziger Zufluchtsort von Fischen. So ist dieses Fleckchen Erde eine saftig-grüne Oase für die Vogelwelt. Auf Reisfeldern und Bäumen tummeln sich etliche Arten und lassen sich gut vom Felsen aus beobachten – auch Großvögel wie Störche und Reiher. Wegen der Meditation der Mönche ist die Pagode von 12–13 Uhr geschlossen. Von der zu ihr führenden Holzbrücke kann man Fische füttern – oder auch in eines der kleinen, bunten Boote steigen, um sich von Jugendlichen für ein paar Kyat herumrudern zu lassen.

### Verlockende Tagestouren

Pionier und Marktführer für Touren ist das Soe Brothers Gh. (empfehlenswert sind auch Golden Sky Gh. oder Galaxy Motel). Die von 8.30–17 Uhr arrangierte **Amazing Tour** z. B. umfasst die Erkundung von vier Höhlen, ein Picknick am Wasserbecken und den Besuch eines Dorfs. Per Moped kostet der Spaß 18 000 Kyat, per Tuk Tuk für bis zu 6 Pers. 30 000 Kyat und mit einer Toyota-Limousine für bis zu 7 Pers. 60 000 Kyat. Auch **Halbtagstouren** sind möglich.

Als Alternative vermietet das Guesthouse **Mopeds** für 7000 Kyat und **Fahrräder** für 2000 Kyat pro Tag, sodass man mithilfe der verfügbaren handskizzierten Landkarten auch versuchen kann, die Naturwunder in der Umgebung von Hpa-an auf eigene Faust zu erkunden.

Zweistündige **Sunset-Trips** lassen sich für 4000–5000 Kyat p. P. (ganzes Boot 20 000 Kyat) arrangieren – und das neuerdings sogar stromaufwärts, was bisher verboten war.

## U Na(r) Auk-Kloster

Der Besuch dieser herrlichen, auf dem Weg nach Mawlamyaing im Dorf Kaw Nhat (Kor Nat) liegenden Anlage sollte nicht versäumt werden, 💻 auf Facebook. Das nach dem legendären, einst vom Kuhhirten zum Fährbetreiber aufgestiegenen Geschäftsmann U Na(r) Auk benannte Kloster beeindruckt durch Holzschnitz- und Reliefkunst mit rot-goldener Farbgebung oder detaillierten, szenischen Darstellungen.

Für eine Visite des 40 km südöstlich von Hpa-an liegenden **Thamanya-Klosters** (Thammanyat Kyaun) s. eXTra [9907].

17 HIGHLIGHT

# Mawlamyaing (Mawlamyine, Moulmein)

Wer die Anreise statt über Thaton bzw. die Nationalstraße 8 auf der Nebenstrecke von Hpa-an aus bewältigt, durchquert – besonders in den Monaten der Regenzeit – eine herrliche Landschaft. Die Strecke führt über Alleen aus stattlichen Palmen und Regenbäumen, durch überflutete Reisfelder und über zwei imposante Brücken. Dann kommt Mawlamyaing in Sicht – malerisch eingebettet in sanft geschwungene, grüne Hügel, aus denen weiße und goldfarbene Pagoden glitzern. Es verwundert nicht, dass sich Rudyard Kipling hier einst zur Ballade *Road to Mandalay* inspiriert gefühlt haben soll und George Orwell zu seinem Werk *Burmese Days*.

Die viertgrößte Stadt Myanmars liegt – gut 300 km (rund sechs Autostunden) südöstlich von Yangon und 160 km nördlich von Ye – an der Mündung der Flüsse Thanlwin (Salween) und Gyaing am Golf von Mottama. Zwischen der kleinen **Shampoo-Insel** und der sehr viel größeren Insel **Bilu Kyun** kreuzen Passagierschiffe, Dschunken und Barken. Die nostalgisch anmutende Kulisse der Innenstadt wird geprägt von kolonialen Fassaden und den hölzernen Pfahlbauten der Mon, vielstöckigen Klostertürmen, Kirchenbauten, Moscheen im Zuckerbäckerstil sowie etlichen Palmen und Baumriesen, während die für die Stadt bis 2012 als Hauptverkehrsmittel typischen Oldtimer-Busse mit Teakholz-Karosserie leider aus dem Straßenbild verschwunden sind.

Die über den **Thanlwin** an das Hinterland angebundene, rund 400 000 Einwohner zählende

### Grenzübergang Myawaddy / Mae Sot

Die Überquerung der birmanisch-thailändischen Grenze bei Myawaddy (Myawadi) / Mae Sot – 143 km (ca. 4–5 Std.) südöstlich von **Hpa-an** und 175 km östlich von **Mawlamyaing** (ca. 7 Std.) – erfolgt über die 1997 eingeweihte, 420 m lange **Thailand-Myanmar-Freundschaftsbrücke**. Die Grenze ist von 6 bis 18 Uhr geöffnet (Achtung: in Thailand ist es stets 30 Min. später), das Visum für Myanmar muss vorab besorgt werden. Gegen eine Gebühr von US$10 (nur schöne Scheine, oder 500 Baht) sowie die Hinterlegung des Reisepasses kann man aber einen *Border Pass (Entry Permit)* erhalten, mit dem man sich als Tagestourist in Myawaddy umschauen darf. Thailand indes erteilt bei der Einreise aus Myanmar ein 30-tägiges Visa on Arrival. Wenn die neue Straße durch die Berge auf der birmanischen Seite fertig ist, soll die bisher tgl. wechselnde Einbahnverkehr-Regelung aufgehoben bzw. die Strecke in nur noch 3 Std. bewältigt werden.

2014 kam es in der Region zu Kämpfen mit Splittergruppen der Karen National Liberation Army (KNLA), sodass die Grenze vorübergehend geschlossen wurde. Ab Herbst 2015 ist 5 km nördlich von Myawaddy sogar der Bau einer weiteren, größeren Brücke über den Fluss Taungyin (in Thailand: Moei) geplant inkl. Ausbau der Verbindung von Mae Sot nach Tak sowie des dortigen Flughafens.

Der Übergang sollte nicht verwechselt werden mit dem für Ausländer noch geschlossenen Drei-Pagoden-Pass (S. 555), für die beiden anderen internationalen Grenzübergänge nach/von Thailand s. S. 559 und 578.

Stadt blickt auf eine turbulente Geschichte zurück. Bereits im frühen 1. Jts. war Mawlamyaing ein bedeutendes Zentrum der Mon und wurde erst mit der Eroberung durch König Anawrahta um 1050 dem Bagan-Reich eingegliedert. Ab Mitte des 14. Jhs. begannen die Siamesen die Stadt zu kontrollieren, um am Handel zwischen China und Südasien teilzuhaben. Von 1826 bis 1852 war das damalige Moulmein sogar Zentrum der britischen Kolonialverwaltung – und entwickelte sich zum wichtigsten Umschlagplatz für Teakholz, Reis und Meeresfrüchte. Bis heute ist Mawlamyaing mit dem „Vorort" **Mottama** (Martaban) am nördlichen Flussufer der landesweit drittgrößte Hafen.

Seit 2005 führt die rund 3,5 km lange und 19 m breite bzw. **landesweit größte Brücke** über den Thanlwin nach Mawlamyaing, um eine einst empfindliche Lücke im Nord-Süd-Verkehr zu schließen (Mautgebühr 500–700 Kyat). Doch erst wenn die Verkehrsverbindungen ab Mawlamyaing besser ausgebaut sein werden, dürfte sich die – nach Sonnenuntergang nur spärlich beleuchtete – Stadt nachhaltiger als neues Tor in den tiefen Süden von Myanmar etablieren. Immerhin gab es 2014 aber schon einige Geldautomaten, den stadtweit ersten Hotelpool und Pläne, am südlichen Stadtrand ein erstes Ocean-Supercenter zu bauen.

## Orientierung

Drei Lebensadern durchziehen Mawlamyaing in Nord-Süd-Richtung bzw. parallel zum Thanlwin. Die **Upper Main Road** (North Bogyoke Lan) führt aus Ye kommend am neuen Bahn- und Busbahnhof vorbei zur Brücke nach Mottama, während die **Lower Main Road** (South Bogyoke Lan) als Hauptgeschäftsstraße fungiert. Direkt am Flussufer entlang und am Zegyo-Markt vorbei verläuft die **Strand Road** mit ihren Jettys für den Passagier- und Frachtverkehr. Sie hat sich – besonders am Wochenende – zum abendlichen Treffpunkt von Teenagern entwickelt, die sich hier mit ihren Freund(inn)en, Mopeds und Smartphones treffen. Ebenso populär ist der neue **Harbour Night Bazar**, der 2012 in das Flussufer betoniert wurde. Die **Dawei Jetty Road** indes führt als wichtigste West-Ost-Verbindung vom Flussufer in die Hügel, wo sich die bedeutendsten Heiligtümer verteilen. Mitten im Stadtkern erstreckt sich ein imposanter **Gefängniskomplex** aus dem 19. Jh., der zu den bauhistorisch besterhaltenen Haftanstalten Südostasiens zählen dürfte.

## Religiöse Monumente

Für die Besteigung der heiligen Hügel sollte man sich Zeit nehmen und den überdachten Gang des **Seindon Mibaya-Klosters** (Queen Mindons Monastery) wählen. Auf insgesamt 203 Stufen führt er durch ein einzigartiges Freilichtmuseum: Zwischen mächtigen Palmwipfeln ragen die vielstöckig gestaffelten Türme zahlreicher alter Heiligtümer hervor. Vielleicht ist der Abt ja sogar bereit, gegen eine kleine Spende seine knarrenden Holztüren zu öffnen, um Zutritt zu ungeahnten kulturhistorischen Schatzkammern zu gewähren. Barockes Mauerwerk, dicke Teakholzbalken, bunte Mosaikfenster oder auch die Glasfliesen mit eingelassenen Blumenornamenten und filigranen Holzschnitzereien verleihen dieser Anlage, die vor fast 140 Jahren von einer Gemahlin König Mindons gestiftet worden war, ein besonderes Flair.

In der ganz oben erreichten **Kyaik Thanlan-Pagode**, die auch über zwei Lifte zugänglich ist, lässt sich vortrefflich darüber sinnieren, ob es vielleicht der zu diesem Heiligtum gehörende, auffälligste Stupa der Stadt gewesen sein mag, wo Rudyard Kipling einst sein „birmanisches Mädchen" getroffen haben könnte … Fakt ist, dass der um 875 erbaute, goldfarbene Zedi eine Höhe von 45 m erreicht, während es die mächtige Glocke am Westeingang des Tempels auf fast 1 t bringt – und dass sich von hier ein faszinierender Ausblick auf die Stadt eröffnet. Zur Legende der Entstehung s. eXTra [4071]).

Als größter Tempelkomplex von Mawlamyaing gilt die **Mahamuni-Pagode** am nördlichen Ende der heiligen Hügelkette. Sie ist im typischen Mon-Stil errichtet, in dem überdachte Wandelgänge aus Backstein mehrere Schreinbauten miteinander verbinden. Im Mittelpunkt der **U Khanti-Pagode** indes steht eine große Buddhastatue, während von der Decke mehrere Glocken und Gongs an Seilen herabhängen.

Am südlichen Ende der Hügelkette liegt die **U Zina-Pagode**, die mit vier lebensgroßen Figu-

Mawlamyaing (Moulmein)
N
0
500 m
GAUNGSE KYUN (SHAMPOO ISLAND)
Sandawshin-Pagode
Kyaik Fin Gu-Pagode (2 km), Hpa-an (61 km), Thaton (69 km), Khaikhto (135 km), Kinpun (147 km), Yangon (300 km)
ÜBERNACHTUNG
1 Attran Hotel
2 Mawlamyaing Strand Hotel
3 OK Hotel
4 Breeze Gh. (Lay Hnyin Tha)
5 Cinderella Hotel
6 Sandal Wood Hotel (Nantha Phyu)
7 Ngwe Moe Hotel
8 Shwe Myint Mo Tun Hotel
9 Sunshine Hotel
10 Than Lwin Hotel
Kaladan-Moschee
North Bogyoke Rd.
Moghul Shah-Moschee
KBZ Bank
NEUER MARKT
Bilu Kyun (1,2 km)
Thaton Tadar St.
STADION
Mahamuni-Pagode
Hpa-an
Myine Yadanar Center
Zeigyo-Markt
Myoma-Markt
Si Bin Thar Yar St.
GEFÄNGNIS
Kyaik Thanlan-Pagode
Thanlwin
Strand Rd.
Ye Baw Gone St.
Lower Main Rd.
Hindutempel
Kino
KyaikThan Lan
Upper Main Rd.
Yadana Myintmo (Seindon Mibaya-Kloster)
Thit Dar St.
Shwe daung St.
St Patricks Church
Wut Kyi
Phayar St.
Baho Rd.
Myoma Tadar St.
Pan Gyan St.
Taung Yoe Dan St.
Harbour Night Bazar
Thit Taw Yone St.
Htyan Haw-Tempel (chinesisch)
Mon Baptist Church
Museum der Mon-Kultur
Dawei Tadar
First Baptist Church
Aung Theikdi-Pagode
U Khauti -Pagode
Kyaik Thoke-Pagode
Kyaik Thoke Phayar St.
Holy Family Catholic Church
Maggin St.
Baho
Dawei Jetty Rd.
St Matthew's Church
U Zina-Pagode
U Zina Phayar St.
Strand Rd.
KRANKENHAUS
Bahnhof
Thaik Pan Rd.
Upper Main Rd.
Lower Main Rd.
SENDEMAST
9 (5 km), Mudon (30 km), Set Se (60 km), Thanbyuzayat (65 km), Ye (150 km), Dawei (365 km)
ESSEN
1 Attran Riverside
2 Mi Cho
3 A Pyo Gyi Myanmar Food
4 Bone Gyi
5 Bo Bowr Yeik Thar
6 Nadihlaine
7 Cinderella
8 Mya Than Lwin
9 Ykko River View
10 Delifrance Coffee & Bakery House
11 Beer Garden 2
TRANSPORT
1 Jetty nach Hpa-an
2 Fähre nach Shampoo Island
3 Minibusse nach Hpa-an
4 Fähre nach Bilu Kyun
5 Jetty (Transport-Boote)
6 Myanmar Ntnl. Airlines
7 Dawei Jetty
8 Mawlamyaing Highway Busstation (Mye Ni Gone)
9 Zegyo-Busbahnhof, Busse in Richtung Süden
SONSTIGES
1 Thiri Hanthar Travel & Tour
2 Shade Beauty Spa & Body Gym

ren an eine legendäre Schlüsselszene in Buddhas Leben erinnert.

Zu den moslemischen Bauwerken, die in der Stadtkulisse Mawlamyaings ins Auge fallen, gehört die von einer zweitürmigen Barockfassade gezierte **Kaladan-Moschee**, als bedeutendstes christliches Monument die aus Backstein erbaute **First Baptist Church** (Judson Church).

## Museum der Mon-Kultur

Das nur wenig besuchte Gebäude mit der Eisenkanone im Vorgarten ist der Regionalgeschichte der Mon gewidmet. Zur Sammlung gehören Stelen mit Inschriften, über 100 Jahre alte Holzskulpturen, Palmblattmanuskripte, Keramiken, Lackwaren, silberne Betelschachteln, Graburnen, Musikinstrumente oder ein Brief, den Bogyoke Aung San 1945 an den berühmten Mon-Führer Mo Chit Hlaing gerichtet hatte. ⌚ Di–So 9.30–16.30 Uhr, Eintritt 2000 Kyat.

## Märkte

Der an der Lower Main Road liegende Hauptmarkt **Zeigyo** belebt sich besonders von 7 bis 9 Uhr. Einst aus Holz errichtet und 2007 abgebrannt – wie fast alle großen Markthallen im Land –, wurde er als moderne Konstruktion aus Beton, Stahl und Glas neu erbaut. Hier gibt es Textilien als preiswerte Ballenware, alltägliche Haushaltswaren oder Schmuggelgut aus Singapore. Frische Früchte, Gemüse, Nüsse, Fleisch und Fisch werden nicht weit entfernt in der großen Halle des **Neuen Markts** verkauft, der als „Volksmarkt Nr. 2" noch aus sozialistischen Zeiten stammt.

## Inseln

Die kleine, grüne **Flussinsel Shampoo (Gaungse Kyun)** im Norden von Mawlamyaing erhielt ihren Namen von den Briten. Grund waren die jährlichen Haarwasch-Zeremonien für die Könige zum Neujahrsfest mit heiligem Quellwasser. Davon zeugt noch der Brunnen, der mit der silbernen Sandawshin-Pagode und einem Meditationszentrum die einzigen Sehenswürdigkeiten des Eilands darstellen. Der nur bedingt lohnende Rundtrip mit kleinen Booten kostet 4000 Kyat.

Empfehlenswert ist indes ein Ausflug nach **Bilu Kyun** – auch Ogre Island oder „Insel der Menschenfresser" genannt. Mit einer Fläche von 16 x 32 km bzw. der Größe Singapores und rund 80 Dörfern ist es das größte Eiland vor Mawlamyaing. Die meisten Insulaner sind Mon, die von Reisanbau und Fischfang leben. In etlichen Familienbetrieben kann man die altertümliche Herstellung von bunten Gummibändern, hölzernen Kugelschreibern, Spazierstöcken oder Pfeifen besichtigen. Auch sonst scheint die Zeit hier stehen geblieben zu sein, wie es sich an manchem Nostalgie-Gefährt, gepflegten Teakholzbauten oder den freundlichen Menschen ablesen lässt. Als neu erschlossene Attraktion lockt ein Wasserfall mit einem rund 2 m tiefen, halbnatürlichen Schwimmbecken, das die Besucher zur Abkühlung einlädt. Die Bootsfahrt zur Insel dauert rund 45 Minuten (Touren s. Kasten S. 549).

## ÜBERNACHTUNG

Die drei teuersten Unterkünfte liegen am Flussufer, doch dürfte sich in der unterentwickelten Hotellerie der Stadt in den nächsten Jahren eine Menge tun. Auch WLAN ist auf dem Vormarsch.

### Untere Preisklasse

**Breeze Gh. (Lay Hnyin Tha)**, 6 Strand Rd., ✆/✆ 057-21450, 09-870 1180, ✉ breeze.guesthouse@gmail.com. Seit 1985 (ab 1996 mit Ausländer-Lizenz) in einem blauen Kolonialbau aus den 1920er-Jahren und trotz diverser Defizite (z. B. notorischem Renovierungsstau und Hellhörigkeit) eine Institution bzw. die wichtigste Traveller Absteige – familiär geführt von einer etwas trägen, liebenswürdigen Altherrenriege. Zu der zählt auch der Besitzer, der den Kolonialbau von seinem Vater übernommen hat. 37 Zimmer, aber fast nur enge, fensterlose, laute und teils schmuddelige Schlafkammern, davon 6 mit AC und eigenem Bad. Frühstück gibt es auf der Dachterrasse. Die Manager Mr. Anthony und Mr. Khaing sprechen gut Englisch, organisieren Ausflüge nach Bilu Kyun oder in den Süden. ❶–❷ und ❹

**OK Hotel**, Toe Chet Kam Nar St., Ecke Thathon Bridge St., ✆/✆ 057-24677, ✉ okhotel.mlm@gmail.com, 💻 auf Facebook. In szenischer

Lage am Markt und Flussufer – mit Laubengängen, neu gestalteter Dachterrasse und seit Ende 2014 illustrem Zwei-Personen-Lift. Sogar die Flure sind bis unter die Decke gefliest, auch sonst ist alles extrem sauber. Die agile Managerin Mrs. Grace bietet 35 Komfortzimmer, darunter 29 mit AC und 13 mit Flussblick, von denen sich besonders die neuen, aber teuren im obersten Stockwerk empfehlen. ❷–❹

**Sandal Wood Hotel (Nantha Phyu)**, 278 Myoma Tadar St., ✆ 057-27253. Der indische Besitzer bietet 33 Zimmer, die fast alle mit AC bestückt und günstig, aber bis unter die Decke gefliest und somit – trotz des verheißungsvollen Namens – nicht besonders romantisch sind. ❷–❸

**Than Lwin Hotel**, 564 Lower Main Rd., ✆ 057-21518, ✉ thanlwin@gmail.com. Das stil- und stimmungsvollste Hotel der Stadt fasziniert als alter Kolonialbau mit Lichthof, viel Schnitzwerk und Schmiedeeisen sowie umlaufenden Veranden mit Arkaden. Die Einheimischen erzählen sich, dass es hier spuken soll … 21 Zimmer, teilweise noch mit Ventilator und Gemeinschaftsbad. Die fensterlosen Zimmer im Altbau verfügen über 5 m hohe Decken und die schönsten (Nr. 203, 204 und 205) sogar noch über originale Stuckornamente. Im Neubauflügel des Hinterhofs gibt es Komfortzimmer mit Bad sowie eine sagenhafte Juniorsuite für US$40, die über 4 Schlafplätze, eine große Sitzecke und eine stilvolle Bar verfügt. Zudem kann die charmante Nostalgie-Herberge mit einem Fassbier-Restaurant und dem halb offenen Café Patio aufwarten, ⏲ beide 6–23 Uhr, sowie mit traditionellen Massagen zum Stundenpreis von 6000 Kyat. ❷–❸

### Mittlere und obere Preisklasse

**Attran Hotel**, Mandalay Ward, ✆ 057-25764, ✉ attranhotelrsvn@gmail.com. Nach einem Zufluss des Thanlwin benannt, erstreckt sich die angenehme Anlage schön am Fluss – und galt lange als bestes Hotel am Ort. 30 wohnliche Zimmer in gelben Bungalows mit Veranda. Die Riverview Suites bieten ein kleines, angenehmes Wohnzimmer. ❹–❺

**Cinderella Hotel**, 21 Baho Rd., ✆ 057-24860, 💻 www.cinderellahotel.com. Wer nicht hier eincheckt, ist selbst schuld – könnte man sagen, auch wenn das gesamte Haus mit Teppichboden ausgelegt ist. Im Eingang überrascht ein Geldautomat, im Schummerlicht-Ambiente des Foyers bemühen sich Rezeptionistinnen im Stewardessen-Dress um Perfektion, die Flure bersten vor Dekoration, und in den Zimmern warten die größten und bestgefüllten Minibars Südostasiens (lediglich mit Supermarkt-Preisen) auf, während im lilafarbenen Rüschen-Restaurant livrierte Kellner mit weißen Handschuhen bedienen. Ebenso kaum zu verachten sind die exzellenten Gratis-Stadtpläne oder die 3-gliedrigen Hartpapier-Visitenkarten. Von den gut ausstaffierten 23 Komfortzimmern, die als Superior- und Deluxe-Kategorie US$50–65 kosten, empfehlen sich vor allem die 10 geräumigen Eckzimmer mit Balkonen (wie Nr. 202, 203, 205 oder 302), auch wenn sie nicht alle mit Kingsize-Betten aufwarten können. ❹–❺

**Mawlamyaing Strand Hotel**, Strand Rd., ✆ 057-25624, 💻 www.mawlamyaingstrandhotel.com. Obwohl es bis zur Fertigstellung des stadtweit besten Hotels Ende 2011 sagenhafte 9 Jahre gebraucht hat und die 5-stöckige Luxusherberge mit ihrer eleganten L-Form besticht, gibt es einige Konstruktionsfehler – wie zu kleine Bäder oder den Laubengang auf der „falschen Seite". So verfügen die 54 Zimmer zwar über schöne Holzböden und viel Marmor, aber meist keinen Flussblick. Nachdem Magnat U Tay Za die Luxusherberge nun an den Besitzer des Sunhine Hotels 2014 verkauft hat, wird ja vielleicht noch das fehlende Schwimmbad ergänzt. ❻

**Ngwe Moe Hotel**, Strand Rd., Ecke Kjaikthoke Pagoda Rd., ✆ 057-24703-4, 💻 www.ngwemoehotel.com. Liegt direkt am Fluss, zählt zu den ältesten und professionellsten Hotels der gesamten Region – und hat sich nun von 24 auf 77 Zimmer sowie um ein verglastes AC-Restaurant erweitert, während der 4-stöckige Altbau umfassend renoviert wurde. Die 25 Zimmer der Deluxe-Riverview-Kategorie bieten Holzböden und eine großzügige Verglasung. ❹–❺

## Sonnenuntergang mit Panoramablick

© VOLKER KLINKMÜLLER

Kyaik Thanlan-Pagode

Spätestens gegen 17 Uhr sollte man sich hinauf zur **Kyaik Thanlan-Pagode** (gesprochen *Tschai-tan-lan*) begeben, um den herrlichen Panoramablick und Sonnenuntergang am Horizont des Thanlwin zu genießen. Sie liegt als eine von fünf größeren Pagoden und mehreren Schreinen auf einer Hügelkette, die sich von Norden nach Süden durch die Stadt zieht. Vor allem von hier aus erschließt sich der exotische Charme Mawlamyaings.

Unterhalb der Khauti-Pagode indes lockt ein neu betonierter **Viewpoint** mit Sitzbänken aus Stein. Hier kann man sich zum Panoramablick auf die Stadt sogar eisgekühltes Büchsenbier aus Thailand munden lassen, das nahe gelegene Erfrischungsstände für 700 Kyat verkaufen. Ebenso möglich, aber nicht so spektakulär ist der Ausblick von der **U Zina-Pagode**.

Ein atemberaubender und meist in absoluter Einsamkeit lockender Blick eröffnet sich von der **Kyaik Fin Gu-Pagode** in Mottama (Mopedtaxi ca. 5000 Kyat). Das Heiligtum mit seinem goldenen Stupa liegt am nördlichen Ende der Mawlamyaing-Brücke bzw. auf einem üppig grünen Hügel, zu dem sich – vorbei an einem eisernen Aussichtsturm – eine schmale Straße hinaufschlängelt. Von hier lassen sich eine herrliche Landschaft aus Wäldern, Flussarmen und Inseln erspähen, etlichen Pagoden und Brücken oder sogar die Berge von Hpa-an.

€ **Shwe Myint Mo Tun Hotel**, ca. 4 km vom Zentrum (Moped-Taxi ca. 1000 Kyat), aber quasi in Laufnähe von Busstation und Bahnhof, ✆/℻ 057-27347. Gepflegte Anlage einer neuen Generation – mit 32 schönen, günstigen Komfortzimmern, davon 24 als Junior-Suites mit Badewannen-Bad. Hier lockt der erste und einzige Hotelpool der Region. ❸–❹

**Sunshine Hotel**, ca. 4 km vom Zentrum (Moped-Taxi ca. 1000 Kyat), aber quasi in Laufnähe von Busstation und Bahnhof, ✆ 057-26399, 💻 www.sunshinemawlamyaing.com. Neu seit 2014 als Profanbau mit 48 blitzsauberen, geräumigen Superior-Zimmern und hohen Decken. ❹–❺

### ESSEN

Zwischen den alteingesessenen Restaurants siedelt sich immer mehr moderne Gastronomie an. In einer gewissen Konkurrenz dazu steht der neue Nachtmarkt an der Strand Rd. (s. Kasten). Vielerorts ist eisgekühltes Fassbier für 600 Kyat pro Glas erhältlich.

**A Pyo Gyi Myanmar Food**, 6 A Shay Tat Myay Rd., ✆ 09-4980 0554. Gegenüber der Feuerwehr in einem Neubau mit lindgrünem Plastikmobiliar. Enorm populär, da sauber, effizient und günstig. Bestellt wird per Fingerzeig aus dem Glastresen. ⌚ 10–20.30 Uhr.

**Attran Riverside**, gehört zum gleichnamigen Hotel. Großes, etwas teures und stets spärlich besuchtes Restaurant mit Bar auf hölzerner Freiluftterrasse, von der sich ein romantischer Flussblick eröffnet. Empfiehlt sich vor allem für das überraschend günstige, frisch gezapfte *Myanmar*-Bier, wie es hier natürlich besonders zum Sonnenuntergang mundet. ⌚ 7–22 Uhr.

**Beer Garden 2**, 58 Strand Rd., ✆ 057-22552. Einfach, aber sauber und professionell. Im großen Hof bzw. in Sichtweite zum Fluss gibt es gute Speisen und ein günstiges Grill-Buffet, bei dem sich die Gäste ihr Brutzelgut selbst aus Kühlschränken nehmen und zubereiten lassen können. Günstiges *Myanmar*-Bier in großen Flaschen und *Tiger* vom Fass. ⌚ 16–22 Uhr.

**Bo Bowr Yeik Thar**, Strand Rd., ✆ 057-21366. Wirkt etwas schmuddelig, bietet mit einer Veranda direkt am Thanlwin aber den besten Flussblick eines Restaurants in Mawlamyaing. Teestuben-Kost statt Bier. Ganz nach dem Namen, der sich mit „Hilfe für Großvater und Großmutter" übersetzen lässt, gehen 40 % des Erlöses an betagte Einheimische. ⌚ 7–22 Uhr.

**Bone Gyi**, Strand Rd., ✆ 09-4252 86999. Schon seit 40 Jahren und nun zum einladenden, gepflegten und somit nicht ganz billigen Tischdecken-Restaurant gemausert – auch wenn es halb offen bzw. nicht klimatisiert ist. Serviert wird Hausmannskost in großen Portionen – wie z. B. das leckere Aal- oder Hühnercurry oder auch ganze Fische mit diversen Beilagen. ⌚ 9–21 Uhr.

**Cinderella**, verbirgt sich im rückwärtigen Bereich des gleichnamigen Hotels – als kleines, lauschiges und feines Restaurant mit 7 Tischen. Die Preise sind überraschend günstig, die Servicekräfte wohltuend freundlich und engagiert. ⌚ 6.30–21.30 Uhr.

## Nachtmarkt am Flussufer

Als szenische Alternative zur etablierten oder neuen Gastronomie empfiehlt sich der 2013 gegründete Nachtmarkt an der Strand Rd. Bestehend ausschließlich aus **Garküchen** und **BBQ-Grills**, kann er bereits ab 16 Uhr umlagert werden. Ein Besuch lohnt allein schon ob des fotogen präsentierten Grillguts oder der zu beobachtenden Kochkünste, doch auch die Preise sind unschlagbar günstig (z. B. ganze Fische ab 2000 Kyat, Flasche Bier für 1500 Kyat). Sitzen kann man mehr oder weniger direkt am Flussufer – natürlich auf buntem Plastik-Mobiliar.

**Delifrance Coffee & Bakery House**, 366 Strand Rd., ✆ 09-4253 11122. Modernes Deli-Restaurant mit englischsprachigem Personal in adretten Uniformen. Westliches Fastfood wie Pizza und Hühnchen sowie Fried Ice Cream, originelle Kuchenstücke und Kaffee-Kreationen aus dem Automaten. Im Obergeschoss gibt es AC und lustige Wandmalereien. ⌚ 8–21.30 Uhr.

€ **Mi Cho**, North Bogyoke Rd., ✆ 09-2557 75385. Einfaches, aber sehr populäres moslemisches Restaurant mit Topf-Buffet, darunter unwiderstehliche Currys mit Lamm, Rind oder Flussgarnelen für 2000–2500 Kyat sowie Gemüse-Kreationen für 300 Kyat. ⌚ 9–21 Uhr.

**Mya Than Lwin** am Dawei-Pier, Strand Rd., ✆ 09-4532 24006. In dem ehemaligen Lagerhaus empfehlen sich z. B. Pommes oder Wasserkresse, alle Gerichte mit Schwein, die leckeren Krabbenkreationen oder die mariniert gegrillten Tintenfisch-Spieße. Dazu munden *ABC*- (Glas 800 Kyat) oder *Myanmar*-Fassbier (600 Kyat). ⌚ 10–23 Uhr.

**Nadihlaine**, Strand Rd., ✆ 057-21111. Holzboden-Restaurant alten Stils und größter Karaoke-Schuppen der Stadt, Musik ab 20 Uhr. Bei lautstarkem Sound von der Bühne kann man speisen und sich mit Fass- oder Flaschenbier kühlen. ⌚ 8–23 Uhr.

**Ykko River View**, am Dawei-Pier, ✆ 09-4015 91212, 💻 www.ykkomyanmar.com.

Gut gekühlte, blitzsaubere und durchgestylte Filiale moderner System-Gastronomie. Umfangreiche Speisekarte, aber leider nicht ganz billig. Viele empfehlenswerte, internationale Speisen sowie Kaffeespezialitäten und verlockende Eisbecher wie „You & Me Icecream". ⌚ 10–22 Uhr.

## SONSTIGES

### Einkaufen

Jenseits der Märkte bietet sich bisher nur das **Myine Yadanar Center (MYC)** am nördlichen Ende des Zeigyo-Markts an. Auch wenn die Rolltreppen des 4-stöckigen Bauwerks nur selten funktionieren, erscheint es in der Stadt als Hort der Modernität. Es gibt Geschäfte für Textilien, Schmuck, Kameras, Friseursalons sowie Elektronikläden, Internetcafés und ein Kino.

### Informationen

Das erfreulich aufgeweckte Internetportal 💻 www.mawlamyine.com bietet interessante Infos über die Stadt, ihre Sehenswürdigkeiten und Infrastruktur.

### Massagen

In einem orangefarbenen Neubau betreibt Mrs. Ti Da Pyone überraschend stylisch das **Shade Beauty Spa & Body Gym**, 20 B Theik Pan Rd., ✆ 09-870 1847. Die Masseurinnen betreuen bisher aber nur weibliche Kundschaft (1 Std. 7000 Kyat), Männer können immerhin den Frisierbereich nutzen. Bau eines Boutique-Resorts mit Spa in Planung. ⌚ 8–21 Uhr.

### Reisebüros

Ein hohes Maß an Professionalität bietet die 2013 gegründete, von dem engagierten, erst 22 Jahre alten Kyaw Ko Ko Aung geführte Agentur **Thiri Hanthar Travel & Tour**, 399 Strand Rd., ✆ 057-26915, 09-3176 9249, 09-2558 07925 (Manager), ✉ thirihanthar15@gmail.com, 💻 auf Facebook. Hier lassen sich Hotels, Transfers, Charter-Taxis, Flüge oder Fluss- und Ausflugstouren (s. Kasten rechts) buchen sowie chinesische *Giant*-Mountainbikes (7000 Kyat pro Tag) und Honda-Mopeds (ca. 10 000 Kyat) mieten. ⌚ Mo–Sa 9–17 Uhr.

## NAHVERKEHR

### Trishaws

Diese selten gewordenen Gefährte konzentrieren sich meist am Zeigyo-Markt. Die Tagesmiete für eine Trishaw liegt bei 10 000 Kyat. Da die Sitze für „Langnasen" ziemlich eng konstruiert sind, sollte man ein zweites Kissen aushandeln, um Komfort und Sitzposition zu erhöhen.

### Taxis

Finden sich in Form von Mopeds, Tuk Tuks oder Saloons (Limousinen). Ein Mopedtaxi für eine halbtägige Stadttour kostet 8000–12 000 Kyat, für eine Tour in den Süden um 20 000–25 000 Kyat. Ein Tuk Tuk zwecks Stadtrundfahrt liegt bei 20 000 Kyat, ganzer Tag bei 40 000 Kyat.

### Busse und (Sammel)Taxis

Für jeweils 1500–2000 Kyat lassen sich die meisten Sehenswürdigkeiten südlich von Mawlamyaing auch mit Bussen (s. u.) oder Sammeltaxis abfahren, was aber anstrengend und zeitraubend sein kann. Charter-Taxis finden sich meist schnell in der Nähe des Markts.

### Erlebnisreiche Tagestouren

Auf Tagesausflüge zur Insel Bilu Kyun hat sich vor allem das **Breeze Gh.** spezialisiert. Sie dauern meist von 10–17 Uhr, umfassen den Transport per Tuk Tuk, Taxi, Bus und Fähre (wer sich nicht an die festen Zeiten halten will, kann für 20 000 Kyat pro Strecke ein eigenes Boot chartern) sowie ein Mittagsmahl und kosten für 1 Pers. US$45, 2 Pers. US$55, 3 Pers. US$60 und 4 Pers. US$65. **Thiri Hanthar Travel & Tour** nimmt für Tagestouren nach Mudon, Thanbyuzayat und zum Set Se-Beach US$60–70, ein englischsprachiger Begleiter kostet US$45 Aufpreis. Auf Wunsch lassen sich auch Nostalgietrips mit Trishaws oder Pferdekutschen arrangieren. Flusspassagen zum Sonnenuntergang gibt es von 16–18 Uhr (bei 2 Pers. jeder 12 000 Kyat, bei 3 Pers. jeder 8000 Kyat und bei 4–5 Pers. jeder 6500 Kyat).

## TRANSPORT

### Busse

Die **Mawlamyaing Highway Busstation** (Mye Ni Gone), von wo fast alle Busse in Richtung Norden starten, liegt etwa 3 km vom Zentrum bzw. 1 km vom Bahnhof entfernt (per Moped-Taxi ca. 1000 Kyat). Dort lassen sich die Tickets in den zahlreichen Stützpunkten der Anbieter erwerben, meist aber auch bequem in den Verkaufsbüros am Hauptmarkt (s. auch www.oway.com.mm). Moderne AC-Busse aus China *(Higer)*, Korea oder der Schweiz haben den Fuhrpark deutlich verjüngt und den Komfort verbessert. Vorsicht: Mitunter wird für Busse ohne und mit AC gern der gleiche Preis verlangt – oder gar das Doppelte von dem, was Einheimische zahlen. Alle Busse in Richtung Süden fahren vom **Zegyo-Busbahnhof** ab, der rund 8 km südlich des Zentrums liegt. Nach Osten bzw. Myawaddy (thail. Grenze) geht es bisher nur mit Sammeltransporten vom Bereich des Hauptmarkts.
Einige Minibusse fahren vom Markt/aus dem Zentrum ab (z. B. nach Hpa-an).

**Richtung Norden**

HPA-AN, von 5–19 Uhr mit AC-Bussen für 2500 Kyat, non-AC und Sammeltaxis 1000–1500 Kyat (meist nur vom Zegyo-Busbahnhof) in 1–1 1/2 Std.
MANDALAY, wird von 3 Firmen für 15 000 Kyat bedient, Abfahrt meist abends, in 10 Std.
THATON und KYAIKTHIYO, als Zwischenstopp nach Yangon oder z. B. mit Direktbussen von Win Express, 09-4981 8999, für 4000 bzw. 7000 Kyat, 2 bzw. 4 Std.
YANGON, wird von rund 10 Firmen angeboten – meist mit 45-sitzigen Bussen, 20x tgl., Abfahrten zwischen 7 und 22 Uhr, ab 6000 Kyat, 6–7 Std.

Als beste Option für die Strecke von Mawlamyaing nach Yangon empfehlen sich die aus Schweizer Produktion stammenden Luxusbusse von **Mandalar Minn Express**, Büro am Busbahnhof, 09-7300 8996.
Die schicken Dreiachser bieten über 35 Flugzeugsitze mit eigenen Displays und auch sonst jede Menge Komfort – zu Ticketpreisen von 9800 Kyat. Abfahrt ist tgl. um 9.30, 14 und 21 Uhr, Ankunft in der Metropole jeweils 6 Std. später. Als Alternative bieten sich die Komfort-Busse von **PTT Express** an, Büro am Busbahnhof, 09-2540 74749.

**Richtung Süden**

DAWEI, von etlichen Firmen, Abfahrt 18.30 Uhr, 12 000 Kyat, 10 Std.
MYEIK, die Busse fahren über Ye und Dawei, 18 000 Kyat, 18 Std.
THANBYUZAYAT, mehrmals tgl. einfache Busse ohne AC, in 1 1/2–2 Std., 3000 Kyat. Von dort per Sammeltaxi für ca. 1500 Kyat oder Charter-Tuk Tuk für 5000–8000 Kyat in etwa 30 Min. zum 14 km entfernten Strand von SETSE oder in 45 Min. zum 24 km entfernten KYAIKKAMI.
YE, meist mit den Bussen nach Dawei für 6000 Kyat, in 4–5 Std.

### Taxis

Ein Höchstmaß an Individualität für Fotostopps oder kleine Abstecher entlang der Route ermöglichen Charter-Taxis, wie sie sich oft über die Unterkunft oder z. B. professionell bei **Thiri Hanthar Travel & Tour** buchen lassen. Nach YANGON (Fahrtzeit 6–7 Std.) kosten sie ca. US$150, nur bis THATON US$45, bis HPA-AN US$60 und bis KYAIKHTIYO US$80. Wesentlich teurer ist es in Richtung Osten oder Süden, wo die Straßen noch schlecht und besonders zeitraubend sind: MYAWADDY liegt bei US$250, DAWEI sogar bei bis zu US$350.

### Eisenbahn

Der ansehnliche **Bahnhof**, 057-22850, liegt ca, 4 km südöstl. vom Zentrum (per Moped-Taxi ca. 1000 Kyat). Die beste Option nach YANGON sind der um 8 Uhr abfahrende **Express Train** (Fahrtzeit 9 1/2 Std.) mit Tickets für 2500 Kyat *(ordinary class)* und 4500 Kyat *(upper class)* oder der um 19.30 Uhr startende **Special Express** (8 1/2 Std.) mit Tickets für 2800 Kyat *(ordinary class)* und 5500 Kyat *(upper class)*. Er hält in THATON, KYAIKHTIYO und BAGO. Wer in Fahrtrichtung rechts sitzt, hat den besten Ausblick. In Richtung Süden geht es um 13.20 Uhr nach YE (6 Std.) mit Tickets für 1100 Kyat *(ordinary class)* und

DER SÜDEN

resten verbrannter Mönche erst auf den zweiten Blick wahrnehmen lassen. Andernorts faszinieren große Holzglocken, die uralt sein müssen.

## Kyaikkami (Amherst)

Der etwa 70 km südlich von Mawlamyaing und 9 km nordwestlich von Thanbyuzayat (Zufahrt über die Uhrturm-Kreuzung) liegende Küstenort Kyaikkami war in der britischen Kolonialzeit als das Badeziel und Missionszentrum Amherst bekannt (benannt nach William Pitt Amherst, von 1823–28 britischer Generalgouverneur in Indien).

Seine Bedeutung erhielt dieses Fleckchen Erde u. a. durch den amerikanischen Missionar und Linguisten Adoniram Judson (1788–1850). Er veröffentlichte 1849 das erste birmanisch-englische Wörterbuch und übersetzte die Bibel in die birmanische Sprache. Nicht zuletzt deshalb wird er von den einheimischen Baptisten als eine Art Heiliger betrachtet. Judson war versehentlich in Kyaikkami gelandet, als er mit seiner Frau Anne aus Indien unterwegs war und sein Schiff in Seenot geriet. Er blieb hier und gründete eine erste Mission, die heute in einer schmalen Gasse abseits der Hauptstraße als katholische Schule genutzt wird.

Wichtigste Sehenswürdigkeit ist der **Meerestempel Yele Paya**. Wie eine Fata Morgana liegt er im Wasser und hat den Tsunami von 2004 erstaunlich gut überstanden. Zu erreichen ist das Heiligtum über einen Stelzendamm, dessen untere Ebene bei Flut überschwemmt wird. Neben elf Haaren Buddhas enthält der Schrein ein Buddhabildnis, das vor vielen Jahrhunderten auf einem Floß aus Sri Lanka angeschwemmt worden sein soll (S. 527). Die für Frauen nicht zugängliche Pagode wird von 21 Buddhastatuen im Mandalay-Stil geziert. Am Meer herrscht lebhaftes Treiben: Gläubige aller Altersgruppen füttern Fische mit neonfarbenen Waffeln.

## Setse

Auf halber Strecke zwischen Kyaikkami und Thanbyuzayat – bzw. rund 80 km von Mawlamyaing entfernt – liegt das rund 5300 Einwohner zählende Setse. Es ist lediglich für seinen langen, breiten und besonders flach in den Golf von Martaban führenden Strand bekannt, der in ähnlichen Brauntönen daherkommt wie die meist von Sedimenten durchsetzten Meeresfluten. Teilweise von Pinien beschattet, war er bisher nur durch einige Verkaufsstände und einfache Restaurants erschlossen, doch ist nun ein erstes und einziges Komfortresort für Ausländer entstanden. Übernachten sollte hier aber nur, wer scharf auf authentische Stranderlebnisse ist.

Die Einsamkeit des Strands zieht vor allem Liebespärchen an. Als Schwimmreifen werden für 1000 Kyat pro Tag pralle, schwarze Lkw-Schläuche vermietet, Fahrräder kosten happige 2000 Kyat pro Stunde, Mopeds sogar 6000 Kyat. Eine Runde auf dem Pferderücken gibt es dagegen schon für 1000 Kyat.

Rund 2 km nördlich liegt an einer Lagune das Dorf **Pwar Ka Lwin**. Wenn gegen Mittag die Fischerboote zurückkehren, werden sie von zahlreichen Käufern mit Mopeds schon erwartet. Ganz in der Nähe ist das vorgelagerte, kleine Eiland **Pwar Ka Lwin** mit der Wet Ma-Pagode zu erspähen, weiter draußen schimmern die hügeligen Umrisse von **Kyet Thwin** („Insel der Zwiebeln"). Sie ist mit einem Leuchtturm bebaut und lässt sich mit gecharterten Fischerbooten erreichen.

### ÜBERNACHTUNG

Die einfachen Unterkünfte verfügen meist über keine Lizenz zur Unterbringung von Ausländern.

**21 Paradise Hotel**, ✆ 09-4921 3056, 09-2557 01160. Seit 2013 mit insgesamt 72 Zimmern in 7 Kategorien und teilweise mit AC. Die billigsten 8 liegen – über eine lange Bambusbrücke zu erreichen – im sumpfigen Hinterland, als einfache, aber stilvolle und romantische Bungalows mit Terrassen für US$30. Schön und komfortabel sind die US$40 teuren Zimmer direkt am Strand (wie Nr. 105, 106, 110 und 111), für US$55 gibt es geräumige Holzboden-Zimmer. ❸–❺

**Shwe Moe Motel**, ✆ 09-2559 27455. Schade um die schöne Strandlage und nur etwas für den Notfall. 9 einfache, muffige Fan-Zimmer und Restaurant im Schatten von Pinien. Am ehesten nutzbar sind die Zimmer in den beiden Pfahlbauten A1 und A2. ❷–❸

## ESSEN

Die meisten Beschriftungen und Speisekarten gibt es nur in Birmanisch. Als Zwischenmahlzeit bieten sich Kokosnüsse für 700 Kyat an oder appetitlich präsentierte Seafood-Snacks, die für ca. 2000 Kyat von Blechtabletts verkauft werden. Ein großes, eisgekühltes Bier liegt bei 2000 Kyat.

**Chan Myai Kabar**, an der Zufahrt, ✆ 09-4980 5246. Lange etabliert und betrieben von einer freundlichen Familie. Günstige Topfgerichte, auch mit Tintenfisch und Garnelen. 🕒 6–21 Uhr.

**Mya Ana War**, ✆ 09-9498 20855. Der Name des größten, besten und teuersten Restaurants am Strand lässt sich mit „Smaragdmeer" übersetzen. Seafood-Gerichte ab 3000 Kyat, überraschenderweise gibt es zuweilen auch Fassbier für 700 Kyat. 🕒 5–21 Uhr.

# Thanbyuzayat

Mit dem rund 65 km südlich von Mawlamyaing liegenden Thanbyuzayat („Zinn-Pavillon") war bis 2013 für auf dem Landweg reisende Ausländer die Demarkationslinie erreicht – und das westliche Ende der berüchtigten Eisenbahnstrecke von Thailand nach Birma, die als **„Death Railway"** („Todeseisenbahn") zu trauriger Berühmtheit gelangte. Im Zweiten Weltkrieg ließen die Japaner die nur 1 m breite, aber 415 km lange, strategische Verbindung von Kriegsgefangenen und Zwangsarbeitern aus Thailand durch schroffe Berge und tiefen Dschungel nach Birma bauen, wobei es viele Todesopfer gab, s. eXTra [9894]. Insgesamt wird die Zahl der Kriegsgefangenen, die durch die brutale Behandlung während der japanischen Besatzung ums Leben gekommen sind, auf rund 16 000 Menschen geschätzt – hinzu kommen die fast 100 000 asiatischen Zwangsarbeiter (Todesquote rund ein Drittel). Pierre Boulles hat den Opfern mit seinem Buch *Die Brücke am Kwai* ein literarisches Denkmal gesetzt. Berühmt wurde es durch seine Verfilmung, allerdings nicht am Orginalschauplatz im thailändischen Kanchanaburi, sondern auf Sri Lanka.

Der Bau begann im September 1942 und dauerte nur 16 Monate, 20 Monate später wurde der Nachschubweg von den Alliierten zerbombt. Nachdem die Schienen und Schwellen anderweitig verwendet wurden, wucherte er wieder zu. Jeder in Thanbyuzayat kennt den Weg zum letzten Stück **Schienenstrang der Todeseisenbahn**, der ihr Start-/Endpunkt gewesen sein soll und auf dem dekorativ die schwarze **Kriegslokomotive C 5031** platziert ist. Davor finden sich drei Betonskulpturen – ein japanischer Soldat mit zwei Zwangsarbeitern, die von Vandalen beschädigt worden sind und deshalb erst recht einen elenden Eindruck machen. Auch von der Lokomotive scheinen schon etliche Teile zu fehlen, und der lange verwahrloste Pavillon des **Myanmar Thailand Japanese Death Railway Museums** ist inzwischen sogar gänzlich verschwunden. Vielleicht kommen die Behörden ja eines Tages auf die Idee, dieser Stätte einen würdigen Rahmen zu verleihen bzw. sie zu einem angemessen Touristenspot auszubauen.

Als weitere Stätte der Erinnerung kann die schlichte, aber historische **Japanische Pagode** aufgesucht werden, die den in Birma zu Tode gekommenen Invasoren gewidmet wurde. Gleich daneben haben die Japaner 1998 eine weitere, moderne Pagode errichtet, die erheblich größer und höher ausgefallen ist. 1 km westlich des Uhrturms liegt südlich der Straße nach Kyaikkami die zweitgrößte **Kriegsgräber-Gedenkstätte** des Landes. Die gepflegte, bereits 1946 von Aung San eingeweihte Anlage mit 3771 Gräbern von alliierten Kriegsgefangenen, die beim Eisenbahnbau ums Leben kamen, wird von der Commonwealth War Graves Commission betreut und erinnert vom Stil her an den großen Heldenfriedhof von Htaukkyant bei Yangon. Die meisten Opfer waren Briten, doch auf den Grabsteinen lassen sich auch amerikanische, holländische und australische Namen entziffern. Mehr darüber s. eXTra [5807].

# Tanintharyi (Tenasserim)

Die Region Tanintharyi, außerhalb Birmas bis 1989 nur unter dem Namen Tenasserim bekannt, wird zu den schönsten Küstengebieten Südostasiens gezählt. Endlos lange Sandstrände, Hunderte von Inseln, bunt-belebte Korallenriffe, dschungelbedeckte Berge und mächtige Flussmündungen mit lebhaften Hafenstädten oder beschaulichen Fischersiedlungen locken in den südlichsten Teil von Myanmar. Da die Region mehrere Jahrzehnte für Ausländer gesperrt gewesen und schwierig zu erreichen ist, haben bislang erst wenige Touristen hierher gefunden.

Wer den südlichsten Zipfel des Landes bereisen möchte, sollte angesichts der mangelhaften Infrastruktur ausreichend Abenteuerlust und Flexibilität mitbringen. Darüber hinaus muss in gewissen Gebieten noch mit behördlichen Einschränkungen gerechnet werden, weil in den Grenzregionen zu Thailand zuweilen noch Splittergruppen der Karen National United (KNU) operieren. Bis vor wenigen Jahren noch kam es auf dem Hauptverkehrsweg von Ye über Dawei und Myeik nach Kawthoung immer wieder zu Überfällen. Traveller, die versucht hatten, Teile der Region auf dem Landweg zu bereisen, wurden meist schon beim erstbesten Checkpoint aus dem Bus geholt – auch wenn sie sich mit landestypischen Longyis verkleidet hatten.

Seit 2013 darf der Süden nun also auch ab Thanbyuzayat auf dem Landweg bereist werden, während die Grenze zwischen Myanmar und Thailand wesentlich durchlässiger geworden ist. Erst wenige Traveller versuchen sich am Übergang Htee Khee / Phunamron, doch die Möglichkeit, das Land bei Kawthoung / Ranong (Victoria Point) an seiner Südspitze zu verlassen (oder zu betreten), hat ganz neue Reize und Reiserouten generiert. Schließlich kann die Region Tanintharyi, die von der Hauptstadt Dawei verwaltet wird, ja auch auf eine lange Geschichte des freien Handels zurückblicken – und das

## Grenzübergang Payathonzu / Sangkhlaburi (bisher nur bilateral)

Fieberhaft bauen Myanmar und Thailand an den drei seit 2013 geöffneten, internationalen Grenzübergängen und deren jeweiligen Zufahrten. Von der Traveller-Gemeinde unbemerkt, geschieht das auch am fast 300 m hohen **Drei Pagoden-Pass**, der von **Payathonzu** nach **Kanchanaburi** führt, aber bisher vorwiegend bilateralen Warenverkehr abwickelt.
Denn die dort herrschende Sicherheitslage lässt noch keinen internationalen Tourismus zu, was sich eines Tages ändern dürfte. Erst 1989 hat die Regierung nach schweren Kämpfen die Kontrolle über diesen strategischen Ort gewonnen. Zuvor hatten sich hier abwechselnd KNU- und MNLF-Rebellen festgesetzt, die für alle Waren aus Thailand eine lukrative Fünf-Prozent-Steuer erhoben. Ausländer brauchen in dieser Region noch eine Sondergenehmigung. Auf den derzeit mit Nachdruck ausgebauten Straßen von/nach **Thanbyuzayat** (110 km) und **Ye** (190 km) sind bisher fast nur Militärfahrzeuge oder bewachte Warentransporte unterwegs.
Von Thailand aus dürfen Urlauber die Grenze aber immerhin als Tagestourist überqueren. Gegen eine Gebühr von US$10 (nur schöne Banknoten, oder 500 Baht) sowie die Hinterlegung des Reisepasses erhält man einen *Border Pass (Entry Permit)*, mit dem man sich in Payathonzu umschauen darf. Gestartet wird meist vom Markt in **Sangkhlaburi** per Sammeltaxi. Rund 4 km östl. der Stadt geht es vom Highway 323 auf eine abzweigende, 19 km lange Asphaltstraße, die an Mon- und Kayin-Dörfern vorbei zum Temporary Border Checkpoint führt.
Beidseitig der Grenze finden sich allerlei Essens- und Souvenirstände. Schließlich handelt es sich ja auch um einen historisch wichtigen Handelsweg und umkämpften Durchlass militärischer Invasionen – genutzt z. B. von den burmesischen Königen und den Japanern (mehr dazu auf S. 554).
Für die drei internationalen Grenzübergänge nach/von Thailand s. S. 542, 559 und 578. Abzuwarten bleibt die Öffnung der Grenze bei Maw Daung / Singkhon-Pass, die Myeik direkt über den Landweg aus Thailand erreichbar machen würde.

# Der Süden (südlicher Teil)

schon aus geografischen Gründen: Es ist nur ein ganz schmaler Landstreifen, der hier die Andamanensee vom Golf von Thailand trennt und daher von wichtigen Handelsrouten nach Siam und zu seinen östlichen Nachbarn durchzogen wurde.

## Ye

Mit jeweils 160 km Entfernung exakt in der Mitte zwischen Mawlamyaing und Dawei liegend, wird sich Ye als idealer Zwischenstopp auf der Traveller-Landkarte etablieren. Die erst seit 2013 bereisbare Stadt bietet noch ein Höchstmaß an Ursprünglichkeit und Authentizität. Ihre 35 000 Bewohner sind stolz auf die herrliche **Shwe San Daw-Pagode**, die als spirituelles Herz auf einem Hügel im Zentrum schlägt – mit fotogenen, goldfarbenen Buddhas, die in alle Himmelsrichtungen blicken. Und besonders auf den friedlich-idyllischen See **Mia Ghan da Gjone** – mit massenhaft großen Fischen, die aber ob einer Insel-Pagode im Wasser nicht gefangen werden dürfen.

Der durch die Stadt fließende **Ye-Fluss** gibt zwar ein herrliches, landschaftliches Panorama ab, gleicht jedoch über weite Strecken einer Müllkippe. An seinem Ufer findet sich u. a. eine Markthalle mit 98 Goldläden, in der man Goldschmieden über die Schulter schauen kann.

Rund 10 km nördlich der Stadt erhebt sich der mit der Pagode **Go Lyin Ye** („Kleiner Mönch") bestückte **Banana Mountain**, von dem sich ein wunderbarer Ausblick eröffnet. In der Nähe liegt ein von den Japanern erbauter Flugplatz, der nicht mehr benutzt, aber erstaunlich gut gepflegt wird.

Vom Zentrum zum Strand sind es rund 10 km, wobei die Fischerdörfer **Say Pyu** und **Andin** die wichtigsten Anlaufpunkte bilden – Letzteres durch die malerische Flussmündung mit schwarzen Felsen und eine vorgelagerte Insel. Aufgrund der Schwebstoff-Einträge mangelt es allerdings an verlockenden Bademöglichkeiten. Bekannt ist die Region für die Speise *nadala*, bei der der Fisch bis zu vier Stunden mit Zuckerrohr gekocht wird, sodass man sogar die Gräten mitessen kann.

### ÜBERNACHTUNG

Zwei Unterkünfte liegen im Zentrum, eine dritte am Highway.

**Seikantha Gh.**, am Goldmarkt bzw. Fluss, ✆ 057-50591, 09-2557 33013. Gegründet 2011 von einem Kapitän, geführt von seiner Schwester Khim Aye Mar. 17 Zimmer, davon 5 mit AC für 20 000 Kyat (gut ist A2). Schlafkammern mit Gemeinschaftsbad schon ab 2500 Kyat. ❶

**Starlight Gh.**, 13 Yan Gyi Augn Rd. 4, ✆ 09-2557 13253 (David), 09-2500 88616 (Winny), www.starlight-guesthouse.com. Neu seit Mitte 2014 als erste Unterkunft neuer Generation. Der Amerikaner David Herrick und seine einheimische Frau bieten 6 saubere Zimmer, davon 4 als AC. Frühstücksterrasse mit Super-Blick auf See, Pagode und Baum. ❷

### ESSEN

Die Gastronomie-Szene von Ye erscheint noch extrem überschaubar.

**KT Cold Drink & Food Center**, ✆ 057-50380. Beliebt für frischen Backwaren – besonders der *cheese cake* für 1200 Kyat oder das *pudding bread* für 500 Kyat. 🕒 6–21 Uhr.

**Myit Daw Yeik**, am nördlichen Seeufer, ✆ 09-4500 26707. Unter einem gewaltigen KoKo-Baumriesen. Das Ambiente ist orginär, die Küche von Mr. Ko Zaw Win gut und günstig. Alkohol wird aus religiösen Gründen bzw. wegen der Lage direkt am See (mit Pagode) nicht verkauft, aber man kann sich Bier mitbringen. 🕒 7–22 Uhr.

### TRANSPORT

Die jeweils 160 km lange Straße nach Mawlamyaing und Dawei lässt sich per **Bus** für 6000 Kyat in 5–6 Std. bewältigen, **Taxis** schaffen es ca. 1 Std. schneller, kosten aber noch gut US$200 pro Tag. Nach Yangon fährt man in 9–10 Std.

Die **Eisenbahn** fährt für 1950 Kyat *(ordinary)* bzw. 3850 Kyat *(upper)* in 8 Std. von Ye nach Dawei.

## Von Ye nach Dawei

Auf der Strecke von Ye nach Dawei (nach Abschluss der Ausbauarbeiten reine Fahrtzeit 5 Std.) wird zunächst der Ye-Fluss überquert. Doch spätestens an der nächsten großen Brücke – erreicht nach ca. 30 Minuten – sollte man anhalten und am herrlich angeschwemmten Sandufer ein Bad in den glasklaren Fluten des aus den Bergen herbeiströmenden Flusses nehmen (nur in der Regenzeit). Etwa eine halbe Stunde später schraubt sich die Straße mit allerlei Steinbrüchen von den intensiven Straßenbauarbeiten über 30 km die Berge hinauf bis zur Passhöhe bzw. Grenze zwischen dem Mon-Staat und der Region Tanintharyi. Hier werden per Hand die Daten der Reisepässe kopiert.

Anschließend sind es noch etwa 130 km bis nach Dawei. Die Strecke ist wesentlich dichter bevölkert als die von Thanbyuzayat nach Ye. Etwa 80 km vor Dawei bzw. wenn die Abzweigung der vom Mineralölkonzern Total erbauten Straße nach Thailand erreicht ist, verbessern sich die holprigen Straßenverhältnisse wesentlich. Dazu tragen zwei imposante Brücken-Neubauten bei. Von der zweiten – gelegen bei Kaleynaune (Kaleinaung) – eröffnet sich ein herrlicher Blick in Richtung Osten bzw. auf einen großen Fluss mit Bergen.

## Dawei (Tavoy)

Die 160 km weite, nun endlich über den Landweg mögliche Anreise aus Ye oder die fast ebenso lange über den Grenzübergang Htee Khee / Phunaron (S. 559) führt durch tropenbewaldete Berge. Doch wer mit dem Flugzeug kommt, wird schon eine Viertelstunde vor der Landung die lang gestreckten Strände von Dawei sichten. Als gelbe oder gräuliche Sandstreifen ziehen sie sich über zig Kilometer an der Küste entlang – als bisher bekanntester der Maungmagan Beach.

Doch die wenigen Ausländer, die bereits in den 320 km von Mawlamyaing und 230 km von Myeik entfernten Ort gefunden haben, werden zu ihrer Enttäuschung festgestellt haben, dass einige Strände (vor allem in der Monsunzeit) nur bedingt zum Baden einladen. Denn die umliegenden Flussmündungen schwemmen massenhaft Sedimente ins Meer, die den Sand vieler-

Dicke Laster und moderne Reisebusse sind etwas Neues auf den Routen im tiefen Süden.

© VOLKER KLINKMÜLLER

## Grenzübergang Htee Khee / Phunaron (Phu Nam Ron)

Die Überquerung der birmanisch-thailändischen Grenze bei Htee Kee / Phunaron – 150 km (bzw. ca. 5 Std.) östlich von **Dawei** – erfolgt durch 6 km Niemandsland. Der wohl entlegenste der landesweit insgesamt vier Übergänge nach/von Thailand wurde als Bestandteil des Tiefseehafen-Projekts eingerichtet und ist von 6 bis 18 Uhr geöffnet (Achtung: in Thailand ist es stets 30 Min. später), das Visum für Myanmar muss vorab besorgt werden. Man sollte nicht zu spät eintreffen, in der Monsunzeit kann die Zufahrt problematisch werden.
Thailand indes erteilt bei der Einreise aus Myanmar ein 30-tägiges Visa on Arrival. Dort erreicht man per Minivans (100 Baht) oder Taxi (500 Baht) in rund 1 Std. mit der Stadt **Kanchanaburi** ein klassisches Touristenziel, von wo man unkompliziert nach Bangkok gelangen kann.
Für die beiden anderen internationalen Grenzübergänge nach/von Thailand s. S. 542 und 578.

orts mit einer Schlickschicht überlagern und die Wellen in grau-braunen Tönen färben können. Insofern sollte diese Region nicht verwechselt werden mit dem Meeresparadies Myeik. Aber allein durch ihre Einsamkeit und Unberührtheit, interessante Felsformationen, Mangroven-Lagunen und beschauliche Fischersiedlungen lädt die Küste von Dawei zur Erkundung ein – inkl. der hier geplanten Mega-Projekte (s. Kasten S. 565). Für größere Entdeckungstouren auf eigene Faust bieten sich Smartphones mit GPS bzw. heruntergeladenen Karten an.

Die rund 90 000 Einwohner große Stadt dürfte in einigen Bezirken noch zu den am besten erhaltenen Südostasiens zählen. Mancher Straßenzug ist noch gesäumt von zweistöckigen Häusern, die aus der Kolonialzeit stammen und vorwiegend aus Holz errichtet sind. Viele erinnern durch ihre Walmdächer und reich verzierten Schnitzereien an Tempel, während auf den Balkonen jede Menge bunter Orchideen blühen. Dazwischen immer mal wieder eine stattliche Kolonialvilla aus Backstein und Stuck. Leider ist in letzter Zeit schon manches Schmuckstück den neuen Zeiten zum Opfer gefallen – wie z. B. dem ersten modernen Supermarkt oder manchem Hotel-Neubau. Selbst Preise für marode Altbauten können heute exorbitante Preise erzielen.

Wegen der vielen großen Palmen, Bananenstauden und Mangobäume erscheint Dawei als tropisch grüne Stadt, zumal sich hier auch besonders hohe Niederschlagsmengen verzeichnen lassen. Selbst am Ende der Trockenzeit finden sich in der Umgebung saftig grüne Reisfelder, die von Wasserläufen aus den nahen Bergen gespeist werden. Der rund 300 m hohe Taung Moe Taung („Berg über den Bergen") z. B. lässt sich in einer schweißtreibenden Stunde besteigen, um einen tollen Ausblick auf die Stadt, den Fluss und das Meer zu bieten. Ebenfalls noch nicht üblich, aber möglich, sind rustikale Longtailboot-Touren auf dem Dawei-Fluss.

### Religiöse Monumente

Die stehende Buddhafigur **Yat Taw Mu-Pagode** ist imposante 13 m hoch und ein interessanter Blickfang in der Innenstadt. Die **Kyat Min-Pagode** beherbergt in mehreren Pavillons Buddhastatuen ganz unterschiedlicher Stilrichtungen, darunter die einzige Figur mit sechs Fingern an der linken Hand, was nur über einen installierten, kleinen Spiegel zu sehen ist. Die **Shwe Taung Zar-Pagode** als wichtigstes Heiligtum der Stadt wird meist nur „Payagyi" („Große Pagode") genannt. Der religiöse Komplex umfasst mehrere Pavillons in Form von glitzernden, würfelförmigen Gebäuden aus spiegelverglasten Mosaiken, in denen sich zahlreiche goldene Buddhastatuen befinden. Die Einheimischen, die sich hier besonders gern zum Sonnenuntergang einfinden, berühren mit Vorliebe die Schultern, Brüste und Schenkel einer Skulptur der Erdgöttin Dharani, was Glück bringen soll.

### Märkte

Als Hauptmarkt besteht der **Sibinthaya Zei** aus einem weitläufigen, zweigliedrigen Komplex mit einem großen Außenbereich, in dem Frischwaren verkauft werden. In den Markthallen, die zum Teil noch eine koloniale Bausubstanz aufweisen, werden Textilien, Kosmetika und alle übrigen Artikel des täglichen Bedarfs verkauft. Ähnliches gilt für den **Nachtmarkt** (auch Blumenmarkt genannt) an der Ecke Nyaung Bin Road/Bogyoke Road, der bisher allerdings kaum Essensstände bietet, ⏲ 15.30–18.30 Uhr.

## ÜBERNACHTUNG

Mehrere neue Hotels haben das Angebot an Komfortzimmern erfreulich vermehrt. Der Trend geht eindeutig zum Rooftop-Restaurant, WLAN ist ebenfalls auf dem Vormarsch.

**Diamond Crown Hotel**, 651,Ye Rd., ✆ 059-21117, 💻 www.diamondcrownhoteldawei.com. Mit 57 Komfortzimmern in 5 Stockwerken und ebenso vielen Preiskategorien das zweitgrößte Hotel von Dawei – gekrönt von einem Dachterrassen-Restaurant. ❹–❺

**Garden Hotel**, 88 Ye Rd., ✆ 059-22116, 💻 auf Facebook. 1942 als Kolonialvilla der Dawei Trading Company errichtet, seit 1999 älteste Unterkunft am Ort und heute auch die größte – nach der Erweiterung mit einem klassizistischen Anbau auf 62 Zimmer. Recht günstig sind die 20 mit Ventilator und Gemeinschaftsbad, AC gibt es in 6 Kategorien ab US$38. ❶ und ❸–❹

**Golden Guest Hotel**, 59 Myo Dwin St., ✆ 059-21351, 💻 www.goldenguesthoteldawei.com. Seit 2014 als feudaler 4-stöckiger Neubau und wohl beste Unterkunft am Ort. Pieksaubere, wohnliche Komfortzimmer, davon 12 als Standard, 15 Superior und 8 Deluxe (besonders angenehm sind die Eckzimmer, wie z. B. das fensterreiche Nr. 403). Das Restaurant in der obersten Etage bietet viel Stil und einen herrlichen Blick auf die Stadt. ❸–❺

**Pale Eikari (Pearl Princess) Hotel**, 572 Ye Yeiktha Rd., ✆ 059-21780, ✉ pearlprincess.dawei@gmail.com. Das Obergeschoss der weißen Holzvilla aus der Kolonialzeit bot lange die komfortabelsten Zimmer der Stadt. Inzwischen sind sie arg heruntergekommen – wie auch die Bungalows im Garten. 14 der insgesamt 30 Zimmer haben AC. Es wäre zu wünschen, dass der schmucke Altbau nach der Eröffnung des 9-stöckigen Neubauklotzes mit 96 Zimmern erhalten bleibt, vielleicht sogar zum Boutique-Restaurant (statt Parkplatz) wird. ❷–❹

€ **Sein Shwe Moe Gh.**, 557 Ye Yeiktha Rd., ✆ 059-24073, 09-4100 5717. Seit 2014 mit 2 Aufgängen und 15 Fliesenboden-Zimmern, davon 6 als AC. Die EZ sind klein und nur mit Gemeinschaftsbad, aber mit Holzboden und wohnlich. Die Besitzerin wirkt zuweilen etwas wechselmütig. ❷

**Shwe Moung Than Hotel**, 665 Pakaukkuk Yaung Rd., ✆ 059-23763-4, ✉ shwemaungthan22@gmail.com. Neu seit Ende 2013 als pinkfarbener, moderner Bau mit verglaster Fassade, sehr sauber und angenehm – mit 36 günstigen, geräumigen AC-Zimmern. Frühstück gibt es im Rooftop-Restaurant. ❷–❸

**Zayar Htet San Hotel**, 566 Ye Yeiktha Rd., ✆ 059-23902, ✉ hotelzayarhtetsan@gmail.com. Neu seit 2013 mit avantgardistischer Architektur bzw. auffälliger, bunter Fassaden-Kunst. 37 saubere Komfortzimmer mit Laminatböden und Badewannen. Professionell gemanagt und beliebt. ❸–❹

## ESSEN

Die meisten Restaurants von Dawei sind bisher noch einfach, können aber durchaus mit guter Küche aufwarten. Sie öffnen und schließen relativ früh. Zu den lokalen Spezialitäten gehören – mit oder ohne Hühnchen – die gebratene Nudeln *khauk swe kyaw*, meist bepreist mit 1000 Kyat.

€ **Daw San**, 506 Hospital Rd., ✆ 09-4987 2584. Versteht sich als *Family Rice & Curry Shop* bzw. wird seit rund 50 Jahren als Familiengeschäft und heute von den Schwestern Mrs. San und Mrs. Sui Sui geführt. Gute, sehr günstige birmanische Buffet-Küche. Als Nachtisch gibt es gratis Palmzucker mit Kokosraspeln – vom Volksmund „Armee-Schokolade" genannt. ⏲ 10.30–21 Uhr.

**Dream Journey Café**, 661 Pakhoteku Kyaung Rd., ✆ 09-500 7091. Neu seit 2013 – als zeitgemäßes, angesagtes Café. Mr. Kyaw Zin Wai spricht gut Englisch, hat Frühstück, Backwaren, Eiscreme und Minipizzas zu bieten, sensationellen *cheese cake* für 1000 Kyat und allerlei einheimische

Kaffeesorten – natürlich aus einem zeitgemäßen Automaten. 🕒 7–22 Uhr.

**Joy House**, Arzarni Rd., Ecke Bogyoke Rd., ✆ 09-2506 12744. Gemütliche Kneipe mit *Myanmar*-Fassbier und sensationeller Thai-Kost. Küchenchefin Ma Khin Chon San hat lange in Thailand gelebt und es ist etwas Zeit mitzubringen, da alles frisch zubereitet wird – wie z. B. *tom yam talae* (würzige Suppe mit Meeresfrüchten) für 2000 Kyat, *pla muek kat tiem* (Tintenfisch mit Knoblauch und Pfeffer) für 1500 Kyat, *larb gai* (gehacktes Hühnchen mit Minze) oder *pad kapao mou* (gehacktes Schweinefleisch mit Basilikum). 🕒 11–22.30 Uhr.

**Meik Shwe Tear Snack**, Niban Rd., ✆ 059-21507. Einer Moschee angegliedert als effizientes Restaurant mit allerlei Nudel- und Hühnchengerichten, frisch zubereitet und preiswert. Morgens gibt es z. B. *naan roti with green peas* für 400 Kyat, sonntags *biryani chicken für 1800 Kyat.* 🕒 5–21 Uhr.

€ **Padon Mar Cold Drink & Salat Bar**, Hospital Rd., Ecke Shwe Taung Zar Rd., ✆ 09-2548 28315. Auf dem Menü stehen allerlei vegetarische Salate – wie der berühmte

DER SÜDEN

## Spannende Tagestouren

Mit einem Tuk Tuk-Taxi hatte er 2006 angefangen, heute chauffiert der junge, freundliche Ko Thein Htauk alias Samuel alias Sam the Man, ✆ 059-23076, 09-4100 4167, ✉ easytravel.samtheman@gmail.com, seine Passagiere mit einem lieblichen Chevrolet Mini Car (für 3, max. 4 Passagiere) durch die Region. Ein ganzer Tag inkl. Reiseführer-Job liegt je nach Thematik (z. B. „History & Religions" oder „Peoples Life") und/oder Entfernung bei US$50–100. Die Organisation spezieller Tagesausflüge (wie auch Bootstrips auf dem Dawei-Fluss oder Bergwanderungen) oder längerer Touren (inkl. Buchung von Unterkünften) übernimmt z. B. **Life Seeing Tours Southern Myanmar** (s. u.).

Teeblatt- oder Avocado-Salat. Dazu trinkt sich am besten eine frisch geöffnete Kokosnuss für 500 Kyat, den Abschluss könnten diverse Eiscreme-Sorten bilden wie Blaubeere, Durian oder Rum und Schokolade – große Kugel 500 Kyat. ⌚ 9.30–20.30 Uhr.

**Pale Eikari (Pearl Princess)**. Halb offen im Garten des gleichnamigen Hotels und lange das einzige Restaurant mit etwas westlichem Flair – natürlich zu entsprechenden Preisen und verblüffend detailliertem Rechnungsausdruck (vermutlich für die Zechen von NGOs). Hier gibt es die besten Pommes/Mayo des Südens, die empfehlenswerten *deep fried spicy squid* für 4000 Kyat oder eisgekühltes *Myanmar*- und *ABC*-Bier vom Fass für 600 bzw. 850 Kyat. Wer Glück hat, wird vom freundlichen Chef-Kellner Mr. Kyaw Zin bedient. ⌚ 7–22 Uhr.

**Thahara Tea Shop**, 9 Bogyoke Rd. ✆ 059-21633. Etabliert seit 1952, bestens gepflegt und sehr sauber – als Teestube mit günstigen, leichten Speisen und chinesischer Küche. ⌚ 6–21.30 Uhr.

## SONSTIGES

### Einkaufen

**Ah Hlathit Shopping Center**, als Eckbau in moderner Architektur – als bisher größtes Einkaufszentrum am Ort. Gut sortierter Supermarkt (inkl. Foto-Ausdrucke 120 Kyat pro Stück) im Erdgeschoss, Kleidung im 1. Stock, Kinder-Paradies im 2. Stock, halb offene Cafés und Snackbars mit gratis WLAN im 3. Stock. ⌚ 8–21 Uhr.

### Fahrradverleih

**Mountain King Bike Rental**, ✆ 059-22254, 09-4100 4256, ✉ aung_naing.bike@gmail.com. Mr. Ko Naing (Mr. 9) vermietet bis zu 30 Mountainbikes mit 3, 16 oder 27 Gängen für 5000, 7000 bzw. 12 000 Kyat pro Tag. Sonntags gibt es oft Radtouren für Touristen. ⌚ 7–18 Uhr.

### Geld

**KBZ Bank**, Niban Rd. Ist am populärsten und professionellsten, inkl. Schalter zum Geldwechsel und Geldautomat. ⌚ Mo–Sa 9–15 Uhr.

### Reisebüros

**Life Seeing Tours Southern Myanmar**, ✆ 09-2542 07077, 🖳 www.lifeseeingtours.com. Der Deutsche André Schneegaß betreut – bis zur geplanten Eröffnung einer Filiale in Dawei – seine Klientel von Myeik aus (S. 572). Gute Infos zur Region, Buchung von allen Transfers und erlebnisreichen Touren. 60 km südl. von Dawei ist ein eigenes, einfaches Strandresort in Planung.

**Sun Far Travel & Tours**, 298 Padauk Shwe Wah St., ✆ 059-21110, 09-4101 1036, 🖳 www.sunfartravels.com. Wie überall im Land englischsprachig und professionell – besonders in der Flugticket-Abwicklung. ⌚ 9–18, Sa, So nur bis 12 Uhr.

## NAHVERKEHR

Erkundungstouren erfolgen zumeist per **Moped-Taxi**. Eine Rundtour zum Maungmagan Beach liegt je nach Verweildauer bei 7000–15 000 Kyat, mit **Tuk Tuk** ca. 15 000–25 000 Kyat. Transfers vom Zentrum zur Busstation bzw. zum Bahnhof oder Flughafen kosten 1000–2000 Kyat (frühmorgens teurer), mit Tuk Tuk 3000–5000 Kyat. Die Tages-Charter für ein Auto beginnt bei 50 000 Kyat.

## TRANSPORT

### Busse

Der **Busbahnhof** liegt rund 4 km nordöstlich vom Zentrum. Mehrere Unternehmen starten meist zwischen 13.30 und 16 Uhr von Dawei mit Direktbussen nach YANGON und benötigten für die 317 km lange, über YE und MAWLANGYAING führende Strecke insgesamt 16–18 Std. (s. auch 💻 www.oway.com.mm). Die Tickets kosten um die 15 000 Kyat, der VIP-Bus (Scania) 22 000 Kyat. Busse nach MYEIK (z. B. von Lucky Star Express) starten meist von 5.30– 7 Uhr für 8000 Kyat und bauchen ca. 9 Std. Die AC lässt auf längeren Strecken gern mal etwas nach.

### Minibusse

Praktikabel ist der neue Minivan-Service: Die Passagiere werden quasi von Tür zu Tür gebracht und erreichen Mawlamyaing (Tickets 13 000 Kyat) oder Myeik (10 000 Kyat) meist 1 Std. schneller als die großen Busse. Zum 150 km entfernten Grenzübergang Htee Khee / Phunaron (s. Kasten S. 559) verkehren Minivans oder Pick-ups für 20 000–30 000 Kyat in 5–6 Std.

### Eisenbahn

Jeden Tag um 5.30 Uhr fährt ein Nahverkehrszug nach YE, wo für die etwaige Weiterfahrt (ca. 1 Std. Wartezeit) nach MAWLAMYAING in einen komfortableren Zug umgestiegen werden kann. Die rund 160 km lange Strecke mit 18 Stationen benötigt 8–9 Std., Tickets kosten 1950 Kyat *(ordinary class)* und 3850 Kyat *(upper class)*. Die Abfahrt erfolgt von der neuen, rund 3 km vom Zentrum liegenden **Harbour Railway Station** (nicht zu verwechseln mit der **Main Station**, die vorwiegend der Armee dient). Entweder schon gegen 5 Uhr da sein oder Ticket vorher kaufen.

### Boote

Die Betreiber sind **Hi Fi**, ✆ 059-22177, **Fortune Expres – 727**, ✆ 059-22144, und **Ayanadi Express**, ✆ 059-22444, die Ticketverkäufer sind in der Ye Rd. – wie z. B. das professionelle **Mergui Sakura Air Ticketing Centre**, ✆ 059-23991, 09-874 0963 (Mrs. Ei Ei Swe spricht gut Englisch), ⌚ 7.30–17.30 Uhr. Die Einschiffung der Passagiere erfolgt im Dorf bzw. Fährhafen **Thayetchaung** rund 35 km südlich von Dawei, der Transfer aus Dawei erfolgt per Sammeltransport bzw. mit 30-sitzigen Kleinbussen – bereits um 1 Uhr!

## Der Süden auf dem Luftweg

Das Flugnetz im Süden von Myanmar birgt noch einige Unwägbarkeiten. Die Namen der Airlines wechseln verblüffend häufig, und in der Nebensaison werden Verbindungen gern eingespart. **Yangon Airlines** z. B. hatte sämtliche Routen zwar im Programm, aber in der Realität nicht bedient. Achtung: Flugtickets über Agenturen zu beziehen, kann billiger sein als direkt von der Airline!

Die Strecke zwischen Mawlamyaing (MNU) und Yangon wird selten auf dem Luftweg zurückgelegt, da sie nur unregelmäßig und von **Myanmar National Airlines** angeboten wird. Wer von Mawlamyaing auf dem Luftweg nach Dawei (TVY), Myeik (MGZ) oder Kawthoung (KAW) reisen möchte, muss also in der Regel zunächst zurück nach Yangon. Von dort dauert z.B. ein Flug nach Myeik rund 2 Std. – inkl. 15 Min. Zwischenstopp in Dawei.

In der Saison wird die Südschlaufe meist tgl. bedient – zuletzt von **Air KBZ**, **Mann Yadanarpon Airlines** und **Myanmar National Airlines**. Ende 2015 völlig neu an den Start gehen möchte offenbar **Apex Airline**, ✆ 01-533 311, 💻 www.apexairline.com (der Chairman stammt aus Dawei).

| | | |
|---|---|---|
| **Dawei – Yangon:** | 60 Min. | US$60–115 |
| **Dawei – Myeik:** | 30 Min. | US$50–70 |
| **Dawei – Kawthoung:** | 60 Min. | US$70–110 |
| **Myeik – Yangon:** | 60 Min. | US$90–140 |
| **Myeik – Dawei:** | 30 Min. | US$50–70 |
| **Myeik – Kawthoung:** | 50 Min. | US$60–80 |
| **Kawthoung – Yangon:** | 90 Min. | US$100–160 |
| **Kawthoung – Myeik:** | 50 Min. | US$60–90 |
| **Kawthoung – Dawei:** | 60 Min. | US$60–80 |

*Die Angaben der Flugzeit beziehen sich auf Direktverbindungen.

Die Verbindungen nach KAWTHOUNG und MYEIK (Gesamtstrecke 395 km) wird abwechselnd von ca. 10 klimatisierten, mehr oder weniger betagten Fährbooten bedient, die jeweils 150–250 Passagiere aufnehmen können und mit Geschwindigkeiten bis zu 26 Knoten über das Meer rauschen. Die kleinsten sind etwas beängstigend – zumal sie nur über einen einzigen Ein/Ausstieg verfügen. Entsprechend sinnvoll ist es, sich rechtzeitig die besten Plätze zu sichern. Die Boote starten zumeist tgl. um 4 Uhr, brauchen nach Myeik 3–4 Std. (Tickets für Ausländer US$25–35) und von dort weitere 7–8 Std. bis nach Kawthoung (US$60–70). Achtung: Wenn Wind und Wellengang nicht ausreichend mitspielen, kann es auch in der Hochsaison vorkommen, dass mehrere Tage lang keine Schnellboote verkehren!

### Flüge

Der **Flughafen** liegt rund 3 km nordöstlich des Zentrums. Die großen Preisunterschiede auf den Flugrouten im Süden können einen Vergleich lohnen, wobei die staatliche Myanmar National Airlines (Myanma Airways) stets am billigsten ist. Die Strecke von/nach Kawthoung wird gern mit einer Zwischenlandung in Myeik unterbrochen. Näheres im Kasten auf S. 563.

**Air KBZ**, 14 Niban Rd., ✆ 059-23833.
◷ 9–17 Uhr, Sa und So nur bis 13.30 Uhr.

**Mann Yadanarpon Airlines**, 298 Paduak Shwe Wah Rd., ✆ 059-23948.

**Myanmar National Airlines** (Myanma Airways), Kannar St., Ecke Seike Kanthar St., ✆ 059-21070. ◷ meist 9–10.30 und 17–18 Uhr.

**Yangon Airways**, 13 Arzarni Rd., ✆ 059-22153-4.

## Die Umgebung von Dawei

### Religiöse Monumente

Die Wunscherfüllungs-Pagode **Hsutaungpyi** liegt rund 10 km von der Stadt entfernt auf einem Hügel. Sie hat einen silbernen und einen weißen, zur Hälfte jedoch goldfarbenen Stupa. Gleich mehrere sehenswerte Tempelanlagen befinden sich an der Straße nach Myeik: Nach etwa 5 km

## Im Brennpunkt ehrgeiziger Megaprojekte

Immer wieder taucht Dawei in Verbindung mit Großprojekten auf. Bereits verwirklicht ist die oberirdische, 700 km lange **Yadana(Yetagun)-Gas-Pipeline**, die aus dem Golf von Mottama bis ins thailändische Ratchaburi führt und zu den wichtigsten Einnahmequellen Myanmars zählt. Nicht so recht in Gang kommt das US$50 Mrd. teure Mammutprojekt des **Dawei Deep Sea Port & Industrial Estate**, 💻 www.daweidevelopment.com. Es soll den langen Seeweg über Singapore überflüssig machen – zusammen mit dem **Greater Mekong Subregion's Economic Corridor**, der per Straße und Schiene durch Thailand und Kambodscha bis zu den Tiefseehäfen Quy Nhon und Vung Tau in Vietnam führen soll. Bereits seit 2010 laufen – in enger Kooperation mit Thailand – die Planungen und Arbeiten an der **Dawei Special Economic Zone (DSEZ)**, die sich allerdings mit allerlei Skepsis und Problemen (wie Umweltsorgen und Umsiedlungen) verbindet. Mehr s. eXTra [5808].

ist der 1931 erschaffene **Shwethalyaung Daw Mu** erreicht. Mit einer Länge von rund 75 m und einer Höhe von 21 m handelt es sich um einen der landesweit größten liegenden Buddhas.

Rund 3 km weiter in Richtung Süden erhebt sich die 1438 von König Sawthila erbaute **Shinmokhti-Pagode**. Sie enthält u. a. eine Buddhafigur, die auf einem Floß aus Sri Lanka über das Meer nach Birma gelangt sein und Stücke des originalen Bodhi-Baums enthalten soll. Diese gehört zu einer Serie von Figuren, die auch in Pathein, Kyaikhto und Kjaikami verehrt werden (S. 527 und 553). Ganz in der Nähe findet sich die **Pa Shu Kyauk-Pagode** (Ayu Pjauk Paya) mit einer großen, schönen Buddhastatue.

## Maungmagan Beach (Maung Ma Kann)

Der bekannteste Strand liegt fast 20 km bzw. 30 Minuten Fahrt (per Moped-Taxi ca. 5000 Kyat, Limousine 15 000 Kyat) nordwestlich von Dawei und ist über eine längere Brücke sowie eine kurvenreiche Asphaltstraße zu erreichen. Nach der Durchquerung mehrerer Siedlungen, ausgedehnter Kautschukplantagen und einiger Hügel ist das Dorf **Maungmagan** erreicht – auf Deutsch: „Wo des Königs Konkubinen baden".

Hier liegt der fast 10 km lange, eher gräuliche **Maungmagan Beach**, der in Richtung Norden und in aller Einsamkeit bis zu einer größeren Flussmündung erwandert werden kann. Im Schatten von Kasuarinen und Palmen bieten auf einer Länge von rund 300 m einfache, familiär geführte Strandrestaurants aus Naturmaterialien einheimische Kost mit frischen Meeresfrüchten, während einige Resorts erste Komfortzimmer vermieten. Bisher gab es nur stundenweise Strom vom Generator im Dorf, ab Ende 2015 ist die reguläre Stromversorgung aus der Stadt geplant. Historisch gesehen handelt es sich nach Ngapali um den zweitwichtigsten Strand des Landes, weil dieser einst schon von den Briten verstärkt frequentiert worden war.

## Nabule Beach (Mayingyi Beach)

Wer in Maungmagan Richtung Norden abzweigt, erreicht nach rund 2 km zunächst die heißen Quellen von **Ye Putwin**, die mit rund 70 °C heißem Wasser zum prickelnden Schöpf- oder Vollbad einladen. Für 100 Kyat kann man ein größeres Gemeinschaftsbecken in der Mitte nutzen, abgeschirmte Kammern mit Betonbecken kosten 1000 Kyat, 🕒 6–18 Uhr.

Als nächste Etappe lässt sich – nach etwa 16 weiteren Kilometern in Richtung Norden bzw. 35 km von Dawei – das Informationszentrum der **Dawei Special Economic Zone (DSEZ)** (s. Kasten) einbauen, das aber vielleicht in die Stadt verlegt werden soll. Zum „Showroom" gehören ein Hörsaal und eine schmucke Siedlung für potenzielle Investoren. Die Zufahrt führt durch einsame Sumpflandschaften, die teilweise schon entvölkert sind (viele Einheimische warten noch auf ihre Entschädigung). Das großspurige Projekt ist – eine Schautafel am Kilometer 0 lässt die Ausmaße erahnen – ins Stocken geraten, doch letztendlich scheint sich nur die Frage zu stellen, in welcher Intensität es vorangetrieben werden kann. Der hier liegende Mega-Sandstrand erstreckt sich von Horizont zu Horizont!

Nach insgesamt rund 25 km vom Maungmagan Beach gelangt man zum **Nabule Beach** (Mayingyi Beach), dem wahrscheinlich schönsten Strand der Region. Nachdem die örtliche, von Erfrischungsständen umrahmte Pagode erreicht ist, gelangt man mit einem etwa zehnminütigen Fußmarsch hinunter zum Meer. Hier faszinieren drei Buchten mit goldgelbem Sand – unterbrochen von fotogenen Granitfelsen (der größte mit einem Stupa) und umspült von herrlichen, sauberen Meeresfluten.

## Boa Say (Baw Sei) Beach (San Maria Beach)

Wer in Maungmagan die Abzweigung nach Süden nimmt, gelangt nach rund 5 km (auch über den Strand zugänglich) zur Küstensiedlung Boa Say, wo bei Ebbe jede Menge großer Fischerboote auf dem Sand liegen. Hier beginnt der **Boa Say Beach**, der durch seine dichten Felsformationen nicht unbedingt zum Baden einlädt, aber von besonderer landschaftlicher Schönheit ist. Er endet nach rund 8 km geschwungener Bucht an einer Felsinsel. Diese ist durch eine kleine Betonbrücke mit dem Festland verbunden und mit der **Myaw Yit-Pagode** bebaut. Per Moped oder Auto lässt sich dieses Heiligtum über eine asphaltierte Straße durch das Hinterland erreichen, die an Fischerhütten (allmorgendlich szenischer Fischverkauf von 6–7 Uhr), Mangrovenwäldern und einer Lagune vorbeiführt. Südwestlich des Heiligtums schließen sich der etwas schlecht zugängliche **Doa Say Beach** und der **San Maria Beach (Myaw Yit Beach)** an – benannt nach einer österreichischen Krankenschwester und einladend zum Badevergnügen.

## Teyzit Beach

Zu den ersten schönen Stränden, die sich südlich von Dawei erreichen lassen, zählt der fast 30 km entfernte Teyzit Beach. Die beiden vorgelagerten Inseln lassen sich ggf. mit gecharterten Longtail-Booten erreichen.

## San Lan Beach

Rund 35 km südlich als Sandzunge zwischen dem Festland und einer Insel – bebaut mit dem gleichnamigen Fischerdorf. Von einem Hügel eröffnet sich ein entsprechend faszinierender Blick.

## Dawei-Halbinsel

Auf der sich südlich von Dawei erstreckenden Halbinsel entstehen erste Strandresorts – wie das von Life Seeing Tours Southern Myanmar (S. 572) geplante Traveller-Resort Myanmar Paradise Beach Bungalows, 💻 www.myanmarparadisebeach.com, am herrlichen, rund 60 km entfernten **Sa Sar Aw Beach** (per Bus 3000 Kyat, Moped-Taxi 30 000 Kyat oder Transfer per Auto 60 000 Kyat). Den südlichsten Zipfel der Halbinsel bildet rund 80 km entfernt von der Stadt der **Dawei Point** bzw. die dort auf einem Felsen liegende **Shin Maw-Pagode**.

## Inseln

Der Küste von Dawei vorgelagert ist eine dreigliedrige, insgesamt 70 km lange Inselgruppe, deren Besuch Ausländern aber noch verboten ist. Die Begründung ist wohl in militärischen Sperrgebieten, den lukrativen Salanganen-Nester-Kolonien oder auch der offiziellen Ausweisung als Naturschutzgebiet zu sehen. Bereits 1927 hatten die Briten die **Moscos-Inseln** – die bekanntesten Inseln dieses Archipels sind Maungmagan, Heinze (Haynze), Launglon Bok und Bok Yegan – zum Schutzgebiet erklärt. Auf den etwa 15 km vom Festland entfernten, teilweise stark bewaldeten und bis zu 360 m hohen Inseln sollen u. a. Wildschweine, Muntjak- und Sambar-Hirsche leben sowie noch viele Meeresschildkröten ihre Eier ablegen.

### ÜBERNACHTUNG

Die ersten beiden Komfort-Resorts am **Maungmagan Beach** wurden 2013 eröffnet:

**Coconut Gh.**, 📞 09-4237 13681, ✉ cocoguesthouse95@gmail.com. Etwa 700 m vom Strand und bevorzugt von Ausländern. Der Franzose Julien geht gern fischen, seine Frau Zinmar (Aye) managt das Resort, dessen Stil in Myanmar noch selten ist. 12 wohnliche Zimmer mit guten Bädern und wahlweise AC. Den Mittelpunkt der begrünten Anlage bildet das einladende Restaurant mit Strohdach, Holzboden und Bodenkissen. Massagen für 5000 Kyat. ❸

**Maungmagan Beach Resort**, 📞 09-4222 01819, ✉ tddpcdawei@gmail.com. Direkt am Strand und beliebt bei Einheimischen. Etwas statisch und barackenartig wirkendes Strandresort mit 53 geräumigen, angenehmen Komfortzimmern der Kategorien „Seaview" und „Mountainview". Großes Restaurant mit Karaoke-Lounges, Massagen für 6000 Kyat. ❸–❹

### ESSEN

Unter den zahlreich gewordenen Möglichkeiten, auf einer strohgedeckten Bambus-Plattform am Meer zu speisen, zeichnet sich dieses Restaurant als besonders professionell und sauber aus:

**Crown**, ✆ 09-4986 7172. Ist schon länger etabliert, für BBQ-Fische, Meeresfrüchte Suppen oder Tintenfisch-Gerichte beliebt und betreibt im Hinterland eine Hummerfarm. Kilopreise je nach Größe US$20 oder US$40, eine Flasche Bier 2000 Kyat. ⌚ 7–21 Uhr.

18 HIGHLIGHT

## Myeik (Mergui)

Die Strecke von Dawei nach Myeik dürfte sich wohl noch lange als Dauerbaustelle präsentieren. Sie führt über etliche Brücken, die Orte **Palauk** und **Palaw** sowie kurz vor dem Erreichen der Stadt über den imposanten **Tanintharyi-Fluss**, in dessen Mündungsgebiet sie liegt. Die Anreise von bzw. Weiterreise nach Kawthoung über den Landweg ist Ausländern bisher allenfalls bei Ausfall der Fähren erlaubt und dauert in den noch unklimatisierten Bussen mindestens 14 Stunden. Wenn es eines Tages tatsächlich zum neuen Grenzübergang **Maw Daung / Singkhon-Pass** kommen würde, könnte sich Myeik direkt über den Landweg aus Thailand erreichen lassen. Zudem erwägt Bangkok Airways mit ATR-72-Maschinen Direktverbindungen aus Bangkok.

Mit allerlei verborgenen Sehenswürdigkeiten gespickt, lässt sich das um 350 000 Einwohner zählende, ca. 930 km von Yangon und 250 km südlich von Dawei liegende Myeik als einer der schönsten Küstenorte von Myanmar bezeichnen. Von den Kolonialherren einst Mergui, Meringue, Merguim, Mergen, Merguay oder Mergee und von den benachbarten Thailändern als Malik bezeichnet, wird der heutige Name im lokalen Dialekt als „Beik" ausgesprochen.

Neben dem Handel mit Zinn, Wolfram, Kautschuk, Kokosnüssen, Rattan, Vogelnestern und der Perlenzucht lebt der Hafenort vor allem vom Fischfang. Die hier fermentierte Fisch- und Garnelenpaste *ngapi* ist im ganzen Land begehrt. Doch Myeik hat größere Visionen und will wichtigster Fischauktionsmarkt Asiens werden, wobei sich die Einwohnerzahl vervielfachen soll. Die seit 2013 eröffneten Hotels indes künden – auch wenn der Besuch der Inseln meist noch einer Sondergenehmigung bedarf (s. Kasten S. 572) – von der wachsenden Bedeutung als Tor in den gleichnamigen Archipel, der als letzte unberührte Meereslandschaft Südostasiens fasziniert. Doch sollte niemand der Versuchung erliegen, die Stadt selbst als Badeziel zu begreifen.

Ab dem 17. Jh. diente Myeik lange als Hafen des siamesischen Königreichs von Ayutthaya. Wer auf dem Landweg eintraf, wurde mit kleinen Booten auf dem Tanintharyi ins Hinterland befördert, um von dort bis nach Ayutthaya zu gelangen. Als sich Myeik zum wichtigen Handelshafen entwickelte, ließen sich immer mehr Europäer als Gesandte oder Geschäftsleute nieder.

Zu berüchtigter Berühmtheit gelangte Samuel White als Admiral der thailändischen Marine sowie Shabandar (Gouverneur) und Hafenmeister von Mergui, weil er eintreffende Schiffe willkürlich auszurauben pflegte und auch den Einheimischen viel Geld abgepresst haben soll. Als er es gar zu bunt trieb, schickte die British East India Group 1687 die Kriegsschiffe *HMS Curtainer* und *HMS James*, von denen Letzteres im Hafen versenkt wurde. Denn die Einheimischen fühlten sich bedroht und verwiesen alle Briten aus Myeik – inkl. White, dem es jedoch gelang, nach England zu entkommen und den Rest seines Lebens als wohlhabender „Gentleman" zu genießen. 1826 kehrten die Briten mit mehr Schlagkraft zurück und beherrschten die Region bis 1948 – unterbrochen nur durch ein vierjähriges Intermezzo der Japaner im Zweiten Weltkrieg.

## Theindawgyi-Pagode

Als wichtigstes Heiligtum Myeiks erhebt sich auf einem Berg über der Stadt die Theindawgyi-Pagode. Im Mon-Stil aus Holz, Backstein und Stuck erbaut, kann die Andachtshalle mit einer eindrucksvoll geschnitzten, bemalten Holzdecke aufwarten. Am vorderen Eingang thront ein Buddha in „europäischer Pose", während 28 kleinere Bildnisse die Seiten säumen. Im Zentrum sitzt ein großer Buddha in Meditationshaltung, weiter hinten ruht ein liegender. Von den unteren Innenwänden und den Säulen glitzern Spiegelmosaike. Auf der weiten Terrasse erhebt sich ein großer vergoldeter Stupa, der von vier kleineren umgeben ist. Von der „Myeik-Pagode" eröffnet sich ein wunderbarer Ausblick auf den Hafen und die vorgelagerte Insel Pataw Padet.

## Architektonisches Erbe

Ob eher Dawei oder Myeik mehr architektonisches Erbe zu bieten haben, ist schwierig einzuschätzen. Obwohl die Großbrände von 1971, 1989 und 2001 viel historische Bausubstanz zerstört haben, finden sich in Myeik noch faszinierende, um die 100 Jahre alte **Kolonialbauten**, davon viele aus Stein, und das sogar im Ensemble. Danach Ausschau halten sollte man z. B. im Umfeld der **Palae Road** und Amoyedwin Road, wo sich sogar ein noch heute benutzter **Badebrunnen-Pavillon** findet. Eindrucksvoll auch die schneeweiße, schmucke Doppel-Villa des ehemaligen **Hotels Mergui**, die sich im Bereich der Basic Education Highschool findet. Noch älter sind das Haus der **Royal Pearl Trading** und die umliegenden Bauten in der School Road.

### Seafood als Exportschlager

Weil draußen im Indischen Ozean ergiebige Fischgründe liegen, soll Myeik in Zukunft von tgl. bis zu 50 Fischerbooten angelaufen werden. Der erste Meilenstein dafür wurde im Jahr 2000 mit dem **Myanmar International Fish Auction Market** (MIFAM), 💻 www.mfijvfisheries.com, im Südosten der Stadt gelegt. Er verfügt u. a. über einen 225 m langen und 15 m breiten Myothit-Jetty mit einer 135 m langen Brücke und 30 Entladungskränen sowie 4500 m² Lager- oder Verkaufsfläche, um tgl. bis zu 2000 t Meeresfrüchte umschlagen zu können. Bei einer Küstenlänge von 2238 km fängt Myanmar jedes Jahr insgesamt über 1 Mio. t Fisch aus dem Meer, wovon über ein Drittel exportiert wird. Die wichtigsten Abnehmer sind Thailand, Singapore, China und Japan. Andererseits stößt die birmanische Fischereibehörde auf enorme Schwierigkeiten, mit Schutzzonen und -zeiten oder einer Mindestweite von Netzmaschen die Plünderung der Ressourcen in küstennahen Gebieten einzudämmen.

## Traditionelle Werft

Captain Sparrow lässt grüßen: Keinesfalls versäumt werden sollte ein Besuch der örtlichen, rund 2,5 km vom Zentrum entfernten als **Port Dockyard** bezeichneten Werft für Holzboote (Schiffe aus Stahl werden rund 15 km östlich der Stadt an einem Fluss gewartet). Hier wird noch alles per Hand erledigt – wie sogar die Bewegung von tonnenschweren Kielen mithilfe von dicken Tauen und 60 synchronisierten Arbeitern (Tageslöhne ab US$5 pro Tag). In den Trockendocks faszinieren u. a. konfiszierte, imposante Fischkutter aus Thailand oder bis zu US$70 000 teure Neubauten komplett aus Holz.

## Insel Pataw Padet

Hierbei dürfte es sich um die am einfachsten zu besuchende Insel des Myeik-Archipels handeln. Pataw Padet ist mit Longtail-Booten (je nach Passagierzahl und Wartezeit für 5000–10 000 Kyat) vom Seiknge-Jetty innerhalb weniger Minuten zu erreichen.

Zunächst gelangt man zum 1956 erschaffenen **Atula Shwethalyaung** – dem mit einer Länge von 65 m und einer Höhe von 16 m fünftgrößten, liegenden Buddha des Landes. Dahinter führt ein schweißtreibender Aufstieg zum Padet-Berg bzw. einer Pagode hinauf, von der sich ein toller Ausblick auf Myeik und das Meer eröffnet. Am besten nachmittags, wenn die Sonne auf die Stadt scheint und es nicht mehr so heiß ist.

## Märkte

Obwohl der Warenumschlag vorwiegend an der großen Flussbrücke im Norden von Myeik abgewickelt wird, beeindruckt das Treiben am Hafen bzw. in der Strand (Kannar) Road, die als Hauptschlagader der Stadt pulsiert. Hier liegt natürlich auch der traditionelle **Sibinthaya Zei-Markt**, Mo–Sa 6–16.30 Uhr. Spannender ist aber ein Besuch des betriebsamen Fischmarkts **Nga Lay Lan Se** – natürlich besonders von 5–9 Uhr. Seit 2011 kann die Stadt auch mit einem ersten, modernen Einkaufszentrum aufwarten.

## ÜBERNACHTUNG

Die Neueröffnungen von 2013/14 haben Myeik endlich erste, angenehme Unterkünfte beschert. Zwar bieten fast alle Unterkünfte WLAN, doch hapert es oft noch erheblich an der Qualität.

**Eain Taw Phyu Hotel**, 42 Kan Phyar Rd. (Baho Rd.), 059-42055-6, http://eaintawphyu.com. Neu seit 2014 als 2-stöckiger Bau und vom Design sicher Myeiks schönstes Hotel. 28 wohnliche Komfortzimmer mit viel Holz – als Deluxe für US$80 größer, mit Badewanne und den landesweit längsten Waschbecken (1,50 m!). Pool mit Jacuzzi-Düsen und Spa, Skybar und Café Mali – alles professionell gemanagt vom Sohn des Besitzers, Mr. Nay Linn Aung. ⑤

**Hotel Grand Jade**, 28-30 Kan Phyar Rd. (Baho Rd.), 059-42084, 09-564 1579, www.hotelgrandjade.com. Neu seit Ende 2014 als stadtweit größtes Hotel – geführt von Mr. Jeffry, dem freundlichen Sohn des Besitzers. Der 1. bis 4. Stock birgt ein Einkaufszentrum, der 5. bis 8. Stock 156 hell-freundliche Balkonzimmer, und das Rooftop fasziniert als Sky Lounge mit Panoramablick. Schöne Superior-Kategorie mit Glasbalkonen, hochwertigem Mobiliar und Badewannen. ④–⑤

**Hotel Mergui**, 216 Kachin Rd., 059-42425, hotelmergui@gmail.com. Etabliert seit 2006 als 3-stöckiger Bau mit origineller Architektur und Säulen sowie schönem Foyer. 30 wohnliche Fliesen-Zimmer mit AC in 4 Kategorien. Geräumige Suiten mit Blick ins Grüne. ③–④

**Kyal Pyan Hotel**, 58 Gon Yone Rd., 059-41427. Betrieben vom netten Besitzer eines Goldladens am Markt. 40 Zimmer, davon 26 mit AC, aber leider auch etliche abgewohnt und schmuddelig. Die Eckzimmer im 4. und 5. Stock bieten immerhin Hafenblick. ②–③

**Mya See Sein Hotel**, Strand Rd., 059-41272, myaseeseinhotel@gmail.com. Seit 2007 mit schicker Fassade in bester Lage, doch die

Die Werft von Myeik bietet Impressionen aus schon längst vergangen geglaubten Zeiten.

© VOLKER KLINKMÜLLER

DER SÜDEN

35 Komfortzimmer können qualitativ nur bedingt mithalten. Die Hälfte bietet aber immerhin Fenster mit szenischem Hafenblick. ❹

**Myeik Gh.**, Strand Rd., ✆ 09-2504 70134. Über einem Supermarkt gelegen. Die 9 neuen, preiswerten AC-Zimmer sind sauber, verfügen über TV und Minibar, haben aber kein eigenes Bad und auch keine Fenster, obwohl die Fassade direkt zum Hauptpier schaut. ❷

€ **Royal Myeik Gh.**, Strand Rd., ✆ 09-3166 6532. Neu seit 2014 über einem Farbengeschäft – mit Rezeption am Hintereingang. 7 günstige und pieksaubere, aber fensterlose Zimmer – und morgens etwas Bootslärm. 4 sind mit AC bestückt, die übrigen mit Ventilator und Gemeinschaftsbad. Einladende Gemeinschafts-Veranda mit Hafenblick. ❶–❷

**White Pearl Gh.**, Middle Rd., ✆ 09-2528 88812, ✉ whitepearlhotelmyeik@gmail.com, 💻 auf Facebook. Als Neueröffnung seit Ende 2014. Der freundliche Mr. Han bietet 22 Zimmer mit guten EZ-Raten, die günstigsten mit Ventilator und Gemeinschaftsbad und die schönsten als Eckzimmer mit Fenstern. Frühstück gibt es auf einer herrlichen Dachterrasse mit Meeresblick. Verleih von Fahrrädern und Mopeds. ❶–❷

### Spätes Schlemmen

Nicht zuletzt weil die Restaurants relativ zeitig schließen, empfiehlt es sich, zum Abendessen den **Nachtmarkt** an der Uferpromenade aufzusuchen, denn dort lässt es sich mit Blick auf den Hafen und die auf dem Berg leuchtende Theindawgyi-Pagode herrlich schlemmen. Es locken mehrere große und viele kleine Essensstände mit üppigen Topf-Buffets. Die Gerichte umfassen viel Seafood, dazu mundet z. B. thailändisches *Singha*-Bier in Dosen. 🕒 17–23 Uhr. Ebenso empfehlenswert ist ein Besuch im Rooftop-Restaurant des Hotels Grand Jade. 🕒 9–23 Uhr.

Wen es eher nach Süßem gelüstet: Der beste **Snack-Markt** des Südens heißt Dawei Su (auch Myint Nge) und liegt an der gleichnamigen Straße bzw. nicht weit vom YYA Café & Bakery House. Hier werden leckere Kokos-Pfannkuchen, Frühlingsrollen und Crêpes gebrutzelt. 🕒 14.30–16.30 Uhr.

## ESSEN

Die Meereskost ist zwar meist frisch, wird aber längst nicht so perfekt präsentiert und zubereitet wie etwa in Thailand. Zu den örtlichen Spezialitäten gehört *kat gyi kai* – in kleine Stücke geschnittene Nudeln, die mit Meeresfrüchten und Gewürzen vermengt werden. Ohne *balchaung*, die knusprige, scharf-sauer-salzige Kombination aus getrockneten, zerstampften Garnelen, Knoblauch, Zwiebeln und Essig, kommen hier im Süden nur wenige Gerichte aus.

**Costal One**, Naukte Rd., ✆ 09-4100 5113. Etwas entlegen als uriger Einheimischen-Treff mit Fassbier und Hausmannskost – wie leckeren Garnelen mit Cashew-Nüssen. 🕒 9–23 Uhr.

**Restaurant No. 1**, 18 Pale Rd., ✆ 059-4987 2102. Bietet einen gewissen Kontrast – mit indischen Gerichten, darunter etliche mit Lamm, oder leckerem *chicken masala*. 🕒 4–24 Uhr.

**Sakura Food & Drinks**, U Myat Lay St., ✆ 059-42747. Als BBQ-Restaurant mit freundlicher Atmosphäre bzw. AC- und Außenbereich. Als besondere Note gibt es 3 eisgekühlte Biere vom Fass: *Myanmar*, *Tiger* und *ABC* für 650, 700 bzw. 800 Kyat. 🕒 7–22 Uhr.

**Shwe Mon**, am Unabhängigkeits-Denkmal, ✆ 09-3334 0888. Etabliert seit 1999 als kleines, familiär geführtes Restaurant alten Stils, mit einigen Außenplätzen. Allerlei Hausmannskost – aus Speisekarte oder einem Glastresen, leckere *chicken currys*. 🕒 9–21 Uhr.

€ **Shwe Yar Su**, Strand Rd., ✆ 059-41986. Populäres Restaurant mit einheimischer Küche sowie natürlich auch etlichen Gerichten mit Meeresfrüchten. 🕒 15–23 Uhr.

**Sky Dining Lounge**, als Rooftop-Restaurant des Hotels Grand Jade. Empfiehlt sich u. a. zum Sonnenuntergang mit Cocktails ab 2500 Kyat, aber auch für exzellente, etwas höherpreisige Küche bzw. auch viel Thai-Kost. Die „Super Saturday Partys“ bieten die stadtweit einzige Gelegenheit zum Tanzen. 🕒 18.30–22.30 Uhr.

## Myeik (Mergui)

**YYA Café & Bakery House**, Gon Yone Rd., ✆ 059-42662. Neu und modern, sauber und populär – mit gutem WLAN. Unschlagbar sind der *cheese cake* oder der *opera cake* (als schmackhafter Pudding) für je 800 Kyat. Diverse Kaffee-Spezialitäten für 600–1500 Kyat aus einem zeitgemäßen Automaten. Natürlich auch Eiscreme und Fruchtsäfte. ⌚ 7–22 Uhr.

## SONSTIGES

### Einkaufen

**Myeik Shopping Center**, am nördlichen Stadtrand. Modern, angenehm und klimatisiert bzw. ideal, um der Mittagshitze zu entfliehen. Im Erdgeschoss der stadtweit bestsortierte Supermakt und Boutiquen, die zahlreich mit

## Exklusive Touren

Auch wenn es Travellern schon vereinzelt gelungen sein mag, zu diversen Inseln vorzudringen und dort auf dem Boot oder mit Zelten und Lagerfeuer-Romantik zu übernachten: Das Bereisen der Inseln ist bisher nicht auf eigene Faust möglich, sondern nur per **Sondergenehmigung** (bis zu US$50 p. P. und Tag), die Touristen müssen von einem Guide begleitet abends wieder zurück in Myeik sein.

Einige oder alle Vorschriften könnten sich eines Tages natürlich ändern. Wie, wann und welche Inseltouren sich bis dahin unternehmen lassen, hängt von facettenreichen Faktoren ab – wie Jahreszeit, Wetterlage, Bootscharter und natürlich davon, ob die zuständigen Behörden die dafür notwendige Erlaubnis überhaupt erteilen wollen, können oder dürfen. Denn reguläre **Permits** müssen in Nay Pyi Taw beantragt werden und würden bis zu zwei Wochen benötigen, sodass die in Myeik ausgestellten Papiere gern als *Semi-Permits* bezeichnet werden. Charterboote kosten US$500–600 pro Tag und können meist bis zu 10 Passagiere aufnehmen.

Darüber hinaus gilt die Faust-Formel: Je weiter weg die Inseln von der Stadt Myeik im Meer liegen, desto schöner sind sie, wobei sich die reizvollsten im mittleren und südlichen Abschnitt des Archipels verbergen und eigentlich entsprechend leichter von Kawthoung aus zu erkunden sind. Lediglich die beiden stadtnahen Inseln **Pataw Padet** (S. 568) und **Kadan Kyun (Kyunsu)** (S. 574) lassen sich ohne Permit besuchen, bieten aber auch kein paradiesisches Flair.

Ausflüge von Myeik müssen aber nicht nur immer zu den Inseln führen: Seit 2014 zugänglich geworden ist z. B. der **Wasserfall Ma Zaw**, der sich rund 50 km östlich der Stadt im Dschungel versteckt und zu paradiesischen Badefreuden lockt. Im gleichnamigen Dorf muss dann ein lokaler Moped-Guide (5000–6000 Kyat) genommen werden, um dorthin zu gelangen ... Noch abenteuerlicher kann ein Abstecher zum Namensgeber der Region, dem bisher kaum besuchten, absolut ursprünglichen Ort **Tanintharyi** ausfallen, der tgl. per Bus oder Boot (3000–4000 Kyat) in 4–4 1/2 Std. erreichbar ist und auch eine einfache Herberge zu bieten hat!

Exklusive Touren in und um Myeik organisieren der 27-jährige Reiseführer **Mr. Tam**, ✆ 09-2543 03230, ✉ tamkaungkohtwe@gmail.com (erfahren im Organisieren von Bootstrips!, Tagessalär US$30), der ebenfalls sympathische und bestens Englisch sprechende **Mr. Thu Yain (Mike)**, ✆ 09-2546 47270, ✉ thuyaintun09@gmail.com (Tagessalär US$25), oder **Life Seeing Tours Southern Myanmar** (tolle Tagestrips mit Boot/Auto nach Tanintharyi!), s. u.

täuschend echten, kreativ bekleideten Schaufensterpuppen werben, oben einige Restaurants mit WLAN. ⌚ 9–21 Uhr.

Schnell erreichbar ist der **Myeik Minimarkt** im Erdgeschoss des Myeik Gh., ✆ 059-42758. ⌚ 7–22 Uhr.

### Reisebüros

**Life Seeing Tours Southern Myanmar**, im Hotel Grand Jade, ✆ 059-41906, 09-2542 07077, 💻 www.lifeseeingtours.com. Der aus Thüringen stammende André Schneegaß ist ein Ex-Event-Manager und Weltenbummler, der im tiefen Süden Myanmars hängen blieb und davon beseelt ist, Neulandsucher durch die Region zu führen – z. B. mit facettenreichen Stadt- oder Strandtouren, Buchungen von Hotels, Transfers und Tickets aller Art. Ideale Infobörse. Büro-Ableger in und Strandresort bei Dawei geplant. ⌚ 8–20 Uhr.

**Sun Far Travels & Tours**, Pyi Tawtar St., ✆ 059-41160, 💻 www.sunfartravels.com. Professionell – vor allem für Flugbuchungen aller Art. ⌚ 8–17, Sa, So nur bis 12 Uhr.

## NAHVERKEHR

Ein **Moped-Taxi** pro Tag kostet 15 000–20 000 Kyat, ein **Tuk Tuk** 30 000–40 000 Kyat, Trips in die Umgebung können teurer werden. Transfers vom Zentrum zum Busbahnhof bzw. Flughafen kosten 1000 Kyat, per Tuk Tuk 3000 Kyat. Charter-Taxis sind exorbitant teuer und können bis zu US$200 pro Tag kosten!

### TRANSPORT

#### Busse

Der **Busbahnhof** liegt 3,5 km nordöstl. vom Zentrum, die Abfahrten jedoch erfolgen meist aus der Baho Rd. im Zentrum. Die Strecke nach DAWEI wird von 13 Firmen bedient, die AC-Busse (44 Sitze) starten meist um 3 Uhr, kosten 8000 Kyat und benötigen ca. 9 Std. (s. auch 💻 www.oway.com.mm). Der Tür-zu-Tür-Service mit Minivans kostet 10 000 Kyat und braucht ca. 1 Std. kürzer. Busse nach YANGON, 21 000 Kyat, brauchen sagenhafte 28 Std. Die Strecke nach KAWTHOUNG wird nur mit Non-AC-Bussen bedient, 20 000 Kyat, 16–20 Std., ist aber für Ausländer noch verboten.

#### Boote

Tickets von Myeik nach DAWEI kosten US$30–40 (s. dazu auch Dawei, Transport), nach KAWTHOUNG sind es US$40–50. Die Boote legen meist gegen 8 Uhr vom **Seik Nge-Jetty** ab, in dessen Nähe sich auch die Ticketbüros der 3 Gesellschaften befinden: **Hi Fi**, ☏ 09-564 0234, **27 (Fortune Express – 727)**, ☏ 059-41908, und **Ayanadi Express**, ☏ 059-41142, ⏲ meist 7–19 Uhr.

#### Flüge

Der Flughafen liegt nur ca. 3 km vom Zentrum. Bei den Verbindungen nach Yangon wird gern ein Zwischenstopp in Dawei eingelegt. Näheres zu Flügen auf S. 563.

**Air KBZ**, 53 Baho Rd., ☏ 059-42224.

**Mann Yadanarpon Airlines**, Ball Lone Kwin Building, Kann Phyar Rd., ☏ 09-2541 86884.

**Myanmar National Airlines**, Ecke Kannar St., Seike Kanthar St., ☏ 059-21070, 059-21160. ⏲ 9–10.30 und 17–18 Uhr.

## Der Myeik-Archipel

Seit dem Zweiten Weltkrieg ist diese bisher kaum besiedelte, über rund 500 km von Myeik bis nach Kawthoung an der Südspitze Myanmars reichende Inselgruppe fast völlig von der Außenwelt isoliert gewesen. Obwohl eine alte britische Erhebung nur rund 800 Inseln auflistet, sollen es in Wirklichkeit über 4000 sein. Mit seinen unberührten Stränden, ausgedehnten Korallengärten, einer faszinierenden Vielfalt an tropischen Fischen, Schildkröten oder riesigen Schwärmen Hornbills verfügt der Myeik-Archipel über ein enormes touristisches Potenzial und wird sich früher oder später leider zu einem beliebten Urlaubsziel mit mehr Schiffsverkehr entwickeln. Dieser und weiterer Gefahren (s. Kasten S. 576) könnte die Inselgruppe wohl allenfalls trotzen, wenn sie von der Unesco – wie bereits erwogen und untersucht – als Biosphären-Reservat in die Liste des Weltnaturerbes aufgenommen werden würde.

Bis dahin dürfte sich in diesen geheimnisvollen Breitengraden noch so einiges an Mythen, Legenden und Geheimnissen entdecken lassen. Von dem britischen Dampfer *Sir Harvey Adamson* z. B., der 1947 auf dem Weg nach Myeik mitsamt Besatzung und 269 Passagieren in den Weiten des Archipels verschollen ist, fehlt bis heute jede Spur. Auf der Insel Lampi soll es einst einen Flugplatz der Japaner gegeben haben, der bislang gänzlich unerforscht ist. Auch die unzähligen Felsbuchten der Inseln dürften noch etliche Geheimnisse bergen, dienten sie doch einst Piraten als Unterschlupf, die so manches Schiff plünderten. Auch Funde von Ming-Porzellan in Fischernetzen lassen historische Schätze auf dem Meeresgrund vermuten.

Die meisten Eilande des 36 000 km² großen Archipels sind unbewohnt, auf einigen sind Seenomaden anzutreffen. Möglicherweise handelt es sich bei den Moken (von Maw Ken – „im Meer ertränkt") um die erste ethnische Gruppe, die im heutigen Myanmar siedelte. Von den Briten einst „Saleeter" genannt, von den Birmanen als „Salon", den Thais „Chao Naam" oder „Chao Leh" und den Malaien „Orang Laut" oder „Orang Basin" bezeichnet, lebten sie bis vor Kurzem ausschließlich vom Fischfang und Perlentauchen. Durch einen Schlauch mit Atemluft versorgt und mit um die Hüfte gebundenen Ballast-Steinen sollen sie sogar bis zu 60 m tief tauchen und unter Wasser hervorragend sehen können. Was sie von dort so heraufholen, hat sich u. a. im April 2001 gezeigt, als vor der Küste der Insel St. Matthews die mit 169 g (845 Karat) größte Naturperle der Welt geborgen wurde.

© VOLKER KLINKMÜLLER

Die Inseln des Myeik-Archipels verzaubern mit herrlichen Stränden und glasklaren Fluten.

Ein weiteres lukratives Geschäft ist die Ernte von **Salanganen-Nestern**, die für einen Kilopreis von mehreren tausend Dollar verkauft und deshalb „weißes Gold" genannt werden. Die lichtdurchlässigen Nester bestehen aus dem Speichel der Seeschwalben und kleben an den Felswänden unwegsamer Höhlen, wo sie mithilfe schwindelerregend hoher Leitern und wackeliger Bambusgerüste eingesammelt werden. In Hühnersuppe gekocht, weichen die Nester zu fadenförmigen Nudeln – eine Delikatesse mit angeblich positiver gesundheitlicher Wirkung.

Einen ersten Eindruck vom Archipel können Fährpassagen von Dawei oder Kawthoung (bisher Startpunkt fast aller Meereskreuzfahrten, s. Kasten S. 576) nach Myeik (neu für kleinere Bootstouren, s. Kasten S. 572) vermitteln, doch faszinierender ist der Blick aus dem Flugzeug – wie er sich auch auf der Kurzstrecke (3x wöchentl., US$50) zwischen Myeik und Bopyin eröffnet. Dieser Küstenort könnte sich eines Tages als drittes Tor zu den Inseln etablieren.

## Kadan Kyun (Kyunsu)

Der Stadt Myeik vorgelagert und von den Briten „Königsinsel" genannt, handelt es sich um die mit 440 km² größte Insel des Archipels. Auf ihr wurde 1981 eine kleine Stadt erbaut, inklusive eines Wasserkraftwerks für die dort gelegene Marinebasis. Neben Pataw Padet ist es die einzige Insel, die ohne Permit besucht werden darf. Die Fähre legt um 8 Uhr ab, Tickets werden an Bord für 1000 Kyat verkauft, Rückfahrt ist um 15 Uhr. Für 5000 Kyat kann man mit einem Moped-Taxi die erlaubten Regionen abfahren und zu einem Wasserfall gelangen, der zum Baden einlädt. Sandstrand allerdings sucht man hier vergebens.

## Maingy Kyun

Sie wurde nach dem Verwaltungsbeamten Maingy benannt, der einst für die Region von Tenasserim zuständig war. Die Insel lebt vor allem von der Muschel- und Perlentaucherei, aber auch von der einträglichen Salanganen-Nester-Ernte.

## Lampi Kyun (Sullivan Island)

Sie ist sicherlich – nicht nur wegen der bis zu 2 km langen Sandstrände – das faszinierendste Eiland des Archipels und bleibt hoffentlich noch lange von Touristenscharen aller Art verschont.

Die 90 km lange und nur 8 km breite Insel (etwa die Größe Singapores) zählt zu den unberührtesten Ecken Südostasiens und wurde schon frühzeitig zum Nationalpark erklärt. Im Inneren erheben sich tropisch bewaldete Berge, während an der Westküste ganzjährig zwei Wasserläufe zum Meer fließen. Neben Nashornvögeln, Affen, Zibetkatzen, Seeottern, Pythons und seltenen Schildkrötenarten soll es hier sogar Krokodile geben – und Elefanten, als ausgewilderte Tiere, die vor langer Zeit von Holzfällern zurückgelassen wurden.

## Thathay Kyun (Pulau Ru)

Die Insel liegt nicht weit von Kawthoung im Meer und beherbergt mit dem Andaman Club seit 1995 das erste und lange einzige Strandresort im Süden Myanmars. Die von Thailändern betriebene Luxusanlage verfügt u. a. über rund 200 Zimmer mit Meerblick, einen von Jack Nicklaus entworfenen 18-Loch-Golfplatz und ein Spielkasino (S. 576). Von der 1800 ha großen „Insel des reichen Mannes" werden Ausflüge zu benachbarten Eilanden angeboten.

## Salon Kyun (Pulau Besin)

Die nicht weit von Thatay Kyun gelegene, dicht bewaldete „Seenomaden-Insel" verfügt über eine schöne Lagune und Sandstrände. Hier feiern die Moken Ende April ein größeres Fest. Mit den Eilanden Thuyekaung, Kyoonohilar und Waahlei soll diese Insel mit Priorität für den Tourismus erschlossen werden. Die Überfahrt von Kawthoung dauert rund eine Stunde.

## Mwedaw Kyun

Sie gilt als die südlichste Insel des Myeik-Archipels – bestückt mit zwei goldfarbenen Stupas.

### ÜBERNACHTUNG

Bisher gibt es auf den Inseln erst zwei Resorts, doch ist nun (leider) mit dem Bau weiterer Hotelanlagen zu rechnen.

## Liveaboard-Cruises – unterwegs in schwimmenden Meereshotels

Dass selbst kleinere Eilande oft mehrere Namen haben, macht die **Orientierung** im Myeik-Archipel nicht gerade leichter. Da das Reisen auf eigene Faust bzw. ohne Reiseführer aber ohnehin noch verboten ist, sind Ausländer bisher vor allem auf die professionellen und nicht ganz billigen Entdeckungstouren angewiesen. Diese sind seit Ende 1996 möglich und werden meist als *Liveaboard-Cruises* mit Vollverpflegung von Ranong / Kawthoung angeboten, einige neuerdings auch schon ab Myeik (Veranstalter s. Touren S. 572).

Die komfortablen **Jachten** sind in der Regel für 5–10 Tage unterwegs und kosten ab US$1000 p. P. (auf Early Bird/Last-Minute-Schnäppchen achten!) oder Komplett-Charter ab US$1800 pro Tag. Dazu addieren sich je nach Zielort und Reisedauer US$70–190 für die *Port & Park Fee* (für Lampi und alle Inseln bis dorthin sind es z. B. US$80, ab 11. Breitengrad US$120) an die birmanischen Behörden.

Die Touren richten sich nicht nur an Taucher, Schnorchler oder Paddler, sondern zunehmend auch an **Naturfreunde** und **Abenteuerlustige**, die die herrlichen Strände und das Innere von Inseln erkunden wollen. Trotz aller Enge an Bord ist – z. B. durch Komfort-Kabinen, Sonnendecks oder Bodenmatratzen – für ein hohes Maß an Behaglichkeit gesorgt, sodass sich die Teilnehmer schnell näherkommen können. Die **Crews** verstehen sich meist auf einen perfekten Bordservice und zaubern tgl. bis zu vier Mahlzeiten aus der Kombüse.

Bei Tauch-Insidern schon beliebt sind **Unterwasserziele** wie (in Nord-Süd-Richtung): die Great Western Torres, Northern Little Torres (228 km nordwestl. von Kawthoung: Tauchtiefe 10–40 m), Black Rock (190 km: Tauchtiefe 3–40 m; Haie, Adlerrochen, Mantas), North Twin und South Twin, Nar Nat Three Island (99 km: 27 m Tauchtiefe), Western Rocky (80 km: unter der Insel hindurchführender Tunnel; Haigründe), Shark Cave, Roe Banks oder die etwas abseits der Myeik-Inseln gelegenen Burma Banks (170 km nordwestl. der thailändischen Similan-Inseln: Meerestiefen bis zu 300 m), die sich eigentlich schon in internationalen Gewässern, aber immer noch innerhalb der 200-Meilen-Zone befinden.

## Ein Paradies wird geplündert

Die nach der Öffnung des Landes leider begonnene **Erschließung** des Myeik-Archipels für den Tourismus dürfte gravierende, wenig wünschenswerte Veränderungen für die Natur mit sich bringen. Das gilt natürlich auch für die Ureinwohner dieser faszinierenden Region – die als Seenomaden lebenden **Moken**, die bereits erste Erfahrungen als begehrte Beute von Touristen-Kameras und TV-Teams aus aller Welt machen mussten. Nicht wenige von ihnen sollen neuerdings sogar – noch in den 20er-Jahren ihres Lebens – an den Gefahren der aus Thailand eindringenden Zivilisation, wie Alkohol und Drogen, sterben.

Der Zauber des Archipels ist ohnehin enorm bedroht: Obwohl auf den Weiten des Meeres an manchen Tagen kein Fischerboot zu erspähen ist, werden die **Fischgründe** gnadenlos überfischt (es gibt z. B. immer weniger Großfische wie Haie), während es auf den tropisch bewaldeten Inseln immer wieder zu illegalem **Holzeinschlag** kommt oder Sandnester mit Schildkröteneiern geplündert werden. Zwar genießt die Inselwelt einen gesetzlich ausgewiesenen Naturschutz-Status, doch der Marine Myanmars mangelt es an Schiffen und Flugzeugen (und sicherlich auch an Motivation), um das riesige Gebiet zu überwachen. Zumal die Regierung mit schlechtem Beispiel vorangeht und die Insel **Kawye Kyun** verpachtet hat, wo nun offenbar ein Drittel der Bewaldung für die Bepflanzung mit Gummibäumen abgeholzt sowie ein Luxusresort und ein kleiner Flughafen gebaut werden sollen.

Zudem genehmigen die Behörden den exzessiven **Export von Sand**: Singapore lässt monatlich mehrere hunderttausend Tonnen Sand abbauen, um damit daheim riesige Landgewinnungsprojekte zu speisen. Mehr über den Raubbau am Paradies s. eXTra [5809].

**Andaman Club**, auf der Insel Thatay Kyun, ✆ +66-2-287 3031-3 (Resort), +66-2285 6404-7 (Bangkok), 0095-1-572 535 (Yangon), 💻 www.andamanclub.com. Exklusives 5-Sterne-Resort mit Boutique-Charakter und Spielkasino – nur 20 Min. Bootsfahrt von Ranong/Kawthoung (Abholservice). 205 schöne, behagliche Zimmer und Suiten in 4 Kategorien, 6 Restaurants und Bars sowie Karaoke-Lounges, Pool-Landschaft, Spa, 12 km langer Jogging-Trek und sogar ein 18-Loch-Golfplatz. Zielgruppe ist die Oberschicht aus Thailand und Singapore. Westliche Urlauber verirren sich nur selten hierher, obwohl es einen kleinen reizvollen Sandstrand gibt. ❻–❽

**Myanmar Andaman Resort**, auf der einsamen Insel Kayin Kwa (Fork Island oder Macleod), ✆ 059-51046, 09-515 9807 (Kawthoung), 01-377891-6 (Yangon), 💻 www.myanmarandamanresort.com. Seit 2005 rund 72 km bzw. 2 Schnellbootstunden von Kawthoung als erstes und einziges birmanisches Strand-Resort im Archipel. Das traumhafte Hideaway soll nach umfassender Renovierung zur Saison 2015/16 neu eröffnen. 22 stilvoll-luxuriöse Superior Cottages und Suite Chalets aus Naturmaterialien, 26 bzw. 40 m² groß und klimatisiert – buchbar als Arrangements mit Transfers und Halbpension. Verlockende Angebote von Trekkingtouren und Tauchkursen, Verleih von Schnorchelausrüstung und Kajaks. ❻

### TOUREN

Auf *Liveaboard-Cruises* haben sich z. B. folgende, bislang vorwiegend von Ranong / Kawthoung aus startende Anbieter spezialisiert – in Deutschland neuerdings auch zum Teil buchbar über das in Rotthalmünster beheimatete Unternehmen **Myanmar Discover / Sommer Fernreisen GmbH**, ✆ +49-8533-919 161, 💻 www.myanmar-discover.de:

**Asia Whale Travels & Tour**, 5th floor, Lake Kan St. 83A, Yangon, ✆ 09-518 4592, 💻 www.myanmarasiatravel.com. Verfügt über eine Flotte aus 5 modernen *Liveaboard*-Schiffen zum Tauchen und Kayaking, darunter die 25 x 6 m große *Seaworld-1* für bis zu 24 Passagiere oder die 18 m lange *Seahorse* mit 4 Kabinen. Für Nicht-Taucher gibt es einen Nachlass.

**Burma Boating**, ✆ +66-2-107 0445 (Bangkok), 💻 www.burmaboating.com. Internationales, absolut professionelles Team (darunter etliche Deutschsprachige) mit dem Gespür für paradiesische Kreuzfahrten – als organisierte Tour oder Voll-Charter. 6 faszinierende Schiffe wie der filmreife Schoner *SY Sunhine* oder die im Retrostil entworfene, 40 m lange *MY Drenec.*

**Mergui Princess / Elegant Myanmar Tours**, No. 20, Building D, Pale Rd., Mya Yeik Nyo Hotel, Yangon, ✆ 01-401 261, 09-4211 07472, 💻 www.merguiprincess.com, 💻 www.elegantmyanmartours.com. Die 24 m lange *MV Mergui Princess* hat 5 Kabinen für bis zu 16 Passagiere und eine 5 Mann Besatzung – für bis zu 7-tägige Touren, neuerdings sogar auch ab/nach Myeik!

**Moby Dick Tours**, 89-91 Room 2, 32nd Rd., Yangon, ✆ 01-380 382, 09-509 1672 (Kawthoung), 💻 http://islandsafarimergui.com. Zählt seit 2003 zu den Pionieren im Archipel und präsentiert sich mit einer unglaublichen Flotte von 11 stil- und stimmungsvollen Edeljachten – bzw. der *MV Sea Gipsy* sowie der *Mergui Safari 1* bis *10*, darunter stolze Katamarane und Semi-Segelschiffe. Neuerdings gibt es auch Safaris über Land.

## Kawthoung (Kawthaung, Victoria Point)

Lediglich die breite Mündung des Pak Chan-Flusses trennt Kawthoung im südlichsten Zipfel Myanmars von Thailand. Die kleine, sich über sanfte Hügel verteilende Hafenstadt – von den Briten als **Victoria Point** bezeichnet und unter Thais als **Ko Song** („Zweite Insel") bekannt – ist 2000 km von Putao als nördlichster Spitze des Landes entfernt, 1350 km von Yangon und 430 km von Myeik. Der 55 000 Einwohner zählende Küstenort lebt vorwiegend vom Handel mit Thailand, aber natürlich auch vom Fischfang und nicht zuletzt vom Visa Run, dem sich im Nachbarland lebende Ausländer regelmäßig unterziehen müssen. Inzwischen ist es reibungslos möglich, eine Myanmar-Reise hier zu beginnen (bei Benutzung der Fähre statt Flieger nach Myeik aber nur mit einer Übernachtung) oder zu beenden.

Der beste Ausblick über die Stadt eröffnet sich von der golden schimmernden **Pyi Taw Aye-Pagode**. 1949 auf einem Hügel errichtet, wurde sie später auf eine Höhe von 21 m aufgestockt. An der Hafenmeile gibt es kleine Restaurants und Geschäfte, die sich auf Baumaterialien aus Thailand spezialisiert haben. Hier wird man oft von Schleppern angesprochen, die Bootstransfers nach Ranong anpreisen. Der große, zollfreie **Markt** fällt durch seinen pseudobirmanischen Architekturstil ins Auge. Nicht weit vom Hafen liegt ein nach König Bayinnaung benannter Landvorsprung bzw. schön angelegter **Park**. Eine auf einer Erhöhung stehende **Bronzestatue**, die den Monarchen in voller Kriegsrüstung und mit einem gegen Thailand ausgestreckten Schwert zeigt, wird von den hier einreisenden Thais nicht gerade als freundlicher Willkommensgruß empfunden, war der birmanische König im 16. Jh. doch mehrmals bei ihnen einmarschiert.

5 km nördlich von Kawthoung erstreckt sich das Fischerdorf **Thirimyaing Lan** mit der **Third Mile Pagoda**. Diese liegt auf einem Hügel und ermöglicht einen bestechenden Ausblick auf das Meer mit den vorgelagerten Inseln. Im Umfeld offerieren einige Bambus-Restaurants fangfrischen Fisch und Meeresfrüchte. Nicht weit entfernt führt eine 400 m lange, fotogene Holzbrücken-Konstruktion zur Insel Pa Lut Tot Tot bzw. zu einem Strand, der mit einem netten Biergarten aufwarten kann. Als bester Strand der Region gilt der rund 10 km von Kawthoung entfernte **Parker bzw. Ten Miles Beach** (mit Tuk Tuk inkl. Wartezeit US$25–40). Ebenfalls über die Nationalroute 8 erreicht man fast 30 km nördlich der Stadt den zweistufigen Wasserfall **Ma Li Won**, der herrliche Felsbecken zur Abkühlung bietet. Wer die 24-Meilen-Zone rund um Kawthoung verlassen will, benötigt einen lizenzierten **Reiseführer**. Auch sonst mangelt es hier nicht an Servicekräften, die sich gern um „Langnasen" kümmern. Eindrücke ganz anderer Art lassen sich mit einer Visite im **Andaman Club** (s. o.) gewinnen.

### ÜBERNACHTUNG

Die touristischen Spots finden sich überwiegend an der Hafenmeile, die meisten Hotels wirken nicht besonders einladend und sind überteuert.

## Grenzübergang Kawthoung / Ranong

Es ist möglich, dass sich die Modalitäten schnell mal ändern können. Zudem sollte stets die **Zeitdifferenz** (Thailand plus 30 Min.) einkalkuliert werden. Die Grenzer machen bei Bedarf Überstunden und achten darauf, dass im Niemandsland niemand verloren geht.

### Ausreise

Vom frühen Morgen bis ca. 16.30 Uhr knattern die Longtails (als Sammeltaxi ca. US$2–3, als Charter US$8–10) in 20–30 Min. nach Thailand. Wer sich den Ausreise-Stempel beim birmanischen Grenzposten (weißer AC-Pavillon mit rotem Dach) am **Myoma-Jetty** mit der blauen Eisenträger-Konstruktion besorgt hat, kann die Boote einfach besteigen, um nach Ranong zu gelangen. Bei zwei Zwischenstopps an Stelzenbau-Checkpoints werden die Pässe noch einmal überprüft, dann führt am Ufer eine Treppe quasi automatisch zur Thai Immigration am **Saphan Pla-Pier**, wo das Königreich kostenlos ein 30-tägiges Visa on Arrival erteilt. ⌚ 8–17.30 Uhr.

### Einreise

Nachdem der Ausreisestempel im Reisepass ist, geht es vom **Sapan Pla-Pier** in 20–30 Min. per Longtail (als Sammeltaxi 60–90 Baht, als Charter 250–300 Baht) zum birmanischen Grenzposten am **Myoma-Jetty** in Kawthoung, ⌚ 7.30–17 Uhr. Wer sich zuvor ein reguläres Myanmar-Visum besorgt hat, darf ganz normal einreisen und per Fähre oder Flugzeug (bisher aber nicht über den Landweg) in Richtung Norden weiterreisen!

Wer ohne Visum kommt, erhält gegen eine Gebühr von US$10 (nur schöne Banknoten, oder 500 Baht) sowie die Hinterlegung des Reisepasses einen *Border Pass (Entry Permit)*. Dieser berechtigt aber nur zum Aufenthalt bis zwei Wochen in einer **24-Meilen-Zone** rund um Kawthoung!

Eine Ausnahme bilden *Liveaboard*-Touren zum Myeik-Archipel, für die man hier je nach Dauer und Ziel der Reise bis zu US$200 berappen muss.

### Übernachtung

Es empfiehlt sich, nicht länger als nötig in Kawthoung zu bleiben bzw. möglichst im thailändischen Ranong zu übernachten, wo sich schönere und preiswertere Unterkünfte anbieten, wie das **Le Sarin Chalet Resort**, ✆ +66-77-825 725, 💻 www.lesarinchalet.com, das **Pathu Resort**, ✆ +66-77-825 336, 💻 www.pathuresort.com, oder das flippig-hippe **The b Ranong Trend Hotel**, ✆ +66-77-823 111, 💻 www.thebranong.com.

Der dortige Flughafen wird bedient von **Nok Air**, 💻 www.nokair.com, und **Happy Air / Ranong Air**, 💻 www.happyair.co.th – u. a. mit täglichen Flügen nach Bangkok (90–100 Min.). Busfahrten zur Hauptstadt dauern um die 10 Std.

Für die beiden anderen internationalen Grenzübergänge nach/von Thailand s. S. 542 und 559.



**Garden Hotel**, 17 Bo Yar Nyunt Rd., ✆ 059-51731, 💻 www.gardenhotelmm.com. Rund 1,5 km nördlich vom Pier (Tuk Tuk 1000 Kyat) – als neueste und wohl auch angenehmste Option am Ort, natürlich mit Garten. Die EZ liegen im Erd-, DZ im Obergeschoss. ❸–❹

**Honey Bear Hotel**, am Hafen, ✆ 059-21352-3, ✆ 01-222 099 (Yangon-Büro). Liegt als 3-stöckiger Profanbau dort, wo die meisten Boote von/nach Ranong verkehren. 39 spartanische und zudem nicht gerade billige AC-Zimmer mit Teppichböden und kleinen Bädern. ❷–❸

**Kawthoung Motel**, Bogyoke Rd., Ecke Bosonpat Rd., rund 500 m vom Pier auf einem Hügel, ✆ 059-51139, 📠 059-51249. 5-stöckiges Haus mit geräumigen, aber etwas kahlen Zimmern – einige davon mit schönem Blick über die Bucht. ❷–❹

**Penguin Hotel**, 339 Sabel Rd., ✆ 059-51145, ✉ penguinhotel@gmail.com. Rund 200 m hinter dem Honey Bear am Hügel – mit 30 sauberen Fliesen-Zimmern, wahlweise mit AC, zu einem guten Preis-Leistungs-Verhältnis. Freundliches, hilfsbereites Management. ❷

## ESSEN

Die Speisekarten enthalten keine Preisangaben.

**Honey Bear**. Das zum gleichnamigen Hotel gehörende AC-Restaurant bietet gute birmanische, chinesische und thailändische Küche. Vergleichsweise geringe Preise. 🕒 6–23 Uhr.

€ **Mark**, Strand Rd. Von einem tempelartigen Dach geziertes Hafenkneipen-Restaurant, in dem es sich gut aushalten lässt, bei spottbilligem Fassbier und günstiger Thai-Kost sowie mit Blick auf die Landungsbrücke und den Park. Das benachbarte Restaurant **Tin Tin** ist beliebt für gute birmanische Küche oder die Gerichte mit Ente und Ziege. 🕒 beide ca. 7–22 Uhr.

**Smile**, Bogyoke Rd., nahe Kawthoung Motel. Gilt als etabliertestes Restaurant für Ausländer. Englischsprachige Speisekarte für chinesische Küche und fangfrisches Seafood. Ab 19 Uhr erschallt meist Karaoke. 🕒 7–22 Uhr.

## SONSTIGES

### Einkaufen

**Agme**, 252 Phaya Rd., ✆ 081-8916 297. Für alle, die nur auf einer *Liveaboard-Cruise* im Archipel unterwegs sind, die beste Gelegenheit zum Erwerb hiesiger Souvenirs. 🕒 8–20 Uhr.

### Reisebüros

**Sun Far Travels & Tours**, Myomatadar St., ✆ 059-51244, 💻 www.sunfartravels.com. 🕒 9–17, Sa, So bis 12 Uhr.

### Touren

Das **MTT-Büro**, ✆ 059-51578, fungiert als wichtigster Anlaufpunkt für alle, die individuell in den Archipel vordringen wollen. Hier arbeiten lizenzierte Reiseführer, die für ein Tagessalär (z. B. Kawthoung und Umgebung exkl. Transport US$25–30) engagiert werden können – wie es für *Liveaboard-Cruises* und fast alle anderen Reisen in der Region Pflicht ist. 🕒 unregelmäßig.

## TRANSPORT

### Busse

Seit die 486 km lange, über gut 300 Wasserläufe führende Strecke nach MYEIK besser ausgebaut ist, gibt es Busverbindungen, die für Ausländer aber noch nicht erlaubt sind.

### Boote

Die Fähren nach Myeik fahren bereits um 4 Uhr (!) ab, brauchen rund 4 1/2 Std. und kosten US$40–50 (s. Dawei, Transport). Vom Myoma-Jetty in Kawthoung starten regelmäßig Longtails für US$2–3 zum thailändischen RANONG (S. 578) und legen nach 20–30 Min. am Saphan Pla-Pier an, ca. 4,5 km vom Zentrum. Ein Charterboot zum Andaman Club Resort auf THATAY KYUN liegt bei US$8.

### Flüge

Der **Flughafen** liegt rund 13 km vom Hauptpier und ist per Tuk Tuk für 5000 Kyat bzw. in etwa 25 Min. erreichbar. Die Luftverbindung nach Yangon erfolgt meist mit Zwischenstopps in Myeik und Dawei. Näheres s. Kasten S. 563.

**Air KBZ**, 92 Kannar Rd., ✆ 09-4308 9018.

**Mann Yadanarpon Airlines**, 51 Myoma Tadar Rd., ✆ 09-2543 43353, 09-4921 5545.

**Myanmar National Airlines**, Büro in Yangon, ✆ 01-374874.

# Anhang



## Sprachführer

Tausende von Touristen sind bereits durch Myanmar gereist, ohne ein einziges Wort Birmanisch zu sprechen. Das funktioniert einigermaßen: Hotelangestellte, Reiseleiter, Taxifahrer, Souvenirverkäufer – sie alle sprechen mehr oder weniger gut Englisch. Und ältere Menschen beherrschen diese Sprache noch aus der Kolonialzeit.

Wer jedoch abseits der großen Touristenströme unterwegs ist, auf lokalen Märkten einkauft und mit öffentlichen Verkehrsmitteln reist, ist gut beraten, sich mit ein paar Brocken der Landessprache auszustatten. Ein Schwätzchen mit der Fischverkäuferin, ein Small Talk auf dem Dach eines Pick-ups – das können Reiseerlebnisse sein, die mit dazu beitragen, den Myanmar-Aufenthalt unvergesslich zu machen. Der radebrechende Gast sollte sich nicht entmutigen lassen, wenn der Kellner im Restaurant ihn beim ersten Versuch mit gerunzelter Stirn anblickt. Wahrscheinlich wundert er sich nur über das „komische Englisch" des Touristen. Ist ihm erst einmal klar, dass das, was da fabriziert wird, Birmanisch sein soll, wird er sicher gern behilflich sein, die Aussprache zu korrigieren. Und bei den Mönchen, die sich westlichen Besuchern nähern, um ihr Englisch zu verbessern, kann man den Spieß umdrehen – Völkerverständigung zum gegenseitigen Nutzen. Irgendwann wird jeder Mutige zu hören bekommen: „Das war die perfekte Aussprache".

Die Beschäftigung mit der birmanischen Sprache mag auf den ersten Blick mühsam erscheinen. Die Schrift aus Kringeln und Kreissegmenten mutet sehr fremd an, ebenso der Tonfall, denn es handelt sich um eine **Tonsprache**. Die Vokale kommen in unterschiedlichen Tönen vor, die für westliche Ohren nicht immer leicht zu unterscheiden sind. Tatsächlich ist es jedoch gar nicht so schwer, ein paar Wörter zu lernen. Wer dann noch ein paar Zahlen kennt, dem ist nicht nur der Beifall der Birmanen gewiss: Auch das Handeln auf dem Markt klappt besser, und plötzlich erschließen sich sogar die Geheimnisse des Yangoner Nahverkehrs, denn die meisten Busse sind nur mit birmanischen Ziffern versehen. Einige Brocken Birmanisch bringen dem Reisenden Land und Leute näher als viele ausführliche Erklärungen.

Das Birmanische gehört zum tibeto-birmanischen Zweig der **sino-tibetischen Sprachfamilie** und ist Muttersprache der Birmanen, die etwa zwei Drittel der Landesbevölkerung ausmachen. Der mit geringen Abweichungen in Yangon und Mandalay gesprochene Zentraldialekt gilt als „Hoch-Birmanisch" und ist Amts- und Verkehrssprache. In entlegenen Berggebieten allerdings hat sie sich noch nicht durchgesetzt. Dort dient meist die Sprache der jeweils vorherrschenden ethnischen Gruppe als Lingua franca.

Geschrieben wird von links nach rechts. Die Konsonanten enthalten automatisch ein kurzes „a"; die anderen Vokale werden durch Zusatzzeichen vor, nach, über und unter den Konsonanten dargestellt. Es gibt keine Interpunktion, zwei kurze senkrechte Striche kennzeichnen das Satzende. Die Schrift geht auf südindische Buchstabensysteme zurück, die vermutlich über die Mon vermittelt wurden. Der älteste eindeutig datierte Beleg ist die Rajakumar-Inschrift aus dem Jahre 1113 in Bagan: Ein inhaltlich gleicher Text wurde in den damals gebräuchlichen Sprachen Pali, Mon, Pyu und Birmanisch auf die vier Seiten einer Stele gemeißelt.

Im Laufe seiner Entwicklung hat das Birmanische viele Wörter aus anderen Sprachen übernommen, besonders aus dem Pali, des Weiteren aus dem Sanskrit, dem Mon, dem Chinesischen und zunehmend aus dem Englischen.

## Birmanische Schrift

Das birmanische Alphabet besteht aus **33 Grundzeichen**. 32 sind Konsonanten plus jeweils ein kurzes „a" wie beim indischen Vorbild. Allen gemeinsam ist, dass sie Träger zusätzlicher Zeichen sind, mit denen die anderen Vokale sowie weitere Laute dargestellt werden.

*Kha* ist die behauchte Version von *ka* usw. Der Konsonant *ng* am Silbenanfang ist für uns ungewohnt; er wird ausgesprochen wie z. B. in „si-ng-en", ohne „si" und „en".

## Umschrift und Aussprache

Die birmanischen Zeichen in eine für Ausländer lesbare **Lautschrift** umzusetzen ist nicht ganz einfach. So ziemlich jedes Lehrbuch und jeder Sprachführer benutzt sein eigenes System. Gängige Lautschriften orientieren sich an der englischen Aussprache. Dem schließen wir uns an, um dem Leser die „Entschlüsselung" von Wörtern leichter zu machen. In einigen typischen Sonderfällen fügen wir in Klammern eine „eingedeutschte" Version bei, die den deutschen Ausspracheregeln entspricht. Des Weiteren ist die Benutzung von Hilfs- und Sonderzeichen vonnöten, um die verschiedenen Tonhöhen kenntlich zu machen.

Da das Birmanische eine Tonsprache ist, kommen die **Vokale** in vier verschiedenen Varianten vor, die eigene Laute darstellen. Das ist eine der größten Hürden, da das westliche Ohr nicht gewohnt ist, diese sinntragenden Unterschiede wahrzunehmen. Ein falscher Ton kann fatale Folgen haben. Ein (etwas hinkender) Vergleich aus dem Deutschen: „Schiff" und „schief". Allerdings ist es hier nur die Länge des Vokals, die den Unterschied macht. Im Birmanischen kommen noch Stimmansatz und Intensität dazu.

Darüber hinaus gibt es noch einen **abgeschwächten Vokal** (der ungefähr dem zweiten „e" im umgangssprachlich ausgesprochenen Wort „nehmen" entspricht): Wir stellen ihn mit einem „å" dar. Er ist immer unbetont.

- **Erster Ton:** hoch einsetzend, kurz, am Ende leicht fallend, wie abgequetscht, „ká"
- **Zweiter Ton:** tief einsetzend, eben, isoliert leicht steigend, sanft, lang, „ka"
- **Dritter Ton:** hoch einsetzend, stark fallend, lang, intensiv, „kà"
- **Vierter Ton:** hoch einsetzend, eben, sehr kurz, Stimmritzenvorschluss,„ka'"
- **Abgeschwächter Vokal:** Schwa-Laut, Vokal im Tonschatten, „kå"

Zu allem Überfluss sind die Tonhöhen nicht absolut, sondern werden beim Sprechen angeglichen. Aber keine Sorge: Die Einheimischen werden sich bemühen, das Gesagte zu verstehen!

Die **Aussprache** des Birmanischen lernt man am besten durch Zuhören.

Einige Konventionen der im Folgenden benutzten Umschrift sind:

### Birmanisches Alphabet

| | | | | |
|---|---|---|---|---|
| k က | kha ခ | ga ဂ | ga ဃ | nga င |
| sa စ | sha ဆ | za ဇ | za ဈ | nya (nja) ည |
| ta ဋ | tha ဌ | da ဍ | da ဎ | na ဏ |
| ta တ | tha ထ | da ဒ | da ဓ | na န |
| pa ပ | pha ဖ | ba ဗ | ba ဘ | ma မ |
| ya ယ | ya/ ra ရ | la လ | wa ဝ | tha သ |
| | ha ဟ | la ဠ | a အ | |

Die Zeichen in der dritten Zeile entsprechen lautlich denen in der vierten, sie finden vor allem bei Pali-Wörtern Verwendung.

- *ky* und *gy* spricht man wie „tj" und „dj";
- *th* etwa wie ein englisches „th", *dh* ist die stimmhafte Variante davon.
- *aw* wird ebenfalls englisch ausgesprochen und klingt wie ein deutsches offenes „o";
- *sh* klingt wie „(i)ch";
- *hs, hp* oder *hk* bedeutet, dass diese Laute stark aspiriert sind, d. h. ein „h" nachgehaucht wird;
- *z* ist ein stimmhaftes „s" wie in „Nase".

Ein „h" vor einem Konsonant muss deutlich hörbar sein. Die **Betonung** regelt sich nach der Intensität der Töne; die letzte Silbe ist nie unbetont.

Gewiss findet sich hin und wieder jemand, der lernwilligen Fremden einzelne Wörter oder Sätze vorlesen kann. So lässt sich der Klang erlernen und der Wortschatz erweitern.

**Wichtig**: Fragesätze werden durch Satzmarker kenntlich gemacht und nicht, wie im Deutschen, durch Wortumstellung und Anheben der Stimme am Satzende! Und: Die zusammenhängenden Sprachbeispiele sollten möglichst ohne Pausen gesprochen werden. Bei Bedarf sind Bindestriche eingefügt, um das Ende von Silben kenntlich zu machen. Luft geholt werden sollte nur, wo Pausen (Leerstellen) angezeigt sind. Wer das beachtet, kann sich viele Missverständnisse ersparen.

## Grammatik

Das Birmanische besitzt allerlei grammatische Eigenheiten, die es vom Deutschen und anderen europäischen Sprachen unterscheiden. Für den Reisenden reichen ein paar rudimentäre Grundkenntnisse – schließlich geht es vorrangig darum, überhaupt verstanden zu werden.

Das Wichtigste: Die **Satzstellung** unterscheidet sich vom Deutschen insofern, als das Prädikat grundsätzlich am Satzende steht (Ich Markt auf Obst kaufe). Weitere Unterschiede: **Substantive** haben **keinen Artikel**, sondern stehen für sich. Um den **Plural** zu kennzeichnen, reicht es, *-t(w)e* anzuhängen (das „w" kann verschluckt werden). Die **weibliche Form** kann durch ein angehängtes *-má* gekennzeichnet sein. **Personalpronomen** sind statusbezogen; die – außer gegenüber Kindern – zunehmend allgemein anwendbaren Pronomina für die erste und zweite Person haben unterschiedliche Formen für männliche und weibliche Sprecher. „Ich" heißt für Männer *kyånaw* und für Frauen *kyåmá*, „Sie" analog *khåmyá* bzw. *shin*. Kinder kann man mit *thåmì* = Mädchen und *thà* = Junge anreden, sich selbst dann als *ùlèj* (Onkel) oder *åko* (großer Bruder) bzw. *dawdaw* (Tante) oder *mámá* (große Schwester).

**Verben** haben **keine Flexion** – zusätzliche Partikel kennzeichnen Zeiten, Mehrzahl und viele Modalitäten.

## Das Allerwichtigste

| | | |
|---|---|---|
| **Guten Tag / Guten Abend** | *mìngålaba* | မင်္ဂလာပါ |
| **Auf Wiedersehen („Ich gehe jetzt")** | *thwàlai'ba-oùnmae* | သွားပါဦးမယ် |
| **Auf Wiedersehen (Kurzfassung)** | *thwà-mae-naw* | သွားမယ်နော် |
| Eine andere geläufige Begrüßung: | | |
| **Wie geht's?** | *nej kàun-yaélà* | နေကောင်းရဲ့လား |
| **Mir geht's gut!** | *[nej] kàun-ba-dae* | [နေ]ကောင်းပါတယ် |
| **Danke!** | *kyèj-zù-bàe* | ကျေးဇူးပါပဲ |
| **Ich danke Ihnen.** | *kyèj-zù-tin-ba-dae* | ကျေးဇူးတင်ပါတယ် |
| Die zweite Form ist förmlicher und sehr höflich. | | |
| **Ja** | *houÿ-ké* | ဟုတ်ကဲ့ |
| **Nein** | *måhou'hpù* | မဟုတ်ပါဘူး |
| **Verstehen Sie?** | *nà le dhåla* | နားလည်သလား |
| **Ich verstehe.** | *nàlaebadae.* | နားလည်ပါတယ် |
| **Ich verstehe nicht.** | *nàmålaebabù* | နားမလည်ပါဘူး |
| **Entschuldigung!** | *hkwín-hlu'pa* | ခွင့်လွှတ်ပါ |
| **Nichts für ungut.** | *sej'måshì-banáe* | စိတ်မရှိပါနဲ့ |
| **Macht nichts.** | *kej'sá måshí-babù* | ကိစ္စ မရှိပါဘူး |

## Zahlen

Die birmanischen Ziffern beruhen ebenso wie die arabischen auf dem Dezimalsystem. Auch die Zahlenbildung erfolgt wie im Deutschen gebräuchlich von links nach rechts, von der höchsten zur niedrigsten Ziffer.

| | | |
|---|---|---|
| **1** | *ti' / tå (in Zusammensetzungen)* | ၁ |
| **2** | *hni' / hnå (in Zusammensetzungen)* | ၂ |
| **3** | *thòun* | ၃ |
| **4** | *lèj* | ၄ |
| **5** | *ngà* | ၅ |
| **6** | *chau'* | ၆ |
| **7** | *khunni' / khunnå* | ၇ |
| **8** | *shi'* | ၈ |
| **9** | *kò* | ၉ |
| **10** | *tåhsae* | ၁၀ |
| **11** | *hsáe-ti'* | ၁၁ |
| **12** (usw.) | *hsáe-hni'* | ၁၂ |
| **20** | *hnå-hsae* | ၂၀ |
| **30** | *thòunzae* | ၃၀ |
| **40** (usw.) | *lèjzae* | ၄၀ |
| **100** | *tåya* | ၁၀၀ |
| **110** | *tåyá tåh-se* | ၁၁၀ |
| **120** (usw.) | *tåyá hnå-hs ae* | ၁၂၀ |
| **200** | *hnå-ya* | ၂၀၀ |
| **300** | *thòun-ya* | ၃၀၀ |
| **400** (usw.) | *lèj ya* | ၄၀၀ |
| **1000** | *(tå)htaun* | ၁၀၀၀ |
| **5000** | *ngà-daun* | ၅၀၀၀ |
| **10 000** | *(tå)thàun* | တစ်သောင်း |
| **100 000** | *(tå)thèin* | တစ်သိန်း |
| **1 000 000** | *(tå)thàn* | တစ်သန်း |
| **15 369** | *tåthàun ngà-daun thòun ya chau'hsáekò* | ၁၅,၃၆၉ တစ်သောင်းငါးထောင်သုံးရာခြောက်ဆယ့်ကိုး |

Ein großer Unterschied zum Deutschen ist die Benutzung von **Zähleinheiten**. Das heißt, man kauft nicht „3 Äpfel", sondern „Äpfel 3 Rundes". Es gibt Dutzende davon für diverse Gegenstände und Lebewesen. Bei Dingen kann man sich jedoch mit dem allgemeinen *khú* behelfen. Nicht benutzen sollte man dieses Wort allerdings bei Pagoden, Tempeln und Buddhastatuen *(hsu)*; bei Tieren gilt *kaun*, bei Menschen *yau'*, bei Mönchen aber *pà*; Flaschen sind *bålin*, zwei Flaschen: *hnå-bålin*, bei Plastikflaschen, zum Beispiel Trinkwasser, wird *bù* vorgezogen – *ye-dhán hnåbù*.

Die Wortreihenfolge ist Objekt – Zahl – Zählwort: *ngà-hnåkaun* – zwei Fische.

## Fragen

Ein paar Fragen in der Landessprache formulieren zu können, kann gerade in touristisch nicht sehr erschlossenen Gegenden nützlich sein. Es sei noch einmal daran erinnert, am Wortende keinesfalls wie im Deutschen die Stimme zu heben. Für Fragen stehen spezielle Partikel am Satzende zur Verfügung – bei Entscheidungsfragen (Ja/Nein-Fragen) *là*, bei Ergänzungsfragen *làe*. Sehr praktisch z. B. kann *ejn-dha bae-hma-làe* (Wo ist die Toilette?) sein.

| | | |
|---|---|---|
| **Wo ist ... ?** | *... be hma làe* | ...ဘယ်မှာလဲ |
| **Wie weit ist es?** | *bå-lau' wèj dhå làe* | ဘယ်လောက် ဝေးသလဲ |
| **Was für eine Straße ist das?** | *da ba làn-làe* | ဒါ ဘာ လမ်းလဲ |
| **Was?** | *balàe* | ဘာလဲ |
| **Wann? (Zukunft)** | *baedáw-làe* | ဘယ်တော့လဲ |
| **Warum?** | *baphyl'lólàe* | ဘာဖြစ်လို့လဲ |
| Auf diese Frage darf nicht unbedingt eine befriedigende Antwort erwartet werden. | | |
| **Was ist das?** | *da ba-làe* | ဒါ ဘာလဲ |
| **Wie heißt das (hier) auf Birmanisch?** | *da båbae-lo khaw-dhålè* | ဒါ ဗမာလို ဘယ် လို ခေါ်သလဲ |
| **Wie viel (kostet ...)?** | *... bae-lau'-làe* | ...ဘယ်လောက်လဲ |

| | | |
|---|---|---|
| **Was macht das alles zusammen?** | *àloùn bae-lau' kyá-dhåláe* | အားလုံး ဘယ်လောက် ကျသလဲ |
| **Was ist Ihr letzter Preis?** | *nau'hsoùn-zèi pyaw-ba* | နောက်ဆုံးဈေး ပြောပါ |
| **Wo kann ich ... kaufen?** | *... bae-hma wae-hnain-dhåláe* | ...ဘယ်မှာ ဝယ်နိုင်သလဲ |
| **Darf ich Sie fotografieren?** | *da'poun yai'ló-yá-là* | ဓာတ်ပုံ ရိုက်လို့ရလား |

## Small Talk

| | | |
|---|---|---|
| **Wie ist Ihr Name?** | *khåmyá / sín nanmae baelo khawdhåláe* | ခင်ဗျား/ရှင့်နာမည် ဘယ်လို ခေါ်သလဲ |
| **Mein Name ist ...** | *kyånáw / kyåmá nanmae ... ló khawbadae* | ကျွန်တော့်/ကျွန်မနာမည် ...လို့ ခေါ်ပါတယ် |
| **Wie alt sind Sie?** | *khåmyá / shín åthae' baelau' shíbiláe* | ခင်ဗျား/ရှင် အသက် ဘယ်လောက် ရှိပြီလဲ |
| **Ich bin ... Jahre alt.** | *kyånaw / kyåmá åthe' ... hni' shí-bi / hni'pa* | ကျွန်တော့်/ကျွန်မအသက် ...နှစ် ရှိပြီ/နှစ်ပါ |
| **Was ist Ihre Nationalität?** | *khåmyà / shin ba lumyòláe* | ခင်ဗျား/ရှင် ဘာ လူမျိုးလဲ |
| **Ich bin ...** | *... lumyòba* | ...လူမျိုးပါ |
| **Deutscher** | *gyaman* | ဂျာမန် |
| **Österreicher** | *àw-såtåríya* | သြစတြီးယား |
| **Schweizer** | *zwi'* | ဇွစ် |
| **Was ist Ihr Beruf?** | *ba ålou'[åkain] lou' dhåláe* | ဘာ အလုပ်[အကိုင်] လုပ်သလဲ |
| **Ich bin ...** | *... ba* | ...ပါ |
| **Arbeiter** | *ålou' thåmà* | အလုပ်သမား |
| **Arzt** | *hsåyawun* | ဆရာဝန် |
| **Bauer** | *laedhåmà* | လယ်သမား |
| **Geschäftsmann** | *sìbwàyèjdhåmà* | စီးပွားရေးသမား |
| **Ingenieur** | *ingyin-niya* | အင်ဂျင်နီယာ |
| **Krankenschwester** | *thuna-byú-shåyamá* | သူနာပြုဆရာမ |
| **Lehrer** | *kyàun-hsåya* | ကျောင်းဆရာ |
| **Musiker** | *gitá-pyinnya-shin* | ဂီတပညာရှင် |
| **Schauspieler** | *[thåyou'h-saun] mìndhà* | [သရုပ်ဆောင်] မင်းသား |
| **Sozialarbeiter** | *lu-hmúwundàn-lou' thà* | လူမှုဝန်ထမ်းလုပ်သား |
| **Student** | *[te'kåtho] kyàundhà* | [တက္ကသိုလ်] ကျောင်းသား |
| **Wissenschaftler** | *thei'pan-pyin-nya-shin* | သိပ္ပံပညာရှင် |

Folgende Berufe sollten nicht allzu laut herausposaunt werden:

| | | |
|---|---|---|
| **Autor** | *sa-yèj-hsåya* | စာရေးဆရာ |
| **Fotograf** | *da'poun-hsåya* | ဓာတ်ပုံဆရာ |
| **Journalist** | *dhådìnza-hsåya* | သတင်းစာ ဆရာ |

Die weibliche Form der Berufe wird häufig durch ein angefügtes *-má* gekennzeichnet.

## Unterwegs

| | | |
|---|---|---|
| **Wo ist ...?** | *... bae-hmaláe* | ...ဘယ်မှာလဲ |
| **Bahnhof** | *buda-youn* | ဘူတာရုံ |
| **Bank** | *bandai'* | ဘဏ်တိုက် |
| **Bootshafen** | *thìnbàwzej'* | သင်္ဘောဆိပ် |
| **Buchladen** | *sa-ou'hsain* | စာအုပ်ဆိုင် |
| **Busstation** | *ba'såkà-gej'* | ဘတ်စကားဂိတ် |
| **Flughafen** | *lejzej'* | လေဆိပ် |
| **Gasthaus** | *tàekhogàn* | တည်းခိုခန်း |
| **Hotel** | *hotae* | ဟိုတယ် |
| **Markt** | *zèj* | ဈေး |
| **Museum** | *pyádai'* | ပြတိုက် |
| **Post** | *sadai'* | စာတိုက် |
| **Wann wird ... losfahren?** | *htwae'målàe... bae-åchejn* | ထွက်မလဲ ...ဘယ် အချိန် |
| **Boot, Schiff** | *thìnbàw* | သင်္ဘော |
| **Bus** | *ba'såkà* | ဘတ်စကား |
| **Flugzeug** | *lej-yin-byan* | လေယာဉ်[ပျံ] |
| **Jeep** | *dji'kà* | ဂျစ်ကား |
| **Taxi** | *tae'kåsi, å-hngàgà* | တက္ကစီ, အငှား–ကား |
| **Ich hätte gern ...** | *... kyånaw / kyåmá... lo-gyin badae* | ကျွန်တော်/ကျွန်မ ... လိုချင်ပါတယ် |
| **ein Ticket** | *le'hma'tåzaun* | လက်မှတ်တစ်စောင် |
| **zwei Tickets** | *le' hma' hnå-zaun* | လက်မှတ်နှစ်စောင် |

ANHANG

## Übernachtung

| | | |
|---|---|---|
| **Gibt es hier ein Hotel (Gasthaus)?** | *dinà-hma hotae (tàe-hko-gàn) shídhålà* | ဒီနားမှာ ဟိုတယ် (တည်းခိုခန်း) ရှိသလား |
| **Haben Sie ein freies Zimmer?** | *åkhànlu' shílà* | အခန်းလွတ် ရှိလား |
| **Kann ich das Zimmer sehen?** | *åkhàn kyí-ba-yázej* | အခန်း ကြည့်ပါရစေ |
| **Zeigen Sie mir ein anderes Zimmer!** | *tåchà åkhàn pyába-oùn* | တခြားအခန်း ပြပါဦး |
| **Das Zimmer ist gut.** | *di åkhàn kàundae* | ဒီအခန်း ကောင်း–တယ် |
| **Ist das Frühstück inklusive?** | *åkhàngádàe-hma måne'sa padhålà* | အခန်းခထဲမှာ မနက်စာ ပါ–သလား |
| **Wie viel kostet eine Übernachtung?** | *tåye' baelau'làe* | တစ်ရက် ဘယ်လောက်လဲ |
| **Ich bleibe eine Nacht.** | *tåyae'pàe tàemae* | တစ်ရက်ပဲတ–ည်းမယ် |
| **... zwei Nächte** | *... hnåyae'* | ...နှစ်ရက် |

## Essen

| | | |
|---|---|---|
| **Wo ist ein ... ?** | *... bae-hmalàe* | ...ဘယ်မှာလဲ |
| **Restaurant** | *sàthau'hsain* | စားသောက်ဆိုင် |
| **chinesisches Restaurant** | *tåyou'sàt-hau'hsain* | တရုတ်စားသောက်ဆိုင် |
| **Shan-Nudel-Laden** | *shàn kau'-hswàezain* | ရှမ်းခေါက်ဆွဲဆိုင် |
| **Ich möchte ... essen.** | *... sàgyindae* | ...စားချင်တယ် |
| **birmanisches Essen** | *myanma-åsà-åza* | ပြန်မာအစားအစာ |
| **chinesisches Essen** | *tåyou'åsà-åsa* | တရုတ်အစားအစာ |
| **europäisches Essen** | *úyòpá åsà-åsa* | ဥရောပအစားအစာ |
| **Shan-Essen** | *shàn-åsà-åsa* | ရှမ်းအစားအစာ |
| **Thai-Essen** | *yòdåyà åsà-åsa (htàin)* | ယိုဒယားအစားအ–စာ (ထိုင်း) |
| **Bitte bringen Sie mir ...** | *... [yu]pèjba* | ... [ယူ]ပေးပါ |
| **Ess-Stäbchen** | *tu* | တူ |
| **Gabel** | *hkåyìn* | ခက်ရင်း |
| **Glas** | *hpan-gwae'* | ဖန်ခွက် |
| **Löffel** | *zùn* | ဇွန်း |
| **Messer** | *dà* | ဓား |
| **Tasse** | *hkwae'* | ခွက် |
| **Teller** | *båganbyà* | ပန်းကန်ပြား |
| **Reis (gekocht)** | *htåmìn* | ထမင်း |
| **gebratener Reis** | *htåmìn gyaw* | ထမင်းကြော် |
| **Nudeln** | *kau'hswàe* | ခေါက်ဆွဲ |
| **gebratene Nudeln** | *khau'hswàe-gyaw* | ခေါက်ဆွဲကြော် |
| **... Curry** | *... hìn* | ... ဟင်း |
| **Huhn** | *kyae'* | ကြက် |
| **Rind** | *åmàe-dhà* | အမဲသား |
| **Schwein** | *wae'thà* | ဝက်သား |
| **Fisch** | *ngà* | ငါး |
| **Garnelen** | *båzun* | ပုစွန် |

Aus diesen Begriffen lassen sich die Namen vieler einfacher, überall erhältlicher Gerichte zusammenstellen, z. B.:

| | | |
|---|---|---|
| **gebratener Reis mit Huhn** | *htåmìn-gyaw-gyae* | ထမင်းကြော်ကြက် |
| **Fisch-Curry** | *ngàhìn* | ငါးဟင်း |

Weitere Speisen und Getränke S. 45, Essen und Trinken.

| | | |
|---|---|---|
| **Bitte bringen Sie eine Flasche Bier.** | *bi-ya tåpålin [yu]pèjba* | ဘီယာတစ်ပုလင်း ယူပေးပါ |
| **Bitte bringen Sie zwei Flaschen Trinkwasser.** | *thau'yej-dhán-hnåbù pèjba* | သောက်ရေသန့်နှစ်ဘူး ပေးပါ |
| **Haben Sie eine englische Speisekarte?** | *hìn åmyi-såyìn in-gålej'lo shílà* | ဟင်းအမည်စာရင်း အင်္ဂလိပ်လို ရှိလား |
| **Das ist sehr lecker.** | *da åyádha thej' kaùndae* | ဒါ အရသာ သိပ်ကောင်းတယ် |
| **Das habe ich nicht bestellt.** | *dagou måhma-babù* | ဒါကို မမှာပါဘူး |
| **Ich mag kein scharfes Essen.** | *sa'táe åsà-åsamåkyai'pa-hpù* | စပ်တဲ့အစားအစာ မကြိုက်ပါဘူး |
| **Ich kann kein Fleisch essen.** | *åthà måsà-hnain-bu* | အသား မစားနိုင်ဘူး |

ANHANG

Eine andere Möglichkeit für Vegetarier: Man probiert es mit *thae'tha'lu'* (သက်သတ်လွတ်) („frei von Leben nehmen").

**Die Rechnung, bitte. (Wie viel kostet das?)**

| | | |
|---|---|---|
| **gewöhnlich** | *pai'hsan shìn-mae bae-lau' [kyá-dhå]làe* | ပိုက်ဆံ ရှင်းမယ် ဘယ်လောက် [ကျသ]လဲ |
| **oder feiner:** | *bill yugáeba (von engl. „bill please")* | ဘီလ် ယူခဲ့ပါ |

## Obst

| | | |
|---|---|---|
| **Ananas** | *nana'dhì* | နာနတ်သီး |
| **Apfel** | *pàndhì* | ပန်းသီး |
| **Avocado** | *htàwba'dhì* | ထောပတ်သီး |
| **Banane** | *ngåpyàwdhì* | ငှက်ပျောသီး |
| **Durian** | *dù-yìndhì* | ဒူးရင်းသီး |
| **Kokosnuss** | *oùndhì* | အုန်းသီး |
| **Limone** | *shau'dhì* | လျှောက်သီး |
| **Lychee** | *lain-hkyìdhì* | လိုင်ချီသီး |
| **Mango** | *thåyae'dhì* | သရက်သီး |
| **Orange** | *leinmawdhì* | လိမ္မော်သီး |
| **Papaya** | *thìnbàwdhì* | သင်္ဘောသီး |
| **Pomelo** | *kywàegàwdhì* | ကျွဲကောသီး |
| **Rambutan** | *kyae'mau'dhì* | ကြက်မောက်သီး |
| **Tamarinde** | *måjìdhì* | မန်ကျည်းသီး |
| **Wassermelone** | *hpåyàedhì* | ဖရဲသီး |

## Gesundheit

| | | |
|---|---|---|
| **Bitte rufen Sie einen Arzt.** | *hsåyawun kawpèjba* | ဆရာဝန် ခေါ်ပေးပါ |
| **Wo ist das Krankenhaus?** | *hsèj-youn bae-hma-làe* | ဆေးရုံ ဘယ်မှာလဲ |
| **Wo ist eine Apotheke?** | *hsèj-zain bae-hma-làe* | ဆေးဆိုင် ဘယ်မှာလဲ |
| **Ich möchte keine Spritze.** | *hsèj måhtò-zej-gyin-ba-bu* | ဆေး မထိုးစေချင်ပါဘူး |
| **Hier tut es weh.** | *di-hma na-dae* | ဒီမှာ နာတယ် |
| **Ich muss mich oft übergeben.** | *hkåná-hkåná an-yádae* | ခဏခဏ အန်ရတယ် |
| **(Ich habe) ...** | | |
| **Bauchschmerzen** | *bai'nadae* | ဗိုက်နာတယ် |
| **Durchfall** | *wùn-shàwdae* | ဝမ်းလျှောတယ် |
| **Erkältung** | *åèj míbi* | အအေး မိပြီ |
| **Fieber** | *hpyànejdae* | ဖျားနေတယ် |
| **Husten** | *chàun hsòne-jdae* | ချောင်းဆိုးနေတယ် |
| **Kopfschmerzen** | *gàun kai'nejdae* | ခေါင်း ကိုက်နေတယ် |
| **Zahnschmerzen** | *thwà kai'tae* | သွားကိုက်တယ် |
| **Diabetes** | *hsì-gyo-yàwga* | ဆီးချိုရောဂါ |
| **Pflaster** | *påla'såta* | ပလတ်စတာ |
| **Aspirin** | *ae'såpårin* | အက်စပရင် |

## Zeitangaben

| | | |
|---|---|---|
| **gestern** | *månéjgá* | မနေ့က |
| **heute** | *dinéj* | ဒီနေ့ |
| **morgen** | *månae'hpyan* | မနက်ဖြန် |
| **morgen früh** | *måne'hpyan månae'* | မနက်ဖြန်မနက် |
| **übermorgen** | *dhåbae'hka* | သန်ဘက်ခါ |
| **vielleicht übermorgen** | *dhåbe'hka hpyi'hkyin-hpyi'[léin]mae* | သန်ဘက်ခါ ဖြစ်ချင်ဖြစ်[လိမ့်]မယ် |

ANHANG

# Glossar

**Anda** (skt.), Ei; glocken- oder halbkugelförmiger Hauptkörper des Stupa
**Asana** Körperposition einer Abbildung Buddhas
**Avatar** Erscheinungsform oder Inkarnation einer hinduistischen Gottheit

**Bamar** ethnische Gruppe der Birmanen
**Baung yit** gewickelter Turban
**Betel** Nuss der Arecapalme, die zusammen mit Betelpfeffer und gelöschtem Kalk gekaut wird
**Bilu** Dämon
**Biryani** Curryreis. Muslimisches Reisgericht, garantiert ohne Schweinefleisch zubereitet, wird manchmal auch mit einem gebratenen Hühnerschenkel serviert.
**Bodhi-Baum** lat. *Ficus religiosa*, unter dem Buddha seine Erleuchtung fand. Gehört zu den über 1000 Feigenbaumarten (Ficus).
**Bodhisattva** (skt.), Pali *bodhisatta*; Erleuchtungswesen, das aus Mitgefühl zu den leidenden Wesen auf das vollkommene Erlöschen verzichtet.
**Bo gyi** Hauptmann
**Bu** Dose (als Maßeinheit auf dem Markt)

**Chakravartin** (skt.), Pali *chakkavatti*, „Dreher des Rades"; Ideal des guten und gerechten Weltenherrschers
**Chaung, Gyaung** Kanal oder Strom, auch saisonale Wasserläufe
**Cheroot** Tamil *curuttu*, „rollen"; birm. Zigarre, die neben Tabak auch andere Geschmacksträger wie Wurzeln und Kräuter enthält.
**Chetawya** symbolischer Fußabdruck Buddhas, der mit 108 Merkmalen versehen ist. Fußabdrücke Buddhas finden sich überall dort, wo Buddha der Legende nach persönlich gewesen sein soll.
**Chinlon** birmanisches Ballspiel
**Chinthe** mythologischer Löwe, häufig als Tempelwächter an Eingängen der Pagoden platziert.

**Dacoit** Hindi *dakait*, „Straßenräuber"
**Dagon** Bezeichnung des Ortes, an dem später die Shwedagon-Pagode entstand. Noch heute Name eines Stadtteils westlich der Shwedagon.
**Daw** Anrede für ältere Frauen
**Deva (m), Devi (w), Devata** (skt.) „strahlend". Bezeichnung für göttliche Wesen, die in einer der Himmelswelten leben, aber noch dem Geburtenkreislauf unterliegen.
**Dhamma** (Pali), skt. *dharma*, „Gerechtigkeit, Gesetz"; Bezeichnung für die buddhistische Lehre
**Dvarapala** (skt.) Wächterfigur

**Furlong** veraltetes britisches Längenmaß: 201,17 m

**Galon** birmanische Bezeichnung des mythologischen Vogels Garuda, der als Gegenpart von Naga und als Reittier Vishnus gilt. Galon ist eine der Figuren der Acht-Tage-Woche: das Tier-Symbol der Sonntagsgeborenen.
**Gu** „Höhle"; gelegentlich Namensteil von Tempeln in Bagan
**Gyi** „groß"; taucht häufig als Namensteil auf.

**Haw** Begriff aus der Shan-Sprache für „Saal, Halle"; wird auch auf den gesamten Palastkomplex bezogen.
**Hintha** skt. *hamsa*, Rostgans (*Casarca ferruginea*, engl. Brahminy Duck); als mythologischer Vogel Sinnbild für Treue und Reittier des Hindugottes Brahma.
**Hngat pyaw bou** stilisierte Bananenblüte und Teil im oberen Stupa-Bereich
**Hsin byu** weißer Elefant
**Htan ye** Palmwein, auch Toddy genannt, alkoholisches Getränk, das aus der Palmyrapalme gewonnen wird.
**Hti** verzierter Schirm, der den Abschluss eines Stupas bildet.

**In** birmanisch für „See"

**Jataka** (skt.), „Geburtsgeschichte"; Bezeichnung der 547 Geschichten über die Vorexistenzen des Buddha, Teil des Palikanons
**Jingpaw** Volksgruppe im Kachin-Staat

**Kala** Bezeichnung für „Inder"; wird häufig als Schimpfwort benutzt.

**Kalaga** „indischer Wandbehang"; schwerer Stoff mit prächtigen Stickereien

**Kamma** (Pali), skt. *karma*, „machen, tun"; bezeichnet das Gesetz von Ursache und Wirkung

**Karaweik** Kurzflügelkuckuck *(Cuculus micropterus)*; als mythologischer Vogel gern in Form einer Barke oder als Opiumgewicht dargestellt, in Yangon auch ein bekanntes Restaurant.

**Khaung laung** Glocke

**Keinnaya (m), Keinnayi (m)** skt. *kinnara*, *kinnari*; im Himmel lebende, halb menschliche, halb vogelartige Musikanten und Sänger. Es ranken sich viele Geschichten um diese liebenswürdigen Wesen. Sie symbolisieren auch die wahre Liebe.

**Kirtimukha** (skt.) „Ruhmesgesicht", beliebte Darstellung des körperlosen Dämonen Kala, zuweilen in Bagan über Tempeleingängen

**Kyaik** Bezeichnung aus der Mon-Sprache für „Pagode"

**Kyalan** symbolische Darstellung einer Lotosblüte auf einem Stupa

**Kyaung** buddhistisches Kloster

**Kyun** Insel

**Le-pet** Teeblattsalat

**Lokanat** „Beschützer der Welt"; Name für Bodhisattva des Mitgefühls. Wird in Birma auch als Friedensstifter verehrt, der mit Zimbelspiel das kosmische Chaos durch gegeneinander kämpfende Löwen und Elefanten symbolisch wieder ins Lot bringt.

**Longyi** Wickelrock für Männer und Frauen. Männer knoten den Rock vor dem Bauch, Frauen falten ihn. Für das tropische Klima ist dieses Kleidungsstück ideal.

**Maedaw** „königliche Mutter"; Bezeichnung für weibliche Nats

**Magan** skt. *makara*, krokodilartiges Dämonenwesen, das als Schutzgeist häufig Eingänge und Treppenaufgänge flankiert.

**Manothiha** mythisches Wesen mit menschlichem Oberkörper und zwei Löwen-Unterkörpern

**Mahadevi** (skt.) „großes göttliches Wesen"; offizieller Titel einer Shan-Fürstin

**Mahout** Hindi *mahaut*, skt. *mahamatra*, „großes Maß"; Elefantenführer (birm. *oozie*)

**Maitreya** (skt.), Pali: *metteya*, „der All-Liebende"; Bodhisattva, der im Tushita-Himmel darauf wartet, zum Ende dieses Zeitalters als zukünftiger Buddha geboren zu werden.

**Manao** Fest der Jingpaw im Kachin-Staat

**Mara** (skt.) „Mörder, Zerstörer"; Prinzip des Todes und Unheilsamen. Als mythologische Gestalt fordert er Buddha heraus.

**Mishee** Reisnudeln mit Schweinegehacktem

**Mohinga** Reisnudelsuppe mit Fischpaste; beliebtes birmanisches Frühstück

**Mucalinda** (Pali) mehrköpfiger Naga-König, der sich über Buddha wölbt und ihn so vor einem Gewitterregen schützt.

**Mudra** Handhaltung Buddhas

**Myo** „Stadt", *myohaung:* „alte Stadt", *myothit:* „neue Stadt"

**Myosa** Statthalter in einer größeren Stadt

**Naga** (skt.) mythologisches Schlangenwesen, das in Flüssen, Seen und Meeren lebt. Hüter der Lebensenergie, oft mehrköpfig dargestellt.

**Nat** skt. *natha*, „Herr, Beschützer"; Nats sind im Glauben der Birmanen fest verwurzelt und können Menschen beschützen oder bestrafen. Ein erzürnter Nat kann viel Unheil bringen.

**Ngapi** fermentierter Fisch oder Garnelen, dient in Form von Paste als Gewürz.

**Ok-Kyaung** Ziegelstein-Kloster

**Oozi** Elefantenführer

**Pahto** innen zugängliches Tempelgebäude, wie etwa der Ananda-Tempel in Bagan

**Pali** mit dem Sanskrit verwandte Sprache, in welcher die Originaltexte des Theravada-Buddhismus niedergeschrieben wurden (Palikanon). Pali dient als Quelle zahlreicher birmanischer Wörter aus den Bereichen Religion, Kunst und Verwaltung.

**Parabaik** faltbares Palmblattbuch, dessen Inhalt buddhistisches Wissen vermittelt.

**Paun** Gewichtseinheit (von engl. *pound)*

**Paya** skt. *brah*, „heilig"; Bezeichnung für alle Arten von heiligen Stätten oder auch Statuen

**Pongyi** Mönch

**Pyatthat** skt: *prasada*, Bezeichnung für die mehrstöckigen Dächer auf Tempeln, Klöstern und Palästen

**Pyinsa rupa** fünf Tierarten vereinendes mythologisches Wesen: Elefant, Ochse, Pferd, Karpfen und Hintha
**Pwe** alle Arten von Feierlichkeiten oder kulturelle Aufführungen

**Samosa** Snack in indischen Teestuben aus Gemüse, z. B. Kartoffeln, in frittierten Teigtaschen
**Sangha** (Pali) Mönchsorden
**Sanskrit** altindische Sprache, aus der sich viele Pali-Begriffe ableiten.
**Saopha** (Shan) „Himmelskönig"; Shan-Herrscher nach traditioneller Erbfolge (birm. *sawbwa)*
**Saya** Lehrer
**Sayadaw** Titel eines hochrangigen buddhistischen Mönches
**Seinbu** symbolische Darstellung einer Diamantenknospe auf einem Stupa
**Shikhara** (skt.) turmförmiger Abschluss eines Tempels, oft in Form eines vierseitigen gerippten Maiskolben; häufig bei Tempeln in Bagan anzutreffen.
**Shin pyu** Zeremonie bei der Einführung eines Jungen unter 20 Jahren ins Kloster
**Shwe** golden
**Soapya** Häuptling der Kayah
**Stupa** (skt.), Pali *thupa*, „aufrichten, erhöhen". Monument zur Aufbewahrung der Reliquien Buddhas und Symbol der Erleuchtung; wird synonym zum Begriff *zedi* verwendet.
**Suvannabhumi** (skt.) „Goldenes Land". Wird in Chroniken der Mon und Birmanen mit dem Mon-Reich in Verbindung gebracht.

**Tatmadaw** birmanisches Militär
**Taung** Berg
**Taungya** Wanderfeldbau
**Tavatimsa** (Pali) „Himmel der 33 Götter". Dort legte Buddha nach seiner Erleuchtung eine Regenzeit lang seiner Mutter Maya die Lehre dar.
**Tayok** birmanische Bezeichnung für Chinesen
**Tazaung** Nebenschrein auf Tempelgelände
**Thabeik** Almosenschale
**Thagyamin** König der Nats. Er verkörpert den auf dem Berg Meru herrschenden obersten Hindu-Gott Indra, der gleichzeitig unter dem Namen Sakka als Schutzherr des Buddhismus verehrt wird.
**Thanaphet** Im Shan-Staat wachsender Baum *(Cordia dichotoma)*, dessen Blätter zum Drehen der Cheroots verwendet werden.
**Thanaka** birm. Make-up aus der geriebenen Rinde des Thanakabaums *(Limonia acidissima)*, der vorwiegend in Oberbirma wächst.
**Thein** Ordinationshalle
**Thilashin** Nonnen, die den acht bzw. zehn buddhistischen Sittenregeln folgen, aber nicht ordiniert sind.
**Thingyan** skt. *sankranta*, „Übergang". Neujahrsfest, das Mitte April stattfindet, wenn die Sonne aus dem Sternzeichen des Fisches in jenes des Widders übertritt.
**Tical** Gewichtsmaß: 16,96 g
**Tipitaka** (Pali) „Dreikorb" oder Palikanon, die älteste zusammenhängende Sammlung von Schriften, in denen die Lehrreden Buddhas überliefert sind.
**Trishaw** Nahverkehrsmittel auf drei Rädern

**U** Anrede für ältere Herren, oft Teil des Namens
**Umin** meist künstlich geschaffener Höhlentempel
**Ushnisha** Erhebung am Scheitel von Buddha-Darstellungen: ein Haarknoten, in späteren Darstellungen auch ein Schädelhöcker, als Symbol für die Weisheit und Erleuchtung Buddhas.

**Vipassana** Meditationsform, die darauf abzielt, Geist und Körper im gegenwärtigen Zeitpunkt klar zu erkennen.
**Vishnu** (skt.) Hindugott; Erhalter des Universums, der sich immer wieder in irdischer Gestalt manifestiert.
**Viss** Gewichtseinheit: 1,696 kg
**Weizzar** Magier; spirituelle Persönlichkeit, der übernatürliche Kräfte zugesprochen werden.
**Wun** Minister

**Yoma** Bergrücken
**Ywa** „Dorf"; wird häufig als Teil eines Dorfnamens verwendet.

**Zawgyi** Alchimist und Zauberer
**Zayat** Pavillon in einem Kloster
**Zedi** skt. *caitya*, „Heiligtum"; birmanischer Begriff für Stupa
**Zeigyo** Zentralmarkt einer Stadt

# Reisemedizin zum Nachschlagen

Die im Folgenden genannten Krankheiten klingen dramatisch, doch die wenigsten Reisenden erkranken ernsthaft. Es lohnt sich dennoch, diese Hinweise zu lesen, denn es kann lebensrettend sein, bestimmte Symptome rechtzeitig zu erkennen.

## Aids

Aids ist auch in Birma zu einem enormen Gesundheitsproblem geworden. UNAIDS schätzt die Zahl der HIV-Positiven auf weit über eine Viertelmillion. Nachdem die Militärregierung die Epidemie jahrelang totgeschwiegen und dadurch der rapiden Verbreitung keinen Einhalt geboten hat, finden seit einiger Zeit verstärkt Aufklärungskampagnen statt. Die am meisten betroffenen Gebiete liegen im Norden und Nordosten Myanmars entlang der Grenze zu China und Thailand. Dort ist die Zahl der Hauptrisikogruppen – Drogenabhängige und Prostituierte – am höchsten. Zwischen 40 und 60 % von ihnen sollen bereits infiziert sein. Aber auch im restlichen Birma, dort vor allem in den Städten, nimmt die Zahl der Betroffenen zu. Eine Untersuchung von UNAIDS ergab, dass nur die Hälfte der befragten erwachsenen Männer mit sexuellen Kontakten zu mehreren Partnerinnen Kondome benützt! Auf dem Land ist der schützende Gummi kaum erhältlich und wenig bekannt.

## Cholera

Die Cholera wird vom Bakterium *Vibrio cholerae* verursacht und durch direkten Kontakt mit infizierten Personen, deren Ausscheidungen oder durch verunreinigte Nahrungsmittel übertragen und tritt vor allem in überbevölkerten Gebieten unter unhygienischen Bedingungen auf. Die Symptome – weißliche wässrige Durchfälle und Erbrechen – treten nach ein bis fünf Tagen auf und können schnell zur Dehydrierung führen. Wer erkrankt, muss sofort zum Arzt und die verlorene Flüssigkeit ersetzen. Der Impfschutz durch handelsüblichen Impfstoff ist umstritten, ungewollte Reaktionen häufig. Geimpft wird deshalb nur dann, wenn eine entsprechende Einreisebestimmung besteht, was für Myanmar nicht zutrifft. Solange man auf eine saubere, hygienische Umgebung achtet und nicht geschwächt ist, wird man kaum gefährdet sein.

## Denguefieber

Denguefieber ist eine Viruskrankheit, die epidemieartig auftreten kann, am ehesten während der Regenzeit an der Küste. Sie wird durch die *Aedes aegypti*-Mücke übertragen, die an ihren schwarz-weiß gebänderten Beinen zu erkennen ist. Sie sticht während des ganzen Tages. Nach der Inkubationszeit von bis zu einer Woche kommt es zu plötzlichen Fieberanfällen, Kopf- und Muskelschmerzen. Nach drei bis fünf Tagen kann sich ein Hautausschlag über den ganzen Körper verbreiten. Bei Stufe 1 klingen nach ein bis zwei Wochen die Krankheitssymptome ab. Ein zweiter Anfall (Stufe 2) kann zu Komplikationen (inneren und äußeren Blutungen) führen.

Wie bei der Malaria sind ein Moskitonetz und der Schutz vor Mückenstichen die beste Vorsorge. Es gibt keine Impfung oder spezielle Behandlung. Schmerztabletten, fiebersenkende Mittel und kalte Wadenwickel lindern die Symptome. Keinesfalls sollten ASS, Aspirin oder ein anderes acetylsalicylsäurehaltiges Medikament genommen werden, da diese einen lebensgefährlichen hämorrhagischen Verlauf begünstigen können. Ein einfacher Test kann Denguefieber bestätigen: Fünf Minuten den Oberarm abbinden, öffnen und in der Armbeuge nachsehen – falls rote Flecken erscheinen, ist es zu 90 % Denguefieber. Falls keine Flecken entstehen, ist eine Infektion aber nicht auszuschließen.

## Durchfall und Verstopfung

Verdorbene Lebensmittel, nicht kontinuierlich gekühlter Fisch, zu kurz gegartes Fleisch, ungeschältes, schon länger liegendes, aufgeschnittenes Obst (Wassermelonen), Salate, kalte Getränke oder schlecht gekühlte Eiscreme sind häufig die Verursacher von Durchfällen.

Eine Elektrolyt-Lösung, die die verlorene Flüssigkeit und Salze ersetzt, reicht bei harmlosen Durchfällen völlig aus. Abgepackte Elektrolyt-Lösungen gibt es in jeder Apotheke, etwa das Pulver *da'hsà*. Wer selbst eine Lösung herstellen möchte, nimmt 4 Teelöffel Zucker oder Honig, 1/2 Teelöffel Salz und 1 l Orangensaft oder abgekochtes Wasser. Zur Not, etwa vor langen Fahrten, kann auf ein Medikament gegen Durchfall (Wirkstoff: Loperamid) zurückgegriffen werden. Außerdem hilft eine Bananen- oder Reis-und-Tee-Diät und Cola in Maßen. Bei längeren Erkrankungen einen Arzt aufsuchen – es könnte sich auch um eine Ruhr oder eine Cholera handeln.

Verstopfungen – in Myanmar eher selten – können durch eine große Portion geschälter Früchte, z. B. Ananas oder eine halbe Papaya (mit Kernen essen), verhindert werden (s. auch S. 62).

## Hauterkrankungen

Schon nach starkem Schwitzen können unangenehm juckende Hautpilze auftreten. Bei starker Sonneneinstrahlung reagieren manche Menschen mit sogenannten Hitzepickeln. Die Haut beginnt zu jucken und es bilden sich kleine Pusteln. Am besten ist es, sofort die Sonne zu meiden und die betroffenen Körperteile vor Licht zu schützen. Wohltuend kühlend wirkt ein nasses Tuch oder Thanaka-Paste (S. 43). Auch das in Thailand erhältliche Prickly Heat Powder (Cool Powder) ist sehr hilfreich.

## Hepatitis

Hepatitis ist eine Infektion der Leber, die von verschiedenen Virus-Typen verursacht wird (inzwischen sind die Typen A–G bekannt). Während in Myanmar die meisten Menschen nach einer harmlosen Hepatitis-A-Infektion im Kindesalter gegen diese Krankheit immun sind, trifft dies nur auf ein Drittel der Europäer zu. Ob die Impfung notwendig ist, zeigt ein Antikörpertest.

**Hepatitis A**, auch Reisegelbsucht genannt, wird oral durch infiziertes Wasser und Lebensmittel übertragen. Die Symptome ähneln am Anfang denen einer Grippe: Übelkeit, Erbrechen, gelegentliche Durchfälle und allgemeine Abgeschlagenheit. Später kommt es zu einer Gelbfärbung der Haut, der Stuhl wird heller und der Urin dunkler. Einen guten Schutz bieten die Impfstoffe Havrix und Vaqta.

**Hepatitis B** wird genau wie HIV vor allem durch Intimkontakte oder Blut übertragen (unsaubere Injektionsnadeln, Bluttransfusionen, Tätowierung, Piercing, Akupunktur, Erste-Hilfe-Leistung). Die Symptome ähneln denen einer Hepatitis A, jedoch kann eine Hepatitis B chronisch werden. Im schlimmsten Fall führt sie nach einigen Jahren zu einer schweren Leberzirrhose und zum Tod. Eine vorbeugende Impfung, etwa mit Gen H-B-Vax, Engerix oder Twinrix (Kombi-Impfung gegen Hepatitis A und B), ist bei langen Aufenthalten zu erwägen.

Hepatitis C und D werden auf demselben Weg übertragen wie Hepatitis B und können zu gefährlichen Langzeitschäden führen.

## Japanische Encephalitis

Diese Virusinfektion, die zu einer schweren Hirnentzündung führt, wird durch nachtaktive Moskitos übertragen und kann in ländlichen Regionen, vor allem während der Regenzeit, vorkommen. Die Symptome entwickeln sich nach vier bis zehn Tagen und umfassen Fieber, Kopfschmerzen, Nackensteife und Erbrechen. Die Vermeidung von Mückenstichen ist die beste Vorbeugung. Eine Impfung ist für Reisende zu erwägen, die einen langen Aufenthalt in gefährdeten Regionen oder Endemie-Gebieten planen.

## Lepra

Jüngst wurde erneut auf die Verbreitung von Lepra aufmerksam gemacht. In Myanmar gibt es diese Krankheit noch! Sie ist für Reisende nicht bedrohlich, da sie mit Antibiotika therapiert werden kann. Wichtig zu wissen: Lepra kann noch viele Jahre nach der Ansteckung ausbrechen.

## Malaria

Malaria zählt zu den gefährlichsten parasitären Erkrankungen, die den Menschen befallen können. Übertragen wird die Krankheit von der weiblichen Anopheles-Mücke, die vorwiegend in den Dämmerungs- und Nachtstunden unterwegs ist. Die Malariaerreger gelangen über die Blutbahn in die Leber, vermehren sich dort und vernichten die roten Blutkörperchen.

In Myanmar gilt laut WHO ein ganzjährig hohes Malariarisiko, vor allem während und kurz nach der Regenzeit. Besonders hoch ist das Risiko in den Bergen und in abgelegenen Regionen. Auch am Ngapali Beach und in Ngwe Saung sind Fälle aufgetreten. In den Städten scheint Malaria jedoch mittlerweile keine Gefahr mehr zu sein. Zu 70–80 % ist die Malaria tropica *(Plasmodium falciparum)* verbreitet, es gibt aber auch Fälle von Malaria tertiana *(P. vivax)* und an der Grenze zu China von *Plasmodium knowlesi*.

Die meisten Tropeninstitute empfehlen eine **Malariaprophylaxe**. Über die beste medikamentöse Vorbeugung ist in den vergangenen Jahren immer wieder heftig debattiert worden. Allen Mitteln gemeinsam ist, dass sie unangenehme Nebenwirkungen hervorrufen können. In der Praxis reisen längst nicht alle Touristen mit Prophylaxe. Es gilt abzuwägen zwischen dem tatsächlichen Risiko, das je nach Gegend und Jahreszeit sehr unterschiedlich ist, und den möglichen Nebenwirkungen der Medikamente, die außerdem Resistenzen hervorrufen und keinen 100-prozentigen Schutz bieten können.

Wer aus Myanmar zurückkehrt und an einer nicht geklärten fieberhaften Erkrankung leidet, auch wenn es sich nur um leichtes Fieber und Kopfschmerzen handelt und erst Monate nach der Rückkehr auftritt, sollte dem Arzt über den Tropenaufenthalt berichten. Die ersten Symptome einer Malaria können denen eines banalen grippalen Infektes ähneln und werden häufig verkannt. Bereits eine Woche nach einer Infektion und bis zu mehreren Monate danach können Schüttelfrost, Gelenkschmerzen, Erbrechen, Durchfall oder Krämpfe auf Malaria hinweisen.

Die **beste Vorbeugung** gegen Malaria besteht darin, möglichst nicht gestochen zu werden: Am Abend schützen lange Hosen, langärmlige Hemden, engmaschige lange Socken und ein Mücken abweisendes Mittel. Sanfte Mittel basieren auf Zitronella- oder Nelkenöl. In Yangons Apotheken und Supermärkten wird u. a. das wirksame Odomos aus indischer Produktion verkauft, das sich auch für Kinder eignet.

Einige Hotelzimmer in Myanmar haben Mückengitter an Fenstern und Türen oder ein Moskitonetz über dem Bett. Wer sichergehen will, sollte mit eigenem Netz reisen. Bei niedrigen Temperaturen sind die Mücken zwar weniger aktiv, aber keineswegs ungefährlich.

## Pilzinfektionen

Unter Pilzinfektionen leiden vor allem Frauen. Dies liegt zum großen Teil an der Hitze und den hygienischen Umständen, die in Birma nicht immer optimal sind. Mit einer entsprechenden Salbe ist das Problem schnell in den Griff zu bekommen.

## Polio (Kinderlähmung)

Der Name Kinderlähmung ist irreführend, denn auch Erwachsene können diese Krankheit bekommen. Die Ansteckung mit dem Virus geschieht oral über infiziertes Essen und Wasser. Die Krankheit kann bleibende Lähmungen verursachen. Die Grundimmunisierung gehört in Deutschland zu den Standard-Impfempfehlungen für Kinder und sollte regelmäßig alle zehn Jahre aufgefrischt werden.

## Sonnenbrand und Hitzschlag

Sonnenbrand und Hitzschlag können selbst bei bedecktem Himmel auftreten, denn auch dann ist die Sonneneinstrahlung sehr intensiv. Viele Reisende treffen nur am Strand Vorkehrungen gegen zu viel Sonne, doch sind diese auch bei Touren durchs Hinterland unbedingt notwendig.

Als wichtigste Schutzmaßnahmen empfiehlt es sich, regelmäßig Mittel mit hohem Sonnenschutzfaktor zu verwenden, Hut und Sonnenbrille zu tragen und tagsüber viel zu trinken.

Erschöpfungszustände bei Hitze äußern sich durch Kopfschmerzen, Übelkeit, Benommenheit und erhöhte Temperatur. Um die Symptome zu lindern, sollte man unbedingt schattige Bereiche aufsuchen und genügend Flüssigkeit zu sich nehmen. Erbrechen und Orientierungslosigkeit können auf einen Hitzschlag hinweisen, der potenziell lebensbedrohlich ist, deshalb muss man sich sofort in medizinische Behandlung begeben.

## Stiche und Bisse

Kleinere und größere Biester aus dem Reich der Natur können ärgerliche Stiche und Verletzungen herbeiführen. Dazu gehören z. B. Sandfliegen, mit denen hin und wieder zu rechnen ist, oder Flöhe und Wanzen, die sich in dem einen oder anderen Bett eingenistet haben.

**Bienen- und andere Insektenstiche** sollte man sofort mit Eis kühlen und anschließend eine spezielle Salbe auftragen; ggf. müssen Antihistamin-Tabletten genommen werden.

**Zecken** gibt es auch in Asien. Man zieht sie am besten vorsichtig heraus, ohne zu drehen. Nicht mit Öl oder Ähnlichem ersticken (Krankheitserreger könnten in die Wunde gelangen).

**Schlangen** treiben sich gern an heißen Tagen unter schattigen Steinen herum. Wenn sie einen Menschen sehen, ziehen sich die Tiere – wenn man sie überhaupt trifft – statt anzugreifen lieber zurück. Im Falle einer unglücklichen hautnahen Begegnung heißt es als Erstes: Ruhe bewahren. Ein Blick auf die Biss-Stelle zeigt, ob es sich um eine giftige Schlange handelt. Nur wenn zwei einzelne Zahn-Einstichstellen vorhanden sind, wurde Gift injiziert. Dann gilt: zum Arzt – und weiter Ruhe bewahren! Der größte Teil solcher Begegnungen verläuft nicht tödlich. Viele Opfer sterben aus Angst an Herzversagen.

Keine Giftschlange war es, wenn viele kleinere Zahnabdrücke zu sehen sind. Eine solche Wunde sollte jedoch gut desinfiziert werden. Es besteht die Gefahr einer Blutvergiftung, ebenso bei Bissen durch **Katzen** und **Hunde**. Auch das Tetanus- und Tollwutrisiko nach einem Biss von Hunden, Katzen oder Affen sollte unbedingt ernst genommen werden.

**Spinnen** und **Skorpione** können schmerzhafte Stiche zufügen, die jedoch selten gefährlich sind und bei ausreichender Ruhe von selbst abklingen. Allergische Reaktionen bis hin zu Schockzuständen sind möglich und sollten behandelt werden.

Ähnliches gilt für **giftige Meerestiere** wie Stachelrochen, Steinfische oder Feuerkorallen, die zu schlimmen Ausschlägen und/oder starken Schmerzen führen können: Im Zweifel sofort einen Arzt aufsuchen! Seeigelstacheln können vorsichtig entfernt werden. Bei Vernesselungen durch **Quallen** hilft Essig.

## Thrombose

Thrombose kann bei Bewegungsmangel auftreten, was vor allem bei längeren Flugreisen zum Problem werden kann. Der verringerte Blutfluss, vor allem in den Beinen, kann zur Bildung von Blutgerinnseln führen, die, wenn sie sich von der Gefäßwand lösen und durch den Körper wandern, eine akute Gefahr darstellen (z. B. Lungenembolie). Gefährdet sind vor allem Personen mit Venenerkrankungen oder Übergewicht, aber auch Schwangere, Raucher und Frauen, die die Pille nehmen. Das Risiko verhindern Bewegung, viel Flüssigkeit (kein Alkohol) und Kompressionsstrümpfe.

## Tollwut

Tollwut tritt dort auf, wo streunende oder verendete Hunde zu sehen sind. Hier ist Vorsicht geboten. Wer von Hund, Katze oder Affe gekratzt oder gebissen wird, muss sich sofort (innerhalb weniger Stunden) impfen lassen, da eine Infektion tödlich endet. Eine vorbeugende Impfung ist teuer, aber ggf. bei längerem Aufenthalt sinnvoll.

## Tuberkulose

Diese Infektionskrankheit der Bronchien zählt neben Malaria und Aids zu den drei häufigsten Krankheiten in Myanmar. Bei fachgerechter medikamentöser Behandlung endet die Krankheit nur selten tödlich. Über die Bronchien gelangen Tuberkulose-Erreger in die Lungenbläschen und können von dort z. B. weiter in die Lymphwege wandern. Manchmal ist auch der Darm zuerst befallen. In leichten Fällen heilt die Krankheit ohne Medikamente aus. In schweren Fällen können die Erreger die Lunge infizieren. Dann leidet der Erkrankte an Fieber, Husten und manchmal Atemnot. Die Tuberkulose ist in diesem Stadium hochgradig ansteckend. Besonders gefährlich ist Tuberkulose für Säuglinge, weshalb für sie eine Schutzimpfung anzuraten ist.

## Typhus / Paratyphus

Typhus ist nach Hepatitis A die häufigste Tropenkrankheit. Es wird vom Bakterium *Salmonella typhi* verursacht und oral übertragen. Typische Symptome sind Erbrechen und über sieben Tage hohes Fieber einhergehend mit einem eher langsamen Puls und Benommenheit. Später folgen eventuell Hautausschlag, Verstopfung oder Durchfall und Bauchschmerzen. Empfehlenswert für Reisende ist die gut verträgliche Schluckimpfung mit Typhoral L. Drei Jahre lang schützt eine Injektion der neuen Typhus-Impfstoffe Typhim VI oder Typherix.

## Wundinfektionen

Wundinfektionen treten vor allem unter unhygienischen Bedingungen auf. Bereits aufgekratzte Moskitostiche können sich dann zu starken Infektionen auswachsen, wenn sie unbehandelt bleiben. Wichtig ist es, dass jede noch so kleine Wunde sauber gehalten, desinfiziert und evtl. mit einem Pflaster geschützt wird. Es ist sinnvoll, für den Notfall eine Antibiotika-Salbe mitzunehmen.

## Wurmerkrankungen

Winzige oder größere Exemplare von Würmern können überall lauern und sich manchmal an verschiedenen Körperstellen bzw. -organen festsetzen. Häufig ist dies erst Wochen später festzustellen. Nach einer Reise in abgelegene Gebiete kann es empfehlenswert sein, den Stuhl auf Würmer untersuchen zu lassen, wenn man über längere Zeit auch nur leichte Durchfälle hat.

Die meisten Würmer sind harmlos und durch eine Wurmkur zu vernichten. Andere sind gefährlich und können schwere Erkrankungen hervorrufen, z. B. die **Bilharziose** – eine Wurmerkrankung, die man sich im Uferbereich von stehendem oder langsam fließendem Süßwasser zuziehen kann. Der erste Wirt des Parasiten ist eine Wasserschnecke. In ihr entwickeln sich die Eier zu Larven, den sogenannten Zerkarien, die anschließend ins Wasser abgegeben werden. Dort machen sie sich auf die Suche nach ihrem zweiten Wirt. Zerkarien gelangen in den menschlichen Organismus, indem sie sich durch die Haut, bevorzugt an den Fußsohlen, bohren. Von dort bahnen sie sich den Weg in den Darm oder die Blase, wo sie wachsen und Eier produzieren. Manchmal tritt um die Stelle, an der die Larven in den Körper eingedrungen sind, eine leichte Rötung auf. Deutlichere Symptome machen sich jedoch i. d. R. erst nach sechs bis zehn Wochen bemerkbar. Dann kann es zu Fieber, Durchfall und einem allgemeinen Krankheitsgefühl kommen. Im schlimmsten Fall treten nach einigen Monaten Unterleibsschmerzen und Blut im Stuhl oder Urin auf.

Vorbeugend sollte man nicht in stehenden Gewässern herumplanschen und auf feuchten Böden Sandalen tragen.

## Wundstarrkrampf / Tetanus

Wundstarrkrampf-Erreger findet man überall auf der Welt und Verletzungen kann man nie ausschließen. Wer noch keine Tetanusimpfung hatte, sollte sich unbedingt zwei Impfungen im Vier-Wochen-Abstand geben lassen, die nach einem Jahr aufgefrischt werden müssen. Danach genügt eine Impfung alle zehn Jahre. Am besten ist die Kombiimpfung mit dem Polio-Tetanus-Diphtherie-(Td)-Impfstoff für Personen über fünf Jahre, um gleichzeitig einen Schutz vor Diphtherie und Polio zu erhalten.

# Bücher

## Belletristik

**Annemarie Esche** (Hg.), *Märchen der Völker Burmas* (Frankfurt/M.-Leipzig 1993). Diese wunderbare Märchensammlung ist leider nur antiquarisch erhältlich.

**Amitav Ghosh**, *Der Glaspalast* (München 2006). Ghosh beginnt seine Familiensaga im Jahr 1885 mit dem Abdanken König Thibaws. Es folgen die Jahre des Krieges und der anschließenden britischen Besatzung. Die Geschichte endet in der Neuzeit, in der das Militärregime regiert. Ghosh hat einen Roman geschrieben, doch die angegebenen Daten und Erlebnisse basieren so oft auf der Realität, dass dieses Buch fast als Geschichtsbuch gelesen werden kann. Die stilistische Klarheit trägt zum Lesevergnügen bei.

**Daniel Mason**, *Der Klavierstimmer Ihrer Majestät* (München 2003). Mit seiner ersten Novelle ist es dem Autor gelungen, einen Bestseller zu landen. In dem Buch geht es um den Klavierstimmer Edgar Drake, der 1886 den Auftrag erhält, ein seltenes Piano in einem abgelegenen britischen Militärposten zu stimmen. Seine mehrmonatige Reise durch den Dschungel gerät zu einem einzigen Abenteuer, in dem Mythen und Intrigen, Spannung und Stimmungen nicht zu kurz kommen.

**Di Morrissey**, *Das Land der goldenen Tempel* (München 2014). Der Roman beginnt mit dem überraschenden Fund eines historischen Schriftstücks auf einem Dachboden in Australien und führt die junge Mutter Natalie bis nach Birma, wo sie versucht, dem Geheimnis hinter dieser Antiquität auf die Spur zu kommen.

**Christiane Neudecker**, *Nirgendwo sonst* (München 2008). Gut geschriebene Geschichte einer Liebe zwischen zwei Birma-Reisenden. Eine Lüge trennt das junge Paar. Auf der Suche nach seiner Liebe reist der Mann durch das Land, zeigt dem Leser das geheimnisvolle, unterdrückte Birma, aber auch die strahlende Seite, die freundlichen mutigen Menschen und das fantastische touristische Birma. Und immer ist er auf der Suche nach sich selbst.

**George Orwell**, *Tage in Burma* (Zürich 2003). Das englische Original mit dem Titel *Burmese Days* ist auch bei den Straßenhändlern Yangons erhältlich. Orwell, der einst als Polizist in Birma Dienst tat, beschreibt in diesem Buch das Leben im kolonialen Birma. Ein Klassiker.

**Klaus R. Schröder und Georg Noack** (Hg.), *Myanmar/Burma erzählt: 25 zeitgenössische Kurzgeschichten* (Bielefeld 2009). Durch unterhaltsame Kurzgeschichten geben 24 Autoren Einblick in das schwierige, aber spannende Leben in Birma.

**Jan-Philipp Sendker**, *Das Herzenhören* (München 2004). „Eine Liebesgeschichte, die in ein magisches Burma führt", kommentierte der *Stern*. Eine New Yorker Anwältin folgt anhand eines 40 Jahre alten Liebesbriefes den Spuren ihres verschollenen Vaters und taucht in eine ihr fremde und faszinierende Welt ein. Toller Liebesroman.

**Jan-Philipp Sendker**, *Herzenstimmen* (München 2012). Der Liebesroman findet seine Fortsetzung, doch die Geschichte ist dramatischer, politischer. Julia, die Protagonistin von *Herzenhören*, fährt erneut nach Myanmar. Sie reist in diese mystische Welt, um eine Stimme in ihrem Inneren zum Schweigen zu bringen. Der Vorhang reißt auf und sichtbar wird ein Leben in der Unterdrückung: Abgründe eröffnen sich und erlauben einen Blick in die Seele dieses Landes. Erneut schafft es Sendker, seinen Leser nachdenklich, aber auch bereichert aus der Lektüre zu entlassen.

**Amy Tan**, *Der Geist der Madame Chen* (München 2006). Eine witzige, skurrile Geschichte, die von San Francisco nach Birma führt. Selbst ihr Tod kann nicht verhindern, dass die Chinesin Bibi Chen sich mit ihren Freunden auf die geplante Reise nach Birma macht – als rebellischer Geist. Doch die Fahrt wird zu einer abenteuerlichen Odyssee, als die Gruppe plötzlich im Dschungel verschwindet. Unterhaltsamer 544-Seiten-Schinken für den Strand.

## Reiseberichte und Reportagen

**Auf dem Ayeyarwady**, Ma Thanegi (Berlin 2014). Ma Thanegi ist eine in Myanmar schon länger bekannte Künstlerin und Autorin. Hier begibt sie sich auf eine Reise auf Myanmars wichtigstem Fluss und beschreibt ihre scharfen Beobachtungen auf sympathische und augenzwinkernde Art.

**Basar auf Schienen: Eine Reise um die halbe Welt**, Paul Theroux (Berlin 2015). Amüsant zu lesender Reisebericht des Weltenbummlers, der hier seine Reiseerlebnisse 1973 auf den Schienen Birmas (und anderer Länder Asiens) schildert. Endlich wieder in deutscher Sprache erhätlich.

**Dämmerung über Birma. Mein Leben als Shan-Prinzessin**, Inge Sargent (Zürich 2015). 1932 in Kärnten geboren, lebte Inge Sargent ab 1953 als Frau des Shan-Fürsten Sao Kya Seng in Hsipaw. Ihr Lebensbericht thematisiert das Geschehen in der Zeit kurz vor und nach der Machtergreifung von General Ne Win. Als ihr Mann nach dem Putsch 1962 spurlos verschwindet, gelingt ihr ein Jahr später die Flucht mit ihren beiden Töchtern in die USA. Mit ihrem zweiten Mann, Howard Sargent, setzte sie sich lange für Flüchtlinge in Myanmar ein. 2015 wurde das Buch verfilmt.

**Gebrauchsanweisung für Burma/Myanmar**, Martin Schacht (München 2013). Das Buch bietet einen Blick hinter die Kulissen des doch so fremden Myanmar, bedarf aber dringend eines Updates.

**Gute Geister im Land der goldenen Pagoden. Zeitreisen in Myanmar/Burma**, Bernd Schiller (Wien 2011). Der Hamburger Asienkenner beschreibt in seinen Reportagen das Land mit offenen Augen, sieht das Verzaubernde, aber auch die Schattenseiten Birmas. Ein schöner, informativer Reisebegleiter.

**Land of Jade. A Journey through Insurgent Burma**, Bertil Lintner (Edinburgh 1990). Seine Abenteuerlust hat den in Thailand lebenden Journalisten immer wieder in Sperrgebiete geführt. Wenn auch etwas veraltet, ist das Buch nach wie vor lesenswert für jene, die Birma abseits der offiziell erlaubten Gebiete kennenlernen möchten.

**Little Daughter**, Zoya Phan (London 2009). Die Karen-Frau schildert ihre dramatische Lebensgeschichte, von ihrer Flucht aus dem Dorf an der thai-birmanischen Grenze, ihrem Leben als Flüchtling und im britischen Exil.

**Myanmar fürs Handgepäck. Geschichten und Berichte**, Hrsg. Alice Grünfelder und Lucien Leitess (Zürich 2009). In der schönen Kulturkompass-Reihe erschienene Sammlung informativer Lesehäppchen aus der Feder renommierter Autoren von Pierre Loti bis George Orwell.

**Pilgerreise in Myanmar**, Ma Thanegi (Zürich 2004; engl. Original: *The Native Tourist. In Search of Turtle Eggs*; Yangon 2000). Lustig geschrieben, entführt das Buch auf eine typisch birmanische Pilgerfahrt. Thanegi schließt sich einer organisierten Reisegruppe an und berichtet von all den kleinen und großen Dingen, die ihr während der Fahrt zustoßen. Der Leser erfährt viel über die Kultur und die Menschen Myanmars, über die auch die Autorin manchmal nur staunen kann.

**Reisen im Land der Pagoden**, Klaus R. Schröder (Westerstede 2008). Schröder beschreibt seine Fahrt im eigens angemieteten Zugabteil. Jeder, der mit dem Gedanken spielt, ebenfalls mit dem Privatwaggon das Land zu erkunden, sollte sich Schröders Erfahrungsschatz zu eigen machen.

**The Gentleman in the Parlour. A Record of a Journey From Yangon to Haiphong**, Somerset W. Maugham (Garden City, NY, 1930; Reprint bei White Orchid Press, Bangkok 1995). Eine wunderbare Reiseerzählung des legendären britischen Autors. Maugham (1874–1965) machte sich 1923 auf die beschwerliche Reise durch Birma und Vietnam und „steckte" auch manchmal seinen europäischen Stolz in die Tasche, um im Gegensatz zu seinen Landsleuten barfuß die Tempel zu besuchen.

**The Moon Princess. Memories of the Shan States**, Sao Sanda (Bangkok 2008). Die Tochter des Shan-Fürsten Sao Shwe Thaike wuchs am Hof von Nyaungshwe auf und beschreibt in dem Buch ihr spannendes Leben.

## Geschichte

**A History of Myanmar since Ancient Times**, Michael und Maitrii Aung-Thwin (London 2013). Mit diesem grundlegenden Werk beleuchtet einer der wichtigsten Historiker mit seinem Sohn nicht nur die Geschichte Myanmars seit ihren Anfängen, sondern beendet auch die Mythenbildung bisheriger Geschichtsforschung.

**Burma – Der Fluss der verlorenen Fußspuren**, Myint-U Thant (München 2009). Kundig und

gut lesbar beschreibt der Enkel des ehemaligen UN-Generalsekretärs U Thant die ältere und jüngere Geschichte Birmas auf der Suche nach den Gründen für die gegenwärtigen Zustände. Seine Antworten sind vielfältig und differenziert.
**The Land of the Great Image**, Maurice Collis (London 1942). Der Leser reist mit dem Missionar Sebastião Manrique nach Arakan. Der gut lesbare Bericht ist mit vielen Hintergrundinformationen aufgewertet. Für das Verstehen der Geschichte von Mrauk U eine große Hilfe.
**The Making of Modern Burma**, Myint-U Thant (Cambridge 2001). Analysiert die gesellschaftliche und politische Situation Birmas in der Zeit vor der Kolonialisierung, vor allem während der Konbaung-Dynastie.
**Von Birma nach Myanmar: ein Zeit-Reise-Führer 1984-2013**, Dr. Hans Bernd Zöllner (Hamburg 2014). Dieses Werk basiert auf drei Jahrzehnten an Erfahrungen, die der Autor auf seinen Reisen durch das Land der Pagoden gesammelt hat. Perfekt, um sich über Hintergründe zu informieren und seine eigenen Erlebnisse und Erkenntnisse mit denen des renommierten Theo- und Soziologen zu vergleichen.

## Politik

**Aung San Suu Kyi: Ein Leben für die Freiheit**, Andreas Lorenz (München 2015). Eine gut geschriebene Biographie der Friedensnobelpreisträgerin aus der Feder des langjährigen Asien-Korrespondenten für den *Spiegel*.
**Burma in Revolt. Opium and Insurgency since 1948**, Bertil Lintner (Boulder 1994). Zwar liegt die ausgedehnte Reise des Autors durch Birmas umkämpfte Gebiete lange zurück, doch gibt das Buch nach wie vor einen guten Eindruck vom Leben der Minderheiten.
**Burma/Myanmar. What everyone needs to know**, David I. Steinberg (New York 2010). Exzellente Einführung in die Politik Myanmars von einem der renommiertesten Birma-Kenner.
**Die Tochter. Aung San Suu Kyi - Eine politische Biographie**, Hans-Bernd Zöllner, Rodion Ebbighausen (Berlin 2015). Eine differenzierte Betrachtung der Demokratie-Ikone mit viel Material aus 30 Jahren Recherche vor Ort.
**Handbuch Myanmar: Gesellschaft, Politik, Wirtschaft, Kultur, Entwicklung**, Hrsg. Ute Köster, Phuong Le Trong, Christina Grein (Berlin 2014). Auf fast 500 Seiten beleuchten ausgewiesene Myanmar-Experten die unterschiedlichsten Facetten des Landes. Kein deutschsprachiges Werk gibt derzeit einen besseren Einblick in die sich schnell verändernde birmanische Gesellschaft.
**Outrage, Burma's Struggle for Democracy**, Bertil Lintner (London, Bangkok 1990). In diesem Buch berichtet der Journalist und bedeutendste Birmakenner Bertil Lintner über die dramatischen Ereignisse der Jahre 1988–90.
**The White Umbrella**, Patricia Elliott (Bangkok 1999). Gelungene politische Biografie von Sao Hearn Hkam, der Frau des ersten Präsidenten Birmas. Das Buch trägt viel zum Verständnis der jüngeren Geschichte Myanmars und des Shan-Staates bei.

## Volksgruppen

**Burma and Beyond**, Sir James George Scott (London 1932). Nachdrucke sind in Yangon im Pagan Bookshop zu bekommen. Lesenswerte Beschreibungen verschiedener Völker in Birma. Der Autor hat auch weitere Titel über Myanmar verfasst, u. a. *The Burman: His Life and Notions* und *Burma, From the Earliest Day to the Present Day.* Scott machte die Stadt Taunggyi zum britischen Verwaltungssitz und veröffentlichte auch unter dem Pseudonym Shway Yoe.
**National Ethnic Groups of Myanmar**, U Min Naing (Yangon 2000). Das Buch bietet eine kurz gehaltene Einführung in das Leben der in Myanmar lebenden Minderheiten. Zudem beinhaltet es einige schöne Fotos.

## Kunst und Kultur

**A Wonderland of Pagoda Legends**, Khin Myo Chit (Yangon 1996). Eine interessante Sammlung von Pagodenlegenden. Humorvoll und fantasiereich geschrieben.
**Ancient Pagan. Buddhist Plain of Merit**, Donald M. Stadtner (Bangkok 2013). Ausführliche Be-

schreibung der Tempel Bagans. Schöne Bebilderung.

**Burmese Crafts, Past and Present**, Sylvia Fraser-Lu (London 1994). Einführung in das birmanische Kunsthandwerk. Von derselben Autorin stammt auch ein Buch über die Lackkunst: *Burmese Laquerware* (Bangkok 2000).

**Burmese Painting**, Andrew Randard (Chiang Mai 2009). Das gut bebilderte Buch gibt einen umfassenden Einblick in die erstaunlich kreative Kunstszene Birmas.

**Burmese Puppetry**, Axel Bruns (Bangkok 2006). Standardwerk über das birmanische Marionettentheater. Basiert auf der Doktorarbeit des deutschen Autors.

**Colourful Myanmar**, Khin Myo Chit (Yangon 1995). In lockerem Stil bringt die renommierte Autorin dem Leser viele Facetten des Landes näher.

**Culture Shock! Myanmar**, Saw Myat Yin (Singapur 2011). Dieser Band bietet einen lesenswerten Einblick in die Sitten und Gebräuche des Landes.

**Lacquerware Journeys. The Untold Story of Burmese Lacquer**. Than Htun (Dedaye) (Bangkok 2012). Mit 660 Fotos ein tolles Dokument über die Zentren und Stile der birmanischen Lackkunst.

**Myanmar Style, Art, Architecture and Design of Burma**, Hrsg Kim Inglis u. a. (Singapore 1998). Gute Einführung in Architektur und Kunst des Landes mit tollen Bildern von Luca Invernizzi Tettoni.

**Nat-Pwe, Burma's Supernatural Sub-Culture**, Yves Rodrigue (Kiscadale Publications 1992). Eine der wichtigsten Schriften zum birmanischen Nat-Kult. Informativ und sehr persönlich geschrieben.

**Pagan, Art and Architecture of Old Burma**, Paul Strachan (Oxford 1996). Dieses reich bebilderte Werk bietet eine fundierte Beschreibung der Monumente von Bagan.

**Sacred Sites of Burma**, Donald M. Stadtner (Bangkok 2011). Reiches Bildmaterial und wichtige Hintergrundinformationen zu den bekanntesten Sakralbauten im Land machen das Buch zu einer Fundgrube.

**The Burma Cookbook**, Robert Carmack und Morrison Polkinghorne (London und Bangkok 2015). Allein schon das wunderschön kreierte, nostalgisch angehauchte Cover macht Appetit auf den Inhalt dieses Werks, das mit vielen Abbildungen und leicht zu folgenden Rezepten durch die Küche und Kochgeschichte von Myanmar führt – und schon diverse, internationale Preise abgesahnt hat.

**The Burman, His Life and Notions**, Shway Yoe und Sir J. G. Scott (London 1882). Bis heute ein Standardwerk mit wertvollen Informationen über die Kultur des Landes.

**The Shan. Culture, Arts and Crafts**, Susan Conway (Bangkok 2006). Schöne Bilder und viel historisches Material über die Kultur der Shan.

**Yangon Echoes**, Virginia Henderson und Tim Webster (Bangkok 2015). Das Autorenpaar blickt hinter die Fassaden der morbiden Kolonialbauten Yangons und lässt dank toller Aufnahmen und interessanter Reportagen Geschichte lebendig werden.

## Natur und Umwelt

**Auf verbotenen Pfaden. Durch den hohen Norden Myanmars**, Alan Rabinowitz (München 2007). Spannende Chronik von Expeditionen, die der US-amerikanische Forscher im Auftrag der Wildlife Conservation Society (WCS) seit 1993 in den hohen Norden des Landes unternahm. Öffnet die Augen für eine unbekannte Region.

**Birds of Myanmar**, Kyaw Nyunt Lwin und Khin Ma Ma Thwin (Yangon 2003). Dieses bunt illustrierte Vogelbuch ist eine unverzichtbare Bestimmungshilfe für Ornithologen.

**Large Mammals of Myanmar**, Dr. Sein Tu (Yangon 1998). Umfangreiches Nachschlagewerk über die größeren Säugetiere Birmas, von denen manche vom Aussterben bedroht sind. Es ist im Buchhandel von Yangon erhältlich, gelegentlich auch in Hotel-Geschäften.

**Turtles & Tortoises of Myanmar**, Win Maung und Win Ko Ko (Yangon 2000). Das von der Wildlife Conservation Society (WCS) publizierte und in Yangon erhältliche Nachschlagewerk bietet einen großartigen Überblick über die Schildkrötenpopulation Myanmars. Land-, Süßwasser- und Meeresschildkröten werden mit Abbildungen und interessanten Details beschrieben.

## Religion

**Einführung in den Buddhismus**, Michael v. Brück (Berlin-Frankfurt/M. 2007). Der Münchener Religionswissenschaftler liefert eine kompetente Einführung in den Buddhismus.

**Im Augenblick liegt alles Leben**, U Pandita Sayadaw (Bern-München-Wien 1999). Der 1921 geborene Sayadaw gilt als einer der renommiertesten Meditationslehrer Birmas, vgl. auch 💻 www.panditarama.net. In diesem Buch bietet er eine verständliche Anleitung zur Vipassana-Meditation.

## Bildbände

**Burma – Abenteuer in Buddhas Paradies**, Emanuel Ammon und Sandra Ziegler (Luzern 2012). Fantastischer Bildband über eine Myanmar-Reise mit dem Heißluftballon. Atemberaubende Bilder, die das Land aus einer bisher ungesehenen Perspektive zeigen.

**Burma – Abseits ausgetretener Pfade**, Ingrid Horstmann und Manfred Schramm (Gnas 2007). Dieser Band aus dem österreichischen Weishaupt-Verlag (ent-)führt mit einfühlsamen Bildern in abgelegene und teilweise schwer zugängliche Regionen, darunter zu den Jademinen im Kachin-Staat und den Volksgruppen im Chin-Staat.

**Myanmar im Spiegel der historischen Fotografie**, Hrsg. Roland Platz (Berlin 2014). Hinter dem trockenen Titel verbirgt sich eine wunderbare Sammlung historischer Aufnahmen aus Myanmar. Die meisten Bilder stammen aus dem Archiv des Ethnologischen Museums in Berlin. Ein Schatz für geschichtsinteressierte Myanmar-Fans.

**Reise durch Burma**, Mario Weigt und Walter M. Weiss (Würzburg 2008). Ansprechende Bilder und der Einführungstext machen Lust, das Land näher kennenzulernen.

**Reisen in Burma**, Alice Schwarzer und Bettina Flitner (Köln 2012). Schöne Bilder aus den Jahren 2000 bis 2012 und ein lesenswerter Text von Alice Schwarzer, die, so verrät das Buch, seit vielen Jahren nach Birma reist. Leider sind die Bilder nicht ihrer Entstehungszeit zugeordnet und so wird es schwierig, Frau Schwarzer zu folgen, wenn sie von den starken Veränderungen der letzten Monate in diesem Land schreibt. Auf den Bildern nachvollziehbar ist diese Veränderung nicht.

**The Hidden World of the Naga**, Aglaj Stirn und Peter van Ham (New York 2003). Beeindruckende Fotografien aus einer Gegend Myanmars, in die die wenigsten Reisenden vorstoßen.

## Sprachführer

**Burmese Phrasebook**, Vicki Bowman und San San Hnin Tun (Lonely Planet 2008). Praktisches Büchlein mit vielen nützlichen Redewendungen.

**Burmese Self Taught**, R. F. St. A. St. John (London 1930). Selbstlernkurs aus der britischen Kolonialzeit. Besticht mit so originellen Beispielsätzen wie „Bring my horse" oder „You cannot hunt tigers without elephants." Als kopierter Nachdruck in Yangon erhältlich.

**Burmesisch (Myanmar) Wort für Wort**, Phone Myint Maung (Bielefeld 2005). Band 63 aus der „Kauderwelsch-Reihe" von Reise Know-How. Alles Wichtige rund um die Sprache mit den nützlichsten Formulierungen.

## Karten

**Nelles**, *Myanmar (Burma)*. München. 1:1 500 000. Die Übersichtskarte des Landes wird ergänzt von einem kleinen Yangon Stadtplan sowie Übersichtsplänen von Bagan und Mandalay.

**Periplus**, *Myanmar (Burma)*. Singapure. 1:2 000 000. Auf der Vorderseite das Land im Überblick, auf der Rückseite eine gute und ausführliche Yangon-Karte nebst Plänen von Bagan und Mandalay. Kann über den Buchhandel bezogen werden.

**Reise Know-How**, *Myanmar (Burma)*. Bielefeld. 1:1 500 000. Stabile, reiß- und wasserfeste Karte; GPS-tauglich durch Längen- und Breitengrade, farbige Höhenschichten.

# Index

Privatreisen nach Myanmar von Geoplan

Die individuelle Art des Reisens

*Seit mehr als 20 Jahren ist Geoplan Privatreisen Ihr Spezialist für privat geführte und individuell für Sie zusammengestellte Fernreiseerlebnisse nach Asien, Arabien, Afrika, Lateinamerika, Ozeanien und in die Karibik.*

*Fordern Sie unseren Katalog an oder lassen Sie sich für Ihr persönliches Reiseangebot von unseren Spezialisten beraten.*

Geoplan Touristik · Mohriner Allee 70 · 12347 Berlin · Telefon: 030 / 79 74 22 79
team@geoplan.net · www.geoplan-reisen.de

* Individuelle Rundreisen durch Burma mit Pkw, Bahn und Fahrrad
* Abseits der Touristenpfade - Bergwelt Tiddim mit Besuch des Chin Volkes
* Trekking Mount Victoria, Putao und Kentung im Shan Staat
* Schifffahrt auf dem Ayeyarwady mit Linien- oder Kreuzfahrtschiff
* Segeltörn oder Badeurlaub im Mergui-Archipel
* Badeurlaub an den Stränden von Ngwe Saung und Ngapali

TSA - Travel Service Asia Reisen e.K.
Inhaber: Hans-Michael Linnekuhl
Riedäckerweg 4 * D 90765 Fürth
Tel.: 0911-979599-0 * Fax: 0911-979599-11

TSA Travel Service Asia



ANHANG

AsiaTrips
IHRE REISE - UNSERE PASSION
Kambodscha
Laos
Myanmar (Burma)
Thailand
Vietnam
Unsere Produkte - Ihre Auswahl
• individuelle und maßgeschneiderte Rundreisen
• nostalgische Flusskreuzfahrten
• erlebnisreiche Trekking - und Fahrradtouren
• Badeverlängerung an herrlichen Stränden
• Geheimtipps von unseren Asienexperten
AsiaTrips
Antares International GmbH - Grosse Bleichen 16 - 20354 Hamburg
Telefon: +49 (0)40 99 99 871 30 | info.de@asiatrips.travel
www.asiatrips.de
Gegründet 2001 als Myanmar-Reisen / Antares Asien-Reisen.

Barmbeker Straße 181, 22299 Hamburg
Tel.: 040/363679 | Web.: www.vietnam-heise.de

ANHANG

Rundreisen • Hotels
River Cruises
Natur- & Kulturreisen
Festivalreisen
Adventure-Bausteine
Ihre individuelle Reiseroute planen wir gerne mit unserem kompetenten burmesischen Team!
AMARA MYANMAR
Experience
Ihr Spezialist für anspruchsvolle Privatreisen nach Myanmar
AMARA MYANMAR REISE GmbH
Kolpingstr. 8, D-83646 Bad Tölz
Tel: +49 (0)8041 9424
info@amara-myanmar.de • www.amara-myanmar.de
Gerne schicken wir Ihnen unseren Katalog

PANDAW
RIVER ADVENTURES
THE IRRAWADDY FLOTILLA COMPANY · 1865 ·

## Kombinieren Sie Ihre Reise ins Goldene Land mit einer luxuriösen Flusskreuzfahrt!

**Pandaw offeriert Flussfahrten zwischen Bagan und Mandalay von einer und zwei Nächten. Oder kommen Sie mit auf eine längere Expedition zwischen 7 und 14 Nächten entlang der klassischen Routen oder in den verborgenen Norden!**

Die Flussfahrtschiffe sind ein Traum aus Teak und Messing, ein Nachbau jener kolonialen Dampfboote, mit denen die schottische Irrawaddy Flotilla Company von 1865 bis 1942 Passagiere und Waren durch Burma beförderte. Inzwischen bieten dreizehn Pandaw-Schiffe in Burma, Vietnam, Laos und Kambodscha höchsten Kreuzfahrtgenuss mit einladend großzügigen Kabinen, Sonnendecks, Salons und einer konkurrenzlosen „All Inclusive Boutique Cruise"-Politik.

**Buchung unter www.pandaw.com oder information@pandaw.com**

ANHANG

Bike Myanmar Adventure Tours
Faszinierende Fahrradtouren in Mandalay & Umgebung
oder auch ganz Myanmar
Individueller Rundumsorglos-Service
mit Organisation von Strecken, Ausrüstung & Unterkunft
Professionelle Mountainbikes
bei Bedarf mit Begleitfahrzeug
Eine richtig runde Sache
Bike Myanmar Adventure Tours Co.,Ltd
Bike Myanmar Adventure Tours Co., Ltd.
Mandalay, 9th St. (73/74)
+95 (0) 944 402 7603 +95 (0) 933 312 814
bikemyanmaradventuretours@gmail.com

ANHANG

Ihre maßgeschneiderte Reise nach Südostasien green-tiger.de Tel: +49 (0)761 - 211 4848



ANHANG

www.myanmar-discover.de
Ihr Spezialist für Myanmar
seit 15 Jahren
„Natur – Kultur – Erlebnis"
• Privatreisen „maßgeschneidert"
• Kleingruppen: 2 bis 12 Teilnehmer
• Reisebausteine, Badehotels
• Fluss- und Bahnreisen
• Reisen zu buddhistischen Festlichkeiten
• Vogelbeobachtungen, Fotoreisen
• Wandern, Trekking, Biking
• Deutsch- oder englischsprachige Reiseleitung, alternativ „nur" Fahrer
• nationale und internationale Flüge
NEU
Innovative neue Programme:
• Mergui-Archipel: Kreuzfahrten, Schnorcheln, Tauchen, Naturbeobachtungen, Begegnungen
• Überlandreisen per Auto, statt fliegen
• Unbekannter Norden (Myitkyina + Putao)
• Länderverbindende Reisen (überland)
Fachmännische Beratung und Buchung durch:
Sommer-Fernreisen GmbH
Nelkenstrasse 10 · 94094 Rotthalmünster
Tel: 08533- 919161 · Fax: 08533 - 919162
info@sommer-fern.de

ANHANG

a&e
erlebnis : reisen
Begegnungen in Augenhöhe erleben!
Myanmar – Außergewöhnliche Erlebnisreisen
In kleiner Gruppe oder individuell das Goldene Land entdecken!
www.ae-erlebnisreisen.de
burma@ae-erlebnisreisen.de | Fon: 040 - 27 14 34 70

## MINGALARBAR!
## WILLKOMMEN IM GOLDENEN LAND

- Individuelle und maßgeschneiderte Rundreisen
- Klassische Rund- und Gruppenreisen
- Traumhafter Badeurlaub und Trekkingtouren am Fuße des Himalayas
- Reizvolle Tagesausflüge
- Luxuriöse Flusskreuzfahrten auf dem Irrawaddy Fluss
- Segeltörns durch das Mergui Archipelago in der Andaman See
- Nationale und internationale Flugbuchungen
- Hotelbuchungen
- Ihre Asien-Rundreise
- Visum Service

**Uniteam Tours & Travel, seit 1992 der Spezialist für Urlaub in Myanmar, organisiert Ihre Reise nach Wunsch und betreut Sie zuverlässig vor Ort.**

**UNITEAM TOURS & TRAVEL LIMITED**
84, Pan Hlaing Road, Yangon
The Republic of the Union of Myanmar
**Tel:** +95-1-504471, 534728
**Fax:** +95-1-539348
Skype: uniteam.utt
**E-Mail:** info@uniteam-travel-myanmar.com

In Kooperation mit
UNITEAM MARINE Shipping GmbH
Glockengiesserwall 3
20095 Hamburg, Deutschland
**Tel:** +49 40 309674 11
**Fax:** +49 40 309674 60
**E-Mail:** anfrage@uniteammarine.com

**www.uniteam-travel-myanmar.com**

# Access, Success & Happiness

*...in Mandalay you mostly can have with:*

- **Reservierung von Hotels in ganz Myanmar**
  ...von gut & günstig bis gediegen
  & geschmackvoll...
- **Permits & Packagetouren nach Moguk**
  ...3-tägige Abenteuer-Trips
  zu den Edelstein-Minen...
- **Tickets für Flüge & Flusstouren**
  ...wie von Mandalay auf dem
  Ayeyarwady & Chindwin...

## Z ONE EXPRESS

- **Transfers mit Chauffeur**
  ...z.B. von Mandalay nach Bagan,
  Inle-See oder Nay Pyi Taw...
- **Geldwechsel zu Mandalay`s Best Rate**
  ...unbürokratischer Tausch
  von Euros & Dollars...

*Beratung & Buchung bei Mrs. Jasmine & Team:*

ZONE EXPRESS TOURS

Mandalay, 68th Street (zwischen 26 & 27)
Fon & Fax + 95 2 746 51-2, Mobile + 95 9-200 73 37

**www.zonetravelmyanmar.com**

Kultur • Erlebnis • Trekking • Safari
• Tibet • Kambodscha • Vietnam • Myanmar • Nepal •
• Laos • Bhutan • Indien • Usbekistan • Mongolei •
• Thailand • China • Indonesien• Jordanien •

Katalog & Info: Tel. 02261-501990, reisen@auf-und-davon-reisen.de
www.auf-und-davon-reisen.de

Myanmar: Gastfreundliche Burmesen und ihre Kulturschätze werden Sie begeistern.

LOGO REISEN

Der Fernost-Spezialist

Entdecken Sie das Goldene Land auf einer für Sie kreierten Privatreise. Fragen Sie auch nach unseren Gruppenreisen und Kombireisen mit anderen asiatischen Ländern.

www.logo-reisen.de

# Notizen

BAGAN – Tempel

~~ANDAN~~ ANANDA
(am schönsten)

SHWEZIGON
(am goldesten)

THATBYINNYU
(am höchsten)

SHWESANDAW
(beste Aussicht)

DHAMMAYANGYI
(massiv)

HTILOMINLO

SULAMANI

ANHANG

# Notizen

ANHANG

# Notizen

# Danksagung

## Volker Klinkmüller

Ich bedanke mich vor allem bei Aung Zaw (Bike Myanmar Adventure Tours) aus Mandalay, der schon die Erstausgabe des Myanmar-Handbuchs mit auf den Weg gebracht hatte – und unermüdlich engagiert bzw. mit schier endloser, asiatischer Gelassenheit auch zum bestmöglichen Ergebnis der sechsten Auflage beigetragen hat. Ebenso in besonderer Weise verdient gemacht hat sich Tourismus-Pionier Andre Schneegaß (Life Seeing Tours Southern Myanmar), der sein Herz an den Süden des Landes verloren hat, wie es in Zukunft auch manchem Leser ergehen dürfte …
In Hpa-an haben Mrs. Phu Phu (Soe Brothers Guesthouse), in Mawlamyaing Mr. Kyaw Ko Ko Aung (Thiri Hanthar Travel & Tour) und in Myeik Mr. Chit Ko Ko (bekannt unter dem Spitznamen „James Bond", passionierter und lange einziger professioneller Stadtführer, aber vor Kurzem leider überraschend verstorben) für eine Optimierung der Recherche gesorgt. Mit Kompetenz, Insiderwissen und Organisationshilfe ebenfalls bei der Produktion dieser Neuauflage geholfen hat Branchenspezialist Christian Mosebach (Asia Trips) aus Hamburg/Yangon. Als Recherche-Partner einmal mehr unverzichtbar war Mitarbeiterin Nipaporn Yanklang – unterwegs und nicht zuletzt auch für eine möglichst perfekte Kartographie. Nach wie vor besonderer Dank gebührt Andrea Markand, die das Autorenteam in seiner idealen Mischung einst für dieses Buchprojekt zusammengeschmiedet hatte.

## A. Markand

Ein herzlicher Dank an alle Menschen in Toungoo. Sollte ich einmal glauben, keiner würde mich wahrnehmen, dann muss ich nur an die vielen freundlichen Menschen dort zurückdenken. Nicht eine Minute verstrich ohne ein freundliches grüßendes Lächeln. Ganz besonders danke ich zudem Oliver Soe Thet. Am Ngapali Beach konnten wir viele anregende Gespräche führen; er gab mir unendlich wertvolle Informationen. Dank auch an Win Naing und Scott aus Pyay für ihre herzliche Hilfe in dieser von Touristen noch kaum frequentierten Stadt. Vor allem in Sri Ksetra half mir Scott mit seiner liebenswert rücksichtsvollen Art auf angenehme Weise, den Pyu auf die Spur zu kommen.

## M. Markand

Mein besonderer Dank geht an zwei Menschen, die unterwegs auf mich achtgegeben haben: Eine alte Dame, die ihrem Sohn (meinem Tourguide) riet, mit mir nicht auf ein bestimmtes Fest zu gehen, da dort wilde Männer auftauchen würden (was dann auch geschah), und einen umsichtigen Guesthouse-Besitzer, der mich nachts aus meinem Zimmer evakuierte und bei sich zu Hause unterbrachte, als ein bewaffneter Konflikt gefährlich nahe rückte. Außerdem möchte ich all den Reisegefährten danken, deren Wege unterwegs die meinen kreuzten; ohne euch hätte ich mich doch manchmal recht allein gefühlt. Und danke an die Toten Hosen für eine fantastische Vollmondnacht in Yangon!

**Und von uns beiden** natürlich ein ganz großer Dank an alle Hotelangestellten, Inhaber, Manager, Verkäufer, Busfahrer, Ticketverkäufer und all die anderen Birmanen, Shan, Rakhiner, Intha usw., denen wir auf der Reise begegneten. Immer hatten sie ein Lächeln für uns, stets bekamen wir Hilfe. Danke daher dem ganzen Land und seinen wundervollen Menschen.

## Martin H. Petrich

Für viele interessante Gespräche, Informationen und tatkräftige Unterstützung bedanke ich mich bei: meiner Frau Nicole Häusler; Almuth Dunnington von Oriental Ballooning, Anne Cruikshanks von Grasshopper Adventures; Jessica Ehlebracht für ihren Beitrag zur Kunst; den lokalen Reiseleiterkollegen Ei Thu Htut, Khai Wai, Khin Myat Maw, Maung Maung Than, Thiri Sam und Zaw Htwe; Htwe Htwe aus Hsipaw; Saw Hnin Nwe aus Taunggyi; Elisabeth, Tint Tint Lwin und Thit Thit Zin aus Yangon; Tun Lin Htaik (Tom Tom) aus Ngwe Saung; Soe Moe Aung aus Pathein, U Saw Hla Chit & Nyein Chan von S.S.T.; Aye Aye Win, Minh Thu & U Than Htay von Bagan sowie Ko Moe von ICS in Bagan. Viele sind zu guten Freunden geworden.

**Gemeinsam danken wir** dem Team der Bintang-Redaktion in Berlin, dessen Passion und Professionalität die Erarbeitung dieses Reiseführers zu einem angenehmen Unterfangen werden ließen.

**Ein herzliches Dankeschön geht außerdem an alle Leserinnen und Leser, die uns ein Feedback zur 5. Auflage gegeben haben**: Sophie Antz, Onn Arrad, Iris Assenmacher, Leonie und Verena Augustin, Dieter B., Steve Barnikol, Elvie Berlau, Dieter Blettgen, Gertraud Bohn, Boris Boy, Christina und Sabine, Hugo Cotter, Daniela, Andreas Di Muzio, Ute E., Ute Eikemeier, Erni und Wolfgang Eklkofer, Georg Elger, Peter Fässler, Genia Findeisen, Brigitte Gottscholl, Maria Hager, Barbara Hammer, Rosalie Hartmann, Petra Hofer, Rainer Höpfner, Barbara Hüller, Kerstin Hüttemeyer, Ilja J., Judy Jahn, Jenny und Michael, Jochen, Florian Kahle, Karin Keller, Oliver „Didi" John Keller, Ingrid Kucher, Aron Kürten, Jens Kulbe, Erich L., Marius Lauer, Jens Lechleitner, Christine Leistner, Simone Leonhardt, Erich Lochow, Robert M., Martina und Günther, Robert Merz, Thomas Müller, nbaumi, nurla, Gerdi Orterer, Hanna Petersen, Markus Pfaffelhuber, Simone Pfeiffer, Harald Preller, prinz24, Charlotte Radziwill & Thomas Böhme, Martin Ristl, Thilo S., Rainer Schmid, Schokolade55, Christian Scholz, M. Schwarz, Anke und Arthur L. Sellier, Tamarind, thomas-m, Till, Maria und Felix, Gabriele Tröger und Michael Bussmann, Holger Uhlmann, Verena und Leonie, Anette Weiler, Caroline Weinig, Imka Weitz-Kemmann, Jens W., Jens Wernscheid, Beate Widmaier, Karl Winnisch, Martin Winter, Wolf 68, Katrin Zettel, Barbara & Günter Zippusch sowie allen weiteren Leserbriefschreibern, Update-Verfassern und Forum-Teilnehmern, die ihre Erfahrungen mit uns und anderen geteilt haben.

# Mitarbeiter dieser Auflage

**Nipaporn Yanklang** aus der thailändischen Provinz Korat hat bereits an den Loose-Reiseführern *Thailand* und *Sri Lanka* mitgewirkt und recherchiert ausgesprochen gern in Myanmar, wo der Buddhismus so authentisch praktiziert wird und sie von den Einheimischen stets herzliche Aufnahme gefunden hat, obwohl sich die kriegerische Vergangenheit wie ein roter Faden durch die Historie der Nachbarländer zieht, s. eXTra [2885]

# Bildnachweis

### Umschlag

**Titelfoto** M. Markand; Bambusbrücke bei Alt-Bhamo
**Umschlagklappe vorn** Corbis/Jon Hicks; Shwezigon-Pagode, Bagan
**Umschlagklappe hinten** laif/Tomas Munita; Am Straßenrand, Yangon

### Highlights

**S. 8** Stock photo/Nikada
**S. 9** huber-images.de/Gräfenhain (oben)
Martin H. Petrich (unten)
**S. 10** Getty Images/Eitan Simanor
**S. 11** Look-foto/Superstock (oben)
huber-images.de/Gräfenhain (unten)
**S. 12/13** Getty Images/hemis.fr/Stephane Lemaire
**S. 14** Nipaporn Yanklang (oben)
Volker Klinkmüller (unten)
**S. 15** Nipaporn Yanklang
**S. 16** M. Markand (oben)
A. Markand (unten)
**S. 17** Mario Weigt
**S. 18** M. Markand
**S. 19** mauritius images/imagebroker/Otto Stadler (oben)
Martin H. Petrich (unten)
**S. 20** Nicole Häusler
**S. 21** Renate Loose (oben)
Volker Klinkmüller (unten)
**S. 22** Volker Klinkmüller (2)

### Regionalteil

**fotolia/Georgios Kollidas** 115
**Volker Klinkmüller** 40, 73, 78, 95, 146, 193, 266, 287, 301, 318, 319 (unten), 325, 333, 338, 345, 350, 361, 365 (2), 370, 377, 388, 397, 522, 523 (2), 539, 540, 547, 558, 569, 574
**Renate Loose** 256, 271, 280
**A. Markand** 92, 107, 143 (oben), 167, 183, 216, 217 (2), 236, 428, 484, 492
**M. Markand** 33, 34, 49, 83, 104, 143 (unten), 164, 176, 188, 221, 224, 402, 403 (2), 411, 416, 444, 450, 459, 468, 469 (2), 477, 481, 485 (2), 502
**Martin H. Petrich** 27, 108, 130, 137, 192, 193 (unten), 246, 247 (2), 263, 274, 293, 312, 433, 447, 513
**Stock photo/epixx** 509
**Mario Weigt** 241
**Nipaporn Yanklang** 142, 319 (oben), 330, 364, 381, 529, 552

# Impressum

**Myanmar (Birma)**
Stefan Loose Travel Handbücher
6., vollständig überarbeitete Auflage **2016**
© DuMont Reiseverlag, Ostfildern

Alle Rechte vorbehalten – insbesondere die der Vervielfältigung und Verbreitung in gedruckter Form sowie die zur elektronischen Speicherung in Datenbanken und zum Verfügbarmachen für die Öffentlichkeit zum individuellen Abruf, zur Wiedergabe auf dem Bildschirm und zum Ausdruck beim Nutzer (Online-Nutzung), auch vorab und auszugsweise.

Die in diesem Buch enthaltenen Angaben wurden von den Autoren nach bestem Wissen erstellt und vom Lektorat im Verlag mit großer Sorgfalt auf ihre Richtigkeit überprüft. Trotzdem sind, wie der Verlag nach dem Produkthaftungsrecht betonen muss, inhaltliche und sachliche Fehler nicht vollständig auszuschließen.
Deshalb erfolgen alle Angaben ohne Garantie des Verlags oder der Autoren. Der Verlag und die Autoren übernehmen keinerlei Verantwortung und Haftung für inhaltliche und sachliche Fehler.
Alle Landkarten und Stadtpläne in diesem Buch sind von den Autoren erstellt worden und werden ständig überarbeitet.

**Gesamtredaktion und -herstellung**
**Bintang Buchservice GmbH**
Zossener Str. 55/2, 10961 Berlin
www.bintang-berlin.de
**Redaktion**: Gudrun Raether-Klünker, Jessika Zollickhofer
**Karten**: Klaus Schindler
**Bildredaktion**: Anja Linda Dicke
**Layout und Herstellung**: Anja Linda Dicke

**Printed in China**

# Kartenverzeichnis



ANHANG